개정판 한국어 **기본어휘 의미빈도** 사전

말뭉치 기반 국어 연구 총서 ㉒

개정판 한국어 기본어휘 의미빈도 사전

| 서상규 지음 |

한국문화사

■ 머리말

말뭉치라 불리는, 전산화된 다채로운 국어 자료와 컴퓨터를 적극 활용한 국어정보학적 실증 연구를 바탕으로 한국어 기본어휘를 가려내어 그들의 실제 용법을 알아내려면 어떻게 하면 좋을까? 또, 어떻게 하면 그 분석의 결과를, 있는 그대로 어휘 연구와 사전에 반영할 수 있을까? 나아가서는 한국어교육이나 국어교육을 비롯한 여러 분야에서 마음껏 활용할 수 있도록 하려면 어떻게 하면 좋을까?

이러한 것들이 이 책이 이루어진 동기이자 목적입니다. 이 목적을 한 그릇에 담은 것이 다름 아닌 『한국어 기본어휘 의미 빈도 사전』이었습니다. 이 사전은 한국어의 기본어휘를 최대한 객관적인 모든 방법을 써서 가려낸 다음, 100만 마디의 아주 큰 말뭉치에 나타나는 용례를 보고 하나하나 용법을 갈라 주석하여 이루어진 것입니다. 이러한 방법에 따른 사전은 이제까지 이루어진 바가 없습니다. 이 새로운 사전은 지난 1998년 이래 제가 늘 붙들고 있었던 일거리로서, 말뭉치의 주석과 이를 바탕으로 한 일련의 연구의 최종적인 산물의 하나라 할 수 있습니다.

혹 다른 연구 과제에 매달리거나, 일터에서 행정을 맡아 잠시 일을 쉴 때도 있었지만, 시간이 흐르고 일이 되어 감에 따라, 한국어 기본어휘의 온전한 모습들이 드러나고, 말뭉치를 세밀하게 분석하여 주석하는 과정을 거치며, 이제까지는 알 수 없었던 갖가지 정보들이 얻어졌고, 1998년에 시작한 일이 마침내 지난 2010년경에 이르러서야 사전을 만들 수 있는 모든 바탕이 마련되었습니다. 무려 10년이 넘는 시간이 걸린 것입니다. 그러나 정작 사전의 모양새를 갖추기 위해 작은 활자들과 씨름하면서 고치느라 오늘에 이르기까지 시일이 더 걸릴 줄은 미처 몰랐습니다. 그래서 이 같은 일을 할 다음 사람이 또 나올지 어떨지는 잘 모르겠습니다. 그렇지만 최근 국내외의 여러 분야에서 비슷한 관심을 갖기 시작한 연구 동향으로 미루어 볼 때에나, 언어를 통한 인간 이해라는 국어학이나 언어학의 최종 목표를 되새겨 볼 때, 이 같은 연구가 헛된 일은 결코 아닌 것 같습니다.

맨 처음 시작할 때 가졌던 욕심에 비하자면 이제 내놓는 이 결과에 더러 아쉬움이 남는 것도 있지만, 너무 오랫동안 혼자 붙들고 있었던 탓에, 세상에 필요한 때를 놓치게 되는 것은 아닐까 하는 조바심도 일어, 이제 부끄러움을 무릅쓰고 이 연구를 세상에 내놓습니다. 원래 뜻한 바대로 세상에 조금이나마 도움이 되었으면 하는 마음입니다. 이 일이 이루어진 과정의 어려움을 널리 이해해 주기를 바라는 한편으로, 이 글에 담겨 있을 잘못을 함께 고쳐 나갈 수 있기를 고대합니다.

이 사전이 이루어지기까지 여러 분들에게 참으로 많은 도움을 받았습니다. 말뭉치를 모으고, 분석에 필요한 컴퓨터 프로그램을 개발해 가며 주석의 일을 함께 해 준 당시의 대학원생들이자 이제는 학계의 동료가 된 이들 모두에게 고마움과 존경을 드리고 싶습니다. 그 중에서 특히 장 석배 교수(미국 Vanderbilt 대학), 민 경모 교수(계명대), 김 한샘 교수(연세대)의 도움이 없었더라면 이 일은 이룰 수 없었을 것입니다. 맨 처음 연구를 시작하던 첫 삽에 쓸 연구비를 지원해 준 문화관광부 국어정책과(당시)의 '한국어 해외 보급 사업'의 책임자이자, 이 책이 말뭉치 기반 국어 연구 총서의 하나로 세상에 나올 수 있도록 도움을 주신 연세대 언어정보연구원 김 하수 전 원장께 깊은 존경과 감사의 인사를 드립니다. 사전과 연구서를 한 묶음으로 내는 큰일을 맡아 주신 한국문화사 김 진수 사장님, 그리고 책다운 모양을 갖추어 주신 편집진에게도 감사의 인사를 전합니다.

무엇보다도 늘 인연과 삶의 소중함을 가르쳐 주는 가족들에게도 이 책이 기쁨과 보람이 되었으면 진심으로 좋겠습니다.

2014. 1. 14.
지은이 서상규 씀

■ 개정판의 머리말

세계적으로도 흔히 보기 어려운 의미의 빈도 사전이 세상에 나온 지 다섯 해째를 맞이하면서, 새롭게 고쳐 개정판을 내게 되어 참으로 기쁩니다. 온 힘을 기울여 고치고 다듬어 낸 사전이었음에도, 여러 해 동안에 다시 살펴보면서 더러더러 적지 않은 잘못을 발견했었기 때문입니다. 이번 책에서는 그러한 잘못들을 모두 다듬어 고쳐서 좀 더 완전한 사전에 가까워졌으리라 믿습니다.

모쪼록 이 사전이 한국어를 배우고 가르치는 사람들, 한국인들의 일상적인 말 속에서 한국어의 낱말들이 어떤 뜻을 드러내면서 실제로 쓰이며 존재하는지를 이해하고자 하는 이들에게, 조금이나마 도움이 되기를 간절히 바랍니다.

2018. 12. 17.
지은이 서상규 씀

■ 차례

제1부 의미 빈도 사전과 그 구조

1. 의미 빈도의 개념 ·· 3
2. 의미 빈도 사전의 구조 ··· 3
    2.1. 올림말 ·· 3
    2.2. 낱말의 중요도와 사용 빈도 ·· 8
    2.3. 뜻풀이 구분 체계 ·· 14
    2.4. 용례 ·· 17
3. 말뭉치의 구성 ·· 18
4. 말뭉치에 나타난 형태 빈도의 분포 ·· 21
5. 말뭉치(의미 빈도 조사 텍스트) 목록 ·· 22
6. 이 사전의 편찬과 관련된 참고 문헌 목록 ··································· 28

제2부 한국어 기본어휘 의미 빈도 사전

ㄱ ··· 33
ㄲ ··· 107
ㄴ ··· 119
ㄷ ··· 150
ㄸ ··· 193
ㄹ ··· 206
ㅁ ··· 207
ㅂ ··· 248
ㅃ ··· 292
ㅅ ··· 297
ㅆ ··· 349
ㅇ ··· 354
ㅈ ··· 440
ㅉ ··· 499
ㅊ ··· 503
ㅋ ··· 522
ㅌ ··· 526
ㅍ ··· 537
ㅎ ··· 549

제3부 한국어 조사와 어미의 형태 빈도

ㄱ	579
ㄲ	580
ㄴ	580
ㄷ	583
ㄹ	585
ㅁ	587
ㅂ	588
ㅃ	588
ㅅ	588
ㅇ	588
ㅈ	592
ㅊ	593
ㅎ	593

수록 대표 올림말 색인 ·············· 595

표 차례

〈표 1〉 사전에 수록된 올림말의 품사별 구성 ·············· 8
〈표 2〉 한국어 기본어휘의 품사별 분포와 비율 ·············· 9
〈표 3〉 한국어 기본어휘의 중요도 표시와 분포 ·············· 10
〈표 4〉 기본어휘 별표의 뜻 ·············· 11
〈표 5〉 한국어교육 표준말뭉치의 구성 ·············· 18
〈표 6〉 말뭉치 표본 크기의 분포 ·············· 20
〈표 7〉 한국어교육 표준말뭉치의 형태 빈도의 분포 ·············· 21
〈표 8〉 한국어교육 표준말뭉치의 실질어휘류 빈도의 분포 ·············· 22

제1부
의미 빈도 사전과 그 구조

1. 의미 빈도의 개념

우리가 일상생활에서 쓰는 낱말이 늘 한 가지 뜻으로만 쓰이는 일도 있지만, 대부분의 낱말들은 맥락에 따라 여러 뜻으로 쓰인다. 즉 다의적이다. 특히, 일상적으로 자주 사용되어, 사용 빈도가 아주 높은 낱말들에서는 이런 **다의성**이 더욱 두드러진다. 한 낱말이 가지는 온갖 뜻들은 모두 사전에 기술되는데, 사전을 통해서 우리는 어떤 낱말이 어떠한 뜻들을 가지고 있는지는 알 수 있지만, 그 여러 뜻 가운데 어느 뜻이 더 중요하게 또 일상적으로 자주 쓰이는가는 알 도리가 없다.

이 사전에서 말하는 '의미 빈도'란, 하나의 낱말에 대해 사전에 기술되어 있는 낱낱의 의미(뜻)들이 제각기 실제로 얼마나 쓰이는지를 조사하여 밝혀낸 **사용 빈도스**를 가리킨다. 그러므로 이 '의미 빈도'는 어떤 낱말이나 뜻들이 제각각 얼마만큼 중요한 비중을 차지하며 쓰이는지를 한 눈에 알 수 있도록 우리에게 보여 주는 정보인 것이다.[1]

의미 빈도를 조사하기 위해서는 말뭉치에 실제로 나타난 모든 용례를 하나하나 살펴 뜻갈래를 새로 세우고 나누어, 그에 따라서 빈도수를 조사하는 것이 이상적이다. 그러나 그렇게 하는 것은 현실적으로 어려움이 너무 크다. 게다가 이미 대규모의 말뭉치 분석을 토대로 한 사전이 있다면 그 성과를 바탕으로 하는 것이 훨씬 손쉬울 것이다.

그런 의미에서 최초의 말뭉치 기반의 한국어 사전인 『연세 한국어 사전』(연세대 언어정보연구원, 1998)은 의미 빈도 사전 개발에 큰 발판이 되었다. 우리는 『연세 한국어 사전』의 뜻갈래를 바탕으로 하여 말뭉치의 실제 용례를 구분함으로써, 흔히 주관적으로 흐르기 쉬운 뜻 구분의 기준을 객관화하여 의미 빈도 조사를 성공적으로 실현할 수 있었다.

2. 의미 빈도 사전의 구조

2.1. 올림말

이 사전은 100만 마디(어절)의 한국어 **균형 말뭉치**(한국어교육 표준말뭉치, 모두 218개 글과 대화의 텍스트) 중 10개 이상의 텍스트에 나타나면서 아울러 그 빈도수가 15회 이상인 낱말들(5,162개)과 그들의 **동형어**를 올림말로 하고 있으며, 모두 합하여 총 7,203개의 낱말을 수록하였다. 이 낱말들은 먼저 『외국인을 위한 한국어학습사전』(2004, 2006)과 "韓國語 學習 辭典 編纂과 基本 語彙의 選定을 위한 基礎研究"(서상규, 2006)에서 제안된 '한국어교육 중요 어휘' 목록을 바탕으로 해서[2], 의미 주석 말뭉치의 분석에 의해 얻어진 의미 빈도까지 고려하여 최종적으로 정해진 것들이다.

---

[1] 그러나 이제까지도 우리는 『우리말 말수 사용의 잦기 조사』(문교부, 1956) 이래 동음이의어를 구별하는 수준의 빈도수 조사에 머물러 있다.
[2] 『외국인을 위한 한국어학습사전』(2004)의 부록에 제시된 중요 어휘는 2,975개의 기본어휘로 구성되어 있는데, 사전의 올림말과 품사 구분, 동형어 가름의 차이로 일부 낱말들이 제외되면서 낱말

이 가운데 올림말의 품사 표지 옆에 세 자리의 검정과 흰 별의 조합으로 된 표시를 붙인 '한국어 교육 기본어휘'에는 실질 어휘만(일부 접사 포함) 수록되어 있으며, 조사와 어미는 제3부에서 형태 빈도수와 비율만을 따로 보이기로 한다.[3]

한편, '간장[1]'처럼 '한국어 기본어휘' 목록에는 포함되어 있지만 실제 조사 대상의 말뭉치에서는 수록 기준(10개 이상의 텍스트에서 15번 이상 쓰임)을 충족하지 않는 경우도 있다.[4]

2.1.1. 대표 올림말과 개별 올림말

"≪≫"로 표시되는 '대표 올림말'(예: ≪가≫)은 『연세 한국어 사전』(1998)[5]에 둘 이상의 동형어(형태가 같지만 뜻이 다른 올림말들로 '동음이의어'라고도 함)가 수록되어 있을 때, 이를 대표하여 전체의 빈도수 합을 보여 주기 위해서 표시하는 대표형이다. 한편, 대표 올림말 아래에 작은 어깨번호를 달고 나열된 동형어들이 이 대표 올림말에 속한 개별 올림말이다. (☞❶)

이 사전에는 모두 5,162개의 대표 올림말이 설정되어 있으며, 그 아래에 모두 7,203개의 올림말이 수록되어 있다.

<보기 1>
≪가≫❶전체빈도합=73(0.0039%)
가[1] 명★★★ 【Text=14/Freq1=23(31.9%)】
① (예) 큰길의 오른쪽 가에 있다.

개별 올림말의 어깨번호와 품사, 의미 항목 번호는 모두 『연세 한국어 사전』(연세대학교 언어정보개발연구원[6] 편, 두산동아, 1998)을 따른다.

<보기 2>
≪가≫전체빈도합=73(0.0039%)
가[1] ❶ 명★★★ 【Text=14/Freq1=23(31.9%)】
① (예) 큰길의 오른쪽 가에 있다.
가[2] 명❶ 【Text=2/Freq1=2(2.9%)】
①❶ (예) 방영 불가와 가(可) 〔Text=1/Freq2=1(50%)〕
② (예) 수학 성적이 가로 나오다. 〔Text=1/Freq2=1(50%)〕

수에 차이가 생겼다. 이들에 대해서는 해당하는 올림말의 각주에 밝혀 두었다.
3) 조사와 어미는 그 용례수가 실질 어휘와 비교할 수 없을 만큼 많으므로, 그 의미 빈도의 조사는 앞으로의 숙제로 남겨 둔다.
4) 기본어휘 중에서 수록 기준(최소 10개 텍스트, 15개의 빈도수)을 충족하지 못한 것은 모두 209개의 낱말인데, 이들 중 약 59%인 123개가 ☆☆★로 나타난다.(가렵다, 간장[1], 거래, 거미, 게으르다, 고구마 등) 즉 세번째 자리의 검정별은 '한국어교육 전문가 평정 기본어휘 목록과 주요 한국어 사전의 중요어휘 목록들에서 공통적으로 추천한 주요 어휘(1,989개)에 속함을 뜻하는데, 이 목록에는 선정자에 따라서 각기 다른 언어 직관이 작용되기도 하고, 그리고 특별한 교육적 목적으로 선정된 낱말들이 많이 포함되어 있어서 실제로는 널리 쓰이지 않는 것인 경우가 적지 않음을 보여 준다.
5) 다음의 연세대학교 언어정보연구원의 홈페이지에서 이 사전의 인터넷 검색이 가능하다. http://ilis.yonsei.ac.kr/ysdic/
6) 현재의 '언어정보연구원'임. http://ilis.yonsei.ac.kr/

『연세 한국어 사전』에 실리지 않은 올림말을 설정한 경우, "≪그날♣≫"처럼 대표 올림말에 윗첨자♣로 어깨번호를 붙인다.(보기 3)

<보기 3>
≪그날♣❶≫전체빈도합=109(0.0059%)
그날^{01}❶ 명 【Text=31/Freq1=63(57.8%)】
　❶ (예) 처음 만난 그날을 기억하다. 〔Text=29/Freq2=54(85.7%)〕
　❷ (예) 성공할 그날까지 참다. 〔Text=5/Freq2=5(7.9%)〕
　㊌<그날 그날> 그날 그날의 생계. 〔Text=3/Freq2=4(6.3%)〕
그날^{02}❶ 부 【Text=26/Freq1=46(42.2%)】
　❶ (예) 그날 나는 진실을 알았다. 〔Text=25/Freq2=44(95.7%)〕
　❷ (예) 언젠가 그날 우리는 만날 것이다. 〔×〕
　㊌<그날 그날> 그날 그날 살아가다. 〔Text=1/Freq2=2(4.3%)〕

2.1.2. 전체빈도합과 백분율

'전체빈도합'은 대표 올림말에 포함된 모든 동형어의 사용 횟수를 합한 빈도수를 나타낸다. 괄호 속의 백분율은, 조사 대상의 말뭉치(약 100만 어절)의 형태 빈도 전체(1,856,989)[7]에 대한 상대 비율을 나타낸다. 즉 말뭉치 전체에서 대표 올림말의 형태가 차지하는 비중(비율)을 보여 준다.(☞❷)

<보기 4>
≪가격≫전체빈도합=81(0.0044%)❷
가격^{1} 명★★☆ 【Text=27/Freq1=79(97.5%)】
　⓪ (예) 가격(價格)이 [비싸다/싸다].
가격^{2} 명 【Text=1/Freq1=2(2.5%)】
　⓪ (예) 정확히 가격(加擊)을 하다.

2.1.3. 동형어 구분

(1) 동형어 표시 : 어깨번호

올림말의 오른편 위에 붙은 어깨번호 즉 윗첨자로 된 숫자는, 서로 다른 낱말을 구분하는 동형어 표시이다. 동형어의 구분은 『연세 한국어 사전』의 기술을 따르되, 『연세 한국어 사전』에는 실려 있지 않은 올림말을 표시할 때는 '윗첨자0(^{0})'(예: 가^{0})로 나타낸다.(☞❸)

<보기 5>
≪가≫전체빈도합=73(0.0039%)
가^{1}❸ 명★★★ 【Text=14/Freq1=23(31.9%)】
　⓪ (예) 큰길의 오른쪽 가에 있다.
가^{2}❸ 명 【Text=2/Freq1=2(2.9%)】
　① (예) 방영 불가와 가(可). 〔Text=1/Freq2=1(50%)〕

---

[7] 말뭉치에 형태 분석(주석)을 한 결과를 바탕으로, 실질 어휘뿐 아니라 조사나 어미 등 모든 형태의 출현 회수를 합한 것이다. 4절의 <표11>을 참조 바람.

　　　　② (예) 수학 성적은 가이다. 〔Text=1/Freq2=1(50%)〕
　　가⁰ ③ 명 【Text=11/Freq1=32(43.8%)】
　　　　❶ (예) 가와 나, 다.

또한, 새로 세운 대표올림말에 동형어가 둘 이상인 경우에는 '그날^{01}, 그날^{02}'처럼 동형어를 구별하여 표시한다.(☞③)

　　<보기 6>
　　　≪그날✦≫전체빈도합=109(0.0059%)
　　그날^{01} ③ 명 【Text=31/Freq1=63(57.8%)】
　　　　❶ (예) 처음 만난 그날을 기억하다. 〔Text=29/Freq2=54(85.7%)〕
　　　　❷ (예) 성공할 그날까지 참냐. 〔Text=5/Freq2=5(7.9%)〕
　　　　㉙<그날 그날> 그날 그날의 생계. 〔Text=3/Freq2=4(6.3%)〕
　　그날^{02} ③ 부 【Text=26/Freq1=46(42.2%)】
　　　　❶ (예) 그날 나는 진실을 알았다. 〔Text=25/Freq2=44(95.7%)〕
　　　　❷ (예) 언젠가 그날 우리는 만날 것이다. 〔×〕
　　　　㉙<그날 그날> 그날 그날 살아가다. 〔Text=1/Freq2=2(4.3%)〕

(2) 용례가 나타나지 않은 동형어 표시

하나의 대표 올림말 아래에는, 『연세 한국어 사전』에 실린 여러 동형어 올림말 중에서 조사 대상 말뭉치에서는 실제로 한 번도 나타나지 않은 것들도 있다. 같은 형태들 사이의 상대적인 분포의 크고 작음을 비교할 수 있도록 이들의 용법도 함께 보이기로 한다.(예: 가사³) (☞③)

　　<보기 7>
　　　≪가사≫전체빈도합=21(0.0011%)
　　가사¹ 명 【Text=1/Freq1=1(4.8%)】
　　　　⓪ (예) 주부들의 가사(家事) 활동.
　　가사² 명 【Text=15/Freq1=19(90.5%)】
　　　　⓪ (예) 노래의 가사(歌詞).
　　가사³ 명 【Text=0/Freq1=0】 ⓧ③
　　　　⓪ (예) 송강의 가사(歌辭). 〔×〕

(3) 문맥이 주어지지 않은 동형어 표시

어떤 낱말이 문맥이 주어지지 않아서 여러 동형어 중의 어느 것인지 판단할 수 없을 때에는, 가상적인 올림말(어깨번호를 윗첨자 'x'로 표시함. 예: 가ˣ)을 설정해서 그 빈도수를 표시하기로 한다. 다만, 품사를 어느 정도 미루어 짐작할 수 있는 경우도 있지만, 여러 품사로 이루어진 동형어 사이에서는 정하기 어려우므로 품사를 '?'로 표시한다.(☞③)

　　<보기 8>
　　　≪굽다≫전체빈도합=40(0.0022%)
　　굽다¹ 동 ★★★ 【Text=19/Freq1=27(67.5%)】

① (예) [고기를/생선을] 굽다. 〔Text=15/Freq2=20(74.1%)〕
② (예) [빵을/호떡을] 굽다. 〔Text=2/Freq2=2(7.4%)〕
③ (예) 숯을 굽다. 〔×〕
④ (예) [도자기를/옹기를] 굽다. 〔Text=5/Freq2=5(18.5%)〕
⑤ (예) 소금을 굽다. 〔×〕

굽다² 동 【Text=11/Freq1=12(30%)】
굽다ˣ3 ? 【Text=1/Freq1=1(2.5%)】

2.1.4. 품사의 표시와 분포

(1) 품사의 구분

이 사전의 제2부에서는 실질 어휘만을 올림말로 하고(일부 접사 포함)[8], 조사와 어미는 제3부에서 간략한 동형어 빈도수만을 보이기로 한다. 이를 통해서 우리는 실제로 말뭉치에서 확인된 분포적 특징을 실질 어휘와 대비해서 살펴볼 수 있다.

이 사전에 사용된 품사 구분의 약호는 다음과 같다. (☞4)

명 : 명사 [9]	명의 : 의존명사	명(고유) : 고유명사
대 : 대명사	수 : 수사	
동 : 동사	형 : 형용사	지 : 지정사
동보 : 보조동사	형보 : 보조형용사	
관 : 관형사	부 : 부사	감 : 감탄사
접 : 접사		
조 : 조사	끝 : 어미	준 : 준꼴

<보기 9>
≪가≫ 전체빈도합=73(0.0039%)
가¹ 명4 ★★★ 【Text=14/Freq1=23(31.9%)】
① (예) 큰길의 오른쪽 가에 있다.

---

8) 이 사전에 수록된 접사는 다음과 같다. "-가(哥, 街), -간(間), -감, -같다, -경(頃), -권(圈), -께, -끼리, -네, -님, -답다, 대(對)-, -들, -류(流, 類), -만하다, -명(名), -발(發), -별(別), 부(副)-, 비(非)-, -상(上), -생(生), -석(席), -선(線), -세(世), -식(式), 신(新)-, -싶다, -씨(氏), -씩, 양(兩)-, -어치, -여(餘), -용(用), -이, -인(人), -재(材), -적(的), 제(第)-, -제(製, 制), -지(誌), -질, -짜리, -째, -쯤, -차(次), -채, -측(側), -투성이, -하(下), -하다, -형(型), -화(化)."

9) 『연세 한국어 사전』의 품사 표시 중에서 '형성'은 '명사'에 포함하기로 하고, 해당하는 올림말에서 각주로 이를 밝힌다. (예: 국제)

(2) 수록된 올림말들의 품사별 구성

<표 1> 사전에 수록된 올림말의 품사별 구성

항목 품사	전체 낱말수	수록 낱말수	품사내 수록 비율	품사별 빈도합	수록 낱말 빈도합	품사내 수록 비율
명사	27,374	3,839	14.0%	360,866	280,543	77.7%
고유명사	5,978	35	0.6%	34,387	3,874	11.3%
의존명사	291	205	70.4%	55,225	54,679	99.0%
대명사	149	86	57.7%	41,925	41,656	99.4%
수사	95	57	60.0%	18,129	18,003	99.3%
동사	8,125	1,618	19.9%	222,155	200,733	90.4%
형용사	2,564	498	19.4%	79,199	71,067	89.7%
지정사[10]	1	1	100%	36,685	36,685	100%
보조동사[11]	57	41	71.9%	51,473	51,408	99.9%
관형사	567	120	21.2%	34,130	32,762	96.0%
부사	2,568	564	22.0%	83,119	76,564	92.1%
감탄사	379	81	21.4%	11,324	10,282	90.8%
접사	78	58	74.4%	24,069	23,989	99.7%
합계	48,226	7,203	14.9%	1,052,686	902,245	85.7%

이 표에서 볼 수 있듯이, 조사 대상의 말뭉치에서 출현한 전체 낱말 약 4만 8천여 개 중의 15% 정도의 낱말만이 이 사전에 수록되어 있지만, 실제로 이들 수록 낱말들의 빈도수를 모두 합하면, 전체 낱말 빈도수 합의 85%에 이른다. 즉, 이 사전은 조사 대상 말뭉치 텍스트의 85%의 용례를 일일이 판별해서 밝혀 낸 의미 빈도 조사에 의한 결과이다.

2.2. 낱말의 중요도와 사용 빈도

2.2.1. 한국어 기본어휘 (별표)

이 사전의 올림말 옆에 검은 별(★)과 흰 별(☆)의 세 자리 조합으로 표시가 붙은 낱말들이 한국어 기본어휘들이다. (보기 10, 11)(☞ 5)

<보기 10>
　　≪가≫ 전체빈도합=73(0.0039%)
　　가¹ 명 ★★★5 【Text=14/Freq1=23(31.9%)】
　　　① (예) 큰길의 오른쪽 가에 있다.

---

10) 이 표에서 '지정사'로 표시된 '이다'는 현행 학교 문법에서는 '서술격 조사'로 불리는 것이다. 이 사전에서는 '이다'에 용언적 성격이 강한 것을 감안하여 '지정사'(잡음씨)로 다루어 여기에 포함하고 그 품사 표시를 지로 하였다.

11) 앞으로 품사별 구성을 보이는 표에서는 보조동사와 보조형용사를 합하여 표시한다.

<보기 11>
개월 명의☆★☆5 【Text=35/Freq1=87】 (예) 6(육)개월(個月).

본래 이 기본어휘는 『외국인을 위한 한국어학습사전』(서상규 외, 2004, 2006)과 「韓国語 学習 辞典 編纂과 基本 語彙의 選定을 위한 基礎研究」(서상규, 2006)을 통해 발표된 '중요 어휘' 목록을 바탕으로 하여, 이전에는 알 수 없었던 낱말 각각의 의미와 용법의 빈도 조사 결과를 고려, 동음이 의어들 사이의 상대적인 쓰임의 비율까지 반영함으로써 그 객관성과 정밀성을 최대로 높인 것이 다.[12]

<표 2> 한국어 기본어휘의 품사별 분포와 비율

항목 품사	전체 낱말수	수록어휘		기본어휘			
		낱말수	품사내 비율	낱말수	품사내 비율	빈도합	품사내 비율
명사	27,374	3,839	14.0%	1,548	5.7%	235,395	65.2%
고유명사	5,978	35	0.6%	30	0.5%	3,762	10.9%
의존명사	291	205	70.4%	76	26.1%	52,955	95.9%
대명사	149	86	57.7%	40	26.8%	39,696	94.7%
수사	95	57	60.0%	37	38.9%	15,179	83.7%
동사	8,125	1,618	19.9%	668	8.2%	176,666	79.5%
형용사	2,564	498	19.4%	239	9.3%	64,720	81.7%
지정사	1	1	100%	1	100%	36,685	100%
보조동사	57	41	71.9%	31	54.4%	51,171	99.4%
관형사	567	120	21.2%	36	6.3%	31,396	92.0%
부사	2,568	564	22.0%	218	8.5%	65,852	79.2%
감탄사	379	81	21.4%	24	6.3%	7,288	64.4%
접사	78	58	74.4%	18	23.1%	23,055	95.8%
합계	48,226	7,203	14.9%	2,966	6.2%	803,820	76.4%

당초 『외국인을 위한 한국어 학습 사전』(서상규 외, 2004, 2006)의 중요 어휘(한국어 기본어휘) 는 모두 2,975개였는데, 이 사전의 편찬 과정에서 바탕으로 삼은 각각의 목록이나 사전 작성에 사용 된 올림말 설정 방법, 동형어와 품사 구분 방식의 차이 등을 조정하고 오류를 바로잡은 결과로서, 실제의 최종적인 기본어휘의 수는 2,966개로 되었다.

그런데 <표 2>에 나타난 바와 같이, 기본어휘 2,966개는 말뭉치에 쓰인 전체 낱말의 단 6%에 불 과함에도, 그 빈도수를 모두 합하면 말뭉치 출현 낱말들 전체 빈도합의 무려 76%를 넘는다. 이는 한 국어 기본어휘들이 매우 높은 빈도로 자주 쓰이는 낱말들임을 보여 주는 것이다.

한편, 각 품사별로 살펴볼 때에도 고유명사를 제외한 모든 품사들에서 기본어휘는 해당 품사의

---

12) 이 기본어휘에 대한 상세한 정보와 목록은, 이 사전과 함께 이루어진 『한국어 기본어휘 연구』(서상 규, 2013)에 수록되어 있다.

최소 60% 이상의 빈도수 합을 차지함으로써 기본어휘의 품사별 낱말 구성 또한 매우 균형적으로 이루어져 있음을 알 수 있다.

기본 어휘에 대한 중요도의 표시(세 자리의 검정별)와 낱말의 수는 다음과 같다.

<표 3> 한국어 기본어휘의 중요도 표시와 분포

목록 일치도	중요도 표시		낱말수	비율	빈도수합	비율
3개 목록 일치	★★★	①	1,128	38.0%	606,343	75.4%
2개 목록 일치	★★☆	②	377	12.7%	114,214	14.2%
	★☆★	③	242	8.2%	19,419	2.4%
	☆★★	④	184	6.2%	8,429	1.0%
1개 목록에만 출현	★☆☆	⑤	287	9.7%	23,744	3.0%
	☆★☆	⑥	312	10.5%	16,617	2.1%
	☆☆★	⑦	436	14.7%	15,054	1.9%
합계			2,966	100%	803,820	100%

(1) 말뭉치 공통 고빈도 기본어휘 목록

첫째 자리에 검정별이 붙은 낱말[13]은, 다섯 가지 대규모의 말뭉치에 공통적으로 높은 빈도로 나타난 기본어휘 2천여 개의 목록에 포함된 낱말임을 나타낸다.

이 목록의 목적은 다양한 방법으로 구성된 대규모 말뭉치의 빈도 조사 목록을 대조하여 공통되는 낱말들을 찾아냄으로써, 어떤 낱말 빈도 조사에서도 항상 고빈도로 나타나는 낱말들을 얻어내는 데에 있다. 이 낱말들은 언제나 '높은 빈도로 쓰이는 동시에, 다양한 언어 자료에 널리 나타나는 낱말', 즉 일반적으로 현대 한국어에서 널리 자주 쓰이는 낱말임을 나타낸다.

(2) 한국어교과서 공통 기본어휘 목록

둘째 자리에 검정별이 붙은 낱말[14]은, 널리 알려진 주요 한국어 교육 기관의 교과서를 비롯한 약 30종의 외국어로서의 한국어 교과서들에서 공통적으로 나타나는 기본어휘 2천여 개의 목록에 포함된 낱말임을 나타낸다.

이 목록의 목적은, 이 목록과 사전의 궁극적인 목표가 외국어로서의 한국어 교육에 이바지하도록 하기 위해서는, 현실적으로 한국어 교육 현장에서 과연 어떠한 낱말들이 중요하게 다루어지고 있는가를 객관적인 근거를 바탕으로 해서 찾아내기 위한 것이다.

(3) 사전 및 목록 15종 공통 기본어휘 목록

셋째 자리에 검정별이 붙은 낱말[15]은, 한국어교육 전문가들에 의해 발표된 여러 기본어휘 목록들

---

13) 위 표의 '중요도 표시'의 ①②③⑤가 여기에 해당하는 유형의 낱말들이다.
14) 위 표의 '중요도 표시'의 ①②④⑥이 여기에 해당하는 유형의 낱말들이다.
15) 위 표의 '중요도 표시'의 ①③④⑦이 여기에 해당하는 유형의 낱말들이다.

과 주요 학습 사전의 중요 어휘 목록 등의 15종의 목록에서 공통적으로 나타난 낱말 2천여 개의 목록에 포함된 낱말임을 나타낸다.

이 목록의 목적은, 대체로 한국어교육 전문가 또는 학습 사전 편찬자들의 '주관적 평정'의 결과물들인 여러 목록들을 바탕으로 해서, 되도록 많은 전문가들이 공통적으로 중요하다고 인식(평정)한 낱말들을 찾아내기 위한 것이다.

그러므로 <표 3>에서 보듯이 세 자리 모두 검정별로 표시된 1,128개의 낱말은, 사전의 기본어휘의 75%에 해당한다. 이 낱말들은 일상적으로 고빈도로 널리 쓰이는 동시에, 한국어 교과서에서도 매우 중요하게 공통적으로 다루어지고 있으며, 전문가들과 학습 사전 편찬자들에 의해서도 공통적으로 중요 어휘로 추천된 낱말들인 것이다.

별의 위치와 조합, 그에 따른 뜻에 대해서는 서상규(2006b:223-287)와 서상규(2014:146-150)에 상세히 설명되어 있다.

이 사전의 '중요도 표시'에 적힌 동그라미 번호에 따라 이들 별 표시의 조합이 뜻하는 바를 보이면 다음과 같다.

<표 4> 기본어휘 별표의 뜻

중요도 표시		낱말수	뜻하는 바
★★★	①	1,128	말뭉치 공통 고빈도 기본어휘, 한국어교과서 공통 기본어휘, 전문가 및 학습사전 공통 기본어휘 목록에 모두 포함됨
★★☆	②	377	말뭉치 공통 고빈도 기본어휘, 한국어교과서 공통 기본어휘 목록에는 포함되나, 전문가 및 학습사전 공통 기본어휘 목록에는 들지 않음
★☆★	③	242	말뭉치 공통 고빈도 기본어휘, 전문가 및 학습사전 공통 기본어휘 목록에는 포함되나, 한국어교과서 공통 기본어휘 목록에는 들지 않음
☆★★	④	184	한국어교과서 공통 기본어휘, 전문가 및 학습사전 공통 기본어휘 목록에는 포함되나, 말뭉치 공통 고빈도 기본어휘 목록에는 포함되지 않음
★☆☆	⑤	287	말뭉치 공통 고빈도 기본어휘 목록에만 포함됨
☆★☆	⑥	312	한국어교과서 공통 기본어휘 목록에만 포함됨
☆☆★	⑦	436	전문가 및 학습사전 공통 기본어휘 목록에만 포함됨

2.2.2. 출현 텍스트 수(Text)

'Text'는 조사 대상 말뭉치를 구성하는 모두 218개의 텍스트(표본) 가운데에서, 해당 올림말이 몇 개의 텍스트에 출현하는가(쓰였는가)를 나타내며, 말뭉치를 구성한 텍스트에 모두 나타날 경우의 최대수는 218이다.(보기 12, 보기 13) (☞ ❻)

말뭉치를 구성하는 하나의 텍스트는 원칙적으로 최대 5천 어절로 구성되어 있는데 일부 구어 전사 자료는 그보다 적은 어절수로 되어 있다.(3절의 <표 10>과 5절의 말뭉치 목록을 참조 바람)[16]

---

16) 이 글의 뒤에 붙인 "5. 말뭉치(의미 빈도 조사 텍스트) 목록"에 텍스트들의 구체적인 서지 사항을

<보기 12>
≪**가**≫전체빈도합=73(0.0039%)
가¹ 몡★★★ 【Text=14❻/Freq1=23(31.9%)】
① (예) 큰길의 오른쪽 가에 있다.
<보기 13>
≪**가다**≫전체빈도합=5,718(0.3079%)
가다¹ 동★★★ 【Text=214❻/Freq1=4,819(84.3%)】
Ⅰ① (예) [어디에/저쪽으로] 가다. 〔Text=207/Freq2=3,152(65.4%)〕

이 'Text'의 수는 그 올림말이 얼마나 다양하고 폭넓은 글이나 말에서 실현되는가를 보이기 위한 것이므로, 사용 빈도수가 같은 올림말이라 하더라도 Text의 수가 클수록 더 다양하고 폭넓게 쓰이고 있음을 나타내며, 반대로 그 수가 적으면 적을수록 쓰임의 폭이 좁고 특정 텍스트에 편중되어 나타남을 뜻한다.

이 사전에는 원칙적으로 10개 이상의 텍스트에서 15개 이상의 용례가 출현하는 낱말을 가려서 수록한다. 다만, 한국어교육 기본어휘 목록에 포함된 낱말이거나(보기 14) 다른 올림말의 동형어로서 수록된 경우(보기 15)에는, 출현 텍스트 수가 10 미만인 경우도 있다. (☞❻)

<보기 14>
≪**갈아타다**≫전체빈도합=7(0.0004%)
갈아타다 동☆★☆ 【Text=7❻/Freq1=7】 (예) [배를/차를] 갈아타다.
<보기 15>
≪**감**≫전체빈도합=48(0.0026%)
감¹ 몡★☆★ 【Text=9❻/Freq1=36(75%)】
① (예) 잘 익은 감을 따다.
감² 몡 【Text=4/Freq1=5(10.4%)】
감³ 몡 【Text=0/Freq1=0】
-감⁴ 접 【Text=5/Freq1=6(12.5%)】
감ˣ ? 【Text=1/Freq1=1(2.1%)】

2.2.3. 올림말의 빈도수(Freq1)와 비율

'Freq1'은 조사 대상 말뭉치에 나타난 해당 올림말의 출현(사용) 빈도수(즉, 절대 빈도)이다. 괄호 속의 백분율은 말뭉치에 나타난 대표 올림말 형태의 빈도(전체빈도합에서 그 올림말이 차지하는 비율, 즉 상대 빈도)를 나타낸다. 그러므로 아래의 <보기 16>의 '가¹'의 "Freq1=23(31.9%)"은, 이 올림말이 전체 말뭉치에 모두 23번 쓰여서, 대표 올림말 '가' 전체의 31.9%의 비율을 차지한다는 것을 나타낸다. (☞❼)

<보기 16>
≪**가**≫전체빈도합=73(0.0039%)
가¹ 몡★★★ 【Text=14/Freq1=23(31.9%)❼】
① (예) 큰길의 오른쪽 가에 있다.

밝혀 두었다.

다시 말해서, 해당 올림말의 빈도가 동형어 전체(대표 올림말)의 빈도수에 대해 어느 정도 비율을 차지하는가를 나타낸다. 이 비율을 보면 어느 동형어가 가장 많이 (또는 적게) 쓰이는지를 비교해 볼 수 있다.

2.2.4. 의미 항목의 빈도수(Freq2)

(1) 의미 항목의 빈도수

'Freq2'는 해당 의미 항목의 빈도수이며, 괄호 속의 백분율은 해당 올림말의 전체 빈도수(Freq1)에 대한 비율을 나타낸다. 이 비율은, 한 올림말의 다의적인 용법들 중에서 어느 것이 더 자주 쓰이는지를 보여 준다. (☞ 8)

```
<보기 17>
    ≪가≫전체빈도합=73(0.0039%)
    가¹ 명 ★★★ 【Text=14/Freq1=23(31.9%)】
        ① (예) 큰길의 오른쪽 가에 있다.
    가² 명 【Text=2/Freq1=2(2.9%)】
        ① (예) 방영 불가와 가(可). 〔Text=1/Freq2=1(50%) 8〕
        ② (예) 수학 성적은 가이다. 〔Text=1/Freq2=1(50%)〕
    가⁰ 명 【Text=10/Freq1=29(41.4%)】
        ⓞ (예) 가와 나, 다.
        ⓧ 〔Text=1/Freq2=1(0% 8 )〕
```

<보기 17>에서 보듯이, 한 올림말에 대해서 『연세 한국어 사전』에서 기술되어 있는 의미 항목뿐만 아니라, 말뭉치의 용례에서 새롭게 발견된 올림말과 용법(가⁰ⓞ)을 포함한 모든 의미 항목에 대한 빈도수와 그 비율이 밝혀져 있다.

(2) Freq2의 비율 표시

의미 항목의 빈도수의 비율은, 개별 올림말의 전체 빈도합에 대한 해당 의미 항목의 비율을 가리킨다. 그러므로 <보기 18>의 '가까이¹'의 ①의 의미 항목은 말뭉치에서 48번 쓰였는데, 이것은 '가까이¹' 전체의 용례수 52의 92.3%에 해당한다는 것을 나타낸다.

```
<보기 18>
    가까이¹ 명 【Text=41/Freq1=52(40.3%)】
        ① (예) 집 가까이에 산이 있다. 〔Text=39/Freq2=48(92.3%)〕
        ② (예) 30년 가까이나 되는 세월. 〔Text=3/Freq2=3(5.8%)〕
        관 <가까이 두다> 〔Text=1/Freq2=1(0% 8 )〕
```

Freq2에서는 편의상 백분율의 소수점 아래 한 자리만을 표시하기 때문에 Freq2의 '0%'는 실제로는 그 백분율이 '0.05%' 미만임을 나타낸다. <보기 18>에서 보인 '가까이¹'의 예를 보면 관용 표현

(㉮)의 빈도수가 해당 올림말의 전체 빈도수인 52의 0.05% 미만으로 나타나, 사전에는 0%로 표시되어 있다. (☞ 8)

또한, 한 올림말의 여러 의미 항목 중에서 하나에만 용례가 나타난 경우에는 Freq2의 비율을 '100%'로 표시한다. (☞ 8)

<보기 19>
가량 몡 【Text=24/Freq1=31】
Ⅰ (예) 가량(假量)을 잘 해서 먹을 갈다. 〔×〕
Ⅱ (예) 3시간 가량./30세 가량의 남자. 〔Text=24/Freq2=31(100% 8)〕

(3) Freq2의 생략

다른 동형어가 없고 의미 항목이 하나뿐일 때는 Freq1과 Freq2가 같으므로 Freq2의 표시를 생략한다. (☞ 8)

<보기 20>
≪**가르침**≫전체빈도합=36(0.0019%)
가르침 몡★☆☆【Text=21/Freq1=36】 (예) 스승의 가르침을 받다. 8

한편, '×'는 그 의미 항목의 용법을 드러내는 용례가 조사 대상 말뭉치에서 하나도 출현하지 않았음을 뜻한다. (☞ 8)

<보기 21>
가늘다 휑☆☆★ 【Text=19/Freq1=27】
① (예) 손가락이 가늘다. 〔Text=10/Freq2=16(59.3%)〕
② (예) 가는 [봄비/빗줄기]가 흩날리다. 〔×〕 8
③ (예) 목소리가 가늘다. 〔Text=2/Freq2=2(7.4%)〕
④ (예) 가는 [등잔불/바람결/한숨]. 〔×〕 8
⑤ (예) 가는 체로 흙을 치다. 〔Text=1/Freq2=1(3.7%)〕
⑥ (예) 손이 가늘게 떨리다. 〔Text=7/Freq2=8(29.6%)〕

2.3. 뜻풀이 구분 체계

2.3.1. 뜻풀이 구분의 기준

이 의미 빈도 사전의 뜻풀이, 즉 의미 항목을 구분하는 체계(Ⅰ①㉠)는 『연세 한국어 사전』(1998)의 구분 체계와 같다.(☞ 9)

<보기 22>
≪**가다**≫전체빈도합=5,718(0.3079%)
가다¹ 동★★★ 【Text=214/Freq1=4,819(84.3%)】

```
Ⅰ 9① (예) [어디에/저쪽으로] 가다. 〔Text=207/Freq2=3,152(65.4%)〕
   ②9 (예) [학교에/산으로] 가다. 〔Text=135/Freq2=499(10.4%)〕
   ③ (예) [대학에/군대] 가다. 〔Text=40/Freq2=135(2.8%)〕
Ⅱ ① (예) 길을 가다가 친구를 만나다. 〔Text=63/Freq2=119(2.5%)〕
   ② (예) [여행을/이사를] 가다. 〔Text=109/Freq2=291(6%)〕
   ③ (예) [시집을/장가를] 가다. 〔Text=25/Freq2=54(1.1%)〕
   ④㉠9 (예) 나라에서 첫째 가는 부자. 〔Text=15/Freq2=23(0.5%)〕
     ㉡ (예) 값이 얼마나 갈까? 〔×〕
   ㉣9 <[가끔/간혹] 가다> 〔Text=1/Freq2=2(0%)〕
```

2.3.2. 단일한 뜻풀이 표시

⓪은 이 올림말이 『연세 한국어 사전』에 한 가지의 뜻(단일 의미)으로 기술되어 있음을 나타낸다. (☞ 9)

```
<보기 23>
  ≪가≫ 전체빈도합=73(0.0039%)
  가¹ 명 ★★★ 【Text=14/Freq1=23(31.9%)】
      ⓪9 (예) 큰길의 오른쪽 가에 있다.
```

2.3.3. 새로운 의미 항목의 표시 (검정 동그라미)

『연세 한국어 사전』에 실리지 않은 올림말(예: 강남, 걸어오다, 그곳, 그날, 그놈, 그쪽, 모여들다, 병들다, 사이좋다, 언젠가, 없이, 올려놓다, 이곳, 흐름")을 수록하거나, 『연세 한국어 사전』에서는 단일 의미로 기술되어 있지만, 그 용법을 세밀하게 구분하여 기술할 필요가 있을 때(예: 바라다, 잊어버리다)는 새로운 의미 항목을 세워 기술하였다. 이러한 새로운 의미 항목에는 검정 동그라미 번호(❶❷❸…)를 붙인다. 둘 이상일 때는 검정 동그라미 번호를 차례로 붙여서 구별한다.(☞ 9)

```
<보기 24>
  그런 관 ★★☆ 【Text=140/Freq1=1,321】
    ⓪ (예) 정말 그가 그런 일을 했을까? 〔Text=139/Freq2=1,146(87%)〕
    ❶9 (예) 그 말이 이해되지 않기 때문이란, 그런 말이지요.
        〔Text=35/Freq2=70(5.3%)〕
    ❷9 (예) 전화한다든가, 편지를 쓴다든가, 그런 노력이 필요하다.
        〔Text=19/Freq2=34(2.6%)〕
    ❸9 (예) 참 이상하다, 그런 생각을 하다. 〔Text=11/Freq2=29(2.2%)〕
    ❹9 (예) 음, 그런, 그냥 일상적으로, 그냥 대화하는 것보다…
        〔Text=8/Freq2=31(2.3%)〕
```

한편, 『연세 한국어 사전』의 의미 구분을 더욱 세밀하게 나눌 경우에도 검정 동그라미(㉠㉡…)를 붙여 구별한다.

<보기 25>
　　길다² 형★★★ 【Text=135/Freq1=335(100%)】
　　　　① ㉠ (예) [막대기가/손가락이] 길다. 〔Text=74/Freq2=131(39.1%)〕
　　　　　㉡ (예) [머리가/수염이] 너무 길다. 〔Text=23/Freq2=36(10.7%)〕
　　　　② (예) 밤은 짧고 낮은 길다. 〔Text=34/Freq2=59(17.6%)〕

2.3.4. 관용 표현

'관'은 '관용 표현'을 가리키는 것인데, 『연세 한국어 사전』에서 올림말의 부표제어로 기술된 관용 표현(구)과 속담을 비롯하여, 이 사전 편찬을 위한 의미 주석 과정에서 새로이 추가한 관용 표현을 포함한다. 관용 표현은 가나다순으로 배열한다. 한편, 관용표현의 경우에는 그 용법을 이해하는 데 꼭 필요한 경우에만 용례를 보이기로 한다.(☞ 9)

<보기 26>
　　가다¹ 동★★★ 【Text=214/Freq1=4,819(84.3%)】
　　　　관 9 <[가끔/간혹] 가다> 〔Text=1/Freq2=2(0%)〕
　　　　관 <가는 말이 고와야 오는 말이 곱다> 〔Text=4/Freq2=2(0%)〕
　　　　관 <간 곳(이)[데(가)] 없다> 〔Text=2/Freq2=2(0%)〕
　　　　관 <간에 기별도 안 가다> 〔×〕
　　　　관 <갈 [곳/데] [없는/없이]> 〔Text=2/Freq2=2(0%)〕
　　　　관 <갈수록> 갈수록 날씨가 추워지다. 9 〔Text=4/Freq2=4(0.1%)〕
　　　　관 <골로 가다> 〔×〕
　　　　관 <끝 간 데를 모르다> 〔Text=2/Freq2=1(0%)〕
　　　　관 <맛이 가다> 지쳐서 맛이 간 얼굴. 〔Text=3/Freq2=3(0.1%)〕
　　　　관 <물이 가다> 〔×〕
　　　　관 <[백년/생전] [가도/가야]> 〔Text=1/Freq2=4(0.1%)〕
　　　　관 <뽕 가다> 〔×〕
　　　　관 <안녕히 [가세요/가십시오]> 〔Text=19/Freq2=35(0.7%)〕
　　　　관 <오고 가다>/<왔다 갔다 하다> 〔Text=7/Freq2=10(0.2%)〕
　　　　관 <오나 가나> 〔×〕
　　　　관 <오도 가도 못하다> 〔×〕
　　　　관 <저리 가라> 요리사 저리 가라 할 솜씨. 〔Text=2/Freq2=2(0%)〕
　　　　관 <힘이 가다> 손에 힘이 가다. 〔Text=1/Freq2=1(0%)〕

2.3.5. 문맥이 없는 용법

'ⓧ'는 문맥이 주어지지 않아서 그 용법을 구분할 수 없는 용례를 가리킨다.(☞ 9)

<보기 27>
　　가난하다 형★★☆ 【Text=57/Freq1=131】
　　　　⓪ (예) 가난한 이웃을 돕다. 〔Text=45/Freq2=94(71.8%)〕
　　　　❶ (예) 집도 나라도 가난하다. 〔Text=22/Freq2=31(23.7%)〕
　　　　❷ (예) 마음이 가난한 사람. 〔Text=2/Freq2=3(2.3%)〕
　　　　ⓧ 9 〔Text=3/Freq2=3(2.3%)〕

2.4. 용례

2.4.1. 용례의 표시

모든 의미 항목에는 '(예)'의 뒤에 용례를 제시한다. 이 용례들은 『연세 한국어 사전』의 용례를 바탕으로, 불필요한 부분을 생략하여 의미와 용법을 쉽사리 이해할 수 있는 구 또는 문장으로 고치거나, 실제 말뭉치에서 발견된 예 중에서 쓰임을 뚜렷하게 드러나고 빈도가 높은 용례를 골라내어 제시한다. (☞⑩)

<보기 28>
가다¹ 동 ★★★ 【Text=214/Freq1=4,819(84.3%)】
 ① (예) ⑩ [어디에/저쪽으로] 가다. 〔Text=207/Freq2=3,183(66.1%)〕
 ② (예) [학교에/산으로] 가다. 〔Text=135/Freq2=499(10.4%)〕

2.4.2. 결합 어휘의 나열

용법이 비슷하거나, 자주 함께 쓰이는 말을 큰괄호 속에 빗금([/])으로 나란히 보임으로써, 어휘 결합 관계의 특성과 용법을 쉽게 알 수 있도록 한다. (☞⑩)

<보기 29>
가다¹ 동 ★★★ 【Text=214/Freq1=4,819(84.3%)】
 Ⅰ ① (예) [어디에/저쪽으로]⑩ 가다. 〔Text=207/Freq2=3,183(66.1%)〕
  ② (예) [산에/학교로]⑩ 가다. 〔Text=135/Freq2=499(10.4%)〕
  ③ (예) [대학에/군대]⑩ 가다. 〔Text=40/Freq2=135(2.8%)〕
 Ⅱ ① (예) 길을 가다가 친구를 만나다. 〔Text=63/Freq2=119(2.5%)〕
  ② (예) [여행을/이사를]⑩ 가다. 〔Text=109/Freq2=291(6%)〕
  ③ (예) [시집을/장가를]⑩ 가다. 〔Text=25/Freq2=54(1.1%)〕

<보기 30>
부리다¹ 동 【Text=12/Freq1=18(16.5%)】
 ① (예) [노비를/사람을]⑩ 부리다. 〔Text=2/Freq2=2(11.1%)〕
 ② (예) [교태를/재주를]⑩ 부리다. 〔Text=7/Freq2=10(55.6%)〕
 ❸ (예) 배를 부리다. 〔Text=1/Freq2=3(16.7%)〕
 ❹ (예) [글자를/컴퓨터를]⑩ 부려 쓰다. 〔Text=3/Freq2=3(16.7%)〕

2.4.3. 용례의 형식

올림말의 뜻과 용법을 이해하는 데에 꼭 필요한 경우에는 용례를 대화 형식이나 자연스러운 완전한 형식의 문장으로 제시한다. (☞⑩)

<보기 31>
≪**그래**≫전체빈도합=527(0.0284%)
그래¹ 감 ★★★ 【Text=14/Freq1=28(5.3%)】
 ⓪ (예) 몸이 아팠어요. 그래 결근을 했죠.⑩

그래² 갑★★★ 【Text=129/Freq1=499(94.7%)】
  ① (예) A:회의에 늦지 마. B:그래./A:너 같이 안 갈래? B:그래, 안 가.⑩
      〔Text=117/Freq2=393(78.8%)〕
  ② (예) 너 잘났다, 그래!/그래, 너 계속 거짓말할래?⑩
      〔Text=33/Freq2=50(10%)〕

2.4.4. 한자말 표시

올림말이 한자말인 경우에는 첫 의미 항목의 용례에서 한자 표기를 괄호 속에 넣어서 보이기로 한다. 이는 동형어를 구분할 뿐만 아니라 사전 사용자들의 학습에도 도움을 주기 위한 것이다. (☞⑩)

<보기 32>
≪**가구**≫전체빈도합=33(0.0018%)
가구¹ 명★★★ 【Text=11/Freq1=17(51.5%)】
  ⓪ (예) 값비싼 가구(家具)⑩를 [들이다/사다].
가구² 명 【Text=8/Freq1=16(48.5%)】
  Ⅰ (예) 가구(家口)⑩마다 차 한 대씩 있다. 〔Text=3/Freq2=6(37.5%)〕
  Ⅱ (예) 세 가구가 한 집에 살다. 〔Text=6/Freq2=10(62.5%)〕

3. 말뭉치의 구성

이 사전의 편찬에 필요한 낱말들의 의미 빈도를 조사하기 위해 '한국어교육 표준말뭉치'를 만들어서 주석을 하고 빈도를 조사하였다. 이러한 이름을 붙인 까닭은, 당초 이 말뭉치를 한국어교육에 필요한 각종 언어 정보를 얻어내기 위한 바탕 자료로서, 현대 한국어의 일반적인 쓰임을 대표하는 균형 말뭉치로 설계했기 때문이다. 이 말뭉치의 구성은 다음과 같다.[17]

<표 5> 한국어교육 표준말뭉치의 구성

매체	장르	주제/유형	텍스트 수	표본 마디수[18]	비율	장르 마디수 합계(비율)
	교양 해설 산문	인문	7	36,730	3.7%	132,983 (13.5%)
		사회	7	37,030	3.7%	
		예술	9	48,721	4.9%	
		공학	2	10,502	1.1%	

---

17) 당초 100만 마디(어절)로 설계, 구성되었는데 실제 주석 과정에서 일부 부적합한 자료(예컨대 옛말이나 한시가 많은 글)를 빼거나 교체한 결과, 최종적으로 약 99만 마디로 확정되었다. 서상규·최호철·강현화(1999), 서상규·강현화·유현경(2000), 徐尙揆(2006)를 참조 바람.

18) '마디수'란 것은, 이미 서상규(1998b:226)에서 밝힌 것과 같이, "이는 띄어쓰기를 구분자로 하여 말뭉치 자료의 양을 나타내는 단위로, 일반적인 '어절'과 거의 같은 개념으로 쓴다. 그러나 실제 자료에서는 규범으로서의 띄어쓰기의 규정을 완전히 적용한 예는 보기 드물며, 또한 일관된 원칙으로 통일하기에도 어려움이 있다. 따라서, 이때의 '마디'란 실제 언어 자료에서 '띄어쓰기'로 되어 있는 낱말들의 단위를 일컫는다."

문어 86.3%	예술산문	동화	5	23,114	2.3%	224,512 (22.7%)
		소설	28	141,843	14.4%	
		수필	12	59,555	6.0%	
	실용산문	시사/정보	7	35,325	3.6%	35,325 (3.6%)
	사적저술산문	수기/전기	15	76,024	7.7%	76,024 (7.7%)
	초등학교 교과서	말하기/듣기	8	22,949	2.3%	287,089 (29.1%)
		말하기/듣기/쓰기	4	26,137	2.6%	
		읽기	12	74,680	7.6%	
		생활의 길잡이	10	38,503	3.9%	
		슬기로운 생활	4	6,461	0.7%	
		즐거운 생활	4	3,490	0.4%	
		도덕	6	34,062	3.4%	
		바른 생활	4	4,720	0.5%	
		사회	8	43,121	4.4%	
		사회과 탐구	6	32,966	3.3%	
	한국어 교과서	외국어로서의 한국어	30	96,506	9.8%	96,506 (9.8%)
구어 13.7%	녹음 전사 자료	일상 대화	8	11,991	1.2%	70,828 (7.2%)
		주제 대화	5	19,220	1.9%	
		상담 대화	1	10,109	1.0%	
		강의/강연	1	5,210	0.5%	
		방송 뉴스	1	4,163	0.4%	
		방송 대화	1	4,902	0.5%	
		방송 상담	1	3,578	0.4%	
		방송 토론	1	11,655	1.2%	
	준구어	드라마 대본	4	18,462	1.9%	64,978 (6.6%)
		연극 대본	4	27,128	2.7%	
		영화 시나리오	3	19,388	2.0%	
합계			218	988,245	100%	988,245 (100%)

이 말뭉치의 구성에는 다음과 같은 특징이 있다.

첫째, 현대 한국어, 특히 한국어교육에 필요한 어휘들의 실제 쓰임의 모습이 '있는 그대로' 드러날 수 있는 균형 말뭉치로 구성했다.

둘째, 문어(글말)뿐 아니라 구어(입말)의 특성도 충분히 반영될 수 있도록, 실제 언어 생활 중의 음성 자료를 수집해서 직접 전사한 녹음 전사 자료는 물론, 문어로 실현된 구어체의 자료(준구어)를 포함함으로써, 현대 한국어의 특성을 폭넓게 반영하고자 하였다.

셋째, 균형 말뭉치를 구성함에 있어서 특정한 필자나 문체, 주제와 내용에 따라서 편중되지 않도록 하기 위해서, 모든 텍스트는 원칙적으로 5천 마디 이내의 크기로 잘라서 표본으로 포함하였다.

<표 6> 말뭉치 표본 크기의 분포

텍스트 크기	표본수	비율	마디수 합	비율
1000 마디 미만	15	6.9%	11,476	1.2%
1000~1999 마디	17	7.8%	24,616	2.5%
2000~2999 마디	21	9.6%	51,845	5.2%
3000~3999 마디	13	6.0%	45,288	4.6%
4000~4999 마디	51	23.4%	239,147	24.2%
5000~5999 마디	73	33.5%	396,775	40.1%
6000~6999 마디	16	7.3%	103,386	10.5%
7000~7999 마디	5	2.3%	36,833	3.7%
8000~8999 마디	1	0.5%	8,550	0.9%
9000~9999 마디	1	0.5%	9,205	0.9%
10,000 마디 이상	5[19]	2.3%	61,124	6.2%
합계	218	100%	988,245	100%

다만, 구어 녹음 전사 자료와 일부 짧은 텍스트의 경우에는 본문 전체가 포함된 경우도 있어, 말뭉치 표본 중 가장 작은 것은 506 마디이며, 가장 큰 크기의 표본은 18,437 마디이다. <표 10>에서 볼 수 있듯이 전체의 약 74%가 4천에서 5천 마디의 길이로 제한되어 있다.

---

19) 전체 표본 중에서 텍스트의 길이가 1만 마디가 넘는 것은 5개뿐인데, 구어 2개, 준구어 1개, 교과서 1개, 한국어 교과서 1개로 나타난다.

4. 말뭉치에 나타난 형태 빈도의 분포

이 사전의 조사 대상 자료로 쓴 한국어교육 표준말뭉치에 나타난 모든 형태(조사와 어미 포함)의 구성을 품사별로 보이면 <표 11>과 같다.

<표 7> 한국어교육 표준말뭉치의 형태 빈도의 분포

분류	품사	낱말수	낱말수 비율	빈도합	빈도합 비율	평균 빈도
체언	명사	27,374	54.9%	360,866	19.4%	13
	고유명사	5,978	12.0%	34,387	1.9%	6
	의존명사	291	0.6%	55,225	3.0%	190
	대명사	149	0.3%	41,925	2.3%	281
	수사	95	0.2%	18,129	1.0%	191
용언	동사	8,125	16.3%	222,155	12.0%	27
	형용사	2,564	5.1%	79,199	4.3%	32
	보조동사	57	0.1%	51,473	2.8%	903
	지정사	1	0.0%	40,638	2.0%	36,685
수식언	관형사	567	1.1%	34,130	1.8%	60
	부사	2,568	5.2%	83,119	4.5%	32
독립언	감탄사	379	0.8%	11,324	0.6%	30
기타	접사	78	0.2%	24,069	1.3%	309
	어근	9	0.0%	10	0.0%	1
	자모	46	0.1%	242	0.0%	5
조사	주격	6	0.0%	56,488	3.0%	9,415
	목적격	3	0.0%	76,893	4.1%	25,631
	보격	2	0.0%	4,998	0.3%	2,499
	관형격	4	0.0%	34,655	1.9%	8,664
	부사격	69	0.1%	84,486	4.5%	1,224
	인용격	7	0.0%	912	0.0%	130
	호격	5	0.0%	886	0.0%	177
	보조	80	0.2%	81,773	4.4%	1,022
	접속	25	0.1%	12,841	0.7%	514
어미	종결	735	1.5%	106,728	5.7%	145
	연결	520	1.0%	158,561	8.5%	305
	관형사형	58	0.1%	114,129	6.1%	1,968
	명사형	3	0.0%	10,961	0.6%	3,654
	선어말	30	0.1%	59,740	3.2%	1,991
합계		49,828	100%	1,856,989	100%	37

한편, 이 말뭉치에 나타난 실질어휘류(지정사와 접사 포함)만의 빈도와 그 분포를 뽑아서 보면

다음의 표와 같다. 이 사전에서 의미 빈도 조사의 대상으로 삼은 것은 바로 이 실질어휘류들이다. <표 12>의 낱말수와 빈도합의 비율은 실질어휘류 내에서의 비율을 뜻한다.

<표 8> 한국어교육 표준말뭉치의 실질어휘류 빈도의 분포

분류	품사	낱말수	낱말수 비율	빈도합	빈도합 비율	평균 빈도
체언	명사	27,374	56.7%	360,866	34.3%	13
	고유명사	5,978	12.4%	34,387	3.3%	6
	의존명사	291	0.6%	55,225	5.2%	190
	대명사	149	0.3%	41,925	4.0%	281
	수사	95	0.2%	18,129	1.7%	191
용언	동사	8,125	16.8%	222,155	21.1%	27
	형용사	2,564	5.3%	79,199	7.5%	31
	지정사	1	0.0%	36,685	3.5%	36,685
	보조동사	57	0.1%	51,473	4.9%	903
수식언	관형사	567	1.2%	34,130	3.2%	60
	부사	2,568	5.3%	83,119	7.9%	32
독립언	감탄사	379	0.8%	11,324	1.1%	30
기타	접사	78	0.2%	24,069	2.3%	309
	어근	9	0.0%	10	0.0%	1
	자모	46	0.1%	242	0.0%	5
합계		48,281	100%	1,052,938	100%	22

5. 말뭉치(의미 빈도 조사 텍스트) 목록

이 사전을 편찬하기 위해 구성된 조사 대상의 말뭉치에 포함된 텍스트의 목록을 <표 9>의 '장르'별로 따로 모아 보이면 다음과 같다. 목록은 장르 구분, 주제, 제목, 저자, 출판사, 출판(녹음/제작)년도, 표본 마디수의 순서로 제시한다.

교양해설산문

[인문]
길은 길을 따라 끝이 없고 / 김흥규, 윤구병 엮음 / 한샘출판주식회사 / 1993/ 5,821마디
노마의 발견 / 어린이 철학교육연구소 / 해냄 출판사 / 1987/ 4,402마디
논리 속의 철학 논리 밖의 철학 / 이진경 / 새길 / 1993/ 5,258마디
논리야 놀자 / 위기철 / 사계절 / 1993/ 4,177마디
왜 사냐고 물으면 / 김흥규, 윤구병 엮음 / 한샘출판주식회사 / 1993/ 5,757마디
철학 이야기 주머니 / 박건미 / 도서출판 녹두 / 1993/ 5,868마디
한국의 사상 / 정용선 / 한샘출판사 / 1994/ 5,447마디

[사회]
농민 이야기 주머니 / 조성우 / 도서출판 녹두 / 1992/ 5,936마디
정보화 사회(한국어읽기 5급 9과 수록) / 이원복 / 연세대출판부 / 1,117마디
돈의 여행 / 이슬기 / 지경사 / 1989/ 4,775마디
여백의 질서 / 김찬호, 오태민 / 일굼 / 1993/ 5,658마디
제3세계 정치론 / 하경근 / 한길사 / 1980/ 5,786마디
시민을 위한 경제이야기 / 이영탁 / 김영사 / 1990/ 7,807마디
함께 걷는 이 길은 / 김흥규, 윤구병 엮음 / 한샘출판주식회사 / 1993/ 5,951마디
[예술]
강좌, 민족문학 / 고은 외 / 정민 / 1990/ 5,003마디
공감의 비평을 위하여 / 김치수 / 문학과지성사 / 1991/ 6,027마디
문학의 이해 / 이상섭 / 서문당 / 1972/ 5,720마디
아름다운 세상 아름다운 사람 / 김흥규, 윤구병 엮음 / 한샘출판주식회사 / 1993/ 5,752마디
운명과 형식 / 김윤식 / 솔출판사 / 1992/ 5,531마디
전환기의 현대미술 / 홍명섭 / 도서출판 솔 / 1991/ 5,854마디
한국의 목공예(상) / 이종석 / 열화당 / 1986/ 3,833마디
현대문학을 보는 시각 / 백낙청 / 솔출판사 / 1992/ 6,013마디
현대미술론 / 유근준 / 박영사 / 1976/ 4,988마디
[공학]
정보교육 / 김광조 외 9인 / 박영률출판사 / 1997/ 4,728마디
컴퓨터 이야기 / 조환규 / 창작과비평사 / 1992/ 5,774마디

예술산문(문학)

[소설]
가면 지우기 / 채영주 / 문학과지성사 / 1990/ 4,955마디
가면의 춤(하) / 문순태 / 서당 / 1990/ 4,470마디
겨울 우화 / 신경숙 / 고려원 / 1990/ 4,464마디
91현대문학상 수상 소설집 / 한수산 외 / (주)현대문학 / 1991/ 4,602마디
그 섬에 가고 싶다 / 임철우 / 살림 / 1991/ 5,656마디
나는 소망한다 내게 금지된 것을 / 양귀자 / 살림 / 1992/ 5,580마디
나의 미끄럼틀 그리고 오후 / 서영은 / 동화서적 / 1993/ 5,083마디
날지 않으면 길을 잃는다 / 정도상 / 도서출판 녹두 / 1993/ 5,092마디
낯선 별에서의 청춘 / 장석주 / 청하 / 1991/ 4,770마디
너를 보면 살고 싶다 / 김수미 / 샘터 / 1990/ 5,256마디
녹천에는 똥이 많다 / 이창동 / 문학과지성사 / 1992/ 4,820마디
닫힌 교문을 열며 / 유시춘 / 사계절 / 1990/ 4,488마디
달빛 서울 / 이병주 / 민족과문화사 / 1991/ 4,498마디
바다는 비에 젖지 않는다 / 한남규 외 / 한경 / 1995/ 5,640마디
별을 보여드립니다 / 이청준 / 중원사 / 1992/ 4,681마디
보이지 않는 나라 / 김지용 / 새터 / 1993/ 5,335마디
사랑은 사슴처럼 / 정현웅 / 청한 / 1992/ 5,090마디
살아남은 자의 슬픔 / 박일문 / 민음사 / 1992/ 5,392마디
숨은 사랑 / 정종명 / 동아출판사 / 1993/ 4,717마디
슬픈 시인의 바다 / 유홍종 / 도서출판 장락 / 1994/ 5,970마디
시간 속의 도적 / 채영주 / 열음사 / 1993/ 5,472마디
어느 화가의 승천 / 안재성 / 새길 / 1992/ 5,431마디
어둔 하늘 어둔 새 / 이덕자 / 고려원 / 1993/ 5,545마디
여성 이야기주머니(콩트로 읽는 여성학 강의) / 유시춘, 양귀자 / 녹두 / 1992/ 5,435마디
완전한 만남 / 김하기 / 창작과비평사 / 1990/ 4,743마디

우리 시대의 소설가(1991 이상문학상 수상작품집) / 조성기 외 / 문학사상사 / 1991/ 4,694마디
천둥벌거숭이 / 김홍신 / 동화서적 / 1992/ 5,232마디
큰도둑 / 김만태 / 미래문화사 / 1991/ 4,732마디

[수필]
가끔은 코끝이 찡할 정도의 잔 재미 / 정길환 / 을지서적 / 1992/ 6,093마디
가장 작은 것으로부터의 사랑 / 윤금초 / 신원문화사 / 1992/ 4,754마디
가지 많은 나무가 큰 그늘을 만든다 / 최성수 / 내일을 여는 책 / 1993/ 5,121마디
감추어진 비밀 / 김이관 / 기독교문화사 / 1993/ 4,880마디
거울 속의 가을 남자 / 이철호 / 한겨레 / 1993/ 4,878마디
고독은 나를 자유롭게 한다 / 이향아 / 자유문학사 / 1990/ 4,692마디
고슴도치 어미의 사랑 / 오인숙 / 규장문화사 / 1990/ 5,405마디
광야에서의 사색 / 고은 / 동아출판사 / 1993/ 4,961마디
사색 - 이문열 사색집 / 이문열 / 도서출판 살림 / 1991/ 5,247마디
삶의 결 살림의 질 / 김원일 / 세계사 / 1993/ 4,926마디
세상의 다른 이름 / 유자효 / 박영률출판사 / 1997/ 5,706마디
한국 현대 수필을 찾아서 / 구인환 편 / 한샘출판주식회사 / 1984/ 2,892마디

[동화]
릭키의 컴퓨터 탐험 / 홍준환 / 우신출판사 / 1989/ 4,101마디
아기참새 찌꾸 / 곽재구 / 국민서관 / 1992/ 4,394마디
열두 컷의 낡은 필름 / 이영호 / 오늘 / 1991/ 5,127마디
피리 부는 소년 / 이주홍 / 삼성미디어 / 1991/ 5,208마디
하늘에 뜬 돌도끼 / 손동인 / 창작과비평사 / 1989/ 4,284마디

실용산문

[시사/정보]
강따라 아리랑 찾아 / 신경림 / 문이당 / 1992/ 5,010마디
영화즐기기 / 정재윤 / 한샘출판사 / 1994/ 5,709마디
읽을거리 생각거리 / 이상태 / 대구광역시 교육청 / 1996/ 4,780마디
축제와 마당극 / 이상일 / 조선일보사 / 1986/ 5,058마디
한국언론의 좌표 / 이효성 / 박영률출판사 / 1996/ 4,885마디
한국인의 짝사랑, 중국 / 임계순 / 김영사 / 1994/ 4,917마디
TV드라마 바로보기, 바로쓰기 / 장기오 / 박영률출판사 / 1997/ 4,966마디

사적저술산문

[수기/전기]
가슴이 따뜻한 사람과 만나고 싶다 / 정혜자 / 미완 / 1990/ 4,859마디
가을에 만난 사람 / 박완서 / 제3기획 / 1990/ 4,981마디
강요된 통만두 / 이광출 / 서울기획 / 1993/ 4,958마디
겨울 허수아비도 사는 일에는 연습이 필요하다 / 김경민 / 도서출판 성림 / 1993/ 4,807마디
과천 종합청사 불빛은 꺼지지 않는다 / 이철환 / 법지사 / 1992/ 6,045마디
광야의 끝에서 / 이신범 / 실천문학사 / 1991/ 4,713마디
나, 고은 / 고은 / 민음사 / 1994/ 5,724마디
뉴스를 말씀드리겠습니다, 딸꾹! / 이계진 / 도서출판우석 / 1991/ 5,538마디
시련은 있어도 실패는 없다(나의 삶 나의 이상) / 정주영 / 제삼기획 / 1991/ 4,919마디
9시 뉴스를 기다리며 / 신은경 / 김영사 / 1992/ 4,779마디
안녕하십니까 MBC 전국패트롤 봉두완입니다.(봉두완칼럼) / 봉두완 / 성현출판사 / 1991/ 4,562마디
연대생 2020(연세대학생 스무 명이 쓴 나의 스무 살 이야기) / 고운기 / 답게 / 1994/ 5,375마디

이육사/ 김명수/ 창작과 비평사/ 1991/ 4,974마디
이제 여자가 되고 싶어요/ 김현희/ 고려원/ 1991/ 06/ 20/ 4,830마디
풀종다리의 노래(손석희 아나운서의 삶의 이야기)/ 손석희/ 역사비평사/ 1993/ 4,960마디

교과서

[언어]
말하기듣기1-1/ 교육부/ 국정교과서주식회사/ 1995/ 1,206마디
말하기듣기1-2/ 교육부/ 국정교과서주식회사/ 1995/ 2,333마디
말하기듣기2-1/ 교육부/ 국정교과서주식회사/ 1995/ 2,958마디
말하기듣기2-2/ 교육부/ 국정교과서주식회사/ 1995/ 2,533마디
말하기듣기3-1/ 교육부/ 국정교과서주식회사/ 1996/ 3,311마디
말하기듣기3-2/ 교육부/ 국정교과서주식회사/ 1996/ 3,244마디
말하기듣기4-1/ 교육부/ 국정교과서주식회사/ 1996/ 3,911마디
말하기듣기4-2/ 교육부/ 국정교과서주식회사/ 1996/ 3,453마디
말하기듣기쓰기5-1/ 교육부/ 국정교과서주식회사/ 1997/ 6,254마디
말하기듣기쓰기5-2/ 교육부/ 대한교과서주식회사/ 1997/ 6,860마디
말하기듣기쓰기6-1/ 교육부/ 국정교과서주식회사/ 1997/ 6,523마디
말하기듣기쓰기6-2/ 교육부/ 대한교과서주식회사/ 1997/ 6,500마디
읽기1-1/ 교육부/ 국정교과서주식회사/ 1995/ 2,088마디
읽기1-2/ 교육부/ 국정교과서주식회사/ 1995/ 4,589마디
읽기2-1/ 교육부/ 국정교과서주식회사/ 1995/ 6,905마디
읽기2-2/ 교육부/ 국정교과서주식회사/ 1995/ 6,570마디
읽기3-1/ 교육부/ 국정교과서주식회사/ 1996/ 4,984마디
읽기3-2/ 교육부/ 국정교과서주식회사/ 1996/ 4,991마디
읽기4-1/ 교육부/ 대한교과서주식회사/ 1996/ 5,284마디
읽기4-2/ 교육부/ 대한교과서주식회사/ 1996/ 5,205마디
읽기5-1/ 교육부/ 대한교과서주식회사/ 1997/ 18,437마디 [20]
읽기5-2/ 교육부/ 대한교과서주식회사/ 1997/ 5,140마디
읽기6-1/ 교육부/ 대한교과서주식회사/ 1997/ 5,350마디
읽기6-2/ 교육부/ 대한교과서주식회사/ 1997/ 5,137마디
[생활]
바른생활1-1/ 교육부/ 국정교과서주식회사/ 1995/ 506마디
바른생활1-2/ 교육부/ 국정교과서주식회사/ 1995/ 889마디
바른생활2-1/ 교육부/ 국정교과서주식회사/ 1995/ 1,520마디
바른생활2-2/ 교육부/ 국정교과서주식회사/ 1995/ 1,805마디
생활의길잡이1-1/ 교육부/ 국정교과서주식회사/ 1995/ 854마디
생활의길잡이1-2/ 교육부/ 국정교과서주식회사/ 1995/ 1,466마디
생활의길잡이2-1/ 교육부/ 국정교과서주식회사/ 1995/ 2,400마디
생활의길잡이2-2/ 교육부/ 국정교과서주식회사/ 1995/ 3,274마디
생활의길잡이3-1/ 교육부/ 국정교과서주식회사/ 1996/ 5,185마디
생활의길잡이3-2/ 교육부/ 국정교과서주식회사/ 1996/ 4,416마디
생활의길잡이4-1/ 교육부/ 국정교과서주식회사/ 1996/ 5,178마디
생활의길잡이4-2/ 교육부/ 국정교과서주식회사/ 1996/ 5,304마디
생활의길잡이5/ 교육부/ 국정교과서주식회사/ 1997/ 5,169마디
생활의길잡이6/ 교육부/ 국정교과서주식회사/ 1997/ 5,257마디
슬기로운생활1-1/ 교육부/ 국정교과서주식회사/ 1995/ 629 마디

---

[20] 이 표본은 주석 단계의 자료 처리 과정에서 실수로 텍스트 전체가 포함되어, 다른 텍스트보다 어절 수가 많게 되었다.

슬기로운생활1-2/ 교육부/ 국정교과서주식회사 / 1995/ 1,288마디
슬기로운생활2-1/ 교육부/ 국정교과서주식회사 / 1995/ 2,577마디
슬기로운생활2-2/ 교육부/ 국정교과서주식회사 / 1995/ 1,967마디
즐거운생활1-1/ 교육부/ 국정교과서주식회사 / 1995/ 634 마디
즐거운생활1-2/ 교육부/ 국정교과서주식회사 / 1995/ 806 마디
즐거운생활2-1/ 교육부/ 국정교과서주식회사 / 1995/ 1,133마디
즐거운생활2-2/ 교육부/ 국정교과서주식회사 / 1995/ 917 마디
[도덕]
도덕3-1/ 교육부/ 국정교과서주식회사 / 1996/ 4,198마디
도덕3-2/ 교육부/ 국정교과서주식회사 / 1996/ 5,382마디
도덕4-1/ 교육부/ 국정교과서주식회사 / 1996/ 6,534마디
도덕4-2/ 교육부/ 국정교과서주식회사 / 1996/ 6,997마디
도덕5/ 교육부/ 국정교과서주식회사 / 1997/ 5,498마디
도덕6/ 교육부/ 국정교과서주식회사 / 1997/ 5,453마디
[사회]
사회3-1/ 교육부/ 국정교과서주식회사 / 1996/ 4,413마디
사회3-2/ 교육부/ 국정교과서주식회사 / 1996/ 7,204마디
사회4-1/ 교육부/ 국정교과서주식회사 / 1996/ 4,027마디
사회4-2/ 교육부/ 국정교과서주식회사 / 1996/ 5,388마디
사회5-1/ 교육부/ 국정교과서주식회사 / 1997/ 5,561마디
사회5-2/ 교육부/ 국정교과서주식회사 / 1997/ 5,514마디
사회6-1/ 교육부/ 국정교과서주식회사 / 1997/ 5,536마디
사회6-2/ 교육부/ 국정교과서주식회사 / 1997/ 5,478마디
사회과탐구(서울의 생활) 4-1/ 교육부/ 국정교과서주식회사 / 1996/ 5,563마디
사회과탐구4-2/ 교육부/ 국정교과서주식회사 / 1996/ 5,456마디
사회과탐구5-1/ 교육부/ 국정교과서주식회사 / 1997/ 5,400마디
사회과탐구5-2/ 교육부/ 대한교과서주식회사 / 1997/ 5,514마디
사회과탐구6-1/ 교육부/ 대한교과서주식회사 / 1997/ 5,529마디
사회과탐구6-2/ 교육부/ 국정교과서주식회사 / 1997/ 5,504마디

한국어 교과서

한국어1/ 연세대학교 한국어학당 / 연세대학교 출판부 / 1992/ 1,551마디
한국어2/ 연세대학교 한국어학당 / 연세대학교 출판부 / 1992/ 2,114마디
한국어3/ 연세대학교 한국어학당 / 연세대학교 출판부 / 1993/ 3,639마디
한국어4/ 연세대학교 한국어학당 / 연세대학교 출판부 / 1994/ 5,090마디
한국어5/ 연세대학교 한국어학당 / 연세대학교 출판부 / 1994/ 7,121마디
한국어6/ 연세대학교 한국어학당 / 연세대학교 출판부 / 1994/ 9,205마디
한국어1/ 고려대학교 한국어문화연수부편 / 고려대학교 민족문화연구소 / 1986/ 518 마디
한국어2/ 고려대학교 한국어문화연수부편 / 고려대학교 민족문화연구소 / 1991/ 1,178마디
한국어3/ 고려대학교 한국어문화연수부편 / 고려대학교 민족문화연구소 / 1986/ 2,411마디
한국어4/ 고려대학교 한국어문화연수부편 / 고려대학교 민족문화연구소 / 1986/ 2,669마디
한국어5/ 고려대학교 한국어문화연수부편 / 고려대학교 민족문화연구소 / 1992/ 3,105마디
한국어6/ 고려대학교 한국어문화연수부편 / 고려대학교 민족문화연구소 / 1992/ 10,606마디
한국어회화1/ 고려대학교 한국어문화연수부편 / 고려대학교 민족문화연구소 / 1991/ 874 마디
한국어회화2/ 고려대학교 한국어문화연수부편 / 고려대학교 민족문화연구소 / 1991/ 1,871마디
한국어회화3/ 고려대학교 한국어문화연수부편 / 고려대학교 민족문화연구소 / 1986/ 2,177마디
한국어회화4/ 고려대학교 한국어문화연수부편 / 고려대학교 민족문화연구소 / 1986/ 1,945마디
한국어회화5/ 고려대학교 한국어문화연수부편 / 고려대학교 민족문화연구소 / 1992/ 2,337마디
한국어회화6/ 고려대 한국어문화연수부편 / 고려대학교 민족문화연구소 / 1992/ 6,491마디

한국어1/ 서울대학교어학연구소 / 대한민국문화부 / 1995/ 1,063마디
한국어2/ 서울대학교어학연구소 / 대한민국문화부 / 1992/ 2,006마디
한국어3/ 서울대학교어학연구소 / 대한민국문화부 / 1994/ 2,959마디
외국인을 위한 한국어1/ 이화여자대학교 언어교육원 / 이화여자대학교 출판부 / 1991/ 2,713마디
외국인을 위한 한국어2/ 이화여자대학교 언어교육원 / 이화여자대학교 출판부 / 1991/ 2,422마디
한국어1/ 한국외국어대학교 외국어연수원 / 한국외국어대학교 출판부 / 1996/ 797마디
한국어2/ 한국외국어대학교 외국어연수원 / 한국외국어대학교 출판부 / 1997/ 1,080마디
基礎朝鮮語 / 徐尚揆 / 동경:白帝社 / 1992/ 6,006마디
朝鮮語の入門 / 菅野裕臣 / 동경:白水社 / 1981/ 3,380마디
朝鮮語入門1/ 油谷幸利 / 동경:ひつじ書房 / 1997/ 828 마디
朝鮮語入門2/ 油谷幸利 / 동경:ひつじ書房 / 1997/ 7,403마디
朝鮮語の入門講座1/ 早川嘉春 / 동경:계림관서점 / 1976/ 947마디

구어(녹음 전사 자료)

[일상대화]
남녀 대학생 2인 잡담 / 남녀 대학생 2명 / 녹음전사 / 2003/ 969마디
남녀 대학생 3인 잡담 / 남녀 대학생 3명 / 녹음전사 / 2003/ 2,196마디
남녀 대학생 5인 잡담 / 남녀 대학생 5명 / 녹음전사 / 2003/ 775마디
남자 대학생 2인 잡담 / 남자 대학생 2명 / 녹음전사 / 2003/ 1,151마디
대학 선후배의 잡담 / 남녀 대학생 6명 / 녹음전사 / 2003/ 533마디
대학 선후배의 잡담 / 남녀 대학생 2명 / 녹음전사 / 2003/ 2,060마디
식사 중의 대화 / 남자 대학생 2명 / 녹음전사 / 2003/ 2,391마디
식사 중의 대화 / 남자 대학생 2명 / 녹음전사 / 2003/ 1,916마디
[주제대화]
건강 이야기 / 30대 남녀 3명 / 녹음전사 / 2003/ 5,879마디
이야기 담화(동화 들려주기) / 여자 대학생 11명 / 녹음전사 / 1998/ 5,246마디
직장 생활 / 20대 여자 2명 / 녹음전사 / 2003/ 2,959마디
학창시절 / 20대 남녀 2명 / 녹음전사 / 2001/ 3,777마디
학창시절 / 여자 대학생 2명 / 녹음전사 / 2001/ 1,359마디
[상담대화]
대학 상담실 대화(진로 탐색)(1992.3.26) / 연세대학교 / 1992/ 10,109마디
[강의/강연]
언어 형식과 생활 구조(남기심 교수 강연) / 1990/ 5,210마디
[방송뉴스]
MBC뉴스데스크(1999.7.4) / MBC-TV / 1999.7. / 4,163마디
[방송대화]
여성시대 3,4부(1996.4.1) / MBC-라디오 / 녹음전사 / 1996/ 4,902마디
[방송상담]
이지현의 라디오상담실 / MBC-라디오 / 녹음전사 / 2001/ 3,578마디
[방송토론]
MBC100분토론(2001.9.13) / 유시민 외 6명 / 녹음전사 / 2001/ 11,655마디

구어(준구어/대본)

[드라마]
보고 또 보고(1회) / 임성한 / MBC-TV / 1998/ 2,650마디
육남매(20회) / 최성실 / MBC-TV / 1998/ 5,474마디
추억(6회) / 정성주 / MBC-TV / 1998/ 5,256마디

해바라기(10회) / 최진원, 인정옥 / MBC-TV / 1998/ 5,082마디
[연극]
굴레쓴 사람들 / 김승규 / 한샘출판사 / 1992/ 10,317마디
만행 / 노동혁 / 한국일보사 / 1998/ 3,243마디
O의 도시 / 오태영 / 극단제3무대 / 연도미상 / 6,801마디
피서지에서 생긴 일 / 이근삼 / 1981/ 6,767마디

[영화]
초록 물고기 / 이창동 감독 / 1997/ 8,550마디
8월의 크리스마스 / 허진호 감독 / 1998/ 3,540마디
편지 / 이정국 감독 / 1997/ 7,298마디

6. 이 사전의 편찬과 관련된 참고 문헌 목록

이 사전의 편찬과 관련해서 발표한 관련 논문들을 연도순으로 보이면 다음과 같다.

서상규(1998a), 『현대 한국어의 어휘 빈도(상·하)』, 서울: 연세대 언어정보개발연구원 내부보고서.
서상규(1998b), 「말뭉치 분석에 기반을 둔 낱말 빈도의 조사와 그 응용 -연세 말뭉치를 중심으로-」, 『한글』242, 서울: 한글학회.
서상규·남윤진·진기호(1998a), 『외국어로서의 한국어 교육을 위한 기초 어휘 선정 ❶- 기초 어휘 빈도 조사 결과-』, 서울: 문화관광부/한국어 세계화 추진위원회.
서상규·남윤진·진기호(1998b), 『외국어로서의 한국어 교육을 위한 기초 어휘 선정 ❷- 교재 8종의 어휘 사용 실태 조사』, 서울: 문화관광부/한국어 세계화 추진위원회.
서상규·최호철·강현화(1999), 『한국어 교육 기초 어휘 의미 빈도 사전의 개발』, 서울: 한국어 세계화 추진위원회.
서상규·강현화·유현경(2000), 『한국어 교육 기초 어휘 의미 빈도 사전의 개발』, 서울: 문화관광부/한국어 세계화 추진위원회.
서상규(2001), 「말뭉치의 주석과 한국어 기본 어휘 의미 빈도 사전」, 『계량언어학』 1집, 서울: 박이정, pp. 57-104.
서상규·강현화·유현경·김홍범(2001), 『외국인을 위한 한국어 학습 사전 개발(1차년도) 최종 보고서』, 서울: 한국어세계화재단·문화관광부.
서상규·김진웅·김한샘(2001), 「Yonsei Sense Frequency Dictionary based on sense-tagged corpus」, 『사전편찬학 연구』 제11집 2호, 서울: 연세대학교 언어정보개발연구원, pp. 19-38.
서상규·김한샘(2001), 「의미주석 말뭉치와 전자사전의 의미기술정보」, 제13차 정보처리 학회 발표문, 한국정보과학회.
서상규(2002a), 「한국어 말뭉치의 구축과 과제」, 『한국어와 정보화』, 태학사, pp. 255-292.
서상규(2002b), 「한국어 기본 어휘와 말뭉치 분석」, 『21세기 한국어교육학의 현황과 과제』, 박영순 편, 서울: 한국문화사, pp. 361-396.
이익환·서상규(2002), 『기본 어휘 선정 및 사용 실태 조사를 위한 기초 연구』, 서울: 국립국어연구원.
서상규(2003a), 「한국어 교재의 어휘 사용량 조사」, 『계량언어학』 2집, 서울: 박이정, pp. 57-104.
서상규(2003b), 「한국어 학습 사전 편찬과 기본 어휘의 선정을 위한 기초 연구」, 『조선어연구』 3집, 조선어연구회, 동경: くろしお出版.

서상규(2003c), 「한국어 학습자 말뭉치 구축의 실제적 문제」, 『한국어 교육과 학습 사전』, 서상규 편, 서울: 한국문화사.

서상규·백봉자·강현화·김홍범·남길임·유현경·정희정·한송화(2004), 『외국인을 위한 한국어 학습 사전』, 서울: 문화관광부·한국어세계화재단.

서상규(2006a), 「의미 빈도 사전과 어휘 연구」, 『朝鮮学報』198집, 텐리: 조선학회, pp. 33-61.

徐尚揆(2006b), 「韓国語 学習 辞典 編纂과 基本 語彙의 選定을 위한 基礎研究」, 『朝鮮語研究』3, 朝鮮語研究会 편, 동경: くろしお出版.

서상규·백봉자·강현화·김홍범·남길임·유현경·정희정·한송화(2006), 『외국인을 위한 한국어 학습 사전』, 서울: 신원프라임.

서상규(2007), 「基礎学習語彙論: 日本語話者のために」, 『韓国語教育論講座 第1巻』, 野間秀樹 편, 동경: くろしお出版.

서상규(2008a), 「균형 말뭉치 구축 방법론의 새로운 모색」, 『언어정보와 사전편찬』22권, 서울: 연세대 언어정보연구원, pp. 5-44.

서상규(2008b), 「韓国におけるコーパス研究と活用」, 『国文学解釈と鑑賞』74권 1호, 동경, pp. 100-105.

서상규(2009), 「높임법 특수 어휘의 용법과 사전 기술」, 『한국어교육연구』4집, 배재대학교, pp. 105-136.

서상규·유현경(2009), 『교육용 기본 어휘 선정을 위한 기초 연구』, 서울: 국립국어원.

서상규(2013), 『한국어 기본어휘 연구』, 한국문화사.

서상규(2014), 「한국어 기본어휘의 검증에 관한 일고찰 - 연세대 한국어학당 <1급단어목록>과의 대조 분석 -」, 『외국어로서의 한국어교육』40집, 서울: 연세대 언어연구교육원 한국어학당, pp. 141-169.

서상규(2015), 「기본어휘 "먹다"의 의미 빈도와 텍스트 유형」, 『외국어로서의 한국어교육』42집, 서울: 연세대 언어연구교육원 한국어학당, pp. 109-141.

서상규·김진웅(2017), 「『한국어 기본어휘 의미 빈도 사전』의 개발, 그리고 한국어 어휘 연구 활용 방안」, 『언어 사실과 관점』40집, 서울: 연세대 언어정보연구원, pp. 1-30.

제2부
한국어 기본어휘 의미 빈도 사전

ㄱ

≪가≫전체빈도합=73(0.0039%) [21]
가¹ 명★★★ 【Text=14/Freq1=23(31.9%)】
　⓪ (예) 큰길의 오른쪽 가에 있다.
가² 명 【Text=2/Freq1=2(2.9%)】
　① (예) 방영 불가와 가(可).
　　〔Text=1/Freq2=1(50%)〕
　② (예) 수학 성적이 가로 나오다.
　　〔Text=1/Freq2=1(50%)〕
-가⁵ 접 【Text=1/Freq1=1(1.4%)】
　⓪ (예) 카라마조프가(家)의 형제.
-가⁷ 접 【Text=1/Freq1=1(1.4%)】
　⓪ (예) 성은 김 가(哥)이다.
-가⁸ 접☆★☆ 【Text=9/Freq1=14(19.2%)】
　① (예) 종로3가(街).
　　〔Text=9/Freq2=13(92.9%)〕
　② (예) 오피스가. 〔Text=1/Freq2=1(7.1%)〕
가⁰ 명 【Text=11/Freq1=32(43.8%)】
　❶ (예) 가와 나, 다.

≪가게≫전체빈도합=228(0.0123%)
가게 명★★★ 【Text=54/Freq1=228】
　⓪ (예) [생선/화장품] 가게.

≪가격≫전체빈도합=81(0.0044%)
가격¹ 명★★☆ 【Text=27/Freq1=79(97.5%)】
　⓪ (예) 가격(價格)이 [비싸다/싸다].
　　〔Text=27/Freq2=79(100%)〕
　관<가격 변동> 〔×〕
　관<가격 인상> 〔×〕
　관<가격 인하> 〔×〕
　관<가격 파괴> 〔×〕
가격² 명 【Text=1/Freq1=2(2.5%)】
　⓪ (예) 정확히 가격(加擊)을 하다.

≪가구≫전체빈도합=33(0.0018%)
가구¹ 명★★★ 【Text=11/Freq1=17(51.5%)】
　⓪ (예) 값비싼 가구(家具)를 [들이다/사다].
가구² 명 【Text=8/Freq1=16(48.5%)】
　Ⅰ (예) 가구(家口)마다 차 한 대씩 있다.
　　〔Text=3/Freq2=6(37.5%)〕

　Ⅱ (예) 세 가구가 한 집에 살다.
　　〔Text=6/Freq2=10(62.5%)〕

≪가까이≫전체빈도합=129(0.0069%)
가까이¹ 명 【Text=41/Freq1=52(40.3%)】
　① (예) 집 가까이에 산이 있다.
　　〔Text=39/Freq2=48(92.3%)〕
　② (예) 30년 가까이나 되는 세월.
　　〔Text=3/Freq2=3(5.8%)〕
　관<가까이 두다> 〔Text=1/Freq2=1(0%)〕
가까이² 부★★☆ 【Text=56/Freq1=77(59.7%)】
　① (예) 차가 가까이 다가오다.
　　〔Text=37/Freq2=53(68.8%)〕
　② (예) 책을 가까이 하다.
　　〔Text=11/Freq2=12(15.6%)〕
　③ (예) 가까이는 일제 시대를 거쳐 오늘에
　　이르다. 〔×〕
　④ (예) 한 시간 가까이 기다리다.
　　〔Text=12/Freq2=12(15.6%)〕

≪가깝다≫전체빈도합=253(0.0136%)
가깝다 형★★★ 【Text=118/Freq1=253】
　Ⅰ ① (예) 역이 집에서 가깝다.
　　　〔Text=63/Freq2=106(41.9%)〕
　　② (예) 겨울이 가까워지다.
　　　〔Text=25/Freq2=29(11.5%)〕
　Ⅱ ① (예) 친구와 가깝게 지내다.
　　　〔Text=39/Freq2=55(21.7%)〕
　　② (예) 가까운 친척.
　　　〔Text=11/Freq2=11(4.3%)〕
　Ⅲ ① (예) 울음에 가까운 목소리.
　　　〔Text=19/Freq2=23(9.1%)〕
　　② (예) 완벽에 가깝다.
　　　〔Text=12/Freq2=12(4.7%)〕
　　③ (예) 40억에 가까운 인구.
　　　〔Text=16/Freq2=16(6.3%)〕
　ⓧ 〔Text=1/Freq2=1(0%)〕

≪가꾸다≫전체빈도합=111(0.0060%)
가꾸다 동★☆★ 【Text=53/Freq1=111】
　① (예) 꽃을 예쁘게 가꾸다.
　　〔Text=31/Freq2=66(59.5%)〕
　② (예) 정원을 아름답게 가꾸다.
　　〔Text=14/Freq2=19(17.1%)〕
　③ (예) 외모를 가꾸다.

---

21) 『연세 한국어 사전』의 '-가⁶'(예술가, 노력가)나 '-가⁹'(응원가, 이별가), '-가¹⁰'(최고가, 상한가)는 말뭉치의 분석에 적용하지 않았으므로 제외한다.

〔Text=3/Freq2=3(2.7%)〕
④ ㉠ (예) 아이들은 가꾸기 나름이다. 〔×〕
　㉡ (예) 희망찬 미래를 가꾸다.
　　〔Text=7/Freq2=7(6.3%)〕
❺ (예) 우리말을 곱게 가꾸어 나가다.
　〔Text=12/Freq2=15(13.5%)〕
ⓧ 〔Text=1/Freq2=1(0.9%)〕

《**가끔**》전체빈도합=229(0.0123%)

가끔 튀★★★　【Text=99/Freq1=229】
⓪ (예) 가끔 친구를 만나다.

《**가난**》전체빈도합=34(0.0018%)

가난 명　【Text=16/Freq1=34】
⓪ (예) 가난 속에 살다.

《**가난하다**》전체빈도합=131(0.0071%)

가난하다 형★★☆　【Text=57/Freq1=131】
⓪ (예) 가난한 이웃을 돕다.
　〔Text=45/Freq2=94(71.8%)〕
❶ (예) 집도 나라도 가난하다.
　〔Text=22/Freq2=31(23.7%)〕
❷ (예) 마음이 가난한 사람.
　〔Text=2/Freq2=3(2.3%)〕
ⓧ 〔Text=3/Freq2=3(2.3%)〕

《**가늘다**》전체빈도합=27(0.0015%)

가늘다 형☆☆★　【Text=19/Freq1=27】
① (예) 손가락이 가늘다.
　〔Text=10/Freq2=16(59.3%)〕
② (예) 가는 [봄비/빗줄기]가 흩날리다. 〔×〕
③ (예) 목소리가 가늘다.
　〔Text=2/Freq2=2(7.4%)〕
④ (예) 가는 [등잔불/바람결/한숨]. 〔×〕
⑤ (예) 가는 체로 흙을 치다.
　〔Text=1/Freq2=1(3.7%)〕
⑥ (예) 손이 가늘게 떨리다.
　〔Text=7/Freq2=8(29.6%)〕

《**가능성**》전체빈도합=98(0.0053%)

가능성 명★★☆　【Text=52/Freq1=98】
⓪ (예) 가능성(可能性)이 낮다.

《**가능하다**》전체빈도합=169(0.0091%)

가능하다 형★★☆　【Text=78/Freq1=169】
⓪ (예) 예약 취소가 가능(可能)하다.

《**가다**》전체빈도합=5,718(0.3079%)

가다[1] 동★★★　【Text=214/Freq1=4,819(84.3%)】

Ⅰ ① (예) [어디에/저쪽으로] 가다.
　〔Text=207/Freq2=3,152(65.4%)〕
② (예) [학교에/산으로] 가다.
　〔Text=135/Freq2=499(10.4%)〕
③ (예) [대학에/군대] 가다.
　〔Text=40/Freq2=135(2.8%)〕
④ (예) 미국 지사로 가다.
　〔Text=10/Freq2=13(0.3%)〕
⑤ (예) 민족이 가야 할 길./통일로 가는 길./올바른 길을 가다.
　〔Text=15/Freq2=22(0.5%)〕
⑥ (예) 결과가 어떻게 될지 끝까지 가 보다. 〔Text=28/Freq2=31(0.6%)〕
⑦ (예) 광화문으로 가는 길.
　〔Text=31/Freq2=59(1.2%)〕
⑧ ㉠ (예) 손잡이가 위로 가다.
　〔Text=7/Freq2=12(0.2%)〕
　㉡ (예) 그쪽으로 눈길이 가다.
　〔Text=2/Freq2=2(0%)〕
⑨ (예) 불쌍한 사람들에게 가야 할 돈.
　〔Text=3/Freq2=3(0.1%)〕
⑩ (예) 지갑이 어디로 가다.
　〔Text=17/Freq2=18(0.4%)〕
⑪ (예) 후반부로 가면서 더 재미있다.
　〔Text=7/Freq2=40(0.8%)〕
⑫ (예) 말년에 가서 성공을 거두다.
　〔Text=25/Freq2=44(0.9%)〕
❸ (예) [모임에/회의에] 가다.
　〔Text=5/Freq2=7(0.1%)〕

Ⅱ ① (예) 길을 가다가 친구를 만나다.
　〔Text=63/Freq2=119(2.5%)〕
② (예) [여행을/이사를] 가다.
　〔Text=109/Freq2=291(6%)〕
③ (예) [시집을/장가를] 가다.
　〔Text=25/Freq2=54(1.1%)〕
④ ㉠ (예) 나라에서 첫째 가는 부자.
　〔Text=15/Freq2=23(0.5%)〕
　㉡ (예) 값이 얼마나 갈까? 〔×〕
⑤ (예) 꽃이 오래 가다./세 살 버릇 여든 가다. 〔Text=11/Freq2=14(0.3%)〕

Ⅲ ① (예) 시간이 빨리 가다.
　〔Text=61/Freq2=93(1.9%)〕
② (예) 어두운 [세월이/시대가] 가다.
　Text=9/Freq2=9(0.2%)〕
③ (예) 성한 눈마저 가다. 〔×〕
④ (예) 전화 신호가 가다.

⑤ (예) 중고차인데도 잘 가다.
　　　　〔Text=7/Freq2=9(0.2%)〕
　　　⑥ (예) 평생 가난하게 살다가 가다.
　　　　〔Text=13/Freq2=19(0.4%)〕
　　　⑦ (예) 이대로 가면 점점 어려워지다.
　　　　〔Text=8/Freq2=14(0.3%)〕
　Ⅳ ① (예) [소식이/연락이] 가다.
　　　　〔Text=3/Freq2=3(0.1%)〕
　　　② (예) 유리컵에 금이 가다.
　　　　〔Text=5/Freq2=5(0.1%)〕
　　　③ (예) 그에게 [마음이/호감이] 가다.
　　　　〔Text=15/Freq2=20(0.4%)〕
　　　④ (예) 이해가 가다.
　　　　〔Text=21/Freq2=25(0.5%)〕
　　　⑤ (예) 시민들에게 피해가 가다.
　　　　〔Text=2/Freq2=2(0%)〕
　　　⑥ ㉠ (예) 아내 손이 안 간 살림이 없다.
　　　　　〔Text=1/Freq2=1(0%)〕
　　　　㉡ (예) 잡채 만들 때 손이 많이 가다.
　　　　　〔Text=2/Freq2=4(0.1%)〕
　　　　㉢ (예) 음식에 손이 안 가다.
　　　　　〔Text=2/Freq2=2(0%)〕
　관<[가끔/간혹] 가다>
　　〔Text=1/Freq2=2(0%)〕
　관<가는 말이 고와야 오는 말이 곱다>
　　〔Text=4/Freq2=2(0%)〕
　관<간 곳(이)[데(가)] 없다>
　　〔Text=2/Freq2=2(0%)〕
　관<간에 기별도 안 가다> 〔×〕
　관<갈 [곳/데] [없는/없이]>
　　〔Text=2/Freq2=2(0%)〕
　관<갈수록> 갈수록 날씨가 추워지다.
　　〔Text=4/Freq2=4(0.1%)〕
　관<골로 가다> 〔×〕
　관<끝 간 데를 모르다>
　　〔Text=2/Freq2=1(0%)〕
　관<맛이 가다> 지쳐서 맛이 간 얼굴.
　　〔Text=3/Freq2=3(0.1%)〕
　관<물이 가다> 〔×〕
　관<[백년/생전] [가도/가야]>
　　〔Text=1/Freq2=4(0.1%)〕
　관<뽕 가다> 〔×〕
　관<안녕히 [가세요/가십시오]>
　　〔Text=19/Freq2=35(0.7%)〕
　관<오고 가다>/<왔다 갔다 하다>
　　〔Text=7/Freq2=10(0.2%)〕
　관<오나 가나> 〔×〕
　관<오도 가도 못하다> 〔×〕
　관<저리 가라> 요리사 저리 가라 할 솜씨.
　　〔Text=2/Freq2=2(0%)〕
　관<힘이 가다> 손에 힘이 가다.
　　〔Text=1/Freq2=1(0%)〕
　㊀ 〔Text=1/Freq2=4(0.1%)〕

가다² 동보★★☆
　　　【Text=178/Freq1=899(15.7%)】
　① (예) 밤이 점점 깊어 가다./두 달이 되어
　　　가다. 〔Text=160/Freq2=702(78%)〕
　② (예) 예를 들어 가며 설명하다.
　　　〔Text=86/Freq2=198(22%)〕

≪**가다듬다**≫전체빈도합=19(0.0010%)

가다듬다 동　【Text=15/Freq1=19】
　① (예) [마음을/숨을/정신을] 가다듬다.
　　　〔Text=12/Freq2=15(78.9%)〕
　② (예) [머리칼을/옷매무새를] 가다듬다.
　　　〔Text=4/Freq2=4(21.1%)〕
　③ (예) 목소리를 가다듬다. 〔×〕

≪**가두다**≫전체빈도합=20(0.0011%)

가두다 동　【Text=14/Freq1=20】
　① (예) [감옥에/우리에] 가두다.
　　　〔Text=11/Freq2=17(85%)〕
　② (예) 저수지에 물을 가두다.
　　　〔Text=3/Freq2=3(15%)〕

≪**가득**≫전체빈도합=130(0.0070%)

가득 부★★★　【Text=80/Freq1=130】
　⓪ (예) 병에 물이 가득 차다.

≪**가득차다**≫전체빈도합=23(0.0012%)

가득차다 동　【Text=17/Freq1=23】
　① ㉠ (예) 즈머니가 [꽁초가/동전으로]
　　　　가득차다. 〔Text=6/Freq2=6(26.1%)〕
　　㉡ (예) [냄새가/빛이/연기가/소음으로]
　　　　가득차다. 〔Text=4/Freq2=4(17.4%)〕
　② (예) [결의에/근심이/생각으로] 가득차다.
　　　〔Text=10/Freq2=13(56.5%)〕

≪**가득하다**≫전체빈도합=46(0.0025%)

가득하다 형　【Text=32/Freq1=46】
　① (예) 가게 안에 물건이 가득하다.
　　　〔Text=16/Freq2=21(45.7%)〕
　② (예) 뜰어 한낮의 햇살이 가득하다.

〔Text=11/Freq2=11(23.9%)〕
③ (예) 사랑으로 가득한 세상./얼굴에 기쁨이 가득하다. 〔Text=12/Freq2=14(30.4%)〕

≪**가뜩이나**≫전체빈도합=15(0.0008%)

가뜩이나 및　【Text=10/Freq1=15】
⓪ (예) 가뜩이나 신경 쓸 일도 많은데, 아이까지 말썽이다.

≪**가라앉다**≫전체빈도합=30(0.0016%)

가라앉다 동　【Text=28/Freq1=30】
① ㉠ (예) 배가 물속으로 가라앉다.
　　　〔Text=5/Freq2=5(16.7%)〕
　㉡ (예) 먼지가 가라앉다. 〔×〕
② ㉠ (예) [마음이/화가/흥분이] 가라앉다.
　　　〔Text=6/Freq2=6(20%)〕
　㉡ (예) [민심의 소용돌이가/분규가] 가라앉다. 〔×〕
③ (예) 두통이 가라앉다.
　　　〔Text=1/Freq2=1(3.3%)〕
④ (예) 숨이 가라앉다. 〔×〕
⑤ (예) 파도가 가라앉다.
　　　〔Text=1/Freq2=1(3.3%)〕
⑥ (예) [붓기가/종창이] 가라앉다. 〔×〕
⑦ ㉠ (예) 착 가라앉은 목소리.
　　　〔Text=6/Freq2=6(20%)〕
　㉡ (예) 분위기가 차갑게 가라앉다.
　　　〔Text=5/Freq2=5(16.7%)〕
　㉢ (예) 표정이 우울하게 가라앉다.
　　　〔Text=1/Freq2=1(3.3%)〕
⑧ (예) 받침대 바닥이 가라앉다. 〔×〕
❾ (예) 온 몸이 가라앉는 느낌.
　　　〔Text=2/Freq2=2(6.7%)〕
ⓧ 〔Text=3/Freq2=3(0%)〕

≪**가라앉히다**≫전체빈도합=16(0.0009%)

가라앉히다 동　【Text=13/Freq1=16】
⓪ (예) [감정을/마음을/분위기를/흥분을] 가라앉히다. 〔Text=12/Freq2=13(81.3%)〕
❶ (예) [불순물을/앙금을] 가라앉히다.
　　　〔Text=2/Freq2=3(18.8%)〕

≪**가락**≫전체빈도합=24(0.0013%)

가락¹ 명★☆☆　【Text=14/Freq1=22(91.7%)】
Ⅰ ① (예) 가락을 맞추다./우리의 가락.
　　　〔Text=13/Freq2=21(95.5%)〕
　② (예) 가락을 높여 호통 치듯 말하다. 〔×〕
　③ (예) 술에 취해 유행가 가락을 뽑다.
　　　〔Text=1/Freq2=1(4.5%)〕

　④ (예) 미군 부대에서 배운 영어의 기본 가락이 몸에 배다. 〔×〕
Ⅱ (예) 소리를 한 가락 뽑다. 〔×〕

가락² 명　【Text=1/Freq1=2(8.3%)】
Ⅰ ① (예) 실뭉치 가락이 너무 크다. 〔×〕
　② (예) 국수 그릇의 가락을 먹어 치우다. 〔×〕
Ⅱ (예) 노래 한 가락.
　　　〔Text=1/Freq2=2(100%)〕

≪**가량**≫전체빈도합=31(0.0017%)

가량 명　【Text=24/Freq1=31】
Ⅰ (예) 가량(假量)을 잘 해서 먹을 갈다. 〔×〕
Ⅱ (예) 3시간 가량./30세 가량의 남자.
　　　〔Text=24/Freq2=31(100%)〕

≪**가렵다**≫전체빈도합=5(0.0003%)

가렵다 형☆☆★　【Text=5/Freq1=5】
⓪ (예) [눈이/몸이] 가렵다.
　　　〔Text=5/Freq2=5(100%)〕
　관 <가려운 [곳을/데를] 긁어 주다> 〔×〕

≪**가령**≫전체빈도합=51(0.0027%)

가령 부　【Text=26/Freq1=51】
⓪ (예) 가령(假令) 이런 경우를 생각해 보자.

≪**가로**≫전체빈도합=15(0.0008%)

가로¹ 명☆☆★　【Text=10/Freq1=12(80%)】
① (예) 빨랫줄이 가로로 걸쳐 있다.
　　　〔Text=7/Freq2=7(58.3%)〕
② (예) 상자의 세로와 가로의 길이.
　　　〔Text=5/Freq2=5(41.7%)〕

가로² 명　【Text=2/Freq1=2(13.3%)】
⓪ (예) 도시의 가로(街路)도 한산하다.
　　　〔Text=2/Freq2=2(100%)〕

가로³ 부　【Text=1/Freq1=1(6.7%)】
① (예) 요를 아랫목에 가로 펴다. 〔×〕
② (예) 고개를 가로 젓다.
　　　〔Text=1/Freq2=1(100%)〕
③ (예) 지하도를 가로 건너다. 〔×〕

≪**가로등**≫전체빈도합=39(0.0021%)

가로등 명　【Text=10/Freq1=39】
⓪ (예) 가로등(街路燈) 불빛.

≪**가로막다**≫전체빈도합=16(0.0009%)

가로막다 동　【Text=14/Freq1=16】
① (예) 철문이 앞을 가로막고 서다.
　　　〔Text=3/Freq2=4(25%)〕

② ㉠ (예) 사람들이 내 앞을 가로막다.
　　　　〔Text=4/Freq2=5(31.3%)〕
　　㉡ (예) 경찰들이 다리를 가로막다.
　　　　〔Text=2/Freq2=2(12.5%)〕
③ (예) 도중에 내 말을 가로막다.
　　　〔Text=4/Freq2=4(25%)〕
④ (예) 눈앞을 가로막는 빗줄기.
　　　〔Text=1/Freq2=1(6.3%)〕

≪가로지르다≫전체빈도합=21(0.0011%)

가로지르다 동 【Text=17/Freq1=21】
① (예) 다리가 개울을 가로지르다.
　　　〔Text=6/Freq2=7(33.3%)〕
② (예) 판자를 가로질러 붙여 만든 벤치.
　　　〔Text=2/Freq2=2(9.5%)〕
③ (예) 광장을 가로질러 달리다.
　　　〔Text=12/Freq2=12(57.1%)〕

≪가루≫전체빈도합=13(0.0007%)

가루 명 ★☆★　【Text=10/Freq1=13】
⓪ (예) [곡식/석탄] 가루.

≪가르다≫전체빈도합=21(0.0011%)

가르다 동 ★☆★　【Text=20/Freq1=21】
① (예) 물고기의 배를 가르다.
　　　〔Text=4/Freq2=4(19%)〕
② (예) 편을 가르다./사람들을 두 편으로
　　　가르다. 〔Text=10/Freq2=11(52.4%)〕
③ ㉠ (예) 죽음이 서로를 갈라 놓다.
　　　〔Text=3/Freq2=3(14.3%)〕
　　㉡ (예) 배가 강물을 가르며 나아가다.
　　　〔Text=2/Freq2=2(9.5%)〕
④ (예) 옳고 그름을 가리다.
　　　〔Text=1/Freq2=1(4.8%)〕

≪가르치다≫전체빈도합=301(0.0162%)

가르치다 동 ★★★　【Text=109/Freq1=301】
Ⅰ ① (예) 학교에서 학생들에게 [수학을/
　　한국어를] 가르치다.
　　　〔Text=68/Freq2=113(37.5%)〕
② (예) [이름을/전화번호를/주소를] 가르쳐
　　주다. 〔Text=39/Freq2=68(22.6%)〕
③ (예) 정직하게 살라고 가르치다.
　　　〔Text=14/Freq2=18(6%)〕
④ (예) 아이에게 예절을 가르치다.
　　　〔Text=21/Freq2=30(10%)〕
Ⅱ (예) 중학교에서 아이들을 가르치다.
　　　〔Text=42/Freq2=72(23.9%)〕

≪가르침≫전체빈도합=36(0.0019%)

가르침 명 ★☆☆　【Text=21/Freq1=36】
⓪ 스승의 가르침을 받다.

≪가리다≫전체빈도합=147(0.0079%)

가리다¹ 동 ★★★　【Text=41/Freq1=60(40.8%)】
⓪ (예) 모자로 얼굴을 가리다.
　　　〔Text=41/Freq2=59(98.3%)〕
ⓧ 〔Text=1/Freq2=1(1.7%)〕

가리다² 동　【Text=6/Freq1=6(4.1%)】
① (예) 산이 건물에 가려서 안 보이다.
　　　〔Text=4/Freq2=4(66.7%)〕
② (예) 소음에 가려 목소리가 안 들리다.
　　　〔Text=2/Freq2=2(33.3%)〕

가리다³ 동　【Text=52/Freq1=81(55.1%)】
① (예) 올해 최고의 팀을 가리는 경기.
　　　〔Text=28/Freq2=38(46.9%)〕
② (예) [때를/시비를/우열을] 가리다.
　　　〔Text=20/Freq2=30(37%)〕
③ (예) [똥오줌을/변을] 가리다.
　　　〔Text=2/Freq2=2(2.5%)〕
❹ (예) 음식을 가리다.
　　　〔Text=8/Freq2=8(9.9%)〕
❺ (예) 사람 낯을 가리다.
　　　〔Text=1/Freq2=2(2.5%)〕
❻ (예) 목구멍을 가리다.
　　　〔Text=1/Freq2=1(1.2%)〕

가리다⁴ 동　【Text=0/Freq1=0】 ⓧ
⓪ (예) 논을 팔아 빚을 가리다. 〔×〕

≪가리키다≫전체빈도합=181(0.0097%)

가리키다 동 ★★★　【Text=69/Freq1=181】
① (예) 손으로 문을 가리키다.
　　　〔Text=37/Freq2=62(34.3%)〕
② (예) 시계가 10시를 가리키다./S극은 남쪽을
　　가리킨다. 〔Text=7/Freq2=9(5%)〕
③ (예) 몸의 각 부분을 가리키는 낱말.
　　　〔Text=22/Freq2=84(46.4%)〕
④ (예) 현대 사회를 가리켜 스트레스 사회라고
　　한다. 〔Text=9/Freq2=15(8.3%)〕
ⓧ 〔Text=2/Freq2=11(6.1%)〕

≪가만≫전체빈도합=43(0.0023%)

가만¹ 부　【Text=24/Freq1=36(83.7%)】
① ㉠ (예) 가만 좀 있어 봐./또 그러면 가만 안
　　두겠어. 〔Text=19/Freq2=23(63.9%)〕
　　㉡ (예) 사뿐사뿐 가만 걷다.

　　　　〔Text=1/Freq2=3(8.3%)〕
　② (예) 가만 보면 그 말기도 하다.
　　　　〔Text=2/Freq2=2(5.6%)〕
　㉮ <가만 두지 않다> 〔×〕
　㉮ <가만 [있거라/있어/있자…]>
　　　　〔Text=5/Freq2=8(22.2%)〕
가만² 갑 【Text=3/Freq1=7(16.3%)】
　⓪ (예) 가만, 이게 무슨 소리지?

≪**가만히**≫전체빈도합=120(0.0065%)

가만히 부★★★　【Text=70/Freq1=120】
　① (예) 아무 말 않고 가만히 서 있다.
　　　　〔Text=45/Freq2=55(45.8%)〕
　② (예) 사람들 모르게 가만히 나오다.
　　　　〔Text=16/Freq2=22(18.3%)〕
　③ (예) 가만히 생각해 보다.
　　　　〔Text=19/Freq2=34(28.3%)〕
　④ (예) 제가 할 테니까 가만히 계세요.
　　　　〔Text=8/Freq2=9(7.5%)〕

≪**가문**≫전체빈도합=30(0.0016%)

가문 명　【Text=14/Freq1=30】
　⓪ (예) 가문(家門)의 명예.

≪**가뭄**≫전체빈도합=29(0.0016%)

가뭄 명　【Text=15/Freq1=29】
　⓪ (예) 가뭄이 들다.

≪**가방**≫전체빈도합=136(0.0073%)

가방 명★★★　【Text=54/Freq1=136】
　⓪ (예) 가방을 [들다/메다/싸다].

≪**가볍다**≫전체빈도합=102(0.0055%)

가볍다 형★★★　【Text=63/Freq1=102】
　① (예) 짐이 가볍다./가벼운 물건.
　　　　〔Text=17/Freq2=19(18.6%)〕
　②㉠ (예) 걸음이 가볍다./가벼운 마음.
　　　　〔Text=12/Freq2=18(17.6%)〕
　　㉡ (예) 목소리가 가볍다./가벼운 색채.
　　　　〔Text=4/Freq2=4(3.9%)〕
　③ (예) 입이 가볍다. 〔Text=1/Freq2=1(1%)〕
　④ (예) [약속을/일을] 가볍게 생각하다./
　　　가볍게 되묻다. 〔Text=7/Freq2=7(6.9%)〕
　⑤ (예) 가벼운 [소설/음악/칵테일].
　　　　〔Text=9/Freq2=13(12.7%)〕
　⑥㉠ (예) 가벼운 [두통/부상/사고/열].
　　　　〔Text=8/Freq2=10(9.8%)〕

　　㉡ (예) 가벼운 운동./고개를 가볍게
　　　끄덕이다. 〔Text=23/Freq2=28(27.5%)〕
　㉮ <몸이 가볍다> 〔Text=2/Freq2=2(2%)〕
　㉮ <어깨가 가볍다> 〔×〕
　㉮ <주머니가 가볍다> 〔×〕

≪**가사**≫전체빈도합=21(0.0011%)

가사¹ 명　【Text=1/Freq1=1(4.8%)】
　⓪ (예) 주부들의 가사(家事) 활동.
　㉮ <가사 노동> 〔×〕
가사² 명　【Text=15/Freq1=19(90.5%)】
　⓪ (예) 노래의 가사(歌詞).
가사³ 명　【Text=0/Freq1=0】 ⓧ
　⓪ (예) 송강의 가사(歌辭). 〔×〕
가사⁴ 명　【Text=1/Freq1=1(4.8%)】
　⓪ (예) 스님이 가사(袈裟)를 걸치다.
가사⁵ 명　【Text=0/Freq1=0】 ⓧ 22)
　⓪ (예) 가사(假死) 상태에 빠지다. 〔×〕

≪**가수**≫전체빈도합=43(0.0023%)

가수 명☆★★　【Text=16/Freq1=43】
　⓪ (예) 노래를 잘하는 가수(歌手).

≪**가스**≫전체빈도합=34(0.0018%)

가스 명★☆☆　【Text=16/Freq1=34】
　① (예) 탄산 가스. 〔Text=3/Freq2=3(8.8%)〕
　② (예) [배기/연탄] 가스가 독하다.
　　　　〔Text=5/Freq2=12(35.3%)〕
　③ (예) 가스 [라이터/보일러].
　　　　〔Text=8/Freq2=19(55.9%)〕
　④ (예) 장에 가스가 차서 더부룩하다. 〔×〕

≪**가슴**≫전체빈도합=400(0.0215%)

가슴 명★★★　【Text=118/Freq1=400】
　①㉠ (예) 아이를 가슴에 안다.
　　　　〔Text=37/Freq2=59(14.8%)〕
　　㉡ (예) 가슴에 꽃을 달다.
　　　　〔Text=6/Freq2=7(1.8%)〕
　　㉢ (예) 풍만한 가슴./가슴이 나오다.
　　　　〔Text=8/Freq2=9(2.3%)〕
　②㉠ (예) 가슴이 답답하다.
　　　　〔Text=17/Freq2=24(6%)〕
　　㉡ (예) 가슴이 [두근대다/뛰다].
　　　　〔Text=30/Freq2=53(13.3%)〕
　③ (예) 가슴이 [메다/뭉클하다/뿌듯하다/
　　　아프다/저리다/찡하다]./가슴에서 우러나는
　　　말. 〔Text=92/Freq2=234(58.5%)〕

---

22) 『연세 한국어 사전』에서는 '가사⁵'의 품사를 '형성'으로 기술하고 있다.

[관]<가슴을 쓸어내리다>
〔Text=1/Freq2=1(0.3%)〕
[관]<~ 가슴을 안고> 〔×〕
[관]<가슴을 울리다>
〔Text=2/Freq2=2(0.5%)〕
[관]<가슴을 치다> 〔Text=2/Freq2=2(0.5%)〕
[관]<가슴을 태우다> 〔×〕
[관]<가슴이 내려앉다>
〔Text=5/Freq2=5(1.3%)〕
[관]<가슴이 (미어)터지다>
〔Text=4/Freq2=4(1%)〕
[관]<가슴이 벅차다> 〔×〕

≪**가시**≫전체빈도합=20(0.0011%)

가시[1] [명] **【Text=14/Freq1=20(100%)】**
① (예) 선인장 가시에 찔리다.
〔Text=7/Freq2=9(45%)〕
② (예) 생선 가시가 목에 걸리다.
〔Text=5/Freq2=5(25%)〕
③ (예) 그 말이 가시가 되어 가슴에 박히다.
〔Text=2/Freq2=2(10%)〕
[관]<가시를 품다> 목소리에 가시를 품다. 〔×〕
[관]<눈에 가시> 〔Text=1/Freq2=1(5%)〕
[관]<말에 가시가 [돋치다/있다]> 〔×〕
ⓧ 〔Text=1/Freq2=3(15%)〕

가시[2] [명] **【Text=0/Freq1=0】** ⓧ
⓪ (예) 가시(可視)의 세계. 〔×〕

≪**가엾다**≫전체빈도합=16(0.0009%)

가엾다 [형] **【Text=15/Freq1=16】**
⓪ (예) 부모 잃은 아이가 가엾다.

≪**가운데**≫전체빈도합=313(0.0169%)

가운데 [명]★★★ **【Text=115/Freq1=313】**
Ⅰ ①㉠ (예) [길/마당/방] 가운데.
〔Text=25/Freq2=29(9.3%)〕
㉡ (예) 가운데 부분과 끝 부분.
〔Text=21/Freq2=37(11.8%)〕
② (예) 잠재의식 가운데 깃든 생각./고통 가운데 죽다. 〔Text=16/Freq2=22(7%)〕
Ⅱ ① (예) 속담 가운데에 재미있는 것이 많다. 〔Text=68/Freq2=169(54%)〕
② (예) 날씨가 맑은 가운데 기온이 30도를 넘다. 〔Text=40/Freq2=56(17.9%)〕

≪**가위**≫전체빈도합=19(0.0010%)

가위[1] [명]☆☆★ **【Text=12/Freq1=17(89.5%)】**
① (예) 가위로 머리카락을 자르다.
〔Text=11/Freq2=16(94.1%)〕
② (예) 가위 바위 보를 하다./가위를 내다.
〔Text=1/Freq2=1(5.9%)〕

가위[2] [명] **【Text=1/Freq1=1(5.3%)】**
⓪ (예) 천근의 가위에서 깨어나다. 〔×〕
[관]<가위에 눌리다>
〔Text=1/Freq2=1(100%)〕

가위[0] [부] **【Text=1/Freq1=1(5.3%)】**
⓿ (예) 가위(可謂) 초일류라 할만하다.

≪**가을**≫전체빈도합=351(0.0189%)

가을 [명]★★★ **【Text=86/Freq1=351】**
⓪ (예) 가을 [하늘/햇살].

≪**가장**≫전체빈도합=785(0.0423%)

가장[1] [명] **【Text=14/Freq1=20(2.5%)】**
① (예) 한 가족의 가장(家長)이 되다.
〔Text=10/Freq2=13(65%)〕
② (예) 소년 소녀 가장.
〔Text=4/Freq2=7(35%)〕

가장[2] [명] **【Text=1/Freq1=1(0.1%)】**
⓪ (예) 가장(假裝) 행렬.

가장[3] [부]★★★ **【Text=159/Freq1=764(97.3%)】**
① (예) 계절 중 봄을 가장 좋아하다.
〔Text=147/Freq2=587(76.8%)〕
② (예) 특징을 가장 잘 드러내다./가장 최근의 일. 〔Text=73/Freq2=176(23%)〕
ⓧ 〔Text=1/Freq2=1(0.1%)〕

≪**가장자리**≫전체빈도합=16(0.0009%)

가장자리 [명] **【Text=14/Freq1=16】**
⓪ (예) [길/도로/도화지] 가장자리.

≪**가정**≫전체빈도합=346(0.0186%)

가정[1] [명]★★★ **【Text=72/Freq1=327(94.5%)】**
⓪ (예) 화목한 가정(家庭)을 [꾸리다/지키다].
〔Text=71/Freq2=323(98.8%)〕
[관]<가정 교육> 〔Text=1/Freq2=3(0.9%)〕
[관]<가정 주부> 〔Text=1/Freq2=1(0.3%)〕
[관]<가정 통신> 〔×〕
[관]<가정 환경> 〔×〕

가정[2] [명] **【Text=8/Freq1=19(5.5%)】**
⓪ (예) 가정(假定)을 세우다.

가정[3] [명] **【Text=0/Freq1=0】** ⓧ
⓪ (예) 가정(家政)을 옳게 하여 자식을 키우다. 〔×〕

≪**가져가다**≫전체빈도합=60(0.0032%)

가져가다 [동]★★☆ **【Text=38/Freq1=60】**

① (예) [담배를/손을/잔을] [입에/입으로] 가져가다. 〔Text=13/Freq2=26(43.3%)〕
② (예) 그 일이 상황을 더 나쁜 쪽으로 가져가다. 〔Text=1/Freq2=1(1.7%)〕
❸ (예) 외출할 때 우산을 가져가다. 〔Text=26/Freq2=33(55%)〕

≪가져오다≫전체빈도합=130(0.0070%)

가져오다 동★★☆ 【Text=85/Freq1=130】
⓪ (예) 사회에 바람직한 [결과를/변화를] 가져오다. 〔Text=34/Freq2=49(37.7%)〕
❶ (예) [가방을/술을/우산을] 가져오다. 〔Text=57/Freq2=81(62.3%)〕

≪가족≫전체빈도합=692(0.0373%)

가족 명★★★ 【Text=126/Freq1=692】
⓪ (예) 가족(家族)을 돌보다. 〔Text=125/Freq2=678(98%)〕
❶ (예) [경찰/동물/연세] 가족. 〔Text=8/Freq2=9(1.3%)〕
㉮<가족 계획> 〔Text=1/Freq2=1(0.1%)〕
㉮<가족 관계> 〔Text=3/Freq2=4(0.6%)〕
㉮<가족 구조> 〔×〕
㉮<가족 생활> 〔×〕
㉮<가족 제도> 〔×〕

≪가죽≫전체빈도합=31(0.0017%)

가죽 명☆☆★ 【Text=15/Freq1=31】
① (예) 호랑이의 가죽을 벗기다. 〔Text=10/Freq2=24(74.2%)〕
② (예) 가죽 가방./가죽으로 만든 신. 〔Text=5/Freq2=7(22.6%)〕
㉮<가죽만 남다> 〔Text=1/Freq2=1(3.2%)〕

≪가지≫전체빈도합=1,146(0.0617%)

가지¹ 명★☆★ 【Text=25/Freq1=58(5.1%)】
① (예) 나무의 가지를 꺾다./앙상한 가지. /가지를 드리우다. 〔Text=22/Freq2=50(86.2%)〕
② (예) 과거, 현재는 시간의 서로 다른 가지들이다. 〔Text=4/Freq2=8(13.8%)〕
㉮<가지(를) 치다>
① (예) [궁금증이/상상이] 가지를 치다. 〔×〕
② (예) 길이 가지를 치며 갈라지다. 〔×〕

가지² 명 【Text=3/Freq1=4(0.3%)】
⓪ (예) 밭에 가지를 심다./가지를 볶아 먹다.

가지³ 명의★★★ 【Text=169/Freq1=1,083(94.5%)】

⓪ (예) [다섯/여러] 가지 [방법/색]. 〔Text=157/Freq2=928(85.7%)〕
❶ (예) 한두 가지 [묻다/이야기하다]. 〔Text=57/Freq2=111(10.2%)〕
㉮<여러 가지로>여러 가지로 고맙다. 〔Text=28/Freq2=44(4.1%)〕

가지ˣ ? 【Text=1/Freq1=1(0.1%)】

≪가지다≫전체빈도합=1,671(0.0900%)

가지다¹ 동★★★
【Text=189/Freq1=1,394(83.4%)】
① (예) 우산을 가지고 [가다/오다]. 〔Text=115/Freq2=273(19.6%)〕
② (예) 가지고 싶은 책을 사다. 〔Text=75/Freq2=156(11.2%)〕
③㉠ (예) [과거를/기회를/오랜 역사를] 가지다. 〔Text=28/Freq2=41(2.9%)〕
㉡ (예) [직업을/학위를] 가지다. 〔Text=28/Freq2=37(2.7%)〕
㉢ (예) [관심을/긍지를/불만을/자신을/책임감을] 가지다. 〔Text=122/Freq2=394(28.3%)〕
㉣ (예) [모양을/성격을/의미를/특성을] 가지다. 〔Text=72/Freq2=175(12.6%)〕
㉤ (예) [둥근 얼굴을/체질을] 가지다. 〔Text=31/Freq2=52(3.7%)〕
㉥ (예) [능력을/효력을/힘을] 가지다. 〔Text=36/Freq2=64(4.6%)〕
㉦ (예) [권리를/의무를] 가지다. 〔Text=9/Freq2=11(0.8%)〕
㉧ (예) [병을/장애를/집착을] 가지다. 〔Text=3/Freq2=4(0.3%)〕
④ (예) 자식을 가진 아버지의 마음. 〔Text=4/Freq2=5(0.4%)〕
⑤ (예) [관계를/관련을] 가지다. 〔Text=19/Freq2=22(1.6%)〕
⑥ (예) [새끼를/아이를] 가지다. 〔Text=8/Freq2=11(0.8%)〕
⑦ (예) [만남을/모임을/행사를] 가지다. 〔Text=11/Freq2=15(1.1%)〕
⑧ (예) [기회를/시간을/여유를] 가지다. 〔Text=17/Freq2=22(1.6%)〕
㉮<가져다 주다> 행복을 가져다 주다. 〔Text=7/Freq2=10(0.7%)〕
㉮<~을 가지고>
① (예) 이 돈을 가지고 뭘 하지? 〔Text=37/Freq2=58(4.2%)〕
② (예) 별 것도 아닌 걸 가지고 그래.

〔Text=30/Freq2=43(3.1%)〕
ⓧ 〔Text=1/Freq2=1(0.4%)〕
가지다² 동보 ☆★☆
【Text=71/Freq1=277(16.6%)】²³⁾
① <-(아/어) 가지고>
(예) 편지를 써 가지고 부치다.
〔Text=58/Freq2=145(52.3%)〕
② <-(아/어) 가지고>
(예) 급한 일이 생겨 가지고 못 오다.
〔Text=27/Freq2=82(29.6%)〕
③ <-(아/어) 가지고>
(예) 너무 추워 가지고 밖에 못 나가다.
〔Text=13/Freq2=20(7.2%)〕
관 <[그래/이래] 가지고>
(예) 그래 가지고 내가 화가 나서….
〔Text=12/Freq2=30(10.8%)〕

≪가지런히≫전체빈도합=32(0.0017%)
가지런히 부 【Text=20/Freq1=32】
⓪ (예) 책을 가지런히 [꽂다/놓다].

≪가짜≫전체빈도합=23(0.0012%)
가짜 명 【Text=11/Freq1=23】
⓪ (예) 진짜와 가짜(假-)./가짜 돈.

≪가축≫전체빈도합=17(0.0009%)
가축 명 【Text=11/Freq1=17】
⓪ (예) 가축(家畜)을 기르다.

≪가치≫전체빈도합=243(0.0131%)
가치¹ 명 ★★★ 【Text=51/Freq1=242(99.6%)】
① (예) [돈의/물건의] 가치(價値).
〔Text=8/Freq2=45(18.6%)〕
② (예) [영양/자료로서의] 가치.
〔Text=39/Freq2=94(38.8%)〕
③ (예) 새로운 이상과 가치.
〔Text=18/Freq2=87(40%)〕
관 <가치 기준> 〔Text=1/Freq2=1(0.4%)〕
관 <가치 체계> 〔Text=3/Freq2=15(6.2%)〕
관 <가치 판단> 〔×〕
가치² 명 【Text=1/Freq1=1(0.4%)】
① (예) 담배 두 가치를 피우다.
〔Text=1/Freq2=1(100%)〕
② (예) 성냥 한 가치 빌립시다. 〔×〕

≪가치관≫전체빈도합=57(0.0031%)

가치관 명 【Text=20/Freq1=57】
⓪ (예) 가치관(價値觀)이 흔들리다.

≪가하다≫전체빈도합=24(0.0013%)
가하다¹ 동 【Text=16/Freq1=24(100%)】
⓪ (예) [공격을/압력을/위협을] 가(加)하다.
가하다² 동 【Text=0/Freq1=0】ⓧ
① (예) 성과를 높이 평가하여도 가(可)하다.
〔×〕
② (예) 이 문제는 논증이 가한 문제이다. 〔×〕

≪각≫전체빈도합=191(0.0103%)
각¹ 명 【Text=0/Freq1=0】ⓧ
① (예) 각(角)이 진 얼굴. 〔×〕
② (예) 삼각형의 3개의 각의 합. 〔×〕
각² 명 【Text=0/Freq1=0】ⓧ
① (예) 삼 현 육 각(角). 〔×〕
② (예) 궁, 상, 각, 치, 우. 〔×〕
각³ 명 【Text=0/Freq1=0】ⓧ
Ⅰ (예) 역법에서 각(刻)은 15분이다. 〔×〕
Ⅱ (예) 일각이 여삼추. 〔×〕
각⁴ 명 【Text=0/Freq1=0】ⓧ
⓪ (예) 소를 잡아 여러 조각으로 각(脚)을 내다. 〔×〕
관 <각을 뜨다> 〔×〕
각⁵ 관 ★★★ 【Text=75/Freq1=191(100%)】
⓪ (예) 각(各) [가구/대학/지방].

≪각각≫전체빈도합=150(0.0081%)
각각¹ 명 【Text=0/Freq1=0】ⓧ
⓪ (예) 위험이 각각(刻刻)으로 다가오다. 〔×〕
각각² 명 【Text=15/Freq1=21(14%)】
⓪ (예) 각각(各各)의 사람들./아이들 각각의 희망.
각각³ 부 ★★☆ 【Text=69/Freq1=129(86%)】
⓪ (예) 낱말들이 각각(各各) 가리키는 뜻.

≪각국≫전체 빈도합=20(0.0011%)
각국 명 【Text=13/Freq1=20】
⓪ (예) 세계 각국(各國)의 대표.

≪각기≫전체빈도합=23(0.0012%)
각기 부 【Text=18/Freq1=23】
Ⅰ (예) 인간은 각기(各其)의 환경에서 살아가다. 〔×〕

---

23) 『연세 한국어 사전』에서는 '가지다²'를 '가지다¹'의 관용표현으로 기술하고 있는데 여기서는 이를 별도의 품사(보조동사)로 인정하여 따로 기술한다.

Ⅱ (예) 나라마다 각기 역사가 다르다.
〔Text=18/Freq2=23(100%)〕

≪각오≫전체빈도합=15(0.0008%)

각오 명 【Text=13/Freq1=15】
⓪ (예) 그만둘 각오(覺悟)를 하다.

≪각자≫전체빈도합=99(0.0053%)

각자 명★☆☆ 【Text=54/Freq1=99】
Ⅰ (예) 우리 각자(各自)가 바라는 일.
〔Text=29/Freq2=45(45.5%)〕
Ⅱ (예) 그 까닭을 각자 생각해 보자.
〔Text=36/Freq2=54(54.5%)〕

≪각종≫전체빈도합=67(0.0036%)

각종 명 【Text=35/Freq1=67】
⓪ (예) 각종(各種) [병/채소].
〔Text=35/Freq2=66(98.5%)〕
❶ (예) 고급 추동복지 각종 구비.
〔Text=1/Freq2=1(1.5%)〕

≪간≫전체빈도합=326(0.0176%)

간¹ 명 【Text=6/Freq1=7(2.1%)】
① (예) 간을 쳐서 먹다.
〔Text=1/Freq2=1(14.3%)〕
② (예) 소금 간을 하다./간을 맞추다.
〔Text=5/Freq2=6(85.7%)〕

간² 명☆☆★ 【Text=10/Freq1=14(4.3%)】
⓪ (예) 간(肝)에 좋은 [약/음식]./간 이식.
〔Text=4/Freq2=7(50%)〕
관<간도 쓸개도 없다> 〔×〕
관<간에 기별도 안 가다>
〔Text=1/Freq2=1(7.1%)〕
관<간에 붙었다 쓸개에 붙었다 하다> 〔×〕
관<간을 [꺼내/빼(어)] 주다>
〔Text=2/Freq2=2(14.3%)〕
관<간을 [졸이다/태우다]>
〔Text=1/Freq2=1(7.1%)〕
관<간이 녹다> 〔×〕
관<간이 떨어지다> 〔×〕
관<간이 붓다> 〔×〕
관<간이 조마조마하다> 〔×〕
관<간이 콩알만하다>
〔Text=2/Freq2=3(21.4%)〕
관<간이 크다> 〔×〕
관<벼룩의 간을 [빼어/내어] 먹다> 〔×〕

간³ 명의 【Text=1/Freq1=1(0.3%)】
⓪ (예) 연세대출판부 간(刊).

간⁴ 명의 【Text=0/Freq1=0】 ⓧ
① (예) 극락전은 28간(間)이나 되다. 〔×〕
② (예) 객차 두 간./돌계단 열 간. 〔×〕

간⁵ 명의★★★ 【Text=62/Freq1=130(39.9%)】
① (예) 부모와 아이들 간(間)의 거리.
/남북한 간의 교류.
〔Text=39/Freq2=91(70%)〕
② (예) 서울-인천 간의 거리.
〔Text=4/Freq2=4(3.1%)〕
③ (예) 어떤 일[이건/이고/이든] 간에.
〔Text=23/Freq2=35(26.9%)〕

-간⁶ 접★★☆ 【Text=71/Freq1=174(53.4%)】
① (예) [가족/형제]간(間)의 사랑.
〔Text=29/Freq2=64(36.8%)〕
② (예) [지역/대륙]간의 [교류/경쟁].
〔Text=2/Freq2=3(1.7%)〕
③ (예) [1년/6개월/이틀/수년]간.
〔Text=55/Freq2=105(60.3%)〕
④ (예) [가부/다소]간. 〔×〕
❺ (예) 얼마간의 정신적 성숙.
〔Text=1/Freq2=1(0.6%)〕
ⓧ 〔Text=1/Freq2=1(0.6%)〕

≪간단하다≫전체빈도합=189(0.0102%)

간단하다 형★★★ 【Text=80/Freq1=189】
① (예) 간단(簡單)한 [문제/인사/질문/회화].
〔Text=54/Freq2=132(69.8%)〕
② (예) 간단한 [도구/방식/절차].
/점심을 간단하게 먹다.
〔Text=37/Freq2=56(29.6%)〕
ⓧ 〔Text=1/Freq2=1(0.5%)〕

≪간단히≫전체빈도합=37(0.0020%)

간단히 부 【Text=21/Freq1=37】
① (예) 간단(簡單)히 [구별하다/바꾸다/
생각하다]. 〔Text=5/Freq2=5(13.5%)〕
② (예) 복잡한 내용을 간단히 [설명하다/
요약하다]. 〔Text=13/Freq2=26(70.3%)〕
③ (예) 간단히 할 수 있는 운동.
〔Text=4/Freq2=4(10.8%)〕
❹ (예) 점심을 간단히 때우다.
〔Text=2/Freq2=2(5.4%)〕

≪간밤≫전체빈도합=17(0.0009%)

간밤 명 【Text=13/Freq1=17】
⓪ (예) 간밤에 [잠을 못 이루다/큰 비가
내리다]. 〔Text=9/Freq2=11(64.7%)〕

❶ (예) 간밤 큰 비가 내리다.
〔Text=5/Freq2=6(35.3%)〕

《간부》전체빈도합=17(0.0009%)

간부¹ 명 【Text=11/Freq1=14(82.4%)】
① (예) 학생회 간부(幹部)./간부 직원.

간부² 명 【Text=1/Freq1=3(17.6%)】
① (예) 간부(姦夫).

《간식》전체빈도합=20(0.0011%)

간식 명 【Text=10/Freq1=20】
① (예) 간식(間食)을 먹다.

《간신히》전체빈도합=41(0.0022%)

간신히 부 【Text=30/Freq1=41】
① (예) 전쟁터에서 간신(艱辛)히 살아나오다.

《간장》전체빈도합=15(0.0008%)

간장¹ 명 ☆☆★ 【Text=7/Freq1=14(93.3%)】
① (예) 간장(-醬)을 [담그다/치다].

간장² 명 【Text=1/Freq1=1(6.7%)】
① (예) 찬 샘물을 마시니 간장(肝腸)이 써늘하다. 〔×〕
② (예) 사내의 간장을 녹이는 웃음소리.
〔Text=1/Freq2=1(100%)〕
관 <간장을 녹이다> 〔×〕
관 <간장을 태우다> 〔×〕
관 <간장이 녹다> 〔×〕
관 <간장이 타다> 〔×〕

《간절하다》전체빈도합=22(0.0012%)

간절하다 형 【Text=17/Freq1=22】
① (예) 간절(懇切)한 [마음/목소리/부탁/편지].

《간접적》전체빈도합=19(0.0010%)

간접적¹ 명 【Text=11/Freq1=17(89.5%)】
① (예) 간접적(間接的)으로 알리다.
/간접적인 표현.

간접적² 관 【Text=1/Freq1=1(5.3%)】
① (예) 간접적(間接的) 설명.

간접적⁰ 부 【Text=1/Freq1=1(5.3%)】
❶ (예) 테러를 간접적(間接的) 지원하다.

《간직하다》전체빈도합=53(0.0029%)

간직하다 동 ☆★ 【Text=39/Freq1=53】
① (예) 물건을 소중하게 간직하다.
〔Text=8/Freq2=9(17%)〕
② (예) [기억을/추억을] 간직하다.
〔Text=19/Freq2=23(43.4%)〕

❸ (예) [순결을/착한 성격을] 간직하다.
〔Text=16/Freq2=21(39.6%)〕

《간추리다》전체빈도합=77(0.0041%)

간추리다 동 【Text=21/Freq1=77】
① (예) [머리를/서류를] 간추리다.
〔Text=2/Freq2=2(2.6%)〕
② (예) 잠시 생각을 간추리다. 〔×〕
③ (예) 간추린 소식./[내용을/줄거리를] 간추리다. 〔Text=19/Freq2=75(97.4%)〕

《간판》전체빈도합=31(0.0017%)

간판 명 ☆☆★ 【Text=19/Freq1=31】
① (예) 가게의 간판(看板)을 달다.
〔Text=18/Freq2=30(96.8%)〕
② (예) 명문 대학 졸업이란 간판을 자랑하다. 〔×〕
③ (예) 그는 한국 축구의 간판 스타이다. 〔×〕
관 <간판을 걸다> 〔Text=1/Freq2=1(3.2%)〕

《간호사》전체빈도합=50(0.0027%)

간호사 명 【Text=10/Freq1=50】
① (예) 간호사(看護師)가 주사를 놓다.

《간혹》전체빈도합=32(0.0017%)

간혹 부 【Text=17/Freq1=32】
① (예) 간혹(間或) 있는 일./간혹 사고가 나다.

《갇히다》전체빈도합=38(0.0020%)

갇히다 동 【Text=27/Freq1=38】
① (예) [방에/승강기에/옥에] 갇히다.
〔Text=20/Freq2=29(76.3%)〕
❶ (예) [규범에/욕망에] 갇히다.
〔Text=9/Freq2=9(23.7%)〕

《갈다》전체빈도합=89(0.0048%)

갈다¹ 동 ★★★ 【Text=26/Freq1=44(49.4%)】
① (예) [기저귀를/붕대를/연탄을] 갈다.
〔Text=25/Freq2=42(95.5%)〕
관 <번을 갈다> 〔×〕
ⓧ 〔Text=1/Freq2=2(4.5%)〕

갈다² 동 【Text=17/Freq1=31(34.8%)】
① (예) 칼을 갈다. 〔Text=1/Freq2=1(3.2%)〕
② (예) [돌을/옥을] 갈아서 물건을 만들다. 〔×〕
③ (예) [과일을/야채를] 갈아서 먹다.
〔Text=2/Freq2=10(32.3%)〕
④ (예) 벼루에 먹을 갈다.
〔Text=3/Freq2=4(12.9%)〕
⑤ (예) 자면서 [이를/이빨을] 갈다.

갈다 43

〔Text=2/Freq2=5(16.1%)〕
[관] <갈고 닦다> 재능을 갈고 닦다.
〔Text=5/Freq2=5(16.1%)〕
[관] <이(를) 갈다> 원수에게 이를 갈다.
〔Text=4/Freq2=6(19.4%)〕

갈다[3] [동] **【Text=9/Freq1=13(14.6%)】**
Ⅰ ① (예) 쟁기로 땅을 갈아 엎다.
〔Text=8/Freq2=12(92.3%)〕
② (예) 토지를 갈아 먹다.
〔Text=1/Freq2=1(7.7%)〕
Ⅱ (예) 김장 배추를 갈다. 〔×〕

갈다[x] [?] **【Text=1/Freq1=1(1.1%)】**[24]

≪**갈등**≫전체빈도합=91(0.0049%)

갈등 [명]★☆☆ **【Text=40/Freq1=91】**
① (예) 부부간의 갈등(葛藤)을 풀다.
〔Text=30/Freq2=60(65.9%)〕
② (예) 실패의 불안과 갈등을 느끼다.
〔Text=16/Freq2=30(33%)〕
ⓧ 〔Text=1/Freq2=1(1.1%)〕

≪**갈라지다**≫전체빈도합=43(0.0023%)

갈라지다 [동] **【Text=25/Freq1=43】**
①㉠ (예) [방바닥이/벽이] 갈라지다.
〔Text=7/Freq2=7(16.3%)〕
㉡ (예) 입술이 부르터서 갈라지다.
〔Text=2/Freq2=2(4.7%)〕
②㉠ (예) 각 염색체가 세로로 갈라져 2개로 나뉘다. 〔×〕
㉡ (예) 의견이 둘로 갈라지다.
〔Text=9/Freq2=19(44.2%)〕
③㉠ (예) 뿌리가 잘게 갈라지다.
〔Text=4/Freq2=10(23.3%)〕
㉡ (예) 길이 두 갈래로 갈라지다.
〔Text=2/Freq2=2(4.7%)〕
④ (예) 남녀가 부모의 반대로 갈라지다.
〔Text=3/Freq2=3(7%)〕
⑤ (예) 목소리가 갈라지다. 〔×〕

≪**갈래**≫전체빈도합=26(0.0014%)

갈래 [명] **【Text=13/Freq1=26】**
① (예) 머리를 두 갈래로 땋다.
〔Text=8/Freq2=10(38.5%)〕
② (예) 사상이 여러 갈래로 나뉘다.
〔Text=5/Freq2=16(61.5%)〕

≪**갈비**≫전체빈도합=4(0.0002%)

갈비[1] [명]☆★☆ **【Text=3/Freq1=4(100%)】**
① (예) 차에 치여 갈비가 부러지다. 〔×〕
② (예) 갈비를 구워 먹다.
〔Text=3/Freq2=4(100%)〕
③ (예) 그는 비쩍 마른 갈비이다. 〔×〕

갈비[2] [명] **【Text=0/Freq1=0】** ⓧ
⓪ (예) 나무 밑에 쌓인 갈비를 갈퀴로 긁어모으다. 〔×〕

≪**갈색**≫전체빈도합=16(0.0009%)

갈색 [명] **【Text=10/Freq1=16】**
⓪ (예) 갈색(褐色) 구두.

≪**갈아입다**≫전체빈도합=19(0.0010%)

갈아입다 [동]☆☆★ **【Text=18/Freq1=19】**
⓪ (예) 옷을 갈아입다.

≪**갈아타다**≫전체빈도합=7(0.0004%)

갈아타다 [동]☆★☆ **【Text=7/Freq1=7】**
⓪ (예) [배를/차를] 갈아타다.

≪**감**≫전체빈도합=48(0.0026%)[25]

감[1] [명]★☆★ **【Text=9/Freq1=36(75%)】**
⓪ (예) 잘 익은 감을 따다.

감[2] [명] **【Text=4/Freq1=5(10.4%)】**
① (예) 좀 [늦은/이상한] 감(感)이 있다.
〔Text=4/Freq2=5(100%)〕
② (예) 양쪽 모두 오해한 감이 있다. 〔×〕
③ (예) 전화 목소리의 감이 멀다. 〔×〕
[관] <감을 잡다> 〔×〕

감[3] [명] **【Text=0/Freq1=0】** ⓧ
⓪ (예) 이 천은 와이셔츠의 감으로 적당하다. 〔×〕

-감[4] [접] **【Text=5/Freq1=6(12.5%)】**
① (예) 김장감./반찬감./보따릿감.
〔Text=1/Freq2=3(50%)〕
② (예) 맏며느릿감./사윗감.
〔Text=2/Freq2=1(16.7%)〕
③ (예) 노벨상감./논문감.
〔Text=1/Freq2=2(33.3%)〕

감[x] [?] **【Text=1/Freq1=1(2.1%)】**

---

24) 이 '갈다'가 동사임은 분명하지만 문맥이 주어지지 않아, 어느 올림말에 해당하는지 알 수 없으므로 품사 표시를 [?]으로 한다.
25) 『연세 한국어 사전』의 '-감[5]'(승리감, 성취감, 자신감)은 말뭉치의 분석에 적용하지 않았으므로 제외한다.

≪감각≫전체빈도합=62(0.0033%)
감각 명 ★☆☆ 【Text=36/Freq1=62】
① (예) 손끝에 감각(感覺)이 없다.
〔Text=15/Freq2=24(38.7%)〕
② (예) [시대/패션] 감각./[국제적/미적] 감각. 〔Text=23/Freq2=36(58.1%)〕
관 <감각 기관> 〔Text=1/Freq2=1(1.6%)〕
관 <방향 감각> 〔Text=1/Freq2=1(1.6%)〕

≪감격≫전체빈도합=17(0.0009%)
감격 명 【Text=14/Freq1=17】
⓪ (예) 감격(感激)에 겹다./벅찬 감격.

≪감기≫전체빈도합=46(0.0025%)
감기 명 ☆★★ 【Text=32/Freq1=46】
⓪ (예) 감기(感氣)에 걸리다.

≪감다≫전체빈도합=129(0.0069%)
감다¹ 동 ★★★ 【Text=48/Freq1=81(62.8%)】
⓪ (예) 눈을 살짝 감았다가 뜨다.
〔Text=46/Freq2=77(95.1%)〕
관 <눈을 감다>
Ⅰ (예) 환자가 끝내 눈을 감다.
〔Text=1/Freq2=2(2.5%)〕
Ⅱ (예) [비리에/현실에] 눈을 감다.
〔Text=2/Freq2=2(2.4%)〕
감다² 동 【Text=17/Freq1=27(20.9%)】
⓪ (예) [멱을/미역을] 감다.
〔Text=3/Freq2=3(11.1%)〕
❶ (예) 머리를 감다.
〔Text=14/Freq2=24(88.9%)〕
감다³ 동 【Text=19/Freq1=21(16.3%)】
Ⅰ ① (예) 목에 목도리를 감다.
〔Text=9/Freq2=10(47.6%)〕
② (예) 팔로 허리를 감다.
〔Text=2/Freq2=2(9.5%)〕
③ (예) 검정 드레스로 몸을 감다.
〔Text=3/Freq2=4(19%)〕
④ (예) 뱀이 먹잇감을 칭칭 감다.
〔Text=2/Freq2=2(9.5%)〕
Ⅱ ① (예) [끈을/실을] 감다.
〔Text=2/Freq2=2(9.5%)〕
② (예) 뱀이 몸을 감아 똬리를 틀다. 〔×〕
③ (예) 시계의 태엽을 감다.
〔Text=1/Freq2=1(4.8%)〕

≪감당하다≫전체빈도합=30(0.0016%)
감당하다 동 【Text=24/Freq1=30】
① (예) 맡은 일을 감당(堪當)하다.
〔Text=14/Freq2=15(50%)〕
② (예) 충격을 감당하기 어렵다.
〔Text=12/Freq2=15(50%)〕

≪감독≫전체빈도합=60(0.0032%)
감독 명 【Text=18/Freq1=60】
① (예) 상급 기관의 감독(監督)을 받다.
〔Text=10/Freq2=12(20%)〕
② (예) 영화 감독./축구 팀의 감독.
〔Text=8/Freq2=48(80%)〕

≪감동≫전체빈도합=70(0.0038%)
감동 명 【Text=29/Freq1=70】
⓪ (예) 감동(感動)을 느끼다.

≪감동적≫전체빈도합=26(0.0014%)
감동적¹ 명 【Text=13/Freq1=24(92.3%)】
⓪ (예) 감동적(感動的)인 장면./감동적으로 느끼다.
감동적² 관 【Text=1/Freq1=2(7.7%)】
⓪ (예) 감동적(感動的) 느낌을 받다.

≪감사≫전체빈도합=26(0.0014%)
감사¹ 명 ☆★☆ 【Text=21/Freq1=25(96.2%)】
⓪ (예) 감사(感謝)를 드리다./감사 인사.
감사² 명 【Text=1/Freq1=1(3.8%)】
⓪ (예) 회계 감사(監査)를 받다.
감사³ 【Text=0/Freq1=0】 ⓧ
⓪ (예) 평안 감사(監司)로 부임하다. 〔×〕
감사⁴ 명 【Text=0/Freq1=0】 ⓧ
⓪ (예) 회사의 감사(監事)로 위촉되다. 〔×〕

≪감사하다≫전체빈도합=129(0.0069%)
감사하다¹ 동 ★★☆
【Text=25/Freq1=40(31%)】
⓪ (예) 이웃들의 도움에 감사(感謝)하는 마음.
감사하다² 형 ☆★☆
【Text=47/Freq1=89(69%)】
⓪ (예) 참 감사(感謝)한 일입니다./도와 주셔서 감사합니다.

≪감상≫전체빈도합=40(0.0022%)
감상¹ 명 【Text=6/Freq1=12(30%)】
⓪ (예) 책을 읽고 느낀 감상(感想).
감상² 명 【Text=6/Freq1=7(17.5%)】
⓪ (예) 쓸쓸한 감상(感傷)에 [빠지다/젖다].
감상³ ☆★★ 【Text=11/Freq1=21(52.5%)】
⓪ (예) [미술/음악] 감상(鑑賞).

《감상하다》전체빈도합=28(0.0015%)
　감상하다 동　【Text=17/Freq1=28】
　　⓪ (예) 작품을 감상(鑑賞)하다.
《감수성》전체빈도합=40(0.0022%)
　감수성 명　【Text=12/Freq1=40】
　　⓪ (예) 감수성(感受性)이 예민하다.
《감수하다》전체빈도합=17(0.0009%)
　감수하다 동　【Text=11/Freq1=16(94.1%)】
　　⓪ (예) [고통을/불편을/희생을] 감수(甘受)하다.
　감수하다⁰ 동　【Text=1/Freq1=1(5.9%)】
　　❶ (예) 휴, 10년 감수(減壽)했네.
《감시》전체빈도합=30(0.0016%)
　감시 명　【Text=13/Freq1=30】
　　⓪ (예) 감시(監視)를 [당하다/받다].
《감싸다》전체빈도합=36(0.0019%)
　감싸다 동　【Text=30/Freq1=36】
　　① (예) 푸른 언덕이 마을을 감싸다.
　　　〔Text=19/Freq2=22(61.1%)〕
　　② (예) 아이를 감싸고 보호하다. 〔×〕
　　③ (예) 서로의 [과거를/상처를] 감싸다.
　　　〔Text=5/Freq2=5(13.9%)〕
　　❹ (예) 찬 기운이 몸을 감싸다.
　　　〔Text=5/Freq2=6(16.7%)〕
　　ⓧ 〔Text=3/Freq2=3(8.3%)〕
《감옥》전체빈도합=55(0.0030%)
　감옥 명　【Text=23/Freq1=55】
　　⓪ (예) 감옥(監獄)에 [가다/갇히다].
《감자》전체빈도합=16(0.0009%)
　감자 명☆☆★　【Text=8/Freq1=16】
　　⓪ (예) 밭에 감자를 심다./감자를 삶다.
　　　〔Text=7/Freq2=15(93.8%)〕
　　관 <뜨거운 감자> 정치권의 뜨거운 감자.
　　　〔Text=1/Freq2=1(6.3%)〕
《감정》전체빈도합=135(0.0073%)
　감정¹ 명★★★　【Text=50/Freq1=121(89.6%)】
　　① (예) 감정(感情)을 살려 노래하다.
　　　〔Text=21/Freq2=45(37.2%)〕
　　② (예) 슬픈 감정을 느끼다.
　　　〔Text=33/Freq2=53(43.8%)〕
　　③ (예) 감정만큼 인간적인 것도 없다.
　　　〔Text=17/Freq2=23(19%)〕
　감정² 명　【Text=11/Freq1=14(10.4%)】

　　⓪ (예) 감정(憾情)이 끓어오르다.
　　　/감정을 풀다.
　감정³ 명　【Text=0/Freq1=0】 ⓧ
　　⓪ (예) 필적 감정(鑑定)을 하다. 〔×〕
《감추다》전체빈도합=69(0.0037%)
　감추다 동★☆★　【Text=47/Freq1=69】
　　① (예) 모자로 [손을/얼굴을] 감추다.
　　　〔Text=22/Freq2=28(40.6%)〕
　　② (예) [사실을/정체를] 감추다.
　　　〔Text=18/Freq2=26(37.7%)〕
　　③ (예) [모습을/자취를] 감추다.
　　　〔Text=11/Freq2=15(21.7%)〕
《감탄하다》전체빈도합=21(0.0011%)
　감탄하다 동　【Text=18/Freq1=21】
　　⓪ (예) 요리 솜씨에 감탄(感歎)하다.
《감히》전체빈도합=34(0.0018%)
　감히 부　【Text=27/Freq1=34】
　　① (예) 감(敢)히 용기를 내어 제안하다.
　　　〔Text=5/Freq2=7(20.6%)〕
　　② (예) 네가 감히 나한테 거짓말을 해?
　　　〔Text=22/Freq2=27(79.4%)〕
《갑자기》전체빈도합=395(0.0213%)
　갑자기 부★★★　【Text=141/Freq1=395】
　　⓪ (예) 갑자기 울기 시작하다.
《갑작스럽다》전체빈도합=25(0.0013%)
　갑작스럽다 형　【Text=21/Freq1=25】
　　⓪ (예) 갑작스러운 [연락/행동].
《값》전체빈도합=145(0.0078%)
　값 명★★★　【Text=55/Freq1=145】
　Ⅰ ① (예) 물건 값이 [비싸다/싸다].
　　　〔Text=51/Freq2=139(95.9%)〕
　　② (예) 혈중 콜레스테롤 값.
　　　〔Text=1/Freq2=1(0.7%)〕
　　③ (예) 계산식의 값을 표시하다.
　　　〔Text=1/Freq2=1(0.7%)〕
　Ⅱ ① (예) 삶의 교훈을 얻은 값. 〔×〕
　　② (예) 나이 값을 하다.
　　　〔Text=2/Freq2=3(2.1%)〕
　관 <값을 부르다> 〔×〕
　관 <~ 값을 하다> 〔×〕
　관 <값(이) 나가다> 〔×〕
　　ⓧ 〔Text=1/Freq2=1(0.7%)〕

≪값싸다≫전체빈도합=21(0.0011%)

값싸다 형 【Text=12/Freq1=21】
  ① (예) 값싼 동정을 바라다.
        〔Text=12/Freq2=21(100%)〕
  ② (예) 값싸게 입을 놀리다. 〔×〕

≪갓≫전체빈도합=32(0.0017%)

갓¹ 명 【Text=9/Freq1=12(37.5%)】
  ① (예) 갓을 쓴 선비.
        〔Text=9/Freq2=12(100%)〕
  ② (예) 갓이 없는 전등. 〔×〕

갓² 부 【Text=13/Freq1=20(62.5%)】
  Ⅰ (예) 갓 [입학한/태어난] 아이.
        〔Text=11/Freq2=18(90%)〕
  Ⅱ (예) 갓 스물의 청년.
        〔Text=2/Freq2=2(10%)〕

≪갔다오다≫전체빈도합=30(0.0016%)

갔다오다 동 ☆★☆ 【Text=21/Freq1=30】
  Ⅰ ① (예) [미국에/학교에] 갔다오다.
          〔Text=15/Freq2=18(60%)〕
    ② (예) [군대에/군대를] 갔다오다.
          〔Text=7/Freq2=9(30%)〕
  Ⅱ (예) [목욕을/여행을/출장을] 갔다오다.
        〔Text=2/Freq2=3(10%)〕

≪강≫전체빈도합=209(0.0113%)

강¹ 명 ★★★ 【Text=51/Freq1=208(99.5%)】
  ⓪ (예) 강(江)을 건너다.

강² 명 【Text=1/Freq1=1(0.5%)】
  ⓪ (예) 사람은 젖먹이동물 강(綱)에 속한다.

강³ 명 【Text=0/Freq1=0】 ⓧ
  ⓪ (예) 고강도의 강(鋼)을 생산하다. 〔×〕

≪강가≫전체빈도합=28(0.0015%)

강가 명 【Text=14/Freq1=28】
  ⓪ (예) 강(江)가를 따라 거닐다.

≪강남⁺≫전체빈도합=30(0.0016%)

강남⁰ 명 【Text=14/Freq1=30】
  ❶ (예) 서초구 등 강남(江南) 출신 합격자.
        〔Text=8/Freq2=16(53.3%)〕
  ❷ (예) 강남 갔던 제비가 돌아오다.
        〔Text=6/Freq2=11(36.7%)〕
  ❸ (예) 양자강 강남(江南) 쪽 땅.
        〔Text=1/Freq2=3(10%)〕

≪강력하다≫전체빈도합=41(0.0022%)

강력하다 형 【Text=23/Freq1=41】
  ① (예) 강력(强力)한 [타격/펀치].
        〔Text=14/Freq2=19(46.3%)〕
  ② (예) 파업에 강력하게 대처하다.
        〔Text=12/Freq2=21(51.2%)〕
  ③ (예) 강력한 우승 후보.
        〔Text=1/Freq2=1(2.4%)〕

≪강렬하다≫전체빈도합=19(0.0010%)

강렬하다 형 【Text=14/Freq1=19】
  ① (예) 햇빛이 강렬(强烈)하게 비치다.
        〔Text=3/Freq2=4(21.1%)〕
  ② (예) 뜨겁고 강렬한 사랑.
        〔Text=12/Freq2=15(78.9%)〕

≪강물≫전체빈도합=97(0.0052%)

강물 명 ★☆☆ 【Text=35/Freq1=97】
  ⓪ (예) 강(江)물이 흘러가다.

≪강변≫전체빈도합=20(0.0011%)

강변¹ 명 【Text=12/Freq1=19(95%)】
  ⓪ (예) 강변(江邊)에 낚시꾼들이 보이다.

강변² 명 【Text=1/Freq1=1(5%)】
  ⓪ (예) 강변(强辯)을 늘어놓다.

≪강산≫전체빈도합=19(0.0010%)

강산 명 【Text=15/Freq1=19】
  ① (예) 강산(江山)이 모두 변하다.
        〔Text=8/Freq2=10(52.6%)〕
  ② (예) 이 강산에 독립이 찾아오다.
        〔Text=7/Freq2=9(47.4%)〕

≪강아지≫전체빈도합=62(0.0033%)

강아지 명 ★★★ 【Text=22/Freq1=62】
  ⓪ (예) 강아지를 기르다.
        〔Text=21/Freq2=60(96.8%)〕
  ⓧ 〔Text=1/Freq2=2(3.2%)〕

≪강요하다≫전체빈도합=18(0.0010%)

강요하다 동 【Text=15/Freq1=18】
  ① (예) 나에게 [거짓말을/대답을]
        강요(强要)하다.
        〔Text=9/Freq2=11(61.1%)〕
  ② (예) 아이들에게 [모임에 오라고/줄을 서라고]
        강요하다. 〔Text=6/Freq2=7(38.9%)〕

≪강의≫전체빈도합=66(0.0036%)

강의 명 ★★★ 【Text=21/Freq1=66】
  ⓪ (예) 강의(講義)를 [듣다/하다].

≪강인하다≫전체빈도합=20(0.0011%)

강인하다 형 【Text=13/Freq1=20】
　⓪ (예) 강인(强靭)한 [의지/정신력/체력]을 지니다.

≪강제≫전체빈도합=23(0.0012%)

강제 명 【Text=20/Freq1=23】
　① (예) 강제(强制)로 끌고 가다.
　　〔Text=16/Freq2=17(73.9%)〕
　② (예) 강제 [노동/동원/연행/폐간].
　　〔Text=4/Freq2=5(21.7%)〕
　관 <강제 집행> 〔×〕
　　ⓧ 〔Text=1/Freq2=1(4.3%)〕

≪강조하다≫전체빈도합=64(0.0034%)

강조하다 동 ★★☆ 【Text=46/Freq1=64】
　⓪ (예) 덕을 강조(强調)하다.

≪강하다≫전체빈도합=154(0.0083%)

강하다¹ 형 ★★★ 【Text=78/Freq1=151(98.1%)】
　Ⅰ ① (예) 강(强)한 [군대/사람/힘].
　　　〔Text=36/Freq2=56(37.1%)〕
　　② (예) [책임감이/호기심이] 강하다.
　　　〔Text=44/Freq2=71(47%)〕
　　③ (예) [의지가/정신적으로] 강하다.
　　　〔Text=18/Freq2=19(12.6%)〕
　Ⅱ (예) [고지대에/병충해에] 강하다.
　　　〔Text=4/Freq2=4(2.6%)〕
　ⓧ 〔Text=1/Freq2=1(0.7%)〕

강하다² 형 【Text=2/Freq1=2(1.3%)】
　① (예) 쇠도 너무 강(剛)하면 부러지기 쉽다. 〔×〕
　② (예) [성격이/성미가] 강하다.
　　〔Text=2/Freq2=2(100%)〕

강하다ˣ ? 【Text=1/Freq1=1(0.6%)】

≪갖가지≫전체빈도합=41(0.0022%)

갖가지 명 【Text=31/Freq1=41】
　Ⅰ (예) 갖가지의 색깔.
　　〔Text=3/Freq2=3(7.3%)〕
　Ⅱ (예) 갖가지 [선물/상황].
　　〔Text=29/Freq2=38(92.7%)〕

≪갖다≫전체빈도합=592(0.0319%) 26)

갖다¹ 동 ★★★ 【Text=125/Freq1=459(77.5%)】
　① (예) 우산을 갖고 [가다/오다].
　　〔Text=49/Freq2=84(18.3%)〕
　② (예) 갖고 싶은 책을 사다.
　　〔Text=31/Freq2=44(9.6%)〕
　③ ㉠ (예) [과거를/기회를/역사를] 갖다.
　　　〔Text=16/Freq2=18(3.9%)〕
　　㉡ (예) [이름을/직업을/학위를] 갖다.
　　　〔Text=6/Freq2=7(1.5%)〕
　　㉢ (예) [관심을/긍지를/불만을/자신을/책임감을] 갖다.
　　　〔Text=63/Freq2=138(30.1%)〕
　　㉣ (예) [모양을/성격을/의의를/특성을] 갖다. 〔Text=35/Freq2=72(15.7%)〕
　　㉤ (예) [맷집을/체질을] 갖다.
　　　〔Text=7/Freq2=8(1.7%)〕
　　㉥ (예) [능력을/재능을/효력을] 갖다.
　　　〔Text=10/Freq2=12(2.6%)〕
　　㉦ (예) [권리를/의무를] 갖다.
　　　〔Text=1/Freq2=1(0.2%)〕
　　㉧ (예) [병을/장애를/집착을] 갖다. 〔×〕
　④ (예) 장애가 있는 자식을 갖고 있다.
　　〔Text=2/Freq2=2(0.4%)〕
　⑤ (예) [관계를/관련을] 갖다.
　　〔Text=7/Freq2=8(1.7%)〕
　⑥ (예) [새끼를/아이를] 갖다. 〔×〕
　⑦ (예) [만남을/모임을/행사를] 갖다.
　　〔Text=6/Freq2=6(1.3%)〕
　⑧ (예) [기회를/시간을/여유를] 갖다.
　　〔Text=9/Freq2=9(2%)〕
　관 <~ 갖고> 왜 우리 둘 갖고 그래?
　　〔Text=5/Freq2=25(5.4%)〕
　관 <갖다 주다> 행복을 갖다 주다.
　　〔Text=4/Freq2=5(1.1%)〕
　관 <~을 갖고>
　　① (예) 이 돈을 갖고 뭘 하지?
　　　〔Text=4/Freq2=4(0.9%)〕
　　② (예) 별 것도 아닌 것을 갖고 화를 내다.
　　　〔Text=2/Freq2=16(3.5%)〕

갖다² 동보 【Text=17/Freq1=133(22.5%)】
　① (예) 편지를 써 갖고 부치다.
　　〔Text=14/Freq2=55(41.4%)〕
　② (예) 급한 일이 생겨 갖고 못 오다.
　　〔Text=6/Freq2=30(22.6%)〕
　③ (예) 너무 추워 갖고 밖에 못 나가다.

---

26) 『연세 한국어 사전』에서는 '갖다'를 "'가지다'의 준말"이라고만 기술하고 있는데, 여기서는 '가지다'의 동형어 구분과 의미 구분을 따라 '갖다'의 용법을 상세히 기술한다.

〔Text=8/Freq2=13(9.8%)〕
④ <그래 갖고> (예) 뛰다가 넘어졌어. 그래 갖고 발목을 다쳤어.
〔Text=7/Freq2=35(26.3%)〕

≪갖추다≫전체빈도합=150(0.0081%)

갖추다 동★★☆ 【Text=75/Freq1=150】
① (예) [기능을/시설을] 갖추다.
〔Text=66/Freq2=133(88.7%)〕
② (예) [준비를/태세를] 갖추다.
〔Text=8/Freq2=8(5.3%)〕
③ (예) [예의를/의식을] 갖추다.
〔Text=7/Freq2=9(6%)〕

≪같다≫전체빈도합=3,375(0.1817%)

같다¹ 형★★★ 【Text=211/Freq1=3,375(100%)】
Ⅰ ① (예) [모양이/색이/크기가] 같다.
〔Text=105/Freq2=316(9.4%)〕
② (예) 같은 동네에 살다.
〔Text=109/Freq2=265(7.9%)〕
Ⅱ (예) 3년 전 일이 어제 일 같다.
〔Text=133/Freq2=519(15.4%)〕
Ⅲ ① (예) 콜라 같은 탄산음료.
〔Text=147/Freq2=628(18.6%)〕
② (예) 꽃병 같은 깨지기 쉬운 물건.
〔Text=47/Freq2=100(3%)〕
③ ㉠ (예) 매일 생일 같으면 좋겠다.
〔Text=32/Freq2=44(1.3%)〕
㉡ (예) 그로 말할 것 같으면 최고의 실력자다. 〔Text=9/Freq2=35(1%)〕
④ (예) 기분 같아선 관두고 싶다.
〔Text=12/Freq2=18(0.5%)〕
⑤ (예) 말 같은 말을 하다.
〔Text=12/Freq2=59(1.7%)〕
⑥ ㉠ (예) 믿기 어려운 일 같다.
〔Text=76/Freq2=151(4.5%)〕
㉡ (예) 비가 올 것 같다.
〔Text=176/Freq2=1,227(36.4%)〕
⑦ (예) 미련한 것 같으니라고
〔Text=8/Freq2=11(0.3%)〕
ⓧ 〔Text=2/Freq2=2(0%)〕

- 같다² 접 【Text=0/Freq1=0】 ⓧ
① (예) [귀신/번개/벼락/하나]같다. 〔×〕

≪같이≫전체빈도합=758(0.0408%)

같이¹ 부★★★ 【Text=184/Freq1=758】
Ⅰ ① (예) 우리, 같이 놀러 가자.
〔Text=118/Freq2=332(43.8%)〕
② (예) 친구와 같이 밥을 먹다.
〔Text=50/Freq2=86(11.3%)〕
Ⅱ ① (예) 아이를 친딸과 같이 여기다.
〔Text=36/Freq2=196(25.9%)〕
② (예) 소문과 같이 그는 친절하다.
〔Text=59/Freq2=141(18.6%)〕
ⓧ 〔Text=3/Freq2=3(0.4%)〕

≪같이하다≫전체빈도합=15(0.0008%)

같이하다 동 【Text=12/Freq1=15】
① (예) 친구와 점심을 같이하다.
〔Text=7/Freq2=8(53.3%)〕
② (예) 뜻을 같이하는 동지.
〔Text=6/Freq2=7(46.7%)〕

≪갚다≫전체빈도합=38(0.0020%)

갚다 동★★★ 【Text=30/Freq1=38】
① (예) [돈을/빚을] 갚다.
〔Text=21/Freq2=28(73.7%)〕
② (예) [신세를/은혜를] 갚다.
〔Text=10/Freq2=10(26.3%)〕

≪개≫전체빈도합=576(0.0310%) [27]

개¹ 명★★★ 【Text=58/Freq1=164(28.5%)】
① (예) 개를 기르다./개가 짖다.
〔Text=58/Freq2=164(100%)〕
관 <개 같다> 개 같은 [놈/인생]. 〔×〕
개² 명의★★★ 【Text=133/Freq1=412(71.5%)】
① (예) 사탕 한 개(個)./여러 개의 상품.

≪개구리≫전체빈도합=48(0.0026%)

개구리 명★☆★ 【Text=20/Freq1=48】
① (예) 개구리가 겨울잠을 자다.
〔Text=18/Freq2=43(89.6%)〕
관 <우물 안 개구리>
〔Text=2/Freq2=2(10.4%)〕

≪개구쟁이≫전체빈도합=15(0.0008%)

개구쟁이 명 【Text=11/Freq1=15】
① (예) 개구쟁이 짓을 하다./개구쟁이 소년.

≪개나리≫전체빈도합=19(0.0010%)

개나리 명☆★☆ 【Text=11/Freq1=19】

---

[27] 『연세 한국어 사전』의 '개³'(예: 개살구, 개머루)와 '- 개⁴'(예: 가리개, 깔개, 지우개)는 말뭉치의 분석에 적용하지 않았으므로 제외한다.

⓪ (예) 노란 개나리가 피다.

≪**개념**≫전체빈도합=191(0.0103%)

개념 명★☆☆　【Text=35/Freq1=191】
⓪ (예) 국가의 개념(槪念)을 [설명하다/이해하다/정의하다].

≪**개다**≫전체빈도합=19(0.0010%)

개다¹ 동☆★★　【Text=10/Freq1=11(57.9%)】
① (예) 날씨가 활짝 개다.
　　〔Text=8/Freq2=9(81.8%)〕
② (예) [눈이/비가/안개가] 개다.
　　〔Text=2/Freq2=2(18.2%)〕

개다² 동　【Text=0/Freq1=0】 ⓧ
⓪ (예) [밀가루를/흙을] 물에 개다. 〔×〕

개다³ 동　【Text=6/Freq1=7(36.8%)】
⓪ (예) [빨래를/옷을/이불을] 개다.

개다ˣ ?　【Text=1/Freq1=1(5.3%)】

≪**개미**≫전체빈도합=78(0.0042%)

개미 명☆☆★　【Text=16/Freq1=78】
⓪ (예) 구멍에서 개미들이 나오다.
　　〔Text=16/Freq2=78(100%)〕
㉪<개미 새끼 하나 얼씬거리지 않다> 〔×〕

≪**개발**≫전체빈도합=107(0.0058%)

개발¹ 명　【Text=1/Freq1=2(1.9%)】
⓪ (예) 개발에 편자.

개발² 명★☆☆　【Text=32/Freq1=105(98.1%)】
① (예) 여성의 능력 개발(開發).
　　〔Text=8/Freq2=9(8.6%)〕
② (예) 신제품 개발.
　　〔Text=15/Freq2=33(31.4%)〕
③ (예) 지역 개발. 〔Text=16/Freq2=45(42.9%)〕
㉪<개발 도상국> 〔Text=4/Freq2=18(17.1%)〕

≪**개발되다**≫전체빈도합=34(0.0018%)

개발되다 동　【Text=14/Freq1=34】
① (예) [기술이/재능이] 개발(開發)되다.
　　〔Text=6/Freq2=8(23.5%)〕
② (예) 신제품이 개발되다.
　　〔Text=6/Freq2=19(55.9%)〕
③ (예) [관광지로/리조트가] 개발되다.
　　〔Text=3/Freq2=7(20.6%)〕

≪**개발하다**≫전체빈도합=58(0.0031%)

개발하다 동　【Text=27/Freq1=58】
① (예) [기술을/재능을] 개발(開發)하다.
　　〔Text=14/Freq2=20(34.5%)〕

② (예) 신제품을 개발하다.
　　〔Text=12/Freq2=21(36.2%)〕
③ (예) [관광지로/유전을] 개발하다.
　　〔Text=9/Freq2=17(29.3%)〕

≪**개선**≫전체빈도합=23(0.0012%)

개선¹ 명　【Text=16/Freq1=23(100%)】
⓪ (예) [무역 수지의/생활 환경의] 개선(改善).

개선² 명　【Text=0/Freq1=0】 ⓧ
⓪ (예) 개선(凱旋) 장군. 〔×〕

개선³ 명　【Text=0/Freq1=0】 ⓧ
⓪ (예) 임원 개선(改選). 〔×〕

≪**개선하다**≫전체빈도합=17(0.0009%)

개선하다¹ 동　【Text=10/Freq1=15(88.2%)】
⓪ (예) 문제점을 개선(改善)하다.

개선하다² 동　【Text=1/Freq1=1(5.9%)】
⓪ (예) 전쟁에서 이기고 개선(凱旋)하다.

개선하다³ 동　【Text=1/Freq1=1(5.9%)】
⓪ (예) 임원을 개선(改選)하다.

≪**개성**≫전체빈도합=87(0.0047%)

개성 명　【Text=18/Freq1=43(49.4%)】
⓪ (예) 개성(個性) 있는 옷차림.

개성⁰ 명(고유)　【Text=8/Freq1=44(50.6%)】
❶ (예) 개성(開城)은 인삼으로 유명하다

≪**개월**≫전체빈도합=87(0.0047%)

개월 명의☆★☆　【Text=35/Freq1=87】
⓪ (예) 6(육)개월(個月).

≪**개인**≫전체빈도합=161(0.0087%)

개인 명★★★　【Text=51/Freq1=161】
⓪ (예) 이 일은 나 개인(個人)만의 문제가 아니다. 〔Text=51/Freq2=161(100%)〕
㉪<개인 택시> 〔×〕

≪**개인적**≫전체빈도합=62(0.0033%)

개인적¹ 명　【Text=26/Freq1=40(64.5%)】
① (예) 개인적(個人的)인 일./개인적으로 미안하다. 〔Text=21/Freq2=31(77.5%)〕
② (예) 개인적인 취향에 따르다.
　　〔Text=8/Freq2=9(22.5%)〕

개인적² 관　【Text=13/Freq1=22(35.5%)】
① (예) 개인적(個人的) 사정으로 회사를 그만두다. 〔Text=10/Freq2=18(81.8%)〕
② (예) 그에게 개인적 감정이 있다.
　　〔Text=4/Freq2=4(18.2%)〕

≪개척하다≫전체빈도합=20(0.0011%)

개척하다 동 【Text=16/Freq1=20】
① (예) [터전을/황무지를] 개척(開拓)하다
　　〔Text=4/Freq2=7(35%)〕
② (예) [미래를/새로운 길을] 개척하다.
　　〔Text=12/Freq2=12(60%)〕
❸ (예) 교회를 개척하다.
　　〔Text=1/Freq2=1(5%)〕

≪개혁≫전체빈도합=33(0.0018%)

개혁 명 【Text=17/Freq1=33】
⓪ (예) [사회/제도] 개혁(改革).

≪객관적≫전체빈도합=29(0.0016%)

객관적¹ 명 【Text=16/Freq1=22(75.9%)】
⓪ (예) 객관적(客觀的)인 사실.
　　/객관적으로 판단하다.

객관적² 관 【Text=6/Freq1=7(24.1%)】
⓪ (예) 객관적(客觀的) [사실/평가].

≪갸웃거리다≫전체빈도합=18(0.0010%)

갸웃거리다 동 【Text=12/Freq1=18】
⓪ (예) 애교 부리는 듯 [고개를/머리를]
　　갸웃거리며 웃다.
　　〔Text=5/Freq2=7(38.9%)〕
관 <고개를 갸웃거리다>
　　누구나 고개를 갸웃거릴 이야기이다.
　　〔Text=8/Freq2=11(61.1%)〕

≪걔≫전체빈도합=99(0.0053%)

걔 대 【Text=24/Freq1=99】
⓪ (예) 걔는 누구지? ²⁸⁾

≪거≫전체빈도합=5,156(0.2777%)

거¹ 명의 ★★★
　　【Text=188/Freq1=5,094(98.8%)】 ²⁹⁾
Ⅰ ① (예) 먹을 거 좀 사다.
　　〔Text=101/Freq2=576(11.4%)〕
② (예) 아까 받은 거 돌려주다.
　　〔Text=97/Freq2=828(16.4%)〕
③ (예) 나이도 어린 게 건방지다.
　　〔Text=24/Freq2=34(0.7%)〕
Ⅱ ① (예) 낙엽이 지는 걸 보니 겨울이
　　가깝다. 〔Text=6/Freq2=116(2.3%)〕

② (예) 나를 좋아한다는 걸 느끼다.
　　〔Text=37/Freq2=169(3.3%)〕
③ (예) 감기에는 푹 쉬는 게 좋다.
　　〔Text=50/Freq2=115(2.3%)〕
④ (예) 얼굴 본 게 벌써 1년 전이다.
　　〔Text=12/Freq2=15(0.3%)〕
⑤ (예) 인생은 누가 대신 살아 주는 게
　　아니다.
　　〔Text=117/Freq2=673(13.3%)〕
Ⅲ ① ㉠ <-는/-ㄴ 거다> (예) 심각한 병이기
　　때문에 예방이 중요한 거다.
　　〔Text=134/Freq2=1,234(24.2%)〕
　 ㉡ <-다는 거다> (예) 주목할 점은
　　신인이 많아졌다는 거다.
　　〔Text=54/Freq2=136(2.7%)〕
Ⅳ ① <-ㄹ 거(다)> (예) 죽어라고 공부할
　　거야. 〔Text=83/Freq2=233(4.6%)〕
② <-ㄹ 거(다)> (예) 힘든 일도 있을
　　거야. 〔Text=147/Freq2=606(12%)〕
③ <-ㄹ 거> (예) 화내지 말 거, 거짓말하지
　　말 거. 알았지?
　　〔Text=15/Freq2=20(0.4%)〕
④ <-ㄹ 걸> (예) 전화라도 할 걸.
　　〔Text=18/Freq2=21(0.4%)〕
⑤ (예) 곤히 자고 있는 걸 깨우다.
　　〔Text=6/Freq2=7(0.1%)〕
관 <그도 그럴 게> 〔Text=1/Freq2=1(0%)〕
관 <-ㄴ/-는 거 있죠> 저도 화가 나는 거
　　있죠. 〔Text=3/Freq2=3(0.1%)〕
관 <-ㄴ/-는/-던 게> 잠깐 눕는다는 게 그만
　　잠들다. 〔Text=10/Freq2=15(0.3%)〕
관 <-ㄴ/-는/-던 게 아닌가>
　　뒤에서 누군가 부르는 게 아닌가.
　　〔Text=7/Freq2=7(0.1%)〕
관 <-ㄴ/-은 거 같다>/<-ㄹ/을 거 같다>
　　[화가 난/기분이 좋은/비가 올] 거 같다.
　　〔Text=22/Freq2=203(4%)〕
관 <-는/-ㄴ 건> 일찍 간 건 몸이 안
　　좋아서다. 〔Text=17/Freq2=24(0.5%)〕
관 <-는/-ㄴ/-은 건 아니다> 사정을 모르는
　　건 아니다. 〔Text=1/Freq2=1(0%)〕
관 <-는/-은 걸로 [하다/보다]>

---

28) 『연세 한국어 사전』에서는 '걔, 얘, 쟤'를 각각 '그 아이, 이 아이, 저 아이'의 준꼴(준)로 기술하고 있으나 여기서는 독립된 낱말인 '대명사'로 기술한다.
29) 『연세 한국어 사전』에서는 '거¹'를 "'것'의 준말"이라고만 기술하고 있는데, 여기서는 '것'의 동형어 구분과 의미 구분을 따라 상세히 기술한다.

서로 양보하는 걸로 하다.
〔Text=3/Freq2=5(0.1%)〕
[관]<-ㄹ 거 같으면> 김 과장으로 말할 거 같으면…. 〔Text=1/Freq2=1(0%)〕
[관]<-ㄹ 거(도) 없다> 두 말 할 거 없다.
〔Text=4/Freq2=4(0.1%)〕
[관]<-ㄹ 게 뭐(다)> 내가 알 게 뭐야.
〔Text=3/Freq2=3(0.1%)〕
[관]<아닌 게 아니라>
〔Text=7/Freq2=7(0.1%)〕
[관]<여간 -ㄴ/-은 게 아니다> 키가 여간 작은 게 아니다. 〔Text=1/Freq2=2(0%)〕
[관]<~할 거 없이> 어른 아이 할 거 없이….
〔×〕
ⓧ 〔Text=21/Freq2=35(0.7%)〕

거^2 [대] 【Text=0/Freq1=0】 ⓧ
⓪ (예) 문 밖에 거 누구요?
/거 꼼짝 말고 있어라. 〔×〕

거^3 [대] 【Text=8/Freq1=13(0.3%)】
⓪ (예) 거 봐라, 비가 온다고 했지.

거^0 [감] 【Text=23/Freq1=49(1%)】
⓿ (예) 거, 뭐냐, 그때 했던 얘기 말이야.

≪**거기**≫전체빈도합=532(0.0286%)

거기 [대]★★★ 【Text=142/Freq1=532】[30)]
Ⅰ ① (예) 거기에 다시 가고 싶다.
〔Text=100/Freq2=257(48.3%)〕
② (예) 거기에 일일이 대꾸하지 마.
〔Text=68/Freq2=179(33.6%)〕
Ⅱ (예) 거기 가 보자.
〔Text=53/Freq2=89(16.7%)〕
ⓧ 〔Text=4/Freq2=7(1.3%)〕

≪**거꾸로**≫전체빈도합=25(0.0013%)

거꾸로 [부] 【Text=21/Freq1=25】
①㉠ (예) 거꾸로 달린 간판.
〔Text=11/Freq2=12(48%)〕
㉡ (예) 순서가 거꾸로 되다.
〔Text=2/Freq2=2(8%)〕
② (예) 거꾸로 생각을 하면 서로를 이해할 수 있다. 〔Text=9/Freq2=11(44%)〕
[관]<고무신을 거꾸로 신다> 〔×〕

≪**거느리다**≫전체빈도합=16(0.0009%)

거느리다 [동] 【Text=11/Freq1=16】
① (예) [가족을/식솔을] 거느린 가장.
〔Text=2/Freq2=2(12.5%)〕
② (예) [군대를/군부를] 거느린 장군.
〔Text=8/Freq2=10(62.5%)〕
③ (예) 사장이 남자 둘을 거느리고 오다.
〔Text=4/Freq2=4(25%)〕

≪**거대하다**≫전체빈도합=52(0.0028%)

거대하다 [형] 【Text=36/Freq1=52】
⓪ (예) 크기가 거대(巨大)하다.

≪**거두다**≫전체빈도합=89(0.0048%)

거두다 [동]★☆★ 【Text=50/Freq1=89】
① (예) 논에서 [곡식을/벼를] 거두다.
〔Text=7/Freq2=10(11.2%)〕
② (예) 점원이 빈 그릇을 거두어 가다.
〔Text=9/Freq2=13(14.6%)〕
③ (예) [시신을/시체를] 거두다. 〔×〕
④ (예) [고아들을/노인들을] 거두다.
〔Text=1/Freq2=1(1.1%)〕
⑤ (예) [유종의 미를/효과를] 거두다.
〔Text=23/Freq2=42(47.2%)〕
⑥ (예) 웃음을 거둔 채 말이 없다.
〔Text=2/Freq2=2(2.2%)〕
❼ (예) 시선을 거두다.
〔Text=8/Freq2=10(11.2%)〕
❽ (예) 적장의 목숨을 거두다.
〔Text=3/Freq2=5(5.6%)〕
[관]<숨을 거두다> 환자가 숨을 거두다.
〔Text=5/Freq2=5(5.6%)〕
ⓧ 〔Text=1/Freq2=1(1.1%)〕

≪**거들다**≫전체빈도합=18(0.0010%)

거들다 [동] 【Text=15/Freq1=18】
① (예) [김장을/일을] 거들다.
〔Text=8/Freq2=10(55.6%)〕
② (예) 저마다 [말을/한 마디씩] 거들다.
〔Text=8/Freq2=8(44.4%)〕

≪**거듭하다**≫전체빈도합=20(0.0011%)

거듭하다 [동] 【Text=19/Freq1=20】
⓪ (예) [고민을/실패를] 거듭하다.

≪**거래**≫전체빈도합=10(0.0005%)

거래 [명]☆☆★ 【Text=9/Freq1=10】
① (예) 거래(去來) 은행./거래를 하다.

---

30) 『외국인을 위한 한국어 학습 사전』(2004)의 중요 어휘 목록에서는 '거기'의 Ⅱ에 해당하는 용법을 구분해서 독립된 올림말(부사)로 보아 ☆★☆의 중요도를 부여하고 있다.

〖Text=8/Freq2=9(90%)〗
② (예) 여야당 사이에 거래가 이루어지다.
〖Text=1/Freq2=1(10%)〗

≪**거리**≫전체빈도합=319(0.0172%) [31]

거리¹ 몡★★★
【Text=75/Freq1=194(60.8%)】
⓪ (예) 거리를 거닐다.
〖Text=75/Freq2=191(98.5%)〗
관<거리[로/에][내몰리다/쫓겨나다]>
〖Text=1/Freq2=3(1.6%)〗

거리² 몡 【Text=54/Freq1=116(36.4%)】
① (예) 집에서 역까지의 거리(距離).
〖Text=33/Freq2=85(73.3%)〗
② (예) 이론과 현실의 거리.
〖Text=4/Freq2=5(4.3%)〗
③ (예) 두 사람 사이에 거리가 느껴지다.
〖Text=5/Freq2=6(5.2%)〗
④ (예) 10분 거리. 〖Text=3/Freq2=3(2.6%)〗
⑤ (예) 두 점 사이의 거리. 〔×〕
관<거리가 멀다> 출세와 거리가 멀다.
〖Text=10/Freq2=13(11.2%)〗
관<거리를 두다>
① (예) 사건을 거리를 두고 바라보다.
〖Text=3/Freq2=3(2.6%)〗
② (예) 그들과 거리를 두다.
〖Text=1/Freq2=1(0.9%)〗

거리³ 몡의 【Text=8/Freq1=9(2.8%)】
⓪ (예) 그에게 부탁할 거리가 생기다.

≪**거미**≫전체빈도합=10(0.0005%)

거미 몡☆☆★ 【Text=5/Freq1=10】
⓪ (예) 거미가 거미줄을 치다.

≪**거부하다**≫전체빈도합=52(0.0028%)

거부하다 동 【Text=30/Freq1=52】
⓪ (예) 대화를 거부(拒否)하다.

≪**거세다**≫전체빈도합=23(0.0012%)

거세다 형 【Text=15/Freq1=23】
⓪ (예) [바람이/파도가] 거세다.
〖Text=9/Freq2=15(65.2%)〗
❶ (예) [저항이/항의가] 거세다.

〖Text=7/Freq2=8(34.8%)〗

≪**거스르다**≫전체빈도합=25(0.0013%)

거스르다¹ 동 【Text=19/Freq1=22(88%)】
① ㉠ (예) 대세를 거스르다.
〖Text=2/Freq2=2(9.1%)〗
㉡ (예) 강물을 거슬러 올라가다.
〖Text=9/Freq2=11(50%)〗
㉢ (예) 10년 전으로 거슬러 올라가다.
〖Text=6/Freq2=7(31.8%)〗
② (예) 아버지의 뜻을 거스르다.
〖Text=2/Freq2=2(9.1%)〗
③ (예) [미국의/친구의] [기분을/비위를] 거스르다. 〔×〕

거스르다² 동 【Text=3/Freq1=3(12%)】
⓪ (예) 잔돈을 거슬러 [받다/주다].

≪**거실**≫전체빈도합=86(0.0046%)

거실 몡☆★☆ 【Text=23/Freq1=86】
① (예) 온 가족이 거실(居室)에 모이다.
〖Text=23/Freq2=86(100%)〗
② (예) 할머니의 거실에 병풍을 치다. 〔×〕

≪**거울**≫전체빈도합=141(0.0076%)

거울 몡★★★ 【Text=45/Freq1=141】
① (예) 거울에 비친 모습을 보다.
〖Text=43/Freq2=137(97.2%)〗
② (예) 눈은 마음의 거울이다.
〖Text=4/Freq2=4(2.8%)〗
관<거울(로) 삼다> 〔×〕

≪**거의**≫전체빈도합=388(0.0209%)

거의 부★★★ 【Text=142/Freq1=388】
① (예) 자리가 거의 다 차다.
〖Text=83/Freq2=141(36.3%)〗
② (예) 마음 맞는 사람이 거의 없다.
〖Text=110/Freq2=240(61.9%)〗
ⓧ 〖Text=6/Freq2=7(1.8%)〗

≪**거절하다**≫전체빈도합=31(0.0017%)

거절하다 동☆★☆ 【Text=23/Freq1=31】
⓪ (예) 부탁을 거절(拒絶)하다.

≪**거지**≫전체빈도합=23(0.0012%)

거지 몡 【Text=12/Freq1=23】

---

31) 『연세 한국어 사전』의 '-거리⁴'(예: 달거리/이틀거리)와 '-거리⁵'(예: 짓거리, 떼거리)는 말뭉치의 분석에 적용하지 않았으므로 제외한다. 한편, 『외국인을 위한 한국어 학습 사전』(2004)의 중요 어휘 목록에는 '거리²'가 포함되어 있는데, 여기서는 그 쓰임의 폭이 넓은 것으로 나타난 '거리¹'를 기본어휘로 삼는다.

⓪ (예) 거지가 [구걸을/동냥을] 하다.

≪**거짓**≫전체빈도합=23(0.0012%)

거짓 몡☆★ 【Text=17/Freq1=23】
Ⅰ (예) 거짓으로 대답하다.
〔Text=14/Freq2=19(82.6%)〕
Ⅱ (예) 거짓 [꾸며대다/둘러대다].
〔Text=1/Freq2=2(8.7%)〕
Ⅲ (예) 거짓 [광고/울음].
〔Text=2/Freq2=2(8.7%)〕

≪**거짓말**≫전체빈도합=100(0.0054%)

거짓말 몡☆★★ 【Text=45/Freq1=100】
⓪ (예) 거짓말을 하다.
〔Text=45/Freq2=100(100%)〕
관<새 빨간 거짓말>〔×〕

≪**거치다**≫전체빈도합=129(0.0069%)

거치다 동★☆★ 【Text=59/Freq1=129】
① (예) 대구를 거쳐 부산으로 가다.
〔Text=19/Freq2=36(27.9%)〕
② (예) [절차를/협의를] 거치다.
〔Text=47/Freq2=92(71.3%)〕
ⓧ 〔Text=1/Freq2=1(0.8%)〕

≪**거칠다**≫전체빈도합=66(0.0036%)

거칠다 혱★★★ 【Text=43/Freq1=66】
①㉠ (예) [손이/피부가] 거칠다.
〔Text=3/Freq2=3(4.5%)〕
㉡ (예) 거친 나무껍질.
〔Text=1/Freq2=1(1.5%)〕
② (예) 굵고 거친 삼베.〔×〕
③ (예) [성격이/행동이] 거칠다.
〔Text=19/Freq2=25(37.9%)〕
④ (예) [글이/말투가] 거칠다.
〔Text=12/Freq2=19(28.8%)〕
⑤ (예) 거친 산길을 헤매다.
〔Text=1/Freq2=1(1.5%)〕
⑥ (예) 거친 [물결이/바람이] 일다.
〔Text=1/Freq2=1(1.5%)〕
⑦ (예) 거친 음식.〔Text=1/Freq2=1(1.5%)〕
⑧ (예) 목소리가 거칠다./거친 고함.
〔Text=7/Freq2=8(12.1%)〕
⑨ (예) 거칠고 힘든 [농사/일].
〔Text=2/Freq2=2(3%)〕
⑩ (예) 일 하는 솜씨가 거칠다.
〔Text=2/Freq2=2(3%)〕
⑪ (예) 거칠게 말해도 1억은 되다.
〔Text=1/Freq2=2(3%)〕
ⓧ 〔Text=1/Freq2=1(1.5%)〕

≪**걱정**≫전체빈도합=225(0.0121%)

걱정 몡★★★ 【Text=99/Freq1=225】
① (예) 아이 일이 걱정이 되다.
〔Text=99/Freq2=222(98.7%)〕
② (예) 부모에게 걱정을 듣다.
〔Text=1/Freq2=3(1.3%)〕
관<걱정도 팔자>〔×〕

≪**걱정스럽다**≫전체빈도합=27(0.0015%)

걱정스럽다 혱 【Text=22/Freq1=27】
① (예) 내일 시험이 걱정스럽다.
〔Text=8/Freq2=11(40.7%)〕
② (예) 혼자 있는 아이가 걱정스럽다.
〔Text=6/Freq2=7(25.9%)〕
❸ (예) 걱정스러운 [얼굴/표정]을 하다.
〔Text=9/Freq2=9(33.3%)〕

≪**걱정하다**≫전체빈도합=83(0.0045%)

걱정하다 동★★★ 【Text=57/Freq1=83】
⓪ (예) [아이/일] 때문에 너무 걱정하지
마세요. 〔Text=41/Freq2=59(71.1%)〕
❶ (예) [나라를/일을/자식을] 걱정하다.
〔Text=23/Freq2=24(28.9%)〕

≪**건강**≫전체빈도합=148(0.0080%)

건강 몡★★★ 【Text=60/Freq1=148】
⓪ (예) 과음으로 건강(健康)을 해치다.
〔Text=35/Freq2=84(56.8%)〕
❶ (예) 건강에 좋은 음식.
〔Text=36/Freq2=64(43.2%)〕

≪**건강하다**≫전체빈도합=161(0.0087%)

건강하다 혱★★★ 【Text=74/Freq1=161】
① (예) [몸이/아이가] 건강(健康)하다.
〔Text=66/Freq2=131(81.4%)〕
② (예) 건강한 [사회/정신].
〔Text=12/Freq2=28(17.4%)〕
ⓧ 〔Text=2/Freq2=2(1.2%)〕

≪**건너**≫전체빈도합=20(0.0011%)

건너 몡 【Text=19/Freq1=20】
⓪ (예) 강 건너에 마을이 있다.

≪**건너가다**≫전체빈도합=65(0.0035%)

건너가다 동☆★☆ 【Text=28/Freq1=65】
Ⅰ (예) [안방으로/중국으로] 건너가다.

〔Text=13/Freq2=22(33.8%)〕
Ⅱ (예) [강을/길을/다리를] 건너가다.
〔Text=15/Freq2=43(66.2%)〕

《건너다》전체빈도합=146(0.0079%)

건너다 동 ★★★ 【Text=63/Freq1=146】
① (예) [강을/길을/다리를] 건너다.
〔Text=58/Freq2=139(95.2%)〕
② (예) 하루 건너 하루씩 쉬다.
〔Text=5/Freq2=5(3.4%)〕
③ (예) 사람들 입을 건너 소문이 퍼지다. 〔×〕
❹ (예) 건너(다) 보다. 〔Text=2/Freq2=2(1.4%)〕

《건너오다》전체빈도합=18(0.0010%)

건너오다 동 【Text=13/Freq1=18】
Ⅰ (예) [미국에/안방으로] 건너오다.
〔Text=6/Freq2=7(38.9%)〕
Ⅱ (예) [강을/길을/다리를] 건너오다.
〔Text=7/Freq2=11(61.1%)〕

《건너편》전체빈도합=36(0.0019%)

건너편 명 【Text=22/Freq1=36】
⓪ (예) [강/길] 건너편(便).

《건네다》전체빈도합=59(0.0032%)

건네다 동 【Text=37/Freq1=59】
Ⅰ (예) 나룻배로 사람들을 건네다. 〔×〕
Ⅱ ① (예) [돈을/봉투를/선물을] 건네다.
〔Text=28/Freq2=44(74.6%)〕
② (예) [말을/인사를] 건네다.
〔Text=12/Freq2=15(25.4%)〕

《건드리다》전체빈도합=29(0.0016%)

건드리다 동 【Text=24/Freq1=29】
① (예) 전시물을 건드리다.
〔Text=15/Freq2=17(58.6%)〕
② (예) [감정을/자존심을] 건드리다.
〔Text=9/Freq2=9(31%)〕
③ (예) 가만히 있는 사람을 건드리다.
〔Text=1/Freq2=1(3.4%)〕
④ (예) 여자를 건드리다. 〔×〕
ⓧ 〔Text=2/Freq2=2(6.9%)〕

《건물》전체빈도합=212(0.0114%)

건물 명 ★★★ 【Text=72/Freq1=212】
⓪ (예) 건물(建物)을 짓다.

《건설》전체빈도합=60(0.0032%)

건설 명 【Text=24/Freq1=60】
① (예) [공장/주택] 건설(建設) 현장.
〔Text=18/Freq2=38(63.3%)〕
② (예) [국가/복지 사회] 건설.
〔Text=10/Freq2=22(36.7%)〕

《건설하다》전체빈도합=33(0.0018%)

건설하다 동 【Text=22/Freq1=33】
① (예) 도로를 건설(建設)하다.
〔Text=12/Freq2=21(63.6%)〕
② (예) 복지 사회를 건설하다.
〔Text=12/Freq2=12(36.4%)〕

《건전하다》전체빈도합=38(0.0020%)

건전하다 형 【Text=19/Freq1=38】
⓪ (예) 건전(健全)한 [정신/태도].

《건조하다》전체빈도합=15(0.0008%)

건조하다¹ 동 【Text=0/Freq1=0】 ⓧ
⓪ (예) 유조선을 건조(建造)하다. 〔×〕

건조하다² 형 【Text=13/Freq1=15(100%)】
① (예) 건조(乾燥)한 날씨.
〔Text=2/Freq2=2(13.3%)〕
② (예) [수풀이/피부가] 건조하다.
〔Text=2/Freq2=2(13.3%)〕
③ (예) 건조한 직장 분위기.
〔Text=8/Freq2=9(60%)〕
ⓧ 〔Text=2/Freq2=2(13.3%)〕

《건지다》전체빈도합=21(0.0011%)

건지다 동 【Text=14/Freq1=21】
① (예) 건더기를 건지다.
〔Text=4/Freq2=9(42.9%)〕
② (예) 위기에 처한 회사를 건지다.
〔Text=2/Freq2=2(9.5%)〕
③ (예) [거래에서 큰돈을/특종을] 건지다.
〔Text=5/Freq2=5(23.8%)〕
④ (예) 굿으로 죽은 사람의 넋을 건지다. 〔×〕
관<[목숨을/생명을] 건지다>
〔Text=4/Freq2=4(19%)〕
ⓧ 〔Text=1/Freq2=1(4.8%)〕

《건축》전체빈도합=20(0.0011%)

건축 명 【Text=12/Freq1=20】
⓪ (예) 건축(建築) [기술/회사].
〔Text=12/Freq2=20(100%)〕
관<건축 설계> 〔×〕
관<건축 양식> 〔×〕

《걷다》전체빈도합=399(0.0215%)

걷다¹ 동★★★ 【Text=115/Freq1=374(93.7%)】
　① (예) [산길을/오솔길을] 걷다.
　　　〔Text=105/Freq2=346(92.5%)〕
　② (예) [고행의 길을/정도를] 걷다.
　　　〔Text=20/Freq2=28(7.5%)〕

걷다² 〖Text=21/Freq1=23(5.8%)〗
　① (예) 소매를 걷다.
　　　〔Text=9/Freq2=9(39.1%)〕
　② (예) 돗자리를 걷다.
　　　〔Text=6/Freq2=6(26.1%)〕
　③ (예) [빨래를/좌판을] 걷다.
　　　〔Text=5/Freq2=6(26.1%)〕
　④ (예) [돈을/위문품을] 걷다.
　　　〔Text=2/Freq2=2(8.7%)〕
　⑤ (예) 벌여 놓은 사업들을 걷어 버리다. 〔×〕

걷다ˣ ? 【Text=2/Freq1=2(0.5%)】

≪걷어차다≫전체빈도합=21(0.0011%)

걷어차다 동 【Text=10/Freq1=21】
　① (예) [돌멩이를/벽을] 걷어차다.
　　　〔Text=10/Freq2=20(95.2%)〕
　② (예) [직장을/행복을] 걷어차다. 〔×〕
　ⓧ 〔Text=1/Freq2=1(4.8%)〕

≪걸다≫전체빈도합=238(0.0128%)

걸다¹ 동★★★ 【Text=101/Freq1=238(100%)】
Ⅰ ① (예) 옷걸이에 코트를 걸다.
　　　〔Text=21/Freq2=42(17.6%)〕
　② (예) 솥을 걸고 밥을 짓다.
　　　〔Text=3/Freq2=3(1.3%)〕
　③㉠ (예) 새끼손가락을 걸어 약속하다.
　　　〔Text=7/Freq2=7(2.9%)〕
　　㉡ (예) 범인의 다리를 걸다.
　　　〔Text=3/Freq2=3(1.3%)〕
　④ (예) [레코드판을/테이프를] 걸다. 〔×〕
　⑤ (예) 그에게 [기대를/희망을] 걸다.
　　　〔Text=7/Freq2=9(3.8%)〕
　⑥ (예) 마라톤에 인생을 걸다.
　　　〔Text=4/Freq2=5(2.1%)〕
　⑦ (예) [목숨을/생명을] 걸다.
　　　〔Text=14/Freq2=15(6.3%)〕
　⑧ (예) 경기에 [사활을/승부를] 걸다. 〔×〕
　⑨ (예) [계약금을/돈을] 걸다.
　　　〔Text=5/Freq2=6(2.5%)〕
　⑩ (예) [제목을/조건을] 걸다.
　　　〔Text=1/Freq2=1(0.4%)〕
　⑪ (예) 안건을 회의에 걸다. 〔×〕
　⑫ (예) 전화를 걸다.
　　　〔Text=35/Freq2=89(37.4%)〕
　⑬ (예) [농을/말을/시비를] 걸다.
　　　〔Text=24/Freq2=34(14.3%)〕
　⑭ (예) [소송을/재판을] 걸다.
　　　〔Text=1/Freq2=4(1.7%)〕
　⑮ (예) 자동차 [시동을/제동을] 걸다.
　　　〔Text=7/Freq2=9(3.9%)〕
　⑯ (예) [주술을/최면을] 걸다.
　　　〔Text=2/Freq2=3(1.3%)〕
　⑰ (예) [비상을/작전 타임을] 걸다. 〔×〕
Ⅱ ① (예) [방문을/빗장을] 걸다.
　　　〔Text=4/Freq2=4(1.7%)〕
　② (예) 곤란해지면 남을 걸고 들어가다. 〔×〕
　③ (예) 사소한 실수를 걸어서 못살게 굴다. 〔×〕
　④ (예) 도로교통법에 걸어 입건하다.
　　　〔Text=1/Freq2=1(0.4%)〕
　관 <간판을 걸다> 〔×〕
　관 <어깨를 걸다> 〔×〕
　관 <제동을 걸다> 계획에 제동을 걸다.
　　　〔Text=3/Freq2=3(1.3%)〕
　관 <코에 걸면 코걸이 귀에 걸면 귀걸이> 〔×〕

걸다² 형 【Text=0/Freq1=0】 ⓧ
　① (예) [땅이/흙이] 걸다. 〔×〕
　② (예) 상차림이 걸고 푸짐하다. 〔×〕
　③ (예) 입이 걸다. 〔×〕
　④ (예) 사람됨이 걸고 통이 크다. 〔×〕
　⑤ (예) 풀을 걸게 쑤다. 〔×〕

≪걸레≫전체빈도합=17(0.0009%)

걸레 명☆☆★ 【Text=12/Freq1=17】
　① (예) 걸레로 마루를 닦다.
　　　〔Text=12/Freq2=17(100%)〕
　② (예) 옷이 헐어 걸레가 되다. 〔×〕

≪걸리다≫전체빈도합=370(0.0199%)

걸리다¹ 동★★★ 【Text=124/Freq1=243(65.7%)】
Ⅰ ① (예) 벽에 걸린 그림.
　　　〔Text=33/Freq2=47(19.3%)〕
　② (예) 부뚜막에 가마솥이 걸려 있다.
　　　〔Text=5/Freq2=6(2.5%)〕
　③ (예) 그믐달이 밤하늘에 걸려 있다.
　　　〔Text=7/Freq2=9(3.7%)〕
　④ (예) 일에 [목숨이/장래가] 걸리다.

　　　　　〔Text=4/Freq2=5(2.1%)〕
　⑤ (예) [상금이/우승이] 걸린 경기.
　　　　　〔Text=1/Freq2=1(0.4%)〕
　⑥ (예) [문이/자물쇠가] 걸리다.
　　　　　〔Text=2/Freq2=2(0.8%)〕
　Ⅱ (예) [브레이크가/시동이] 걸리다.
　　　　　〔Text=2/Freq2=2(0.8%)〕
　Ⅲ (예) 잘못 걸린 전화.
　　　　　〔Text=17/Freq2=23(9.5%)〕
　Ⅳ ① (예) [법에/속도위반으로] 걸리다.
　　　　　〔Text=9/Freq2=10(4.1%)〕
　② (예) 불량배에게 걸리다.
　　　　　〔Text=2/Freq2=4(1.6%)〕
　③ (예) [덫에/미끼에] 걸리다.
　　　　　〔Text=9/Freq2=10(4.1%)〕
　④ (예) [요술에/최면에] 걸리다.
　　　　　〔Text=4/Freq2=4(1.6%)〕
　⑤ (예) 목에 가시가 걸리다./옷이 못에
　　　걸리다. 〔Text=16/Freq2=24(9.9%)〕
　⑥ (예) [마음에/신경에] 걸리다.
　　　　　〔Text=12/Freq2=15(6.2%)〕
　⑦ (예) 좋은 [일이/자리가] 걸리다.
　　　　　〔Text=3/Freq2=5(2.1%)〕
　⑧ (예) [감기가/병에] 걸리다.
　　　　　〔Text=50/Freq2=67(27.6%)〕
　⑨ (예) [야근이/청소 당번이] 걸리다.
　　　　　〔Text=2/Freq2=4(1.6%)〕
　관<발동이 걸리다> 〔Text=1/Freq2=1(0.4%)〕
　관<비상이 걸리다> 〔Text=1/Freq2=1(0.4%)〕
　관<제동이 걸리다> 〔×〕
　ⓧ 〔Text=3/Freq2=3(1.2%)〕

걸리다² 동 【Text=68/Freq1=127(34.3%)】
　⓪ (예) [30분/세월이/시간이] 걸리다.

≪걸맞다≫전체빈도합=25(0.0013%)
걸맞다 형 【Text=20/Freq1=25】
　① (예) [덩치에/체격에] 걸맞은 행동.
　　　　　〔Text=20/Freq2=25(100%)〕
　② (예) 자기 집안과 걸맞은 양반과 혼사를
　　　맺다. 〔×〕

≪걸어가다≫전체빈도합=129(0.0069%)
걸어가다 동★★☆ 【Text=77/Freq1=129】
　① (예) 역까지 걸어가다.
　　　　　〔Text=73/Freq2=123(95.3%)〕
　② (예) 학문의 길을 걸어가다.
　　　　　〔Text=3/Freq2=3(2.3%)〕

　ⓧ 〔Text=3/Freq2=3(2.3%)〕

≪걸어다니다≫전체빈도합=18(0.0010%)
걸어다니다 동 【Text=14/Freq1=18】
　⓪ (예) 차를 놓고 걸어다니다.

≪걸어오다≫전체빈도합=38(0.0020%)
걸어오다⁰¹ 동 【Text=24/Freq1=36(94.7%)】
　Ⅰ ❶ (예) [이쪽으로/집에] 걸어오다.
　　　　　〔Text=19/Freq2=25(69.4%)〕
　Ⅱ ❶ (예) [밤길을/산길을] 걸어오다.
　　　　　〔Text=2/Freq2=2(5.6%)〕
　❷ (예) 이제껏 걸어온 길을 추억하다.
　　　　　〔Text=5/Freq2=9(25%)〕
걸어오다⁰² 동 【Text=2/Freq1=2(5.3%)】
　❶ (예) 낯선 사람이 말을 걸어오다.

≪걸음≫전체빈도합=115(0.0062%)
걸음 명★★★ 【Text=61/Freq1=115】
　Ⅰ ① (예) 걸음을 [멈추다/빨리하다].
　　　　　〔Text=35/Freq2=66(57.4%)〕
　② (예) 어려운 걸음을 하다. 〔×〕
　Ⅱ (예) 세 걸음 앞으로 가다.
　　　　　〔Text=33/Freq2=49(42.6%)〕
　관<걸음을 하다> 〔×〕
　관<걸음이 가볍다> 〔×〕
　관<걸음이 무겁다> 〔×〕

≪걸음걸이≫전체빈도합=24(0.0013%)
걸음걸이 명 【Text=13/Freq1=24】
　⓪ (예) 걸음걸이가 씩씩하다.

≪걸치다≫전체빈도합=94(0.0051%)
걸치다 동★☆☆ 【Text=62/Freq1=94】
　Ⅰ ① (예) 문간에 빗장을 걸쳐 두다.
　　　　　〔Text=2/Freq2=2(2.1%)〕
　② (예) 배낭을 한 쪽 어깨에 걸치다.
　　　　　〔Text=8/Freq2=9(9.6%)〕
　③ (예) 한 팔을 난간에 걸치다.
　　　　　〔Text=3/Freq2=3(3.2%)〕
　④㉠ (예) [겉옷을/코트를] 걸치다.
　　　　　〔Text=15/Freq2=18(19.1%)〕
　㉡ (예) [안경을/액세서리를] 걸치다.
　　　　　〔Text=2/Freq2=2(2.1%)〕
　⑤ (예) [막걸리/술] 한 잔 걸치다.
　　　　　〔Text=2/Freq2=3(3.2%)〕
　Ⅱ ① (예) 강에 다리가 걸쳐 있다.
　　　　　〔Text=1/Freq2=1(1.1%)〕

② (예) 담 위에 나뭇가지가 걸치다.
　　　〔Text=1/Freq2=1(1.1%)〕
　③ (예) 해가 서산마루에 걸치다. 〔×〕
　④ ㉠ (예) 10년에 걸친 프로젝트.
　　　〔Text=26/Freq2=34(36.2%)〕
　　㉡ (예) 전국에 걸쳐 비가 내리다.
　　　〔Text=15/Freq2=21(22.3%)〕
　㊗ <양다리(를) 걸치다> 〔×〕

≪걸터앉다≫전체빈도합=26(0.0014%)
걸터앉다 동 【Text=16/Freq1=26】
　⓪ (예) [마루에/소파에] 걸터앉다.

≪검다≫전체빈도합=158(0.0085%)
검다 형★☆★ 【Text=59/Freq1=158】
　① (예) 검은 옷./피부가 검게 타다.
　　　〔Text=47/Freq2=123(77.8%)〕
　② (예) 하늘이 검다./검은 어둠.
　　　〔Text=18/Freq2=30(19%)〕
　③ (예) 검은 [거래/돈/속셈].
　　　〔Text=4/Freq2=5(3.2%)〕

≪검사≫전체빈도합=90(0.0048%)
검사¹ 명★☆★ 【Text=16/Freq1=87(96.7%)】
　⓪ (예) [시력/혈액] 검사(檢査)를 받다.
검사² 명 【Text=3/Freq1=3(3.3%)】
　⓪ (예) 검사(檢事)가 되다.

≪검토하다≫전체빈도합=20(0.0011%)
검토하다 동 【Text=16/Freq1=20】
　⓪ (예) 계획을 검토(檢討)하다.

≪겁≫전체빈도합=77(0.0041%)
겁¹ 명★★★ 【Text=46/Freq1=77(100%)】
　⓪ (예) 겁(怯)이 [많다/없다].
　　　〔Text=6/Freq2=7(9.1%)〕
　㊗ <겁에 [떨다/질리다]>
　　　〔Text=13/Freq2=16(20.8%)〕
　㊗ <겁을 내다> 〔Text=3/Freq2=4(5.2%)〕
　㊗ <겁을 주다> 〔Text=3/Freq2=3(3.9%)〕
　㊗ <겁을 (집어)먹다>
　　　〔Text=7/Freq2=7(9.1%)〕
　㊗ <겁이 나다> 〔Text=28/Freq2=40(51.9%)〕
겁² 명 【Text=0/Freq1=0】 ⓧ
　⓪ (예) 몇 겁(劫)을 살다. 〔×〕

≪겁나다≫전체빈도합=16(0.0009%)
겁나다 동 【Text=14/Freq1=16】
　⓪ (예) 밤길 다니기가 겁(怯)나다.

　　　〔Text=12/Freq2=14(87.5%)〕
　㊗ <겁나게> 겁나게 춥다.
　　　〔Text=2/Freq2=2(12.5%)〕

≪것≫전체빈도합=14,832(0.7987%)
것 명의★★★
　　　【Text=217/Freq1=14,829(99.9%)】
Ⅰ ① (예) 먹을 것 좀 사다.
　　　〔Text=202/Freq2=2,197(14.8%)〕
　② (예) 아까 받은 것 돌려주다.
　　　〔Text=198/Freq2=2,380(16.1%)〕
　③ (예) 나이도 어린 것이 건방지다.
　　　〔Text=40/Freq2=58(0.4%)〕
Ⅱ ① (예) 낙엽이 지는 것을 보니 겨울이
　　　가깝다. 〔Text=157/Freq2=639(4.3%)〕
　② (예) 나를 좋아하는 것을 느끼다.
　　　〔Text=155/Freq2=876(5.9%)〕
　③ (예) 감기엔 푹 쉬는 것이 좋다.
　　　〔Text=121/Freq2=372(2.5%)〕
　④ (예) 얼굴 본 것이 벌써 10년 전이다.
　　　〔Text=64/Freq2=121(0.8%)〕
　⑤ (예) 인생은 누가 대신 살아 주는 것이
　　　아니다.
　　　〔Text=183/Freq2=1,615(10.9%)〕
Ⅲ ① ㉠ <-는/ㄴ 것이다> (예) 심각한 병이기
　　　때문에 예방이 중요한 것이다.
　　　〔Text=166/Freq2=2,728(18.4%)〕
　　㉡ <-다는 것이다> (예) 주목할 점은
　　　신인들이 많아졌다는 것이다.
　　　〔Text=116/Freq2=524(3.5%)〕
Ⅳ ① <-ㄹ 것(이다)> (예) 최선을 다할 것을
　　　다짐하다. 〔Text=87/Freq2=154(1%)〕
　② <-ㄹ 것(이다)> (예) 의견이 안 맞는
　　　일도 있을 것이다.
　　　〔Text=161/Freq2=1,335(9%)〕
　③ <-ㄹ 것> (예) [거짓말하지/화내지]
　　　말 것. 〔Text=89/Freq2=223(1.5%)〕
　④ <-ㄹ 것을> (예) 전화라도 할 것을…
　　　〔Text=10/Freq2=11(0.1%)〕
　⑤ (예) 곤히 자고 있는 것을 깨우다.
　　　〔Text=13/Freq2=14(0.1%)〕
　㊗ <그도 그럴 것이> 〔Text=4/Freq2=5(0%)〕
　㊗ <-는/-ㄴ 것은> 끝내 말을 안 한 것은
　　　왜일까? 〔Text=106/Freq2=250(1.7%)〕
　㊗ <-는/-ㄴ/-던 것이> 잠시 쉰다는 것이
　　　깜박 잠들다. 〔Text=19/Freq2=27(0.2%)〕
　㊗ <-는/-ㄴ/-ㄹ 것(이) 아닌가>

갑자기 비가 오는 것이 아닌가.
　　〔Text=8/Freq2=9(0.1%)〕
㉠ <-는/-ㄴ/-ㄹ 것 같다> 비가 [오는/온/올] 것 같다. 〔Text=178/Freq2=1,089(7.3%)〕
㉠ <-ㄹ 것 같으면> 나로 말할 것 같으면./소문에 의할 것 같으면.
　　〔Text=3/Freq2=5(0%)〕
㉠ <-ㄹ 것(도) 없다> 두말할 것 없다.
　　〔Text=46/Freq2=65(0.4%)〕
㉠ <~ 할 것 없이> [너 나/아이 어른] 할 것 없이…. 〔Text=17/Freq2=18(0.1%)〕
　ⓧ 〔Text=71/Freq2=114(0.8%)〕

것⁰ 대 【Text=3/Freq1=3(0.02%)】
❶ (예) 것 봐. 내가 그랬지?

≪겉≫전체빈도합=56(0.0030%)

겉 명★☆★ 【Text=38/Freq1=56】
① (예) 상자의 겉이 닳다.
　　〔Text=7/Freq2=9(16.1%)〕
② (예) 겉으로는 멀쩡하다./겉으로 보아서는 모르다. 〔Text=34/Freq2=47(83.9%)〕
㉠ <겉 다르고 속 다르다> 〔×〕

≪게≫전체빈도합=17(0.0009%) ³²⁾

게¹ 명☆☆★ 【Text=6/Freq1=16(94.1%)】
① (예) 바다에서 게를 잡다.
　　〔Text=6/Freq2=16(100%)〕
㉠ <가재는 게 편> 〔×〕
게³ 대 【Text=0/Freq1=0】 ⓧ
① (예) 게 있지 말고 나가라./게 누구요? 〔×〕
게ˣ ? 【Text=1/Freq1=1(5.9%)】

≪게다가≫전체빈도합=77(0.0041%) ³³⁾

게다가¹ 부☆★☆ 【Text=53/Freq1=77】
① (예) 직장은 없고, 게다가 아내는 임신 중이다.

≪게으르다≫전체빈도합=14(0.0008%)

게으르다 형☆☆★ 【Text=12/Freq1=14】
① (예) 게으른 사람.

≪게임≫전체빈도합=70(0.0038%)

게임 명☆★☆ 【Text=20/Freq1=70】
Ⅰ ① (예) [야구/축구] 게임.
　　〔Text=7/Freq2=13(18.6%)〕
② (예) 술 마시며 게임을 하다.
　　〔Text=6/Freq2=9(12.9%)〕
❸ (예) [인터넷/컴퓨터] 게임 시장.
　　〔Text=6/Freq2=41(58.6%)〕
❹ (예) 제로섬 게임.
　　〔Text=1/Freq2=3(4.3%)〕
❺ (예) 수적으로 게임이 안 되다.
　　〔Text=1/Freq2=1(1.4%)〕
Ⅱ (예) 다섯 게임을 뛰다.
　　〔Text=1/Freq2=3(4.3%)〕

≪겨레≫전체빈도합=64(0.0034%)

겨레 명★☆★ 【Text=21/Freq1=64】
① (예) 남과 북은 한 겨레이다.

≪겨를≫전체빈도합=16(0.0009%)

겨를 명의 【Text=14/Freq1=16】
① (예) [생각할/쉴] 겨를이 없다.

≪겨우≫전체빈도합=109(0.0059%)

겨우 부★★★ 【Text=73/Freq1=109】
① (예) 겨우 [도착하다/합격하다].
　　〔Text=48/Freq2=68(62.4%)〕
② (예) 겨우 [고등학생/옷 한 벌].
　　〔Text=33/Freq2=41(37.6%)〕

≪겨울≫전체빈도합=282(0.0152%)

겨울 명★★★ 【Text=89/Freq1=282】
① (예) 겨울이 지나고 봄이 오다.
　　〔Text=86/Freq2=267(94.7%)〕
㉠ <겨울 방학> 〔Text=5/Freq2=15(5.3%)〕

≪격≫전체빈도합=16(0.0009%) ³⁴⁾

격¹ 명 【Text=13/Freq1=16(100%)】
① (예) [집안이/품행이] 격(格)이 낮다.
　　〔Text=1/Freq2=1(6.3%)〕
② (예) 격을 맞추어 식을 준비하다.
　　〔Text=1/Freq2=1(6.3%)〕
③ (예) 엎친 데 덮친 격이다./국무총리 격인 대막리지. 〔Text=11/Freq2=14(87.5%)〕
격² 명 【Text=0/Freq1=0】 ⓧ
① (예) 격(格)에 따라서 활용형이 다르다.
　　〔×〕

---

32) 『연세 한국어 사전』의 '게²'(예: 모르는 게 없다)는 말뭉치의 분석에는 적용하지 않았으므로 제외한다.
33) 『연세 한국어 사전』의 '게다가²'는 '거기에다가, 그 곳에다'의 준말(게다가 놓다.)로서의 '준꼴'인데 말뭉치의 분석에는 적용하지 않았으므로 제외한다.
34) 『연세 한국어 사전』의 '격 ³'(예:격주)는 말뭉치의 분석에는 적용하지 않았으므로 제외한다.

≪**격려**≫전체빈도합=21(0.0011%)

  격려 명 【Text=16/Freq1=21】
    ⓪ (예) 격려(激勵)를 [받다/하다].

≪**겪다**≫전체빈도합=224(0.0121%)

  겪다 동★☆★ 【Text=95/Freq1=224】
    ⓪ (예) [고생을/난관을/전쟁을] 겪다.
      〔Text=95/Freq2=223(99.5%)〕
    ⓧ 〔Text=1/Freq2=1(0.5%)〕

≪**견디다**≫전체빈도합=118(0.0064%)

  견디다 동★★★ 【Text=73/Freq1=118】
    ①㉠ (예) [고통을/수술을] 견디다.
      〔Text=61/Freq2=96(81.4%)〕
     ㉡ (예) 건물이 비바람에 잘 견디다.
      〔Text=9/Freq2=10(8.5%)〕
    ② (예) 비상식량으로 열흘을 견디다.
      〔Text=11/Freq2=12(10.2%)〕

≪**견주다**≫전체빈도합=27(0.0015%)

  견주다 동 【Text=13/Freq1=27】
    ⓪ (예) 그 사람과 [실력을/키를] 견주다.
      〔Text=6/Freq2=14(51.9%)〕
    ❶ (예) 몸에 견주어 키가 작다.
      〔Text=9/Freq2=13(48.1%)〕

≪**견학**≫전체빈도합=54(0.0029%)

  견학 명 【Text=13/Freq1=54】
    ⓪ (예) 공장 견학(見學)을 하다.

≪**견학하다**≫전체빈도합=64(0.0034%)

  견학하다 동 【Text=14/Freq1=64】
    ⓪ (예) 방송국을 견학(見學)하다.

≪**견해**≫전체빈도합=53(0.0029%)

  견해 명★☆☆ 【Text=25/Freq1=53】
    ⓪ (예) 서로 견해(見解)가 다르다.

≪**결과**≫전체빈도합=334(0.0180%)

  결과 명★★★ 【Text=107/Freq1=333(99.7%)】
   Ⅰ ① (예) 나쁜 결과(結果)를 빚다.
      〔Text=52/Freq2=141(42.3%)〕
     ② (예) 미국 방문 결과를 설명하다.
      〔Text=66/Freq2=131(39.3%)〕
   Ⅱ (예) 긴축 정책의 결과, 생산이 줄어들다.
      〔Text=34/Freq2=61(18.3%)〕
  결과⁰ 명 【Text=1/Freq1=1(0.3%)】
    ❶ (예) 지각, 조퇴, 결과(缺課).

≪**결국**≫전체빈도합=318(0.0171%)

결국¹ 명 【Text=12/Freq1=21(6.6%)】
  ⓪ (예) 논쟁 끝에 결국(結局)에는 싸움이 벌어지다.

결국² 부★★☆ 【Text=110/Freq1=297(93.4%)】
  ① (예) 표를 못 구해 결국(結局) 영화를 못 보다. 〔Text=90/Freq2=187(63%)〕
  ② (예) 결국 건강이 가장 중요하다.
    〔Text=55/Freq2=110(37%)〕

≪**결론**≫전체빈도합=70(0.0038%)

결론 명 【Text=34/Freq1=70】
  ① (예) 회의에서 결론(結論)이 나오다.
    〔Text=34/Freq2=61(87.1%)〕
  ② (예) 서론, 본론, 결론.
    〔Text=2/Freq2=9(12.9%)〕

≪**결말**≫전체빈도합=18(0.0010%)

결말 명 【Text=12/Freq1=18】
  ⓪ (예) 협상의 결말(結末)을 짓다.

≪**결석**≫전체빈도합=5(0.0003%)

결석¹ 명☆☆★ 【Text=4/Freq1=5(100%)】
  ⓪ (예) 수업에 결석(缺席)을 하다.

결석² 명 【Text=0/Freq1=0】 ⓧ
  ⓪ (예) 신장 결석(結石)에 걸리다. 〔×〕

≪**결심**≫전체빈도합=26(0.0014%)

결심¹ 명 【Text=23/Freq1=26(100%)】
  ⓪ (예) 굳은 결심(決心)을 하다./결심이 서다.

결심² 명 【Text=0/Freq1=0】 ⓧ
  ⓪ (예) 결심(結審) 공판. 〔×〕

≪**결심하다**≫전체빈도합=39(0.0021%)

결심하다 동 【Text=28/Freq1=39】
  ⓪ (예) 금연하기로 결심(決心)하다.

≪**결정**≫전체빈도합=81(0.0044%)

결정¹ 명★★★ 【Text=38/Freq1=78(96.3%)】
  ⓪ (예) 결정(決定)을 [내리다/하다].

결정² 명 【Text=3/Freq1=3(3.7%)】
  ① (예) 염분이 결정(結晶)을 이루다. 〔×〕
  ② (예) 피땀 어린 연구의 결정.
    〔Text=3/Freq2=3(100%)〕

≪**결정되다**≫전체빈도합=30(0.0016%)

결정되다 동 【Text=24/Freq1=30】
  ⓪ (예) 회의에서 결정(決定)된 사항.

≪**결정적**≫전체빈도합=24(0.0013%)

결정적¹ 명 【Text=15/Freq1=21(87.5%)】

① (예) 결정적(決定的)인 영향을 받다.
　　〔Text=15/Freq2=20(95.2%)〕
② (예) 이미 승리는 결정적이다.
　　〔Text=1/Freq2=1(4.8%)〕

결정적² 관 【Text=2/Freq1=3(12.5%)】
① (예) 결정적(決定的) 타격을 주다.
　　〔Text=2/Freq3=1(100%)〕
② (예) 결정적 승리를 거두다. 〔×〕

≪결정하다≫전체빈도합=105(0.0057%)

결정하다 동 ★★☆ 【Text=53/Freq1=105】
① (예) [대회에 참가하기로/진로를] 결정
　　(決定)하다. 〔Text=44/Freq2=84(80%)〕
② (예) 작품의 예술성을 결정하는 요소.
　　〔Text=15/Freq2=21(20%)〕

≪결코≫전체빈도합=187(0.0101%)

결코 부 ☆☆★ 【Text=76/Freq1=187】
① (예) 결(決)코 우연이 아니다. /
　　결코 포기하지 않다.

≪결혼≫전체빈도합=206(0.0111%)

결혼 명 ★★★ 【Text=69/Freq1=206】
① (예) 결혼(結婚)을 하다.
　　〔Text=69/Freq2=206(100%)〕
관 <결혼 상담소> 〔×〕

≪결혼식≫전체빈도합=48(0.0026%)

결혼식 명 ☆★☆ 【Text=20/Freq1=48】
① (예) 결혼식(結婚式)을 올리다.

≪결혼하다≫전체빈도합=136(0.0073%)

결혼하다 동 ★★★ 【Text=53/Freq1=136】
① (예) 사랑하는 사람과 결혼(結婚)하다.

≪겸≫전체빈도합=23(0.0012%)

겸 명의 ☆★☆ 【Text=19/Freq1=23】
① (예) 아침 겸(兼) 점심으로 빵을 먹다.
　　〔Text=5/Freq2=5(21.7%)〕
② (예) 옷도 사고 구경도 할 겸 시장에 가다.
　　〔Text=14/Freq2=18(78.3%)〕

≪겹치다≫전체빈도합=35(0.0019%)

겹치다 동 【Text=22/Freq1=35】
Ⅰ ① (예) [종이가/필름이] 겹쳐 보이다.
　　〔Text=1/Freq2=5(14.3%)〕
② (예) 몸살에 과로까지 겹치다./경사가
　　겹치다. 〔Text=20/Freq2=29(82.9%)〕
Ⅱ ① (예) [종이를/합판을] 겹쳐 붙이다. 〔×〕

ⓧ 〔Text=1/Freq2=1(2.9%)〕

≪경≫전체빈도합=50(0.0027%)

경¹ 명 【Text=2/Freq1=2(4%)】
① (예) 관에서 죄수에게 경을 치다. 〔×〕
관 <경을 치다> 거짓말하다가 아버지에게 경을
　　치다. 〔Text=2/Freq2=2(100%)〕

경² 명 【Text=2/Freq1=7(14%)】
① (예) 스님이 법당에서 경(經)을 읽다.
　　〔Text=2/Freq2=6(85.7%)〕
② (예) 점을 치거나 경을 읽는 소경들. 〔×〕
관 <소 귀에 경 읽기>
　　〔Text=1/Freq2=1(14.3%)〕

경³ 명 【Text=0/Freq1=0】 ⓧ
① (예) 몇 경(更)이나 되었을까. 〔×〕

경⁴ 명 【Text=2/Freq1=7(14%)】
① (예) 경(卿)들은 들으시오. 〔×〕
② (예) 윌리엄 경. 〔Text=2/Freq2=7(100%)〕

경⁵ 명의 【Text=0/Freq1=0】 ⓧ
① (예) 제주의 제1경(景). 〔×〕

경⁶ 주 【Text=1/Freq1=1(2%)】
① (예) 수가 경(京)에 이르다.

-경⁷ 접 【Text=23/Freq1=33(66%)】
① (예) [시월/12시]경(頃).

≪경계≫전체빈도합=19(0.0010%)

경계¹ 명 【Text=4/Freq1=4(21.1%)】
① (예) 경찰이 삼엄한 경계(警戒)를 펴다. 〔×〕
② (예) 그에 대한 경계를 풀다.
　　〔Text=3/Freq2=3(75%)〕
③ (예) 역사를 미래에 대한 경계로 삼다.
　　〔Text=1/Freq2=1(25%)〕

경계² 명 【Text=11/Freq1=15(78.9%)】
① (예) 담으로 집의 경계(境界)를 삼다.
　　〔Text=7/Freq2=8(53.3%)〕
② (예) 모방과 표절 사이의 경계.
　　〔Text=4/Freq2=7(46.7%)〕

≪경계하다≫전체빈도합=24(0.0013%)

경계하다 동 【Text=18/Freq1=24】
① (예) 사방을 경계(警戒)하다.
　　〔Text=3/Freq2=4(16.7%)〕
② (예) 외부 사람을 경계하다.
　　〔Text=10/Freq2=12(50%)〕
③ (예) 적당주의를 경계하다.
　　〔Text=8/Freq2=8(33.3%)〕

≪경기≫전처 빈도합=147(0.0079%)

경기¹ 명 ★★★ 【Text=25/Freq1=111(75.5%)】
　⓪ (예) [올림픽/축구] 경기(競技)가 시작되다.
경기² 명 　【Text=3/Freq1=7(4.8%)】
　⓪ (예) 아이가 경기(驚氣)를 일으키다.
경기³ 명 　【Text=7/Freq1=29(19.7%)】
　⓪ (예) 경기(景氣)가 [나쁘다/좋다].
　　〔Text=7/Freq2=29(100%)〕
　관 <경기 변동> 〔×〕

≪경멸하다≫전체빈도합=18(0.0010%)
　경멸하다 동 　【Text=11/Freq1=18】
　　⓪ (예) [말투를/사람들을/없다고]
　　　경멸(輕蔑)하다.

≪경복궁≫전체빈도합=51(0.0027%)
　경복궁⁰ 명(고유)☆★☆　【Text=9/Freq1=51】
　　❶ (예) 경복궁(景福宮)을 구경하다.

≪경영≫전체빈도합=30(0.0016%)
　경영¹ 명 　【Text=15/Freq1=30(100%)】
　　⓪ (예) [호텔/회사] 경영(經營)./경영을 배우다.
　경영² 명 　【Text=0/Freq1=0】 ⓧ
　　⓪ (예) 수영의 5개 경영(競泳) 부문. 〔×〕

≪경우≫전체빈도합=772(0.0416%)
　경우 명 ★★★ 【Text=142/Freq1=772】
　　Ⅰ (예) 우리 집의 경우(境遇)에는…
　　　〔Text=101/Freq2=307(39.8%)〕
　　Ⅱ (예) 실수하는 경우가 많다./그대로 둘 경우
　　　위험하다.〔Text=118/Freq2=465(60.2%)〕

≪경쟁≫전체빈도합=81(0.0044%)
　경쟁 명 ★★☆ 【Text=23/Freq1=81】
　　⓪ (예) 경쟁(競爭)을 [벌이다/하다].
　　　〔Text=23/Freq2=80(98.8%)〕
　　관 <경쟁 관계> 〔Text=1/Freq2=1(1.2%)〕

≪경제≫전체빈도합=397(0.0214%)
　경제 명 ★★★ 【Text=48/Freq1=397】
　　① (예) 경제(經濟)가 발전하다.
　　　〔Text=44/Freq2=253(63.7%)〕
　　② (예) 경제 속도를 지키다.
　　　〔Text=2/Freq2=2(0.5%)〕
　　❸ (예) 대학에서 경제를 전공하다.
　　　〔Text=1/Freq2=1(0.3%)〕
　　관 <거품 경제> 〔Text=1/Freq2=1(0.3%)〕
　　관 <경제 개발> 〔Text=6/Freq2=15(3.8%)〕
　　관 <경제 공황> 〔×〕
　　관 <경제 교류> 〔Text=1/Freq2=1(0.3%)〕
　　관 <경제 [구조/제도/체제]>
　　　〔Text=5/Freq2=10(2.5%)〕
　　관 <경제 [동향/상황]>
　　　〔Text=3/Freq2=4(1%)〕
　　관 <경제 문제> 〔Text=3/Freq2=20(5%)〕
　　관 <경제 발전> 〔Text=10/Freq2=27(6.8%)〕
　　관 <경제 부흥> 〔Text=1/Freq2=1(0.3%)〕
　　관 <경제 사정> 〔Text=1/Freq2=2(0.5%)〕
　　관 <경제 [생활/활동]>
　　　〔Text=7/Freq2=12(3%)〕
　　관 <경제 성장> 〔Text=5/Freq2=14(3.5%)〕
　　관 <경제 [여건/환경]>
　　　〔Text=1/Freq2=4(1%)〕
　　관 <경제 정책> 〔Text=5/Freq2=14(3.5%)〕
　　관 <경제 질서> 〔Text=1/Freq2=11(2.8%)〕
　　관 <경제 협력> 〔Text=4/Freq2=4(1%)〕
　　관 <시장 경제> 〔Text=2/Freq2=3(0.8%)〕

≪경제적≫전체빈도합=112(0.0060%)
　경제적¹ 명 　【Text=20/Freq1=57(50.9%)】
　　① (예) 경제적(經濟的)인 관계./경제적으로
　　　가치가 크다.〔Text=7/Freq2=33(57.9%)〕
　　② (예) 여가와 경제적인 여유.
　　　〔Text=12/Freq2=20(35.1%)〕
　　③ (예) 경제적인 자동차.
　　　〔Text=3/Freq2=4(7%)〕
　경제적² 관 　【Text=23/Freq1=55(49.1%)】
　　① (예) 경제적(經濟的) [관점/난관].
　　　〔Text=13/Freq2=36(65.5%)〕
　　② (예) 경제적 도움을 [받다/주다].
　　　〔Text=15/Freq2=19(34.5%)〕
　　③ (예) 경제적 교통 수단. 〔×〕

≪경주≫전체빈도합=60(0.0032%)
　경주 명 　【Text=5/Freq1=6(10%)】
　　⓪ (예) [단거리/마라톤] 경주(競走).
　경주⁰ 명(고유)☆★☆
　　　【Text=12/Freq1=54(90%)】
　　❶ (예) 경주(慶州)로 여행을 가다.

≪경찰≫전체빈도합=138(0.0074%)
　경찰 명 ★★★ 【Text=41/Freq1=138】
　　① (예) 경찰(警察) [조직/행정].
　　　〔Text=23/Freq2=59(42.8%)〕
　　② (예) 경찰을 부르다./경찰이 오다.
　　　〔Text=26/Freq2=79(57.2%)〕

≪경찰관≫전체빈도합=29(0.0016%)

경찰관 명☆★☆ 【Text=17/Freq1=29】
　① (예) 교통 경찰관(警察官).
≪경찰서≫전체빈도합=43(0.0023%)
경찰서 명 【Text=19/Freq1=43】
　① (예) 동대문 경찰서(警察署).
≪경치≫전체빈도합=39(0.0021%)
경치 명★★★ 【Text=27/Freq1=39】
　① (예) 경치(景致)가 좋다.
≪경향≫전체빈도합=71(0.0038%)
경향¹ 명★☆☆ 【Text=35/Freq1=69(97.2%)】
　① (예) 일반적인 경향(傾向).
　　/주위에 무관심한 경향이 있다.
경향² 명 【Text=1/Freq1=1(1.4%)】
　① (예) 경향(京鄕) 각지.
경향ˣ ? 【Text=1/Freq1=1(1.4%)】
≪경험≫전체빈도합=270(0.0145%)
경험 명★★☆ 【Text=91/Freq1=270】
　① (예) 색다른 경험(經驗)을 하다.
　　〔Text=75/Freq2=206(76.3%)〕
　② (예) 많은 경험을 쌓다.
　　〔Text=33/Freq2=64(23.7%)〕
　관 <경험 과학> 〔×〕
≪경험하다≫전체빈도합=49(0.0026%)
경험하다 동★☆☆ 【Text=32/Freq1=49】
　① (예) 시련을 경험(經驗)하다.
≪곁≫전체빈도합=118(0.0064%)
곁 명☆☆★ 【Text=56/Freq1=118】
　① (예) [전화/TV] 곁을 떠나지 못하다.
　　〔Text=44/Freq2=85(72%)〕
　② (예) [가족들/남편] 곁으로 돌아오다.
　　〔Text=22/Freq2=33(28%)〕
≪곁들이다≫전체빈도합=24(0.0013%)
곁들이다 동 【Text=19/Freq1=24】
　① (예) 약주를 곁들여 점심을 먹다.
　　〔Text=4/Freq2=5(20.8%)〕
　② (예) [설명을/해설을] 곁들이다.
　　〔Text=15/Freq2=19(79.2%)〕
≪계곡≫전체빈도합=33(0.0018%)
계곡 명 【Text=22/Freq1=33】
　① (예) 계곡(溪谷). 〔Text=21/Freq2=32(97%)〕
　ⓧ 〔Text=1/Freq2=1(3%)〕
≪계급≫전체빈도합=22(0.0012%)

계급 명★☆★ 【Text=12/Freq1=22】
　① (예) [시민/지배] 계급(階級).
　　〔Text=10/Freq2=19(86.4%)〕
　② (예) 계급이 [낮다/높다/오르다].
　　〔Text=1/Freq2=1(4.5%)〕
　관 <계급 사회> 〔Text=2/Freq2=2(9.1%)〕
　관 <계급 의식> 〔×〕
　관 <계급 제도> 〔×〕
　관 <계급 투쟁> 〔×〕
≪계기≫전체빈도합=54(0.0029%)
계기¹ 명 【Text=1/Freq1=1(1.9%)】
　① (예) 계기(計器) 비행./계기를 보다.
계기² 명 【Text=27/Freq1=53(98.1%)】
　① (예) 그 일을 계기(契機)로 친해지다.
　　/전화위복의 계기.
≪계단≫전체빈도합=73(0.0039%)
계단 명☆★★ 【Text=37/Freq1=73】
　① (예) 위층으로 올라가는 계단(階段).
　　〔Text=33/Freq2=65(89%)〕
　② (예) 출세의 계단을 오르다.
　　〔Text=1/Freq2=1(1.4%)〕
　❸ (예) 천천히 한 계단씩 오르다.
　　〔Text=4/Freq2=7(9.6%)〕
≪계란≫전체빈도합=22(0.0012%)
계란 명 【Text=10/Freq1=22】
　① (예) 계란(鷄卵)을 삶아 먹다.
　　〔Text=9/Freq2=21(95.5%)〕
　관 <계란으로 바위를 치다>
　　〔Text=1/Freq2=1(4.6%)〕
≪계산≫전체빈도합=80(0.0043%)
계산 명★☆★ 【Text=35/Freq1=80】
　① (예) 곱하기의 계산(計算)을 하다.
　　〔Text=18/Freq2=60(75%)〕
　② (예) 일당 계산을 하다.
　　〔Text=3/Freq2=7(8.8%)〕
　③ (예) 그들 나름의 계산이 있다.
　　〔Text=5/Freq2=5(6.3%)〕
　④ (예) 그는 냉철하고 계산이 빠르다.
　　〔Text=7/Freq2=7(8.8%)〕
　ⓧ 〔Text=1/Freq2=1(1.3%)〕
≪계산하다≫전체빈도합=37(0.0020%)
계산하다 동★☆☆ 【Text=20/Freq1=37】
　① (예) [근로 시간을/복잡한 식을] 계산(計算)

하다. 〔Text=13/Freq2=28(75.7%)〕
② (예) [밥값을/책값을] 계산하다.
　　〔Text=6/Freq2=7(18.9%)〕
③ (예) 치밀하게 미리 계산한 정치 선동.
　　〔Text=1/Freq2=1(2.7%)〕
④ (예) 속으로 계산하고 행동하다./이익을
　　계산하다. 〔Text=1/Freq2=1(2.7%)〕

≪계속≫전체빈도합=326(0.0176%)

계속¹ 명 【Text=2/Freq1=4(1.2%)】
① (예) 오전 강의는 세 시간 계속(繼續)이다.
　　〔Text=2/Freq2=4(100%)〕
② (예) 남북 대화의 계속을 촉구하다. 〔×〕

계속² 부 ★★★ 【Text=113/Freq1=322(98.8%)】
① (예) 아기가 계속(繼續) 칭얼대다.
　　〔Text=112/Freq2=318(98.8%)〕
② (예) 가던 길을 계속 가다.
　　〔Text=4/Freq2=4(1.2%)〕

≪계속되다≫전체빈도합=88(0.0047%)

계속되다 동 ★☆☆ 【Text=59/Freq1=88】
⓪ (예) [경기가/불평이/추위가] 계속(繼續)되다.

≪계속하다≫전체빈도합=112(0.0060%)

계속하다 동 ★★★ 【Text=70/Freq1=112】
① (예) [일을/학업을] 계속(繼續)하다.
　　〔Text=45/Freq2=67(59.8%)〕
② (예) 환자가 계속해서 늘어나다.
　　〔Text=38/Freq2=45(40.2%)〕

≪계시다≫전체빈도합=442(0.0238%) 35)

계시다¹ 동 ★★★
　　　　【Text=96/Freq1=245(55.4%)】
Ⅰ (예) 이 자리에 그냥 계세요./
　서울에 계시는 동안 찾아뵙다.
　　〔Text=67/Freq2=129(52.7%)〕
Ⅱ (예) [대기업의 이사로/학교 교사로]
　계시다. 〔Text=8/Freq2=9(3.7%)〕
Ⅲ (예) 이 분야에는 많은 전문가가 계시다.
　/고향에 부모가 계시다.
　　〔Text=37/Freq2=60(24.5%)〕
관 <안녕히 [계세요/계십시오]>
　　〔Text=31/Freq2=47(19.2%)〕

계시다² 동보 ★★☆
　　　　【Text=72/Freq1=155(35.1%)】

⓪ (예) 선생님이 [기다리고/이야기를 하고]
　계시다.

계시다³ 형보 ★★☆ 【Text=29/Freq1=42(9.5%)】
⓪ (예) 할아버지께서 [누워/살아/앉아] 계시다.

≪계절≫전체빈도합=101(0.0054%)

계절 명 ★★★ 【Text=41/Freq1=101】
① (예) 계절(季節)이 바뀌다.
　　〔Text=39/Freq2=91(90.1%)〕
② (예) [결실의/풍요의] 계절이 다가오다.
　　〔Text=5/Freq2=10(9.9%)〕

≪계집애≫전체빈도합=74(0.0040%)

계집애 명 【Text=12/Freq1=74】
⓪ (예) 열 살짜리 계집애.
　　〔Text=5/Freq2=9(12.2%)〕
❶ (예) 나쁜 계집애와 결혼하다.
　　〔Text=7/Freq2=65(87.8%)〕

≪계층≫전체빈도합=34(0.0018%)

계층 명 【Text=14/Freq1=34】
⓪ (예) [사회/저소득] 계층(階層).
　　〔Text=12/Freq2=26(76.5%)〕
관 <계층 구조> 〔Text=2/Freq2=8(23.5%)〕

≪계획≫전체빈도합=182(0.0098%)

계획 명 ★★★ 【Text=75/Freq1=182】
⓪ (예) 계획(計劃)을 세우다.
　　〔Text=75/Freq2=182(100%)〕
관 <계획 경제> 〔×〕

≪계획하다≫전체빈도합=20(0.0011%)

계획하다 동 【Text=18/Freq1=20】
⓪ (예) 여행을 계획(計劃)하다.

≪고개≫전체빈도합=372(0.0200%)

고개¹ 명 ★★★ 【Text=94/Freq1=350(94.1%)】
⓪ (예) 고개를 들고 쳐다보다.
　　〔Text=89/Freq2=290(82.9%)〕
관 <고개가 수그러지다> 〔×〕
관 <고개를 [갸웃거리다/갸웃하다]>
　　〔Text=2/Freq2=2(0.6%)〕
관 <고개를 들다> 의심이 고개를 들다. 〔×〕
관 <고개를 숙이다>
① (예) 권력에 고개를 숙이고 살다.
　　〔Text=1/Freq2=1(0.3%)〕

---

35) 『외국인을 위한 한국어학습사전』(2004)의 중요 어휘 목록에서는 '계시다'의 Ⅱ와 Ⅲ에 해당하는 용법을 독립된 형용사로 보아 ★★★의 중요도를 부여하고 있다.

② (예) 예술혼에 절로 고개를 숙이다.
　　〔Text=2/Freq2=2(0.6%)〕
❸ (예) 고개를 숙여 인사하다.
　　〔Text=34/Freq2=51(14.6%)〕
㈜<고개를 쳐들다>
　① (예) 뻣뻣하게 고개를 쳐들다.
　　〔Text=4/Freq2=4(1.1%)〕
　② (예) 불만이 고개를 쳐들다. 〔×〕
고개² 몡 【Text=14/Freq1=22(5.9%)】
① (예) 버스가 고개를 내려오다.
　　〔Text=14/Freq2=20(90.9%)〕
② (예) 나이가 오십 고개를 갓 넘기다.
　　〔Text=1/Freq2=2(9.1%)〕

≪고구려⁺≫전체빈도합=133(0.0072%)
고구려⁰ 몡(고유)★☆☆　【Text=13/Freq1=133】
❶ (예) 고구려(高句麗)의 유물을 발굴하다.

≪고구마≫전체빈도합=11(0.0006%)
고구마 몡 ☆☆★　【Text=7/Freq1=11】
⓪ (예) 고구마를 삶아 먹다.

≪고귀하다≫전체빈도합=15(0.0008%)
고귀하다 혱　【Text=12/Freq1=15】
⓪ (예) 고귀(高貴)한 [사랑/선물].

≪고급≫전체빈도합=50(0.0027%)
고급 몡 ☆★☆　【Text=24/Freq1=50】
Ⅰ (예) 고급(高級) [시계/포도주].
　　〔Text=22/Freq2=46(92%)〕
Ⅱ (예) 고급 [관리/장교].
　　〔Text=3/Freq2=4(8%)〕

≪고기≫전체빈도합=124(0.0067%)
고기¹ 몡★★★　【Text=47/Freq1=123(99.2%)】
① (예) 정육점에서 고기를 사다.
　　〔Text=29/Freq2=57(46.3%)〕
② (예) 냇가에서 고기를 잡다.
　　〔Text=24/Freq2=66(53.7%)〕
고기² 몡　【Text=0/Freq1=0】 ⓧ
⓪ (예) 삼국유사와 같은 고기(古記)에 기록되다.
고기³ 데　【Text=1/Freq1=1(0.8%)】
Ⅰ (예) 요기는 고기보다 값이 비싸다.
　　〔Text=1/Freq2=1(100%)〕
Ⅱ (예) 고기 [앉아라/있다]. 〔×〕

≪고난≫전체빈도합=18(0.0010%)
고난 몡　【Text=11/Freq1=18】
⓪ (예) 고난(苦難)을 겪다.

≪고달프다≫전체빈도합=16(0.0009%)
고달프다 혱　【Text=13/Freq1=16】
Ⅰ (예) [마음이/몸이/처지가] 고달프다.
　　〔Text=6/Freq2=7(43.8%)〕
Ⅱ (예) [삶이/하루 살기가] 고달프다.
　　〔Text=7/Freq2=9(56.3%)〕

≪고대≫전체빈도합=30(0.0016%)
고대¹ 몡　【Text=16/Freq1=30(100%)】
① (예) 고대(古代)의 [신앙/원시 사회].
　　〔Text=8/Freq2=10(33.3%)〕
② (예) 고대와 중세의 역사.
　　〔Text=9/Freq2=19(63.3%)〕
㈜<고대 국가> 〔×〕
㈜<고대 소설>〔Text=1/Freq2=1(3.3%)〕
고대² 閉　【Text=0/Freq1=0】 ⓧ
⓪ (예) 설 쇠던 고대 우수 경칩이다.
　/고대 나타날 것이다. 〔×〕

≪고도≫전체빈도합=24(0.0013%)
고도¹ 몡　【Text=17/Freq1=23(95.8%)】
① (예) 해발 2700미터의 고도(高度).
　　〔Text=3/Freq2=3(13%)〕
② (예) 고도로 발전하다./고도의 전략.
　　〔Text=14/Freq2=18(78.3%)〕
㈜<고도 성장>〔Text=1/Freq2=2(8.7%)〕
고도² 몡　【Text=1/Freq1=1(4.2%)】
⓪ (예) 신라의 고도(古都)인 경주.

≪고독≫전체빈도합=22(0.0012%)
고독 몡　【Text=12/Freq1=22】
⓪ (예) 혼자만의 고독(孤獨)과 싸우다.

≪고독하다≫전체빈도합=19(0.0010%)
고독하다 혱　【Text=10/Freq1=19】
⓪ (예) 홀로 고독(孤獨)하게 살다.

≪고등≫전체빈도합=33(0.0018%)
고등¹ 몡　【Text=12/Freq1=33(100%)】
⓪ (예) 고등(高等)의 위장술.
　　〔Text=1/Freq2=1(3%)〕
㈜<고등 고시> 〔×〕
㈜<고등 교육>〔Text=1/Freq2=1(3%)〕
㈜<고등 동물>〔Text=2/Freq2=2(6.1%)〕
㈜<고등 법원> 〔×〕
㈜<고등 학교>☞고등학교
　　〔Text=8/Freq2=28(84.8%)〕
㈜<고등 학생>〔Text=1/Freq2=1(3%)〕

고등² 몡 【Text=0/Freq1=0】 ⓧ
  ⓪ (예) 원자재 가격의 고등(高騰). 〔×〕

≪**고등학교**♣≫전체빈도합=131(0.0071%)

고등학교⁰ 몡★★★ 【Text=49/Freq1=131】
  ❶ (예) 아들이 고등학교(高等學校)에 다니다.

≪**고래**≫전체빈도합=6(0.0003%)

고래¹ 몡☆☆★ 【Text=3/Freq1=5(83.3%)】
  ① (예) 포경선이 고래를 잡다.
    〔Text=1/Freq2=1(20%)〕
  ② (예) 그 사람은 술이 고래다.
    〔Text=1/Freq2=1(20%)〕
  ⓧ 〔Text=1/Freq2=3(60%)〕

고래² 몡 【Text=0/Freq1=0】 ⓧ
  ⓪ (예) 돌을 모아다가 고래를 쌓다. 〔×〕

고래³ 몡 【Text=1/Freq1=1(16.7%)】
  ⓪ (예) 고래(古來)의 전통.

≪**고려**≫전체빈도합=191(0.0103%)

고려 몡 【Text=3/Freq1=4(1.6%)】
  ⓪ (예) 고려(考慮)를 하다.
    〔Text=3/Freq2=4(100%)〕
  관<고려에 넣다> 〔×〕

고려⁰ 몡(고유)★★☆
    【Text=27/Freq1=187(97.9%)】
  ❶ (예) 고려(高麗) 시대에 세워진 [절/탑].

≪**고려하다**≫전체빈도합=37(0.0020%)

고려하다 동 【Text=20/Freq1=37】
  ⓪ (예) 여러 측면을 고려(考慮)하다.

≪**고르다**≫전체빈도합=183(0.0099%)

고르다¹ 동★★★【Text=74/Freq1=157(85.8%)】
  ⓪ (예) [물건을/신랑감을/직장을] 고르다.

고르다² 동 【Text=7/Freq1=7(3.8%)】
  ① (예) [돌밭을/흙을] 평평하게 고르다.
    〔Text=6/Freq2=6(85.7%)〕
  ② (예) [숨을/호흡을] 고르다.
    〔Text=1/Freq2=1(14.3%)〕

고르다³ 형 【Text=14/Freq1=19(10.4%)】
  ① (예) 고르게 박힌 이./음정이 고르다.
    〔Text=10/Freq2=14(73.7%)〕
  ② (예) 날씨가 고르지 못하다.
    〔Text=2/Freq2=2(10.5%)〕
  ❸ (예) 기회가 고르게 주어지다.
    〔Text=3/Freq2=3(15.8%)〕

≪**고마움**≫전체빈도합=22(0.0012%)

고마움 몡 【Text=14/Freq1=22】
  ⓪ (예) 고마움을 [느끼다/표하다].

≪**고맙다**≫전체빈도합=284(0.0153%)

고맙다 형★★★ 【Text=107/Freq1=284】
  ⓪ (예) 도와 줘서 고맙다.

≪**고모**≫전체빈도합=99(0.0053%)

고모 몡☆★★ 【Text=26/Freq1=99】
  ⓪ (예) 고모(姑母)와 고모부.

≪**고무신**≫전체빈도합=20(0.0011%)

고무신 몡 【Text=11/Freq1=20】
  ⓪ (예) 고무신을 신다.
    〔Text=10/Freq2=19(95%)〕
  관<고무신을 [거꾸로/바꾸어] 신다>
    〔Text=1/Freq2=1(5%)〕

≪**고무줄**≫전체빈도합=24(0.0013%)

고무줄 몡 【Text=10/Freq1=24】
  ⓪ (예) 머리를 고무줄로 묶다.
    〔Text=7/Freq2=15(62.5%)〕
  관<고무줄 놀이> 〔Text=4/Freq2=9(37.5%)〕

≪**고문**≫전체빈도합=25(0.0013%)

고문¹ 몡 【Text=11/Freq1=18(72%)】
  ⓪ (예) 고문(拷問)을 [가하다/당하다/하다].

고문² 몡 【Text=0/Freq1=0】 ⓧ
  ① (예) 고문(古文) 작품을 읽다. 〔×〕
  ② (예) 고문으로 [글을 쓰다/작문하다]. 〔×〕

고문³ 몡 【Text=4/Freq1=7(28%)】
  ⓪ (예) [군사/법률] 고문(顧問)으로 위촉하다.

≪**고민**≫전체빈도합=84(0.0045%)

고민 몡☆★☆ 【Text=36/Freq1=84】
  ⓪ (예) 고민(苦悶)을 털어놓다.

≪**고민하다**≫전체빈도합=41(0.0022%)

고민하다 동 【Text=31/Freq1=41】
  ⓪ (예) [성적을/처지를] 고민(苦悶)하고
    괴로워하다.

≪**고백**≫전체빈도합=19(0.0010%)

고백 몡 【Text=12/Freq1=19】
  ⓪ (예) [부끄러운/사랑의] 고백(告白).
    〔Text=12/Freq2=19(100%)〕
  관<고백 성사> 〔×〕

≪**고백하다**≫전체빈도합=17(0.0009%)

고백하다 동 【Text=15/Freq1=17】

ⓞ (예) [과거를/비밀을/사랑한다고] 고백(告白)하다.

≪**고생**≫전체빈도합=87(0.0047%)

고생 명★★★ 【Text=51/Freq1=87】
ⓞ (예) 고생(苦生)을 모르고 자라다./고생이 많다. 〔Text=50/Freq2=84(96.6%)〕
㉭ <고생을 사서 하다>/ <사서 고생이다> 〔Text=3/Freq2=3(3.4%)〕

≪**고생하다**≫전체빈도합=44(0.0024%)

고생하다 동★★☆ 【Text=33/Freq1=44】
ⓞ (예) [돈에 쪼들려/병으로] 고생(苦生)하다.

≪**고속**≫전체빈도합=32(0.0017%)

고속 명 【Text=14/Freq1=32】
ⓞ (예) 고속(高速)으로 달리다. 〔Text=1/Freq2=2(6.3%)〕
㉭ <고속 [국도/도로]> 〔Text=9/Freq2=23(71.9%)〕
㉭ <고속 버스> 〔Text=4/Freq2=5(15.6%)〕
㉭ <고속 철도> 〔Text=1/Freq2=2(6.3%)〕

≪**고약하다**≫전체빈도합=18(0.0010%)

고약하다 형 【Text=13/Freq1=18】
① ㉠ (예) 냄새가 고약하다. 〔Text=4/Freq2=6(33.3%)〕
㉡ (예) [기분에/생긴 게] 고약하다. 〔Text=4/Freq2=6(33.3%)〕
② (예) [마음씨가/사람이] 고약하다. 〔Text=5/Freq2=6(33.3%)〕
③ (예) 날씨가 고약하다. 〔×〕
④ (예) [사건이/일이] 고약하게 되다. 〔×〕
⑤ (예) 고약한 술부터 끊다. 〔×〕

≪**고양이**≫전체빈도합=55(0.0030%)

고양이 명★★★ 【Text=29/Freq1=55】
ⓞ (예) 고양이를 기르다.

≪**고요하다**≫전체빈도합=32(0.0017%)

고요하다 형 【Text=18/Freq1=32】
① (예) 사방이 고요하다. 〔Text=9/Freq2=11(34.4%)〕
② (예) 물결이 고요하다./고요한 강물. 〔Text=2/Freq2=2(6.3%)〕
③ (예) 고요하게 잠들다./고요한 아침. 〔Text=8/Freq2=18(56.3%)〕
ⓧ 〔Text=1/Freq2=1(3.1%)〕

≪**고유**≫전체빈도합=29(0.0016%)

고유 명 【Text=18/Freq1=29】
ⓞ (예) 한국 고유(固有)의 [문화/음식]. 〔Text=16/Freq2=24(87.8%)〕
㉭ <고유 번호> 〔Text=1/Freq2=3(10.3%)〕
㉭ <고유 신앙> 〔×〕
㉭ <고유 업무> 〔Text=1/Freq2=2(6.9%)〕

≪**고유하다**≫전체빈도합=33(0.0018%)

고유하다 형 【Text=15/Freq1=33】
ⓞ (예) 지방마다 고유(固有)한 음식이 있다.

≪**고을**≫전체빈도합=19(0.0010%)

고을 명 【Text=14/Freq1=19】
① (예) 고을 원님./함흥 고을에 들어서다. 〔Text=3/Freq2=4(21.1%)〕
② (예) 남도의 각 고을에서 뽑힌 대표. 〔Text=12/Freq2=15(78.9%)〕

≪**고이다**≫전체빈도합=25(0.0013%)

고이다¹ 동 【Text=18/Freq1=25(100%)】
① (예) 눈에 눈물이 가득히 고이다. 〔Text=15/Freq2=20(80%)〕
② (예) 감격이 가슴에 고여 들다. 〔Text=2/Freq2=3(12%)〕
❸ (예) 남산의 바람이 고인 골목길. 〔Text=2/Freq2=2(8%)〕

고이다² 동 【Text=0/Freq1=0】 ⓧ
① (예) 지게를 막대로 고이다./팔로 머리 밑을 고이다. 〔×〕
② (예) 무릎에 두 팔을 고이고 턱을 받치다. 〔×〕
③ (예) 접시에 사과와 떡을 고여 들고 오다. 〔×〕

≪**고작**≫전체빈도합=39(0.0021%)

고작 부 【Text=29/Freq1=39】
Ⅰ (예) 수입이 고작 50만 원 정도이다. 〔Text=15/Freq2=20(51.3%)〕
Ⅱ (예) 아무리 벌어도 입에 풀칠하는 게 고작이다. 〔Text=17/Freq2=19(48.7%)〕

≪**고장**≫전체빈도합=514(0.0277%)

고장¹ 명 【Text=44/Freq1=488(94.9%)】
① (예) [물이 많은/우리] 고장. 〔Text=43/Freq2=485(99.4%)〕
② (예) 강화는 인삼의 고장으로 유명하다. 〔Text=2/Freq2=3(0.6%)〕

고장² 명★★★ 【Text=22/Freq1=26(5.1%)】

⓪ (예) 차가 고장(故障)이 나다.
≪**고장나다**≫전체빈도합=17(0.0009%)
　고장나다 동☆★☆ 【Text=16/Freq1=17】
　　⓪ (예) [자동차가/전화가] 고장(故障)나다.
≪**고전**≫전체빈도합=18(0.0010%)
　고전¹ 명 【Text=13/Freq1=17(94.4%)】
　　① (예) 고전(古典) 속에서 지혜를 찾다.
　　　〔Text=5/Freq2=7(41.2%)〕
　　② (예) 희귀한 고전을 구하다.
　　　〔Text=2/Freq2=3(17.6%)〕
　　③ (예) 국어학의 고전인『우리말본』.
　　　〔Text=1/Freq2=1(5.9%)〕
　　관 <고전 문학> 〔Text=1/Freq2=1(5.9%)〕
　　관 <고전 미술> 〔Text=1/Freq2=1(5.9%)〕
　　관 <고전 음악> 〔Text=2/Freq2=2(11.8%)〕
　　ⓧ 〔Text=2/Freq2=2(11.8%)〕
　고전² 명 【Text=1/Freq1=1(5.6%)】
　　⓪ (예) 고전(苦戰)을 [면치 못하다/하다].
≪**고정시키다**≫전체빈도합=20(0.0011%)
　고정시키다 동 【Text=14/Freq1=20】
　　① (예) 끈으로 물건을 고정(固定)시키다.
　　　〔Text=7/Freq2=7(35%)〕
　　② (예) 시선을 앞으로 고정시키다.
　　　〔Text=4/Freq2=4(20%)〕
　　③ (예) [범위를/한계를] 고정시키다.
　　　〔Text=4/Freq2=9(45%)〕
≪**고집**≫전체빈도합=36(0.0019%)
　고집 명 【Text=26/Freq1=36】
　　⓪ (예) 고집(固執)이 세다./고집을
　　　[부리다/피우다].
≪**고집하다**≫전체빈도합=29(0.0016%)
　고집하다 동 【Text=19/Freq1=29】
　　⓪ (예) [자기가 하겠다고/전통을]
　　　고집(固執)하다.
≪**고추**≫전체빈도합=18(0.0010%)
　고추 명☆★★ 【Text=13/Freq1=18】
　　① (예) 밭에 고추를 심다./잘 익은 고추를
　　　따다./고추를 볶아 먹다.
　　　〔Text=11/Freq2=16(88.9%)〕
　　② (예) 고추가 달린 사내 아이.
　　　〔Text=1/Freq2=1(5.6%)〕

　　ⓧ 〔Text=1/Freq2=1(5.6%)〕
≪**고치다**≫전체빈도합=251(0.0135%)
　고치다 동★★★ 【Text=99/Freq1=251】
　　① (예) [기계를/집을] 손수 고치다.
　　　〔Text=29/Freq2=45(17.9%)〕
　　② (예) [감기를/병을] 고치다.
　　　〔Text=15/Freq2=29(11.6%)〕
　　③ (예) [단점을/원고를] 고치다.
　　　〔Text=43/Freq2=109(43.4%)〕
　　④ (예) 고쳐 [말하다/쓰다]./
　　　[법을/제도를/표정을] 고치다.
　　　〔Text=45/Freq2=68(27.1%)〕
≪**고통**≫전체빈도합=128(0.0069%)
　고통 명★☆☆ 【Text=52/Freq1=128】
　　⓪ (예) 남에게 고통(苦痛)을 주다.
　　　〔Text=41/Freq2=74(57.8%)〕
　　❶ (예) 실업의 고통./고통 없는 행복이란 없다.
　　　〔Text=21/Freq2=54(42.2%)〕
≪**고통스럽다**≫전체빈도합=23(0.0012%)
　고통스럽다 형 【Text=20/Freq1=23】
　　⓪ (예) [이런 일들이/학교에 나가는 것이]
　　　고통(苦痛)스럽다.
≪**고프다**≫전체빈도합=58(0.0031%)
　고프다 형★★★ 【Text=37/Freq1=58】
　　⓪ (예) 배가 고프다.
　　　〔Text=36/Freq2=55(94.8%)〕
　　❶ (예) [사랑이/애정이] 고프다.
　　　〔Text=1/Freq2=3(5.2%)〕
≪**고함**≫전체빈도합=39(0.0021%)
　고함 명 【Text=17/Freq1=39】
　　⓪ (예) 고함(高喊)을 지르다./고함 소리.
≪**고향**≫전체빈도합=257(0.0138%)
　고향 명★★★ 【Text=77/Freq1=257】
　　① (예) 태어나 자란 고향(故鄕)을 떠나다.
　　　/고향 사람. 〔Text=75/Freq2=249(96.9%)〕
　　② (예) [영혼의/전설의] 고향.
　　　〔Text=5/Freq2=8(3.1%)〕
≪**곡**≫전체빈도합=38(0.0020%) [36]
　곡¹ 명 【Text=1/Freq1=1(2.6%)】
　　⓪ (예) 조객들이 올 때마다 곡(哭)을 하다.

---

[36] 『연세 한국어 사전』의 '-곡³'(曲)(예:교향곡)은 말뭉치의 분석에는 적용하지 않았으므로 제외한다.

곡² 몡☆★☆　【Text=21/Freq1=37(97.4%)】
Ⅰ ① (예) 쇼팽의 곡(曲)을 연습하다.
　　　　〔Text=15/Freq2=24(64.9%)〕
　② (예) [블루스/재즈] 곡. 〔×〕
Ⅱ (예) 노래 한두 곡.
　　　　〔Text=9/Freq2=13(35.1%)〕

≪곡식≫전체빈도합=67(0.0036%)

곡식 명★☆☆　【Text=36/Freq1=67】
⓪ (예) 곡식(穀食)을 추수하다.

≪곤란하다≫전체빈도합=44(0.0024%)

곤란하다 형★★★　【Text=31/Freq1=44】
⓪ (예) 입장이 곤란(困難)하다.
　　/곤란한 일이 생기다.

≪곤충≫전체빈도합=58(0.0031%)

곤충 명★☆☆　【Text=16/Freq1=58】
① (예) 작은 곤충(昆蟲) 같은 하찮은 것.
　　　　〔Text=6/Freq2=8(13.8%)〕
② (예) 개미, 나비와 같은 곤충을 잡다.
　　　　〔Text=12/Freq2=50(86.2%)〕

≪곧≫전체빈도합=377(0.0203%)

곧 뿐★★★　【Text=132/Freq1=377】
① (예) 지금 곧 출발하다./만나자마자 곧
　　친해지다. 〔Text=68/Freq2=118(31.3%)〕
② ㉠ (예) 이제 곧 입춘이다.
　　　　〔Text=75/Freq2=125(33.2%)〕
　㉡ (예) 사거리를 지나면 곧 잠실이다. 〔×〕
③ ㉠ (예) 침묵한다는 것은 곧 동의를 뜻한다.
　　　　〔Text=42/Freq2=94(24.9%)〕
　㉡ (예) 집이 곧 법이요 국가이다.
　　　　〔Text=27/Freq2=38(10.1%)〕
④ (예) 밤새 눈이 곧 많이 내리다. 〔×〕
㉴ <곧 죽어도> 〔×〕
ⓧ 〔Text=2/Freq2=2(0.5%)〕

≪곧다≫전체빈도합=25(0.0013%)

곧다 형☆☆★　【Text=17/Freq1=25】
① (예) 몸을 곧게 펴다./곧고 큰 나무.
　　　　〔Text=14/Freq2=21(84%)〕
② (예) 곧고 강직한 인품./성격이 곧다.
　　　　〔Text=4/Freq2=4(16%)〕

≪곧바로≫전체빈도합=30(0.0016%)

곧바로 뿐　【Text=24/Freq1=30】
① (예) 해안을 따라 곧바로 내뻗은 도로.
　　　　〔Text=1/Freq2=1(3.3%)〕
② (예) 통지가 오면 곧바로 전화하다.
　　　　〔Text=21/Freq2=25(83.3%)〕
③ (예) 일이 끝나면 곧바로 귀가하다.
　　　　〔Text=3/Freq2=4(13.3%)〕
④ (예) 사거리를 지나면 곧바로 역이 나오다.
　　〔×〕

≪곧잘≫전체빈도합=22(0.0012%)

곧잘 뿐　【Text=20/Freq1=22】
① (예) 공부를 곧잘 하다.
　　　　〔Text=2/Freq2=2(9.1%)〕
② (예) 친구들과 곧잘 어울리다.
　　　　〔Text=18/Freq2=20(90.9%)〕

≪곧장≫전체빈도합=31(0.0017%)

곧장 뿐☆☆★　【Text=24/Freq1=31】
① (예) 저녁 먹고 곧장 사무실로 가다.
　　　　〔Text=9/Freq2=10(32.3%)〕
② (예) 서쪽으로 곧장 나아가다.
　　　　〔Text=5/Freq2=6(19.4%)〕
③ ㉠ (예) 현관에서 곧장 제 방으로 가다.
　　　　〔Text=6/Freq2=6(19.4%)〕
　㉡ (예) 다음날부터 곧장 일을 시작하다.
　　　　〔Text=8/Freq2=9(29%)〕

≪골고루≫전체빈도합=31(0.0017%)

골고루 뿐　【Text=21/Freq1=31】
⓪ (예) 음식을 골고루 [나누다/먹다].
　　　　〔Text=21/Freq2=30(96.8%)〕
ⓧ 〔Text=1/Freq2=1(3.2%)〕

≪골다≫전체빈도합=22(0.0012%)

골다 동　【Text=12/Freq1=22】
⓪ (예) 코를 골며 자다.

≪골목≫전체빈도합=103(0.0055%)

골목 명☆☆★　【Text=46/Freq1=103】
⓪ (예) 골목이 좁다.

≪골목길≫전체빈도합=30(0.0016%)

골목길 명　【Text=20/Freq1=30】
⓪ (예) 골목길에 들어서다.

≪골짜기≫전체빈도합=32(0.0017%)

골짜기 명☆☆★　【Text=20/Freq1=32】
⓪ (예) 골짜기에 냇물이 흐르다.

≪곰≫전체빈도합=81(0.0044%)

곰¹ 명★★★　【Text=22/Freq1=81(100%)】
① (예) 지리산에 곰이 살다.

　　　　〔Text=21/Freq2=80(98.8%)〕
　② (예) 그 사람은 미련하기가 곰이다.
　　　　〔Text=1/Freq2=1(1.2%)〕
곰² 몡　【Text=0/Freq1=0】 ⓧ
　⓪ (예) 고기 뼈를 넣고 곰을 고다. 〔×〕

≪곰곰이≫ 전체빈도합=16(0.0009%)

곰곰이 閉　【Text=12/Freq1=16】
　⓪ (예) 곰곰이 [따져보다/생각하다].

≪곱다≫ 전체빈도합=192(0.0103%)

곱다¹ 혱★★★　【Text=73/Freq1=189(98.4%)】
　Ⅰ ① (예) [단풍이/하늘빛이] 곱다.
　　　　〔Text=41/Freq2=65(34.4%)〕
　　② (예) [마음씨가/말이] 곱다.
　　　　〔Text=29/Freq2=82(43.4%)〕
　　③ (예) [결이/피부가] 곱다.
　　　　〔Text=6/Freq2=8(4.2%)〕
　　④ (예) 고운 밀가루./가루를 곱게 빻다.
　　　　〔Text=5/Freq2=5(2.6%)〕
　　⑤ (예) 고운 비단 한 필.
　　　　〔Text=2/Freq2=3(1.6%)〕
　　⑥ (예) 바느질 솜씨가 고운 여자. 〔×〕
　　⑦ (예) 맑고 고운 소리./목소리가 곱다.
　　　　〔Text=5/Freq2=6(3.2%)〕
　　⑧ (예) 미운 사람, 고운 사람./미우나 고우나 내 자식.
　　　　〔Text=8/Freq2=10(5.3%)〕
　Ⅱ ① (예) 취하려면 곱게 취할 것이지.
　　　　〔Text=3/Freq2=3(1.6%)〕
　　② (예) 보물을 금고에 곱게 모셔 놓다.
　　　　〔Text=1/Freq2=1(0.5%)〕
　　③ (예) 곱게 [놓아 주다/물러서다]. 〔×〕
　　④ (예) 곱게 기른 딸자식.
　　　　〔Text=2/Freq2=2(1.1%)〕
　　⑤ (예) 습기가 곱게 가라앉은 황톳길. 〔×〕
　　ⓧ 〔Text=3/Freq2=4(2.1%)〕

곱다² 혱　【Text=2/Freq1=3(1.6%)】
　⓪ (예) 곱은 손을 불길에 쬐다.
　　　　/찬물에 손이 곱다.

≪곳≫ 전체빈도합=1,410(0.0759%)

곳 몡의★★★　【Text=175/Freq1=1,410】 ³⁷⁾
　Ⅰ ① (예) 한국어를 가르치는 곳.
　　　　〔Text=166/Freq2=1,285(91.1%)〕
　　② (예) 마음 깊은 곳에서 희망이 솟다.
　　　　〔Text=49/Freq2=70(5%)〕
　　❸ (예) 때와 곳./곳: 명동성당.
　　　　〔Text=10/Freq2=14(1%)〕
　Ⅱ (예) 시내 서너 곳에서 화재가 나다.
　　　　〔Text=25/Freq2=41(2.9%)〕

≪곳곳≫ 전체빈도합=51(0.0027%)

곳곳 몡★☆☆　【Text=34/Freq1=51】
　⓪ (예) 곳곳에서 물난리가 나다.

≪공≫ 전체빈도합=109(0.0059%) ³⁸⁾

공¹ 몡★★★　【Text=25/Freq1=70(64.2%)】
　⓪ (예) 공을 [던지다/받다/차다].

공² 몡　【Text=16/Freq1=22(20.2%)】
　① (예) 국가 발전에 공(功)이 크다.
　　　　〔Text=13/Freq2=18(81.8%)〕
　② (예) 복지 향상에 공을 [들이다/쏟다].
　　　　〔Text=3/Freq2=4(18.2%)〕

공³ 몡☆☆★　【Text=5/Freq1=16(14.7%)】
　① (예) 흰 바탕에 공(空)자 기호가 있다.
　　　　〔Text=1/Freq2=1(6.3%)〕
　② (예) 서울 지역 번호는 02(공이)이다.
　　　　〔Text=4/Freq2=15(93.8%)〕
　③ (예) 무와 공의 경지. 〔×〕

공⁴ 몡　【Text=1/Freq1=1(0.9%)】
　⓪ (예) 공(公)과 사를 구분하다.

공⁵ 몡　【Text=0/Freq1=0】 ⓧ
　⓪ (예) 시험에 붙게 공(供)을 드리다. 〔×〕

공⁶ 몡　【Text=0/Freq1=0】 ⓧ
　⓪ (예) 공이 울리고 2라운드가 시작되다. 〔×〕

공⁷ 몡의　【Text=0/Freq1=0】 ⓧ
　⓪ (예) 필립 공(公). 〔×〕

공⁸ 대　【Text=0/Freq1=0】 ⓧ
　① (예) 공(公)에게 드릴 말씀이 있소. 〔×〕
　② (예) 왕이 공을 위해 묘를 지어 주다. 〔×〕

≪공간≫ 전체빈도합=119(0.0064%)

공간 몡★☆☆　【Text=45/Freq1=119】

---

37) 『외국인을 위한 한국어 학습 사전』(2004)의 중요 어휘 목록에서는 '곳'Ⅰ과 Ⅱ의 용법을 명사와 의존 명사로 구별하여 각각 ☆★★과 ★★☆의 중요도를 부여하고 있는데, 여기서는 이를 통합하여 제시한다.

38) 『연세 한국어 사전』의 '공-⁹'(예:공돈, 공병, 공염불), '-공¹⁰'(예:충무공), '-공¹¹'(예:인쇄공)은 말뭉치의 분석에는 적용하지 않았으므로 제외한다.

① (예) 벽 속의 공간(空間).
　　〔Text=28/Freq2=58(48.7%)〕
② (예) 우주의 공간도 한이 없다.
　　〔Text=13/Freq2=22(18.5%)〕
③ (예) 녹지 공간을 늘리다.
　　〔Text=14/Freq2=39(32.8%)〕

≪**공감**≫전체빈도합=15(0.0008%)

공감 명　【Text=13/Freq1=15】
⓪ (예) 그 말에 공감(共感)이 가다.

≪**공감하다**≫전체빈도합=30(0.0016%)

공감하다 동　【Text=12/Freq1=30】
⓪ (예) 그 말에 공감(共感)하다.

≪**공격**≫전체빈도합=21(0.0011%)

공격 명　【Text=13/Freq1=21】
① (예) 적군의 공격(攻擊)을 받다.
　　〔Text=11/Freq2=19(90.5%)〕
② (예) 야당의 공격을 [당하다/받다].
　　〔Text=2/Freq2=2(9.5%)〕
③ (예) 프로야구 2회말 공격이 시작되다.〔×〕

≪**공격하다**≫전체빈도합=27(0.0015%)

공격하다 동　【Text=16/Freq1=27】
Ⅰ① (예) 적의 진지를 공격(攻擊)하다.
　　〔Text=9/Freq2=20(74.1%)〕
　② (예) 공을 패스하면서 공격하다.
　　〔Text=2/Freq2=2(7.4%)〕
Ⅱ (예) 언론이 정부를 공격하다.
　　〔Text=4/Freq2=4(14.8%)〕
ⓧ 〔Text=1/Freq2=1(3.7%)〕

≪**공경하다**≫전체빈도합=17(0.0009%)

공경하다 동　【Text=10/Freq1=17】
⓪ (예) [부모를/어른을] 공경(恭敬)하다.

≪**공공**≫전체빈도합=49(0.0026%)

공공 명　【Text=10/Freq1=49】
Ⅰ (예) 공공(公共)의 [관심/문제/이익].
　　〔Text=1/Freq2=17(34.7%)〕
Ⅱ (예) 공공 [물건/저널리즘].
　　〔Text=2/Freq2=3(6.1%)〕
관<공공 건물>〔×〕
관<공공 기관>〔Text=1/Freq2=5(10.2%)〕
관<공공 단체>〔×〕
관<공공 사업>〔×〕
관<공공 생활>〔×〕
관<공공 [시설/시설물]>

　　〔Text=5/Freq2=15(30.6%)〕
관<공공 요금>〔×〕
관<공공 장소>〔Text=5/Freq2=8(16.3%)〕
관<공공 정보>〔Text=1/Freq2=1(2%)〕

≪**공급**≫전체빈도합=31(0.0017%)

공급 명　【Text=15/Freq1=31】
⓪ (예) 수요와 공급(供給).

≪**공기**≫전체빈도합=142(0.0076%)

공기¹ 명　【Text=1/Freq1=1(0.7%)】
⓪ (예) 공기를 하며 놀다.

공기² 명★★★　【Text=43/Freq1=138(97.2%)】
① (예) 바깥 공기(空氣)가 상쾌하다.
　　〔Text=41/Freq2=136(98.6%)〕
② (예) 불온한 공기가 감돌다.
　　〔Text=2/Freq2=2(1.4%)〕

공기³ 명　【Text=0/Freq1=0】ⓧ
Ⅰ (예) 공기(空器)에 밥을 담다.〔×〕
Ⅱ (예) 밥 한 공기 더 주세요.〔×〕

공기⁴ 명　【Text=1/Freq1=3(2.1%)】
⓪ (예) 사회조 공기(公器)로서 신문의 역할.

공기⁵ 명　【Text=0/Freq1=0】ⓧ
⓪ (예) 공기(二期)를 단축하다.〔×〕

≪**공놀이**≫전체빈도합=19(0.0010%)

공놀이 명　【Text=12/Freq1=19】
⓪ (예) 공놀이를 하다.

≪**공동**≫전체빈도합=72(0.0039%)

공동¹ 명★☆★　【Text=38/Freq1=71(98.6%)】
Ⅰ (예) 화장실을 공동(共同)으로 쓰다.
　　〔Text=38/Freq2=69(97.2%)〕
Ⅱ (예) 공동 [구매/투자].
　　〔Text=1/Freq2=2(2.8%)〕
관<공동 묘지>〔×〕
관<공동 사회>〔×〕
관<공동 생활>〔×〕
관<공동 성명>〔×〕
관<공동 연구>〔×〕
관<공동 작업>〔×〕

공동² 명　【Text=1/Freq1=1(1.4%)】
① (예) 석축에 공동(空洞)이 뚫리다.
　　〔Text=1/Freq2=1(100%)〕
② (예) 허파에 공동이 생기다.〔×〕

≪**공동체**≫전체빈도합=45(0.0024%)

공동체 명　【Text=19/Freq1=45】

≪**공무원**≫전체빈도합=51(0.0027%)

공무원 명★☆★ 【Text=17/Freq1=51】
ⓞ (예) 공무원(公務員)이 되다.

≪**공부**≫전체빈도합=493(0.0265%)

공부¹ 명★★★ 【Text=122/Freq1=493(100%)】
ⓞ (예) 수학 공부(工夫)를 하다.

공부² 명 【Text=0/Freq1=0】 ⓧ
ⓞ (예) 공부(貢賦)를 바치다. 〔×〕

공부³ 명 【Text=0/Freq1=0】 ⓧ
ⓞ (예) 공부(公簿)에 등록하다. 〔×〕

공부⁴ 명 【Text=0/Freq1=0】 ⓧ
ⓞ (예) 고려 시대의 공부(工部). 〔×〕

≪**공부하다**≫전체빈도합=438(0.0236%)

공부하다 동★★☆ 【Text=102/Freq1=438】
ⓞ (예) [법률을/수학을] 공부(工夫)하다.

≪**공사**≫전체빈도합=53(0.0029%)

공사¹ 명★☆☆ 【Text=28/Freq1=47(88.7%)】
ⓞ (예) 도로 공사(工事)를 하다.

공사² 명 【Text=1/Freq1=2(3.8%)】
ⓞ (예) 공사(公私)를 [가리다/구별하다].

공사³ 명 【Text=3/Freq1=4(7.5%)】
ⓞ (예) 주택 공사(公社)./영화 진흥 공사.

공사⁴ 명 【Text=0/Freq1=0】 ⓧ
ⓞ (예) 주일 대표부 공사(公使). 〔×〕

공사⁵ 명 【Text=0/Freq1=0】 ⓧ
ⓞ (예) 공사(空士)를 나와서 조종사가 되다.
〔×〕

공사⁶ 명 【Text=0/Freq1=0】 ⓧ
ⓞ (예) 공사(公事)로 바쁘다. 〔×〕

≪**공산주의**≫전체빈도합=27(0.0015%)

공산주의 명 【Text=10/Freq1=27】
ⓞ (예) 공산주의(共産主義).

≪**공손하다**≫전체빈도합=34(0.0018%)

공손하다 형 【Text=20/Freq1=34】
ⓞ (예) [말씨가/태도가] 공손(恭遜)하다.
/어른에게 공손하게 인사하다.

≪**공손히**≫전체빈도합=21(0.0011%)

공손히 부 【Text=15/Freq1=21】
ⓞ (예) 어른에게 공손(恭遜)히 절하다.

≪**공업**≫전체빈도합=104(0.0056%)

공업 명★☆★ 【Text=15/Freq1=104】
ⓞ (예) 기계 공업(工業)이 발달하다.
〔Text=15/Freq2=102(98.1%)〕
관 <공업 단지> 〔Text=2/Freq2=2(1.9%)〕

≪**공연**≫전체빈도합=71(0.0038%)

공연¹ 명☆★☆ 【Text=18/Freq1=71(100%)】
ⓞ (예) 판소리 공연(公演)을 보다.
〔Text=18/Freq2=71(100%)〕
관 <공연 예술> 〔×〕

공연² 명 【Text=0/Freq1=0】 ⓧ
ⓞ (예) 외국 배우와 공연(共演)을 하다. 〔×〕

≪**공연장**≫전체빈도합=15(0.0008%)

공연장 명 【Text=3/Freq1=15】
ⓞ (예) 공연장(公演場)에 가다.

≪**공연히**≫전체빈도합=25(0.0013%)

공연히 부 【Text=18/Freq1=25】
ⓞ (예) 집에 손님이 오면 공연(空然)히 신이
나다./공연히 화가 나다.

≪**공원**≫전체빈도합=100(0.0054%)

공원¹ 명★★★ 【Text=37/Freq1=97(97%)】
ⓞ (예) 공원(公園)에서 산책을 하다.

공원² 명 【Text=2/Freq1=3(3%)】
ⓞ (예) 공장에서 일하는 공원(工員)들.

≪**공장**≫전체빈도합=271(0.0146%)

공장¹ 명★★★ 【Text=53/Freq1=270(99.6%)】
ⓞ (예) 자동차 공장(工場)에서 일하다.
〔Text=53/Freq2=270(100%)〕
관 <공장 지대> 〔×〕

공장² 명 【Text=1/Freq1=1(0.4%)】
ⓞ (예) 공장(工匠)이 되다.

≪**공정하다**≫전체빈도합=20(0.0011%)

공정하다 형 【Text=10/Freq1=20】
ⓞ (예) 법에 따라 공정(公正)하게 처리하다.
/기회를 공정하게 주다.

≪**공주**≫전체빈도합=93(0.0050%)

공주 명☆☆★ 【Text=19/Freq1=73(78.5%)】
ⓞ (예) 왕자와 공주(公主).

공주⁰ 명(고유) 【Text=5/Freq1=20(21.5%)】
❶ (예) 공주(公州)로 여행을 가다.

≪**공중**≫전체빈도합=67(0.0036%)

공중¹ 명 【Text=15/Freq1=19(28.4%)】
ⓞ (예) 풍선이 공중(空中)을 떠다니다.

ⓞ (예) 가정은 부모와 자녀가 이룬
공동체(共同體)이다.

〔Text=15/Freq2=19(100%)〕
  관 <공중에 뜨다> 계획이 공중에 떠 버리다.
    〔×〕
공중² 명 ★☆☆ 【Text=11/Freq1=48(71.6%)】
  ① (예) 공중(公衆)의 [관심/여론].
    〔Text=2/Freq2=27(56.3%)〕
  ② (예) 공중 [변소/화장실].
    〔Text=3/Freq2=91(18.8%)〕
  관 <공중 도덕> 〔Text=3/Freq2=4(8.3%)〕
  관 <공중 전화> 〔Text=6/Freq2=8(16.7%)〕

≪공짜≫ 전체빈도합=13(0.0007%)
공짜 명 ☆☆★ 【Text=8/Freq1=13】
  ⓪ (예) 세상에 공(空)짜는 없다.

≪공책≫ 전체빈도합=34(0.0018%)
공책 명 ★★★ 【Text=27/Freq1=34】
  ⓪ (예) 공책(空册)에 글을 쓰다.

≪공통점≫ 전체빈도합=68(0.0037%)
공통점 명 【Text=17/Freq1=68】
  ⓪ (예) 그와 나의 공통점(共通點).

≪공평하다≫ 전체빈도합=19(0.0010%)
공평하다 형 【Text=10/Freq1=19】
  ⓪ (예) 공평(公平)한 [법/심판]./공평하게
    [나누다/대하다/세금을 내다].

≪공포≫ 전체빈도합=44(0.0024%)
공포¹ 명 【Text=22/Freq1=43(97.7%)】
  ⓪ (예) 공포(恐怖)로 파랗게 질리다.
공포² 명 【Text=0/Freq1=0】 ⓧ
  ⓪ (예) 법의 공포(公布). 〔×〕
공포³ 명 【Text=1/Freq1=1(2.3%)】
  ① (예) 경찰들이 공포(空砲)로 총질을 하다.
    〔×〕
  ② (예) 하늘에 대고 공포를 쏘다.
    〔Text=1/Freq2=1(100%)〕

≪공항≫ 전체빈도합=47(0.0025%)
공항 명 ☆★★ 【Text=23/Freq1=47】
  ⓪ (예) [국제/김포] 공항(空港).

≪공해≫ 전체빈도합=23(0.0012%)
공해¹ 명 【Text=15/Freq1=23(100%)】
  ⓪ (예) 공해(公害)에 오염된 공기.

공해² 명 【Text=0/Freq1=0】 ⓧ
  ② (예) 배가 공해(公海)로 나가다. 〔×〕

≪공허하다≫ 전체빈도합=20(0.0011%)
공허하다 형 【Text=12/Freq1=20】
  ① (예) 너무 넓어 공허(空虛)한 집.
    〔Text=1/Freq2=1(5%)〕
  ② (예) 결과가 부질없고 공허하다.
    /공허한 [말/생각]. 〔Text=5/Freq2=9(45%)〕
  ③ (예) 마음이 슬프고 공허하다.
    〔Text=6/Freq2=10(50%)〕

≪과≫ 전체빈도합=379(0.0204%) [39]
과¹ 명 【Text=23/Freq1=61(16.1%)】
  ① (예) 어느 과(科) 학생입니까?
    〔Text=22/Freq2=58(95.1%)〕
  ② (예) 노루는 무슨 과에 속하지?
    〔Text=2/Freq2=3(4.9%)〕
과² 명 ★★☆ 【Text=22/Freq1=318(83.9%)】
  ① (예) 어느 과(課)에 근무하세요?
    〔Text=1/Freq2=5(1.6%)〕
  ② (예) 각 과마다 연습 문제가 있다.
    〔Text=21/Freq2=313(98.4%)〕
과³ 명 【Text=0/Freq1=0】 ⓧ
  ⓪ (예) 작지 않은 과(過)를 범하다. 〔×〕

≪과거≫ 전체빈도합=178(0.0096%)
과거¹ 명 ★★★ 【Text=53/Freq1=157(88.2%)】
  ① (예) 과거(過去)의 역사.
    〔Text=41/Freq2=102(65%)〕
  ② (예) 남의 과거를 들추다.
    〔Text=18/Freq2=32(20.4%)〕
  ③ (예) 과거 시제. 〔Text=2/Freq2=4(2.5%)〕
  ❹ (예) 과거 우리가 모르는 사이에….
    〔Text=13/Freq2=19(12.1%)〕
  관 <과거가 있다> 과거가 있는 여자. 〔×〕
과거² 명 【Text=13/Freq1=21(11.8%)】
  ⓪ (예) 과거(科擧)를 보다.
    〔Text=12/Freq2=19(90.5%)〕
  관 <과거 제도> 〔Text=2/Freq2=2(9.5%)〕

≪과목≫ 전체빈도합=38(0.0020%)
과목 명 【Text=20/Freq1=38】
  Ⅰ (예) 시험 과목(科目).
    〔Text=17/Freq2=33(86.8%)〕

---

39) 『연세 한국어 사전』의 '과⁵'(예:과소비), '-과⁶'(예:수학과), '-과⁷'(예:경리과)는 말뭉치의 분석에 적용하지 않았으므로 제외한다.

Ⅱ (예) 한 학기에 네 과목을 듣다.
〔Text=4/Freq2=5(13.2%)〕

≪과수원≫전체빈도합=22(0.0012%)
과수원 몡 【Text=10/Freq1=22】
① (예) 과수원(果樹園)의 나무들.

≪과연≫전체빈도합=109(0.0059%)
과연 뭐☆☆★ 【Text=62/Freq1=109】
① (예) 산에 오르자 과연(果然) 절이 보이다.
〔Text=19/Freq2=20(18.3%)〕
② (예) 그는 과연 어떤 사람일까?/
과연 몇이나 이 글을 읽어 줄까?
〔Text=49/Freq2=89(81.7%)〕

≪과일≫전체빈도합=113(0.0061%)
과일 몡★★★ 【Text=52/Freq1=113】
① (예) 과일을 [깎다/먹다].

≪과자≫전체빈도합=47(0.0025%)
과자 몡★★★ 【Text=30/Freq1=47】
① (예) 과자(菓子)를 먹다.

≪과장≫전체빈도합=82(0.0044%)
과장¹ 몡 【Text=9/Freq1=11(13.4%)】
① (예) 과장(誇張)을 섞어 설명하다.
과장² 몡★★☆ 【Text=17/Freq1=70(85.4%)】
① (예) 회사에서 과장(課長)으로 승진하다.
과장³ 몡 【Text=1/Freq1=1(1.2%)】
① (예) 춘향전을 두 과장(科場)으로 나누어
공연하다.

≪과정≫전체빈도합=335(0.0180%)
과정¹ 몡★★☆ 【Text=81/Freq1=310(92.5%)】
① (예) 정국 전개 과정(過程).
과정² 몡 【Text=11/Freq1=22(6.6%)】
① (예) 중학교 3학년 과정(課程)./박사 과정.
과정³ 몡 【Text=3/Freq1=3(0.9%)】
① (예) 강의 과목 중에 물리학 기초
과정(科程)을 맡다.

≪과제≫전체빈도합=47(0.0025%)
과제 몡★☆☆ 【Text=21/Freq1=47】
①㉠ (예) 과제(課題)를 열심히 하다.
〔Text=15/Freq2=35(74.5%)〕
㉡ (예) 집에서 국어 과제를 하다.
〔Text=6/Freq2=10(21.3%)〕
② (예) 통일이라는 [당면/지상적] 과제
〔Text=2/Freq2=2(4.3%)〕

≪과학≫전체빈도합=140(0.0075%)
과학 몡★★★ 【Text=45/Freq1=140】
① (예) 과학(科學) 기술이 발전하다.
〔Text=43/Freq2=115(82.1%)〕
② (예) 사회 과학 분야.
〔Text=12/Freq2=25(17.9%)〕

≪과학자≫전체빈도합=38(0.0020%)
과학자 몡 【Text=21/Freq1=38】
① (예) 생물학 분야의 과학자(科學者).
〔Text=6/Freq2=12(31.6%)〕
② (예) 인문사회학 분야의 과학자들.
〔Text=15/Freq2=26(68.4%)〕

≪과학적≫전체빈도합=53(0.0029%)
과학적¹ 몡 【Text=15/Freq1=20(37.7%)】
① (예) 과학적(科學的)으로 연구하다.
/과학적인 분석.
과학적² 괸 【Text=11/Freq1=33(62.3%)】
① (예) 과학적(科學的) [관찰/설명/지식].

≪관객≫전체빈도합=42(0.0023%)
관객 몡 【Text=16/Freq1=42】
① (예) 극장에 관객(觀客)들이 몰리다.

≪관계≫전체빈도합=387(0.0208%)
관계¹ 몡★★★ 【Text=106/Freq1=387(100%)】
① (예) 대등한 관계(關係)로 대하다.
〔Text=100/Freq2=373(96.4%)〕
② (예) 술집 여자와 관계를 갖다.
〔Text=4/Freq2=5(1.3%)〕
③ (예) 관계 부처들의 대책 회의.
〔Text=2/Freq2=2(0.5%)〕
괸<관계 기관> 〔×〕
괸<~ 관계로> 선약이 있는 관계로 회의에
불참하다. 〔Text=3/Freq2=3(0.8%)〕
괸<~ 관계상> 시간 관계상 생략하다. 〔×〕
ⓧ 〔Text=1/Freq2=4(1%)〕
관계² 몡 【Text=0/Freq1=0】 ⓧ
① (예) 관계(官界)로 진출하다. 〔×〕

≪관광≫전체빈도합=33(0.0018%)
관광 몡☆★★ 【Text=14/Freq1=33】
① (예) 관광(觀光)을 [다니다/하다].
〔Text=12/Freq2=17(51.5%)〕
괸<관광 단지> 〔Text=1/Freq2=3(9.1%)〕
괸<관광 버스> 〔×〕
괸<관광 산업> 〔Text=3/Freq2=9(27.8%)〕

㉤ <관광 자원> 〔Text=2/Freq2=4(12.1%)〕
㉤ <관광 호텔> 〔×〕
≪관광객≫전체빈도합=46(0.0025%)
관광객 명 【Text=16/Freq1=46】
⓪ (예) 관광객(觀光客)이 많다.
≪관광지≫전체빈도합=19(0.0010%)
관광지 명 【Text=13/Freq1=19】
⓪ (예) 관광지(觀光地)로 유명하다.
≪관념≫전체빈도합=62(0.0033%)
관념 명★☆☆ 【Text=24/Freq1=62】
① (예) 인간 관계에 대해 고정된 관념(觀念)을 가지다. 〔Text=11/Freq2=16(25.8%)〕
② (예) [도덕/위생] 관념./관념과 현실.
〔Text=17/Freq2=46(74.2%)〕
≪관련≫전체빈도합=66(0.0036%)
관련 명★☆☆ 【Text=27/Freq1=66】
⓪ (예) 사건과 깊은 관련(關聯)이 있다.
/석유 관련 제품.
≪관련되다≫전체빈도합=89(0.0048%)
관련되다 동★☆☆ 【Text=50/Freq1=89】
⓪ (예) 그가 사건에 관련(關聯)되다.
〔Text=10/Freq2=16(18%)〕
❶ (예) 이 문제는 가정과 관련되다.
〔Text=40/Freq2=63(70.8%)〕
❷ (예) 대통령이 관련된 사항.
/관련된 [인물을/자료를] 찾다.
〔Text=9/Freq2=10(11.2%)〕
≪관련하다≫전체빈도합=26(0.0014%)
관련하다 동 【Text=11/Freq1=26】
Ⅰ (예) 그 일에 관련(關聯)하고 싶지 않다. 〔×〕
Ⅱ (예) 작가의 삶을 작품[과/에] 관련해서 재구성하다. 〔Text=11/Freq2=26(100%)〕
≪관리≫전체빈도합=74(0.0040%)
관리^1 ★☆☆ 【Text=25/Freq1=43(58.1%)】
① (예) 창덕궁의 관리(管理)를 맡다.
〔Text=18/Freq2=26(60.5%)〕
② (예) 민족의 문화 유산 관리에 힘쓰다.
〔Text=4/Freq2=4(9.3%)〕
③ (예) 씨앗과 묘목 관리.
〔Text=6/Freq2=12(27.9%)〕
㉤ <사후 관리> 〔Text=1/Freq2=1(2.3%)〕
관리^2 명 【Text=15/Freq1=31(41.9%)】

⓪ (예) 지방 관리(官吏).
≪관리하다≫전체빈도합=18(0.0010%)
관리하다 동 【Text=12/Freq1=18】
⓪ (예) 재산을 관리(管理)하다.
≪관심≫전체빈도합=269(0.0145%)
관심 명★★★ 【Text=104/Freq1=269】
⓪ (예) 관심(關心)을 가지다.
≪관점≫전체빈도합=90(0.0048%)
관점 명★☆☆ 【Text=21/Freq1=90】
⓪ (예) 보는 관점(觀點)이 다르다.
≪관찰≫전체빈도합=44(0.0024%)
관찰 명 【Text=14/Freq1=44】
⓪ (예) 과학적 관찰(觀察)과 실험.
≪관찰하다≫전체빈도합=72(0.0039%)
관찰하다 동★☆☆ 【Text=32/Freq1=72】
⓪ (예) 별을 관찰(觀察)하다.
≪관청≫전체빈도합=20(0.0011%)
관청 명 【Text=10/Freq1=20】
⓪ (예) 감독 관청(官廳).
≪관하다≫전체빈도합=277(0.0149%)
관하다 동★★☆ 【Text=100/Freq1=277】
⓪ (예) 성에 관(關)한 이야기.
〔Text=87/Freq2=211(76.2%)〕
❶ (예) 역사에 관해 조사하다.
〔Text=38/Freq2=66(23.8%)〕
≪광경≫전체빈도합=53(0.0029%)
광경 명 【Text=35/Freq1=53】
⓪ (예) 사람들이 오르내리는 광경(光景).
≪광고≫전체빈도합=338(0.0182%)
광고 명★★★ 【Text=24/Freq1=338】
① (예) 사람들한테 광고(廣告)를 하다.
〔Text=2/Freq2=2(0.6%)〕
② (예) 구직 광고를 [내다/보다].
〔Text=24/Freq2=335(99.1%)〕
㉤ <광고 매체> 〔Text=1/Freq2=1(0.3%)〕
≪광대≫전처 빈도합=31(0.0017%)
광대 명 【Text=10/Freq1=31】
⓪ (예) 춤꾼과 광대(廣大)들의 놀이.
≪광복≫전체빈도합=34(0.0018%)
광복 명 【Text=13/Freq1=34】

⓪ (예) 조국의 광복(光復)을 기다리다.

≪**광장**≫전체빈도합=46(0.0025%)

광장 명 【Text=20/Freq1=46】
① (예) 시청 앞 광장(廣場)에 모이다.
〔Text=18/Freq2=41(89.1%)〕
② (예) [대화의/만남의/토론의] 광장.
〔Text=2/Freq2=2(4.3%)〕
ⓧ 〔Text=2/Freq2=3(6.5%)〕

≪**괘씸하다**≫전체빈도합=16(0.0009%)

괘씸하다 형 【Text=15/Freq1=16】
⓪ (예) 하는 [말이/짓이] 괘씸하다./괘씸한 놈./괘씸한 생각이 들다.

≪**괜찮다**≫전체빈도합=241(0.0130%)

괜찮다 형★★★ 【Text=98/Freq1=241】
Ⅰ ① (예) [고기 맛이/성적이] 괜찮다.
〔Text=33/Freq2=58(24.1%)〕
② (예) 좀 괜찮다가 또 열이 오르다.
〔Text=31/Freq2=44(18.3%)〕
Ⅱ ⓪ (예) 남을 돕는 일이라면 돈을 써도 괜찮다. 〔Text=65/Freq2=109(45.2%)〕
❶ (예) A:제 차 타고 가세요.
B:아뇨, 괜찮아요. 걸어가겠어요.
〔Text=12/Freq2=14(5.8%)〕
❷ (예) A:정말 미안해. B:괜찮아.
〔Text=14/Freq2=15(6.2%)〕
ⓧ 〔Text=1/Freq2=1(0.4%)〕

≪**괜히**≫전체빈도합=79(0.0043%)

괜히 부☆★☆ 【Text=44/Freq1=79】
⓪ (예) 아무 이유도 없이 괜히 [때리다/미안하다]. 〔Text=28/Freq2=44(55.7%)〕
❶ (예) 알면서도 괜히 묻다./괜히 왔네.
〔Text=27/Freq2=35(44.3%)〕

≪**괴로워하다**≫전체빈도합=16(0.0009%)

괴로워하다 동 【Text=16/Freq1=16】
⓪ (예) 사람을 만나기를 괴로워하다./늙고 병들어 괴로워하다.

≪**괴롭다**≫전체빈도합=38(0.0020%)

괴롭다 형☆★★ 【Text=29/Freq1=38】
⓪ (예) [마음이/몸이] 괴롭다.
〔Text=15/Freq2=15(39.5%)〕
❶ (예) 사람들의 편견이 내겐 괴롭다.
〔Text=18/Freq2=23(60.5%)〕

≪**괴롭히다**≫전체빈도합=49(0.0026%)

괴롭히다 동 【Text=28/Freq1=49】
⓪ (예) 친구를 괴롭히다./부모로서의 의무감이 그를 괴롭히다.

≪**괴물**≫전체빈도합=75(0.0040%)

괴물 명 【Text=13/Freq1=75】
① (예) 머리 아홉 달린 괴물(怪物).
〔Text=6/Freq2=53(70.7%)〕
② (예) TV라는 괴물의 노예가 되다.
〔Text=9/Freq2=22(29.3%)〕
③ (예) 키가 2미터가 넘는 괴물 선수. 〔ⓧ〕

≪**괴상하다**≫전체빈도합=16(0.0009%)

괴상하다 형 【Text=12/Freq1=16】
⓪ (예) 괴상(怪常)한 [모습/사람/성격/일/취미]./괴상하게 생기다.

≪**굉장하다**≫전체빈도합=22(0.0012%)

굉장하다 형☆☆★ 【Text=15/Freq1=22】
① (예) 굉장(宏壯)한 [규모/시설/크기].
〔Text=2/Freq2=2(9.1%)〕
② (예) 굉장한 노력을 하다.
〔Text=13/Freq2=20(90.9%)〕

≪**굉장히**≫전체빈도합=155(0.0083%)

굉장히 부☆★★ 【Text=32/Freq1=155】
⓪ (예) 값이 굉장(宏壯)히 비싸다.
〔Text=32/Freq2=153(98.7%)〕
ⓧ 〔Text=1/Freq2=2(1.3%)〕

≪**교과서**≫전체빈도합=63(0.0034%)

교과서 명★★★ 【Text=26/Freq1=63】
① (예) 국어 교과서(教科書).
〔Text=25/Freq2=62(98.4%)〕
② (예) 경전은 진리로 안내하는 교과서다.
〔Text=1/Freq2=1(1.6%)〕

≪**교내**≫전체빈도합=20(0.0011%)

교내 명 【Text=12/Freq1=20】
⓪ (예) 교내(校內)를 돌아보다.

≪**교류**≫전체빈도합=30(0.0016%)

교류 명 【Text=17/Freq1=30】
① (예) 전압이 바뀌는 교류(交流) 전류. 〔ⓧ〕
② (예) 문화 교류. 〔Text=17/Freq2=30(100%)〕

≪**교문**≫전체빈도합=24(0.0013%)

교문 명 【Text=15/Freq1=24】

⓪ (예) 교문(校門)으로 들어서다.

≪**교복**≫전체빈도합=20(0.0011%)

교복 명 【Text=11/Freq1=20】
  ⓪ (예) 교복(校服)을 [맞추다/입다].

≪**교사**≫전체빈도합=90(0.0048%)

교사¹ 명 ☆☆★ 【Text=21/Freq1=89(98.9%)】
  ① (예) 중학교 교사(教師)가 되다.
    〔Text=19/Freq2=86(96.6%)〕
  ② (예) 중산층의 교사인 소피스트들.
    〔Text=2/Freq2=3(3.4%)〕

교사² 명 【Text=1/Freq1=1(1.1%)】
  ⓪ (예) 전쟁 중에 임시 교사(校舍)에서 공부하다.

교사³ 명 【Text=0/Freq1=0】ⓧ
  ① (예) 학생들에게 대한 범법 교사(敎唆). 〔×〕
  ② (예) 범죄의 교사 또는 방조. 〔×〕

교사⁴ 명 【Text=0/Freq1=0】ⓧ
  ⓪ (예) 사인은 교사(絞死)이다. 〔×〕

≪**교수**≫전체빈도합=509(0.0274%)

교수¹ 명 ★★★ 【Text=54/Freq1=509(100%)】
  ① (예) 대학 교수(敎授).
    〔Text=54/Freq2=509(100%)〕
  ② (예) 선생들이 교수와 연구 모두에 힘쓰다. 〔×〕

교수² 명 【Text=0/Freq1=0】ⓧ
  ⓪ (예) 사형수가 교수(絞首)를 당하다. 〔×〕

≪**교실**≫전체빈도합=223(0.0120%)

교실 명 ★★★ 【Text=60/Freq1=223】
  ① (예) 3학년 2반 교실(敎室).
    〔Text=60/Freq2=222(99.6%)〕
  ② (예) 대학 해부학 교실.
    〔Text=1/Freq2=1(0.4%)〕

≪**교양**≫전체빈도합=19(0.0010%)

교양 명 【Text=14/Freq1=19】
  ⓪ (예) 폭넓은 교양(敎養)을 갖추다.

≪**교육**≫전체빈도합=254(0.0137%)

교육 명 ★★★ 【Text=67/Freq1=254】
  ⓪ (예) 학교에서 교육(敎育)을 받다.
    〔Text=67/Freq2=254(100%)〕
  ㉗ <교육 과정> 〔×〕

≪**교장**≫전체빈도합=42(0.0023%)

교장¹ 명 【Text=21/Freq1=42(100%)】
  ⓪ (예) 교장(校長) 선생님.

교장² 명 【Text=0/Freq1=0】ⓧ
  ① (예) 사회인 교육을 위한 교장(敎場). 〔×〕
  ② (예) 사격 교장. 〔×〕

≪**교통**≫전체빈도합=145(0.0078%)

교통 명 ★★★ 【Text=52/Freq1=145】
  ①㉠ (예) 서울의 교통(交通) 문제.
    〔Text=29/Freq2=64(44.1%)〕
    ㉡ (예) 대중 교통 수단.
    〔Text=17/Freq2=28(19.3%)〕
  ② (예) 타인과 교통이 없이 살다.
    〔Text=1/Freq2=1(0.7%)〕
  ㉗ <교통 기관> 〔×〕
  ㉗ <교통 법규> 〔Text=6/Freq2=9(6.2%)〕
  ㉗ <교통 사고> 〔Text=13/Freq2=20(13.8%)〕
  ㉗ <교통 순경> 〔Text=9/Freq2=23(15.9%)〕

≪**교통사고**♣≫전체빈도합=20(0.0011%)

교통사고⁰ 명 【Text=10/Freq1=20】
  ❶ (예) 교통사고(交通事故)가 나다.

≪**교환**≫전체빈도합=30(0.0016%)

교환 명 ☆☆★ 【Text=8/Freq1=30】
  ① (예) [물물/포로] 교환(交換).
    〔Text=4/Freq2=24(80%)〕
  ② (예) 정보의 교환. 〔Text=4/Freq2=6(20%)〕
  ③ (예) 수화기를 들고 교환에게 말하다. 〔×〕

≪**교환하다**≫전체빈도합=21(0.0011%)

교환하다 동 【Text=15/Freq1=21】
  Ⅰ ① (예) 명함을 교환(交換)하다.
    〔Text=11/Freq2=15(71.4%)〕
    ② (예) [눈인사를/목례를] 교환하다. 〔Text=1/Freq2=2(9.5%)〕
  Ⅱ (예) [동전으로/부품을] 교환하다.
    〔Text=4/Freq2=4(19%)〕

≪**교회**≫전체빈도합=70(0.0038%)

교회 명 ☆★★ 【Text=24/Freq1=70】
  ① (예) 한국 교회(敎會) 안팎의 개혁.
    〔Text=13/Freq2=38(54.3%)〕
  ② (예) 교회 앞뜰. 〔Text=16/Freq2=32(45.7%)〕

≪**교훈**≫전체빈도합=41(0.0022%)

교훈¹ 명 【Text=25/Freq1=39(95.1%)】
  ⓪ (예) 독자에게 교훈(敎訓)을 주다.

교훈² 명 【Text=2/Freq1=2(4.9%)】

교훈 77

ⓞ (예) 학교의 교훈(校訓)을 외우다.

≪**구**≫전체빈도합=986(0.0531%) [40]

구[1] 명 【Text=6/Freq1=13(1.3%)】
  ① (예) 각 지방 시, 군, 구(區).
    〔Text=6/Freq2=13(100%)〕
  ② (예) 전국 선거구 중 5개 구에서 무투표로
    당선되다. 〔×〕

구[2] 명 【Text=1/Freq1=1(0.1%)】
  ① (예) 기하학적인 구(球). 〔×〕
  ② (예) 구나 원통형 모양의 조각품.
    〔Text=1/Freq2=1(100%)〕

구[3] 명 【Text=0/Freq1=0】 ⓧ
  Ⅰ (예) 단어와 구(句). 〔×〕
  Ⅱ (예) 시 한 구. 〔×〕

구[4] 명의 【Text=0/Freq1=0】 ⓧ
  ⓞ (예) 투수가 일 구(球) 일 구에 힘을 싣다.
    〔×〕

구[5] 명의 【Text=2/Freq1=2(0.2%)】
  ⓞ (예) 시신 한 구(具).

구[6] 주 ★★★ 【Text=123/Freq1=969(98.3%)】
  Ⅰ ⓞ (예) 삼 곱하기 삼은 구(九).
    〔Text=9/Freq2=13(1.3%)〕
  ❶ (예) 장면 9(구).
    〔Text=1/Freq2=3(0.3%)〕
  Ⅱ (예) 9(구)년 동안 기다리다.
    〔Text=120/Freq2=953(98.3%)〕

구[7] 관 【Text=1/Freq1=1(0.1%)】
  ⓞ (예) 구(舊) 국회 별관 자리.

≪**구경**≫전체빈도합=119(0.0064%)

구경[1] 명 ★★★ 【Text=54/Freq1=117(98.3%)】
  ⓞ (예) [경치/영화] 구경을 다니다.
    〔Text=54/Freq2=116(99.1%)〕
  관 <구경이 나다> 싸움 구경이
    나다. 〔Text=1/Freq2=1(0.9%)〕

구경[2] 명 【Text=2/Freq1=2(1.7%)】
  ⓞ (예) 50구경(口徑) 400mm포.

≪**구경거리**≫전체빈도합=15(0.0008%)

구경거리 명 【Text=14/Freq1=15】
  ⓞ (예) 구경거리가 [많다/생기다].

≪**구경꾼**≫전체빈도합=25(0.0013%)

구경꾼 명 【Text=12/Freq1=25】
  ⓞ (예) 싸움판에 구경꾼들이 모여들다.

≪**구경하다**≫전체빈도합=112(0.0060%)

구경하다 동 ★★☆ 【Text=59/Freq1=112】
  ⓞ (예) [동물원을/물건을] 구경하다.
    〔Text=59/Freq2=110(98.2%)〕
  ⓧ 〔Text=1/Freq2=2(1.8%)〕

≪**구기다**≫전체빈도합=22(0.0012%)

구기다 동 【Text=17/Freq1=22】
  Ⅰ ⓞ (예) [옷이/종이개] 구기다.
    〔Text=1/Freq2=1(4.5%)〕
  Ⅱ ① (예) [옷을/종이를] 구기다./구겨진
    셔츠. 〔Text=16/Freq2=19(86.4%)〕
  ② (예) [얼굴을/표정을] 구기다. 〔×〕
  ③ (예) [인상을/체면을] 구기다. 〔×〕
  ❹ (예) 소파에 구겨지듯 [앉다/자다].
    〔Text=2/Freq2=2(9.1%)〕

≪**구두**≫전체빈도합=63(0.0034%)

구두[1] 명 ★★★ 【Text=27/Freq1=63(100%)】
  ⓞ (예) 구두를 [맞추다/신다].

구두[2] 명 【Text=0/Freq1=0】 ⓧ
  ⓞ (예) 구두(口頭)로 [계약하다/약속하다].
    〔×〕

≪**구르다**≫전체빈도합=53(0.0029%)

구르다[1] 동 ★☆☆ 【Text=32/Freq1=42(79.2%)】
  ① (예) 환자가 바닥을 구르다./바퀴가 구르는
    소리. 〔Text=22/Freq2=31(73.8%)〕
  ② (예) 보도에 구르는 [낙엽/쓰레기].
    〔Text=2/Freq2=2(4.8%)〕
  ⓧ 〔Text=9/Freq2=9(21.4%)〕

구르다[2] 동 【Text=9/Freq1=11(20.8%)】
  ① (예) 소리 내어 발을 구르다.
    〔Text=7/Freq2=9(81.8%)〕
  ② (예) [그네를/마루를] 구르다. 〔×〕
  관 <발을 (동동) 구르다>
    〔Text=2/Freq2=2(18.2%)〕

≪**구름**≫전체빈도합=111(0.0060%)

구름 명 ★★★ 【Text=47/Freq1=111】
  ⓞ (예) 하늘에 엷은 구름이 끼다.
    〔Text=44/Freq2=105(94.6%)〕
  관 <구름같이>/<구름처럼>
    〔Text=1/Freq2=1(0.9%)〕

---

40) 『연세 한국어 사전』의 '구[8]'(예:구시대), '-구[9]'(예:하수구, 출입구)는 말뭉치의 분석에는 적용하지 않았으므로 제외한다.

[관] <구름 걷히듯> 사람들이 구름 걷히듯 사라지다. 〔×〕
[관] <(뜬) 구름(을) 잡다>
〔Text=2/Freq2=2(1.8%)〕
ⓧ 〔Text=1/Freq2=3(2.7%)〕

≪**구리**≫전체빈도합=13(0.0007%)

구리 [명]☆☆★ 【Text=8/Freq1=13】
⓪ (예) 구리로 만든 종./구리 반지.

≪**구멍**≫전체빈도합=70(0.0038%)

구멍 [명]★☆★ 【Text=34/Freq1=70】
① (예) 벽에 구멍을 뚫다.
〔Text=27/Freq2=61(87.1%)〕
② (예) 위기에서 빠져나갈 구멍을 찾다.
〔Text=3/Freq2=3(4.3%)〕
③ (예) 학점에 구멍이 나다.
〔Text=1/Freq2=1(1.4%)〕
[관] <쥐 구멍> 쥐 구멍에 볕들 날 있다.
〔Text=1/Freq2=1(1.4%)〕
ⓧ 〔Text=3/Freq2=4(5.7%)〕

≪**구멍가게**≫전체빈도합=38(0.0020%)

구멍가게 [명] 【Text=13/Freq1=38】
⓪ (예) 구멍가게에서 콩나물을 사다.

≪**구별**≫전체빈도합=24(0.0013%)

구별 [명]☆☆★ 【Text=14/Freq1=24】
⓪ (예) [공사의/선악의] 구별(區別)을 하다.

≪**구별되다**≫전체빈도합=22(0.0012%)

구별되다 [동] 【Text=12/Freq1=22】
Ⅰ (예) 딴 잡지와 구별(區別)되는 점.
〔Text=11/Freq2=20(90.9%)〕
Ⅱ (예) 제품이 두 종류로 구별되다.
〔Text=1/Freq2=2(9.1%)〕

≪**구별하다**≫전체빈도합=49(0.0026%)

구별하다 [동]★☆☆ 【Text=29/Freq1=49】
Ⅰ (예) 인간과 동물을 구별(區別)하다.
〔Text=28/Freq2=48(98%)〕
Ⅱ (예) 혈액형을 4가지로 구별하다.
〔Text=1/Freq2=1(2%)〕

≪**구분**≫전체빈도합=43(0.0023%)

구분 [명] 【Text=26/Freq1=43】
① (예) 색의 구분(區分)이 쉽지 않다.
〔Text=15/Freq2=26(60.5%)〕
② (예) 시대 구분을 세 시기로 하다.
〔Text=13/Freq2=17(39.5%)〕

≪**구분하다**≫전체빈도합=47(0.0025%)

구분하다 [동] 【Text=29/Freq1=47】
Ⅰ (예) 형태를 셋으로 구분(區分)하다.
〔Text=20/Freq2=29(61.7%)〕
Ⅱ (예) 가짜를 진짜와 구분하다.
〔Text=9/Freq2=18(38.3%)〕

≪**구사하다**≫전체빈도합=15(0.0008%)

구사하다 [동] 【Text=12/Freq1=15】
⓪ (예) [기술을/언어를/외국어를/화술을] 구사(驅使)하다.

≪**구석**≫전체빈도합=87(0.0047%)

구석 [명]☆☆★ 【Text=54/Freq1=87】
① (예) 캄캄한 다락방 구석.
〔Text=27/Freq2=34(39.1%)〕
② (예) 산골 구석에 들어가 살다.
〔Text=13/Freq2=15(17.2%)〕
③ (예) 집 구석에만 처박혀 있다.
〔Text=5/Freq2=5(5.7%)〕
④ (예) 아버지를 닮은 구석이 없다.
〔Text=23/Freq2=32(36.8%)〕
ⓧ 〔Text=1/Freq2=1(1.1%)〕

≪**구석구석**≫전체빈도합=20(0.0011%)

구석구석 [명] 【Text=16/Freq1=20】
Ⅰ (예) 방바닥을 구석구석까지 닦다.
〔Text=13/Freq2=17(85%)〕
Ⅱ (예) 도시를 구석구석 구경하다.
〔Text=3/Freq2=3(15%)〕

≪**구성**≫전체빈도합=34(0.0018%)

구성 [명] 【Text=16/Freq1=34】
① (예) [인적/조사단/컴퓨터 시스템의] 구성(構成). 〔Text=8/Freq2=11(32.4%)〕
② (예) [영화의/작품의] 극적 구성.
〔Text=10/Freq2=23(67.6%)〕

≪**구성되다**≫전체빈도합=27(0.0015%)

구성되다 [동]★☆☆ 【Text=19/Freq1=27】
⓪ (예) 전문가들로 조사단이 구성(構成)되다.

≪**구성원**≫전체빈도합=21(0.0011%)

구성원 [명] 【Text=17/Freq1=21】
⓪ (예) 사회의 구성원(構成員)들.

≪**구성하다**≫전체빈도합=22(0.0012%)

구성하다 [동] 【Text=15/Freq1=22】

⓪ (예) [글을/대표단을/사회를] 구성(構成)하다.

≪**구실**≫전체빈도합=88(0.0047%)

구실[1] [명]★☆☆ 【Text=29/Freq1=78(88.6%)】
① (예) [남편/부모/제] 구실을 하다.
〔Text=6/Freq2=6(7.7%)〕
② (예) 언론의 공익적 구실.
〔Text=27/Freq2=72(92.3%)〕

구실[2] [명] 【Text=8/Freq1=10(11.4%)】
⓪ (예) 여러 가지 구실(口實)로 거절하다.

≪**구십**≫전체빈도합=236(0.0127%)

구십 [수] 【Text=72/Freq1=236】
⓪ (예) 나이가 구십(九十)이 되다.
〔Text=2/Freq2=2(0.8%)〕
❶ (예) 90(구십) [명/퍼센트].
〔Text=71/Freq2=234(99.2%)〕

≪**구역**≫전체빈도합=27(0.0015%)

구역 [명] 【Text=14/Freq1=27】
⓪ (예) [주차 금지/행정] 구역(區域).

≪**구원**≫전체빈도합=29(0.0016%)

구원[1] [명] 【Text=12/Freq1=28(96.6%)】
① (예) 아군의 구원(救援)을 청하다.
〔Text=3/Freq2=16(57.1%)〕
② (예) [영혼의/정신적] 구원을 얻다.
〔Text=9/Freq2=12(42.9%)〕

구원[2] [명] 【Text=0/Freq1=0】 [x]
⓪ (예) 구원(久遠)의 여인상을 찾아 헤매다.
〔×〕

구원[x] [?] 【Text=1/Freq1=1(3.4%)】

≪**구월**≫전체빈도합=46(0.0025%)

구월 [명]☆★☆ 【Text=30/Freq1=46】
⓪ (예) 구월(九月)의 하늘.

≪**구입하다**≫전체빈도합=31(0.0017%)

구입하다 [동] 【Text=24/Freq1=31】
⓪ (예) 물건을 구입(購入)하다.

≪**구절**≫전체빈도합=28(0.0015%)

구절 [명] 【Text=20/Freq1=28】
Ⅰ (예) 공자의 말로 널리 알려진 구절(句節).
〔Text=16/Freq2=22(78.6%)〕
Ⅱ (예) 시 한두 구절을 인용하다.
〔Text=5/Freq2=6(21.4%)〕

≪**구조**≫전체빈도합=113(0.0061%)

구조[1] [명]★★☆ 【Text=34/Freq1=111(98.2%)】
① (예) 물질의 구조(構造)에 관한 이론.
〔Text=7/Freq2=16(14.4%)〕
② (예) [권력/사회적/산업] 구조.
〔Text=21/Freq2=67(60.4%)〕
③ (예) 간단한 구조의 아파트.
〔Text=9/Freq2=16(14.4%)〕
④ (예) 구조 재료. 〔Text=1/Freq2=1(0.9%)〕
[관]<구조 조정> 〔Text=3/Freq2=11(9.9%)〕

구조[2] [명] 【Text=2/Freq1=2(1.8%)】
⓪ (예) 119에 구조(救助)를 청하다./난민 구조.

≪**구체적**≫전체빈도합=124(0.0067%)

구체적[1] [명]☆★☆ 【Text=46/Freq1=109(87.9%)】
① (예) 구체적(具體的)인 사물.
〔Text=2/Freq2=3(2.8%)〕
② (예) 구체적인 내용./구체적으로 알아보다. 〔Text=45/Freq2=106(97.2%)〕

구체적[2] [관] 【Text=7/Freq1=15(12.1%)】
⓪ (예) 구체적(具體的) [대안/사례].
〔Text=7/Freq2=10(66.7%)〕
❶ (예) 구체적 [대상의/사물의] 이름.
〔Text=2/Freq2=5(33.3%)〕

≪**구하다**≫전체빈도합=164(0.0088%)

구하다[1] [동]★★★ 【Text=71/Freq1=120(73.2%)】
① (예) 향락에서 도피처를 구(求)하다.
〔Text=18/Freq2=28(23.3%)〕
② (예) [밥을/일꾼을] 구하다.
〔Text=48/Freq2=78(65%)〕
③ (예) [답을/확률을] 구하는 방법.
〔Text=1/Freq2=1(0.8%)〕
④ (예) [동의를/이해를] 구하다.
〔Text=9/Freq2=13(10.8%)〕

구하다[2] [동] 【Text=25/Freq1=44(26.8%)】
⓪ (예) [목숨을/사람을] 구(救)하다.

≪**구호**≫전체빈도합=31(0.0017%)

구호[1] [명] 【Text=16/Freq1=31(100%)】
⓪ (예) 구호(口號)를 외치다.

구호[2] [명] 【Text=0/Freq1=0】 [x]
⓪ (예) 구호(救護)의 손길을 뻗치다. 〔×〕

≪**국**≫전체빈도합=66(0.0036%) [41]

국[1] [명]★★★ 【Text=13/Freq1=25(37.9%)】

---

41) 『연세 한국어 사전』의 '-국[5]'(예:강대국)은 말뭉치의 분석에는 적용하지 않았으므로 제외한다.

⓪ (예) 국 한 그릇을 먹다.

국[2] [명] 【Text=2/Freq1=9(13.6%)】

⓪ (예) 한 국(局)의 국장으로서 그 국을 통솔하다.

국[3] [명의] 【Text=4/Freq1=15(22.7%)】

⓪ (예) 50여 국(國)의 대표.

국[4] [명의] 【Text=0/Freq1=0】 ⓧ

⓪ (예) 다섯 국(局)의 대국을 치루다. 〔×〕

국[0] [명의] 【Text=6/Freq1=8(12.1%)】

⓿ (예) 355국(局)의 3465번.

국[x] [?] 【Text=4/Freq1=9(13.6%)】

≪**국가**≫전체빈도합=260(0.0140%)

국가[1] [명]★★★ 【Text=59/Freq1=258(99.2%)】

⓪ (예) 부강한 국가(國家)를 만들다.

〔Text=59/Freq2=258(100%)〕

[관]<국가 공무원> 〔×〕

국가[2] [명] 【Text=2/Freq1=2(0.8%)】

⓪ (예) 국가(國歌)를 부르다.

≪**국경**≫전체빈도합=24(0.0013%)

국경 [명] 【Text=12/Freq1=24】

⓪ (예) 국경(國境)을 넘다.

≪**국기**≫전체빈도합=30(0.0016%)

국기[1] [명] 【Text=14/Freq1=30(100%)】

⓪ (예) 국기(國旗)를 게양하다.

국기[2] [명] 【Text=0/Freq1=0】 ⓧ

⓪ (예) 국기(國紀)가 흔들리다. 〔×〕

국기[3] [명] 【Text=0/Freq1=0】 ⓧ

⓪ (예) 씨름은 우리나라의 국기(國技)이다. 〔×〕

≪**국내**≫전체빈도합=65(0.0035%)

국내[1] [명] 【Text=28/Freq1=64(98.5%)】

⓪ (예) 미국 영화사의 국내(國內) 진출.

국내[2] [명] 【Text=1/Freq1=1(1.5%)】

⓪ (예) 그는 편집국 국내(局內)에서 가장 젊다.

≪**국도**≫전체빈도합=21(0.0011%)

국도 [명] 【Text=10/Freq1=21】

⓪ (예) 6번 국도(國道)를 달리다.

〔Text=7/Freq2=14(66.7%)〕

[관]<고속 국도> 호남 고속 국도.

〔Text=3/Freq2=7(33.3%)〕

≪**국립**≫전체빈도합=31(0.0017%)

국립 [명]☆★☆ 【Text=10/Freq1=31】

⓪ (예) 이 대학은 국립(國立)이다.

〔Text=4/Freq2=6(19.4%)〕

[관]<국립 공원> 〔Text=3/Freq2=7(22.6%)〕

[관]<국립 극장> 〔×〕

[관]<국립 묘지> 〔Text=4/Freq2=16(51.6%)〕

[관]<국립 (~) 박물관>

〔Text=2/Freq2=2(6.5%)〕

≪**국물**≫전체빈도합=15(0.0008%)

국물 [명] 【Text=10/Freq1=15】

⓪ (예) 국물을 마시다.

〔Text=10/Freq2=15(100%)〕

[관]<국물도 없다> 〔×〕

≪**국민**≫전체빈도합=275(0.0148%)

국민 [명]★★★ 【Text=54/Freq1=275】

⓪ (예) 국민(國民)의 대표자.

〔Text=49/Freq2=246(89.5%)〕

[관]<국민 감정> 〔×〕

[관]<국민 소득> 〔Text=3/Freq2=14(5.1%)〕

[관]<국민 운동> 〔×〕

[관]<국민 정신> 〔×〕

[관]<국민 (총)생산>

〔Text=3/Freq2=4(1.5%)〕

[관]<국민 학교>☞ 국민학교.

〔Text=5/Freq2=11(4%)〕

[관]<국민 학생> 〔×〕

≪**국민학교**♣≫전체빈도합=85(0.0046%)

국민학교[0] [명]☆★☆ 【Text=41/Freq1=85】

⓿ (예) 국민학교(國民學校)를 [다니다/졸업하다].

≪**국수**≫전체빈도합=13(0.0007%)

국수[1] [명]☆☆★ 【Text=9/Freq1=13(100%)】

⓪ (예) 점심으로 국수를 [먹다/삶다].

〔Text=7/Freq2=11(84.6%)〕

[관]<국수(를) 먹게 하다>(=결혼하다)

〔Text=2/Freq2=2(15.4%)〕

국수[2] [명] 【Text=0/Freq1=0】 ⓧ

⓪ (예) 국수(國手)와 대국을 하다. 〔×〕

≪**국어**≫전체빈도합=108(0.0058%)

국어 [명]☆☆★ 【Text=24/Freq1=108】

① (예) 국어(國語)의 문법을 연구하다.

〔Text=12/Freq2=59(54.6%)〕

② (예) 십여 개 국어로 번역되다.

〔Text=3/Freq2=6(5.6%)〕

③ (예) 국어와 산수는 모두 백 점이다.

〔Text=12/Freq2=42(38.9%)〕
ⓧ 〔Text=1/Freq2=1(0.9%)〕

≪**국제**≫전체빈도합=137(0.0074%)

국제 명★★★ 【Text=26/Freq1=137】
① (예) 국제(國際) 간 교역./국제 문제.
〔Text=15/Freq2=26(19%)〕
관<국제 (~) [거래/교류/무역/분업]>
〔Text=4/Freq2=6(4.4%)〕
관<국제 (~) [경기/대회/행사/회의]>
〔Text=6/Freq2=6(4.4%)〕
관<국제 경쟁력> 〔×〕
관<국제 공항> 〔Text=4/Freq2=4(2.9%)〕
관<국제 관계> 〔Text=5/Freq2=8(5.8%)〕
관<국제 무대> 〔×〕
관<국제 사회> 〔Text=6/Freq2=14(10.2%)〕
관<국제 [상황/정세/환경]>
〔Text=2/Freq2=5(3.7%)〕
관<국제 수지> 〔Text=1/Freq2=5(3.7%)〕
관<국제 시장> 〔Text=2/Freq2=3(2.2%)〕
관<국제 전화> 〔×〕
관<국제 [정치/경제]>
〔Text=3/Freq2=27(19.7%)〕
관<국제 (~) 질서>
〔Text=3/Freq2=30(21.9%)〕
관<국제 협력> 〔Text=1/Freq2=3(2.2%)〕

≪**국토**≫전체빈도합=30(0.0016%)

국토 명 【Text=17/Freq1=30】
① (예) 국토(國土)를 지키다.

≪**국회**≫전체빈도합=42(0.0023%)

국회 명★☆★ 【Text=8/Freq1=42】
① (예) 국회(國會)에서 법을 만들다.
〔Text=6/Freq2=17(40.5%)〕
관<국회 의사당> 〔×〕
관<국회 의원>☞ 국회의원.
〔Text=4/Freq2=25(59.5%)〕
관<국회 의장> 〔×〕

≪**국회의원**＊≫전체빈도합=44(0.0024%)

국회의원⁰ 명 【Text=18/Freq1=44】
❶ (예) 국회의원(國會議員)을 뽑다.
/국회의원 선거.

≪**군**≫전체빈도합=99(0.0053%) ⁴²⁾

군^1 명 【Text=11/Freq1=15(15.2%)】
① (예) 군(軍)에 복무하다.
〔Text=11/Freq2=14(93.3%)〕
② (예) 군의 움직임이 수상하다.
〔Text=1/Freq2=1(6.7%)〕
③ (예) 3군 사령부. 〔×〕

군^2 명 【Text=8/Freq1=17(17.2%)】
① (예) 군(郡)에서도 손꼽히는 부자.
〔Text=8/Freq2=15(88.2%)〕
② (예) 하천 공사는 도나 군에서 맡다.
〔Text=1/Freq2=2(11.8%)〕

군^3 명의 【Text=1/Freq1=3(3%)】
① (예) 아파트 군(群)이 들어서다.

군^4 명의 【Text=22/Freq1=64(64.6%)】
① (예) 신랑 김성해 군(君)./김 군은 이제
돌아가게.

군^5 대 【Text=0/Freq1=0】 ⓧ
① (예) 군(君)은 고향이 어디지? 〔×〕

≪**군대**≫전체빈도합=83(0.0045%)

군대 명★★★ 【Text=36/Freq1=83】
① (예) 군대(軍隊)에 가다.

≪**군데**≫전체빈도합=40(0.0022%)

군데 명의☆★☆ 【Text=29/Freq1=40】
① (예) 식당이 두 군데 있다.

≪**군사**≫전체빈도합=52(0.0028%)

군사^1 명 【Text=7/Freq1=14(26.9%)】
① (예) 정치, 군사(軍事), 외교.
〔Text=5/Freq2=9(64.3%)〕
관<군사 고문> 〔Text=1/Freq2=1(7.1%)〕
관<군사 [대응/행동]>
〔Text=1/Freq2=2(14.3%)〕
관<군사 독재> 〔×〕
관<군사 시설> 〔Text=2/Freq2=2(14.3%)〕
관<군사 원조> 〔×〕
관<군사 전략> 〔×〕
관<군사 정권> 〔×〕

군사^2 명★☆☆ 【Text=10/Freq1=38(73.1%)】
① (예) 군사(軍士)를 [모으다/이끌다].

군사^3 명 【Text=0/Freq1=0】 ⓧ
① (예) 군사(軍師) 제갈공명. 〔×〕

군사^4 명 【Text=0/Freq1=0】 ⓧ
① (예) 군사(郡史)를 편찬하다. 〔×〕

---

42) 『연세 한국어 사전』의 '군^7'(예:군식구), '-군^8'(예:식물군)은 말뭉치의 분석에는 적용하지 않았으
므로 제외한다.

≪**군인**≫전체빈도합=60(0.0032%)

군인 [명]★☆★ **【Text=24/Freq1=60】**
⓪ (예) 군인(軍人)과 민간인.

≪**군중**≫전체빈도합=17(0.0009%)

군중 [명] **【Text=11/Freq1=17】**
⓪ (예) 시위 군중(群衆)들이 모이다.
〔Text=11/Freq2=17(100%)〕
[관]<군중 심리> 〔×〕

≪**굳다**≫전체빈도합=90(0.0048%)

굳다[1] [동] **【Text=15/Freq1=21(23.3%)】**
① (예) 주먹밥이 굳어 버리다.
〔Text=2/Freq2=2(9.5%)〕
② (예) 습관이 굳다. 〔×〕
③ (예) 손발이 꽁꽁 굳어 버리다.
〔Text=3/Freq2=4(19%)〕
④ (예) 표정이 굳어 [버리다/있다].
〔Text=7/Freq2=10(47.6%)〕
⑤ (예) 머리가 굳을 대로 굳다. 〔×〕
⑥ (예) 그 일이 마음속의 한으로 굳다.
〔Text=2/Freq2=2(9.5%)〕
⑦ (예) 걸어 다니면 차비가 굳다.
〔Text=1/Freq2=1(4.8%)〕
❽ (예) 차갑게 굳은 마음.
〔Text=2/Freq2=2(9.5%)〕

굳다[2] [형]★☆★ **【Text=48/Freq1=69(76.7%)】**
① (예) 굳은 [돌/주먹].
〔Text=7/Freq2=7(10.1%)〕
② (예) 의지가 굳다. 〔Text=4/Freq2=5(7.2%)〕
③ (예) 굳게 [결심하다/믿다].
〔Text=7/Freq2=10(14.5%)〕
④ (예) [몸이/얼굴이/표정이] 굳어지다.
〔Text=15/Freq2=27(39.1%)〕
❺ (예) [관습이/방식이] 굳어지다.
〔Text=2/Freq2=2(2.9%)〕
[관]<굳게> 굳게 [닫다/잠그다/쥐다].
〔Text=17/Freq2=18(26.1%)〕

≪**굳이**≫전체빈도합=44(0.0024%)

굳이 [부] **【Text=33/Freq1=44】**
① (예) 싫으면 굳이 안 가도 좋다.
〔Text=24/Freq2=31(70.5%)〕
② (예) 선물을 굳이 사양하다.
〔Text=13/Freq2=13(29.5%)〕

≪**굴**≫전체빈도합=34(0.0018%)

굴[1] [명] **【Text=5/Freq1=11(32.4%)】**
⓪ (예) 바닷속에 들어가 굴을 따다.

굴[2] [명]☆☆★ **【Text=15/Freq1=23(67.6%)】**
① (예) 산속에 굴(窟)을 파고 살다.
〔Text=11/Freq2=17(73.9%)〕
② (예) 산에 [굴을/터널을] 뚫다.
〔Text=3/Freq2=3(13%)〕
③ (예) 족제비 굴. 〔Text=1/Freq2=3(13%)〕

≪**굴다**≫전체빈도합=32(0.0017%)

굴다 [동] **【Text=22/Freq1=32】**
⓪ (예) 남에게 쌀쌀하게 굴다.

≪**굴뚝**≫전체빈도합=20(0.0011%)

굴뚝 [명]☆☆★ **【Text=14/Freq1=20】**
⓪ (예) 공장 굴뚝에서 연기가 솟아오르다.
〔Text=7/Freq2=11(55%)〕
[관]<굴뚝 같다> 보고픈 마음이 굴뚝 같다.
〔Text=2/Freq2=3(15%)〕
[관]<아니 땐 굴뚝에 연기 나다>
〔Text=5/Freq2=6(30%)〕

≪**굴리다**≫전체빈도합=24(0.0013%)

굴리다 [동] **【Text=22/Freq1=24】**
① (예) [눈덩이를/휠체어를] 굴리다.
〔Text=8/Freq2=9(37.5%)〕
② (예) [눈을/혀를] 굴리다.
〔Text=9/Freq2=9(37.5%)〕
③ (예) 책을 함부로 굴리다.
〔Text=1/Freq2=1(4.2%)〕
④ (예) [자가용을/트럭을] 굴리다.
〔Text=1/Freq2=1(4.2%)〕
⑤ (예) 믿을 만한 곳으로 돈을 굴리다. 〔×〕
⑥ (예) 여러 가지 생각을 굴리다.
〔Text=2/Freq2=2(8.3%)〕
⑦ (예) 끝을 동그랗게 굴린 나무토막. 〔×〕
ⓧ 〔Text=2/Freq2=2(8.3%)〕

≪**굵다**≫전체빈도합=40(0.0022%)

굵다[1] [동] **【Text=1/Freq1=1(2.5%)】**
[관]<머리가 굵다> 어느 새 머리가 굵은 아이들. 〔Text=1/Freq2=1(100%)〕
[관]<잔뼈가 굵다> 〔×〕

굵다[2] [형]★☆★ **【Text=27/Freq1=39(97.5%)】**
① (예) 굵고 거친 손/굵은 나뭇가지.
〔Text=18/Freq2=22(56.4%)〕
② (예) 굵은 [보석 반지/알사탕].
〔Text=4/Freq2=5(12.8%)〕
③ (예) 굵은 눈발. 〔Text=5/Freq2=5(12.8%)〕

④ (예) 굵은 잉어. 〔×〕
⑤ (예) 굵고 우렁찬 목소리./음성이 굵다.
   〔Text=3/Freq2=3(7.7%)〕
⑥ (예) 신문의 굵은 활자./굵은 먹글씨.
   〔Text=1/Freq2=1(2.6%)〕
⑦ (예) 굵은 주름이 패다. 〔×〕
⑧ (예) 올이 굵은 스웨터. 〔×〕
⑨ (예) 구멍이 굵은 어레미. 〔×〕
⑩ (예) 성격이 대범하고 굵은 사람./굵게 살다.
   〔×〕
㉮ <선이 굵다> 선이 굵은 인상.
   〔Text=2/Freq2=2(5.1%)〕
ⓧ 〔Text=1/Freq2=1(2.6%)〕

≪굶다≫전체빈도합=45(0.0024%)
굶다 동 ☆★★ 【Text=25/Freq1=45】
  ⓞ (예) [끼니를/밥을/점심을] 굶다.

≪굶주리다≫전체빈도합=17(0.0009%)
굶주리다 동 【Text=14/Freq1=17】
  Ⅰ (예) 헐벗고 굶주린 사람들.
     〔Text=12/Freq2=15(88.2%)〕
  Ⅱ (예) [고기에/대화에/사랑에] 굶주리다.
     〔Text=2/Freq2=2(11.8%)〕

≪굽다≫전체빈도합=40(0.0022%)
굽다¹ 동★★★ 【Text=19/Freq1=27(67.5%)】
  ① (예) [고기를/생선을] 굽다.
     〔Text=15/Freq2=20(74.1%)〕
  ② (예) [빵을/호떡을] 굽다.
     〔Text=2/Freq2=2(7.4%)〕
  ③ (예) 숯을 굽다. 〔×〕
  ④ (예) [도자기를/옹기를] 굽다.
     〔Text=5/Freq2=5(18.5%)〕
  ⑤ (예) 소금을 굽다. 〔×〕
굽다² 동 【Text=11/Freq1=12(30%)】
  ① (예) [등이/어깨가] 구부정하게 굽다.
     〔Text=7/Freq2=7(58.3%)〕
  ② (예) 굽은 비탈길./길이 안쪽으로 굽다.
     〔Text=2/Freq2=2(16.7%)〕
  ③ (예) 손가락이 굽다. 〔×〕
  ④ (예) [길을/산길을] 굽어 올라가다. 〔×〕
  ❺ (예) 팔이 안으로 굽다./땅을 굽어 보다.
     〔Text=3/Freq2=3(25%)〕
굽다ˣ ? 【Text=1/Freq1=1(2.5%)】

≪굽히다≫전체빈도합=32(0.0017%)
굽히다 동 ★☆☆ 【Text=21/Freq1=32】
  ① (예) [무릎을/허리를] 굽히다.
     〔Text=13/Freq2=23(71.9%)〕
  ② (예) [기개를/주장을] 굽히지 않다.
     〔Text=7/Freq2=7(21.9%)〕
  ❸ (예) 막대를 굽히다.
     〔Text=1/Freq2=2(6.3%)〕

≪궁궐≫전체빈도합=43(0.0023%)
궁궐 명 【Text=13/Freq1=43】
  ⓞ (예) 궁궐(宮闕)을 짓다.

≪궁극적≫전체빈도합=18(0.0010%)
궁극적¹ 명 【Text=15/Freq1=16(88.9%)】
  ⓞ (예) 궁극적(窮極的)인 행복.
     /궁극적으로 추구하는 목표.
궁극적² 관 【Text=2/Freq1=2(11.1%)】
  ⓞ (예) 궁극적(窮極的) 관심.

≪궁금하다≫전체빈도합=121(0.0065%)
궁금하다¹ 형★★★
         【Text=73/Freq1=121(100%)】
  ① (예) [결과가/잘 갔는지] 궁금하다.
     〔Text=70/Freq2=116(95.9%)〕
  ② (예) 애들이 궁금해서 견딜 수 없다.
     〔Text=3/Freq2=5(4.1%)〕
궁금하다² 형 【Text=0/Freq1=0】 ⓧ
  ⓞ (예) 입이 궁금하다. 〔×〕

≪궁리≫전체빈도합=21(0.0011%)
궁리 명 【Text=16/Freq1=21】
  ⓞ (예) 먹고 살 궁리(窮理)를 하다.
     〔Text=14/Freq2=19(90.5%)〕
  ㉮ <궁리 끝에> 궁리 끝에 묘안을 찾다.
     〔Text=2/Freq2=2(9.5%)〕

≪궁리하다≫전체빈도합=16(0.0009%)
궁리하다 동 【Text=15/Freq1=16】
  ⓞ (예) [대책을/방법을/어떻게 할까]
     궁리(窮理)하다.

≪권≫전체빈도합=115(0.0062%) [43]
권¹ 명 【Text=0/Freq1=0】 ⓧ
  ⓞ (예) 아내의 지극한 권(勸)을 뿌리치다. 〔×〕
권² 명의★★★ 【Text=35/Freq1=89(77.4%)】

---

43) 『연세 한국어 사전』의 '-권³'(예:상품권), '-권⁵'(선거권)은 말뭉치의 분석에 반영하지 않았으므로 제외한다.

① (예) 공책 몇 권(卷).
　　〔Text=35/Freq2=75(84.3%)〕
② (예) 이효석 전집 제8권.
　　〔Text=6/Freq2=14(15.7%)〕
③ (예) 이 책은 9권 3책으로 구성되다. 〔×〕
④ (예) 창호지 두 권. 〔×〕
⑤ (예) 필름 한 권. 〔×〕
- 권⁴ 〔접〕 【Text=12/Freq1=26(22.6%)】
　⓪ (예) 세력권(圈)./수도권./여권.

≪**권력**≫전체빈도합=77(0.0041%)

권력 〔명〕★☆☆ 【Text=28/Freq1=77】
　⓪ (예) 권력(權力)을 [빼앗다/쥐다].
　　〔Text=27/Freq2=66(85.7%)〕
　관<권력 관계> 〔Text=1/Freq2=3(3.9%)〕
　관<권력 구조> 〔Text=3/Freq2=4(5.2%)〕
　관<권력 분립> 〔×〕
　관<권력 [체계/체제]>
　　〔Text=1/Freq2=2(2.6%)〕
　관<권력 투쟁> 〔Text=2/Freq2=2(2.6%)〕

≪**권리**≫전체빈도합=112(0.0060%)

권리 〔명〕★☆★ 【Text=34/Freq1=112】
　⓪ (예) 시민으로서의 권리(權利).
　　〔Text=34/Freq2=111(99.1%)〕
　관<권리 행사> 〔Text=1/Freq2=1(0.9%)〕

≪**권위**≫전체빈도합=25(0.0013%)

권위 〔명〕 【Text=18/Freq1=25】
　① (예) 권위(權威)가 있는 전문가.
　　〔Text=15/Freq2=21(84%)〕
　② (예) 성서의 권위 있는 번역.
　　〔Text=4/Freq2=4(16%)〕

≪**권총**≫전체빈도합=18(0.0010%)

권총 〔명〕 【Text=10/Freq1=18】
　⓪ (예) 권총(拳銃)을 [겨누다/쏘다].

≪**권하다**≫전체빈도합=49(0.0026%)

권하다 〔동〕☆★★ 【Text=34/Freq1=49】
　① (예) [가자고/입원을] 권(勸)하다.
　　〔Text=22/Freq2=24(49%)〕
　② (예) [음식을/의자를] 권하다.
　　〔Text=19/Freq2=25(51%)〕

≪**귀**≫전체빈도합=213(0.0115%) ⁴⁴⁾

귀¹ 〔명〕★★★ 【Text=88/Freq1=208(97.7%)】

① (예) 소리가 귀에 들리다.
　　〔Text=49/Freq2=77(37%)〕
② (예) 귀 한 쪽이 떨어진 불상.
　　〔Text=25/Freq2=57(27.4%)〕
관<귀가 [가렵다/간지럽다]>
　　〔Text=1/Freq2=1(0.5%)〕
관<귀가 따갑다> 〔×〕
관<귀가 [먹다/멀다]>
　　〔Text=2/Freq2=4(1.9%)〕
관<귀가 밝다> 〔Text=1/Freq2=1(0.5%)〕
관<귀가 (번쩍) [뜨이다/하다]>
　　〔Text=3/Freq2=3(1.4%)〕
관<귀가 솔깃하다> 〔Text=2/Freq2=2(1%)〕
관<귀가 아프게> 〔×〕
관<귀가 울다> 〔×〕
관<귀를 기울이다>
　　〔Text=26/Freq2=40(19.2%)〕
관<귀를 막다> 〔Text=4/Freq2=11(5.3%)〕
관<귀를 빌리다> 〔Text=1/Freq2=1(0.5%)〕
관<귀를 의심하다> 〔Text=2/Freq2=2(1%)〕
관<귀에 거슬리다> 〔Text=1/Freq2=1(0.5%)〕
관<귀에 딱지가 앉다> 〔×〕
관<귀에 못이 박이다> 〔×〕
관<귀에 익다> 〔Text=4/Freq2=5(2.4%)〕
관<귀에 젖다> 〔×〕
관<쇠 귀에 경 읽기>
　　〔Text=1/Freq2=1(0.5%)〕
관<한쪽 귀로 듣고 한쪽 귀로 흘리다>
　　〔Text=1/Freq2=2(1%)〕

귀ˣ 〔?〕 【Text=3/Freq1=5(2.3%)】

≪**귀국하다**≫전체빈도합=24(0.0013%)

귀국하다 〔동〕 【Text=15/Freq1=24】
　⓪ (예) 출장 마치고 귀국(歸國)하다.

≪**귀신**≫전체빈도합=37(0.0020%)

귀신 〔명〕 【Text=20/Freq1=37】
　① (예) 조상의 귀신(鬼神)에게 제사하다.
　　〔Text=4/Freq2=10(27%)〕
　② (예) 귀신이 나오다./귀신에 홀리다.
　　〔Text=15/Freq2=22(59.5%)〕
　③ (예) 저 사람은 산 타는 데 귀신이다.
　　〔Text=1/Freq2=1(2.7%)〕
　관<골방 귀신> 〔Text=1/Freq2=1(2.7%)〕
　관<귀신 같다> 귀신 같은 솜씨.

---

44) 『연세 한국어 사전』의 '귀²'(예:귀사, 귀부인)은 말뭉치의 분석에 적용하지 않았으므로 제외한다.

〔Text=1/Freq2=1(2.7%)〕

[관]<귀신 씨나락 까먹는 소리>

〔Text=1/Freq2=1(2.7%)〕

[관]<귀신이 곡하다> 〔×〕

[관]<귀신이 들리다> 〔Text=1/Freq2=1(2.7%)〕

[관]<귀신이 씌다> 〔×〕

≪**귀엽다**≫전체빈도합=58(0.0031%)

귀엽다 [형]★★★ 【Text=35/Freq1=58】

Ⅰ (예) 귀여운 [강아지/인상].

〔Text=23/Freq2=30(51.7%)〕

Ⅱ (예) [손자가/재롱이] 귀엽다.

〔Text=17/Freq2=28(48.3%)〕

≪**귀족**≫전체빈도합=30(0.0016%)

귀족 [명] 【Text=14/Freq1=30】

⓪ (예) 귀족(貴族) [계급/사회].

≪**귀중하다**≫전체빈도합=37(0.0020%)

귀중하다 [형] 【Text=21/Freq1=37】

⓪ (예) 돈이 귀중(貴重)하다.
/사람을 귀중하게 여기다.

≪**귀찮다**≫전체빈도합=58(0.0031%)

귀찮다 [형]★★★ 【Text=36/Freq1=58】

⓪ (예) [만사가/말하기도] 귀찮다./
나를 귀찮게 하다.

≪**귀하다**≫전체빈도합=69(0.0037%)

귀하다 [형]★☆★ 【Text=48/Freq1=69】

① (예) 우리에게 귀(貴)한 것./귀한 [선물/시간/책]. 〔Text=22/Freq2=31(44.9%)〕

② (예) 손이 귀한 집.

〔Text=16/Freq2=21(30.4%)〕

③ (예) 귀하신 서방님./귀한 집안 출신.

〔Text=1/Freq2=2(2.9%)〕

④ (예) 귀한 손님./귀하게 대접하다.

〔Text=10/Freq2=13(18.8%)〕

[x] 〔Text=2/Freq2=2(2.9%)〕

≪**규모**≫전체빈도합=61(0.0033%)

규모 [명]★☆☆ 【Text=34/Freq1=61】

① (예) 규모(規模)가 [작다/크다].

〔Text=33/Freq2=59(96.7%)〕

② (예) 규모 있는 생활을 하다.

〔Text=1/Freq2=2(3.3%)〕

≪**규범**≫전체빈도합=31(0.0017%)

규범 [명] 【Text=16/Freq1=31】

⓪ (예) [사회/생활/윤리] 규범(規範)을 따르다.

≪**규정하다**≫전체빈도합=34(0.0018%)

규정하다 [동] 【Text=22/Freq1=34】

① (예) 북한을 적으로 규정(規定)하다.

〔Text=20/Freq2=31(91.2%)〕

② (예) [규모를/사고방식을] 규정하다.

〔Text=3/Freq2=3(8.8%)〕

≪**규제**≫전체빈도합=30(0.0016%)

규제 [명] 【Text=11/Freq1=30】

⓪ (예) 투자에 규제(規制)가 많다.

≪**규칙**≫전체빈도합=111(0.0060%)

규칙 [명]★★★ 【Text=29/Freq1=111】

① (예) 법과 규칙(規則)을 지키다.

〔Text=23/Freq2=101(91%)〕

② (예) 음운 변화의 규칙을 찾다.

〔Text=5/Freq2=9(8.1%)〕

[x] 〔Text=1/Freq2=1(0.9%)〕

≪**규칙적**≫전체빈도합=26(0.0014%)

규칙적[1] [명] 【Text=18/Freq1=26(100%)】

⓪ (예) 소리가 규칙적(規則的)으로 나다.
/규칙적인 리듬.

규칙적[2] [관] 【Text=0/Freq1=0】 [x]

⓪ (예) 규칙적(規則的) [식사/운동]. 〔×〕

≪**균형**≫전체빈도합=33(0.0018%)

균형 [명] 【Text=21/Freq1=33】

⓪ (예) [몸의/자세의] 균형(均衡)을 [잃다/잡다]. 〔Text=8/Freq2=13(39.4%)〕

❶ (예) [사회가/생각이] 균형을 이루다.

〔Text=13/Freq2=20(60.6%)〕

≪**귤**≫전체빈도합=6(0.0003%)

귤 [명]☆☆★ 【Text=5/Freq1=6】

⓪ (예) 귤(橘)을 까 먹다.

≪**그**≫전체빈도합=11,956(0.6438%)

그[1] [대]★★★ 【Text=160/Freq1=3,133(26.2%)】

① (예) 그의 팔을 붙잡다.

〔Text=74/Freq2=980(31.3%)〕

② (예) 김성수, 그는 누구인가.

〔Text=127/Freq2=1,665(53.1%)〕

❸ (예) 그만두면 그뿐이야.
/자유는 그를 지키는 자의 것이다.

〔Text=132/Freq2=468(14.9%)〕

❹ (예) 그나 저나 말이다./악어, 그의 폐는….

/얘기를 그쯤에서 그만두다.
〔Text=10/Freq2=20(0.6%)〕

그² 관 ★★★ 【Text=213/Freq1=8,069(67.5%)】
① (예) 거기, 그 책 좀 집어 주세요.
〔Text=28/Freq2=56(0.7%)〕
② (예) 어제의 그 노인을 찾아가 사과했다.
〔Text=177/Freq2=3,129(38.8%)〕
③ (예) 장군과 그 딸.
〔Text=182/Freq2=1,795(22.2%)〕
④ ㉠ (예) 그 걷잡을 수 없는 마음./그 많은 피난민. 〔Text=124/Freq2=474(5.9%)〕
㉡ (예) 그 어떤 사람도 알 수 없다.
〔Text=56/Freq2=109(1.4%)〕
❺ (예) 그 때 우리는 많이 울었다./그 동안 잘 지냈어? 〔Text=174/Freq2=1,182(14.6%)〕
❻ (예) 경제가 잘 되면 그 결과가 국민에게 돌아가다. 〔Text=165/Freq2=928(11.5%)〕
❼ (예) 그 자리에 선 채 말없이 보다.
〔Text=93/Freq2=264(3.3%)〕
❽ (예) 참, 내가 그 얘기 안 했나?
〔Text=2/Freq2=2(0%)〕
❾ (예) 늘 그 일이 그 일이다./그 아버지에 그 아들. 〔Text=55/Freq2=130(1.6%)〕

그⁰³ 감 【Text=29/Freq1=754(6.3%)】
❶ (예) 무엇보다도, 그, 뭐시냐, 그, 저….

《**그거**》전체빈도합=1,026(0.0553%) ⁴⁵⁾

그거 대 ★★☆ 【Text=137/Freq1=1,026】
① (예) 손에 든 그거 뭐예요?
〔Text=29/Freq2=41(4%)〕
② (예) 괘종시계, 그건 내 것이다.
〔Text=81/Freq2=423(41.2%)〕
③ (예) 아, 그거 말씀입니까?
〔Text=15/Freq2=28(2.7%)〕
④ (예) 자유롭다는 것, 그거만으로 충분하다.
〔Text=104/Freq2=428(41.7%)〕
⑤ (예) 애가 생기고 그게 철이 들다.
〔Text=4/Freq2=4(0.4%)〕
⑥ (예) 그게 내 피를 실컷 빨게 두다. 〔×〕
⑦ (예) 꼭 여자의 그거 같다.
〔Text=1/Freq2=1(0.1%)〕
❽ (예) 그렇지, 바로 그거야./그때 그게 4학년

때쯤이었나…. 〔Text=27/Freq2=78(7.6%)〕
❾ (예) 그럴 바엔 나가는 게 낫다 그거야.
〔Text=1/Freq2=1(0.1%)〕
관<그거 보다> 그거 보란 듯이 쳐다보다.
〔Text=1/Freq2=1(0.1%)〕
관<그거 참> 그거 참, 그럴듯하다.
〔Text=7/Freq2=8(0.8%)〕
관<그건 그렇고> 〔Text=9/Freq2=10(1%)〕
관<그게 그거(다)> 품질은 그게 그거다.
〔Text=2/Freq2=3(0.3%)〕

《**그것**》전체빈도합=1,856(0.0999%)

그것 대 ★★★ 【Text=185/Freq1=1,856】
① (예) 손에 든 그것 뭡니까?
〔Text=13/Freq2=23(1.2%)〕
② (예) 괘종시계, 그것은 내 것이다.
〔Text=145/Freq2=962(51.8%)〕
③ (예) 아, 그것 말씀입니까?
〔Text=20/Freq2=52(2.8%)〕
④ (예) 자유롭다는 것, 그것만으로 충분하다. 〔Text=136/Freq2=725(39.1%)〕
⑤ (예) 애가 생기고 그것이 철이 들다.
〔Text=5/Freq2=5(0.3%)〕
⑥ (예) 그것들이 내 피를 실컷 빨게 두다.
〔Text=1/Freq2=1(0.1%)〕
⑦ (예) 보면 볼수록 꼭 여자의 그것 같다.
〔Text=2/Freq2=4(0.2%)〕
관<그것 보다> 그것 보란 듯이 쳐다보다.
〔Text=5/Freq2=5(0.3%)〕
관<그것 참> 그것 참, 그럴듯하다.
〔Text=13/Freq2=21(1.1%)〕
관<그것도> 술? 그것도 소주를.
〔Text=41/Freq2=52(2.8%)〕
관<그(것)도 그럴 것이> 〔×〕
관<그게 그것 (같다)>
〔Text=1/Freq2=1(0.1%)〕
ⓧ 〔Text=5/Freq2=5(0.3%)〕

《**그곳**＊》전체빈도합=126(0.0068%)

그곳⁰ 대 ☆★☆ 【Text=53/Freq1=126】
❶ (예) 물건을 그곳에 놓아라.
〔Text=1/Freq2=2(1.6%)〕

---

45) 『연세 한국어 사전』에서는 '그거'에 대하여 "① (입말로) 그것. ② [주로 '~그거야/그겁니다'의 꼴로 쓰이어] 앞에서 얘기한 사실을 강조함."의 두 가지 의미로 나누고 있으나, 여기서는 '그것'의 뜻풀이에 따라 기술하기로 한다. 이렇게 함으로써 '그것'과 '그거'의 용법상의 공통점과 차이점을 직접 비교할 수 있기 때문이다.

❷ (예) 2층에 강당이 있으니까 그곳으로 가세요. 〔Text=52/Freq2=122(96.8%)〕

≪그까짓≫전체빈도합=23(0.0012%)

그까짓 관 【Text=16/Freq1=23】
⓪ (예) 그까짓 맥주 한 병./그까짓 일로 고민해?

≪그나마≫전체빈도합=38(0.0020%)

그나마 부 【Text=31/Freq1=38】
① (예) 겨울은 농한기라 그나마 품팔이 일도 없다. 〔Text=13/Freq2=13(34.2%)〕
② (예) 꽃이 피니까 그나마 봄 기분이 나다. 〔Text=15/Freq2=16(42.1%)〕
③ (예) 싸구려에 그나마 성의 없게 포장된 선물. 〔Text=7/Freq2=8(21.1%)〕
⊗ 〔Text=1/Freq2=1(2.6%)〕

≪그날♣≫전체빈도합=109(0.0059%)

그날01 명 【Text=31/Freq1=63(57.8%)】
❶ (예) 처음 만난 그날을 기억하다. 〔Text=29/Freq2=54(85.7%)〕
❷ (예) 성공할 그날까지 참다. 〔Text=5/Freq2=5(7.9%)〕
관 <그날 그날> 그날 그날의 생계. 〔Text=3/Freq2=4(6.3%)〕

그날02 부 【Text=26/Freq1=46(42.2%)】
❶ (예) 그날 나는 진실을 알았다. 〔Text=25/Freq2=44(95.7%)〕
❷ (예) 언젠가 그날 우리는 만날 것이다. 〔×〕
관 <그날 그날> 그날 그날 살아가다. 〔Text=1/Freq2=2(4.3%)〕

≪그냥≫전체빈도합=485(0.0261%)

그냥 부 ★★★ 【Text=141/Freq1=485】
① (예) 그냥 팔아도 잘 팔리겠다. 〔Text=55/Freq2=72(14.8%)〕
② (예) 애가 넘어져도 그냥 지켜보다. 〔Text=73/Freq2=129(26.6%)〕
③ (예) 잔소리는 그냥 흘려버리다. 〔Text=52/Freq2=102(21%)〕
④ (예) 우산이 없어서 그냥 비를 맞다. 〔Text=18/Freq2=25(5.2%)〕
❺ (예) 저는 그냥 주부인데요./그냥 커피로 주세요. 〔Text=28/Freq2=36(7.4%)〕
❻ (예) 그냥, 좀 힘들어서 그래요. 〔Text=19/Freq2=40(8.2%)〕

❼ (예) 애를 그냥 오냐오냐 키우다. 〔Text=8/Freq2=10(2.1%)〕
❽ (예) 기분이 그냥 그렇다./그냥 싫다. 〔Text=32/Freq2=68(14%)〕
❾ (예) 아이들에게 책을 그냥 주다. 〔Text=3/Freq2=3(0.6%)〕

≪그녀≫전체빈도합=900(0.0485%)

그녀 대 ☆★ 【Text=46/Freq1=900】
⓪ (예) 그녀(-女)를 기다리다.

≪그놈♣≫전체빈도합=35(0.0019%)

그놈0 대 【Text=20/Freq1=35】
❶ (예) 그놈을 이리 끌고 와라. 〔Text=5/Freq2=9(25.7%)〕
❷ (예) 네 사촌 오빠 그놈이 문제다. 〔Text=3/Freq2=6(17.1%)〕
❸ (예) 그놈 참 잘생겼다./그놈이 또 학교에 안 가? 〔Text=3/Freq2=4(11.4%)〕
❹ (예) 생선은 그놈이 더 신선하다. 〔Text=7/Freq2=9(25.7%)〕
❺ (예) 그놈의 버스가 늦게 오다. 〔Text=5/Freq2=7(20%)〕

≪그늘≫전체빈도합=47(0.0025%)

그늘 명 ☆★★ 【Text=31/Freq1=47】
① (예) 나무 그늘이 지다./그늘 밑. 〔Text=28/Freq2=43(91.5%)〕
② (예) 부모의 그늘에서 벗어나다. 〔Text=1/Freq2=1(2.1%)〕
③ (예) 사회의 그늘에서 활동하다. 〔Text=3/Freq2=3(6.4%)〕
④ (예) 얼굴에 그늘이 스치다. 〔×〕

≪그니까♣≫전체빈도합=64(0.0034%)

그니까0 부 【Text=14/Freq1=64】 [46]
❶ (예) 곧 돈이 좀 생길 거야. 그니까 다음엔 꼭 갚을게. 〔Text=11/Freq2=36(56.3%)〕
❷ (예) 그해 겨울, 그니까 처음 만난 때로부터 6개월 뒤였어. 〔Text=7/Freq2=19(29.7%)〕
❸ (예) 그니까 10년 전 어느 여름날…. 〔Text=1/Freq2=2(3.1%)〕
❹ (예) 음, 그니까 내 생각을 말하자면…. 〔Text=3/Freq2=3(4.7%)〕
❺ (예) 어떤, 그니까(=말하자면) 소비 시장 같은…. 〔Text=2/Freq2=2(3.1%)〕

---

46) '그니까'의 뜻풀이 ❶~❹는 『연세 한국어 사전』의 '그러니까'의 의미 구분에 따라 기술한다.

❻ (예) A:아, 그래서 그런 거야? B: 응,
그니까(=그렇다니까)….
〔Text=2/Freq2=2(3.1%)〕

≪그다지≫전체빈도합=35(0.0019%)

그다지 [부] 【Text=23/Freq1=35】
① (예) 그다지 어렵지 않다.
〔Text=22/Freq2=33(94.3%)〕
② (예) 왜 그다지 쉽게 포기할까?
〔Text=2/Freq2=2(5.7%)〕

≪그대≫전체빈도합=89(0.0048%)

그대 [대] 【Text=22/Freq1=89】
① (예) 그대 같은 친구를 얻어 기쁘다.
〔Text=17/Freq2=71(79.8%)〕
② (예) 진실로 그대를 사랑합니다.
〔Text=5/Freq2=18(20.2%)〕

≪그대로≫전체빈도합=294(0.0158%)

그대로 [부]★★★ 【Text=126/Freq1=294】
① (예) 이불을 덮어 주면 남편은 그대로 잔다.
〔Text=89/Freq2=153(52%)〕
② (예) 좀 아파도 그대로 가만히 참다.
〔Text=10/Freq2=15(5.1%)〕
③ (예) 잠깐 누웠다가 그대로 잠들다.
〔Text=16/Freq2=22(7.5%)〕
❹ ㉠ (예) 말 그대로 천사의 미소이다.
〔Text=20/Freq2=25(8.5%)〕
㉡ (예) 반바지 차림 그대로 나가다.
〔Text=17/Freq2=20(6.8%)〕
❺ (예) 답변은 전에 말한 그대로이다.
〔Text=39/Freq2=58(19.7%)〕
ⓧ 〔Text=1/Freq2=1(0.3%)〕

≪그동안≫전체빈도합=107(0.0058%)

그동안 [부]★★☆ 【Text=55/Freq1=103(96.3%)】
⓪ (예) 그동안 안녕하셨어요?/김 선생, 그동안 참 수고 많았소.
그동안⁰ [명] 【Text=4/Freq1=4(3.7%)】
❶ (예) 그동안에 뭘 하고 계시겠어요?

≪그들≫전체빈도합=803(0.0432%)

그들 [대] 【Text=115/Freq1=803】
⓪ (예) 주모가 그들을 반갑게 맞다.

≪그때*≫전체빈도합=405(0.0218%)

그때⁰¹ [명] 【Text=69/Freq1=147(36.3%)】
❶ (예) 통일이 될 그때./나중 일은 그때에 가서 걱정하다.

그때⁰² [부]★★☆ 【Text=76/Freq1=258(63.7%)】
❶ (예) 그때 문득 이런 생각이 들다.
〔Text=76/Freq2=257(99.6%)〕
ⓧ 〔Text=1/Freq2=1(0.4%)〕

≪그래≫전체빈도합=527(0.0284%)

그래¹ [부] 【Text=14/Freq1=28(5.3%)】
⓪ (예) 몸이 아팠어요. 그래 결근을 했죠.
그래² [감]★★★ 【Text=129/Freq1=499(94.7%)】
① (예) A:회의에 늦지 마. B:그래.
/A:같이 안 갈래? B:그래, 안 가.
〔Text=117/Freq2=393(78.8%)〕
② (예) 너 잘났다, 그래!/그래, 너 계속 거짓말할태? 〔Text=33/Freq2=50(10%)〕
❸ (예) A:일본어 배우거든요. B:그래?
〔Text=31/Freq2=48(9.6%)〕
❹ (예) 그래·, 다 내가 잘못한 거겠지.
〔Text=2/Freq2=4(0.8%)〕
ⓧ 〔Text=2/Freq2=4(0.8%)〕

≪그래도≫전체빈도합=303(0.0163%)

그래도 [부]★★★ 【Text=115/Freq1=303】
Ⅰ (예) 증거가 있지만, 그래도 사람들이 안 믿다. 〔Text=101/Freq2=247(81.5%)〕
Ⅱ (예) 그래도 이렇게라도 사는 건 다 그분 덕이다. 〔Text=40/Freq2=56(18.5%)〕

≪그래두≫전체빈도합=17(0.0009%)

그래두 [부] 【Text=13/Freq1=17】
Ⅰ (예) 증거가 있지만, 그래두 사람들이 안 믿다. 〔Text=10/Freq2=10(58.8%)〕
Ⅱ (예) 그래두 이렇게라도 사는 건 다 그분 덕이다. 〔Text=6/Freq2=7(41.2%)〕

≪그래서≫전체빈도합=1,368(0.0737%)

그래서 [부]★★★ 【Text=189/Freq1=1,368】
Ⅰ ① (예) 고된 삶에 만족감을 갖기 힘들다. 그래서 우울증에 걸린다.
〔Text=172/Freq2=1,068(78.1%)〕
② (예) 편을 갈라 줄을 서로 잡아당긴다. 그래서 끌려가지 않는 편이 이긴다.
〔Text=55/Freq2=91(6.7%)〕
❸ (예) 놀부는 욕심이 생겼다. 그래서 놀부는 일부러 새끼 제비의 다리를 부러뜨렸다. 〔Text=44/Freq2=164(12%)〕
Ⅱ (예) A:친구를 만났어. B:그래서? A:술 한잔 했지. 〔Text=21/Freq2=32(2.3%)〕
[관]<그래서 그런지>

〔Text=7/Freq2=7(0.5%)〕
ⓧ 〔Text=5/Freq2=6(0.4%)〕

≪그래야≫ 전체빈도합=17(0.0009%)

그래야 㗊 【Text=15/Freq1=17】
① (예) 책을 읽어라. 그래야 생각이 넓어진다.
〔Text=15/Freq2=17(100%)〕
② (예) 옷이 비싸 보이지만 그래야 얼마나 비싸겠어? 〔ⓧ〕

≪그러나≫ 전체빈도합=1,806(0.0973%)

그러나 㗊★★★ 【Text=167/Freq1=1,806】
① (예) 매일 소녀를 기다렸다. 그러나 소녀는 나타나지 않았다.
〔Text=155/Freq2=1,172(64.9%)〕
② (예) 형은 공부를 잘한다. 그러나 동생은 그와는 반대이다.
〔Text=111/Freq2=295(16.3%)〕
③ (예) 몹시 피곤했다. 그러나 더워서 잠을 이룰 수 없다. 〔Text=108/Freq2=339(18.8%)〕

≪그러니≫ 전체빈도합=104(0.0056%)

그러니 㗊☆★☆ 【Text=54/Freq1=104】
① (예) 지금 손님 와 있다. 그러니 얌전히 방에 있어라.

≪그러니까≫ 전체빈도합=293(0.0158%)

그러니까 㗊★★★ 【Text=89/Freq1=293】
① (예) 곧 돈이 좀 생길 겁니다. 그러니까 다음엔 꼭 갚겠습니다.
〔Text=58/Freq2=128(43.7%)〕
② (예) 그해 겨울, 그러니까 처음 만난 때로부터 6개월 뒤였다. 〔Text=38/Freq2=92(31.4%)〕
③ (예) 그러니까 10년 전 어느 여름날…,
〔Text=23/Freq2=35(11.9%)〕
④ (예) 저, 그러니까 제 생각을 말씀드리자면…. 〔Text=24/Freq2=31(10.6%)〕
ⓧ 〔Text=5/Freq2=7(2.4%)〕

≪그러다≫ 전체빈도합=1,441(0.0776%)

그러다¹ 㒁★★☆
【Text=172/Freq1=1,363(94.6%)】
Ⅰ ① (예) 책상에 엎드린 채 한참 그러고 있다./A:일을 시작하자. B:그러자.
〔Text=147/Freq2=635(46.6%)〕
② (예) 그러고 밥 먹으려고? 손을 씻고 먹어야지. 〔Text=79/Freq2=201(14.7%)〕
❸ (예) 친구가 그러는데, 눈이 온대.

〔Text=64/Freq2=315(23.1%)〕
❹ (예) [때릴라/막 나가려고] 그러다.
〔Text=11/Freq2=29(2.1%)〕
❺ (예) 늘 그래 왔듯이, 꾹 참다.
〔Text=7/Freq2=7(0.5%)〕
Ⅱ (예) 밥을 먹었다니까 자꾸 그러네.
〔Text=5/Freq2=7(0.5%)〕
㉮ <그러고 보니>
① 네가 술을 마다하다니. 그러고 보니 많이 변했다. 〔Text=12/Freq2=15(1.1%)〕
② 그러고 보니 오늘 일요일이네.
〔Text=10/Freq2=10(0.7%)〕
㉮ <-고/-아서/-지 그러다>
왜 거짓말하고 그래?/연락해 보지 그러니?
〔Text=56/Freq2=135(9.9%)〕
㉮ <그러고 보면> 〔Text=2/Freq2=2(0.1%)〕
㉮ <그러고 저러고 (간에)>
① 그러고 저러고, 내가 할 말이 있다. 〔ⓧ〕
② 그러고 저러고 할 것 없다. 〔ⓧ〕
㉮ <-ㄹ걸 그러다> 나도 갈걸 그랬다.
〔Text=5/Freq2=7(0.5%)〕

그러다² 㗊 【Text=26/Freq1=38(2.6%)】
① (예) 너, 그러다 다친다.
〔Text=19/Freq2=27(71.1%)〕
② (예) 문을 잠가라. 그러다 도둑맞는다.
〔Text=10/Freq2=11(28.9%)〕

그러다⁰ 㗧 【Text=28/Freq1=40(2.8%)】
❶ (예) 구조 조정은 힘들다. 그러기 때문에 협력이 필요하다.
〔Text=15/Freq2=22(55%)〕
❷ (예) 그러게 말이다.
〔Text=14/Freq2=18(45%)〕

≪그러다가≫ 전체빈도합=100(0.0054%)

그러다가 㗊☆★☆ 【Text=59/Freq1=100】
① (예) 얘, 그러다가 다치겠다.
〔Text=26/Freq2=39(39%)〕
② (예) 아기가 혼자 논다. 그러다가 가끔 엄마를 찾는다. 〔Text=40/Freq2=61(61%)〕

≪그러면≫ 전체빈도합=267(0.0144%)

그러면 㗊★★★ 【Text=108/Freq1=267】
Ⅰ ① (예) 제 말대로 하세요. 그러면 꼭 성공합니다. 〔Text=18/Freq2=23(8.6%)〕
② (예) 서로 소중함을 느끼고, 그러면 더욱 친해진다. 〔Text=45/Freq2=62(23.2%)〕
③ (예) A:제정신이니? B:그러면 내가 미쳤다

그 말이야? 〔Text=67/Freq2=119(44.6%)〕

Ⅱ (예) 정리는 끝났다. 그러면 역할은 어떻게 나눌까? 〔Text=36/Freq2=62(23.2%)〕

[관]<그러면 그렇지> 〔×〕

ⓧ 〔Text=1/Freq2=1(0.4%)〕

≪그러면서≫전체빈도합=64(0.0034%)

그러면서 [부] **【Text=33/Freq1=64】**

⓪ (예) 그가 말문을 열었다. 그러면서 나에게 눈짓을 했다.

≪그러면은≫전체빈도합=18(0.0010%)

그러면은 [부] **【Text=11/Freq1=18】**

Ⅰ ① (예) 제 말대로 하세요. 그러면은 꼭 성공합니다. 〔×〕

② (예) 서로 소중함을 느끼고, 그러면은 더욱 친해진다. 〔Text=3/Freq2=4(22.2%)〕

③ (예) A:제정신이니? B:그러면은 내가 미쳤다 그 말이야? 〔Text=7/Freq2=10(55.6%)〕

Ⅱ (예) 정리는 끝났다. 그러면은 역할은 어떻게 나눌까? 〔Text=2/Freq2=2(11.1%)〕

[관]<그러면은 그렇지> 〔×〕

ⓧ 〔Text=1/Freq2=2(11.1%)〕

≪그러므로≫전체빈도합=179(0.0096%)

그러므로 [부]★★★ **【Text=64/Freq1=179】**

⓪ (예) 죄를 지었다. 그러므로 벌을 받아야 한다.

≪그러자≫전체빈도합=125(0.0067%)

그러자 [부] **【Text=50/Freq1=125】**

① (예) 갑자기 비가 쏟아졌다. 그러자 사람들이 이리저리 뛰었다. 〔Text=13/Freq2=17(13.6%)〕

② (예) 모든 사실을 털어놓았다. 그러자 속이 후련해졌다. 〔Text=46/Freq2=108(86.4%)〕

≪그러하다≫전체빈도합=253(0.0136%)

그러하다 [형]★★★ **【Text=76/Freq1=253】**

Ⅰ ① (예) 마음대로 안 되면 짜증이 난다. 그러한 일이 너무 잦다. 〔Text=49/Freq2=122(48.2%)〕

② (예) 네 결심이 정 그러하다면 어쩔 수 없다. 〔Text=37/Freq2=76(30%)〕

③ (예) 누구나 그러하겠지만 나도 꿈이 있다. 〔Text=7/Freq2=7(2.8%)〕

Ⅱ ① (예) 사람에게 편안함을 주는 그러한 미소. 〔Text=12/Freq2=25(9.9%)〕

② (예) 가난하든 부유하든, 그러한 이유로 차별하면 안 된다. 〔Text=11/Freq2=13(5.1%)〕

③ (예) 장래 희망 그리고 그러한 꿈을 가지게 된 이유를 적다. 〔Text=6/Freq2=9(3.6%)〕

ⓧ 〔Text=1/Freq2=1(0.4%)〕

≪그런≫전체빈도합=1,321(0.0711%)

그런 [관]★★☆ **【Text=140/Freq1=1,321】**

⓪ (예) 정말 그가 그런 일을 했을까? 〔Text=139/Freq2=1,146(87%)〕

❶ (예) 그 말이 이해되지 않기 때문이란, 그런 말이지요. 〔Text=35/Freq2=70(5.3%)〕

❷ (예) 전화한다든가, 편지를 쓴다든가, 그런 노력이 필요하다. 〔Text=19/Freq2=34(2.6%)〕

❸ (예) 참 이상하다, 그런 생각을 하다. 〔Text=11/Freq2=29(2.2%)〕

❹ (예) 음, 그런, 그냥 일상적으로, 그냥 대화하는 것보다…. 〔Text=8/Freq2=31(2.3%)〕

[관]<그런 대로>☞ 그런대로. 〔Text=6/Freq2=7(0.5%)〕

[관]<그런 저런> 〔Text=1/Freq2=1(0.1%)〕

ⓧ 〔Text=3/Freq2=3(0.2%)〕

≪그런대로≫전체빈도합=17(0.0009%)

그런대로 [부] **【Text=14/Freq1=17】**

① (예) 차림은 남루하지만 그런대로 당당해 보이다. 〔Text=13/Freq2=16(94.1%)〕

② (예) 한동안을 그런대로 있다가 갑자기 일어서다. 〔Text=1/Freq2=1(5.9%)〕

≪그런데≫전체빈도합=1,126(0.0606%)

그런데 [부]★★★ **【Text=175/Freq1=1,126】**

Ⅰ ① (예) 새 차를 사고 싶다. 그런데 돈이 모자란다. 〔Text=122/Freq2=322(28.6%)〕

② (예) 장부상으론 돈이 남았다. 그런데 실제로는 돈이 없다. 〔Text=113/Freq2=222(19.7%)〕

③ (예) 요즘 경기가 어렵죠. 그런데 무슨 사업을 하셨는데요? 〔Text=103/Freq2=318(28.2%)〕

④ (예) 그 뒤 아이를 낳았어. 그런데 그

아이가 기형이었지.
〔Text=54/Freq2=115(10.2%)〕
❺ (예) 그런데, 이런 말 묻는 건 그렇지만, 무슨 일 있어요?
〔Text=52/Freq2=100(8.9%)〕
❻ (예) A:저희들도 그건 몰랐어요. B:그런데? A:그랬는데….
〔Text=7/Freq2=9(0.8%)〕
Ⅱ (예) 지금 그런데 왜 그렇게 급해?
〔Text=20/Freq2=38(3.4%)〕
ⓧ 〔Text=2/Freq2=2(0.2%)〕

《그런데도》전체빈도합=21(0.0011%)

그런데도 튀 【Text=17/Freq1=21】
⓪ (예) 모두가 말렸다. 그런데도 그 사람은 떠나 버렸다.

《그럼》전체빈도합=580(0.0312%)

그럼¹ 튀★★☆ 【Text=132/Freq1=516(89%)】
Ⅰ (예) 회답을 주십시오. 그럼. 이만.
〔Text=32/Freq2=39(7.6%)〕
Ⅱ ① (예) 알고 싶어? 그럼 알려주지!
〔Text=110/Freq2=400(77.5%)〕
② (예) 피로는 중요한 증상이다. 그럼 어떨 때 피로가 나타나는가?
〔Text=38/Freq2=60(11.6%)〕
❸ (예) A:월급만 갖다 주곤 끝이지. B:그럼 됐지, 뭘. 〔Text=14/Freq2=17(3.3%)〕

그럼² 갭★★☆ 【Text=42/Freq1=64(11%)】
⓪ (예) A:갈 거야? B:그럼. 가고 말고.
〔Text=42/Freq2=63(98.4%)〕
❶ (예) 그럼은요? 〔Text=1/Freq2=1(1.6%)〕

《그럼요》전체빈도합=25(0.0013%)

그럼요 갭 【Text=13/Freq1=25】
⓪ (예) A: 맛있어요? B: 그럼요. 진짜 맛있어요. 〔Text=12/Freq2=13(52%)〕
❶ (예) A: 잘 될 거예요. B: 그럼요.
〔Text=1/Freq2=5(20%)〕
❷ (예) 돈 없이도 잘, 그럼요, 잘 살았어요.
〔Text=2/Freq2=7(28%)〕

《그렇게》전체빈도합=1,071(0.0577%)

그렇게 튀★★★ 【Text=174/Freq1=1,071】
① (예) 그렇게 [놀라지/키가 크지] 않다.
〔Text=40/Freq2=59(5.5%)〕
② (예) 그가 시키는 대로 그렇게 쓰다.
〔Text=165/Freq2=766(71.5%)〕

③ (예) 일이 그렇게 바쁠 수 없다.
〔Text=105/Freq2=244(22.8%)〕
ⓧ 〔Text=2/Freq2=2(0.2%)〕

《그렇다》전체빈도합=2,324(0.1251%)

그렇다 형★★★ 【Text=195/Freq1=2,324】
Ⅰ ① (예) 식당에 가도 기다려야 하고, 극장에 가도 그렇다.
〔Text=162/Freq2=1,038(44.7%)〕
② (예) 예술이 다 그렇지만 작품은 나중에 평가받는다.
〔Text=95/Freq2=231(9.9%)〕
❸ (예) 실로 따뜻한 웃음이다. 어린 시절에는 그런 웃음을 더러 보았었다. 〔Text=87/Freq2=297(12.8%)〕
❹ (예) 구두나 그런 신발은 발에 잘 맞는 게 좋다. 〔Text=32/Freq2=76(3.3%)〕
❺ (예) 기분도 그렇고, 날씨도 좀 그래서 일을 하고 싶지 않다.
〔Text=26/Freq2=47(2%)〕
Ⅱ (예) 저 여자 예쁘지, 그렇지 않아?
〔Text=17/Freq2=19(0.8%)〕
Ⅲ ① (예) 맛있어도 그렇지, 과식을 해?
〔Text=6/Freq2=6(0.3%)〕
② (예) 만세 소리가 들려왔다. 그래, 우리가 원하는 것은 바로 자유야.
〔Text=33/Freq2=56(2.4%)〕
Ⅳ ① (예) A:회사 가요? B:네, 그래요.
〔Text=54/Freq2=97(4.2%)〕
② (예) A:선생님이 참 좋은 거 같아요. B:그래요. 〔Text=70/Freq2=149(6.4%)〕
③ (예) A:저 곧 결혼해요. B:그래요? 축하해요. 〔Text=62/Freq2=143(6.1%)〕
④ (예) 석이는 잊을 수 없는, 그래요, 결코 잊을 수가 없는 아이예요.
〔Text=12/Freq2=20(0.9%)〕
㉣<-고 그렇다> 옛날 일도 있고 그래서 미안하다. 〔Text=11/Freq2=30(1.3%)〕
㉣<-군/-는데 그렇다> 멋있는데 그래?
〔Text=1/Freq2=1(0%)〕
㉣<그건 그렇고> 〔Text=6/Freq2=7(0.3%)〕
㉣<그럴 듯하다> 〔Text=6/Freq2=9(0.4%)〕
㉣<그렇고 그렇다>
〔Text=7/Freq2=13(0.6%)〕
㉣<그럴다(고) [하더라도/해도/해서]>
〔Text=22/Freq2=25(1.1%)〕

㉠ <그렇다(손) 치다>
　　〔Text=3/Freq2=3(0.1%)〕
㉠ <그렇지 않아도>/<안 그래도>
　　〔Text=28/Freq2=39(1.7%)〕
㉠ <그렇지 않으면>
　　〔Text=2/Freq2=2(0.1%)〕
㉠ <그저 그렇다> 〔Text=6/Freq2=6(0.3%)〕
㉠ <좀 그렇다> 사과하기도 좀 그렇다.
　　〔Text=5/Freq2=9(0.4%)〕
ⓧ 〔Text=1/Freq2=1(0%)〕

≪그렇다고≫전체빈도합=86(0.0046%)

그렇다고 [부] 【Text=56/Freq1=86】
❶ (예) 약속을 지킬 수도, 그렇다고 안 지킬 수도 없다.

≪그렇다면*≫전체빈도합=115(0.0062%)

그렇다면⁰ [부]☆★☆ 【Text=64/Freq1=115】
❶ (예) 그렇다면 우리는 이제 어떻게 하지?

≪그렇지만≫전체빈도합=252(0.0136%)

그렇지만 [부]★★★ 【Text=83/Freq1=252】
① (예) 마음을 잡으려 했다. 그렇지만 쉽지 않았다. 〔Text=59/Freq2=161(63.9%)〕
② (예) 배우지는 못했다. 그렇지만 나도 인간이다. 〔Text=42/Freq2=74(29.4%)〕
③ (예) 일을 마쳐야 해. 그렇지만 무리할 것은 없어. 〔Text=11/Freq2=16(6.3%)〕
ⓧ 〔Text=1/Freq2=1(0.4%)〕

≪그루≫전체빈도합=25(0.0013%)

그루¹ [명] 【Text=1/Freq1=1(4%)】
❶ (예) 병 든 그루를 톱으로 자르다.
그루² [명][의] 【Text=17/Freq1=24(96%)】
❶ (예) 은행나무 10(열) 그루.

≪그룹≫전체빈도합=24(0.0013%)

그룹 [명] 【Text=14/Freq1=24】
① (예) 조사 그룹별로 모이다.
　　〔Text=7/Freq2=11(45.8%)〕
② (예) 록 그룹을 결성하다.
　　〔Text=1/Freq2=1(4.2%)〕
③ (예) [선두/소장 작가] 그룹.
　　〔Text=5/Freq2=7(29.2%)〕
④ (예) 재벌 그룹. 〔Text=2/Freq2=5(20.8%)〕

≪그르다≫전체빈도합=34(0.0018%)

그르다 [형] 【Text=20/Freq1=30(88.2%)】
① (예) 그른 주장./옳든 그르든 간에.
　　〔Text=12/Freq2=19(63.3%)〕
② (예) [승진의/일이] 영 글러 먹다.
　　〔Text=4/Freq2=5(16.7%)〕
③ (예) 소풍 가기엔 애초에 그른 날씨.
　　〔Text=1/Freq2=1(3.3%)〕
❹ (예) 그르기 때문에 정부는 금년도에….
　　〔Text=3/Freq2=5(16.7%)〕
그르다⁰ [동] 【Text=1/Freq1=4(11.8%)】
❶ (예) 그 사람이 아니라 그르던데.

≪그릇≫전체빈도합=111(0.0060%)

그릇¹ [명]★★★ 【Text=52/Freq1=111(100%)】
Ⅰ ① (예) 그릇에 음식을 담다.
　　〔Text=40/Freq2=86(77.5%)〕
② (예) 나라의 큰 그릇이 될 아이.
　　〔Text=2/Freq2=3(2.7%)〕
❸ (예) 육체는 영혼을 담는 그릇이다.
　　〔Text=3/Freq2=3(2.7%)〕
Ⅱ (예) 밥 두 그릇.
　　〔Text=13/Freq2=19(17.1%)〕
㉠ <그릇이 작다> 〔×〕
그릇² [부] 【Text=0/Freq1=0】 ⓧ
❶ (예) 그릇 판단하다. 〔×〕

≪그리≫전체빈도합=134(0.0072%)

그리¹ [부]★★☆ 【Text=60/Freq1=114(85.1%)】
① (예) 사정이 그리 되다.
　　〔Text=23/Freq2=43(34.4%)〕
② (예) 품질이 그리 나쁘지 않다.
　　〔Text=44/Freq2=71(56.8%)〕
그리² [부] 【Text=6/Freq1=10(7.5%)】
❶ (예) 그리 가거라./그리 옮겨 가다.
그리⁰ [대] 【Text=6/Freq1=9(6.7%)】
❶ (예) 곧 그리로 가다.
그리ˣ [?] 【Text=1/Freq1=1(0.7%)】

≪그리고≫전체빈도합=2,098(0.1130%)

그리고 [부]★★★ 【Text=198/Freq1=2,098】
Ⅰ ① (예) 젊은 날, 많은 실패를 했다. 그리고 또 얼마나 헤맸던가?
　　〔Text=186/Freq2=1,196(57%)〕
② (예) 청소 빨리 끝내. 그리고 빨래도 해!
　　〔Text=134/Freq2=560(26.7%)〕
Ⅱ (예) 한강과 낙동강, 그리고 금강.
　　〔Text=122/Freq2=340(16.2%)〕
㉠ <그리고 나서>☞ 그리다⁰.
ⓧ 〔Text=2/Freq2=2(0.1%)〕

≪그리구*≫전체빈도합=60(0.0032%) [47]

그리구⁰ 튄 【Text=18/Freq1=60】
　Ⅰ ❶ (예) 많은 실패를 했다. 그리구 또 얼마나 헤맸던가?
　　　　〔Text=18/Freq2=49(81.7%)〕
　　❷ (예) 청소 빨리 끝내. 그리구 빨래도 해!
　　　　〔Text=4/Freq2=6(10%)〕
　Ⅱ ❶ (예) 한강과 낙동강, 그리구 금강.
　　　　〔Text=3/Freq2=4(6.7%)〕
　　ⓧ 〔Text=1/Freq2=1(1.7%)〕

≪그리다≫전체빈도합=624(0.0336%)
그리다¹ 동★★★
　　　　【Text=112/Freq1=600(96.2%)】
　①㉠ (예) [그림을/지도를/표를] 그리다.
　　　　〔Text=55/Freq2=253(43%)〕
　　㉡ (예) 벽에 [동물을/산을] 그리다.
　　　　〔Text=60/Freq2=213(35.5%)〕
　　㉢ (예) [동그라미를/사각형을] 그리다.
　　　　〔Text=9/Freq2=21(3.5%)〕
　　㉣ (예) 이야기를 그림으로 그리다.
　　　　〔Text=12/Freq2=21(3.5%)〕
　　㉤ (예) 그림에 [사람의 마음을/평화를] 그리다. 〔Text=11/Freq2=34(5.7%)〕
　② (예) 항일 투쟁을 그린 소설.
　　　　〔Text=12/Freq2=22(3.7%)〕
　③ (예) 아이들이 원을 그리며 돌다.
　　　　〔Text=6/Freq2=6(1%)〕
　④ (예) 마음으로 고운 사랑을 그리다.
　　　　〔Text=20/Freq2=27(4.5%)〕
　⑭<지도를 그리다> 요에 지도를 그리다.
　　　　〔Text=1/Freq2=1(0.2%)〕
　ⓧ 〔Text=2/Freq2=2(0.3%)〕

그리다² 동 【Text=3/Freq1=3(0.5%)】
　⓪ (예) 고향을 그리는 마음. /그리던 남편을 만나다.

그리다⁰ 동 【Text=13/Freq1=21(3.4%)】
　❶ (예) 그리구선 어디로 가 버리다.
　　　　〔Text=6/Freq2=10(47.6%)〕
　⑭<그리고 나서>
　　　　〔Text=10/Freq2=11(52.4%)〕

≪그리움≫전체빈도합=29(0.0016%)
그리움 명 【Text=18/Freq1=29】
　⓪ (예) 부모에 대한 그리움을 달래다.

≪그리워하다≫전체빈도합=28(0.0015%)

그리워하다 동 【Text=16/Freq1=28】
　⓪ (예) [고향을/그를] 그리워하다.

≪그리하여≫전체빈도합=103(0.0055%)
그리하여 튄 【Text=50/Freq1=103】
　① (예) 언론가 트인, 그리하여 누구나 제 의견을 말할 수 있는 사회.
　　　　〔Text=21/Freq2=28(27.2%)〕
　② (예) 제품의 질을 높인다. 그리하여 시장 가치를 높이자. 〔Text=17/Freq2=25(24.3%)〕
　③ (예) 둘은 사랑을 했지. 그리하여 행복하게 잘 살았대. 〔Text=28/Freq2=50(48.5%)〕

≪그림≫전체빈도합=982(0.0529%)
그림 명★★★ 【Text=109/Freq1=982】
　① (예) 그림을 [감상하다/그리다].
　　　　〔Text=106/Freq2=964(98.2%)〕
　② (예) 인구 분포를 그림으로 나타내다.
　　　　〔Text=8/Freq2=14(1.4%)〕
　❸ (예) 정계 개편의 그림이 그려지다.
　　　　〔Text=1/Freq2=2(0.2%)〕
　⑭<그림 엽서> 〔×〕
　⑭<그림의 떡> 〔Text=2/Freq2=2(0.2%)〕

≪그림자≫전체빈도합=112(0.0060%)
그림자 명★☆★ 【Text=41/Freq1=112】
　① (예) 나무 그림자가 돌담에 걸리다.
　　　　〔Text=24/Freq2=79(70.5%)〕
　② (예) 거울에 산 그림자가 비치다. 〔×〕
　③ (예) 등 뒤로 사람 그림자를 느끼다.
　　　　〔Text=16/Freq2=20(17.9%)〕
　④ (예) 얼굴에 어두운 그림자가 드리우다.
　　　　〔Text=5/Freq2=8(7.1%)〕
　⑤ (예) [불안의/운명의/죽음의] 그림자.
　　　　〔Text=4/Freq2=4(3.6%)〕
　ⓧ 〔Text=1/Freq2=1(0.9%)〕

≪그립다≫전체빈도합=49(0.0026%)
그립다 형☆★★ 【Text=32/Freq1=49】
　① (예) 그리운 [가족/고향 산천].
　　　　〔Text=30/Freq2=46(93.9%)〕
　② (예) 따뜻한 아랫목이 그리운 계절.
　　　　〔Text=2/Freq2=3(6.1%)〕

≪그만≫전체빈도합=193(0.0104%)
그만 튄★★★ 【Text=92/Freq1=193】

---

47) 『연세 한국어 사전』의 '그리고'의 의미 구분에 따라 기술한다.

① (예) 술 좀 그만 드세요./고집 좀 그만
　부려라.〔Text=27/Freq2=38(19.7%)〕
② (예) 순간 그만 숨이 막히다.
　〔Text=14/Freq2=15(7.8%)〕
③ (예) 설거지하다 그만 접시를 깨다.
　〔Text=31/Freq2=43(22.3%)〕
④ (예) 부도가 나서 회사가 그만 문을 닫다.
　〔Text=23/Freq2=34(17.6%)〕
❺ (예) 밖이 추워. 그만 들어가./늦겠다, 이제
　그만 돌아가자.〔Text=16/Freq2=29(15%)〕
❻ (예) 행군을 멈추다, 그만!/제발 그만!
　〔Text=7/Freq2=12(6.2%)〕
㉩ <만 두다> ☞ 그만두다.
　〔Text=7/Freq2=8(4.1%)〕
㉩ <그만이다> 맛이 그만이다.
　〔Text=14/Freq2=14(7.3%)〕

≪그만두다≫전체빈도합=61(0.0033%)
　그만두다 동★★★　【Text=40/Freq1=61】
　⓪ (예) [일을/학교를/한 마디 하려다가/회사를]
　그만두다.

≪그만큼≫전체빈도합=75(0.0040%)
　그만큼 부　【Text=46/Freq1=75】
　⓪ (예) 스스로에 대해 생각을 하면 그만큼
　자신을 잘 알 수 있다.

≪그만하다≫전체빈도합=35(0.0019%)
　그만하다¹ 동　【Text=14/Freq1=15(42.9%)】
　⓪ (예) 말도 안 되는 소리 그만하세요.
　〔Text=13/Freq2=14(93.3%)〕
　ⓧ 〔Text=1/Freq2=1(6.7%)〕
　그만하다² 형　【Text=17/Freq1=20(57.1%)】
　① (예) 그만하면 공부를 잘하는 편이다.
　〔Text=9/Freq2=9(45%)〕
　② (예) 그만하던 마음을 부추기다.〔ⓧ〕
　③ (예) 거기에는 그만한 사정이 있다.
　〔Text=9/Freq2=11(55%)〕

≪그물≫전체빈도합=17(0.0009%)
　그물 명☆☆★　【Text=12/Freq1=17】
　① (예) 그물로 [고기를/노루를] 잡다.
　〔Text=9/Freq2=13(76.5%)〕
　② (예) 음모들의 그물에 걸리다.
　〔Text=1/Freq2=1(5.9%)〕
　ⓧ 〔Text=3/Freq2=3(17.6%)〕

≪그분≫전체빈도합=97(0.0052%)
　그분 대★★☆　【Text=35/Freq1=97】
① (예) 그분만 보면 얼굴이 밝아진다.
　〔Text=33/Freq2=95(97.9%)〕
② (예) 거기 계신 그분에게 여쭤 보세요.
　〔Text=2/Freq2=2(2.1%)〕

≪그야말로≫전체빈도합=35(0.0019%)
　그야말로 부　【Text=26/Freq1=35】
　⓪ (예) 아이를 그야말로 금지옥엽처럼 기르다.

≪그이≫전체빈도합=31(0.0017%)
　그이 대　【Text=14/Freq1=31】
　① (예) 친하게 지내던 그이의 형이 근처에 살다.
　〔Text=5/Freq2=10(32.3%)〕
　② (예) 거기서 그이한테 청혼을 받았다.
　〔Text=12/Freq2=21(67.7%)〕

≪그저≫전체빈도합=159(0.0086%)
　그저 부★★☆　【Text=73/Freq1=159】
　① (예) 그저 [가만히/보고만 앉아] 있다.
　〔Text=12/Freq2=12(7.5%)〕
　② (예) 대답은 않고 그저 웃기만 하다.
　〔Text=24/Freq2=30(18.9%)〕
　③ (예) 그저 해야 할 일을 하다.
　〔Text=12/Freq2=17(10.7%)〕
　④ (예) 기력이 다해서 그저 며칠 죽은 듯
　앓다.〔Text=27/Freq2=34(21.4%)〕
　⑤ (예) 그저 살려만 주시면 뭐든 다
　하겠습니다.〔Text=22/Freq2=31(19.5%)〕
　⑥ (예) 방학이라고 그저 놀기만 하다.
　〔Text=15/Freq2=21(13.2%)〕
　⑦ (예) 내 그저 그렇게 될 줄 알았다.
　〔Text=3/Freq2=3(1.9%)〕
　㉩ <그저 그렇다> 그저 그런 직업.
　〔Text=6/Freq2=8(5%)〕
　ⓧ 〔Text=2/Freq2=3(1.9%)〕

≪그저께≫전체빈도합=16(0.0009%)
　그저께 명☆★★　【Text=13/Freq1=16】
　⓪ (예) 그저께부터 일을 하다.
　〔Text=7/Freq2=8(50%)〕
　❶ (예) 그저께 미국으로 출발했다.
　〔Text=8/Freq2=8(50%)〕

≪그제서야≫전체빈도합=38(0.0020%)
　그제서야 부　【Text=27/Freq1=38】
　⓪ (예) 설명을 듣고 그제서야 이해하다.

≪그제야≫전체빈도합=15(0.0008%)
　그제야 부　【Text=11/Freq1=15】

⓪ (예) 신분증을 보여 주자 그제야 문을 열어
　　　주다.
≪그쪽≫ 전체빈도합=41(0.0022%)
　그쪽 [대]☆★☆　【Text=24/Freq1=41】
　　⓪ (예) 그쪽에서는 네가 마음에 든대.
　　　〔Text=7/Freq2=9(22%)〕
　　❶ (예) 그쪽 사정은 들어서 잘 알고 있다.
　　　/그쪽 일은 어떻게 됐습니까?
　　　〔Text=16/Freq2=28(68.3%)〕
　　❷ (예) [그쪽에/그쪽으로] 앉아라.
　　　〔Text=3/Freq2=3(7.3%)〕
　　❸ (예) 잘못한 건 내가 아니라 그쪽이죠!
　　　〔Text=1/Freq2=1(2.4%)〕
≪그치≫ 전체빈도합=23(0.0012%)
　그치 [대]　【Text=1/Freq1=1(4.3%)】
　　⓪ (예) 그치가 나를 속이다.
　그치⁰ [감]　【Text=10/Freq1=22(95.7%)】
　　❶ (예) 잘 됐다, 그치?
　　　〔Text=10/Freq2=16(72.7%)〕
　　❷ (예) 그치, 잘 했어./그치, 바로 그거야.
　　　〔Text=2/Freq2=6(27.3%)〕
≪그치다≫ 전체빈도합=87(0.0047%)
　그치다 [동]★★★　【Text=52/Freq1=87】
　　Ⅰ (예) [비가/시위가/웃음이] 그치다.
　　　〔Text=28/Freq2=42(48.3%)〕
　　Ⅱ (예) [말다툼을/말을/울음을] 그치다.
　　　〔Text=13/Freq2=19(21.8%)〕
　　Ⅲ (예) 계획이 구상에 그치다.
　　　〔Text=16/Freq2=26(29.9%)〕
≪그토록≫ 전체빈도합=47(0.0025%)
　그토록 [부]　【Text=28/Freq1=47】
　　⓪ (예) 그토록 아름다운 나날들을 잊을 수
　　　없다./왜 그토록 화가 났을까?
≪극단적≫ 전체빈도합=33(0.0018%)
　극단적¹ [명]　【Text=17/Freq1=31(93.9%)】
　　⓪ (예) 극단적(極端的)으로 해석하다.
　　　/극단적인 생각.
　극단적² [관]　【Text=1/Freq1=2(6.1%)】
　　⓪ (예) 극단적(極端的) 행동.
≪극복하다≫ 전체빈도합=58(0.0031%)
　극복하다 [동]　【Text=34/Freq1=58】

　　⓪ (예) [슬픔을/어려움을] 극복(克服)하다.
≪극장≫ 전체빈도합=70(0.0038%)
　극장 [명]★★★　【Text=31/Freq1=70】
　　⓪ (예) 극장(劇場)에서 [연극을/영화를] 보다.
≪극히≫ 전체빈도합=20(0.0011%)
　극히 [부]　【Text=13/Freq1=20】
　　① (예) 극(極)히 [단순하다/드물다]./극히 사적인
　　　일.　〔Text=10/Freq2=15(75%)〕
　　② (예) 극히 소수에 불과하다./극히 제한적으로
　　　소개하다.　〔Text=4/Freq2=5(25%)〕
≪근거≫ 전체빈도합=167(0.0090%)
　근거 [명]★☆☆　【Text=33/Freq1=167】
　　① (예) 미래를 결정하는 근거(根據)는
　　　현재이다.　〔Text=7/Freq2=14(8.4%)〕
　　② (예) 주장에 상당한 근거가 있다.
　　　〔Text=28/Freq2=151(90.4%)〕
　　③ (예) 집은 나의 침식의 근거이다.
　　　〔Text=1/Freq2=2(1.2%)〕
≪근까♣≫ 전체빈도합=33(0.0018%)
　근까⁰ [부]　【Text=10/Freq1=33】 48)
　　❶ (예) 곧 돈이 좀 생길 거야. 근까 다음엔 꼭
　　　갚을게.　〔Text=5/Freq2=10(30.3%)〕
　　❷ (예) 그해 겨울, 근까 처음 만난 때로부터
　　　6개월 뒤였어.　〔Text=6/Freq2=8(24.2%)〕
　　❸ (예) 근까 10년 전 어느 여름날…,
　　　〔Text=2/Freq2=2(6.1%)〕
　　❹ (예) 음, 근까 내 생각을 말하자면…
　　　〔Text=5/Freq2=8(24.2%)〕
　　❺ (예) 어떤, 근까(=말하자면) 소비 시장
　　　같은…　〔Text=1/Freq2=2(6.1%)〕
　　❻ (예) A:아, 그래서 그런 거야? B: 응,
　　　근까(=그렇다니까)….
　　　〔Text=1/Freq2=1(3%)〕
　　ⓧ 〔Text=2/Freq2=2(6.1%)〕
≪근대≫ 전체빈도합=37(0.0020%)
　근대¹ [명]　【Text=0/Freq1=0】 ⓧ
　　⓪ (예) 근대로 국을 끓이다. 〔×〕
　근대² [명]　【Text=16/Freq1=37(100%)】
　　⓪ (예) 근대(近代)에 접어들다.
　　　〔Text=14/Freq2=33(89.2%)〕
　　관 <근대 국가>　〔Text=1/Freq2=1(2.7%)〕

---

48) '근까'의 뜻풀이 ❶~❹는 『연세 한국어 사전』의 '그러니까'의 의미 구분에 따라 기술한다.

[관]<근대 문학> 〔Text=3/Freq2=3(8.1%)〕
[관]<근대 사회> 〔×〕

≪**근대화**≫전체빈도합=41(0.0022%)

근대화 [명] 【Text=14/Freq1=41】
⓪ (예) 기계 설비의 근대화(近代化).

≪**근데**≫전체빈도합=494(0.0266%)

근데 [부] 【Text=36/Freq1=494】[49]
Ⅰ ① (예) 새 차를 사고 싶다. 근데 돈이 모자란다. 〔Text=15/Freq2=51(10.3%)〕
② (예) 장부상으론 돈이 남았다. 근데 실제로는 돈이 없다. 〔Text=31/Freq2=131(26.5%)〕
③ (예) 요즘 경기가 좀 어렵죠. 근데 무슨 사업을 하셨는데요? 〔Text=24/Freq2=82(16.6%)〕
④ (예) 그 뒤 아이를 낳았어. 근데 그 아들이 기형이었지. 〔Text=11/Freq2=34(6.9%)〕
❺ (예) 근데, 이런 말 묻는 건 그렇지만, 무슨 일 있어요? 〔Text=18/Freq2=66(13.4%)〕
❻ (예) A:저희들도 그건 몰랐어요. B:근데? A:그랬는데…. 〔Text=1/Freq2=1(0.2%)〕
Ⅱ (예) 지금 근데, 왜 그렇게 급해? 〔Text=21/Freq2=120(24.3%)〕
[x] 〔Text=7/Freq2=9(1.8%)〕

≪**근래**≫전체빈도합=22(0.0012%)

근래 [명] 【Text=17/Freq1=22】
Ⅰ (예) 근래(近來)에 처음 있는 일이다. 〔Text=10/Freq2=11(50%)〕
Ⅱ (예) 근래 남극에 기지를 세우다. 〔Text=10/Freq2=11(50%)〕

≪**근무**≫전체빈도합=22(0.0012%)

근무 [명]☆★☆ 【Text=14/Freq1=22】
⓪ (예) 주5일 근무(勤務)를 하다.

≪**근무하다**≫전체빈도합=38(0.0020%)

근무하다 [동] 【Text=21/Freq1=38】
⓪ (예) 병원에서 근무(勤務)하다.

≪**근본**≫전체빈도합=26(0.0014%)

근본 [명]★☆☆ 【Text=20/Freq1=26】
① (예) 부부 생활은 신뢰를 근본(根本)으로 하다. 〔Text=20/Freq2=26(100%)〕
② (예) 근본이 좋은 사람을 신랑으로 고르다. 〔×〕

≪**근본적**≫전체 빈도합=44(0.0024%)

근본적[1] [명] 【Text=26/Freq1=43(97.7%)】
⓪ (예) 남녀는 근본적(根本的)으로 다르다.
근본적[2] [관] 【Text=1/Freq1=1(2.3%)】
⓪ (예) 작품에서 삶의 근본적(根本的) 문제를 다루다.

≪**근사하다**≫전체빈도합=21(0.0011%)

근사하다[1] [형] 【Text=0/Freq1=0】 [x]
⓪ (예) 예측에 근사(近似)한 결과가 나오다. 〔×〕
근사하다[2] [형] 【Text=18/Freq1=21(100%)】
⓪ (예) 근사(近似)한 [선물/여행]을 하다.

≪**근원**≫전체빈도합=30(0.0016%)

근원 [명]★☆☆ 【Text=13/Freq1=30】
① (예) 이 샘의 근원(根源)은 어디일까? 〔Text=1/Freq2=1(3.3%)〕
② (예) 가정은 행복의 근원이다. 〔Text=12/Freq2=29(96.7%)〕

≪**근육**≫전체빈도합=15(0.0008%)

근육 [명] 【Text=10/Freq1=15】
⓪ (예) 스트레칭으로 근육(筋肉)을 풀다.

≪**근처**≫전체빈도합=130(0.0070%)

근처 [명]★★★ 【Text=65/Freq1=130】
⓪ (예) 역 근처(近處)에 살다.

≪**글**≫전체빈도합=1,248(0.0672%)

글 [명]★★★ 【Text=112/Freq1=1,247(99.9%)】
① (예) 글을 [쓰다/읽다/짓다]. 〔Text=104/Freq2=1,159(92.9%)〕
② (예) 글을 가르쳐 주다. 〔Text=28/Freq2=81(6.5%)〕
③ (예) 글을 제법 알다. 〔Text=4/Freq2=6(0.5%)〕
[x] 〔Text=1/Freq2=1(0.1%)〕
글[0] [대] 【Text=1/Freq1=1(0.1%)】
⓿ (예) 내가 글로(=그리로) 갈게.

≪**글쎄**≫전체빈도합=241(0.0130%)

---

49) 『연세 한국어 사전』에서는 '근데'가 단일 의미로 기술되어 있는데, 여기서는 '그런데'의 의미 기술에 따라 상세히 기술한다.

글쎄 갑★★☆　【Text=77/Freq1=241】
　① (예) 글쎄 무슨 마땅한 방법이 없네.
　　/글쎄, 오늘은 뭘로 할까?
　　〔Text=19/Freq2=32(13.3%)〕
　② (예) A:왜 그렇게 화가 났어요?
　　B:아, 글쎄 애가 거짓말을 하잖아.
　　〔Text=30/Freq2=45(18.7%)〕
　❸ (예) A:영수 집에 있어요? B:글쎄다, 어디 간
　　것 같구나. 〔Text=52/Freq2=112(46.5%)〕
　❹ (예) 내가, 글쎄, 보니까, 글쎄.
　　〔Text=11/Freq2=27(11.2%)〕
　관<글쎄 말이다>
　　A:참 살기 힘드네. B:글쎄 말예요.
　　〔Text=17/Freq2=25(10.4%)〕
　관<글쎄다>〔×〕
　관<글쎄요>〔×〕
≪글씨≫전체빈도합=111(0.0060%)
　글씨 명★★★　【Text=40/Freq1=111】
　① (예) 손으로 글씨를 잘 쓰다.
　　〔Text=17/Freq2=23(20.7%)〕
　② (예) 그림과 글씨에 뛰어나다.
　　〔Text=5/Freq2=7(6.3%)〕
　③ (예) 잘못 쓴 글씨를 고쳐 쓰다.
　　〔Text=29/Freq2=81(73%)〕
≪글자≫전체빈도합=168(0.0090%)
　글자 명★★★　【Text=55/Freq1=168】
　① (예) 신문 기사의 글자(-字)를 읽고 또
　　읽다. 〔Text=51/Freq2=161(95.8%)〕
　② (예) 글자 몇 자라도 적어 두다.
　　〔Text=6/Freq2=7(4.2%)〕
≪긁다≫전체빈도합=31(0.0017%)
　긁다 동☆☆★　【Text=23/Freq1=31】
　① (예) 미안하다는 듯 뒤통수를 긁다.
　　〔Text=11/Freq2=11(35.5%)〕
　② (예) 솥의 누룽지를 긁다.
　　〔Text=3/Freq2=3(9.7%)〕
　③ (예) 낙엽을 갈퀴로 긁어서 모으다.
　　〔Text=2/Freq2=2(6.5%)〕
　④ (예) 있는 돈 깡그리 긁어서 주다.
　　〔Text=1/Freq2=3(9.7%)〕
　⑤ (예) 사람의 속을 아프게 긁다.
　　〔Text=3/Freq2=3(9.7%)〕

관<긁어 부스럼>〔×〕
관<바가지를 긁다>
　　〔Text=4/Freq2=6(19.4%)〕
　ⓧ 〔Text=1/Freq2=3(9.7%)〕
≪금≫전체빈도합=44(0.0024%) [50]
　금^1 명　【Text=6/Freq1=6(13.6%)】
　① (예) 바지에 금이 생기다. 〔×〕
　② (예) 연필로 종이에 금을 긋다.
　　〔Text=1/Freq2=1(16.7%)〕
　③ (예) 두 집단 사이에 금이 그어지다. 〔×〕
　관<금이 가다>
　　① (예) [벽에/뼈에] 금이 가다.
　　　〔Text=3/Freq2=3(50%)〕
　　② (예) 이웃 사이에 금이 가다.
　　　〔Text=2/Freq2=2(33.3%)〕
　금^2 명　【Text=0/Freq1=0】 ⓧ
　⓪ (예) 사과 한 상자를 2만 원에 금을
　　매기다. 〔×〕
　금^3 명★★★　【Text=12/Freq1=30(68.2%)】
　① (예) 앞니를 금(金)으로 씌우다.
　　〔Text=12/Freq2=30(100%)〕
　② (예) 마라톤에서 금을 따다. 〔×〕
　관<금이야 옥이야>〔×〕
　금^4 명　【Text=3/Freq1=4(9.1%)】
　⓪ (예) 목, 금(金) 드라마.
　　/월, 수, 금에는 수업이 없다.
　금^0 명　【Text=2/Freq1=2(4.5%)】
　❶ (예) 금(=그림), 그게 얼마야?
　금^x ?　【Text=1/Freq1=2(4.5%)】
≪금년≫전체빈도합=19(0.0010%)
　금년 명☆☆★　【Text=10/Freq1=19】
　⓪ (예) 금년(今年)엔 방학을 앞당기다.
　　〔Text=10/Freq2=18(94.7%)〕
　❶ (예) 금년은 미국에 가지 않다.
　　〔Text=1/Freq2=1(5.3%)〕
≪금방≫전체빈도합=132(0.0071%)
　금방^1 명　【Text=0/Freq1=0】 ⓧ
　⓪ (예) 금방(金房)에서 보석을 사다. 〔×〕
　금방^2 부★★★　【Text=82/Freq1=132(100%)】
　① (예) 금방(今方) 돌아오겠다.
　　/개가 금방이라도 덤벼들 것 같다.
　　〔Text=27/Freq2=31(23.5%)〕

---

50) 『연세 한국어 사전』의 '금^5'(예:금세기), '금^6'(예:계약금), '금^7'(예:18금)은 말뭉치의 분석에 적용하지 않았으므로 제외한다.

② (예) 저도 금방 왔어요.
　　〔Text=12/Freq2=15(11.4%)〕
③ (예) 빗방울이 듣더니 금방 연이어서
　　소나기가 쏟아지다.
　　〔Text=6/Freq2=8(6.1%)〕
④ (예) 버스에서 내리니까 금방 간판이
　　보이다. 〔Text=52/Freq2=75(56.8%)〕
❺ (예) 금방까지도 여기 있었다./버스 타면
　　금방이다. 〔Text=2/Freq2=3(2.3%)〕

《금세》전체빈도합=29(0.0016%)
금세[1] 명　【Text=0/Freq1=0】 ⓧ
　⓪ (예) 금세(今世)에 못 이룬 사랑, 내세에
　　이루다. 〔×〕
금세[2] 부　【Text=19/Freq1=29(100%)】
　⓪ (예) 택시가 금세 호텔에 도착하다.

《금속》전체빈도합=14(0.0008%)
금속 명 ☆☆★　【Text=10/Freq1=14】
　⓪ (예) 금속(金屬) [공예품/활자].

《금액》전체빈도합=18(0.0010%)
금액 명　【Text=13/Freq1=18】
　⓪ (예) 통장의 금액(金額)./막대한 금액.

《금요일》전체빈도합=18(0.0010%)
금요일 명 ☆★★　【Text=11/Freq1=18】
　⓪ (예) 금요일(金曜日)에 만나다.

《금지》전체빈도합=16(0.0009%)
금지 명　【Text=10/Freq1=16】
　⓪ (예) [주차/출입/통행] 금지(禁止).

《급하다》전체빈도합=76(0.0041%)
급하다 형 ★★★　【Text=52/Freq1=76】
　Ⅰ ① (예) 급(急)한 [심부름/일].
　　　〔Text=24/Freq2=35(46.1%)〕
　　② (예) 급한 걸음을 재촉하다.
　　　〔Text=10/Freq2=11(14.5%)〕
　　③ (예) 마음이 급하다.
　　　〔Text=18/Freq2=21(27.6%)〕
　　④ (예) 경사가 급하다.
　　　〔Text=1/Freq2=1(1.3%)〕
　Ⅱ (예) 용변이 급하다.

　　〔Text=7/Freq2=8(10.5%)〕
《급히》전체빈도합=73(0.0039%)
급히 부 ★★☆　【Text=45/Freq1=73】
　① (예) 급(急)히 집으로 돌아가다.
　　　〔Text=45/Freq2=73(100%)〕
　② (예) 물이 급히 불어 나다. 〔×〕
　③ (예) 길이 왼쪽으로 급히 꺾이다. 〔×〕

《긋다》전체빈도합=40(0.0022%)
긋다[1] 동 ★☆☆　【Text=29/Freq1=38(95%)】
　① (예) 펜으로 종이에 줄을 긋다.
　　　〔Text=19/Freq2=24(63.2%)〕
　② (예) 비수가 등골을 긋는 느낌. 〔×〕
　③ (예) 담배를 물고 성냥을 긋다.
　　　〔Text=6/Freq2=7(18.4%)〕
　④ (예) 일에 대해 [경계를/선을] 긋다.
　　　〔Text=4/Freq2=4(10.5%)〕
　⑤ (예) [우거지상/인상을] 북북 긋다. 〔×〕
　⑥ (예) 외상으로 긋다. 〔×〕
　관 <획을 긋다> 역사에 큰 획을 긋다.
　　　〔Text=2/Freq2=2(5.3%)〕
　ⓧ 〔Text=1/Freq2=1(2.6%)〕
긋다[2] 동　【Text=1/Freq1=2(5%)】
　⓪ (예) 추녀 끝에서 비를 긋다.

《긍정적》전체빈도합=18(0.0010%)
긍정적[1] 명　【Text=14/Freq1=16(88.9%)】
　① (예) 계획이 긍정적(肯定的)인 평가를 받다.
　　　〔Text=9/Freq2=11(68.8%)〕
　② (예) 매사에 긍정적으로 살다.
　　　〔Text=5/Freq2=5(31.3%)〕
긍정적[2] 관　【Text=1/Freq1=2(11.1%)】
　① (예) 현실에서 긍정적(肯定的) 요소를 찾다.
　　　〔×〕
　② (예) 신화에 대해 긍정적 견해를 갖다.
　　　〔Text=1/Freq2=2(100%)〕

《긍지》전체빈도합=23(0.0012%)
긍지 명　【Text=18/Freq1=23】
　⓪ (예) 직업게 긍지(矜持)를 가지다.

《기》전체빈도합=88(0.0047%) [51]
기[1] 명 ★★★　【Text=43/Freq1=67(76.1%)】

---

[51] 『연세 한국어 사전』의 '-가[9]'(예:긴십만 원), '-가[10]'(예:넘기다), '-가[11]'(예:달리기, 굶기), '-기[12]'(예:사춘기), '-기[13]'(예:빙하기), '-기[14]'(예:장난기, 기름기), '-기[15]'(예:세탁기, 전투기), '-기[16]'(예:주사기, 세면기, 호흡기), '-기[17]'(예:쥐라기), '-기[18]'(예:탐험기)는 말뭉치의 분석에 적용하지 않았으므로 제외한다.

① (예) 기(氣)가 잘 통해야 몸이 건강하다.
　　〔Text=4/Freq2=4(6%)〕
② (예) 천지에서 상서로운 기를 느끼다.
　　〔Text=2/Freq2=3(4.5%)〕
관<기가 꺾이다> 〔Text=1/Freq2=1(1.5%)〕
관<기가 막히다>
　① (예) 억울하고 기가 막히다.
　　〔Text=14/Freq2=26(38.8%)〕
　② (예) 기가 막히게 맛이 좋다.
　　〔Text=6/Freq2=6(9%)〕
관<기(가) 살다> 칭찬에 기가 살다.
　　〔Text=1/Freq2=1(1.5%)〕
관<기(가) 죽다> 기죽지 않고 꿋꿋하다.
　　〔Text=7/Freq2=7(10.4%)〕
관<기가 질리다> 거짓말에 기가 질리다.
　　〔Text=3/Freq2=3(4.5%)〕
관<기(가) 차다> 기가 찬지 말이 없다.
　　〔Text=2/Freq2=2(3%)〕
관<기를 꺾다> 〔Text=3/Freq2=3(4.5%)〕
관<기(를) 쓰고 ~> 기를 쓰고 덤비다.
　　〔Text=6/Freq2=8(11.9%)〕
관<기를 죽이다> 〔×〕
관<기(를) 펴다> 기를 펴고 살다.
　　〔Text=2/Freq2=3(4.5%)〕
기² 명　【Text=0/Freq1=0】 ⓧ
　⓪ (예) 정상에 기(旗)를 꽂다. 〔×〕
기³ 명　【Text=0/Freq1=0】 ⓧ
　⓪ (예) 기승전결(起). 〔×〕
기⁴ 명　【Text=0/Freq1=0】 ⓧ
　⓪ (예) 십간의 무 다음은 기(己)이다. 〔×〕
기⁵ 명　【Text=0/Freq1=0】 ⓧ
　⓪ (예) 수산과 황산 기(基). 〔×〕
기⁶ 명의　【Text=3/Freq1=6(6.8%)】
　Ⅰ (예) 제12기(期) 졸업생.
　　〔Text=3/Freq2=3(50%)〕
　Ⅱ (예) 나이는 다르지만 입사한 기는 같다.
　　〔Text=1/Freq2=3(50%)〕
기⁷ 명의　【Text=1/Freq1=1(1.1%)】
　⓪ (예) 비석 1기(基)./미사일 3기.
기⁰ 대　【Text=1/Freq1=1(1.1%)】
　❶ (예) 님 그리워하는 마음 긴가 하노라.
기ˣ ?　【Text=13/Freq1=13(14.7%)】
≪기간≫전체빈도합=77(0.0041%)
기간¹ 명★★☆　【Text=49/Freq1=76(98.7%)】
　⓪ (예) 대회 기간(期間).

기간² 명　【Text=1/Freq1=1(1.3%)】
　⓪ (예) 산업의 기간(基幹)인 기계 공업.
　　〔Text=1/Freq2=1(100%)〕
관<기간 산업> 〔×〕
≪기계≫전체빈도합=147(0.0079%)
기계¹ 명★★★　【Text=56/Freq1=147(100%)】
　⓪ (예) 공장의 기계(機械)가 돌아가다.
　　〔Text=53/Freq2=144(98%)〕
　❶ (예) 내가 돈 버는 기계야?
　　〔Text=3/Freq2=3(2%)〕
관<기계 문명> 〔×〕
기계² 명　【Text=0/Freq1=0】 ⓧ
　⓪ (예) 이발 기계(器械)로 머리를 밀다. 〔×〕
≪기관≫전체빈도합=91(0.0049%)
기관¹ 명★☆☆　【Text=28/Freq1=78(85.7%)】
　① (예) 배의 기관(機關)이 돌아가다. 〔×〕
　② (예) [공공/교육/금융/행정] 기관.
　　〔Text=28/Freq2=77(98.7%)〕
　❸ (예) 계산 기관. 〔Text=1/Freq2=1(1.3%)〕
기관² 명　【Text=6/Freq1=13(14.3%)】
　⓪ (예) 인체의 [감각/내장/생식] 기관(器官).
기관³ 명　【Text=0/Freq1=0】 ⓧ
　⓪ (예) 목에서 허파로 이어지는 기관(氣管).
　〔×〕
≪기구≫전체빈도합=57(0.0031%)
기구¹ 명★☆☆　【Text=25/Freq1=41(71.9%)】
　① (예) [전기/주방] 기구(器具).
　　〔Text=4/Freq2=4(9.8%)〕
　② (예) [관측/놀이/실험/운동] 기구.
　　〔Text=21/Freq2=37(90.2%)〕
기구² 명　【Text=9/Freq1=14(24.6%)】
　⓪ (예) [비영리/심의] 기구(機構).
기구³ 명　【Text=0/Freq1=0】 ⓧ
　⓪ (예) 신에게 기구(祈求)를 하다. 〔×〕
기구⁴ 명　【Text=1/Freq1=1(1.8%)】
　① (예) 하늘에 둥근 기구(氣球)를 띄우다. 〔×〕
　② (예) 기구를 타고 바다를 횡단하다.
　　〔Text=1/Freq2=1(100%)〕
기구ˣ ?　【Text=1/Freq1=1(1.8%)】
≪기념≫전체빈도합=26(0.0014%)
기념 명　【Text=17/Freq1=26】
　⓪ (예) 입학 기념(記念) 선물.
　　〔Text=16/Freq2=23(88.5%)〕
관<기념 사진> 〔Text=3/Freq2=3(11.5%)〕

≪**기능**≫전체빈도합=92(0.0050%)

기능¹ 몡 ★☆☆　【Text=26/Freq1=72(78.3%)】
　① (예) 심장의 기능(機能)이 약화되다.

기능² 몡　【Text=9/Freq1=20(21.7%)】
　① (예) 운전면허 기능(技能) 시험.

≪**기다**≫전체빈도합=21(0.0011%)

기다 동 ☆☆★　【Text=14/Freq1=21】
　① (예) 땅바닥을 기다./기어서 가다.
　　　〔Text=12/Freq2=19(90.5%)〕
　② (예) 도로에서 차들이 엉금엉금 기다.〔×〕
　③ (예) 할아버지 앞에서 벌벌 기다.
　　　〔Text=2/Freq2=2(9.5%)〕

≪**기다리다**≫전체빈도합=522(0.0281%)

기다리다 동 ★★★　【Text=148/Freq1=522】
　① (예) [설날을/친구를] 기다리다.
　　　〔Text=129/Freq2=356(68.2%)〕
　② (예) 곧 갚을 테니 하루만 더 기다려
　　　주세요. 〔Text=71/Freq2=165(31.6%)〕
　ⓧ 〔Text=1/Freq2=1(0.2%)〕

≪**기대**≫전체빈도합=76(0.0041%)

기대 몡 ★☆☆　【Text=50/Freq1=76】
　① (예) 기대(期待)가 크다.

≪**기대다**≫전체빈도합=46(0.0025%)

기대다 동　【Text=31/Freq1=46】
　① (예) [나무에/소파에] 몸을 기대다.
　　　〔Text=25/Freq2=40(87%)〕
　② (예) 기타를 의자에 기대어 세워 놓다.
　　　〔Text=1/Freq2=1(2.2%)〕
　③ (예) 딸에게 기대어 살다.
　　　〔Text=5/Freq2=5(10.9%)〕

≪**기대하다**≫전체빈도합=66(0.0036%)

기대하다 동 ★★☆　【Text=46/Freq1=66】
　① (예) [선물을/칭찬을/희소식이 올 거라고]
　　　기대(期待)하다.

≪**기도**≫전체빈도합=33(0.0018%)

기도¹ 몡 ☆☆★　【Text=20/Freq1=31(93.9%)】
　① (예) [부처님께/하느님께] 기도(祈禱)를
　　　[드리다/하다].

기도² 몡　【Text=2/Freq1=2(6.1%)】
　① (예) 적의 기도(企圖)가 발각되다.

기도³ 몡　【Text=0/Freq1=0】 ⓧ
　① (예) 기도(氣道)가 막혀 목소리가 안 나다.

〔×〕

기도⁴ 몡　【Text=0/Freq1=0】 ⓧ
　① (예) 캬바레 입구에 기도들이 서 있다.〔×〕
　㉠ <기도를 보다>〔×〕

≪**기도하다**≫전체빈도합=25(0.0013%)

기도하다¹ 동　【Text=11/Freq1=15(60%)】
　① (예) 조국이 해방되기를 신에게
　　　기도(祈禱)하다.

기도하다² 동　【Text=6/Freq1=10(40%)】
　① (예) [자살을/탈출을] 기도(企圖)하다.

≪**기둥**≫전체빈도합=35(0.0019%)

기둥 몡 ☆☆★　【Text=25/Freq1=35】
　① (예) 건물 기둥. 〔Text=16/Freq2=22(62.9%)〕
　② (예) 밧줄을 기둥에 감다.
　　　〔Text=3/Freq2=3(8.6%)〕
　③ (예) [정신적/집안의] 기둥.
　　　〔Text=5/Freq2=7(20%)〕
　ⓧ 〔Text=2/Freq2=3(8.6%)〕

≪**기록**≫전체빈도합=53(0.0029%)

기록 몡 ★☆☆　【Text=31/Freq1=53】
　① (예) [역사/회의] 기록(記錄).
　　　〔Text=28/Freq2=49(92.5%)〕
　② (예) 올림픽에서 좋은 기록을 세우다.
　　　〔Text=4/Freq2=4(7.5%)〕
　㉠ <기록을 깨다>〔×〕

≪**기록하다**≫전체빈도합=57(0.0031%)

기록하다 동 ★☆☆　【Text=37/Freq1=57】
　Ⅰ ① (예) 조사 결과를 표에 기록(記錄)하다.
　　　/수첩에 일정을 기록하다.
　　　〔Text=31/Freq2=40(70.2%)〕
　　② (예) [48%를/3연승을] 기록하다.
　　　〔Text=7/Freq2=9(15.8%)〕
　Ⅱ (예) 기쁨을 느낀다고 노트에 기록하다.
　　　/역사서에서 이를 19세기의 일로
　　　기록하다. 〔Text=3/Freq2=4(7%)〕
　ⓧ 〔Text=1/Freq2=4(7%)〕

≪**기르다**≫전체빈도합=173(0.0093%)

기르다 동 ★★★　【Text=73/Freq1=173】
　① (예) [나무를/자식을] 기르다.
　　　〔Text=42/Freq2=76(43.9%)〕
　② (예) 좋은 투수를 기르다.
　　　〔Text=6/Freq2=10(5.8%)〕
　③ (예) [머리를/수염을] 기르다.

〔Text=7/Freq2=7(4%)〕
④ (예) [기량을/담력을] 기르다.
〔Text=40/Freq2=78(45.1%)〕
[관] <병을 기르다> 〔×〕
ⓧ 〔Text=2/Freq2=2(1.2%)〕

≪**기름**≫전체빈도합=43(0.0023%)

기름 [명]★★★ **【Text=28/Freq1=43】**
① (예) 기름이 물에 뜨다.
〔Text=9/Freq2=14(32.6%)〕
② (예) 프라이팬에 기름을 두르다.
〔Text=6/Freq2=10(23.3%)〕
③ (예) 얼굴에 기름이 줄줄 흐르다.
〔Text=1/Freq2=1(2.3%)〕
④ (예) 기계에 기름을 치다.
〔Text=3/Freq2=4(9.3%)〕
⑤ (예) 주유소에서 기름을 넣다.
〔Text=9/Freq2=14(32.6%)〕

≪**기리다**≫전체빈도합=20(0.0011%)

기리다 [동] **【Text=15/Freq1=20】**
⓪ (예) [공적을/업적을] 기리다.

≪**기반**≫전체빈도합=24(0.0013%)

기반 [명] **【Text=16/Freq1=24】**
⓪ (예) [발전의/생활의] 기반(基盤).

≪**기법**≫전체빈도합=31(0.0017%)

기법 [명] **【Text=13/Freq1=31】**
⓪ (예) [조각/창작] 기법(技法).

≪**기본**≫전체빈도합=68(0.0037%)

기본 [명]★★★ **【Text=36/Freq1=68】**
① (예) 기본(基本)을 익히다.
〔Text=24/Freq2=36(52.9%)〕
② (예) 경제는 자유 경쟁이 기본이다.
〔Text=16/Freq2=29(42.6%)〕
[관] <기본 단위> 〔Text=2/Freq2=2(2.9%)〕
[관] <기본 자세> 〔Text=1/Freq2=1(1.5%)〕

≪**기본적**≫전체빈도합=62(0.0033%)

기본적[1] [명] **【Text=32/Freq1=51(82.3%)】**
⓪ (예) 세상살이의 기본적(基本的)인 원리.
기본적[2] [관] **【Text=8/Freq1=11(17.7%)】**
⓪ (예) 생존의 기본적(基本的) 조건.

≪**기분**≫전체빈도합=356(0.0192%)

기분 [명]★★★ **【Text=123/Freq1=356】**
① (예) 목욕하니 기분(氣分)이 좋다.
〔Text=109/Freq2=288(80.9%)〕
② (예) 신혼여행 기분을 내다.
〔Text=36/Freq2=61(17.1%)〕
❸ (예) 참회하는 기분으로 살다.
〔Text=1/Freq2=1(0.3%)〕
[관] <기분 전환> 〔Text=2/Freq2=2(0.6%)〕
[관] <기분을 내다>
Ⅰ (예) 동료에게 기분을 내다. 〔×〕
Ⅱ (예) 술을 마시며 맘껏 기분을 내다.
〔Text=1/Freq2=1(0.3%)〕
[관] <기분을 풀다> 〔×〕
[관] <기분(이) 내키다>
〔Text=1/Freq2=2(0.6%)〕
[관] <기분(이) 풀리다>
〔Text=1/Freq2=1(0.3%)〕

≪**기뻐하다**≫전체빈도합=77(0.0041%)

기뻐하다 [동]★★☆ **【Text=46/Freq1=77】**
⓪ (예) 뛸 듯이 기뻐하다.

≪**기쁘다**≫전체빈도합=134(0.0072%)

기쁘다 [형]★★★ **【Text=75/Freq1=134】**
⓪ (예) 또 만나게 된 [것이/사실이] 무척 기쁘다./기쁜 마음을 갖다.

≪**기쁨**≫전체빈도합=128(0.0069%)

기쁨 [명]☆★☆ **【Text=70/Freq1=128】**
⓪ (예) 슬픔과 기쁨을 느끼다.

≪**기사**≫전체빈도합=142(0.0076%)

기사[1] [명]★★★ **【Text=37/Freq1=88(62%)】**
⓪ (예) 신문에 기사(記事)가 나다.
기사[2] [명] **【Text=3/Freq1=4(2.8%)】**
⓪ (예) 촬영 기사(技師).
기사[3] [명] **【Text=16/Freq1=49(34.5%)】**
① (예) 기사(技士)로 승진하다. 〔×〕
② (예) [건축/토목] 기사.
〔Text=2/Freq2=5(10.2%)〕
③ (예) 버스 운전 기사.
〔Text=14/Freq2=44(89.8%)〕
기사[4] [명] **【Text=1/Freq1=1(0.7%)】**
⓪ (예) 중세 유럽의 기사(騎士).
기사[5] [명] **【Text=0/Freq1=0】** ⓧ
⓪ (예) 바둑 기사(棋士). 〔×〕

≪**기상**≫전체빈도합=32(0.0017%)

기상[1] [명] **【Text=11/Freq1=18(56.3%)】**
⓪ (예) [늠름한/씩씩한] 기상(氣像).

기상² 몡 【Text=8/Freq1=11(34.4%)】
　① (예) 기상(氣象)이 좋지 않다./기상 상황.
기상³ 몡 【Text=3/Freq1=3(9.4%)】
　① (예) 아침 기상(起床) 나팔 소리./기상 시간.

≪**기색**≫전체빈도합=28(0.0015%)
　기색 몡 【Text=20/Freq1=28】
　　① (예) 당황한 기색(氣色)을 보이다.

≪**기세**≫전체빈도합=15(0.0008%)
　기세 몡 【Text=13/Freq1=15】
　　① (예) 사내의 기세(氣勢)가 등등하다.
　　　/폭풍이 맹렬한 기세를 떨치다.
　　　〔Text=9/Freq2=10(66.7%)〕
　　② (예) [따지는/싸울] 기세로 묻다.
　　　〔Text=4/Freq2=5(33.3%)〕
　　⟨기세를 부리다⟩ 〔×〕

≪**기숙사**≫전체빈도합=12(0.0006%)
　기숙사 몡☆★★ 【Text=8/Freq1=12】
　　① (예) 학교 기숙사(寄宿舍) 생활.

≪**기술**≫전체빈도합=276(0.0149%)
　기술¹ 몡★★★ 【Text=51/Freq1=273(98.9%)】
　　① ㉠ (예) 미용 기술(技術)을 배우다.
　　　〔Text=32/Freq2=90(33%)〕
　　　㉡ (예) [로켓 발사/측정] 기술.
　　　〔Text=13/Freq2=44(16.1%)〕
　　② (예) 기술과 기계가 지배하는 시대.
　　　〔Text=30/Freq2=139(50.9%)〕
　기술² 몡 【Text=2/Freq1=2(0.7%)】
　　① (예) 사실의 기술(記述)이나 설명.
　기술ˣ ⁇ 【Text=1/Freq1=1(0.4%)】

≪**기술자**≫전체빈도합=27(0.0015%)
　기술자 몡 【Text=20/Freq1=27】
　　① (예) 기술자(技術者).

≪**기슭**≫전체빈도합=17(0.0009%)
　기슭 몡 【Text=10/Freq1=17】
　　① (예) 금강산의 기슭에 도착하다.
　　　〔Text=8/Freq2=12(70.6%)〕
　　② (예) 배가 강의 기슭에 닿다.
　　　〔Text=4/Freq2=5(29.4%)〕

≪**기억**≫전체빈도합=200(0.0108%)
　기억 몡★★☆ 【Text=75/Freq1=200】
　　① (예) [머릿속에 떠오르는/청춘의]
　　　기억(記憶). 〔Text=50/Freq2=124(62%)〕

❶ (예) [기억에/기억 속에] 살아 있다.
　〔Text=30/Freq2=47(23.5%)〕
❷ (예) 기억을 [돕다/못하다/하다].
　〔Text=18/Freq2=29(14.5%)〕
⟨기억 상실⟩ 〔×〕
⟨기억 상실증⟩ 〔×〕
⟨기억 장치⟩ 〔×〕

≪**기억하다**≫전체빈도합=112(0.0060%)
　기억하다 동☆★★ 【Text=54/Freq1=112】
　　① (예) 차 시간을 기억(記憶)하다.
　　　〔Text=28/Freq2=43(38.4%)〕
　　② (예) 은혜를 기억하다.
　　　〔Text=39/Freq2=69(61.6%)〕

≪**기업**≫전체빈도합=77(0.0041%)
　기업 몡★★☆ 【Text=24/Freq1=77】
　　① (예) 기업(企業)을 운영하다.

≪**기여하다**≫전체빈도합=29(0.0016%)
　기여하다 동 【Text=18/Freq1=29】
　　① (예) 사회 발전에 기여(寄與)하다.

≪**기온**≫전체빈도합=35(0.0019%)
　기온 몡★★★ 【Text=18/Freq1=35】
　　① (예) 기온(氣溫)이 내려가다.

≪**기와집**≫전체빈도합=17(0.0009%)
　기와집 몡 【Text=12/Freq1=17】
　　① (예) 기와집을 짓다.

≪**기운**≫전체빈도합=49(0.0026%)
　기운¹ 몡★☆★ 【Text=35/Freq1=47(95.9%)】
　　① (예) 기운이 [나다/빠지다/세다/없다].
　　　/기운을 내다. 〔Text=23/Freq2=26(55.3%)〕
　　② (예) 쓸쓸한 기운이 감돌다.
　　　〔Text=1²/Freq2=12(25.5%)〕
　　③ (예) 몸살 기운이 있다.
　　　〔Text=3/Freq2=3(6.4%)〕
　　ⓧ 〔Text=1/Freq2=6(12.8%)〕
　기운² 몡 【Text=2/Freq1=2(4.1%)】
　　① (예) 통일의 기운(氣運)이 무르익다.

≪**기울다**≫전체빈도합=27(0.0015%)
　기울다 동 【Text=21/Freq1=27】
　Ⅰ ① (예) [차체가/한 쪽 어깨가] 기울다.
　　　〔Text=6/Freq2=7(25.9%)〕
　　② (예) 생각이 허무주의로 기울다.
　　　〔Text=5/Freq2=5(18.5%)〕

Ⅱ ① (예) [달이/해가] 기울다.
　　　　　〔Text=7/Freq2=8(29.6%)〕
　　② (예) [가세가/국운이] 기울다.
　　　　　〔Text=7/Freq2=7(25.9%)〕
　Ⅲ (예) 한 쪽이 기우는 혼사. 〔×〕

≪**기울이다**≫전체빈도합=98(0.0053%)

기울이다 동★★☆ 【Text=64/Freq1=98】
　Ⅰ (예) [몸을/병을/잔을] 기울이다.
　　　　　〔Text=9/Freq2=13(13.3%)〕
　Ⅱ (예) [관심을/심혈을/힘을] 기울이다.
　　　　　〔Text=26/Freq2=44(44.9%)〕
　관<귀를 기울이다>
　　　　　〔Text=37/Freq2=40(40.8%)〕
　ⓧ〔Text=1/Freq2=1(1%)〕

≪**기원하다**≫전체빈도합=21(0.0011%)

기원하다^1 동 【Text=13/Freq1=20(95.2%)】
　① (예) 신에게 장수와 풍년을 기원(祈願)하다.
기원하다^2 동 【Text=1/Freq1=1(4.8%)】
　① (예) 라틴어에서 기원(起源)한 용어.

≪**기자**≫전체빈도합=71(0.0038%)

기자 명☆★★ 【Text=30/Freq1=71】
　① (예) 신문 기자(記者).
　　　　　〔Text=30/Freq2=71(100%)〕
　관<기자 회견> 〔×〕

≪**기존**≫전체빈도합=49(0.0026%)

기존 명 【Text=16/Freq1=49】
　① (예) 기존(既存) 질서에 대한 반발심.
　　　　　〔Text=7/Freq2=18(36.7%)〕
　② (예) 기존의 [이론을/통설을] 깨다.
　　　　　〔Text=12/Freq2=29(59.2%)〕
　③ (예) 기존에 해 오던 방식을 따르다.
　　　　　〔Text=1/Freq2=1(2%)〕
　ⓧ〔Text=1/Freq2=1(2%)〕

≪**기준**≫전체빈도합=106(0.0057%)

기준 명★☆☆ 【Text=47/Freq1=106】
　Ⅰ ① (예) [가치/행동] 기준(基準)./기준을
　　　　세우다. 〔Text=42/Freq2=96(90.6%)〕
　　② (예) 만 연령을 기준으로 하다.
　　　　　〔Text=10/Freq2=10(9.4%)〕
　　③ (예) 향도를 기준으로 앞으로
　　　　나란히. 〔×〕
　Ⅱ (예) 향도가 "기준!" 하고 외치다. 〔×〕

≪**기지**≫전체빈도합=52(0.0028%)

기지^1 명 【Text=11/Freq1=51(98.1%)】
　① (예) [공군/해군] 기지(基地).
　　　　　〔Text=5/Freq2=7(13.7%)〕
　② (예) 중개 무역 기지로 발전하다.
　　　　　〔Text=6/Freq2=44(86.3%)〕
기지^2 명 【Text=1/Freq1=1(1.9%)】
　① (예) 위기 때 기지(機智)를 발휘하다.
기지^3 명 【Text=0/Freq1=0】 ⓧ
　① (예) 기지(既知)의 세계. 〔×〕

≪**기차**≫전체빈도합=112(0.0060%)

기차 명★★★ 【Text=36/Freq1=112】
　① (예) 기차(汽車)를 타다.

≪**기초**≫전체빈도합=27(0.0015%)

기초^1 명★☆★ 【Text=21/Freq1=27(100%)】
　① (예) [문화의/사회의] 기초(基礎).
　　/기초 지식. 〔Text=21/Freq2=27(100%)〕
　② (예) 건물의 기초를 놓다. 〔×〕
기초^2 명 【Text=0/Freq1=0】 ⓧ
　① (예) 성명서의 기초(起草)를 잡다. 〔×〕

≪**기침**≫전체빈도합=18(0.0010%)

기침^1 명☆★★ 【Text=12/Freq1=18(100%)】
　① (예) 감기에 걸려 기침이 심하다.
　　　　　〔Text=11/Freq2=17(94.4%)〕
　② (예) 기침으로 신호를 하다.
　　　　　〔Text=1/Freq2=1(5.6%)〕
기침^2 명 【Text=0/Freq1=0】 ⓧ
　① (예) 아버님이 기침(起枕)을 하시다. 〔×〕

≪**기타**≫전체빈도합=38(0.0020%)

기타^1 명★★☆ 【Text=20/Freq1=29(76.3%)】
　Ⅰ (예) 논과 밭, 기타(其他)의 토지.
　　　　　〔Text=12/Freq2=19(65.5%)〕
　Ⅱ (예) 기타 [부문/쓰레기/의견].
　　　　　〔Text=9/Freq2=10(34.5%)〕
기타^2 명 【Text=5/Freq1=9(23.7%)】
　① (예) 기타를 [치다/퉁기다].

≪**기특하다**≫전체빈도합=15(0.0008%)

기특하다 형 【Text=11/Freq1=15】
　① (예) [마음씨가/생각이/아이가]
　　기특(奇特)하다.

≪**기호**≫전체빈도합=53(0.0029%)

기호^1 명★☆☆ 【Text=13/Freq1=45(84.9%)】
　① (예) 문자나 기호(記號)로 표시하다.
기호^2 명 【Text=7/Freq1=8(15.1%)】

⓪ (예) 음식에 대한 기호(嗜好)가 변하다.

≪기회≫전체빈도합=166(0.0089%)

기회 몡★★★　【Text=87/Freq1=166】
　⓪ (예) 기회(機會)를 [놓치다/잡다].
　　　〔Text=87/Freq2=166(100%)〕
　㉤<기회 균등>〔×〕

≪기후≫전체빈도합=46(0.0025%)

기후¹ 몡☆★★　【Text=21/Freq1=46(100%)】
　⓪ (예) 따뜻한 기후(氣候)./기후 변동.

기후² 몡　【Text=0/Freq1=0】 ⓧ
　Ⅰ (예) 기후(其後)는 알 길이 없다.〔×〕
　Ⅱ (예) 기후 정부가 개혁에 착수하다.〔×〕

≪긴장≫전체빈도합=29(0.0016%)

긴장 몡　【Text=26/Freq1=29】
　① (예) 근육의 긴장(緊張)을 풀다.
　　　〔Text=2/Freq2=2(6.9%)〕
　② (예) 극도의 긴장 상태가 풀리다.
　　　〔Text=18/Freq2=20(69%)〕
　③ (예) 무거운 긴장이 [감돌다/흐르다].
　　　〔Text=7/Freq2=7(24.1%)〕

≪긴장하다≫전체빈도합=28(0.0015%)

긴장하다 동　【Text=18/Freq1=28】
　① (예) 어깨가 잔뜩 긴장(緊張)하다.
　　　〔Text=1/Freq2=1(3.6%)〕
　② (예) 긴장한 탓에 실수하다.
　　　〔Text=17/Freq2=27(96.4%)〕

≪긷다≫전체빈도합=15(0.0008%)

긷다 동　【Text=11/Freq1=15】
　⓪ (예) 우물에서 물을 긷다.

≪길≫전체빈도합=1,005(0.0541%) 52)

길¹ 몡★★★　【Text=177/Freq1=988(98.3%)】
　Ⅰ ① (예) 길 양편에 늘어선 가로수.
　　　〔Text=126/Freq2=429(43.4%)〕
　　② (예) 산에서 길을 잃다./길 안내.
　　　〔Text=79/Freq2=169(17.1%)〕
　　③ (예) 고향을 향해 길을 떠나다.
　　　〔Text=13/Freq2=24(2.4%)〕
　　④ (예) 앞으로 펼쳐질 길을 생각하다.
　　　〔Text=31/Freq2=70(7.1%)〕
　　⑤ (예) [교사로서의/작가의] 길.
　　　〔Text=19/Freq2=29(2.9%)〕
　　⑥ (예) 각자 제 길을 찾아 떠나다.
　　　〔Text=24/Freq2=42(4.3%)〕
　　⑦ (예) 살아날 길을 찾다.
　　　〔Text=59/Freq2=104(10.5%)〕
　Ⅱ ① (예) 지금 퇴근하는 길이다.
　　　〔Text=50/Freq2=90(9.1%)〕
　　② (예) 마침 지나던 길에 들르다.
　　　〔Text=5/Freq2=5(0.5%)〕
　　③ (예) 포수는 그 길로 절에 가서 중이
　　　되다. 〔Text=10/Freq2=15(1.5%)〕
　㉤<가던 길(을) 멈추다>〔×〕
　㉤<길(을) 가다> 길을 가던 나그네.
　　　〔Text=7/Freq2=9(0.9%)〕
　㉤<길을 끊다>〔×〕
　㉤<길을 잘못 들다>〔×〕
　㉤<길이 끊기다>〔×〕
　㉤<길이 어긋나다>〔×〕
　㉤<길이 열리다>〔×〕
　ⓧ 〔Text=2/Freq2=2(0.2%)〕

길² 몡　【Text=4/Freq1=4(0.4%)】
　① (예) 가위가 길이 들다.
　　　〔Text=2/Freq2=2(50%)〕
　② (예) 강아지를 길을 들이다.
　　　〔Text=2/Freq2=2(50%)〕

길³ 몡의　【Text=8/Freq1=12(1.2%)】
　⓪ (예) 통나무 길이가 열 길이 넘다.
　　　〔Text=8/Freq2=12(100%)〕
　㉤<한 길 의이다>〔×〕

길ˣ ?　【Text=1/Freq1=1(0.1%)】

≪길가≫전체빈도합=22(0.0012%)

길가 몡　【Text=20/Freq1=22】
　⓪ (예) 길가에 서 있는 큰 나무.

≪길거리≫전체빈도합=18(0.0010%)

길거리 몡　【Text=15/Freq1=18】
　⓪ (예) 집을 나와 길거리로 나서다.
　　　〔Text=15/Freq2=18(100%)〕
　㉤<길거리에 나앉다>〔×〕

≪길다≫전체빈도합=335(0.0180%)

길다¹ 동　【Text=0/Freq1=0】 ⓧ
　⓪ (예) [머리가/수염이] 금방 길다.〔×〕

길다² 형★★★　【Text=135/Freq1=335(100%)】

---

52) 『연세 한국어 사전』의 '-길⁴'(예:도와 주길 바라다)는 말뭉치의 분석에 적용하지 않았으므로 제외한다.

① [ㄱ] (예) [막대기가/손가락이] 길다.
〔Text=74/Freq2=131(39.1%)〕
[ㄴ] (예) [머리가/수염이] 너무 길다.
〔Text=23/Freq2=36(10.7%)〕
② (예) 밤은 짧고 낮은 길다.
〔Text=34/Freq2=59(17.6%)〕
③ (예) 종이 길게 울리다./긴 한숨을 쉬다.
〔Text=21/Freq2=30(9%)〕
④ (예) 길게 이야기하다.
〔Text=13/Freq2=16(4.8%)〕
⑤ (예) 긴 편지를 쓰다.
〔Text=13/Freq2=16(4.8%)〕
⑥ (예) 봄날의 해는 길다.
〔Text=2/Freq2=3(0.9%)〕
❼ (예) 긴 싸움이 끝나다.
〔Text=30/Freq2=42(12.5%)〕
ⓧ 〔Text=2/Freq2=2(0.6%)〕

≪**길들이다**≫전체빈도합=22(0.0012%)

길들이다 [동] 【Text=15/Freq1=22】
① (예) [사람을/짐승을] 길들이다.
〔Text=9/Freq2=13(59.1%)〕
② (예) 물건을 길들이다.
〔Text=1/Freq2=1(4.5%)〕
③ (예) [가난에/인스턴트 식품에/차별에] 길들여지다. 〔Text=7/Freq2=8(36.4%)〕

≪**길목**≫전체빈도합=20(0.0011%)

길목 [명] 【Text=12/Freq1=20】
① (예) 마을로 들어서는 길목.
〔Text=6/Freq2=6(30%)〕
② (예) 차가 지나가는 길목.
〔Text=6/Freq2=6(30%)〕
③ (예) 계절의 길목에 서다.
〔Text=3/Freq2=8(40%)〕

≪**길이**≫전체빈도합=80(0.0043%)

길이[1] [명]★★★ 【Text=32/Freq1=70(87.5%)】
① (예) 줄의 길이를 재다.
〔Text=23/Freq2=46(65.7%)〕
② (예) 밤의 길이가 가장 긴 날.
〔Text=8/Freq2=20(28.6%)〕
ⓧ 〔Text=3/Freq2=4(5.7%)〕
길이[2] [부] 【Text=10/Freq1=10(12.5%)】
⓪ (예) 역사에 길이 [기억되다/남다].

≪**김**≫전체빈도합=91(0.0049%)

김[1] [명]☆☆★ 【Text=14/Freq1=19(20.9%)】
① (예) 더운물에서 김이 오르다.
〔Text=10/Freq2=11(57.9%)〕
② (예) 유리창에 김이 서리다.
〔Text=3/Freq2=4(21.1%)〕
③ (예) 그의 입에서 더운 김이 훅훅 와 닿다.
〔Text=1/Freq2=2(10.5%)〕
[관]<김(을) 빼(놓)다> 〔×〕
[관]<김이 빠지다> 김이 빠진 느낌.
〔Text=1/Freq2=1(5.3%)〕
[관]<김(이) 새다> 김이 새는 말.
〔Text=1/Freq2=1(5.3%)〕
김[2] [명] 【Text=8/Freq1=10(11%)】
⓪ (예) 보리밭에 김을 매다.
김[3] [명] 【Text=8/Freq1=40(44%)】
⓪ (예) 김 양식장.
김[4] [명][의]☆★☆ 【Text=16/Freq1=21(23.1%)】
⓪ (예) 이왕 들어온 김에 좀 쉬자.
〔Text=16/Freq2=20(95.2%)〕
[관]<내친 김에> 〔Text=1/Freq2=1(4.8%)〕
[관]<떡 본 김에 고사 지낸다> 〔×〕
김[x] [?] 【Text=1/Freq1=1(1.1%)】

≪**김밥**≫전체빈도합=22(0.0012%)

김밥 [명]☆★☆ 【Text=10/Freq1=22】
⓪ (예) 김밥을 싸다.

≪**김장**≫전체빈도합=26(0.0014%)

김장 [명] 【Text=11/Freq1=26】
⓪ (예) 김장을 하다.

≪**김치**≫전체빈도합=130(0.0070%)

김치 [명]★★★ 【Text=24/Freq1=130】
⓪ (예) 김치를 담그다.

≪**김치찌개**♣≫전체빈도합=9(0.0005%)

김치찌개[0] [명]☆★☆ 【Text=8/Freq1=9】
⓿ (예) 김치찌개를 끓이다.

≪**깃**≫전체빈도합=8(0.0004%)

깃[1] [명] 【Text=0/Freq1=0】 ⓧ
① (예) 암탉이 병아리를 깃 속에 품다. 〔×〕
② (예) 화살대의 깃. 〔×〕
깃[2] [명]☆☆★ 【Text=6/Freq1=8(100%)】
① (예) 코트의 깃을 올려 세우다.
〔Text=6/Freq2=8(100%)〕
② (예) 소매 끝에 가죽으로 깃을 대다. 〔×〕
③ (예) 이불 깃. 〔×〕

≪**깃들다**≫전체빈도합=15(0.0008%)

깃들다 동 【Text=11/Freq1=15】 53)
① (예) 새가 숲에 깃들어 살다. 〔×〕
② (예) 방에 [어둠이/평온함이] 깃들다.
　　〔Text=1/Freq2=1(6.7%)〕
③ ㉠ (예) 글에 생명력이 깃들다.
　　　〔Text=7/Freq2=9(60%)〕
　㉡ (예) 목소리에 감정이 깃들다.
　　　〔Text=5/Freq2=5(33.3%)〕

≪깊다≫전체빈도합=312(0.0168%)

깊다 형 ★★★ 【Text=127/Freq1=312】
① (예) 물이 깊다./깊은 연못.
　　〔Text=19/Freq2=24(7.7%)〕
② (예) 깊은 산속./계곡이 깊다.
　　〔Text=31/Freq2=46(14.7%)〕
③ (예) 눈밑의 잔주름이 깊어 보이다.
　　〔Text=4/Freq2=5(1.6%)〕
④ (예) 깊은 생각에 빠지다./사려 깊은
　　[마음/말]. 〔Text=26/Freq2=35(11.2%)〕
⑤ (예) 조예가 깊다./깊고 높은 지식.
　　〔Text=29/Freq2=34(10.9%)〕
⑥ (예) [가을이/밤이] 깊어 가다.
　　〔Text=19/Freq2=29(9.3%)〕
⑦ (예) 병이 깊다. 〔Text=5/Freq2=5(1.6%)〕
⑧ (예) 산에 깊은 그늘이 드리우다.
　　〔Text=6/Freq2=6(1.9%)〕
⑨ (예) 그와 깊은 인연./관련이 깊다.
　　〔Text=27/Freq2=38(12.2%)〕
⑩ (예) 무슨 깊은 뜻이 있었을 것이다.
　　〔Text=23/Freq2=33(10.6%)〕
⑪ (예) 깊은 잠을 자다. 〔Text=5/Freq2=7(2.2%)〕
⑫ (예) 깊은 [입맞춤/포옹]./주의 깊게 살피다.
　　〔Text=27/Freq2=37(11.9%)〕
⑬ (예) 뿌리 깊은 전통.
　　〔Text=10/Freq2=11(3.5%)〕
관 <속이 깊다> 〔×〕
관 <심지가 깊다> 〔×〕
ⓧ 〔Text=2/Freq2=2(0.6%)〕

≪깊숙이≫전체빈도합=27(0.0015%)

깊숙이 부 【Text=22/Freq1=27】
① (예) 주머니에 깊숙이 손을 찌르다.
　　〔Text=19/Freq2=23(85.2%)〕
② (예) 커피가 생활에 깊숙이 파고들다.
　　〔Text=4/Freq2=4(14.8%)〕

≪깊이≫전체빈도합=141(0.0076%)

깊이¹ 명 ☆☆★ 【Text=27/Freq1=38(27%)】
① (예) [강의/우물의] 깊이를 재다.
　　〔Text=4/Freq2=7(18.4%)〕
② (예) 사람이 깊이 없이 행동하다.
　　〔Text=4/Freq2=4(10.5%)〕
③ (예) [내용이/소설이] 깊이가 있다.
　　〔Text=19/Freq2=27(71.1%)〕

깊이² 부 ★☆☆ 【Text=65/Freq1=103(73%)】
① (예) 산 속 깊이 숨어들다.
　　〔Text=30/Freq2=43(41.7%)〕
② (예) 깊이 생각해야 할 문제가 많다.
　　〔Text=14/Freq2=15(14.6%)〕
③ (예) 더 깊이 살펴보다.
　　〔Text=37/Freq2=43(41.7%)〕
ⓧ 〔Text=2/Freq2=2(1.9%)〕

≪까다≫전체빈도합=9(0.0005%)

까다 동 ☆☆★ 【Text=9/Freq1=9】
① (예) [굴을/달걀 껍질을] 까다.
　　〔Text=3/Freq2=3(33.3%)〕
② (예) [병아리를/알을] 까다. 〔×〕
③ (예) 월급에서 식비를 까다. 〔×〕
④ (예) [뒤통수를/머리를] 까다. 〔×〕
⑤ (예) [남을/다른 사람을] 까다. 〔×〕
⑥ (예) 엉덩이를 까다.
　　〔Text=2/Freq2=2(22.2%)〕
⑦ (예) 돈이라면 눈을 까고 달라붙다. 〔×〕
⑧ (예) 야, 어디서 연설을 까고 있어.
　　〔Text=1/Freq2=1(11.1%)〕
⑨ (예) 소주 한 병 까다. 〔×〕
관 <입만 까다> 〔×〕
관 <호박씨를 까다> 〔×〕
ⓧ 〔Text=3/Freq2=3(33.3%)〕

≪까다롭다≫전체빈도합=15(0.0008%)

---

53) 『연세 한국어 사전』에서는 '깃들다'가 "'깃들이다'의 잘못"이라고만 기술되어 있는데, 여기서는 '깃들이다'의 의미 구분에 따라 상세히 기술한다.

까다롭다 [형] 【Text=12/Freq1=15】
① (예) [성미가/취향이] 까다롭다.
　　〔Text=3/Freq2=3(20%)〕
② (예) [내용이/조건이] 까다롭다.
　　〔Text=6/Freq2=6(40%)〕
③ (예) [글이/문제가] 까다롭다.
　　〔Text=2/Freq2=4(26.7%)〕
㉔ <-기가 까다롭다> 기분을 맞추기가 까다롭다. 〔Text=2/Freq2=2(13.3%)〕

≪까닭≫전체빈도합=533(0.0287%)
까닭 [명]★★★　【Text=100/Freq1=533】
Ⅰ (예) 갑자기 고향으로 돌아온 까닭.
　　〔Text=98/Freq2=519(97.4%)〕
Ⅱ (예) [결론이 있을/왜 그런지 알] 까닭이 없다. 〔Text=6/Freq2=14(2.6%)〕

≪까마귀≫전체빈도합=29(0.0016%)
까마귀 [명]☆☆★　【Text=9/Freq1=29】
⓪ (예) 까마귀가 울다.

≪까맣다≫전체빈도합=54(0.0029%)
까맣다 [형]☆★★　【Text=31/Freq1=54】
① (예) 까만 [눈동자/머리칼/옷].
　　〔Text=23/Freq2=40(74.1%)〕
② (예) 까맣게 [모르다/잊다].
　　〔Text=8/Freq2=13(24.1%)〕
③<까맣게> (예) 돈 걱정에 입술이 까맣게 타다. 〔×〕
④<까맣게> (예) 들보까지 까맣게 쌓아올린 곡식. 〔×〕
⑤<까맣게> (예) 적군이 까맣게 몰려오다.
　　〔Text=1/Freq2=1(1.9%)〕

≪까치≫전체빈도합=47(0.0025%)
까치 [명]☆☆★　【Text=12/Freq1=47】
⓪ (예) 까치가 울다.

≪깎다≫전체빈도합=81(0.0044%)
깎다 [동]★★★　【Text=51/Freq1=81】
① (예) 연필을 칼로 깎다.
　　〔Text=15/Freq2=18(22.2%)〕
② (예) [머리를/손톱을] 깎다.
　　〔Text=14/Freq2=29(35.8%)〕
③ (예) [나무 인형을/비석을] 깎다.
　　〔Text=9/Freq2=11(13.6%)〕
④ (예) [위신을/체면을] 깎다.
　　〔Text=1/Freq2=1(1.2%)〕
⑤ (예) [물건값을/임금을] 깎다.
　　〔Text=8/Freq2=13(16%)〕
㉔ <뼈를 깎다> 뼈를 깎는 아픔.
　　〔Text=4/Freq2=6(7.4%)〕
㉔ <풀을 깎다> 퇴비 풀을 깎다.
　　〔Text=2/Freq2=2(2.5%)〕
ⓧ 〔Text=1/Freq2=1(1.2%)〕

≪깔다≫전체빈도합=40(0.0022%)
깔다 [동]☆☆★　【Text=33/Freq1=40】
① (예) [돗자리를/요를/이불을] 깔다.
　　〔Text=27/Freq2=31(77.5%)〕
② (예) [상대를/풀을] 깔고 앉다.
　　〔Text=1/Freq2=1(2.5%)〕
③ (예) 작가의 체험을 작품의 바탕에 깔다.
　　〔Text=5/Freq2=6(15%)〕
④ (예) 외상을 깔다. 〔×〕
⑤ (예) 배를 깔고 엎드리다.
　　〔Text=1/Freq2=1(2.5%)〕
⑥ (예) 눈꺼풀을 아래로 깔다.
　　〔Text=1/Freq2=1(2.5%)〕

≪깔리다≫전체빈도합=50(0.0027%)
깔리다 [동]　【Text=35/Freq1=50】
①㉠ (예) 바닥에 자갈들이 깔리다.
　　〔Text=15/Freq2=21(42%)〕
　㉡ (예) 술집에 외상이 깔리다.
　　〔Text=4/Freq2=5(10%)〕
② (예) 땅거미가 깔리다.
　　〔Text=3/Freq2=5(10%)〕
③ (예) 넓은 방에 장판이 깔리다.
　　〔Text=5/Freq2=6(12%)〕
❹ (예) [나무 밑에/자동차에] 깔리다.
　　〔Text=6/Freq2=6(12%)〕
❺ (예) 눈빛에 의심이 깔리다.
　　〔Text=3/Freq2=3(6%)〕
❻ (예) PC에 프로그램이 깔리다.
　　〔Text=1/Freq2=2(4%)〕
❼ (예) [목소리가/잔잔한 음악이] 깔리다.
　　〔Text=2/Freq2=2(4%)〕

≪깜깜하다≫전체빈도합=15(0.0008%)
깜깜하다 [형]　【Text=12/Freq1=15】
Ⅰ① (예) [방 안이/주위가] 깜깜하다.
　　〔Text=11/Freq2=14(93.3%)〕
　② (예) 앞으로 어찌 살아야 할지 깜깜하다. 〔×〕

Ⅱ (예) [세상 물정에/수학에] 깜깜하다. 〔×〕
관 <(눈) 앞이 깜깜하다>
    〔Text=1/Freq2=1(6.7%)〕

≪깜빡≫전체빈도합=14(0.0008%)

깜빡 🔲 ☆★☆ 【Text=12/Freq1=14】
① (예) 불빛이 깜빡 비치다. 〔×〕
② (예) 깜빡 [잊다/잠들다].
    〔Text=12/Freq2=14(100%)〕
③ (예) 깜빡 눈을 감다. 〔×〕
관 <깜빡 [가다/죽다]> 낚시라면 깜빡 죽다. 〔×〕

≪깜짝≫전체빈도합=101(0.0054%)

깜짝¹ 🔲 ★★☆ 【Text=58/Freq1=101(100%)】
⓪ (예) 깜짝 놀라다.

깜짝² 🔲 【Text=0/Freq1=0】 ⓧ
⓪ (예) 눈을 깜짝 감았다가 뜨다. 〔×〕
관 <눈 깜짝 할 사이> 〔×〕
관 <눈 하나 깜짝 안 하다> 〔×〕

≪깨≫전체빈도합=2(0.0001%)

깨 🔲 ☆☆★ 【Text=2/Freq1=2】
⓪ (예) 깨를 볶는 고소한 냄새.
    〔Text=2/Freq2=2(100%)〕
관 <깨가 쏟아지다> 〔×〕

≪깨끗이≫전체빈도합=115(0.0062%)

깨끗이 🔲 ★☆☆ 【Text=55/Freq1=115】
⓪ (예) 방을 깨끗이 청소하다.
    〔Text=46/Freq2=104(90.4%)〕
❶ (예) 문제가 깨끗이 해결되다.
    〔Text=10/Freq2=11(9.6%)〕

≪깨끗하다≫전체빈도합=232(0.0125%)

깨끗하다 🔲 ★★★ 【Text=69/Freq1=232】
Ⅰ ① (예) 옷을 깨끗하게 빨다.
    〔Text=40/Freq2=87(37.5%)〕
② (예) [건물이/외관이] 깨끗하다.
    〔Text=31/Freq2=51(22%)〕
③ (예) [강물이/공기가] 깨끗하다.
    〔Text=23/Freq2=73(31.5%)〕
④ (예) 노동을 하며 깨끗하게 살다.
    〔Text=5/Freq2=5(2.2%)〕
⑤ (예) 뒤끝이 깨끗하다./깨끗하게 잊다.
    〔Text=3/Freq2=6(2.6%)〕
⑥ (예) 선량하고 깨끗한 [마음/사람].
    〔Text=6/Freq2=6(2.6%)〕
⑦ (예) 건물 등기가 깨끗하다.
    〔Text=1/Freq2=1(0.4%)〕
Ⅱ ①㉠ (예) 병이 깨끗하게 낫다. 〔×〕
  ㉡ (예) 깨끗하게 물러서다.
    〔Text=1/Freq2=1(0.4%)〕
  ㉢ (예) 설렁탕을 깨끗하게 비우다. 〔×〕
② (예) 여자가 나를 깨끗하게 무시하다.
    〔Text=1/Freq2=1(0.4%)〕
ⓧ 〔Text=1/Freq2=1(0.4%)〕

≪깨다≫전체빈도합=181(0.0097%)

깨다¹ 🔲 ★★★ 【Text=54/Freq1=86(47.5%)】
Ⅰ ① (예) [술이/잠에서/잠이] 깨다.
    〔Text=44/Freq2=64(74.4%)〕
② (예) 사회 의식이 많이 깨다.
    〔Text=6/Freq2=10(11.6%)〕
Ⅱ (예) [술을/잠을] 깨다.
    〔Text=10/Freq2=11(12.8%)〕
관 <꿈 깨다> 기가 막혀. 얘, 꿈 깨라.
    〔Text=1/Freq2=1(1.2%)〕

깨다² 🔲 ★★★ 【Text=49/Freq1=94(51.9%)】
① (예) [돌을/얼음을/유리를] 깨다.
    〔Text=36/Freq2=68(72.3%)〕
②㉠ (예) [고정 관념을/원심을] 깨다.
    〔Text=6/Freq2=7(7.4%)〕
  ㉡ (예) [분위기를/침묵을/흥을] 깨다.
    〔Text=8/Freq2=8(8.5%)〕
  ㉢ (예) [다짐을/약속을] 깨다.
    〔Text=4/Freq2=5(5.3%)〕
  ㉣ (예) [판을/흥정을] 깨다.
    〔Text=1/Freq2=1(1.1%)〕
③ (예) 넘어져서 [무릎을/이마를] 깨다.
    〔Text=3/Freq2=3(3.2%)〕
❹ (예) [세계 기록을/차별의 벽을] 깨다.
    〔Text=2/Freq2=2(2.1%)〕
관 <산통(을) 깨다> 〔×〕
관 <쪽박(을) 깨다> 〔×〕

깨다ˣ ？ 【Text=1/Freq1=1(0.6%)】

≪깨닫다≫전체빈도합=155(0.0083%)

깨닫다 🔲 ★☆★ 【Text=85/Freq1=155】
① (예) [도를/사물의 이치를] 깨닫다.
    〔Text=36/Freq2=52(33.5%)〕
② (예) 자기 [실수를/잘못을] 깨닫다.
    〔Text=65/Freq2=103(66.5%)〕

≪깨달음≫전체빈도합=16(0.0009%)

깨달음 🔲 【Text=11/Freq1=16】

① (예) [인생의/진리의] 깨달음을 얻다.
　　〔Text=8/Freq2=13(81.3%)〕
② (예) 자신의 처지에 대한 깨달음.
　　〔Text=3/Freq2=3(18.8%)〕

≪깨뜨리다≫전체빈도합=20(0.0011%)
깨뜨리다 동 【Text=17/Freq1=20】
① (예) [그릇을/벼루를/컵을] 깨뜨리다.
　　〔Text=6/Freq2=7(35%)〕
② (예) [약속을/질서를] 깨뜨리다. 〔×〕
③ (예) [분위기를/침묵을] 깨뜨리다.
　　〔Text=11/Freq2=13(65%)〕
④ (예) 적군을 깨뜨리다. 〔×〕

≪깨물다≫전체빈도합=21(0.0011%)
깨물다 동 【Text=17/Freq1=21】
① (예) [과자를/사탕을] 깨물다.
　　〔Text=7/Freq2=11(52.4%)〕
② (예) 아픔을 참으며 입술을 깨물다.
　　〔Text=10/Freq2=10(47.6%)〕
③ (예) [슬픔을/웃음을] 깨물다. 〔×〕

≪깨어나다≫전체빈도합=45(0.0024%)
깨어나다¹ 동 【Text=26/Freq1=44(97.8%)】
① (예) 깊은 잠에서 깨어나다.
　　〔Text=22/Freq2=35(79.5%)〕
② (예) 술에서 깨어나다. 〔×〕
③ (예) 혼수상태에서 깨어나다.
　　〔Text=4/Freq2=4(9.1%)〕
④ (예) [사색에서/착각에서] 깨어나다. 〔×〕
⑤ (예) 야만적 상태에서 못 깨어나다.
　　〔Text=1/Freq2=1(2.3%)〕
　관 <죽었다 깨어나다>
　　〔Text=4/Freq2=4(9.1%)〕
깨어나다² 동 【Text=1/Freq1=1(2.2%)】
⓪ (예) 알에서 깨어나다.

≪깨우다≫전체빈도합=46(0.0025%)
깨우다 동 ☆★☆ 【Text=27/Freq1=46】
⓪ (예) [아들을/잠을] 깨우다.

≪깨우치다≫전체빈도합=18(0.0010%)
깨우치다 동 【Text=15/Freq1=18】
① (예) [글을/무지를/진리를] 깨우치다.
　　〔Text=12/Freq2=12(66.7%)〕
② (예) 국민을 깨우치다.
　　〔Text=5/Freq2=6(33.3%)〕

≪깨지다≫전체빈도합=10(0.0005%)

깨지다 동 ☆★☆ 【Text=5/Freq1=10】
① (예) [그릇이/병이/접시가] 깨지다.
　　〔Text=2/Freq2=2(20%)〕
② (예) [머리가/이마가] 깨지다.
　　〔Text=1/Freq2=1(10%)〕
③ ㉠ (예) [기대가/약속이] 깨지다. 〔×〕
　 ㉡ (예) [기록이/사회의 윤리가] 깨지다.
　　〔Text=1/Freq2=1(10%)〕
　 ㉢ (예) [분위기가/흥이] 깨지다.
　　〔Text=1/Freq2=1(10%)〕
④ (예) 약한 팀에 깨지다. 〔×〕
⑤ (예) 돈이 많이 깨지다. 〔×〕
ⓧ 〔Text=2/Freq2=5(50%)〕

≪꺼내다≫전체빈도합=250(0.0135%)
꺼내다 동 ★★★ 【Text=109/Freq1=250】
① (예) 봉지에서 과자를 꺼내다.
　　〔Text=91/Freq2=209(83.6%)〕
② (예) [말을/이야기를] 꺼내다.
　　〔Text=32/Freq2=41(16.4%)〕

≪꺼지다≫전체빈도합=37(0.0020%)
꺼지다¹ 동 【Text=24/Freq1=35(94.6%)】
① ㉠ (예) [불꽃이/불이] 꺼지다.
　　〔Text=16/Freq2=24(68.6%)〕
　 ㉡ (예) 그가 무대 뒤로 꺼지다.
　　〔Text=1/Freq2=1(2.9%)〕
　 ㉢ (예) 꺼져 가는 듯한 소리.
　　〔Text=2/Freq2=2(5.7%)〕
② (예) 숨이 꺼지다. 〔×〕
③ (예) [발동이/엔진이] 꺼지다.
　　〔Text=3/Freq2=4(11.4%)〕
④ (예) 내 앞에서 썩 꺼져.
　　〔Text=4/Freq2=4(11.4%)〕
꺼지다² 동 【Text=2/Freq1=2(5.4%)】
① (예) 눈이 우묵하게 꺼지다.
　　〔Text=2/Freq2=2(100%)〕
② (예) [구들장이/소파가] 꺼지다. 〔×〕

≪꺾다≫전체빈도합=60(0.0032%)
꺾다 동 ☆☆★ 【Text=39/Freq1=60】
Ⅰ ① (예) [꽃을/줄기를] 꺾다.
　　〔Text=14/Freq2=24(40%)〕
② (예) 허리를 꺾으며 울다.
　　〔Text=9/Freq2=15(25%)〕
③ (예) 병풍을 꺾어 뒤집다.
　　〔Text=3/Freq2=4(6.7%)〕
④ ㉠ (예) 그의 [고집을/기를] 꺾다.

　　　　　　〔Text=11/Freq2=11(18.3%)〕
　ⓛ (예) 그가 자기 고집을 꺾다.
　　　　　　〔Text=2/Freq2=2(3.3%)〕
　⑤ (예) 경기에서 한국이 미국을 꺾다.
　　　　　　〔Text=1/Freq2=1(1.7%)〕
　Ⅱ (예) 방향을 오른편으로 꺾다.
　　　　　　〔Text=3/Freq2=3(5%)〕

≪꺾이다≫전체빈도합=18(0.0010%)

꺾이다 동　【Text=17/Freq1=18】
　① (예) [가지가/줄기가] 꺾이다.
　　　　　　〔Text=3/Freq2=4(22.2%)〕
　② ㉠ (예) 의욕이 꺾이다.
　　　　　　〔Text=4/Freq2=4(22.2%)〕
　　ⓛ (예) 엄마가 아이 고집 앞에 꺾이다.
　　　　　　〔Text=1/Freq2=1(5.6%)〕
　③ (예) [기세가/사기가/오기가] 꺾이다.
　　　　　　〔Text=5/Freq2=5(27.8%)〕
　④ (예) [골목이/길이] 왼쪽으로 꺾이다. 〔×〕
　⑤ (예) 차가 왼쪽으로 꺾여 올라가다. 〔×〕
　❻ (예) 등 뒤로 팔이 꺾이다.
　　　　　　〔Text=1/Freq2=1(5.6%)〕
　관<기가 꺾이다>　〔Text=1/Freq2=1(5.6%)〕
　관<풀이 꺾이다>　〔×〕
　관<한풀 꺾이다> 더위가 한풀 꺾이다.
　　　　　　〔Text=2/Freq2=2(11.1%)〕

≪껌≫전체빈도합=21(0.0011%)

껌 명　【Text=11/Freq1=21】
　⓪ (예) 껌을 씹다.

≪껍질≫전체빈도합=29(0.0016%)

껍질 명★☆★　【Text=25/Freq1=29】
　① (예) 알의 껍질./[사과/참외] 껍질.
　　　　　　〔Text=15/Freq2=15(51.7%)〕
　② (예) 짐승의 껍질을 벗겨 옷을 만들다.
　　　　　　〔Text=4/Freq2=4(13.8%)〕
　③ (예) 전깃줄의 껍질을 벗기다. 〔×〕
　④ (예) 의식의 껍질을 깨다.
　　　　　　〔Text=5/Freq2=6(20.7%)〕
　ⓧ 〔Text=1/Freq2=4(13.8%)〕

≪껴안다≫전체빈도합=30(0.0016%)

껴안다 동　【Text=23/Freq1=30】
　① (예) 아이를 껴안다.
　　　　　　〔Text=21/Freq2=28(93.3%)〕
　② (예) 고난을 체념으로 껴안다.
　　　　　　〔Text=1/Freq2=1(3.3%)〕

　③ (예) 삶의 짐을 홀로 껴안다. 〔×〕
　ⓧ 〔Text=1/Freq2=1(3.3%)〕

≪꼬다≫전체빈도합=19(0.0010%)

꼬다 동　【Text=10/Freq1=19】
　① (예) 실을 꼬아서 매다./새끼를 꼬다.
　　　　　　〔Text=3/Freq2=11(57.9%)〕
　② ㉠ (예) 아이가 지루해서 몸을 꼬다.
　　　　　　〔Text=4/Freq2=4(21.1%)〕
　　ⓛ (예) 다리를 꼬고 앉다.
　　　　　　〔Text=3/Freq2=4(21.1%)〕
　③ (예) [말을/말끝을] 비비 꼬다. 〔×〕

≪꼬리≫전체빈도합=37(0.0020%)

꼬리 명☆☆★　【Text=26/Freq1=37】
　① (예) 개가 꼬리를 흔들다.
　　　　　　〔Text=13/Freq2=17(45.9%)〕
　② (예) 새들이 배의 꼬리에 앉아 쉬다.
　　　　　　〔Text=3/Freq2=3(8.1%)〕
　③ (예) 이야기를 꼬리 부분만 전하다. 〔×〕
　④ (예) [범인의/사건의] 꼬리를 찾다.
　　　　　　〔Text=1/Freq2=1(2.7%)〕
　⑤ (예) [말의/생각의] 꼬리를 쫓다. 〔×〕
　⑥ (예) 거짓말쟁이라는 꼬리가 붙다.
　　　　　　〔Text=1/Freq2=1(2.7%)〕
　관<꼬리를 감추다> 소문이 꼬리를 감추다.
　　　　　　〔Text=1/Freq2=1(2.7%)〕
　관<꼬리를 달다>
　　굳이 한 마디 꼬리를 더 달다. 〔×〕
　관<꼬리를 [잇다/잇달다]>
　　　　　　〔Text=2/Freq2=2(5.4%)〕
　관<꼬리를 잡다>
　　[말의/범인의] 꼬리를 잡다. 〔×〕
　관<꼬리를 치다>
　　술집 여자가 그에게 꼬리를 치다. 〔×〕
　관<(꼬리에) 꼬리를 물다>
　　　　　　〔Text=7/Freq2=11(29.7%)〕
　ⓧ 〔Text=1/Freq2=1(2.7%)〕

≪꼬마≫전체빈도합=67(0.0036%)

꼬마 명　【Text=22/Freq1=67】
　① (예) 그 꼬마가 골목대장이 되다.
　　　　　　〔Text=17/Freq2=42(62.7%)〕
　② (예) 콩알만한 꼬마 주제에 덤비다.
　　　　　　〔Text=1/Freq2=1(1.5%)〕
　③ (예) 꼬마 [자동차/전구].
　　　　　　〔Text=7/Freq2=24(35.8%)〕

≪꼬집다≫ 전체빈도합=25(0.0013%)

꼬집다 동 【Text=15/Freq1=25】
① (예) [다리를/살을] 꼬집다.
〔Text=9/Freq2=18(72%)〕
② (예) 뭐라고 꼬집어 말할 수 없는 느낌.
〔Text=6/Freq2=6(24%)〕
③ (예) 학교 교육의 실태를 꼬집다.
〔Text=1/Freq2=1(4%)〕

≪꼭≫ 전체빈도합=447(0.0241%)

꼭^1 부 【Text=37/Freq1=51(11.4%)】
① (예) [가방을/손을] 꼭 잡다.
〔Text=29/Freq2=37(72.5%)〕
② (예) 문이 꼭 닫히다./눈을 꼭 감다. 〔Text=11/Freq2=11(21.6%)〕
③ (예) 방 안에 꼭 숨다. 〔×〕
④ (예) 스위치를 꼭 누르다.
〔Text=2/Freq2=2(3.9%)〕
⑤ (예) 흥분된 마음을 꼭 누르다.
〔Text=1/Freq2=1(2%)〕

꼭^2 부★★★ 【Text=141/Freq1=395(88.4%)】
① (예) 비밀을 꼭 지키다./꼭 있어야 할 사람.
〔Text=127/Freq2=303(76.7%)〕
② (예) 마음에 꼭 들다./크기가 꼭 맞다.
〔Text=19/Freq2=24(6.1%)〕
③ (예) 빈 집이 꼭 남의 집 같았다.
〔Text=25/Freq2=36(9.1%)〕
④ (예) 물건의 꼭 절반./꼭 한 달 남다.
〔Text=26/Freq2=32(8.1%)〕

꼭^x ? 【Text=1/Freq1=1(0.2%)】

≪꼭꼭≫ 전체빈도합=26(0.0014%)

꼭꼭^1 부 【Text=5/Freq1=7(26.9%)】
⓪ (예) 주말마다 등산을 꼭꼭 가다.

꼭꼭^2 부 【Text=14/Freq1=19(73.1%)】
① (예) 다리를 꼭꼭 누르다.
〔Text=6/Freq2=8(42.1%)〕
② (예) 집안 깊숙이 꼭꼭 숨다.
〔Text=9/Freq2=11(57.9%)〕

꼭꼭^3 부 【Text=0/Freq1=0】 ⓧ
⓪ (예) 닭이 "꼭꼭 꼬꾸댁"하고 울다. 〔×〕

≪꼭대기≫ 전체빈도합=30(0.0016%)

꼭대기 명 【Text=21/Freq1=30】
① (예) 탑의 꼭대기에 올라가다.
〔Text=20/Freq2=29(96.7%)〕
② (예) 동물 분류표의 맨 꼭대기.
〔Text=1/Freq2=1(3.3%)〕

≪꼴≫ 전체빈도합=72(0.0039%)

꼴^1 명★☆★ 【Text=40/Freq1=67(93.1%)】
Ⅰ ① (예) 기역자 꼴./비를 맞은 꼴이 우습다.
〔Text=15/Freq2=17(25.4%)〕
②<꼴에> (예) 꼴에 비싼 것만 찾다.
〔Text=1/Freq2=1(1.5%)〕
Ⅱ (예) 더러운 꼴을 당하다./거드름 피우는 꼴을 보다. 〔Text=23/Freq2=35(52.2%)〕
관<꼴 같지 않다> 〔×〕
관<꼴 좋다> 〔×〕
관<꼴(도) 보기 싫다>
〔Text=1/Freq2=1(1.5%)〕
관<-는 [꼴이다/꼴이 되다]>
밑 빠진 독에 물 붓는 꼴이다.
〔Text=11/Freq2=13(19.4%)〕

꼴^2 명 【Text=2/Freq1=2(2.8%)】
⓪ (예) 소 먹일 꼴을 베다.

꼴^3 명의 【Text=3/Freq1=3(4.2%)】
⓪ (예) 이틀에 한 번 꼴로 만나다.

≪꼼꼼하다≫ 전체빈도합=19(0.0010%)

꼼꼼하다 형 【Text=11/Freq1=19】
⓪ (예) 꼼꼼한 성격./꼼꼼하게 보다.

≪꼼짝≫ 전체빈도합=32(0.0017%)

꼼짝 부 【Text=24/Freq1=32】
① (예) 방 안에서 꼼짝도 하지 않다.
〔Text=11/Freq2=15(46.9%)〕
② (예) 쥐가 나서 꼼짝을 할 수 없다.
〔Text=5/Freq2=6(18.8%)〕
관<꼼짝(을) 못하다>
〔Text=10/Freq2=11(34.4%)〕

≪꼽다≫ 전체빈도합=20(0.0011%)

꼽다 동 【Text=16/Freq1=20】
Ⅰ ① (예) [손가락을/손을] 꼽아 수를 세다.
〔Text=2/Freq2=2(10%)〕
② (예) 손으로 [날을/날짜를] 꼽다. 〔×〕
Ⅱ (예) 시급한 문제로 여성 문제를 꼽다.
〔Text=15/Freq2=18(90%)〕

≪꽁꽁≫ 전체빈도합=17(0.0009%)

꽁꽁 부 【Text=15/Freq1=17】
① (예) [길이/얼음이] 꽁꽁 얼다.
〔Text=7/Freq2=8(47.1%)〕
② (예) 꽁꽁 [묶다/잠그다].

　　　　〔Text=8/Freq2=9(52.9%)〕
　③ (예) 방 안에 꽁꽁 숨다. 〔×〕
　④ (예) [종이를/수건을] 꽁꽁 뭉치다. 〔×〕
　⑤ (예) 꽁꽁 막힌 녀석. 〔×〕

≪꽂다≫전체빈도합=58(0.0031%)

꽂다 동 ★☆★　【Text=30/Freq1=58】
　① (예) 정상에 깃발을 꽂다.
　　　　〔Text=15/Freq2=21(36.2%)〕
　② (예) [책꽂이에 책을/코드를] 꽂다.
　　　　〔Text=19/Freq2=32(55.2%)〕
　③ (예) 머리에 [비녀를/핀을] 꽂다.
　　　　〔Text=3/Freq2=3(5.2%)〕
　⑤ (예) 그림에 [눈길을/시선을] 꽂다.
　　　　〔Text=2/Freq2=2(3.4%)〕

≪꽂히다≫전체빈도합=26(0.0014%)

꽂히다 동　【Text=18/Freq1=26】
　① (예) 팔에 꽂힌 주사 바늘.
　　　　〔Text=6/Freq2=7(26.9%)〕
　② (예) 꽃병에 꽃이 꽂히다.
　　　　〔Text=13/Freq2=16(61.5%)〕
　③ (예) 머리에 꽂힌 [비녀/핀].
　　　　〔Text=1/Freq2=1(3.8%)〕
　④ (예) [눈길이/시선이] 그림에 꽂히다.
　　　　〔Text=1/Freq2=1(3.8%)〕
　ⓧ 〔Text=1/Freq2=1(3.8%)〕

≪꽃≫전체빈도합=441(0.0237%)

꽃 명 ★★★　【Text=100/Freq1=441】
　① ㉠ (예) 노란 꽃이 피다.
　　　　〔Text=66/Freq2=227(51.5%)〕
　　ㄴ (예) 꽃병에 꽃을 꽂다.
　　　　〔Text=38/Freq2=94(21.3%)〕
　　ㄷ (예) 꽃과 채소를 가꾸다.
　　　　〔Text=38/Freq2=107(24.3%)〕
　② (예) 고향은 추억의 꽃이다.
　　　　〔Text=10/Freq2=11(2.5%)〕
　관<꽃 같은> 〔×〕
　관<꽃(이) 피다> 웃음의 꽃이 피다.
　　　　〔Text=1/Freq2=2(0.5%)〕

≪꽃밭≫전체빈도합=35(0.0019%)

꽃밭 명　【Text=17/Freq1=35】
　① (예) 꽃밭에 씨를 뿌리다.
　　　　〔Text=17/Freq2=35(100%)〕
　② (예) 우리 과는 여학생이 많아 꽃밭이다. 〔×〕

≪꽃씨≫전체빈도합=44(0.0024%)

꽃씨 명　【Text=10/Freq1=44】
　⓪ (예) 꽃씨를 [뿌리다/심다].

≪꽃잎≫전체빈도합=31(0.0017%)

꽃잎 명　【Text=16/Freq1=31】
　⓪ (예) 꽃잎이 [떨어지다/시들다].

≪꽉≫전체빈도합=40(0.0022%)

꽉 부 ★☆☆　【Text=29/Freq1=40】
　① (예) 꽉 움켜잡다./입을 꽉 다물다.
　　　　〔Text=10/Freq2=15(37.5%)〕
　② (예) 꽉 막힌 지하./꽉 짜인 일과.
　　　　〔Text=21/Freq2=25(62.5%)〕

≪꽤≫전체빈도합=129(0.0069%)

꽤 부 ★★★　【Text=79/Freq1=129】 54)
　❶ (예) 날씨가 꽤 춥다.
　　　　〔Text=44/Freq2=68(52.7%)〕
　❷ (예) 나이를 꽤 먹다./시간이 꽤 걸리다.
　　　　〔Text=25/Freq2=28(21.7%)〕
　❸ (예) 일을 꽤 빨리 하다./꽤 멀리
　　　날아가다. 〔Text=18/Freq2=20(15.5%)〕
　❹ (예) 꽤 여러 가지이다./꽤 오랜 시간.
　　　　〔Text=8/Freq2=9(7%)〕
　❺ (예) 꽤 [볼/쓸/읽을] 만하다.
　　　　〔Text=2/Freq2=2(1.6%)〕
　ⓧ 〔Text=2/Freq2=2(1.6%)〕

≪꾀≫전체빈도합=26(0.0014%)

꾀 명　【Text=19/Freq1=26】
　① (예) 아이가 좋은 꾀를 내다.
　　　　〔Text=10/Freq2=12(46.2%)〕
　② (예) 재물을 탐하여 나쁜 꾀를 쓰다.
　　　　〔Text=10/Freq2=14(53.8%)〕

≪꾸다≫전체빈도합=59(0.0032%)

꾸다[1] 동 ☆★★　【Text=35/Freq1=52(88.1%)】
　⓪ (예) 간밤에 무서운 꿈을 꾸다.
　　　　〔Text=26/Freq2=37(71.2%)〕
　관<꿈도 못 꾸다> 유학은 꿈도 못 꾸다.
　　　　〔Text=3/Freq2=3(5.8%)〕
　관<꿈(을) 꾸다> 의사를 꿈 꾸다.

---

54) 『연세 한국어 사전』에서는 '꽤'가 단일 의미로 기술되어 있는데, 여기서는 실제의 쓰임에 따라서 그 용법을 상세히 기술한다.

〔Text=9/Freq2=12(23.1%)〕

꾸다² 동 【Text=4/Freq1=7(11.9%)】
　⓪ (예) [돈을/연탄을] 꾸어다 쓰다.
　　　〔Text=3/Freq2=5(71.4%)〕
　❶ (예) 외국말에서 꿔 온 말.
　　　〔Text=1/Freq2=2(28.6%)〕
　관 <꾸어다 놓은 보릿자루> 〔×〕

≪꾸리다≫전체빈도합=28(0.0015%)
꾸리다 동 【Text=22/Freq1=28】
　① (예) [옷가지를/짐을] 꾸리다.
　　　〔Text=3/Freq2=3(10.7%)〕
　② (예) [가게를/살림을] 꾸려 나가다.
　　　〔Text=20/Freq2=24(85.7%)〕
　⊗ 〔Text=1/Freq2=1(3.6%)〕

≪꾸미다≫전체빈도합=281(0.0151%)
꾸미다 동★★★ 【Text=66/Freq1=281】
　Ⅰ ① (예) 몸을 예쁘게 꾸미다.
　　　　　〔Text=26/Freq2=49(17.4%)〕
　　② (예) 행복한 가정을 꾸미다.
　　　　　〔Text=15/Freq2=20(7.1%)〕
　　③ (예) 음모를 꾸미다.
　　　　　〔Text=5/Freq2=6(2.1%)〕
　　④ (예) 이야기를 꾸며서 말하다.
　　　　　〔Text=22/Freq2=164(58.4%)〕
　　⑤ (예) 차림을 거지처럼 꾸미다.
　　　　　〔Text=2/Freq2=5(1.8%)〕
　　⑥ (예) [서류를/조서를] 꾸미다.
　　　　　〔Text=8/Freq2=10(3.6%)〕
　Ⅱ (예) 본 것을 이야기로 꾸며서 엮다./교실을 무대로 꾸미다. 〔Text=19/Freq2=27(9.6%)〕

≪꾸준히≫전체빈도합=41(0.0022%)
꾸준히 부 【Text=26/Freq1=41】
　⓪ (예) 한 푼 두 푼 꾸준히 저축하다.

≪꾸중≫전체빈도합=31(0.0017%)
꾸중 명 【Text=18/Freq1=31】
　⓪ (예) 선생님에게 꾸중을 듣다.
　　　〔Text=12/Freq2=19(61.3%)〕
　❶ (예) 선생님께서 꾸중을 하시다.
　　　〔Text=9/Freq2=12(38.7%)〕

≪꾸짖다≫전체빈도합=29(0.0016%)
꾸짖다 동 【Text=19/Freq1=29】
　⓪ (예) [아이를/잘못을] 꾸짖다.

≪꾹≫전체빈도합=24(0.0013%)

꾹 부 【Text=18/Freq1=24】
　① (예) 등을 꾹 찌르다./두 눈을 꾹 감다./모자를 꾹 눌러 쓰다.
　　　〔Text=5/Freq2=8(33.3%)〕
　② (예) [울음을/화를] 꾹 참고 견디다.
　　　〔Text=14/Freq2=16(66.7%)〕
　③ (예) 방 안에 꾹 틀어박히다. 〔×〕

≪꿀≫전체빈도합=19(0.0010%)
꿀 명☆☆★ 【Text=9/Freq1=19】
　⓪ (예) 떡을 꿀에 찍어 먹다.
　　　〔Text=9/Freq2=19(100%)〕
　관 <꿀 먹은 벙어리> 〔×〕

≪꿇다≫전체빈도합=34(0.0018%)
꿇다 동 【Text=19/Freq1=34】
　① (예) 무릎을 꿇고 앉다.
　　　〔Text=19/Freq2=34(100%)〕
　② (예) 한 학년을 꿇다. 〔×〕
　관 <무릎을 꿇다> 결승전에서 한국에 무릎을 꿇다. 〔×〕

≪꿈≫전체빈도합=380(0.0205%)
꿈 명★★★ 【Text=107/Freq1=380】
　① (예) 밤마다 아버지의 꿈을 꾸다.
　　　〔Text=55/Freq2=119(31.3%)〕
　② (예) 꿈 많은 젊은이.
　　　〔Text=77/Freq2=255(67.1%)〕
　관 <꿈 깨다> 합격? 꿈 깨라.
　　　〔Text=1/Freq2=1(0.3%)〕
　관 <꿈도 [꾸지 않다/못 꾸다]> 합격은 꿈도 꾸지 않다. 〔Text=4/Freq2=4(1.1%)〕
　관 <꿈이냐 생시냐>/<꿈인가 생시인가>
　　　〔Text=1/Freq2=1(0.3%)〕

≪꿈꾸다≫전체빈도합=37(0.0020%)
꿈꾸다 동 【Text=26/Freq1=37】
　⓪ (예) 행복한 생활을 꿈꾸다.
　　　〔Text=22/Freq2=32(86.5%)〕
　❶ (예) 자면서 꿈꾸는 것 같은 표정.
　　　〔Text=4/Freq2=4(10.8%)〕
　⊗ 〔Text=1/Freq2=1(2.7%)〕

≪꿩≫전체빈도합=13(0.0007%)
꿩 명☆☆★ 【Text=10/Freq1=13】
　⓪ (예) 꿩이 날아가다./꿩 사냥.
　　　〔Text=7/Freq2=10(76.9%)〕
　관 <꿩 구워 먹은 소식>

〔Text=1/Freq2=1(7.7%)〕
[관]<꿩 대신 닭> 〔Text=2/Freq2=2(15.4%)〕
[관]<꿩 먹고 알 먹다> 〔×〕

≪**꿰다**≫전체빈도합=26(0.0014%)

꿰다 [동] **【Text=18/Freq1=26】**
Ⅰ (예) 구슬을 실에 꿰다.
〔Text=7/Freq2=14(53.8%)〕
Ⅱ ① (예) 보퉁이를 막대기에 꿰다.
〔Text=4/Freq2=4(15.4%)〕
② (예) [구두를 발에/젖은 몸에 옷을] 꿰다. 〔Text=4/Freq2=4(15.4%)〕
Ⅲ (예) 동네 집들을 소상히 꿰다.
〔Text=3/Freq2=3(11.5%)〕
ⓧ 〔Text=1/Freq2=1(3.8%)〕

≪**끄다**≫전체빈도합=71(0.0038%)

끄다 [동]★★★ **【Text=37/Freq1=71】**
① (예) [불을/촛불을] 끄다.
〔Text=11/Freq2=16(22.5%)〕
② (예) [실내등을/외등을] 끄다.
〔Text=18/Freq2=29(40.8%)〕
③ (예) [라디오를/시동을] 끄다.
〔Text=12/Freq2=23(32.4%)〕
⑤ (예) [받은 숨을/화를] 끄다.
〔Text=1/Freq2=1(1.4%)〕
[관]<[발등에/발등의] 불을 끄다>
〔Text=2/Freq2=2(2.8%)〕

≪**끄덕이다**≫전체빈도합=87(0.0047%)

끄덕이다 [동] **【Text=40/Freq1=87】**
① (예) 알았다는 듯 고개를 끄덕이다.
〔Text=12/Freq2=13(14.9%)〕
② (예) 삼촌 이름만 대면 누구나 고개를 끄덕이다. 〔Text=22/Freq2=40(46%)〕
❸ (예) 그의 불행한 처지에 모두 고개만 끄덕이다. 〔Text=22/Freq2=34(39.1%)〕

≪**끈**≫전체빈도합=32(0.0017%)

끈 [명]★☆☆ **【Text=17/Freq1=32】**
① (예) 속치마 끈/구두의 끈을 매다.
〔Text=11/Freq2=16(50%)〕
② (예) 세상과의 끈을 끊고 살다.
〔Text=5/Freq2=8(25%)〕
❸ (예) 이야기의 끈을 잇다.
〔Text=2/Freq2=8(25%)〕

≪**끈질기다**≫전체빈도합=23(0.0012%)

끈질기다 [형] **【Text=19/Freq1=23】**
① (예) 줄기가 끈질기다. 〔×〕
② (예) 끈질기게 쫓아오다./끈질긴 놈.
〔Text=19/Freq2=23(100%)〕

≪**끊기다**≫전체빈도합=17(0.0009%)

끊기다 [동] **【Text=14/Freq1=17】**
① (예) [대열이/철로가] 끊기다.
〔Text=2/Freq2=2(11.8%)〕
②㉠ (예) 집안의 대가 끊기다.
〔Text=1/Freq2=1(5.9%)〕
㉡ (예) [소식이/지원이] 끊기다.
〔Text=4/Freq2=6(35.3%)〕
③ (예) [대화가/말이] 끊기다.
〔Text=1/Freq2=1(5.9%)〕
④ (예) 전화가 뚝 끊기다.
〔Text=3/Freq2=3(17.6%)〕
⑤ (예) [교통이/막차가] 끊기다. 〔×〕
⑥ (예) [생명이/숨이] 끊기다. 〔×〕
⑦ (예) 마을이 끊기고 비탈길이 나서다.
〔Text=1/Freq2=1(5.9%)〕
⑧ (예) 인적이 끊기다.
〔Text=1/Freq2=1(5.9%)〕
❾ (예) [수도가/전기가] 끊기다.
〔Text=2/Freq2=2(11.8%)〕
[관]<길이 끊기다> 〔×〕
[관]<발길이 끊기다> 〔×〕

≪**끊다**≫전체빈도합=115(0.0062%)

끊다 [동]★★★ **【Text=61/Freq1=115】**
① (예) 실을 가위로 끊다.
〔Text=13/Freq2=19(16.5%)〕
②㉠ (예) [관계를/인연을] 끊다.
〔Text=6/Freq2=8(7%)〕
㉡ (예) 연락을 끊고 살다.
〔Text=5/Freq2=6(5.2%)〕
㉢ (예) [담배를/술을] 끊다.
〔Text=5/Freq2=9(7.8%)〕
③ (예) [말을/이야기를] 일단 끊다.
〔Text=4/Freq2=5(4.3%)〕
④ (예) 전화를 끊다.
〔Text=24/Freq2=51(44.3%)〕
⑤ (예) [대답을/말을] 또박또박 끊다.
〔Text=1/Freq2=1(0.9%)〕
⑥ (예) 매표구에서 표를 끊다.
〔Text=4/Freq2=6(5.2%)〕
⑦ (예) [무명을/옷감을] 끊어다 옷을 짓다. 〔×〕
⑧ (예) 목숨을 끊다. 〔Text=4/Freq2=4(3.5%)〕

[관]<길을 끊다> 〔×〕
[관]<맺고 끊다> 〔×〕
[관]<[발걸음을/발길을/발을] 끊다>
〔Text=1/Freq2=1(0.9%)〕
[관]<손을 끊다> 노름에서 손을 끊다.
〔Text=2/Freq2=4(3.5%)〕
[관]<스타트를 끊다> 〔×〕
[관]<신경을 끊다> 〔×〕
ⓧ 〔Text=1/Freq2=1(0.9%)〕

≪**끊어지다**≫전체빈도합=36(0.0019%)

끊어지다 [동] **【Text=28/Freq1=36】**
① (예) [끈이/다리가] 끊어지다.
〔Text=8/Freq2=10(27.8%)〕
② (예) [발길이/소식이] 끊어지다.
〔Text=15/Freq2=16(44.4%)〕
③ (예) 전화가 끊어지다.
〔Text=1/Freq2=1(2.8%)〕
④ (예) 배편이 끊어지다.
〔Text=1/Freq2=2(5.6%)〕
⑤ (예) 숨이 끊어지다.
〔Text=5/Freq2=5(13.9%)〕
❻ (예) 전구가 끊어지다.
〔Text=2/Freq2=2(5.6%)〕

≪**끊임없다**≫전체빈도합=15(0.0008%)

끊임없다 [형] **【Text=11/Freq1=15】**
⓪ (예) 끊임없는 [관심/노력].

≪**끊임없이**≫전체빈도합=72(0.0039%)

끊임없이 [부] **【Text=43/Freq1=72】**
⓪ (예) 사건들이 끊임없이 일어나다.

≪**끌다**≫전체빈도합=143(0.0077%)

끌다 [동]★★★ **【Text=83/Freq1=143】**
① (예) 아이가 아버지의 소매를 끌다.
〔Text=21/Freq2=27(18.9%)〕
② (예) 두 사람을 끌고 파출소로 가다.
〔Text=23/Freq2=36(25.2%)〕
③ ㉠ (예) 차를 끌고 나오다./소가 끄는 달구지. 〔Text=12/Freq2=17(11.9%)〕
㉡ (예) 트럭을 끌어서 돈을 벌다. 〔×〕
④ ㉠ (예) [마음을/흥미를] 끌다.
〔Text=15/Freq2=18(12.6%)〕
㉡ (예) [눈길을/이목을] 끌다.
〔Text=10/Freq2=11(7.7%)〕
⑤ (예) 손님을 끌기 위한 경쟁.
〔Text=5/Freq2=6(4.2%)〕
⑥ (예) [물을/지하수를] 끌어다 쓰다. 〔×〕
⑦ (예) 아무 때나 끌어다 [대는/붙이는] 상투적인 표현. 〔Text=2/Freq2=2(1.4%)〕
⑧ (예) 급전을 끌어다 쓰다. 〔×〕
⑨ (예) 목소리를 길게 끌며 말하다.
〔Text=1/Freq2=1(0.7%)〕
⑩ (예) 나무가 그림자를 길게 끌고 서다.
〔Text=3/Freq2=5(3.5%)〕
⑪ ㉠ (예) [셈을/얘기를] 질질 끌다.
〔Text=2/Freq2=2(1.4%)〕
㉡ (예) 오랜 시간을 끌다. 〔×〕
⑫ (예) [신발/치맛자락] 끄는 소리가 나다.
〔Text=6/Freq2=8(5.6%)〕
⑬ (예) 친구들을 다 끌고 나오다.
〔Text=5/Freq2=8(5.6%)〕
⓮ (예) 아픈 몸을 끌고 오다.
〔Text=1/Freq2=1(0.7%)〕
[관]<사람을 끌다> 사람을 끄는 매력.
〔Text=1/Freq2=1(0.7%)〕

≪**끌려가다**≫전체빈도합=30(0.0016%)

끌려가다 [동] **【Text=22/Freq1=30】**
① (예) 주인이 개에게 끌려가듯 하다.
〔Text=4/Freq2=4(13.3%)〕
② (예) 노인이 순사에게 끌려가다.
〔Text=18/Freq2=26(86.7%)〕

≪**끌리다**≫전체빈도합=31(0.0017%)

끌리다 [동] **【Text=26/Freq1=31】**
① (예) 쇠구슬이 자석에 끌리다.
〔Text=1/Freq2=1(3.2%)〕
② (예) 그에게 끌려 집으로 들어가다.
〔Text=12/Freq2=13(41.9%)〕
③ (예) 바지가 땅에 질질 끌리다.
〔Text=4/Freq2=5(16.1%)〕
④ (예) [마음이/아가씨에게] 끌리다.
〔Text=10/Freq2=12(38.7%)〕

≪**끌어당기다**≫전체빈도합=17(0.0009%)

끌어당기다 [동] **【Text=10/Freq1=17】**
① (예) 접시를 제 쪽으로 끌어당기다.
〔Text=10/Freq2=14(82.4%)〕
② (예) 턱을 끌어당기다. 〔×〕
③ (예) 그를 우리 편으로 끌어당기다. 〔×〕
④ (예) [눈길을/시선을] 끌어당기다.
〔Text=1/Freq2=3(17.6%)〕

≪**끌어들이다**≫전체빈도합=26(0.0014%)

끌어들이다 동 【Text=18/Freq1=26】
　① (예) 이삿짐을 방으로 끌어들이다.
　　　〔Text=2/Freq2=3(11.5%)〕
　② (예) 냇물을 끌어들여 빨래를 하다.
　　　〔Text=6/Freq2=10(38.5%)〕
　③ (예) 자기 [계에/학원으로] 끌어들이다.
　　　〔×〕
　④ (예) 친구를 싸움에 끌어들이다.
　　　〔Text=1/Freq2=1(3.8%)〕
　⑤ ㉠ (예) 일본군을 끌어들여 청군을 치게
　　　하다. 〔Text=5/Freq2=6(23.1%)〕
　　㉡ (예) 논문에 새 이론을 끌어들이다.
　　　〔Text=3/Freq2=3(11.5%)〕
　⑥ (예) [돈을/투자를] 끌어들이다. 〔×〕
　⑦ (예) 사람을 끌어들이는 매력.
　　　〔Text=3/Freq2=3(11.5%)〕

≪끓다≫전체빈도합=22(0.0012%)

끓다¹ 동 ☆☆★ 【Text=18/Freq1=22(100%)】
　Ⅰ ① (예) [국이/물이] 끓다.
　　　〔Text=11/Freq2=14(63.6%)〕
　　② (예) [구들장이/방이] 절절 끓다. 〔×〕
　Ⅱ ① (예) 온몸이 열에 끓다.
　　　〔Text=1/Freq2=1(4.5%)〕
　　② (예) [동정심이/울화가] 끓다.
　　　〔Text=4/Freq2=4(18.2%)〕
　　③ (예) 배가 부글부글 끓다.
　　　〔Text=1/Freq2=1(4.5%)〕
　　④ (예) 가래가 끓다. 〔×〕
　㋳ <속이 끓다> 〔×〕
　㋳ <피가 끓다> 〔Text=1/Freq2=1(4.5%)〕
　ⓧ 〔Text=1/Freq2=1(4.5%)〕

끓다² 동 【Text=0/Freq1=0】 ⓧ
　⓪ (예) 장터가 사람들로 끓다./인파가 끓다.
　　　〔×〕

≪끓이다≫전체빈도합=61(0.0033%)

끓이다 동 ★★★ 【Text=30/Freq1=61】
　① (예) 커피를 마시려고 물을 끓이다.
　　　〔Text=6/Freq2=7(11.5%)〕
　② (예) 미역국을 끓이다.
　　　〔Text=27/Freq2=53(86.9%)〕
　㋳ <속을 끓이다> 부모의 속을 끓이다.
　　　〔Text=1/Freq2=1(1.6%)〕

≪끔찍하다≫전체빈도합=31(0.0017%)

끔찍하다 형 【Text=24/Freq1=31】
　① (예) 끔찍하게 많은 빈대들. 〔×〕
　② (예) 끔찍한 [범죄를/죄를] 저지르다.
　　　〔Text=23/Freq2=30(96.8%)〕
　③ (예) 아이를 끔찍하게 위하다.
　　　〔Text=1/Freq2=1(3.2%)〕

≪끝≫전체빈도합=446(0.0240%)

끝 명 ★★★ 【Text=150/Freq1=446】
　Ⅰ ① (예) [마을의/봄의 끝].
　　　〔Text=59/Freq2=111(24.9%)〕
　　② (예) 바늘의 끝처럼 날카롭다.
　　　〔Text=46/Freq2=76(17%)〕
　　③ (예) 우리 관계도 이걸로 끝이다.
　　　〔Text=75/Freq2=141(31.6%)〕
　Ⅱ <끝에> (예) [고생/실패를 거듭한] 끝에
　　　성공하다. 〔Text=47/Freq2=64(14.4%)〕
　㋳ <끝까지> 어디, 끝까지 해 보자.
　　　〔Text=26/Freq2=35(7.8%)〕
　㋳ <끝을 보다> 시작했으면 끝을 보다.
　　　〔Text=1/Freq2=1(0.2%)〕
　ⓧ 〔Text=4/Freq2=18(4%)〕

≪끝나다≫전체빈도합=416(0.0224%)

끝나다 동 ★★★ 【Text=153/Freq1=416】
　Ⅰ ① (예) 일이 끝나다.
　　　〔Text=120/Freq2=273(65.6%)〕
　　② (예) [학기가/휴가가] 끝나다.
　　　〔Text=46/Freq2=67(16.1%)〕
　　③ (예) [학교가/회사가] 끝나다.
　　　〔Text=19/Freq2=26(6.3%)〕
　　④ (예) [길이/도로가] 끝나는 지점.
　　　〔Text=7/Freq2=7(1.7%)〕
　　⑤ (예) 그들의 관계가 끝나다.
　　　〔Text=3/Freq2=3(0.7%)〕
　　⑥ (예) 인제 다 끝난 [얘기/일]이다.
　　　〔Text=7/Freq2=10(2.4%)〕
　　⑦ (예) 다 끝난 인생이다.
　　　〔Text=4/Freq2=4(1%)〕
　Ⅱ (예) 번호가 1이나 2로 끝나다.
　　　〔Text=23/Freq2=25(6%)〕
　ⓧ 〔Text=1/Freq2=1(0.2%)〕

≪끝내≫전체빈도합=69(0.0037%)

끝내 부 【Text=41/Freq1=69】
　① (예) 끝내 [말이 없다/모른 척하다].
　　　〔Text=26/Freq2=35(50.7%)〕
　② (예) 참다못해 끝내 [울다/죽다].

〔Text=22/Freq2=34(49.3%)〕

≪끝내다≫ 전체빈도합=101(0.0054%)

끝내다 동★★★ 【Text=69/Freq1=101】
　⓪ (예) [공사를/수속을] 끝내다.
　　〔Text=61/Freq2=90(89.1%)〕
　❶ (예) [관계를/학기를] 끝내다.
　　〔Text=7/Freq2=7(6.9%)〕
　ⓧ 〔Text=4/Freq2=4(4%)〕

≪끝없다≫ 전체빈도합=16(0.0009%)

끝없다 형 【Text=13/Freq1=16】
　⓪ (예) 머릿속을 스치는 끝없는 상념.

≪끝없이≫ 전체빈도합=25(0.0013%)

끝없이 부 【Text=21/Freq1=25】
　⓪ (예) 끝없이 계속되는 이야기.
　　/눈물이 끝없이 터져 나오다.

≪끼≫ 전체빈도합=35(0.0019%)

끼¹ 명 【Text=0/Freq1=0】 ⓧ
　⓪ (예) 끼가 발동하다./끼를 [가지다/발휘하다].
끼² 명의 【Text=15/Freq1=33(94.3%)】
　⓪ (예) 하루 세 끼 식사./밥 한 끼 굶다.
끼⁰ 명 【Text=1/Freq1=2(5.7%)】
　❶ (예) 변비 끼가 있다.

≪끼니≫ 전체빈도합=24(0.0013%)

끼니 명 【Text=18/Freq1=24】
　⓪ (예) 끼니를 [거르다/때우다/잇다].

≪끼다≫ 전체빈도합=142(0.0076%)

끼다¹ 동★★★ 【Text=49/Freq1=73(51.4%)】
　① (예) 가방을 옆구리에 끼고 뛰어가다.
　　〔Text=7/Freq2=7(9.6%)〕
　② (예) 남편과 팔짱을 끼고 걷다.
　　〔Text=8/Freq2=9(12.3%)〕
　③ (예) 홀로 [깍지를/팔짱을] 끼고 우두커니 서다. 〔Text=7/Freq2=8(11%)〕
　④ (예) [시계를/안경을/장갑을] 끼다.
　　〔Text=18/Freq2=25(34.2%)〕
　⑤㉠ (예) 산비탈을 끼고 내려가다.
　　〔Text=17/Freq2=20(27.4%)〕
　　㉡ (예) 다리에 전기난로를 끼고 앉다.
　　〔Text=2/Freq2=2(2.7%)〕
　　㉢ (예) 추석을 끼고 며칠 동안. 〔×〕

　⑥ (예) 정권을 끼고 정부 공사를 독점하다. 〔×〕
　⑦ (예) 아들을 오래 곁에 끼고 있다.
　　〔Text=2/Freq2=2(2.7%)〕
　⑧ (예) 술집 작부를 끼고 돌아다니다. 〔×〕
　관 <끼고 돌다> 막내를 끼고 돌다. 〔×〕
　관 <끼고 살다> 책만 끼고 살다. 〔×〕
끼다² 동 【Text=22/Freq1=28(19.7%)】
　① (예) [먹구름이/안개가] 끼다.
　　〔Text=6/Freq2=7(25%)〕
　②㉠ (예) [서리가/성에가] 끼다. 〔×〕
　　㉡ (예) [녹이/이끼가] 끼다.
　　〔Text=5/Freq2=6(21.4%)〕
　　㉢ (예) [눈곱이/때가/먼지가] 끼다.
　　〔Text=7/Freq2=8(28.6%)〕
　③ (예) 멀건 서슬이 낀 여자의 눈./북풍 기운이 낀 바람. 〔Text=2/Freq2=2(7.1%)〕
　④ (예) 역마살이 끼다. 〔×〕
　⑤ (예) 살얼음이 끼다.
　　〔Text=1/Freq2=1(3.6%)〕
　❻ (예) 얼굴에 기미가 끼다.
　　〔Text=3/Freq2=4(14.3%)〕
끼다³ 동 【Text=21/Freq1=26(18.3%)】 55)
　❶ (예) [소파에/중간에] 끼어 앉다.
　　〔Text=1/Freq2=1(3.8%)〕
　❷ (예) 구경꾼들 틈에 끼다.
　　〔Text=12/Freq2=12(46.2%)〕
　❸ (예) [싸움판에/중간에] 끼어 훼방하다.
　　〔Text=4/Freq2=5(19.2%)〕
　❹ (예) [노인 축에/열강의 틈에] 끼다.
　　〔Text=6/Freq2=8(30.8%)〕
끼다⁴ 동 【Text=1/Freq1=1(0.7%)】
　⓪ (예) 옷을 몸에 꼭 끼게 입다.
끼다⁵ 동 【Text=3/Freq1=3(2.1%)】
　⓪ (예) 문틈에 [다리가/옷자락이] 끼다.
끼다⁶ 동 【Text=1/Freq1=1(0.7%)】
　⓪ (예) 책장 사이에 끼어 둔 사진.
　　/꼬챙이에 낀 가래떡.
끼다⁰ 동 【Text=1/Freq1=10(7%)】
　❶ (예) 방귀를 끼다(='뀌다'의 구어 실현형).

≪끼리≫ 전체빈도합=155(0.0083%)

-끼리 접★★☆ 【Text=86/Freq1=155】
　⓪ (예) [가족/여자/우리]끼리.

---

55) 『연세 한국어 사전』에서는 '끼다³'가 "'끼이다²'의 준말"이라고만 기술되어 있는데, 여기서는 '끼이다'의 의미 구분에 따라 상세히 기술한다.

≪끼어들다≫ 전체빈도합=16(0.0009%)

끼어들다 동 【Text=12/Freq1=16】
① (예) 벽틈에 끼어들다.
〔Text=1/Freq2=1(6.3%)〕
② (예) [이야기에/화투판에] 끼어들다.
〔Text=6/Freq2=8(50%)〕
③ (예) 다른 사람들 수작에 끼어들다.
〔Text=3/Freq2=5(31.3%)〕
④ (예) 말에 폭력성이 끼어들다.
〔Text=2/Freq2=2(12.5%)〕

≪끼여들다≫ 전체빈도합=15(0.0008%)

끼여들다 동 【Text=14/Freq1=15】
① (예) 벽틈에 끼여들다. 〔×〕
② (예) [이야기에/화투판에] 끼여들다.
〔Text=7/Freq2=7(46.7%)〕
③ (예) 다른 사람들 수작에 끼여들다.
〔Text=3/Freq2=3(20%)〕
④ (예) 말에 폭력성이 끼여들다.
〔Text=4/Freq2=5(33.3%)〕

≪끼우다≫ 전체빈도합=43(0.0023%)

끼우다¹ 동 ★☆☆ 【Text=28/Freq1=36(83.7%)】
Ⅰ ① ㉠ (예) 액자에 유리를 끼우다.
〔Text=9/Freq2=12(33.3%)〕
㉡ (예) [뚜껑을/클립을] 끼우다.
〔Text=4/Freq2=6(16.7%)〕
㉢ (예) 막대기에 고구마를 끼워 굽다.
〔Text=1/Freq2=1(2.8%)〕
㉣ (예) 부속을 갈아 끼우다./보석을 끼운 반지. 〔Text=7/Freq2=8(22.2%)〕
② ㉠ (예) 놀이에 끼워 주다.
〔Text=5/Freq2=5(13.9%)〕
㉡ (예) 소파를 끼워 팔다./주말을 끼워 휴가를 가다. 〔Text=1/Freq2=2(5.6%)〕
Ⅱ (예) 단추를 끼우다. 〔×〕
ⓧ 〔Text=2/Freq2=2(5.6%)〕

끼우다² 동 【Text=3/Freq1=7(16.3%)】
⓪ (예) [손에/아이에게] [반지를/장갑을] 끼우다.

≪끼치다≫ 전체빈도합=55(0.0030%)

끼치다¹ 동 ★☆☆ 【Text=36/Freq1=50(90.9%)】
① (예) 해를 끼치다.
〔Text=15/Freq2=16(32%)〕
② (예) 부모에게 [걱정을/수고를] 끼치다.
〔Text=4/Freq2=4(8%)〕
③ (예) 한국 문단에 끼친 공로. 〔×〕
관<영향을 끼치다>

〔Text=19/Freq2=30(60%)〕

끼치다² 동 【Text=4/Freq1=5(9.1%)】
① (예) 소름이 쫙 끼치다.
〔Text=4/Freq2=5(100%)〕
② (예) [냄새가/비린내가] 끼치다. 〔×〕

ㄴ

≪나≫ 전체빈도합=7,022(0.3781%)

나¹ 명 【Text=7/Freq1=21(0.3%)】
⓪ (예) 나 장조의 곡. 〔×〕
❶ (예) 가와 나 문장의 차이.
〔Text=7/Freq2=21(100%)〕

나² 명 【Text=0/Freq1=0】 ⓧ
⓪ (예) 나 어린 [계집/놈]. 〔×〕

나³ 대 ★★★ 【Text=205/Freq1=7,001(99.7%)】
① (예) 그와 나 사이에 생긴 일.
〔Text=202/Freq2=6,437(91.7%)〕
② (예) 나 없이는 안 된다는 생각.
〔Text=81/Freq2=564(8%)〕
관<나 죽었소 하다> 〔×〕

≪나가다≫ 전체빈도합=1,176(0.0633%)

나가다¹ 동 ★★★ 【Text=182/Freq1=926(78.7%)】
Ⅰ ① ㉠ (예) [거리로/문밖을] 나가다.
〔Text=120/Freq2=371(40.1%)〕
㉡ (예) [공항에/시내를] 나가다.
〔Text=57/Freq2=85(9.2%)〕
㉢ (예) [도시로/사회에] 나가다.
〔Text=13/Freq2=24(2.6%)〕
㉣ (예) [뒤로/앞으로/옆에] 나가다.
〔Text=5/Freq2=8(0.9%)〕
② (예) [대학에/학교를/회사에] 나가다.
〔Text=31/Freq2=47(5.1%)〕
③ (예) [대회에/본선에] 나가다.
〔Text=15/Freq2=17(1.8%)〕
④ (예) 문화재가 외국으로 나가다.
〔Text=3/Freq2=3(0.3%)〕
⑤ ㉠ (예) 신형차가 시장에 나가다.
〔Text=4/Freq2=4(0.4%)〕
㉡ (예) 기사가 [방송에/신문에] 나가다. 〔Text=3/Freq2=7(0.8%)〕

⑥ (예) [라디오에/텔레비전에] 나가다. 〔Text=2/Freq2=2(0.2%)〕

⑦ (예) 노인들에게 [배급이/보조금이] 나가다. 〔Text=1/Freq2=2(0.2%)〕

❽ (예) [선거에/시의원에] 나가다. 〔Text=3/Freq2=3(0.3%)〕

Ⅱ ① (예) [강의실에서/건물에서/방을] 나가다. 〔Text=36/Freq2=72(7.8%)〕

② (예) [당에서/집을/회사를] 나가다. 〔Text=10/Freq2=18(1.9%)〕

Ⅲ ① ㉠ (예) 세탁기에서 구정물이 나가는 소리. 〔Text=11/Freq2=61(6.6%)〕

㉡ (예) 입에서 욕이 나가다. 〔Text=1/Freq2=1(0.1%)〕

② (예) [경비가/이자로] 나가다. 〔×〕

③ (예) [넋이/정신이] 나가다. 〔Text=10/Freq2=10(1.1%)〕

④ (예) 사고로 [범퍼가/이빨이] 나가다. 〔Text=3/Freq2=3(0.3%)〕

⑤ (예) [불이/전기가] 나가다. 〔Text=3/Freq2=3(0.3%)〕

⑥ (예) 시계가 값이 제법 나가다. 〔Text=4/Freq2=4(0.4%)〕

⑦ (예) 진도가 나가다. 〔Text=2/Freq2=3(0.3%)〕

⑧ (예) [상품이/점포가/책이] 나가다. 〔Text=2/Freq2=3(0.3%)〕

⑨ (예) [대패가/줄이] 잘 나가다. 〔×〕

❿ (예) 성적이 에프(F)로 나가다. 〔Text=1/Freq2=1(0.1%)〕

Ⅳ ① (예) [개찰구를/현관을] 나가다. 〔Text=4/Freq2=4(0.4%)〕

② (예) [일을/진료를] 나가다. 〔Text=25/Freq2=41(4.4%)〕

③ (예) [딴살림을/살림을] 나가다. 〔Text=1/Freq2=1(0.1%)〕

Ⅴ ① (예) [배짱으로/세계/지연 작전으로] 나가다. 〔Text=13/Freq2=17(1.8%)〕

② (예) [그런 식으로/이대로] 나가단 위험하다. 〔Text=11/Freq2=16(1.7%)〕

❸ (예) 교육자의 길로 나가다./우리가 나갈 길. 〔Text=2/Freq2=2(0.2%)〕

Ⅵ (예) [단추가 떨어져/신문이 찢겨] 나가다. 〔Text=17/Freq2=20(2.2%)〕

Ⅶ (예) [색이 번져/소리가 퍼져] 나가다. 〔Text=37/Freq2=70(7.6%)〕

Ⅷ ⓿ (예) [슬쩍 밀었는데/작은 일로] 나가 떨어지다. 〔Text=2/Freq2=3(0.3%)〕

[관]<값이 나가다> 〔×〕

[관]<엇길로 나가다> 〔×〕

[관]<잘 나가다> 〔×〕

[관]<정신이 나가다> 〔×〕

나가다[2] [동][보]★★☆

【Text=88/Freq1=250(21.3%)】

⓪ <-아/-어 나가다> (예) [어려움을 이겨/책을 계속 읽어/혜택을 늘려] 나가다.

≪**나그네**≫전체빈도합=32(0.0017%)

나그네 [명] **【Text=11/Freq1=32】**

⓪ (예) 지나가는 나그네.

≪**나날**≫전체빈도합=15(0.0008%)

나날 [명] **【Text=11/Freq1=15】**

⓪ (예) [고달픈/행복한] 나날을 보내다.

≪**나누다**≫전체빈도합=494(0.0266%)

나누다 [동]★★★ **【Text=142/Freq1=494】**

Ⅰ ① (예) 고깃덩이를 둘로 나누다. 〔Text=27/Freq2=44(8.9%)〕

② (예) 현상을 크게 둘로 나누다. 〔Text=47/Freq2=111(22.5%)〕

③ (예) 10(십)을 5(오)로 나누다. 〔Text=2/Freq2=2(0.4%)〕

Ⅱ ① (예) 상품을 공평하게 나누다. 〔Text=57/Freq2=110(22.3%)〕

② (예) [차를/술을/음식을] 나누다. 〔Text=23/Freq2=30(6.1%)〕

③ (예) 이야기를 나누다. 〔Text=70/Freq2=139(28.1%)〕

④ ㉠ (예) [기쁨을/위로를] 나누다. 〔Text=25/Freq2=34(6.9%)〕

㉡ (예) [악수를/키스를] 나누다. 〔Text=19/Freq2=24(4.9%)〕

⑤ (예) 피를 나눈 형제. 〔×〕

≪**나누어지다**≫전체빈도합=16(0.0009%)

나누어지다 [동] **【Text=12/Freq1=16】**

① (예) 사과가 두 조각으로 나누어지다. 〔Text=8/Freq2=11(68.8%)〕

② (예) 좌우익으로 나누어지다. 〔Text=4/Freq2=4(25%)〕

③ (예) [재물이/재산이] 똑같이 나누어지다. 〔×〕

④ (예) 6(육)은 3(삼)으로 나누어지다. 〔×〕

❺ (예) 여럿이 짐을 나누어지다.
　　〔Text=1/Freq2=1(6.3%)〕

≪나뉘다≫ 전체빈도합=25(0.0013%)

나뉘다 동 【Text=17/Freq1=25】
① (예) 나라가 셋으로 나뉘다.
　　〔Text=7/Freq2=8(32%)〕
② (예) 직업이 크게 다섯 종류로 나뉘다.
　　〔Text=10/Freq2=17(68%)〕
③ (예) 재산이 똑같이 나뉘다. 〔×〕
④ (예) 몸이 나뉘면 마음도 거두어지다. 〔×〕

≪나다≫ 전체빈도합=1,497(0.0806%)

나다¹ 동 ★★★ 【Text=194/Freq1=1,476(98.6%)】
Ⅰ ① (예) [싹이/잎이/풀이] 나다.
　　〔Text=10/Freq2=15(1%)〕
② (예) 집 앞에 [길이/도로가] 나다.
　　〔Text=20/Freq2=30(2%)〕
③ (예) [곰팡이가/녹이] 나다. 〔×〕
④ ㉠ (예) [눈물이/땀이/피가] 나다.
　　〔Text=17/Freq2=19(1.3%)〕
　㉡ (예) [상처가/종기가] 나다.
　　〔Text=2/Freq2=2(0.1%)〕
　㉢ (예) [뿔이/수염이/이빨이] 나다.
　　〔Text=12/Freq2=17(1.2%)〕
⑤ (예) [구멍이/자국이/흠이] 나다.
　　〔Text=10/Freq2=10(0.7%)〕
⑥ (예) [일자리가/혼처가] 나다.
　　〔Text=2/Freq2=2(0.1%)〕
⑦ (예) 그릇에 금이 나다. 〔×〕
⑧ (예) 마을에 [신동이/장군이] 나다.
　　〔Text=4/Freq2=4(0.3%)〕
Ⅱ ① (예) [김이/먼지가/연기가] 나다.
　　〔Text=9/Freq2=11(0.7%)〕
② (예) [냄새가/소리가/향기가] 나다.
　　〔Text=81/Freq2=178(12%)〕
③ (예) 그가 나서 살던 곳.
　　〔Text=8/Freq2=9(0.6%)〕
Ⅲ ① (예) [기침이/몸살이/병이] 나다.
　　〔Text=27/Freq2=38(2.6%)〕
② (예) [기운이/오기가/용기가/힘이] 나다.
　　〔Text=14/Freq2=17(1.2%)〕
③ ㉠ (예) [시기가/짜증이/질투가/화가] 나다. 〔Text=73/Freq2=130(8.8%)〕
　㉡ (예) [기분이/실감이/재미가/흥이] 나다. 〔Text=13/Freq2=16(1.1%)〕
④ (예) [기억이/생각이/의심이] 나다.
　　〔Text=52/Freq2=88(6%)〕
⑤ (예) [마음이/엄두가] 나다.
　　〔Text=2/Freq2=3(0.2%)〕
⑥ (예) [웃음이/하품이/한숨이] 나다.
　　〔Text=1/Freq2=1(0.1%)〕
⑦ (예) 매운 맛이 나다.
　　〔Text=3/Freq2=4(0.3%)〕
⑧ (예) [난봉이/바람이] 나다.
　　〔Text=6/Freq2=8(0.5%)〕
⑨ (예) [검정빛이/노란 빛이] 나다.
　　〔Text=6/Freq2=6(0.4%)〕
⑩ (예) 정신이 나다.
　　〔Text=1/Freq2=1(0.1%)〕
⑪ (예) 아이가 철이 나다. 〔×〕
❿ (예) 전화기가 불이 나다.
　　〔Text=1/Freq2=1(0.1%)〕
Ⅳ ① (예) [고장이/불이/사고가/싸움이/장마가/큰일이/홍수가] 나다.
　　〔Text=54/Freq2=77(5.2%)〕
② (예) [구경거리가/구경이] 나다.
　　〔Text=1/Freq2=1(0.1%)〕
③ ㉠ (예) [기회가/시간이/틈이] 나다.
　　〔Text=16/Freq2=17(1.2%)〕
　㉡ (예) [수가/실수가/착오가] 나다.
　　〔Text=1/Freq2=1(0.1%)〕
④ (예) [말이/소문이] 나다.
　　〔Text=16/Freq2=16(1.1%)〕
⑤ (예) [결정이/판가름이] 나다.
　　〔Text=16/Freq2=19(1.3%)〕
⑥ (예) [속도가/손해가/효과가] 나다.
　　〔Text=4/Freq2=4(0.3%)〕
⑦ (예) [거덜이/결딴이/동이] 나다.
　　〔Text=4/Freq2=5(0.3%)〕
⑧ (예) [길이/멋이/모양이] 나다.
　　〔Text=10/Freq2=14(0.9%)〕
⑨ (예) [들통이/발각이/탄로가] 나다.
　　〔Text=1/Freq2=2(0.1%)〕
⑩ (예) [생색이/차이가/표시가] 나다.
　　〔Text=12/Freq2=16(1.1%)〕
⑪ (예) [콱살이/조각이/펑크가] 나다.
　　〔Text=24/Freq2=25(1.7%)〕
⑫ (예) [굶는 꼴/아버지 꼴] 나다. 〔×〕
⑬ (예) [혼이/혼쭐이/혼찌검이] 나다.
　　〔Text=11/Freq2=14(0.9%)〕
⑭ (예) 나긴 난 사람이다.
　　〔Text=1/Freq2=1(0.1%)〕

⑮ (예) [바람이/썰물이/해가] 나다.
　　　〔Text=3/Freq2=3(0.2%)〕
⑯ (예) 몸이 나다. 〔×〕
⑰ (예) [감정이/의가] 나다.
　　　〔Text=2/Freq2=2(0.1%)〕
❶ (예) 찬바람이 나다.
　　　〔Text=1/Freq2=1(0.1%)〕
Ⅴ (예) [방송에/신문에] 기사가 나다.
　　　〔Text=13/Freq2=18(1.2%)〕
Ⅵ ① (예) [여름철에/산에서] 나는 열매.
　　　〔Text=25/Freq2=50(3.4%)〕
　② (예) [돈이/목돈이] 나다.
　　　〔Text=7/Freq2=7(0.5%)〕
Ⅷ (예) [눈밖에/눈에] 나다.
　　　〔Text=1/Freq2=1(0.1%)〕
Ⅸ <-고 나다> (예) 일이 끝나고 나면 돌아가다.
　　　〔Text=136/Freq2=406(27.5%)〕 56)
Ⅹ <-아/어 나다>
　⓪ (예) 페인트 냄새가 풍겨 나다./땀이 배어 나다. 〔Text=14/Freq2=5(1%)〕
　❶ (예) 물러들 나시오.
　　　〔Text=9/Freq2=9(0.6%)〕
㉻ <감질이 나다> 〔×〕
㉻ <거덜이 나다> 〔×〕　☞ Ⅳ⑦
㉻ <겁(이) 나다>
　　　〔Text=28/Freq2=40(2.7%)〕
㉻ <난리가 나다> 〔Text=6/Freq2=8(0.5%)〕
㉻ <냄새가 나다> 〔×〕　☞ Ⅱ②
㉻ <동(이) 나다> 〔×〕　☞ Ⅳ⑦
㉻ <동티(가) 나다> 〔×〕
㉻ <말이 났으니까> 〔Text=1/Freq2=1(0.1%)〕
㉻ <맛(이) 나다> 〔Text=1/Freq2=1(0.1%)〕
㉻ <모가 나다> 〔×〕
㉻ <바닥이 나다> 석유가 바닥이 나다.
　　　〔Text=4/Freq2=6(0.4%)〕
㉻ <불티가 나다> 〔×〕
㉻ <빛이 나다> 교정은 전혀 빛이 안 나는 일이다. 〔×〕
㉻ <[뿔딱지가/뿔] 나다>
　　　〔Text=1/Freq2=1(0.1%)〕
㉻ <- 살 나다> 열일곱 살 난 소년.
　　　〔Text=5/Freq2=8(0.5%)〕
㉻ <살판이 나다> 〔×〕

㉻ <샘(이) 나다> 〔Text=3/Freq2=4(0.3%)〕
㉻ <성질이 나다> 〔×〕
㉻ <[신명이/신바람이/신이] 나다>
　　　〔Text=34/Freq2=48(3.3%)〕
㉻ <싫증(이) 나다>
　　　〔Text=5/Freq2=5(0.3%)〕
㉻ <열(이) 나다>
　Ⅰ① (예) 사람 오기를 돋워 열나게 하다. 〔×〕
　　② (예) 감기 걸려 열이 나다.
　　　〔Text=9/Freq2=9(0.6%)〕
　Ⅱ (예) 열나게 토론을 벌이다. 〔×〕
㉻ <욕심이 나다> 〔Text=1/Freq2=1(0.1%)〕
㉻ <[이골(이)/이력이] 나다>
　　　〔Text=1/Freq2=1(0.1%)〕
㉻ <작살이 나다> 〔×〕
㉻ <젖비린내가 나다> 〔×〕
㉻ <[제/~의/-을/] 맛(이) 나다>
　　　〔Text=7/Freq2=7(0.5%)〕
㉻ <[피(가)/피눈물(이)] 나다> 〔×〕
㉻ <탈(이) 나다>
　Ⅰ (예) 위장에 탈이 나다. 〔×〕
　Ⅱ (예) 서류를 잃어 버려 탈나다.
　　　〔Text=2/Freq2=2(0.1%)〕
㉻ <틈이 나다> 〔×〕
나다² 동 【Text=10/Freq1=19(1.3%)】
　⓪ (예) [겨울을/하루를] 나다.
나다³ 동 【Text=2/Freq1=2(0.1%)】
　① <-아/-어 나다> (예) 날로 늘어 나다. /물이 불어 나다. 〔Text=2/Freq2=2(100%)〕
　② <-아/-어 나다> (예) 농민들이 죽어 나다. 〔×〕

≪나들이≫ 전체빈도합=18(0.0010%)

나들이 명 【Text=14/Freq1=18】
　⓪ (예) 나들이를 [가다/다녀오다].

≪나라≫ 전체빈도합=1,935(0.1042%)

나라 명 ★★★ 【Text=162/Freq1=1,935】
　① (예) 나라마다 사정이 다르다./나라 살림.
　　　〔Text=158/Freq2=1,897(98%)〕
　② (예) 하늘 나라에 가다.
　　　〔Text=17/Freq2=38(2%)〕

≪나란히≫ 전체빈도합=69(0.0037%)

---

56) 『외국인을 위한 한국어 학습 사전』(2004)의 중요 어휘 목록에서는 '나다¹'의 Ⅸ와 Ⅹ의 용법을 독립된 올림말(보조동사)로 보아 ★★☆의 중요도를 부여하고 있다.

나란히 🖫 【Text=44/Freq1=69】
　① (예) 한 줄로 나란히 앉다.

≪나르다≫전체빈도합=40(0.0022%)

나르다 동★☆★ 【Text=28/Freq1=40】
　① (예) 배로 짐을 실어 나르다.

≪나름≫전체빈도합=50(0.0027%)

나름 명의 【Text=29/Freq1=50】
　① (예) [생각하기/학생도 학생] 나름이다.
　　〔Text=8/Freq2=11(22%)〕
　② (예) [그/나/저] 나름[대로/으로].
　　〔Text=23/Freq2=39(78%)〕

≪나름대로≫전체빈도합=67(0.0036%)

나름대로 🖫 【Text=39/Freq1=67】
　① (예) 나름대로 [노력하다/생각하다].
　　〔Text=31/Freq2=55(82.1%)〕
　❶ (예) 나름대로 간단하다.
　　〔Text=6/Freq2=7(10.4%)〕
　❷ (예) 나름대로의 [논리/방법].
　　〔Text=5/Freq2=5(7.5%)〕

≪나머지≫전체빈도합=99(0.0053%)

나머지 명★★★ 【Text=68/Freq1=99】
　Ⅰ ① (예) 팔고 난 나머지 물건.
　　　　〔Text=8/Freq2=9(9.1%)〕
　　② (예) 군대 다녀와서 나머지 공부를
　　　　마치다. 〔Text=5/Freq2=5(5.1%)〕
　　③ (예) 셋 중 둘만 잡히고 나머지 한 명은
　　　　도망치다. 〔Text=39/Freq2=50(50.5%)〕
　　④ (예) 나눗셈의 나머지를 구하다. 〔×〕
　Ⅱ (예) [슬퍼하던/실망한] 나머지 술만
　　　마시다. 〔Text=27/Freq2=34(34.3%)〕
　ⓧ 〔Text=1/Freq2=1(1%)〕

≪나무≫전체빈도합=595(0.0320%)

나무 명★★★ 【Text=126/Freq1=595】
　① (예) 나무를 심다./나무 그늘.
　　〔Text=114/Freq2=510(85.7%)〕
　② (예) 나무 의자와 탁자.
　　〔Text=34/Freq2=57(9.6%)〕
　③ (예) 나무를 하다.
　　〔Text=11/Freq2=26(4.4%)〕
　ⓧ 〔Text=1/Freq2=2(0.3%)〕

≪나무라다≫전체빈도합=24(0.0013%)

나무라다 동 【Text=20/Freq1=24】
　① (예) 과장이 부하를 나무라다.
　　〔Text=18/Freq2=21(87.5%)〕
　② <나무랄 데가 없다>
　　〔Text=3/Freq2=3(12.5%)〕

≪나물≫전체빈도합=22(0.0012%)

나물 명 【Text=12/Freq1=22】
　① (예) 나물을 [무치다/삶다/캐다].
　　〔Text=8/Freq2=12(54.5%)〕
　② (예) 김치에 나물 한 가지뿐인
　　술상. 〔Text=8/Freq2=10(45.5%)〕

≪나뭇가지≫전체빈도합=49(0.0026%)

나뭇가지 명 【Text=26/Freq1=49】
　① (예) 나뭇가지에 잎이 무성하다.

≪나뭇잎≫전체빈도합=48(0.0026%)

나뭇잎 명 【Text=24/Freq1=48】
　① (예) 나뭇잎이 떨어지다.

≪나비≫전체빈도합=79(0.0043%)

나비 명★☆★ 【Text=27/Freq1=79】
　① (예) 나비가 날아와 꽃에 앉다.

≪나쁘다≫전체빈도합=264(0.0142%)

나쁘다 형★★★ 【Text=103/Freq1=264】
　Ⅰ ① ㉠ (예) [기분이/꿈자리가] 나쁘다.
　　　　　〔Text=47/Freq2=72(27.3%)〕
　　　㉡ (예) [건강이/눈이/컨디션이] 나쁘다.
　　　　　〔Text=53/Freq2=92(34.8%)〕
　　② (예) [거짓말은/그 놈이] 나쁘다.
　　　　〔Text=48/Freq2=92(34.8%)〕
　Ⅱ (예) [눈/태아] 건강에 나쁘다.
　　　〔Text=6/Freq2=7(2.7%)〕
　ⓧ 〔Text=1/Freq2=1(0.4%)〕

≪나서다≫전체빈도합=221(0.0119%)

나서다 동★★☆ 【Text=103/Freq1=221】
　Ⅰ ① (예) 골목을 나와 큰길로 나서다.
　　　　〔Text=35/Freq2=49(22.2%)〕
　　② (예) [임자가/혼처가] 나서다.
　　　　〔Text=8/Freq2=10(4.5%)〕
　　③ (예) [궂은/남의] 일에 나서다.
　　　　〔Text=27/Freq2=40(18.1%)〕
　　④ (예) [발표자로/증인으로] 나서다.
　　　　〔Text=22/Freq2=26(11.8%)〕
　Ⅱ ① (예) [교문을/응접실을] 나서다.
　　　　〔Text=34/Freq2=53(24%)〕
　　② (예) [꽃구경을/시위를] 나서다.
　　　　〔Text=29/Freq2=43(19.5%)〕

[관]<발 벗고 나서다> (×)

≪**나아가다**≫전체빈도합=106(0.0057%)

나아가다 [동]★☆★ 【Text=64/Freq1=106】

① (예) 자전거가 앞으로 나아가다.
(Text=18/Freq2=21(19.8%))

② (예) 소비를 줄이는 쪽으로 나아가다.
(Text=17/Freq2=23(21.7%))

③ (예) [강가로/교회로] 나아가다.
(Text=10/Freq2=13(12.3%))

❹ (예) 가족과 이웃, 나아가서 세계에 대한 이해. (Text=34/Freq2=49(46.2%))

≪**나오다**≫전체빈도합=1,657(0.0892%)

나오다 [동]★★★ 【Text=198/Freq1=1,657】

Ⅰ ①㉠ (예) [길에/밖에] 나오다.
(Text=114/Freq2=329(19.9%))

㉡ (예) 시내로 나오다.
(Text=6/Freq2=7(0.4%))

㉢ (예) 약속 장소에 나오다.
(Text=38/Freq2=58(3.5%))

② (예) [교회에/학교를/회사에] 나오다.
(Text=29/Freq2=50(3%))

③ (예) [대회에/모임에] 나오다.
(Text=15/Freq2=23(1.4%))

④㉠ (예) [신문에/책에] 나온 얘기.
(Text=61/Freq2=115(6.9%))

㉡ (예) [영화에/TV에] 나오다.
(Text=37/Freq2=60(3.6%))

❺ (예) [문제에/시험에] 나오다.
(Text=4/Freq2=5(0.3%))

❻ (예) [대회에/선거에] 나오다.
(Text=2/Freq2=2(0.1%))

❼ (예) 도전할 사람 있으면 나와.
(Text=4/Freq2=4(0.2%))

Ⅱ ① (예) [교실에서/교장실을] 나오다.
(Text=70/Freq2=159(9.6%))

② (예) [감옥을/수용소에서] 나오다./집을 나오다(=가출하다).
(Text=22/Freq2=31(1.9%))

③㉠ (예) 한 뱃속에서 나오다.
(Text=41/Freq2=72(4.3%))

㉡ (예) 권력은 국민에게서 나오다.
(Text=25/Freq2=38(2.3%))

④ (예) [감사가/경찰에서] 나오다.
(Text=9/Freq2=13(0.8%))

Ⅲ ① (예) [고등학교를/대학을] 나오다.
(Text=17/Freq2=27(1.6%))

② (예) [감독을/소풍을] 나오다.
(Text=9/Freq2=11(0.7%))

Ⅳ ① (예) 호랑이가 나오다./박에서 보물이 나오다. (Text=16/Freq2=39(2.4%))

②㉠ (예) [봄나물이/수박이] 나오다.
(Text=41/Freq2=63(3.8%))

㉡ (예) [치료법이/통계가] 나오다.
(Text=7/Freq2=9(0.5%))

③ (예) [아파트가/중고차가] 시장에 많이 나오다. (Text=14/Freq2=16(1%))

④ (예) [금이/석유가] 나오다.
(Text=4/Freq2=5(0.3%))

⑤㉠ (예) [땀이/오줌이] 나오다.
(Text=19/Freq2=31(1.9%))

㉡ (예) 가지 끝에 새 순이 나오다.
(Text=7/Freq2=10(0.6%))

⑥ (예) 서랍에서 [쓰레기가/쪽지가] 나오다. (Text=21/Freq2=48(2.9%))

⑦ (예) [대답이/말이] 나오다.
(Text=33/Freq2=47(2.8%))

⑧ (예) [인물이/인재가] 나오다.
(Text=10/Freq2=12(0.7%))

⑨ (예) [영장이/통지가] 나오다.
(Text=3/Freq2=5(0.3%))

⑩ (예) [기침이/울음이] 나오다.
(Text=29/Freq2=36(2.2%))

⑪ (예) [결과가/결론이] 나오다.
(Text=20/Freq2=23(1.4%))

⑫ (예) [광대뼈가/무릎이] 나오다.
(Text=8/Freq2=15(0.9%))

⓭ (예) [비판이/얘기가/지적이] 나오다.
(Text=51/Freq2=99(6%))

⓮ (예) [IQ가/혈압이] 높게 나오다.
(Text=17/Freq2=26(1.6%))

⓯ (예) [신문이/잡지가/책이] 나오다.
(Text=11/Freq2=16(1%))

⓰ (예) [사진이/증명서가] 나오다.
(Text=4/Freq2=14(0.8%))

⓱ (예) [간식이/밥이/자장면이] 나오다.
(Text=7/Freq2=9(0.5%))

⓲ (예) [보조금이/수당이] 나오다.
(Text=7/Freq2=7(0.4%))

⓳ (예) 동전을 던져 앞면이 나오다.
(Text=4/Freq2=5(0.3%))

⓴ (예) [느낌이/맛이/분위기가] 나오다.

　　　　　〖Text=3/Freq2=4(0.2%)〗
　㉑ (예) [노래가/반주가/음악이] 나오다.
　　　　　〖Text=2/Freq2=2(0.1%)〗
　㉒ (예) [달이/해가] 나오다.
　　　　　〖Text=1/Freq2=1(0.1%)〗
　㉓ (예) 연기가 나오다.
　　　　　〖Text=2/Freq2=2(0.1%)〗
　㉔ (예) 머리를 귀가 나오게 자르다.
　　　　　〖Text=1/Freq2=1(0.1%)〗
　Ⅴ (예) 상대가 [거칠게/적극적으로] 나오다.
　　　　　〖Text=12/Freq2=24(1.4%)〗
　Ⅵ (예) [샘이 솟아/피가 묻어] 나오다.
　　　　　〖Text=57/Freq2=109(6.6%)〗

《나이》전체빈도합=335(0.0180%)

나이 명★★★ 【Text=120/Freq1=335】
　⓪ (예) 20살의 나이./나이가 [많다/어리다
　　　/적다]. 〖Text=109/Freq2=269(80.3%)〗
　관<나이가 들다>
　　　　〖Text=38/Freq2=56(16.7%)〗
　관<나이가 아깝다>
　　　　〖Text=1/Freq2=1(0.3%)〗
　관<나이가 차다> 〔×〕
　관<나이를 먹다> 〖Text=7/Freq2=9(2.7%)〗

《나중》전체빈도합=195(0.0105%)

나중¹ 명★★★ 【Text=92/Freq1=195(100%)】
　① (예) 나중에 [만나다/알다].
　　　　〖Text=75/Freq2=143(73.3%)〗
　② (예) 나중(의) 일./[어른보다/제일]
　　　나중에. 〖Text=11/Freq2=13(6.7%)〗
　③ (예) 보자 보자 하니 나중엔 못 하는 말이
　　　없다. 〖Text=11/Freq2=16(8.2%)〗
　④ (예) 공연히 헛돈 쓰다가 나중에
　　　후회하다. 〖Text=16/Freq2=23(11.8%)〗
나중² 부 【Text=0/Freq1=0】 ⓧ
　⓪ (예) 먼저 하겠다 나중 하겠다 다투다. 〔×〕

《나타나다》전체빈도합=501(0.0270%)

나타나다 동★★★ 【Text=130/Freq1=501】
　Ⅰ ① (예) 골목에서 사람이 나타나다.
　　　　〖Text=78/Freq2=169(33.7%)〗
　　② (예) 벽화에 많이 나타나는
　　　그림. 〖Text=31/Freq2=68(13.6%)〗
　Ⅱ ① (예) 걷다 보면 휴게소가 나타나다.
　　　　〖Text=21/Freq2=49(9.8%)〗
　　② (예) [성과가/욕심이] 겉으로 나타나다.
　　　　〖Text=41/Freq2=88(17.6%)〗
　③㉠ (예) [마땅한 자리가/혼처가]
　　　나타나다. 〖Text=11/Freq2=21(4.2%)〗
　　㉡ (예) 전국적 현상으로 나타나고 있는
　　　교통 문제. 〖Text=26/Freq2=54(10.8%)〗
　Ⅲ (예) 신용도가 높게 나타나다.
　　/환경 파괴가 심각하게 나타나다.
　　　　〖Text=23/Freq2=52(10.4%)〗

《나타내다》전체빈도합=370(0.0199%)

나타내다 동★★★ 【Text=91/Freq1=370】
　① (예) [모습을/표정을] 나타내다.
　　　　〖Text=10/Freq2=12(3.2%)〗
　② (예) [자폐증적인 증후를/황홀의 경지를]
　　　나타내다. 〖Text=52/Freq2=158(42.7%)〗
　③ (예) [반응을/증가를] 나타내다.
　　　　〖Text=14/Freq2=19(5.1%)〗
　④ (예) 시간을 나타내는 말.
　　　　〖Text=50/Freq2=181(48.9%)〗
　관<두각을 나타내다> 〔×〕

《나흘》전체빈도합=10(0.0005%)

나흘 명☆☆★ 【Text=10/Freq1=10】
　⓪ (예) 나흘 뒤에 만나다.

《낙엽》전체빈도합=31(0.0017%)

낙엽 명☆☆★ 【Text=15/Freq1=31】
　⓪ (예) 낙엽(落葉)이 지다.

《낚시》전체빈도합=60(0.0032%)

낚시 명☆★★ 【Text=20/Freq1=60】
　① (예) 낚시에 고기밥을 끼우다.
　　　　〖Text=7/Freq2=16(26.7%)〗
　② (예) 낚시가 잘 되다.
　　　　〖Text=15/Freq2=44(73.3%)〗

《난리》전체빈도합=29(0.0016%)

난리 명 【Text=23/Freq1=29】
　① (예) 난리(亂離) 통에 가족과 헤어지다.
　　　　〖Text=6/Freq2=9(31%)〗
　② (예) 온갖 난리를 치고 결혼하다.
　　　　〖Text=12/Freq2=13(44.8%)〗
　③ (예) 주차할 데가 없어서 난리다.
　　　　〖Text=1/Freq2=1(3.4%)〗
　관<난리가 나다> 아이가 없어져서 난리가
　　　나다. 〖Text=6/Freq2=6(20.7%)〗

《난처하다》전체빈도합=18(0.0010%)

난처하다 형 【Text=14/Freq1=18】

⓪ (예) 입장이 아주 난처(難處)하다.

≪날≫전체빈도합=1,171(0.0631%) [57]

날¹ 명 ★★★ 【Text=183/Freq1=1,150(98.2%)】
  Ⅰ ① (예) 날이 [밝다/새다/어두워지다].
      〔Text=22/Freq2=27(2.3%)〕
   ② (예) [결혼하던/이사할] 날.
      〔Text=171/Freq2=940(81.7%)〕
   ③ (예) 지나간 날의 [기억/삶].
      〔Text=62/Freq2=112(9.7%)〕
   ④ (예) 날이 풀리다.
      〔Text=15/Freq2=24(2.1%)〕
  Ⅱ (예) 여러 날 계속하면 효과가 있다.
      〔Text=25/Freq2=37(3.2%)〕
  관<날을 받다> 〔×〕
  관<날을 잡다> 〔Text=2/Freq2=3(0.3%)〕
  관<날(이) 새다> 〔×〕
  관<-는 [날에는/날이면]> 전쟁이 나는 날에는 모두 끝이다.
      〔Text=3/Freq2=5(0.4%)〕
  ⓧ 〔Text=2/Freq2=2(0.2%)〕

날² 명 【Text=4/Freq1=17(1.5%)】
  ⓪ (예) 도끼의 날이 닳다./날이 무디다.
      〔Text=4/Freq2=17(100%)〕
  관<날(이) 서다> 날 선 말을 뱉다. 〔×〕

날ˣ ? 【Text=4/Freq1=4(0.3%)】

≪날개≫전체빈도합=67(0.0036%)

날개 명 ★☆★ 【Text=32/Freq1=67】
  ① ㉠ (예) [나비의/새] 날개.
      〔Text=25/Freq2=54(80.6%)〕
   ㉡ (예) 상상의 날개를 펴다.
      〔Text=5/Freq2=6(9%)〕
  ② (예) 비행기의 은빛 날개.
      〔Text=1/Freq2=1(1.5%)〕
  ③ (예) 선풍기의 날개 돌아가는 소리.
      〔Text=1/Freq2=2(3%)〕
  ④ (예) 축구 경기에서 왼쪽 날개 위치를 맡다. 〔×〕
  관<날개(가) 돋친 듯>
      〔Text=1/Freq2=1(1.5%)〕
  관<옷이 날개(이)다>
      〔Text=1/Freq2=1(1.5%)〕
  ⓧ 〔Text=2/Freq2=2(3%)〕

≪날다≫전체빈도합=105(0.0057%)

날다 동 ★☆★ 【Text=49/Freq1=105】
  ① (예) 공중을 나는 [비행기/새].
      〔Text=37/Freq2=85(81%)〕
  ② (예) 정글 위를 헬리콥터로 날다.
      〔Text=3/Freq2=3(2.9%)〕
  ③ (예) [삐라가/재떨이가] 날다.
      〔Text=6/Freq2=10(9.5%)〕
  ④ (예) 몸이 획획 번개처럼 날다.
      〔Text=3/Freq2=3(2.9%)〕
  ⑤ (예) 사고를 치고 날다. 〔×〕
  ❻ (예) 뛰는 남자, 나는 여자.
      〔Text=1/Freq2=1(1%)〕
  관<난다 긴다 하다>
      〔Text=2/Freq2=3(2.9%)〕
  관<펄펄 날다> 펄펄 나는 노인./경리에는 펄펄 날다. 〔×〕

≪날뛰다≫전체빈도합=18(0.0010%)

날뛰다 동 【Text=12/Freq1=18】
  ① (예) [아이가 기뻐서/흥분한 말이] 마구 날뛰다. 〔Text=7/Freq2=12(66.7%)〕
  ② (예) [나쁜 놈들이/폭력이] 날뛰다.
      〔Text=4/Freq2=5(27.8%)〕
  관<길길이 날뛰다> 〔Text=1/Freq2=1(5.6%)〕

≪날로≫전체빈도합=23(0.0012%)

날로¹ 부 【Text=17/Freq1=23(100%)】
  ⓪ (예) 교통 사정이 날로 악화되다.

날로² 부 【Text=0/Freq1=0】 ⓧ
  ⓪ (예) 고기를 날로 먹다. 〔×〕

≪날리다≫전체빈도합=64(0.0034%)

날리다¹ 동 【Text=13/Freq1=15(23.4%)】
  ⓪ (예) [눈보라가/재가/흙먼지가] 날리다.

날리다² 동 ★☆☆ 【Text=34/Freq1=49(76.6%)】
  ① (예) 비둘기를 날려 보내다.
      〔Text=8/Freq2=9(18.4%)〕
  ② (예) 모자를 하늘로 날리다.
      〔Text=11/Freq2=20(40.8%)〕
  ③ (예) [먼지를/수염을/외투 자락을] 날리면서 걷다. 〔Text=2/Freq2=2(4.1%)〕
  ④ (예) [몸을/시선을/주먹을] 날리다.
      〔Text=4/Freq2=10(20.4%)〕

---

[57] 『연세 한국어 사전』의 '날 ³'(예:날고기, 날가죽, 날보리, 날강도)는 말뭉치의 분석에 적용하지 않았으므로 제외한다.

⑤ (예) 작가로 [이름을/이름이] 날리다.
  〔Text=7/Freq2=10(20.4%)〕
⑥ (예) [장사 밑천을/재산을] 날리다.
  〔Text=3/Freq2=4(8.2%)〕
⑦ (예) 컴퓨터를 하다가 파일을 날리다. 〔×〕
㉮ <파리를 날리다> 〔×〕
ⓧ 〔Text=3/Freq2=3(6.1%)〕

≪날마다≫전체빈도합=54(0.0029%)

날마다 {부}☆★ 【Text=31/Freq1=54】
① (예) 날마다 편지를 쓰다.
  〔Text=29/Freq2=52(96.3%)〕
㉮ <날이면 날마다>
  〔Text=2/Freq2=2(3.7%)〕

≪날씨≫전체빈도합=190(0.0102%)

날씨 {명}★★★ 【Text=80/Freq1=190】
① (예) 화창한 날씨./날씨가 좋다.

≪날아가다≫전체빈도합=64(0.0034%)

날아가다 {동}★☆☆ 【Text=41/Freq1=64】
① (예) 새들이 북쪽으로 날아가다.
  〔Text=33/Freq2=56(87.5%)〕
② (예) 퇴직금이 다 날아가다./문짝이 날아간 집. 〔Text=3/Freq2=3(4.7%)〕
❸ (예) 주먹이 날아가다.
  〔Text=2/Freq2=2(3.1%)〕
❹ (예) 서울에서 뉴욕으로 날아가다.
  〔Text=2/Freq2=2(3.1%)〕
❺ (예) 원망의 화살이 날아가다.
  〔Text=1/Freq2=1(1.6%)〕
㉮ <[모가지가/목이] 날아가다> 〔×〕

≪날아다니다≫전체빈도합=26(0.0014%)

날아다니다 {동} 【Text=20/Freq1=26】
① (예) 새가 하늘을 날아다니다.
  〔Text=19/Freq2=25(96.2%)〕
② (예) 검은 가루가 날아다니다.
  〔Text=1/Freq2=1(3.8%)〕

≪날아오다≫전체빈도합=38(0.0020%)

날아오다 {동} 【Text=23/Freq1=38】
① (예) 나비가 창으로 날아오다.
  〔Text=12/Freq2=19(50%)〕
② (예) [주먹이/총알이] 날아오다.
  〔Text=10/Freq2=14(36.8%)〕
③ (예) [부음이/소식이/편지가] 날아오다.
  〔Text=3/Freq2=4(10.5%)〕

ⓧ 〔Text=1/Freq2=1(2.6%)〕

≪날짜≫전체빈도합=46(0.0025%)

날짜¹ {명}★★★ 【Text=29/Freq1=46(100%)】
① (예) 날짜가 촉박하다./손가락으로 날짜를 꼽다. 〔Text=3/Freq2=4(8.7%)〕
②㉠ (예) 날짜 지난 극장표/혼례 날짜.
  〔Text=24/Freq2=39(84.8%)〕
 ㉡ (예) 오늘 날짜로 사표를 내다.
  〔Text=1/Freq2=1(2.2%)〕
㉮ <날짜를 잡다> 〔Text=2/Freq2=2(4.3%)〕
날짜² {명} 【Text=0/Freq1=0】 ⓧ
① (예) 그 사람, 잘하는 체하더니 알고 보니 날짜다. 〔×〕
② (예) 생선을 날짜로 먹다. 〔×〕

≪날카롭다≫전체빈도합=29(0.0016%)

날카롭다 {형}☆☆★ 【Text=24/Freq1=29】
① (예) 날카로운 [비수/이빨].
  〔Text=5/Freq2=8(27.6%)〕
② (예) 날카로운 콧날. 〔×〕
③ (예) 날카로운 [눈빛/눈초리].
  〔Text=3/Freq2=4(13.8%)〕
④ (예) 날카로운 [관찰력/질문].
  〔Text=4/Freq2=4(13.8%)〕
⑤ (예) 신경이 날카롭다.
  〔Text=5/Freq2=5(17.2%)〕
⑥ (예) 따지는 품이 날카롭다./감정이 날카롭게 대립하다. 〔Text=3/Freq2=4(13.8%)〕
⑦ (예) 날카로운 인상을 주다.
  〔Text=1/Freq2=1(3.4%)〕
⑧ (예) [말소리가/비명이] 날카롭다.
  〔Text=2/Freq2=2(6.9%)〕
⑨ (예) [눈보라가/바람이] 날카롭다.
  〔Text=1/Freq2=1(3.4%)〕

≪낡다≫전체빈도합=84(0.0045%)

낡다 {형}★☆☆ 【Text=51/Freq1=84】
① (예) 낡은 [나무 계단/옷].
  〔Text=40/Freq2=63(75%)〕
② (예) 낡은 [사고방식/지식].
  〔Text=14/Freq2=21(25%)〕

≪남≫전체빈도합=463(0.0249%)

남¹ {명}★★★ 【Text=128/Freq1=438(94.6%)】
① (예) 내가 남에게 잘 해야 남도 내게 잘 한다. 〔Text=105/Freq2=297(67.8%)〕
② (예) 남 앞에서 우리끼리 부르는 말.

〔Text=23/Freq2=33(7.5%)〕
③ (예) 남 못지않게 공부를 하다.
〔Text=64/Freq2=106(24.2%)〕
④ (예) 그 일로 동생과 완전히 남이 되다.
〔Text=2/Freq2=2(0.5%)〕

남² 몡 【Text=7/Freq1=10(2.2%)】
❶ (예) 방향을 남(南)으로 돌리다.

남³ 몡 【Text=10/Freq1=14(3%)】
Ⅰ (예) 신생아의 남(男)과 여의 비율.
〔Text=5/Freq2=7(50%)〕
Ⅱ (예) 1남 1녀 중 막내.
〔Text=6/Freq2=7(50%)〕

남⁰ 몡 【Text=1/Freq1=1(0.2%)】
❶ (예) 빨주노초파남보.

≪남기다≫ 전체빈도합=169(0.0091%)

남기다 동★★★ 【Text=87/Freq1=169】
Ⅰ ① (예) 밥을 남기지 않고 다 먹다.
〔Text=21/Freq2=35(20.7%)〕
② (예) 아이만 방에 남기고 나가다.
〔Text=13/Freq2=16(9.5%)〕
③ (예) 죽어서 이름을 남기다.
〔Text=47/Freq2=74(43.8%)〕
④ (예) [미련을/상처를] 남기다.
〔Text=9/Freq2=14(8.3%)〕
❺ (예) [말을/메모를] 남기다.
〔Text=13/Freq2=15(8.9%)〕
Ⅱ (예) [돈을/이익을] 남기다.
〔Text=2/Freq2=2(1.2%)〕
Ⅲ (예) [결승점을/대회를] 조금 남기다.
〔Text=4/Freq2=5(3%)〕
Ⅳ (예) 승리의 기쁨을 노래로 남기다.
〔Text=5/Freq2=5(3%)〕
ⓧ 〔Text=3/Freq2=3(1.8%)〕

≪남녀≫ 전체빈도합=88(0.0047%)

남녀 몡★★☆ 【Text=32/Freq1=88】
❶ (예) [두/18세 이상의] 남녀(男女).
〔Text=31/Freq2=85(96.6%)〕
관<남녀 공학> 〔×〕
관<남녀 관계> 〔Text=1/Freq2=1(1.1%)〕
관<남녀 평등> 〔Text=2/Freq2=2(2.3%)〕

≪남다≫ 전체빈도합=559(0.0301%)

남다 동★★★ 【Text=158/Freq1=559】
Ⅰ ① (예) [시간이/쌀이] 남다.
〔Text=31/Freq2=40(7.2%)〕
② (예) 장사해서 [돈이/이익이] 남다.
〔Text=4/Freq2=4(0.7%)〕
③ (예) 7을 2로 나누면 1이 남다. 〔×〕
Ⅱ ① (예) 혼자 [본국에/회사에] 남다.
〔Text=49/Freq2=71(12.7%)〕
② (예) 남아 전하는 고대 유물./물기가 남다. 〔Text=46/Freq2=133(23.8%)〕
③ (예) [문학사에/역사에] 길이 남다.
〔Text=13/Freq2=14(2.5%)〕
④ (예) 감동이 오래 [가슴에/기억에] 남다.
〔Text=53/Freq2=83(14.8%)〕
⑤ (예) 쌀이 반쯤 남다./남은 두 자식을 키우다./통장에 3만원이 남다.
〔Text=71/Freq2=121(21.6%)〕
Ⅲ (예) 의문으로 남다./친구로 남다.
〔Text=24/Freq2=29(5.2%)〕
Ⅳ (예) [마감이/퇴직이] 얼마 남지 않다.
〔Text=28/Freq2=39(7%)〕
Ⅴ (예) 사람들의 마음을 사로잡고도 남다.
〔Text=7/Freq2=9(1.6%)〕
관<[가죽만/뼈만] 남다>
〔Text=2/Freq2=2(0.4%)〕
관<살아 남다> 〔Text=9/Freq2=10(1.8%)〕
ⓧ 〔Text=3/Freq2=4(0.7%)〕

≪남대문✢≫ 전체빈도합=18(0.0010%)

남대문⁰ 몡(고유)☆★☆ 【Text=11/Freq1=18】
❶ (예) 남대문(南大門)에 불이 나다.

≪남북≫ 전체빈도합=61(0.0033%)

남북 몡★☆☆ 【Text=21/Freq1=61】
① (예) 강의 남북(南北)을 연결하다.
〔Text=3/Freq2=3(4.9%)〕
② (예) 길이가 남북으로 10m를 넘다.
〔Text=2/Freq2=2(3.3%)〕
③ (예) 한반도 남북 [대표/통일].
〔Text=19/Freq2=56(91.8%)〕
관<남북 문제> 〔×〕

≪남산✢≫ 전체빈도합=64(0.0034%)

남산⁰ 몡(고유)☆★☆ 【Text=17/Freq1=64】
❶ (예) 남산(南山)에 오르다.

≪남성≫ 전체빈도합=44(0.0024%)

남성 몡 【Text=16/Freq1=44】
① (예) 남성(男性) 호르몬.
〔Text=11/Freq2=33(75%)〕
② (예) 많은 남성에게서 사랑을 받다.

〔Text=7/Freq2=10(22.7%)〕
❸ (예) 그의 남성이 뜨겁게 달아오르다.
〔Text=1/Freq2=1(2.3%)〕

《남자》전체빈도합=612(0.0330%)
남자 명★★★ 【Text=116/Freq1=612】
⓪ (예) 사무실에 남자(男子)밖에 없다.
〔Text=116/Freq2=610(99.7%)〕
❶ (예) 그 남자가 찾아오다.
〔Text=2/Freq2=2(0.3%)〕

《남쪽》전체빈도합=81(0.0044%)
남쪽 명★☆★ 【Text=42/Freq1=81】
⓪ (예) 한반도의 남(南)쪽./남쪽에서 봄바람이 불어오다.

《남편》전체빈도합=390(0.0210%)
남편 명★★★ 【Text=64/Freq1=390】
⓪ (예) 남편(男便)의 역할.

《남학생》전체빈도합=42(0.0023%)
남학생 명 【Text=13/Freq1=42】
⓪ (예) 남학생(男學生)과 여학생.

《낫》전체빈도합=8(0.0004%)
낫 명☆☆★ 【Text=8/Freq1=8】
⓪ (예) 낫으로 풀을 베다.

《낫다》전체빈도합=198(0.0107%)
낫다¹ 동★★★ 【Text=36/Freq1=67(33.8%)】
⓪ (예) [감기가/병이] 다 낫다.
낫다² 형★★★ 【Text=76/Freq1=131(66.2%)】
⓪ (예) 뛰어가는 것보다 걷는 것이 낫다.

《낭독하다》전체빈도합=43(0.0023%)
낭독하다 동 【Text=14/Freq1=43】
⓪ (예) [답사를/시를/판결문을] 낭독(朗讀)하다.

《낭만》전체빈도합=18(0.0010%)
낭만 명 【Text=11/Freq1=18】
⓪ (예) 낭만(浪漫)에 젖다./낭만이 없다.

《낭비》전체빈도합=25(0.0013%)
낭비 명 【Text=22/Freq1=25】
⓪ (예) 낭비(浪費)를 하다./시간 낭비.

《낭비하다》전체빈도합=23(0.0012%)
낭비하다 동 【Text=19/Freq1=23】
⓪ (예) [돈을/자원을] 낭비(浪費)하다.
〔Text=14/Freq2=16(69.6%)〕

❶ (예) [감정을/시간을/힘을] 낭비하다.
〔Text=5/Freq2=7(30.4%)〕

《낮》전체빈도합=138(0.0074%)
낮 명★★★ 【Text=63/Freq1=138】
① (예) 동지는 낮이 가장 짧다./밤에 학교에 나가고, 낮에 일을 하다.
〔Text=51/Freq2=102(73.9%)〕
② (예) 가을이라 해도 아직 낮이면 햇살이 따갑다. 〔Text=20/Freq2=36(26.1%)〕

《낮다》전체빈도합=113(0.0061%)
낮다 형★★★ 【Text=59/Freq1=113】
① (예) 천장이 낮다./키 낮은 대문.
〔Text=26/Freq2=32(28.3%)〕
② (예) [수준이/질이] 낮다.
〔Text=10/Freq2=12(10.6%)〕
③ (예) [기온이/저축률이] 낮다.
〔Text=17/Freq2=29(25.7%)〕
④ (예) [가격이/임금이] 낮다.
〔Text=5/Freq2=6(5.3%)〕
⑤ (예) 낮은 소리로 말하다.
〔Text=20/Freq2=33(29.2%)〕
ⓧ 〔Text=1/Freq2=1(0.9%)〕

《낮잠》전체빈도합=21(0.0011%)
낮잠 명 【Text=16/Freq1=21】
⓪ (예) 낮잠을 [자다/즐기다].

《낮추다》전체빈도합=26(0.0014%)
낮추다 동 【Text=22/Freq1=26】
① (예) [목소리를/몸을] 낮추다.
〔Text=10/Freq2=10(38.5%)〕
② (예) 자기 자신을 낮추다.
〔Text=3/Freq2=3(11.5%)〕
③ (예) 선생님이 내게 말씀을 낮추다.
〔Text=3/Freq2=3(11.5%)〕
④ (예) 교사의 지위를 낮추어 보다.
〔Text=1/Freq2=1(3.8%)〕
❺ (예) [가격을/고도를/열을] 낮추다.
〔Text=8/Freq2=9(34.6%)〕

《낯》전체빈도합=20(0.0011%)
낯 명☆☆★ 【Text=13/Freq1=20】
① (예) 낯을 붉히다. 〔Text=8/Freq2=13(65%)〕
② (예) 아버지 볼 낯이 없다. 〔ⓧ〕
❸ (예) 걱정스러운 낯으로 나를 보다.
〔Text=1/Freq2=2(10%)〕

⦿<낯을 가리다> 〔Text=1/Freq2=2(10%)〕
⦿<낯을 못 들다> 〔×〕
⦿<[낯이/얼굴이] 뜨겁다> 〔×〕
⦿<낯(이) 설다> 〔×〕
⦿<낯(이) 익다> 〔Text=2/Freq2=2(10%)〕
ⓧ 〔Text=1/Freq2=1(5%)〕

《낯설다》전체빈도합=106(0.0057%)

낯설다 형 【Text=58/Freq1=106】
① (예) 낯선 [사람/손님/얼굴].
〔Text=26/Freq2=34(32.1%)〕
② (예) [시골 생활이/풍경이] 낯설다.
〔Text=43/Freq2=72(67.9%)〕

《낯익다》전체빈도합=21(0.0011%)

낯익다 형 【Text=16/Freq1=21】
① (예) 낯익은 [사람/얼굴/이웃].
〔Text=5/Freq2=6(28.6%)〕
② (예) 낯익은 [방/장소/풍경].
〔Text=10/Freq2=14(66.7%)〕
ⓧ 〔Text=1/Freq2=1(4.8%)〕

《낱말》전체빈도합=411(0.0221%)

낱말 명★☆☆ 【Text=37/Freq1=411】
⓪ (예) 낱말의 뜻을 알다.

《낳다》전체빈도합=216(0.0116%)

낳다 동★★★ 【Text=91/Freq1=216】
① (예) [새끼를/아이를/알을] 낳다.
〔Text=71/Freq2=165(76.4%)〕
② (예) 환경오염을 낳다./프랑스가 낳은 대학자. 〔Text=29/Freq2=51(23.6%)〕

《내》전체빈도합=4,105(0.2211%) [58]

내¹ 명 【Text=3/Freq1=4(0.1%)】
⓪ (예) 징검다리로 내를 건너다.
내² 명 【Text=2/Freq1=2(0%)】
⓪ (예) 흙 묻은 풀잎 내를 맡다.
내³ 명 【Text=0/Freq1=0】 ⓧ
⓪ (예) 아궁이에서 나는 내로 코가 시큰하다.
〔×〕
내⁴ 명의☆☆★ 【Text=39/Freq1=85(2.1%)】
① (예) 도시 내(內)의 공원.
〔Text=34/Freq2=69(81.2%)〕

② (예) [며칠/빠른 시일] 내에 끝내다.
〔Text=11/Freq2=16(18.8%)〕
내⁵ 대★★★ 【Text=187/Freq1=2,330(56.8%)】
⓪ (예) 내가 묻는 말에 대답하다.
〔Text=185/Freq2=2,102(90.2%)〕
❶ (예) 내게 주세요./내게 중요하다.
〔Text=61/Freq2=226(9.7%)〕
❷ (예) 내 원 참. 기가 막혀서.
〔Text=2/Freq2=2(0.1%)〕
내⁶ 관★★☆ 【Text=177/Freq1=1,684(41%)】 [59]
⓪ (예) 건강한 몸이 내 전 재산이다.
/내 나이 벌써 40이다.
⦿<내 코가 석자다> 〔×〕

《내기》전체빈도합=15(0.0008%)

내기 명 【Text=13/Freq1=15】
⓪ (예) 내기를 걸다./내기에 지다.

《내내》전체빈도합=57(0.0031%)

내내 부☆★☆ 【Text=41/Freq1=57】
① (예) 오전 내내 늦잠을 자다.
/[가을/1년/점심시간] 내내.
〔Text=35/Freq2=45(78.9%)〕
② (예) 내내 [밖에서 놀다/화가 안 풀리다].
〔Text=11/Freq2=12(21.1%)〕

《내년》전체빈도합=29(0.0016%)

내년 명☆★★ 【Text=19/Freq1=29】
⓪ (예) 내년(來年)에 귀국할 예정이다.

《내놓다》전체빈도합=105(0.0057%)

내놓다 동★★☆ 【Text=62/Freq1=105】
Ⅰ ① (예) 화분을 마당에 내놓다.
〔Text=8/Freq2=8(7.6%)〕
② (예) [요리를/편지를] 내놓다.
〔Text=12/Freq2=13(12.4%)〕
③ (예) [기부금을/시장직을] 내놓다.
〔Text=19/Freq2=31(29.5%)〕
④ (예) [작품을/제품을] 세상에 내놓다.
〔Text=8/Freq2=8(7.6%)〕
⑤ (예) [공약을/의견을] 내놓다.
〔Text=8/Freq2=11(10.5%)〕
⑥ (예) [방을/집을] 복덕방에 내놓다.

---

58) 『연세 한국어 사전』의 '내⁷'(예:내달, 내주), '-내⁸'(예:겨우내, 여름내)는 말뭉치의 분석에 적용하지 않았으므로 제외한다.
59) 『연세 한국어 사전』에서는 '내⁶'를 "대명사 '나'와 조사 '의'가 합하여 쓰이는 꼴"의 '준꼴'로 기술하고 있는데, 여기서는 '관형사'로 기술한다.

〔Text=4/Freq2=4(3.8%)〕
⑦ (예) 이불 속에서 눈만 내놓고 눕다.
〔Text=8/Freq2=9(8.6%)〕
⑧ (예) 고양이를 바깥에 내놓고 키우다.
〔Text=3/Freq2=3(2.9%)〕
❾ (예) 가게를 팔려고 내놓다.
〔Text=7/Freq2=12(11.4%)〕
Ⅱ ① (예) 사람들을 위해 목숨을 내놓다.
〔Text=1/Freq2=1(1%)〕
② (예) 내놓은 자식 취급하다. 〔×〕
③ (예) 바지만 내놓고 옷을 다 벗다. 〔×〕
관 <내놓고> 내놓고 [아첨하다/좋아하다].
〔Text=1/Freq2=2(1.9%)〕
Ⓧ 〔Text=2/Freq2=3(2.9%)〕

≪내다≫ 전체빈도합=1,339(0.0721%)

내다¹ 동 ★★★ 【Text=173/Freq1=787(58.8%)】
Ⅰ ① (예) [거품을/땀을] 내다.
〔Text=16/Freq2=18(2.3%)〕
② (예) [새끼를/싹을] 내다.
〔Text=4/Freq2=5(0.6%)〕
③ (예) 많은 [제자를/졸업생을] 내다.
〔Text=3/Freq2=3(0.4%)〕
④ (예) [숨소리를/향기를] 내다.
〔Text=67/Freq2=114(14.5%)〕
⑤ (예) [맛을/빛을/윤을] 내다.
〔Text=9/Freq2=12(1.5%)〕
⑥ (예) [구멍을/상처를/자국을] 내다.
〔Text=12/Freq2=14(1.8%)〕
⑦ (예) [기운을/속도를/엄두를] 내다.
〔Text=18/Freq2=22(2.8%)〕
⑧ (예) [열량을/칼로리를] 내다. 〔×〕
⑨ (예) [시간을/틈을] 내다.
〔Text=12/Freq2=12(1.5%)〕
⑩ ㉠ (예) [겁을/샘을/욕심을/화를] 내다.
〔Text=72/Freq2=139(17.7%)〕
㉡ (예) [기분을/분위기를/흉내를] 내다.
〔Text=5/Freq2=5(0.6%)〕
⑪ (예) [궁리를/꾀를] 내다.
〔Text=16/Freq2=18(2.3%)〕
⑫ ㉠ (예) [고장을/부도를/불을/사고를] 내다. 〔Text=12/Freq2=12(1.5%)〕
㉡ (예) [사상자를/희생을] 내다.
〔Text=1/Freq2=1(0.1%)〕
⑬ (예) [말을/소문을] 내다.
〔Text=8/Freq2=12(1.5%)〕
⑭ (예) [끝을/사생결단을/승부를] 내다.

〔Text=9/Freq2=10(1.3%)〕
⑮ (예) [이익을/적자를/피해를/효과를/좋은 성적을] 내다. 〔Text=5/Freq2=9(1.1%)〕
⑯ (예) [박살을/작살을/조각을] 내다.
〔Text=8/Freq2=9(1.1%)〕
⑰ (예) [생색을/티를/표를] 내다.
〔Text=10/Freq2=11(1.4%)〕
⑱ (예) [맵시를/멋을/모양을] 내다.
〔Text=8/Freq2=10(1.3%)〕
⑲ (예) [통계를/평균을/합계를] 내다.
〔Text=1/Freq2=1(0.1%)〕
⑳ (예) [뽐을/시늉을] 내다.
〔Text=27/Freq2=36(4.6%)〕
㉑ (예) [혼을/혼찌검을] 내다.
〔Text=5/Freq2=6(0.8%)〕
Ⅱ ① (예) [돈을/입장료를/집세를] 내다.
〔Text=50/Freq2=95(12.1%)〕
② (예) [사표를/원서를] 내다.
〔Text=19/Freq2=30(3.8%)〕
③ (예) [문제를/의견을/퀴즈를] 내다.
〔Text=10/Freq2=13(1.7%)〕
④ ㉠ (예) 손님에게 [과일을/차를] 내다.
〔Text=4/Freq2=4(0.5%)〕
㉡ (예) [술을/식사를/한턱을] 내다.
〔Text=10/Freq2=13(1.7%)〕
⑤ (예) [음반을/잡지를/책을] 내다.
〔Text=15/Freq2=32(4.1%)〕
⑥ (예) 신문에 [광고를/부고를] 내다.
〔Text=11/Freq2=18(2.3%)〕
⑦ (예) [청첩을/초대장을/편지를] 내다.
〔Text=2/Freq2=3(0.4%)〕
⑧ (예) 빚을 내다. 〔×〕
⑨ (예) [병가를/허가를/휴가를] 내다.
〔Text=1/Freq2=1(0.1%)〕
⑩ (예) [가게를/살림을/푸줏간을] 내다.
〔Text=4/Freq2=8(1%)〕
⑪ (예) [길을/문을/부엌을/수로를] 내다.
〔Text=3/Freq2=4(0.5%)〕
⑫ (예) [물건을/자리를] 내어 주다.
〔Text=4/Freq2=9(1.1%)〕
⑬ (예) 환자를 수송하기 위해 [배를/차를] 내다. 〔×〕
⑭ (예) [모를/모종을] 내다.
〔Text=1/Freq2=1(0.1%)〕
Ⅲ ① <-아/-어내다>
(예) 돌라내다./뱉어내다./뽑아내다./

우려내다./털어내다.
〔Text=19/Freq2=53(6.7%)〕
② <-아/-어내다>
(예) 적을 [막아내다/몰아내다]./
밀어내다./불러내다./쫓아내다.
〔Text=7/Freq2=17(2.2%)〕
[관] <물고를 내다> 〔×〕
[관] <세를 내다> 방 한 칸 세를 내다.
〔Text=1/Freq2=1(0.1%)〕
[관] <열을 내다> 〔×〕
[관] <요절을 내다> 〔×〕
ⓧ 〔Text=6/Freq2=6(0.8%)〕

내다[2] [동][보]★★☆ **【Text=132/Freq1=552(41.2%)】**
① <-아/-어 내다> (예) 많은 후배를 길러 내다./자신의 삶을 그려 내다.
〔Text=98/Freq2=266(48.2%)〕
② <-아/-어 내다> (예) 책을 끝까지 읽어 내다./고통을 참아 내다.
〔Text=103/Freq2=286(51.8%)〕

≪**내다보다**≫전체빈도합=51(0.0027%)

내다보다 [동] **【Text=34/Freq1=51】**
① (예) 밖을 내다보다.
〔Text=28/Freq2=43(84.3%)〕
② (예) [미래를/앞일을] 내다보다.
〔Text=6/Freq2=8(15.7%)〕

≪**내던지다**≫전체빈도합=23(0.0012%)

내던지다 [동] **【Text=20/Freq1=23】**
① (예) 책을 방바닥에 내던지다.
〔Text=11/Freq2=14(60.9%)〕
② (예) [가족을/일자리를] 내던지다.
〔Text=5/Freq2=5(21.7%)〕
③ (예) [말을/질문을] 툭툭 내던지다.
〔Text=3/Freq2=3(13%)〕
④ (예) [목숨을/젊음을] 내던지다.
〔Text=1/Freq2=1(4.3%)〕

≪**내려가다**≫전체빈도합=138(0.0074%)

내려가다 [동]★★★ **【Text=73/Freq1=138】**
Ⅰ ① (예) [기온이/성적이/열이] 내려가다.
〔Text=8/Freq2=10(7.2%)〕
② (예) [밥이/체증이] 내려가다.
〔Text=2/Freq2=2(1.4%)〕
③ (예) 엘리베이터가 내려가다.
〔Text=9/Freq2=14(10.1%)〕
④ (예) [목소리 높이가/음이] 내려가다. 〔×〕
Ⅱ ① (예) 형이 아래층으로 내려가다.
〔Text=26/Freq2=44(31.9%)〕
② (예) [고향에/남쪽으로/시골로] 내려가다.
〔Text=17/Freq2=25(18.1%)〕
③ (예) [저소득층으로/저학년으로] 내려갈수록 비율이 높다.
〔Text=2/Freq2=2(1.4%)〕
④ (예) 후대로 내려가다. 〔×〕
⑤ (예) [권좌에서/낮은 자리로] 내려가다.
〔×〕
⑥ (예) 발목까지 내려가는 치마./현관에서 지하로 내려가는 계단.
〔Text=5/Freq2=5(3.6%)〕
Ⅲ ① (예) [고개를/계단을/길을] 내려가다.
〔Text=15/Freq2=22(15.9%)〕
② (예) 산을 내려가다.
〔Text=2/Freq2=3(2.2%)〕
③ (예) 전주로 [출장을/피난을] 내려가다.
〔Text=1/Freq2=1(0.7%)〕
Ⅳ (예) [관을/장롱을/책장을] 내려가다. 〔×〕
Ⅴ ① (예) 찬찬히 [짚어/훑어] 내려가다.
〔Text=5/Freq2=5(3.6%)〕
② (예) 기록이 후대까지 전해 내려가다. 〔×〕
③ (예) 이야기를 엮어 내려가다.
〔Text=5/Freq2=5(3.6%)〕

≪**내려놓다**≫전체빈도합=40(0.0022%)

내려놓다 [동] **【Text=26/Freq1=40】**
① (예) [잔을/전화기를/짐을] 내려놓다.
〔Text=24/Freq2=28(70%)〕
② (예) 냄비를 불에서 내려놓다./안경을 신문 위에 내려놓다. 〔Text=4/Freq2=9(22.5%)〕
③ (예) 들고 있던 손을 내려놓다.
〔Text=1/Freq2=1(2.5%)〕
④ (예) 기차가 손님을 내려놓고 떠나다. 〔×〕
ⓧ 〔Text=2/Freq2=2(5%)〕

≪**내려다보다**≫전체빈도합=76(0.0041%)

내려다보다 [동] **【Text=38/Freq1=76】**
① (예) [마을을/아래를/아이 얼굴을] 내려다보다. 〔Text=38/Freq2=76(100%)〕
② (예) [남을/사람을] 내려다보다. 〔×〕

≪**내려앉다**≫전체빈도합=25(0.0013%)

내려앉다 [동] **【Text=21/Freq1=25】**
Ⅰ (예) [구들장이/마루청이] 내려앉다.

〔Text=1/Freq2=1(4%)〕
Ⅱ ① (예) 책상에서 방바닥으로 내려앉다. 〔×〕
② (예) 낮은 지위로 내려앉다. 〔×〕
Ⅲ (예) 강가에 물오리 떼가 내려앉다.
〔Text=8/Freq2=10(40%)〕
㊙ <가슴이 (철렁) 내려앉다>
〔Text=7/Freq2=9(36%)〕
㊙ <어둠이 내려앉다> 〔×〕
ⓧ 〔Text=5/Freq2=5(20%)〕

≪내려오다≫ 전체빈도합=259(0.0139%)

내려오다 동★★★ 【Text=94/Freq1=259】
Ⅰ ① (예) [밑으로/사다리에서/1층으로] 내려오다. 〔Text=51/Freq2=100(38.6%)〕
② (예) [고향에/남으로] 내려오다.
〔Text=18/Freq2=33(12.7%)〕
③ (예) 상류층에서 하층 계급으로 내려오다. 〔×〕
④ ㉠ (예) 권좌에서 내려오다. 〔×〕
㉡ (예) 상부에서 내려온 사람. 〔×〕
⑤ (예) [공문이/지시가] 내려오다.
〔Text=3/Freq2=4(1.5%)〕
⑥ (예) 예부터 내려오는 [관례/명절].
〔Text=21/Freq2=23(8.9%)〕
⑦ (예) 머리가 어깨까지 내려오다.
〔Text=5/Freq2=5(1.9%)〕
⑧ (예) 수익률이 내려오다. 〔×〕
⑨ (예) 하늘에서 이슬비가 내려오다.
〔Text=11/Freq2=17(6.6%)〕
⑩ (예) 들었던 [손이/팔이] 내려오다. 〔×〕
⑪ (예) 수덕사에서 내려오는 계곡.
〔Text=6/Freq2=6(2.3%)〕
Ⅱ ① (예) [비탈을/산을] 내려오다.
〔Text=12/Freq2=48(18.5%)〕
② (예) [단상을/마운드를] 내려오다.
〔Text=2/Freq2=2(0.8%)〕
③ (예) 서울서 [귀양을/답사를/피난을] 내려오다. 〔Text=2/Freq2=2(0.8%)〕
Ⅲ (예) [2층에서 피아노를/차에서 짐을] 내려오다. 〔Text=2/Freq2=3(1.2%)〕
Ⅳ ① (예) 앞에서부터 내용을 정리해 내려오다. 〔Text=3/Freq2=3(1.2%)〕
② (예) 후세에까지 이어져 내려오다.
〔Text=12/Freq2=13(5%)〕

≪내력≫ 전체빈도합=53(0.0029%)

내력 명 【Text=12/Freq1=53】

① (예) [고장의/집안의] 내력(來歷).
〔Text=9/Freq2=46(86.8%)〕
② (예) 그의 튼노엔 그만한 내력이 있다.
〔Text=4/Freq2=7(13.2%)〕
③ (예) 그에게는 유전병의 내력이 있다. 〔×〕

≪내리다≫ 전체빈도합=579(0.0312%)

내리다 동★★★ 【Text=158/Freq1=579】
Ⅰ ① (예) [눈이/비가/이슬이] 내리다.
〔Text=33/Freq2=137(23.7%)〕
② (예) [버스에서/차에서] 내리다.
〔Text=39/Freq2=76(13.1%)〕
③ (예) [값이/열이] 내리다.
〔Text=2/Freq2=2(0.3%)〕
④ (예) [붓기가/살이] 내리다.
〔Text=1/Freq2=1(0.2%)〕
⑤ (예) 막이 내리다.
〔Text=6/Freq2=11(1.9%)〕
⑥ (예) [얹힌 것이/체증이] 내리다. 〔×〕
Ⅱ ① (예) [공항에/역에] 내리다.
〔Text=14/Freq2=19(3.3%)〕
② (예) 비행기가 비행장에 내리다.
〔Text=4/Freq2=4(0.7%)〕
Ⅲ ① (예) [경보가/명령이] 내리다.
〔Text=10/Freq2=17(2.9%)〕
② (예) [저주가/천벌이] 내리다.
〔Text=1/Freq2=1(0.2%)〕
③ (예) 초목들의 뿌리가 내리다.
〔Text=5/Freq2=5(0.9%)〕
Ⅳ ① (예) [그물을/머리를/커튼을] 내리다.
〔Text=6/Freq2=8(1.4%)〕
② (예) [깃발을/지퍼를/차창을] 내리다.
〔Text=8/Freq2=10(1.7%)〕
③ (예) 선반의 트렁크를 내리다.
〔Text=7/Freq2=18(3.1%)〕
④ (예) [총을/카메라를] 내리다.
〔Text=2/Freq2=2(0.3%)〕
⑤ (예) [발을/손을] 내리다.
〔Text=13/Freq2=23(4%)〕
⑥ (예) [전등/전축의] 스위치를 내리다.
〔Text=2/Freq2=3(0.5%)〕
⑦ (예) [버스를/차를] 내리다.
〔Text=16/Freq2=46(7.9%)〕
⑧ (예) [가격을/세금을] 내리다. 〔×〕
⑨ (예) [결론을/평가를] 내리다.
〔Text=45/Freq2=81(14%)〕

Ⅴ ① (예) 짐꾼이 마당에 짐을 내리다.
　　〔Text=4/Freq2=5(0.9%)〕
　② (예) [상을/죽음을/형벌을] 내리다.
　　〔Text=17/Freq2=25(4.3%)〕
　③ (예) [명령을/판결을] 내리다.
　　〔Text=17/Freq2=22(3.8%)〕
　④ (예) 밀가루를 체에 내리다. 〔×〕
　⑤ (예) 땅에 뿌리를 내리다.
　　〔Text=7/Freq2=7(1.2%)〕
Ⅵ <-아/-어 내리다> (예) 흙더미가 무너져내리다./가슴팍을 쓸어 내리며 말하다. 〔Text=25/Freq2=37(6.4%)〕
㉄ <땅거미가 내리다>
　　〔Text=1/Freq2=1(0.2%)〕
㉄ <막을 내리다> 독재가 막을 내리다.
　　〔Text=3/Freq2=3(0.5%)〕
㉄ <어둠이 [내려앉다/내리다]>
　　〔Text=4/Freq2=4(0.7%)〕
　⊗ 〔Text=11/Freq2=11(1.9%)〕

≪내면≫전체빈도합=18(0.0010%)

내면 명 【Text=13/Freq1=18】
　① (예) 상자의 내면(內面). 〔×〕
　② (예) 인간의 내면을 살피다.
　　〔Text=11/Freq2=15(83.3%)〕
　❸ (예) 말의 내면을 이해하다.
　　〔Text=1/Freq2=1(5.6%)〕
㉄ <내면 세계> 〔Text=1/Freq2=2(11.1%)〕

≪내밀다≫전체빈도합=134(0.0072%)

내밀다 동★☆☆ 【Text=68/Freq1=134】
　① (예) [고개를/봉투를/손을/신분증을] 내밀다. 〔Text=62/Freq2=123(91.8%)〕
　② (예) 등을 떠밀어 대문 밖으로 내밀다.
　　〔Text=1/Freq2=1(0.7%)〕
　③ (예) 집안일을 모두 아내에게 내밀어 버리다. 〔×〕
　④ (예) [배짱을/주장을] 내밀다.
　　〔Text=2/Freq2=2(1.5%)〕
㉄ <손(을) 내밀다> 학비 때문에 부모에게 손을 내밀다. 〔Text=4/Freq2=4(3%)〕
㉄ <얼굴(을) 내밀다> 친척들의 대소사에 얼굴을 내밀다. 〔Text=2/Freq2=2(1.5%)〕
　⊗ 〔Text=2/Freq2=2(1.5%)〕

≪내뱉다≫전체빈도합=24(0.0013%)

내뱉다 동 【Text=17/Freq1=24】

　① (예) [침을/한숨을/헛기침을] 내뱉다.
　　〔Text=5/Freq2=5(20.8%)〕
　② (예) [말을/욕을] 내뱉다.
　　〔Text=13/Freq2=19(79.2%)〕

≪내버리다≫전체빈도합=24(0.0013%)

내버리다 동 【Text=21/Freq1=24】
　① (예) 봉투를 구겨서 내버리다.
　　〔Text=4/Freq2=5(20.8%)〕
　② (예) 그렇게 하도록 내버려 두다.
　　〔Text=13/Freq2=15(62.5%)〕
　③ (예) 자식을 내버리다.
　　〔Text=1/Freq2=1(4.2%)〕
　⊗ 〔Text=3/Freq2=3(12.5%)〕

≪내보내다≫전체빈도합=20(0.0011%)

내보내다 동 【Text=15/Freq1=20】
Ⅰ (예) 여직원을 사무실에서 내보내다.
　　〔Text=7/Freq2=8(40%)〕
Ⅱ (예) [바다에/밖으로/전쟁터에] 내보내다.
　　〔Text=1/Freq2=1(5%)〕
Ⅲ ① (예) 자녀를 결혼 시켜 내보내다. 〔×〕
　② (예) 사람을 회사에서 내보내다.
　　〔Text=2/Freq2=4(20%)〕
　③ (예) TV에서 영화를 내보내다.
　　〔Text=4/Freq2=4(20%)〕
　⊗ 〔Text=3/Freq2=3(15%)〕

≪내보이다≫전체빈도합=16(0.0009%)

내보이다¹ 동 【Text=0/Freq1=0】 ⊗
　⓪ (예) [맨살이/올이 성글게] 내보이다. 〔×〕
내보이다² 동 【Text=13/Freq1=16(100%)】
　① (예) [물건을/쪽지를] 내보이다.
　　〔Text=3/Freq2=3(18.8%)〕
　② (예) [속옷을/혀를] 내보이다.
　　〔Text=5/Freq2=6(37.5%)〕
　③ (예) [관심을/속셈을/속을] 내보이다.
　　〔Text=5/Freq2=6(37.5%)〕
　❹ (예) 흉내를 내보이다(☞ 내어 보이다).
　　〔Text=1/Freq2=1(6.3%)〕

≪내부≫전체빈도합=59(0.0032%)

내부 명★☆☆ 【Text=32/Freq1=52(88.1%)】
　① (예) 몸 내부(內部)의 장기./지구 내부의 온도. 〔Text=20/Freq2=34(65.4%)〕
　② (예) 지역 사회 내부에서의 변화.
　　〔Text=13/Freq2=18(34.6%)〕
내부⁰ 명(고유) 【Text=1/Freq1=7(11.9%)】

⓪ (예) 대한제국 내부(內部)의 관리.

≪내뿜다≫전체빈도합=16(0.0009%)

내뿜다 동 【Text=14/Freq1=16】
 ⓪ (예) [담배 연기를/한숨을] 내뿜다.
  〔Text=8/Freq2=10(62.5%)〕
 ❶ (예) [고래가/분수가] 물을 내뿜다.
  〔Text=4/Freq2=4(25%)〕
 ❷ (예) 꽃이 향기를 내뿜다.
  〔Text=2/Freq2=2(12.5%)〕

≪내세우다≫전체빈도합=55(0.0030%)

내세우다 동★☆☆ 【Text=36/Freq1=55】
 Ⅰ ① (예) 아이를 앞에 내세우며 소개하다.
  〔Text=1/Freq2=1(1.8%)〕
  ② (예) 다른 사람을 내세워 일을
   시키다. 〔×〕
  ③ (예) [명분을/이유를] 내세우다. 〔×〕
  ④ (예) 자기 [입장만/주장을] 내세우다.
   〔Text=20/Freq2=32(58.2%)〕
  ⑤ (예) 학력을 내세우고 자랑하다.
   〔Text=4/Freq2=4(7.3%)〕
 Ⅱ ① (예) [증인으로/총리로] 내세우다.
  〔Text=8/Freq2=8(14.5%)〕
  ② (예) 다수결을 원칙으로 내세우다.
   〔Text=9/Freq2=10(18.2%)〕

≪내쉬다≫전체빈도합=24(0.0013%)

내쉬다 동 【Text=19/Freq1=24】
 ⓪ (예) [숨을/한숨을] 내쉬다.

≪내심≫전체빈도합=17(0.0009%)

내심 명 【Text=10/Freq1=17】
 Ⅰ (예) 내심(內心)으로 만만하게 여기다.
  〔Text=1/Freq2=2(11.8%)〕
 Ⅱ (예) 내심 [당황하다/떨리다].
  〔Text=9/Freq2=15(88.2%)〕

≪내외≫전체빈도합=25(0.0013%)

내외¹ 명 【Text=16/Freq1=25(100%)】
 ① (예) 사무실 내외(內外)를 청소하다. 〔×〕
 ② (예) 정부 수립을 내외에 선포하다.
  〔Text=3/Freq2=3(12%)〕
 ③ (예) 하숙집 주인 내외.
  〔Text=10/Freq2=14(56%)〕
 ④ (예) 삼십 내외의 부인.

  〔Text=6/Freq2=8(32%)〕

내외² 명 【Text=0/Freq1=0】 ⓧ
 ⓪ (예) 남녀가 내외(內外)를 하다. 〔×〕

≪내용≫전체빈도합=1,259(0.0678%)

내용 명★★★ 【Text=125/Freq1=1,259】
 ① (예) 내용(內容)과 형식.
  〔Text=65/Freq2=302(24%)〕
 ② (예) 글의 내용이 전문적이다.
  〔Text=104/Freq2=956(75.9%)〕
 ⓧ 〔Text=1/Freq2=1(0.1%)〕

≪내일≫전체빈도합=281(0.0151%)

내일 명★★★ 【Text=111/Freq1=281】 60)
 Ⅰ ① (예) 내일(來日)부터 출근하다.
  〔Text=35/Freq2=127(45.2%)〕
  ② (예) 민족의 내일을 위한 계획.
   〔Text=13/Freq2=18(6.4%)〕
 Ⅱ (예) 내일 꼭 오세요!
  〔Text=76/Freq2=136(48.4%)〕
 관<오늘 내일 하다> 〔×〕

≪내주다≫전체빈도합=42(0.0023%)

내주다 동 【Text=31/Freq1=42】
 ① (예) 가방에서 [돈을/서류를] 내주다.
  〔Text=16/Freq2=22(52.4%)〕
 ② (예) [빈 방을/재산을] 내주다.
  〔Text=10/Freq2=13(31%)〕
 ⓧ 〔Text=7/Freq2=7(16.7%)〕

≪내지≫전체빈도합=60(0.0032%)

내지¹ 명 【Text=0/Freq1=0】 ⓧ
 ① (예) 내지(內地)의 농가. 〔×〕
 ② (예) 내지와 식민지. 〔×〕
내지² 부 【Text=24/Freq1=60(100%)】
 ⓪ (예) 3천 명 내지(乃至) 4천 명.
  〔Text=23/Freq2=58(96.7%)〕
 ❶ (예) 의미론 내지 인식론.
  〔Text=1/Freq2=2(3.3%)〕

≪내키다≫전체빈도합=20(0.0011%)

내키다 동 【Text=16/Freq1=20】
 ⓪ (예) 내키지 않는 [술/일]./
  생각해 보고 내키면 연락하다.
  〔Text=15/Freq2=19(95%)〕
 ⓧ 〔Text=1/Freq2=1(5%)〕

---

60) 『외국인을 위한 한국어 학습 사전』(2004)의 중요 어휘 목록에서는 '내일'의 Ⅱ에 해당하는 용법을 독립된 부사로 보아 ☆★☆의 중요도를 부여하고 있다.

≪**냄새**≫전체빈도합=159(0.0086%)

냄새 명★★★ 【Text=71/Freq1=159】
① (예) 땀 냄새가 나다./냄새를 맡다.
〔Text=64/Freq2=130(81.8%)〕
② (예) 사람 사는 냄새가 나다.
〔Text=16/Freq2=25(15.7%)〕
관 <냄새를 맡다> 기자들이 냄새를 맡고 찾아오다. 〔Text=3/Freq2=4(2.5%)〕

≪**냇가**≫전체빈도합=23(0.0012%)

냇가 명 【Text=13/Freq1=23】
① (예) 냇가에서 고기를 잡다.

≪**냇물**≫전체빈도합=35(0.0019%)

냇물 명 【Text=18/Freq1=35】
① (예) 마을 앞 냇물이 맑고 깨끗하다.

≪**냉면**≫전체빈도합=14(0.0008%)

냉면 명☆★★ 【Text=6/Freq1=14】
① (예) 냉면(冷麵)을 먹다.

≪**냉장고**≫전체빈도합=41(0.0022%)

냉장고 명☆★★ 【Text=22/Freq1=41】
① (예) 음식을 냉장고(冷藏庫)에 넣다.

≪**냉정하다**≫전체빈도합=25(0.0013%)

냉정하다¹ 형 【Text=8/Freq1=8(32%)】
① (예) 냉정(冷靜)한 목소리.
/문제를 냉정하게 검토하다.
냉정하다² 형 【Text=10/Freq1=17(68%)】
① (예) 아내에게 냉정(冷情)하다.

≪**너**≫전체빈도합=1,113(0.0599%)

너¹ 대★★★ 【Text=150/Freq1=1,111(99.8%)】
① (예) 너 나 알아?/나는 너를 믿는다.
너² 관 【Text=2/Freq1=2(0.2%)】
① (예) 간장 너 말./서 푼이나 너 푼.

≪**너그럽다**≫전체빈도합=18(0.0010%)

너그럽다 형 【Text=15/Freq1=18】
① (예) [마음이/타인에게] 너그럽다.

≪**너머**≫전체빈도합=109(0.0059%)

너머 명 【Text=32/Freq1=109】
① (예) [고개/담/철책] 너머.

≪**너무**≫전체빈도합=700(0.0377%)

너무 부★★★ 【Text=176/Freq1=700】
① (예) 공기가 너무 건조하다.
〔Text=137/Freq2=354(50.6%)〕
② (예) 너무 뜻밖의 소식/잘못이 너무도 많다. 〔Text=128/Freq2=340(48.6%)〕
❸ (예) 너무, 사람들이, 너무, 날마다….
〔Text=4/Freq2=6(0.9%)〕

≪**너무나**≫전체빈도합=126(0.0068%)

너무나 부 【Text=65/Freq1=126】
① (예) 생각한 것과 너무나 다르다.

≪**너무너무**≫전체빈도합=30(0.0016%)

너무너무 부 【Text=12/Freq1=30】
① (예) 너무너무 [멀다/춥다/힘들다].
〔Text=5/Freq2=14(46.7%)〕
❶ (예) 너무너무 [사랑하다/좋아하다].
〔Text=6/Freq2=7(23.3%)〕
❷ (예) 너무너무 [좋다/보고 싶다].
〔Text=3/Freq2=7(23.3%)〕
❸ (예) 너무너무 잘 적응하다.
〔Text=2/Freq2=2(6.7%)〕

≪**너희**≫전체빈도합=206(0.0111%)

너희 대★★★ 【Text=70/Freq1=206】
① (예) 너희들 똑똑히 들어.
〔Text=61/Freq2=172(83.5%)〕
② (예) 너희 삼촌 어디 갔니?
〔Text=22/Freq2=34(16.5%)〕

≪**넉넉하다**≫전체빈도합=41(0.0022%)

넉넉하다 형☆☆★ 【Text=27/Freq1=41】
① (예) 넉넉한 크기의 옷./차에 자리가 넉넉하다. 〔Text=22/Freq2=28(68.3%)〕
② (예) [가세가/살림이] 넉넉하다.
〔Text=11/Freq2=13(31.7%)〕

≪**넋**≫전체빈도합=29(0.0016%)

넋 명 【Text=21/Freq1=29】
① (예) 넋을 잃은 사람처럼 앉아 있다.
〔Text=11/Freq2=14(48.3%)〕
② (예) 죽은 사람의 넋을 달래다.
〔Text=7/Freq2=7(24.1%)〕
관 <넋(을) 놓다> 〔Text=2/Freq2=2(6.9%)〕
관 <넋(을) 빼다> 〔×〕
관 <넋(이) 나가다>
〔Text=4/Freq2=4(13.8%)〕
관 <넋(이) 빠지다>
Ⅰ (예) 불구경에 넋이 빠지다.
〔Text=2/Freq2=2(6.9%)〕
Ⅱ (예) 이런 넋 빠진 놈을 봤나. 〔×〕

≪널리≫전체빈도합=66(0.0036%)

널리 뷔★☆☆　【Text=39/Freq1=66】
① (예) 널리 [알려지다/퍼지다].
〔Text=38/Freq2=65(98.5%)〕
② (예) 마음을 널리 먹다./널리 양해하다.
〔Text=1/Freq2=1(1.5%)〕

≪널리다≫전체빈도합=22(0.0012%)

널리다 동　【Text=17/Freq1=22】
① (예) 빨랫줄에 널려 있는 빨래.
〔Text=3/Freq2=3(13.6%)〕
② (예) 방에 [쓰레기가/옷이] 널리다.
〔Text=16/Freq2=19(86.4%)〕

≪넓다≫전체빈도합=239(0.0129%)

넓다 형★★★　【Text=113/Freq1=239】
① (예) 넓은 들./방이 넓다.
〔Text=87/Freq2=177(74.1%)〕
② (예) 시야가 넓다.
〔Text=31/Freq2=50(20.9%)〕
③ (예) 넓은 아량./마음이 넓다.
〔Text=9/Freq2=9(3.8%)〕
관 <오지랖이 넓다>　〔Text=1/Freq2=1(0.4%)〕
ⓧ 〔Text=2/Freq2=2(0.8%)〕

≪넓이≫전체빈도합=14(0.0008%)

넓이 명☆☆★　【Text=10/Freq1=14】
⓪ (예) [국토의/방의] 넓이.

≪넓히다≫전체빈도합=50(0.0027%)

넓히다 동　【Text=33/Freq1=50】
① (예) [길을/점포를] 넓히다.
〔Text=13/Freq2=20(40%)〕
② (예) [견문을/시야를] 넓히다.
〔Text=24/Freq2=30(60%)〕

≪넘기다≫전체빈도합=110(0.0059%)

넘기다 동★☆☆　【Text=70/Freq1=110】
Ⅰ ① (예) 물건들을 담장 위로 넘기다.
〔Text=1/Freq2=1(0.9%)〕
② (예) 살던 집을 남의 손에 넘기다.
〔Text=8/Freq2=10(9.1%)〕
③ (예) 정부 업무를 지방에 넘기다.
〔Text=14/Freq2=17(15.5%)〕
④ (예) [감기약을/침을] 넘기다.
〔Text=5/Freq2=7(6.4%)〕
⑤ (예) 머리를 뒤로 넘겨 찔끔 매다.
〔Text=1/Freq2=1(0.9%)〕

Ⅱ ① (예) 담장을 넘기는 홈런을 치다.〔×〕
② (예) [여정 시간/해를] 넘기다.
〔Text=22/Freq2=29(26.4%)〕
③ (예) [우기를/장마철을] 넘기다.
〔Text=12/Freq2=16(14.5%)〕
④ (예) 씨름 기술로 상대를 넘기다.
〔Text=2/Freq2=2(1.8%)〕
⑤ (예) [서류철을/책장을] 넘기다.
〔Text=15/Freq2=17(15.5%)〕
⑥ (예) 감기를 대수롭지 않게 넘기다.
/소문을 웃음으로 넘기다.
〔Text=9/Freq2=10(9.1%)〕

≪넘다≫전체빈도합=236(0.0127%)

넘다 동★★★　【Text=111/Freq1=236】
Ⅰ ① (예) 통에 물이 넘다.
〔Text=1/Freq2=1(0.4%)〕
② ㉠ (예) [10만을/5년이] 넘다.
〔Text=81/Freq2=138(58.5%)〕
㉡ (예) [정도가/정상이] 넘다.
〔Text=13/Freq2=13(5.5%)〕
Ⅱ ① ㉠ (예) [산을/언덕을] 넘다.
〔Text=15/Freq2=23(9.7%)〕
㉡ (예) [담을/성벽을] 넘다.
〔Text=19/Freq2=25(10.6%)〕
㉢ (예) [국경을/삼팔선을] 넘다.
〔Text=11/Freq2=14(5.9%)〕
② (예) [고비를/위험을] 넘다.
〔Text=7/Freq2=9(3.8%)〕
③ (예) 뻔뻔스러움을 넘어 천박함을
느끼다.〔Text=8/Freq2=10(4.2%)〕
관 <분수에 넘다>　〔×〕
관 <산 넘어 산이다>　〔×〕
관 <재주(를) 넘다>　〔Text=1/Freq2=1(0.4%)〕
ⓧ 〔Text=2/Freq2=2(0.8%)〕

≪넘어가다≫전체빈도합=89(0.0048%)

넘어가다 동　【Text=57/Freq1=89】
Ⅰ ① (예) 마을 뒤로 넘어가다./
강을 건너 중국으로 넘어가다.
〔Text=2/Freq2=2(2.2%)〕
② (예) 강릉으로 넘어가는 갈림길로 가다.
〔×〕
③ (예) [달이/해가] 넘어가다.
〔Text=1/Freq2=5(5.6%)〕
④ (예) 돈 얘기로 화제가 넘어가다.
〔Text=15/Freq2=17(19.1%)〕

⑤ (예) 경찰로 사건이 넘어가다.
　　　〔Text=1/Freq2=1(1.1%)〕
　⑥ (예) [주도권이/회사가] 남의 손에
　　　넘어가다. 〔Text=2/Freq2=2(2.2%)〕
　⑦ (예) [꾐에/속임수에] 넘어가다.
　　　〔Text=7/Freq2=7(7.9%)〕
　⑧ (예) [밥이/침이] 넘어가다.
　　　〔Text=6/Freq2=7(7.9%)〕
Ⅱ ① (예) 나무가 옆으로 넘어가다.
　　　〔Text=4/Freq2=8(9%)〕
　② (예) 환자의 숨이 넘어가다.
　　　〔Text=3/Freq2=3(3.4%)〕
　③ (예) 책장이 넘어가다. 〔×〕
　④ (예) 매출이 5억 원을 넘어가다./
　　　대기 시간이 두 시간을 넘어가다.
　　　〔Text=2/Freq2=2(2.2%)〕
　⑤ (예) [11시가/점심때가] 넘어가다. 〔×〕
　⑥ (예) 목소리가 잘도 넘어가다. 〔×〕
　⑦ (예) 평가회가 싱겁게 넘어가다.
　　　〔Text=2/Freq2=2(2.2%)〕
　⑧ (예) 자식 일이라면 끔뻑 넘어가다. 〔×〕
Ⅲ ① (예) [고개를/산을/언덕을] 넘어가다.
　　　〔Text=3/Freq2=3(3.4%)〕
　② (예) [담을/둑을] 넘어가다.
　　　〔Text=5/Freq2=5(5.6%)〕
　③ (예) 그들의 바깥세상은 평생 읍내를 못
　　　넘어가다. 〔Text=3/Freq2=4(4.5%)〕
　④ (예) 더 이상 따지지 않고 넘어가다./
　　　이 문제를 그냥 넘어갈 것 같지 않다.
　　　〔Text=12/Freq2=18(20.2%)〕
　관 <구렁이 담 넘어가듯(이)> 〔×〕
　관 <숨(이) 넘어가다> 천천히 말해. 숨
　　　넘어가겠다. 〔×〕 ☞ Ⅱ②.
　ⓧ 〔Text=3/Freq2=3(3.4%)〕

《넘어서다》전체빈도합=49(0.0026%)

넘어서다 동 【Text=28/Freq1=49】
　① (예) [고개를/문지방을] 넘어서다. 〔×〕
　② (예) [예상을/한계를] 넘어서다.
　　　〔Text=16/Freq2=27(55.1%)〕
　③ (예) 실력에서 그를 넘어서다.
　　　〔Text=1/Freq2=1(2%)〕
　④ (예) 5시를 넘어서다./비용이 10만 원이
　　　넘어서다. 〔Text=14/Freq2=16(32.7%)〕
　ⓧ 〔Text=5/Freq2=5(10.2%)〕

《넘어지다》전체빈도합=63(0.0034%)

넘어지다 동 ☆☆★ 【Text=42/Freq1=63】
　① (예) 아이가 뒤로 넘어지다.
　　　〔Text=41/Freq2=62(98.4%)〕
　② (예) 회사가 부도로 넘어지다. 〔×〕
　ⓧ 〔Text=1/Freq2=1(1.6%)〕

《넘치다》전체빈도합=62(0.0033%)

넘치다 동 ★☆☆ 【Text=44/Freq1=62】
Ⅰ ① (예) 컵에 물이 넘치다./시냇물이 넘쳐
　　　흐르다. 〔Text=13/Freq2=15(24.2%)〕
　② (예) [정열이/탄력이] 넘치다.
　　　〔Text=15/Freq2=17(27.4%)〕
　❸ (예) 넘칠 듯 넘치지 않는 미소
　　　〔Text=2/Freq2=3(4.8%)〕
Ⅱ ① (예) [자신감이/활기에] 넘치다.
　　　〔Text=18/Freq2=22(35.5%)〕
　② (예) [분에/정도에] 넘치다.
　　　〔Text=3/Freq2=3(4.8%)〕
Ⅲ (예) 눈이 발목을 넘치다./술이 잔을
　　　넘치다. 〔×〕
　ⓧ 〔Text=2/Freq2=2(3.2%)〕

《넣다》전체빈도합=465(0.0250%)

넣다 동 ★★★ 【Text=149/Freq1=465】
Ⅰ ① (예) 찻잔에 설탕을 넣다./
　　　명함을 지갑에 넣다.
　　　〔Text=97/Freq2=218(46.9%)〕
　② (예) 선전 문구를 넣은 명함.
　　　〔Text=18/Freq2=28(6%)〕
　③ (예) 회사에 [원서를/이력서를] 넣다.
　　　〔Text=1/Freq2=2(0.4%)〕
　④ (예) 괄호 안에 알맞은 답을 넣다.
　　　〔Text=21/Freq2=40(8.6%)〕
　⑤ (예) [적금을/통장에] 넣다.
　　　〔Text=4/Freq2=7(1.5%)〕
　⑥ (예) 과장을 실무진에 넣다.
　　　〔Text=4/Freq2=4(0.9%)〕
　⑦ (예) [같은 범주에/계산에] 넣다.
　　　〔Text=3/Freq2=3(0.6%)〕
　⑧ (예) 아들을 [직장에/학교에] 넣다.
　　　〔Text=3/Freq2=3(0.6%)〕
　⑨ (예) 중간에 사람을 넣어 교섭하다. 〔×〕
　⑩ (예) [반동을/압력을] 넣다.
　　　〔Text=5/Freq2=5(1.1%)〕
　⑪ (예) [감옥에/방에] 넣다.
　　　〔Text=30/Freq2=68(14.6%)〕
　⑫ (예) [스위치를/전화를/히터를] 넣다.

　　　　〔Text=4/Freq2=7(1.5%)〕
　⑬ (예) 봄에 보리씨를 넣고 묻다.
　　　　〔Text=1/Freq2=1(0.2%)〕
Ⅱ <-아/-어 넣다> (예) 은단을 입 안에 털어
　넣다./그를 대화에 끌어 넣다.
　　　　〔Text=36/Freq2=68(14.6%)〕
관 <고려에 넣다> 〔×〕
관 <골을 넣다> 〔Text=2/Freq2=4(0.9%)〕
관 <눈에 넣어도 아프지 않다>
　　　　〔Text=1/Freq2=1(0.2%)〕
관 <바람을 넣다> 아이에게 바람을 넣다. 〔×〕
관 <[손아귀에/손에/수중에] 넣다>
　　　　〔Text=1/Freq2=1(0.2%)〕
관 <청을 넣다> 〔×〕
ⓧ 〔Text=5/Freq2=5(1.1%)〕

≪네≫전체빈도합=2,191(0.1180%)
네¹ 대 ★★★　【Text=78/Freq1=204(9.3%)】
　⓪ (예) 장남인 네가 가거라.
　　　　〔Text=78/Freq2=193(94.6%)〕
　❶ (예) 네게 [주겠다/중요하다].
　　　　〔Text=7/Freq2=11(5.4%)〕
네² 대　【Text=1/Freq1=1(0.1%)】
　⓪ (예) 네 녀석들은 누구냐./네 이 놈들, 여기
　　있었구나.
네³ 관 ★★☆　【Text=83/Freq1=216(9.9%)】 61)
　⓪ (예) 네 생각을 얘기해./네 생각이 떠오르다.
네⁴ 관 ★★★　【Text=108/Freq1=237(10.8%)】
　⓪ (예) 네 살 때./네 개의 문장./책 네 권.
네⁵ 감 ★★★　【Text=94/Freq1=919(41.9%)】
　⓪ (예) 네, 알았습니다.
　　　　〔Text=92/Freq2=839(91.3%)〕
　❶ (예) 네? 뭐라고요?
　　　　〔Text=17/Freq2=55(6%)〕
　❷ (예) 네, 다음 뉴스입니다./네, 김 박사님
　　말씀하시죠. 〔Text=3/Freq2=19(2.1%)〕
　❸ (예) 그 분은 참 좋은 분이죠, 네.
　　　　〔Text=3/Freq2=5(0.5%)〕
　❹ (예) 꼭 오세요, 네?
　　　　〔Text=1/Freq2=1(0.1%)〕
-네⁶ 접 ★★☆　【Text=121/Freq1=614(28%)】
　① (예) 우리네 농촌 사람들./남정네.
　　　　〔Text=45/Freq2=75(12.2%)〕
　② (예) 서 교장네 과수원./철수네 집.

　　　　〔Text=95/Freq2=539(87.8%)〕

≪네거리≫전체빈도합=20(0.0011%)
네거리 명 ☆★　【Text=12/Freq1=20】
　⓪ (예) 네거리 건널목.

≪네에≫전체빈도합=26(0.0014%)
네에⁰ 감　【Text=12/Freq1=26】
　❶ (예) 네에, 그렇군요.
　　　　〔Text=7/Freq2=19(73.1%)〕
　❷ (예) 네에? 뭐라고요?
　　　　〔Text=5/Freq2=5(19.2%)〕
　❸ (예) 그렇기는 하죠, 네에.
　　　　〔Text=1/Freq2=1(3.8%)〕
　ⓧ 〔Text=1/Freq2=1(3.8%)〕

≪넥타이≫전체빈도합=30(0.0016%)
넥타이 명 ☆★★　【Text=16/Freq1=30】
　⓪ (예) 넥타이를 [매다/하다].

≪넷≫전체빈도합=26(0.0014%)
넷 주 ☆★★　【Text=21/Freq1=25(96.2%)】
　⓪ (예) 자식을 넷 키우다./책상 넷이 놓여 있다.
넷⁰ 감　【Text=1/Freq1=1(3.8%)】
　❶ (예) 넷! 그렇게 하겠습니다.

≪넷째≫전체빈도합=36(0.0019%)
넷째 주　【Text=24/Freq1=36】
　Ⅰ (예) 넷째의 입장.
　　　　〔Text=17/Freq2=26(72.2%)〕
　Ⅱ (예) 넷째 시간. 〔Text=7/Freq2=10(27.8%)〕

≪녀석≫전체빈도합=161(0.0087%)
녀석 명　【Text=42/Freq1=161】
　① (예) 어떤 녀석이 이 소란을 피워?
　　　　〔Text=31/Freq2=109(67.7%)〕
　② (예) 녀석에 관한 소식을 듣다.
　　　　〔Text=15/Freq2=24(14.9%)〕
　③ (예) 아유, 고 녀석 귀엽기도 하다.
　　　　〔Text=15/Freq2=25(15.5%)〕
　ⓧ 〔Text=3/Freq2=3(1.9%)〕

≪년≫전체빈도합=1,948(0.1049%)
년¹ 명의　【Text=8/Freq1=12(0.6%)】
　⓪ (예) 야, 이 년아, 너 왜 그래?/저 년 보게.
년² 명의 ★★★　【Text=181/Freq1=1,936(99.4%)】

---

61) 『연세 한국어 사전』에서는 '네³'를 "'너의'가 줄어든 말"인 '준꼴'로 기술하고 있는데, 여기서는 실제의 용법에 따라서 관형사로 기술한다.

① (예) 일 년(年) 후.
　　〔Text=172/Freq2=1,211(62.6%)〕
② (예) 세종 28년./1999년.
　　〔Text=93/Freq2=725(37.4%)〕

≪년대*≫전체빈도합=301(0.0162%)

년대⁰ 명의★★☆ 【Text=53/Freq1=301】
❶ (예) 2000년대(年代).

≪노동≫전체빈도합=56(0.0030%)

노동 명★☆★ 【Text=22/Freq1=56】
⓪ (예) 육체 노동(勞動)을 하다.
　　〔Text=21/Freq2=53(94.6%)〕
관<노동 계급> 〔Text=1/Freq2=1(1.8%)〕
관<노동 삼권> 〔×〕
관<노동 시장> 〔×〕
관<노동 운동> 〔×〕
관<노동 인구> 〔×〕
관<노동 조건> 〔×〕
관<노동 조합> 〔Text=2/Freq2=2(3.6%)〕

≪노동자≫전체빈도합=54(0.0029%)

노동자 명 【Text=19/Freq1=54】
⓪ (예) 숙련된 노동자(勞動者).
　　〔Text=19/Freq2=54(100%)〕
관<노동자 계급> 〔×〕

≪노랗다≫전체빈도합=58(0.0031%)

노랗다 형★★★ 【Text=36/Freq1=58】
① (예) 개나리가 노랗게 피다.
　　〔Text=34/Freq2=56(96.6%)〕
② (예) 얼굴이 노랗게 들뜨다. 〔×〕
관<싹이 노랗다> 〔×〕
관<하늘이 노랗다> 사고 소식에 하늘이
　　노래지다. 〔Text=2/Freq2=2(3.4%)〕

≪노래≫전체빈도합=412(0.0222%)

노래 명★★★ 【Text=111/Freq1=412】
① (예) 노래를 부르다.
　　〔Text=108/Freq2=396(96.1%)〕
② (예) 산새들의 노래가 들리다.
　　〔Text=5/Freq2=8(1.9%)〕
③ (예) 그의 작품은 자연에 감사하는 노래로
　　이루어지다. 〔Text=6/Freq2=7(1.7%)〕
ⓧ 〔Text=1/Freq2=1(0.2%)〕

≪노래하다≫전체빈도합=85(0.0046%)

노래하다 동☆★☆ 【Text=38/Freq1=85】
Ⅰ (예) 노래하고 춤추며 놀다.
　　〔Text=28/Freq2=69(81.2%)〕
Ⅱ (예) [봄을/시대를/청춘을] 노래하다.
　　〔Text=13/Freq2=15(17.6%)〕
ⓧ 〔Text=1/Freq2=1(1.2%)〕

≪노려보다≫전체빈도합=30(0.0016%)

노려보다 동 【Text=20/Freq1=30】
① (예) 그가 화가 나서 나를 노려보다.
　　〔Text=20/Freq2=30(100%)〕
② (예) 누군가 나를 훔쳐보고 노려보다.
　　〔×〕

≪노력≫전체빈도합=184(0.0099%)

노력¹ 명★★★ 【Text=72/Freq1=175(95.1%)】
⓪ (예) 최선의 노력(努力)을 쏟다.
노력² 명 【Text=7/Freq1=9(4.9%)】
⓪ (예) 전쟁에 노력(勞力) 동원에 나가다.

≪노력하다≫전체빈도합=253(0.0136%)

노력하다 동★★☆ 【Text=86/Freq1=253】
⓪ (예) 인재 양성에 노력(努力)하다.

≪노릇≫전체빈도합=64(0.0034%)

노릇 명의 【Text=41/Freq1=64】
Ⅰ ①㉠ (예) 선생 노릇을 하다.
　　　　〔Text=7/Freq2=10(15.6%)〕
　　㉡ (예) [가장/남편] 노릇.
　　　　〔Text=12/Freq2=15(23.4%)〕
② (예) 팀에서 왕초 노릇을 하다.
　　〔Text=11/Freq2=14(21.9%)〕
Ⅱ (예) 귀신이 곡할 노릇이다.
　　/그만둔다는 건 어리석은 노릇이다.
　　〔Text=19/Freq2=24(37.5%)〕
ⓧ 〔Text=1/Freq2=1(1.6%)〕

≪노리다≫전체빈도합=17(0.0009%)

노리다¹ 동 【Text=12/Freq1=17(100%)】
① (예) 매서운 눈으로 그를 노리다.
　　〔Text=2/Freq2=2(11.8%)〕
② (예) [기회를/약점을/우승을/틈을]
　　노리다. 〔Text=8/Freq2=11(64.7%)〕
③ (예) [결과를/효과를] 노리다.
　　〔Text=3/Freq2=4(23.5%)〕
노리다² 형 【Text=0/Freq1=0】 ⓧ
⓪ (예) 몸에서 노린 냄새가 나다. 〔×〕

≪노예≫전체빈도합=22(0.0012%)

노예 명 【Text=16/Freq1=22】
① (예) 포로들은 노예(奴隷)가 되다.

〔Text=10/Freq2=11(50%)〕
② (예) 과학에 종속된 노예.
〔Text=8/Freq2=11(50%)〕
[관]<노예 근성> 〔×〕

≪**노을**≫전체빈도합=15(0.0008%)

노을 [명] **【Text=10/Freq1=15】**
⓪ (예) 저녁 노을이 붉게 물들다.

≪**노인**≫전체빈도합=429(0.0231%)

노인 [명]★★★ **【Text=56/Freq1=429】**
Ⅰ ① (예) 노인(老人)들을 돌보다.
〔Text=39/Freq2=113(26.3%)〕
② (예) 노인이 다시 말하다.
〔Text=20/Freq2=306(71.3%)〕
Ⅱ (예) 김 노인이 말하다.
〔Text=4/Freq2=10(2.3%)〕

≪**노트**≫전체빈도합=24(0.0013%)

노트[1] [명] **【Text=15/Freq1=24(100%)】**
① (예) 책과 노트를 가방에 넣다.
〔Text=15/Freq2=24(100%)〕
② (예) 사건에 대한 노트를 축적하다. 〔×〕
노트[2] [명의] **【Text=0/Freq1=0】** ⓧ
⓪ (예) 배의 속도는 시속 40노트이다. 〔×〕

≪**녹다**≫전체빈도합=33(0.0018%)

녹다 [동]★☆★ **【Text=23/Freq1=33】**
① (예) [눈이/아스팔트가/얼음이] 녹다.
〔Text=15/Freq2=19(57.6%)〕
② (예) 바닷물에 녹아 있는 소금.
〔Text=3/Freq2=5(15.2%)〕
③ (예) [강이/얼었던 땅이] 녹다.
〔Text=2/Freq2=2(6.1%)〕
④ (예) 그녀의 모습에 녹아 버리다. 〔×〕
[관]<애간장이 녹다> 〔×〕
ⓧ 〔Text=6/Freq2=7(21.2%)〕

≪**녹이다**≫전체빈도합=21(0.0011%)

녹이다 [동] **【Text=19/Freq1=21】**
① (예) [사탕을/쇠를/얼음을] 녹이다.
〔Text=10/Freq2=11(52.4%)〕
② (예) [설탕을/소금을] 물에 녹이다.
〔Text=2/Freq2=2(9.5%)〕
③ (예) [몸을/시린 손을] 녹이다.
〔Text=2/Freq2=2(9.5%)〕
④ (예) 사람의 마음을 녹이다. 〔×〕
⑤ (예) [마음을/슬픔을] 녹이다.
〔Text=2/Freq2=2(9.5%)〕
[관]<(애)간장을 녹이다>
〔Text=1/Freq2=1(4.8%)〕
ⓧ 〔Text=2/Freq2=3(14.3%)〕

≪**논**≫전체빈도합=63(0.0034%)

논 [명]★☆★ **【Text=29/Freq1=63】**
⓪ (예) 논 한 마지기.

≪**논리**≫전체빈도합=109(0.0059%)

논리 [명]★☆☆ **【Text=34/Freq1=109】**
① (예) 진술의 논리(論理)가 맞다.
〔Text=19/Freq2=38(34.9%)〕
② (예) 논리 이전의 상태.
〔Text=21/Freq2=70(64.2%)〕
③ (예) 논리 과목. 〔Text=1/Freq2=1(0.9%)〕

≪**논리적**≫전체빈도합=35(0.0019%)

논리적[1] [명] **【Text=14/Freq1=17(48.6%)】**
⓪ (예) 논리적(論理的)이다.
/논리적으로 잘못되다.
논리적[2] [관] **【Text=14/Freq1=18(51.4%)】**
⓪ (예) 논리적(論理的) 순서.

≪**논문**≫전체빈도합=41(0.0022%)

논문 [명] **【Text=18/Freq1=41】**
⓪ (예) 논문(論文)을 쓰다.

≪**논의**≫전체빈도합=45(0.0024%)

논의[1] [명] **【Text=11/Freq1=45(100%)】**
⓪ (예) 국제 무역에 대한 논의(論議)가 활발하다.
논의[2] [명] **【Text=0/Freq1=0】** ⓧ
⓪ (예) 글의 논의(論意)를 파악하다. 〔×〕

≪**논쟁**≫전체빈도합=32(0.0017%)

논쟁 [명] **【Text=15/Freq1=32】**
⓪ (예) 논쟁(論爭)을 벌이다.

≪**놀다**≫전체빈도합=392(0.0211%)

놀다[1] [동]★★★ **【Text=123/Freq1=390(99.5%)】**
Ⅰ ① (예) 아이들이 신나게 놀다.
/아버지가 아이들과 놀아 주다.
〔Text=112/Freq2=364(93.3%)〕
② (예) 직장을 잃고 빈둥빈둥 놀다.
〔Text=8/Freq2=10(2.6%)〕
③ (예) 가게가 연중 하루도 놀지 않다.
/노는 날에도 회사에 나가다.
〔Text=4/Freq2=5(1.3%)〕

④ (예) 노는 [돈/땅]./공장 기계가 놀다. 〔×〕
⑤ (예) 물고기와 사슴이 떼 지어 놀다.
　　　〔Text=3/Freq2=5(1.3%)〕
⑥ (예) 아기가 뱃속에서 놀다. 〔×〕
Ⅱ ① (예) [아니꼽게/함부로] 놀다.
　　　〔Text=5/Freq2=5(1.3%)〕
② (예) 머리와 마음이 따로 놀다. 〔×〕
관 <가지고 놀다> 남자를 가지고 놀다.
　　　〔Text=1/Freq2=1(0.3%)〕
관 <놀고 앉았네> 〔×〕
놀다² 동 【Text=2/Freq1=2(0.5%)】
① (예) [굿을/민속 잡희를/한 판] 놀다.
　　　〔Text=2/Freq2=2(100%)〕
② (예) 윷을 잘 놀다. 〔×〕
③ (예) 훼방을 놀다. 〔×〕

≪놀라다≫ 전체빈도합=337(0.0181%)

놀라다 동 ★★★ 【Text=120/Freq1=337】
① (예) 여자의 비명에 놀라 일어나다.
　　　〔Text=68/Freq2=131(38.9%)〕
② (예) 가슴이 섬뜩하게 놀라다.
　　　〔Text=33/Freq2=47(13.9%)〕
③ ㉠ (예) 갑자기 일을 당해서 놀라다.
　　　〔Text=45/Freq2=108(32%)〕
㉡ (예) 작품이 놀랄 만큼 뛰어나다.
　　　〔Text=37/Freq2=51(15.1%)〕

≪놀랍다≫ 전체빈도합=71(0.0038%)

놀랍다 형 ★★☆ 【Text=42/Freq1=71】
Ⅰ ① (예) 기술의 발전 속도가 놀랍다.
　　　〔Text=28/Freq2=45(63.4%)〕
② (예) 놀랍고 충격적인 일이다.
　　　〔Text=2/Freq2=2(2.8%)〕
Ⅱ (예) 벌은 놀라운 곤충이다./놀라운 속도로
달리다. 〔Text=19/Freq2=24(33.8%)〕

≪놀래다≫ 전체빈도합=23(0.0012%)

놀래다¹ 동 【Text=2/Freq1=2(8.7%)】
⓪ (예) [사람을/세상을] 깜짝 놀래다.
놀래다² 동 【Text=12/Freq1=21(91.3%)】 62)
① (예) 여자의 비명에 놀래서 일어나다.
　　　〔Text=2/Freq2=3(14.3%)〕
② (예) 가슴이 섬뜩하게 놀래다.
　　　〔Text=1/Freq2=1(4.8%)〕
③ ㉠ (예) 갑자기 일을 당해서 놀래다.
　　　〔Text=10/Freq2=15(71.4%)〕
㉡ (예) 작품이 놀랠 만큼 뛰어나다.
　　　〔Text=2/Freq2=2(9.5%)〕

≪놀리다≫ 전체빈도합=73(0.0039%)

놀리다¹ 동 【Text=15/Freq1=19(26%)】
① (예) 일이 없어 일꾼들을 놀리다. 〔×〕
② (예) [땅을/생산 라인을] 놀리다.
　　　〔Text=2/Freq2=2(10.5%)〕
③ (예) 부지런히 손을 놀리다.
　　　〔Text=8/Freq2=10(52.6%)〕
④ (예) [붓을/칼을] 놀리다.
　　　〔Text=3/Freq2=3(15.8%)〕
관 <[입을/주둥이를] 놀리다>
　　　〔Text=3/Freq2=4(21.1%)〕
놀리다² ★☆☆ 【Text=28/Freq1=54(74%)】
⓪ (예) 사람을 바보라고 놀리다.

≪놀이≫ 전체빈도합=292(0.0157%)

놀이 명 ★★★ 【Text=69/Freq1=292】
① (예) [고무줄/카드] 놀이를 하다.
　　　〔Text=59/Freq2=199(68.2%)〕
② (예) 전통적인 [농악/민속] 놀이.
　　　〔Text=23/Freq2=86(29.5%)〕
관 <놀이 [기구/동산]>
　　　〔Text=4/Freq2=6(2.1%)〕
ⓧ 〔Text=1/Freq2=1(0.3%)〕

≪놀이터≫ 전체빈도합=42(0.0023%)

놀이터 명 【Text=24/Freq1=42】
⓪ (예) 아이들이 놀이터에서 놀다.

≪놈≫ 전체빈도합=339(0.0183%)

놈 명 ☆★☆ 【Text=60/Freq1=339】
Ⅰ ① ㉠ (예) 동창 중에서 이민 간 놈.
　　　〔Text=49/Freq2=221(65.2%)〕
㉡ (예) [자식/친구] 놈을 감싸다.
　　　〔Text=22/Freq2=56(16.5%)〕
② (예) 물고기 큰 놈들이 파닥거리다.
　　　〔Text=11/Freq2=27(8%)〕
③ (예) 무슨 놈의 세금이 그리 많아?/
그 놈의 돈 타령.
　　　〔Text=8/Freq2=13(3.8%)〕
Ⅱ (예) 돼지가 새끼 다섯 놈을 낳다.
　　　〔Text=6/Freq2=22(6.5%)〕

---

62) 『연세 한국어 사전』에서는 '놀래다²'가 "'놀라다'의 잘못"으로만 기술되어 있는데, 여기서는 '놀라다'의 의미 구분에 따라 상세히 기술한다.

≪**농구**≫전체빈도합=11(0.0006%)

농구¹ 명 ☆★★ 【Text=8/Freq1=11(100%)】
　⓪ (예) 체육관에서 농구(籠球)를 하다.

농구² 명 【Text=0/Freq1=0】 ⓧ
　⓪ (예) 농구(農具)를 창고에 넣다. 〔×〕

≪**농담**≫전체빈도합=43(0.0023%)

농담¹ 명 ☆★★ 【Text=26/Freq1=43(100%)】
　⓪ (예) 농담(弄談)을 하다.

농담² 명 【Text=0/Freq1=0】 ⓧ
　⓪ (예) 색깔의 농담(濃淡)을 조절하다. 〔×〕

≪**농민**≫전체빈도합=126(0.0068%)

농민 명 ★☆★ 【Text=22/Freq1=126】
　⓪ (예) 농민(農民)과 노동자.
　　〔Text=22/Freq2=122(96.8%)〕
　관<농민 운동> 〔Text=2/Freq2=4(3.2%)〕

≪**농부**≫전체빈도합=114(0.0061%)

농부 명 ★☆☆ 【Text=35/Freq1=114】
　⓪ (예) 농부(農夫)가 벼를 베다.

≪**농사**≫전체빈도합=133(0.0072%)

농사 명 ★☆★ 【Text=50/Freq1=133】
　⓪ (예) 농사(農事)를 짓다.

≪**농사일**≫전체빈도합=21(0.0011%)

농사일 명 【Text=12/Freq1=21】
　⓪ (예) 힘든 농사(農事)일을 하다.

≪**농사짓다**⁺≫전체빈도합=21(0.0011%)

농사짓다⁰ 동 【Text=13/Freq1=21】
　❶ (예) 농사(農事)지을 땅./농사짓는 [기술/법].

≪**농산물**≫전체빈도합=73(0.0039%)

농산물 명 【Text=12/Freq1=73】
　⓪ (예) 농산물(農産物) 시장.

≪**농업**≫전체빈도합=171(0.0092%)

농업 명 ★☆★ 【Text=21/Freq1=171】
　⓪ (예) 농업(農業)에 알맞은 기후.
　　〔Text=21/Freq2=171(100%)〕
　관<농업 사회> 〔×〕
　관<농업 용수> 〔×〕
　관<농업 인구> 〔×〕

≪**농장**≫전체빈도합=21(0.0011%)

농장 명 【Text=11/Freq1=21】
　⓪ (예) 감귤 농장(農場).

≪**농촌**≫전체빈도합=77(0.0041%)

농촌 명 ★☆☆ 【Text=29/Freq1=77】
　⓪ (예) 농촌(農村)에 살다.

≪**농토**≫전체빈도합=16(0.0009%)

농토 명 【Text=11/Freq1=16】
　⓪ (예) 기름진 농토(農土)를 일구다.

≪**높다**≫전체빈도합=385(0.0207%)

높다 형 ★★★ 【Text=135/Freq1=385】
　① (예) [물결이/산이/재가] 높다.
　　〔Text=67/Freq2=107(27.8%)〕
　② (예) 천장이 높다.
　　〔Text=17/Freq2=19(4.9%)〕
　③ (예) [사회적 평가가/지체가] 높다.
　　〔Text=50/Freq2=98(25.5%)〕
　④ (예) [습도가/열이/혈압이] 높다.
　　〔Text=38/Freq2=75(19.5%)〕
　⑤ (예) 덕망이 높은 사람.
　　〔Text=10/Freq2=11(2.9%)〕
　⑥ (예) [관심이/긍지가] 높다./높은 뜻.
　　〔Text=9/Freq2=11(2.9%)〕
　⑦ (예) [가능성이/교육열이] 높다.
　　〔Text=9/Freq2=15(3.9%)〕
　⑧ (예) 목소리가 높다./높은 소리.
　　〔Text=13/Freq2=18(4.7%)〕
　⑨ (예) 가치가 높다.
　　〔Text=16/Freq2=24(6.2%)〕
　⑩ (예) 연세가 높다. 〔Text=2/Freq2=2(0.5%)〕
　관<문턱이 높다> 〔Text=1/Freq2=1(0.3%)〕
　관<[코가/콧대가] 높다>
　　〔Text=3/Freq2=3(0.8%)〕
　ⓧ 〔Text=1/Freq2=1(0.3%)〕

≪**높이**≫전체빈도합=117(0.0063%)

높이¹ 명 ★☆★ 【Text=32/Freq1=54(46.2%)】
　① (예) 산의 높이를 측정하다.
　　〔Text=26/Freq2=42(77.8%)〕
　② (예) 아이의 [눈/얼굴] 높이에 맞추다.
　　〔Text=7/Freq2=12(22.2%)〕
　③ (예) 목소리의 높이가 바뀌다. 〔×〕

높이² 부 ★☆☆ 【Text=42/Freq1=63(53.8%)】
　① (예) 손을 높이 들다./해가 높이 뜨다.
　　〔Text=35/Freq2=51(81%)〕
　② (예) 높이 숭앙을 받다.
　　〔Text=9/Freq2=11(17.5%)〕
　관<높이 사다> 〔Text=1/Freq2=1(1.6%)〕

≪높이다≫ 전체빈도합=59(0.0032%)

높이다 동★☆☆ 【Text=39/Freq1=59】
① (예) [둑을/제방을] 높이다.
　〔Text=1/Freq2=1(1.7%)〕
② (예) 온도를 높이다.
　〔Text=3/Freq2=5(8.5%)〕
③ (예) 목청을 높이다.
　〔Text=17/Freq2=21(35.6%)〕
④ (예) [선호도를/질을/효과를] 높이다.
　〔Text=17/Freq2=24(40.7%)〕
⑤ (예) 사회적 지위를 높이다.
　〔Text=4/Freq2=4(6.8%)〕
⑥ (예) 속력을 높이다. 〔×〕
⑦ (예) [남을/말을] 높이다./높여 부르다.
　〔Text=4/Freq2=4(6.8%)〕

≪놓다≫ 전체빈도합=1,203(0.0648%)

놓다¹ 동★★★ 【Text=130/Freq1=332(27.6%)】
Ⅰ ① (예) 도시락을 책상에 놓고 먹다.
　〔Text=80/Freq2=158(47.6%)〕
② (예) [수도를/전화를/철도를] 놓다.
　〔Text=13/Freq2=14(4.2%)〕
③ (예) [덫을/올가미를] 놓다. 〔×〕
④ (예) 불을 놓다.
　〔Text=3/Freq2=4(1.2%)〕
⑤ (예) 빛을 놓다. 〔×〕
⑥ (예) [세를/전세를] 놓다.
　〔Text=1/Freq2=2(0.6%)〕
⑦ (예) 외상을 놓다. 〔×〕
⑧ (예) [주사를/침을] 놓다.
　〔Text=4/Freq2=9(2.7%)〕
⑨ (예) [무늬를/수를] 놓다.
　〔Text=3/Freq2=4(1.2%)〕
⑩ (예) [바지에/이불에] 솜을 놓다.
　〔Text=2/Freq2=3(0.9%)〕
⑪ (예) [보리를/콩을] 놓은 밥. 〔×〕
⑫ (예) [수판을/주판을] 놓다. 〔×〕
⑬ (예) 물건에 값을 놓다. 〔×〕
⑭ (예) 밭에 [고추를/오이를] 놓다. 〔×〕
⑮ (예) 사람을 놓아 알아보다. 〔×〕
⑯ ㉠ (예) 바둑이나 한 수 놓다.
　〔Text=1/Freq2=1(0.3%)〕
　㉡ (예) 다섯 점 놓고 바둑을 두다. 〔×〕
⑰ (예) 동남풍이 불어 배를 놓기 알맞다. 〔×〕
⑱ (예) 택시에 가방을 놓고 내리다.
　〔Text=5/Freq2=5(1.5%)〕
Ⅱ ① (예) 손을 잡았다가 놓다.
　〔Text=28/Freq2=45(13.6%)〕
② (예) 사람을 놓아 주다.
　〔Text=4/Freq2=4(1.2%)〕
③ (예) [손을/펜을] 놓고 앉아 있다.
　〔Text=7/Freq2=9(2.7%)〕
④ (예) [넋을/정신을] 놓다.
　〔Text=2/Freq2=2(0.6%)〕
⑤ (예) [마음을/염려를] 놓다.
　〔Text=7/Freq2=8(2.4%)〕
⑥ ㉠ (예) [물고기를/새를] 놓아 주다.
　〔Text=10/Freq2=19(5.7%)〕
　㉡ (예) 소를 놓아 먹이다. 〔×〕
Ⅲ ① (예) 말을 놓다. 〔×〕
② (예) [엄포를/으름장을] 놓다.
　〔Text=9/Freq2=9(2.7%)〕
③ (예) [어깃장을/훼방을] 놓다. 〔×〕
④ (예) 줄행랑을 놓다. 〔×〕
⑤ (예) [오케이를/퇴자를] 놓다. 〔×〕
⑥ (예) 몰매를 놓다. 〔×〕
⑦ (예) [북새를/패악질을] 놓다. 〔×〕
⑧ (예) 택시가 속력을 놓다. 〔×〕
Ⅳ (예) 그 문제를 놓고 고심하다./그의 행동을 놓고 욕하다. 〔Text=18/Freq2=23(6.9%)〕
㉮ <놓아 두다> 나 좀 그냥 놓아 둬.
　〔Text=5/Freq2=7(2.1%)〕
㉮ <다리를 놓다> 〔×〕
㉮ <딱지(를) 놓다> 〔×〕
㉮ <목을 놓아 ~> 〔×〕
ⓧ 〔Text=6/Freq2=6(1.8%)〕

놓다² 동보★★☆ 【Text=178/Freq1=871(72.4%)】
① ㉠ <-아/-어 놓다> (예) [전등을 꺼/채소를 씻어] 놓다. 〔Text=171/Freq2=671(77%)〕
　㉡ <놓고> (예) [저질러/지내] 놓고 생각하나…. 〔Text=88/Freq2=163(18.7%)〕
② (예) 유학까지 한 사람이 돼 놓으니 똑똑하다./값이 원체 비싸 놓으니 안 팔리다.
　〔Text=17/Freq2=37(4.2%)〕
㉮ <대놓고 ~> 대놓고 비난하다. 〔×〕

≪놓이다≫ 전체빈도합=162(0.0087%)

놓이다 동★★☆ 【Text=83/Freq1=162】
Ⅰ ① (예) 복도에 의자가 놓여 있다.
　〔Text=49/Freq2=95(58.6%)〕
② (예) 골짝에 채마밭이 놓여 있다.

③ (예) [다리가/전화가/철도가] 놓이다.
　　〔Text=6/Freq2=10(6.2%)〕
④ (예) 절망적인 상태에 놓이다.
　　〔Text=16/Freq2=22(13.6%)〕
⑤ (예) [주안점이/초점이] 놓이다.
　　〔Text=3/Freq2=3(1.9%)〕
⑥ (예) [금박이/꽃무늬 수개] 놓이다.
　　〔Text=3/Freq2=4(2.5%)〕
Ⅱ ① (예) 마음이 놓이다.
　　〔Text=10/Freq2=10(6.2%)〕
② (예) 모든 것에서 놓이다. 〔×〕

≪**놓치다**≫전체빈도합=47(0.0025%)

놓치다 동 ☆★☆　【Text=39/Freq1=47】
① (예) [물고기를/손을] 놓치다.
　　〔Text=8/Freq2=9(19.1%)〕
② ㉠ (예) [기차를/버스를] 놓치다.
　　〔Text=6/Freq2=8(17%)〕
　㉡ (예) [때를/시기를/혼기를] 놓치다.
　　〔Text=15/Freq2=16(34%)〕
　㉢ (예) 한 마디 말이라도 놓칠세라 귀를 기울이다. 〔Text=8/Freq2=9(19.1%)〕
❸ (예) [기회를/사냥감을] 놓치다.
　　〔Text=4/Freq2=4(8.5%)〕
ⓧ 〔Text=1/Freq2=1(2.1%)〕

≪**놔두다**⁺≫전체빈도합=19(0.0010%)

놔두다⁰ 동　【Text=15/Freq1=19】
❶ (예) 다 먹은 그릇을 그대로 놔두다.
　　〔Text=10/Freq2=11(57.9%)〕
❷ (예) 혼자 하도록 그냥 놔두다.
　　〔Text=4/Freq2=6(31.6%)〕
ⓧ 〔Text=2/Freq2=2(10.5%)〕

≪**뇌리**≫전체빈도합=15(0.0008%)

뇌리 명　【Text=10/Freq1=15】
① (예) 기억이 뇌리(腦裏)에 남다.
　　〔Text=5/Freq2=8(53.3%)〕
㉣ <뇌리를 스치다>
　　〔Text=7/Freq2=7(46.7%)〕

≪**누**≫전체빈도합=384(0.0207%)

누¹ 명　【Text=1/Freq1=1(0.3%)】
① (예) 선생님에게 누를 끼치다.
　　/남편의 일에 누가 되다.
누² 대 ★★☆　【Text=135/Freq1=383(99.7%)】
① (예) 이 시간에 누가 올까?

≪**누구**≫전체빈도합=928(0.0500%)

누구 대 ★★★　【Text=187/Freq1=928】
① (예) 누구를 찾느냐?/너는 누구냐?
　　〔Text=129/Freq2=379(40.8%)〕
② (예) 누구인가 이런 말을 하다.
　　/누구보다도 너를 좋아하다.
　　〔Text=132/Freq2=458(49.4%)〕
③ (예) 재산을 누구에게 상속하고, 받을 돈은 누구에게 있다는 것 등등.
　　〔Text=57/Freq2=91(9.8%)〕

≪**누구누구**≫전체빈도합=21(0.0011%)

누구누구 대　【Text=13/Freq1=21】
① (예) 누구누구 왔는지 알아보다.
　　〔Text=12/Freq2=20(95.2%)〕
② (예) 사장 누구누구라고 전하다.
　　〔Text=1/Freq2=1(4.8%)〕

≪**누나**≫전체빈도합=184(0.0099%)

누나¹ 명 ★★★　【Text=44/Freq1=184】
① (예) 고향에 있는 형과 누나.
　　〔Text=39/Freq2=151(82.1%)〕
② (예) 간호사 누나./유관순 누나.
　　〔Text=8/Freq2=33(17.9%)〕

≪**누다**≫전체빈도합=23(0.0012%)

누다 동　【Text=11/Freq1=23】
① (예) [똥을/오줌을] 누다.

≪**누렇다**≫전체빈도합=37(0.0020%)

누렇다 형 ☆☆★　【Text=29/Freq1=37】
① (예) 곡식이 누렇게 익어 가다.
　　〔Text=29/Freq2=37(100%)〕
② (예) [낯빛이/얼굴이] 누렇다. 〔×〕

≪**누르다**≫전체빈도합=128(0.0069%)

누르다¹ 동 ★★★　【Text=56/Freq1=125(97.7%)】
① (예) [스위치를/초인종을] 누르다.
　　〔Text=34/Freq2=90(72%)〕
② (예) 남을 누를 만한 위엄이 있다.
　　〔Text=6/Freq2=11(8.8%)〕
③ (예) [감정을/흥분을] 누르다.
　　〔Text=11/Freq2=19(15.2%)〕
④ (예) 국수를 눌러 뽑다. 〔×〕
⑤ (예) 고향에서 눌러 [살다/앉다].
　　〔Text=2/Freq2=2(1.6%)〕
ⓧ 〔Text=3/Freq2=3(2.4%)〕

누르다² 형　【Text=2/Freq1=3(2.3%)】

ⓞ (예) 누른 잎을 따다.

≪**누리다**≫ 전체빈도합=68(0.0037%)

누리다 동 【Text=45/Freq1=68】
　ⓞ (예) [자유를/특권을] 누리다.

≪**누이**≫ 전체빈도합=31(0.0017%)

누이 명 【Text=11/Freq1=31】
　ⓞ (예) 누이가 둘, 남동생 하나가 있다.

≪**눈**≫ 전체빈도합=1,118(0.0602%)

눈¹ 명 ★★★ 【Text=161/Freq1=961(86%)】
　① ㉠ (예) 눈을 [감다/뜨다].
　　　〔Text=132/Freq2=555(57.8%)〕
　　㉡ (예) 눈이 파란 아이.
　　　〔Text=22/Freq2=32(3.3%)〕
　　㉢ (예) 눈이 시뻘겋게 충혈되다.
　　　〔Text=15/Freq2=22(2.3%)〕
　② (예) 눈이 나쁘니까 앞에 앉다.
　　　〔Text=17/Freq2=35(3.6%)〕
　③ (예) 세상을 보는 눈이 정확하다.
　　　〔Text=25/Freq2=45(4.7%)〕
　④ (예) 안으로 눈을 돌리다.
　　　〔Text=68/Freq2=115(12%)〕
　⑤ (예) 큰 바위가 눈에 들어오다.
　　　〔Text=36/Freq2=63(6.6%)〕
　⑥ (예) 상관의 눈에 들다.
　　　〔Text=17/Freq2=29(3%)〕
　관<눈 감아 주다> 〔Text=2/Freq2=2(0.2%)〕
　관<눈 깜짝할 사이에>
　　　〔Text=5/Freq2=6(0.6%)〕
　관<눈 [꼭/딱] 감다>
　　　눈 딱 감고 같이 합시다. 〔×〕
　관<눈 뜬 장님> 〔×〕
　관<눈 먼 돈> 〔×〕
　관<눈 밖에 나다> 〔×〕
　관<눈 코 뜰 새 없다>
　　　〔Text=1/Freq2=1(0.1%)〕
　관<눈 하나 [까딱/깜짝] 안 하다>
　　　〔Text=1/Freq2=1(0.1%)〕
　관<눈도 깜짝하지 않다> 〔×〕
　관<눈만 뜨면> 〔×〕
　관<눈에 가시>/<눈엣가시>
　　　〔Text=1/Freq2=1(0.1%)〕
　관<눈에 거슬리다> 〔Text=1/Freq2=1(0.1%)〕
　관<눈에 넣어도 아프지 않다>
　　　〔Text=1/Freq2=1(0.1%)〕
　관<눈에 모를 세우다> 〔×〕

　관<눈에 밟히다> 〔×〕
　관<눈에 [불을/쌍심지를] [돋우다/세우다/켜다]> 〔Text=3/Freq2=3(0.3%)〕
　관<눈에 [선하다/어리다]>
　　　〔Text=2/Freq2=2(0.2%)〕
　관<눈에 설다> 〔×〕
　관<눈에 쌍심지가 나다> 〔×〕
　관<눈에 익다> 눈에 익은 얼굴들.
　　　〔Text=1/Freq2=1(0.1%)〕
　관<눈에 [핏발을 세우다/핏발이 서다]>
　　　〔×〕
　관<눈에 흙이 들어가다>
　　　〔Text=1/Freq2=1(0.1%)〕
　관<눈을 감다>
　　Ⅰ (예) 환자가 끝내 눈을 감다.
　　　〔Text=3/Freq2=4(0.4%)〕
　　Ⅱ (예) [비리에/현실에] 눈을 감다.
　　　〔Text=2/Freq2=2(0.2%)〕
　관<눈을 돌리다>
　　① (예) 이웃에 눈을 돌리다.
　　　〔Text=2/Freq2=2(0.2%)〕
　　② (예) 개발보다는 환경 보호로 눈을
　　　돌리다. 〔×〕
　관<눈을 뒤집다> 〔×〕
　관<눈을 뜨다> 사랑에 눈을 뜨다.
　　　〔Text=9/Freq2=10(1%)〕
　관<눈을 맞추다> 〔Text=3/Freq2=3(0.3%)〕
　관<눈을 번적이다> 〔×〕
　관<눈을 붉히다> 〔×〕
　관<눈을 붙이다> 밤새 일하고 새벽에 잠깐
　　눈을 붙이다. 〔Text=1/Freq2=1(0.1%)〕
　관<눈을 속이다> 〔×〕
　관<눈(을) 씻다> 〔×〕
　관<눈을 주다> 차창 밖에 눈을 주다.
　　　〔Text=1/Freq2=3(0.3%)〕
　관<눈이 둥그래지다> 〔×〕
　관<눈이 뒤집히다> 〔Text=1/Freq2=1(0.1%)〕
　관<눈이 맞다> 둘이 눈이 맞아 도망가다.
　　　〔Text=5/Freq2=5(0.5%)〕
　관<눈이 멀다> 돈에 눈이 멀다.
　　　〔Text=1/Freq2=2(0.2%)〕
　관<눈이 벌겋다> 재물에 눈이 벌겋다.
　　　〔Text=2/Freq2=2(0.2%)〕
　관<눈이 [빠지게/빠지도록]> 〔×〕
　관<눈이 삐다> 눈이 삐었지, 어떻게 저런
　　사람을 좋아해. 〔Text=1/Freq2=1(0.1%)〕

관<눈이 시퍼렇게> 〔×〕
관<눈이 어둡다>
  Ⅰ (예) 나이가 들어 눈이 어두워지다.
    〔Text=2/Freq2=2(0.2%)〕
  Ⅱ (예) 돈 몇 푼에 눈이 어두워지다.
    〔Text=2/Freq2=2(0.2%)〕
관<눈이 익다> 〔×〕
관<눈이 트이다> 〔×〕
관<눈이 팔리다> 〔×〕
관<눈이 팽팽 돌아가다> 〔×〕
관<눈이 (휘)둥그레지다>
  〔Text=2/Freq2=3(0.3%)〕
관<뜬 눈으로> 〔×〕
관<제 눈에 안경이다>
  〔Text=1/Freq2=1(0%)〕
ⓧ 〔Text=1/Freq2=3(0%)〕

눈² 명 ★★★ 【Text=59/Freq1=151(13.5%)】
  ⓪ (예) 흰 눈이 내리다.
    〔Text=58/Freq2=150(99.3%)〕
  관<눈이 오나 비가 오나>
    〔Text=1/Freq2=1(0.7%)〕

눈³ 명 【Text=4/Freq1=5(0.4%)】
  ⓪ (예) 나뭇가지에도 눈이 트다.

눈⁴ 명 【Text=0/Freq1=0】ⓧ
  ① (예) 저울의 눈을 속이다. 〔×〕
  ② (예) 주사위의 눈이 짝수로 나오다. 〔×〕

눈⁵ 명 【Text=0/Freq1=0】ⓧ
  ⓪ (예) 눈이 큰 체로 치다. 〔×〕

눈ˣ ? 【Text=1/Freq2=1(0.1%)】

≪눈길≫ 전체빈도합=72(0.0039%)

눈길¹ 명 【Text=36/Freq1=63(87.5%)】
  ⓪ (예) 눈길을 끌다.

눈길² 명 【Text=7/Freq1=9(12.5%)】
  ⓪ (예) 눈길을 걷다.

≪눈동자≫ 전체빈도합=28(0.0015%)

눈동자 명 【Text=14/Freq1=28】
  ⓪ (예) 검은 눈동자(- 瞳子).

≪눈물≫ 전체빈도합=233(0.0125%)

눈물¹ 명 ★★★ 【Text=79/Freq1=233(100%)】
  ① (예) 두 눈에 눈물이 고이다.
    〔Text=77/Freq2=220(94.4%)〕
  ② (예) 피도 눈물도 없다.
    〔Text=3/Freq2=3(1.3%)〕
  관<눈물 섞인 [말/목소리/소리/음성]>
    〔×〕
  관<눈물(을) 거두다>
    〔Text=1/Freq2=1(0.4%)〕
  관<눈물(을) 머금다>
    ① (예) 눈물을 머금은 채 웃다. 〔×〕
    ② (예) 눈물을 머금고 포기하다.
      〔Text=1/Freq2=2(0.9%)〕
  관<눈물(을) 삼키다> 〔×〕
  관<눈물(을) 짜내다>
    〔Text=1/Freq2=1(0.4%)〕
  관<눈물(을) 짜다> 〔×〕
  관<눈물이 많다> 〔Text=2/Freq2=2(0.9%)〕
  관<눈물이 앞을 가리다> 〔×〕
  관<눈물(이) 어리다>
    〔Text=1/Freq2=1(0.4%)〕
  관<눈물(이) 없이(는)> 〔×〕
  관<눈물(이) 헤프다> 〔×〕
  ⓧ 〔Text=1/Freq2=3(1.3%)〕

눈물² 명 【Text=0/Freq1=0】ⓧ
  ⓪ (예) 눈이 녹아 눈물이 흘러내리다. 〔×〕

≪눈부시다≫ 전체빈도합=39(0.0021%)

눈부시다 형 【Text=30/Freq1=39】
  ① (예) 햇살이 눈부시다.
    〔Text=8/Freq2=10(25.6%)〕
  ② (예) 여인이 눈부시게 화장을 하다.
    〔Text=13/Freq2=17(43.6%)〕
  ③ (예) 눈부신 속도로 발전하다.
    〔Text=10/Freq2=12(30.8%)〕

≪눈빛≫ 전체빈도합=66(0.0036%)

눈빛 명 【Text=28/Freq1=66】
  ① (예) 눈빛만 봐도 마음을 알다.
    〔Text=27/Freq2=65(98.5%)〕
  ② (예) 강렬한 눈빛이 살아 있다.
    〔Text=1/Freq2=1(1.5%)〕

≪눈썹≫ 전체빈도합=19(0.0010%)

눈썹 명 ☆☆★ 【Text=15/Freq1=19】
  ⓪ (예) 눈썹이 짙다.
    〔Text=14/Freq2=18(94.7%)〕
  관<눈썹 하나 까딱하지 않다>
    〔Text=1/Freq2=1(5.3%)〕

≪눈앞≫ 전체빈도합=70(0.0038%)

눈앞 명 【Text=47/Freq1=70】
  ① (예) 눈앞에서 벌어진 사건.
    〔Text=42/Freq2=60(85.7%)〕

② (예) 광복의 날을 눈앞에 두다.
〔Text=6/Freq2=8(11.4%)〕
관<눈앞이 [깜깜하다/캄캄하다]>
〔Text=2/Freq2=2(2.9%)〕

≪**눈초리**≫전체빈도합=17(0.0009%)

눈초리 명 【Text=13/Freq1=17】
① (예) 눈초리에 눈물이 고이다. 〔×〕
② (예) [경계하는/호기심 어린] 눈초리로 보다. 〔Text=13/Freq2=17(100%)〕

≪**눈치**≫전체빈도합=96(0.0052%)

눈치 명☆★ 【Text=55/Freq1=96】
① (예) 눈치가 있다. 〔Text=4/Freq2=5(5.2%)〕
② (예) 내 말을 믿는 눈치가 아니다.
〔Text=23/Freq2=25(26%)〕
관<눈치(가) 보이다> 〔×〕
관<눈치가 빠르다>
〔Text=4/Freq2=5(5.2%)〕
관<눈치(를) 보다>
〔Text=25/Freq2=34(35.4%)〕
관<눈치(를) 보이다>
〔Text=2/Freq2=2(2.1%)〕
관<눈치를 살피다>
〔Text=15/Freq2=21(21.9%)〕
관<눈치(를) 채다>
〔Text=4/Freq2=4(4.2%)〕
관<눈치(를) 채이다> 〔×〕

≪**눈치채다**≫전체빈도합=20(0.0011%)

눈치채다 동 【Text=18/Freq1=20】
⓪ (예) 둘 사이를 눈치채다.

≪**눕다**≫전체빈도합=172(0.0093%)

눕다 동★★★ 【Text=77/Freq1=172】
① (예) [아랫목에/집에] 눕다.
〔Text=66/Freq2=139(80.8%)〕
② (예) 산비탈에 과수원이 번듯이 눕다.
〔Text=8/Freq2=9(5.2%)〕
③ (예) 병에 걸려 [병석에/자리에] 눕다.
〔Text=16/Freq2=24(14%)〕

≪**눕히다**≫전체빈도합=21(0.0011%)

눕히다 동 【Text=15/Freq1=21】
①㉠ (예) 아이를 옆에 눕히다.
〔Text=9/Freq2=11(52.4%)〕
㉡ (예) 침대에 몸을 눕히다.
〔Text=2/Freq2=3(14.3%)〕
② (예) 가구를 옆으로 눕히다.
〔Text=1/Freq2=1(4.8%)〕
❸ (예) [기억을/욕망을] 눕히다.
〔Text=1/Freq2=2(9.5%)〕
관<때려 눕히다> 〔Text=2/Freq2=2(9.5%)〕
⊗ 〔Text=1/Freq2=2(9.5%)〕

≪**뉘우치다**≫전체빈도합=27(0.0015%)

뉘우치다 동 【Text=19/Freq1=27】
⓪ (예) [실수를/잘못을] 뉘우치다.

≪**뉴스**≫전체빈도합=122(0.0066%)

뉴스 명★★★ 【Text=28/Freq1=122】
① (예) 텔레비전 뉴스./9시 뉴스.
〔Text=27/Freq2=120(98.4%)〕
② (예) 회사에 깜짝 놀랄 뉴스가 있다.
〔Text=2/Freq2=2(1.6%)〕

≪**뉴욕**♣≫전체빈도합=27(0.0015%)

뉴욕⁰ 명(고유)☆★☆ 【Text=13/Freq1=27】
❶ (예) 뉴욕을 방문하다.

≪**느끼다**≫전체빈도합=921(0.0496%)

느끼다¹ 동★★★
【Text=163/Freq1=921(100%)】
Ⅰ ① (예) [기쁨을/슬픔을] 느끼다.
〔Text=115/Freq2=329(35.7%)〕
② (예) [더위를/추위를] 느끼다.
〔Text=64/Freq2=118(12.8%)〕
③ (예) 느낀 소감./한계를 느끼다.
〔Text=93/Freq2=214(23.2%)〕
④ (예) 그곳 사람들의 삶을 느끼다.
〔Text=29/Freq2=37(4%)〕
⑤ (예) 그녀가 아름답다고 느끼다.
〔Text=60/Freq2=115(12.5%)〕
Ⅱ (예) 삶을 힘들게 느끼다./자신에 대해 부끄럽게 느끼다.
〔Text=66/Freq2=108(11.7%)〕

느끼다² 동 【Text=0/Freq1=0】 ⊗
⓪ (예) 흑흑 하고 느껴 울다. 〔×〕

≪**느낌**≫전체빈도합=406(0.0219%)

느낌 명★★☆ 【Text=113/Freq1=406】
⓪ (예) 불안해하는 느낌을 받다.

≪**느닷없이**≫전체빈도합=21(0.0011%)

느닷없이 부 【Text=16/Freq1=21】
⓪ (예) 느닷없이 결혼을 발표하다.
/[기억이/생각이] 느닷없이 떠오르다.

≪느리다≫전체빈도합=39(0.0021%)

느리다 형☆☆★ 【Text=28/Freq1=39】
① ㉠ (예) 걸음이 느리다.
〔Text=21/Freq2=28(71.8%)〕
㉡ (예) 느린 목소리.
〔Text=4/Freq2=5(12.8%)〕
② (예) 느린 기복을 가진 산.
〔Text=4/Freq2=4(10.3%)〕
③ (예) 성미가 느리다. 〔Text=1/Freq2=2(5.1%)〕

≪느티나무≫전체빈도합=35(0.0019%)

느티나무 명 【Text=10/Freq1=35】
⓪ (예) 느티나무 밑에 앉아 쉬다.

≪늘≫전체빈도합=285(0.0153%)

늘 부★★★ 【Text=117/Freq1=285】
① (예) 쉬지 않고 늘 일하다.
〔Text=56/Freq2=87(30.5%)〕
② (예) 그는 늘 변함이 없이 그녀를 기다리다.
〔Text=79/Freq2=139(48.8%)〕
③ (예) 직장인들이 늘 가는 식당.
〔Text=37/Freq2=59(20.7%)〕

≪늘다≫전체빈도합=68(0.0037%)

늘다 동★★★ 【Text=42/Freq1=68】
① (예) [인구가/주름이] 늘다.
〔Text=40/Freq2=61(89.7%)〕
② (예) [꾀가/실력이] 늘다.
〔Text=3/Freq2=4(5.9%)〕
③ (예) 근육의 힘이 늘다. 〔×〕
④ (예) 영업 시간이 두 시간 늘다.
〔Text=1/Freq2=1(1.5%)〕
⑤ (예) 재산이 늘다. 〔Text=1/Freq2=1(1.5%)〕
관<몸이 늘다> 〔×〕
ⓧ 〔Text=1/Freq2=1(1.5%)〕

≪늘리다≫전체빈도합=26(0.0014%)

늘리다 동 【Text=19/Freq1=26】
① (예) [경기 수를/수출을] 늘리다.
〔Text=18/Freq2=24(92.3%)〕
② (예) 손목의 힘을 늘리다. 〔×〕
③ (예) 시험을 이틀로 늘리다. 〔×〕
④ (예) [돈을/재산을] 늘리다.
〔Text=1/Freq2=2(7.7%)〕

≪늘어나다≫전체빈도합=141(0.0076%)

늘어나다 동★★☆ 【Text=53/Freq1=141】
① (예) [고무줄이/수명이] 늘어나다.
〔Text=9/Freq2=11(7.8%)〕
② (예) [소득이/인구가] 늘어나다.
〔Text=48/Freq2=130(92.2%)〕

≪늘어놓다≫전체빈도합=42(0.0023%)

늘어놓다 동 【Text=30/Freq1=42】
① (예) 등산 장비를 가득 늘어놓다.
〔Text=7/Freq2=11(26.2%)〕
② (예) 얘기를 자랑스럽게 늘어놓다.
〔Text=23/Freq2=31(73.8%)〕

≪늘어서다≫전체빈도합=21(0.0011%)

늘어서다 동 【Text=17/Freq1=21】
Ⅰ ① (예) 사람들이 양쪽으로 늘어서다.
〔Text=5/Freq2=5(23.8%)〕
② (예) 길 양쪽에 상가가 늘어서다.
〔Text=13/Freq2=16(76.2%)〕
Ⅱ (예) 줄을 늘어서다. 〔×〕

≪늘어지다≫전체빈도합=31(0.0017%)

늘어지다 동 【Text=25/Freq1=31】
① (예) [그네가/그림자가] 늘어지다.
〔Text=7/Freq2=8(25.8%)〕
② (예) [몸이/어깨가] 축 늘어지다.
〔Text=9/Freq2=12(38.7%)〕
③ (예) 늘어지게 하품을 하다.
〔Text=1/Freq2=1(3.2%)〕
❹ (예) 늘어진 스타킹.
〔Text=2/Freq2=2(6.5%)〕
❺ (예) 자랑이 늘어지다.
〔Text=1/Freq2=1(3.2%)〕
관<-고 늘어지다> 붙잡고 늘어지다.
〔Text=7/Freq2=7(22.6%)〕
관<팔자(가) 늘어지다> 〔×〕

≪늙다≫전체빈도합=79(0.0043%)

늙다 동★★★ 【Text=39/Freq1=79】
① (예) 늙으면 새벽에 잠을 깨게 되다.
〔Text=35/Freq2=67(84.8%)〕
② (예) 나이보다 더 늙고 초라하다.
〔Text=9/Freq2=12(15.2%)〕

≪늙은이≫전체빈도합=18(0.0010%)

늙은이 명 【Text=13/Freq1=18】
⓪ (예) 늙은이라고 우습게 보다.

≪능력≫전체빈도합=218(0.0117%)

능력 명★★★ 【Text=68/Freq1=218】
⓪ (예) 능력(能力)을 발휘하다.

≪늦다≫ 전체빈도합=253(0.0136%)

늦다¹ 동 ★★☆ 【Text=47/Freq1=85(33.6%)】
　⓪ (예) [약속 시간에/학원에] 늦다.

늦다² 형 ★★★ 【Text=93/Freq1=168(66.4%)】
　① (예) 천천히 찾아보아도 늦지 않다.
　　/늦은 아침밥을 먹다.
　　〔Text=69/Freq2=102(60.7%)〕
　② (예) 늦은 밤에 도착하다.
　　〔Text=41/Freq2=64(38.1%)〕
　❸ (예) 빠르지도 늦지도 않은 속도
　　〔Text=2/Freq2=2(1.2%)〕

≪니≫ 전체빈도합=176(0.0095%) 63)

니¹ 대 【Text=26/Freq1=123(69.9%)】
　⓪ (예) 니가 먼저 말했니?/니가 해.
　　〔Text=24/Freq2=116(94.3%)〕
　❶ (예) 니 녀석들 천벌을 받을 거다.
　　〔Text=6/Freq2=7(5.7%)〕

니² 관 【Text=20/Freq1=53(30.1%)】 64)
　⓪ (예) 내가 니 [마음을/속을] 안다.
　　/니 에미가 고생이 많다.

≪님≫ 전체빈도합=2,576(0.1387%)

님¹ 명 【Text=5/Freq1=12(0.5%)】
　⓪ (예) 떠난 님을 그리워하다.

-님² 접 ★★☆ 【Text=184/Freq1=2,564(99.5%)】
　⓪ (예) 별님./해님./과장님./교수님./사장님.
　　/홍강욱님.

ㄷ

≪다≫ 전체빈도합=1,268(0.0683%) 65)

다¹ 명 【Text=0/Freq1=0】 ⓧ
　⓪ (예) 다 단조의 노래. 〔×〕

다² 부 ★★★ 【Text=192/Freq1=1,260(99.4%)】
　I ① (예) 책에 있는 정도는 나도 다 알다.
　　〔Text=149/Freq2=465(36.9%)〕
　② (예) 목숨 가진 것은 다 죽게 마련이다.
　　〔Text=86/Freq2=278(22.1%)〕
　③ (예) 작업이 다 끝나다./[공연을/준비를] 다
　　마치다. 〔Text=118/Freq2=237(18.8%)〕
　④ (예) 몸은 거지반 다 낫다./엄마, 다 와
　　가? 〔Text=74/Freq2=107(8.5%)〕
　⑤ ㉠ (예) 별 이상한 사람 다 보겠다.
　　〔Text=26/Freq2=38(3%)〕
　　㉡ (예) 이거 뭐 저런 게 다 있어!/
　　참, 우스운 꼴 다 보겠네.
　　〔Text=11/Freq2=11(0.9%)〕
　　㉢ (예) 천만의 말씀을 다 하십니다./
　　별 걱정 다 하네.
　　〔Text=14/Freq2=22(1.7%)〕
　⑥ (예) 다 잘될 테니 걱정하지 마라.
　　〔Text=14/Freq2=21(1.7%)〕
　⑦ (예) 오늘 잠을 다 잤군./좋은 시절 다
　　지나갔군./이제 다 글렀어.
　　〔Text=3/Freq2=4(0.3%)〕
　❽ (예) 다들 그 사람을 싫어해.
　　〔Text=13/Freq2=21(1.7%)〕
　❾ (예) 속이 다 시원하다.
　　〔Text=7/Freq2=10(0.8%)〕
　❿ (예) 그게 다 아프질 않으니까 그래.
　　〔Text=1/Freq2=1(0.1%)〕
　II ① (예) 시장하던 참이라 다라도
　　먹겠다./너에게 다는 못 주겠다.
　　〔Text=21/Freq2=40(3.2%)〕
　② (예) 돈이면 다냐?/죽으면 그걸로 다지,
　　뭐. 〔Text=5/Freq2=5(0.4%)〕

다⁰ 명 【Text=5/Freq1=8(0.6%)】
　⓪ (예) 글 (다)를 읽고 질문에 답하시오.

≪다가가다≫ 전체빈도합=107(0.0058%)

다가가다 동 【Text=55/Freq1=107】
　① (예) 선생님께 다가가 인사를 하다.
　　〔Text=51/Freq2=101(94.4%)〕
　② (예) 소녀는 그에게 다가가고 싶다.
　　〔Text=2/Freq2=4(3.7%)〕
　③ (예) 사람들에게 쉽게 다가가는 광고
　　〔Text=1/Freq2=1(0.9%)〕

---

63) 『연세 한국어 사전』의 '-니⁸'(예:멍청하니)는 말뭉치의 분석에 적용하지 않았으므로 제외한다.
64) 『연세 한국어 사전』에서는 '니²'를 '"너의'가 줄어든 말"인 '준꼴'로 기술하고 있는데, 여기서는 실제의 용법에 근거해 관형사로 기술한다.
65) 『연세 한국어 사전』의 '다¹⁰'(예:다목적, 다방면)은 말뭉치의 분석에 적용하지 않았으므로 제외한다.

ⓧ 〔Text=1/Freq2=1(0%)〕

≪**다가서다**≫전체빈도합=29(0.0016%)

다가서다 통 【Text=17/Freq1=29】
Ⅰ ① (예) [곁에/문 앞에/차도로] 다가서다.
〔Text=10/Freq2=22(75.9%)〕
② (예) 친구에게 마음을 열고 가까이 다가서다. 〔×〕
③ (예) 고객에게 더 가까이 다가서다.
〔Text=1/Freq2=1(3.4%)〕
④ (예) [절망감이/죽음이] 다가서다.
〔Text=2/Freq2=2(6.9%)〕
❺ (예) [복지국가에/통일에] 다가서다.
〔Text=3/Freq2=3(10.3%)〕
Ⅱ (예) 봄이 [화사한 느낌으로/희망으로] 다가서다. 〔×〕

≪**다가오다**≫전체빈도합=179(0.0096%)

다가오다 통 【Text=76/Freq1=179】
Ⅰ ① (예) [내 곁에/창가로] 다가오다.
〔Text=53/Freq2=122(68.2%)〕
② (예) 나에게 마음을 열고 다가오다. 〔×〕
③ (예) [날짜가/위험이] 다가오다.
〔Text=30/Freq2=39(21.8%)〕
Ⅱ (예) [고통으로/충격으로] 다가오다.
〔Text=11/Freq2=14(7.8%)〕
Ⅲ (예) 다가오는 [겨울/일요일].
〔Text=3/Freq2=4(2.2%)〕

≪**다급하다**≫전체빈도합=19(0.0010%)

다급하다 형 【Text=11/Freq1=19】
⓪ (예) 다급한 [걸음/마음/목소리/상황/일]. /다급하게 뛰어가다.

≪**다녀가다**≫전체빈도합=16(0.0009%)

다녀가다 통 【Text=10/Freq1=16】
⓪ (예) 친구가 우리 집에 다녀가다.

≪**다녀오다**≫전체빈도합=167(0.0090%)

다녀오다 통★★★ 【Text=81/Freq1=167】
Ⅰ ① (예) [미국에/전주를] 다녀오다.
〔Text=49/Freq2=85(50.9%)〕
② (예) [학교에/화장실을] 다녀오다.
〔Text=41/Freq2=61(36.5%)〕
Ⅱ ⓪ (예) [군대를/면회를/심부름을/연수를] 다녀오다. 〔Text=19/Freq2=20(12%)〕
❶ (예) 감옥을 다녀오다.
〔Text=1/Freq2=1(0%)〕

≪**다니다**≫전체빈도합=649(0.0350%)

다니다 통★★★ 【Text=171/Freq1=649】
Ⅰ ① (예) [미장원에/약수터에] 다니다.
〔Text=11/Freq2=18(2.8%)〕
② (예) [유치원에/회사를] 다니다.
〔Text=97/Freq2=259(39.9%)〕
③ (예) 고향에 다니러 가다.
〔Text=11/Freq2=20(3.1%)〕
❹ (예) [교회에/절에] 다니다.
〔Text=6/Freq2=10(1.5%)〕
Ⅱ ① (예) [사람들이/짐승이/자동차가] 다니는 길. 〔Text=34/Freq2=47(7.2%)〕
② (예) [배가/버스가] 다니다.
〔Text=10/Freq2=14(2.2%)〕
③ (예) [낯을 들고/절룩거리며] 다니다.
〔Text=76/Freq2=127(19.6%)〕
❹ (예) [말이/소문이] 돌아 다니다.
〔Text=2/Freq2=1(0.2%)〕
Ⅲ ① (예) [시내를/전국을] 다니다.
〔Text=20/Freq2=22(3.4%)〕
② (예) [길을/먼 길을/산길을] 다니다.
〔Text=4/Freq2=6(0.9%)〕
③ (예) [사냥을/친구 집으로] 다니다.
〔Text=27/Freq2=36(5.5%)〕
❹ <-아/-어 다니다> (예) [따라/뛰어] 다니다. 〔Text=50/Freq2=88(13.6%)〕
ⓧ 〔Text=1/Freq2=1(0.2%)〕

≪**다듬다**≫전체빈도합=45(0.0024%)

다듬다 통 【Text=29/Freq1=45】
① ㉠ (예) [나무토막을/배추를] 다듬다.
〔Text=14/Freq2=20(44.4%)〕
㉡ (예) [계획을/이론을] 다듬다.
〔Text=8/Freq2=12(26.7%)〕
② (예) [매두새를/머리를] 다듬다.
〔Text=4/Freq2=5(11.1%)〕
③ (예) [거죽을/집터를] 다듬다.
〔Text=1/Freq2=1(2.2%)〕
④ (예) [문장을/원고를] 다듬다.
〔Text=5/Freq2=6(13.3%)〕
⑤ (예) [목소리를/목청을] 다듬다. 〔×〕
⑥ (예) 옷감을 풀 먹여 다듬다. 〔×〕
ⓧ 〔Text=1/Freq2=1(2.2%)〕

≪**다람쥐**≫전체빈도합=38(0.0020%)

다람쥐 명★☆☆ 【Text=14/Freq1=38】
⓪ (예) 다람쥐가 도토리를 먹다.

≪**다루다**≫전체빈도합=144(0.0078%)

다루다 동★☆★ 【Text=62/Freq1=144】
 ① (예) 사장이 직원들을 거칠게 다루다.
  〔Text=9/Freq2=11(7.6%)〕
 ② ㉠ (예) 국회에서 이 문제를 다루다.
  〔Text=10/Freq2=14(9.7%)〕
  ㉡ (예) 곁뿌리를 소중히 다루다.
  〔Text=11/Freq2=14(9.7%)〕
 ③ (예) 글에서 시사 문제를 다루다.
  〔Text=30/Freq2=82(56.9%)〕
 ④ (예) 기계를 다루다.
  〔Text=13/Freq2=23(16%)〕

≪다르다≫전체빈도합=2,251(0.1212%)

다르다 형★★★ 【Text=204/Freq1=2,251】 [66]
 ① (예) 그와는 [식성이/학년이/환경이] 다르다. 〔Text=175/Freq2=922(41%)〕
 ② (예) 요새 애들은 역시 다르다.
  〔Text=14/Freq2=22(1%)〕
 ③ (예) 회사의 다른 사람들에게 알리다.
  〔Text=191/Freq2=1,157(51.4%)〕
 ④ (예) 다른 여느 회사보다 바쁘다.
  〔Text=78/Freq2=142(6.3%)〕
 관<다름 아닌> 〔Text=2/Freq2=2(0.1%)〕
 관<다름이 [아니고/아니라]>
  〔Text=3/Freq2=3(0.1%)〕
 관<아니나 다를까>
  〔Text=2/Freq2=3(0.1%)〕
 관<하루가 다르다> 〔×〕

≪다름없다≫전체빈도합=25(0.0013%)

다름없다 형 【Text=20/Freq1=25】
 ⓞ (예) [새 것과/여느 때와] 다름없다.
  〔Text=3/Freq2=3(12%)〕
 ❶ (예) [새 것이나/죽음이나] 다름없다.
  〔Text=18/Freq2=22(88%)〕

≪다리≫전체빈도합=317(0.0171%)

다리¹ 명★★★ 【Text=77/Freq1=204(64.4%)】
 ⓞ (예) 다리가 쑤시다./다리를 못 쓰다.
다리² 명★★★ 【Text=34/Freq1=113(35.6%)】
 ① (예) 다리를 건너다.
  〔Text=31/Freq2=105(92.9%)〕
 ② (예) 몇 다리 건너 소식을 전해 듣다.
  〔Text=3/Freq2=8(7.1%)〕
 관<다리를 놓다>

두 사람 사이에서 다리를 놓다. 〔×〕

≪다만≫전체빈도합=153(0.0082%)

다만¹ 부☆☆★ 【Text=67/Freq1=153】
 Ⅰ ① (예) 큰 변화는 없다. 다만 약간의 첨삭이 있을 뿐이다.
  〔Text=52/Freq2=102(66.7%)〕
  ② (예) 다만 얼마라도 좋으니 돈 좀 꾸어 줘. 〔Text=14/Freq2=18(11.8%)〕
 Ⅱ (예) 떠나도 좋다. 다만, 빚은 갚고 가라.
  〔Text=17/Freq2=32(20.9%)〕
 ⓧ 〔Text=1/Freq2=1(0.7%)〕

≪다물다≫전체빈도합=37(0.0020%)

다물다 동☆☆★ 【Text=28/Freq1=37】
 ⓞ (예) 입을 굳게 다물다.

≪다발≫전체빈도합=16(0.0009%)

다발¹ 명 【Text=10/Freq1=15(93.8%)】
 Ⅰ (예) 돈을 다발로 묶다./지각의 다발.
  〔Text=2/Freq2=5(33.3%)〕
 Ⅱ (예) 꽃 한 다발.
  〔Text=9/Freq2=10(66.7%)〕
다발² 명 【Text=1/Freq1=1(6.3%)】
 ⓞ (예) 사고 다발(多發) 지역.

≪다방≫전체빈도합=46(0.0025%)

다방 명★★★ 【Text=24/Freq1=46】
 ⓞ (예) 다방(茶房)서 차를 마시다.

≪다분히≫전체빈도합=18(0.0010%)

다분히 부 【Text=11/Freq1=18】
 ⓞ (예) 그럴 가능성이 다분(多分)히 있다.
  /다분히 주관적이다.

≪다섯≫전체빈도합=242(0.0130%)

다섯 수★★★ 【Text=101/Freq1=242】
 Ⅰ (예) 가족이 모두 다섯이다.
  〔Text=30/Freq2=46(19%)〕
 Ⅱ (예) 다섯 [개/명/사람/식구].
  〔Text=89/Freq2=196(81%)〕

≪다소≫전체빈도합=51(0.0027%)

다소¹ 명 【Text=5/Freq1=8(15.7%)】
 ① (예) 병력의 다소(多少)로 승패가 결정되다. 〔×〕

---

66) 『외국인을 위한 한국어 학습 사전』(2004)의 중요 어휘 목록에서는 '다르다'의 ③과 ④에 해당하는 용법을, 독립된 관형사로 보아 ★☆★의 중요도를 부여하고 있다.

② (예) 다소의 차이가 있다.
　　〔Text=5/Freq2=8(100%)〕
다소² 분 【Text=25/Freq1=43(84.3%)】
　⓪ (예) 학교가 다소(多少) 멀다.

≪다수≫전체빈도합=31(0.0017%)

다수 명 　【Text=11/Freq1=31】
　⓪ (예) 다수(多數)의 평범한 사람.

≪다스리다≫전체빈도합=54(0.0029%)

다스리다 동★☆☆ 【Text=35/Freq1=54】
　① (예) [나라를/천하를] 다스리다.
　　　〔Text=25/Freq2=39(72.2%)〕
　②㉠ (예) [감격을/감정을] 다스리다.
　　　〔Text=4/Freq2=4(7.4%)〕
　　㉡ (예) 천둥과 번개를 다스리는 신.
　　　〔Text=5/Freq2=5(9.3%)〕
　　㉢ (예) 부하를 꼭두각시처럼 다스리다.
　　　〔×〕
　③㉠ (예) [병을/상처를] 다스리다. 〔×〕
　　㉡ (예) 닥치는 일을 다스려 나가다.
　　　〔Text=2/Freq2=2(3.7%)〕
　　㉢ (예) 아이들을 [매로/엄히] 다스리다.
　　　〔Text=4/Freq2=4(7.4%)〕

≪다시≫전체빈도합=1,454(0.0783%)

다시 분★★★
　　　　　【Text=198/Freq1=1,448(99.6%)】
　① (예) 꺼진 불도 다시 보다.
　　/며칠 괜찮다가 다시 열이 오르다.
　　　〔Text=103/Freq2=401(27.7%)〕
　② (예) 다시 생각을 고쳐먹다.
　　　〔Text=65/Freq2=101(7%)〕
　③㉠ (예) 잠시 말을 끊었다가 다시 잇다.
　　/하던 일을 다시 계속하다.
　　　〔Text=81/Freq2=165(11.4%)〕
　　㉡ (예) 물건을 꺼내고 문을 다시 닫다.
　　/위를 쳐다보고 다시 눈을 내리깔다.
　　　〔Text=70/Freq2=119(8.2%)〕
　④ (예) 그 뒤 놈들이 다시 나타나다.
　　　〔Text=93/Freq2=149(10.3%)〕
　⑤ (예) 그림을 다시 그리다.
　　　〔Text=66/Freq2=124(8.6%)〕
　⑥ (예) 다시는 헤어지지 않다./그 뒤로 다시
　　보지 못하다. 〔Text=39/Freq2=58(4%)〕
　❼ (예) 다시 [돌아가다/돌려주다].
　　　〔Text=65/Freq2=133(9.2%)〕
　❽ (예) 이 둘은 각각 다시 세 가지로 나뉘다.

　　　〔Text=21/Freq2=25(1.7%)〕
　관<다시 말하다> 〔Text=34/Freq2=92(6.4%)〕
　관<다시 보이다> 〔×〕
　관<다시 없는 ~>다시 없는 불행.
　　　〔Text=1/Freq2=1(0.1%)〕
　관<다시 한번> 〔Text=27/Freq2=34(2.3%)〕
　관<또 다시> 〔Text=33/Freq2=46(3.2%)〕

다시⁰ 명의 【Text=2/Freq1=6(0.4%)】
　❶ (예) 368-(다시)2540./142-(다시)1번 버스

≪다시금≫전체빈도합=15(0.0008%)

다시금 분 【Text=14/Freq1=15】
　⓪ (예) 서로의 사랑을 다시금 [느끼다/
　　확인하다]

≪다양하다≫전체빈도합=126(0.0068%)

다양하다 형★★☆ 【Text=58/Freq1=126】
　⓪ (예) [분야가/종류가] 다양(多樣)하다.

≪다음≫전체빈도합=1,314(0.0708%)

다음 명★★★ 【Text=196/Freq1=1,314】
　① (예) 다음 [날/버스/역/해].
　　　〔Text=122/Freq2=300(22.8%)〕
　② (여) 기준은 다음과 같다.
　　　〔Text=109/Freq2=648(49.3%)〕
　③ (예) [다은부터/다음에]는 조심하다.
　　　〔Text=70/Freq2=107(8.1%)〕
　④ (여) 잘 겨냥한 다음에 공을 던지다.
　　　〔Text=93/Freq2=224(17%)〕
　⑤ (예) 중국 다음으로 영토가 넓다.
　　　〔Text=18/Freq2=30(2.3%)〕
　⑥ (예) 바보 아닌 다음에야 이것도 몰라?
　　　〔Text=1/Freq2=1(0.1%)〕
　❼ (예) 아버지와 그 다음에 어머니와 딸.
　　　〔Text=2/Freq2=4(0.3%)〕

≪다음날≫전체빈도합=73(0.0039%)

다음날 명☆★☆ 【Text=43/Freq1=73】
　① (예) 다음날 아침./그가 떠난 다음날.
　　　〔Text=42/Freq2=71(97.3%)〕
　② (예) 오늘은 그냥 가시고 다음날에 다시
　　오세요. 〔Text=2/Freq2=2(2.7%)〕

≪다이어트≫전체빈도합=1(0.0001%)

다이어트 명☆★☆ 【Text=1/Freq1=1】
　⓪ (예) 다이어트를 하다.

≪다정하다≫전체빈도합=55(0.0030%)

다정하다 형☆☆★ 【Text=32/Freq1=55】

⓪ (예) 다정(多情)한 [목소리/이웃/친구].

≪다짐≫ 전체빈도합=49(0.0026%)

　다짐 명 【Text=27/Freq1=49】
　　① (예) 약속을 꼭 지킨다고 다짐을 [드리다/받다/하다]. 〔Text=9/Freq2=10(20.4%)〕
　　② (예) 새 학기의 다짐./다짐을 지키다.
　　　〔Text=21/Freq2=39(79.6%)〕
　　관<다짐(을) 두다> 〔×〕

≪다짐하다≫ 전체빈도합=52(0.0028%)

　다짐하다 동 ★☆☆ 【Text=32/Freq1=52】
　　Ⅰ (예) [각오를/투쟁을] 다짐하다.
　　　〔Text=29/Freq2=44(84.6%)〕
　　Ⅱ (예) [약속을/틀림없겠냐고] 다짐하다.
　　　〔Text=6/Freq2=8(15.4%)〕

≪다치다≫ 전체빈도합=85(0.0046%)

　다치다 동 ★★★ 【Text=41/Freq1=85】
　　Ⅰ ①㉠ (예) [몸을/뼈를/팔을] 다치다.
　　　　〔Text=37/Freq2=77(90.6%)〕
　　　㉡ (예) [마음을/자존심을] 다치다.
　　　　〔Text=1/Freq2=1(1.2%)〕
　　② (예) 여러 사람 다치게 생기다.
　　　〔Text=1/Freq2=1(1.2%)〕
　　Ⅱ (예) 소문을 내서 사람을 다치다./꽃을 다치지 않고 지나가다. 〔Text=3/Freq2=4(4.7%)〕
　　관<큰 코 다치다> 〔Text=2/Freq2=2(2.4%)〕

≪다투다≫ 전체빈도합=78(0.0042%)

　다투다 동 ★★★ 【Text=43/Freq1=78】
　　Ⅰ (예) 오빠와 다투고 싸우다.
　　　〔Text=30/Freq2=56(71.8%)〕
　　Ⅱ ① (예) [왕권을/우승을] 다투다.
　　　　〔Text=13/Freq2=17(21.8%)〕
　　　② (예) [순간을/시각을/일 분 일 초를] 다투다. 〔×〕
　　관<앞을 다투다> 〔Text=5/Freq2=5(6.4%)〕

≪다툼≫ 전체빈도합=17(0.0009%)

　다툼 명 【Text=13/Freq1=17】
　　① (예) [부부/형제] 간에 다툼이 잦다.
　　　〔Text=9/Freq2=11(64.7%)〕
　　② (예) [권력/선두/세력] 다툼을 벌이다.
　　　〔Text=5/Freq2=6(35.3%)〕

≪다하다≫ 전체빈도합=122(0.0066%)

　다하다 동 ★★☆ 【Text=66/Freq1=122】
　　Ⅰ ① (예) [등잔불 기름이/지력이] 다하다.

〔Text=2/Freq2=2(1.6%)〕
　　② (예) [난간이/물줄기가] 다한 곳에서 멈추다. 〔×〕
　　③ (예) [하루가/해가] 다하다.
　　　〔Text=1/Freq2=1(0.8%)〕
　　④ (예) [목숨이/삶이/운명이] 다하다.
　　　〔Text=2/Freq2=2(1.6%)〕
　Ⅱ ① (예) [의무를/충성을] 다하다.
　　　〔Text=18/Freq2=26(21.3%)〕
　　② (예) [정성을/최선을/힘을] 다하다.
　　　〔Text=43/Freq2=79(64.8%)〕
　　③ (예) [수명을/천수를] 다하다.
　　　〔Text=3/Freq2=3(2.5%)〕
　(x) 〔Text=9/Freq2=9(7.4%)〕

≪다행≫ 전체빈도합=43(0.0023%)

　다행 명 ☆★☆ 【Text=36/Freq1=43】
　　⓪ (예) 일이 잘 돼 다행(多幸)이다.

≪다행히≫ 전체빈도합=38(0.0020%)

　다행히 부 【Text=29/Freq1=38】
　　⓪ (예) 다행(多幸)히 모두 무사하다.

≪닥치다≫ 전체빈도합=43(0.0023%)

　닥치다¹ 동 【Text=28/Freq1=33(76.7%)】
　　⓪ (예) [겨울이/고난이] 닥쳐 오다.
　　　〔Text=17/Freq2=18(41.9%)〕
　　관<닥치는 대로> 닥치는 대로 먹다.
　　　〔Text=13/Freq2=15(34.9%)〕

　닥치다² 동 【Text=5/Freq1=6(14%)】
　　⓪ (예) 입을 닥치다.

　닥치다ˣ ? 【Text=1/Freq1=4(9.3%)】

≪닦다≫ 전체빈도합=187(0.0101%)

　닦다 동 ★★★ 【Text=76/Freq1=187】
　　Ⅰ ①㉠ (예) [눈물을/때를/피를] 닦다.
　　　　〔Text=30/Freq2=65(34.8%)〕
　　　㉡ (예) 가죽을 수건으로 닦다.
　　　　〔Text=16/Freq2=23(12.3%)〕
　　② (예) [구두를/몸을] 닦다.
　　　〔Text=32/Freq2=73(39%)〕
　Ⅱ ① (예) [길을/터를] 닦다.
　　　〔Text=2/Freq2=2(1.1%)〕
　　② (예) [기반을/기초를/터전을] 닦다.
　　　〔Text=5/Freq2=6(3.2%)〕
　　③ (예) 인격을 닦다.
　　　〔Text=5/Freq2=5(2.7%)〕
　　④ (예) [도를/학문을] 닦다.

　　　　　〔Text=10/Freq2=11(5.9%)〕
　⑤ (예) [공덕을/덕행을] 닦다.
　　　　　〔Text=1/Freq2=2(1.1%)〕
≪단≫전체빈도합=105(0.0057%) 67)
단¹ 명 【Text=1/Freq1=1(1%)】
　Ⅰ (예) 벼를 베어 단을 묶다. 〔×〕
　Ⅱ (예) 배추 두 단. 〔Text=1/Freq2=1(100%)〕
단² 명 【Text=0/Freq1=0】 ⓧ
　⓪ (예) 치마의 단이 끌리다. 〔×〕
단³ 명 【Text=3/Freq1=7(6.7%)】
　Ⅰ (예) 맨 위의 단(段)에 제목을 쓰다.
　　　　　〔Text=2/Freq2=4(57.1%)〕
　Ⅱ (예) 신문에 삼단 기사가 나다.
　　　　　〔Text=1/Freq2=3(42.9%)〕
단⁴ 명 【Text=1/Freq1=1(1%)】
　Ⅰ (예) 태권도 도장에서 단(段)을 따다. 〔×〕
　Ⅱ (예) 유도 2단. 〔Text=1/Freq2=1(100%)〕
단⁵ 명 【Text=1/Freq1=1(1%)】
　Ⅰ (예) 계단의 단(段)이 높다. 〔×〕
　Ⅱ ⓪ (예) 계단을 세 단씩 뛰어오르다. 〔×〕
　　❶ (예) 2단(段) 옆차기.
　　　　　〔Text=1/Freq2=1(100%)〕
단⁶ 명 【Text=0/Freq1=0】 ⓧ
　⓪ (예) 화투에서 약과 단(短)을 따다. 〔×〕
단⁷ 명 【Text=1/Freq1=1(1%)】
　① (예) 단(壇)에 정화수를 떠 놓다.
　　　　　〔Text=1/Freq2=1(100%)〕
　② (예) 주례가 단 위에 서다. 〔×〕
단⁸ 명 【Text=1/Freq1=2(1.9%)】
　Ⅰ (예) 탑은 여러 개의 단(段)으로 되어 있다.
　　　〔×〕
　Ⅱ (예) 두 단으로 된 탑의 기단.
　　　　　〔Text=1/Freq2=2(100%)〕
단⁹ 명 【Text=0/Freq1=0】 ⓧ
　⓪ (예) 단(丹)을 수련하다. 〔×〕
단¹⁰ 명 【Text=0/Freq1=0】 ⓧ
　⓪ (예) 단(團)을 짜다. 〔×〕
단¹¹ 명의 【Text=0/Freq1=0】 ⓧ
　⓪ (예) 글이 여섯 개의 단(段)으로 구성되어
　　　있다. 〔×〕
단¹² 명의 【Text=1/Freq1=2(1.9%)】
　⓪ (예) 기어를 2단(段)으로 놓다.
단¹³ 부 【Text=4/Freq1=5(4.8%)】

① (예) 모두 가도 좋다. 단(但), 호텔 내에 있어야
　　한다. 〔Text=4/Freq2=5(100%)〕
② (예) 일금 백만 원 정. 단, 책장 대금으로
　　영수함. 〔×〕
단¹⁴ 관 ★★☆ 【Text=55/Freq1=84(80%)】
　⓪ (예) 단(單) [하루/한 가지].
단⁰ 명 【Text=1/Freq1=1(1%)】
　❶ (예) 구구단 오단(段)을 외우다.
≪단계≫전체빈도합=83(0.0045%)
단계 명 ★☆☆ 【Text=38/Freq1=83】
　⓪ (예) 인생의 한 단계(段階).
　　/아직 결론을 말할 단계가 아니다.
≪단단하다≫전체빈도합=28(0.0015%)
단단하다 형 ☆☆★ 【Text=21/Freq1=28】
　① (예) 단단한 [땅/몽둥이].
　　　　　〔Text=9/Freq2=13(46.4%)〕
　② (예) 단단하고 속이 깊은 사람.
　　　　　〔Text=2/Freq2=2(7.1%)〕
　③ (예) 단단한 [몸집/어깨].
　　　　　〔Text=4/Freq2=6(21.4%)〕
　④ (예) 단단하게 [묶다/잡아매다].
　　　　　〔Text=4/Freq2=5(17.9%)〕
　⑤ (예) 단단한 [꾸지람/부탁]. 〔×〕
　⑥ (예) [약속을/확신을] 단단하게 하다. 〔×〕
　ⓧ 〔Text=2/Freq2=2(7.1%)〕
≪단단히≫전체빈도합=32(0.0017%)
단단히 부 【Text=22/Freq1=32】
　①㉠ (예) 단단히 [묶다/쥐다].
　　　　　〔Text=2/Freq2=3(9.4%)〕
　　㉡ (예) 본드가 단단히 굳다./흙을 단단히
　　　　　다지다. 〔Text=4/Freq2=4(12.5%)〕
　②㉠ (예) 단단히 [각오하다/이르다].
　　　　　〔Text=10/Freq2=11(34.4%)〕
　　㉡ (예) 단단히 [속이다/화가 나다].
　　　　　〔Text=11/Freq2=14(43.8%)〕
≪단순≫전체빈도합=19(0.0010%)
단순 명 【Text=10/Freq1=19】
　⓪ (예) 단순(單純) [노동/논리].
≪단순하다≫전체빈도합=81(0.0044%)
단순하다 형 ☆★☆ 【Text=46/Freq1=81】
　① (예) 짜임새가 단순(單純)하다.

---

67) 『연세 한국어 사전』의 '단¹⁷'(예:단팥죽, 단잠), '단¹⁸'(예:단세포), '단¹⁹'(예:단거리), '-단²⁰'(예: 회장단), '-단²¹'(예:양단)은 말뭉치의 분석에 적용하지 않았으므로 제외한다.

〔Text=22/Freq2=33(40.7%)〕
② (예) 성격이 단순하다.
〔Text=11/Freq2=13(16%)〕
③ (예) 게임은 단순한 흥밋거리이다.
〔Text=20/Freq2=35(43.2%)〕

≪**단순히**≫전체빈도합=51(0.0027%)
단순히 튀 【Text=34/Freq1=51】
① (예) 단순(單純)히 처리하다.
〔Text=19/Freq2=23(45.1%)〕
② (예) 단순히 구경만 하다.
〔Text=20/Freq2=27(52.9%)〕
ⓧ 〔Text=1/Freq2=1(2%)〕

≪**단숨에**≫전체빈도합=23(0.0012%)
단숨에 튀 【Text=20/Freq1=23】
⓪ (예) 단(單)숨에 그릇을 비우다.

≪**단어**≫전체빈도합=58(0.0031%)
단어 명★★★ 【Text=32/Freq1=58】
⓪ (예) 단어(單語)를 외우다.

≪**단위**≫전체빈도합=57(0.0031%)
단위 명★☆☆ 【Text=25/Freq1=57】
Ⅰ ① (예) 센티미터 단위(單位)로 재다.
〔Text=13/Freq2=41(71.9%)〕
② (예) 사회 구성의 기본 단위.
〔Text=14/Freq2=16(28.1%)〕
Ⅱ (예) 수학이 3단위, 국어가 5단위이다. 〔×〕

≪**단정하다**≫전체빈도합=53(0.0029%)
단정하다¹ 동 【Text=6/Freq1=6(11.3%)】
⓪ (예) 경찰이 사건을 자살로 단정(斷定)하다.
단정하다² 형 【Text=24/Freq1=47(88.7%)】
⓪ (예) 거동이 단정(端整)하다.
/단정한 [모습/옷].

≪**단지**≫전체빈도합=146(0.0079%)
단지¹ 명 【Text=0/Freq1=0】 ⓧ
⓪ (예) 고추장 단지./쌀을 단지에 담다. 〔×〕
단지² 명 【Text=17/Freq1=59(40.4%)】
⓪ (예) [공업/아파트] 단지(團地).
단지³ 튀 【Text=50/Freq1=87(59.6%)】
⓪ (예) 단지(但只) 같이 있고 싶을 뿐이다.

≪**단체**≫전체빈도합=82(0.0044%)
단체 명★★★ 【Text=36/Freq1=82】
① (예) [사회/정치/종교] 단체(團體).
〔Text=31/Freq2=69(84.1%)〕

② (예) [단체 행동을/단체로] 하다.
〔Text=9/Freq2=13(15.9%)〕
관<단체 교섭> 〔×〕
관<단체 교섭권> 〔×〕
관<단체 협약> 〔×〕

≪**단추**≫전체빈도합=16(0.0009%)
단추 명☆☆★ 【Text=10/Freq1=16】
① (예) 옷에 단추를 [달다/채우다].
〔Text=8/Freq2=11(68.8%)〕
② (예) 기계 조작을 단추로 하다.
〔Text=2/Freq2=4(25%)〕
ⓧ 〔Text=1/Freq2=1(6.3%)〕

≪**단풍**≫전체빈도합=18(0.0010%)
단풍 명☆★★ 【Text=13/Freq1=18】
① (예) 온 산에 단풍(丹楓)이 물들다.
〔Text=12/Freq2=15(83.3%)〕
② (예) 정원에 단풍을 심다. 〔×〕
ⓧ 〔Text=2/Freq2=3(16.7%)〕

≪**단호하다**≫전체빈도합=16(0.0009%)
단호하다 형 【Text=15/Freq1=16】
⓪ (예) [결심이/태도가] 단호(斷乎)하다.
/단호하게 말하다.

≪**닫다**≫전체빈도합=122(0.0066%)
닫다¹ 동★★★ 【Text=63/Freq1=122(100%)】
① (예) [뚜껑을/문을] 닫다.
〔Text=42/Freq2=83(68%)〕
② (예) [공장이/상점이] 문을 닫다.
〔Text=23/Freq2=33(27%)〕
③ (예) 입을 닫다. 〔Text=3/Freq2=4(3.3%)〕
❹ (예) 마음을 닫다. 〔Text=2/Freq2=2(1.6%)〕
닫다² 동 【Text=0/Freq1=0】 ⓧ
⓪ (예) 바람을 받아 배가 잘 닫다. 〔×〕

≪**닫히다**≫전체빈도합=44(0.0024%)
닫히다 동 【Text=26/Freq1=44】
① (예) 창문이 닫히다.
〔Text=21/Freq2=29(65.9%)〕
② (예) [마음이/시야가] 닫히다.
〔Text=4/Freq2=14(31.8%)〕
ⓧ 〔Text=1/Freq2=1(2.3%)〕

≪**달**≫전체빈도합=418(0.0225%)
달¹ 명★★★ 【Text=38/Freq1=138(33%)】
⓪ (예) 달이 뜨다./달이 밝은 밤.
〔Text=38/Freq2=138(100%)〕

[관]<달이 차다> 달이 차면 기울다. 〔×〕

달[2] [명] 【Text=24/Freq1=30(7.2%)】

① (예) [이번/지난] 달./어느 달에.

〔Text=21/Freq2=27(90%)〕

② (예) [시월/유월/일월]달.

〔Text=3/Freq2=3(10%)〕

[관]<달이 차다> 달이 덜 차서 아이가 나오다. 〔×〕

달[3] [명][의]★★☆ 【Text=102/Freq1=250(59.8%)】

⓪ (예) [몇/서너/한] 달.

≪**달걀**≫전체빈도합=15(0.0008%)

달걀 [명]☆☆★ 【Text=10/Freq1=15】

⓪ (예) 달걀을 삶다.

〔Text=10/Freq2=15(100%)〕

[관]<달걀로 바위 치기> 〔×〕

≪**달다**≫전체빈도합=372(0.0200%)

달다[1] [동]★★★ 【Text=52/Freq1=85(22.8%)】

① (예) [국기를/단추를/배지를] 달다.

〔Text=40/Freq2=67(78.8%)〕

② (예) [에어컨을/전화를] 달다.

〔Text=6/Freq2=7(8.2%)〕

③ (예) 아이를 달고 다니다.

〔Text=1/Freq2=1(1.2%)〕

④ (예) [설명을/조건을/주를] 달다.

〔Text=9/Freq2=10(11.8%)〕

⑤ (예) 술값을 달아 두다. 〔×〕

달다[2] [동] 【Text=5/Freq1=6(1.6%)】

⓪ (예) [무게를/저울에/체중을] 달다.

달다[3] [동] 【Text=5/Freq1=5(1.3%)】

① (예) 난로가 뻘겋게 달아 후끈거리다.

〔Text=2/Freq2=2(40%)〕

② (예) 얼굴이 술로 벌겋게 달아 있다.

〔Text=2/Freq2=2(40%)〕

③ (예) [속이/애가] 달아서 못 견디다.

〔Text=1/Freq2=1(20%)〕

[관]<몸이 달다> 초조하고 몸이 달다. 〔×〕

달다[4] [동] 【Text=26/Freq1=34(9.1%)】

⓪ (예) 젖을 달라고 칭얼대다.

/돈을 달라고 조르다.

달다[5] [형]☆★★ 【Text=21/Freq1=32(8.6%)】

① (예) 과일이 달다./단 음식을 먹다.

〔Text=17/Freq2=28(87.5%)〕

② ㉠ (예) 음식을 달게 먹다.

〔Text=2/Freq2=2(6.3%)〕

㉡ (예) 벌을 달게 받다.

〔Text=2/Freq2=2(6.3%)〕

달다[6] [동][보]★★☆ 【Text=105/Freq1=210(56.5%)】

⓪ (예) 도와 달라고 부탁하다.

/나, 불고기 좀 사 다오.

≪**달라붙다**≫전체빈도합=16(0.0009%)

달라붙다 [동] 【Text=13/Freq1=16】

① (예) 껌이 신발에 달라붙다.

〔Text=5/Freq2=7(43.8%)〕

② (예) 담에 착 달라붙어 엿보다.

〔Text=1/Freq2=1(6.3%)〕

③ (예) 방들이 다닥다닥 달라붙다.

〔Text=2/Freq2=2(12.5%)〕

④ (예) 옷이 몸에 착 달라붙다.

〔Text=3/Freq2=3(18.8%)〕

⑤ (예) 암만 피해도 귀찮게 달라붙다.

〔Text=1/Freq2=1(6.3%)〕

⑥ (예) [정권에/패거리에] 달라붙다. 〔×〕

⑦ (예) 여럿이 달라붙어 일을 해치우다.

〔Text=1/Freq2=1(6.3%)〕

⑧ (예) [술이/음식이] 입에 착 달라붙다.

〔Text=1/Freq2=1(6.3%)〕

≪**달라지다**≫전체빈도합=191(0.0103%)

달라지다 [동] 【Text=68/Freq1=191】

Ⅰ (예) 도시가 나날이 달라지다.

〔Text=35/Freq2=172(90.1%)〕

Ⅱ (예) 철마다 달라지는 채소.

/계절이 여름에서 겨울로 달라지다.

〔Text=14/Freq2=19(9.9%)〕

≪**달래다**≫전체빈도합=40(0.0022%)

달래다 [동] 【Text=30/Freq1=40】

① (예) [보채는/우는] 아이를 달래다.

〔Text=15/Freq2=21(52.5%)〕

② (예) [슬픈 마음을/외로움을] 달래다.

〔Text=12/Freq2=14(35%)〕

③ (예) 고픈 [배를/속을] 달래다.

〔Text=3/Freq2=4(10%)〕

④ (예) [넋을/원혼을] 달래다.

〔Text=1/Freq2=1(2.5%)〕

≪**달러**≫전체빈도합=48(0.0026%)

달러 [명] 【Text=14/Freq1=48】

Ⅰ ① (예) 달러로 물건을 사다.

〔Text=4/Freq2=5(10.4%)〕

② (예) 해외에서 달러를 벌어들이다. 〔×〕

Ⅱ (예) 백 달러. 〔Text=13/Freq2=43(89.6%)〕

≪달려가다≫전체빈도합=105(0.0057%)

　달려가다 동★☆☆　【Text=61/Freq1=105】
　　① (예) 시간에 도착하려고 달려가다.
　　　〔Text=60/Freq2=103(98.1%)〕
　　② (예) 앞날을 향해 달려가다.
　　　〔Text=2/Freq2=2(1.9%)〕

≪달려들다≫전체빈도합=41(0.0022%)

　달려들다 동　【Text=31/Freq1=41】
　　① (예) 표범처럼 사납게 달려들다.
　　　〔Text=26/Freq2=36(87.8%)〕
　　② (예) 입찰에 여러 업체들이 달려들다.
　　　〔Text=5/Freq2=5(12.2%)〕

≪달려오다≫전체빈도합=82(0.0044%)

　달려오다 동　【Text=40/Freq1=82】
　　① (예) 사내가 헐레벌떡 달려오다.
　　　〔Text=31/Freq2=59(72%)〕
　　② (예) 학부모가 학교로 달려오다.
　　　〔Text=12/Freq2=15(18.3%)〕
　　③ (예) 자동차가 달려오다.
　　　〔Text=3/Freq2=4(4.9%)〕
　　❹ (예) 생의 목표를 향해 달려오다.
　　　〔Text=1/Freq2=4(4.9%)〕

≪달력≫전체빈도합=17(0.0009%)

　달력 명☆★★　【Text=12/Freq1=17】
　　⓪ (예) 달력(-曆)을 넘기다.

≪달리≫전체빈도합=133(0.0072%)

　달리 부★★☆　【Text=72/Freq1=128(96.2%)】
　　Ⅰ① (예) 마음을 달리 먹다./달리 생각하다.
　　　〔Text=8/Freq2=9(7%)〕
　　　② (예) 달리 이상한 점은 없다./달리 할 말이
　　　　 생각나지 않다.
　　　　〔Text=7/Freq2=10(7.8%)〕
　　Ⅱ (예) 생각과는 달리 밖이 밝다.
　　　〔Text=68/Freq2=109(85.2%)〕

　달리⁰ 명　【Text=1/Freq1=5(3.8%)】
　　❶ (예) 달리를 사용하여 촬영하는 장면.

≪달리기≫전체빈도합=48(0.0026%)

　달리기 명　【Text=20/Freq1=48】
　　⓪ (예) 달리기를 잘하다.

≪달리다≫전체빈도합=288(0.0155%)

　달리다¹ 동★★★　【Text=69/Freq1=202(70.1%)】
　　Ⅰ① (예) 아이가 운동장에서 달리다.
　　　〔Text=44/Freq2=99(49%)〕
　　② (예) [기차가/트럭이] 달리다.
　　　〔Text=33/Freq2=72(35.6%)〕
　　③ (예) [마음이/생각이] 고향으로 달리다.
　　　〔×〕
　　Ⅱ① (예) [도로를/트랙을] 달리다.
　　　〔Text=14/Freq2=22(10.9%)〕
　　② (예) 팀이 리그 5위를 달리다.
　　　〔Text=2/Freq2=3(1.5%)〕
　　❸ (예) 인생길을 달리다.
　　　〔Text=3/Freq2=6(3%)〕

　달리다² 동　【Text=49/Freq1=85(29.5%)】
　　① (예) 턱에 달린 수염./발이 많이 달린
　　　벌레.　〔Text=10/Freq2=22(25.9%)〕
　　② (예) 호박단추가 달린 마고자./앞주머니에
　　　달린 배지.〔Text=14/Freq2=23(27.1%)〕
　　③ (예) 아이들이 줄줄이 달리다.
　　　〔Text=2/Freq2=2(2.4%)〕
　　④ (예) 카메라가 달린 노트북.
　　　〔Text=13/Freq2=15(17.6%)〕
　　⑤ (예) 목욕실에 달린 방.
　　　〔Text=1/Freq2=1(1.2%)〕
　　⑥ (예) 나라 운명이 달린 중대사/마음먹기
　　　에 달리다.　〔Text=15/Freq2=22(25.9%)〕

　달리다³ 동　【Text=1/Freq1=1(0.3%)】
　　① (예) [비용이/일손이] 달리다.
　　　〔Text=1/Freq2=1(100%)〕
　　② (예) [재주가/힘이] 달리다.〔×〕

≪달빛≫전체빈도합=19(0.0010%)

　달빛 명　【Text=12/Freq1=19】
　　⓪ (예) 달빛이 [비치다/훤하다].

≪달아나다≫전체빈도합=53(0.0029%)

　달아나다 동☆☆★　【Text=31/Freq1=53】
　　① (예) 개구리들이 놀라 달아나다.
　　　〔Text=25/Freq2=42(79.2%)〕
　　② (예) [내게서/이곳에서] 달아나다.
　　　〔Text=2/Freq2=2(3.8%)〕
　　③㉠ (예) 옷의 단추가 달아나다.
　　　〔Text=2/Freq2=2(3.8%)〕
　　㉡ (예) [식욕이/잠이] 달아나다.
　　　〔Text=3/Freq2=4(7.5%)〕
　　④ (예) 세월이 저만큼 달아나다.
　　　〔Text=2/Freq2=2(3.8%)〕
　　관<[모가지가/목이] 달아나다>
　　　〔Text=1/Freq2=1(1.9%)〕

≪달아오르다≫전체빈도합=18(0.0010%)
　달아오르다 동 【Text=14/Freq1=18】
　　① (예) 난로가 벌겋게 달아오르다.
　　　〔Text=2/Freq2=2(11.1%)〕
　　② (예) [몸이/얼굴이] 달아오르다.
　　　〔Text=10/Freq2=13(72.2%)〕
　　③ (예) [마음이/열정으로] 달아오르다.
　　　〔Text=3/Freq2=3(16.7%)〕
　　④ (예) [경기장이/분위기가] 달아오르다.
　　　〔×〕

≪달콤하다≫전체빈도합=16(0.0009%)
　달콤하다 형 【Text=13/Freq1=16】
　　① (예) 참외 맛이 달콤하다.
　　　〔Text=4/Freq2=5(31.3%)〕
　　② (예) 달콤한 [꿈/말/사랑/잠].
　　　〔Text=9/Freq2=10(62.5%)〕
　　ⓧ 〔Text=1/Freq2=1(6.3%)〕

≪달하다≫전체빈도합=17(0.0009%)
　달하다 동 【Text=15/Freq1=17】
　Ⅰ ① (예) 약 3,000개에 달(達)하다.
　　　〔Text=7/Freq2=8(47.1%)〕
　　② (예) 세력이 절정에 달하다.
　　　〔Text=8/Freq2=9(52.9%)〕
　Ⅱ (예) 목적을 달하다. 〔×〕

≪닭≫전체빈도합=64(0.0034%)
　닭 명 ★★★ 【Text=33/Freq1=64】
　　⓪ (예) 닭을 치다. 〔Text=30/Freq2=60(93.8%)〕
　　㉑ <닭 대가리> 〔×〕
　　㉑ <꿩 대신 닭> 〔Text=2/Freq2=2(3.1%)〕
　　㉑ <닭 소 보듯(소 닭 보듯) 하다> 〔×〕
　　㉑ <닭 쫓던 개 지붕 쳐다보다>
　　　〔Text=2/Freq2=2(3.1%)〕

≪닮다≫전체빈도합=91(0.0049%)
　닮다 동 ★★★ 【Text=50/Freq1=91】
　Ⅰ (예) 쌍둥이처럼 닮다.
　　　〔Text=20/Freq2=33(36.3%)〕
　Ⅱ (예) 부모를 닮아 책을 가까이하다./
　　　체구나 성격이 어머니를 닮다.
　　　〔Text=36/Freq2=58(63.7%)〕

≪닳다≫전체빈도합=19(0.0010%)

　닳다 동 【Text=15/Freq1=19】
　　① (예) [구두급이/운동화가] 닳다.
　　　〔Text=14/Freq2=16(84.2%)〕
　　② (예) 닳고 닳은 사람.
　　　〔Text=1/Freq2=2(10.5%)〕
　　③ (예) 입이 닳도록 주의를 주다.
　　　〔Text=1/Freq2=1(5.3%)〕

≪담≫전체빈도합=37(0.0020%) [68]
　담^1 명 ☆☆★ 【Text=17/Freq1=26(70.3%)】
　　⓪ (예) 저택의 높은 담을 넘다.
　　　〔Text=14/Freq2=21(80.8%)〕
　　㉑ <담(을) 쌓다> 공부와는 담을 쌓다.
　　　〔Text=3/Freq2=5(19.2%)〕
　담^2 명 【Text=5/Freq1=11(29.7%)】
　　(예) 담부터는 조심하다.
　담^3 명 【Text=0/Freq1=0】 ⓧ
　　① (예) 웅담은 담(膽)에 좋다. 〔×〕
　　② (예) 담이 커서 겁이 없다. 〔×〕
　담^4 명 【Text=0/Freq1=0】 ⓧ
　　① (예) 기침을 하자 담(痰)이 나오다. 〔×〕
　　② (예) 담이 들어서 움직이기 힘들다. 〔×〕

≪담그다≫전체빈도합=34(0.0018%)
　담그다 동 ☆★☆ 【Text=22/Freq1=34】
　Ⅰ (예) 물에 [발을/손을] 담그다.
　　　〔Text=16/Freq2=16(47.1%)〕
　Ⅱ (예) [김장을/장을] 담그다.
　　　〔Text=9/Freq2=17(50%)〕
　　ⓧ 〔Text=1/Freq2=1(2.9%)〕

≪담기다≫전체빈도합=122(0.0066%)
　담기다 동 ★★☆ 【Text=77/Freq1=122】
　　① (예) [그릇에/병에/컵에] 담긴 물.
　　　〔Text=26/Freq2=30(24.6%)〕
　　② (예) [내용이/암시가] 담겨 있다.
　　　〔Text=54/Freq2=82(67.2%)〕
　　③ (예) 속에 담긴 말을 꺼내다.
　　　〔Text=3/Freq2=3(2.5%)〕
　　④ (예) 눈에 [경멸의 빛이/정이] 담기다.
　　　〔Text=6/Freq2=7(5.7%)〕

≪담다≫전체빈도합=179(0.0096%)
　담다^1 동 ★★★ 【Text=100/Freq1=176(98.3%)】
　　① (예) 음식을 담은 [접시/함지].

---

[68] 『연세 한국어 사전』의 '담^6'(예:담녹색), '-담^7'(예:성공담)은 말뭉치의 분석에 적용하지 않았으므로 제외한다.

〔Text=57/Freq2=91(51.7%)〕
② (예) 자연의 아름다움을 [글에/노래에
/사진에/화폭에] 담다.
〔Text=25/Freq2=36(20.5%)〕
③ (예) 해로운 내용을 담은 책./사냥 모습을
담은 수렵도. 〔Text=22/Freq2=26(14.8%)〕
④ (예) 말씀을 가슴에 담다.
〔Text=8/Freq2=8(4.5%)〕
⑤ (예) 얼굴에 [미소를/연민을] 가득 담다.
〔Text=4/Freq2=6(3.4%)〕
관<몸을 담다> 종교에 몸을 담다.
〔Text=2/Freq2=3(1.7%)〕
관<입에 담지 못하다> 입에 담지 못할
욕설. 〔Text=3/Freq2=3(1.7%)〕
ⓧ 〔Text=3/Freq2=3(1.7%)〕
담다² 동 〔Text=3/Freq1=3(1.7%)〕
⓪ (예) [간장을/김치를/술을] 담다.

≪담당≫전체빈도합=47(0.0025%)
담당 명 【Text=15/Freq1=47】
① (예) 담당(擔當) 과목.
〔Text=5/Freq2=9(19.1%)〕
② (예) [계약/면회] 담당이 오다.
〔Text=13/Freq2=33(70.2%)〕
③ (예) 그 환자는 내 담당이다.
〔Text=2/Freq2=5(10.6%)〕

≪담당하다≫전체빈도합=41(0.0022%)
담당하다 동★☆ 【Text=22/Freq1=41】
⓪ (예) [업무를/역할을] 담당(擔當)하다.

≪담배≫전체빈도합=184(0.0099%)
담배 명★★★ 【Text=52/Freq1=184】
① (예) 담배에 불을 붙이다.
〔Text=41/Freq2=123(66.9%)〕
② (예) 담배 농사를 짓다. 〔×〕
관<담배를 끊다> 〔Text=2/Freq2=3(1.6%)〕
관<담배를 피우다>
〔Text=29/Freq2=54(29.4%)〕
관<호랑이 담배 피우던 시절>
〔Text=3/Freq2=4(2.2%)〕

≪담벼락≫전체빈도합=23(0.0012%)
담벼락 명 【Text=10/Freq1=23】
⓪ (예) 담벼락에 포스터를 붙이다.
〔Text=9/Freq2=18(78.3%)〕

❶ (예) 물 담벼락이 배를 덮치다.
〔Text=1/Freq2=4(17.4%)〕
❷ (예) 고집이 담벼락이다.
〔Text=1/Freq2=1(4.3%)〕

≪담임≫전체빈도합=64(0.0034%)
담임 명 【Text=21/Freq1=64】
① (예) [수학/철학] 담임(擔任)을 맡다. 〔×〕
② (예) 1학년 담임을 맡다.
〔Text=7/Freq2=17(26.6%)〕
관<담임 목사> 〔Text=1/Freq2=1(1.6%)〕
관<담임 선생> 〔Text=15/Freq2=46(71.9%)〕

≪담장≫전체빈도합=27(0.0015%)
담장 명 【Text=16/Freq1=27】
⓪ (예) 저택의 높은 담장(-墻)을 넘다.
〔Text=16/Freq2=27(100%)〕
관<담장을 쌓다> 공부와는 담장을 쌓다.
〔×〕

≪답≫전체빈도합=26(0.0014%)
답 명 【Text=19/Freq1=26】
① (예) [제안에/편지에] 답(答)을 하다.
〔Text=10/Freq2=12(46.2%)〕
② (예) 이 문제의 답은 간단하다.
〔Text=8/Freq2=13(50%)〕
ⓧ 〔Text=1/Freq2=1(3.8%)〕

≪-답다≫전체빈도합=109(0.0059%)
-답다 접★★☆ 【Text=55/Freq1=109】
Ⅰ ① (예) [사람/어른/여성]답다.
〔Text=38/Freq2=80(73.4%)〕
② (예) 정답다./참답다. 〔×〕 [69]
③ (예) 평소답다. 〔×〕
❹ (예) 겨울다운 겨울./꽃다운 나이.
/시골다운 풍경.
〔Text=13/Freq2=14(12.8%)〕
Ⅱ (예) [동물의 왕/미래의 주인공]답다.
〔Text=13/Freq2=15(13.8%)〕

≪답답하다≫전체빈도합=66(0.0036%)
답답하다 형★★★ 【Text=48/Freq1=66】
Ⅰ ① (예) 넥타이 때문에 목이 답답하다.
〔Text=8/Freq2=8(12.1%)〕
② (예) 답답하고 힘든 [마음/일].
〔Text=27/Freq2=34(51.5%)〕

---

69) 『연세 한국어 사전』의 '-답다' Ⅰ②의 용법은 말뭉치의 분석에 적용하지 않았으므로 제외한다.

③ (예) 답답한 [말씀/인상].
　　〖Text=13/Freq2=14(21.2%)〗
④ (예) 방이 좁고 답답하게 느껴지다.
　　〖Text=4/Freq2=4(6.1%)〗
Ⅱ (예) [말없는 남편이/말할 수 없는 것이] 답답하다. 〖Text=5/Freq2=5(7.6%)〗
ⓧ 〖Text=1/Freq2=1(1.5%)〗

≪답장≫전체빈도합=22(0.0012%)

답장 명　【Text=13/Freq1=22】
⓪ (예) 답장(答狀)을 쓰다.

≪답하다≫전체빈도합=346(0.0186%)

답하다 동★★☆　【Text=40/Freq1=346】
⓪ (예) 질문에 답(答)하다.

≪당≫전체빈도합=61(0.0033%) 70)

당¹ 명　【Text=6/Freq1=6(9.8%)】
① (예) 젊은 것들이 당(黨)을 지어 행패를 부리다. 〖×〗
② (예) 당의 공천을 받다.
　　〖Text=5/Freq2=5(83.3%)〗
ⓧ 〖Text=1/Freq2=1(16.7%)〗

당² 명　【Text=0/Freq1=0】ⓧ
⓪ (예) 영험이 있는 당(堂). 〖×〗

당³ 명　【Text=0/Freq1=0】ⓧ
⓪ (예) 핏속의 당(糖)이 증가하다. 〖×〗

당⁴ 의　【Text=24/Freq1=54(88.5%)】
⓪ (예) 국민 1인당(當) 소득.

당⁵ 관　【Text=1/Freq1=1(1.6%)】
① (예) 당(當) [역/열차].
　　〖Text=1/Freq2=1(100%)〗
② (예) 그녀는 당 18세이다. 〖×〗

≪당국≫전체빈도합=21(0.0011%)

당국¹ 명　【Text=10/Freq1=19(90.5%)】
⓪ (예) [수사/정부] 당국(當局).

당국² 명　【Text=2/Freq1=2(9.5%)】
⓪ (예) [일본/프랑스] 당국(當國).

≪당기다≫전체빈도합=39(0.0021%)

당기다 동★☆★　【Text=30/Freq1=39】
Ⅰ ①㉠ (예) [줄을/팔을] 당기다.
　　〖Text=19/Freq2=23(59%)〗
㉡ (예) 창 쪽으로 몸을 당기다. 〖×〗
② (예) [담배에/등잔에] 불을 당기다.
　　〖Text=4/Freq2=4(10.3%)〗
③㉠ (예) [시위를/활을] 당기다.
　　〖Text=2/Freq2=3(7.7%)〗
㉡ (예) 방아쇠를 당기다. 〖×〗
④ (예) 술이 입맛을 당기다. 〖×〗
⑤ (예) 출발을 한 시간을 당기다.
　　〖Text=2/Freq2=2(5.1%)〗
Ⅱ ① (예) 목젖이 쭉 당겨 올라오다. 〖×〗
② (예) 다리가 당겨 아프다.
　　〖Text=4/Freq2=4(10.3%)〗
③ (예) 호기심이 당기다.
　　〖Text=3/Freq2=3(7.7%)〗
㉣ <불을 당기다> 복수심에 불을 당기다. 〖×〗

≪당당하다≫전체빈도합=48(0.0026%)

당당하다 형　【Text=30/Freq1=48】
① (예) [몸집이/체격이] 당당(堂堂)하다. 〖×〗
② (예) [기세가/위엄이] 당당하다.
　　〖Text=30/Freq2=47(97.9%)〗
③ (예) 건물이 당당하게 자리잡다.
　　〖Text=1/Freq2=1(2.1%)〗

≪당대≫전체빈도합=19(0.0010%)

당대 명　【Text=12/Freq1=19】
① (예) 작가가 살던 당대(當代)의 사회.
　　〖Text=9/Freq2=16(84.2%)〗
② (예) 오늘날 당대 최고의 배우.
　　〖Text=3/Freq2=3(15.8%)〗
③ (예) 관직은 당대에만 한정되다. 〖×〗

≪당번≫전체빈도합=18(0.0010%)

당번 명　【Text=12/Freq1=18】
⓪ (예) [식사/청소] 당번(當番)을 맡다.

≪당부하다≫전체빈도합=15(0.0008%)

당부하다 동　【Text=13/Freq1=15】
⓪ (예) 시민들에게 협조를 당부(當付)하다.

≪당분간≫전체빈도합=17(0.0009%)

당분간 부　【Text=13/Freq1=17】
Ⅰ (예) 당분간(當分間) 호텔에 머물다.
　　〖Text=13/Freq2=17(100%)〗
Ⅱ (예) 당분간의 [용돈/일정]. 〖×〗

≪당시≫전체빈도합=287(0.0155%)

당시 명★☆★　【Text=77/Freq1=287】

---

70) 『연세 한국어 사전』의 '당⁶'(예:당고모)과 '당⁷'(예:당악기) '-당⁸'(예:경로당)은 말뭉치의 분석에 적용하지 않았으므로 제외한다.

Ⅰ (예) 전쟁 당시(當時)에 헤어지다.
〔Text=66/Freq2=194(67.6%)〕
Ⅱ (예) 사건이 당시 널리 알려지다.
〔Text=40/Freq2=93(32.4%)〕

≪당신≫ 전체빈도합=410(0.0221%)

당신 대★★★ 【Text=86/Freq1=410】
① (예) 여보, 당신은 좋은 사람이야.
〔Text=24/Freq2=154(37.6%)〕
② (예) 이 친구야, 당신 술 한 잔 사게.
〔Text=13/Freq2=33(8%)〕
③ (예) 당신 말을 그대로 보고하지요.
〔Text=41/Freq2=113(27.6%)〕
④ (예) 이런 걸 애들에게 팔다니, 당신은 자식도 없어? 〔Text=9/Freq2=17(4.1%)〕
⑤ (예) 어머니, 당신은 제게 소중합니다.
〔Text=16/Freq2=79(19.3%)〕
⑥ (예) 그 어머니가 당신의 아들을 위해 기도를 올리다. 〔Text=9/Freq2=14(3.4%)〕

≪당연하다≫ 전체빈도합=83(0.0045%)

당연하다 형☆★☆ 【Text=51/Freq1=83】
⓪ (예) 당연(當然)한 [이야기/이치/일].

≪당연히≫ 전체빈도합=50(0.0027%)

당연히 부 【Text=38/Freq1=50】
⓪ (예) 일이 많으니 당연(當然)히 피곤하지.

≪당장≫ 전체빈도합=121(0.0065%)

당장¹ 명 【Text=16/Freq1=22(18.2%)】
⓪ (예) 당장(當場)에라도 떠날 수 있다.
당장² 부☆★☆ 【Text=61/Freq1=99(81.8%)】
⓪ (예) 당장(當場) [만나다/해결하다].

≪당하다≫ 전체빈도합=228(0.0123%) 71)

당하다¹ 동★★★ 【Text=98/Freq1=219(96.1%)】
Ⅰ (예) 교장에게 호되게 당(當)하다.
/나쁜 사람들에게 당하고만 살다.
〔Text=11/Freq2=24(11%)〕
Ⅱ ㉠ (예) [고문을/구타를/협박을] 당하다.
〔Text=25/Freq2=49(22.4%)〕 72)
㉡ (예) [정학을/퇴학을] 당하다.
〔Text=19/Freq2=25(11.4%)〕
㉢ (예) [고통을/설움을] 당하다.
〔Text=13/Freq2=17(7.8%)〕
㉣ (예) [망신을/피해를/화를] 당하다.
〔Text=25/Freq2=36(16.4%)〕
Ⅲ ① (예) [부상을/사고를/어려움을] 당하다.
〔Text=44/Freq2=58(26.5%)〕
② (예) [비상 사태를/에너지 위기를] 당하다. 〔Text=9/Freq2=10(4.6%)〕
당하다² 동 【Text=7/Freq1=7(3.1%)】
① (예) 그의 [고집을/머리를/실력을] 당(當)할 사람이 없다. 〔Text=6/Freq2=6(85.7%)〕
② (예) [막중한 책임을/맡은 일을] 당할 수 없다. 〔Text=1/Freq2=1(14.3%)〕
당하다³ 동 【Text=0/Freq1=0】 ⓧ
⓪ (예) 효과가 성인의 10배에 당(當)하다. 〔×〕
당하다⁴ 형 【Text=2/Freq1=2(0.9%)】
⓪ (예) 당(當)치도 않은 말을 하다.

≪당황하다≫ 전체빈도합=70(0.0038%)

당황하다¹ 동☆★☆ 【Text=34/Freq1=50(71.4%)】
⓪ (예) 그녀의 대답에 크게 당황(唐慌)하다.
당황하다² 형 【Text=15/Freq1=20(28.6%)】
⓪ (예) 당황(唐慌)한 [걸음걸이/태도/표정].

≪닿다≫ 전체빈도합=92(0.0050%)

닿다 동★☆★ 【Text=57/Freq1=92】
Ⅰ (예) [기회가/운이] 닿으면 또 오다. 〔×〕
Ⅱ ① (예) 여인의 손이 내 팔에 닿다.
〔Text=30/Freq2=46(50%)〕
② (예) [나루터에/서울역에] 닿다.
〔Text=15/Freq2=22(23.9%)〕
③ (예) 찬 기운이 살갗에 닿다./갯내음이 코에 닿다. 〔Text=6/Freq2=9(9.8%)〕
④ (예) [눈길이/조명이] 어디에 닿다.
〔Text=3/Freq2=3(3.3%)〕
⑤ (예) [능력이/생각이] 닿다./숨이 턱에 닿다. 〔Text=4/Freq2=6(6.5%)〕
Ⅲ (예) 동창에게 연락이 닿다.
〔Text=1/Freq2=1(1.1%)〕
관 <마음이 닿다> 〔×〕
관 <발길이 닿다> 발길이 닿는 대로 돌아다니다. 〔Text=2/Freq2=2(2.2%)〕
관 <[선이/손이/줄이] 닿다>
선이 닿는 사람에게 부탁하다.
〔Text=1/Freq2=1(1.1%)〕

---

71) 『연세 한국어 사전』의 '-당하다⁵'(예:감금당하다, 매료당하다)는 말뭉치의 분석에 적용하지 않았으므로 제외한다.
72) 『연세 한국어 사전』에는 ㉠~㉣로 되어 있으나, ①~④가 맞다.

ⓧ 〔Text=2/Freq2=2(2.2%)〕

《대》전체빈도합=349(0.0188%) [73]

대[1] 몡 【Text=2/Freq1=3(0.9%)】
  ⓞ (예) 대를 베어서 피리를 만들다.

대[2] 몡 【Text=0/Freq1=0】 ⓧ
  ⓞ (예) 사람이 대가 [굳다/무르다/세다]. 〔×〕

대[3] 몡 【Text=2/Freq1=3(0.9%)】
  ① (예) 대가 굵은 가지를 꺾다.
     〔Text=1/Freq2=2(66.7%)〕
  ② (예) 눈에 띄게 대를 높이 세우다.
     〔Text=1/Freq2=1(33.3%)〕

대[4] 몡☆☆★ 【Text=58/Freq1=132(37.8%)】 [74]
  Ⅰ (예) 집안에 대(代)가 끊기다.
     〔Text=8/Freq2=8(6.1%)〕
  Ⅱ ① (예) 신라 31대 왕./15대 국회.
     〔Text=13/Freq2=18(13.6%)〕
    ② (예) 3대가 함께 거주하는 아파트.
     〔Text=5/Freq2=5(3.8%)〕
    ③㉠ (예) 세종 대에 정음이 만들어지다.
     〔Text=1/Freq2=1(0.8%)〕
     ㉡ (예) 조부의 대로부터 살아 온 집.
     〔Text=2/Freq2=3(2.3%)〕
    ④ (예) 40대 후반의 나이.
     〔Text=40/Freq2=97(73.5%)〕

대[5] 몡 【Text=11/Freq1=14(4%)】
  Ⅰ (예) 대(大)를 위해 소를 희생하다.
     〔Text=2/Freq2=4(28.6%)〕
  Ⅱ (예) 세계 50대 기업./병의 3대 원인.
     〔Text=9/Freq2=10(71.4%)〕

대[6] 몡 【Text=0/Freq1=0】 ⓧ
  ⓞ (예) 대(對)가 되다. 〔×〕

대[7] 몡 【Text=0/Freq1=0】 ⓧ
  Ⅰ ① (예) 무리가 여러 대(隊)로 나뉘다. 〔×〕
    ② (예) 부대가 30명씩 한 대를 이루다. 〔×〕
  Ⅱ (예) 경찰청 특수 수사2대. 〔×〕

대[8] 몡의 【Text=22/Freq1=29(8.3%)】
  ① (예) 화살 다섯 대.
     〔Text=3/Freq2=3(10.3%)〕
  ② (예) 한 대 쥐어박다./곤장 넉 대.
     〔Text=12/Freq2=18(62.1%)〕

  ③ (예) 담배 한 대 피우다.
     〔Text=5/Freq2=5(17.2%)〕
  ④ (예) 주사를 한 대 놓다.
     〔Text=3/Freq2=3(10.3%)〕
  ⑤ (예) [갈비가/이빨이] 두 대 부러지다. 〔×〕

대[9] 몡의★★★ 【Text=40/Freq1=83(23.8%)】
  ⓞ (예) 택시 한 대(臺)./재봉틀 몇 대.

대[10] 몡의 【Text=26/Freq1=59(16.9%)】
  ① (예) 한국 대(對) 중국의 경기.
     〔Text=7/Freq2=12(20.3%)〕
  ② (예) 삼 대 일의 비율.
     〔Text=20/Freq2=47(79.7%)〕

대[11] 몡의 【Text=4/Freq1=15(4.3%)】
  ⓞ (예) 3할 대(臺) 타자.

대[14] 졉 【Text=5/Freq1=8(2.3%)】
  ⓞ (예) 러시아의 대(對) 한반도 정책.

-대[16] 졉 【Text=0/Freq1=0】 ⓧ
  Ⅱ ① (예) 대(臺)에 올라 사방을 둘러보다. 〔×〕
    ② (예) 운동장의 대에 올라 상을 받다. 〔×〕
    ③ (예) 작은 대를 세우고 카드를 펼치다.
     〔×〕

대[x] ? 【Text=2/Freq1=3(0.9%)】

《대가》전체빈도합=36(0.0019%)

대가[1] 몡 【Text=18/Freq1=24(66.7%)】
  ① (예) 일한 대가(代價)로 돈을 받다.
     〔Text=14/Freq2=17(70.8%)〕
  ② (예) [죄의/패배의] 대가를 치르다.
     〔Text=6/Freq2=7(29.2%)〕

대가[2] 몡 【Text=6/Freq1=12(33.3%)】
  ① (예) 창의 대가(大家)./대가들의 작품.
     〔Text=5/Freq2=11(91.7%)〕
  ② (예) 한양 성내의 대가에 살다. 〔×〕
  ③ (예) 명문 대가의 자제.
     〔Text=1/Freq2=1(8.3%)〕

《대강》전체빈도합=41(0.0022%)

대강[1] 몡 【Text=6/Freq1=21(51.2%)】
  ① (예) 일의 대강(大綱)을 설명하다. 〔×〕
  ② (예) 대강의 [눈가늠/요지].
     〔Text=6/Freq2=21(100%)〕

대강[2] 몡 【Text=0/Freq1=0】 ⓧ

---

[73] 『연세 한국어 사전』의 '대[13]'(예:대만원, 대지도자), '-대[15]'(여:꽃대, 곰방대), '-대[16]'의 Ⅰ(예:중앙분리대, 시상대, 수술대), '-대[18]'(예:신문대), '-대[19]'(예:압박대, 화산대)는 말뭉치의 분석에 적용하지 않았으므로 제외한다.

[74] 『외국인을 위한 한국어 학습 사전』(2004)의 중요 어휘 목록에는 '대[1]'가 포함되어 있는데, 여기서는 쓰임의 폭이 더 넓게 나타난 '대[4]'를 기본어휘로 삼는다.

⓪ (예) 다른 선생에게 대강(代講)을 부탁하다.〔×〕

대강³ 뮈 【Text=18/Freq1=20(48.8%)】
⓪ (예) 대강(大綱) [살펴보다/짐작하다].

≪대개≫전체빈도합=121(0.0065%)

대개¹ 명 【Text=15/Freq1=16(13.2%)】
⓪ (예) 대개(大槪)의 경우.

대개² 뮈★★★ 【Text=57/Freq1=105(86.8%)】
⓪ (예) 대개(大槪) 몇 시쯤 일어나세요?

≪대규모≫전체빈도합=17(0.0009%)

대규모 명 【Text=12/Freq1=17】
⓪ (예) 아파트를 대규모(大規模)로 짓다. /대규모 [사업/시위].

≪대꾸≫전체빈도합=22(0.0012%)

대꾸 명 【Text=13/Freq1=22】
⓪ (예) [말에/물음에] 대꾸를 하다.

≪대꾸하다≫전체빈도합=26(0.0014%)

대꾸하다 동 【Text=18/Freq1=26】
⓪ (예) [말에/물음에] 대꾸하다.

≪대나무≫전체빈도합=42(0.0023%)

대나무 명 【Text=15/Freq1=42】
⓪ (예) 대나무 숲.

≪대낮≫전체빈도합=20(0.0011%)

대낮 명 【Text=17/Freq1=20】
⓪ (예) 밤에도 거리가 대낮처럼 환하다.

≪대다≫전체빈도합=374(0.0201%) [75]

대다¹ 동★★★ 【Text=86/Freq1=165(44.1%)】
Ⅰ ① (예) 술잔을 입에 대다.
〔Text=30/Freq2=56(33.9%)〕
② (예) 옷에 헝겊을 대고 꿰매다.
〔Text=5/Freq2=5(3%)〕
③ (예) 가위를 대고 종이를 자르다.
〔Text=2/Freq2=2(1.2%)〕
④ (예) 단골집에 물건을 대다./논에 물을 대다./사업에 돈을 대다.
〔Text=15/Freq2=24(14.5%)〕
⑤ (예) 집 앞에 차를 대다.
〔Text=4/Freq2=5(3%)〕
⑥ (예) 길고 짧은 것은 대 보아야 알다.

〔Text=2/Freq2=3(1.8%)〕
⑦ (예) 유력자들과 줄을 대다.
〔Text=1/Freq2=1(0.6%)〕
Ⅱ (예) 약속 시간에 대어 오다.
〔Text=1/Freq2=1(0.6%)〕
Ⅲ (예) [이름을/이유를/핑계를] 대다.
〔Text=15/Freq2=16(9.7%)〕
Ⅳ (예) [밖에/벽에] 대고 소리 지르다.
〔Text=20/Freq2=31(18.8%)〕
㉦ <손을 대다>
① (예) 안주에 손을 대다.
〔Text=11/Freq2=15(9.1%)〕
② (예) 더 손 댈 곳이 없는 작품.
〔Text=1/Freq2=1(0.6%)〕
③ (예) 아이에게 손을 대다.〔×〕
㉦ <입에 대다> 입덧 때문에 음식을 입에 대지도 못하다.〔Text=3/Freq2=4(2.4%)〕
ⓧ 〔Text=1/Freq2=1(0.6%)〕

대다² 동보★★☆ 【Text=75/Freq1=209(55.9%)】
⓪ (예) 아이가 졸라 대다./부리로 쪼아 대다. /거짓말을 해 대다.

≪대단하다≫전체빈도합=94(0.0051%)

대단하다 형★★★ 【Text=58/Freq1=94】
① (예) 대단한 [일이/지위가] 아니다.
〔Text=15/Freq2=18(19.1%)〕
② (예) 걱정이 대단하다./대단한 성공.
〔Text=17/Freq2=19(20.2%)〕
③ (예) 솜씨가 대단하다./대단한 미인.
〔Text=31/Freq2=47(50%)〕
④ (예) 병이 대단치 않다.
〔Text=10/Freq2=10(10.6%)〕

≪대단히≫전체빈도합=60(0.0032%)

대단히 뮈☆☆★ 【Text=32/Freq1=60】
⓪ (예) 대단히 훌륭하다.

≪대답≫전체빈도합=143(0.0077%)

대답 명★★★ 【Text=73/Freq1=143】
① (예) 질문에 대답(對答)을 하다.
〔Text=66/Freq2=119(83.2%)〕
② (예) 현실 모순에 대한 대답을 찾다.
〔Text=11/Freq2=24(16.8%)〕

≪대답하다≫전체빈도합=193(0.0104%)

---

75) 『연세 한국어 사전』의 '- 대다³'(예:깔깔대다, 덜렁대다)는 말뭉치의 분석에 적용하지 않았으므로 제외한다.

대답하다 동★★☆ 【Text=86/Freq1=193】
ⓞ (예) 질문에 대답(對答)하다./싫다고 대답하다. 〔Text=85/Freq2=192(99.5%)〕
❶ (예) 연극으로 현실 모순에 대답하다. 〔Text=1/Freq2=1(0.5%)〕

≪대뜸≫전체빈도합=17(0.0009%)

대뜸 부 【Text=14/Freq1=17】
ⓞ (예) 나를 보자마자 대뜸 화를 내다.

≪대량≫전체빈도합=21(0.0011%)

대량 명 【Text=10/Freq1=21】
ⓞ (예) 쌀을 대량(大量)으로 생산하다. 〔Text=6/Freq2=12(57.1%)〕
관 <대량 ~> 대량 [생산/소비]. 〔Text=6/Freq2=9(42.9%)〕

≪대로≫전체빈도합=285(0.0153%)

대로¹ 명 【Text=7/Freq1=8(2.8%)】
① (예) 대로(大路)를 활보하다. 〔Text=6/Freq2=7(87.5%)〕
② (예) 목적을 위해 정도나 대로를 무시하다. 〔Text=1/Freq2=1(12.5%)〕

대로² 명의 ★★☆ 【Text=124/Freq1=277(97.2%)】
① (예) 느낀 대로 말하다./명령하는 대로 하다. 〔Text=88/Freq2=149(53.8%)〕
② (예) 도착하는 대로 연락을 하다. 〔Text=29/Freq2=37(13.4%)〕
③ (예) 지칠 대로 지치다./옷이 해질 대로 해지다. 〔Text=14/Freq2=19(6.9%)〕
④ (예) 급한 대로 대충 훑어 보다./손쉬운 대로 만들다. 〔Text=28/Freq2=46(16.6%)〕
관 <그런 대로> ☞ 그런대로. 〔Text=1/Freq2=1(0.4%)〕
관 <[될/할] 수 있는 대로> 할 수 있는 대로 빨리 잊다. 〔Text=17/Freq2=25(9%)〕

≪대륙≫전체빈도합=36(0.0019%)

대륙 명 ☆☆★ 【Text=17/Freq1=36】
① (예) 아시아 대륙(大陸). 〔Text=3/Freq2=5(13.9%)〕
② (예) 중국 대륙과 교역을 하다. 〔Text=12/Freq2=26(72.2%)〕
③ (예) 영국의 경험주의와 대륙의 합리주의 사상. 〔×〕
❹ (예) 일본이 대륙으로 세력을 뻗치다. 〔Text=4/Freq2=4(11.1%)〕
ⓧ 〔Text=1/Freq2=1(2.8%)〕

≪대립≫전체빈도합=21(0.0011%)

대립 명 【Text=10/Freq1=21】
ⓞ (예) 두 마을의 대립(對立)이 심하다.

≪대목≫전체빈도합=21(0.0011%)

대목¹ 명 【Text=0/Freq1=0】 ⓧ
ⓞ (예) 명절 대목에 장사가 잘되다. 〔×〕
관 <대목을 만나다> 〔×〕
관 <대목을 보다> 〔×〕

대목² 명 【Text=14/Freq1=21(100%)】
① (예) 이번 사건에서 유의해야 할 대목. 〔Text=4/Freq2=8(38.1%)〕
② (예) [글의/노래의/책의] 한 대목. 〔Text=10/Freq2=13(61.9%)〕

≪대문≫전체빈도합=100(0.0054%)

대문 명 ☆☆★ 【Text=44/Freq1=100】
① (예) 대문(大門)을 [들어서다/열다]. 〔Text=41/Freq2=94(94%)〕
② (예) 궁궐 대문./서울의 4(사)대문. 〔Text=3/Freq2=6(6%)〕

≪대부분≫전체빈도합=185(0.0100%)

대부분 명★★★ 【Text=89/Freq1=185】
Ⅰ (예) 하루의 대부분(大部分)을 집에서 지내다. 〔Text=72/Freq2=123(66.5%)〕
Ⅱ (예) 사람들이 대부분 돌아가다. 〔Text=89/Freq2=62(33.5%)〕

≪대비하다≫전체빈도합=42(0.0023%)

대비하다¹ 동 【Text=1/Freq1=2(4.8%)】
ⓞ (예) 두 나라의 소득을 대비(對比)하다.

대비하다² 동 ☆★☆ 【Text=26/Freq1=40(95.2%)】
ⓞ (예) 만일의 사태에 대비(對備)하다.

≪대사≫전체 빈도합=49(0.0026%)

대사¹ 명 【Text=13/Freq1=24(49%)】
ⓞ (예) 연극 대사(臺詞)를 연습하다.

대사² 명 【Text=0/Freq1=0】 ⓧ
① (예) 국가 대사(大事)를 치르다. 〔×〕
② (예) 집안의 대사를 치르다. 〔×〕

대사³ 명 【Text=4/Freq1=21(42.9%)】
ⓞ (예) 프랑스 대사(大使).

대사⁴ 명 【Text=0/Freq1=0】 ⓧ
ⓞ (예) 체내의 대사(代謝) 작용. 〔×〕

대사⁵ 명 【Text=4/Freq1=4(8.2%)】
ⓞ (예) 원효 대사(大師).

≪대사관≫전체빈도합=19(0.0010%)

대사관 명 ☆★☆　【Text=6/Freq1=19】
　⓪ (예) 주중 한국 대사관(大使館).

≪대상≫전체빈도합=221(0.0119%)

대상¹ ★★☆　【Text=66/Freq1=215(97.3%)】
　⓪ (예) 관심의 대상(對象)이 되다.
　　/청소년을 대상으로 하다.

대상² 명　【Text=3/Freq1=6(2.7%)】
　⓪ (예) 콩쿠르에서 대상(大賞)을 받다.

대상³ 명　【Text=0/Freq1=0】 ⓧ
　⓪ (예) 할머니의 대상(大祥) 날. 〔×〕

대상⁴ 명　【Text=0/Freq1=0】 ⓧ
　⓪ (예) 대상(隊商)들이 사막을 지나다. 〔×〕

≪대신≫전체빈도합=246(0.0132%)

대신¹ 명　【Text=7/Freq1=21(8.5%)】
　⓪ (예) 조정의 대신(大臣)들.

대신² 명★★★　【Text=106/Freq1=225(91.5%)】
　Ⅰ ① (예) 형 대신(代身)에 인사를 하다.
　　　　〔Text=20/Freq2=22(9.8%)〕
　　② (예) 대답 대신에 고개를 끄덕이다.
　　　　/보리차 대신으로 녹차를 마시다.
　　　　〔Text=77/Freq2=121(53.8%)〕
　　③ (예) 시간이 적게 걸리는 대신 돈이 많이
　　　　들다. 〔Text=36/Freq2=52(23.1%)〕
　Ⅱ (예) 편지를 대신 써 주다.
　　　　〔Text=24/Freq2=30(13.3%)〕

≪대신하다≫전체빈도합=31(0.0017%)

대신하다 동　【Text=25/Freq1=31】
　Ⅰ (예) 그가 나의 일을 대신(代身)하다.
　　　　〔Text=19/Freq2=22(71%)〕
　Ⅱ (예) 목례로 인사를 대신하다.
　　　　〔Text=7/Freq2=9(29%)〕

≪대여섯≫전체빈도합=17(0.0009%)

대여섯 주　【Text=16/Freq1=17】
　Ⅰ (예) 청년 대여섯이 몰려오다.
　　　　〔Text=1/Freq2=1(5.9%)〕
　Ⅱ (예) 대여섯 발자국.
　　　　〔Text=15/Freq2=16(94.1%)〕

≪대열≫전체빈도합=16(0.0009%)

대열 명　【Text=13/Freq1=16】
　① (예) 군인들이 대열(隊列)을 [맞추다/
　　이루다.]/[데모/행진] 대열.
　　　　〔Text=8/Freq2=9(56.3%)〕
　② (예) [선진국/작가] 대열에 들다.

　　　　〔Text=5/Freq2=7(43.8%)〕

≪대왕≫전체빈도합=97(0.0052%)

대왕 명 ☆★☆　【Text=18/Freq1=97】
　⓪ (예) 세종 대왕(大王).

≪대우≫전체빈도합=22(0.0012%)

대우 명　【Text=12/Freq1=22】
　① (예) 사회적 대우(待遇)가 낮다.
　　　　〔Text=8/Freq2=12(54.5%)〕
　② (예) 영웅의 대우를 받다.
　　　　〔Text=3/Freq2=3(13.6%)〕
　③ (예) 대우가 좋은 회사.
　　　　〔Text=4/Freq2=7(31.8%)〕

≪대응하다≫전체빈도합=20(0.0011%)

대응하다 동　【Text=12/Freq1=20】
　Ⅰ ① (예) 두 사건이 밀접히 대응(對應)하다
　　　　〔Text=1/Freq2=1(5%)〕
　　② (예) 삼각형의 대응하는 꼭지점. 〔×〕
　Ⅱ ① (예) [변화에/시장의 추세에/적의 도발에]
　　　　대응하다. 〔Text=10/Freq2=18(90%)〕
　　② (예) [고통에/소리에] 대응하는 반응.
　　　　〔Text=1/Freq2=1(5%)〕

≪대접≫전체빈도합=35(0.0019%)

대접¹ 명　【Text=5/Freq1=7(20%)】
　Ⅰ (예) 대접에 막걸리를 따르다.
　　　　〔Text=3/Freq2=5(71.4%)〕
　Ⅱ (예) 냉수 한 대접을 마시다.
　　　　〔Text=2/Freq2=2(28.6%)〕

대접² 명 ☆☆★　【Text=22/Freq1=28(80%)】
　① (예) 사람 대접(待接)을 받다.
　　　　〔Text=10/Freq2=13(46.4%)〕
　② (예) 자식들에게 대접을 받다.
　　　　〔Text=4/Freq2=4(14.3%)〕
　③ (예) 나이 대접을 받다.
　　　　〔Text=8/Freq2=9(32.1%)〕
　④ (예) 저녁 대접을 하다.
　　　　〔Text=2/Freq2=2(7.1%)〕

≪대접하다≫전체빈도합=21(0.0011%)

대접하다 동　【Text=16/Freq1=21】
　Ⅰ (예) 남을 깍듯이 대접(待接)하다.
　　　　〔Text=4/Freq2=5(23.8%)〕
　Ⅱ (예) 그를 어른으로 대접하다.
　　　　〔Text=2/Freq2=2(9.5%)〕
　Ⅲ (예) 그에게 약주를 대접하다.

〔Text=12/Freq2=14(66.7%)〕

≪**대중**≫전체빈도합=75(0.0040%)

대중¹ 명 【Text=0/Freq1=0】 ⓧ
 ⓪ (예) [가격이/이야기가] 대중이 없다. 〔×〕
대중² 명★☆☆ 【Text=22/Freq1=75(100%)】
 ① (예) 많은 대중(大衆) 앞에서 싸움을 하다. 〔×〕
 ② (예) 대중과 함께 하는 정치.
  〔Text=16/Freq2=43(57.3%)〕
 ③ (예) 대중 [교통/음식점].
  〔Text=1/Freq2=3(4%)〕
 ④ (예) 대중 [소설/음악/잡지].
  〔Text=7/Freq2=29(38.7%)〕

≪**대지**≫전체빈도합=16(0.0009%)

대지¹ 명 【Text=12/Freq1=14(87.5%)】
 ⓪ (예) 봄비가 드넓은 대지(大地)를 적시다.
대지² 명 【Text=1/Freq1=1(6.3%)】
 ⓪ (예) 집 지을 대지(垈地) 백 평.
대지ˣ ? 【Text=1/Freq1=1(6.3%)】

≪**대책**≫전체빈도합=24(0.0013%)

대책 명 【Text=16/Freq1=24】
 ⓪ (예) 홍수 대책(對策)을 세우다.
  〔Text=16/Freq2=24(100%)〕
 관<대책 위원회> 〔×〕
 관<대책 회의> 〔×〕

≪**대처하다**≫전체빈도합=18(0.0010%)

대처하다 동 【Text=13/Freq1=18】
 ⓪ (예) 위기에 대처(對處)하다.

≪**대체**≫전체빈도합=37(0.0020%)

대체¹ 명 【Text=2/Freq1=5(13.5%)】
 ⓪ (예) 대체(代替) [산업/에너지].
대체² 명 【Text=0/Freq1=0】 ⓧ
 ⓪ (예) 대체(對替) [계좌/용지]. 〔×〕
대체³ 부 【Text=16/Freq1=32(86.5%)】
 ① (예) 그게 대체(大體) 무슨 말이야?
  〔Text=16/Freq2=32(100%)〕
 ② (예) 대체 [이해할/찾을] 수가 없다. 〔×〕

≪**대체로**≫전체빈도합=38(0.0020%)

대체로 부 【Text=26/Freq1=38】
 ① (예) 품목에 따라 다르지만 물가가 대체(大體)로 5%쯤 오르다.
  〔Text=16/Freq2=19(50%)〕
 ② (예) 임신하면 대체로 마음의 여유가 없어지다. 〔Text=15/Freq2=19(50%)〕

≪**대충**≫전체빈도합=35(0.0019%)

대충¹ 부 【Text=2/Freq1=2(5.7%)】
 ⓪ (예) 책의 대충의 내용을 알다.
대충² 부 【Text=25/Freq1=33(94.3%)】
 ① (예) 구급약을 대충 갖추다./약속 시간에 늦어서 대충 챙겨 나가다.
  〔Text=16/Freq2=21(63.6%)〕
 ② (예) 대충 [짐작이 되다/헤아리다].
  〔Text=10/Freq2=12(36.4%)〕

≪**대통령**≫전체빈도합=143(0.0077%)

대통령 명★★★ 【Text=32/Freq1=143】
 ⓪ (예) 대통령(大統領)을 뽑다.
  〔Text=32/Freq2=143(100%)〕
 관<대통령 중심제> 〔×〕

≪**대표**≫전체빈도합=64(0.0034%)

대표 명★★★ 【Text=30/Freq1=64】
 ① (예) 학생 대표(代表)로 뽑히다.
  〔Text=23/Freq2=54(84.4%)〕
 ② (예) 작은 회사의 대표로 있다.
  〔Text=3/Freq2=4(6.3%)〕
 ③ (예) 한국 민요의 대표는 아리랑이다.
  〔Text=1/Freq2=2(3.1%)〕
 관<대표 선수> 〔Text=4/Freq2=4(6.3%)〕

≪**대표적**≫전체빈도합=48(0.0026%)

대표적¹ 명 【Text=28/Freq1=43(89.6%)】
 ⓪ (예) 국화는 대표적(代表的)인 가을꽃이다.
대표적² 관 【Text=5/Freq1=5(10.4%)】
 ⓪ (예) 인삼은 대표적(代表的) 보약이다.

≪**대표하다**≫전체빈도합=23(0.0012%)

대표하다 동 【Text=18/Freq1=23】
 ① (예) 각 단체를 대표(代表)하다.
  〔Text=10/Freq2=11(47.8%)〕
 ② (예) 1920년대의 시를 대표하다.
  〔Text=8/Freq2=12(52.2%)〕

≪**대하다**≫전체빈도합=2,568(0.1383%)

대하다¹ 동★★★
 【Text=187/Freq1=2,444(95.2%)】
 ①㉠ (예) 건강에 대(對)한 이야기.
  〔Text=141/Freq2=765(31.3%)〕
  ㉡ (예) 자식에 대한 사랑./농민에 대한 지원. 〔Text=96/Freq2=364(14.9%)〕
 ②㉠ (예) 거짓에 대한 분노./역사에 대해 관심을

갖다. 〔Text=166/Freq2=1,108(45.3%)〕
　ⓒ (예) 도와 준 것에 대해 감사하다.
　　　〔Text=76/Freq2=204(8.3%)〕
　ⓧ 〔Text=3/Freq2=3(0.1%)〕
대하다² 동【Text=58/Freq1=124(4.8%)】
　Ⅰ (예) 그의 눈물을 대(對)하고 놀라다.
　　　〔Text=23/Freq2=36(29%)〕
　Ⅱ (예) 딸에게 상냥하게 대하다.
　　　〔Text=45/Freq2=88(71%)〕
《대학》전체빈도합=409(0.0220%)
　대학 명★★★【Text=96/Freq1=409】
　①(예) 대학(大學)에 진학하다.
　　　〔Text=94/Freq2=389(95.1%)〕
　②(예) [공과/문과/사회 과학] 대학.
　　　〔Text=6/Freq2=8(2%)〕
　③(예) [신학/2년제/전문] 대학.
　　　〔Text=1/Freq2=1(0.2%)〕
　④(예) [노인/주부] 대학.〔ⓧ〕
　㉣<대학 교수>〔Text=4/Freq2=6(1.5%)〕
　㉣<대학 입시>〔Text=4/Freq2=5(1.2%)〕
《대학교》전체빈도합=77(0.0041%)
　대학교 명☆★★【Text=33/Freq1=77】
　①(예) 대학교(大學校)에 입학하다.
　　　〔Text=33/Freq2=77(100%)〕
　②(예) 대학교는 여러 단과 대학으로
　　　이루어지다.〔ⓧ〕
《대학생》전체빈도합=102(0.0055%)
　대학생 명★★★【Text=36/Freq1=102】
　⓪(예) 대학생(大學生)이 되다.
《대학원》전체빈도합=51(0.0027%)
　대학원 명【Text=17/Freq1=51】
　⓪(예) 대학원(大學院)에 다니다.
《대한민국✽》전체빈도합=67(0.0036%)
　대한민국⁰ 명(고유)★☆☆
　　　【Text=25/Freq1=67】
　⓪(예) 대한민국(大韓民國)의 국민.
《대형》전체빈도합=30(0.0016%)
　대형 명【Text=17/Freq1=30】
　⓪(예) 대형(大型) [냉장고/아파트].
《대화》전체빈도합=144(0.0078%)
　대화 명★★★【Text=50/Freq1=144】
　⓪(예) 대화(對話)를 나누다.

《대회》전체빈도합=91(0.0049%)
　대회 명★★☆【Text=33/Freq1=91】
　①(예) [전당/학술] 대회(大會).
　　　〔Text=4/Freq2=10(11%)〕
　②(예) [올림픽/체육] 대회.
　　　〔Text=29/Freq2=81(89%)〕
《댁》전체빈도합=131(0.0071%)
　댁¹ 명★★★【Text=53/Freq1=121(92.4%)】
　⓪(예) 선생님께서 댁(宅)에 계시다.
　　　〔Text=52/Freq2=120(99.2%)〕
　❶(예) 동생의 댁.〔Text=1/Freq2=1(0.8%)〕
　댁² 대【Text=7/Freq1=10(7.6%)】
　⓪(예) 실례지만 댁(宅)은 누구시죠?
《댐》전체빈도합=66(0.0036%)
　댐 명【Text=11/Freq1=66】
　⓪(예) 댐을 건설하다.
《더》전체빈도합=1,821(0.0981%)
　더¹ 부★★★【Text=204/Freq1=1,821】
　①(예) 버스보다 기차가 더 빠르다.
　　　〔Text=168/Freq2=861(47.3%)〕
　②(예) 눈이 더 내리겠다./조금 더 가다.
　　　〔Text=184/Freq2=958(52.6%)〕
　㉣<더도 (말고) 덜도 말고>
　　　〔Text=2/Freq2=2(0.1%)〕
《더구나》전체빈도합=82(0.0044%)
　더구나¹ 부☆☆★【Text=49/Freq1=82】
　①㉠(예) 나는 더위를 많이 탄다. 더구나 땀도
　　　많이 흘린다.〔Text=41/Freq2=64(78%)〕
　　ⓒ(예) 음식을 흘리고, 더구나 쩝쩝
　　　소리까지 내면서 밥을 먹다.
　　　〔Text=10/Freq2=10(12.2%)〕
　　ⓒ(예) 사람 목소리가, 더구나 젊은 여자의
　　　목소리가 들려 오다.
　　　〔Text=5/Freq2=6(7.3%)〕
　②(예) 친구가 적기 때문에 찾아오는 사람은
　　　더구나 없다.〔Text=2/Freq2=2(2.4%)〕
《더듬다》전체빈도합=37(0.0020%)
　더듬다 동【Text=22/Freq1=37】
　①(예) 손으로 얼굴을 더듬다.
　　　〔Text=9/Freq2=13(35.1%)〕
　②(예) 진리에 이르는 길을 더듬어 가다.
　　　〔Text=7/Freq2=7(18.9%)〕
　③(예) 지난 세월을 더듬어 보다.

④ (예) 말을 더듬다.
〔Text=5/Freq2=9(24.3%)〕
㉠ <발자취를 더듬다> 〔×〕

≪더러≫전체빈도합=56(0.0030%)

더러¹ 대 【Text=16/Freq1=27(48.2%)】
⓪ (예) 더러는 우리를 비난하다.

더러² 부 【Text=22/Freq1=29(51.8%)】
① (예) [빈 자리가/손님이] 더러 있다.
〔Text=10/Freq2=12(41.4%)〕
② (예) 동창들과 더러 만나다.
〔Text=16/Freq2=17(58.6%)〕

≪더럽다≫전체빈도합=122(0.0066%)

더럽다 형★★★ 【Text=51/Freq1=122】
Ⅰ ① (예) 더러운 [걸레/그릇/손/옷]./
[공기가/물이] 더럽다.
〔Text=28/Freq2=57(46.7%)〕
② (예) [방이/부엌이] 더럽다.
〔Text=18/Freq2=40(32.8%)〕
③ (예) 더러운 위선자./행실이 더럽다.
〔Text=6/Freq2=11(9%)〕
④ (예) 더러운 소리를 하다./더러운
[냄새/인연]. 〔Text=3/Freq2=4(3.3%)〕
❺ (예) 더러워진 말.
〔Text=1/Freq2=1(0.8%)〕
Ⅱ (예) 하는 짓이 아니꼽고 더럽다.
〔Text=5/Freq2=6(4.9%)〕
㉠ <더럽게(도)> 더럽게도 재수 없다.
〔Text=3/Freq2=3(2.5%)〕

≪더럽히다≫전체빈도합=27(0.0015%)

더럽히다 동 【Text=16/Freq1=27】
① (예) 폐수가 바다를 더럽히다.
〔Text=11/Freq2=21(77.8%)〕
② (예) [가문을/명예를/이름을] 더럽히다.
〔Text=6/Freq2=6(22.2%)〕
㉠ <몸을 더럽히다> 〔×〕

≪더불어≫전체빈도합=81(0.0044%)

더불어 부 【Text=45/Freq1=81】
⓪ (예) (이웃과) 더불어 살다.
〔Text=21/Freq2=38(46.9%)〕
㉠ <~와 더불어> 욕설과 더불어 싸움이
일어나다./광복과 더불어 귀국하다.
〔Text=27/Freq2=43(53.1%)〕

≪더욱≫전체빈도합=457(0.0246%)

더욱 부★★★ 【Text=144/Freq1=457】
⓪ (예) 욕을 듣고 더욱 화나다.

≪더욱더≫전체빈도합=15(0.0008%)

더욱더 부 【Text=10/Freq1=15】
⓪ (예) 날이 더욱더 추워지다.

≪더욱이≫전체빈도합=34(0.0018%)

더욱이 부 【Text=24/Freq1=34】
⓪ (예) 경험도 없고 더욱이 전문 지식도 없다.

≪더위≫전체빈도합=34(0.0018%)

더위 명☆★★ 【Text=19/Freq1=34】
⓪ (예) 찌는 듯한 더위.
〔Text=17/Freq2=28(82.4%)〕
㉠ <더위가 들다> 〔×〕
㉠ <더위(를) 먹다>
〔Text=2/Freq2=2(5.9%)〕
㉠ <더위(를) 타다>
〔Text=2/Freq2=2(5.9%)〕
㉠ <더위를 팔다> 〔Text=1/Freq2=2(5.9%)〕

≪더이상≫전체빈도합=26(0.0014%)

더이상¹ 명 【Text=0/Freq1=0】 ⓧ
⓪ (예) 더이상(- 以上)의 변명은 필요없다. 〔×〕

더이상² 부 【Text=20/Freq1=26(100%)】
① (예) 더이상(- 以上) [말을 못 잇다/모습이
보이지 않다]. 〔Text=14/Freq2=17(65.4%)〕
② (예) 더이상[기다리지/도움을 받지]
않겠다. 〔Text=8/Freq2=9(34.6%)〕

≪더하다≫전체빈도합=88(0.0047%)

더하다¹ 동★☆★ 【Text=37/Freq1=50(56.8%)】
⓪ (예) 수를 더하고 빼다.
〔Text=14/Freq2=18(36.7%)〕
❶ (예) [긴장감을/깊이를/충격을/힘을]
더하다. 〔Text=19/Freq2=24(48%)〕
❷ (예) [잔손질을/한몫을] 더하다.
〔Text=4/Freq2=4(8.2%)〕
㉠ <[거기에/여기에] 더하여>
〔Text=4/Freq2=4(8.2%)〕

더하다² 형 【Text=31/Freq1=38(43.2%)】
⓪ (예) 갈수록 고통이 더하다./이보다 더한 일도
경험하다. 〔Text=21/Freq2=23(60.5%)〕
㉠ <더할 [나위/데/수] 없다>
〔Text=12/Freq2=15(39.5%)〕

≪덕≫전체빈도합=50(0.0027%)

덕¹ 명 ★☆☆ 【Text=15/Freq1=31(62%)】
　① (예) 덕(德)을 쌓다.
덕² 명의 【Text=13/Freq1=19(38%)】
　① (예) 조상들 덕(德)으로 잘살다.
　　　〔Text=11/Freq2=15(78.9%)〕
　관 <덕을 [보다/입다]>
　　　〔Text=3/Freq2=4(21.1%)〕

≪덕분≫전체빈도합=62(0.0033%)
덕분 명 ★★☆ 【Text=43/Freq1=62】
　① (예) 그분 덕분(德分)에 잘 지내다.
　　　〔Text=25/Freq2=30(48.4%)〕
　② (예) 달빛 덕분에 어둡지 않다.
　　　〔Text=19/Freq2=27(43.5%)〕
　❸ (예) 한파 덕분에 연탄 값이 오르다.
　　　〔Text=5/Freq2=5(8.1%)〕

≪던지다≫전체빈도합=187(0.0101%)
던지다 동 ★★★ 【Text=100/Freq1=187】
　Ⅰ ① (예) [공을/돌을] 던지다.
　　　〔Text=54/Freq2=92(49.2%)〕
　　② (예) [눈웃음을/미소를] 던지다.
　　　〔Text=17/Freq2=19(10.2%)〕
　　③ (예) [사표를/자퇴서를] 던지다.
　　　〔Text=12/Freq2=12(6.4%)〕
　　④ (예) 가방을 책상 위에 던져 놓다.
　　　〔Text=22/Freq2=23(12.3%)〕
　　⑤ (예) [목숨을/생명을] 던지다.
　　　〔Text=5/Freq2=6(3.2%)〕
　　⑥ ㉠ (예) 가로등이 방 안으로 불빛을
　　　　　 던지다. 〔Text=1/Freq2=1(0.5%)〕
　　　　㉡ (예) 조명등이 벽에 그늘을 던지다.
　　　　　 〔Text=1/Freq2=1(0.5%)〕
　　⑦ (예) [교훈을/충격을] 던지다.
　　　〔Text=18/Freq2=24(12.8%)〕
　　⑧ (예) 선거에서 표를 던지다.
　　　〔Text=3/Freq2=3(1.6%)〕
　Ⅱ (예) 일거리를 던지고 돌아앉다./기자들이
　　　펜을 던지고 떠나다.
　　　〔Text=2/Freq2=3(1.6%)〕
　ⓧ 〔Text=2/Freq2=3(1.6%)〕

≪덜≫전체빈도합=64(0.0034%)
덜 부 ☆★★ 【Text=48/Freq1=64】
　① (예) 아직 잠에서 덜 깨다.
　　　〔Text=32/Freq2=44(68.8%)〕
　② (예) 코트를 입으면 덜 춥다.
　　　〔Text=16/Freq2=17(26.6%)〕
　관 <더도 덜도 말고>
　　　〔Text=2/Freq2=2(3.1%)〕
　관 <덜 떨어지다> 〔Text=1/Freq2=1(1.6%)〕

≪덜다≫전체빈도합=20(0.0011%)
덜다 동 ☆☆★ 【Text=16/Freq1=20】
　① (예) 그릇에서 밥을 덜다.
　　　〔Text=4/Freq2=4(20%)〕
　② (예) [고생을/아픔을] 덜어 주다.
　　　〔Text=12/Freq2=16(80%)〕

≪덤벼들다≫전체빈도합=17(0.0009%)
덤벼들다 동 【Text=15/Freq1=17】
　① (예) 개가 사람에게 덤벼들다.
　　　〔Text=10/Freq2=11(64.7%)〕
　② (예) 여럿이 덤벼들어 짐을 옮기다.
　　　〔Text=5/Freq2=6(35.3%)〕

≪덥다≫전체빈도합=74(0.0040%)
덥다 형 ★★★ 【Text=47/Freq1=74】
　① (예) 더운 [여름/지방]./날이 덥다.
　　　〔Text=42/Freq2=67(90.5%)〕
　② (예) 더운 [눈물/물/피].
　　　〔Text=6/Freq2=6(8.1%)〕
　ⓧ 〔Text=1/Freq2=1(1.4%)〕

≪덧붙이다≫전체빈도합=40(0.0022%)
덧붙이다 동 【Text=31/Freq1=40】
　① (예) [바지에 주머니를/서류에 의견서를]
　　　덧붙이다. 〔Text=10/Freq2=13(32.5%)〕
　② (예) [말씀을/한 마디] 덧붙이다.
　　　〔Text=22/Freq2=27(67.5%)〕

≪덩어리≫전체빈도합=22(0.0012%) [76]
덩어리¹ 명 【Text=19/Freq1=22】
　Ⅰ ① (예) 가루가 굳어 덩어리가 되다.
　　　〔Text=4/Freq2=4(18.2%)〕
　　② (예) 아이들이 한 덩어리가 되다.
　　　〔Text=2/Freq2=2(9.1%)〕
　　③ (예) [돌/땅/바위] 덩어리.
　　　〔Text=8/Freq2=9(40.9%)〕
　Ⅱ (예) [떡/밥] 한 덩어리 덜다.
　　　〔Text=4/Freq2=6(27.3%)〕

---

76) 『연세 한국어 사전』의 '-덩어리²'(예:골칫덩어리)는 말뭉치의 분석에 적용하지 않았으므로 제외한다.

ⓧ 〔Text=1/Freq2=1(4.5%)〕

≪덮다≫전체빈도합=56(0.0030%)

덮다 동★★★ 【Text=43/Freq1=56】
Ⅰ ① (예) 밥상을 보자기로 덮다./
바닥에 가마니를 덮다.
〔Text=7/Freq2=8(14.3%)〕
② (예) 냄비 뚜껑으로 덮다./솥에 뚜껑을 덮다. 〔Text=4/Freq2=5(8.9%)〕
Ⅱ ① (예) [담요를/이불을] 덮다.
〔Text=11/Freq2=12(21.4%)〕
② (예) 긴 머리가 귀를 덮다.
〔Text=12/Freq2=13(23.2%)〕
③ ㉠ (예) 나무들이 산을 덮고 있다.
〔Text=2/Freq2=2(3.6%)〕
㉡ (예) 어둠이 마을을 덮다./
침묵이 무겁게 방을 덮다.
〔Text=1/Freq2=1(1.8%)〕
④ (예) 읽던 책을 덮다.
〔Text=7/Freq2=11(19.6%)〕
⑤ (예) 당국에서 사건을 어물어물 덮다.
〔Text=3/Freq2=3(5.4%)〕
ⓧ 〔Text=1/Freq2=1(1.8%)〕

≪덮이다≫전체빈도합=35(0.0019%)

덮이다 동 【Text=26/Freq1=35】
① (예) 밥상이 보자기로 덮이다.
〔Text=3/Freq2=5(14.3%)〕
② (예) [눈으로/얼음으로] 덮인 산.
〔Text=14/Freq2=20(57.1%)〕
③ ㉠ (예) [나무로/안개로] 덮인 골짜기.
〔Text=7/Freq2=7(20.0%)〕
㉡ (예) [어둠에/침묵에] 덮이다.
〔Text=1/Freq2=1(2.9%)〕
④ (예) 뚜껑이 덮이다.
〔Text=2/Freq2=2(5.7%)〕
⑤ (예) 사건의 진상이 덮이다. 〔ⓧ〕

≪데≫전체빈도합=1,095(0.0590%)

데¹ 명의★★★ 【Text=184/Freq1=1,095】
① ㉠ (예) 잠깐 들를 데가 있다.
〔Text=102/Freq2=229(20.9%)〕
㉡ (예) 그 사람은 이상한 데가 있다.
〔Text=46/Freq2=73(6.7%)〕
② ㉠ (예) 기술 익히는 데에 힘쏟다.

〔Text=117/Freq2=340(31.1%)〕
㉡ (예) 오는 데까지 이야기하다.
/이곳에 오게 된 데에는 사연이 있다.
〔Text=103/Freq2=258(23.6%)〕
③ (예) 물은 사람이 살아가는 데 중요하다.
〔Text=75/Freq2=172(15.7%)〕
㉲ <-ㄴ/는 데다가> 키도 큰 데다가 운동도 잘하다. 〔Text=16/Freq2=19(1.7%)〕
㉲ <이를 데 없다> 〔Text=1/Freq2=1(0.1%)〕
ⓧ 〔Text=3/Freq2=3(0.3%)〕

≪데려가다≫전체빈도합=21(0.0011%)

데려가다 동 【Text=17/Freq1=21】
⓪ (예) 아이를 병원에 데려가다.

≪데려오다≫전체빈도합=22(0.0012%)

데려오다 동 【Text=19/Freq1=22】
⓪ (예) 친구를 집으로 데려오다.

≪데리다≫전체빈도합=179(0.0096%)

데리다 동★★★ 【Text=86/Freq1=179】
⓪ (예) 아이를 외가로 데리고 가다.
〔Text=79/Freq2=149(83.2%)〕
❶ (예) 조카를 데리고 [살다/있다].
〔Text=19/Freq2=26(14.5%)〕
❷ (예) 개를 데리고 산책하다.
/환자를 병원에 데려다 주다.
〔Text=2/Freq2=4(2.2%)〕

≪데이트≫전체빈도합=10(0.0005%)

데이트 명☆★☆ 【Text=8/Freq1=10】
⓪ (예) 애인과 데이트를 하다.

≪도≫전체빈도합=122(0.0066%) 77)

도¹ 명 【Text=1/Freq1=1(0.8%)】
⓪ (예) 윷을 던지니 도가 나오다.

도² 명 【Text=1/Freq1=1(0.8%)】
⓪ (예) 그의 행동은 도(度)가 지나치다.

도³ 명 【Text=8/Freq1=25(20.5%)】
① (예) 중국인의 도(道)를 이해하다.
〔Text=5/Freq2=11(44%)〕
② (예) 교는 달라도 도는 하나이다.
〔Text=3/Freq2=10(40%)〕
㉲ <도가 통하다> 〔ⓧ〕
㉲ <도가 트다> 〔ⓧ〕
㉲ <도를 닦다> 〔Text=3/Freq2=4(16%)〕

---

77) 『연세 한국어 사전』의 '-도⁸'(예:내년도), '-도⁹'(예:화산도), '-도¹⁰'(예:문학도), '-도¹¹'(예:설계도) 는 말뭉치의 분석에 적용하지 않았으므로 제외한다.

도⁴ 명 ★☆★　【Text=9/Freq1=32(26.2%)】⁷⁸⁾
　⓪ (예) 각 도(道)의 쌀 생산량 비교.
도⁵ 명　【Text=1/Freq1=1(0.8%)】
　⓪ (예) 도 음을 내다./도레미파솔라시도.
도⁶ 명의 ★★☆　【Text=22/Freq1=61(50%)】
　① (예) 90도(度) 각도.
　　〔Text=8/Freq2=12(19.7%)〕
　② (예) 영하 15도의 추위.
　　〔Text=13/Freq2=45(73.8%)〕
　③ (예) 북위 37도, 동경 126도 지점.
　　〔Text=1/Freq2=1(1.6%)〕
　④ (예) 13도짜리 소주.
　　〔Text=1/Freq2=2(3.3%)〕
　⑤ (예) 1도, 4도의 음정. 〔×〕
　　ⓧ 〔Text=1/Freq2=1(1.6%)〕
도ˣ ?　【Text=1/Freq1=1(0.8%)】

≪도구≫전체빈도합=68(0.0037%)
도구 명 ★☆★　【Text=37/Freq1=68】
　① (예) [낚시/청소/필기] 도구(道具).
　　〔Text=26/Freq2=46(67.6%)〕
　② (예) 출세의 도구.
　　〔Text=13/Freq2=22(32.4%)〕

≪도깨비≫전체빈도합=64(0.0034%)
도깨비 명　【Text=14/Freq1=64】
　⓪ (예) 도깨비가 나오는 집.

≪도달하다≫전체빈도합=47(0.0025%)
도달하다 동　【Text=26/Freq1=47】
　① (예) 목적지에 도달(到達)하다.
　　〔Text=9/Freq2=14(29.8%)〕
　② (예) [높은 수준에/단계에/위험 수위에]
　　도달하다. 〔Text=21/Freq2=33(70.2%)〕

≪도대체≫전체빈도합=141(0.0076%)
도대체 부 ★★★　【Text=75/Freq1=141】
　① (예) 도대체 [뭐가 문제죠?/지금 몇 시지?]
　　〔Text=66/Freq2=107(75.9%)〕
　② (예) 도대체 [만날 수가 없다./말도 안 되다.]
　　〔Text=12/Freq2=19(13.5%)〕
　③ (예) 그 사람 도대체 능력이 의심스럽다.
　　〔Text=12/Freq2=15(10.6%)〕

≪도덕≫전체빈도합=41(0.0022%)
도덕 명 ★☆☆　【Text=23/Freq1=41】

　① (예) 돈 때문에 도덕(道德)도 양심도 다
　　버리다. 〔Text=18/Freq2=34(82.9%)〕
　② (예) 도덕 [시간/시험/점수].
　　〔Text=6/Freq2=7(17.1%)〕
　관 <도덕 군자> 〔×〕

≪도둑≫전체빈도합=60(0.0032%)
도둑 명 ★★★　【Text=25/Freq1=60】
　① (예) 도둑을 잡다.
　　〔Text=21/Freq2=56(93.3%)〕
　② (예) 도둑을 맞다. 〔Text=2/Freq2=2(3.3%)〕
　관 <도둑 고양이> 〔Text=2/Freq2=2(3.3%)〕

≪도로≫전체빈도합=124(0.0067%)
도로¹ 명 ★☆★　【Text=42/Freq1=93(75%)】
　⓪ (예) 도로(道路)를 건설하다.
도로² 명　【Text=0/Freq1=0】 ⓧ
　⓪ (예) 노력이 도로(徒勞)에 그치다. 〔×〕
도로³ 부　【Text=22/Freq1=31(25%)】
　⓪ (예) 올라갔다가 도로 내려오다.

≪도리≫전체빈도합=66(0.0036%)
도리 명 ★☆☆　【Text=40/Freq1=66】
　① (예) 가장으로서의 도리(道理)를 다하다.
　　〔Text=19/Freq2=36(54.5%)〕
　② (예) 어찌할 도리가 없다.
　　〔Text=22/Freq2=30(45.5%)〕

≪도리어≫전체빈도합=21(0.0011%)
도리어 부 ☆☆★　【Text=14/Freq1=21】
　① (예) 약을 잘못 먹으면 도리어 해롭다.
　　〔Text=6/Freq2=9(42.9%)〕
　② (예) 바쁠 때 도리어 여유를 갖다.
　　〔Text=10/Freq2=12(57.1%)〕
　③ (예) 호랑이보다 도리어 곰이 더 끈기
　　있다. 〔×〕

≪도망≫전체빈도합=18(0.0010%)
도망 명　【Text=11/Freq1=18】
　⓪ (예) 도망(逃亡)을 [가다/치다].

≪도망가다≫전체빈도합=41(0.0022%)
도망가다 동　【Text=23/Freq1=41】
　⓪ (예) 범인이 외국으로 도망(逃亡)가다.

≪도망치다≫전체빈도합=46(0.0025%)

---

78) 『외국인을 위한 한국어 학습 사전』(2004)의 중요 어휘 목록에는 '도²'가 포함되어 있는데, 여기서는 그 쓰임의 폭이 더 넓은 것으로 나타난 '도⁴'를 기본어휘로 삼는다.

도망치다 동　【Text=35/Freq1=46】
　① (예) 도둑이 담을 넘어 도망(逃亡)치다.

≪도무지≫전체빈도합=32(0.0017%)
도무지 부　【Text=22/Freq1=32】
　① (예) 도무지 밖으로 나오지 않다.
　　/바람이 도무지 그칠 줄 모르다.
　　〔Text=8/Freq2=10(31.3%)〕
　② (예) 도무지 [알아볼/이유를 알] 수 없다.
　　〔Text=11/Freq2=15(46.9%)〕
　③ (예) 도무지 [글이 안 써지다./못 먹겠다.
　　/실감이 안 나다.]
　　〔Text=7/Freq2=7(21.9%)〕

≪도사리다≫전체빈도합=15(0.0008%)
도사리다 동　【Text=13/Freq1=15】
　① (예) [꼬리를/몸을] 도사리다.
　　〔Text=1/Freq2=1(6.7%)〕
　② (예) 마음을 도사려 먹다.
　　〔Text=1/Freq2=1(6.7%)〕
　③ (예) [마음에/방에] 가만히 도사리다.
　　〔Text=6/Freq2=7(46.7%)〕
　④ (예) [병이/살기가/음모가] 도사리다.
　　〔Text=5/Freq2=6(40%)〕

≪도서관≫전체빈도합=109(0.0059%)
도서관 명★★★　【Text=36/Freq1=109】
　① (예) 도서관(圖書館)에서 공부하다.

≪도시≫전체빈도합=266(0.0143%)
도시^1 명★★★　【Text=71/Freq1=261(98.1%)】
　① (예) 국제적인 도시(都市).
　　〔Text=71/Freq2=260(99.6%)〕
　관<도시 계획> 〔×〕
　관<도시 국가> 〔Text=1/Freq2=1(0.4%)〕
도시^2 부　【Text=5/Freq1=5(1.9%)】
　① (예) 도시(都是) 세상일은 알기 어렵다.

≪도시락≫전체빈도합=55(0.0030%)
도시락 명☆★★　【Text=24/Freq1=55】
　① (예) 도시락을 [먹다/싸다].

≪도움≫전체빈도합=291(0.0157%)
도움 명★★☆　【Text=113/Freq1=291】
　① (예) 문제 해결에 도움이 되다./도움을 받다.

≪도자기≫전체빈도합=71(0.0038%)
도자기 명　【Text=16/Freq1=71】
　① (예) 도자기(陶瓷器)를 굽다.

≪도장≫전체빈도합=29(0.0016%)
도장^1 명☆☆★　【Text=12/Freq1=22(75.9%)】
　① (예) 도장(圖章)을 [새기다/파다].
　　〔Text=11/Freq2=18(81.8%)〕
　관<도장을 박다> 〔Text=1/Freq2=3(13.6%)〕
　관<도장을 찍다> 그의 눈에 도장을 찍다.
　　〔Text=1/Freq2=1(4.6%)〕
도장^2 명　【Text=3/Freq1=4(13.8%)】
　① (예) 태권도 도장(道場)에 다니다.
　　〔Text=3/Freq2=4(100%)〕
　② (예) 학교는 공동생활의 도장이다. 〔×〕
도장^3 명　【Text=1/Freq1=2(6.9%)】
　① (예) 도장(塗裝)을 하다.
도장^x ?　【Text=1/Freq1=1(3.4%)】

≪도저히≫전체빈도합=48(0.0026%)
도저히 부　【Text=33/Freq1=48】
　① (예) 도저(到底)히 참을 수가 없다./사흘 내에
　　일을 마치기란 도저히 불가능하다.

≪도전≫전체빈도합=43(0.0023%)
도전 명　【Text=21/Freq1=43】
　① (예) [챔피언이/기존 제도가] 도전(挑戰)을
　　받다. 〔Text=12/Freq2=27(62.8%)〕
　② (예) 어려운 일에 도전을 하다.
　　〔Text=11/Freq2=16(37.2%)〕

≪도전하다≫전체빈도합=27(0.0015%)
도전하다 동　【Text=20/Freq1=27】
　① (예) 챔피언에게 도전(挑戰)하다.
　　〔Text=3/Freq2=4(14.8%)〕
　② (예) 보스 독점 체제에 도전하다.
　　〔Text=5/Freq2=5(18.5%)〕
　③ (예) 역경에 도전하다.
　　〔Text=13/Freq2=18(66.7%)〕

≪도중≫전체빈도합=31(0.0017%)
도중 명　【Text=26/Freq1=31】
　① (예) 회사로 가던 도중(途中)에 사고를
　　만나다. 〔Text=10/Freq2=11(35.5%)〕
　② (예) 공연 도중에 휴식을 하다.
　　〔Text=17/Freq2=20(64.5%)〕

≪도착하다≫전체빈도합=150(0.0081%)
도착하다 동★★★　【Text=78/Freq1=150】
　① (예) 친구가 역에 도착(到着)하다.
　　〔Text=67/Freq2=117(78%)〕
　❶ (예) [배가/차가] 서울에 도착하다.

〔Text=11/Freq2=18(12%)〕
❷ (예) [돈이/물건이/편지가] 도착하다.
〔Text=12/Freq2=15(10%)〕

≪독≫전체빈도합=25(0.0013%)

독¹ 명☆☆★ 【Text=7/Freq1=22(88%)】
① (예) 독에 간장을 채우다.
〔Text=5/Freq2=20(90.9%)〕
관<독 안에 든 쥐> 〔Text=1/Freq2=1(4.6%)〕
관<밑 빠진 독에 물 붓기>
〔Text=1/Freq2=1(4.6%)〕

독² 명 【Text=3/Freq1=3(12%)】
① (예) 간에서 체내의 독(毒)을 없애다.
〔Text=2/Freq2=2(66.7%)〕
② (예) 독을 마시고 죽다. 〔×〕
③ (예) 벌레 물린 곳에 독이 오르다. 〔×〕
관<독(이) 오르다>
① (예) 그가 독이 오른 표정을 짓다.
〔Text=1/Freq2=1(33.3%)〕
② (예) 뾰루지가 빨갛게 독이 오르다.
〔×〕☞③
관<독을 품다> 독을 품은 눈으로 노려보다.
〔×〕

≪독립≫전체빈도합=102(0.0055%)

독립 명★☆★ 【Text=26/Freq1=102】
① (예) [교권의/사법권의] 독립(獨立).
〔Text=5/Freq2=5(4.9%)〕
② (예) 우리 민족의 독립 의지.
〔Text=18/Freq2=76(74.5%)〕
③ (예) 이층 독립 건물.
〔Text=2/Freq2=2(2%)〕
관<독립 운동> 〔Text=11/Freq2=18(17.6%)〕
관<독립 투쟁> 〔Text=1/Freq2=1(1%)〕

≪독서≫전체빈도합=71(0.0038%)

독서 명★★★ 【Text=24/Freq1=71】
① (예) 독서(讀書)를 하다.

≪독일⁺≫전체빈도합=51(0.0027%)

독일⁰ 명(고유)★★☆ 【Text=23/Freq1=51】
❶ (예) 독일(獨逸)로 유학을 가다.

≪독자≫전체빈도합=101(0.0054%)

독자¹ 명 【Text=19/Freq1=97(96%)】
❶ (예) 문학 작품의 독자(讀者).

독자² 명 【Text=4/Freq1=4(4%)】
❶ (예) 집안의 독자(獨子)로 태어나다.

≪독재≫전체빈도합=28(0.0015%)

독재 명 【Text=11/Freq1=28】
❶ (예) 군부가 독재(獨裁)를 하다.
〔Text=8/Freq2=15(53.6%)〕
관<독재 정권> 〔Text=3/Freq2=6(21.4%)〕
관<독재 정치> 〔Text=2/Freq2=7(25%)〕

≪독특하다≫전체빈도합=53(0.0029%)

독특하다 형★★☆ 【Text=28/Freq1=53】
❶ (예) [관점이/모양이] 독특(獨特)하다.

≪독하다≫전체빈도합=19(0.0010%)

독하다 형 【Text=12/Freq1=19】
① (예) 독(毒)한 [세제/약].
〔Text=4/Freq2=7(36.8%)〕
② (예) 독한 [담배/술/연기].
〔Text=7/Freq2=8(42.1%)〕
③ (예) 독한 사람./마음이 독하다.
〔Text=3/Freq2=4(21.1%)〕
④ (예) 독한 고통을 견디다./독한 바람이 불다. 〔×〕

≪돈≫전체빈도합=755(0.0407%)

돈¹ 명★★★ 【Text=141/Freq1=753(99.7%)】
① (예) 한국 돈을 [내다/받다/쓰다].
〔Text=96/Freq2=363(48.2%)〕
② (예) 돈이 [많다/없다/있다]./돈을 모으다.
〔Text=83/Freq2=208(27.6%)〕
❸ (예) [뇌물로/선거 자금으로] 돈을
받아먹다. 〔Text=4/Freq2=5(0.7%)〕
관<돈에 쫓기다> 〔Text=1/Freq2=1(0.1%)〕
관<돈을 [갚다/꾸다/빌리다]>
〔Text=9/Freq2=13(1.7%)〕
관<돈을 굴리다> 〔×〕
관<돈을 까먹다> 〔×〕
관<돈을 들이다> 〔Text=4/Freq2=5(0.7%)〕
관<돈을 [따다/잃다]> 도박판에서 돈을
잃다. 〔Text=3/Freq2=18(2.4%)〕
관<돈을 만지다> 〔Text=1/Freq2=1(0.1%)〕
관<돈을 먹다> 〔Text=1/Freq2=2(0.3%)〕
관<돈을 물 쓰듯 하다>
〔Text=2/Freq2=2(0.3%)〕
관<돈을 벌다> 〔Text=49/Freq2=90(12.0%)〕
관<돈을 뿌리다> 〔Text=3/Freq2=6(0.8%)〕
관<돈을 찾다> 은행에서 돈을 찾다.
〔Text=3/Freq2=13(1.7%)〕
관<돈이 돌다> 〔×〕

㉝ <돈이 들다> 〔Text=15/Freq2=20(2.7%)〕
㉝ <돈이 떨어지다>
  〔Text=2/Freq2=2(0.3%)〕
㉝ <돈이 생기다> 〔Text=8/Freq2=11(1.5%)〕
㉝ <돈이 썩어나다> 〔×〕
  ⓧ 〔Text=1/Freq2=1(0.1%)〕

돈² 명의 【Text=1/Freq1=2(0.3%)】
  ⓪ (예) 서 돈짜리 금팔찌.

《돌다》전체빈도합=22(0.0012%)

돌다 동 【Text=19/Freq1=22】
  ① (예) 하늘에 [달이/별이/해가] 돋다.
    〔Text=1/Freq2=1(4.5%)〕
  ② (예) [싹이/움이/잎이] 돋다.
    〔Text=10/Freq2=12(54.5%)〕
  ③ (예) [소름이/여드름이] 돋다.
    〔Text=5/Freq2=6(27.3%)〕
  ④ (예) [생기가/역정이] 돋다.
    〔Text=1/Freq2=1(4.5%)〕
  ⑤ (예) 입맛이 돋다. 〔×〕
  ❻ (예) [뿔이/털이] 돋다.
    〔Text=2/Freq2=2(9.1%)〕

《돋아나다》전체빈도합=38(0.0020%) ⁷⁹⁾

돋아나다 동 【Text=19/Freq1=38】
  ① (예) [달이/별이/해가] 돋아나다.
    〔Text=2/Freq2=6(15.8%)〕
  ② (예) [싹이/움이/잎이] 돋아나다.
    〔Text=11/Freq2=20(52.6%)〕
  ③ (예) [소름이/여드름이] 돋아나다.
    〔Text=2/Freq2=2(5.3%)〕
  ④ (예) [생기가/역정이] 돋아나다.
    〔Text=4/Freq2=4(10.5%)〕
  ⑤ (예) 입맛이 돋아나다. 〔×〕
  ❻ (예) [뿔이/털이] 돋아나다.
    〔Text=6/Freq2=6(15.8%)〕

《돌》전체빈도합=179(0.0096%)

돌¹ 명 【Text=9/Freq1=14(7.8%)】
  Ⅰ (예) 돌이 지난 아기.
    〔Text=8/Freq2=12(85.7%)〕
  Ⅱ ① (예) 아이가 두 돌이 지나다.
      〔Text=1/Freq2=1(7.1%)〕
    ② (예) 혁명 세 돌 때. 〔×〕
  ⓧ 〔Text=1/Freq2=1(7.1%)〕

돌² 명 ★★★ 【Text=52/Freq1=165(92.2%)】
  ⓪ (예) 돌을 던지다.

《돌다》전체빈도합=171(0.0092%)

돌다 동 ★★★ 【Text=83/Freq1=171】
  Ⅰ ① ㉠ (예) [물레방아가/선풍기가/팽이가]
        돌다. 〔Text=14/Freq2=32(18.7%)〕
      ㉡ (예) 스케이트를 타고 빙판을 돌다.
        〔Text=8/Freq2=10(5.8%)〕
    ② (예) 술자리에 술잔이 돌다.
      〔Text=2/Freq2=2(1.2%)〕
    ③ (예) 공장의 기계가 돌다./술에 취해 혀가
      잘 안 돌다. 〔Text=1/Freq2=1(0.6%)〕
    ④ (예) [돈이/자금이] 돌다. 〔×〕
    ⑤ (예) [눈이/머리가/정신이] 빙빙 돌다.
      〔Text=1/Freq2=1(0.6%)〕
    ⑥ (예) 정신이 돈 사람./머리가 돌다.
      〔Text=7/Freq2=10(5.8%)〕
  Ⅱ ① (예) 골짜기 오른쪽을 돌다./우체국을 끼고
      도는 길. 〔Text=11/Freq2=21(12.3%)〕
    ② (예) 턱을 돌다.
      〔Text=15/Freq2=19(11.1%)〕
    ③ (예) [마당을/주차장을] 돌다.
      〔Text=9/Freq2=11(6.4%)〕
    ④ (예) 전국의 장터를 돌며 장사하다.
      〔Text=13/Freq2=16(9.4%)〕
    ⑤ (예) [주변을/주위를] 빙빙 돌다.
      〔Text=1/Freq2=1(0.6%)〕
    ⑥ (예) 먼 길을 돌아서 오다.
      〔Text=7/Freq2=7(4.1%)〕
    ⑦ ㉠ (여) 강원도에서부터 황해도를 돌아
        임진강으로 흘러들다.
        〔Text=1/Freq2=3(1.8%)〕
      ㉡ (여) [산굽이를/해안선을] 돌다.
        〔Text=6/Freq2=6(3.5%)〕
    ❽ (예) 순찰을 돌다.
      〔Text=2/Freq2=2(1.2%)〕
  Ⅲ ① (예) 사거리에서 왼쪽으로 돌아서 가다.
      /뒤로 돌아! 〔Text=9/Freq2=12(7%)〕
    ② (예) 아들이 아버지 편으로 돌다. 〔×〕
    ③ (예) 사랑채로 돌아 들어가다. 〔×〕
    ④ (예) 평생을 한직으로 돌다. 〔×〕
  Ⅳ ① (예) 얼굴에 [살기가/생기가] 돌다./생활에
      윤기가 돌다. 〔Text=2/Freq2=2(1.2%)〕

---

79) 『연세 한국어 사전』에서는 '돋아나다'가 단일 의미로 기술되어 있는데, 여기서는 '돋다'의 의미 구분에 따라 상세히 기술한다.

② (예) [군침이/눈물이] 돌다.
　　　〔Text=9/Freq2=10(5.8%)〕
③ (예) [취기가/피가] 돌다.
　　　〔Text=3/Freq2=3(1.8%)〕
④ (예) [소문이/역병이] 돌다.
　　　〔Text=2/Freq2=2(1.2%)〕

≪돌려주다≫ 전체빈도합=20(0.0011%)

돌려주다 동 【Text=14/Freq1=20】
① (예) 빌렸던 [돈을/물건을] 주인에게 돌려주다. 〔Text=14/Freq2=20(100%)〕
② (예) 제게 [돈 좀/1억 원만] 돌려주세요. 곧 갚을게요. 〔×〕

≪돌리다≫ 전체빈도합=257(0.0138%)

돌리다 동 ★★★ 【Text=110/Freq1=257】
Ⅰ ①㉠ (예) 맷돌을 돌리다.
　　　〔Text=19/Freq2=32(12.5%)〕
　㉡ (예) [잔을/쪽지를/패를] 돌리다.
　　　〔Text=11/Freq2=17(6.6%)〕
　㉢ (예) [세탁기를/엔진을/재봉틀을] 돌리다. 〔Text=3/Freq2=3(1.2%)〕
　㉣ (예) 운동장을 세 바퀴를 돌리다.
　　　〔Text=1/Freq2=1(0.4%)〕
　㉤ (예) [다이얼을/손잡이를] 돌리다.
　　　〔Text=13/Freq2=23(8.9%)〕
　㉥ (예) 사람을 [전국구로/한직으로] 돌리다. 〔×〕
② ㉠ (예) [몸을/시선을] 돌리다.
　　　〔Text=51/Freq2=101(39.3%)〕
　㉡ (예) 오른쪽으로 망원경을 돌리다.
　　　〔Text=7/Freq2=9(3.5%)〕
③ (예) [떡을/음식을] 돌리다.
　　　〔Text=4/Freq2=5(1.9%)〕
④ (예) [말머리를/이야기를] 돌리다.
　　　〔Text=4/Freq2=4(1.6%)〕
⑤ (예) 말을 빙빙 돌리다.
　　　〔Text=4/Freq2=5(1.9%)〕
⑥ (예) [마음을/생각을] 돌리다.
　　　〔Text=5/Freq2=6(2.3%)〕
⑦ (예) 급전이 필요해서 돈을 돌리러 다니다. 〔×〕
❽ (예) 제자리로 돌리다.
　　　〔Text=10/Freq2=18(7%)〕
❾ (예) 전화를 돌리다.
　　　〔Text=2/Freq2=2(0.8%)〕
Ⅱ ① (예) 책임을 남에게 돌리다.
　　　〔Text=12/Freq2=14(5.4%)〕
② (예) [결정을/문제를] 뒤로 돌리다. 〔×〕
③ (예) 이야기를 대수롭지 않은 것으로 돌리다. 〔×〕
④ (예) 방을 전세로 돌리다. 〔×〕
관 <눈을 돌리다> 이웃에게 눈을 돌리다.
　　　〔Text=5/Freq2=5(1.9%)〕
관 <등을 돌리다> 〔Text=3/Freq2=4(1.6%)〕
관 <숨을 돌리다> 〔Text=8/Freq2=8(3.1%)〕

≪돌멩이≫ 전체빈도합=27(0.0015%)

돌멩이 명 【Text=16/Freq1=27】
⓪ (예) 돌멩이를 던지다.

≪돌보다≫ 전체빈도합=76(0.0041%)

돌보다 동 ★★☆ 【Text=42/Freq1=76】
① (예) [가축을/병자를/아기를] 돌보다.
　　　〔Text=34/Freq2=60(78.9%)〕
② (예) [가사를/농사일을] 돌보다.
　　　〔Text=12/Freq2=16(21.1%)〕

≪돌아가다≫ 전체빈도합=285(0.0153%)

돌아가다 동 ★★★ 【Text=130/Freq1=285】
Ⅰ ① (예) 선풍기가 돌아가다.
　　　〔Text=11/Freq2=14(4.9%)〕
② (예) 술잔이 돌아가고 모두들 취하다.
　　　〔Text=3/Freq2=4(1.4%)〕
③ (예) 돌아가는 형편을 알아보다.
　　　〔Text=20/Freq2=23(8.1%)〕
④ (예) 공장에서 돌아가는 기계들./ 회사가 잘 돌아가다.
　　　〔Text=11/Freq2=16(5.6%)〕
⑤ (예) 머리가 꽤 돌아가다.
　　　〔Text=1/Freq2=1(0.4%)〕
⑥ (예) 눈알이 핑핑 돌아가다. 〔×〕
⑦ (예) 돌아가며 점심을 내다.
　　　〔Text=4/Freq2=4(1.4%)〕
⑧ (예) 학생들에게 연필 한 자루씩 돌아가다. 〔Text=1/Freq2=1(0.4%)〕
Ⅱ ① (예) 포장을 들치고 뒤로 돌아가다.
　　　〔Text=13/Freq2=20(7%)〕
② (예) [고향으로/조국으로] 돌아가다. /본론으로 돌아가다.
　　　〔Text=98/Freq2=186(65.3%)〕
③ (예) 사무실 뒷길로 돌아가다.
　　　〔Text=2/Freq2=2(0.7%)〕
④ (예) 풍을 맞아 입이 돌아가다. 〔×〕

Ⅲ ① (예) 산을 돌아가면 호수가 있다.
　　　〔Text=6/Freq2=7(2.5%)〕
　② (예) [굽이를/모퉁이를] 돌아가다.
　　　〔Text=1/Freq2=1(0.4%)〕
Ⅳ ① (예) 일이 [수포로/실패로] 돌아가다.
　　　〔Text=5/Freq2=5(1.8%)〕
　② (예) 책임이 그들에게 돌아가다.
　　　〔Text=1/Freq2=1(0.4%)〕

≪**돌아가시다**≫전체빈도합=91(0.0049%)

돌아가시다 동★★☆　【Text=45/Freq1=91】
　① (예) 아버지가 돌아가시다.
　　　〔Text=45/Freq2=91(100%)〕
　② (예) 시골로 돌아가시다. 〔×〕
　　　☞ 돌아가다Ⅱ②

≪**돌아다니다**≫전체빈도합=61(0.0033%)

돌아다니다 동★★☆　【Text=42/Freq1=61】
Ⅰ ① (예) 객지로 돌아다니다.
　　　〔Text=26/Freq2=36(59%)〕
　② (예) [병이/소문이] 돌아다니다.
　　　〔Text=2/Freq2=2(3.3%)〕
Ⅱ ① (예) 마을을 돌아다니다.
　　　〔Text=8/Freq2=10(16.4%)〕
　② (예) 사고 현장을 돌아다니다.
　　　〔Text=10/Freq2=13(21.3%)〕
　③ (예) 직장을 여러 군데로
　　　돌아다니다. 〔×〕

≪**돌아다보다**≫전체빈도합=33(0.0018%)

돌아다보다 동　【Text=17/Freq1=33】
　① (예) [뒤를/옆을] 돌아다보다.
　　　〔Text=14/Freq2=27(81.8%)〕
　② (예) [과거를/지나온 삶을] 돌아다보다.
　　　〔Text=5/Freq2=6(18.2%)〕
　③ (예) [남부 지역을/북경을] 돌아다보다. 〔×〕

≪**돌아보다**≫전체빈도합=112(0.0060%)

돌아보다 동☆☆★　【Text=49/Freq1=112】
　① (예) [뒤를/옆을] 돌아보다.
　　　〔Text=28/Freq2=70(62.5%)〕
　② (예) [과거를/지나온 삶을] 돌아보다.
　　　〔Text=12/Freq2=20(17.9%)〕
　③ (예) [남부 지역을/북경을] 돌아보다.
　　　〔Text=18/Freq2=20(17.9%)〕
　④ (예) 고아를 정성껏 돌아보다.
　　　〔Text=2/Freq2=2(1.8%)〕

≪**돌아서다**≫전체빈도합=77(0.0041%)

돌아서다 동　【Text=42/Freq1=77】
Ⅰ ①㉠ (예) [나가려다/등을 보이고] 돌아
　　서다. 〔Text=30/Freq2=59(76.6%)〕
　　㉡ (예) [눈물을 머금고/포기하고] 돌아
　　서다. 〔Text=8/Freq2=8(10.4%)〕
　② (예) 부부가 돌아서다.
　　　〔Text=1/Freq2=1(1.3%)〕
　③ (예) 언론계에서 정치로 돌아서다.
　　　〔Text=3/Freq2=3(3.9%)〕
　④ (예) [마음이/민심이] 돌아서다. 〔×〕
　⑤ (예) 앞에서는 그렇게 말해도 돌아서서는
　　딴 짓이다. 〔×〕
　⑥ (예) 적자에서 흑자로 돌아서다.
　　　〔Text=1/Freq2=2(2.6%)〕
Ⅱ (예) [건물을/골목을] 돌아서다.
　　　〔Text=3/Freq2=3(3.9%)〕
(×) 〔Text=1/Freq2=1(1.3%)〕

≪**돌아오다**≫전체빈도합=532(0.0286%)

돌아오다 동★★★　【Text=141/Freq1=532】
Ⅰ (예) 학교에서 집에 돌아오다.
　　　〔Text=134/Freq2=490(92.1%)〕
Ⅱ ① (예) [책임이/피해가] 돌아오다.
　　　〔Text=13/Freq2=14(2.6%)〕
　② (예) [생기가/정신이] 돌아오다.
　　　〔Text=9/Freq2=15(2.8%)〕
　③ (예) 돌아오는 [일요일/제삿날].
　　　〔Text=3/Freq2=5(0.9%)〕
　④ (예) [순서가/차례가] 돌아오다.
　　　〔Text=2/Freq2=2(0.4%)〕
(×) 〔Text=5/Freq2=6(1.1%)〕

≪**돌이켜보다**≫전체빈도합=20(0.0011%)

돌이켜보다 동　【Text=12/Freq1=20】
　① (예) [과거를/삶을] 돌이켜보다.

≪**돌이키다**≫전체빈도합=22(0.0012%)

돌이키다 동　【Text=17/Freq1=22】
　① (예) [고개를/발길을] 돌이키다.
　　　〔Text=1/Freq2=1(4.5%)〕
　② (예) 과거를 돌이켜 보다./돌이켜 생각해
　　보다. 〔Text=7/Freq2=10(45.5%)〕
　③ (예) 분위기를 돌이키다.
　　　〔Text=9/Freq2=9(40.9%)〕
　④ (예) [마음을/생각을] 돌이키다.
　　　〔Text=2/Freq2=2(9.1%)〕

≪**돕다**≫전체빈도합=411(0.0221%)

돕다 동★★★　【Text=129/Freq1=411】
① (예) [아버지의 일을/친구를] 돕다.
　　　〔Text=112/Freq2=346(84.2%)〕
② (예) [수재민을/이웃을] 돕다.
　　　〔Text=23/Freq2=55(13.4%)〕
③ (예) [소화를/혈액 순환을] 돕다.
　　　〔Text=9/Freq2=10(2.4%)〕

≪동갑≫전체빈도합=15(0.0008%)
동갑 명　【Text=10/Freq1=15】
⓪ (예) 두 사람은 동갑(同甲)이다.

≪동굴≫전체빈도합=56(0.0030%)
동굴 명　【Text=18/Freq1=56】
⓪ (예) 동굴(洞窟)에 들어가다.

≪동그라미≫전체빈도합=24(0.0013%)
동그라미 명　【Text=10/Freq1=24】
① (예) 손으로 동그라미를 그리다.
　　　〔Text=8/Freq2=20(83.3%)〕
② (예) 맞는 답에 동그라미를 치다.
　　　〔Text=2/Freq2=4(16.7%)〕

≪동그랗다≫전체빈도합=19(0.0010%)
동그랗다 형　【Text=16/Freq1=19】
⓪ (예) 눈을 동그랗게 뜨다.

≪동기≫전체빈도합=44(0.0024%)
동기^1 명　【Text=24/Freq1=38(86.4%)】
⓪ (예) [범행의/자살] 동기(動機).
동기^2 명　【Text=4/Freq1=6(13.6%)】
① (예) [입사/입학] 동기(同期).
　　　〔Text=4/Freq2=6(100%)〕
② (예) 전년 동기에 비해 수출이 늘다. 〔×〕
동기^3 명　【Text=0/Freq1=0】 ⓧ
① (예) 동기(同氣)는 형밖에 없다. 〔×〕
② (예) 사촌 동기. 〔×〕
동기^4 명　【Text=0/Freq1=0】 ⓧ
⓪ (예) 동기(冬期) [방학/훈련]. 〔×〕

≪동네≫전체빈도합=308(0.0166%)
동네 명★★★　【Text=92/Freq1=308】
① (예) 우리 동네./동네 아주머니.
　　　〔Text=71/Freq2=197(64%)〕
② (예) 동네 [밖/한복판].

　　　〔Text=49/Freq2=110(35.7%)〕
ⓧ 〔Text=1/Freq2=1(0.3%)〕

≪동대문♣≫전체빈도합=11(0.0006%)
동대문^0 명(고유)☆★☆　【Text=9/Freq1=11】
❶ (예) 동대문(東大門)을 구경하다.

≪동떨어지다≫전체빈도합=21(0.0011%)
동떨어지다 동　【Text=15/Freq1=21】
① (예) 시내와 동떨어진 외딴 곳.
　　　〔Text=1/Freq2=1(4.8%)〕
② (예) 현실과 동떨어진 정책.
　　　〔Text=14/Freq2=20(95.2%)〕

≪동료≫전체빈도합=78(0.0042%)
동료 명★★☆　【Text=44/Freq1=78】
⓪ (예) 직장 동료(同僚).

≪동무≫전체빈도합=44(0.0024%)
동무 명☆☆★　【Text=21/Freq1=44】
① (예) 동무를 사귀다.
　　　〔Text=19/Freq2=40(90.9%)〕
② (예) [글/놀이/소꿉] 동무.
　　　〔Text=2/Freq2=2(4.5%)〕
③ (예) 김 동무 어디 가시오?
　　　〔Text=2/Freq2=2(4.5%)〕

≪동물≫전체빈도합=290(0.0156%)
동물 명★★★　【Text=69/Freq1=290】
① (예) 식물과 동물(動物).
　　　〔Text=65/Freq2=256(88.3%)〕
② (예) 인간과 동물의 차이.
　　　〔Text=12/Freq2=30(10.3%)〕
ⓧ 〔Text=3/Freq2=4(1.4%)〕

≪동물원≫전체빈도합=21(0.0011%)
동물원 명☆☆★　【Text=11/Freq1=21】
⓪ (예) 동물원(動物園) 구경.

≪동사≫전체빈도합=0(0.0000%)
동사^1 명☆★☆　【Text=0/Freq1=0】 ⓧ [80)
⓪ (예) 동사(動詞)의 시제. 〔×〕
동사^2 명　【Text=0/Freq1=0】 ⓧ
⓪ (예) 길에서 동사(凍死)를 하다. 〔×〕
동사^3 명　【Text=0/Freq1=0】 ⓧ
⓪ (예) 동사(同社)의 실적은 다음과 같다.

---

80) 『외국인을 위한 한국어 학습 사전』(2004)의 중요 어휘 목록에서는, 한국어 교과서에 공통적으로 자주 나타나는 중요 어휘에 포함되었는데, 분석 대상의 말뭉치에서는 용례가 하나도 나타나지 않았다.

≪동산≫전체빈도합=42(0.0023%)

동산¹ 명 【Text=18/Freq1=38(90.5%)】
① (예) 고향 마을의 동산에 오르다.
〔Text=14/Freq2=24(63.2%)〕
② (예) 대공원의 무지개 동산.
〔Text=6/Freq2=14(36.8%)〕

동산² 명 【Text=0/Freq1=0】 ⓧ
⓪ (예) 동산(動産)과 부동산. 〔×〕

동산ˣ ？ 【Text=1/Freq1=4(9.5%)】

≪동생≫전체빈도합=358(0.0193%)

동생 명★★★ 【Text=90/Freq1=358】
① (예) 형과 동생(同生).
〔Text=81/Freq2=314(87.7%)〕
② (예) 사촌 동생. 〔Text=11/Freq2=16(4.5%)〕
③ (예) 같은 [학교/회사] 동생이다.
〔Text=17/Freq2=27(7.5%)〕
ⓧ 〔Text=1/Freq2=1(0.3%)〕

≪동시≫전체빈도합=250(0.0135%)

동시¹ 명★☆☆ 【Text=76/Freq1=188(75.2%)】
Ⅰ ① (예) 동시(同時)에 출발하다.
〔Text=23/Freq2=37(19.7%)〕
② <~와 동시에> (예) 사회가 발달함과 동시에…. 〔Text=19/Freq2=29(15.4%)〕
❸ <동시에> (예) 선과 악 양면을 동시에 지니다. 〔Text=44/Freq2=91(48.5%)〕
Ⅱ <ㄴ 동시에> (예) 한 자식인 동시에 가장이기도 하다.
〔Text=23/Freq2=31(16.5%)〕

동시² 명 【Text=8/Freq1=62(24.8%)】
⓪ (예) 동시(童詩)를 읽다.

≪동안≫전체빈도합=800(0.0431%)

동안¹ 명 【Text=3/Freq1=3(0.4%)】
⓪ (예) 동안(童顔)이라 나이보다 어려 보이다.

동안² 명의★★★
【Text=171/Freq1=797(99.6%)】 [81]
⓪ (예) 집으로 가는 동안 내내 말이 없었다.
/[40일/이틀] 동안.

≪동양≫전체빈도합=45(0.0024%)

동양 명☆☆★ 【Text=21/Freq1=45】

⓪ (예) 동양(東洋)과 서양.

≪동요≫전체빈도합=55(0.0030%)

동요¹ 명☆☆★ 【Text=10/Freq1=52(94.5%)】
⓪ (예) 동요(童謠)를 부르다.

동요² 명 【Text=2/Freq1=3(5.5%)】
① (예) [기체의/물결의] 동요(動搖).
〔Text=1/Freq2=2(66.7%)〕
② (예) [마음의/정신적] 동요가 일다.
〔Text=1/Freq2=1(33.3%)〕
③ (예) 병사들 사이에 동요가 생기다. 〔×〕

≪동원하다≫전체빈도합=25(0.0013%)

동원하다 동 【Text=20/Freq1=25】
⓪ (예) [사람들을/수단을/장비를/지혜를] 동원(動員)하다.

≪동의하다≫전체빈도합=19(0.0010%)

동의하다 동 【Text=17/Freq1=19】
⓪ (예) 남의 [말에/생각에/의견에/제의에] 동의(同意)하다.

≪동일하다≫전체빈도합=16(0.0009%)

동일하다 형 【Text=11/Freq1=16】
① (예) [성격이/원리가] 동일(同一)하다.
〔Text=9/Freq2=12(75%)〕
② (예) 모두가 동일한 사람에게 속다.
〔Text=3/Freq2=4(25%)〕

≪동작≫전체빈도합=44(0.0024%)

동작 명★★☆ 【Text=26/Freq1=44】
① (예) 요가 동작(動作)을 배우다.
〔Text=25/Freq2=41(93.2%)〕
② (예) 기계 장치의 동작.
〔Text=1/Freq2=3(6.8%)〕

≪동전≫전체빈도합=58(0.0031%)

동전 명☆★★ 【Text=22/Freq1=58】
⓪ (예) 지폐를 동전(銅錢)으로 바꾸다.

≪동지≫전체빈도합=32(0.0017%)

동지¹ 명 【Text=12/Freq1=27(84.4%)】
① (예) 적과 동지(同志).
〔Text=11/Freq2=26(96.3%)〕
② (예) 모택동 동지. 〔×〕
ⓧ 〔Text=1/Freq2=1(3.7%)〕

---

81) 『외국인을 위한 한국어 학습 사전』(2004)의 중요 어휘 목록에서는 '동안²'의 용법을 명사와 의존명사의 둘로 나누어 각각 ★★★과 ★★☆의 중요도를 부여하고 있는데 여기서는 의존명사로 통합하여 기술한다.

동지² 명 【Text=3/Freq1=5(15.6%)】
　⓪ (예) 동지(冬至)에 팥죽을 먹다.

≪동쪽≫전체빈도합=33(0.0018%)
동쪽 명★☆★ 【Text=20/Freq1=33】
　⓪ (예) 해가 동(東)쪽에서 뜨다.

≪동창≫전체빈도합=29(0.0016%)
동창¹ 명☆★★ 【Text=18/Freq1=29(100%)】
　⓪ (예) 학교 동창(同窓)을 만나다.
동창² 명 【Text=0/Freq1=0】 ⓧ
　⓪ (예) 동창(東窓)을 열고 내다보다. 〔×〕

≪동포≫전체빈도합=40(0.0022%)
동포 명★☆☆ 【Text=13/Freq1=40】
　⓪ (예) 해외 동포(同胞).

≪동해≫전체빈도합=22(0.0012%)
동해 명(고유)☆★☆ 【Text=14/Freq1=22】
　⓪ (예) 동해(東海) 앞 바다.

≪동화≫전체빈도합=23(0.0012%)
동화¹ 명☆☆★ 【Text=13/Freq1=21(91.3%)】
　⓪ (예) 어린이 동화(童話).
동화² 명 【Text=2/Freq1=2(8.7%)】
　① (예) 환경에 동화(同化)가 되다.
　　〔Text=2/Freq2=2(100%)〕
　② (예) 식물의 동화 작용이 억제되다. 〔×〕
　③ (예) [모음/자음] 동화가 일어나다. 〔×〕
동화³ 명 【Text=0/Freq1=0】 ⓧ
　⓪ (예) 동화(銅貨) 이십 전. 〔×〕

≪동화책≫전체빈도합=20(0.0011%)
동화책 명 【Text=15/Freq1=20】
　⓪ (예) 동화책(童話册)을 읽다.

≪돼지≫전체빈도합=92(0.0050%)
돼지 명★★★ 【Text=37/Freq1=92】
　① (예) 돼지를 키우다.
　　〔Text=36/Freq2=88(95.7%)〕
　② (예) 내가 왜 돼지야?
　　〔Text=3/Freq2=4(4.3%)〕

≪되게≫전체빈도합=168(0.0090%)
되게 부 【Text=20/Freq1=168】
　⓪ (예) 되게 [재미있다/힘들다].

≪되다≫전체빈도합=8,633(0.4649%) [82]

되다¹ 동★★★ 【Text=214/Freq1=8,631(99.9%)】
Ⅰ ① (예) [밥이/원고가] 다 되다.
　　〔Text=46/Freq2=80(0.9%)〕
　② (예) [만사가/일이] 잘 되다.
　　〔Text=70/Freq2=125(1.4%)〕
　③ (예) [가을이/때가/오후가] 되다.
　　〔Text=134/Freq2=338(3.9%)〕
　④ (예) 된 사람./되지 못한 녀석.
　　〔Text=8/Freq2=8(0.1%)〕
　⑤ (예) 되지 못한 소리./말도 안 되다.
　　〔Text=23/Freq2=30(0.3%)〕
　❻ (예) 됐어?/그 정도면 됐다.
　　〔Text=37/Freq2=61(0.7%)〕
　❼ (예) 뜻대로 잘 안 되다.
　　〔Text=32/Freq2=50(0.6%)〕
Ⅱ ① (예) 그녀가 [친구가/화가가] 되다.
　　〔Text=155/Freq2=677(7.8%)〕
　② (예) 잎이 하얗게 되다./세상이 이상하게
　　되다. 〔Text=187/Freq2=1,227(14.2%)〕
　③ (예) 구름이 물이 되다.
　　〔Text=128/Freq2=388(4.5%)〕
　④ (예) 농사가 잘 되다.
　　〔Text=5/Freq2=5(0.1%)〕
　⑤ (예) 소설의 모델이 되는 인물./그 애 애비
　　되는 사람.
　　〔Text=61/Freq2=117(1.4%)〕
　⑥ (예) 천억 개나 되는 별.
　　〔Text=111/Freq2=234(2.7%)〕
　⑦ (예) 100년 된 고목./3일 된 떡.
　　〔Text=56/Freq2=82(1%)〕
　⑧ (예) 결혼한 지 일 년도 못 되다.
　　〔Text=75/Freq2=128(1.5%)〕
　⑨ (예) 뿌리에서 10cm 되는 곳.
　　〔Text=7/Freq2=9(0.1%)〕
　⑩ (예) [걱정이/당선이/진행이] 되다.
　　〔Text=164/Freq2=550(6.4%)〕
　❶ (예) [도움이/모범이/문제가/
　　예가/중심이] 되다.
　　〔Text=92/Freq2=322(3.7%)〕
Ⅲ ① (예) 폐암이 흔한 암으로 되다.
　　〔Text=21/Freq2=29(0.3%)〕
　② (예) 보모가 여성의 직업으로 되다.

---

82) 『연세 한국어 사전』의 '- 되다⁴'(예:확인되다, 참되다)는 말뭉치의 분석에 적용하지 않았으므로 제외한다.

③ (예) 가죽으로 된 구두.
　　　　〔Text=22/Freq2=32(0.4%)〕
　　④ (예) 삼면이 바다로 된 나라.
　　　　〔Text=46/Freq2=75(0.9%)〕
Ⅳ① (예) [끝내기가/떠나기가] 힘들게 되다.
　　　　〔Text=150/Freq2=821(9.5%)〕
　　② (예) [아이를 갖게/학원에 나가게] 되다.
　　　　〔Text=166/Freq2=1,261(14.6%)〕
　　③ (예) 또 걸리게 되면 퇴학이다.
　　　　/과로로 자리에 눕게 되다.
　　　　〔Text=123/Freq2=516(6%)〕
　　④ (예) 가지 않아도 되다.
　　　　〔Text=80/Freq2=130(1.5%)〕
　　⑤ (예) 기초를 잘 알아야 되다.
　　　　〔Text=108/Freq2=401(4.6%)〕
　　⑥ (예) 틀린 것은 고치면 되지.
　　　　〔Text=107/Freq2=263(3%)〕
　　⑦ (예) 햇볕은 없어서는 안 된다.
　　　　〔Text=116/Freq2=321(3.7%)〕
　㉠ <-기로 되다> 〔Text=5/Freq2=6(0.1%)〕
　㉠ <다 되다> [수명이/전등이] 다 되다.〔×〕
　㉠ <되는 대로> 되는 대로 거짓말하다.〔×〕
　㉠ <될 수 있는 대로>/<될 수 있으면>〔×〕
　㉠ <될수록>〔×〕
　㉠ <못 되다> 신경 쓸 것이 못 되다.
　　　　〔Text=1/Freq2=1(0%)〕
　　⑧ 〔Text=116/Freq2=321(3.7%)〕
되다² 동　【Text=0/Freq1=0】ⓧ
　⓪ (예) 말로 곡식을 되다.〔×〕
되다³ 형　【Text=1/Freq1=1(0%)】
　① (예) 반죽이 너무 돼서 딱딱하다.
　　　　〔Text=1/Freq2=1(100%)〕
　② (예) [공부가/일이] 너무 되고 힘들다.〔×〕
되다ˣ ?　【Text=1/Freq1=1(0%)】
≪되도록≫전체빈도합=19(0.0010%)
　되도록 부　【Text=12/Freq1=19】
　⓪ (예) 음식을 되도록 골고루 먹다.
≪되돌아가다≫전체빈도합=16(0.0009%)
　되돌아가다 동　【Text=12/Freq1=16】
　① (예) [고향으로/오던 길로] 되돌아가다.
　　　　〔Text=7/Freq2=8(50%)〕
　② (예) 소년 시절로 되돌아가다.
　　　　〔Text=5/Freq2=8(50%)〕
≪되돌아보다≫전체빈도합=19(0.0010%)

　되돌아보다 동　【Text=15/Freq1=19】
　① (예) 등 뒤를 되돌아보다.
　　　　〔Text=1/Freq2=1(5.3%)〕
　② (예) 지난 세월을 되돌아보다.
　　　　〔Text=14/Freq2=18(94.7%)〕
≪되돌아오다≫전체빈도합=19(0.0010%)
　되돌아오다 동　【Text=15/Freq1=19】
　① (예) 회사에 가다가 집으로 되돌아오다.
　　　　〔Text=10/Freq2=14(73.7%)〕
　② (예) [원상으로/정상으로] 되돌아오다.
　　　　〔Text=5/Freq2=5(26.3%)〕
≪되묻다≫전체빈도합=18(0.0010%)
　되묻다¹ 동　【Text=0/Freq1=0】ⓧ
　⓪ (예) 파낸 항아리를 땅에 되묻다.〔×〕
　되묻다² 동　【Text=14/Freq1=18(100%)】
　⓪ (예) 이름을 왜 묻느냐고 되묻다.
≪되살리다≫전체빈도합=25(0.0013%)
　되살리다 동　【Text=20/Freq1=25】
　① (예) [불길을/전통을] 되살리다.
　　　　〔Text=14/Freq2=17(68%)〕
　② (예) 기억을 되살리다.
　　　　〔Text=7/Freq2=8(32%)〕
≪되살아나다≫전체빈도합=17(0.0009%)
　되살아나다 동　【Text=16/Freq1=17】
　① (예) [나무가/의식이] 되살아나다.
　　　　〔Text=4/Freq2=4(23.5%)〕
　② (예) [기억이/향수가] 되살아나다.
　　　　〔Text=10/Freq2=11(64.7%)〕
　③ (예) [경기가/경제가] 되살아나다.
　　　　〔Text=2/Freq2=2(11.8%)〕
≪되찾다≫전체빈도합=41(0.0022%)
　되찾다 동　【Text=23/Freq1=41】
　⓪ (예) 빼앗긴 [돈을/조국을] 되찾다.
≪되풀이되다≫전체빈도합=15(0.0008%)
　되풀이되다 동　【Text=10/Freq1=15】
　⓪ (예) 같은 일이 되풀이되다.
≪되풀이하다≫전체빈도합=36(0.0019%)
　되풀이하다 동　【Text=29/Freq1=36】
　⓪ (예) 같은 [실수를/연습을/이야기를]
　　　되풀이하다.
≪된장≫전체빈도합=24(0.0013%)
　된장 명 ☆☆★　【Text=9/Freq1=24】

ⓞ (예) 고추를 된장에 찍어 먹다.

≪두≫전체빈도합=1,534(0.0826%)

두¹ 명 【Text=0/Freq1=0】 ⓧ
　ⓞ (예) 아이고, 두(頭)야. 〔×〕

두² 명의 【Text=0/Freq1=0】 ⓧ
　ⓞ (예) [돼지/소] 열 두(頭). 〔×〕

두³ 명의 【Text=0/Freq1=0】 ⓧ
　ⓞ (예) 몇 두(斗) 되지 않는 양식. 〔×〕

두⁴ 관 ★★★ 【Text=200/Freq1=1,534(100%)】
　ⓞ (예) 두 [달/사람/시간/장].

≪두근거리다≫전체빈도합=19(0.0010%)

두근거리다 동 【Text=15/Freq1=19】
　Ⅰ (예) [가슴이/심장이] 두근거리다.
　　〔Text=13/Freq2=17(89.5%)〕
　Ⅱ (예) 불안으로 가슴을 두근거리다.
　　〔Text=2/Freq2=2(10.5%)〕

≪두꺼비≫전체빈도합=23(0.0012%)

두꺼비 명 【Text=10/Freq1=23】
　ⓞ (예) 두꺼비가 파리를 잡아먹다.
　　〔Text=9/Freq2=22(95.7%)〕
　관 <두꺼비 눈> 두꺼비 눈을 한 남자.
　　〔Text=1/Freq2=1(4.3%)〕

≪두껍다≫전체빈도합=40(0.0022%)

두껍다 형 ☆★★ 【Text=30/Freq1=40】
　ⓞ (예) 두꺼운 [옷/얼음/이불/종이/책].
　　〔Text=30/Freq2=40(100%)〕
　관 <[낯짝이/얼굴이] 두껍다> 〔×〕

≪두뇌≫전체빈도합=20(0.0011%)

두뇌 명 【Text=10/Freq1=20】
　① (예) 언어와 두뇌(頭腦)의 관계.
　　〔Text=8/Freq2=18(90%)〕
　② (예) 연상력 같은 두뇌 작용.
　　〔Text=2/Freq2=2(10%)〕
　③ (예) 그는 우리 회사 최고의 두뇌이다. 〔×〕

≪두다≫전체빈도합=768(0.0414%)

두다¹ 동 ★★★ 【Text=147/Freq1=378(49.2%)】
　Ⅰ ① (예) 가방을 책상 밑에 두다.
　　〔Text=44/Freq2=66(17.5%)〕
　② (예) 욕실을 침실 옆에 두다.
　　〔Text=4/Freq2=4(1.1%)〕
　③ (예) 자치 단체에 의회를 두다.
　　〔Text=6/Freq2=8(2.1%)〕
　④ (예) 이 판단에 근거를 두다.
　　〔Text=25/Freq2=50(13.2%)〕
　⑤ (예) 그 일에 [미련을/흥미를] 두다.
　　〔Text=9/Freq2=9(2.4%)〕
　⑥ (예) 그를 [마음에/염두에] 두다.
　　〔Text=12/Freq2=13(3.4%)〕
　⑦ (예) 머리를 동쪽으로 두고 눕다./시선을 위에 두다. 〔Text=4/Freq2=4(1.1%)〕
　⑧ ㉠ (예) 슬하에 3남매를 두다.
　　〔Text=10/Freq2=10(2.6%)〕
　　㉡ (예) [병든 형을/좋은 벗을] 두다.
　　〔Text=9/Freq2=9(2.4%)〕
　⑨ (예) 솜을 둔 [무명 옷/저고리]. 〔×〕
　⑩ (예) 완두콩을 두고 쌀밥을 짓다. 〔×〕
　⑪ (예) 책상을 옆에 두고도 바닥에 엎드려 책을 읽다. 〔Text=10/Freq2=10(2.6%)〕
　⑫ ㉠ (예) 가방을 택시에 두고 내리다.
　　〔Text=7/Freq2=9(2.4%)〕
　　㉡ (예) 꼬마를 집에 두고 오다.
　　〔Text=17/Freq2=23(6.1%)〕
　Ⅱ ① (예) 텔레비전을 켜 놓은 채 두다./아이를 혼자 두다.
　　〔Text=22/Freq2=25(6.6%)〕
　② (예) 비서를 두다.
　　〔Text=7/Freq2=8(2.1%)〕
　③ (예) [바둑을/장기를] 두다.
　　〔Text=6/Freq2=8(2.1%)〕
　④ (예) [거리를/사이를] 두다.
　　〔Text=20/Freq2=21(5.6%)〕
　⑤ (예) 몇 년을 두고 이루다.
　　〔Text=11/Freq2=11(2.9%)〕
　⑥ (예) 지름길을 두고 행길로 가다.
　　〔Text=3/Freq2=3(0.8%)〕
　⑦ ㉠ (예) [돈을/입을] 뒀다가 뭐하게?
　　〔Text=2/Freq2=2(0.5%)〕
　　㉡ (예) [얘기는/흥정은] 두었다 하다. 〔×〕
　⑧ (예) 천지신명을 두고 맹세하다.
　　〔Text=3/Freq2=3(0.8%)〕
　Ⅲ ① (예) [계열사로/아내로] 두다.
　　〔Text=1/Freq2=1(0.3%)〕
　② (예) [목표로/전제로] 두다.
　　〔Text=2/Freq2=2(0.5%)〕
　Ⅳ ① (예) 어불성설이란 이런 때를 두고 하는 말이다. 〔Text=18/Freq2=25(6.6%)〕
　② (예) 그 일을 두고 고심하다.
　　〔Text=9/Freq2=12(3.2%)〕

관 <가까이 두다> 충신을 가까이 두다.
〔Text=1/Freq2=1(0.3%)〕
관 <가만 [두지 않다/안 두다]>
〔Text=7/Freq2=8(2.1%)〕
관 <그만 두다> 학교를 그만 두다.
〔Text=8/Freq2=9(2.4%)〕
관 <두고 보다>
① (예) 누가 더 잘 사는가 두고 보자.
〔Text=8/Freq2=9(2.4%)〕
② (예) 두고 보면 알게 됩니다.
〔Text=9/Freq2=9(2.4%)〕
관 <뜻을 두다> 〔×〕
관 <몸 둘 바를 모르다>
〔Text=1/Freq2=1(0.3%)〕
ⓧ 〔Text=4/Freq2=5(1.3%)〕

두다² 동보 ★★☆ 【Text=140/Freq1=390(50.8%)】
⓪ (예) [문을 열어/짐을 맡겨] 두다.

≪두드러지다≫전체빈도합=22(0.0012%)
두드러지다¹ 동 【Text=4/Freq1=4(18.2%)】
① (예) 모기 물린 자국이 두드러져 올라오다. 〔×〕
② (예) 뚜렷이 두드러지는 [색/잘못].
〔Text=4/Freq2=4(100%)〕
두드러지다² 형 【Text=14/Freq1=18(81.8%)】
① (예) 가슴이 두드러져 보이다. 〔×〕
② (예) [경향이/특징이] 두드러지다.
〔Text=14/Freq2=18(100%)〕

≪두드리다≫전체빈도합=62(0.0033%)
두드리다 동 ★☆★ 【Text=39/Freq1=62】
⓪ (예) [돌다리를/방문을] 두드리다.
〔Text=23/Freq2=36(58.1%)〕
❶ (예) 어깨를 탁탁 두드리다.
〔Text=9/Freq2=11(17.7%)〕
❷ (예) 약국을 두드리다.
〔Text=10/Freq2=11(17.7%)〕
❸ (예) 키보드를 두드리다.
〔Text=3/Freq2=3(4.8%)〕
ⓧ 〔Text=1/Freq2=1(1.6%)〕

≪두들기다≫전체빈도합=28(0.0015%)
두들기다 동 【Text=21/Freq1=28】
⓪ (예) [문을/북을] 두들기다.
〔Text=10/Freq2=14(50%)〕
❶ (예) [사람을/산돼지를] 두들기다.
〔Text=6/Freq2=6(21.4%)〕

관 <두들겨 맞다> 〔Text=5/Freq2=5(17.9%)〕
관 <두들겨 파다> 〔Text=3/Freq2=3(10.7%)〕

≪두려움≫전체빈도합=43(0.0023%)
두려움 명 【Text=29/Freq1=43】
⓪ (예) 두려움을 느끼다.

≪두려워하다≫전체빈도합=39(0.0021%)
두려워하·다 동 【Text=29/Freq1=39】
① (예) [병을/적을] 두려워하다.
〔Text=17/Freq2=20(51.3%)〕
② (예) [내일을/미래를] 두려워하다.
〔Text=15/Freq2=19(48.7%)〕

≪두렵다≫전체빈도합=58(0.0031%)
두렵다 형 ★☆★ 【Text=39/Freq1=58】
① (예) 아버지가 두렵다.
〔Text=21/Freq2=24(41.4%)〕
② (예) 혼자 간다는 게 두렵다.
〔Text=23/Freq2=34(58.6%)〕

≪두루≫전체빈도합=16(0.0009%)
두루 부 【Text=12/Freq1=16】
⓪ (예) 두루 [갖추다/둘러보다].

≪두르다≫전체빈도합=20(0.0011%)
두르다 동 ☆☆★ 【Text=17/Freq1=20】
Ⅰ ① (예) [어깨에/허리에] 팔을 두르다.
〔Text=1/Freq2=1(5%)〕
② (예) [띠를/앞치마를] 두르다.
〔Text=9/Freq2=11(55%)〕
③ (예) [울타리를/철조망을] 두르다.
〔Text=3/Freq2=3(15%)〕
④ (예) 프라이팬에 기름을 두르다. 〔×〕
Ⅱ ① (예) [고개를/손을] 두르다.
〔Text=1/Freq2=1(5%)〕
② (예) 집 앞을 피해 빙 둘러 가다.
〔Text=1/Freq2=1(5%)〕
③ (예) 주위를 둘러 보다./쭉 둘러 앉다.
〔Text=2/Freq2=3(15%)〕
④ (예) 모자라는 사업 자금을 친척들에게 두르다. 〔×〕
관 <혀를 두르다> 〔×〕

≪두리번거리다≫전체빈도합=34(0.0018%)
두리번거리다 동 【Text=20/Freq1=34】
⓪ (예) 사방을 두리번거리다.

≪두세≫전체빈도합=22(0.0012%)

두세 팬 【Text=19/Freq1=22】
　⓪ (예) 두세 [달/마리/사람].
≪두어≫전체빈도합=43(0.0023%)
두어 팬 【Text=30/Freq1=43】
　⓪ (예) 두어 [개/달].
≪두텁다≫전체빈도합=23(0.0012%)
두텁다 형 【Text=18/Freq1=23】
　① (예) [우의가/정이] 두텁다.
　　〔Text=10/Freq2=13(56.5%)〕
　② (예) 두터운 [벽/얼음].
　　〔Text=8/Freq2=10(43.5%)〕
≪둑≫전체빈도합=20(0.0011%)
둑 명 【Text=13/Freq1=20】
　① (예) 강에 둑을 쌓다.
　　〔Text=12/Freq2=19(95%)〕
　② (예) 철길 둑에 앉다. 〔×〕
　ⓧ 〔Text=1/Freq2=1(5%)〕
≪둘≫전체빈도합=320(0.0172%)
둘 주★★★ 【Text=123/Freq1=320】
　⓪ (예) 비빔밥 둘, 곰탕 셋.
　　〔Text=76/Freq2=149(46.6%)〕
　❶ (예) 그 둘은 연인 사이이다.
　　〔Text=69/Freq2=142(44.4%)〕
　관 <둘이> 둘이서 함께 가다.
　　〔Text=20/Freq2=28(8.8%)〕
　ⓧ 〔Text=1/Freq2=1(0.3%)〕
≪둘러보다≫전체빈도합=80(0.0043%)
둘러보다 동 【Text=49/Freq1=80】
　⓪ (예) [사방을/주위를] 둘러보다.
≪둘러서다≫전체빈도합=15(0.0008%)
둘러서다 동 【Text=11/Freq1=15】
　⓪ (예) 아이들이 내 주위에 둘러서다.
　　〔Text=9/Freq2=12(80%)〕
　❶ (예) 사방으로 산이 둘러서다.
　　〔Text=2/Freq2=3(20%)〕
≪둘러싸다≫전체빈도합=37(0.0020%)
둘러싸다 동 【Text=28/Freq1=37】
　① (예) 유리병을 솜으로 둘러싸다. 〔×〕
　② (예) 직원들이 손님을 둘러싸다.

　　〔Text=5/Freq2=5(13.5%)〕
　③ (예) 안개가 배를 둘러싸다.
　　〔Text=10/Freq2=12(32.4%)〕
　④ (예) 그를 둘러싼 주변 인물들.
　　〔Text=8/Freq2=11(29.7%)〕
　⑤ (예) 요금을 둘러싼 시비.
　　〔Text=8/Freq2=9(24.3%)〕
≪둘러싸이다≫전체빈도합=19(0.0010%)
둘러싸이다 동 【Text=14/Freq1=19】
　① (예) 높은 벽으로 둘러싸인 방.
　　〔Text=11/Freq2=16(84.2%)〕
　② (예) 가족에게 둘러싸이다.
　　〔Text=3/Freq2=3(15.8%)〕
≪둘러앉다≫전체빈도합=28(0.0015%)
둘러앉다 동 【Text=20/Freq1=28】
　⓪ (예) [난로에/모닥불에/밥상에] 둘러앉다.
≪둘레≫전체빈도합=17(0.0009%)
둘레 명☆★ 【Text=15/Freq1=17】
　① (예) 둘레를 살펴보다.
　　〔Text=14/Freq2=16(94.1%)〕
　② (예) [광장의/나무의] 둘레.
　　〔Text=1/Freq2=1(5.9%)〕
≪둘이≫전체빈도합=0(0%)
둘이 명☆★☆ 【Text=0/Freq1=0】 ⓧ [83]
　⓪ (예) 둘이서 만나다. ☞ 둘 관 <둘이>, -이[19].
≪둘째≫전체빈도합=163(0.0088%)
둘째 주★★☆ 【Text=63/Freq1=163】
　Ⅰ (예) 둘째로는, 자신감이 필요하다.
　　〔Text=41/Freq2=97(59.5%)〕
　Ⅱ (예) 둘째 딸. 〔Text=36/Freq2=63(38.7%)〕
　관 <둘째 가라면 서럽다> 〔×〕
　관 <둘째(로) 치고> 아픈 건 둘째 치고 더위 못 살겠다. 〔Text=3/Freq2=3(1.8%)〕
≪둥글다≫전체빈도합=42(0.0023%)
둥글다 형★☆★ 【Text=26/Freq1=42】
　① (예) 둥근 [달/얼굴/원]./둥글게 돌다.
　　〔Text=19/Freq2=27(64.3%)〕
　② (예) 둥글게 몸을 구부리다.
　　〔Text=3/Freq2=4(9.5%)〕
　③ (예) 호박 모양이 둥글다.

---

[83] 『외국인을 위한 한국어 학습 사전』(2004)의 중요 어휘 목록에는 '둘이'가 명사로 포함되어 있는데 말뭉치의 분석에서는 '둘'(수사)과 '이'(접미사)로 분석해 적용했으므로, '올림말에서 제외한다.

④ (예) 둥글고 커다란 배를 내밀다.
　　〔Text=3/Freq2=4(9.5%)〕

≪뒤≫전체빈도합=880(0.0474%) [84]

뒤¹ 명 ★★★ 【Text=166/Freq1=880】
① (예) [나무/차] 뒤로 숨다./카드 뒤에
　　서명하다. 〔Text=59/Freq2=86(9.8%)〕
② (예) 뒤로 [물러나다/자빠지다]./고개를 뒤로
　　돌리다. 〔Text=59/Freq2=133(15.1%)〕
③ (예) 승용차 뒤에 올라타다./줄 뒤에
　　서다. 〔Text=16/Freq2=21(2.4%)〕
④ (예) 그의 뒤를 [놓치다/따르다/쫓다].
　　〔Text=35/Freq2=74(8.4%)〕
⑤ (예) [보름/잠시] 뒤./일을 뒤로 미루다.
　　/일이 끝난 뒤에 만나다.
　　〔Text=118/Freq2=474(53.9%)〕
⑥ (예) 상세한 내용은 뒤에 다루어지다.
　　〔Text=32/Freq2=43(4.9%)〕
⑦ (예) 뒤가 [깨끗하다/꺼림칙하다].
　　〔Text=1/Freq2=1(0.1%)〕
⑧ (예) 나에게 뒤를 부탁하다.
　　〔Text=2/Freq2=2(0.2%)〕
⑨ (예) 뒤에서 [돕다/조종하다].
　　〔Text=7/Freq2=9(1%)〕
⑩ (예) 뒤가 급해서 화장실로 가다.
　　/뒤를 보다. 〔×〕
관<뒤(가) 구리다> 〔×〕
관<뒤가 무르다> 〔×〕
관<뒤가 없다> 〔×〕
관<뒤가 켕기다> 〔×〕
관<뒤로 돌리다> 〔×〕
관<뒤로 하다>
　⓪ (예) 집을 뒤로 하고 떠나다.
　　　〔Text=9/Freq2=9(1%)〕
　❶ (예) 손을 뒤로 하다.
　　　〔Text=3/Freq2=3(0.3%)〕
관<뒤를 대다> 〔×〕
관<뒤를 돌아(다)보다> 나이가 들어서 뒤를
　돌아보다. 〔Text=2/Freq2=9(0.9%)〕
관<뒤를 밟다> 사람의 뒤를 밟다.
　　〔Text=1/Freq2=2(0.2%)〕
관<뒤를 보아주다>
　　〔Text=1/Freq2=2(0.2%)〕

관<뒤(를) 잇다>
　① (예) [선조들의/신라의] 뒤를 잇다.
　　　〔Text=1/Freq2=3(0.3%)〕
　② (예) 뒤를 이어 할 말이 떠오르다.
　　　〔Text=8/Freq2=9(1%)〕
관<뒤를 치다> 〔×〕

≪뒤돌아보다≫전체빈도합=37(0.0020%)

뒤돌아보다 동 【Text=19/Freq1=37】
① (예) [마을을/산을] 뒤돌아보다.
　　〔Text=18/Freq3=30(81.1%)〕
② (예) [과거를/자신을] 뒤돌아보다.
　　〔Text=3/Freq3=7(18.9%)〕

≪뒤따르다≫전체빈도합=41(0.0022%)

뒤따르다 동 【Text=23/Freq1=41】
Ⅰ (예) 사랑에는 책임이 뒤따르다.
　　〔Text=5/Freq2=6(14.6%)〕
Ⅱ (예) [그를/차를] 뒤따라 쫓아가다.
　　〔Text=18/Freq2=35(85.4%)〕

≪뒤떨어지다≫전체빈도합=19(0.0010%)

뒤떨어지다 동 【Text=13/Freq1=19】
① (예) 친구보다 좀 뒤떨어져 따라가다. 〔×〕
② (예) 친구에 비해 능력이 뒤떨어지다.
　　〔Text=13/Freq3=19(100%)〕

≪뒤뜰≫전체빈도합=17(0.0009%)

뒤뜰 명 【Text=11/Freq1=17】
⓪ (예) 뒤뜰에 나무를 심다.

≪뒤적이다≫전체빈도합=20(0.0011%)

뒤적이다 동 【Text=15/Freq1=20】
⓪ (예) [신문을/책을] 뒤적이다.
　　〔Text=12/Freq3=14(70%)〕
② (예) [옷을/장독을/풀섶을] 뒤적이다.
　　〔Text=4/Freq3=6(30%)〕

≪뒤지다≫전체빈도합=56(0.0030%)

뒤지다¹ 동 【Text=32/Freq1=42(75%)】
① ㉠ (예) [방을/책상을] 뒤지다.
　　　〔Text=19/Freq2=26(61.9%)〕
　㉡ (예) [동네를/집 안을] 샅샅이 뒤지다.
　　　〔Text=6/Freq2=8(19%)〕
② (예) [기록을/문헌을] 뒤지다.
　　〔Text=7/Freq2=8(19%)〕

---

84) 『연세 한국어 사전』의 '뒤²'(예:뒤쫓다, 뒤바뀌다, 뒤흔들다, 뒤덮다)는 말뭉치의 분석에 적용하지
　　않았으므로 제외한다.

뒤지다² 동 【Text=12/Freq1=14(25%)】
  ① (예) 선두로부터 50m쯤 뒤지다.
    〔Text=1/Freq2=1(7.1%)〕
  ② (예) 생일이 한 달 뒤지다. 〔×〕
  ③ (예) [기술이/실력이] 남에게 뒤지다.
    〔Text=7/Freq2=7(50%)〕
  ④ (예) [시대에/유행에] 뒤지다.
    〔Text=5/Freq2=6(42.9%)〕

≪뒤집다≫전체빈도합=36(0.0019%)
뒤집다 동 【Text=29/Freq1=36】
  ① (예) [봉지를/치마를] 뒤집다.
    〔Text=7/Freq2=7(19.4%)〕
  ② (예) [고기를/레코드를] 뒤집다.
    〔Text=7/Freq2=7(19.4%)〕
  ③ (예) [말을/약속을] 뒤집다. 〔×〕
  ④ (예) [관념을/이론을] 뒤집다.
    〔Text=1/Freq2=6(16.7%)〕
  ⑤ (예) [경기를/대세를] 뒤집다.
    〔Text=3/Freq2=1(2.8%)〕
  ⑥ (예) 정부를 뒤집다. 〔×〕
  ⑦ (예) [집안을/학교를] 발칵 뒤집어 놓다.
    〔×〕
  ⑧ (예) 눈을 뒤집고 달려들다.
    〔Text=3/Freq2=3(8.3%)〕
  ⑨ (예) 속을 뒤집어 놓다. 〔×〕
  ⑩ (예) 뒤집어(서) 생각하다.
    〔Text=7/Freq2=9(25%)〕
  ⓧ 〔Text=3/Freq2=3(8.3%)〕

≪뒤집어쓰다≫전체빈도합=22(0.0012%)
뒤집어쓰다 동 【Text=16/Freq1=22】
  ① (예) [담요을/이불을] 뒤집어쓰다.
    〔Text=6/Freq2=7(31.8%)〕
  ② (예) [가면을/헬멧을] 뒤집어쓰다.
    〔Text=2/Freq2=2(9.1%)〕
  ③ (예) [먼지를/물을] 뒤집어쓰다.
    〔Text=9/Freq2=12(54.5%)〕
  ④ (예) [누명을/죄를] 뒤집어쓰다.
    〔Text=1/Freq2=1(4.5%)〕
  ⑤ (예) [감투를/책임을] 뒤집어쓰다. 〔×〕
  ⑥ (예) 아이가 아비를 뒤집어쓰다. 〔×〕

≪뒤쪽≫전체빈도합=30(0.0016%)
뒤쪽 명 【Text=26/Freq1=30】
  ① (예) 장난감 뒤쪽에 있는 스위치.
    〔Text=6/Freq2=8(26.7%)〕

  ② (예) 누가 뒤쪽에서 부르다.
    〔Text=21/Freq2=22(73.3%)〕

≪뒤통수≫전체빈도합=18(0.0010%)
뒤통수 명 【Text=13/Freq1=18】
  ⓪ (예) 뒤통수를 긁적이다.
    〔Text=10/Freq2=15(83.3%)〕
  관 <뒤통수(를) [때리다/치다}> 〔×〕
  관 <뒤통수(를) (얻어) 맞다>
    〔Text=3/Freq2=3(16.7%)〕

≪뒷모습≫전체빈도합=38(0.0020%)
뒷모습 명 【Text=23/Freq1=38】
  ⓪ (예) 뒷모습을 지켜보다.

≪뒷부분≫전체빈도합=16(0.0009%)
뒷부분 명 【Text=10/Freq1=16】
  ① (예) 조각의 뒷부분(- 部分)에 장식을 붙이다. 〔×〕
  ② (예) 영화의 뒷부분이 궁금하다.
    〔Text=10/Freq2=16(100%)〕

≪뒷산≫전체빈도합=28(0.0015%)
뒷산 명 【Text=15/Freq1=28】
  ⓪ (예) 마을 뒷산(- 山)에 오르다.

≪뒹굴다≫전체빈도합=29(0.0016%)
뒹굴다 동 【Text=17/Freq1=29】
  ① (예) [땅에/방바닥을] 뒹굴다.
    〔Text=5/Freq2=17(58.6%)〕
  ② (예) 어릴 적 함께 뒹굴던 친구들.
    〔Text=4/Freq2=4(13.8%)〕
  ③ (예) 길에 [낙엽이/쓰레기가] 뒹굴다.
    〔Text=6/Freq2=6(20.7%)〕
  관 <집에서 뒹굴다>
    〔Text=2/Freq2=2(6.9%)〕

≪드나들다≫전체빈도합=44(0.0024%)
드나들다 동 ★☆☆ 【Text=33/Freq1=44】
  Ⅰ (예) [술집을/화장실을] 드나들다.
    〔Text=32/Freq2=43(97.7%)〕
  Ⅱ (예) [매출이/성적이] 드나들다.
    〔Text=1/Freq2=1(2.3%)〕

≪드디어≫전체빈도합=91(0.0049%)
드디어 부 ★☆★ 【Text=54/Freq1=91】
  ⓪ (예) 긴 회의 끝에 드디어 결론이 나다.

≪드라마≫전체빈도합=161(0.0087%)
드라마 명 【Text=13/Freq1=161】

① (예) 드라마에 출연하다.
　　〔Text=8/Freq2=153(95%)〕
② (예) 마라톤의 역전 드라마.
　　〔Text=7/Freq2=8(5%)〕

≪드러나다≫전체빈도합=244(0.0131%)

드러나다 동★☆☆　【Text=69/Freq1=244】
① (예) 입술 사이로 흰 이가 드러나다.
　　〔Text=29/Freq2=40(16.4%)〕
② (예) [비밀이/정체가] 드러나다.
　　〔Text=35/Freq2=119(48.8%)〕
③ (예) [감정이/성향이] 드러나다.
　　〔Text=25/Freq2=85(34.8%)〕
관<밑천이 드러나다>〔×〕

≪드러내다≫전체빈도합=84(0.0045%)

드러내다 동★☆☆　【Text=45/Freq1=84】
① (예) 하얀 이를 드러내며 웃다.
　　〔Text=19/Freq2=28(33.3%)〕
② (예) [본색을/비밀을/정체를] 드러내다.
　　〔Text=13/Freq2=18(21.4%)〕
③ (예) [감정을/성향을] 드러내다.
　　〔Text=24/Freq2=37(44%)〕
ⓧ〔Text=1/Freq2=1(1.2%)〕

≪드러눕다≫전체빈도합=19(0.0010%)

드러눕다 동　【Text=11/Freq1=19】
① (예) 마루에 드러눕다.
　　〔Text=8/Freq2=15(78.9%)〕
② (예) [병상에/자리에] 드러눕다.
　　〔Text=3/Freq2=4(21.1%)〕

≪드리다≫전체빈도합=536(0.0289%)

드리다¹ 동★★★　【Text=90/Freq1=214(39.9%)】
① (예) [도움을/선물을] 드리다.
　　〔Text=54/Freq2=98(45.8%)〕
② (예) [말씀을/부탁을] 드리다.
　　〔Text=30/Freq2=54(25.2%)〕
③ (예) [인사를/절을] 드리다.
　　〔Text=30/Freq2=52(24.3%)〕
④ (예) [기도를/불공을] 드리다.
　　〔Text=7/Freq2=10(4.7%)〕

드리다² 동　【Text=3/Freq1=3(0.6%)】
① (예) [낚시를/커튼을] 드리다.〔×〕
② (예) 댕기를 드리다.
　　〔Text=3/Freq2=3(100%)〕

드리다³ 동　【Text=0/Freq1=0】ⓧ
⓪ (예) 방에 벽장을 드리다.〔×〕

드리다⁴ 동보★★☆
　　【Text=103/Freq1=319(59.5%)】
⓪ (예) [부모를 기쁘게 해/그 분의 오해를 풀어] 드리다.

≪드리우다≫전체빈도합=19(0.0010%)

드리우다 동　【Text=16/Freq1=19】
Ⅰ ① (예) [넥타이를 가슴에/호수에 낚싯대를] 드리우다.〔Text=11/Freq2=12(63.2%)〕
② (예) [그늘을/그림자를] 드리우다.
　　〔Text=5/Freq2=5(26.3%)〕
③ (예) 머리에 댕기를 드리우다.〔×〕
Ⅱ (예) 창에 [그림자가/커튼이] 드리우다.
　　〔Text=1/Freq2=1(5.3%)〕
ⓧ〔Text=1/Freq2=1(5.3%)〕

≪드물다≫전체빈도합=35(0.0019%)

드물다 형☆☆★　【Text=29/Freq1=35】
① (예) 밖에 나오는 일이 드물다.
　　〔Text=5/Freq2=5(14.3%)〕
② (예) 다니는 사람이 드문 골목.
　　〔Text=21/Freq2=27(77.1%)〕
③ (예) 드물게 흩어져 핀 야생화.
　　〔Text=2/Freq2=2(5.7%)〕
ⓧ〔Text=1/Freq2=1(2.9%)〕

≪듣다≫전체빈도합=2,183(0.1176%)

듣다¹ 동★★★　【Text=204/Freq1=2,181(99.9%)】
Ⅰ ① (예) 소리를 듣다.
　　〔Text=140/Freq2=460(21.1%)〕
② (예) [말을/충고를] 듣다.
　　〔Text=34/Freq2=50(2.3%)〕
Ⅱ ① (예) [설명을/이야기를] 듣다.
　　〔Text=181/Freq2=1,537(70.5%)〕
② (예) [꾸중을/칭찬을] 듣다.
　　〔Text=39/Freq2=61(2.8%)〕
③ (예) [강의를/수업을] 듣다.
　　〔Text=20/Freq2=58(2.7%)〕
Ⅲ (예) 말을 [고깝게/농담으로] 듣다.
　　〔Text=4/Freq2=4(0.2%)〕
관<귓등으로/귓전으로] 듣다>〔×〕
관<듣도 보도 못하다>
　　〔Text=1/Freq2=1(0.1%)〕
관<말을 (잘) 듣다>
Ⅰ ① (예) 엄마 말을 잘 들어라.
　　〔Text=3/Freq2=5(0.2%)〕
② (예) 차가 말을 안 듣다.

〔Text=2/Freq2=2(0.1%)〕
　Ⅱ (예) 외박 때마다 말을 듣다.
　　　〔Text=1/Freq2=1(0.1%)〕
　ⓧ 〔Text=2/Freq2=2(0.1%)〕
듣다² 동 【Text=2/Freq1=2(0.1%)】
　① (예) [물기가/빗방울이] 듣다.
듣다³ 동 【Text=0/Freq1=0】 ⓧ
　① (예) [마취가/약이] 듣다. 〔×〕

≪들≫ 전체빈도합=14,716(0.7925%) 85)
들¹ 명★☆★ 【Text=46/Freq1=87(0.6%)】
　① (예) 산과 들./넓은 들.
　　〔Text=37/Freq2=74(85.1%)〕
　② (예) 들에 일하러 나가다.
　　〔Text=11/Freq2=13(14.9%)〕
들² 명의 【Text=16/Freq1=32(0.2%)】
　① (예) 쌀, 보리, 콩, 조, 기장 들을 오곡이라
　　하다.
-들⁵ 접★★★ 【Text=216/Freq1=14,597(99.2%)】
　① (예) 사람들./할 일들.
　　〔Text=216/Freq2=13,697(93.8%)〕
　② (예) [그네/우리/저희]들.
　　〔Text=145/Freq2=704(4.8%)〕
　③ (예) 어서들 오세요./아직 자고들 있네.
　　/앉으세요들. 〔Text=86/Freq2=196(1.3%)〕

≪들다≫ 전체빈도합=2,187(0.1178%)
들다¹ 동★★★ 【Text=196/Freq1=1,130(51.7%)】
　Ⅰ ①㉠ (예) [방으로/안으로] 들다.
　　　　〔Text=15/Freq2=22(1.9%)〕
　　　㉡ (예) [고갯길로/옆길로] 들다.
　　　　〔Text=2/Freq2=2(0.2%)〕
　　②㉠ (예) [여관에/호텔에] 들다.
　　　　〔Text=2/Freq2=2(0.2%)〕
　　　㉡ (예) [이불 속에/자리에] 들다.
　　　　〔Text=21/Freq2=26(2.3%)〕
　　③ (예) 친구가 [가운데/중간에] 들어 다리를
　　　　놓다. 〔×〕
　　④㉠ (예) [단체에/패에] 들다.
　　　　〔Text=2/Freq2=2(0.2%)〕
　　　㉡ (예) [계에/보험에] 들다.
　　　　〔Text=2/Freq2=3(0.3%)〕
　　⑤ (예) 보석이 든 가방./이름이 명단에
　　　　들다. 〔Text=83/Freq2=187(16.6%)〕

　　⑥ (예) [상류층에/20위 안에] 들다.
　　　　〔Text=16/Freq2=21(1.9%)〕
　　⑦ (예) [상태에/시련에] 들다.
　　　　〔Text=5/Freq2=8(0.7%)〕
　　⑧㉠ (예) 집에 [며느리가/사람이]
　　　　들다. 〔×〕
　　　㉡ (예) [강도가/도둑이] 들다.
　　　　〔Text=1/Freq2=1(0.1%)〕
　　⑨㉠ (예) [비가/햇볕이] 들다.
　　　　〔Text=8/Freq2=9(0.8%)〕
　　　㉡ (예) 불이 잘 들다.
　　　　〔Text=2/Freq2=2(0.2%)〕
　　⑩ (예) 허파에 바람이 들다.
　　　　〔Text=1/Freq2=1(0.1%)〕
　　⑪ (예) [물이/바닷물이] 들다.
　　　　〔Text=2/Freq2=11(1%)〕
　　⑫ (예) [눈에/마음에] 들다.
　　　　〔Text=60/Freq2=98(8.7%)〕
　Ⅱ ① (예) [노력이/돈이/힘이] 들다.
　　　　〔Text=40/Freq2=66(5.8%)〕
　　② (예) [단풍이/물이] 들다.
　　　　〔Text=8/Freq2=10(0.9%)〕
　　③㉠ (예) 배추 속이 들다.
　　　　〔Text=1/Freq2=1(0.1%)〕
　　　㉡ (예) [새끼가/알이] 들다. 〔×〕
　　④ (예) [장마가/흉년이] 들다.
　　　　〔Text=13/Freq2=23(2%)〕
　Ⅲ ① (예) 이상한 느낌이 들다.
　　　　〔Text=123/Freq2=334(29.6%)〕
　　② (예) 버릇이 들다.
　　　　〔Text=4/Freq2=5(0.4%)〕
　　③ (예) [감기가/멍이] 들다.
　　　　〔Text=19/Freq2=20(1.8%)〕
　　④ (예) 정이 들다.
　　　　〔Text=7/Freq2=7(0.6%)〕
　　⑤ (예) [나이가/연세가] 들다.
　　　　〔Text=38/Freq2=56(5%)〕
　　⑥ (예) 잠이 들다.
　　　　〔Text=35/Freq2=48(4.3%)〕
　　⑦ (예) [뜸이/맛이] 들다.
　　　　〔Text=3/Freq2=3(0.3%)〕
　　⑧ (예) [의식이/정신이] 들다.
　　　　〔Text=4/Freq2=4(0.4%)〕

---

85) 『연세 한국어 사전』의 '들³'(예:들개, 들짐승)과 '들⁴'(예: 들볶다)는 말뭉치의 분석에 적용하지
　　않았으므로 제외한다.

⑨ (예) [귀신이/마귀가] 들다. 〔×〕

⑩ (예) [오가리가/주눅이] 들다.

〔Text=8/Freq2=8(0.7%)〕

Ⅳ (예) [겨울이/밤이] 들다.

〔Text=5/Freq2=5(0.4%)〕

Ⅴ ① (예) [시중을/중매를] 들다.

〔Text=10/Freq2=19(1.7%)〕

② (예) 장가를 들다.

〔Text=6/Freq2=7(0.6%)〕

③ (예) [보험을/적금을] 들다.

〔Text=3/Freq2=3(0.3%)〕

④ (예) [세를/월세를] 들다.

〔Text=2/Freq2=2(0.2%)〕

⑤ (예) 길을 잘못 들다.

〔Text=3/Freq2=4(0.4%)〕

Ⅵ (예) [겨울에/최근] 들다.

〔Text=21/Freq2=38(3.4%)〕

Ⅶ ① (예) [쫓아내려/화해하자고] 들다.

〔Text=24/Freq2=29(2.6%)〕

② (예) [굽히고/따지고] 들다.

〔Text=8/Freq2=9(0.8%)〕

[관]<길(이) 들다>☞ 길들다.

① (예) 길 든 [말/짐승].

〔Text=2/Freq2=2(0.2%)〕

② (예) 길 든 [만년필/머리].

〔Text=1/Freq2=1(0.1%)〕

③ (예) 혼자 다니는 데 길들다. 〔×〕

[관]<맛이 들다> 강도질에 맛이 들다. 〔×〕

[관]<물이 들다> 〔×〕

① (예) 단풍이 붉게 물이 들다. 〔×〕

② (예) [관념에/풍조에] 물이 들다. 〔×〕

[관]<바람(이) 들다>

① (예) 무에 바람이 들어 맛이 없다. 〔×〕

② (예) [남편이/아이가] 바람이 들다.

☞Ⅰ⑩ 〔×〕

[관]<철(이) 들다> 〔Text=14/Freq2=14(1.2%)〕

[관]<힘(이) 들다>

Ⅰ ① (예) 일이 힘이 들다.

〔Text=9/Freq2=11(1%)〕

② (예) 얼굴 보기 힘이 들다.

〔Text=3/Freq2=3(0.3%)〕

Ⅱ (예) [먹고 사는 게/회사가] 힘들다.

〔Text=2/Freq2=2(0.2%)〕

ⓧ 〔Text=1/Freq2=1(0.1%)〕

들다[2] [동]★★★ 【Text=175/Freq1=948(43.3%)】

① (예) 짐을 들다./손에 편지를 들다.

〔Text=113/Freq2=455(48%)〕

② (예) [고개를/손을/얼굴을] 들다.

〔Text=58/Freq2=113(11.9%)〕

③ (예) 예를 들다. 〔Text=84/Freq2=275(29%)〕

❹ (예) 시험지를 위로 들다.

〔Text=38/Freq2=82(8.7%)〕

[관]<[두 손을/백기를] 들다>

〔Text=2/Freq2=2(0.2%)〕

[관]<매를 들다> 〔Text=4/Freq2=7(0.7%)〕

[관]<머리를 들다> 〔×〕

[관]<반기를 들다> 〔Text=3/Freq2=4(0.4%)〕

[관]<손(을) 들다> 일을 포기하고 손들다.

〔Text=1/Freq2=1(0.1%)〕

[관]<쌍수를 들다> 〔×〕

[관]<편을 들다> 〔Text=5/Freq2=7(0.7%)〕

ⓧ 〔Text=2/Freq2=2(0.2%)〕

들다[3] [동] 【Text=47/Freq1=108(4.9%)】

⓪ (예) [술을/음식을] 들다.

들다[4] [동] 【Text=1/Freq1=1(0%)】

⓪ (예) [가위가/날이/칼이] 잘 들다.

들다[5] [동] 【Text=0/Freq1=0】 ⓧ

⓪ (예) [날이/빗발이] 들다. 〔×〕

≪**들뜨다**≫전체빈도합=32(0.0017%)

들뜨다 [동] 【Text=24/Freq1=32】

Ⅰ ① (예) [도배지가/장판이] 들뜨다. 〔×〕

② (예) [광기에/얼굴이/열에] 들뜨다.

〔Text=3/Freq2=3(9.4%)〕

Ⅱ (예) [마음이/분위기가] 들뜨다.

〔Text=22/Freq2=29(90.6%)〕

≪**들려오다**♣≫전체빈도합=71(0.0038%)

들려오다[0] [동] 【Text=31/Freq1=71】

❶ (예) 뒤에서 작은 소리가 들려오다.

〔Text=28/Freq2=63(88.7%)〕

❷ (예) 소문이 들려오다.

〔Text=5/Freq2=8(11.3%)〕

≪**들려주다**≫전체빈도합=83(0.0045%)

들려주다 [동] 【Text=28/Freq1=83】

⓪ (예) [비밀을/음악을/이야기를] 들려주다.

≪**들르다**≫전체빈도합=55(0.0030%)

들르다 [동]★★★ 【Text=40/Freq1=55】

⓪ (예) 퇴근길에 술집에 들르다.

〔Text=39/Freq2=54(98.2%)〕

ⓧ 〔Text=1/Freq2=1(1.8%)〕

≪들리다≫ 전체빈도합=373(0.0201%)

들리다¹ 동★★★ 【Text=114/Freq1=315(84.5%)】
　Ⅰ (예) [소리가/인기척이] 들리다.
　　　〔Text=98/Freq2=267(84.8%)〕
　Ⅱ (예) [변명이 구차하게/이야기가 이상하게]
　　　들리다. 〔Text=30/Freq2=48(15.2%)〕

들리다² 동 【Text=9/Freq1=9(2.4%)】
　⓪ (예) 손에 들린 [매/책/회초리].

들리다³ 동 【Text=6/Freq1=7(1.9%)】
　⓪ (예) 아이에게 가방을 들리다.

들리다⁴ 동 【Text=3/Freq1=3(0.8%)】
　① (예) [건망증에/관격] 들리다.
　　　〔Text=1/Freq2=1(33.3%)〕
　② (예) 귀신에 들리다.
　　　〔Text=2/Freq2=2(66.7%)〕

들리다⁵ 동 【Text=3/Freq1=4(1.1%)】
　⓪ (예) 퇴근길에 술집에 들리다. ☞ 들르다.

들리다⁰ 동 【Text=6/Freq1=34(9.1%)】
　⓪ (예) 이야기를 들려 주다. ☞ 들려주다.

들리다ˣ ? 【Text=1/Freq1=1(0.3%)】

≪들어가다≫ 전체빈도합=826(0.0445%)

들어가다¹ 동★★★
　　　【Text=176/Freq1=826(100%)】
　Ⅰ ①㉠ (예) [건물에/방에/집에/호텔에]
　　　들어가다. 〔Text=97/Freq2=185(22.4%)〕
　　㉡ (예) [건물로/문으로/방으로/집
　　　안으로/호텔로] 들어가다.
　　　〔Text=79/Freq2=199(24.1%)〕
　　㉢ (예) [길로/논에/밭에/물에/숲에]
　　　들어가다. 〔Text=27/Freq2=40(4.8%)〕
　　㉣ (예) 문을 (열고) 들어가다.
　　　〔Text=19/Freq2=24(2.9%)〕
　　㉤ (예) [산에/산속으로] 들어가다.
　　　〔Text=7/Freq2=11(1.3%)〕
　　㉥ (예) [마을에/시내에/서울로/시장으로]
　　　들어가다. 〔Text=5/Freq2=5(0.6%)〕
　　㉦ (예) [감옥에/잡혀] 들어가다.
　　　〔Text=7/Freq2=9(1.1%)〕
　　㉧ (예) [미국에/청나라에] 들어가다.
　　　〔Text=5/Freq2=7(0.8%)〕
　　㉨ (예) [새 집에/전세로] 들어가다.
　　　〔Text=2/Freq2=5(0.6%)〕
　　㉩ (예) 이불 속으로 들어가다.
　　　〔Text=2/Freq2=3(0.4%)〕
　　㉪ (예) 사람들 [속으로/틈으로] 비집고
　　　들어가다. 〔Text=4/Freq2=4(0.5%)〕
　　㉫ (예) [구름/안개/연기] 속으로
　　　들어가다. 〔Text=2/Freq2=2(0.2%)〕
　　㉬ (예) [그림/영화] 속으로 들어가다.
　　　/홈페이지에 들어가다.
　　　〔Text=10/Freq2=13(1.6%)〕
　　㉭ (예) [수업에/회의에] 들어가다.
　　　〔Text=3/Freq2=4(0.5%)〕
　　ⓐ (예) [괄호에/빈칸에] 들어갈 말.
　　　〔Text=2/Freq2=3(0.4%)〕
　　ⓑ (예) [파탄의 구렁텅이로/추억 속으로]
　　　들어가다. 〔Text=3/Freq2=3(0.4%)〕
　②㉠ (예) [단체에/조직에] 들어가다.
　　　〔Text=12/Freq2=16(1.9%)〕
　　㉡ (예) [대학에/직장에] 들어가다.
　　　〔Text=38/Freq2=66(8%)〕
　　㉢ (예) 머리를 깎고 절에 들어가다.
　　　〔Text=1/Freq2=1(0.1%)〕
　③ (예) [골목으로/섬으로] 들어가다.
　　　〔Text=23/Freq2=32(3.9%)〕
　④ (예) 웃옷 사이로 바람이 들어가다.
　　　〔Text=4/Freq2=5(0.6%)〕
　⑤ (예) 음식에 [양념이/정성이] 들어가다.
　　　〔Text=20/Freq2=28(3.4%)〕
　⑥ (예) 반에서 3등 안에 들어가다.
　　　〔Text=8/Freq2=11(1.3%)〕
　⑦ (예) 책의 내용이 머릿속에 들어가지
　　　않다. 〔×〕
　⑧ (예) 섬에 [전기가/TV가] 들어가다.
　　　〔Text=1/Freq2=2(0.2%)〕
　⑨ (예) [말이/소식이] 귀에 들어가다.
　　　〔Text=1/Freq2=1(0.1%)〕
　⑩ (예) [별거에/비상 체제에] 들어가다.
　　　〔Text=18/Freq2=20(2.4%)〕
　⑪ (예) [치료에/표결에] 들어가다.
　　　〔Text=13/Freq2=19(2.3%)〕
　⑫ (예) [기계에/눈에] [먼지가/물이/흙이]
　　　들어가다. 〔Text=10/Freq2=13(1.6%)〕
　⑬ (예) [밥이 입에/술이 한잔] 들어가다.
　　　〔Text=11/Freq2=12(1.5%)〕
　⑭ (예) [구두에 발이/옷에 몸이] 들어가다.
　　　〔Text=5/Freq2=6(0.7%)〕
　⑮ (예) 칼이 심장에 깊이 들어가다.
　　　〔Text=4/Freq2=4(0.5%)〕
　⑯ (예) [사인이/신호가] 들어가다.
　　　〔Text=5/Freq2=15(1.8%)〕
　⑰ (예) 얘기가 복잡한 곳까지 들어가다.
　　　〔Text=5/Freq2=7(0.8%)〕

⓲ (예) [목록에/배경 음악으로/제목에] 들어가다. 〔Text=6/Freq2=7(0.8%)〕

⓳ (예) 함이 들어가다. 〔Text=1/Freq2=1(0.1%)〕

⓴ (예) [장사를/휴가를] 끝내고 다시 (집으로/부대로) 들어가다. 〔Text=7/Freq2=9(1.1%)〕

㉑ (예) (노름판에서) 패가 안 좋아 들어가다. 〔Text=1/Freq2=1(0.1%)〕

Ⅱ (예) [돈이/재료가] 들어가다. 〔Text=10/Freq2=14(1.7%)〕

Ⅲ ① (예) [배가/볼이] 쏙 들어가다. 〔Text=6/Freq2=7(0.8%)〕

② (예) 여름옷이 다 들어가다. 〔×〕

Ⅳ ❶ (예) [땅을 파/벌레가 먹어/흙이 패어] 들어가다. 〔Text=8/Freq2=8(1%)〕

❷ (예) [사실을 인정하고/진실을 파고] 들어가다. 〔Text=3/Freq2=3(0.4%)〕

[관]<힘이 들어가다>

목에 힘이 들어가다. 〔×〕

ⓧ 〔Text=1/Freq2=1(0.1%)〕

들어가다[2] [동] 【Text=0/Freq1=0】 ⓧ

⓪ (예) 도둑이 피아노를 들어가다. 〔×〕

≪**들어서다**≫전체빈도합=253(0.0136%)

들어서다 [동]★★☆ 【Text=98/Freq1=253】

① (예) [도로로/방송국에] 들어서다. 〔Text=66/Freq2=170(67.2%)〕

② (예) [도시가/아파트가] 들어서다. 〔Text=24/Freq2=44(17.4%)〕

③ (예) [새 시대에/50 줄에] 들어서다. 〔Text=22/Freq2=32(12.6%)〕

④ (예) 새 정부가 들어서다. 〔Text=5/Freq2=7(2.8%)〕

≪**들어앉다**≫전체빈도합=18(0.0010%)

들어앉다 [동] 【Text=16/Freq1=18】

Ⅰ ① (예) [방에/집에] 모두 들어앉다. 〔Text=11/Freq2=12(66.7%)〕

② (예) 집들이 옹기종기 들어앉다. 〔Text=1/Freq2=1(5.6%)〕

❸ (예) 실직하고 집안에 들어앉다. 〔Text=4/Freq2=4(22.2%)〕

Ⅱ (예) [며느리로/소실로] 들어앉다. 〔Text=1/Freq2=1(5.6%)〕

≪**들어오다**≫전체빈도합=658(0.0354%)

들어오다 [동]★★★ 【Text=174/Freq1=658】

① (예) 방으로 들어오다. 〔Text=136/Freq2=434(66%)〕

② (예) [국문과에/회사에] 들어오다. 〔Text=24/Freq2=46(7%)〕

③ (예) [기술이/사상이] 들어오다. 〔Text=19/Freq2=37(5.6%)〕

④ (예) [가구가/전기가] 들어오다. 〔Text=24/Freq2=30(4.6%)〕

⑤ (예) [수입이/현금이] 들어오다. 〔Text=9/Freq2=12(1.8%)〕

⑥ (예) [귀에/눈에] 들어오다. 〔Text=33/Freq2=59(9%)〕

⑦ (예) [보고가/요청이] 들어오다. 〔Text=9/Freq2=14(2.1%)〕

ⓧ 〔Text=20/Freq2=26(4%)〕

≪**들어주다**≫전체빈도합=15(0.0008%)

들어주다 [동] 【Text=12/Freq1=15】

⓪ (예) [소원을/청을] 들어주다.

≪**들여놓다**≫전체빈도합=15(0.0008%)

들여놓다 [동] 【Text=13/Freq1=15】

① (예) 화분을 실내에 들여놓다. 〔Text=3/Freq2=3(20%)〕

② (예) 그릇를 마을에 들여놓다. 〔×〕

③ (예) 새 [가구를/전화를] 들여놓다. 〔Text=3/Freq2=4(26.7%)〕

[관]<발을 들여놓다>

① (예) 도박판에 발을 들여놓다. 〔Text=2/Freq2=3(20%)〕

② (예) 서울 땅에 발을 들여놓다. 〔Text=1/Freq2=1(6.7%)〕

❸ (예) 강물에 발을 들여놓다. 〔Text=4/Freq2=4(26.7%)〕

≪**들여다보다**≫전체빈도합=101(0.0054%)

들여다보다 [동]☆☆★ 【Text=54/Freq1=101】

① (예) [구멍을/사무실을] 들여다보다. 〔Text=15/Freq2=22(21.8%)〕

② (예) 지도를 들여다보다. 〔Text=44/Freq2=68(67.3%)〕

③ (예) [속마음을/속셈을] 들여다보다. 〔Text=7/Freq2=7(6.9%)〕

④ (예) 지나는 길에 집을 들여다보고 오다. 〔Text=2/Freq2=2(2%)〕

ⓧ 〔Text=2/Freq2=2(2%)〕

≪들이다≫ 전체빈도합=67(0.0036%)

들이다¹ 동★☆☆ 【Text=48/Freq1=67(100%)】
Ⅰ ① (예) 손님을 집 안에 들이다.
　　　〔Text=10/Freq2=12(17.9%)〕
　② ㉠ (예) 장롱을 안방으로 들이다.
　　　〔Text=4/Freq2=5(7.5%)〕
　　㉡ (예) 자동차를 월부로 들이다.
　　　〔Text=6/Freq2=9(13.4%)〕
　③ (예) 객식구를 뒷방에 들이다. 〔×〕
　④ (예) 친구를 [계에/모임에] 들이다. 〔×〕
　⑤ (예) [사위로/첩실로] 들이다. 〔×〕
　⑥ (예) [머슴을/일꾼으로] 들이다. 〔×〕
　⑦ (예) [광선을/햇빛을] 방에 들이다. 〔×〕
　⑧ (예) 도로 안으로 한 발자국 들이다. 〔×〕
Ⅱ ① (예) [비용을/정성/힘을] 들이다.
　　　〔Text=18/Freq2=22(32.8%)〕
　② (예) [꽃물을/물을] 들이다.
　　　〔Text=3/Freq2=3(4.5%)〕
　③ (예) [뜸을/맛을] 들이다.
　　　〔Text=1/Freq2=1(1.5%)〕
　④ (예) [재미를/정을] 들이다.
　　　〔Text=6/Freq2=6(9%)〕
　관<눈독을 들이다> 〔Text=1/Freq2=1(1.5%)〕
　관<뜸을 들이다> 잔뜩 뜸을 들이다 입을
　　열다. 〔Text=6/Freq2=7(10.4%)〕
　관<물(을) 들이다> 〔×〕
　관<발을 들이다> 범죄 세계에 발을
　　들이다. 〔×〕
　㊀ 〔Text=1/Freq2=1(1.5%)〕

들이다² 동 【Text=0/Freq1=0】 ㊀
　⓪ (예) 잠시 쉬면서 땀을 들이다. 〔×〕

≪들추다≫ 전체빈도합=17(0.0009%)

들추다 동 【Text=14/Freq1=17】
① (예) [거적을/바위를] 들추다.
　〔Text=5/Freq2=5(29.4%)〕
② (예) [이불을/휘장을] 들추다.
　〔Text=4/Freq2=5(29.4%)〕
③ (예) [기록을/책을] 들추다.
　〔Text=1/Freq2=1(5.9%)〕
④ (예) [과거를/약점을] 들추다.
　〔Text=6/Freq2=6(35.3%)〕

≪들키다≫ 전체빈도합=15(0.0008%)

들키다 동 【Text=13/Freq1=15】
Ⅰ (예) [마음을/사실을/현장을] 들키다.
　〔Text=12/Freq2=13(86.7%)〕

Ⅱ (예) [비상금이/처소가] 들키다.
　〔Text=2/Freq2=2(13.3%)〕

≪들판≫ 전체빈도합=59(0.0032%)

들판 명 【Text=36/Freq1=59】
⓪ (예) 넓은 들판.

≪듯≫ 전체빈도합=359(0.0193%)

듯¹ 명의★★☆ 【Text=99/Freq1=359】
① (예) 어렴풋이 알 듯 [싶다/하다].
　〔Text=49/Freq2=96(26.7%)〕
② (예) 어깨가 떨어질 듯 아프다.
　〔Text=74/Freq2=237(66%)〕
③ (예) 자기가 공부를 잘하는 듯 말하다.
　〔Text=6/Freq2=7(1.9%)〕
④㉠ (예) 씹는 듯 마는 듯 넘기다.
　〔Text=5/Freq2=8(2.2%)〕
　㉡ (예) 말할 듯 말할 듯 하다 관두다.
　〔Text=7/Freq2=11(3.1%)〕

≪듯싶다≫ 전체빈도합=23(0.0012%)

듯싶다 동보 【Text=12/Freq1=23】
⓪ (예) [건강이 나쁜/잘 한] 듯싶다.

≪듯이≫ 전체빈도합=151(0.0081%)

듯이¹ 명의★★☆ 【Text=67/Freq1=151】
① (예) 소낙비를 맞은 듯이 젖다.
　〔Text=31/Freq2=48(31.8%)〕
② (예) 죽은 듯이 지내다./뛸 듯이 기뻐하다.
　〔Text=50/Freq2=92(60.9%)〕
③ (예) [다 안다는/실제로 본] 듯이 말하다.
　〔Text=7/Freq2=9(6%)〕
　관<보란 듯이> 〔×〕
　관<씻은 듯이> 〔Text=2/Freq2=2(1.3%)〕

≪듯하다≫ 전체빈도합=341(0.0184%)

듯하다 동보★★☆ 【Text=112/Freq1=341】
⓪ (예) 냄새가 나는 듯하다./어디서 본 듯한
　얼굴.

≪등≫ 전체빈도합=1,355(0.0730%)

등¹ 명★★★ 【Text=72/Freq1=133(9.8%)】
⓪ (예) 엄마의 등에 업히다./낙타의 등에 타다.
　〔Text=65/Freq2=113(85%)〕
❶ (예) [소파의/의자의] 등에 기대다.
　〔Text=2/Freq2=2(1.5%)〕
❷ (예) 책의 등에 적힌 제목./편지 등에 우표를
　붙이다. 〔Text=2/Freq2=2(1.5%)〕
　관<등에 업다> [권위를/미국을] 등에 업다.

〔Text=3/Freq2=4(3%)〕

[관]<등에 지다> 〔×〕

[관]<등을 돌리다> [여당에/현실에] 등을 돌리다. 〔Text=6/Freq2=8(6%)〕

[관]<등을 보이다>

① (예) 나에게 등을 보이고 서다. 〔Text=3/Freq2=3(2.3%)〕

② (예) 도와 달라는 사람에게 등을 보이다. 〔×〕

[관]<등을 지다>

① (예) 현관문을 등을 지고 서다. 〔Text=1/Freq2=1(0.8%)〕

② (예) [가족들과/세상과] 등을 지고 살다. 〔×〕

등[2] [명] 【Text=3/Freq1=6(0.4%)】

⓪ (예) 등(燈)이 켜지다.

등[3] [명] 【Text=0/Freq1=0】 ⓧ

⓪ (예) 등(籐)으로 짠 공예품. 〔×〕

등[4] [명] 【Text=0/Freq1=0】 ⓧ

⓪ (예) 등(藤) 나무 그늘. 〔×〕

등[5] [명의] 【Text=19/Freq1=38(2.8%)】

⓪ (예) 1등(等)을 하다.

등[6] [명의]★★☆ 【Text=137/Freq1=1,177(86.9%)】

① (예) 김치, 젓갈 등(等)의 반찬. 〔Text=128/Freq2=891(75.7%)〕

② (예) 매를 든다거나 손찌검을 하는 등의 체벌. 〔Text=83/Freq2=286(24.3%)〕

등[X] [?] 【Text=1/Freq1=1(0.1%)】

≪**등기**≫전체빈도합=6(0.0003%)

등기 [명]☆☆★ 【Text=3/Freq1=6】

① (예) 집을 등기(登記)를 하다. 〔Text=1/Freq2=1(16.7%)〕

② (예) 편지를 등기로 부치다. 〔Text=2/Freq2=5(83.3%)〕

≪**등등**≫전체빈도합=33(0.0018%)

등등 [명의] 【Text=24/Freq1=33】

⓪ (예) 밀가루, 라면, 김치 등등(等等) 식료품이 쌓여 있다.

≪**등불**≫전체빈도합=16(0.0009%)

등불 [명] 【Text=13/Freq1=16】

⓪ (예) 등(燈)불을 켜다./자동차의 등불. 〔Text=6/Freq2=9(56.2%)〕

❶ (예) 시대의 등불이 되다. 〔Text=4/Freq2=4(25%)〕

[관]<바람 앞의 등불> 〔Text=3/Freq2=3(18.8%)〕

≪**등산**≫전체빈도합=28(0.0015%)

등산 [명]☆★★ 【Text=22/Freq1=28】

⓪ (예) 등산(登山)을 하다.

≪**등장**≫전체빈도합=53(0.0029%)

등장 [명] 【Text=19/Freq1=53】

① (예) 무대에 등장(登場)을 하다. 〔Text=2/Freq2=2(3.8%)〕

② (예) 소설에 등장을 하는 인물들. 〔Text=1/Freq2=1(1.9%)〕

③ (예) [왕의/컴퓨터의] 등장과 함께 변화가 시작되다. 〔Text=8/Freq2=21(39.6%)〕

[관]<등장 인물> 〔Text=9/Freq2=29(54.7%)〕

≪**등장하다**≫전체빈도합=83(0.0045%)

등장하다 [동]☆★☆ 【Text=34/Freq1=83】

① (예) [단상에/무대에] 등장(登場)하다. 〔Text=4/Freq2=34(41%)〕

② (예) 소설에 등장하는 인물. 〔Text=16/Freq2=22(26.5%)〕

③ (예) 봄 상품이 백화점에 등장하다. 〔Text=22/Freq2=27(32.5%)〕

≪**디자인**≫전체빈도합=22(0.0012%)

디자인 [명]☆★☆ 【Text=13/Freq1=22】

⓪ (예) 옷의 디자인이 좋다.

ㄸ

≪**따다**≫전체빈도합=136(0.0073%)

따다[1] [동]★★★ 【Text=57/Freq1=123(90.4%)】

① (예) [열매를/잎을] 따다. 〔Text=37/Freq2=81(65.9%)〕

② (예) 작품의 일부를 따서 가져오다. 〔Text=13/Freq2=14(11.4%)〕

③ (예) 내기에서 돈을 따다. 〔Text=6/Freq2=17(13.8%)〕

④ (예) [면허를/학위를] 따다. 〔Text=8/Freq2=11(8.9%)〕

따다[2] [동] 【Text=11/Freq1=13(9.6%)】

① (예) [여드름을/종기를] 따다. 〔×〕
② (예) [문을/음료수 병을] 따다.
　　〔Text=9/Freq2=10(76.9%)〕
❸ (예) [닭 목을/돼지 멱을] 따다.
　　〔Text=2/Freq2=3(23.1%)〕

≪따뜻하다≫전체빈도합=172(0.0093%)

따뜻하다 형★★★ 【Text=86/Freq1=172】
① (예) 따뜻한 [공기/날씨/아랫목].
　　〔Text=55/Freq2=99(57.6%)〕
② (예) 따뜻한 [가슴/마음].
　　〔Text=47/Freq2=73(42.4%)〕

≪따라가다≫전체빈도합=83(0.0045%)

따라가다 동☆★☆ 【Text=58/Freq1=83】
① (예) [사람을/차를] 따라가다.
　　〔Text=36/Freq2=51(61.4%)〕
② (예) [개울을/길을] 따라가다.
　　〔Text=8/Freq2=11(13.3%)〕
③ (예) 조명이 배우를 따라가다.
　　〔Text=2/Freq2=2(2.4%)〕
④ (예) [마음을/의도를] 따라가다.
　　〔Text=6/Freq2=7(8.4%)〕
⑤ (예) 이 나라 제도가 미국을 따라가다.
　　〔Text=8/Freq2=8(9.6%)〕
⑥ (예) 변화를 따라가다.
　　〔Text=4/Freq2=4(4.8%)〕

≪따라다니다≫전체빈도합=37(0.0020%)

따라다니다 동 【Text=31/Freq1=37】
① (예) [어미를/차를] 졸졸 따라다니다.
　　〔Text=20/Freq2=24(64.9%)〕
② (예) [낙인이/불안이] 따라다니다.
　　〔Text=8/Freq2=8(21.6%)〕
③ (예) [남자들이/여자들이] 졸졸
　　따라다니다. 〔Text=4/Freq2=5(13.5%)〕

≪따라서≫전체빈도합=310(0.0167%)

따라서 부★★★ 【Text=71/Freq1=310】
① (예) 간은 큰 장기이다. 따라서 스스로 회복할
　　수 있다. 〔Text=48/Freq2=166(53.5%)〕
② (예) 그 약은 가짜가 많다. 따라서 안 먹는
　　것이 좋다. 〔Text=52/Freq2=144(46.5%)〕

≪따라오다≫전체빈도합=39(0.0021%)

따라오다 동 【Text=31/Freq1=39】
Ⅰ ① (예) 아이가 뒤에서 따라오다.
　　〔Text=29/Freq2=37(94.9%)〕

② (예) 사람들이 내 생각을 따라오다.
　　〔Text=2/Freq2=2(5.1%)〕
Ⅱ (예) 노력에는 성공이 따라오다. 〔×〕

≪따로≫전체빈도합=98(0.0053%)

따로 부★★★ 【Text=64/Freq1=98】
① ㉠ (예) 고추와 콩은 따로 말리다.
　　〔Text=37/Freq2=53(54.1%)〕
㉡ (예) 머리와 마음이 따로 놀다.
　　〔Text=10/Freq2=12(12.2%)〕
② (예) 휴일이 따로 없는 생활.
　　〔Text=29/Freq2=33(33.7%)〕

≪따르다≫전체빈도합=1,098(0.0591%)

따르다¹ 동★★★
　　【Text=188/Freq1=1,064(96.9%)】
Ⅰ ① ㉠ (예) 안내자 (뒤)를 따르다.
　　〔Text=70/Freq2=132(12.4%)〕
㉡ (예) 언니를 따라 일어서다.
　　〔Text=61/Freq2=102(9.6%)〕
② (예) 경쟁에서 상대를 따를 수 없다.
　　〔Text=9/Freq2=10(0.9%)〕
③ (예) [선생님을/형을] 따르다.
　　〔Text=18/Freq2=26(2.4%)〕
④ ㉠ (예) [관행을/유행에] 따르다.
　　〔Text=18/Freq2=33(3.1%)〕
㉡ (예) [규칙을/절차에] 따르다.
　　〔Text=25/Freq2=33(3.1%)〕
㉢ (예) [옳은 것을/이해를] 따르다.
　　〔Text=12/Freq2=14(1.3%)〕
㉣ (예) [뜻을/지침을] 따르다.
　　〔Text=27/Freq2=37(3.5%)〕
⑤ (예) [길을/복도를] 따라 뛰다.
　　〔Text=50/Freq2=88(8.3%)〕
❻ (예) [바람을/파도를] 따라 나아가다.
　　〔Text=2/Freq2=3(0.3%)〕
❼ (예) [몸이/운이] 따라 주지 않다.
　　〔Text=2/Freq2=2(0.2%)〕
Ⅱ (예) 실패에 따르는 부담감./금리 인하에 따른
　　부작용. 〔Text=23/Freq2=33(3.1%)〕
Ⅲ ① (예) [업체에/장소에/철에] 따라 다르다.
　　〔Text=117/Freq2=442(41.5%)〕
② (예) 국력의 성장에 따라 국제적 위치가
　　달라지다. 〔Text=45/Freq2=80(7.5%)〕
Ⅳ (예) [보고서에/소식통에] 따르면.
　　〔Text=22/Freq2=29(2.7%)〕

따르다² 동 【Text=18/Freq1=34(3.1%)】

⓪ (예) 컵에 [물을/사이다를] 따르다.

≪**따름**≫전체빈도합=40(0.0022%)

따름 명의 【Text=22/Freq1=40】
  ⓪ (예) 결과를 기다릴 따름이다.

≪**따스하다**≫전체빈도합=18(0.0010%)

따스하다 형 【Text=16/Freq1=18】
  ⓪ (예) 햇볕이 따스하다./
    따스한 [분위기/사랑/손길].

≪**따위**≫전체빈도합=172(0.0093%)

따위 명의★★☆ 【Text=52/Freq1=172】
  ① (예) 허위, 과장, 술수 따위./닭, 미꾸라지,
    뱀장어 따위. 〔Text=40/Freq2=108(62.8%)〕
  ② (예) 이름 따위에는 관심이 없다.
    〔Text=28/Freq2=64(37.2%)〕

≪**따지다**≫전체빈도합=146(0.0079%)

따지다 동★★☆ 【Text=74/Freq1=146】
  Ⅰ (예) 왜 늦었냐고 따지다.
    〔Text=29/Freq2=45(30.8%)〕
  Ⅱ ① (예) [격식을/잘잘못을] 따지다.
      〔Text=14/Freq2=20(13.7%)〕
    ② (예) [농촌 실정을/이용 가치를] 따져
      보다. 〔Text=16/Freq2=26(17.8%)〕
    ③ (예) [가문을/날짜를/촌수를/학력을]
      따지다. 〔Text=15/Freq2=17(11.6%)〕
  Ⅲ (예) 매출액으로 따지다./그런 식으로
    따진다면. 〔Text=13/Freq2=15(10.3%)〕
  관<따지고 보면>
    〔Text=17/Freq2=20(13.7%)〕
  관<엄밀히 [따져/따지면]>
    〔Text=3/Freq2=3(2.1%)〕

≪**딱**≫전체빈도합=245(0.0132%)

딱¹ 부 【Text=8/Freq1=9(3.7%)】
  ① (예) 뼈가 딱 부러지다. 〔×〕
  ② (예) 머리를 딱 때리다.
    〔Text=5/Freq2=6(66.7%)〕
  ❸ (예) 꼬투리가 딱 소리를 내다.
    〔Text=3/Freq2=3(33.3%)〕
  관<딱 부러지게> 약속을 딱 부러지게
    지키다. 〔×〕

딱² 부☆★☆ 【Text=55/Freq1=230(93.9%)】
  Ⅰ ①㉠ (예) 울음소리가 딱 멎다.
      〔Text=1/Freq2=1(0.4%)〕
    ㉡ (예) 숨이 딱 멈추다.

〔Text=4/Freq2=4(1.7%)〕
    ② (예) 딱 [마주치다/붙이다].
      〔Text=7/Freq2=9(3.9%)〕
    ③ (예) 길에 딱 버티고 서다.
      〔Text=4/Freq2=4(1.7%)〕
  ❹ (예) 병원에 딱 갔는데 의사가 없지
    뭐예요. 〔Text=14/Freq2=105(45.7%)〕
  ❺ (예) 담배를 딱 끊다.
    〔Text=9/Freq2=20(8.7%)〕
  Ⅱ ①㉠ (예) 딱 [맞다/알맞다].
      〔Text=13/Freq2=13(5.7%)〕
    ㉡ (예) 일하기 딱 좋다.
      〔Text=4/Freq2=4(1.7%)〕
    ② (예) 딱 세 개./술 딱 한 잔.
      〔Text=19/Freq2=34(14.8%)〕
    ③ (예) 두 가게의 딱 가운데 지점.
      〔Text=7/Freq2=16(7%)〕
    ④ (예) 딱 질색이다./정이 딱 떨어지다.
      〔Text=6/Freq2=6(2.6%)〕
  Ⅲ⓪ (예) 우리는 딱, 뭐랄까, 딱⋯
      〔Text=3/Freq2=10(4.3%)〕
  관<눈 딱 감고> 〔×〕
  관<딱 자르다> 딱 잘라 거절하다.
    〔Text=2/Freq2=2(0.9%)〕
  관<딱 잘라 말하다>
    〔Text=2/Freq2=1(0.4%)〕
  관<딱 잡아떼다> 〔Text=2/Freq2=1(0.4%)〕

딱³ 부 【Text=5/Freq1=6(2.4%)】
  ⓪ (예) [가슴이/어깨가] 딱 벌어지다.
    〔Text=4/Freq3=4(66.7%)〕
  ❶ (예) 놀라서 입을 딱 벌리다.
    〔Text=1/Freq4=2(33.3%)〕
  관<입이 딱 벌어지다> 〔×〕

≪**딱딱하다**≫전체빈도합=17(0.0009%)

딱딱하다 형☆☆★ 【Text=13/Freq1=17】
  ① (예) 점토가 딱딱하게 굳다.
    〔Text=6/Freq2=9(52.9%)〕
  ② (예) 표정이 딱딱하게 굳다./딱딱하게
    대꾸하다. 〔Text=5/Freq2=6(35.3%)〕
  ③ (예) 딱딱한 [글/문체].
    〔Text=2/Freq2=2(11.8%)〕

≪**딱하다**≫전체빈도합=18(0.0010%)

딱하다 형 【Text=17/Freq1=18】
  Ⅰ (예) 그가 딱해 보이다./딱한 사람들.
    〔Text=12/Freq2=13(72.2%)〕

Ⅱ (예) 그의 [사정이/처지가] 딱하다.
〔Text=5/Freq2=5(27.8%)〕

≪딴≫전체빈도합=81(0.0044%)

딴¹ 관 【Text=4/Freq1=4(4.9%)】
⓪ (예) [내/자기들/제] [딴에는/딴으로는].
〔Text=3/Freq2=3(75%)〕
㉻ <딴에는/딴은> 딴에는 그러했다.
〔Text=1/Freq2=1(25%)〕

딴² 관 【Text=0/Freq1=0】 ⓧ
⓪ (예) 그 딴 [사람/생각/짓]. 〔×〕

딴³ 관 【Text=44/Freq1=77(95.1%)】
⓪ (예) 딴 [걱정/사람/일].

≪딸≫전체빈도합=192(0.0103%)

딸 명 ★★★ 【Text=60/Freq1=192】
⓪ (예) 딸을 시집 보내다.

≪딸기≫전체빈도합=9(0.0005%)

딸기 명 ☆☆★ 【Text=5/Freq1=9】
⓪ (예) 딸기를 먹다.

≪땀≫전체빈도합=101(0.0054%)

땀¹ 명 ★★★ 【Text=62/Freq1=100(99%)】
① (예) 땀이 [나다/흐르다].
〔Text=53/Freq2=87(87%)〕
② (예) 피와 땀으로 획득한 자유.
〔Text=5/Freq2=5(5%)〕
㉻ <땀 흘리다> 땀 흘려 노력하다.
〔Text=5/Freq2=8(8%)〕

땀² 명 【Text=0/Freq1=0】 ⓧ
Ⅰ (예) 저고리의 땀이 곱다. 〔×〕
Ⅱ (예) 한 땀 두 땀 정성 들여 옷을 짓다. 〔×〕

땀⁰ 명의 【Text=1/Freq1=1(1%)】
❶ (예) 요놈 땀에 고생하다.

≪땅≫전체빈도합=469(0.0253%)

땅¹ 명 ★★★ 【Text=129/Freq1=469(100%)】
① (예) 가방이 땅에 떨어지다.
〔Text=90/Freq2=230(49%)〕
② (예) 이 땅을 살아가는 한 사람으로서….
〔Text=10/Freq2=18(3.8%)〕
③ (예) 집과 땅을 사고팔다.
〔Text=29/Freq2=50(10.7%)〕
④ (예) 땅이 [기름지다/박하다].
〔Text=6/Freq2=10(2.1%)〕
⑤ (예) [고향/호남] 땅.
〔Text=14/Freq2=32(6.8%)〕

⑥ (예) 세 나라가 땅을 뺏고 빼앗다.
〔Text=39/Freq2=100(21.3%)〕
⑦ (예) 하늘이 노하고 땅이 통곡할 일.
〔Text=16/Freq2=23(4.9%)〕
㉻ <땅에 떨어지다> [권위가/사기가] 땅에 떨어지다. 〔Text=1/Freq2=1(0.2%)〕
㉻ <땅을 치다> 땅을 치며 아쉬워하다.
〔Text=2/Freq2=2(0.4%)〕
㉻ <땅이 꺼져라> 땅이 꺼져라 한숨 쉬다.
〔Text=1/Freq2=1(0.2%)〕
ⓧ 〔Text=1/Freq2=2(0.4%)〕

땅² 부 【Text=0/Freq1=0】 ⓧ
① (예) 땅 하는 총소리가 나다. 〔×〕
② (예) 주전자를 땅 소리 나게 놓다. 〔×〕

≪땅바닥≫전체빈도합=26(0.0014%)

땅바닥 명 【Text=16/Freq1=26】
⓪ (예) 땅바닥에 주저앉다.

≪때≫전체빈도합=5,098(0.2745%)

때¹ 명 ★★★ 【Text=213/Freq1=5,067(99.4%)】
Ⅰ ① (예) 마침내 때가 [되다/오다].
〔Text=103/Freq2=202(4%)〕
② (예) 때는 마침 추석 즈음이었다./
때는 겨울이었다.
〔Text=28/Freq2=57(1.1%)〕
❸ (예) [때로는/어떨 때는] 후회되다.
〔Text=8/Freq2=12(0.2%)〕
Ⅱ ①㉠ (예) 공부하고 있을 때 전화가 오다.
/고향을 떠날 때 가지고 온 물건.
〔Text=192/Freq2=1,701(33.6%)〕
㉡ (예) [어렸을/자유당] 때의 일.
〔Text=187/Freq2=1,329(26.2%)〕
② (예) 절후로 볼 때 경칩은 2월이다.
〔Text=190/Freq2=1,765(34.8%)〕
㉻ <-ㄹ 때는 언제고> 싫다고 할 때는 언제고 이제 와서 좋대? 〔Text=1/Freq2=1(0%)〕

때² 명 【Text=25/Freq1=31(0.6%)】
⓪ (예) [몸에/옷에] 때가 묻다.
〔Text=25/Freq2=30(96.8%)〕
㉻ <때 빼고 광내다> 〔×〕
㉻ <때(가) 묻다> 때 묻은 정치인의 모습.
〔Text=1/Freq2=1(3.2%)〕
㉻ <때가 빠지다> 〔×〕

≪때다≫전체빈도합=18(0.0010%)

때다 동 【Text=13/Freq1=18】

⓪ (예) 아궁이에 [불을/장작을] 때다.

≪때때로≫전체빈도합=17(0.0009%)

때때로 🖫☆☆★ 【Text=14/Freq1=17】
　⓪ (예) 때때로 갈등을 겪다.

≪때로≫전체빈도합=120(0.0065%)

때로 🖫☆★☆ 【Text=65/Freq1=120】
　① (예) 이 이야기가 때로 우리를 우울하게
　　하다. 〔Text=50/Freq2=82(68.3%)〕
　② (예) 때로 시내에 외출도 했으나, 요즘엔 발을
　　끊었다. 〔Text=27/Freq2=38(31.7%)〕

≪때리다≫전체빈도합=142(0.0076%)

때리다 동★★★ 【Text=52/Freq1=142】
　① (예) [매로/손으로] [개를/아이를] 때리다.
　　〔Text=41/Freq2=118(83.1%)〕
　② (예) 탁자를 탁하고 때리다.
　　〔Text=6/Freq2=8(5.6%)〕
　③ (예) 바람이 창문을 때리다.
　　〔Text=7/Freq2=7(4.9%)〕
　④ (예) 아이의 울음소리가 가슴을 때리다.
　　〔Text=4/Freq2=5(3.5%)〕
　⑤ (예) 재벌의 횡포를 때리는 글. 〔×〕
　❻ (예) [안타를/홈런을] 때리다.
　　〔Text=1/Freq2=1(0.7%)〕
　❼ (예) 미사일로 [도시를/적함을] 때리다.
　　〔Text=1/Freq2=2(1.4%)〕
　관<뒤통수를 때리다> 〔×〕
　관<배신(을) 때리다> 〔×〕

≪때문≫전체빈도합=2,286(0.1231%)

때문 명의★★★ 【Text=196/Freq1=2,286】 86)
　❶<-기 때문> (예) 사랑하기 때문에 그만큼
　　알고 싶다. 〔Text=176/Freq2=1,613(70.6%)〕
　❷<~ 때문> (예) 다 [너/돈] 때문에 그러다.
　　〔Text=162/Freq2=654(28.6%)〕
　❸<-ㄴ 때문> (예) 주위에 익숙한 때문인지
　　곧바로 가다. 〔Text=11/Freq2=11(0.5%)〕
　관<때문에 ~> 때문에, 이게 큰 문제다.
　　〔Text=7/Freq2=8(0.4%)〕

≪때우다≫전체빈도합=21(0.0011%)

때우다 동 【Text=17/Freq1=21】
　① (예) [구멍을/타이어를] 때우다.

〔Text=1/Freq2=1(4.8%)〕
　②㉠ (예) 라면으로 끼니를 때우다.
　　〔Text=11/Freq2=12(52.4%)〕
　　㉡ (예) 시간을 때우다.
　　〔Text=3/Freq2=3(14.3%)〕
　　㉢ (예) 말로 때우다. 〔×〕
　③ (예) 작은 고생으로 때우다. 〔×〕
　④ (예) 형벌을 대강 때우다. 〔×〕
　❺ 적자가 난 생활비를 때우다.
　　〔Text=1/Freq2=1(4.8%)〕
　관<몸으로 때우다>
　　〔Text=3/Freq2=4(14.3%)〕

≪땜*≫전체빈도합=23(0.0012%)

땜⁰ 명의 【Text=12/Freq1=23】 ☞때문. 87)
　❶<-기 땜> (예) 사랑하기 땜에 더 알고
　　싶다. 〔Text=6/Freq2=7(30.4%)〕
　❷<~ 땜> (예) 너 땜에 화가 나다.
　　〔Text=11/Freq2=16(69.6%)〕
　❸<-ㄴ 땜> (예) 주위에 익숙한 땜인지 곧바로
　　가다. 〔×〕
　관<땜에 ~> 땜에, 이게 큰 문제다. 〔×〕

≪떠나가다≫전체빈도합=23(0.0012%)

떠나가다¹ 동 【Text=13/Freq1=17(73.9%)】
　⓪ (예) [그 자리에서/전쟁터로/집을] 떠나가다.

떠나가다² 동 【Text=6/Freq1=6(26.1%)】
　⓪ (예) [교실이/마당이/집이] 떠나갈 만큼 큰
　　소리.

≪떠나다≫전체빈도합=404(0.0218%)

떠나다 동★★★ 【Text=127/Freq1=404】
　Ⅰ ① (예) [동네에서/서울을] 떠나다.
　　〔Text=64/Freq2=129(31.9%)〕
　　② (예) [고향을/집을/회사를] 떠나다.
　　〔Text=46/Freq2=76(18.8%)〕
　　③㉠ (예) [파벌을/현실을] 떠나다.
　　〔Text=19/Freq2=21(5.2%)〕
　　㉡ (예) [그녀를/그에게서] 떠나다.
　　〔Text=18/Freq2=19(4.7%)〕
　　④ (예) 기억이 머리에서 떠나지 않다.
　　〔Text=6/Freq2=7(1.7%)〕
　　⑤ (예) [여행을/유학을] 떠나다.
　　〔Text=20/Freq2=24(5.9%)〕

---

86) 『연세 한국어 사전』에서는 '때문'이 단일 의미로 기술되어 있으나, 여기서는 그 실제적 쓰임에 따라 상세히 나누어 기술한다.
87) 이 사전의 '때문'의 의미 구분에 따라 '땜'의 용법을 상세히 기술한다.

⑥ (예) 길을 떠나다.
  〔Text=21/Freq2=29(7.2%)〕
Ⅱ (예) [서울로/어디론가] 떠나다.
  〔Text=19/Freq2=30(7.4%)〕
Ⅲ (예) 돈 문제를 떠나서 보람이 있는 일을 하다. 〔Text=12/Freq2=13(3.2%)〕
Ⅳ ❶ (예) [버스가/자동차가] 떠나다.
  〔Text=7/Freq2=10(2.5%)〕
㊙<(세상을) 떠나다>
  〔Text=27/Freq2=46(11.4%)〕

≪떠돌다≫전체빈도합=39(0.0021%)

떠돌다 동 【Text=26/Freq1=39】
① (예) 여기저기를 떠돌다.
  〔Text=19/Freq2=27(69.2%)〕
② (예) 세상에 떠도는 [소문/얘기].
  〔Text=8/Freq2=9(23.1%)〕
③ (예) 공중에 떠도는 [눈송이/먼지].
  〔Text=2/Freq2=2(5.1%)〕
④ (예) 얼굴에 슬픔이 떠돌다.
  〔Text=1/Freq2=1(2.6%)〕

≪떠들다≫전체빈도합=89(0.0048%)

떠들다¹ 동 ☆★★ 【Text=46/Freq1=89(100%)】
Ⅰ (예) 시끄럽게 떠드는 소리.
  〔Text=34/Freq2=61(68.5%)〕
Ⅱ ① (예) 지어낸 얘기를 떠들어 대다.
  〔Text=13/Freq2=21(23.6%)〕
② (예) 언론에 대고 떠들다.
  〔Text=3/Freq2=3(3.4%)〕
③ (예) 평화를 떠들면서도 전쟁 준비를 하다. 〔Text=4/Freq2=4(4.5%)〕

떠들다² 동 【Text=0/Freq1=0】 ⓧ
⓪ (예) [접수 대장을/치마 끝을] 떠들어 보다. 〔×〕

≪떠들썩하다≫전체빈도합=16(0.0009%)

떠들썩하다 형 【Text=16/Freq1=16】
① (예) 운동장이 떠들썩하다.
  〔Text=8/Freq2=8(50%)〕
② (예) 사고 때문에 세상이 떠들썩하다.
  〔Text=5/Freq2=5(31.3%)〕
③ (예) 회사 안에 소문이 떠들썩하다.
  〔Text=3/Freq2=3(18.8%)〕

≪떠오르다≫전체빈도합=220(0.0118%)

떠오르다 동 ★★☆ 【Text=90/Freq1=220】
Ⅰ ①㉠ (예) 풍선이 하늘로 떠오르다.
  〔Text=2/Freq2=4(1.8%)〕
㉡ (예) [달이/별이/해가] 떠오르다.
  〔Text=15/Freq2=22(10%)〕
② (예) 물에 떠오르다.
  〔Text=2/Freq2=2(0.9%)〕
③ (예) [기억이/생각이] 떠오르다.
  〔Text=75/Freq2=176(80%)〕
④ (예) 불빛 아래 떠오른 소년의 얼굴.
  〔Text=5/Freq2=8(3.6%)〕
⑤ (예) 얼굴에 엷은 비웃음이 떠오르다.
  〔Text=3/Freq2=3(1.4%)〕
Ⅱ (예) [장안의 화젯거리로/팀의 에이스로] 떠오르다. 〔Text=4/Freq2=5(2.3%)〕

≪떠올리다≫전체빈도합=78(0.0042%)

떠올리다 동 【Text=49/Freq1=78】
① (예) [기억을/생각을] 떠올리다.
  〔Text=49/Freq2=75(96.2%)〕
② (예) 얼굴에 [미소를/웃음을] 떠올리다.
  〔Text=2/Freq2=3(3.8%)〕
③ (예) 바람이 쓰레기들을 허공으로 떠올리다. 〔×〕

≪떡≫전체빈도합=114(0.0061%)

떡¹ 명 ★★★ 【Text=35/Freq1=113(99.1%)】
⓪ (예) 떡을 [먹다/빚다].
  〔Text=23/Freq2=91(80.5%)〕
❶ (예) 나만의 떡을 얻으려는 욕망.
  〔Text=1/Freq2=3(2.7%)〕
❷ (예) 사람을 때려 떡을 만들다.
  〔Text=1/Freq2=1(0.9%)〕
㊙<그림의 떡> 〔Text=2/Freq2=2(1.8%)〕
㊙<누워서 떡 먹기>
  〔Text=1/Freq2=3(2.7%)〕
㊙<떡 본 김에 제사 지내다>
  〔Text=1/Freq2=1(0.9%)〕
㊙<떡 주무르듯> 일을 자기 마음대로 떡 주무르듯 하다. 〔×〕
㊙<떡 줄 사람은 꿈도 안 꾸는데 김칫국부터 마시다>
  〔Text=2/Freq2=3(2.7%)〕
㊙<못 먹는 떡에 침 뱉기>
  〔Text=1/Freq2=2(1.8%)〕
㊙<밥 위에 떡> 〔Text=3/Freq2=1(0.9%)〕
㊙<보기 좋은 떡이 먹기도 좋다>
  〔Text=1/Freq2=2(1.8%)〕
㊙<이게 웬 떡> 〔Text=1/Freq2=1(0.9%)〕

㉠ <흉년 떡도 많이 나면 싸다>
　　　〔Text=3/Freq2=1(0.9%)〕
　㉧ 〔Text=2/Freq2=2(1.8%)〕
떡² 閉　【Text=1/Freq1=1(0.9%)】
　① (예) 입을 떡 벌리다. 〔×〕
　② (예) 어깨가 떡 바라지다. 〔×〕
　③ (예) 주안상이 떡 벌어지게 차려지다. 〔×〕
　④ (예) 떡 버티고 막아서다.
　　　〔Text=1/Freq2=1(100%)〕
　⑤ (예) 의자에 여유롭게 떡 버티고 앉다. 〔×〕
　⑥ (예) 떡 앉아 사람들에게 호령하다. 〔×〕
　⑦ (예) 벽에 포스터를 떡 붙이다. 〔×〕
　⑧ (예) 차를 벽에 떡 붙여 세우다. 〔×〕
　㉠ <떡 벌어지다>
　　① (예) [백일상을/주안상을] 떡 벌어지게 차리다. 〔×〕 ☞ 떡²③.
　　② (예) 재산이 떡 벌어지게 많다. 〔×〕

≪떡국≫전체빈도합=6(0.0003%)

떡국 閉☆★☆　【Text=5/Freq1=6】
　⓪ (예) 떡국을 [끓이다/먹다].

≪떨구다≫전체빈도합=17(0.0009%)

떨구다 閉　【Text=12/Freq1=17】
　① (예) [눈물을/잎을/칼을] 떨구다.
　　　〔Text=4/Freq2=5(29.4%)〕
　② (예) [고개를/어깨를] 떨구다.
　　　〔Text=7/Freq2=10(58.8%)〕
　③ (예) [눈을/시선을] 떨구다.
　　　〔Text=2/Freq2=2(11.8%)〕
　④ (예) [값을/속력을] 떨구다. 〔×〕
　⑤ (예) 택시가 손님을 떨구고 가다. 〔×〕

≪떨다≫전체빈도합=138(0.0074%)

떨다¹ 閉★★★　【Text=55/Freq1=81(58.7%)】
　Ⅰ ①㉠ (예) [나뭇가지가/아이가/종아리가] 부르르 떨다.
　　　〔Text=11/Freq2=17(21%)〕
　　　㉡ (예) 목소리가 떨다.
　　　〔Text=1/Freq2=1(1.2%)〕
　　② (예) 몇 만 원에 발발 떨다.
　　　〔Text=3/Freq2=3(3.7%)〕
　　③ (예) [공포에/두려워] 떨다.
　　　〔Text=11/Freq2=13(16%)〕
　Ⅱ ① (예) 벌이 날개를 떨다./두 주먹을 부르르 떨다.
　　　〔Text=4/Freq2=4(4.9%)〕
　　② (예) 목소리를 떨다.
　　　〔Text=1/Freq2=1(1.2%)〕
　　③ (예) [공포로/추위에] 몸을 떨다.
　　　〔Text=28/Freq2=36(44.4%)〕
　㉠ <몸을 떨다> 감격에 몸을 떨다.
　　　〔Text=4/Freq2=4(4.9%)〕
　㉠ <사시나무 떨 듯>
　　　〔Text=2/Freq2=2(2.5%)〕
　㉠ <치를 떨다> 〔×〕
떨다² 閉　【Text=34/Freq1=54(39.1%)】 88)
　㉠ <극성을 떨다> 〔Text=1/Freq2=2(3.7%)〕
　㉠ <내숭을 떨다> 〔Text=2/Freq2=2(3.7%)〕
　㉠ <너스레를 떨다> 〔Text=2/Freq2=2(3.7%)〕
　㉠ <능청을 떨다> 〔Text=1/Freq2=1(1.9%)〕
　㉠ <다정을 떨다> 〔Text=1/Freq2=1(1.9%)〕
　㉠ <법석을 떨다> 〔Text=5/Freq2=5(9.3%)〕
　㉠ <부산을 떨다> 〔Text=1/Freq2=1(1.9%)〕
　㉠ <부지런을 떨다> 〔Text=2/Freq2=2(3.7%)〕
　㉠ <새침을 떨다> 〔Text=1/Freq2=1(1.9%)〕
　㉠ <수다를 떨다> 〔Text=10/Freq2=13(24.1%)〕
　㉠ <수선을 떨다> 〔Text=3/Freq2=4(7.4%)〕
　㉠ <시건방을 떨다> 〔Text=1/Freq2=1(1.9%)〕
　㉠ <아악을 떨다> 〔Text=1/Freq2=1(1.9%)〕
　㉠ <애교를 떨다> 〔Text=1/Freq2=1(1.9%)〕
　㉠ <야단법석을 떨다>
　　　〔Text=1/Freq2=1(1.9%)〕
　㉠ <엄살을 떨다> 〔Text=3/Freq2=3(5.6%)〕
　㉠ <오두방정을 떨다>
　　　〔Text=1/Freq2=1(1.9%)〕
　㉠ <요란을 떨다> 〔Text=1/Freq2=1(1.9%)〕
　㉠ <위선을 떨다> 〔Text=1/Freq2=1(1.9%)〕
　㉠ <육갑 떨다> 〔×〕
　㉠ <익살을 떨다> 〔Text=2/Freq2=2(3.7%)〕
　㉠ <재롱을 떨다> 〔Text=1/Freq2=1(1.9%)〕
　㉠ <청승을 떨다> 〔Text=1/Freq2=1(1.9%)〕
　㉠ <푼수를 떨다> 〔Text=1/Freq2=1(1.9%)〕
　㉠ <호들갑을 떨다> 〔Text=4/Freq2=4(7.4%)〕
　㉠ <흉물을 떨다> 〔Text=1/Freq2=1(1.9%)〕
떨다³ 閉　【Text=3/Freq1=3(2.2%)】
　① (예) [벼를/재를/흙을] 떨다.
　　　〔Text=3/Freq2=3(100%)〕
　② (예) [감정을/감회를] 떨어 버리다. 〔×〕

---

88) 『연세 한국어 사전』에서는 '떨다²'가 단일 의미로 기술되어 있는데, 이 사전에서는 "부리다², 피우다²" 등과 마찬가지로 연어 관계에 따른 실제 쓰임을 상세히 기술하기로 한다.

③ (예) 주머니를 떨어 돈을 모으다. 〔×〕

≪**떨리다**≫ 전체빈도합=65(0.0035%)

떨리다[1] 동 ☆★☆ 【Text=37/Freq1=65(100%)】
　① ㉠ (예) [손이/찻잔이] 떨리다.
　　　〔Text=3/Freq2=3(4.6%)〕
　　㉡ (예) [무서워/추위] 몸이 떨리다.
　　　〔Text=28/Freq2=42(64.6%)〕
　② (예) 목소리가 떨리다.
　　　〔Text=8/Freq2=8(12.3%)〕
　③ (예) [무서워/창피해] 가슴이 떨리다.
　　　〔Text=8/Freq2=10(15.4%)〕
　❹ (예) 떨리는 감동을 받다.
　　　〔Text=1/Freq2=1(1.5%)〕
　㉮ <치가 떨리다> 〔Text=1/Freq2=1(1.5%)〕

떨리다[2] 동 【Text=0/Freq1=0】 ⓧ
　① (예) 나뭇잎이 바람에 우수수 떨리다. 〔×〕
　② (예) 무리에서 떨려 나다. 〔×〕

≪**떨어뜨리다**≫ 전체빈도합=44(0.0024%)

떨어뜨리다 동 ☆★★ 【Text=32/Freq1=44】
Ⅰ ① (예) 그릇을 바닥에 떨어뜨리다.
　　　〔Text=20/Freq2=27(61.4%)〕
　② (예) [감을/나뭇잎을] 떨어뜨리다.
　　　〔Text=3/Freq2=3(6.8%)〕
　③ (예) [동전을/지갑을] 떨어뜨리다.
　　　〔Text=2/Freq2=5(11.4%)〕
　④ (예) 아이를 뒤에 떨어뜨리고 걸음을
　　　재촉하다. 〔×〕
　⑤ (예) [선거에서/시험에서] 그를
　　　떨어뜨리다. 〔×〕
　⑥ ㉠ (예) [사기를/입맛을] 떨어뜨리다.
　　　〔Text=1/Freq2=1(2.3%)〕
　　㉡ (예) [가격을/열을] 떨어뜨리다.
　　　〔Text=1/Freq2=2(4.5%)〕
　⑦ (예) [권위를/수준을/신용을]
　　　떨어뜨리다. 〔×〕
　⑧ (예) [고개를/시선을/팔을] 떨어뜨리다.
　　　〔×〕
　❾ (예) [눈물을/코를] 떨어뜨리다.
　　　〔Text=3/Freq2=3(6.8%)〕
　❿ (예) [울음소리를/한 마디 말을]
　　　떨어뜨리다. 〔Text=2/Freq2=2(4.5%)〕
　⓫ (예) 아이들 간식을 떨어뜨리다.
　　　〔Text=1/Freq2=1(2.3%)〕
Ⅱ (예) [양말을/옷을] 금세 떨어뜨리다. 〔×〕
Ⅲ (예) [국민을 종으로/스스로를 싸구려로]
떨어뜨리다. 〔×〕
Ⅳ ① (예) 화장실을 본채와 떨어뜨리다. 〔×〕
　② (예) 아이를 부모에게서 떨어뜨리다.
　　　〔×〕

≪**떨어지다**≫ 전체빈도합=455(0.0245%)

떨어지다 동 ★★★ 【Text=144/Freq1=455】
Ⅰ ① (예) [딱지가/쇠붙이가] 떨어지다.
　　　〔Text=25/Freq2=33(7.3%)〕
　② ㉠ (예) [기력이/신용이] 떨어지다.
　　　〔Text=18/Freq2=45(9.9%)〕
　　㉡ (예) [가격이/체온이/혈압이]
　　　떨어지다. 〔Text=12/Freq2=17(3.7%)〕
　③ (예) [대답이/말]이 떨어지다.
　　　〔Text=2/Freq2=3(0.7%)〕
　④ (예) 다 떨어진 [셔츠/신발].
　　　〔Text=4/Freq2=4(0.9%)〕
　⑤ ㉠ (예) [돈이/식량이] 떨어지다.
　　　〔Text=19/Freq2=24(5.3%)〕
　　㉡ (예) [감기가/입맛이] 떨어지다.
　　　〔Text=1/Freq2=1(0.2%)〕
　　㉢ (예) [구독자가/친구가] 떨어지다.
　　　〔Text=3/Freq2=3(0.7%)〕
　⑥ (예) [신호가/신호음이] 떨어지다. 〔×〕
　⑦ (예) 빚 갚다가 떨어진 돈을 다음에
　　　주다. 〔×〕
　⑧ (예) 일이 잘 되면 내 앞으로 큰돈이
　　　떨어지다. 〔×〕
　⑨ (예) 나눠 떨어질 때까지 계산하다.
　　　〔Text=1/Freq2=1(0.2%)〕
　❿ (예) [정나미가/정이] 떨어지다.
　　　〔Text=2/Freq2=3(0.7%)〕
Ⅱ ① (예) 물건이 땅에 떨어지다.
　　　〔Text=64/Freq2=134(29.5%)〕
　② ㉠ (예) [명령이/허락이] 떨어지다.
　　　〔Text=4/Freq2=4(0.9%)〕
　　㉡ (예) [꾸중이/호통이] 떨어지다.
　　　〔Text=1/Freq2=1(0.2%)〕
　③ (예) [선거에서/시험에] 떨어지다.
　　　〔Text=9/Freq2=15(3.3%)〕
　❹ (예) 나무에서 열매가 떨어지다.
　　　〔Text=27/Freq2=38(8.4%)〕
　❺ (예) 기차에서 떨어지다.
　　　〔Text=10/Freq2=11(2.4%)〕
　❻ (예) [달이/해가] 떨어지다.
　　　〔Text=3/Freq2=4(0.9%)〕

❼ (예) 졸음에 고개가 아래로 떨어지다.
〔Text=3/Freq2=3(0.7%)〕
❽ (예) [무인도에/이 세상에] 떨어지다.
〔Text=2/Freq2=2(0.4%)〕
Ⅲ (예) [삼류로/파락호로] 떨어지다.
〔Text=5/Freq2=6(1.3%)〕
Ⅳ (예) [솜씨가/질이] 떨어지다.
〔Text=4/Freq2=4(0.9%)〕
Ⅴ ① (예) 교실에서 조금 떨어진 곳./
엄마에게서 좀 떨어져 앉다.
〔Text=46/Freq2=74(16.3%)〕
② (예) 가족과 떨어져 살다.
〔Text=6/Freq2=7(1.5%)〕
③ (예) 권리와 의무는 따로 떨어진 것이
아니다. 〔Text=5/Freq2=5(1.1%)〕
[관]<나가 떨어지다>
〔Text=3/Freq2=4(0.9%)〕
[관]<덜 떨어지다> 〔Text=1/Freq2=1(0.2%)〕
[관]<땅에 떨어지다> 〔×〕
[관]<떡고물이 떨어지다> 〔×〕
[관]<똑 떨어지다> 〔Text=2/Freq2=2(0.4%)〕
[관]<먹고 떨어지다> 〔Text=1/Freq2=1(0.2%)〕
[관]<목이 떨어지다> 〔×〕
[관]<[발걸음이/발길이/발이] 떨어지다> 〔×〕
[관]<발등에 불(이) 떨어지다>
〔Text=2/Freq2=2(0.4%)〕
[관]<벼락이 떨어지다> 〔×〕
[관]<애가 떨어지다> 〔×〕
[관]<입이 떨어지지 않다>
〔Text=2/Freq2=2(0.4%)〕
[관]<잠에 떨어지다> 〔Text=1/Freq2=1(0.2%)〕
[관]<[정나미가/정이] 떨어지다> 〔×〕

≪**떨치다**≫전체빈도합=27(0.0015%)

떨치다[1] [동] **【Text=10/Freq1=14(51.9%)】**
Ⅰ (예) [명성이/세력이] 멀리까지 떨치다.
〔Text=1/Freq2=1(7.1%)〕
Ⅱ (예) [기세를/명성을/세력을] 떨치다.
〔Text=9/Freq2=13(92.9%)〕

떨치다[2] [동] **【Text=11/Freq1=13(48.1%)】**
① (예) [그녀를/나뭇잎을] 떨쳐 내다.
〔Text=2/Freq2=3(23.1%)〕
② (예) [느낌을/생각을/예감을] 떨치다.
〔Text=9/Freq2=9(69.2%)〕
③ (예) 의병들이 떨쳐 일어나다.
〔Text=1/Freq2=1(7.7%)〕

≪**떳떳하다**≫전체빈도합=18(0.0010%)

떳떳하다 [형] **【Text=11/Freq1=18】**
⓪ (예) 떳떳한 태도로 처신하다.

≪**떼**≫전체빈도합=52(0.0028%)

떼[1] [명]☆☆★ **【Text=25/Freq1=38(73.1%)】**
① (예) 사람들이 떼를 [이루다/짓다].
〔Text=10/Freq2=11(28.9%)〕
② (예) [비둘기/양] 떼.
〔Text=14/Freq2=23(60.5%)〕
③ (예) 한 떼의 청년들이 몰려 오다.
〔Text=3/Freq2=4(10.5%)〕

떼[2] [명] **【Text=9/Freq1=11(21.2%)】**
⓪<떼를 쓰다>
(예) 아이가 엄마에게 떼를 쓰다.

떼[3] [명] **【Text=1/Freq1=1(1.9%)】**
⓪ (예) 묘에 떼를 입히다.

떼[0] [명] **【Text=1/Freq1=2(3.8%)】**
⓿ (예) 뗏목군들이 떼를 엮다.

≪**떼다**≫전체빈도합=125(0.0067%)

떼다 [동]★☆★ **【Text=66/Freq1=125】**
① (예) 포도 한 알을 떼어 먹다.
〔Text=21/Freq2=42(33.6%)〕
② (예) 잔을 입에서 떼지 않고 마시다.
〔Text=9/Freq2=14(11.2%)〕
③ (예) 생활비 일부를 떼어 저축하다.
〔Text=7/Freq2=9(7.2%)〕
④ (예) 도매상에서 신발을 떼어다 팔다.
〔Text=1/Freq2=1(0.8%)〕
⑤ (예) [애를/자식을] 떼고 돌아서다.
〔Text=4/Freq2=4(3.2%)〕
⑥ (예) 걸음을 떼다. 〔Text=7/Freq2=7(5.6%)〕
⑦ (예) 아이에게서 눈을 떼지 못하다.
〔Text=8/Freq2=8(6.4%)〕
⑧ (예) 말문을 떼다. 〔Text=1/Freq2=1(0.8%)〕
⑨ (예) 증명서를 떼다.
〔Text=3/Freq2=3(2.4%)〕
⑩ (예) 천자문을 떼다.
〔Text=2/Freq2=4(3.2%)〕
⑪ (예) [병을/역질을] 떼다.
〔Text=2/Freq2=2(1.6%)〕
⑫ (예) 젖을 떼다. 〔Text=1/Freq2=1(0.8%)〕
⓭ (예) 빌린 돈을 떼어 먹다.
〔Text=1/Freq2=2(1.6%)〕
⓮ (예) 삶과 죽음을 떼어서 보다.
〔Text=1/Freq2=1(0.8%)〕

[관]<딱지를 떼다> 〔Text=1/Freq2=1(0.8%)〕
[관]<(뗄래야) 뗄 수 없다>
〔Text=2/Freq2=3(2.4%)〕
[관]<손을 떼다> 〔Text=3/Freq2=4(3.2%)〕
[관]<시치미(를) 떼다>
〔Text=14/Freq2=16(12.8%)〕
[관]<애를 떼다> 〔×〕
[관]<운을 떼다> 〔Text=1/Freq2=1(0.8%)〕
[관]<학(질)을 떼다> 그놈에게 학을 떼다.
〔Text=1/Freq2=1(0.8%)〕

≪**또**≫전체빈도합=2,030(0.1093%)

또 [부]★★★ 【Text=200/Freq1=2,030】
① (예) 인내하고 또 인내하다./이런 일이 또 있을까. 〔Text=132/Freq2=413(20.3%)〕
② (예) 봄이라면 또 모르겠지요.
〔Text=12/Freq2=15(0.7%)〕
③ (예) 이제 또 어떤 일이 벌어질까?/또 한편으론 어이없다.
〔Text=167/Freq2=1,222(60.2%)〕
❹ (예) 또 [하나의/다른] 예.
〔Text=87/Freq2=184(9.1%)〕
❺ (예) 또 [한번/다시] 해 보자.
〔Text=48/Freq2=99(4.9%)〕
❻ (예) 또! 넌 왜 자꾸 하지 말라는 것만 골라서 하니? 〔Text=26/Freq2=37(1.8%)〕
❼ (예) 또 알아요? 어떻게 될지.
〔Text=18/Freq2=34(1.7%)〕
❽ (예) 5만원 가운데 또 2만원은 세금으로 떼다. 〔Text=3/Freq2=3(0.1%)〕
❾ (예) 이게 또, 에, 또….
〔Text=10/Freq2=23(1.1%)〕

≪**또는**≫전체빈도합=336(0.0181%)

또는 [부]★★☆ 【Text=78/Freq1=336】
⓪ (예) 중형 또는 대형 자동차.

≪**또다시**≫전체빈도합=48(0.0026%)

또다시 [부] 【Text=30/Freq1=48】
⓪ (예) 또다시 전화벨이 울리다.

≪**또래**≫전체빈도합=25(0.0013%)

또래 [명] 【Text=20/Freq1=25】
① (예) 또래들과 어울리다./또래 집단.
〔Text=7/Freq2=8(32%)〕
② (예) [내/아이들] 또래의 학생.
〔Text=14/Freq2=17(68%)〕

≪**또한**≫전체빈도합=320(0.0172%)

또한 [부]★★☆ 【Text=87/Freq1=320】
⓪ (예) 음악이 듣기 쉽다. 또한 따라 부르기도 간단하다. 〔Text=70/Freq2=217(67.8%)〕
❶ (예) 주민들의 요구 또한 다양하다.
〔Text=49/Freq2=103(32.2%)〕

≪**똑같다**≫전체빈도합=172(0.0093%)

똑같다 [형]★★☆ 【Text=87/Freq1=172】
⓪ (예) 모습이 엄마와 똑같다.

≪**똑같이**≫전체빈도합=62(0.0033%)

똑같이 [부]★☆☆ 【Text=43/Freq1=62】
Ⅰ (예) 똑같이 [나누다/반복되다].
〔Text=40/Freq2=46(74.2%)〕
Ⅱ (예) 몸도 정신과 똑같이 중요하다.
〔Text=12/Freq2=16(25.8%)〕

≪**똑똑하다**≫전체빈도합=43(0.0023%)

똑똑하다 [형]☆★★ 【Text=26/Freq1=43】
① (예) [기원이/발음이] 똑똑하지 않다.
〔Text=6/Freq2=22(51.2%)〕
② (예) 똑똑한 생각./아이가 똑똑하다.
〔Text=20/Freq2=21(48.8%)〕

≪**똑바로**≫전체빈도합=27(0.0015%)

똑바로 [부]☆★★ 【Text=26/Freq1=27】
① (예) 똑바로 [바라보다/서다].
〔Text=25/Freq2=25(92.6%)〕
② (예) 전화를 똑바로 받다.
〔Text=2/Freq2=2(7.4%)〕

≪**똥**≫전체빈도합=26(0.0014%)

똥 [명]☆☆★ 【Text=12/Freq1=26】
⓪ (예) 똥을 누다.

≪**뚜껑**≫전체빈도합=24(0.0013%)

뚜껑 [명]☆☆★ 【Text=18/Freq1=24】
⓪ (예) 냄비의 뚜껑을 [닫다/덮다].
〔Text=17/Freq2=23(95.8%)〕
[관]<뚜껑을 열다> 결과는 뚜껑을 열어 봐야 알 수 있다. 〔Text=1/Freq2=1(4.2%)〕

≪**뚜렷하다**≫전체빈도합=56(0.0030%)

뚜렷하다 [형]★★★ 【Text=40/Freq1=56】
⓪ (예) 뚜렷하게 차이가 나다./뚜렷한 근거.

≪**뚝**≫전체빈도합=31(0.0017%)

뚝[1] [명] 【Text=1/Freq1=1(3.2%)】

⓪ (예) 둑을 지나다.

둑² 뮌 【Text=12/Freq1=17(54.8%)】
① (예) 나무 가지를 뚝 꺾다.
　　〔Text=2/Freq2=3(17.6%)〕
② (예) 떡 한 덩어리를 뚝 떼어 주다.
　　〔Text=7/Freq2=10(58.8%)〕
③㉠ (예) 눈에서 눈물이 뚝 떨어지다.
　　〔Text=2/Freq2=2(11.8%)〕
　㉡ (예) 꽃송이가 뚝 떨어지다.
　　〔Text=2/Freq2=2(11.8%)〕

둑³ 뮌 【Text=7/Freq1=8(25.8%)】
⓪ (예) 말소리들이 뚝 멎다.

둑⁴ 뮌 【Text=4/Freq1=4(12.9%)】
① (예) 시내에서 뚝 떨어진 곳.
　　〔Text=1/Freq2=1(25%)〕
② (예) 성적이 뚝 떨어지다.
　　〔Text=3/Freq2=3(75%)〕

둑ˣ ? 【Text=1/Freq1=1(3.2%)】

≪뚫다≫전체빈도합=39(0.0021%)

뚫다 동☆☆★ 【Text=30/Freq1=39】
① (예) 구멍을 뚫다.
　　〔Text=13/Freq2=19(48.7%)〕
② (예) 송아지 코를 잘 뚫다. 〔×〕
③㉠ (예) 막힌 하수구를 뚫다.
　　〔Text=4/Freq2=4(10.3%)〕
　㉡ (예) [취직자리를/해외 시장을] 뚫다.
　　〔Text=3/Freq2=3(7.7%)〕
④ (예) 어려움을 뚫다.
　　〔Text=9/Freq2=9(23.1%)〕
❺ (예) 체중을 뚫다. 〔Text=1/Freq2=1(2.6%)〕
㉲<뚫어질 듯>/<뚫어지게> 뚫어지게
　　쳐다보다. 〔Text=3/Freq2=3(7.7%)〕

≪뚱뚱하다≫전체빈도합=24(0.0013%)

뚱뚱하다 형☆★★ 【Text=12/Freq1=24】
⓪ (예) 뚱뚱하게 살이 찌다.

≪뛰놀다≫전체빈도합=22(0.0012%)

뛰놀다 동 【Text=12/Freq1=22】
① (예) 아이들이 운동장에서 뛰놀다.
　　〔Text=11/Freq2=13(59.1%)〕
② (예) [맥박이/심장이] 뛰놀다. 〔×〕
❸ (예) [가슴이/마음이] 뛰놀며 설레다.
　　〔Text=1/Freq2=9(40.9%)〕

≪뛰다≫전체빈도합=229(0.0123%)

뛰다 동★★★ 【Text=94/Freq1=229】

Ⅰ① (예) 폴짝폴짝 뛰어 오르다.
　　〔Text=27/Freq2=44(19.2%)〕
② (예) [가슴이/맥박이] 뛰다.
　　〔Text=12/Freq2=17(7.4%)〕
③ (예) 현장으로 죽어라고 뛰다.
　　〔Text=51/Freq2=109(47.6%)〕
④ (예) 멀리뛰기에서 7m를 뛰다.
　　〔Text=8/Freq2=11(4.8%)〕
⑤ (예) [땅/채소] 값이 뛰다.
　　〔Text=4/Freq2=5(2.2%)〕
❻ (예) 뛰는 남자, 나는 여자.
　　〔Text=3/Freq2=3(1.3%)〕
Ⅱ① (예) [도로변을/모래밭을] 뛰다.
　　〔Text=5/Freq2=8(3.5%)〕
② (예) [계임을/공사판을] 뛰다.
　　〔Text=10/Freq2=12(5.2%)〕
③ (예) [그네를/널을] 뛰다.
　　〔Text=3/Freq2=3(1.3%)〕
Ⅲ (예) [강사로/코치로/현역으로] 뛰다.
　　〔Text=10/Freq2=12(5.2%)〕
㉲<[길길이/펄쩍/펄펄]뛰다>
　　길길이 뛰면서 반대하다.
　　〔Text=3/Freq2=5(2.2%)〕

≪뛰어가다≫전체빈도합=43(0.0023%)

뛰어가다 동☆★☆ 【Text=28/Freq1=43】
Ⅰ (예) [약국으로/저만큼] 뛰어가다.
　　〔Text=23/Freq2=41(95.3%)〕
Ⅱ (예) [백사장을/복도를] 뛰어가다.
　　〔Text=2/Freq2=2(4.7%)〕

≪뛰어나가다♣≫전체빈도합=16(0.0009%)

뛰어나가다⁰ 동 【Text=15/Freq1=16】
❶ (예) [마당으로/바깥으로/시내로/큰길로]
　　뛰어나가다.

≪뛰어나다≫전체빈도합=80(0.0043%)

뛰어나다 형★★☆ 【Text=41/Freq1=80】
Ⅰ (예) 솜씨가 뛰어나다./뛰어난 학자.
　　〔Text=40/Freq2=74(92.5%)〕
Ⅱ (예) [글짓기에/서화에] 뛰어나다.
　　〔Text=5/Freq2=6(7.5%)〕

≪뛰어나오다≫전체빈도합=16(0.0009%)

뛰어나오다 동 【Text=13/Freq1=16】
Ⅰ (예) 문밖으로 뛰어나오다.
　　〔Text=11/Freq2=14(87.5%)〕
Ⅱ (예) [부엌에서/현장을] 뛰어나오다.

〔Text=2/Freq2=2(12.5%)〕

≪뛰어넘다≫ 전체빈도합=25(0.0013%)

뛰어넘다 동 【Text=15/Freq1=25】
① (예) [세월을/시간의 벽을] 뛰어넘다.
    〔Text=4/Freq2=5(20%)〕
② (예) [수준을/예상을] 뛰어넘다.
    〔Text=4/Freq2=4(16%)〕
❸ (예) [담을/지붕을] 뛰어넘다.
    〔Text=4/Freq2=10(40%)〕
❹ (예) 게임의 10단계를 뛰어넘다.
    〔Text=3/Freq2=6(24%)〕

≪뛰어다니다*≫ 전체빈도합=27(0.0015%)

뛰어다니다⁰ 동 【Text=24/Freq1=27】
❶ (예) [마당을/운동장을] 뛰어다니다.
    〔Text=18/Freq2=21(77.8%)〕
❷ (예) 숲으로 들판으로 뛰어다니다.
    〔Text=2/Freq2=2(7.4%)〕
❸ (예) 돈 구하러 백방으로 뛰어다니다.
    〔Text=4/Freq2=4(14.8%)〕

≪뛰어들다≫ 전체빈도합=42(0.0023%)

뛰어들다 동 【Text=29/Freq1=42】
① (예) [방으로/집안으로] 뛰어들다.
    〔Text=11/Freq2=14(33.3%)〕
② (예) [철길에/엄마 품으로] 뛰어들다.
    〔Text=6/Freq2=8(19%)〕
③ (예) 물에 뛰어들다.
    〔Text=8/Freq2=11(26.2%)〕
④ (예) [위험한 일에/정계로] 뛰어들다.
    〔Text=7/Freq2=9(21.4%)〕

≪뛰어오다≫ 전체빈도합=20(0.0011%)

뛰어오다 동 【Text=16/Freq1=20】
Ⅰ (예) 아이가 내게로 뛰어오다.
    〔Text=16/Freq2=19(95%)〕
Ⅱ (예) [먼 길을/산길을] 뛰어오다.
    〔Text=1/Freq2=1(5%)〕

≪뛰어오르다≫ 전체빈도합=17(0.0009%)

뛰어오르다 동 【Text=10/Freq1=17】
Ⅰ (예) [높이/자전거에] 뛰어오르다.
    〔Text=7/Freq2=10(58.8%)〕
Ⅱ ① (예) 값이 뛰어오르다.
    〔Text=1/Freq2=1(5.9%)〕
  ② (예) [순위가/1위로] 뛰어오르다.
    〔Text=2/Freq2=4(23.5%)〕

Ⅲ (예) [계단을/산길을] 뛰어오르다.
    〔Text=1/Freq2=2(11.8%)〕

≪뜨겁다≫ 전체빈도합=84(0.0045%)

뜨겁다 형★★★ 【Text=57/Freq1=84】
① (예) 국이 뜨겁다./뜨거운 [물/밥].
    〔Text=28/Freq2=40(47.6%)〕
② (예) 뜨거운 [박수/사랑/호응].
    〔Text=21/Freq2=27(32.1%)〕
관 <[가슴이/마음이] 뜨겁다>
    〔Text=4/Freq2=4(4.8%)〕
관 <[낯이/얼굴이] 뜨겁다>
    〔Text=2/Freq2=3(3.6%)〕
관 <눈시울이 뜨겁다>
    〔Text=4/Freq2=4(4.8%)〕
관 <뜨거운 감자> 〔Text=1/Freq2=1(1.2%)〕
관 <뜨거운 눈물> 〔Text=4/Freq2=5(6%)〕
관 <뜨거운 맛을 보다> 〔×〕

≪뜨다≫ 전체빈도합=303(0.0163%)

뜨다¹ 동 【Text=66/Freq1=117(38.6%)】
① (예) 나무 조각들이 물에 둥둥 뜨다.
    /얼음이 둥둥 뜬 동치미.
    〔Text=18/Freq2=26(22.2%)〕
② (예) 몸이 허공에 뜨다.
    〔Text=17/Freq2=28(23.9%)〕
③ (예) [배가/비행기가] 뜨다.
    〔Text=5/Freq2=7(6%)〕
④ (예) [달이/무지개가/해가] 뜨다.
    〔Text=32/Freq2=50(42.7%)〕
⑤ ㉠ (예) 마음이 붕 뜨다.
    〔Text=1/Freq2=1(0.9%)〕
  ㉡ (예) 겁도 없이 방방 뜨다. 〔×〕
⑥ (예) [벽지가/장판이] 뜨다. 〔×〕
⑦ (예) [군수가/장관이] 이곳에 뜨다. 〔×〕
⑧ (예) [앨범이/연예인이] 뜨다.
    〔Text=1/Freq2=1(0.9%)〕
❾ (예) 화면에 자막이 뜨다.
    〔Text=2/Freq2=3(2.6%)〕
❿ (예) 반도체 값이 많이 뜨다.
    〔Text=1/Freq2=1(0.9%)〕

뜨다² 동 【Text=27/Freq1=34(11.2%)】
① (예) 그릇에 [물을/흙을] 뜨다.
    〔Text=16/Freq2=17(50%)〕
② (예) 국자로 [건더기를/라면을] 뜨다. 〔×〕
③ (예) 밥을 떠 먹다./몇 숟갈 뜨다.
    〔Text=7/Freq2=11(32.4%)〕

④ (예) [떼를/수제비를] 뜨다.
　〖Text=1/Freq2=1(2.9%)〗
⑤ (예) [고기 몇 근/소를 각을] 뜨다. 〔×〕
⑥ (예) 회를 뜨다. 〖Text=2/Freq2=2(5.9%)〗
⑦ (예) [베를/옷감을] 뜨다. 〔×〕
관 <물수제비(를) 뜨다> 〔×〕
관 <한술 더 뜨다> 〖Text=3/Freq2=3(8.8%)〗

뜨다³ 동 【Text=11/Freq1=21(6.9%)】
Ⅰ ① (예) [고향을/서울에서] 뜨다.
　〖Text=2/Freq2=7(33.3%)〗
② (예) 일하던 [학교를/회사를] 뜨다. 〔×〕
③ (예) [세상을/이승을] 뜨다.
　〖Text=1/Freq2=1(4.8%)〗
Ⅱ (예) [딴 곳으로/서울로] (길을) 뜨다.
　〖Text=1/Freq2=1(4.8%)〗
관 <자리를 뜨다> 〖Text=8/Freq2=12(57.1%)〗

뜨다⁴ 동 ★★★ 【Text=76/Freq1=126(41.6%)】
① (예) 눈을 감았다가 뜨다.
　〖Text=63/Freq2=99(78.6%)〗
② (예) [도끼눈을/실눈을] 뜨다.
　〖Text=11/Freq2=13(10.3%)〗
관 <눈 코 뜰 새 없다>
　〖Text=3/Freq2=3(2.4%)〗
관 <눈을 뜨다> 환경 문제에 눈을 뜨다.
　〖Text=10/Freq2=11(8.7%)〗

뜨다⁵ 동 【Text=2/Freq1=2(0.7%)】
① (예) 메주를 뜨다. 〖Text=1/Freq2=1(50%)〗
② (예) 퇴비가 잘 뜨다. 〔×〕
③ (예) 잎이 누렇게 뜨다. 〔×〕
④ (예) 얼굴이 누렇게 뜨다.
　〖Text=1/Freq2=1(50%)〗

뜨다⁶ 동 【Text=2/Freq1=2(0.7%)】
① (예) [멍석을/스웨터를] 뜨다.
　〖Text=2/Freq2=2(100%)〗
② (예) 실을 뜬 바늘로 한 땀 한 땀 뜨다. 〔×〕
③ (예) 문신을 뜨다. 〔×〕

뜨다⁷ 동 【Text=1/Freq1=1(0.3%)】
① (예) [모형을/탁본을] 뜨다.
　〖Text=1/Freq2=1(100%)〗
② (예) [녹화를/비디오를] 뜨다. 〔×〕

뜨다⁸ 동 【Text=0/Freq1=0】 〔×〕
⓪ (예) 뜸을 뜨다. 〔×〕

뜨다⁹ 동 【Text=0/Freq1=0】 〔×〕
⓪ (예) [사이가/시간이] 뜨다. 〔×〕

뜨다¹⁰ 형 【Text=0/Freq1=0】 〔×〕
① (예) 동작이 뜨다. 〔×〕

② (예) [몸이/손이] 뜨다. 〔×〕
③ (예) 지붕의 물매가 뜨다. 〔×〕

≪뜯다≫전체빈도합=59(0.0032%)

뜯다 동 ☆☆★ 【Text=32/Freq1=59】
① (예) [마개를/벽지를] 뜯다.
　〖Text=4/Freq2=8(13.6%)〗
② (예) [나물을/시침질된 실을] 뜯다.
　〖Text=2/Freq2=12(20.3%)〗
③ (예) [배춧잎을/원고를] 뜯다.
　〖Text=2/Freq2=3(5.1%)〗
④ (예) [봉투를/포장을] 뜯다.
　〖Text=9/Freq2=10(16.9%)〗
⑤ (예) [옷을/저금통을/천막을] 뜯다.
　〖Text=3/Freq2=4(6.8%)〗
⑥ (예) [갈비를/풀을] 뜯다.
　〖Text=12/Freq2=15(25.4%)〗
관 <뜯어 고치다> 〖Text=1/Freq2=1(1.7%)〗
관 <뜯어 말리다> 〖Text=1/Freq2=1(1.7%)〗
관 <물고 뜯다> 〖Text=1/Freq2=1(1.7%)〗
관 <[물어/쥐어] 뜯다>
　〖Text=3/Freq2=4(6.8%)〗

≪뜰≫전체빈도합=34(0.0018%)

뜰 명 【Text=18/Freq1=34】
⓪ (예) 집 뜰에 나무를 심다.

≪뜻≫전체빈도합=635(0.0342%)

뜻 명 ★★★ 【Text=138/Freq1=635】
① (예) [글의/말의/속담의/행동의] 뜻을
알다. 〖Text=117/Freq2=456(71.8%)〗
② (예) 생각과 뜻을 표현하다.
　〖Text=43/Freq2=73(11.5%)〗
③ (예) [주신 분의/하늘의] 뜻을 따르다.
　〖Text=39/Freq2=76(12%)〗
④ (예) 이 연구는 매우 뜻이 있다.
　〖Text=16/Freq2=27(4.3%)〗
관 <뜻을 두다> 벼슬에 뜻을 두다.
　〖Text=3/Freq2=3(0.5%)〗

≪뜻밖≫전체빈도합=58(0.0031%)

뜻밖 명 ★★☆ 【Text=38/Freq1=58】
⓪ (예) 뜻밖의 일을 당하다.

≪뜻있다≫전체빈도합=15(0.0008%)

뜻있다⁰ 형 【Text=11/Freq1=15】
❶ (예) 돈을 뜻있는 일에 쓰다./뜻있는 사람들이 모이다.

≪뜻하다≫전체빈도합=85(0.0046%)

뜻하다 동★☆☆　【Text=46/Freq1=85】
① (예) 이 말은 무엇을 뜻하는가?
　　〔Text=36/Freq2=73(85.9%)〕
② (예) 뜻한 바를 이루다.
　　〔Text=2/Freq2=2(2.4%)〕
③ (예) 뜻하지 않게 남편을 여의다.
　　〔Text=9/Freq2=10(11.8%)〕

≪띄다≫전체빈도합=100(0.0054%)

띄다¹ 동★☆☆　【Text=52/Freq1=68(68%)】
① (예) 키가 커서 금방 눈에 띄다.
　　〔Text=46/Freq2=61(89.7%)〕
② (예) 눈에 띄게 [수척하다/악화하다].
　　〔Text=7/Freq2=7(10.3%)〕

띄다² 동　【Text=7/Freq1=28(28%)】
⓪ (예) [거리를/한 줄을] 띄다.

띄다⁰¹ 동　【Text=1/Freq1=1(1%)】
❶ (예) 귀가 번쩍 띄다.

띄다⁰² 동　【Text=3/Freq1=3(3%)】
❶ (예) [성격을/웃음을] 띄다. ☞ 띠다.

≪띄우다≫전체빈도합=26(0.0014%)

띄우다¹ 동　【Text=2/Freq1=2(7.7%)】
⓪ (예) [엽서를/편지를] 띄우다.

띄우다² 동　【Text=10/Freq1=17(65.4%)】
① ㉠ (예) 나뭇잎을 물에 띄우다.
　　〔Text=6/Freq2=13(76.5%)〕
　㉡ (예) 날이 궂어 배를 띄우지 못하다.
　　〔Text=1/Freq2=1(5.9%)〕
② (예) [연을/위성을] 띄우다.
　　〔Text=2/Freq2=2(11.8%)〕
③ (예) 칭찬으로 사람을 띄우다.
　　〔Text=1/Freq2=1(5.9%)〕

띄우다³ 동　【Text=1/Freq1=1(3.8%)】
⓪ (예) [누룩을/메주를] 띄우다.

띄우다⁴ 동　【Text=0/Freq1=0】 ⓧ
⓪ (예) [간격을/사이를] 띄우다. 〔×〕

띄우다⁰¹ 동　【Text=2/Freq1=5(19.2%)】
❶ (예) 입가에 미소를 띄우다.
　　〔Text=2/Freq2=4(80%)〕
❷ (예) 강경 기조를 띄우다.
　　〔Text=1/Freq2=1(20%)〕

띄우다⁰² 동　【Text=1/Freq1=1(3.8%)】
❶ (예) [메신저를/프로그램을] 띄우다.

≪띠≫전체빈도합=19(0.0010%)

띠¹ 명☆☆★　【Text=6/Freq1=11(57.9%)】
① ㉠ (예) 머리에 흰 띠를 하다.
　　〔Text=6/Freq2=11(100%)〕
　㉡ (예) 관복을 입고 띠를 띠다. 〔×〕
② (예) 포대기보다 띠로 아이를 업다. 〔×〕
③ (예) 화투 패에서 띠가 잘 들어오다. 〔×〕

띠² 명　【Text=1/Freq1=8(42.1%)】
⓪ (예) 띠가 맞아서 궁합이 좋다./돼지 띠.

띠³ 명　【Text=0/Freq1=0】 ⓧ
⓪ (예) 띠를 얽어 지붕을 이다. 〔×〕

≪띠다≫전체빈도합=75(0.0040%)

띠다 동★☆☆　【Text=44/Freq1=73(97.3%)】
① (예) [비단 띠를/허리띠를] 띠다. 〔×〕
② (예) [사명을/임무를] 띠다.
　　〔Text=3/Freq2=3(4.1%)〕
③ (예) [빛깔을/빛을] 띠다.
　　〔Text=5/Freq2=6(8.2%)〕
④ (예) [근심의 빛을/웃음을] 띠다.
　　〔Text=21/Freq2=24(32.9%)〕
⑤ (예) [진취적 성격을/활기를] 띠다.
　　〔Text=20/Freq2=40(54.8%)〕

띠다⁰ 동　【Text=1/Freq1=2(2.7%)】
❶ (예) 목에서 혹을 띠다. ☞ 떼다.

ㄹ

≪라디오≫전체빈도합=103(0.0055%)

라디오 명★★★　【Text=33/Freq1=103】
① (예) 라디오가 고장 나다.
　　〔Text=22/Freq2=56(54.4%)〕
② (예) 라디오에 귀를 기울이다.
　　〔Text=18/Freq2=47(45.6%)〕

≪라면≫전체빈도합=26(0.0014%)

라면¹ 명☆★★　【Text=17/Freq1=26】
⓪ (예) 라면을 끓이다.

≪러시아♣≫전체빈도합=31(0.0017%)

러시아⁰ 명(고유)★☆☆　【Text=13/Freq1=31】
❶ (예) 러시아의 역사.

≪렌즈≫전체빈도합=67(0.0036%)

렌즈 명　【Text=3/Freq1=67】

⓪ (예) [광각/망원/어안] 렌즈.

≪로봇≫전체빈도합=61(0.0033%)

로봇 명 【Text=12/Freq1=61】
① (예) [산업용/장난감] 로봇.
〔Text=12/Freq2=59(96.7%)〕
② (예) 조직 속에서 로봇이 된 인간.
〔Text=1/Freq2=2(3.3%)〕

≪류≫전체빈도합=30(0.0016%)

-류¹ 접 【Text=4/Freq1=4(13.3%)】
⓪ (예) 람보류(流)의 영웅주의.
〔Text=3/Freq2=3(75%)〕
❶ (예) 교과서에 외국 작가 글을 싣는 류.
〔Text=1/Freq2=1(25%)〕

-류² 접 【Text=14/Freq1=26(86.7%)】
⓪ (예) [식기/야채/포유]류(類).
〔Text=13/Freq2=24(92.3%)〕
ⓧ 〔Text=1/Freq2=2(7.7%)〕

≪리≫전체빈도합=151(0.0081%) ⁸⁹⁾

리¹ 명 【Text=4/Freq1=5(3.3%)】
⓪ (예) 산골의 리(里) 출신.

리² 명의 【Text=27/Freq1=60(39.7%)】
⓪ (예) 몇 십 리(里).

리³ 명의 ★★☆ 【Text=55/Freq1=86(57%)】
⓪ (예) 마음이 편할 리(理)가 없다.

리⁴ 의 【Text=0/Freq1=0】 ⓧ
⓪ (예) 4할 5푼 3리(厘·釐). 〔×〕

-리⁸ 접 【Text=0/Freq1=0】 ⓧ
⓪ (예) [비밀/성황]리(裡)에 끝나다. 〔×〕

≪리듬≫전체빈도합=16(0.0009%)

리듬 명 【Text=13/Freq1=16】
① (예) [빠른/흥겨운] 리듬의 노래.
〔Text=7/Freq2=9(56.3%)〕
② (예) 주기적인 [변화의/생활의] 리듬.
〔Text=5/Freq2=6(37.5%)〕
③ (예) 시 속에 드러나는 리듬.
〔Text=1/Freq2=1(6.3%)〕
관 <리듬(을) 깨다> 〔×〕
관 <리듬(이) 깨지다> 〔×〕

≪리어카≫전체빈도합=64(0.0034%)

리어카 명 【Text=6/Freq1=64】
⓪ (예) 리어카를 끌다.

ㅁ

≪마구≫전체빈도합=89(0.0048%)

마구¹ 명 【Text=1/Freq1=1(1.1%)】
⓪ (예) 굴레, 안장 등의 마구(馬具).

마구² 명 【Text=0/Freq1=0】 ⓧ
⓪ (예) 마구(魔球)를 던지는 투수. 〔×〕

마구³ 부 【Text=50/Freq1=88(98.9%)】
① (예) 마구 [떠들다/욕을 하다].
〔Text=21/Freq2=29(33%)〕
② (예) 비가 마구 쏟아지다./가슴이 마구 뛰다. 〔Text=25/Freq2=38(43.2%)〕
③ (예) 정처 없이 마구 걷다./아이를 마구 키우다. 〔Text=17/Freq2=21(23.9%)〕

≪마냥≫전체빈도합=17(0.0009%)

마냥 부 【Text=15/Freq1=17】
① (예) 마냥 [기다릴/기뻐할/집을 비울] 수 없다. 〔Text=6/Freq2=6(35.3%)〕
② (예) 값을 마냥 후하게 쳐주다.
〔Text=1/Freq2=1(5.9%)〕
③ (예) 마냥 [부럽다/즐겁기만 하다].
〔Text=9/Freq2=10(58.8%)〕

≪마누라≫전체빈도합=46(0.0025%)

마누라 명 【Text=21/Freq1=46】
① (예) [내/으리] 마누라.
〔Text=16/Freq2=38(82.6%)〕
② (예) [사<del>></del>/주인] 마누라.
〔Text=6/Freq2=8(17.4%)〕

≪마늘≫전체빈도합=16(0.0009%)

마늘 명 ☆☆★ 【Text=9/Freq1=16】
⓪ (예) 파와 마늘로 양념을 하다.

≪마당≫전체빈도합=199(0.0107%)

마당¹ 명 ★★★ 【Text=72/Freq1=195(98%)】 ⁹⁰⁾
① (예) 마당에 나무를 심다.
〔Text=60/Freq2=165(84.6%)〕
② (예) 취자 경쟁의 마당에 뛰어들다./흥겨운 놀이 마당. 〔Text=8/Freq2=16(8.2%)〕
③ (예) 헤어지는 마당에 뭔들 못 해.

---

89) 『연세 한국어 사전』의 '-리⁹'(예:빨리), '-라¹⁰'(예:울리다), '-라¹¹'(예:뚫리다)는 말뭉치의 분석에 적용하지 않았으므로 제외한다.

〔Text=9/Freq2=14(7.2%)〕

마당² 명의 【Text=3/Freq1=4(2%)】
 ① (예) 판소리 열두 마당.
    〔Text=3/Freq2=4(100%)〕
 ② (예) 이 부분은 주인공이 이별하는 마당이다. 〔×〕

≪마디≫ 전체빈도합=122(0.0066%)

마디 명 ★★☆ 【Text=62/Freq1=122】
 Ⅰ ① (예) 대나무 마디.
    〔Text=4/Freq2=4(3.3%)〕
   ② (예) 손가락 마디.
    〔Text=4/Freq2=5(4.1%)〕
   ③ (예) 한 마디 [거들다/하다]./
      한 마디로 말하자면….
    〔Text=35/Freq2=63(51.6%)〕
   ④ (예) 악보의 셋째 마디. 〔×〕
 Ⅱ (예) [노래/말] 한 마디 하다.
    〔Text=34/Freq2=49(40.2%)〕
 ⓧ 〔Text=1/Freq2=1(0.8%)〕

≪마땅하다≫ 전체빈도합=34(0.0018%)

마땅하다 형 【Text=26/Freq1=34】
 Ⅰ ① (예) 쉬려는데 마땅한 곳이 없다.
    〔Text=13/Freq2=13(38.2%)〕
   ② (예) 사과하는 것이 마땅하다.
    〔Text=13/Freq2=21(61.8%)〕
 Ⅱ (예) 그의 대답이 마땅치 않다. 〔×〕

≪마땅히≫ 전체빈도합=23(0.0012%)

마땅히 부 【Text=17/Freq1=23】
 ① (예) 마땅히 해야 할 일이다.
    〔Text=14/Freq2=20(87%)〕
 ② (예) 휴일이지만 마땅히 갈 곳이 없다.
    〔Text=3/Freq2=3(13%)〕

≪마련≫ 전체빈도합=119(0.0064%)

마련¹ 명 【Text=9/Freq1=12(10.1%)】
 ⓪ (예) [여행 경비/음식/학자금] 마련.

마련² 명의 ☆★☆ 【Text=52/Freq1=107(89.9%)】
 ⓪ (예) 누구나 쓰게 마련인 비누.
    /명절은 바쁘기 마련이다.

≪마련되다≫ 전체빈도합=23(0.0012%)

마련되다 동 【Text=17/Freq1=23】
 Ⅰ (예) [기회가/돈이/여건이] 마련되다.

〔Text=6/Freq2=9(39.1%)〕
 Ⅱ (예) [시설이/자리가] 마련되다.
    〔Text=12/Freq2=14(60.9%)〕

≪마련하다≫ 전체빈도합=120(0.0065%)

마련하다 동 ★★☆ 【Text=70/Freq1=120】
 ⓪ (예) [계기를/돈을/음식을/전략을] 마련하다.

≪마루≫ 전체빈도합=78(0.0042%)

마루¹ 명 ☆☆★ 【Text=29/Freq1=73(93.6%)】
 ① (예) 널을 깐 대청 마루.
    〔Text=25/Freq2=62(84.9%)〕
 ② (예) 마당으로 난 좁은 마루에 앉다.
    〔Text=9/Freq2=11(15.1%)〕

마루² 명 【Text=4/Freq1=5(6.4%)】
 ⓪ (예) 겨울해가 서산 마루에 걸리다.

≪마르다≫ 전체빈도합=79(0.0043%)

마르다¹ 동 ★★★ 【Text=43/Freq1=63(79.7%)】
 Ⅰ ① (예) [눈물이/땀이/방이/침이/페인트가] 마르다. 〔Text=26/Freq2=37(58.7%)〕
   ② (예) [물이/우물이] 마르다.
    〔Text=4/Freq2=4(6.3%)〕
   ③ (예) [이야깃거리가/자금이] 마르다.
    〔Text=2/Freq2=2(3.2%)〕
   ❹ (예) 마른 [안주/찬거리].
    〔Text=4/Freq2=4(6.3%)〕
 Ⅱ ① (예) 마른 기침을 하다./마른 하늘에 천둥이 치다. 〔Text=2/Freq2=2(3.2%)〕
   ② (예) 목이 마르다.
    〔Text=10/Freq2=12(19%)〕
 관 <머리에 피도 안 마르다>
    〔Text=1/Freq2=1(1.6%)〕
 관 <씨가 마르다> 〔×〕
 관 <(입에) 침이 마르게> 침이 마르게 추켜올리다. 〔×〕
 관 <입이 마르다> 입이 마르도록 칭찬하다. 〔×〕
 관 <피가 마르다> 그 일을 생각하면 피가 마르다. 〔Text=1/Freq2=1(1.6%)〕

마르다² 동 【Text=15/Freq1=16(20.3%)】
 ⓪ (예) 얼굴이 꺼칠하게 마르다.
    /비쩍 마른 노인.

마르다³ 동 【Text=0/Freq1=0】 ⓧ
 ⓪ (예) [양복을/옷감을] 마르다. 〔×〕

---

90) 『외국인을 위한 한국어 학습 사전』(2004)의 중요 어휘 목록에서는 '마당¹'의 ③에 해당하는 용법을 독립된 의존명사로 보아 ☆★☆의 중요도를 부여하고 있다.

≪**마리**≫전체빈도합=177(0.0095%)

마리 명의 ★★★　【Text=72/Freq1=177】
① (예) [개/벌레/생선] 한 마리.

≪**마시다**≫전체빈도합=409(0.0220%)

마시다 동 ★★★　【Text=110/Freq1=409】
① (예) [물을/술을] 마시다.
〔Text=107/Freq2=399(97.6%)〕
② (예) [공기를/숨을/연탄가스를] 마시다.
〔Text=5/Freq2=10(2.4%)〕

≪**마을**≫전체빈도합=606(0.0326%)

마을 명 ★★★　【Text=95/Freq1=606】
① (예) 시골 마을./마을 회관.
〔Text=95/Freq2=605(99.8%)〕
관 <마을 가다> 마을 가듯 동네를 나오다.
〔Text=1/Freq2=1(0.2%)〕
관 <마을 다니다> 계집애가 밤늦도록 마을만 다니네. 〔×〕

≪**마음**≫전체빈도합=1,347(0.0725%)

마음 명 ★★★　【Text=181/Freq1=1,347】
① (예) 마음이 착하다./마음의 병.
〔Text=112/Freq2=407(30.2%)〕
② (예) 마음의 안정을 찾다./마음이 뒤숭숭하다. 〔Text=128/Freq2=481(35.7%)〕
③ (예) 서로 마음이 [돌아서다/맞다].
〔Text=117/Freq2=307(22.8%)〕
관 <마음 같아서는> 〔Text=2/Freq2=2(0.1%)〕
관 <마음에 걸리다> 〔Text=8/Freq2=9(0.7%)〕
관 <마음에 닿다> 〔×〕
관 <마음에 들다> 〔Text=49/Freq2=76(5.6%)〕
관 <마음에 없는 말> 〔×〕
관 <마음에 차다> 〔Text=1/Freq2=1(0.1%)〕
관 <마음은 굴뚝같다>
〔Text=1/Freq2=2(0.1%)〕
관 <마음을 굳히다> 〔Text=1/Freq2=1(0.1%)〕
관 <마음을 놓다> 〔Text=4/Freq2=5(0.4%)〕
관 <마음을 다잡다> 〔Text=3/Freq2=3(0.2%)〕
관 <마음을 돌리다> 〔Text=2/Freq2=2(0.1%)〕
관 <마음을 비우다> 〔Text=2/Freq2=2(0.1%)〕
관 <마음을 사다> 〔×〕
관 <마음을 사로잡다>
〔Text=1/Freq2=1(0.1%)〕
관 <마음(을) 쓰다> 〔Text=7/Freq2=7(0.5%)〕
관 <마음(을) 잡다> 마음 잡고 공부하다.
〔Text=1/Freq2=1(0.1%)〕
관 <마음(을) 졸이다>
〔Text=3/Freq2=3(0.2%)〕
관 <마음을 주다> 〔Text=2/Freq2=2(0.1%)〕
관 <마음의 는> 〔Text=1/Freq2=1(0.1%)〕
관 <마음의 [문/창문]>
〔Text=4/Freq2=5(0.4%)〕
관 <마음의 즌비> 〔Text=4/Freq2=4(0.3%)〕
관 <마음이 가다> 〔×〕
관 <마음이 가볍다> 〔Text=1/Freq2=2(0.1%)〕
관 <마음이 놓이다> 〔Text=8/Freq2=8(0.6%)〕
관 <마음이 돌아서다> 〔×〕
관 <마음이 들뜨다> 〔Text=3/Freq2=3(0.2%)〕
관 <마음이 무겁다> 〔Text=5/Freq2=7(0.5%)〕
관 <마음이 비다> 〔×〕
관 <마음이 쓰이다> 〔Text=1/Freq2=2(0.1%)〕
관 <마음이 약하다> 〔Text=3/Freq2=3(0.2%)〕

≪**마음가짐**≫전체빈도합=51(0.0027%)

마음가짐 명　【Text=28/Freq1=51】
① (예) 겸손한 마음가짐이 필요하다.

≪**마음껏**≫전체빈도합=26(0.0014%)

마음껏 부　【Text=22/Freq1=26】
① (예) 마음껏 [놀다/먹다/쉬다/울다].

≪**마음먹다**≫전체빈도합=38(0.0020%)

마음먹다 동　【Text=33/Freq1=38】
① (예) [느긋하게/단단히] 마음먹다.
〔Text=17/Freq2=18(47.4%)〕
② (예) [참겠다고/참기로] 마음먹다.
〔Text=16/Freq2=19(50%)〕
③ <마음먹고> (예) 마음먹고 덤비다.
〔Text=1/Freq2=1(2.6%)〕

≪**마음속***≫전체빈도합=19(0.0010%)

마음속⁰ 명　【Text=15/Freq1=19】
⓿ (예) 마음속으로 [다짐하다/생각하다].

≪**마음씨**≫전체빈도합=51(0.0027%)

마음씨 명　【Text=27/Freq1=51】
① (예) 마음씨가 곱다.

≪**마이크**≫전체빈도합=40(0.0022%)

마이크 명　【Text=10/Freq1=40】
① (예) 마이크 앞에 서다.

≪**마주**≫전체빈도합=68(0.0037%)

마주¹ 명　【Text=0/Freq1=0】 ⓧ
① (예) 마주(馬主). 〔×〕

마주² 〖부〗★☆☆ 【Text=36/Freq1=68(100%)】
　① (예) 두 사람이 마주 [보다/앉다].
　　〔Text=31/Freq2=58(85.3%)〕
　② (예) 양쪽 상가가 마주 보다.
　　〔Text=7/Freq2=7(10.3%)〕
　③ (예) 손을 흔드는 아이들에게 마주 손을
　　흔들어 주다. 〔Text=3/Freq2=3(4.4%)〕

≪마주치다≫전체빈도합=57(0.0031%)
　마주치다 〖동〗 【Text=38/Freq1=57】
　Ⅰ ① (예) [눈길이/자동차가] 마주치다.
　　　〔Text=21/Freq2=26(45.6%)〕
　　② (예) 길에서 친구와 마주치다.
　　　〔Text=13/Freq2=13(22.8%)〕
　Ⅱ (예) [눈길을/눈을/얼굴을] 마주치다.
　　〔Text=4/Freq2=4(7%)〕
　Ⅲ (예) 손바닥을 마주치다.
　　〔Text=2/Freq2=2(3.5%)〕
　Ⅳ ⓪ (예) 거리에서 친구를 마주치다.
　　〔Text=8/Freq2=10(17.5%)〕
　　❶ (예) 마주치는 [순간순간/일].
　　　〔Text=2/Freq2=2(3.5%)〕

≪마지막≫전체빈도합=218(0.0117%)
　마지막 〖명〗★★★ 【Text=98/Freq1=218】
　Ⅰ (예) 처음과 마지막이 중요하다.
　　〔Text=61/Freq2=96(44%)〕
　Ⅱ (예) 마지막 [숨/월급].
　　〔Text=74/Freq2=121(55.5%)〕
　Ⅲ ❶ (예) 마지막 가는 마당에….
　　〔Text=1/Freq2=1(0.5%)〕

≪마찬가지≫전체빈도합=201(0.0108%)
　마찬가지 〖명〗★★★ 【Text=98/Freq1=201】
　　⓪ (예) 이와 마찬가지로….
　　　/너희도 우리와 마찬가지구나.

≪마치≫전체빈도합=273(0.0147%)
　마치¹ 〖명〗 【Text=0/Freq1=0】 ⓧ
　　⓪ (예) 마치로 두드려 못을 박다. 〔×〕
　마치² 〖명〗 【Text=0/Freq1=0】 ⓧ
　Ⅰ (예) 농악대가 마치를 치며 놀다. 〔×〕
　Ⅱ (예) 가락을 두 번 치고 세 마치로 돌다.
　　〔×〕
　마치³ 〖부〗★★★ 【Text=107/Freq1=272(99.6%)】

　　⓪ (예) 동상이 마치 움직이는 것 같다.
　마치ˣ 〖?〗 【Text=1/Freq1=1(0.4%)】

≪마치다≫전체빈도합=173(0.0093%)
　마치다¹ 〖동〗 【Text=0/Freq1=0】 ⓧ
　　⓪ (예) [머리가/무릎이] 마치고 결리다. 〔×〕
　마치다² 〖동〗★★★ 【Text=86/Freq1=173(100%)】
　　⓪ (예) [이야기를/준비를/학기를] 마치다.

≪마침≫전체빈도합=88(0.0047%)
　마침 〖부〗★★★ 【Text=61/Freq1=88】
　① (예) 마침 좋은 방이 나오다./마침 잘 오다.
　　〔Text=36/Freq2=42(47.7%)〕
　② (예) 커피가 마침 바닥이 나다.
　　〔Text=10/Freq2=11(12.5%)〕
　③ (예) [그때/사고가 났을 때] 마침 지나가다가
　　보다. 〔Text=28/Freq2=35(39.8%)〕

≪마침내≫전체빈도합=138(0.0074%)
　마침내 〖부〗★☆★ 【Text=73/Freq1=138】
　① (예) 문제가 쌓이고 쌓여 마침내 불만이
　　터지다. 〔Text=39/Freq2=61(44.2%)〕
　② (예) 며칠을 곰곰 생각한 끝에 마침내
　　결심하다. 〔Text=54/Freq2=77(55.8%)〕

≪마흔≫전체빈도합=26(0.0014%)
　마흔 〖수〗☆☆★ 【Text=20/Freq1=26】
　　⓪ (예) 나이가 마흔이다.
　　　〔Text=8/Freq2=11(42.3%)〕
　　❶ (예) 마흔 [명/살].
　　　〔Text=14/Freq2=15(57.7%)〕

≪막≫전체빈도합=349(0.0188%) [91]
　막¹ 〖명〗 【Text=0/Freq1=0】 ⓧ
　　① (예) 세포의 막(膜). 〔×〕
　　② (예) [안개의/어둠의] 막. 〔×〕
　막² 〖명〗 【Text=12/Freq1=20(5.7%)】
　① (예) 막(幕)과 막 사이의 휴식 시간.
　　〔Text=1/Freq2=1(5%)〕
　② (예) 무대 위에 막을 치다.
　　〔Text=1/Freq2=1(5%)〕
　③ (예) 경계 초소 막을 짓다. 〔×〕
　④ (예) 엷은 막으로 칸을 치다. 〔×〕
　〖관〗<막을 내리다> 대회가 막을 내리다.
　　〔Text=3/Freq2=4(20%)〕
　〖관〗<막을 열다> 우주 시대의 막을 열다.

---

91) 『연세 한국어 사전』의 '막 ⁶'(예:막노동, 막담배), '막 ⁷'(예:막차)는 말뭉치의 분석에 적용하지 않았
　　으므로 제외한다.

〔Text=1/Freq2=1(5%)〕
㉭ <막이 내리다>
① (예) 조명이 꺼지면서 막이 내리다.
　　〔Text=3/Freq2=3(15%)〕
② (예) 구시대의 막이 내리다.〔×〕
㉭ <막이 열리다>
① (예) 조명이 켜지면서 막이 열리다.
　　〔Text=1/Freq2=1(5%)〕
② (예) 새 시대의 막이 열리다.〔×〕
㉭ <막이 오르다>
① (예) [공연의/대회의] 막이 오르다.
　　〔Text=6/Freq2=8(40%)〕
② (예) 새 시대의 막이 오르다.〔×〕
막³ 명의　【Text=2/Freq1=5(1.4%)】
⓪ (예) 연극의 제1막(幕)이 끝나다.
막⁴ 부☆★★　【Text=37/Freq1=241(69.1%)】
① (예) 막 [달리다/먹다/웃다].
　　〔Text=28/Freq2=52(21.6%)〕
② (예) 막 입는 옷./사람을 막 대하다.
　　〔Text=2/Freq2=2(0.8%)〕
❸ (예) 그때 막 실망해 갖고, 막…
　　〔Text=18/Freq2=187(77.6%)〕
막⁵ 부☆★★　【Text=49/Freq1=83(23.8%)】
⓪ (예) 이제 막 개학을 하다.
　/식사를 막 끝내려 하다.

≪막걸리≫ 전체빈도합=18(0.0010%)

막걸리 명☆☆★　【Text=10/Freq1=18】
⓪ (예) 막걸리를 마시다.

≪막내≫ 전체빈도합=22(0.0012%)

막내 명　【Text=15/Freq1=22】
⓪ (예) 다섯 형제 중의 막내.

≪막다≫ 전체빈도합=163(0.0088%)

막다 동★★★　【Text=74/Freq1=163】
① (예) [귀를/출입구를] 막다.
　　〔Text=24/Freq2=36(22.1%)〕
② (예) 앞을 막다.〔Text=18/Freq2=31(19%)〕
③ (예) [말을/행진을] 막다.
　　〔Text=14/Freq2=15(9.2%)〕
④ (예) [적을/침공을] 막다.
　　〔Text=9/Freq2=21(12.9%)〕
⑤ (예) [비를/햇살을] 막다.
　　〔Text=13/Freq2=16(9.8%)〕
⑥ (예) 유혈 사태를 막다.
　　〔Text=32/Freq2=38(23.3%)〕

⑦ (예) [결제 자금을/어음을] 막다.〔×〕
㉭ <입(을) 막다>
⓪ (예) 증인의 입을 막다.
　　〔Text=4/Freq2=4(2.5%)〕
❶ (예) 소리가 나지 않게 입을 막다.
　　〔Text=1/Freq2=2(1.2%)〕

≪막대기≫ 전체빈도합=8(0.0004%)

막대기 명☆☆★　【Text=7/Freq1=8】
⓪ (예) 막대기로 지게를 받치다.

≪막무가내≫ 전체빈도합=15(0.0008%)

막무가내 명　【Text=13/Freq1=15】
Ⅰ (예) 막무가내(莫無可奈)로 우기다.
　/말려도 그는 막무가내이다.
　　〔Text=13/Freq2=15(100%)〕
Ⅱ (예) 막무가내 반대하다.〔×〕

≪막상≫ 전체빈도합=26(0.0014%)

막상 부　【Text=22/Freq1=26】
⓪ (예) 막상 직접 보면 상상과 다르다.

≪막연하다≫ 전체빈도합=30(0.0016%)

막연하다 형　【Text=17/Freq1=30】
Ⅰ (예) 살아갈 [길이/방법이] 막연(漠然)하다.
　　〔×〕
Ⅱ (예) 막연한 [계획/말/생각].
　　〔Text=17/Freq2=30(100%)〕

≪막히다≫ 전체빈도합=104(0.0056%)

막히다 동★★★　【Text=61/Freq1=104】
Ⅰ ① (예) [구멍이/마개가/변기가] 막히다.〔×〕
② (예) [벽이/창이] 막히다.
　　〔Text=2/Freq2=2(1.9%)〕
③ ㉠ (예) 사태로 길이 막히다.
　　〔Text=2/Freq2=2(1.9%)〕
　 ㉡ (예) [대화가/언론가] 막히다.
　　〔Text=9/Freq2=10(9.6%)〕
④ (예) [길이/차가] 막히다.
　　〔Text=12/Freq2=18(17.3%)〕
⑤ (예) [대답이/생각이/할 말이] 막히다.
　　〔Text=5/Freq2=6(5.8%)〕
⑥ (예) 앞뒤가 꽉 막힌 사람.
　　〔Text=1/Freq2=1(1%)〕
Ⅱ (예) [숨이/숨통이] 막히다.
　　〔Text=23/Freq2=27(26%)〕
㉭ <기(가) 막히다>
① (예) 어이없어 기가 막히다.

〔Text=14/Freq2=26(25%)〕
　② (예) 기가 막히게 좋은 일.
　　　〔Text=6/Freq2=6(5.8%)〕
　㉑ <숨(이) 막히다> 숨 막히는 접전.
　　　〔Text=3/Freq2=3(2.9%)〕
　ⓧ 〔Text=2/Freq2=3(2.9%)〕

≪만≫전체빈도합=472(0.0254%)

만¹ 몡 【Text=2/Freq1=4(0.8%)】
　⓪ (예) 아라비아 만(灣).
만² 몡의★★☆　【Text=77/Freq1=127(26.9%)】
　⓪ (예) 10년 만에 돌아오다.
　　　〔Text=69/Freq2=112(88.2%)〕
　❶ (예) 욕심을 낼 만도 하다.
　　　〔Text=8/Freq2=8(6.3%)〕
　❷ (예) [머리통/손바닥]만은 하다.
　　　〔Text=5/Freq2=7(5.5%)〕
만³ 주★★★　【Text=86/Freq1=332(70.3%)】
　Ⅰ (예) 인구가 만(萬)에 불과하다.
　　　〔Text=14/Freq2=19(5.7%)〕
　Ⅱ (예) 5만 [명/원/톤].
　　　〔Text=84/Freq2=311(93.7%)〕
　㉑ <만에 하나> 〔Text=2/Freq2=2(0.6%)〕
만⁴ 관 【Text=7/Freq1=9(1.9%)】
　Ⅰ (예) 만(滿) [네 살/3개월].
　　　〔Text=7/Freq2=9(100%)〕
　Ⅱ (예) 만으로 마흔이다. 〔ⓧ〕

≪만나다≫전체빈도합=889(0.0479%)

만나다 동★★★　【Text=173/Freq1=889】
　Ⅰ ① (예) 회사에서 형을 만나다.
　　　〔Text=145/Freq2=545(61.3%)〕
　　② (예) 뜻밖에 친구를 만나다./산에서
　　　　 노루를 만나다.
　　　〔Text=56/Freq2=125(14.1%)〕
　　③ (예) 도중에 [냇물을/벌판을] 만나다.
　　　〔Text=12/Freq2=18(2%)〕
　　④ (예) [낭패를/횡재를] 만나다.
　　　〔Text=4/Freq2=4(0.5%)〕
　　⑤ (예) [소나기를/폭우를] 만나다.
　　　〔Text=13/Freq2=16(1.8%)〕
　　⑥㉠ (예) [기회를/난세를] 만나다.
　　　〔Text=4/Freq2=5(0.6%)〕
　　　㉡ (예) 제 [세상을/세월을] 만나다.
　　　〔Text=2/Freq2=2(0.2%)〕
　　⑦ (예) [남편을/여자를] 잘 만나다.
　　　〔Text=31/Freq2=59(6.6%)〕

　Ⅱ ① (예) [대표들이/환자들과] 만나다.
　　　〔Text=43/Freq2=86(9.7%)〕
　　② (예) 대자연의 신비와 만나다.
　　　〔Text=9/Freq2=12(1.4%)〕
　　③ (예) [두 대각선이/난류와 한류가]
　　　　 만나다. 〔Text=13/Freq2=16(1.8%)〕
　㉑ <대목을 만나다> 〔ⓧ〕
　㉑ <때를 만나다> 〔ⓧ〕
　㉑ <임자를 만나다> 〔ⓧ〕
　ⓧ 〔Text=1/Freq2=1(0.1%)〕

≪만남≫전체빈도합=37(0.0020%)

만남 몡 【Text=30/Freq1=37】
　⓪ (예) 사람들의 만남과 이별.
　　　〔Text=24/Freq2=30(81.1%)〕
　❶ (예) 문학과 의학의 만남.
　　　〔Text=6/Freq2=7(18.9%)〕

≪만년필≫전체빈도합=10(0.0005%)

만년필 몡☆☆★　【Text=5/Freq1=10】
　⓪ (예) 만년필(萬年筆)로 쓰다.

≪만들다≫전체빈도합=1,871(0.1008%)

만들다 동★★★　【Text=194/Freq1=1,871】
　Ⅰ ① (예) 청동으로 만든 조각품.
　　　〔Text=155/Freq2=1,127(60.2%)〕
　　② (예) [좋은 분위기를/활기찬 학교를]
　　　　 만들다. 〔Text=62/Freq2=115(6.1%)〕
　　③㉠ (예) [노래를/책을] 만들다.
　　　　Text=50/Freq2=156(8.3%)〕
　　　㉡ (예) [신문을/잡지를] 만들다.
　　　〔Text=10/Freq2=17(0.9%)〕
　　　㉢ (예) [연극을/영화를] 만들다.
　　　〔Text=8/Freq2=38(2%)〕
　　④ (예) [기관을/단체를] 만들다.
　　　〔Text=26/Freq2=47(2.5%)〕
　　⑤ (예) [돈을/밑천을] 만들다.
　　　〔Text=3/Freq2=3(0.2%)〕
　　⑥ (예) [기회를/시간을] 만들다.
　　　〔Text=6/Freq2=7(0.4%)〕
　　⑦ (예) [규칙을/법을] 만들다.
　　　〔Text=20/Freq2=36(1.9%)〕
　　⑧ (예) [말썽을/일을/핑계를] 만들다.
　　　〔Text=5/Freq2=5(0.3%)〕
　　⑨ (예) 얼굴에 소금을 만들다.
　　　〔Text=48/Freq2=99(5.3%)〕
　　❿ (예) [가게를/방을] 만들다.

⓫ (예) 곰팡이가 만들어 낸 물질.
　　　〔Text=3/Freq2=6(0.3%)〕
⓬ (예) [사람을/아이를] 만들다.
　　　〔Text=1/Freq2=2(0.1%)〕
⓭ (예) 글씨체를 만들다.
　　　〔Text=1/Freq2=1(0.1%)〕
⓮ (예) 길게 서서 줄을 만들다.
　　　〔Text=1/Freq2=1(0.1%)〕
⓯ (예) 낱말을 만들다.
　　　〔Text=1/Freq2=1(0.1%)〕
⓰ (예) 전통을 만들다.
　　　〔Text=1/Freq2=1(0.1%)〕
⓱ (예) 운동을 해서 몸을 만들다.
　　　〔Text=1/Freq2=1(0.1%)〕
⓲ (예) 탐라를 우리 땅으로 만들다.
　　　〔Text=1/Freq2=1(0.1%)〕
Ⅱ (예) [생활을 즐겁게/어려운 일로/일을 서두르도록] 만들다.
　　　〔Text=88/Freq2=182(9.7%)〕
관 <긁어 부스럼을 만들다> 〔×〕

《만세》전체빈도합=37(0.0020%)

만세¹ 명 【Text=9/Freq1=21(56.8%)】
① (예) 만세(萬歲)를 누리다. 〔×〕
② (예) 만세를 부르다.
　　　〔Text=9/Freq2=21(100%)〕

만세² 명 【Text=0/Freq1=0】 ⓧ
⓪ (예) 뜻을 만세(萬世)에 길이 전하다. 〔×〕

만세³ 감 ★☆☆ 【Text=8/Freq1=16(43.2%)】
⓪ (예) 대한 독립, 만세(萬歲)!

《만약》전체빈도합=156(0.0084%)

만약¹ 명 【Text=23/Freq1=37(23.7%)】
⓪ (예) [만약(萬若)에/만약의 경우를/만약을] 대비하다.

만약² 부 ★★★ 【Text=65/Freq1=119(76.3%)】
① (예) 만약(萬若) 그것이 사실이라면?
　　　〔Text=56/Freq2=97(81.5%)〕
② (예) 내가 만약 여자였다면 어쩔까.
　　　〔Text=16/Freq2=22(18.5%)〕

《만원》전체빈도합=6(0.0003%)

만원 명 ☆☆★ 【Text=6/Freq1=6】
⓪ (예) 버스는 만원(滿員)이다.

《만일》전체빈도합=85(0.0046%)

만일¹ 명 【Text=3/Freq1=6(7.1%)】

〔Text=15/Freq2=25(1.3%)〕
⓪ (예) [만일(萬一)을/만일의 경우를] 생각하다.

만일² 부 ☆☆★ 【Text=46/Freq1=79(92.9%)】
⓪ (예) 내가 만일(萬一) 주인공이라면 어떻게 할까?

《만족》전체빈도합=33(0.0018%)

만족 명 【Text=14/Freq1=33】
⓪ (예) 고객들에게 만족(滿足)을 주다.

《만족하다》전체빈도합=51(0.0027%)

만족하다 동 【Text=36/Freq1=51】
⓪ (예) 결과에 만족(滿足)하다.

《만지다》전체빈도합=88(0.0047%)

만지다 동 ☆★★ 【Text=57/Freq1=88】
① (예) 얼음을 만지는 느낌.
　　　〔Text=47/Freq2=67(76.1%)〕
② (예) 기계를 만질 줄 아는 기술.
　　　〔Text=11/Freq2=18(20.5%)〕
③ (예) 목돈을 만지다.
　　　〔Text=2/Freq2=2(2.3%)〕
ⓧ 〔Text=1/Freq2=1(1.1%)〕

《만큼》전체빈도합=289(0.0156%)

만큼¹ 명의 ★★☆ 【Text=118/Freq1=289】
⓪ (예) 주는 만큼 받고 받다./한강이 얼 만큼 추운 날씨. 〔Text=117/Freq2=288(99.7%)〕
ⓧ 〔Text=1/Freq2=1(0.3%)〕

《만하다》전체빈도합=292(0.0157%)

만하다 동보 ★★☆
　　　【Text=112/Freq1=246(84.2%)】
⓪ (예) 눈이 녹을 만하면 다시 내리곤 하다.
-만하다² 접 【Text=35/Freq1=46(15.8%)】
⓪ (예) [머리통/손바닥/집채]만하다.

《만화》전체빈도합=37(0.0020%)

만화 명 【Text=16/Freq1=37】
⓪ (예) 만화(漫畵)를 그리다.
　　　〔Text=11/Freq2=22(59.5%)〕
관 <만화 영화> 〔Text=5/Freq2=15(40.5%)〕

《많다》전처빈도합=2,118(0.1141%)

많다 형 ★★★ 【Text=199/Freq1=2,118】
① (예) 오가는 사람이 많다. /책상 우에 잡동사니가 많다.
　　　〔Text=188/Freq2=1,337(63.1%)〕
② (예) 가장으로서 할 일이 많다.
　　　〔Text=147/Freq2=502(23.7%)〕

③ (예) 호기심이 많다./사람에 따라 차이가 많다. 〔Text=128/Freq2=279(13.2%)〕

≪많이≫전체빈도합=1,329(0.0716%)

많이 🞲★★★　【Text=186/Freq1=1,329】
① (예) 거리에 외국인이 많이 보이다./책을 많이 읽다. 〔Text=166/Freq2=955(71.9%)〕
② (예) 날이 많이 추워지다./형이 많이 늙었다.
　　〔Text=120/Freq2=369(27.8%)〕
ⓧ 〔Text=3/Freq2=5(0.4%)〕

≪말≫전체빈도합=4,281(0.2305%) 92)

말¹ 🞲★★★　【Text=196/Freq1=4,133(96.5%)】
① (예) 표정을 말로 바꾸다.
　　〔Text=69/Freq2=152(3.7%)〕
② (예) 뭐라고 말을 천천히 하다.
　　〔Text=155/Freq2=1,001(24.2%)〕
③ (예) 우리가 오늘날 쓰고 있는 말./바른 말 고운 말. 〔Text=71/Freq2=316(7.6%)〕
④ (예) 사랑이라는 말.
　　〔Text=148/Freq2=1,019(24.7%)〕
⑤ ㉠ (예) 돈을 싫어하는 사람이 있다는 말을 못 듣다. 〔Text=119/Freq2=554(13.4%)〕
　 ㉡ (예) 산에 곰이 있다는 말도 있다.
　　〔Text=43/Freq2=70(1.7%)〕
⑥ (예) 다정한 말로 설득하다.
　　〔Text=24/Freq2=63(1.5%)〕
⑦ (예) 말이 [맞다/틀리다].
　　〔Text=19/Freq2=28(0.7%)〕
㉮ <말 그대로> 〔Text=7/Freq2=8(0.2%)〕
㉮ <말도 [마시오/말게/말아라]>
　　〔Text=4/Freq2=5(0.1%)〕
㉮ <말도 못하다>
　① (예) 그 사람 변덕은 말도 못하다.
　　〔Text=1/Freq2=2(0%)〕
　② (예) 말도 못할 고생을 겪다. 〔×〕
㉮ <말만 앞세우다> 〔Text=1/Freq2=2(0%)〕
㉮ <말뿐이다> 〔×〕
㉮ <말에 가시가 [돋치다/있다]> 〔×〕
㉮ <말에 뼈(가) 있다>
　　〔Text=1/Freq2=1(0%)〕
㉮ <말을 [건네다/걸다/붙이다]>
　　〔Text=20/Freq2=27(0.7%)〕
㉮ <말을 꺼내다> 〔Text=9/Freq2=10(0.2%)〕

㉮ <말을 나누다> 〔Text=1/Freq2=1(0%)〕
㉮ <말을 내리다> 〔×〕
㉮ <말을 높이다> 〔Text=1/Freq2=1(0%)〕
㉮ <말을 놓다> 〔×〕
㉮ <말을 던지다> 〔Text=2/Freq2=2(0%)〕
㉮ <말을 돌리다>
　① (예) 하던 말을 그만두고 얼른 말을 돌리다. 〔Text=2/Freq2=2(0%)〕
　② (예) 이리저리 말을 돌려 하다. 〔×〕
㉮ <말을 듣다>
　Ⅰ ① (예) [선생님/어른] 말을 듣다.
　　〔Text=14/Freq2=22(0.5%)〕
　　② (예) [다리가/몸이/차가] 말을 듣다.
　　〔Text=2/Freq2=2(0%)〕
　　❸ (예) 친구에게서 말을 듣고 알다.
　　〔Text=2/Freq2=2(0%)〕
　Ⅱ (예) 실수하면 사장에게 말을 듣다.
　　〔Text=1/Freq2=1(0%)〕
㉮ <말을 들어 주다> 〔Text=2/Freq2=2(0%)〕
㉮ <말(을) 맞추다> 〔×〕
㉮ <말을 받다> 〔Text=2/Freq2=2(0.1%)〕
㉮ <말을 뱉다> 〔Text=1/Freq2=1(0%)〕
㉮ <말을 비치다> 〔×〕
㉮ <말을 올리다> 〔×〕
㉮ <말을 자르다> 〔Text=1/Freq2=1(0%)〕
㉮ <말을 주고받다>
　　〔Text=5/Freq2=28(0.7%)〕
㉮ <말을 주워섬기다> 〔×〕
㉮ <말(을) 트다> 〔×〕
㉮ <말이 나다>
　① (예) 비밀이 새서 말이 나다. 〔×〕
　② (예) 말이 났으니까 하는 말인데….
　　〔Text=2/Freq2=2(0%)〕
㉮ <말이 나오다>
　Ⅰ (예) 입에서 말이 나오다. 〔×〕
　Ⅱ (예) 말이 나왔으니까 하는 말인데….
　　〔Text=4/Freq2=5(0.1%)〕
㉮ <말이 되다>
　① (예) 말이 되도록 낱말들을 연결하다.
　　〔Text=1/Freq2=1(0%)〕
　② (예) 갑자기 헤어지자는 게 말이 되니?
　　〔Text=20/Freq2=25(0.6%)〕
　③ (예) 양측 간에 서로 양보하기로 말이

---

92) 『연세 한국어 사전』의 '말⁷'(예:말벌), '-말⁸'(예:세기말)은 말뭉치의 분석에 적용하지 않았으므로 제외한다.

되다. 〔×〕
관 <말이 [떨어지자/떨어지기가 무섭게]>
　　〔Text=2/Freq2=3(0.1%)〕
관 <말이 많다>
　① (예) 말이 많아 보이는 여자.
　　〔Text=3/Freq2=3(0.1%)〕
　② (예) 그 결정에 대해 말이 많다. 〔×〕
관 <말이 말 같다> 〔Text=1/Freq2=1(0%)〕
관 <말이 새다> 〔×〕
관 <말이 아니다> 성적이 말이 아니다.
　　〔Text=8/Freq2=10(0.2%)〕
관 <말이 없다> 말이 별로 없는 사람.
　　〔Text=4/Freq2=5(0.1%)〕
관 <[말이 좋아서/말이] ~이지>
　　〔Text=3/Freq2=3(0.1%)〕
관 <말이 통하다>
　① (예) 외국인과 말이 통하지 않다.
　　〔Text=3/Freq2=3(0.1%)〕
　② (예) 말과 생각이 통하는 친구.
　　〔Text=2/Freq2=2(0%)〕
관 <말이다>
　① (예) 내 말은, 약속을 꼭 지키란 말이다.
　　〔Text=117/Freq2=439(10.6%)〕
　② (예) 내가 먼저 양보하란 말이지?
　　〔Text=80/Freq2=182(4.4%)〕
　③ (예) 이게 말이지 뭐냐면 말이야….
　　〔Text=39/Freq2=100(2.4%)〕
　❹ (예) [그러게/글쎄] 말이다.
　　〔Text=18/Freq2=21(0.5%)〕
관 <아닌 말로> 〔Text=1/Freq2=1(0%)〕
관 <(할) 말을 잊다> 〔×〕
　ⓧ 〔Text=2/Freq2=2(0%)〕

말² 명 【Text=34/Freq1=87(2%)】
　❶ (예) 말을 타고 달리다.

말³ 명 【Text=6/Freq1=10(0.2%)】
　Ⅰ (예) 곡식을 말로 되다.
　　〔Text=1/Freq2=1(10%)〕
　Ⅱ (예) 보리쌀 한 말. 〔Text=5/Freq2=9(90%)〕

말⁴ 명 【Text=2/Freq1=2(0%)】
　① (예) 장기짝의 말을 집어 들다.
　　〔Text=1/Freq2=1(50%)〕
　② (예) 윷놀이에서 단추로 말을 삼다.
　　〔Text=1/Freq2=1(50%)〕

말⁵ 명 【Text=0/Freq1=0】 ⓧ
　❶ (예) 아버지가 우리 말(=마을)에서 제일 어른이다. 〔×〕

말⁶ 명의 ★☆★ 【Text=31/Freq1=48(1.1%)】
　❶ (예) 2010년 말(末).
말ˣ ? 【Text=_/Freq1=1(0%)〕

≪말기≫ 전체빈도합=21(0.0011%)
말기 명 【Text=13/Freq1=20(95.2%)】
　❶ (예) 조선 시대 말기(末期)./말기 암.
말기⁰ 명 【Text=1/Freq1=1(4.8%)】
　❶ (예) [바지/치마]의 말기가 닳다.

≪말끔히≫ 전체빈도합=15(0.0008%)
말끔히 부 【Text=13/Freq1=15】
　① (예) 방을 말끔히 치우다. 〔×〕
　② (예) 피로가 말끔히 가시다./슬픔을 말끔히 잊다. 〔Text=12/Freq2=13(86.7%)〕
　③ (예) 말끔히 새 옷으로 갈아입다.
　　〔Text=1/Freq2=1(6.7%)〕
　❹ (예) 말끔히 쳐다보다.
　　〔Text=1/Freq2=1(6.7%)〕

≪말끝≫ 전체빈도합=18(0.0010%)
말끝 명 【Text=12/Freq1=18】
　❶ (예) 말끝을 높여 대답하다.
　　〔Text=7/Freq2=9(50%)〕
관 <말끝(을) 달다> 〔×〕
관 <말끝(을) 잡다> 〔×〕
관 <말끝(을) 흐리다>
　　〔Text=6/Freq2=9(50%)〕

≪말다≫ 전체빈도합=1,273(0.0686%)
말다¹ 동 【Text=10/Freq1=12(0.9%)】
　Ⅰ (예) [보자기로/종이에] 둘둘 말다.
　　〔Text=2/Freq2=3(25%)〕
　Ⅱ ① (예) [신문을/이불을] 둘둘 말다.
　　〔Text=8/Freq2=8(66.7%)〕
　　② (예) [김밥을/담배를] 말다.
　　〔Text=1/Freq2=1(8.3%)〕

말다² 동 【Text=7/Freq1=8(0.6%)】
　❶ (예) 국에 밥을 말아 먹다./국수를 말다./찬밥에 물을 말다.
　　〔Text=3/Freq2=7(87.5%)〕
관 <말아 먹다> 재산을 다 말아 먹다.
　　〔Text=1/Freq2=1(12.5%)〕

말다³ 동 ★★★ 【Text=77/Freq1=147(11.5%)】
　① (예) 말을 꺼내다가 말다./익다 만 떫은 감.
　　〔Text=26/Freq2=30(20.4%)〕
　② (예) 가든지 말든지./가건 말건/갈까 말까./가느니 마느니./가거나 말거나./

가나 마나.〔Text=46/Freq2=68(46.3%)〕
　③ (예) 형에게 말고는 얘기한 적 없다.
　　/더도 말고 딱 일주일.
　　　〔Text=27/Freq2=30(20.4%)〕
　❹ (예) 싫으면 말고.〔Text=5/Freq2=11(7.5%)〕
　관<-기를 마지 않다> 밤 새우기를 마지
　　않다.〔Text=1/Freq2=2(1.4%)〕
　관<마지 못해> 마지 못해 입을 열다.
　　〔Text=2/Freq2=3(2%)〕
　관<-어/-여 마지 않다> 존경해 마지 않다.
　　〔Text=2/Freq2=2(1.4%)〕
　ⓧ 〔Text=1/Freq2=1(0.7%)〕
말다⁴ 동보★★★
　　　　【Text=188/Freq1=1,106(86.9%)】
　Ⅰ ①㉠ (예) 가지 [마십시오/말아라].
　　　〔Text=150/Freq2=479(43.3%)〕
　　㉡ (예) [참견/부끄러워] 마세요.
　　　〔Text=49/Freq2=110(9.9%)〕
　② (예) 시거든 떫지 말아야지.
　　　〔Text=22/Freq2=37(3.3%)〕
　③ (예) 남 일에 참견하지 말아야지.
　　　〔Text=28/Freq2=44(4%)〕
　Ⅱ ① (예) 수술을 받았지만 결국 죽고
　　말았다.〔Text=109/Freq2=364(32.9%)〕
　② (예) 꼭 이기고 말겠다.
　　　〔Text=20/Freq2=23(2.1%)〕
　Ⅲ (예) 가고 말고/그럼, 귀엽다 마다.
　　　〔Text=29/Freq2=48(4.3%)〕
　ⓧ 〔Text=1/Freq2=1(0.1%)〕

≪말리다≫전체빈도합=80(0.0043%)
말리다¹ 동★★★ 【Text=27/Freq1=41(51.3%)】
　⓪ (예) [고추를/빨래를] 말리다.
　　　〔Text=24/Freq2=38(92.7%)〕
　관<씨를 말리다> 〔×〕
　관<피를 말리다> 〔Text=3/Freq2=3(7.3%)〕
말리다² 동 【Text=30/Freq1=36(45%)】
　⓪ (예) [싸움을/아버지를] 말리다.
말리다³ 동 【Text=3/Freq1=3(3.8%)】
　Ⅰ (예) 둘둘 말린 [멍석/종이/테이프].
　　　〔Text=1/Freq2=1(33.3%)〕
　Ⅱ ① (예) [멍석에/이불에] 둘둘 말리다.〔×〕
　② (예) 발이 수초에 말리다.〔×〕
　③ (예) [남의 일에/사건에] 말려 들다.
　　　〔Text=2/Freq2=2(66.7%)〕

≪말미암다≫전체빈도합=24(0.0013%)
말미암다 동 【Text=14/Freq1=24】
　⓪ (예) 지진으로 말미암아 정전이 되다.

≪말소리≫전체빈도합=28(0.0015%)
말소리 명 【Text=16/Freq1=28】
　⓪ (예) 말소리가 들리다.
　　　〔Text=8/Freq2=10(35.7%)〕
　❶ (예) 말소리 규칙.
　　　〔Text=8/Freq2=18(64.3%)〕

≪말씀≫전체빈도합=425(0.0229%)
말씀 명★★★ 【Text=110/Freq1=425】
　① (예) 스님의 말씀을 듣다.
　　　〔Text=103/Freq2=373(87.8%)〕
　② (예) 제가 말씀을 올리겠습니다.
　　　〔Text=29/Freq2=50(11.8%)〕
　관<천만의 말씀> 〔Text=2/Freq2=2(0.5%)〕

≪말씀드리다≫전체빈도합=109(0.0059%)
말씀드리다 동★★☆ 【Text=52/Freq1=109】
　⓪ (예) 아이가 어머니께 말씀드리다.

≪말씀하다≫전체빈도합=296(0.0159%)
말씀하다 동★★☆ 【Text=75/Freq1=296】
　⓪ (예) 선생님께서 말씀하시다.

≪말씨≫전체빈도합=25(0.0013%)
말씨 명 【Text=15/Freq1=25】
　① (예) 말씨가 다정다감하다.
　　　〔Text=12/Freq2=21(84%)〕
　② (예) 서울 말씨를 쓰다.
　　　〔Text=3/Freq2=4(16%)〕

≪말없이≫전체빈도합=23(0.0012%)
말없이 부 【Text=20/Freq1=23】
　① (예) 말없이 바라보다.
　　　〔Text=18/Freq2=20(87%)〕
　② (예) 아이들이 말없이 잘 지내다.〔×〕
　ⓧ 〔Text=2/Freq2=3(13%)〕

≪말투≫전체빈도합=25(0.0013%)
말투 명 【Text=18/Freq1=25】
　① (예) 기뻐 어쩔 줄 모르는 말투.
　　　〔Text=14/Freq2=20(80%)〕
　② (예) 말투가 바뀌다.
　　　〔Text=5/Freq2=5(20%)〕

≪말하다≫전체빈도합=3,013(0.1623%)
말하다 동★★★ 【Text=196/Freq1=3,013】
　Ⅰ ① (예) [견해를/좋다고] 말하다.

〔Text=191/Freq2=2,727(90.5%)〕

② (예) 논어에서 이렇게 말하다.
〔Text=19/Freq2=34(1.1%)〕

③ (예) 친구에게 일자리를 말해 두다. 〔×〕

④ (예) 사회 모순을 단적으로 말하다.
〔Text=20/Freq2=28(0.9%)〕

❺ (예) 실력으로 말하자면 그가 최고다.
〔Text=3/Freq2=4(0.1%)〕

Ⅱ (예) 열대야는 밤에도 무더운 현상을 말한다. 〔Text=43/Freq2=73(2.4%)〕

[관]<다시 [말하(자)면/말해(서)]>
〔Text=44/Freq2=106(3.5%)〕

[관]<말할 것도 없다>
〔Text=25/Freq2=39(1.3%)〕

[x] 〔Text=2/Freq2=2(0.1%)〕

≪**말하자면**≫전체빈도합=79(0.0043%)

말하자면 [부] **【Text=39/Freq1=79】**

⓪ (예) 빨래방은 말하자면 현대적인 우물터이다.

≪**맑다**≫전체빈도합=212(0.0114%)

맑다 [형]★★★ **【Text=82/Freq1=212】**

① (예) 맑은 [공기/유리창].
〔Text=47/Freq2=121(57.1%)〕

② (예) 날씨가 맑다.
〔Text=28/Freq2=45(21.2%)〕

③ (예) 의식이 맑다. 〔Text=4/Freq2=4(1.9%)〕

④ ㉠ (예) 맑은 덕을 기리다.
〔Text=12/Freq2=18(8.5%)〕

㉡ (예) 맑고 깨끗한 [눈동자/아이].
〔Text=9/Freq2=9(4.2%)〕

⑤ (예) 맑은 새소리.
〔Text=8/Freq2=13(6.1%)〕

[x] 〔Text=1/Freq2=2(0.9%)〕

≪**맘**≫전체빈도합=43(0.0023%) [93]

맘 [명] **【Text=31/Freq1=43】** ☞마음.

① (예) 맘이 착하다./맘의 병.
〔Text=5/Freq2=6(14%)〕

② (예) 맘이 [뒤숭숭하다/안정되다].
〔Text=4/Freq2=5(11.6%)〕

③ (예) 맘이 [돌아서다/맞다].
〔Text=8/Freq2=11(25.6%)〕

[관]<맘 같아서는> 〔×〕

[관]<맘에 걸리다> 〔Text=1/Freq2=1(2.3%)〕

[관]<맘에 닿다> 〔×〕

[관]<맘에 [들다/맞다]>
〔Text=13/Freq2=17(39.5%)〕

[관]<맘에 없는 말> 〔×〕

[관]<맘에 차다> 〔×〕

[관]<맘은 굴뚝 같다> 〔×〕

[관]<맘을 굳히다> 〔×〕

[관]<맘을 놓다>/ <맘이 놓이다>
〔Text=1/Freq2=1(2.3%)〕

[관]<맘을 다잡다> 〔×〕

[관]<맘을 돌리다> 〔×〕

[관]<맘을 비우다> 〔×〕

[관]<맘을 사다> 〔×〕

[관]<맘(을) 쓰다> 〔×〕

[관]<맘(을) 잡다> 〔Text=2/Freq2=2(4.7%)〕

[관]<맘(을) 졸이다> 〔×〕

[관]<맘을 주다> 〔×〕

[관]<맘의 눈> 〔×〕

[관]<맘의 [문/창문]> 〔×〕

[관]<맘의 준비> 〔×〕

[관]<맘이 가다> 〔×〕

[관]<맘이 가볍다> 〔×〕

[관]<맘이 돌아서다> 〔×〕

[관]<맘이 들뜨다> 〔×〕

[관]<맘이 무겁다> 〔×〕

[관]<맘이 비다> 〔×〕

[관]<맘이 쓰이다> 〔×〕

[관]<맘이 약하다> 〔×〕

≪**맛**≫전체빈도합=182(0.0098%)

맛 [명]★★★ **【Text=77/Freq1=182】**

① (예) 김치의 맛.
〔Text=39/Freq2=97(53.3%)〕

② (예) 함께 살아가는 맛.
〔Text=10/Freq2=11(6%)〕

③ (예) 방망이 맛. 〔Text=1/Freq2=1(0.5%)〕

④ (예) 철학의 참 맛.
〔Text=5/Freq2=5(2.7%)〕

⑤ (예) 등산에 맛을 들이다.
〔Text=1/Freq2=1(0.5%)〕

⑥ (예) 싼 맛에 사다./자기 잘난 맛에 살다. 〔×〕

⑦ (예) 패배의 쓴 맛을 보다. 〔×〕

[관]<뜨거운 맛을 보다> 〔×〕

---

93) 『연세 한국어 사전』에서는 '맘'을 "'마음'의 준말"이라고만 기술하고 있는데, 여기서는 '마음'의 의미 항목 구분에 따라 상세히 나누어 기술한다.

㉞ <맛 좀 보다> 〔Text=2/Freq2=2(1.1%)〕
㉞ <맛만 [보다/보이다]> 〔×〕
㉞ <맛을 들이다>☞⑤. 〔×〕
㉞ <맛(을) 보다>☞맛보다.
　① (예) 음식이 짠지 어떤지 맛을 보다.
　　　〔Text=4/Freq2=4(2.2%)〕
　② (예) 과일을 맛 보다.
　　　〔Text=2/Freq2=2(1.1%)〕
　③ (예) 감동을 맛 보다.
　　　〔Text=1/Freq2=1(0.5%)〕
㉞ <~ 맛을 보다> 유치장 맛을 보다.
　　　〔Text=3/Freq2=6(3.3%)〕
㉞ <맛을 보이다>
　① (예) 진짜 매운탕 맛을 보이다. 〔×〕
　② (예) 따끔한 맛을 보이다. 〔×〕
㉞ <맛이 가다>
　① (예) 찌개가 맛이 가다. 〔×〕
　② (예) 맛이 간 얼굴.
　　　〔Text=3/Freq2=3(1.6%)〕
　❸ (예) 전지가 맛이 가다.
　　　〔Text=1/Freq2=2(1.1%)〕
㉞ <맛(이) 나다> 〔Text=1/Freq2=1(0.5%)〕
㉞ <맛(이) 들다> 강도질에 맛이 들다. 〔×〕
㉞ <맛(이) 없다> 〔Text=11/Freq2=13(7.1%)〕
㉞ <맛(이) 있다>
　　　〔Text=17/Freq2=26(14.3%)〕
㉞ <쓴 맛 단 맛 다 보다> 〔×〕
㉞ <-(어)야 맛이다> 술은 함께 마셔야
　맛이다. 〔Text=1/Freq2=6(3.3%)〕
㉞ <죽을 맛이다> 〔×〕
　ⓧ 〔Text=1/Freq2=1(0.5%)〕

≪맛보다≫전체빈도합=35(0.0019%)

맛보다 동 【Text=29/Freq1=35】
　① (예) 음식을 맛보다.
　　　〔Text=3/Freq2=3(8.6%)〕
　② (예) 갖가지 열매를 맛보다.
　　　〔Text=4/Freq2=4(11.4%)〕
　③ (예) [감동을/감회를] 맛보다.
　　　〔Text=23/Freq2=28(80%)〕

≪맛있다≫전체빈도합=157(0.0085%)

맛있다 형★★★ 【Text=69/Freq1=157】
　⓪ (예) 맛있는 음식.

≪망가지다≫전체빈도합=15(0.0008%)

망가지다 동 【Text=13/Freq1=15】
　⓪ (예) 장난감이 망가지다.
　　　〔Text=10/Freq2=11(73.3%)〕
　❶ (예) 몸이 망가지다.
　　　〔Text=3/Freq2=4(26.7%)〕

≪망설이다≫전체빈도합=55(0.0030%)

망설이다 동 【Text=37/Freq1=55】
　⓪ (예) 결심을 못 하고 망설이다.

≪망치≫전체빈도합=16(0.0009%)

망치 명☆☆★ 【Text=9/Freq1=16】
　⓪ (예) 망치로 못을 박다.

≪망치다≫전체빈도합=21(0.0011%)

망치다 동 【Text=15/Freq1=21】
　⓪ (예) [농사를/장래를] 망치다.

≪망하다≫전체빈도합=32(0.0017%)

망하다¹ 동★☆★ 【Text=22/Freq1=31(96.9%)】
　Ⅰ (예) [사업이/회사가] 망(亡)하다.
　　　〔Text=18/Freq2=21(67.7%)〕
　Ⅱ (예) 재산을 망해 먹다.
　　　〔Text=1/Freq2=1(3.2%)〕
　Ⅲ (예) 망할 [것/놈/자식].
　　　〔Text=7/Freq2=9(29%)〕

망하다² 형 【Text=1/Freq1=1(3.1%)】
　⓪ (예) 사람이 살기에는 영 망(亡)한 고장.

≪맞다≫전체빈도합=695(0.0374%) [94]

맞다¹ 동★★★ 【Text=136/Freq1=436(62.7%)】
　Ⅰ ① (예) [말이/이야기가] 맞다.
　　　〔Text=41/Freq2=72(16.5%)〕
　　② (예) [꿈이/옛말이/육감이] 맞다.
　　　〔Text=8/Freq2=12(2.8%)〕
　　③ (예) [간이/습도가] 맞다.
　　　〔Text=5/Freq2=6(1.4%)〕
　　④ (예) [주소가 목동이/진짜가] 맞다.
　　　〔Text=19/Freq2=22(5%)〕
　　⑤ (예) 맞아, 이유가 있겠지.
　　　〔Text=44/Freq2=96(22%)〕
　Ⅱ ① (예) [내게/손가락에] 꼭 맞다.
　　　〔Text=17/Freq2=25(5.7%)〕
　　②㉠ (예) [나에게/분수에] 맞는 일.
　　　〔Text=40/Freq2=94(21.6%)〕
　　　㉡ (예) [비위에/취향에] 맞다.
　　　〔Text=13/Freq2=17(3.9%)〕

─────────────
94) 『연세 한국어 사전』의 '- 맞다⁴'(예:극성맞다)는 말뭉치의 분석에 적용하지 않았으므로 제외한다.

③ (예) 내게 맞는 여자.
　　　　〔Text=29/Freq2=50(11.5%)〕
　Ⅲ (예) 사람들이 [이야기가/이해관계가]
　　맞다./말이 앞뒤가 맞다.
　　　　〔Text=9/Freq2=23(5.3%)〕
　㉿ <[꿍짝이/쿵짝이] 맞다> 〔×〕
　㉿ <눈이 맞다> 〔Text=5/Freq2=5(1.1%)〕
　㉿ <마음이 맞다>
　　　　〔Text=2/Freq2=2(0.5%)〕
　㉿ <배가 맞다> 〔Text=2/Freq2=2(0.5%)〕
　㉿ <배짱이 맞다> 〔×〕
　㉿ <손발이 맞다>
　　　　〔Text=3/Freq2=5(1.1%)〕
　㉿ <수지가 맞다>
　　　　〔Text=1/Freq2=1(0.2%)〕
　㉿ <죽이 맞다> 〔Text=2/Freq2=2(0.5%)〕
　㉿ <호흡이 맞다>
　　　　〔Text=1/Freq2=1(0.2%)〕
　㊀ 〔Text=1/Freq2=1(0.2%)〕

맞다² 동 ★★★ 【Text=89/Freq1=164(23.6%)】
　Ⅰ ① (예) 아이가 친구에게 맞다.
　　　　〔Text=35/Freq2=59(36%)〕
　　② (예) [공에/매를/총알을] 맞다.
　　　　〔Text=15/Freq2=28(17.1%)〕
　　③ (예) [부도를/야단을/퇴짜를] 맞다.
　　　　〔Text=8/Freq2=8(4.9%)〕
　　④ (예) [눈을/벼락을/비를] 맞다.
　　　　〔Text=29/Freq2=36(22%)〕
　　⑤ (예) [주사를/침을] 맞다.
　　　　〔Text=10/Freq2=13(7.9%)〕
　　⑥ (예) 100점을 맞다.
　　　　〔Text=4/Freq2=8(4.9%)〕
　　⑦ (예) 도장을 맞다. 〔×〕
　Ⅱ ① (예) 돌이 이마에 맞다.
　　　　〔Text=2/Freq2=2(1.2%)〕
　　② (예) 활이 과녁에 맞다.
　　　　〔Text=3/Freq2=3(1.8%)〕
　㉿ <날벼락을 맞다> 〔×〕
　㉿ <된서리를 맞다> 〔×〕
　㉿ <철퇴를 맞다> 〔×〕
　㉿ <[칼을/칼침을] 맞다>
　　　　〔Text=2/Freq2=3(1.8%)〕
　㉿ <풍을 맞다> 〔Text=1/Freq2=1(0.6%)〕
　㊀ 〔Text=2/Freq2=3(1.8%)〕

맞다³ 동 【Text=55/Freq1=94(13.5%)】
　Ⅰ ①㉠ (예) 손님을 맞다.

　　　　〔Text=26/Freq2=36(38.3%)〕
　　㉡ (예) [최후를/축제를] 맞다.
　　　　〔Text=5/Freq2=5(5.3%)〕
　　② (예) 90년대를 맞다.
　　　　〔Text=22/Freq2=36(38.3%)〕
　　③ (예) [어려움을/호황을] 맞다.
　　　　〔Text=11/Freq2=14(14.9%)〕
　　④ (예) 아내를 맞다.
　　　　〔Text=1/Freq2=1(1.1%)〕
　　⑤ (예) 적을 맞아 싸우다.
　　　　〔Text=1/Freq2=1(1.1%)〕
　Ⅱ ① (예) 그들을 [국빈으로/손님으로] 맞다.
　　　〔×〕
　　② (예) 처녀를 아내로 맞다.
　　　　〔Text=1/Freq2=1(1.1%)〕

맞다⁰ 동 【Text=1/Freq1=1(0.1%)】
　❶ (예) 길 맞은 편 가게.

≪**맞서다**≫전체빈도합=27(0.0015%)

맞서다 동 【Text=21/Freq1=27】
　① (예) 두 [사람이/세력이/주장이] 맞서다.
　　　　〔Text=17/Freq2=19(70.4%)〕
　② (예) [죽음에/현실에] 맞서는 태도.
　　　　〔Text=3/Freq2=3(11.1%)〕
　㉿ <맞서 싸우다> 〔Text=5/Freq2=5(18.5%)〕

≪**맞은편**≫전체빈도합=23(0.0012%)

맞은편 명 ☆☆★ 【Text=16/Freq1=23】
　❶ (예) 길 건너 맞은편으로 가다.l

≪**맞이하다**≫전체빈도합=72(0.0039%)

맞이하다 동 ★☆☆ 【Text=45/Freq1=72】
　Ⅰ (예) [손님을/앞날을] 맞이하다.
　　　　〔Text=25/Freq2=33(45.8%)〕
　Ⅱ (예) 그녀를 [식구로/아내로] 맞다.
　　　　〔Text=24/Freq2=39(54.2%)〕

≪**맞추다**≫전체빈도합=180(0.0097%)

맞추다 동 ★★★ 【Text=93/Freq1=180】
　Ⅰ ① (예) 배트로 공을 맞추다.
　　　　〔Text=2/Freq2=2(1.1%)〕
　　② (예) [눈길을/초점을] 꽃에 맞추다./
　　시계 바늘을 5시에 맞추다.
　　　　〔Text=15/Freq2=25(13.9%)〕
　　③ (예) [복권을/정답을] 맞추어 보다.
　　④ (예) [기한을/약속 시간을] 맞추다.
　　　　〔Text=4/Freq2=6(3.3%)〕
　　⑤ (예) [구두를/안경을/양복을] 맞추다.

❻ (예) [구색을/인원을/짝을] 맞추다.
　　〔Text=7/Freq2=8(4.4%)〕
❼ (예) [번호를 순서대로/줄을] 맞추다.
　　〔Text=7/Freq2=7(3.9%)〕
❽ (예) [답을/의도를] 정확히 맞추다.
　☞ 맞히다. 〔Text=4/Freq2=4(2.2%)〕
Ⅱ ① (예) [모양을/크기를] 구멍에 맞추다.
　　〔Text=4/Freq2=6(3.3%)〕
② (예) 그들에게 [보조를/장단을/호흡을] 맞추다. 〔Text=18/Freq2=21(11.7%)〕
❸ (예) [기준에/시간에/입맛에/취향에] 맞추다. 〔Text=53/Freq2=71(39.4%)〕
㉮ <눈을 맞추다>
① (예) 두 사람이 눈을 맞추고는 반대쪽으로 사라지다. 〔Text=1/Freq2=1(0.6%)〕
② (예) 서로 눈을 맞추고 즐겁게 놀다.
　　〔Text=2/Freq2=2(1.1%)〕
㉮ <비위를 맞추다> 〔Text=2/Freq2=2(1.1%)〕
㉮ <입을 맞추다>
① (예) 둘이 껴안고 입을 맞추다.
　　〔Text=2/Freq2=2(1.1%)〕
② (예) 어떻게 대답할지 입을 맞추다.
　　〔Text=2/Freq2=2(1.1%)〕
❸ (예) [꽃에/뺨에] 입을 맞추다.
　　〔Text=6/Freq2=6(3.3%)〕

≪맡기다≫전체빈도합=77(0.0041%)

맡기다 동★★★　【Text=51/Freq1=77】
① (예) [가방을/열쇠를/짐을] 맡기다.
　　〔Text=6/Freq2=10(13%)〕
② (예) [노모를/아이를] 맡기다.
　　〔Text=9/Freq2=11(14.3%)〕
③ ㉠ (예) [반장을/수사를/일을] 맡기다.
　　〔Text=12/Freq2=12(15.6%)〕
㉡ (예) 그에게 주인공 역을 맡기다. 〔×〕
④ (예) [두 손을/몸을] 맡기다.
　　〔Text=4/Freq2=5(6.5%)〕
⑤ (예) 시계를 맡기고 술을 마시다.
　　〔Text=3/Freq2=3(3.9%)〕
⑥ (예) [생산을 기업에/입시 제도를 대학에] 맡기다. 〔Text=11/Freq2=15(19.5%)〕
⑦ (예) [빨래를/일감을] 맡기다.
　　〔Text=13/Freq2=21(27.3%)〕

≪맡다≫전체빈도합=241(0.0130%)

맡다¹ 동　【Text=31/Freq1=42(17.4%)】
① (예) 쑥잎 냄새를 맡다.
　　〔Text=23/Freq2=33(78.6%)〕
㉮ <냄새를 맡다> 기자들이 냄새를 맡다.
　　〔Text=8/Freq2=9(21.4%)〕
맡다² 동★★★　【Text=80/Freq1=199(82.6%)】
① ㉠ (예) [설계를/일을] 맡다.
　　〔Text=53/Freq2=101(50.8%)〕
㉡ (예) [역할을/직책을] 맡다.
　　〔Text=35/Freq2=80(40.2%)〕
㉢ (예) [방자/춘향] 역을 맡다.
　　〔Text=2/Freq2=3(1.5%)〕
② (예) [단체를/아이들을] 맡다.
　　〔Text=6/Freq2=11(5.5%)〕
③ (예) 짐을 맡다. 〔Text=1/Freq2=1(0.5%)〕
④ (예) 일감을 맡다. 〔Text=1/Freq2=1(0.5%)〕
⑤ (예) [도장을/허가를] 맡다.
　　〔Text=1/Freq2=1(0.5%)〕
㉮ <자리를 맡다> 〔Text=1/Freq2=1(0.5%)〕

≪매≫전체빈도합=142(0.0076%) [95]

매¹ 명☆☆★　【Text=11/Freq1=119(83.8%)】
① (예) 매를 손에 들고 때리다.
　　〔Text=6/Freq2=97(81.5%)〕
② (예) 모두에게 매가 돌아오다.
　　〔Text=6/Freq2=19(16%)〕
㉮ <매 타작> 〔×〕
㉮ <매를 들다> 아이에게 매를 들다.
　　〔Text=3/Freq2=3(2.5%)〕
매² 명　【Text=0/Freq1=0】 ⓧ
① (예) 매가 날아가다. 〔×〕
매³ 명　【Text=2/Freq1=2(1.4%)】
① (예) 화선지에 매(梅)를 치다.
매⁴ 명의　【Text=4/Freq1=7(4.9%)】
① (예) [원고지/잎] 4-5매(枚).
매⁵ 부　【Text=0/Freq1=0】 ⓧ
① (예) 채소를 매 씻다. 〔×〕
매⁶ 관　【Text=11/Freq1=14(9.9%)】
① (예) 매(每) [공연/끼니].

≪매기다≫전체빈도합=16(0.0009%)

매기다 동　【Text=15/Freq1=16】
① (예) [값을/번호를/세금을/순위를/점수를]

---

95) 『연세 한국어 사전』의 '매⁸'(예:매한가지), '매⁹'(예:몸매)는 말뭉치의 분석에 적용하지 않았으므로 제외한다.

매기다.

≪**매년**≫전체빈도합=27(0.0015%)

매년 튀 【Text=21/Freq1=27】
 Ⅰ (예) 매년(每年) 관광객이 늘다.
  〔Text=15/Freq2=18(66.7%)〕
 Ⅱ (예) 매년의 계획.
  〔Text=7/Freq2=9(33.3%)〕

≪**매다**≫전체빈도합=67(0.0036%)

매다¹ 동★★★ 【Text=35/Freq1=47(70.1%)】
 ① (예) 운동화 끈을 매다.
  〔Text=8/Freq2=8(17%)〕
 ② (예) [넥타이를/허리띠를] 매다.
  〔Text=18/Freq2=24(51.1%)〕
 ③ (예) 나무에 그네를 매다.
  〔Text=1/Freq2=4(8.5%)〕
 ④ (예) 말뚝에 소를 매다.
  〔Text=8/Freq2=9(19.1%)〕
 관<목을 매다> 목을 매고 자살하다.
  〔Text=1/Freq2=1(2.1%)〕
 관<~에 목을 매다> 월급에 목을 매다.
  〔Text=1/Freq2=1(2.1%)〕
매다² 동 【Text=10/Freq1=18(26.9%)】
 ⓪ (예) [김을/논밭을] 매다.
매다³ 동 【Text=2/Freq1=2(3%)】
 ⓪ (예) [설설/쩔쩔] 매다.

≪**매달다**≫전체빈도합=20(0.0011%)

매달다 동 【Text=17/Freq1=20】
 ① (예) 나무에 [전구를/종을] 매달다.
  〔Text=11/Freq2=14(70%)〕
 ② (예) 귀걸이를 귀에 매달다.
  〔Text=4/Freq2=4(20%)〕
 ③ (예) 슬픔을 눈가에 매달다. 〔×〕
 ④ (예) 작업장에 선풍기를 매달다. 〔×〕
 ⑤ (예) [꽃술을/열매를] 매달다. 〔×〕
 관<목을 매달다> 〔Text=2/Freq2=2(10%)〕

≪**매달리다**≫전체빈도합=96(0.0052%)

매달리다 동★☆☆ 【Text=60/Freq1=96】
 ①㉠ (예) 천정에 전구가 매달리다.
  〔Text=20/Freq2=21(21.9%)〕
 ㉡ (예) 가지에 감이 매달리다.
  〔Text=3/Freq2=4(4.2%)〕

② (예) 그네에 매달리다.
 〔Text=18/Freq2=27(28.1%)〕
③ (예) 만나자고 매달리다.
 〔Text=12/Freq2=14(14.6%)〕
④ (예) 적은 봉급에 온 식구가 매달리다.
 〔Text=6/Freq2=7(7.3%)〕
⑤ (예) 신제품 개발에 매달리다.
 〔Text=17/Freq2=23(24%)〕

≪**매력**≫전체빈도합=33(0.0018%)

매력 명 【Text=26/Freq1=33】
 ⓪ (예) 그에게 매력(魅力)을 느끼다.

≪**매미**≫전체빈도합=42(0.0023%)

매미 명☆☆★ 【Text=5/Freq1=42】
 ⓪ (예) 매미 우는 소리.

≪**매번**≫전체빈도합=15(0.0008%)

매번 튀 【Text=12/Freq1=15】
 ⓪ (예) 하는 말이 매번(每番) 다르다.

≪**매우**≫전체빈도합=298(0.0160%)

매우 튀★★★ 【Text=91/Freq1=298】
 ⓪ (예) 날씨가 매우 좋다.

≪**매일**≫전체빈도합=151(0.0081%)

매일 튀★★☆ 【Text=75/Freq1=151】 [96]
 Ⅰ (예) 매일(每日) 일기를 쓰다.
  〔Text=59/Freq2=103(68.2%)〕
 Ⅱ (예) 매일의 동향을 살피다.
  〔Text=29/Freq2=48(31.8%)〕

≪**매체**≫전체빈도합=43(0.0023%)

매체 명 【Text=12/Freq1=43】
 ① (예) [광고/방송/언론] 매체(媒體).
  〔Text=12/Freq2=43(100%)〕
 ② (예) 용질을 녹이는 매체를 용매라 하다.
  〔×〕

≪**맥**≫전체빈도합=27(0.0015%)

맥 명 【Text=16/Freq1=27】
 ① (예) 맥(脈)이 뛰다.
  〔Text=1/Freq2=4(14.8%)〕
 ② (예) 산이 맥을 이루다.
  〔Text=1/Freq2=1(3.7%)〕
 ③ (예) 이야기의 맥을 잃다.

---

[96] 『외국인을 위한 한국어 학습 사전』(2004)의 중요 어휘 목록에서는 '매일'의 Ⅱ에 해당하는 용법을 독립된 명사로 보아 ☆★★의 중요도를 부여하고 있다.

　　　　〔Text=2/Freq2=2(7.4%)〕
④ (예) 통일의 맥을 잇다.
　　　　〔Text=5/Freq2=8(29.6%)〕
⑤ (예) 병에 걸려 맥을 못 추다.
　　　　〔Text=3/Freq2=3(11.1%)〕
㈜ <맥을 놓다> 〔×〕
㈜ <맥이 빠지다>
　① (예) 불합격 소식에 맥이 빠지다.
　　　　〔Text=5/Freq2=6(22.2%)〕
　② (예) 고된 일에 지쳐 맥이 빠지다.
　　　　〔Text=1/Freq2=1(3.7%)〕
㈜ <맥이 풀리다> 〔Text=2/Freq2=2(7.4%)〕

《맥락》전체빈도합=23(0.0012%)
맥락 몡 【Text=11/Freq1=23】
　⓪ (예) 글의 맥락(脈絡)이 통하다.
　　　　〔Text=4/Freq2=4(17.4%)〕
　❶ (예) 정치적 맥락 속에서 이해하다.
　　　　〔Text=10/Freq2=19(82.6%)〕

《맥주》전체빈도합=88(0.0047%)
맥주 몡★★★ 【Text=18/Freq1=88】
　⓪ (예) 맥주(麥酒)를 마시다.

《맨》전체빈도합=78(0.0042%) 97)
맨¹ 뿌 【Text=0/Freq1=0】 ⓧ
　⓪ (예) 맨 [돈 이야기/여자들] 뿐이다. 〔×〕
맨² ㉮★☆☆ 【Text=44/Freq1=76(97.4%)】
　⓪ (예) 맨 [구석/마지막].
맨⁰ ㉮ 【Text=2/Freq1=2(2.6%)】
　❶ (예) 맨 엉덩이를 드러내다.

《맨날》전체빈도합=47(0.0025%)
맨날 뿌 【Text=23/Freq1=47】
　⓪ (예) 맨날 [똑같다/만나다/싸우다].

《맨발》전체빈도합=15(0.0008%)
맨발 몡 【Text=10/Freq1=15】
　⓪ (예) 맨발로 걷다.
　　　　〔Text=9/Freq2=13(86.7%)〕
㈜ <맨발로 나서다>
　궂은 일에 맨발로 나서다. 〔×〕
㈜ <맨발로 달리다>
　1970년대를 맨발로 달려 오다. 〔×〕
㈜ <맨발로 뛰다>
　선거구를 맨발로 뛰다. 〔×〕

㈜ <맨발로 뛰어나가다> 전장으로 맨발로
　뛰어나가다. 〔Text=2/Freq2=2(13.3%)〕

《맴돌다》전체빈도합=28(0.0015%)
맴돌다 통 【Text=23/Freq1=28】
　① (예) [정원을/집 주변을] 맴돌다.
　　　　〔Text=10/Freq2=10(35.7%)〕
　② (예) 기온이 10도 내외를 맴돌다./성적이
　　　　꼴찌를 맴돌다. 〔Text=3/Freq2=3(10.7%)〕
　③ (예) [기억이/생각이] 머릿속을 맴돌다.
　　　　/귓가에 맴도는 말.
　　　　〔Text=6/Freq2=8(28.6%)〕
　❹ (예) [그의/그녀의] 주변을 맴돌다.
　　　　〔Text=5/Freq2=5(17.9%)〕
　❺ (예) 슬픔이 얼굴에 맴돌다.
　　　　〔Text=1/Freq2=2(7.1%)〕

《맵다》전체빈도합=35(0.0019%)
맵다 혱☆★★ 【Text=23/Freq1=35】
　① (예) 매운 [고추/국물].
　　　　〔Text=17/Freq2=23(65.7%)〕
　② (예) [공기가/바람이] 맵다. 〔×〕
　③ (예) 매운 연기를 피우다.
　　　　〔Text=7/Freq2=11(31.4%)〕
　④ (예) 당차고 매운 [성격/손]. 〔×〕
　❺ (예) 매운 시집살이.
　　　　〔Text=1/Freq2=1(2.9%)〕

《맺다》전체빈도합=73(0.0039%)
맺다 통★★★ 【Text=49/Freq1=73】
Ⅰ ① (예) 매듭을 맺다.
　　　　〔Text=2/Freq2=2(2.7%)〕
　② (예) [꽃망울을/열매를] 맺다.
　　　　〔Text=8/Freq2=11(15.1%)〕
　③ (예) [끝을/얘기를] 맺다.
　　　　〔Text=9/Freq2=10(13.7%)〕
　❹ (예) 피사체가 필름에 상을 맺다.
　　　　〔Text=1/Freq2=3(4.1%)〕
Ⅱ ① ㉠ (예) [관계를/인연을] 맺다.
　　　　〔Text=22/Freq2=27(37%)〕
　　㉡ (예) [계약을/협정을] 맺다.
　　　　〔Text=10/Freq2=12(16.4%)〕
　② (예) 두 사람을 맺어 주다.
　　　　〔Text=4/Freq2=4(5.5%)〕
㈜ <맺고 끊다> 〔×〕
㈜ <열매를 맺다> 노력이 열매를 맺다.

---

97) 『연세 한국어 사전』의 '맨³'(예:맨주먹)은 말뭉치의 분석에 적용하지 않았으므로 제외한다.

〔Text=3/Freq2=4(5.5%)〕

≪맺히다≫ 전체빈도합=25(0.0013%)

맺히다 동 【Text=20/Freq1=25】
① (예) [꽃망울이/열매가] 맺히다.
〔Text=2/Freq2=3(12%)〕
② (예) [눈물이/땀이/이슬이] 맺히다.
〔Text=15/Freq2=16(64%)〕
③ (예) [골수에/마음에] 한이 맺히다.
〔Text=3/Freq2=4(16%)〕
❹ (예) [생각이/초점이] 한 곳에 맺히다.
〔Text=1/Freq2=2(8%)〕
㉤ <맺힌 데가 없다> 〔×〕

≪머금다≫ 전체빈도합=16(0.0009%)

머금다 동 【Text=13/Freq1=16】
① (예) 물을 입에 머금다.
〔Text=2/Freq2=2(12.5%)〕
② (예) 눈물을 머금다.
〔Text=1/Freq2=2(12.5%)〕
③ (예) 입가에 [미소를/웃음을] 머금다.
〔Text=7/Freq2=8(50%)〕
④ ㉠ (예) [울음을/자비를] 머금은 목소리. 〔×〕
㉡ (예) 이슬을 머금은 숲.
〔Text=3/Freq2=3(18.8%)〕
⑤ (예) [분노를/사랑을] 마음에 머금다.
〔Text=1/Freq2=1(6.3%)〕
⑥ (예) 특별한 뜻을 머금은 말. 〔×〕

≪머리≫ 전체빈도합=606(0.0326%) [98]

머리¹ 명 ★★★ 【Text=164/Freq1=606】
① (예) 머리를 아래로 숙이다.
〔Text=67/Freq2=151(24.9%)〕
② (예) 머리에 모자를 쓰다./머리를 긁다.
〔Text=55/Freq2=78(12.9%)〕
③ (예) [물고기의/소의] 머리.
〔Text=19/Freq2=41(6.8%)〕
④ (예) 머리를 [감다/깎다]./머리가 빠지다.
〔Text=68/Freq2=161(26.6%)〕
⑤ (예) 머리가 [나쁘다/잘 돌아가다/좋다].
/머리를 [굴리다/쓰다/쥐어짜다].
〔Text=26/Freq2=49(8.1%)〕
⑥ (예) 좋은 방도가 머리에 떠오르다.
〔Text=31/Freq2=45(7.4%)〕
⑦ (예) 땅에 박힌 돌의 머리.

〔Text=7/Freq2=7(1.2%)〕
⑧ (예) 차 머리에 치다. 〔×〕
⑨ (예) 노래의 머리 부분.
〔Text=4/Freq2=5(0.8%)〕
⑩ (예) [구성원의/집단의] 머리가 되다. 〔×〕
㉤ <머리 위에 올라 앉다> 〔×〕
㉤ <머리가 가볍다> 〔×〕
㉤ <머리가 건전하다> 〔×〕
㉤ <머리가 굳다> 〔×〕
㉤ <머리가 [굵다/굵어지다]>
〔Text=1/Freq2=1(0.2%)〕
㉤ <머리가 깨끗해지다> 〔×〕
㉤ <머리가 깨다> 〔×〕
㉤ <머리가 돌다>
① (예) 50경의 이름을 다 외느라 머리가 돌다. 〔×〕
② (예) 충격을 못 견디고 머리가 돌다.
〔Text=2/Freq2=2(0.3%)〕
③ (예) 어지러워서 머리가 빙글빙글 돌다. 〔×〕
㉤ <머리가 되다> 〔×〕
㉤ <머리가 [띵하다/띵해지다]> 〔×〕
㉤ <머리가 맑다> 〔Text=1/Freq2=1(0.2%)〕
㉤ <머리가 모자라다> 〔×〕
㉤ <머리가 무겁다>
① (예) 숙취로 머리가 무겁다. 〔×〕
② (예) 고민거리 때문에 머리가 무겁다.
〔Text=1/Freq2=1(0.2%)〕
㉤ <머리가 복잡하다>
〔Text=3/Freq2=3(0.5%)〕
㉤ <머리가 아프다>
① (예) 감기에 들어 머리가 아프다.
〔Text=18/Freq2=24(4%)〕
② (예) 세금 문제로 머리가 아프다.
〔Text=1/Freq2=1(0.2%)〕
㉤ <머리가 (잘) 돌아가다> 〔×〕
㉤ <머리가 크다> 〔×〕
㉤ <머리가 (텅) 비다>
① (예) 너무도 놀라 머리가 텅 비다.
〔Text=1/Freq2=1(0.2%)〕
② (예) 머리가 텅 빈 사람이라 아무 생각이 없다. 〔Text=2/Freq2=2(0.3%)〕
㉤ <머리를 굴리다> 〔Text=1/Freq2=1(0.2%)〕

---

[98] 『연세 한국어 사전』의 '-머리²'(예:책상머리, 인정머리)는 말뭉치의 분석에 적용하지 않았으므로 제외한다.

관<머리를 깎다> 머리를 깎고 중이 되다.
　　〔Text=2/Freq2=3(0.5%)〕
관<머리를 끄덕이다> 〔×〕
관<머리를 [내두르다/(내)젓다]> 〔×〕
관<머리를 내밀다> 〔×〕
관<머리를 돌리다> 〔×〕
관<머리를 들다> 의심이 머리를 들다. 〔×〕
관<머리를 들이밀다> 〔×〕
　　① (예) 급하게 헛간으로 머리를 들이밀다.
　　　　〔×〕
　　② (예) 이상한 생각이 머리를 들이밀다.
　　　　〔×〕
관<머리를 [맞대다/모으다]>
　　〔Text=4/Freq2=5(0.8%)〕
관<머리를 숙이다> 〔Text=1/Freq2=1(0.2%)〕
관<머리를 스치다> 〔Text=2/Freq2=2(0.3%)〕
관<머리를 식히다> 〔Text=2/Freq2=2(0.3%)〕
관<머리를 싸매다> 〔Text=4/Freq2=4(0.7%)〕
관<머리를 쓰다> 〔Text=1/Freq2=1(0.2%)〕
관<머리를 얹다> 〔×〕
관<머리를 올리다> 좋은 신랑 만나 머리를
　　올리다. 〔Text=1/Freq2=2(0.3%)〕
관<머리를 정리하다> 〔×〕
관<머리를 조아리다>
　　〔Text=1/Freq2=1(0.2%)〕
관<머리를 (쥐어)짜(내)다> 〔×〕
관<머리를 지지다> 〔×〕
관<머리를 하다> 〔Text=1/Freq2=1(0.2%)〕
관<머리를 흔들다>
　　① (예) 싫다고 머리를 절레절레 흔들다.
　　　　〔×〕
　　② (예) 생각을 떨치려고 머리를 흔들다.
　　　　〔Text=1/Freq2=1(0.2%)〕
　　③ (예) 그의 의견에 머리를 흔들다. 〔×〕
관<머리만 크다> 〔×〕
관<머리에 그리다> 〔×〕
관<머리에 들어오다>
　　〔Text=1/Freq2=1(0.2%)〕
관<머리에 서리가 앉다> 〔×〕
관<머리에 털 나고> 〔×〕
관<머리에 피도 안 마르다>
　　〔Text=1/Freq2=1(0.2%)〕
관<머리(의) 회전이 빠르다> 〔×〕

≪머리카락≫전체빈도합=48(0.0026%)
머리카락 명 ★☆★ 【Text=28/Freq1=48】
　　⓪ (예) 머리카락을 쓸어 올리다.
　　　　〔Text=28/Freq2=48(100%)〕
　　관<머리카락이 (일어)서다> 〔×〕
≪머리칼≫전체빈도합=16(0.0009%)
머리칼 명 【Text=10/Freq1=16】
　　⓪ (예) 흰 머리칼을 뽑다.
≪머릿속≫전체빈도합=47(0.0025%)
머릿속 명 【Text=28/Freq1=47】
　　⓪ (예) 기억이 머릿속에 남아 있다.
≪머무르다≫전체빈도합=57(0.0031%)
머무르다 동 ★☆★ 【Text=41/Freq1=57】
　Ⅰ ① (예) [병원에/여관에서] 머무르다.
　　　　〔Text=10/Freq2=13(22.8%)〕
　　② (예) [곁에/미국에] 머무르다.
　　　　〔Text=11/Freq2=12(21.1%)〕
　　③ (예) 입가에 미소가 머무르다.
　　　　〔Text=2/Freq2=2(3.5%)〕
　　④ (예) 기차가 역에 잠시 머무르다.
　　　　〔Text=10/Freq2=13(22.8%)〕
　　⑤ (예) 현재 상태에 머무르다.
　　　　〔Text=10/Freq2=13(22.8%)〕
　Ⅱ (예) [계절이/젊음이] 오래 머무르다.
　　　　〔Text=4/Freq2=4(7%)〕
≪머물다≫전체빈도합=32(0.0017%) [99]
머물다 동 【Text=22/Freq1=32】
　Ⅰ ① (예) [병원에/여관에서] 머물다.
　　　　〔Text=5/Freq2=8(25.0%)〕
　　② (예) [곁에/미국에] 머물다.
　　　　〔Text=8/Freq2=9(28.1%)〕
　　③ (예) 입가에 미소가 머물다.
　　　　〔Text=3/Freq2=3(9.4%)〕
　　④ (예) 기차가 역에 잠시 머물다. 〔×〕
　　⑤ (예) 현재 상태에 머물다.
　　　　〔Text=8/Freq2=11(34.4%)〕
　Ⅱ (예) [계절이/젊음이] 오래 머물다.
　　　　〔Text=1/Freq2=1(3.1%)〕
≪머뭇거리다≫전체빈도합=17(0.0009%)
머뭇거리다 동 【Text=15/Freq1=17】

---

[99] 『연세 한국어 사전』에서는 '머물다'가 "'머무르다'의 준말"이라고만 기술되어 있는데, 여기서는 '머무르다'의 의미 구분에 따라 상세히 나누어 기술한다.

⓪ (예) 선뜻 [떠나지/말을] 못하고 머뭇거리다.

≪먹다≫전체빈도합=1,778(0.0957%)

먹다¹ 동★★★
【Text=190/Freq1=1,749(98.4%)】
Ⅰ ① ㉠ (예) [과자를/밥을] 먹다.
〔Text=178/Freq2=1,439(82.3%)〕
㉡ (예) [물을/커피를] 먹다.
〔Text=46/Freq2=89(5.1%)〕
㉢ (예) 약을 먹다.
〔Text=27/Freq2=58(3.3%)〕
② (예) 연탄 가스를 먹다.
〔Text=1/Freq2=2(0.1%)〕
③ (예) [마음을/앙심을] 먹다.
〔Text=17/Freq2=22(1.3%)〕
④ (예) [구전을/뇌물을] 먹다.
〔Text=9/Freq2=11(0.6%)〕
⑤ (예) 남의 [돈을/재산을] 먹다.
〔Text=5/Freq2=8(0.5%)〕
⑥ (예) 나이를 먹다.
〔Text=20/Freq2=26(1.5%)〕
⑦ (예) [땀을/물을/습기를] 먹다.
〔Text=1/Freq2=2(0.1%)〕
⑧ (예) 여자를 먹다.
〔Text=1/Freq2=3(0.2%)〕
⑨ (예) [겁을/쇼크를] 먹다.
〔Text=6/Freq2=7(0.4%)〕
⑩ (예) [구류를/벌점을] 먹다.
〔Text=1/Freq2=3(0.2%)〕
⓫ (예) 껌을 먹다. 〔Text=1/Freq2=1(0.1%)〕
Ⅱ ① (예) 그에게 [욕을/핀잔을] 먹다.
〔Text=5/Freq2=5(0.3%)〕
② (예) 업자에게 [뇌물을/돈을] 먹다. 〔×〕
Ⅲ ⓪ (예) 대회에서 일등을 먹다.
〔Text=3/Freq2=4(0.2%)〕
❶ (예) 축구 경기에서 골을 먹다.
〔Text=2/Freq2=2(0.1%)〕
❷ (예) 화투판에서 피를 먹다.
〔Text=1/Freq2=7(0.4%)〕
Ⅳ ① (예) [버짐이/벌레가] 먹다.
〔Text=4/Freq2=5(0.3%)〕
② (예) [풀이/화장이] 잘 먹다. 〔×〕
Ⅴ (예) [대패가/톱이] 잘 먹다. 〔×〕
㉠<골탕을 먹다> 〔Text=2/Freq2=3(0.2%)〕
㉠<누워서 떡 먹기>
〔Text=2/Freq2=2(0.1%)〕
㉠<눈칫밥(을) 먹다> 〔×〕
㉠<더위(를) 먹다>
〔Text=2/Freq2=2(0.1%)〕
㉠<먹고 떨어지다> 〔×〕
㉠<먹고 살다> 〔Text=22/Freq2=39(2.2%)〕
㉠<~ [물을/밥을] 먹다> [서울 물을/군대 밥을] 먹다. 〔Text=1/Freq2=1(0.1%)〕
㉠<미역국(을) 먹다> 〔×〕
㉠<식은 죽 먹기> 〔Text=1/Freq2=1(0.1%)〕
㉠<애를 먹다> 〔Text=2/Freq2=2(0.1%)〕
㉠<콩밥을 먹다> 〔Text=1/Freq2=1(0.1%)〕
㉠<편을 먹다> 〔×〕
㉠<한 방 먹다> 〔×〕
㉠<한솥밥(을) 먹다> 〔×〕
ⓧ 〔Text=1/Freq2=4(0.2%)〕

먹다² 동 【Text=1/Freq1=3(0.2%)】
⓪ (예) 귀가 먹다.

먹다³ 동보 【Text=20/Freq1=26(1.5%)】
⓪ (예) [부려/장사해] 먹다.

≪먹이≫전체빈도합=47(0.0025%)

먹이 명★☆★ 【Text=30/Freq1=47】
⓪ (예) 호랑이가 먹이를 찾다.
〔Text=30/Freq2=46(97.9%)〕
㉠<먹이 사슬> 〔Text=1/Freq2=1(2.1%)〕

≪먹이다≫전체빈도합=60(0.0032%)

먹이다 동☆★★ 【Text=37/Freq1=60】
Ⅰ ① (예) 아이에게 [고기를/밥을/젖을] 먹이다. 〔Text=23/Freq2=31(51.7%)〕
② (예) 경찰에게 [뇌물을/돈을] 먹이다. 〔×〕
③ (예) 치마에 풀을 먹이다./기름을 먹인 판자. 〔Text=3/Freq2=4(6.7%)〕
④ (예) 머리에 [군밤을/한방] 먹이다.
〔Text=2/Freq2=2(3.3%)〕
Ⅱ (예) [가축을/소를] 먹이다.
〔Text=3/Freq2=6(10%)〕
㉠<골탕을 먹이다> 〔Text=1/Freq2=1(1.7%)〕
㉠<먹여 ▮살리다/주다>
〔Text=10/Freq2=15(25%)〕
㉠<물을 먹이다>
친구를 물 먹이려고 거짓말하다. 〔×〕
㉠<애를 먹이다> 〔Text=1/Freq2=1(1.7%)〕

≪먼저≫전체빈도합=535(0.0288%)

먼저 부★★★ 【Text=162/Freq1=535】
⓪ (예) 가장 먼저 도착하다.

〔Text=161/Freq2=534(99.8%)〕
❶ (예) 이번에도 먼저 값으로 달라다.
〔Text=1/Freq2=1(0.2%)〕

≪먼지≫전체빈도합=38(0.0020%)

먼지 몡★☆★ 【Text=28/Freq1=38】
⓪ (예) 먼지가 날리다.

≪멀다≫전체빈도합=369(0.0199%)

멀다¹ 동 【Text=9/Freq1=17(4.6%)】
⓪ (예) 병으로 [귀가/눈이] 멀었다.
〔Text=6/Freq2=13(76.5%)〕
㉭ <눈이 멀다> [돈 버는 데/질투에] 눈이 멀다. 〔Text=3/Freq2=4(23.5%)〕

멀다² 혱★★★ 【Text=130/Freq1=352(95.4%)】
Ⅰ ⓪ (예) 회사가 집에서 멀다.
〔Text=105/Freq2=239(67.9%)〕
❶ (예) [도에서/진리에서] 멀다.
〔Text=6/Freq2=6(1.7%)〕
Ⅱ ① (예) 전화 [감이/소리가] 멀다.
〔Text=2/Freq2=2(0.6%)〕
② (예) 먼 친척. 〔Text=5/Freq2=5(1.4%)〕
❸ (예) [관계가/사이가] 멀다./낯설고 멀게 느끼다. 〔Text=7/Freq2=10(2.8%)〕
❹ (예) 먼 [기억/젊음의 뒤안길].
〔Text=7/Freq2=8(2.3%)〕
❺ (예) 만날 날이 멀지 않다./이틀이 멀다 하고 싸우다. 〔Text=3/Freq2=3(0.9%)〕
Ⅲ <멀었다>
① (예) 방학이 되려면 멀었다.
〔Text=11/Freq2=13(3.7%)〕
② (예) 전문가 따라가려면 아직 멀었다.
〔Text=4/Freq2=4(1.1%)〕
㉭ <거리가 멀다> 전공과 거리가 먼 직업.
〔Text=10/Freq2=12(3.4%)〕
㉭ <머지 않아>/<머지 않은>
〔Text=8/Freq2=8(2.3%)〕
㉭ <먼 [미래/후일/훗날]>
〔Text=7/Freq2=16(4.5%)〕
㉭ <먼 옛날> 〔Text=13/Freq2=25(7.1%)〕
ⓧ 〔Text=1/Freq2=1(0.3%)〕

≪멀리≫전체빈도합=201(0.0108%) ¹⁰⁰⁾

멀리 믿★★☆ 【Text=85/Freq1=146(72.6%)】
⓪ (예) 여기서 멀리 떨어지다.

〔Text=82/Freq2=140(95.9%)〕
❶ (예) 멀리 고대 시대를 거쳐⋯.
〔Text=5/Freq2=5(3.4%)〕
㉭ <멀리 하다> 책을 멀리 하다.
〔Text=1/Freq2=1(0.7%)〕

멀리⁰ 몡 【Text=39/Freq1=55(27.4%)】
⓪ (예) 타향 멀리에 [가/살고] 있다.

≪멀쩡하다≫전체빈도합=24(0.0013%)

멀쩡하다 혱 【Text=19/Freq1=24】
① (예) [물건이/몸이] 멀쩡하다.
〔Text=16/Freq2=18(75%)〕
② (예) 정신이 멀쩡하다.
〔Text=3/Freq2=5(20.8%)〕
③ (예) 속이 멀쩡한 사람. 〔×〕
ⓧ 〔Text=1/Freq2=1(4.2%)〕

≪멈추다≫전체빈도합=146(0.0079%)

멈추다 동★★★ 【Text=67/Freq1=146】
Ⅰ ① (예) [눈이/비가] 멈추다. 〔×〕
② (예) [시선이/코피가] 멈추다.
〔Text=24/Freq2=30(20.5%)〕
❸ (예) [버스가/차가] 멈추다.
〔Text=22/Freq2=37(25.3%)〕
❹ (예) 앞 사람이 멈춰 서다.
〔Text=10/Freq2=17(11.6%)〕
Ⅱ ⓪ (예) [걸음을/울음을] 멈추다.
〔Text=36/Freq2=56(38.4%)〕
❶ (예) 차를 멈추다.
〔Text=4/Freq2=6(4.1%)〕

≪멋≫전체빈도합=48(0.0026%)

멋 몡★★★ 【Text=32/Freq1=48】
① (예) 예쁜 옷으로 멋을 내다.
〔Text=12/Freq2=14(29.2%)〕
② (예) 고유의 멋을 지닌 도자기.
〔Text=18/Freq2=31(64.6%)〕
㉭ <멋도 모르고> 〔Text=1/Freq2=1(2.1%)〕
㉭ <[자기(의)/제] 멋에 겹다>
〔Text=1/Freq2=1(2.1%)〕
ⓧ 〔Text=1/Freq2=1(2.1%)〕

≪멋있다≫전체빈도합=38(0.0020%)

멋있다 혱☆★☆ 【Text=27/Freq1=38】
⓪ (예) 정장 모습이 멋있다.

---

100) 『연세 한국어 사전』에서는 '멀리'가 부사로만 기술되어 있는데, 여기서는 '가까이'와 마찬가지로 부사와 명사의 용법을 구분하여 기술한다.

≪멋지다≫ 전체빈도합=45(0.0024%)

멋지다 형 【Text=35/Freq1=45】
　① (예) 새 옷이 멋지다./멋진 생각이 떠오르다.

≪멍하니≫ 전체빈도합=39(0.0021%)

멍하니 부 【Text=27/Freq1=39】
　① (예) 멍하니 앞을 바라보다.

≪멎다≫ 전체빈도합=26(0.0014%)

멎다 동 【Text=18/Freq1=26】
　① (예) [소리가/시계가] 멎다.
　　　〔Text=10/Freq2=14(53.8%)〕
　② (예) 승강기가 2층에서 멎다.
　　　〔Text=9/Freq2=11(42.3%)〕
　③ (예) [바람이/비가] 멎다. 〔×〕
　ⓧ 〔Text=1/Freq2=1(3.8%)〕

≪메다≫ 전체빈도합=37(0.0020%)

메다¹ 동 【Text=24/Freq1=30(81.1%)】
　① (예) [가방을/카메라를] 어깨에 메다.
메다² 동 【Text=7/Freq1=7(18.9%)】
　① (예) [굴뚝이/수챗구멍이] 메다. 〔×〕
　② (예) [감격에/마른 밥에] 목이 메다.
　　　〔Text=7/Freq2=7(100%)〕

≪메우다≫ 전체빈도합=40(0.0022%)

메우다 동 【Text=25/Freq1=40】
　① (예) [구덩이를/구멍을] 메우다.
　　　〔Text=5/Freq2=8(20%)〕
　② (예) 정치 기사로 지면을 메우다.
　　　〔Text=11/Freq2=14(35%)〕
　③ (예) [부족을/손실을] 메우다.
　　　〔Text=1/Freq2=1(2.5%)〕
　④ (예) 차가 도로를 가득 메우다.
　　　〔Text=6/Freq2=7(17.5%)〕
　❺ (예) [소리가/안개가] 주위를 메우다.
　　　〔Text=2/Freq2=2(5%)〕
　❻ (예) 독서로 시간을 메우다.
　　　〔Text=1/Freq2=4(10%)〕
　❼ (예) 책이 방을 가득 메우다.
　　　〔Text=1/Freq2=1(2.5%)〕
　❽ (예) 이상과 현실의 괴리를 메우다.
　　　〔Text=1/Freq2=1(2.5%)〕
　ⓧ 〔Text=2/Freq2=2(5%)〕

≪며느리≫ 전체빈도합=51(0.0027%)

며느리 명 ☆★★ 【Text=17/Freq1=51】
　① (예) 며느리를 맞이하다.

≪며칠≫ 전체빈도합=226(0.0122%)

며칠 명 ★★★ 【Text=105/Freq1=226】
　① (예) 끝나려면 며칠 걸리다.
　　　〔Text=102/Freq2=215(95.1%)〕
　② (예) 오늘이 며칠입니까?
　　　〔Text=6/Freq2=11(4.9%)〕

≪면≫ 전체빈도합=251(0.0135%)

면¹ 명 ★★★ 【Text=64/Freq1=236(94%)】
　Ⅰ ① (예) 벽 한 면(面).
　　　　〔Text=5/Freq2=5(2.1%)〕
　　② (예) 5개의 면으로 된 입체.
　　　　〔Text=3/Freq2=4(1.7%)〕
　Ⅱ ① (예) 여러 면에서 [보다/생각하다].
　　　　〔Text=60/Freq2=192(81.4%)〕
　　② (예) 신문의 첫 면.
　　　　〔Text=8/Freq2=35(14.8%)〕
면² 명 【Text=1/Freq1=1(0.4%)】
　① (여) 면(綿)으로 만든 속옷.
면³ 명 【Text=5/Freq1=14(5.6%)】
　① (여) 면(面)에서 제일 큰 집.
면⁴ 명 【Text=0/Freq1=0】 ⓧ
　① (여) 점심에 면(麵)을 자주 먹다. 〔×〕

≪면회≫ 전체빈도합=46(0.0025%)

면회 명 【Text=13/Freq1=46】
　① (여) 부대로 면회(面會)를 가다.

≪명≫ 전체빈도합=556(0.0299%) ¹⁰¹

명¹ 명 ☆☆★ 【Text=6/Freq1=6(1.1%)】
　① (예) 명(命)이 [길다/짧다].
　　　〔Text=4/Freq2=4(66.7%)〕
　② (예) 이러다 내 명에 못 죽겠다.
　　　〔Text=2/Freq2=2(33.3%)〕
명² 명 【Text=3/Freq1=3(0.5%)】
　① (예) 왕의 명(命)을 받들다.
명³ 명의 ★★☆ 【Text=129/Freq1=543(97.7%)】
　① (예) 가족은 모두 4(네)명(名)이다.
-명⁵ 접 【Text=1/Freq1=2(0.4%)】
　① (예) [단체/동물/학교]명(名).
명ˣ ? 【Text=2/Freq1=2(0.4%)】

≪명랑하다≫ 전체빈도합=33(0.0018%)

---

101) 『연세 한국어 사전』의 '명⁴'(예:명배우), '-명⁵'(예:학교명)은 말뭉치의 분석에 적용하지 않았으므로 제외한다.

명랑하다 [형] 【Text=22/Freq1=33】
 ⓪ (예) 명랑(明朗)한 성격.

≪명령≫전체빈도합=34(0.0018%)
 명령 [명] 【Text=25/Freq1=34】
  ① (예) 왕의 명령(命令)을 받다.
   〔Text=23/Freq2=25(78.1%)〕
  ② (예) 법률, 명령, 규칙을 정하다. 〔×〕
  ③ (예) 법원의 가압류 명령을 집행하다. 〔×〕
  ❹ (예) 컴퓨터에 명령을 입력하다.
   〔Text=1/Freq2=7(21.9%)〕
   ⓧ 〔Text=1/Freq2=2(5.9%)〕

≪명백하다≫전체빈도합=21(0.0011%)
 명백하다 [형] 【Text=11/Freq1=21】
  ⓪ (예) 명백(明白)한 실수.

≪명사≫전체빈도합=5(0.0003%)
 명사¹ [명]☆★☆ 【Text=1/Freq1=1(20%)】
  ⓪ (예) 명사(名詞)의 복수형.
 명사² [명] 【Text=2/Freq1=4(80%)】
  ⓪ (예) 여류 명사(名士).

≪명예≫전체빈도합=26(0.0014%)
 명예 [명] 【Text=15/Freq1=26】
  ① (예) 권력과 명예(名譽).
   〔Text=10/Freq2=21(80.8%)〕
  ② (예) 팀의 명예. 〔Text=3/Freq2=3(11.5%)〕
  ③ (예) 명예 [교수/시민].
   〔Text=2/Freq2=2(7.7%)〕
  [관]<명예 퇴직> 〔×〕

≪명절≫전체빈도합=68(0.0037%)
 명절 [명]★★★ 【Text=26/Freq1=68】
  ⓪ (예) 명절(名節)을 쇠다.

≪명제≫전체빈도합=42(0.0023%)
 명제 [명] 【Text=12/Freq1=42】
  ① (예) 과학과 철학의 명제(命題).
   〔Text=6/Freq2=31(73.8%)〕
  ② (예) 달성해야 할 명제를 안다.
   〔Text=7/Freq2=11(26.2%)〕

≪몇≫전체빈도합=931(0.0501%)
 몇 [수]★☆☆ 【Text=189/Freq1=931】 102)
  Ⅰ ① (예) 동네서 몇은 죽고 몇은 다치다.
   〔Text=4/Freq2=5(0.5%)〕
   ②㉠ (예) 청년 몇이 소리를 지르다.
    〔Text=5/Freq2=5(0.5%)〕
   ㉡ (예) 책상에 놓인 시집 몇 뿐이다.
    〔Text=4/Freq2=4(0.4%)〕
  Ⅱ ① (예) 그런 집이 몇이나 있어?
    〔Text=3/Freq2=5(0.5%)〕
   ② (예) 끝까지 남을 사람이 몇 될까?
    〔Text=3/Freq2=3(0.3%)〕
  Ⅲ ① (예) 인원을 어디에 몇 명씩 배치하라는
    명령. 〔Text=84/Freq2=195(20.9%)〕
   ②㉠ (예) 몇 군데 가게를 보다.
    〔Text=113/Freq2=267(28.7%)〕
   ㉡ (예) 몇 번이고 나가려고 하다.
    〔Text=72/Freq2=173(18.6%)〕
   ③ (예) 몇 시까지 있어?
    〔Text=72/Freq2=216(23.2%)〕
   ❹ (예) 몇 [만/백/십/억/천].
    〔Text=33/Freq2=58(6.2%)〕

≪몇몇≫전체빈도합=61(0.0033%)
 몇몇 [수] 【Text=40/Freq1=61】
  Ⅰ ① (예) 몇몇을 제외하고 시설이 모두
    파괴되다. 〔×〕
   ② (예) 일행 중의 몇몇이 웃다.
    〔Text=3/Freq2=3(4.9%)〕
  Ⅱ (예) 몇몇 친구들과 연락하다.
    〔Text=39/Freq2=58(95.1%)〕

≪모≫전체빈도합=110(0.0059%) 103)
 모¹ [명] 【Text=14/Freq1=16(14.5%)】
  ① (예) 상자의 한 모가 찌그러지다. 〔×〕
  ② (예) 어느 모로 보나 비슷하다./여러 모로
    애쓰다. 〔Text=10/Freq2=12(75%)〕
  ③ (예) 한쪽 모에 앉다.
    /쓰레기를 한쪽 모로 모으다. 〔×〕
  ❹ (예) 모로 [가다/꼬다/눕다].
    〔Text=4/Freq2=4(25%)〕
  [관]<모가 나다> 〔×〕
 모² [명] 【Text=3/Freq1=5(4.5%)】
  ⓪ (예) 모가 빨리 자라다.
    〔Text=3/Freq2=5(100%)〕
  [관]<모를 내다> 〔×〕
  [관]<모를 찌다> 〔×〕

---

102) 『외국인을 위한 한국어 학습 사전』(2004)의 중요 어휘 목록에서는 '몇'의 Ⅲ에 해당하는 용법을 독립된 관형사로 보아 ★★☆의 중요도를 부여하고 있다.
103) 『연세 한국어 사전』의 '-모⁹'(예:운동모)는 말뭉치의 분석에 적용하지 않았으므로 제외한다.

모³ 명 【Text=1/Freq1=2(1.8%)】
  ⓪ (예) 윷을 던지자 모가 나오다.
모⁴ 명 【Text=4/Freq1=14(12.7%)】
  ① (예) 모(母) 별세, 급귀향 바람. 외숙.
      〔Text=1/Freq2=1(7.1%)〕
  ② (예) 순이 모. 〔Text=3/Freq2=13(92.9%)〕
모⁵ 명 【Text=0/Freq1=0】 ⓧ
  ⓪ (예) 모(毛)로 만든 옷. 〔×〕
모⁶ 명의 【Text=3/Freq1=12(10.9%)】
  ⓪ (예) [두부/묵] 한 모.
모⁷ 대 【Text=5/Freq1=29(26.4%)】
  ⓪ (예) 안 모(某) 씨.
모⁸ 관 【Text=16/Freq1=28(25.5%)】
  ⓪ (예) 모(某) [그룹/대학].
모⁰¹ 명 【Text=1/Freq1=2(1.8%)】
  ❶ (예) 컴퓨터의 [굳은/무른] 모.
모⁰² 대 【Text=1/Freq1=2(1.8%)】
  ❶ (예) 그게 모(=뭐)야?

≪모금≫ 전체빈도합=23(0.0012%)

모금¹ 명 【Text=1/Freq1=1(4.3%)】
  ⓪ (예) 이웃 돕기 모금(募金)을 하다.
모금² 명의 【Text=18/Freq1=22(95.7%)】
  ⓪ (예) [물/담배] 한 모금.

≪모기≫ 전체빈도합=19(0.0010%)

모기 명 ☆☆★ 【Text=8/Freq1=19】
  ⓪ (예) 모기에게 물리다.

≪모델≫ 전체빈도합=58(0.0031%)

모델 명 【Text=14/Freq1=58】
  ①㉠ (예) 모델 하우스/새로운 모델의
         자동차. 〔×〕
    ㉡ (예) 이상적인 신랑감의 모델.
         〔Text=8/Freq2=16(27.6%)〕
    ㉢ (예) 소년들의 모델이 되다. 〔×〕
  ② (예) [사진/조각] 모델로 일하다. 〔×〕
  ③ (예) 친구를 모델로 소설을 쓰다.
         〔Text=1/Freq2=3(5.2%)〕
  ④ (예) 패션 모델. 〔Text=4/Freq2=33(56.9%)〕
  ❺ (예) 새 컴퓨터 모델./기후 예측 모델.
         〔Text=1/Freq2=6(10.3%)〕

≪모두≫ 전체빈도합=1,106(0.0596%)

모두¹ 명 ★★☆ 【Text=106/Freq1=289(26.1%)】
  ⓪ (예) 모두가 함께 노래를 부르다./
         그의 말 모두가 진실이다.
모두² 부 ★★★ 【Text=163/Freq1=817(73.9%)】
  ① (예) 관중이 모두 일어나다.
         〔Text=158/Freq2=752(92%)〕
  ② (예) 방이 모두 여덟 개다.
         〔Text=37/Freq2=64(7.8%)〕
  ⓧ 〔Text=1/Freq2=1(0.1%)〕

≪모든≫ 전체빈도합=730(0.0393%)

모든 관 ★★★ 【Text=140/Freq1=730】
  ⓪ (예) 모든 [방법/사람/종류].

≪모래≫ 전체빈도합=28(0.0015%)

모래 명 ★☆★ 【Text=18/Freq1=28】
  ⓪ (예) 바닷가의 모래.

≪모레≫ 전체빈도합=27(0.0015%)

모레 명 ☆★★ 【Text=19/Freq1=27】
  Ⅰ (예) 모레가 월급날이다.
         〔Text=12/Freq2=18(66.7%)〕
  Ⅱ (예) 모레 서울을 떠날 예정이다.
         〔Text=7/Freq2=8(29.6%)〕
  ⓧ 〔Text=1/Freq2=1(3.7%)〕

≪모르다≫ 전체빈도합=1,779(0.0958%)

모르다 동 ★★★ 【Text=196/Freq1=1,779】
  ① (예) [까닭을/무슨 일이 있었는지] 모르다.
         〔Text=174/Freq2=899(50.5%)〕
  ② (예) [어쩔 줄/술 마실 줄/불어를] 모르다.
         〔Text=43/Freq2=77(4.3%)〕
  ③ (예) [고생을/실패를] 모르고 살다.
         〔Text=2/Freq2=2(0.1%)〕
  ④ (예) [시간 가는 줄/지칠 줄/피곤을]
         모르다. 【Text=44/Freq2=63(3.5%)】
  ⑤ (예) [양보할 줄/인사라곤] 모르는 사람.
         〔Text=15/Freq2=18(1%)〕
  ⑥ (예) 모르는 [사람/사이/얼굴].
         〔Text=15/Freq2=22(1.2%)〕
  ⑦ (예) [도박/술/일]밖에 모르다.
         〔Text=4/Freq2=4(0.2%)〕
  ⑧ (예) 얼마나 [기쁜지/많이 울어야 했는지]
         모르다. 〔Text=22/Freq2=25(1.4%)〕
  ⑨ (예) [자기도/자신도/저도] 모르게 화가
         나다. 〔Text=37/Freq2=57(3.2%)〕
  ⑩ (예) 날짜가 여유가 있으면 모르겠지만 너무
         늦다. 〔Text=17/Freq2=19(1.1%)〕
  ⑪ (예) 큰일을 당할지도 모르다.
         〔Text=97/Freq2=295(16.6%)〕
  ⓬ (예) [가혹한 말일지/내가 바보일지/힘이
         들지] 모르겠다.

〔Text=92/Freq2=200(11.2%)〕

⓭ (예) [그 사람이 그런/일이 그렇게 될] 줄 모르다. 〔Text=52/Freq2=76(4.3%)〕

[관]<알게 모르게> 〔Text=6/Freq2=6(0.3%)〕

[관]<알다가도 모를> 〔Text=8/Freq2=11(0.6%)〕

[관]<쥐도 새도 모르게> 〔Text=2/Freq2=2(0.1%)〕

ⓧ 〔Text=3/Freq2=3(0.2%)〕

≪**모범**≫전체빈도합=19(0.0010%)

모범 [명] 【Text=16/Freq1=19】

⓪ (예) 모범(模範)을 보이다.

≪**모순**≫전체빈도합=47(0.0025%)

모순 [명] 【Text=22/Freq1=47】

① (예) 사회에 나타나는 모순(矛盾). 〔Text=11/Freq2=27(57.4%)〕

② (예) 논리에 모순이 있다. 〔Text=14/Freq2=20(42.6%)〕

≪**모습**≫전체빈도합=1,295(0.0697%)

모습 [명]★★★ 【Text=165/Freq1=1,295】

⓪ (예) 얼굴 모습이 아버지를 닮다. 〔Text=157/Freq2=872(67.3%)〕

❶ (예) 마을의 옛 모습을 사진에 담다. /새가 날아가는 모습. 〔Text=93/Freq2=423(32.7%)〕

≪**모시다**≫전체빈도합=127(0.0068%)

모시다 [동]★★★ 【Text=60/Freq1=127】

Ⅰ ① (예) 부모를 모시고 살다. 〔Text=30/Freq2=49(38.6%)〕

② (예) [제사를/차례를] 모시다. 〔Text=1/Freq2=2(1.6%)〕

Ⅱ ① (예) 손님을 사랑으로 모시다. 〔Text=27/Freq2=51(40.2%)〕

② (예) 그분을 상관으로 모시다. 〔Text=9/Freq2=15(11.8%)〕

Ⅲ (예) 유골을 [선산에/절에] 모시다. 〔Text=6/Freq2=9(7.1%)〕

ⓧ 〔Text=1/Freq2=1(0.8%)〕

≪**모양**≫전체빈도합=539(0.0290%)

모양 [명]★★★ 【Text=138/Freq1=539】

① (예) 사물의 모양(模樣 · 貌樣)을 본뜨다. 〔Text=86/Freq2=294(54.5%)〕

② (예) 일의 모양이 이상해지다. 〔Text=23/Freq2=37(6.9%)〕

③ (예) [바쁜/비가 올] 모양이다. 〔Text=81/Freq2=197(36.5%)〕

④ (예) 생쥐 모양 흠뻑 젖다. 〔Text=3/Freq2=4(0.7%)〕

⑤ (예) 하는 일이 그 모양이다. 〔Text=4/Freq2=4(0.7%)〕

[관]<모양(을) 내다> 〔Text=2/Freq2=2(0.4%)〕

ⓧ 〔Text=1/Freq2=1(0.2%)〕

≪**모여들다**♣≫전체빈도합=40(0.0022%)

모여들다[0] [동] 【Text=30/Freq1=40】

⓿ (예) 군중이 광장에 모여들다.

≪**모으다**≫전체빈도합=349(0.0188%)

모으다 [동]★★★ 【Text=120/Freq1=349】

① (예) 낙엽을 주워 모으다./빨랫감을 모아 세탁기에 넣다. 〔Text=57/Freq2=115(33%)〕

② (예) 가족들을 불러 모으다./아이들을 모아 가르치다. 〔Text=30/Freq2=32(9.2%)〕

③ (예) [수석을/재산을] 모으다. 〔Text=44/Freq2=102(29.2%)〕

④ (예) [온 신경을/의견을] 모으다. 〔Text=38/Freq2=69(19.8%)〕

⑤ (예) [관심을/시선을] 모으다. 〔Text=7/Freq2=12(3.4%)〕

❻ (예) 두 손을 공손히 모으다. 〔Text=11/Freq2=16(4.6%)〕

[관]<입을 모으다> 〔Text=2/Freq2=2(0.6%)〕

ⓧ 〔Text=1/Freq2=1(0.3%)〕

≪**모음**≫전체빈도합=11(0.0006%)

모음 [명]☆★☆ 【Text=5/Freq1=10(90.9%)】

⓪ (예) 모음(母音)과 자음.

모음[0] [명] 【Text=1/Freq1=1(9.1%)】

⓿ (예) 인용구 모음.

≪**모이다**≫전체빈도합=313(0.0169%)

모이다 [동]★★★ 【Text=120/Freq1=313】

Ⅰ ① (예) 초가집들이 옹기종기 모여 있다. /개울이 모여 강을 이루다. 〔Text=24/Freq2=39(12.5%)〕

② (예) [돈이/자료가] 모이다. 〔Text=1/Freq2=1(0.3%)〕

③ (예) 여러 사람의 노력이 모여 큰 힘이 되다. 〔Text=6/Freq2=6(1.9%)〕

Ⅱ ① (예) 사람들이 공원에 모이다.

〔Text=113/Freq2=265(84.7%)〕
② (예) 사람들의 [관심이/시선이] 국회에
  모이다. 〔Text=2/Freq2=2(0.6%)〕

≪모임≫전체빈도합=78(0.0042%)
  모임 명★★☆ 【Text=38/Freq1=78】
  ① (예) 오후에 친구들 모임이 있다.
    〔Text=31/Freq2=52(66.7%)〕
  ② (예) 장애인을 돕는 모임에 들다.
    〔Text=14/Freq2=25(32.1%)〕
  ⓧ 〔Text=1/Freq2=1(1.3%)〕

≪모자≫전체빈도합=88(0.0047%)
  모자¹ 명★★★ 【Text=31/Freq1=84(95.5%)】
  ⓪ (예) 모자(帽子)를 쓰다.
  모자² 명 【Text=2/Freq1=3(3.4%)】
  ① (예) 두 모자(母子)의 생활을 돌보다.
    〔Text=2/Freq2=3(100%)〕
  ② (예) 출산 때까지 모자의 건강을 위해 검진을
    받다. 〔ⓧ〕
  모자ˣ ? 【Text=1/Freq1=1(1.1%)】

≪모자라다≫전체빈도합=60(0.0032%)
  모자라다¹ 동★★★ 【Text=39/Freq1=60(100%)】
  ① (예) [돈이/재료가/잠이] 모자라다.
    〔Text=21/Freq2=36(60%)〕
  ② (예) [지식이/힘이] 모자라다.
    〔Text=14/Freq2=14(23.3%)〕
  ⓧ 〔Text=8/Freq2=10(16.7%)〕
  모자라다² 형 【Text=0/Freq1=0】 ⓧ
  ⓪ (예) 사람이 좀 모자라 보이다. 〔ⓧ〕

≪모조리≫전체빈도합=22(0.0012%)
  모조리 부 【Text=16/Freq1=22】
  ⓪ (예) 상자 속의 사과가 모조리 썩다.

≪모처럼≫전체빈도합=38(0.0020%)
  모처럼 부 【Text=26/Freq1=38】
  Ⅰ ① (예) 동생이 모처럼 찾아오다.
       〔Text=16/Freq2=22(57.9%)〕
    ② (예) 모처럼 장만한 코트.
       〔Text=7/Freq2=8(21.1%)〕
  Ⅱ ① (예) 모처럼의 만남.
       〔Text=7/Freq2=8(21.1%)〕

≪모퉁이≫전체빈도합=29(0.0016%)

모퉁이 명☆☆★ 【Text=16/Freq1=29】
  ① (예) [골목/산길] 모퉁이를 돌다.
    〔Text=15/Freq2=27(93.1%)〕
  ② (예) [비석/책상의] 한 모퉁이.
    〔Text=2/Freq2=2(6.9%)〕

≪모험≫전체빈도합=25(0.0013%)
  모험 명 【Tex=12/Freq1=25】
  ⓪ (예) 모험(冒險)을 즐기다.

≪목≫전체빈도합=148(0.0080%) [104]
  목¹ 명★★★ 【Text=70/Freq1=139(93.9%)】
  ① (예) 화환을 목에 걸다.
    〔Text=38/Freq2=66(47.5%)〕
  ② (예) 목이 칼칼하다.
    〔Text=20/Freq2=27(19.4%)〕
  ③ (예) 목이 긴 양말./자루의 목.
    〔Text=3/Freq2=3(2.2%)〕
  ④ (예) 목이 좋은 가게.
    〔Text=1/Freq2=1(0.7%)〕
  ⑤ (예) 목을 팔고 목으로 사는 성악인들.
    〔Text=3/Freq2=3(2.2%)〕
  관 <목에 핏대를 [돋우다/세우다/올리다]>
    〔ⓧ〕
  관 <목에 힘을 주다> 〔ⓧ〕
  관 <목에 흙이 들어가다> 〔ⓧ〕
  관 <목을 걸다> 〔ⓧ〕
  관 <목(을) 놓아 울다> 〔ⓧ〕
  관 <목을 따다> 〔ⓧ〕
  관 <목을 [매다/매달다]>
    ① (예) 목을 매고 자살하다.
      〔Text=2/Freq2=2(1.4%)〕
    ② (예) 정부 지원에 목을 매다.
      〔Text=1/Freq2=1(0.7%)〕
  관 <목을 베다> 〔ⓧ〕
  관 <목을 빼다> 목을 빼고 기다리다. 〔ⓧ〕
  관 <목을 빼들다> 〔ⓧ〕
  관 <목(을) 자르다> 직원들 목을 자르다.
    〔ⓧ〕
  관 <목(을) [조르다/조이다]>
    입시 중압감이 학생들의 목을 조이다.
    〔Text=1/Freq2=1(0.7%)〕
  관 <목을 축이다> 〔Text=1/Freq2=1(0.7%)〕
  관 <목을 틔우다> 〔ⓧ〕

---

[104] 『연세 한국어 사전』의 '목⁴'(예:목도장), '목⁵'(예:목장갑)은 말뭉치의 분석에 적용하지 않았으므로 제외한다.

[관]<목을 풀다> 〔×〕
[관]<목이 [간들간들하다/달랑달랑하다]> 〔×〕
[관]<목이 [갈리다/쉬다/잠기다]> 〔Text=1/Freq2=1(0.7%)〕
[관]<목이 [날아가다/달아나다]> 〔Text=1/Freq2=2(1.4%)〕
[관]<목이 떨어지다> 지점장 몇의 목이 떨어지다. 〔×〕
[관]<목이 마르다>
① (예) 목이 말라서 물을 찾다. 〔Text=7/Freq2=9(6.5%)〕
② (예) 사랑에 목마른 영혼. 〔Text=1/Freq2=1(0.7%)〕
[관]<목이 [막히다/메다/메이다]> 〔Text=9/Freq2=13(9.4%)〕
[관]<목이 붙어 있다> 〔×〕
[관]<목이 빠지다> 〔×〕
[관]<목이 타다> 〔Text=4/Freq2=4(2.9%)〕
[관]<목이 [터지게/터지도록/터져라고> 〔Text=3/Freq2=3(2.2%)〕
ⓧ 〔Text=1/Freq2=1(0.7%)〕

목^{2} [명] **【Text=3/Freq1=4(2.7%)】**
⓪ (예) 화, 목(木), 토에는 약속이 있다.

목^{3} [명] **【Text=1/Freq1=1(0.7%)】**
② (예) 딱정벌레목(目).

목^{x} [?] **【Text=3/Freq1=4(2.7%)】**

≪목걸이≫전체빈도합=14(0.0008%)

목걸이 [명]☆★☆ **【Text=11/Freq1=14】**
⓪ (예) 목걸이를 목에 걸다.

≪목격하다≫전체빈도합=25(0.0013%)

목격하다 [동] **【Text=18/Freq1=25】**
⓪ (예) 사고를 목격(目擊)하다.

≪목구멍≫전체빈도합=27(0.0015%)

목구멍 [명] **【Text=20/Freq1=27】**
⓪ (예) 목구멍에 가시가 걸리다.

≪목사≫전체빈도합=17(0.0009%)

목사 [명]☆☆★ **【Text=10/Freq1=15(88.2%)】**
⓪ (예) 목사(牧師)가 설교를 하다.

목사^{0} [명] **【Text=2/Freq1=2(11.8%)】**
⓿ (예) 상주 목사(牧使)를 지내다.

≪목소리≫전체빈도합=321(0.0173%)

목소리 [명]★★★ **【Text=109/Freq1=321】**
① (예) 낮은 목소리로 말하다. 〔Text=102/Freq2=302(94.1%)〕
② (예) 시민들의 목소리에 귀 기울이다. 〔Text=12/Freq2=19(5.9%)〕
[관]<목소리를 짜내다> 〔×〕

≪목숨≫전체빈도합=85(0.0046%)

목숨 [명]★☆★ **【Text=50/Freq1=85】**
⓪ (예) 나라를 위해 목숨을 [바치다/잃다]. 〔Text=42/Freq2=67(78.8%)〕
[관]<목숨을 거두다> 전쟁터에서 목숨을 거두다. 〔Text=1/Freq2=1(1.2%)〕
[관]<목숨을 건지다> 〔Text=4/Freq2=4(4.7%)〕
[관]<목숨을 [걸다/내걸다]> 〔Text=8/Freq2=9(10.6%)〕
[관]<목숨(을) 끊다> 〔Text=3/Freq2=4(4.7%)〕

≪목요일≫전체빈도합=13(0.0007%)

목요일 [명]☆★★ **【Text=9/Freq1=13】**
⓪ (예) 목요일(木曜日).

≪목욕≫전체빈도합=37(0.0020%)

목욕 [명]☆☆★ **【Text=18/Freq1=37】**
⓪ (예) 목욕(沐浴)을 하다.

≪목욕탕≫전체빈도합=44(0.0024%)

목욕탕 [명]☆★☆ **【Text=20/Freq1=44】**
① (예) 목욕탕(沐浴湯)이 없는 집. 〔Text=9/Freq2=12(27.3%)〕
② (예) 집 근처 목욕탕에 가다. 〔Text=11/Freq2=31(70.5%)〕
ⓧ 〔Text=1/Freq2=1(2.3%)〕

≪목장≫전체빈도합=30(0.0016%)

목장 [명] **【Text=10/Freq1=30】**
⓪ (예) 목장(牧場)에서 기르는 가축. 〔Text=10/Freq2=29(96.7%)〕
❶ (예) 바다 목장. 〔Text=1/Freq2=1(3.3%)〕

≪목적≫전체빈도합=180(0.0097%)

목적 [명]★★★ **【Text=65/Freq1=180】**
⓪ (예) 목적(目的)을 이루다. 〔Text=64/Freq2=179(99.4%)〕
[관]<목적 의식> 〔Text=1/Freq2=1(0.6%)〕

≪목적지≫전체빈도합=17(0.0009%)

목적지 [명] **【Text=14/Freq1=17】**

⓪ (예) 목적지(目的地)에 도착하다.

≪목표≫전체빈도합=64(0.0034%)

목표 명★☆★ 【Text=30/Freq1=64】
① (예) 삶의 목표(目標)를 세우다.
〔Text=30/Freq2=59(92.2%)〕
② (예) 사격 목표를 겨누다.
〔Text=2/Freq2=5(7.8%)〕

≪몫≫전체빈도합=50(0.0027%)

몫 명★☆★ 【Text=38/Freq1=50】
① (예) 두 사람 몫의 밥을 퍼 담다.
〔Text=18/Freq2=23(46%)〕
② (예) 형이 아버지의 몫을 하다.
〔Text=15/Freq2=18(36%)〕
③ (예) 연예 기사가 큰 몫을 차지하다.
〔Text=7/Freq2=8(16%)〕
ⓧ 〔Text=1/Freq2=1(2%)〕

≪몰다≫전체빈도합=86(0.0046%)

몰다 동☆☆★ 【Text=56/Freq1=86】
Ⅰ ① (예) 돼지를 우리로 몰다.
〔Text=7/Freq2=11(12.8%)〕
② (예) [차를/트럭을] 몰다.
〔Text=24/Freq2=36(41.9%)〕
③ (예) 표를 몰아 주다.
〔Text=3/Freq2=4(4.7%)〕
❹ (예) 가난을 몰아 내다.
〔Text=7/Freq2=9(10.5%)〕
❺ (예) 숨을 몰아 쉬다.
〔Text=3/Freq2=3(3.5%)〕
❻ (예) 일을 몰아서 하다.
〔Text=1/Freq2=1(1.2%)〕
Ⅱ (예) 친구를 도둑으로 몰다.
〔Text=4/Freq2=6(7%)〕
관<[몰고/몰아] 가다> 공포로 몰고 가다.
〔Text=7/Freq2=7(8.1%)〕
관<몰고 오다> 위기를 몰고 오다.
〔Text=7/Freq2=8(9.3%)〕
ⓧ 〔Text=1/Freq2=1(1.2%)〕

≪몰두하다≫전체빈도합=40(0.0022%)

몰두하다 동 【Text=28/Freq1=40】
⓪ (예) [눈앞의 이익에/책 읽기에] 몰두(沒頭)하다.

≪몰래≫전체빈도합=57(0.0031%)

몰래 부★☆★ 【Text=40/Freq1=57】

⓪ (예) 몰래 도망치다.
〔Text=31/Freq2=42(73.7%)〕
관<나도 몰래> 나도 몰래 눈을 감다.
〔Text=1/Freq2=1(1.8%)〕
관<~ 몰래> 아버지 몰래 가출하다.
〔Text=13/Freq2=14(24.6%)〕

≪몰려들다≫전체빈도합=24(0.0013%)

몰려들다 동 【Text=20/Freq1=24】
① (예) 촬영장에 팬들이 몰려들다.
〔Text=18/Freq2=22(91.7%)〕
② (예) [구름이/파도가] 몰려들다.〔ⓧ〕
③ (예) [피로가/회한이] 몰려들다.
〔Text=2/Freq2=2(8.3%)〕

≪몰려오다≫전체빈도합=29(0.0016%)

몰려오다 동 【Text=24/Freq1=29】
Ⅰ ① (예) 집에 빚쟁이들이 몰려오다.
〔Text=20/Freq2=23(79.3%)〕
② (예) [짙은 안개가/파도가] 몰려오다.
〔Text=1/Freq2=1(3.4%)〕
③ (예) 외래 사상이 몰려오다.
〔Text=2/Freq2=2(6.9%)〕
Ⅱ (예) [시장기가/잠이/피로가] 몰려오다.
〔Text=2/Freq2=3(10.3%)〕

≪몰리다≫전체빈도합=35(0.0019%)

몰리다 동★☆☆ 【Text=29/Freq1=35】
Ⅰ ① (예) 범인이 막다른 길에 몰리다.
〔Text=12/Freq2=13(37.1%)〕
② (예) [궁지에/불리한 처지에] 몰리다.
〔Text=3/Freq2=3(8.6%)〕
③ (예) [일이/자금이] 몰리다.
〔Text=13/Freq2=13(37.1%)〕
Ⅱ (예) [도둑으로/역적으로] 몰리다.
〔Text=4/Freq2=4(11.4%)〕
ⓧ 〔Text=2/Freq2=2(5.7%)〕

≪몸≫전체빈도합=758(0.0408%)

몸 명★★★ 【Text=160/Freq1=758】
① ㉠ (예) 몸을 [돌리다/씻다/움직이다/흔들다]. 〔Text=143/Freq2=573(75.6%)〕
㉡ (예) 몸이 안 좋아서 푹 쉬다.
〔Text=73/Freq2=124(16.4%)〕
②<~ 몸> (예) 귀국해야 할 몸.
〔Text=10/Freq2=17(2.2%)〕
③ (예) 부인이 끝까지 몸을 지키다.
〔Text=3/Freq2=4(0.5%)〕

관<몸 둘 바를 모르다>
   〔Text=1/Freq2=1(0.1%)〕
관<몸에 배다> 〔Text=9/Freq2=10(1.3%)〕
관<몸에 익히다> 〔Text=1/Freq2=1(0.1%)〕
관<몸으로 때우다>
   〔Text=3/Freq2=4(0.5%)〕
관<몸(을) 담다> 몸 담고 있는 직장.
   〔Text=2/Freq2=3(0.4%)〕
관<몸(을) 던지다> 투쟁에 몸을 던지다.
   〔Text=1/Freq2=1(0.1%)〕
관<몸을 떨다> 감격에 몸을 떨다.
   〔Text=3/Freq2=3(0.4%)〕
관<몸을 망치다> 〔×〕
관<몸을 맡기다> 〔Text=1/Freq2=1(0.1%)〕
관<몸(을) 바치다> 인권 운동에 몸바치다.
   〔Text=2/Freq2=2(0.3%)〕
관<몸(을) 버리다> 술로 몸을 버리다.
   〔Text=1/Freq2=1(0.1%)〕
관<몸을 빼내다> 〔×〕
관<몸을 빼다> 〔×〕
관<몸을 사리다> 〔Text=5/Freq2=5(0.7%)〕
관<몸을 섞다> 〔×〕
관<몸을 팔다> 〔×〕
관<몸을 풀다> 〔×〕
관<몸이 가볍다> 〔Text=2/Freq2=2(0.3%)〕
관<몸이 달다> 〔×〕
관<몸이 허락하다> 〔Text=1/Freq2=1(0.1%)〕
ⓧ 〔Text=3/Freq2=5(0.7%)〕

≪**몸가짐**≫전체빈도합=32(0.0017%)

몸가짐 명 【Text=16/Freq1=32】
   ⓞ (예) 단정한 몸가짐.

≪**몸매**≫전체빈도합=28(0.0015%)

몸매 명 【Text=13/Freq1=28】
   ⓞ (예) 깡마른 몸매.

≪**몸집**≫전체빈도합=17(0.0009%)

몸집 명 【Text=12/Freq1=17】
   ⓞ (예) 몸집이 [작다/크다].

≪**몸짓**≫전체빈도합=61(0.0033%)

몸짓 명 【Text=22/Freq1=61】
   ⓞ (예) 모르겠다는 몸짓을 하다.

≪**몹시**≫전체빈도합=145(0.0078%)

몹시 부★★★ 【Text=80/Freq1=145】
   ⓞ (예) 가슴이 몹시 아프다.

≪**못**≫전체빈도합=815(0.0439%)

못¹ 명☆☆★ 【Text=11/Freq1=13(1.6%)】
   ⓞ (예) 벽에 못을 박다.
       〔Text=7/Freq2=8(61.5%)〕
   관<가슴에 못이 박히다> 〔×〕
   관<못을 박다>
       ① (예) 분명하게 못을 박아 말하다.
           〔Text=4/Freq2=4(30.8%)〕
       ② (예) 남의 가슴에 못을 박다.
           〔Text=1/Freq2=1(7.7%)〕
못² 명 【Text=3/Freq1=8(1%)】
   ⓞ (예) 깊은 못에 빠지다.
못³ 명 【Text=0/Freq1=0】 ⓧ
   ⓞ (예) 손에 딱딱한 못이 박이다. 〔×〕
   관<귀에 못이 박이다> 〔×〕
못⁴ 부★★★ 【Text=171/Freq1=794(97.4%)】
   ① (예) 밥을 못 먹다.
       〔Text=159/Freq2=643(81%)〕
   ② (예) 반도 못 되다./못 된 놈./못 사는 집.
       /못 생겨 보이다./실력이 너보다 못 하다.
       〔Text=63/Freq2=129(16.2%)〕
   ❸ <-지 못 하다> ☞ 못하다³①, 못하다⁴①.
       〔Text=13/Freq2=20(2.5%)〕
   ⓧ 〔Text=2/Freq2=2(0.3%)〕

≪**못되다**≫전체빈도합=28(0.0015%)

못되다 형 【Text=21/Freq1=28】
   ① (예) 못된 [심술/아이/장난].
       〔Text=21/Freq2=28(100%)〕
   ② (예) 농사가 잘되고 못되고는 노력에 달려
       있다. 〔×〕

≪**못마땅하다**≫전체빈도합=18(0.0010%)

못마땅하다 형 【Text=14/Freq1=18】
   ⓞ (예) 아내의 태도가 못마땅하다.

≪**못지않다**≫전체빈도합=29(0.0016%)

못지않다 형 【Text=22/Freq1=29】
   ⓞ (예) 너 못지않게 나도 힘들다.

≪**못하다**≫전체빈도합=1,848(0.0995%)

못하다¹ 동★★★ 【Text=98/Freq1=257(13.9%)】
   ⓞ (예) [공부를/살림을/수학을] 못하다.
       〔Text=34/Freq2=52(20.2%)〕
   ❶ (예) 거짓말을 못하다.
       〔Text=79/Freq2=196(76.3%)〕
   ❷ (예) '싫다'고 못하다.
       〔Text=2/Freq2=6(2.3%)〕

ⓧ 〔Text=3/Freq2=3(1.2%)〕

못하다² 형 ★★☆ 【Text=20/Freq1=25(1.4%)】
Ⅰ (예) 내 솜씨는 오빠보다 못하다.
〔Text=19/Freq2=22(88%)〕
Ⅱ (예) 못해도 1억은 번다. 〔ⓧ〕
관 <못지 않다> ☞ 못지않다.
〔Text=2/Freq2=3(12%)〕

못하다³ 동보 ★★☆
【Text=184/Freq1=1,328(71.9%)】
① (예) [눈치채지/일어나지] 못하다.
〔Text=184/Freq2=1,302(98%)〕
② <-다 [못하여/못한]> (예) 참다 못해 화를 내다. 〔Text=21/Freq2=25(1.9%)〕
관 <듣도 보도 못하다>
〔Text=1/Freq2=1(0.1%)〕

못하다⁴ 형보 ★★☆
【Text=104/Freq1=238(12.9%)】
① (예) 마음이 편하지 못하다.
〔Text=104/Freq2=235(98.7%)〕
② (예) 얼굴이 희다 못해 푸르게 보이다.
〔Text=3/Freq2=3(1.3%)〕

≪**몽땅**≫전체빈도합=18(0.0010%)

몽땅¹ 부 【Text=14/Freq1=18(100%)】
⓪ (예) 돈을 몽땅 잃다.

몽땅² 부 【Text=0/Freq1=0】 ⓧ
⓪ (예) 가위로 머리를 한 움큼 몽땅 자르다.
〔ⓧ〕

≪**묘사**≫전체빈도합=25(0.0013%)

묘사 명 【Text=13/Freq1=25】
⓪ (예) 거리 풍경의 묘사(描寫).

≪**묘사하다**≫전체빈도합=64(0.0034%)

묘사하다 동 【Text=19/Freq1=64】
⓪ (예) 개인의 삶을 묘사(描寫)하다.

≪**묘하다**≫전체빈도합=36(0.0019%)

묘하다 형 【Text=23/Freq1=36】
① (예) 꿈자리가 묘(妙)하다.
〔Text=18/Freq2=28(77.8%)〕
② (예) 묘하게 생긴 옷./기분이 묘하다.
〔Text=4/Freq2=4(11.1%)〕
③ (예) 일이 묘하게 되다.
〔Text=4/Freq2=4(11.1%)〕
④ (예) 뛰어나고 묘한 [솜씨/재주]를 지니다.

〔ⓧ〕

≪**무**≫전체빈도합=24(0.0013%) 105)

무¹ 명 【Text=11/Freq1=15(62.5%)】
⓪ (예) 무, 배추로 김치를 담그다.

무² 명 【Text=0/Freq1=0】 ⓧ
⓪ (예) 무(武)를 누르고 문을 높이다. 〔ⓧ〕

무³ 명 【Text=5/Freq1=9(37.5%)】
⓪ (예) 무(無)로 돌아갈 인생.

무⁴ 명의 【Text=0/Freq1=0】 ⓧ
⓪ (예) 1승 1무(無) 3패의 성적. 〔ⓧ〕

≪**무겁다**≫전체빈도합=113(0.0061%)

무겁다 형 ★★★ 【Text=67/Freq1=113】
① (예) [가방이/무게가] 무겁다.
〔Text=38/Freq2=63(55.8%)〕
② (예) [다리가/몸이] 무겁다.
〔Text=9/Freq2=12(10.6%)〕
③ (예) [벌이/형량이] 무겁다.
〔Text=2/Freq2=2(1.8%)〕
④ (예) 책임이 무겁다.
〔Text=8/Freq2=8(7.1%)〕
⑤ (예) 선거 결과를 무겁게 받아들이다.
〔Text=2/Freq2=2(1.8%)〕
⑥ ㉠ (예) [마음이/목소리가] 무겁다.
〔Text=9/Freq2=13(11.5%)〕
㉡ (예) 무거운 [기분/분위기/음악].
〔Text=9/Freq2=9(8%)〕
⑦ (예) 알았다고 무겁게 고개를 끄덕이다.
〔Text=1/Freq2=1(0.9%)〕
관 <어깨가 무겁다> 〔Text=1/Freq2=1(0.9%)〕
관 <엉덩이가 무겁다> 〔ⓧ〕
관 <입이 무겁다> 〔Text=1/Freq2=1(0.9%)〕
ⓧ 〔Text=1/Freq2=1(0.9%)〕

≪**무게**≫전체빈도합=45(0.0024%)

무게 명 ★☆★ 【Text=25/Freq1=45】
① (예) [돌의/몸의] 무게를 달다.
〔Text=18/Freq2=33(73.3%)〕
② (예) 운명의 무게를 느끼다.
〔Text=8/Freq2=10(22.2%)〕
③ (예) 천근의 무게를 지닌 말 한 마디.
〔Text=1/Freq2=1(2.2%)〕
ⓧ 〔Text=1/Freq2=1(2.2%)〕

≪**무관심하다**≫전체빈도합=22(0.0012%)

---

105) 『연세 한국어 사전』의 '무-⁵'(예:무관심)은 말뭉치의 분석에 적중하지 않았으므로 제외한다.

무관심하다 [형] 【Text=12/Freq1=22】
  Ⅰ (예) [음악에/집안일에] 무관심(無關心)
    하다. 〔Text=12/Freq2=21(95.5%)〕
  Ⅱ (예) 그에 대해 짐짓 무관심하려 하다.
    〔Text=1/Freq2=1(4.5%)〕

≪**무관하다**≫ 전체빈도합=33(0.0018%)

무관하다 [형] 【Text=22/Freq1=33】
  ⓪ (예) 그는 사건과 무관(無關)하다.

≪**무기**≫ 전체빈도합=44(0.0024%) [106]

무기¹ [명]★☆☆ 【Text=23/Freq1=42(95.5%)】
  ① (예) 손에 무기(武器)를 들다.
    〔Text=14/Freq2=30(71.4%)〕
  ② (예) 정직함을 무기로 삼다.
    〔Text=11/Freq2=12(28.6%)〕
무기² [명] 【Text=2/Freq1=2(4.5%)】
  ⓪ (예) 무기(無期) [연기/정학].
무기³ [명] 【Text=0/Freq1=0】 ⓧ
  ⓪ (예) 무기(無機) 성분. 〔×〕

≪**무너지다**≫ 전체빈도합=85(0.0046%)

무너지다 [동]☆☆★ 【Text=45/Freq1=85】
  ① (예) [건물이/탑이] 무너지다.
    〔Text=18/Freq2=39(45.9%)〕
  ② (예) 사회의 기틀이 무너지다.
    〔Text=20/Freq2=23(27.1%)〕
  ③ (예) [계획이/희망이] 무너지다.
    〔Text=2/Freq2=2(2.4%)〕
  ④ (예) 맥이 풀린 듯 아내가 힘없이 무너져
    내리다. 〔Text=15/Freq2=18(21.2%)〕
  ⓧ 〔Text=3/Freq2=3(3.5%)〕

≪**무늬**≫ 전체빈도합=37(0.0020%)

무늬 [명]★☆★ 【Text=28/Freq1=37】
  ① (예) 공작이 화려한 무늬의 날개를 펼치다.
    〔Text=20/Freq2=28(75.7%)〕
  ② (예) 물방울 무늬의 원피스를 입다.
    〔Text=7/Freq2=8(21.6%)〕
  ⓧ 〔Text=1/Freq2=1(2.7%)〕

≪**무당**≫ 전체빈도합=9(0.0005%)

무당 [명]☆☆★ 【Text=4/Freq1=9】
  ⓪ (예) 무(巫)당이 굿을 하다.

≪**무대**≫ 전체빈도합=111(0.0060%)

무대 [명]★☆☆ 【Text=34/Freq1=111】

① (예) 배우가 무대(舞臺)에 오르다.
  〔Text=28/Freq2=96(86.5%)〕
② (예) 생활 무대./산을 무대로 활동하다.
  〔Text=6/Freq2=7(6.3%)〕
  관 <무대 공연> 〔Text=1/Freq2=5(4.5%)〕
  관 <무대 의상> 〔×〕
  관 <무대에 서다> 〔×〕
  관 <무대에 올리다> 작품을 무대에 올리다.
    〔Text=3/Freq2=3(2.7%)〕

≪**무덤**≫ 전체빈도합=84(0.0045%)

무덤 [명]★☆★ 【Text=32/Freq1=84】
  ⓪ (예) 양지 바른 곳에 무덤을 쓰다.
    〔Text=32/Freq2=84(100%)〕
  관 <자기 무덤을 파다> 〔×〕

≪**무덥다**≫ 전체빈도합=23(0.0012%)

무덥다 [형]☆☆★ 【Text=18/Freq1=23】
  ⓪ (예) 무더운 여름날./[날씨가/방 안이]
    찜통처럼 무덥다.

≪**무려**≫ 전체빈도합=32(0.0017%)

무려 [부] 【Text=22/Freq1=32】
  ⓪ (예) 무려(無慮) 두 시간이나 그를 기다리다.

≪**무렵**≫ 전체빈도합=156(0.0084%)

무렵 [명]의★☆☆ 【Text=78/Freq1=156】
  ⓪ (예) [결혼할/저녁] 무렵.

≪**무릎**≫ 전체빈도합=115(0.0062%)

무릎 [명]★★★ 【Text=55/Freq1=115】
  ⓪ (예) 무릎을 [굽히다/펴다].
    〔Text=55/Freq2=115(100%)〕
  관 <무릎을 꿇다> 결승에서 무릎을 꿇다. 〔×〕

≪**무리**≫ 전체빈도합=63(0.0034%)

무리¹ [명]★☆★ 【Text=30/Freq1=38(60.3%)】
  ⓪ (예) 한 무리의 까마귀 떼./학생들이 무리를
    짓다.
무리² [명] 【Text=0/Freq1=0】 ⓧ
  ⓪ (예) 창고들이 하얀 무리를 뒤집어쓰고 서
    있다. 〔×〕
무리³ [명] 【Text=25/Freq1=25(39.7%)】
  ① (예) 화난 것도 무리(無理)가 아니다.
    〔Text=21/Freq2=21(84%)〕
  ② (예) 엔진에 무리가 가다.
    〔Text=4/Freq2=4(16%)〕

---

[106] 『연세 한국어 사전』에서는 '무기²', '무기³'는 '형성'의 품사로 기술되어 있다.

≪무사히≫전체빈도합=17(0.0009%)

무사히 [부] 【Text=14/Freq1=17】
　⓪ (예) 무사(無事)히 도착하다.

≪무서움≫전체빈도합=15(0.0008%)

무서움 [명] 【Text=12/Freq1=15】
　⓪ (예) 무서움을 [느끼다/참다].

≪무섭다≫전체빈도합=200(0.0108%)

무섭다 [형]★★★ 【Text=88/Freq1=200】
　Ⅰ ① (예) 무서운 폭력배./호랑이는 성질이
　　　무섭다. 〔Text=31/Freq2=57(28.5%)〕
　　② (예) 암은 무서운 병이다.
　　　〔Text=26/Freq2=35(17.5%)〕
　　③ (예) 비가 무섭게 쏟아지다./바람이
　　　무섭게 불다. 〔Text=3/Freq2=3(1.5%)〕
　　④ (예) 무서운 [고집/의지/힘].
　　　〔Text=12/Freq2=16(8%)〕
　Ⅱ ① (예) 나는 [물이/사람이] 무섭다.
　　　〔Text=25/Freq2=39(19.5%)〕
　　② (예) 혼자 [가기가/있기] 무섭다.
　　　〔Text=2/Freq2=2(1%)〕
　　③ (예) [거절당할까/실수할까] 무섭다.
　　　〔×〕
　　❹ (예) 나 무서워요. 손 좀 잡아 줘요.
　　　〔Text=15/Freq2=26(13%)〕
　　❺ (예) 다시 못 볼 것 같다는 느낌이 너무
　　　무섭다. 〔Text=7/Freq2=9(4.5%)〕
　㉠ <-기(가) 무섭게>
　　신호가 바뀌기가 무섭게 달려 나가다.
　　〔Text=11/Freq2=12(6%)〕
　ⓧ 〔Text=1/Freq2=1(0.5%)〕

≪무수하다≫전체빈도합=22(0.0012%)

무수하다 [형] 【Text=16/Freq1=22】
　⓪ (예) 밤하늘에 무수(無數)한 별.

≪무슨≫전체빈도합=946(0.0509%)

무슨 [관]★★★ 【Text=180/Freq1=946】
　Ⅰ ①㉠ (예) 그에게 무슨 일이 일어났음이
　　　틀림없다.
　　　〔Text=89/Freq2=193(20.4%)〕
　　㉡ (예) 그에게는 무슨 마력 같은 게 있다.
　　　/무슨 급한 용무라도 생긴 모양이다.
　　　〔Text=64/Freq2=130(13.7%)〕
　　② (예) 요즘 무슨 생각을 하면서 살아요?
　　　〔Text=143/Freq2=497(52.5%)〕
　　③ (예) 나하고 무슨 원수가 졌다고 거짓말

을 해? 〔Text=54/Freq2=95(10%)〕
　　④ (예) 무슨 말씀을, 제가 가겠습니다.
　　　〔Text=2/Freq2=2(0.2%)〕
　Ⅱ (예) 타협은 무슨. 난 그런 건 기대도 안 해.
　　　〔Text=9/Freq2=24(2.5%)〕
　㉠ <무슨 놈의 ~> 처벌은 무슨 놈의 처벌?
　　/이런 순간에 무슨 놈의 전화람.
　　〔Text=2/Freq2=4(0.4%)〕
　ⓧ 〔Text=1/Freq2=1(0.1%)〕

≪무시하다≫전체빈도합=81(0.0044%)

무시하다 [동]★☆☆ 【Text=43/Freq1=81】
　① (예) 상대의 의견을 무시(無視)하다.
　　〔Text=35/Freq2=51(63%)〕
　② (예) 노골적으로 나를 무시하다.
　　〔Text=14/Freq2=30(37%)〕

≪무심코≫전체빈도합=18(0.0010%)

무심코 [부] 【Text=16/Freq1=18】
　⓪ (예) 무심(無心)코 [말하다/보다/지나치다].

≪무심하다≫전체빈도합=20(0.0011%)

무심하다 [형] 【Text=13/Freq1=20】
　① (예) 가족에게 무심(無心)하다.
　　〔Text=5/Freq2=6(30%)〕
　② (예) 무심한 세월./무심한 표정을 하다.
　　〔Text=9/Freq2=14(70%)〕

≪무어≫전체빈도합=105(0.0057%)

무어¹ [대]☆★☆ 【Text=56/Freq1=103(98.1%)】
　Ⅰ ① (예) 집에 가면 무어고 먹을 게 있을 거다.
　　　/무어라 단정하기 어렵다.
　　　〔Text=38/Freq2=61(59.2%)〕
　　② (예) 그가 물으면 무어라고 대답하겠어?
　　　〔Text=24/Freq2=36(35%)〕
　　③ (예) 무어야? 지방으로 가라고?
　　　〔Text=1/Freq2=1(1%)〕
　　④ (예) 그게 그거지 무어야?
　　　〔Text=1/Freq2=1(1%)〕
　Ⅱ (예) 그런 일을 가지고 무어 울고 야단이야?
　　　〔Text=4/Freq2=4(3.9%)〕

무어² [감] 【Text=2/Freq1=2(1.9%)】
　① (예) 무어. 딸은 자식이 아니야?
　　〔Text=2/Freq2=2(100%)〕
　② (예) 할 수 없었지 무어. 〔×〕

≪무엇≫전체빈도합=1,780(0.0959%)

무엇¹ [대]★★★ 【Text=188/Freq1=1,780(100%)】

① (예) 무엇 때문인지 그는 잠시 말을 끊었다. /무엇에 쫓기듯 급히 뛰어가다.
〔Text=103/Freq2=295(16.6%)〕
② (예) 산속에서 무엇보다도 그리운 것이 사람이다. 〔Text=65/Freq2=99(5.6%)〕
③ (예) 먹은 것도 없는데 무엇에 체했을까?
〔Text=167/Freq2=1,379(77.5%)〕
❹ (예) A:그렇지 않습니다. B:무엇이 그렇지 않아요. 그게 말이나 돼요?
〔Text=5/Freq2=6(0.3%)〕
ⓧ 〔Text=1/Freq2=1(0.1%)〕

무엇² 감 【Text=0/Freq1=0】 ⓧ
❶ (예) 무엇! 네가 범인이라고? 〔×〕

《무엇무엇*》전체빈도합=61(0.0033%)
무엇무엇⁰ 대 【Text=23/Freq1=61】
❶ (예) 무엇무엇을 사야 할지 메모하다.

《무역》전체빈도합=86(0.0046%)
무역 명★★★ 【Text=20/Freq1=86】
① (예) 지방끼리의 국내 무역(貿易).
〔Text=2/Freq2=2(12.5%)〕
② (예) 외국과 무역을 하다.
〔Text=16/Freq2=78(90.7%)〕
관<무역 수지> 〔×〕
관<무역 적자> 〔Text=2/Freq2=4(4.7%)〕
관<무역 회사> 〔Text=4/Freq2=4(4.7%)〕

《무용》전체빈도합=34(0.0018%)
무용¹ 명 【Text=13/Freq1=34(100%)】
❶ (예) 무용(舞踊)을 배우다.
무용² 명 【Text=0/Freq1=0】 ⓧ
❶ (예) 전장에서 무용(武勇)을 떨치다. 〔×〕
무용³ 명 【Text=0/Freq1=0】 ⓧ
❶ (예) 학문의 무용(無用)을 주장하다. 〔×〕

《무의미하다》전체빈도합=16(0.0009%)
무의미하다 형 【Text=12/Freq1=16】
① (예) 무의미(無意味)한 [말/표현].
〔Text=2/Freq2=2(12.5%)〕
② (예) 무의미하게 되풀이되는 생활.
〔Text=10/Freq2=14(87.5%)〕

《무조건》전체빈도합=50(0.0027%)
무조건 명 【Text=39/Freq1=50】
Ⅰ (예) 무조건(無條件)의 사랑을 베풀다.
〔Text=2/Freq2=2(4%)〕
Ⅱ (예) 남의 의견에 무조건 따르다.
〔Text=37/Freq2=48(96%)〕

《무지개》전체빈도합=62(0.0033%)
무지개 명 【Text=14/Freq1=62】
❶ (예) 하늘에 무지개가 걸리다.

《무찌르다》전체빈도합=18(0.0010%)
무찌르다 동 【Text=10/Freq1=18】
❶ (예) 적을 크게 무찌르다.

《무척》전체빈도합=180(0.0097%)
무척 부★★★ 【Text=81/Freq1=180】
❶ (예) 허리가 무척 아프다.

《무한하다》전체빈도합=25(0.0013%)
무한하다 형 【Text=16/Freq1=25】
❶ (예) 가능성은 무한(無限)하다.

《묵다》전체빈도합=56(0.0030%)
묵다¹ 동★★★ 【Text=19/Freq1=23(41.1%)】
❶ (예) [여관에/호텔에] 묵다.
묵다² 동 【Text=13/Freq1=16(28.6%)】
① (예) 백 년 묵은 [나무/책].
〔Text=10/Freq2=13(81.3%)〕
② (예) 묵은 빨래를 하다.
〔Text=2/Freq2=2(12.5%)〕
③ (예) 묵은 [솔잎/쌀].
〔Text=1/Freq2=1(6.3%)〕
묵다⁰ 동 【Text=6/Freq1=17(30.4%)】
❶ (예) 밥을 묵다(=먹다).(방언)

《묵묵히》전체빈도합=29(0.0016%)
묵묵히 부 【Text=17/Freq1=29】
❶ (예) 묵묵(黙黙)히 일만 하다.

《묶다》전체빈도합=94(0.0051%)
묶다 동★☆★ 【Text=55/Freq1=94】
Ⅰ ① (예) 끈으로 상자를 묶다.
〔Text=16/Freq2=19(20.2%)〕
② (예) 두 손을 밧줄로 꽁꽁 묶다.
〔Text=15/Freq2=26(27.7%)〕
③ (예) 학생들을 학칙으로 묶어 두다. /결혼이라는 굴레로 여성을 묶어 놓다.
〔Text=5/Freq2=6(6.4%)〕
④ (예) 여러 글들을 모아 책으로 묶다.
〔Text=1/Freq2=1(1.1%)〕
⑤ (예) 각종 규제로 기업 활동을 묶다. 〔×〕
❻ (예) 관계있는 것을 하나로 묶다.
〔Text=17/Freq2=35(37.2%)〕

Ⅱ (예) 사람을 나무에 묶다./하류 쪽에 배를 묶다. 〔Text=6/Freq2=7(7.4%)〕
Ⅲ (예) [끈을/보자기를/줄 끝을] 묶다. 〔×〕
㉮ <(누구의) 발을 묶다>
　태풍이 시민들의 발을 묶다. 〔×〕

≪묶이다≫전체빈도합=31(0.0017%)

묶이다 [동] 【Text=24/Freq1=31】
　Ⅰ ① (예) 끈으로 묶인 상자.
　　　〔Text=3/Freq2=5(16.1%)〕
　　② (예) 두 손이 밧줄로 꽁꽁 묶이다.
　　　〔Text=12/Freq2=14(45.2%)〕
　　③ (예) 무엇에도 묶이지 않는 자유로움. /관습에 묶여 살다.
　　　〔Text=3/Freq2=4(12.9%)〕
　　④ (예) 여러 글들이 한 권으로 묶이다.
　　　〔Text=4/Freq2=4(12.9%)〕
　　⑤ (예) 각종 규제에 묶이다.
　　　〔Text=3/Freq2=3(9.7%)〕
　Ⅱ (예) 배들이 부두에 묶여 있다./의자에 묶인 남자. 〔Text=1/Freq2=1(3.2%)〕
　㉮ <발이 묶이다> 〔×〕

≪문≫전체빈도합=467(0.0251%) [107]

문^1 [명]★★★ 【Text=124/Freq1=458(98.1%)】
　① (예) 문(門)을 [닫다/두드리다/열다/잠그다].
　　〔Text=112/Freq2=409(89.3%)〕
　② <~의 문> (예) 취업의 문.
　　〔Text=9/Freq2=12(2.6%)〕
　㉮ <(~의) 문(을) 닫다>
　　① (예) 가게가 이른 저녁에 문을 닫다.
　　　〔Text=9/Freq2=15(3.3%)〕
　　② (예) 회사가 문 닫게 되다.
　　　〔Text=11/Freq2=16(3.5%)〕
　㉯ <(~의) 문(을) 열다>
　　① (예) 9시에 가게 문을 열다.
　　　〔Text=4/Freq2=5(1.1%)〕
　　② (예) 근처에 슈퍼가 새로 문을 열다.
　　　〔Text=1/Freq2=1(0.2%)〕

문^2 [명] 【Text=0/Freq1=0】 ⓧ
　① (예) 한국어의 문(文)을 네 가지로 분류하다. 〔×〕
　② (예) 무보다 문을 중시하다. 〔×〕

문^3 [명] 【Text=2/Freq1=2(0.4%)】

　① (예) 사람은 동물계, 등뼈동물 문(門)에 속한다.

문^4 [명] 【Text=0/Freq1=0】 ⓧ
　① (예) 11문(文) 반짜리 고무신을 신다. 〔×〕

문^5 [명의] 【Text=1/Freq1=6(1.3%)】
　① (예) 대포 다섯 문(門)을 고지에 설치하다.

문^x ? 【Text=1/Freq1=1(0.2%)】

≪문득≫전체빈도합=120(0.0065%)

문득 [부] 【Text=55/Freq1=120】
　① (예) 문득 떠오르는 [기억이/얼굴이] 있다. /그가 문득 돌아서다.

≪문명≫전체빈도합=83(0.0045%)

문명^1 [명] 【Text=25/Freq1=81(97.6%)】
　① (예) 문명(文明)이 고도로 발전하다. /이집트 문명.

문명^2 [명] 【Text=1/Freq1=2(2.4%)】
　① (예) 문명(文名)이 높다.

≪문방구≫전체빈도합=10(0.0005%)

문방구 [명]☆☆★ 【Text=5/Freq1=10】
　① (예) 연필, 지우개 같은 문방구(文房具)들.
　　〔Text=2/Freq2=2(20%)〕
　② (예) 문방구에서 볼펜을 사다.
　　〔Text=3/Freq2=8(80%)〕

≪문법≫전체빈도합=13(0.0007%)

문법 [명]☆★★ 【Text=9/Freq1=13】
　① (예) 언어 연구의 핵심 분야인 문법(文法)을 연구하다. 〔Text=5/Freq2=7(53.8%)〕
　② (예) 학교 문법/규범적인 문법.
　　〔Text=2/Freq2=4(30.8%)〕
　❸ (예) 소설의 기본 문법.
　　〔Text=2/Freq2=2(15.4%)〕

≪문자≫전체빈도합=26(0.0014%)

문자 [명]☆☆★ 【Text=18/Freq1=26】
　① (예) 소리를 문자(文字)로 표기하다.
　　〔Text=11/Freq2=19(73.1%)〕
　② (예) 그 시절 문자로 말하자면 뺵이라고 하다. 〔×〕
　③ (예) 어려운 문자를 써 가며 설명하다.
　　〔Text=1/Freq2=1(3.8%)〕
　❹ (예) 휴대전화로 문자를 보내다.
　　〔Text=1/Freq2=1(3.8%)〕

---

[107] 『연세 한국어 사전』의 '-문^6'(예:의문문, 감상문)은 말뭉치의 분석에 적용하지 않았으므로 제외한다.

[관]<문자 그대로> 〔Text=4/Freq2=4(15.4%)〕
[관]<문자 생활> 〔×〕
[관]<문자(를) 쓰다> 공자 앞에서 문자를 쓰다. 〔Text=1/Freq2=1(3.8%)〕

≪**문장**≫전체빈도합=127(0.0068%)

문장[1] [명]★★★ 【Text=39/Freq1=127(100%)】
① (예) 쉬운 문장(文章)으로 쓴 작품. 〔Text=7/Freq2=10(7.9%)〕
② (예) 앞 문장의 주어. 〔Text=33/Freq2=117(92.1%)〕

문장[2] [명] 【Text=0/Freq1=0】 ⓧ
⓪ (예) 귀족 집안을 상징하는 문장(紋章). 〔×〕

≪**문제**≫전체빈도합=1,046(0.0563%)

문제 [명]★★★ 【Text=141/Freq1=1,046】
① (예) 수험생들이 문제(問題)를 풀다. 〔Text=32/Freq2=88(8.4%)〕
② (예) [공해/남북/노사/물가] 문제. 〔Text=86/Freq2=492(47%)〕
③ (예) 많은 문제를 안고 있는 가정. 〔Text=61/Freq2=133(12.7%)〕
④ (예) 뇌물 얘기로 문제가 생기다. 〔Text=35/Freq2=70(6.7%)〕
⑤ (예) 그 날 문제의 열차가 도착하다. 〔Text=6/Freq2=8(0.8%)〕
⑥ (예) [이성/학점] 문제로 상담하다. 〔Text=48/Freq2=107(10.2%)〕
⑦ (예) 학벌이 아니라 사람됨이 문제다. 〔Text=44/Freq2=91(8.7%)〕
[관]<문제 아동> 〔×〕
[관]<문제 의식> 〔Text=1/Freq2=1(0.1%)〕
[관]<문제 청소년> 〔×〕
[관]<문제(가) 없다> 문제 없어. 걱정하지 말아. 〔Text=10/Freq2=13(1.2%)〕
[관]<~에 문제가 있다> [인격에/태도에] 문제가 있다. 〔Text=28/Freq2=43(4.1%)〕

≪**문제점**≫전체빈도합=47(0.0025%)

문제점 [명]★☆☆ 【Text=21/Freq1=47】
⓪ (예) 실행 과정의 여러 문제점(問題點)을 해결하다.

≪**문지르다**≫전체빈도합=23(0.0012%)

문지르다 [동] 【Text=15/Freq1=23】
⓪ (예) 젖은 손을 바지에 문지르다.

≪**문학**≫전체빈도합=617(0.0332%)

문학 [명]★☆★ 【Text=39/Freq1=617】
⓪ (예) 문학(文學) 작품. 〔Text=37/Freq2=601(97.4%)〕
[관]<문학 소녀> 〔×〕
[관]<문학 작품> 〔Text=4/Freq2=15(2.4%)〕
[관]<문학 청년> 〔Text=1/Freq2=1(0.2%)〕

≪**문화**≫전체빈도합=553(0.0298%)

문화 [명]★★★ 【Text=71/Freq1=553】
① (예) 민족의 문화(文化)와 역사를 이해하다. 〔Text=55/Freq2=398(72%)〕
② (예) 이 달의 문화 행사. 〔Text=20/Freq2=50(9%)〕
③ (예) 한국의 인쇄 문화. 〔Text=26/Freq2=76(13.7%)〕
[관]<문화 국민> 〔Text=2/Freq2=2(0.4%)〕
[관]<문화 생활> 〔Text=5/Freq2=5(0.9%)〕
[관]<문화 영화> 〔×〕
[관]<문화 유산> 〔Text=10/Freq2=22(4%)〕

≪**문화재**≫전체빈도합=247(0.0133%)

문화재 [명] 【Text=19/Freq1=247】
⓪ (예) 문화재(文化財) 보호.

≪**문화적**≫전체빈도합=41(0.0022%)

문화적[1] [명] 【Text=9/Freq1=12(29.3%)】
① (예) 양국은 문화적(文化的)으로 밀접한 관계이다. 〔Text=9/Freq2=12(100%)〕
② (예) 도시와 농촌의 문화적인 격차. 〔×〕

문화적[2] [관] 【Text=17/Freq1=29(70.7%)】
① (예) 문화적(文化的) 특성. 〔Text=16/Freq2=28(96.6%)〕
② (예) 문화적 생활을 하다. 〔Text=1/Freq2=1(3.4%)〕

≪**묻다**≫전체빈도합=719(0.0387%)

묻다[1] [동]★★★ 【Text=154/Freq1=599(83.3%)】
① (예) [길을/까닭을/안부를/어디 가느냐고] 묻다. 〔Text=152/Freq2=596(99.5%)〕
② (예) 그에게 책임을 묻다. 〔Text=3/Freq2=3(0.5%)〕

묻다[2] [동] 【Text=32/Freq1=50(7%)】
① (예) [김칫독을/시신을] 땅에 묻다. 〔Text=24/Freq2=39(78%)〕
② (예) [복병을/첩자를] 묻어 두다. 〔×〕
③ (예) 남편 품에 얼굴을 묻고 울다. 〔Text=6/Freq2=8(16%)〕

❹ (예) 가슴 속에 묻어 둔 추억.
  〖Text=3/Freq2=3(6%)〗
㉿ <뼈를 묻다> 회사에 뼈를 묻다. 〔×〕

묻다³ 동 【Text=46/Freq1=69(9.6%)】
① (예) 옷에 [피가/흙이] 묻다.
  〖Text=40/Freq2=56(81.2%)〗
② (예) 빌린 책에 쪽지가 묻어 오다.
  〖Text=7/Freq2=9(13%)〗
❸ (예) 사람의 때가 묻지 않은 도시.
  〖Text=3/Freq2=4(5.8%)〗

묻다ˣ ? 【Text=1/Freq1=1(0.1%)】

≪묻히다≫ 전체빈도합=53(0.0029%)

묻히다¹ 동 【Text=14/Freq1=15(28.3%)】
⓪ (예) 손에 흙을 묻히다.
  /콩고물을 묻힌 인절미.

묻히다² 동 ★☆☆ 【Text=30/Freq1=38(71.7%)】
① (예) 땅속에 묻힌 자원.
  〖Text=16/Freq2=18(47.4%)〗
② (예) [어둠에/파도 소리에] 묻히다.
  〖Text=5/Freq2=7(18.4%)〗
③ (예) 고향에 묻혀 살다.
  〖Text=8/Freq2=8(21.1%)〗
④ (예) 책 속에 묻혀 지내다.
  〖Text=3/Freq2=3(7.9%)〗
⑤ (예) [기억 저편에/역사 속으로] 묻히다.
  〖Text=2/Freq2=2(5.3%)〗

≪물≫ 전체빈도합=849(0.0457%) [108]

물¹ 명 ★★★ 【Text=146/Freq1=833(98.1%)】
① (예) 화분에 물을 주다.
  〖Text=127/Freq2=598(71.8%)〗
② (예) 물을 떠난 고기.
  〖Text=65/Freq2=227(27.3%)〗
③ (예) 갯벌에 물이 [들어오다/차다].
  〖Text=1/Freq2=1(0.1%)〗
④ (예) 물 많은 과일. 〖Text=1/Freq2=1(0.1%)〗
㉿ <물 건너가다> 〖Text=1/Freq2=1(0.1%)〗
㉿ <물 샐 틈 없다> 〔×〕
㉿ <물 찬 제비> 〖Text=1/Freq2=1(0.1%)〗
㉿ <물에 빠진 생쥐> 〔×〕
㉿ <물(을) 먹다> 물 먹은 솜마냥 무겁다.
  〖Text=1/Freq2=1(0.1%)〗
㉿ <~ 물(을) 먹다> 대학 물을 먹다. 〔×〕

㉿ <물(을) 먹이다> 날 물 먹이는 거니?
  〖Text=1/Freq2=1(0.1%)〗
㉿ <물(이) 오르다>
  [나무에/실력이] 물이 오르다. 〔×〕
ˣ 〖Text=1/Freq2=2(0.2%)〗

물² 명 【Text=5/Freq1=7(0.8%)】
⓪ (예) 옷에서 물이 빠지다.
  〖Text=3/Freq2=5(71.4%)〗
㉿ <물이 들다> 서구 사상에 물이 들다.
  〖Text=2/Freq2=2(28.6%)〗

물³ 명 【Text=3/Freq1=3(0.4%)】
⓪ (예) 생선의 물이 좋다. 〔×〕
❶ (예) 우리는 그들과 물이 다르다.
  〖Text=2/Freq2=2(66.7%)〗
㉿ <물이 가다> 그 친구 물이 갔어. 〔×〕
㉿ <물(이) 좋다> 물 좋은 클럽.
  〖Text=1/Freq2=1(33.3%)〗

물⁰ 명 【Text=1/Freq1=6(0.7%)】
❶ (예) 물(物) 자체.

≪물가≫ 전체빈도합=30(0.0016%)

물가¹ 명 【Text=6/Freq1=9(30%)】
⓪ (예) 물가에서 놀다.

물가² 명 ★★★ 【Text=12/Freq1=21(70%)】
⓪ (예) 물가(物價)가 [비싸다/오르다].
  〖Text=12/Freq2=21(100%)〗
㉿ <물가 지수> 〔×〕

≪물감≫ 전체빈도합=22(0.0012%)

물감 명 【Text=12/Freq1=22】
⓪ (예) 물감으로 [그리다/물을 들이다].

≪물건≫ 전체빈도합=739(0.0398%)

물건 명 ★★★ 【Text=118/Freq1=739】
① (예) 공공장소에서 쓰는 물건(物件)을 아껴 쓰다. 〖Text=89/Freq2=410(55.5%)〗
② (예) 매장에 싼 물건이 많다.
  〖Text=62/Freq2=326(44.1%)〗
③ (예) 그 친구는 역시 물건이다. 〔×〕
❹ (예) 사내의 물건이 발기하다.
  〖Text=2/Freq2=3(0.4%)〗

≪물결≫ 전체빈도합=33(0.0018%)

물결 명 ☆☆★ 【Text=24/Freq1=33】
① (예) 뱃전을 때리는 물결 소리.

---

[108] 『연세 한국어 사전』의 '물⁴'(예:물만두), '-물⁵'(예:건축물)은 말뭉치의 분석에 적용하지 않았으므로 제외한다.

〔Text=11/Freq2=19(57.6%)〕

② (예) 역사의 물결이 도도히 흐르다.

〔Text=13/Freq2=13(39.4%)〕

[관]<물결을 타다> 근대화의 물결을 타다.

〔Text=1/Freq2=1(3%)〕

≪**물고기**≫전체빈도합=75(0.0040%)

물고기 [명]★☆★ 【Text=33/Freq1=75】

⓪ (예) 물고기를 낚다.

≪**물기**≫전체빈도합=18(0.0010%)

물기 [명] 【Text=14/Freq1=18】

⓪ (예) 수건으로 물기를 닦다.

≪**물끄러미**≫전체빈도합=20(0.0011%)

물끄러미 [부] 【Text=14/Freq1=20】

⓪ (예) 물끄러미 바라보다.

≪**물다**≫전체빈도합=92(0.0050%)

물다[1] [동]★☆★ 【Text=45/Freq1=88(95.7%)】

Ⅰ ① (예) 담배를 입에 물다.

〔Text=29/Freq2=56(63.6%)〕

② (예) 어금니를 굳게 물다.

〔Text=4/Freq2=6(6.8%)〕

③ (예) [물 한 모금을/사탕을] 입에 물다.

〔Text=6/Freq2=7(8%)〕

④ (예) [오기를/웃음기를] 물다. 〔×〕

Ⅱ ① (예) 개가 사람을 물다.

〔Text=6/Freq2=10(11.4%)〕

② (예) 모기가 물다.

〔Text=1/Freq2=1(1.1%)〕

③ (예) 파트너를 하나씩 물어 오다. 〔×〕

[관]<(꼬리에) 꼬리를 물다>

〔Text=5/Freq2=6(6.8%)〕

[관]<물고 늘어지다>

〔Text=2/Freq2=2(2.3%)〕

[관]<물고 뜯다> 〔×〕

[관]<(입에) 거품을 물다> 〔×〕

물다[2] [동] 【Text=3/Freq1=4(4.3%)】

① (예) [벌금을/이자를] 물다.

〔Text=3/Freq2=4(100%)〕

② (예) 잃어 버린 책값을 물어 주다. 〔×〕

≪**물들다**≫전체빈도합=22(0.0012%)

물들다 [동] 【Text=14/Freq1=22】

① (예) [단풍이/석양에 창이/술기운에 얼굴이] 붉게 물들다. 〔Text=12/Freq2=19(86.4%)〕

② (예) 그릇된 [관념에/풍조에] 물들다.

〔Text=3/Freq2=3(13.6%)〕

≪**물러가다**≫전체빈도합=41(0.0022%)

물러가다 [동] 【Text=17/Freq1=41】

① (예) 가수가 무대 뒤로 물러가다.

〔Text=2/Freq2=2(4.9%)〕

② (예) 오늘은 이만 물러가겠습니다.

〔Text=4/Freq2=5(12.2%)〕

③ (예) 물러갈 정치가는 물러가야 하다.

〔Text=9/Freq2=32(78%)〕

④ (예) [더위가/동장군이] 물러가다.

〔Text=2/Freq2=2(4.9%)〕

≪**물러나다**≫전체빈도합=46(0.0025%)

물러나다 [동]★☆☆ 【Text=32/Freq1=46】

① (예) 한 걸음 뒤로 물러나다.

〔Text=18/Freq2=20(43.5%)〕

② (예) 전투에 패한 적이 물러나기 시작하다.

〔Text=4/Freq2=4(8.7%)〕

③ (예) 공직에서 물러나다.

〔Text=11/Freq2=21(45.7%)〕

❹ (예) 빙하기가 물러나다.

〔Text=1/Freq2=1(2.2%)〕

≪**물러서다**≫전체빈도합=24(0.0013%)

물러서다 [동] 【Text=19/Freq1=24】

① (예) 당황하여 뒤로 물러서다.

〔Text=11/Freq2=14(58.3%)〕

② (예) 책임을 지고 물러서다.

〔Text=9/Freq2=10(41.7%)〕

≪**물려받다**≫전체빈도합=20(0.0011%)

물려받다 [동] 【Text=14/Freq1=20】

⓪ (예) 부모에게 [가난을/성격을/재산을] 물려받다.

≪**물려주다**≫전체빈도합=23(0.0012%)

물려주다 [동] 【Text=15/Freq1=23】

⓪ (예) 자식에게 [가난을/성격을/재산을] 물려주다.

≪**물론**≫전체빈도합=522(0.0281%)

물론[1] [명]★★☆ 【Text=50/Freq1=75(14.4%)】

⓪ (예) 국내는 물론(勿論)이고 해외에도 알려지다.

물론[2] [부]★★★ 【Text=129/Freq1=447(85.6%)】

⓪ (예) 물론(勿論) 나는 찬성한다. /학생은 물론 교수들도 참가하다.

≪물리치다≫전체빈도합=43(0.0023%)

물리치다 동 【Text=23/Freq1=43】
  ① (예) [귀신을/적을/침략을] 물리치다.
    〔Text=19/Freq2=36(83.7%)〕
  ② (예) [요구를/청을] 물리치다.
    〔Text=1/Freq2=1(2.3%)〕
  ③ (예) [반대를/유혹을] 물리치다.
    〔Text=1/Freq2=1(2.3%)〕
  ❹ (예) 한국이 일본을 물리치고 우승하다.
    〔Text=1/Freq2=3(7%)〕
  ❺ (예) 왕이 좌우를 물리치다.
    〔Text=1/Freq2=1(2.3%)〕

≪물음≫전체빈도합=385(0.0207%)

물음 명 ★☆☆ 【Text=54/Freq1=385】
  ① (예) 선생님의 물음에 대답하다.
    〔Text=43/Freq2=338(87.8%)〕
  ② (예) 인간 본질에 대한 물음.
    〔Text=13/Freq2=47(12.2%)〕

≪물자≫전체빈도합=26(0.0014%)

물자 명 【Text=14/Freq1=26】
  ⓪ (예) 물자(物資)가 풍부하다.

≪물줄기≫전체빈도합=20(0.0011%)

물줄기 명 【Text=11/Freq1=20】
  ① (예) 한강의 물줄기를 따라 여행하다.
    〔Text=5/Freq2=11(55%)〕
  ② (예) 분수에서 물줄기가 솟구치다.
    〔Text=6/Freq2=9(45%)〕

≪물질≫전체빈도합=64(0.0034%)

물질[1] 명 【Text=0/Freq1=0】 ⓧ
  ⓪ (예) 해녀들이 물질을 하다. 〔×〕

물질[2] 명 ★☆★ 【Text=16/Freq1=64(100%)】
  ① (예) 정신과 물질(物質)./물질 문명.
    〔Text=6/Freq2=15(23.4%)〕
  ② (예) 물질보다 사랑이 우선이다.
    〔Text=1/Freq2=1(1.6%)〕
  ③ (예) [공해/화학] 물질.
    〔Text=11/Freq2=48(75%)〕

≪물질적≫전체빈도합=31(0.0017%)

물질적[1] 명 【Text=10/Freq1=17(54.8%)】
  ① (예) 물질적(物質的)으로 돕다.
    〔Text=7/Freq2=11(64.7%)〕
  ② (예) 물질적인 풍요를 추구하다.
    〔Text=5/Freq2=6(35.3%)〕

물질적[2] 관 【Text=11/Freq1=14(45.2%)】
  ① (예) 물질적(物質的) 측면을 강조하다.
    〔Text=6/Freq2=8(57.1%)〕
  ② (예) 물질적 이익에 눈이 멀다.
    〔Text=6/Freq2=6(42.9%)〕

≪물체≫전체빈도합=47(0.0025%)

물체 명 ★☆☆ 【Text=16/Freq1=47】
  ⓪ (예) 물체(物體)의 모양.

≪뭉치다≫전체빈도합=25(0.0013%)

뭉치다 동 【Text=21/Freq1=25】
  Ⅰ ① (예) 스웨터의 털이 뭉치다.
    〔Text=9/Freq2=9(36%)〕
   ② (예) [친구들이/팀이] 뭉쳐 다니다.
    〔Text=10/Freq2=13(52%)〕
  Ⅱ ① (예) 눈을 뭉치다. 〔Text=2/Freq2=2(8%)〕
   ② (예) [머리카락을/화장지를] 돌돌 뭉치다. 〔×〕
    ⓧ 〔Text=1/Freq2=1(4%)〕

≪뭐≫전체빈도합=2,059(0.1109%)

뭐[1] 대 ★★★ 【Text=162/Freq1=1,244(60.4%)】
  ① (예) 술이고 뭐고 다 싫다./뭐라고 말하지만 안 들리다. 〔Text=103/Freq2=342(27.5%)〕
  ② (예) 가게에서 뭐 사 올까?/제목이 뭐지?
    〔Text=124/Freq2=687(55.2%)〕
  ③ (예) 내가 심부름꾼이야, 뭐야.
    〔Text=15/Freq2=23(1.8%)〕
  ④ (예) [성적이/옷차림이/표정이] 그게 뭐야?
    〔Text=36/Freq2=49(3.9%)〕
  ⑤ (예) 뭐, 결혼을 한다고?/뭐야, 사고가 났어?
    〔Text=24/Freq2=43(3.5%)〕
  ⑥ (예) 처지가 안됐지 뭐예요.
    〔Text=15/Freq2=17(1.4%)〕
  ⑦ (예) 일을 방해하자는 거요, 뭐요?
    〔Text=3/Freq2=3(0.2%)〕
  ❽ (예) 그건, 뭐야, 싫단 그런 말이다.
    〔Text=6/Freq2=16(1.3%)〕
  ❾ (예) A: 춥지요? B:뭘요./뭐를, 난 그런 짓 못한다. 〔Text=2/Freq2=2(0.2%)〕
  관 <~가 뭘> A; 참, 대단하시네요. B: 제가 뭘. 〔Text=7/Freq2=8(0.6%)〕
  관 <-기는/-긴 뭘> 좋아하기는 뭘 좋아해?/가긴 뭘 가, 순 거짓말!
    〔Text=17/Freq2=23(1.8%)〕
  관 <-면 뭘 하다> 참기만 하면 뭘 해?

　　　　〔Text=1/Freq2=2(0.2%)〕
　㉺ <뭐가 뭔지> 뭐가 뭔지 모르겠다.
　　　　〔Text=5/Freq2=13(1%)〕
　㉺ <뭐(가) 있다> 서두를 게 뭐 있어.
　　　　〔Text=10/Freq2=12(1%)〕
　㉺ <뭐니 뭐니 해도>
　　　　〔Text=1/Freq2=2(0.2%)〕
　㉺ <뭘 그러다> 푼돈 가지고 뭘 그러니?
　　　　〔Text=1/Freq2=1(0.1%)〕
　㉺ <알 게 [뭐야/뭐예요/뭡니까>
　　　　〔Text=1/Freq2=1(0.1%)〕
　ⓧ〔Text=14/Freq2=32(2.6%)〕
뭐² 갑 ★★☆　【Text=98/Freq1=815(39.6%)】
　❶ (예) 뭐. 딸은 자식이 아니랍디까?
　　　　〔Text=23/Freq2=47(5.8%)〕
　❷ (예) 그건 어쩔 수 없는 일이지 뭐.
　　　　〔Text=90/Freq2=768(94.2%)〕

≪뭐하다≫전체빈도합=49(0.0026%)

뭐하다 형　【Text=2/Freq1=2(4.1%)】
　❶ (예) 대답하기 뭐해서 가만있다.
뭐하다⁰ 동☆★☆　【Text=19/Freq1=47(95.9%)】
　❶ (예) 그걸 뭐하러 찾아?
　　　/뭐하러 그 사람을 만나?

≪뭣≫전체빈도합=45(0.0024%)

뭣¹ 대　【Text=18/Freq1=45(100%)】 109)
　① (예) [뭣 때문인지/뭣에 쫓기듯] 급히
　　　뛰어가다.〔Text=5/Freq2=6(13.3%)〕
　② (예) 산속에서 뭣보다도 그리운 건
　　　사람이다.〔Text=1/Freq2=1(2.2%)〕
　③ (예) 먹은 것도 없는데 뭣에 체했지?
　　　　〔Text=13/Freq2=28(62.2%)〕
　❹ (예) A:그렇지 않습니다. B:뭣이 그렇지
　　　않아요.〔Text=5/Freq2=9(20%)〕
　ⓧ〔Text=1/Freq2=1(2.2%)〕
뭣² 갑　【Text=0/Freq1=0】 ⓧ
　❶ (예) 뭣! 이 건방진 놈.〔×〕
　㉺ <뭣도 모르고>〔×〕

≪미≫전체빈도합=44(0.0024%) 110)

미¹ 명　【Text=12/Freq1=23(52.3%)】

　① (예) [겸손의/육체의] 미(美).
　　　　〔Text=12/Freq2=23(100%)〕
　② (예) 미인 대회에서 미로 뽑히다.〔×〕
미² 명　【Text=1/Freq1=4(9.1%)】
　❶ (예) 체육 과목에서 미(美)를 받다.
미³ 명　【Text=0/Freq1=0】 ⓧ
　❶ (예) 미 소리를 정확히 내다.〔×〕
미⁴ 명(고유)　【Text=8/Freq1=17(38.6%)】 111)
　❶ (예) 미(美) 군정 당국.

≪미국♣≫전체빈도합=516(0.0278%)

미국⁰ 명(고유)★★★　【Text=73/Freq1=516】
　❶ (예) 미국(美國)에 가다.

≪미국인♣≫전체빈도합=29(0.0016%)

미국인⁰ 명　【Text=13/Freq1=29】
　❶ (예) 미국인(美國人)의 사고 방식을 이해하다.

≪미군♣≫전체빈도합=24(0.0013%)

미군⁰ 명　【Text=10/Freq1=24】
　❶ (예) 미군(美軍) 부대.

≪미끄러지다≫전체빈도합=20(0.0011%)

미끄러지다 동　【Text=18/Freq1=20】
　Ⅰ (예) 얼음판에서 미끄러지다.
　　　　〔Text=18/Freq2=20(100%)〕
　Ⅱ (예) [대학을/시험에서] 미끄러지다.〔×〕

≪미끄럽다≫전체빈도합=10(0.0005%)

미끄럽다 형☆☆★　【Text=9/Freq1=10】
　❶ (예) [길이/눈이] 미끄럽다.

≪미덕≫전체빈도합=15(0.0008%)

미덕 명　【Text=13/Freq1=15】
　❶ (예) 겸손의 미덕(美德)을 가지다.

≪미래≫전체빈도합=143(0.0077%)

미래 명★★☆　【Text=47/Freq1=143】
　① (예) 인류의 미래(未來).
　　　　〔Text=47/Freq2=135(94.4%)〕
　② (예) 미래 시제.〔Text=2/Freq2=8(5.6%)〕

≪미루다≫전체빈도합=41(0.0022%)

미루다 동★☆☆　【Text=33/Freq1=41】

---

109) 『연세 한국어 사전』에서는 '뭣¹'이 "무엇¹의 준말"이라고만 기술되어 있는데, 여기서는 '무엇¹'의 의미 구분에 따라 세분하여 기술한다.
110) 『연세 한국어 사전』의 '마-⁵'(예:미소년), '마-⁶'(예:미완성), '-미⁷'(예:육체미), '-미⁸'(예:인공미), '-미⁹'(예:정부미)는 말뭉치의 분석에 적용하지 않았으므로 제외한다.
111) 『연세 한국어 사전』에서는 '미⁴'가 '형성'의 품사로 기술되어 있다.

Ⅰ (예) [수술을/약속을/일을] 미루다.
〔Text=17/Freq2=21(51.2%)〕
Ⅱ (예) [잘못을/책임을] 남에게 미루다.
〔Text=5/Freq2=6(14.6%)〕
㉴ <미루어 보다>
〔Text=13/Freq2=14(34.1%)〕

≪미리≫전체빈도합=119(0.0064%)

미리 [부]★★★ 【Text=82/Freq1=119】
⓪ (예) 가기 전에 미리 연락하다.

≪미소≫전체빈도합=105(0.0057%)

미소¹ [명]☆★☆ 【Text=50/Freq1=105(100%)】 ¹¹²
⓪ (예) 얼굴에 미소(微笑)를 띠다.
미소² [명] 【Text=0/Freq1=0】 ⓧ
⓪ (예) 미소(微小) 물질. 〔×〕
미소³ [명] 【Text=0/Freq1=0】 ⓧ
⓪ (예) 미소(微少) 전류. 〔×〕

≪미술≫전체빈도합=162(0.0087%)

미술 [명]★★★ 【Text=35/Freq1=162】
⓪ (예) 미술(美術).

≪미스≫전체빈도합=86(0.0046%)

미스¹ [명] 【Text=10/Freq1=86(100%)】
① (예) 미스 박. 〔Text=7/Freq2=82(95.3%)〕
② (예) 나를 미스로 알다. 〔×〕
❸ (예) 미스 [유니버스/코리아].
〔Text=3/Freq2=4(4.7%)〕
미스² [명] 【Text=0/Freq1=0】 ⓧ
⓪ (예) [서브/패스] 미스를 하다. 〔×〕

≪미안하다≫전체빈도합=205(0.0110%)

미안하다 [형]★★★ 【Text=84/Freq1=205】
① (예) 약속을 어겨 미안(未安)하다.
〔Text=38/Freq2=55(26.8%)〕
② (예) 자신의 못난 모습이 미안하다.
〔Text=17/Freq2=19(9.3%)〕
❸ (예) 미안해! 용서해 줘.
〔Text=51/Freq2=99(48.3%)〕
❹ (예) 미안하지만, 좀 비켜 주세요.
〔Text=15/Freq2=19(9.3%)〕
❺ (예) 팬들에게 미안하다.
〔Text=13/Freq2=13(6.3%)〕

≪미워하다≫전체빈도합=29(0.0016%)

미워하다 [동] 【Text=21/Freq1=29】

⓪ (예) [사람을/세상을] 미워하다.

≪미지근하다≫전체빈도합=1(0.0001%)

미지근하다 [형]☆☆★ 【Text=1/Freq1=1】
① (예) 물이 미지근하다.
〔Text=1/Freq2=1(100%)〕
② (예) [대답이/태도가] 영 미지근하다. 〔×〕

≪미처≫전체빈도합=47(0.0025%)

미처 [부] 【Text=37/Freq1=47】
⓪ (예) 미처 [모르다/준비를 못하다].

≪미치다≫전체빈도합=176(0.0095%)

미치다¹ [동]★★★ 【Text=44/Freq1=99(56.2%)】
Ⅰ ① (예) 너무 큰 충격으로 미친 사람.
〔Text=24/Freq2=47(47.5%)〕
② (예) 너 미쳤니? 그 놈을 왜 만나?
〔Text=19/Freq2=35(35.4%)〕
③ (예) 미치게 [가렵다/그립다].
〔Text=2/Freq2=2(2%)〕
④ (예) [저겨워서/화가 나서] 미치겠다.
〔Text=5/Freq2=7(7.1%)〕
Ⅱ (예) [노름에/사랑에/연극에] 미치다.
〔Text=4/Freq2=8(8.1%)〕

미치다² [동]★★★ 【Text=45/Freq1=77(43.8%)】
Ⅰ ① (예) [눈길이/발길이/손이] 미치다.
〔Text=8/Freq2=8(10.4%)〕
② ㉠ (예) 1위의 기록이 세계 기록에 못 미치다. 〔Text=5/Freq2=5(6.5%)〕
㉡ (예) 솜씨가 아버지에게 못 미치다.
〔×〕
③ (예) [사고가/생각이] 미치다.
〔Text=9/Freq2=9(11.7%)〕
④ (예) [영향이/피해가/힘이] 모두에게 미치다. 〔Text=11/Freq2=22(28.6%)〕
⑤ (예) 강물의 깊이가 허리에 미치다. 〔×〕
⑥ (예) [목적지에/자정에] 못 미치다. 〔×〕
Ⅱ (예) 땅에 [작용을/영향을] 미치다.
〔Text=18/Freq2=33(42.9%)〕

≪미터≫전체빈도합=65(0.0035%)

미터 [명의]★★☆ 【Text=36/Freq1=65】
⓪ (예) 20미터 거리.

≪민간≫전체빈도합=23(0.0012%)

민간 [명] 【Text=10/Freq1=23】

---

112) 『연세 한국어 사전』에서는 '미소¹', '미소²'가 '형성'의 품사로 기술되어 있다.

① (예) 정부와 민간(民間)의 협력.
〔Text=4/Freq2=10(43.5%)〕
②㉠ (예) 민간에서 널리 행해지는 풍습.
〔Text=4/Freq2=10(43.5%)〕
㉡<민간 ~> (예) 민간 단체.
〔Text=2/Freq2=2(8.7%)〕
ⓧ 〔Text=1/Freq2=1(4.3%)〕

≪**민감하다**≫전체빈도합=25(0.0013%)

민감하다 [형] **【Text=16/Freq1=25】**
⓪ (예) 열에 민감(敏感)하다.

≪**민속**≫전체빈도합=45(0.0024%)

민속 [명]★★☆ **【Text=19/Freq1=45】**
⓪ (예) 민속(民俗)과 문화.
〔Text=12/Freq2=36(80%)〕
[관]<민속 놀이> 〔Text=7/Freq2=9(20%)〕
[관]<민속 신앙> 〔×〕

≪**민요**≫전체빈도합=51(0.0027%)

민요 [명]☆☆★ **【Text=14/Freq1=51】**
⓪ (예) 민요(民謠)를 부르다.

≪**민족**≫전체빈도합=335(0.0180%)

민족 [명]★★★ **【Text=60/Freq1=335】**
⓪ (예) 나라와 민족(民族)을 위하다.
〔Text=60/Freq2=326(97.3%)〕
[관]<민족 감정> 〔×〕
[관]<민족 국가> 〔Text=2/Freq2=2(0.6%)〕
[관]<민족 문학> 〔Text=1/Freq2=2(0.6%)〕
[관]<민족 문화> 〔Text=2/Freq2=2(0.6%)〕
[관]<민족 의식> 〔×〕
[관]<민족 자결(주의)> 〔×〕
[관]<민족 정신> 〔Text=2/Freq2=3(0.9%)〕

≪**민주**≫전체빈도합=55(0.0030%)

민주 [명] **【Text=12/Freq1=55】**
① (예) 자유와 민주(民主)를 이룩하다.
〔Text=6/Freq2=10(18.2%)〕
② (예) 민주의 동의하에 국가가 성립하다.
〔×〕
③ (예) 민주[정부/학생].
〔Text=5/Freq2=8(14.5%)〕
[관]<민주 국가> 〔Text=3/Freq2=8(14.5%)〕
[관]<민주 사회> 〔Text=2/Freq2=3(5.5%)〕
[관]<민주 시민> 〔Text=1/Freq2=2(3.6%)〕
[관]<민주 정치> 〔Text=2/Freq2=24(43.6%)〕

≪**민주주의**≫전체빈도합=89(0.0048%)

민주주의 [명] **【Text=21/Freq1=89】**
⓪ (예) 민주주의(民主主義).

≪**민주화**≫전체빈도합=37(0.0020%)

민주화 [명] **【Text=19/Freq1=37】**
⓪ (예) 민주화(民主化)를 이루다.
〔Text=17/Freq2=32(86.5%)〕
[관]<민주화 운동> 〔Text=4/Freq2=5(13.5%)〕

≪**민중**≫전체빈도합=108(0.0058%)

민중 [명] **【Text=19/Freq1=108】**
⓪ (예) 민중(民衆)들의 삶.
〔Text=19/Freq2=106(98.1%)〕
[관]<민중 문학> 〔×〕
[관]<민중 문화> 〔Text=1/Freq2=1(0.9%)〕
[관]<민중 운동> 〔Text=1/Freq2=1(0.9%)〕
[관]<민중 의식> 〔×〕

≪**믿다**≫전체빈도합=380(0.0205%)

믿다 [동]★★★ **【Text=122/Freq1=380】**
① (예) [사실을/이야기를] 믿다.
〔Text=107/Freq2=275(72.4%)〕
② (예) [사람을/친구를] 믿다.
〔Text=45/Freq2=81(21.3%)〕
③ (예) [궁합을/신을] 믿다.
〔Text=11/Freq2=22(5.8%)〕
ⓧ 〔Text=2/Freq2=2(0.5%)〕

≪**믿음**≫전체빈도합=68(0.0037%)

믿음 [명] **【Text=25/Freq1=68】**
① (예) 그녀에 대한 믿음.
〔Text=20/Freq2=60(88.2%)〕
② (예) 종교적 믿음.
〔Text=5/Freq2=7(10.3%)〕
ⓧ 〔Text=1/Freq2=1(1.5%)〕

≪**밀**≫전체빈도합=6(0.0003%)

밀 [명]☆☆★ **【Text=4/Freq1=6】**
⓪ (예) 밀을 재배하다.

≪**밀가루**≫전체빈도합=20(0.0011%)

밀가루 [명]☆☆★ **【Text=12/Freq1=20】**
⓪ (예) 밀가루 음식.

≪**밀다**≫전체빈도합=90(0.0048%)

밀다 [동]★☆★ **【Text=56/Freq1=90】**
① (예) 유모차를 밀다.
〔Text=47/Freq2=74(82.2%)〕
②㉠ (예) 면도기로 수염을 밀다.

〔Text=3/Freq2=3(3.3%)〕
　ⓛ (예) 목욕탕에서 때를 밀다.
　　　〔Text=2/Freq2=2(2.2%)〕
　③ (예) 산을 밀고 택지를 만들다. 〔×〕
　④ (예) 밀가루 반죽을 얇게 밀다.
　　　〔Text=1/Freq2=1(1.1%)〕
　⑤ (예) 등사판을 밀다. 〔×〕
　⑥ (예) 계획대로 밀고 나가다.
　　　〔Text=5/Freq2=5(5.6%)〕
　⑦ (예) [지지하는/특정] 후보를 밀다.
　　　〔Text=3/Freq2=4(4.4%)〕
　ⓧ 〔Text=1/Freq2=1(1.1%)〕

≪**밀려오다**≫전체빈도합=15(0.0008%)

　밀려오다 동 【Text=12/Freq1=15】
　① (예) [물결이/파도에 배가] 밀려오다.
　　　〔Text=2/Freq2=2(13.3%)〕
　② (예) 밀려오고 밀려가는 차량들.
　　　〔Text=5/Freq2=5(33.3%)〕
　③ (예) 개화의 물결이 조선에 밀려오다.
　　　〔Text=1/Freq2=1(6.7%)〕
　④ (예) [슬픔이/피로가] 밀려오다.
　　　〔Text=6/Freq2=7(46.7%)〕

≪**밀리다**≫전체빈도합=47(0.0025%)

　밀리다 동 ★★★ 【Text=32/Freq1=47】
　Ⅰ ① (예) [빨래가/일이] 밀리다.
　　　〔Text=10/Freq2=11(23.4%)〕
　　② (예) 차가 밀리다.
　　　〔Text=4/Freq2=6(12.8%)〕
　　③ (예) [순서가/일정이] 밀리다.
　　　〔Text=3/Freq2=5(10.6%)〕
　　④ (예) [각질이/때가] 밀리다. 〔×〕
　Ⅱ ① (예) 문이 뒤로 밀리다./상대에게
　　　　밀리다. 〔Text=10/Freq2=13(27.7%)〕
　　② (예) 아카시아에 밀려 소나무가
　　　　사라지다. 〔Text=7/Freq2=9(19.1%)〕
　　③ (예) 여론에 밀리다.
　　　〔Text=2/Freq2=2(4.3%)〕
　관 <뒷전으로 밀리다>
　　　〔Text=1/Freq2=1(2.1%)〕

≪**밀접하다**≫전체빈도합=15(0.0008%)

　밀접하다 형 【Text=13/Freq1=15】
　ⓞ (예) 민족과 종교가 밀접(密接)하게
　　　연관되다./밀접한 [관계/관련]이 있다.

≪**밉다**≫전체빈도합=48(0.0026%)

　밉다 형 ☆★★ 【Text=29/Freq1=48】
　Ⅰ (예) [생김새가/얼굴이] 밉다.
　　　〔Text=3/Freq2=7(14.6%)〕
　Ⅱ ① (예) 나는 그 사람이 밉다.
　　　〔Text=27/Freq2=39(81.3%)〕
　　② (예) 미운 [소리를/짓을] 하다.
　　　〔Text=1/Freq2=1(2.1%)〕
　　❸ (예) 나는 불평등 사회가 밉다.
　　　〔Text=1/Freq2=1(2.1%)〕

≪**및**≫전체빈도합=129(0.0069%)

　및 부 ★★★ 【Text=39/Freq1=129】
　ⓞ (예) 지역적 환경 및 사회적 환경.
　　　〔Text=39/Freq2=128(99.2%)〕
　ⓧ 〔Text=1/Freq2=1(0.8%)〕

≪**밑**≫전체빈도합=232(0.0125%)

　밑 명 ★★★ 【Text=102/Freq1=232】
　① (예) 책상 밑에 상자가 있다.
　　　〔Text=83/Freq2=180(77.6%)〕
　② (예) 가방 밑에 손을 넣다.
　　　〔Text=18/Freq2=24(10.3%)〕
　③ (예) (내) 밑으로 동생이 둘 있다./두 살 밑.
　　　〔Text=9/Freq2=12(5.2%)〕
　④ (예) 엄한 아버지 밑에서 자라다.
　　　〔Text=9/Freq2=9(3.9%)〕
　⑤ (예) 신문지로 밑을 닦다.
　　　〔Text=1/Freq2=1(0.4%)〕
　❻ (예) 밑에서 세 번째 칸.
　　　〔Text=1/Freq2=1(0.4%)〕
　❼ (예) 요 밑에 있는 가게.
　　　〔Text=1/Freq2=1(0.4%)〕
　관 <밑도 끝도 없이>
　　　〔Text=3/Freq2=3(1.3%)〕
　ⓧ 〔Text=1/Freq2=1(0.4%)〕

≪**밑바닥**≫전체빈도합=17(0.0009%)

　밑바닥 명 【Text=13/Freq1=17】
　① (예) [강/구두] 밑바닥.
　　　〔Text=4/Freq2=6(35.3%)〕
　② (예) 마음의 밑바닥에 깔린 슬픔.
　　　〔Text=6/Freq2=6(35.3%)〕
　③ (예) 사회의 밑바닥에서 출발하다.
　　　〔Text=4/Freq2=5(29.4%)〕

ㅂ

≪바≫전체빈도합=188(0.0101%)

바¹ 명 【Text=6/Freq1=9(4.8%)】
  ① (예) 바에 가서 맥주를 마시다.
    〔Text=3/Freq2=3(33.3%)〕
  ② (예) 작은 간이 바가 있는 카페.
    〔Text=3/Freq2=6(66.7%)〕

바² 명의 ★★☆ 【Text=78/Freq1=179(95.2%)】
  ① (예) [몸둘/어찌할] 바를 모르다.
    〔Text=10/Freq2=11(6.1%)〕
  ② (예) 실내는 찜통과 다를 바 없다.
    〔Text=54/Freq2=87(48.6%)〕
  ③ (예) 아직 소개된 바가 없다.
    〔Text=21/Freq2=35(19.6%)〕
  ④ (예) 맡은 바 일에 충실하다.
    〔Text=10/Freq2=16(8.9%)〕
  ⑤ (예) 그럴 바엔 차라리 그만두다.
    〔Text=11/Freq2=12(6.7%)〕
  ❻ (예) 조사 결과에도 나타난 바, 문제는 경제다. 〔Text=7/Freq2=11(6.1%)〕
  ❼ (예) 국민에게 약속하는 바이다.
    〔Text=4/Freq2=7(3.9%)〕

≪바가지≫전체빈도합=44(0.0024%) [113]

바가지¹ 명 【Text=16/Freq1=44】
  Ⅰ ① (예) 바가지에 물을 뜨다.
    〔Text=10/Freq2=23(52.3%)〕
  ② (예) 바가지 요금을 부르다. 〔×〕
  ③ (예) 아내의 바가지를 듣다.
    〔Text=1/Freq2=1(2.3%)〕
  Ⅱ (예) 물 한 바가지. 〔Text=1/Freq2=1(2.3%)〕
  관<바가지가 새다> 〔Text=1/Freq2=1(2.3%)〕
  관<바가지(를) 긁다>
    〔Text=4/Freq2=5(11.4%)〕
  관<바가지(를) 쓰다>
    〔Text=1/Freq2=3(6.8%)〕
  관<바가지(를) 씌우다> 〔×〕
  관<욕을 바가지로 하다>
    〔Text=1/Freq2=1(2.3%)〕

ⓧ 〔Text=1/Freq2=9(20.5%)〕

≪바구니≫전체빈도합=36(0.0019%)

바구니 명 【Text=16/Freq1=36】
  Ⅰ (예) 바구니에 채소를 담다.
    〔Text=16/Freq2=36(100%)〕
  Ⅱ (예) 딸기 한 바구니. 〔×〕

≪바깥≫전체빈도합=49(0.0026%)

바깥 명 ★☆★ 【Text=36/Freq1=49】
  ① (예) 바깥이 [소란스럽다/춥다].
    〔Text=17/Freq2=27(55.1%)〕
  ② (예) [보자기/상자] 바깥으로 뭔가 비죽이 나오다. 〔Text=7/Freq2=7(14.3%)〕
  ③ (예) 바깥 [세상/출입].
    〔Text=13/Freq2=15(30.6%)〕

≪바꾸다≫전체빈도합=381(0.0205%)

바꾸다 동 ★★★ 【Text=144/Freq1=381】
  Ⅰ ① (예) 장래의 꿈을 다르게 바꾸다.
    〔Text=73/Freq2=141(37%)〕
  ② (예) 가게 이름을 바꾸다.
    〔Text=25/Freq2=43(11.3%)〕
  Ⅱ (예) 쌀을 그릇과 바꾸다.
    〔Text=47/Freq2=100(26.2%)〕
  Ⅲ (예) [역할을/입장을/자리를] 바꾸다.
    〔Text=21/Freq2=39(10.2%)〕
  Ⅳ ① (예) 전화를 바꾸다./사장님 바꿔 주세요. 〔Text=17/Freq2=26(6.8%)〕
  ② (예) 은행에서 돈을 바꾸다.
    〔Text=4/Freq2=10(2.6%)〕
  ③ (예) [마음을/태도를] 바꾸다.
    〔Text=12/Freq2=13(3.4%)〕
  관<고무신을 바꿔 신다>
    〔Text=1/Freq2=1(0.3%)〕
  관<바꾸어 말하다>
    〔Text=6/Freq2=8(2.1%)〕

≪바뀌다≫전체빈도합=243(0.0131%)

바뀌다 동 ★★☆ 【Text=97/Freq1=243】
  Ⅰ (예) [가방이/밤낮이] 바뀌다.
    〔Text=4/Freq2=4(1.6%)〕
  Ⅱ ① (예) 장관이 딴 사람으로 바뀌다.
    〔Text=50/Freq2=102(42%)〕
  ② (예) [구조가/태도가] 바뀌다.

---

[113] 『연세 한국어 사전』의 '- 바가지²'(예: 주책바가지)는 말뭉치의 분석에 적용하지 않았으므로 제외한다.

　　　　　〔Text=65/Freq2=122(50.2%)〕
　Ⅲ (예) [순서가/학기가/해가] 바뀌다.
　　　　　〔Text=12/Freq2=15(6.2%)〕

≪**바늘**≫전체빈도합=56(0.0030%)

바늘 몡★☆★　【Text=23/Freq1=56】
　Ⅰ ① (예) 바늘 한 쌈지.
　　　　　〔Text=10/Freq2=15(26.8%)〕
　　② (예) 대나무 바늘로 뜨개질을 하다.
　　　　　〔Text=1/Freq2=3(5.4%)〕
　　③ (예) [낚시/전축의/주사] 바늘.
　　　　　〔Text=3/Freq2=3(5.4%)〕
　　④ (예) [계기의/시계/습도계] 바늘.
　　　　　〔Text=5/Freq2=27(48.2%)〕
　　⑤ (예) 날카로운 강철 바늘로 구멍을 뚫다.
　　　　　〔×〕
　Ⅱ (예) 다친 곳을 열 바늘 꿰매다.
　　　　　〔Text=1/Freq2=1(1.8%)〕
　㉺<모래밭에서 바늘 찾기>
　　　　　〔Text=1/Freq2=1(1.8%)〕
　㉺<바늘 가는 데 실 간다>
　　　　　〔Text=2/Freq2=2(3.6%)〕
　㉺<바늘 도둑이 소 도둑 된다>
　　　　　〔Text=3/Freq2=3(5.4%)〕
　㉺<바늘 허리에 실 매어 쓸까>
　　　　　〔Text=1/Freq2=1(1.8%)〕
　㉺<바늘과 실>〔×〕

≪**바다**≫전체빈도합=351(0.0189%)

바다 몡★★★　【Text=84/Freq1=351】
　① (예) 강이 바다로 흘러가다.
　　　　　〔Text=80/Freq2=342(97.4%)〕
　② (예) [어둠의/울음] 바다를 이루다.
　　　　　〔Text=7/Freq2=8(2.3%)〕
　ⓧ 〔Text=1/Freq2=1(0.3%)〕

≪**바닥**≫전체빈도합=111(0.0060%)

바닥 몡★☆★　【Text=54/Freq1=111】
　① (예) [옷장/현관] 바닥.
　　　　　〔Text=36/Freq2=69(62.2%)〕
　② (예) 바닥을 콘크리트로 깔다.
　　　　　〔Text=3/Freq2=5(4.5%)〕
　③ (예) [강/개울/호수]의 바닥이 드러나다.
　　　　　〔Text=4/Freq2=5(4.5%)〕
　④ (예) 술병을 바닥까지 비우다.
　　　　　〔Text=2/Freq2=2(1.8%)〕
　⑤ (예) 삶이 바닥까지 드러나 보이다.
　　　　　〔Text=2/Freq2=2(1.8%)〕
　⑥ (예) [시장/한길] 바닥에서 쓰러지다.
　　　　　〔Text=3/Freq2=3(2.7%)〕
　⑦ ㉠ (예) [명동/종로] 바닥에서 유명하다.
　　　　　〔Text=5/Freq2=6(5.4%)〕
　　㉡ (예) 이 바닥 사람들이 무섭다.
　　　　　〔Text=5/Freq2=10(9%)〕
　㉺<ㅂ-닥을 기다> 성적이 바닥을 기다.
　　　　　〔Text=1/Freq2=1(0.9%)〕
　㉺<ㅂ-닥을 내다> 술을 모두 바닥을 내다.
　　　　　〔Text=4/Freq2=6(5.4%)〕
　㉺<ㅂ-닥(이) 없다> 바닥이 없는 불안.〔×〕
　ⓧ 〔Text=1/Freq2=2(1.8%)〕

≪**바닷가**≫전체빈도합=49(0.0026%)

바닷가 몡★★★　【Text=31/Freq1=49】
　⓪ (예) 바닷가 마을.

≪**바닷물**≫전체빈도합=29(0.0016%)

바닷물 몡　【Text=15/Freq1=29】
　⓪ (예) 바닷물에서 사는 물고기.

≪**바둑**≫전체빈도합=8(0.0004%)

바둑 몡☆☆★　【Text=5/Freq1=8】
　⓪ (예) 바둑을 두다.

≪**바라다**≫전체빈도합=229(0.0123%)

바라다 동★★★　【Text=113/Freq1=229】 114)
　❶ (예) [도움을/성공을/요행을] 바라다.
　　　 /합격하기를 바라다.
　　　　　〔Text=108/Freq2=217(94.8%)〕
　❷ (예) [돈을/한몫을] 바라고 돕다./딸을
　　　 바라다.〔Text=8/Freq2=8(3.5%)〕
　❸ (예) 앞산을 바라고 뛰다.
　　　　　〔Text=4/Freq2=4(1.7%)〕

≪**바라보다**≫전체빈도합=470(0.0253%)

바라보다 동★★★　【Text=122/Freq1=470】
　Ⅰ ① (예) 아이 얼굴을 바라보다.
　　　　　〔Text=91/Freq2=314(66.8%)〕
　　② (예) 하염없이 먼산을 바라보다.
　　　　　〔Text=49/Freq2=95(20.2%)〕
　　③ (예) [그들의 행위를/일의 귀추를]
　　　 바라도다.〔Text=13/Freq2=17(3.6%)〕

---

114) 『연세 한국어 사전』에서는 '바라다'가 단일 의미로 기술되어 있는데, 여기서는 실제의 쓰임에 따라 상세히 나누어 기술한다.

④ (예) [내일을/자식들 효도를] 바라보고 살다. 〔Text=10/Freq2=15(3.2%)〕
⑤ (예) 새 시각으로 역사를 바라보다.
　　〔Text=19/Freq2=23(4.9%)〕
⑥ (예) 나이가 사십을 바라보다.
　　〔Text=2/Freq2=2(0.4%)〕
Ⅱ (예) 그를 [남자로/타인으로] 바라보다.
　　〔Text=4/Freq2=4(0.9%)〕

≪**바람**≫전체빈도합=429(0.0231%)

바람¹ 명 ★★★　【Text=114/Freq1=340(79.3%)】
① (예) 바람이 [불다/일다/자다].
　　〔Text=101/Freq2=303(89.1%)〕
② (예) 풍선에서 바람이 빠지다.
　　〔Text=3/Freq2=4(1.2%)〕
③ (예) 아이가 바람이 들다.
　　〔Text=3/Freq2=3(0.9%)〕
④ (예) 노인이 바람을 맞아 걷지 못하다. 〔×〕
⑤ (예) 회사에 감원 바람이 불다.
　　〔Text=8/Freq2=10(2.9%)〕
관<날선 바람> 〔×〕
관<바람(을) 넣다>
　아이에게 자꾸 바람을 넣다. 〔×〕
관<바람(을) 맞다> 친구에게 바람 맞다.
　　〔Text=1/Freq2=1(0.3%)〕
관<바람(을) 맞히다> 〔×〕
관<바람(을) 쐬다>
① (예) 바람을 쐬려고 집을 나서다.
　　〔Text=4/Freq2=4(1.2%)〕
② (예) 도회지 바람을 쐬다.
　　〔Text=3/Freq2=3(0.9%)〕
관<바람을 일으키다> 영화계에 바람을 일으키다. 〔Text=1/Freq2=1(0.3%)〕
관<바람을 피우다> 바람 피운 남편.
　　〔Text=3/Freq2=4(1.2%)〕
관<바람(이) 나다> 남편이 바람이 나다.
　　〔Text=5/Freq2=7(2.1%)〕
관<바람(이) 들다> 〔×〕

바람² 명　【Text=8/Freq1=9(2.1%)】
⓪ (예) 통일이 되었으면 하는 바람을 가지다.

바람³ 명의 ★★☆　【Text=53/Freq1=80(18.6%)】
① <-는/-ㄴ 바람에> (예) 길을 잃는 바람에 고생하다. 〔Text=50/Freq2=73(91.3%)〕
② (예) [속옷/잠옷] 바람.
　　〔Text=7/Freq2=7(8.8%)〕

≪**바람직하다**≫전체빈도합=48(0.0026%)

바람직하다 형 ★☆☆　【Text=25/Freq1=48】
⓪ (예) 공정하게 나누는 것이 바람직하다.

≪**바로**≫전체빈도합=795(0.0428%)

바로¹ 부 ★★★　【Text=171/Freq1=795(100%)】
① (예) 몸을 바로 가누다.
　　〔Text=13/Freq2=18(2.3%)〕
② (예) 뜻을 바로 세우다.
　　〔Text=20/Freq2=29(3.6%)〕
③ (예) 일이 끝나자 바로 나오다.
　　〔Text=41/Freq2=61(7.7%)〕
④ (예) 우리가 찾던 바로 그 사람.
　　〔Text=138/Freq2=569(71.6%)〕
⑤ (예) 바로 이 무렵./식탁 바로 옆.
　　〔Text=78/Freq2=118(14.8%)〕

바로² 감　【Text=0/Freq1=0】 ⓧ
⓪ (예) 경례! 바로! 〔×〕

≪**바로잡다**≫전체빈도합=50(0.0027%)

바로잡다 동　【Text=27/Freq1=50】
① (예) 자세를 바로잡다.
　　〔Text=3/Freq2=3(6%)〕
② (예) 잘못된 일을 바로잡다.
　　〔Text=24/Freq2=47(94%)〕

≪**바르다**≫전체빈도합=584(0.0314%)

바르다¹ 동 ☆★★　【Text=31/Freq1=50(8.6%)】
① (예) [가루를/기름을] 바르다.
　　〔Text=26/Freq2=39(78%)〕
② (예) 벽에 [벽지를/한지를] 바르다.
　　〔Text=4/Freq2=6(12%)〕
③ (예) 벽을 바르다. 〔Text=4/Freq2=4(8%)〕
ⓧ 〔Text=1/Freq2=1(2%)〕

바르다² 동　【Text=0/Freq1=0】 ⓧ
⓪ (예) 생선 가시를 바르다. 〔×〕

바르다³ 형 ★★★　【Text=74/Freq1=532(91.1%)】
Ⅰ ① (예) 바르게 [세우다/앉다].
　　〔Text=17/Freq2=89(16.7%)〕
② (예) 아이가 심성이 바르다.
　　〔Text=3/Freq2=3(0.6%)〕
③ (예) 바른 길로 인도하다./바른 말씀을 하다. 〔Text=41/Freq2=70(13.2%)〕
④ (예) 결과를 바르게 파악하다./바른 말 고운 말. 〔Text=31/Freq2=194(36.5%)〕
⑤ (예) 한복을 바르게 입는 법.
　　〔Text=30/Freq2=147(27.6%)〕
⑥ (예) 바른 대로 대답하다.

⑦ (예) 예의가 바르다.
〔Text=12/Freq2=16(3%)〕
Ⅱ (예) [양지/햇볕] 바른 곳.
〔Text=1/Freq2=1(0.2%)〕
ⓧ 〔Text=3/Freq2=4(0.8%)〕
바르다^x ? 【Text=1/Freq1=2(0.3%)】

≪**바보**≫전체빈도합=67(0.0036%)
바보 명☆★★ 【Text=36/Freq1=67】
① (예) 지능이 모자라는 바보이다.
〔Text=13/Freq2=23(34.3%)〕
② (예) 바보, 내 마음도 모르고.
〔Text=27/Freq2=44(65.7%)〕

≪**바쁘다**≫전체빈도합=273(0.0147%)
바쁘다 형★★★ 【Text=105/Freq1=273】
Ⅰ (예) 어머니는 늘 바쁘다.
〔Text=79/Freq2=202(74%)〕
Ⅱ ① (예) 일이 바쁘다./바쁜 일과.
〔Text=33/Freq2=45(16.5%)〕
② (예) 농부들의 손길이 바쁘다.
/바쁜 걸음을 옮기다.
〔Text=15/Freq2=18(6.6%)〕
㋳ <-기가 바쁘게>
밥 먹기 바쁘게 뛰어나가다. 〔×〕
㋳ <-기(에) 바쁘다> [도망치기/먹고 살기에]
바쁘다. 〔Text=7/Freq2=8(2.9%)〕

≪**바삐**≫전체빈도합=20(0.0011%)
바삐 부 【Text=10/Freq1=20】
⓪ (예) 바삐 [다니다/떠나다/오가다].
〔Text=8/Freq2=16(80%)〕
㋳ <한시 바삐> 한시 바삐 만나고 싶다.
〔Text=2/Freq2=4(20%)〕

≪**바싹**≫전체빈도합=20(0.0011%)
바싹 부 【Text=15/Freq1=20】
① (예) 어머니 옆에 바싹 앉다.
〔Text=8/Freq2=11(55%)〕
② (예) 입이 바싹 마르다./바싹 여위다.
〔Text=5/Freq2=5(25%)〕
③ (예) 어깨를 바싹 움츠리다./바싹 정신을
차리다. 〔Text=2/Freq2=3(15%)〕
④ (예) 바싹 약이 오르다.
〔Text=1/Freq2=1(5%)〕

≪**바위**≫전체빈도합=84(0.0045%)
바위 명☆☆★ 【Text=43/Freq1=84】

① (예) 바위에 걸터앉다.
〔Text=43/Freq2=83(98.8%)〕
② (예) 가위타위보에서 바위를 내다.
〔Text=1/Freq2=1(1.2%)〕
㋳ <달걀로 바위 치다> 〔×〕

≪**바지**≫전체빈도합=116(0.0062%)
바지 명★★★ 【Text=37/Freq1=116】
⓪ (예) 바지를 입다.

≪**바짝**≫전체빈도합=21(0.0011%)
바짝 부 【Text=16/Freq1=21】
① (예) 바짝 [마르다/졸다]. 〔×〕
② (예) 바짝 [다가앉다/다가서다/쫓다].
〔Text=9/Freq2=12(57.1%)〕
③ (예) 바짝 [긴장하다/정신을 차리다/힘을
주다]. 〔Text=7/Freq2=7(33.3%)〕
④ (예) 바짝 [여위다/쪼들리다]. 〔×〕
❺ (예) 바짝 [약이 오르다/화가 나다].
〔Text=2/Freq2=2(9.5%)〕

≪**바치다**≫전체빈도합=83(0.0045%)
바치다^1 동★☆★ 【Text=52/Freq1=78(94%)】
① (예) 무덤에 꽃을 바치다.
〔Text=16/Freq2=21(26.9%)〕
② (예) 벗을 위해 목숨을 바치다.
〔Text=39/Freq2=55(70.5%)〕
③ (예) 나라에 세를 바치다.
〔Text=2/Freq2=2(2.6%)〕
바치다^2 동보 【Text=2/Freq1=3(3.6%)】
⓪ (예) 어머께 보약을 달여 바치다.
/주인에게 일러 바치다.
바치다^x ? 【Text=2/Freq1=2(2.4%)】

≪**바퀴**≫전체빈도합=53(0.0029%)
바퀴^1 명☆☆★ 【Text=17/Freq1=31(58.5%)】
⓪ (예) [자동차/자전거]의 바퀴를 갈다.
바퀴^2 명 【Text=0/Freq1=0】 ⓧ
⓪ (예) 벽 틈에서 바퀴가 나오다. 〔×〕
바퀴^3 명의 【Text=20/Freq1=22(41.5%)】
⓪ (예) 운동장을 한 바퀴 돌다.

≪**바탕**≫전체빈도합=234(0.0126%)
바탕^1 명★★☆ 【Text=69/Freq1=234(100%)】
① (예) 유교에 바탕을 둔 문화.
〔Text=65/Freq2=219(93.6%)〕
② (예) 바탕이 고운 아이.
〔Text=4/Freq2=5(2.1%)〕

③ (예) 검정 바탕에 꽃무늬가 있는 치마.
    〔Text=8/Freq2=8(3.4%)〕
❹ (예) 쇳물로 엔진의 바탕을 만들다.
    〔Text=1/Freq2=1(0.4%)〕
    ⓧ 〔Text=1/Freq2=1(0.4%)〕
바탕² 명의 【Text=0/Freq1=0】 ⓧ
    ⓪ (예) 활 한 바탕 거리.

≪박≫전체빈도합=28(0.0015%)

박¹ 명 【Text=6/Freq1=20(71.4%)】
    ⓪ (예) 흥부와 아내가 박을 타다.
박² 명 【Text=0/Freq1=0】 ⓧ
    ⓪ (예) 박이 터지도록 싸우다. 〔×〕
박³ 명 【Text=0/Freq1=0】 ⓧ
    ⓪ (예) 박(拍)을 두드리며 노래하다. 〔×〕
박⁴ 명의 【Text=0/Freq1=0】 ⓧ
    ⓪ (예) 징을 칠 때 첫째 박(拍)에 1점씩 치다.
박⁵ 명의☆★☆ 【Text=8/Freq1=8(28.6%)】
    ⓪ (예) 2박(泊) 3일 동안의 여행.

≪박다≫전체빈도합=35(0.0019%)

박다¹ 동☆☆★ 【Text=30/Freq1=35(100%)】
    ① (예) [기둥을/말뚝을/못을] 박다.
        〔Text=18/Freq2=19(54.3%)〕
    ② (예) 나무판에 자개를 박다.
        〔Text=2/Freq2=2(5.7%)〕
    ③ (예) 파이프에 솜 뭉치를 박아 넣다. 〔×〕
    ④ (예) 다식판에 박아서 과자를 만들다. 〔×〕
    ⑤ (예) [명함을/직함을] 박다. 〔×〕
    ⑥ (예) 나무가 땅에 뿌리를 박다.
        〔Text=1/Freq2=1(2.9%)〕
    ⑦ (예) [눈길을/눈을/시선을] 어디에 박다.
        〔Text=2/Freq2=2(5.7%)〕
    ⑧ (예) 커피 잔에 얼굴을 박고 있다.
        〔Text=2/Freq2=3(8.6%)〕
    ⑨ (예) 기둥에 머리를 박고 쓰러지다. 〔×〕
    ⑩ (예) 또박또박 박아 쓴 글씨. 〔×〕
    관<(가슴에) 못을 박다>.
        〔Text=1/Freq2=1(2.9%)〕
    관<말뚝(을) 박다> 〔×〕
    관<못(을) 박다> 변명 못하게 못을 박다.
        〔Text=3/Freq2=3(8.6%)〕
    관<빼다 박다> 〔×〕
    관<뿌리를 박다> 〔×〕
    관<쐐기를 박다> 결승골로 쐐기를 박다.
        〔Text=3/Freq2=3(8.6%)〕
    관<오금을 박다> 말을 잘라 오금을 박다.

    〔Text=1/Freq2=1(2.9%)〕
    관<판에 박다> 〔×〕
박다² 동 【Text=0/Freq1=0】 ⓧ
    ⓪ (예) 재봉틀로 천을 박다. 〔×〕

≪박물관≫전체빈도합=125(0.0067%)

박물관 명☆★★ 【Text=24/Freq1=125】
    ⓪ (예) 박물관(博物館)을 관람하다.

≪박사≫전체빈도합=158(0.0085%)

박사 명☆★★ 【Text=32/Freq1=158】
    ① (예) 박사(博士) 학위.
        〔Text=29/Freq2=153(96.8%)〕
    ② (예) 노는 데에 박사다.
        〔Text=4/Freq2=5(3.2%)〕
    ③ (예) 조선 시대 성균관 박사. 〔×〕

≪박수≫전체빈도합=41(0.0022%)

박수 명☆☆★ 【Text=27/Freq1=41】
    ⓪ (예) 박수(拍手)를 [받다/치다].
        〔Text=27/Freq2=40(97.6%)〕
    관<박수 갈채> 〔Text=1/Freq2=1(2.4%)〕

≪박히다≫전체빈도합=45(0.0024%)

박히다 동★☆☆ 【Text=35/Freq1=45】
    ① (예) 기둥에 못이 박히다.
        〔Text=17/Freq2=18(40%)〕
    ② (예) 옷에 방울 무늬가 박히다.
        〔Text=5/Freq2=5(11.1%)〕
    ③ (예) 말이 가슴에 박히다.
        〔Text=4/Freq2=5(11.1%)〕
    ④ (예) 의식에 편견이 깊이 박히다.
        〔Text=3/Freq2=3(6.7%)〕
    ⑤ (예) [방에/집에] 박혀 있다.
        〔Text=5/Freq2=5(11.1%)〕
    ⑥ (예) 시선이 허공에 박히다.
        〔Text=2/Freq2=2(4.4%)〕
    관<미운 털이 박히다>
        〔Text=1/Freq2=1(2.2%)〕
    관<[틀에/판에] 박히다>
        〔Text=4/Freq2=4(8.9%)〕
    ⓧ 〔Text=1/Freq2=2(4.4%)〕

≪밖≫전체빈도합=562(0.0303%)

밖 명★★★ 【Text=156/Freq1=562】
    Ⅰ ① (예) 창문 밖.
        〔Text=108/Freq2=336(59.8%)〕
      ② (예) 몸 밖. 〔Text=19/Freq2=25(4.4%)〕

③ (예) 밖은 춥다./밖으로 나가다.
　　　　〔Text=54/Freq2=96(17.1%)〕
　Ⅱ ① (예) 예상 밖의 일.
　　　　〔Text=60/Freq2=100(17.8%)〕
　　② <-ㄹ 밖에 없다> (예) 고생이 많으니
　　　늙을 밖에. 〔Text=4/Freq2=4(0.7%)〕
　　ⓧ 〔Text=1/Freq2=1(0.2%)〕

≪반≫전체빈도합=469(0.0253%) 115)
반¹ 명★★★　【Text=76/Freq1=319(68%)】
　Ⅰ ① (예) [판소리/풍물] 반(班).
　　　　〔Text=2/Freq2=2(0.6%)〕
　　② (예) 중학교 같은 반.
　　　　〔Text=76/Freq2=314(98.4%)〕
　　③ (예) 신촌동 134번지 26통 3반. 〔×〕
　Ⅱ (예) 여섯 반. 〔Text=2/Freq2=3(0.9%)〕
반² 명★★★　【Text=98/Freq1=149(31.8%)】
　① (예) 사과를 반(半)으로 쪼개다.
　　　〔Text=42/Freq2=61(41.2%)〕
　② (예) 흥분 반, 염려 반의 표정.
　　　〔Text=6/Freq2=8(5.4%)〕
　③ (예) 종이를 반으로 접다.
　　　〔Text=17/Freq2=20(13.5%)〕
　④ (예) 여섯 시 반./반 평짜리 방.
　　　〔Text=46/Freq2=56(37.8%)〕
　❺ (예) 반 벌거숭이. 〔Text=4/Freq2=4(2.7%)〕
반³ 명　【Text=1/Freq1=1(0.2%)】
　① (예) 정과 반(反).

≪반갑다≫전체빈도합=155(0.0083%)
반갑다 형★★★　【Text=84/Freq1=155】
　① (예) 친구를 만나서 반갑다.

≪반기다≫전체빈도합=17(0.0009%)
반기다 동　【Text=16/Freq1=17】
　① (예) [소식을/손님을] 반기다.

≪반대≫전체빈도합=108(0.0058%)
반대 명★★★　【Text=57/Freq1=108】
　① (예) 반대(反對) 방향으로 가다.
　　　〔Text=32/Freq2=52(48.1%)〕
　② (예) 부모의 반대에 부딪치다.
　　　〔Text=27/Freq2=55(50.9%)〕
　관 <반대 급부> 〔Text=1/Freq2=1(0.9%)〕

≪반대하다≫전체빈도합=70(0.0038%)

반대하다 동★☆★　【Text=35/Freq1=70】
　① (예) 의견에 반대(反對)하다.

≪반도≫전체빈도합=11(0.0006%)
반도 명☆☆★　【Text=8/Freq1=11】
　① (예) 변산 반도(半島).

≪반드시≫전체빈도합=168(0.0090%)
반드시 부★★★　【Text=78/Freq1=168】
　① (예) 약속을 반드시 지키다.
　　　〔Text=67/Freq2=120(71.4%)〕
　② (예) 반드시 그런 것은 아니다.
　　　〔Text=32/Freq2=48(28.6%)〕

≪반말≫전체빈도합=6(0.0003%)
반말 명☆★☆　【Text=4/Freq1=6】
　① (예) 반말을 하다.

≪반면≫전체빈도합=65(0.0035%)
반면 명　【Text=34/Freq1=65】
　Ⅰ ① (예) 의무는 권리의 반면(反面)이다.
　　　〔×〕
　　② (예) 약효는 빠른 반면에 부작용이
　　　크다. 〔Text=27/Freq2=48(73.8%)〕
　　❸ (예) 약효는 빠르다. 반면에 부작용이
　　　크다. 〔Text=2/Freq2=2(3.1%)〕
　Ⅱ (예) 비는 잦아들었다. 반면, 바람이
　　　세졌다. 〔Text=8/Freq2=15(23.1%)〕

≪반문하다≫전체빈도합=18(0.0010%)
반문하다 동　【Text=14/Freq1=18】
　① (예) [그에게/물음에] 반문(反問)하다.

≪반복≫전체빈도합=18(0.0010%)
반복 명　【Text=12/Freq1=18】
　① (예) 같은 말의 반복(反復)을 피하다.

≪반복되다≫전체빈도합=24(0.0013%)
반복되다 동　【Text=16/Freq1=24】
　① (예) 같은 [과정이/말이/일이] 반복(反復)되다.

≪반복하다≫전체빈도합=15(0.0008%)
반복하다 동　【Text=11/Freq1=15】
　① (예) 같은 실수를 반복(反復)하다.
　　/반복해서 말하다.

≪반성하다≫전체빈도합=52(0.0028%)

---

115) 『연세 한국어 사전』의 '반⁴'(예:반농담, 반소매), '반⁵'(예:반도재)는 말뭉치의 분석에 적용하지 않
　　 았으므로 제외한다.

반성하다 동 【Text=25/Freq1=52】
　① (예) 자신의 행동을 반성(反省)하다.
　　　〔Text=20/Freq2=37(71.2%)〕
　② (예) 자신의 악함을 반성하다.
　　　〔Text=10/Freq2=15(28.8%)〕

≪반영하다≫전체빈도합=34(0.0018%)
　반영하다 동 【Text=19/Freq1=34】
　Ⅰ (예) 작품에 사회의 모습을 반영(反映)하다.
　　　〔Text=18/Freq2=29(85.3%)〕
　Ⅱ (예) 학교 성적을 입시에 반영하다.
　　　〔Text=4/Freq2=5(14.7%)〕

≪반응≫전체빈도합=60(0.0032%)
　반응 명 ★☆☆ 【Text=33/Freq1=60】
　① (예) 자극에 대한 피부의 반응(反應).
　　　〔Text=5/Freq2=5(8.3%)〕
　② (예) 광합성 반응. 〔Text=2/Freq2=5(8.3%)〕
　❸ (예) [그녀의/독자의] 반응이 차갑다.
　　　〔Text=28/Freq2=50(83.3%)〕

≪반장≫전체빈도합=49(0.0026%)
　반장 명 【Text=15/Freq1=49】
　⓪ (예) [동네/학급/형사] 반장(班長).

≪반지≫전체빈도합=22(0.0012%)
　반지 명 ☆☆★ 【Text=8/Freq1=22】
　⓪ (예) 반지(斑指)를 끼다.

≪반짝이다≫전체빈도합=51(0.0027%)
　반짝이다 동 【Text=33/Freq1=51】
　Ⅰ (예) [별이/햇살이] 반짝이다.
　　　〔Text=16/Freq2=27(52.9%)〕
　Ⅱ (예) 아이들이 눈을 반짝이다.
　　　〔Text=20/Freq2=23(45.1%)〕
　Ⓧ 〔Text=1/Freq2=1(2%)〕

≪반찬≫전체빈도합=71(0.0038%)
　반찬 명 ☆★★ 【Text=33/Freq1=71】
　⓪ (예) 반찬(飯饌)을 하다.

≪반하다≫전체빈도합=31(0.0017%)
　반하다¹ 동 【Text=10/Freq1=13(41.9%)】
　① (예) [남자에게/축구에] 반하다.
　　　〔Text=9/Freq2=12(92.3%)〕
　② (예) [성격에/순박함에] 반하다.
　　　〔Text=1/Freq2=1(7.7%)〕
　반하다² 동 【Text=14/Freq1=18(58.1%)】
　① (예) 농업 인구는 주는 데 반(反)해 서비스업은 늘다.
　　　〔Text=9/Freq2=12(66.7%)〕
　② (예) [생각에/의사에] 반하는 행동.
　　　〔Text=5/Freq2=6(33.3%)〕

≪받다≫전체빈도합=1,513(0.0815%) 116)
　받다¹ 동 ★★★ 【Text=204/Freq1=1,509(99.7%)】
　Ⅰ ①㉠ (예) 시계를 선물로 받다.
　　　〔Text=83/Freq2=146(9.7%)〕
　　㉡ (예) [요금을/월급을] 받다.
　　　〔Text=48/Freq2=117(7.8%)〕
　　㉢ (예) [서류를/입장권을] 받다.
　　　〔Text=7/Freq2=17(1.1%)〕
　　㉣ (예) [연락을/쪽지를/초대를/편지를] 받다. 〔Text=29/Freq2=59(3.9%)〕
　　㉤ (예) [술을/잔을] 받다.
　　　〔Text=9/Freq2=17(1.1%)〕
　　㉥ (예) [보험금을/연금을] 받다.
　　　〔Text=11/Freq2=16(1.1%)〕
　　㉦ (예) [막걸리를/술을] 받아 오다.
　　　〔Text=2/Freq2=5(0.3%)〕
　　㉧ (예) [뇌물을/헌금을] 받다.
　　　〔Text=2/Freq2=3(0.2%)〕
　　㉨ (예) [밥상을/술상을] 받다.
　　　〔Text=2/Freq2=2(0.1%)〕
　② (예) 투수가 던진 공을 받다.
　　　〔Text=9/Freq2=11(0.7%)〕
　③ (예) [대야에/욕조에] 물을 받다.
　　　〔Text=9/Freq2=13(0.9%)〕
　④ (예) [바람을/빛을/햇빛을] 받다.
　　　〔Text=19/Freq2=24(1.6%)〕
　⑤ (예) [도전을/비판을/요구를/지지를] 받다. 〔Text=56/Freq2=102(6.8%)〕
　⑥㉠ (예) [감동을/느낌을/영향을] 받다.
　　　〔Text=56/Freq2=112(7.4%)〕
　　㉡ (예) [가르침을/교육을] 받다.
　　　〔Text=38/Freq2=68(4.5%)〕
　　㉢ (예) 전화를 받다.
　　　〔Text=47/Freq2=115(7.6%)〕
　　㉣ (예) [발령을/처분을] 받다.
　　　〔Text=38/Freq2=57(3.8%)〕
　　㉤ (예) [칭찬을/평가를] 받다.
　　　〔Text=19/Freq2=25(1.7%)〕

---

116) 『연세 한국어 사전』의 '-받다³'(예:버림받다, 열받다)는 말뭉치의 분석에 적용하지 않았으므로 제외한다.

⑦ (예) 병원에서 환자를 받다.
〔Text=5/Freq2=5(0.3%)〕
⑧ (예) 시장에서 물건을 받아 오다. 〔×〕
⑨ (예) 가업을 이어 받다.
〔Text=4/Freq2=5(0.3%)〕
⑩ (예) [노래를/말을] 받다.
〔Text=5/Freq2=5(0.3%)〕
⑪ (예) [양산을/우산을] 받다.
〔Text=3/Freq2=4(0.3%)〕
⑫ (예) [결과를/다운을/정보를] 받다.
〔Text=5/Freq2=5(0.3%)〕
⑬ (예) 산파가 아이를 받다. 〔×〕
⑭ (예) [점수를/학위를/학점을] 받다.
〔Text=10/Freq2=16(1.1%)〕
⓯ (예) [부축을/안내를] 받다.
〔Text=58/Freq2=87(5.8%)〕
⓰ (예) [벌을/상을] 받다.
〔Text=44/Freq2=85(5.6%)〕
⓱ (예) [검사를/수술을/진료를] 받다.
〔Text=21/Freq2=60(4%)〕
⓲ (예) [명령을/신호를/지시를] 받다.
〔Text=23/Freq2=38(2.5%)〕
⓳ (예) [박해를/침략을] 받다.
〔Text=24/Freq2=38(2.5%)〕
⓴ (예) [결제를/도장을/허락을] 받다.
〔Text=23/Freq2=33(2.2%)〕
㉑ (예) [박수를/환영을/환호를] 받다.
〔Text=23/Freq2=32(2.1%)〕
㉒ (예) [따돌림을/오해를] 받다.
〔Text=24/Freq2=29(1.9%)〕
㉓ (예) [위로를/위문을] 받다.
〔Text=15/Freq2=18(1.2%)〕
㉔ (예) [귀여움을/대우를/사랑을/은혜를/혜택을] 받다.
〔Text=9/Freq2=18(1.2%)〕
㉕ (예) 고통을 받다.
〔Text=14/Freq2=16(1.1%)〕
㉖ (예) [서약을/약속을] 받다.
〔Text=14/Freq2=15(1%)〕
㉗ (예) [심문을/조사를] 받다.
〔Text=10/Freq2=15(1%)〕
㉘ (예) [문의를/질문을] 받다.
〔Text=8/Freq2=8(0.5%)〕
㉙ (예) [인사를/절을] 받다.
〔Text=4/Freq2=8(0.5%)〕
㉚ (예) [각광을/관심을/주목을] 받다.
〔Text=7/Freq2=8(0.5%)〕
㉛ (예) [응석을/질투를/투정을] 받다.
〔Text=7/Freq2=7(0.5%)〕
㉜ (예) [공급을/대출을/보증을/지원을] 받다. 〔Text=4/Freq2=4(0.3%)〕
㉝ (예) 씨앗을 받다.
〔Text=2/Freq2=3(0.2%)〕
㉞ (예) [센터링을/패스를] 받다.
〔Text=1/Freq2=3(0.2%)〕
㉟ (예) [공경을/존경을] 받다.
〔Text=2/Freq2=2(0.1%)〕
㊱ (예) 서운함을 받다.
〔Text=1/Freq2=1(0.1%)〕
㊲ (예) 세례를 받다.
〔Text=1/Freq2=1(0.1%)〕
Ⅱ ① (예) 음식이 입에 받지 않다. 〔×〕
② (예) 밝은 색 옷이 잘 받다.
〔Text=2/Freq2=2(0.1%)〕
[관]<날(을) 받다> 〔Text=1/Freq2=2(0.1%)〕
[관]<받아 주다> 〔Text=5/Freq2=5(0.3%)〕
[관]<사주를 받다> 딴 사람의 사주를 받다.
〔Text=1/Freq2=2(0.1%)〕
[관]<열을 받다> 〔Text=2/Freq2=2(0.1%)〕
[관]<주고 받다> 이야기를 주고 받다.
〔Text=14/Freq2=17(1.1%)〕
ⓧ 〔Text=1/Freq2=1(0.1%)〕

받다[2] [동] **【Text=1/Freq1=4(0.3%)】**
⓪ (예) [소가/오토바이가] 자동차 뒤를 받다.

≪**받들다**≫전체빈도합=28(0.0015%)

받들다 [동] **【Text=18/Freq1=28】**
Ⅰ ① (예) 양손으로 [상자를/잔을] 받들다.
〔Text=1/Freq2=1(3.6%)〕
② (예) 윗사람을 받들다.
〔Text=4/Freq2=7(25%)〕
③ (예) [신을/조상을] 받들다.
〔Text=3/Freq2=3(10.7%)〕
④ (예) [가르침을/뜻을] 받들다.
〔Text=7/Freq2=11(39.3%)〕
⑤ (예) [분부를/어명을] 받들다.
〔Text=3/Freq2=3(10.7%)〕
Ⅱ (예) [스승으로/형님으로] 받들다.
〔Text=3/Freq2=3(10.7%)〕
[관]<제사를 받들다> 〔×〕

≪**받아들다**≫전체빈도합=18(0.0010%)

받아들다 [동] **【Text=14/Freq1=18】**

ⓞ (예) [가방을/잔을] 받아들다.

≪받아들이다≫ 전체빈도합=171(0.0092%)

받아들이다 동 ★★☆ 【Text=78/Freq1=171】
 Ⅰ ① (예) 서구 양식을 받아들이다.
   〔Text=24/Freq2=47(27.5%)〕
  ② (예) [사과를/요구를/제안을] 받아
   들이다. 〔Text=19/Freq2=21(12.3%)〕
  ③ (예) [가르침을/뜻을] 받아들이다.
   〔Text=43/Freq2=55(32.2%)〕
  ④ (예) [이민을/학생을] 받아들이다.
   〔Text=6/Freq2=6(3.5%)〕
 Ⅱ ① (예) [사위로/아들로] 받아들이다.
   〔Text=3/Freq2=3(1.8%)〕
  ② (예) 변명을 애교로 받아들이다.
   /그 일을 사실로 받아들이다.
   〔Text=29/Freq2=38(22.2%)〕
  ⓧ 〔Text=1/Freq2=1(0.6%)〕

≪받침≫ 전체빈도합=23(0.0012%)

받침¹ 명 【Text=2/Freq1=2(8.7%)】
 ⓞ (예) [냄비/화분] 받침.
받침² 명 【Text=8/Freq1=21(91.3%)】
 ⓞ (예) 받침이 있는 글자.

≪발≫ 전체빈도합=264(0.0142%) 117)

발¹ 명 ★★★ 【Text=95/Freq1=235(89%)】
 ① ㉠ (예) 발에 맞는 구두.
   〔Text=78/Freq2=185(78.7%)〕
  ㉡ (예) 발이 많이 달린 벌레.
   〔Text=1/Freq2=1(0.4%)〕
 ② (예) 병풍의 발. 〔Text=1/Freq2=1(0.4%)〕
 ③ (예) 발이 빠른 선수.
   〔Text=7/Freq2=8(3.4%)〕
 ❹ (예) 우리가 발을 딛고 있는 사회.
   〔Text=2/Freq2=4(1.7%)〕
 관 <발 [디딜/들여놓을] 틈이 없다>
   〔Text=2/Freq2=2(0.9%)〕
 관 <발 벗고 나서다> 〔×〕
 관 <발 없는 말이 천리 가다>
   〔Text=3/Freq2=4(1.7%)〕
 관 <발로 뛰다> 〔×〕
 관 <발에 차이다> 〔×〕
 관 <발(을) 끊다> 〔Text=1/Freq2=1(0.4%)〕
 관 <발을 (동동) 구르다>
   〔Text=5/Freq2=7(3%)〕

 관 <발(을) 들여놓다>
  ① (예) 연예계에 발을 들여놓다.
   〔Text=3/Freq2=4(1.7%)〕
  ② (예) 산골에 발을 들여놓다.
   〔Text=5/Freq2=5(2.1%)〕
 관 <발을 들이다> 영화계에 발을 들이다.
   〔Text=1/Freq2=2(0.9%)〕
 관 <발(을) 맞추다>
  ① (예) 전원이 제자리에서 발을 맞추어
   돌다. 〔×〕
  ② (예) 현대 문명에 발을 맞추다.
   〔Text=2/Freq2=2(0.9%)〕
 관 <발(을) 묶다> 〔×〕
 관 <발(을) 붙이다> 〔Text=1/Freq2=1(0.4%)〕
 관 <발을 빼다> 〔Text=2/Freq2=3(1.3%)〕
 관 <발(을) [뻗다/펴다]>
   걱정 없이 발 뻗고 자다. 〔×〕
 관 <발(이) 넓다> 〔Text=1/Freq2=1(0.4%)〕
 관 <발이 떨어지지 않다> 〔×〕
 관 <발(이) 맞다> 〔×〕
 관 <발(이) 묶이다> 〔×〕
 관 <발이 손이 되도록> 〔×〕
 관 <(첫)발을 [(내)딛다/디디다]>
   〔Text=3/Freq2=3(1.3%)〕
 관 <한 발 (뒤로) [물러나다/물러서다]>
   〔×〕
 관 <한 발 앞서다> 〔Text=1/Freq2=1(0.4%)〕
발² 명 【Text=5/Freq1=6(2.3%)】
 ⓞ (예) 햇볕이 따가워서 발을 치다.
발³ 명 【Text=0/Freq1=0】 ⓧ
 ① (예) 명주실이 발이 곱다. 〔×〕
 ② (예) 국수가 발이 가늘다. 〔×〕
발⁴ 명의 【Text=1/Freq1=1(0.4%)】
 ⓞ (예) 한 발 길이의 노끈.
발⁵ 명의 【Text=11/Freq1=19(7.2%)】
 ⓞ (예) 한 발 한 발 걷다.
발⁶ 명의 【Text=1/Freq1=1(0.4%)】
 ⓞ (예) 총을 서너 발 쏘다.
-발⁸ 접 【Text=1/Freq1=1(0.4%)】
 ① (예) [서울/10시]발(發) [비행기/열차].
   〔Text=1/Freq2=1(100%)〕
 ② (예) 워싱턴발 로이터통신. 〔×〕
발ˣ ? 【Text=1/Freq1=1(0.4%)】

≪발가락≫ 전체빈도합=17(0.0009%) 118)

---

117) 『연세 한국어 사전』의 '발⁷'(예:핏발, 글발)은 말뭉치의 분석에 적용하지 않았으므로 제외한다.

발가락 명 【Text=8/Freq1=17】
  ⓪ (예) 발가락을 씻다./새끼 발가락.

≪발걸음≫ 전체빈도합=44(0.0024%)
발걸음 명 【Text=26/Freq1=44】
  ① (예) 문득 발걸음을 멈추다.
    〔Text=24/Freq2=41(93.2%)〕
  ② (예) 요즘 손님 발걸음이 뜸하다.
    〔Text=3/Freq2=3(6.8%)〕

≪발견≫ 전체빈도합=30(0.0016%)
발견 명 ☆☆★ 【Text=18/Freq1=30】
  ⓪ (예) 새로운 발견(發見)을 하다.

≪발견되다≫ 전체빈도합=41(0.0022%)
발견되다 동 【Text=28/Freq1=41】
  ⓪ (예) [공통점이/유적이] 발견(發見)되다.

≪발견하다≫ 전체빈도합=162(0.0087%)
발견하다 동 ★☆☆ 【Text=87/Freq1=162】
  ⓪ (예) [길을/약국을] 발견(發見)하다.

≪발길≫ 전체빈도합=28(0.0015%)
발길 명 【Text=19/Freq1=28】
  ① (예) 발길로 차다.
    〔Text=3/Freq2=4(14.3%)〕
  ② (예) 시내 쪽으로 발길을 옮기다.
    〔Text=16/Freq2=23(82.1%)〕
  관 <발길을 끊다> 〔×〕
  관 <발길을 끌어당기다> 〔×〕
  관 <발길이 끊기다> 〔×〕
  관 <발길이 내키지 않다> 〔×〕
  관 <발길(이) 닿다> 〔Text=1/Freq2=1(3.6%)〕
  관 <발길이 떨어지지 않다> 〔×〕

≪발달≫ 전체빈도합=90(0.0048%)
발달 명 ★☆☆ 【Text=31/Freq1=90】
  ⓪ (예) 신체의 발달(發達)이 빠르다.

≪발달되다≫ 전체빈도합=24(0.0013%)
발달되다 동 【Text=15/Freq1=24】
  ⓪ (예) [과학이/기술이] 발달(發達)되다.

≪발달하다≫ 전체빈도합=134(0.0072%)
발달하다 동 ★★☆ 【Text=35/Freq1=134】
  ⓪ (예) [매체가/신체가] 발달(發達)하다.

≪발명하다≫ 전체빈도합=41(0.0022%)

발명하다 동 【Text=21/Freq1=41】
  ⓪ (예) [글자를/기계를/전화를] 발명(發明)하다.

≪발상≫ 전체빈도합=40(0.0022%)
발상¹ 명 【Text=15/Freq1=39(97.5%)】
  ⓪ (예) [기발한/위험한] 발상(發想).
발상² 명 【Text=1/Freq1=1(2.5%)】
  ⓪ (예) [문명의/연극의] 발상(發祥).

≪발생≫ 전체빈도합=17(0.0009%)
발생 명 【Text=10/Freq1=17】
  ⓪ (예) [사고/화재] 발생(發生) 신고.

≪발생하다≫ 전체빈도합=45(0.0024%)
발생하다 동 ★☆☆ 【Text=29/Freq1=45】
  ⓪ (예) [눈사태가/사고가] 발생(發生)하다.

≪발소리≫ 전체빈도합=18(0.0010%)
발소리 명 【Text=11/Freq1=18】
  ⓪ (예) 발소리를 [내다/죽이다].

≪발언≫ 전체빈도합=35(0.0019%)
발언 명 【Text=17/Freq1=35】
  ⓪ (예) 회의에서 발언(發言)을 하다.

≪발음≫ 전체빈도합=105(0.0057%)
발음 명 ★★★ 【Text=26/Freq1=105】
  ⓪ (예) 자음의 발음(發音)이 어렵다.
    〔Text=18/Freq2=73(69.5%)〕
  ❶ (예) 영어 발음이 [이상하다/좋다].
    〔Text=17/Freq2=31(29.5%)〕
  ⓧ 〔Text=1/Freq2=1(1%)〕

≪발음하다≫ 전체빈도합=165(0.0089%)
발음하다 동 ★☆☆ 【Text=18/Freq1=165】
  ⓪ (예) 낱말을 정확히 발음(發音)하다.

≪발자국≫ 전체빈도합=40(0.0022%)
발자국 명 【Text=21/Freq1=40】
  Ⅰ (예) 바닥에 구두 발자국이 남다.
    〔Text=18/Freq2=35(87.5%)〕
  Ⅱ (예) 다섯 발자국 걸음을 떼다.
    〔Text=5/Freq2=5(12.5%)〕

≪발전≫ 전체빈도합=250(0.0135%)
발전¹ 명 ★★★ 【Text=63/Freq1=223(89.2%)】
  ① (예) [사회의/인격의] 발전(發展).

---

118) '발가락'은 출현 텍스트의 수에서 이 사전의 수록 기준에 미치지 못하지만, '손가락'의 쓰임과 비교할 수 있도록 함께 수록하기로 한다.

〔Text=55/Freq2=189(84.8%)〕
② (예) 소문이 사실로 발전이 되다./동맥 경화의 발전. 〔Text=12/Freq2=34(15.2%)〕
㉺<발전 도상>〔×〕
㉺<발전 도상국>〔×〕

발전² 명 【Text=5/Freq1=27(10.8%)】
⓪ (예) 댐의 발전(發電) 능력./원자력 발전.

≪발전되다≫전체빈도합=26(0.0014%)
발전되다 동 【Text=15/Freq1=26】
① (예) [과학이/나라가/농업이] 발전(發展)되다. 〔Text=13/Freq2=21(80.8%)〕
② (예) [관계가/일이] 이상한 쪽으로 발전되다. 〔Text=5/Freq2=5(19.2%)〕

≪발전시키다≫전체빈도합=59(0.0032%)
발전시키다 동★☆☆ 【Text=31/Freq1=59】
① (예) [국가를/산업을] 발전(發展)시키다. 〔Text=29/Freq2=55(93.2%)〕
② (예) 둘의 관계를 사랑으로 발전시키다. 〔Text=4/Freq2=4(6.8%)〕

≪발전하다≫전체빈도합=144(0.0078%)
발전하다 동★★☆ 【Text=58/Freq1=144】
Ⅰ (예) 나라가 발전(發展)하다. 〔Text=51/Freq2=111(77.1%)〕
Ⅱ (예) 둘 사이가 애정으로 발전하다. 〔Text=18/Freq2=33(22.9%)〕

≪발표≫전체빈도합=53(0.0029%)
발표 명☆☆★ 【Text=27/Freq1=53】
⓪ (예) [결과의/학술] 발표(發表).

≪발표하다≫전체빈도합=167(0.0090%)
발표하다 동★☆☆ 【Text=63/Freq1=167】
⓪ (예) [결과를/성명을] 발표(發表)하다.

≪발휘하다≫전체빈도합=53(0.0029%)
발휘하다 동 【Text=35/Freq1=53】
⓪ (예) [영향력을/진가를/창의력을] 발휘(發揮)하다.

≪밝다≫전체빈도합=188(0.0101%)
밝다¹ 동 【Text=16/Freq1=20(10.6%)】
① (예) 어느덧 밖이 밝아 있다. 〔Text=3/Freq2=4(20%)〕
② ㉠ (예) [날이/새벽이/아침이] 밝다. 〔Text=13/Freq2=15(75%)〕
㉡ (예) 밤이 밝다.〔×〕

❸ (예) 민권 승리의 새 날이 밝다. 〔Text=1/Freq2=1(5%)〕
밝다² 형★★★ 【Text=91/Freq1=168(89.4%)】
Ⅰ ① ㉠ (예) [달이/불빛이/햇살이] 밝다. 〔Text=35/Freq2=47(28%)〕
㉡ (예) [방 안이/집 주위가] 밝다. 〔Text=16/Freq2=20(11.9%)〕
② (예) [밝은 빛깔의 립스틱/밝은 청색 스커트. 〔Text=3/Freq2=8(4.8%)〕
③ ㉠ (예) [목소리가/얼굴이/표정이] 밝다. 〔Text=29/Freq2=46(27.4%)〕
㉡ (예) [사람이/성격이] 밝다. 〔Text=10/Freq2=13(7.7%)〕
㉢ (예) [분위기가/환경이] 밝다. 〔Text=6/Freq2=6(3.6%)〕
④ (예) [계산이/셈이/이치가] 밝다. 〔Text=4/Freq2=4(2.4%)〕
⑤ (예) [미래가/장래가/전망이] 밝다. 〔Text=8/Freq2=9(5.4%)〕
⑥ (예) 밝은 [사회/세상/정치]. 〔Text=3/Freq2=4(2.4%)〕
⑦ (예) [귀가/눈이] 밝다. 〔Text=4/Freq2=4(2.4%)〕
⑧ (예) [길눈이/밤눈이/잠귀가] 밝다.〔×〕
⑨ (예) [경우가/사리가/인사성이] 밝다. 〔Text=1/Freq2=1(0.6%)〕
Ⅱ (예) [물정에/이재에/지리에] 밝다. 〔Text=6/Freq2=6(3.6%)〕

≪밝히다≫전체빈도합=150(0.0081%)
밝히다 동★★★ 【Text=80/Freq1=150】
① (예) 촛불로 방 안을 밝히다. 〔Text=4/Freq2=4(2.7%)〕
② (예) [등을/불을] 밝히다. 〔Text=8/Freq2=9(6%)〕
③ (예) [불빛이/조명이] 방 안을 밝히다. 〔Text=8/Freq2=9(6%)〕
④ (예) 인류의 미래를 밝히다. 〔Text=3/Freq2=3(2%)〕
⑤ (예) [본질을/사실을] 밝히다. 〔Text=37/Freq2=63(42%)〕
⑥ (예) [진실을/취재원을] 밝히다. 〔Text=37/Freq2=56(37.3%)〕
⑦ (예) [공짜를/돈을/주색을] 밝히다. 〔Text=2/Freq2=4(2.7%)〕
㉺<밤을 밝히다> 밤을 밝히며 글을 쓰다. 〔Text=2/Freq2=2(1.3%)〕

≪밟다≫ 전체빈도합=86(0.0046%)

밟다 동 ★☆★ 【Text=52/Freq1=86】
① (예) 담뱃불을 밟아 끄다./옆 사람의 발을 밟다. 〔Text=31/Freq2=46(53.5%)〕
② (예) [낙엽을/모랫길을/얼음판을] 밟으며 걷다. 〔Text=11/Freq2=20(23.3%)〕
③ (예) [고국/북녘] 땅을 밟다. 〔Text=5/Freq2=5(5.8%)〕
④ (예) [과정을/수속을] 밟다. 〔Text=9/Freq2=10(11.6%)〕
⑤ (예) [그림자를/뒤를] 밟다. 〔Text=1/Freq2=2(2.3%)〕
관 <전철을 밟다> 〔Text=2/Freq2=2(2.3%)〕
ⓧ 〔Text=1/Freq2=1(1.2%)〕

≪밤≫ 전체빈도합=551(0.0297%)

밤¹ 명 ★★★ 【Text=134/Freq1=535(97.1%)】
⓪ (예) 낮과 밤./밤이 깊다. 〔Text=134/Freq2=532(99.4%)〕
❶ (예) 다섯 밤 지나면 소풍이다. 〔Text=1/Freq2=1(0.2%)〕
관 <밤을 밝히다> 〔Text=2/Freq2=2(0.4%)〕

밤² 명 【Text=13/Freq1=16(2.9%)】
⓪ (예) 밤나무에서 밤을 따다./밤을 구워 먹다.

≪밤낮≫ 전체빈도합=21(0.0011%)

밤낮 부 【Text=16/Freq1=21】
Ⅰ (예) 밤낮 일만 하다. 〔Text=8/Freq2=12(57.1%)〕
Ⅱ (예) 밤낮으로 일을 하다. 〔Text=8/Freq2=9(42.9%)〕

≪밤늦다♣≫ 전체빈도합=20(0.0011%)

밤늦다⁰ 형 【Text=18/Freq1=20】
❶ (예) 밤늦도록 돌아다니다. /밤늦게까지 놀다.

≪밤새≫ 전체빈도합=22(0.0012%)

밤새 부 【Text=19/Freq1=22】
⓪ (예) 밤새 한 잠도 못 자다.

≪밤하늘≫ 전체빈도합=31(0.0017%)

밤하늘 명 【Text=13/Freq1=31】
⓪ (예) 밤하늘에 별이 총총하다.

≪밥≫ 전체빈도합=348(0.0187%) [119]

밥¹ 명 ★★★ 【Text=101/Freq1=348】
① (예) 쌀로 밥을 짓다./밥을 비비다. 〔Text=71/Freq2=230(66.1%)〕
② (예) 빵 한 쪽으로 밥이 되겠어? 〔Text=53/Freq2=105(30.2%)〕
③ (예) 얼룩말이 사자의 밥이 되다. 〔Text=1/Freq2=2(0.6%)〕
④ (예) 회사에서 제 밥을 찾아먹다. 〔ⓧ〕
⑤ (예) 순이는 주인집 꼬마의 밥이다. 〔Text=1/Freq2=3(0.9%)〕
❻ (예) 진지는 밥의 높임말이다. 〔Text=3/Freq2=3(0.9%)〕
관 <밥 먹듯이 한다> 거짓말을 밥 먹듯이 하다. 〔Text=1/Freq2=1(0.3%)〕
관 <~ 밥을 먹다> 군대 밥을 오래 먹다. 〔Text=2/Freq2=2(0.6%)〕
관 <(시계의) 밥을 주다> 〔Text=1/Freq2=2(0.6%)〕
관 <죽도 밥도 [아니다/안 되다]> 〔ⓧ〕

≪밥상≫ 전체빈도합=22(0.0012%)

밥상 명 【Text=11/Freq1=22】
⓪ (예) 밥상(床)을 [닦다/차리다]. 〔Text=11/Freq2=22(100%)〕
관 <밥상을 물리다> 〔ⓧ〕

≪밧줄≫ 전체빈도합=18(0.0010%)

밧줄 명 【Text=10/Freq1=18】
⓪ (예) 밧줄로 묶다.

≪방≫ 전체빈도합=586(0.0316%) [120]

방¹ 명 ★★★ 【Text=130/Freq1=579(98.8%)】
⓪ (예) 방(房) 두 개짜리 아파트. 〔Text=130/Freq2=571(98.6%)〕
관 <방을 [구하다/얻다]> 〔Text=2/Freq2=2(0.3%)〕
관 <방(을) 내놓다> 복덕방에 방을 내놓다. 〔Text=1/Freq2=1(0.2%)〕
관 <방을 내다> 〔Text=1/Freq2=2(0.3%)〕
관 <방을 놓다> 구들장을 고쳐 새로 방을 놓다. 〔ⓧ〕
관 <방을 들이다> 헛간을 고쳐 방 한 칸 들이다. 〔ⓧ〕
관 <방(을) 빼다> 주인이 방을 빼라고 하다. 〔ⓧ〕

---

119) 『연세 한국어 사전』의 '- 밥²'(예:톱밥, 실밥)은 말뭉치의 분석에 적용하지 않았으므로 제외한다.
120) 『연세 한국어 사전』의 '- 방⁴'(예:동북방)은 말뭉치의 분석에 적용하지 않았으므로 제외한다.

[관]<방을 잡다> 호텔에 방을 잡다.
〔Text=1/Freq2=1(0.2%)〕
ⓧ 〔Text=2/Freq2=2(0.3%)〕

방[2] [명] 【Text=1/Freq1=1(0.2%)】
⓪ (예) 마을 곳곳에 방(榜)이 붙다.

방[3] [명의] 【Text=4/Freq1=6(1%)】
① (예) 총소리가 몇 방(放) 울리다.
〔Text=1/Freq2=2(33.3%)〕
② (예) 주먹 몇 방을 맞다.
〔Text=2/Freq2=3(50%)〕
❸ (예) 한 방에 반하다.
〔Text=1/Freq2=1(16.7%)〕
[관]<한 방 [날리다/먹이다]> 〔×〕
[관]<한 방 먹다> 〔×〕

≪**방금**≫전체빈도합=63(0.0034%)

방금 [부]☆★★ 【Text=36/Freq1=63】
⓪ (예) 방금(方今) 도착하다.
〔Text=33/Freq2=57(90.5%)〕
❶ (예) [방금 전에/방금에야] 사실을 알다.
〔Text=6/Freq2=6(9.5%)〕

≪**방문**≫전체빈도합=60(0.0032%)

방문[1] [명] 【Text=22/Freq1=37(61.7%)】
⓪ (예) 방문(房門)을 열다.

방문[2] [명]☆★★ 【Text=17/Freq1=23(38.3%)】
⓪ (예) 댁으로 방문(訪問)을 하다.

≪**방문하다**≫전체빈도합=66(0.0036%)

방문하다 [동]★★☆ 【Text=36/Freq1=66】
⓪ (예) [댁을/사무실로] 방문(訪問)하다.

≪**방바닥**≫전체빈도합=34(0.0018%)

방바닥 [명] 【Text=23/Freq1=34】
⓪ (예) 방(房)바닥에 [눕다/앉다].

≪**방법**≫전체빈도합=727(0.0392%)

방법 [명]★★★ 【Text=144/Freq1=727】
⓪ (예) 김장 담그는 방법(方法)이 다르다.

≪**방송**≫전체빈도합=263(0.0142%)

방송 [명]★★★ 【Text=49/Freq1=263】
① (예) 라디오 방송(放送)을 듣다.
〔Text=38/Freq2=186(70.7%)〕
② (예) 신문이나 방송에 광고를 하다.
〔Text=23/Freq2=77(29.3%)〕

≪**방송국**≫전체빈도합=71(0.0038%)

방송국 [명] 【Text=21/Freq1=71】
⓪ (예) 방송국(放送局)에 취직하다.

≪**방식**≫전체빈도합=131(0.0071%)

방식 [명]★★☆ 【Text=52/Freq1=131】
⓪ (예) [생활/사고] 방식(方式).

≪**방안**≫전체빈도합=73(0.0039%)

방안 [명] 【Text=17/Freq1=31(42.5%)】
⓪ (예) 좋은 방안(方案)을 찾다.

방안[0] [명] 【Text=28/Freq1=42(57.5%)】
⓿ (예) 방(房)안에 틀어박히다.

≪**방울**≫전체빈도합=51(0.0027%)

방울[1] [명] 【Text=6/Freq1=21(41.2%)】
① (예) 방울을 흔들다.
〔Text=5/Freq2=19(90.5%)〕
② (예) 크리스마스트리에 유리 방울을 달다.
〔×〕
ⓧ 〔Text=1/Freq2=2(9.5%)〕

방울[2] [명] 【Text=23/Freq1=30(58.8%)】
Ⅰ (예) [눈물/이슬] 방울.
〔Text=3/Freq2=5(16.7%)〕
Ⅱ (예) 이슬 몇 방울.
〔Text=20/Freq2=25(83.3%)〕

≪**방지하다**≫전체빈도합=16(0.0009%)

방지하다 [동] 【Text=14/Freq1=16】
⓪ (예) 사고를 방지(防止)하다.

≪**방학**≫전체빈도합=150(0.0081%)

방학 [명]★★★ 【Text=47/Freq1=150】
⓪ (예) [겨울/여름] 방학(放學).

≪**방해**≫전체빈도합=30(0.0016%)

방해 [명] 【Text=27/Freq1=30】
⓪ (예) 일하는 데 방해(妨害)가 되다.
〔Text=27/Freq2=30(100%)〕
[관]<방해(를) 놓다> 〔×〕

≪**방해하다**≫전체빈도합=24(0.0013%)

방해하다 [동] 【Text=19/Freq1=24】
⓪ (예) [길을/일을] 방해(妨害)하다.

≪**방향**≫전체빈도합=152(0.0082%)

방향[1] [명]★★★ 【Text=70/Freq1=152(100%)】
① (예) 진행 방향(方向)을 바꾸다.
〔Text=45/Freq2=80(52.6%)〕
② (예) 앞으로 민족이 나아갈 방향.
〔Text=37/Freq2=72(47.4%)〕
[관]<방향 감각>

① (예) 술 취해 방향 감각이 무디다.
　〔Text=1/Freq2=1(0.7%)〕
② (예) 시대의 혼란 속에서 방향 감각을
　잃다. 〔Text=1/Freq2=1(0.7%)〕

방향² 명 【Text=0/Freq1=0】 ⓧ
① (예) 옷에 뿌린 방향(芳香) 물질. 〔×〕

≪밭≫전체빈도합=70(0.0038%)

밭 명 ★★★　【Text=35/Freq1=70】
① (예) 밭을 갈다./밭에서 일하다.
　〔Text=32/Freq2=64(91.4%)〕
② (예) 앞에 [갈대/대나무] 밭이 펼쳐지다.
　〔Text=2/Freq2=2(2.9%)〕
③ (예) [감자/옥수수] 밭에서 김을 매다.
　〔Text=2/Freq2=3(4.3%)〕
ⓧ 〔Text=1/Freq2=1(1.4%)〕

≪배≫전체빈도합=462(0.0249%) [121]

배¹ 명 ★★★　【Text=79/Freq1=180(39%)】
Ⅰ ① (예) 배가 불룩하게 나오다.
　　〔Text=38/Freq2=71(39.9%)〕
　② (예) 배가 [고프다/부르다].
　　〔Text=48/Freq2=92(51.7%)〕
　❸ (예) 배가 불룩한 항아리.
　　〔Text=2/Freq2=2(1.1%)〕
Ⅱ (예) 돼지가 새끼를 여러 배 낳다. 〔×〕
㉝<배가 남산만하다> 〔×〕
㉝<배(가) 다르다> 배 다른 형제. 〔×〕
㉝<배가 맞다>
　① (예) 남녀가 배가 맞아 도망가다.
　　〔Text=2/Freq2=2(1.1%)〕
　② (예) 불량배들이 서로 배가 맞다. 〔×〕
㉝<배가 부르다>
　① (예) 배가 부르니까 거만해지다. 〔×〕
　② (예) 배가 부른 보통이를 이다. 〔×〕
㉝<배(가) 아프다> 남이 잘되면 배가
　아프다. 〔Text=3/Freq2=3(1.7%)〕
㉝<배(를) [불리다/채우다]> 이자로 배를
　불리다. 〔Text=3/Freq2=6(3.3%)〕
㉝<배를 잡다> 배를 잡고 웃다.
　〔Text=1/Freq2=1(0.6%)〕
㉝<배보다 배꼽이 (더) 크다>
　〔Text=2/Freq2=2(1.1%)〕
㉝<첫 술에 배 부르랴>
　〔Text=1/Freq2=1(0.6%)〕

배² 명 ★★★　【Text=63/Freq1=185(40%)】
① (예) 항구로 배가 들어오다.

배³ 명 ★★★　【Text=7/Freq1=17(3.7%)】
① (예) 배를 깎아 먹다.

배⁴ 명 【Text=0/Freq1=0】 ⓧ
① (예) 식물의 배(胚)에서 싹이 트다. 〔×〕
② (예) 배가 자라서 병아리가 되다. 〔×〕

배⁵ 명 ★★★　【Text=41/Freq1=80(17.3%)】
Ⅰ (예) 기쁨을 나누면 배(倍)로 늘다.
　〔Text=13/Freq2=21(26.3%)〕
Ⅱ (예) 재산이 두 배로 늘다.
　〔Text=31/Freq2=59(73.8%)〕

배⁶ 명의 【Text=0/Freq1=0】 ⓧ
① (예) 술잔이 두 배(杯) 돌다. 〔×〕

≪배경≫전체빈도합=79(0.0043%)

배경 명 【Text=36/Freq1=79】
① (예) 숲을 배경(背景)으로 하다.
　〔Text=5/Freq2=7(8.9%)〕
② (여) 무대의 배경. 〔Text=5/Freq2=7(8.9%)〕
③ (여) 빨간 배경에 하얀 초가 타는 그림.
　〔Text=4/Freq2=4(5.1%)〕
④ (예) 조선을 배경으로 한 소설.
　〔Text=23/Freq2=53(67.1%)〕
⑤ (여) 배경이 좋은 사람.
　〔Text=1/Freq2=1(1.3%)〕
㉝<배경 음악> 〔Text=4/Freq2=6(7.6%)〕
ⓧ 〔Text=1/Freq2=1(1.3%)〕

≪배고프다≫전체빈도합=39(0.0021%)

배고프다 형 ☆★★　【Text=22/Freq1=39】
① (예) 춥고 배고프던 시절.

≪배꼽≫전체빈도합=9(0.0005%)

배꼽 명 ☆☆★　【Text=7/Freq1=9】
① (예) 손으로 배꼽을 가리다.
　〔Text=3/Freq2=5(55.6%)〕
㉝<배꼽(을) [잡다/쥐다]>
　〔Text=2/Freq2=2(22.2%)〕
㉝<배꼽이 빠지다> 〔×〕
㉝<배보다 배꼽이 (더) 크다>
　〔Text=2/Freq2=2(22.2%)〕

≪배다≫전체빈도합=38(0.0020%)

배다¹ 동 ★☆☆　【Text=29/Freq1=36(94.7%)】
① (예) [기름이/냄새가] 배다.

---

[121] 『연세 한국어 사전』의 '-배⁷'(예:소인배)는 말뭉치의 분석에 적용하지 않았으므로 제외한다.

　　　　〔Text=21/Freq2=26(72.2%)〕
　② (예) [사투리가/친절이] 몸에 배다.
　　　　〔Text=9/Freq2=10(27.8%)〕
배다² 동　【Text=1/Freq1=1(2.6%)】
　Ⅰ ① (예) 물고기가 알이 가득 배다. 〔×〕
　　② (예) 종아리에 알이 배다. 〔×〕
　Ⅱ (예) [새끼를/아이를/알을] 배다.
　　　　〔Text=1/Freq2=1(100%)〕
배다³ 형　【Text=0/Freq1=0】 ⓧ
　① (예) 울타리가 배게 뒤엉키다. 〔×〕
배다ˣ ?　【Text=1/Freq1=1(2.6%)】
≪배달≫전체빈도합=14(0.0008%)
배달 명☆☆★　【Text=11/Freq1=13(92.9%)】
　① (예) [신문/우유] 배달(配達)을 하다.
배달⁰ 명　【Text=1/Freq1=1(7.1%)】
　❶ (예) 배달(倍達)의 민족.
≪배달하다≫전체빈도합=21(0.0011%)
배달하다 동　【Text=15/Freq1=21】
　① (예) 물건을 배달(配達)하다.
≪배부르다≫전체빈도합=9(0.0005%)
배부르다 형☆☆★　【Text=9/Freq1=9】
　① (예) 밥을 배부르게 먹다.
　　　　〔Text=5/Freq2=5(55.6%)〕
　②㉠ (예) 배부른 임산부.
　　　　〔Text=1/Freq2=1(11.1%)〕
　　㉡ (예) 배부른 반달이 뜨다. 〔×〕
　③ (예) 배부른 투정을 하다.
　　　　〔Text=3/Freq2=3(33.3%)〕
≪배우≫전체빈도합=35(0.0019%)
배우 명☆★★　【Text=16/Freq1=35】
　① (예) 주연 배우(俳優).
≪배우다≫전체빈도합=523(0.0282%)
배우다 동★★★　【Text=146/Freq1=523】
　① (예) [글을/기술을] 배우다.
　　　　〔Text=135/Freq2=430(82.2%)〕
　② (예) 겸손을 배우다.
　　　　〔Text=34/Freq2=60(11.5%)〕
　③ (예) [무관심을/술을] 배우다.
　　　　〔Text=21/Freq2=33(6.3%)〕
≪배추≫전체빈도합=50(0.0027%)

배추 명☆☆★　【Text=15/Freq1=50】
　① (예) 배추로 김치를 담그다.
≪백≫전체빈도합=1,514(0.0815%)
백¹ 명　【Text=3/Freq1=3(0.2%)】
　① (예) 백(白)과 흑의 대조.
　　　　〔Text=3/Freq2=3(100%)〕
　관 <흑(과) 백을 가리다> 〔×〕
백² 명　【Text=1/Freq1=1(0.1%)】
　① (예) 가죽 백을 메다.
백³ 명　【Text=0/Freq1=0】 ⓧ
　① (예) 백이 든든하다. 〔×〕
백⁴ 명의　【Text=0/Freq1=0】 ⓧ
　① (예) 쓰레기를 버리지 마시오. 주인 백(白).
　　〔×〕
백⁵ 쥐★★★
　　　　【Text=161/Freq1=1,508(99.6%)】 [122]
　Ⅰ (예) 가능성은 백(百)의 칠, 팔?
　　　　〔Text=15/Freq2=43(2.9%)〕
　Ⅱ (예) 백 [개/살].
　　　　〔Text=161/Freq2=1,465(97.1%)〕
백⁰ 명　【Text=1/Freq1=2(0.1%)】
　❶ (예) 타이틀 백.
≪백만≫전체빈도합=25(0.0013%)
백만 쥐　【Text=18/Freq1=25】
　Ⅰ (예) 백만(百萬)이 넘는 병사.
　　　　〔Text=4/Freq2=4(16%)〕
　Ⅱ ① (예) 희생자가 백만 명에 이르다.
　　　　〔Text=14/Freq2=21(84%)〕
　　② (예) 백만 대군이 쳐들어오다. 〔×〕
≪백성≫전체빈도합=112(0.0060%)
백성 명★☆☆　【Text=33/Freq1=112】
　① (예) 백성(百姓)들을 위하다.
≪백제✽≫전체빈도합=138(0.0074%)
백제⁰ 명(고유)★☆☆　【Text=17/Freq1=138】
　❶ (예) 신라와 백제(百濟)가 전쟁을 하다.
≪백화점≫전체빈도합=78(0.0042%)
백화점 명☆★★　【Text=31/Freq1=78】
　① (예) 백화점(百貨店)에서 쇼핑을 하다.
≪뱀≫전체빈도합=26(0.0014%)
뱀 명☆☆★　【Text=10/Freq1=26】

---

[122] 『연세 한국어 사전』에는 '백⁵'이 단일 의미로 기술되어 있으나, 여기서는 그 용법을 상세히 나누어 기술한다.

ⓧ (예) 뱀에게 다리를 물리다.

≪뱃속≫전체빈도합=33(0.0018%)

뱃속 명　【Text=17/Freq1=33】
① (예) 뱃속에서 꼬르륵 소리가 나다.
〔Text=17/Freq2=33(100%)〕
② (예) 뱃속에서 심술이 끓다.〔×〕
관 <뱃속을 채우다>〔×〕
관 <뱃속이 들여다보이다>〔×〕

≪뱉다≫전체빈도합=50(0.0027%)

뱉다 동　【Text=31/Freq1=50】
① (예) [껌을/침을] 뱉다.
〔Text=22/Freq2=37(74%)〕
② (예) 뇌물로 받은 돈을 뱉다.〔×〕
③ ㉠ (예) [욕설을/엉뚱한 말을] 뱉다.
〔Text=8/Freq2=9(18%)〕
㉡ (예) [기침을/한숨을] 뱉다.
〔Text=3/Freq2=3(6%)〕
ⓧ 〔Text=1/Freq2=1(2%)〕

≪버드나무≫전체빈도합=21(0.0011%)

버드나무 명　【Text=12/Freq1=21】
ⓞ (예) 강가에 버드나무가 늘어서다.

≪버릇≫전체빈도합=80(0.0043%)

버릇 명★★★　【Text=43/Freq1=80】
① (예) 초조하면 코를 긁는 버릇이 있다.
〔Text=40/Freq2=68(85%)〕
② (예) 버릇이 없다./버릇을 가르치다.
〔Text=2/Freq2=2(2.5%)〕
관 <세 살 버릇 여든 가다>
〔Text=5/Freq2=9(11.3%)〕
관 <제 버릇 개 못 주다>
〔Text=1/Freq2=1(1.3%)〕

≪버리다≫전체빈도합=1,250(0.0673%)

버리다¹ 동★★★【Text=105/Freq1=273(21.8%)】
① ㉠ (예) 쓰레기를 버리다.
〔Text=64/Freq2=174(63.7%)〕
㉡ (예) [벼슬을/재산을] 버리다.
〔Text=20/Freq2=24(8.8%)〕
② (예) 나쁜 습관을 버리다.
〔Text=6/Freq2=13(4.8%)〕
③ (예) 아이에 대한 기대를 버리다.
〔Text=22/Freq2=30(11%)〕
④ (예) [부모를/아이를] 버리다.
〔Text=9/Freq2=13(4.8%)〕
⑤ ㉠ (예) 진흙탕에 [기계를/옷을] 버리다.

〔Text=7/Freq2=9(3.3%)〕
㉡ (예) 술 때문에 몸을 버리다.
〔Text=2/Freq2=2(0.7%)〕
⑥ (예) 자식들을 버려 두고 여행을 가다.
〔Text=6/Freq2=6(2.2%)〕
ⓧ 〔Text=2/Freq2=2(0.7%)〕

버리다² 동보★★☆
【Text=162/Freq1=977(78.2%)】
ⓞ (예) [손이 마비되어/얼음이 녹아/지갑을 잃어] 버리다.

≪버섯≫전체빈도합=2(0.0001%)

버섯 명☆☆★　【Text=2/Freq1=2】
ⓞ (예) 버섯을 따다.

≪버스≫전체빈도합=280(0.0151%)

버스 명★★★　【Text=81/Freq1=280】
ⓞ (예) 버스를 타다.

≪버티다≫전체빈도합=49(0.0026%)

버티다 동　【Text=27/Freq1=49】
Ⅰ (예) [아르바이트로/차 없이] 버티다.
〔Text=11/Freq2=15(30.6%)〕
Ⅱ (예) 아무리 달래도 아이가 막무가내로 버티다.〔Text=9/Freq2=13(26.5%)〕
Ⅲ ① (예) 사장이 버티고 있어서 퇴근을 못하다.〔Text=9/Freq2=10(20.4%)〕
② (예) 앞에 [고층 건물이/높은 재가] 버티고 있다.〔Text=4/Freq2=5(10.2%)〕
Ⅳ ① (예) 지게를 작대기로 버텨 놓다.
〔Text=2/Freq2=2(4.1%)〕
② (예) 어지럽지만 두 다리로 버티고 서다.〔Text=2/Freq2=3(6.1%)〕
ⓧ 〔Text=1/Freq2=1(2%)〕

≪벅차다≫전체빈도합=21(0.0011%)

벅차다 형　【Text=17/Freq1=21】
① (예) 내게는 [운동장을 뛰는 것도/자식들을 키우기도] 벅차다.
〔Text=9/Freq2=11(52.4%)〕
② (예) 숨이 벅차게 차오르다.
〔Text=2/Freq2=3(14.3%)〕
③ (예) 벅찬 경험./벅찬 기쁨을 느끼다.
〔Text=3/Freq2=7(33.3%)〕

≪번≫전체빈도합=1,214(0.0654%)

번¹ 명　【Text=0/Freq1=0】 ⓧ
ⓞ (예) 초소에서 번(番)을 서다.〔×〕

[관]<번을 갈다> 〔×〕

번^{2} [명의]★★★ 【Text=194/Freq1=1,214(100%)】

① (예) 두 번(番) 실수하다.
〔Text=179/Freq2=848(69.9%)〕

② (예) [다음/셋째/첫] 번.
〔Text=26/Freq2=37(3%)〕

③ (예) 13번 버스/5번 선수.
〔Text=36/Freq2=98(8.1%)〕

❹ (예) [몇/첫]번째.
〔Text=78/Freq2=208(17.1%)〕

❺ (예) 수십 수백 번 말하다.
〔Text=16/Freq2=23(1.9%)〕

≪**번갈다**≫전체빈도합=34(0.0018%)

번갈다 [동] 【Text=30/Freq1=34】

① (예) 둘이 번(番)갈아 3시간씩 근무하다.
〔Text=9/Freq2=10(29.4%)〕

② (예) 둘이 번갈아 들락거리다.
〔Text=8/Freq2=8(23.5%)〕

③ (예) 두 사람을 번갈아 쳐다보다.
〔Text=14/Freq2=16(47.1%)〕

≪**번개**≫전체빈도합=14(0.0008%)

번개 [명]☆☆★ 【Text=11/Freq1=14】

⓪ (예) 번개가 치다.
〔Text=7/Freq2=9(64.3%)〕

[관]<번개(와) 같다> 〔×〕

[관]<번개(와) 같이>
〔Text=2/Freq2=2(14.3%)〕

[관]<번개처럼> 〔Text=3/Freq2=3(21.4%)〕

≪**번거롭다**≫전체빈도합=15(0.0008%)

번거롭다 [형] 【Text=12/Freq1=15】

Ⅰ ① (예) 절차가 너무 번거롭다.
〔Text=4/Freq2=4(26.7%)〕

② (예) 수행을 하기엔 번거로운 곳이다.
〔×〕

Ⅱ (예) [일이/자취하기가] 번거롭다.
〔Text=9/Freq2=11(73.3%)〕

≪**번지다**≫전체빈도합=28(0.0015%)

번지다 [동] 【Text=20/Freq1=28】

①㉠ (예) 눈물이 번져 흐르다.
〔Text=4/Freq2=5(17.9%)〕

㉡ (예) 꽃내음이 번져 흘러오다.
〔Text=8/Freq2=10(35.7%)〕

② (예) 온몸에 환희가 번져 오다.
〔Text=2/Freq2=2(7.1%)〕

③ (예) 농담이 싸움으로 번지다.
〔Text=7/Freq2=7(25%)〕

④ (예) 소문이 번져 나가다.
〔Text=2/Freq2=2(7.1%)〕

ⓧ 〔Text=1/Freq2=2(7.1%)〕

≪**번째**≫

번째 [명의]★★☆ 【Text=0/Freq1=0】 ⓧ [123)]

⓪ (예) ☞ 번^{2}, 째^{2}

≪**번쩍**≫전체빈도합=38(0.0020%)

번쩍 [부] 【Text=30/Freq1=38】

① (예) 전구에 번쩍 불이 들어오다.
〔Text=3/Freq2=3(7.9%)〕

② (예) 번쩍 제 정신이 들다.
〔Text=3/Freq2=3(7.9%)〕

③ (예) 번쩍 눈을 뜨다.
〔Text=5/Freq2=5(13.2%)〕

④ (예) [고개를/손을] 번쩍 들다.
〔Text=17/Freq2=22(57.9%)〕

[관]<귀가 번쩍 [뜨이다/띄다]>
〔Text=3/Freq2=3(7.9%)〕

[관]<동에 번쩍 서에 번쩍 하다>
〔Text=1/Freq2=2(5.3%)〕

≪**번호**≫전체빈도합=65(0.0035%)

번호 [명]★★★ 【Text=31/Freq1=65】

① (예) 시험관에 1번부터 번호(番號)를 매기다. 〔Text=6/Freq2=10(15.4%)〕

② (예) 금고의 번호를 찾다.
〔Text=26/Freq2=55(84.6%)〕

≪**벌**≫전체빈도합=89(0.0048%)

벌^{1} [명]★☆★ 【Text=13/Freq1=33(37.1%)】

⓪ (예) 나비와 벌이 날아들다.

벌^{2} [명] 【Text=1/Freq1=1(1.1%)】

⓪ (예) 넓은 벌을 가로지르는 길.

벌^{3} [명] 【Text=21/Freq1=25(28.1%)】

⓪ (예) 벌(罰)을 [받다/주다].

벌^{4} [명의]☆★★ 【Text=18/Freq1=29(32.6%)】

① (예) 옷 한 벌./젓가락 세 벌.
〔Text=17/Freq2=26(89.7%)〕

---

123) 『외국인을 위한 한국어 학습 사전』(2004)의 중요 어휘 목록에는 '번째'가 의존명사로 포함되어 있는데, 말뭉치의 분석에서는 '번^{2}'과 '-째^{2}'로 분석하여 적용했으므로 올림말에서 제외한다.

② (예) 농기구 다섯 벌.〔×〕
❸ (예) 논에서 두 벌 김을 매다.
　　〔Text=2/Freq2=3(10.3%)〕
벌^x ? 【Text=1/Freq1=1(1.1%)】

≪벌겋다≫전체빈도합=22(0.0012%)

벌겋다 형 【Text=19/Freq1=22】
① (예) [얼굴이/하늘이] 벌겋게 물들다.
　　〔Text=16/Freq2=19(86.4%)〕
관<눈이 벌겋다> 재물에 눈이 벌겋다.
　　〔Text=3/Freq2=3(13.6%)〕

≪벌다≫전체빈도합=113(0.0061%)

벌다^1 동 ★★★ 【Text=54/Freq1=113(100%)】
① (예) [돈을/생활비를/용돈을] 벌다.
　　〔Text=54/Freq2=111(98.2%)〕
② (예) 시간을 벌다.〔×〕
❸ (예) [고생을/매를] 벌다.
　　〔Text=1/Freq2=1(0.9%)〕
ⓧ 〔Text=1/Freq2=1(0.9%)〕

벌다^2 동 【Text=0/Freq1=0】 ⓧ
① (예) [사이가/틈이] 벌다.〔×〕
② (예) 엉덩이가 벌고 목이 긴 병.〔×〕

≪벌떡≫전체빈도합=51(0.0027%)

벌떡 부 【Text=37/Freq1=51】
① (예) 벌떡 [일어나다/일어서다].
　　〔Text=37/Freq2=50(98%)〕
② (예) 멍석 위에 벌떡 드러눕다.
　　〔Text=1/Freq2=1(2%)〕

≪벌레≫전체빈도합=26(0.0014%)

벌레 명 ☆☆★ 【Text=20/Freq1=26】
① (예) 벌레에게 물리다.
　　〔Text=20/Freq2=26(100%)〕
② (예) [공부/일] 벌레.〔×〕

≪벌리다≫전체빈도합=47(0.0025%)

벌리다^1 동 ★☆☆ 【Text=30/Freq1=45(95.7%)】
① (예) 다리를 벌리다./두 사람의 사이를 벌려 놓다.〔Text=6/Freq2=7(15.6%)〕
② (예) [눈을/입을] 크게 벌리다.
　　〔Text=16/Freq2=23(51.1%)〕
③ (예) [날개를/팔을] 벌리다.
　　〔Text=7/Freq2=7(15.6%)〕
❹ (예) 화투판을 벌리다.
　　〔Text=1/Freq2=1(2.2%)〕
관<손(을) 벌리다>

용돈 달라고 손을 벌리다.〔×〕
관<입을 벌리다>
① (예) 놀라서 입을 떡 벌리다.
　　〔Text=3/Freq2=3(6.7%)〕
② (예) 한 마디 하려고 입을 벌리다.
　　〔Text=4/Freq2=4(8.9%)〕

벌리다^2 동 【Text=2/Freq1=2(4.3%)】
① (예) 돈이 많이 벌리는 사업.

≪벌써≫전체빈도합=263(0.0142%)

벌써 부 ★★★ 【Text=115/Freq1=263】
① (예) 기차는 벌써 떠났다.
　　〔Text=64/Freq2=90(34.2%)〕
② (예) 그가 떠난 지 벌써 2년이 된다./벌써 일곱 시 반이다.〔Text=85/Freq2=171(65%)〕
③ (예) 그 사람이 악기를 들면 벌써 소리부터가 다르다.〔Text=2/Freq2=2(0.8%)〕

≪벌어지다≫전체빈도합=113(0.0061%)

벌어지다^1 동 【Text=15/Freq1=17(15%)】
① (예) [틈이/판자가] 벌어지다.
　　〔Text=6/Freq2=7(41.2%)〕
② (예) [꽃잎이/옷깃이] 벌어지다.
　　〔Text=1/Freq2=1(5.9%)〕
③ (예) 사람들 사이가 벌어지다.〔×〕
④ (예) [거리가/격차가/차이가] 벌어지다.
　　〔Text=2/Freq2=2(11.8%)〕
⑤ (예) [기골이/체격이] 딱 벌어지다.
　　〔Text=4/Freq2=5(29.4%)〕
관<떡 벌어지다>
① (예) 음식을 떡 벌어지게 차리다.〔×〕
② (예) 재산이 떡 벌어지다./떡 벌어지게 살다.〔×〕
관<입이 (딱) 벌어지다>
　　〔Text=1/Freq2=1(5.9%)〕
ⓧ 〔Text=1/Freq2=1(5.9%)〕

벌어지다^2 동 ★☆☆ 【Text=53/Freq1=96(85%)】
① (예) [술판이/잔치가] 벌어지다.
　　〔Text=16/Freq2=23(24%)〕
② (예) [싸움이/총격전이] 벌어지다.
　　〔Text=40/Freq2=66(68.8%)〕
③ (예) 물건이 산만하게 벌어져 있다.
　　〔Text=6/Freq2=7(7.3%)〕

≪벌이다≫전체빈도합=96(0.0052%)

벌이다 동 ★☆☆ 【Text=57/Freq1=96】
① (예) [소동을/일을] 벌이다.

〔Text=22/Freq2=32(33.3%)〕
② (예) [굿판을/술판을] 벌이다.
〔Text=19/Freq2=24(25%)〕
③ (예) 길바닥에 상품을 벌여 놓다.
〔Text=1/Freq2=1(1%)〕
④ (예) 사업을 벌이다.
〔Text=3/Freq2=4(4.2%)〕
❺ (예) [논쟁을/전투를] 벌이다.
〔Text=24/Freq2=33(34.4%)〕
ⓧ 〔Text=2/Freq2=2(2.1%)〕

≪범위≫전체빈도합=28(0.0015%)
범위 몡 【Text=14/Freq1=28】
⓪ (예) 조사 범위(範圍)를 넓히다.

≪범인≫전체빈도합=39(0.0021%)
범인¹ 몡 【Text=11/Freq1=39(100%)】
⓪ (예) 사건의 범인(犯人)을 잡다.
범인² 몡 【Text=0/Freq1=0】 ⓧ
⓪ (예) 범인(凡人)의 눈으로 보다.〔×〕

≪범죄≫전체빈도합=18(0.0010%)
범죄 몡 【Text=10/Freq1=18】
① (예) 범죄(犯罪)를 저지르다.
〔Text=4/Freq2=4(22.2%)〕
② (예) [강력/지능] 범죄.
〔Text=6/Freq2=13(72.2%)〕
관 <범죄 행위> 〔Text=1/Freq2=1(5.6%)〕

≪범주≫전체빈도합=23(0.0012%)
범주 몡 【Text=13/Freq1=23】
⓪ (예) 선악의 범주(範疇)로 나누다.

≪법≫전체빈도합=316(0.0170%) ¹²⁴⁾
법¹ 몡★★★ 【Text=38/Freq1=147(46.5%)】
① (예) 국회에서 법(法)을 개정하다.
〔Text=37/Freq2=145(98.6%)〕
② (예) 부처의 법을 따르다.
〔Text=1/Freq2=1(0.7%)〕
ⓧ 〔Text=1/Freq2=1(0.7%)〕
법² 몡의☆☆ 【Text=74/Freq1=169(53.5%)】
Ⅰ ①㉠ (예) 상주는 술을 마시는 법(法)이 아니다. 〔Text=6/Freq2=8(4.7%)〕
㉡ (예) 기대가 크면 실망도 큰 법이다.
〔Text=29/Freq2=61(36.1%)〕
② (예) 죽으라는 법은 없는지 장사가 잘

되다. 〔Text=8/Freq2=10(5.9%)〕
③ (예) 글 쓰는 법을 배우다.
〔Text=36/Freq2=64(37.9%)〕
④ (예) 그는 약속을 지키는 법이 없다.
〔Text=14/Freq2=19(11.2%)〕
Ⅱ (예) [오해할/화날] 법도 하다.
〔Text=6/Freq2=7(4.1%)〕

≪법률≫전체빈도합=9(0.0005%)
법률 몡☆☆★ 【Text=7/Freq1=9】
⓪ (예) 법률(法律)을 제정하다.
〔Text=7/Freq2=9(100%)〕
관 <법률 행위>〔×〕

≪법칙≫전체빈도합=30(0.0016%)
법칙 몡 【Text=13/Freq1=30】
① (예) 중력의 법칙(法則).
〔Text=6/Freq2=12(40%)〕
② (예) 역사의 내재적 법칙을 발견하다.
〔Text=8/Freq2=10(33.3%)〕
③ (예) 이집트 화가들이 따르던 법칙.
〔Text=2/Freq2=6(20%)〕
④ (예) 실존 그 자체의 법칙.
〔Text=2/Freq2=2(6.7%)〕
⑤ (예) 칠거지악이라는 법칙을 강요하던 시대. 〔×〕

≪벗≫전체빈도합=43(0.0023%)
벗 몡☆☆★ 【Text=19/Freq1=43】
⓪ (예) 좋은 벗을 사귀다.

≪벗기다≫전체빈도합=45(0.0024%)
벗기다 동★☆★ 【Text=30/Freq1=45】
① (예) 아이의 옷을 벗기다.
〔Text=9/Freq2=14(31.1%)〕
② (예) [가죽을/껍질을] 벗기다.
〔Text=13/Freq2=15(33.3%)〕
③ (예) [거적을/식탁보를] 벗기다.
〔Text=5/Freq2=7(15.6%)〕
④ (예) 때를 벗기다. 〔Text=2/Freq2=2(4.4%)〕
⑤ (예) [빗장을/자물쇠를] 벗기다.
〔Text=1/Freq2=1(2.2%)〕
⑥ (예) 혐의를 벗기다.
〔Text=1/Freq2=1(2.2%)〕
ⓧ 〔Text=4/Freq2=5(11.1%)〕

≪벗다≫전체빈도합=133(0.0072%)

---

124) 『연세 한국어 사전』의 '- 법³'(예:교수법)은 말뭉치의 분석에 적용하지 않았으므로 제외한다.

벗다 동★★★ 【Text=63/Freq1=133】
① (예) [구두를/모자를/옷을] 벗다.
〔Text=56/Freq2=118(88.7%)〕
② (예) [껍질을/허물을] 벗다.
〔Text=2/Freq2=2(1.5%)〕
③ (예) [멍에를/종의 신분을] 벗다.
〔Text=6/Freq2=8(6%)〕
④ (예) [누명을/오해를] 벗다.
〔Text=1/Freq2=2(1.5%)〕
⑤ (예) [구습을/습성을] 벗다.
〔Text=3/Freq2=3(2.3%)〕
㉮ <가면을 벗다>
가면을 벗고 본 모습을 보이다. 〔×〕
㉮ <옷(을) 벗다>
사장이 책임을 지고 옷을 벗다. 〔×〕

≪**벗어나다**≫전체빈도합=142(0.0076%)

벗어나다 동★★☆ 【Text=74/Freq1=142】
① (예) [도심을/시내를] 벗어나다.
〔Text=23/Freq2=31(21.8%)〕
② (예) [고독에서/일상을] 벗어나다.
〔Text=43/Freq2=66(46.5%)〕
③ (예) [원칙에서/이치에] 벗어나다.
〔Text=20/Freq2=24(16.9%)〕
④ (예) [기대를/예상을] 벗어나다. 〔×〕
❺ (예) 식민지 사관에서 벗어나다.
〔Text=10/Freq2=18(12.7%)〕
❻ (예) 충격에서 벗어나다.
〔Text=1/Freq2=1(0.7%)〕
❼ (예) 코흘리개를 막 벗어난 아이.
〔Text=1/Freq2=1(0.7%)〕
❽ (예) 그를 벗어나고 싶다.
〔Text=1/Freq2=1(0.7%)〕

≪**벚꽃**≫전체빈도합=10(0.0005%)

벚꽃 명☆☆★ 【Text=6/Freq1=10】
⓪ (예) 벚꽃이 피다.

≪**베개**≫전체빈도합=16(0.0009%)

베개 명☆☆★ 【Text=9/Freq1=16】
⓪ (예) 베개를 베고 자다.

≪**베다**≫전체빈도합=53(0.0029%)

베다¹ 동 【Text=4/Freq1=4(7.5%)】
⓪ (예) 베개를 베고 자다.

베다² 동★☆★ 【Text=34/Freq1=49(92.5%)】
① (예) 벼를 베다.
〔Text=25/Freq2=33(67.3%)〕
② (예) 칼에 손을 베다.
〔Text=4/Freq2=4(8.2%)〕
㉮ <목(을) 베다> 〔×〕
㉮ <베어 먹다> 〔Text=5/Freq2=8(16.3%)〕
㉮ <베어 물다> 〔Text=2/Freq2=2(4.1%)〕
㉮ <칼로 물 베다> 〔Text=1/Freq2=1(2%)〕
㉮ <크 베어가다> 〔Text=1/Freq2=1(2%)〕

≪**베풀다**≫전체빈도합=45(0.0024%)

베풀다 동★☆☆ 【Text=30/Freq1=45】
Ⅰ (예) 잔치를 베풀다.
〔Text=3/Freq2=3(6.7%)〕
Ⅱ ① (예) [사랑을/선정을] 베풀다.
〔Text=25/Freq2=40(88.9%)〕
② (예) 가르침을 베풀다. 〔×〕
ⓧ 〔Text=2/Freq2=2(4.4%)〕

≪**벤치**≫전체빈도합=45(0.0024%)

벤치 명 【Text=12/Freq1=45】
⓪ (예) 벤치에 앉다.

≪**벨**≫전체빈도합=24(0.0013%)

벨 명 【Text=16/Freq1=24】
⓪ (예) 벨을 누르다./벨이 울리다.

≪**벨트**≫전체빈도합=15(0.0008%)

벨트 명 【Text=10/Freq1=15】
① (예) 벨트를 매다.
〔Text=5/Freq2=7(46.7%)〕
② (예) 바퀴들이 벨트에 걸려 돌아가다.
〔Text=5/Freq2=8(53.3%)〕

≪**벼**≫전체빈도합=22(0.0012%)

벼 명☆☆★ 【Text=15/Freq1=22】
⓪ (예) 논에서 벼를 베다.

≪**벼락**≫전체빈도합=9(0.0005%)

벼락 명☆☆★ 【Text=7/Freq1=9】
① (예) 나무가 벼락을 맞다.
〔Text=2/Freq2=4(44.4%)〕
② (예) 아버지의 벼락이 떨어지다.
〔Text=4/Freq2=4(44.4%)〕
③ (예) 벼락 공부를 하다./벼락 감투.
〔Text=1/Freq2=1(11.1%)〕
㉮ <벼락이 떨어지다> ☞ ②.

≪**벼슬**≫전체빈도합=46(0.0025%)

벼슬¹ 명 【Text=17/Freq1=46(100%)】
⓪ (예) 벼슬을 하다.

벼슬² 몡 【Text=0/Freq1=0】 ⓧ
 ⓞ (예) 닭의 벼슬이 붉다. 〔×〕

《벽》전체빈도합=146(0.0079%) ¹²⁵⁾

벽¹ 몡★☆★ 【Text=72/Freq1=146】
 ① (예) 벽(壁)에 걸린 옷.
  〔Text=64/Freq2=132(90.4%)〕
 ② (예) 불신의 벽을 헐다.
  〔Text=5/Freq2=7(4.8%)〕
 ③ (예) 벽이 없는 세상.
  〔Text=5/Freq2=6(4.1%)〕
 ㊂ <벽을 쌓다> 가족들 사이에 벽을 쌓다.
  〔Text=1/Freq2=1(0.7%)〕

《변동》전체빈도합=17(0.0009%)

변동 몡 【Text=12/Freq1=17】
 ⓞ (예) 가격의 변동(變動)이 심하다.

《변명》전체빈도합=33(0.0018%)

변명 몡 【Text=22/Freq1=33】
 ⓞ (예) 변명(辨明)을 늘어놓다.

《변소》전체빈도합=14(0.0008%)

변소 몡☆☆★ 【Text=7/Freq1=14】
 ⓞ (예) 변소(便所)에 다녀오다.

《변신하다》전체빈도합=18(0.0010%)

변신하다 동 【Text=15/Freq1=18】
 ⓞ (예) [배우가 정치인으로/여우가 사람으로] 변신(變身)하다.

《변하다》전체빈도합=258(0.0139%)

변하다 동★★★ 【Text=104/Freq1=258】
 Ⅰ (예) [태도가/표정이] 변(變)하다.
  〔Text=69/Freq2=162(62.8%)〕
 Ⅱ ① (예) 물이 얼음으로 변하다.
  〔Text=13/Freq2=15(5.8%)〕
 ② (예) 눈이 빗물로 변하다.
 /얼굴색이 하얗게 변하다.
  〔Text=15/Freq2=19(7.4%)〕
 ③ (예) 나뭇잎이 황갈색으로 변하다.
 /그의 생가가 여인숙으로 변하다.
  〔Text=29/Freq2=40(15.5%)〕
 ④ (예) 야수가 왕자로 변하다.
  〔Text=1/Freq2=1(0.4%)〕
 Ⅲ ① (예) [옷 모양이/우유 맛이] 변하다.
  〔Text=3/Freq2=4(1.6%)〕
 ② (예) [그 사람이/마음이] 변하다.
  〔Text=14/Freq2=17(6.6%)〕

《변호사》전체빈도합=32(0.0017%)

변호사 몡☆☆★ 【Text=14/Freq1=32】
 ⓞ (예) 변호사(辯護士)를 부르다.

《변화》전체빈도합=267(0.0144%)

변화 몡★★★ 【Text=67/Freq1=267】
 ⓞ (예) [사회적/신체적] 변화(變化)가 일어나다.

《변화되다》전체빈도합=18(0.0010%)

변화되다 동 【Text=13/Freq1=18】
 ⓞ (예) 포도당이 지방으로 변화(變化)되다.
 /태도가 크게 변화되다.

《변화하다》전체빈도합=38(0.0020%)

변화하다 동 【Text=25/Freq1=38】
 ⓞ (예) 변화(變化)하는 시대.

《별》전체빈도합=414(0.0223%) ¹²⁶⁾

별¹ 몡★★★ 【Text=55/Freq1=215(51.9%)】
 ① (예) 밤하늘의 달과 별.
  〔Text=48/Freq2=182(84.7%)〕
 ② (예) 먼 하늘에 빛나는 별들.
  〔Text=5/Freq2=24(11.2%)〕
 ③ (예) 별을 붙인 모자. 〔×〕
 ④ (예) 계급이 별 셋인 장군.
  〔Text=1/Freq2=1(0.5%)〕
 ❺ (예) 교도소에서 별을 달고 나오다.
  〔Text=1/Freq2=3(1.4%)〕
 ❻ (예) 문학사의 큰 별로 남다.
  〔Text=1/Freq2=1(0.5%)〕
 ⓧ 〔Text=3/Freq2=4(1.9%)〕

별² 관★★☆ 【Text=64/Freq1=90(21.7%)】
 ① (예) 별(別) 관심이 없다.
  〔Text=45/Freq2=64(71.1%)〕
 ② (예) 별 생각이 다 들다./별 사람을 다 만나다. 〔Text=21/Freq2=24(26.7%)〕
 ㊂ <별 볼일 없다> 〔Text=2/Freq3=2(2.2%)〕

-별⁴ 접★☆☆ 【Text=45/Freq1=109(26.3%)】
 ⓞ (예) [개인/성/연령]별(別).

《별개》전체빈도합=20(0.0011%)

별개 몡 【Text=16/Freq1=20】

---

125) 『연세 한국어 사전』의 '-벽²'(예:낭비벽)은 말뭉치의 분석에 적용하지 않았으므로 제외한다.
126) 『연세 한국어 사전』의 '별³'(예:별꼴)은 말뭉치의 분석에 적용하지 않았으므로 제외한다.

⓪ (예) 말을 잘하는 것과 화술은 별개(別個)이다. 〔Text=12/Freq2=16(80%)〕
관 <별개의 문제> 〔Text=4/Freq3=4(20%)〕

≪**별다르다**≫전체빈도합=18(0.0010%)

별다르다 형 【Text=13/Freq1=18】
⓪ (예) 별(別)다른 [기술이/생각이/일이] 없다.

≪**별로**≫전체빈도합=214(0.0115%)

별로 부★★★ 【Text=102/Freq1=214】
⓪ (예) 별(別)로 중요하지 않다.

≪**별명**≫전체빈도합=53(0.0029%)

별명 명 【Text=22/Freq1=53】
① (예) 친구의 별명(別名)을 부르다. 〔Text=22/Freq2=53(100%)〕
② (예) 사회 사업을 자선 사업의 별명으로 생각하다. 〔×〕

≪**별안간**≫전체빈도합=9(0.0005%)

별안간 부☆☆★ 【Text=6/Freq1=9】
⓪ (예) 별안간(瞥眼間) 큰 소리가 나다.

≪**별일**≫전체빈도합=22(0.0012%)

별일 명 【Text=16/Freq1=22】
① (예) 별(別)일 없이 잘 지내다. 〔Text=15/Freq2=21(95.5%)〕
② (예) 어머나, 세상에 별일이 다 있네. 〔×〕
③ (예) 살다 보면 별일을 다 당한다. 〔Text=1/Freq2=1(4.5%)〕

≪**병**≫전체빈도합=249(0.0134%)

병¹ 명★★★ 【Text=64/Freq1=153(61.4%)】
① (예) 병(病)에 걸리다. 〔Text=60/Freq2=148(96.7%)〕
② (예) 남을 못 믿는 것도 병이다. 〔Text=4/Freq2=4(2.6%)〕
관 <병 주고 약 주다> 〔Text=1/Freq2=1(0.7%)〕
관 <병을 기르다> 〔×〕

병² 명☆★☆ 【Text=45/Freq1=95(38.2%)】
Ⅰ ① (예) 병(瓶)이 깨지다. 〔Text=34/Freq2=55(57.9%)〕
② (예) 병이 절반쯤 비다. 〔Text=6/Freq2=7(7.4%)〕
Ⅱ (예) 소주를 두 병 마시다. 〔Text=15/Freq2=33(34.7%)〕

병³ 명 【Text=1/Freq1=1(0.4%)】
⓪ (예) 내무반 병(兵)들.

병⁴ 명 【Text=0/Freq1=0】 ⓧ
⓪ (예) 장기판의 병(兵)을 움직이다. 〔×〕

병⁵ 명 【Text=0/Freq1=0】 ⓧ
⓪ (예) 신체 검사에서 병(丙)의 등급을 받다. 〔×〕

≪**병들다**⁺≫전체빈도합=36(0.0019%)

병들다⁰ 동 【Text=20/Freq1=36】
❶ (예) 병(病)들고 굶주린 사람들. 〔Text=18/Freq2=26(72.2%)〕
❷ (예) [마음이/사회가] 병들다. 〔Text=3/Freq2=10(27.8%)〕

≪**병아리**≫전체빈도합=62(0.0033%)

병아리 명☆☆★ 【Text=14/Freq1=62】
⓪ (예) 병아리가 알에서 깨다. 〔Text=12/Freq2=59(95.2%)〕
❶ (예) 병아리 아나운서들. 〔Text=2/Freq2=2(3.2%)〕
관 <병아리 눈물만큼> 〔×〕
ⓧ 〔Text=1/Freq2=1(1.6%)〕

≪**병원**≫전체빈도합=247(0.0133%)

병원¹ 명★★★ 【Text=66/Freq1=247(100%)】
⓪ (예) 병원(病院)에 입원하다.

병원² 명 【Text=0/Freq1=0】 ⓧ
⓪ (예) 병원(病原)이 되는 세균. 〔×〕

≪**보고**≫전체빈도합=23(0.0012%)

보고¹ 명☆☆★ 【Text=12/Freq1=20(87%)】
① (예) 업무 보고(報告)를 하다. 〔Text=12/Freq2=20(100%)〕
② (예) 보고를 [읽다/작성하다]. 〔×〕

보고² 명 【Text=2/Freq1=3(13%)】
① (예) 그리스는 서양 문학의 보고(寶庫)이다. 〔×〕
② (예) 바다는 자원의 보고이다. 〔Text=2/Freq2=3(100%)〕

≪**보고서**≫전체빈도합=38(0.0020%)

보고서 명 【Text=21/Freq1=38】
⓪ (예) 보고서(報告書)를 작성하다.

≪**보고하다**≫전체빈도합=19(0.0010%)

보고하다 동 【Text=12/Freq1=19】
⓪ (예) 결과를 보고(報告)하다.

≪**보관하다**≫전체빈도합=30(0.0016%)

보관하다 동 【Text=21/Freq1=30】

ⓞ (예) 물건을 잘 보관(保管)하다.

≪보기≫ 전체빈도합=129(0.0069%)

보기¹ 몡 ★★★ 〖Text=18/Freq1=128(99.2%)〗
 ⓞ (예) 보기와 같이 답하시오.
보기² 몡 〖Text=0/Freq1=0〗 ⓧ
 ⓞ (예) 인삼으로 보기(補氣)를 하다.〔×〕
보기⁰ 몡 〖Text=1/Freq1=1(0.8%)〗
 ❶ (예) 5번 홀에서 보기를 범하다.

≪보내다≫ 전체빈도합=564(0.0304%)

보내다 동 ★★★ 〖Text=158/Freq1=564〗
Ⅰ ① (예) 책을 우편으로 보내다.
  〖Text=70/Freq2=166(29.4%)〗
 ② (예) [소식을/전보를] 보내다.
  〖Text=50/Freq2=93(16.5%)〗
 ③ (예) [군대에/학교에] 보내다.
  〖Text=18/Freq2=29(5.1%)〗
 ④ (예) [강연회에/대회에] 보내다.
  〖Text=5/Freq2=5(0.9%)〗
 ⑤ (예) 선수들에게 갈채를 보내다.
  〖Text=23/Freq2=36(6.4%)〗
Ⅱ ① (예) 친구들을 잘 대접해 보내다.
  〖Text=37/Freq2=55(9.8%)〗
 ② (예) 남편을 먼저 보내고 홀로 살다.
  〖Text=3/Freq2=3(0.5%)〗
 ③ (예) [나날을/방학을] 보내다.
  〖Text=76/Freq2=171(30.3%)〗
㉻ <[시집을/장가를] 보내다>
  〖Text=3/Freq2=4(0.7%)〗
 ⓧ 〖Text=2/Freq2=2(0.4%)〗

≪보다≫ 전체빈도합=14,069(0.7576%)

보다¹ 동 ★★★ 〖Text=217/Freq1=5,869(41.7%)〗
Ⅰ ① ㉠ (예) 아이가 엄마를 보며 웃다.
  〖Text=202/Freq2=2,310(39.4%)〗
  ㉡ (예) [신문을/책을] 보다.
  〖Text=131/Freq2=490(8.3%)〗
  ㉢ (예) [영화를/인형극을] 보다.
  〖Text=106/Freq2=367(6.3%)〗
  ㉣ (예) 현실을 바로 보다.
  〖Text=110/Freq2=472(8%)〗
 ❺ (예) 사람들 얼굴 보기가 무섭다.
  〖Text=37/Freq2=59(1%)〗
 ❻ (예) [내려(다)/바라(다)/올려(다)]
  보다. 〖Text=19/Freq2=29(0.5%)〗
 ❼ (예) 가게가 마주 보다.
  〖Text=1/Freq2=1(0%)〗

❽ (예) 시계를 볼 줄 알다.
 〖Text=1/Freq2=1(0%)〗
② (예) 친구가 보고 싶다.
 /서로 보기가 힘들어지다.
 〖Text=85/Freq2=173(2.9%)〗
③ (예) [땅을/원단을] 보러 다니다.
 〖Text=8/Freq2=13(0.2%)〗
④ (예) 손을 짚어 맥상을 보다.
 〖Text=2/Freq2=2(0%)〗
⑤ (예) 음식 맛을 보다.
 〖Text=6/Freq2=6(0.1%)〗
⑥ (예) 회사에서 [일을/회계를] 보다.
 〖Text=19/Freq2=28(0.5%)〗
⑦ (예) [손자를/집을] 보다.
 〖Text=23/Freq2=39(0.7%)〗
⑧ (예) [시장을/장을] 보다.
 〖Text=4/Freq2=4(0.1%)〗
⑨ (예) 시험을 보다.
 〖Text=24/Freq2=72(1.2%)〗
⑩ (예) [늦둥이를/동생을] 보다.
 〖Text=9/Freq2=12(0.2%)〗
⑪ (예) [점을/토정비결을] 보다.
 〖Text=6/Freq2=47(0.8%)〗
⑫ (예) [술상을/이부자리를] 보다.
 〖Text=1/Freq2=1(0%)〗
⑬ (예) 너희 집 무슨 신문 보니?
 〖Text=2/Freq2=2(0%)〗
⑭ (예) 교회에서 예배를 보다.〔×〕
⑮ (예) 성과를 보다.
 〖Text=17/Freq2=23(0.4%)〗
⑯ (예) [타협을/합의를] 보다.
 〖Text=7/Freq2=9(0.2%)〗
⑰ (예) [소변을/소피를] 보다.
 〖Text=6/Freq2=9(0.2%)〗
⑱ (예) 고서를 보면 이렇다.
 〖Text=28/Freq2=37(0.6%)〗
⑲ (예) 몸이 떨리는 것으로 보아 울고 있는 것
 같다. 〖Text=99/Freq2=231(3.9%)〗
⑳ (예) 경과를 봐서 수술을 하다.
 〖Text=9/Freq2=11(0.2%)〗
㉑ (예) [부친 얼굴을 보아서/옛 정을 봐서]
 도와 주다. 〖Text=9/Freq2=10(0.2%)〗
㉒ (예) 처가의 재산 보고 결혼하다.
 /아이 하나 보고 살다.
 〖Text=3/Freq2=3(0.1%)〗
㉓ (예) 아이를 보고 묻다.

〔Text=28/Freq2=49(0.8%)〕
㉔ (예) [경우를/사례를] 보다.
〔Text=18/Freq2=27(0.5%)〕
㉕ (예) 현대인을 보라. 그들은 바쁘게 살아간다. 〔Text=18/Freq2=27(0.5%)〕
㉖ (예) 어, 내 정신 좀 봐./재 좀 보게.
〔Text=6/Freq2=7(0.1%)〕
㉗ (예) [미래를/앞날을/앞을] 보다.
〔Text=6/Freq2=7(0.1%)〕
㉘ (예) 면접을 보다.
〔Text=1/Freq2=3(0.1%)〕
㉙ (예) 깨어서 보니 아침이다.
〔Text=3/Freq2=3(0.1%)〕
㉚ (예) 피해를 보다. 〔Text=1/Freq2=1(0%)〕
㉛ (예) 날을 보아 밭을 갈다.
〔Text=1/Freq2=1(0%)〕

Ⅱ ⓪ (예) 사건을 남의 일로 보아 넘기다.
〔Text=82/Freq2=299(5.1%)〕
❶ (예) 내가 보기에는 그렇지 않다. /이제 보니 나쁜 사람이네.
〔Text=36/Freq2=56(1%)〕

Ⅲ ① (예) [말을 듣고/사고를 당하고] 보니 황당하다. 〔Text=75/Freq2=127(2.2%)〕
② (예) 형편이 어렵고 보니, 도저히 대학에 갈 수 없다. 〔Text=16/Freq2=23(0.4%)〕
③ (예) 우선 저질러 놓고 보자. /우선 내가 살아남고 봐야지.
〔Text=10/Freq2=10(0.2%)〕
④ (예) 걷다 보면 휴게소가 나오다.
〔Text=79/Freq2=178(3%)〕
⑤ (예) 너나없이 바쁘다 보니 여유가 없다. 〔Text=14/Freq2=22(0.4%)〕
⑥ (예) 사고가 날까 봐 걱정이다.
〔Text=47/Freq2=61(1%)〕
⑦ (예) 그들이 또 속아 줄까 봐 거짓말을 하다. 〔×〕
⑧ (예) 몸 아파 봐, 먹는 것도 귀찮지.
〔Text=3/Freq2=3(0.1%)〕
⑨ (예) 또 거짓말했담 봐라. 〔×〕
⑩ (예) 내가 널 다시 만나나 봐.
〔Text=1/Freq2=2(0%)〕
⓫ (예) [뭔지/어쩌는지] 보다.
〔Text=4/Freq2=7(0.1%)〕

Ⅳ ① (예) 아이들도 학교에 가기 싫은가 보다.
〔Text=94/Freq2=271(4.6%)〕
② (예) 시간이 됐으니 이제 떠날까 봐.
〔Text=5/Freq2=6(0.1%)〕
③ (예) 그런 행운이 또 있을까 보냐?
〔Text=1/Freq2=1(0%)〕

[관]<굿이나 코다> 〔Text=2/Freq2=2(0%)〕
[관]<[끝을/끝장을] 보다>
① (예) 끝을 볼 때까지 포기하지 말자.
〔Text=2/Freq2=2(0%)〕
② (예) 결국 비극으로 끝장을 보다.
〔Text=1/Freq2=1(0%)〕
[관]<(눈 뜨고) 볼 수 없다>
〔Text=3/Freq2=3(0.1%)〕
[관]<눈치를 보다>
〔Text=25/Freq2=34(0.6%)〕
[관]<덕(을) 보다> 〔Text=2/Freq2=3(0.1%)〕
[관]<두고 보다>
① (예) 오냐, 어디 두고 보자.
〔Text=6/Freq2=7(0.1%)〕
② (예) 아직 더 시간을 두고 볼 일이다.
〔Text=7/Freq2=8(0.1%)〕
[관]<뒤를 보아 주다> 〔Text=1/Freq2=1(0%)〕
[관]<딴전을 보다> 〔×〕
[관]<맛 좀 브다> 나쁜 놈, 맛 좀 봐라.
〔Text=1/Freq2=1(0%)〕
[관]<~ 맛을 보다> 주먹 맛을 보다.
〔Text=5/Freq2=6(0.1%)〕
[관]<당(을) 보다> 〔Text=2/Freq2=5(0.1%)〕
[관]<[맞선을/선을] 보다>
〔Text=3/Freq2=3(0.1%)〕
[관]<브기 좋게> 〔Text=2/Freq2=3(0.1%)〕
[관]<보란 듯이> 〔Text=1/Freq2=1(0%)〕
[관]<보아 하니> 보아 하니 비가 오겠다.
〔Text=4/Freq2=7(0.1%)〕
[관]<보자 도자 [하니까/했더니]>
〔Text=2/Freq2=4(0.1%)〕
[관]<보잘 것 없다> 〔Text=3/Freq2=3(0.1%)〕
[관]<본(을) 보다> 〔×〕
[관]<볼장(을) 다 보다> 〔×〕
[관]<봐 주다> 아저씨 한 번만 봐 줘요.
〔Text=6/Freq2=7(0.1%)〕
[관]<쿨(을) 보듯> 〔Text=1/Freq2=1(0%)〕
[관]<[빛(을)/햇빛을] 보다>
〔Text=4/Freq2=6(0.1%)〕
[관]<손(을) 보다> 〔Text=3/Freq2=3(0.1%)〕
[관]<[손해를/적자를] 보다>
〔Text=13/Freq2=20(0.3%)〕
[관]<쓴맛 단맛 다 보다> 〔×〕

㉮<(어디) [보자/봅시다]>
　　〔Text=4/Freq2=4(0.1%)〕
㉮<어떻게 보면> 〔Text=2/Freq2=4(0.1%)〕
㉮<욕(을) 보다> 〔×〕
㉮<[이것/여] [보게나/보세요/보십시오
　/봐(요)]> 〔Text=9/Freq2=10(0.2%)〕
㉮<[이것/요것/이 ~/요 ~] [보게/봐라]> 이
　놈 보게, 나를 무시하는군.
　　〔Text=11/Freq2=13(0.2%)〕
㉮<[이(것)/저(것)/거/저(것)]
　[보시오/봐/봐라]> 이 보시오. 내 말이
　맞잖소. 〔Text=13/Freq2=15(0.3%)〕
㉮<인정사정을 보다>
　　〔Text=1/Freq2=1(0%)〕
㉮<일을 보다>
　① (예) 시내로 일을 보러 가다.
　　　〔Text=12/Freq2=17(0.3%)〕
　② (예) 식당에서 일을 보는 사람들.
　　　〔Text=3/Freq2=3(0.1%)〕
㉮<재미를 보다>
　① (예) 장사를 해서 크게 재미를 보다.
　　　〔Text=5/Freq2=5(0.1%)〕
　② (예) 애인과 재미를 보다.
　　　〔Text=1/Freq2=1(0%)〕
㉮<흉(을) 보다> 〔Text=8/Freq2=11(0.2%)〕
　ⓧ 〔Text=6/Freq2=11(0.2%)〕
보다² 동보★★★
　　　【Text=214/Freq1=8,093(57.5%)】
　⓪ (예) 하나 골라 보세요.
　　　〔Text=214/Freq2=8,069(99.7%)〕
㉮<그래 [봤댔자/봤자]>
　　〔Text=1/Freq2=1(0%)〕
㉮<-아/-어 [보아야/봤댔자/봤자]> 부탁해
　봐야 소용없다.
　　〔Text=16/Freq2=23(0.3%)〕
보다³ 부☆★☆ 【Text=42/Freq1=107(0.8%)】
　⓪ (예) 보다 살기 좋은 사회로 만들다.

≪보답하다≫전체빈도합=15(0.0008%)
보답하다 동 【Text=11/Freq1=15】
　⓪ (예) [사랑에/선생님께/은혜에]
　　　보답(報答)하다.

≪보도≫전체빈도합=70(0.0038%)
보도¹ 명 【Text=10/Freq1=28(40%)】
　⓪ (예) 신문에 보도(報道)가 되다.
보도² 명☆☆★ 【Text=17/Freq1=42(60%)】

　⓪ (예) 횡단 보도(步道)를 건너다.
보도³ 명 【Text=0/Freq1=0】 ⓧ
　⓪ (예) 갱생 보도(輔導). 〔×〕

≪보람≫전체빈도합=91(0.0049%)
보람 명★★☆ 【Text=38/Freq1=91】
　① (예) 노력한 보람으로 성공하다.
　　　〔Text=21/Freq2=31(34.1%)〕
　② (예) 삶에 보람을 느끼다.
　　　〔Text=28/Freq2=60(65.9%)〕

≪보름≫전체빈도합=20(0.0011%)
보름 명☆☆★ 【Text=16/Freq1=20】
　① (예) 보름 뒤에 도착하다.
　　　〔Text=14/Freq2=18(90%)〕
　② (예) 보름이 되자 둥근 달이 뜨다.
　　　〔Text=2/Freq2=2(10%)〕

≪보리≫전체빈도합=18(0.0010%)
보리 명☆☆★ 【Text=10/Freq1=18】
　① (예) 밭에 보리가 잘 자라다.
　　　〔Text=7/Freq2=15(83.3%)〕
　② (예) 보리를 섞어 밥을 짓다.
　　　〔Text=3/Freq2=3(16.7%)〕

≪보물≫전체빈도합=40(0.0022%)
보물 명 【Text=13/Freq1=40】
　⓪ (예) 보물(寶物)을 발견하다.

≪보살피다≫전체빈도합=45(0.0024%)
보살피다 동 【Text=34/Freq1=45】
　① (예) [가족을/새끼를] 보살피다.
　　　〔Text=28/Freq2=36(80%)〕
　② (예) [살림을/생활을] 보살피다.
　　　〔Text=8/Freq2=8(17.8%)〕
　ⓧ 〔Text=1/Freq2=1(2.2%)〕

≪보상≫전체빈도합=27(0.0015%)
보상¹ 명 【Text=10/Freq1=25(92.6%)】
　① (예) 보험사로부터 보상(補償)을 받다.
　　　〔Text=7/Freq2=14(56%)〕
　② (예) 보상을 바라고 봉사를 하는 것이
　　　아니다. 〔Text=4/Freq2=11(44%)〕
　㉮<보상 심리> 〔×〕
보상² 명 【Text=0/Freq1=0】 ⓧ
　⓪ (예) 국채 보상(報償) 운동. 〔×〕
보상ˣ ？ 【Text=1/Freq1=2(7.4%)】

≪보수≫전체빈도합=11(0.0006%)

보수¹ 몡 ☆★☆ 【Text=4/Freq1=6(54.5%)】
　① (예) 보수(報酬)가 많은 직업.
　　　〔Text=4/Freq2=6(100%)〕
　② (예) 공을 세운 보수로 시민권을 얻다. 〔×〕
보수² 몡 【Text=2/Freq1=2(18.2%)】
　⓪ (예) [교량의/도로의] 보수(補修).
보수³ 몡 【Text=3/Freq1=3(27.3%)】
　⓪ (예) 보수(保守)와 진보.

≪**보이다**≫전체빈도합=1,472(0.0793%)

보이다¹ 동 ★★★
　　　　　　【Text=175/Freq1=1,014(68.9%)】
　Ⅰ ① (예) 건너편에 교회가 보이다.
　　　　〔Text=143/Freq2=513(50.6%)〕
　　② (예) [날씨가 개일 기미가/해결의
　　　실마리가] 보이다.
　　　　〔Text=40/Freq2=58(5.7%)〕
　Ⅱ (예) 꽤 값나가 보이는 시계./[나쁜 사람
　　으로/마흔이 훨씬 넘게/조금 못생겨]
　　보이다. 〔Text=107/Freq2=254(25%)〕
　Ⅲ (예) 얼굴이 [얌전해/좋아] 보이다.
　　　　〔Text=91/Freq2=186(18.3%)〕
　관<눈치(가) 보이다> 〔×〕
　관<다시 보이다> 〔Text=1/Freq2=1(0.1%)〕
　ⓧ 〔Text=2/Freq2=2(0.2%)〕

보이다² 동 【Text=142/Freq1=458(31.1%)】
　Ⅰ ① (예) 남에게 [신분증을/우는 모습을]
　　　보이다. 〔Text=95/Freq2=196(42.8%)〕
　　②㉠ (예) 아이에게 [모범을/애정을]
　　　보이다. 〔Text=55/Freq2=93(20.3%)〕
　　　㉡ (예) [인기를/좋은 효과를] 보이다.
　　　/이 기록은 그들의 삶이 창조적임을
　　　보여주다. 〔Text=53/Freq2=106(23.1%)〕
　　❸ (예) [연극을/영화를] 보여 주다.
　　　　〔Text=2/Freq2=2(0.4%)〕
　Ⅱ (예) [손을 움직여/웃어] 보이다.
　　　　〔Text=36/Freq2=49(10.7%)〕
　관<눈치를 보이다>
　　　　〔Text=2/Freq2=2(0.4%)〕
　관<맛을 보이다>
　　① (예) 진짜 매운탕의 맛을 보여 주다. 〔×〕
　　② (예) 아이에게 따끔한 맛을 보이다.
　　　　〔Text=2/Freq2=3(0.7%)〕
　관<등을 보이다>
　　① (예) 관객에게 등을 보이고 돌아서다.
　　　　〔Text=2/Freq2=2(0.4%)〕

　② (예) 도움을 청하는 사람에게 등을
　　보이다. 〔×〕
　관<선을 보이다>
　　① (예) 새 모델이 시장에 선을 보이다.
　　　　〔Text=2/Freq2=2(0.4%)〕
　　② (예) 아들을 선을 보이다.
　　　　〔Text=1/Freq2=2(0.4%)〕
　관<잘 보이다> 〔Text=1/Freq2=1(0.2%)〕
　관<잘못 보이다> 〔×〕

≪**보존하다**≫전체빈도합=31(0.0017%)

보존하다 동 【Text=13/Freq1=31】
　⓪ (예) [깨끗한 물을/전통 춤을] 보존(保存)하다.

≪**보태다**≫전체빈도합=17(0.0009%)

보태다 동 【Text=14/Freq1=17】
　① (예) 살림에 보태라고 돈을 주다.
　　　　〔Text=4/Freq2=7(41.2%)〕
　② (예) [설명을/힘을] 보태다.
　　　　〔Text=9/Freq2=9(52.9%)〕
　관<보탬이 되다> 〔Text=1/Freq2=1(5.9%)〕

≪**보통**≫전체빈도합=191(0.0103%)

보통¹ 몡 ★★★ 【Text=63/Freq1=112(58.6%)】
　Ⅰ (예) 재주가 보통(普通)을 넘다.
　　　　〔Text=30/Freq2=42(37.5%)〕
　Ⅱ ① (예) 보통 [날/때/일].
　　　　〔Text=21/Freq2=26(23.2%)〕
　　② (예) 보통 [사람/키/휘발유].
　　　　〔Text=22/Freq2=36(32.1%)〕
　관<보통 학교> 〔Text=4/Freq2=5(4.5%)〕
　ⓧ 〔Text=2/Freq2=3(2.7%)〕

보통² 부 ★★☆ 【Text=44/Freq1=79(41.4%)】
　① (예) 처음 만나면 보통(普通) 날씨 이야기로
　　대화를 시작하다.
　　　　〔Text=40/Freq2=74(93.7%)〕
　② (예) 맛이 없어도 보통 없는 게 아니다.
　　　　〔Text=5/Freq2=5(6.3%)〕

≪**보험**≫전체빈도합=20(0.0011%)

보험 몡 ☆☆★ 【Text=6/Freq1=20】
　⓪ (예) 보험(保險)에 들다.
　　　　〔Text=6/Freq2=14(70%)〕
　관<보험 회사> 〔Text=3/Freq2=6(30%)〕

≪**보호**≫전체빈도합=77(0.0041%)

보호 몡 ★☆☆ 【Text=35/Freq1=77】
　⓪ (예) [부모의/법의] 보호(保護)를 받다.

≪보호하다≫전체빈도합=82(0.0044%)
　보호하다 동★☆☆　【Text=47/Freq1=82】
　　① (예) [몸을/문화재를/아이들을/재산을]
　　　　보호(保護)하다.

≪복≫전체빈도합=38(0.0020%) [127]
　복¹ 명　【Text=0/Freq1=0】 ⓧ
　　① (예) 복을 먹다. 〔×〕
　복² 명☆★★　【Text=21/Freq1=38(100%)】
　　① (예) 복(福)을 받다.
　　　　〔Text=20/Freq2=33(86.8%)〕
　　② ㉠ (예) [남편/자식] 복이 있다.
　　　　〔Text=2/Freq2=5(13.2%)〕
　　　㉡ (예) [일/재물] 복이 터지다. 〔×〕
　복³ 명　【Text=0/Freq1=0】 ⓧ
　　① (예) 복(伏)이 지나다. 〔×〕
　복⁴ 명　【Text=0/Freq1=0】 ⓧ
　　① (예) 상제가 복(服)을 벗다. 〔×〕
　복⁵ 부　【Text=0/Freq1=0】 ⓧ
　　① (예) 손톱으로 벽을 복 긁어 내리다. 〔×〕
　　② (예) [종이를/천을] 복 찢다. 〔×〕

≪복도≫전체빈도합=88(0.0047%)
　복도 명☆☆★　【Text=37/Freq1=88】
　　① (예) 문을 열고 복도(複道)로 나가다.

≪복사≫전체빈도합=4(0.0002%)
　복사¹ 명☆☆★　【Text=4/Freq1=4(100%)】
　　① (예) 자료를 복사(複寫)를 하다.
　　　　〔Text=2/Freq2=2(50%)〕
　　② (예) 작품의 모방이나 복사.
　　　　〔Text=1/Freq2=1(25%)〕
　　ⓧ 〔Text=1/Freq2=1(25%)〕
　복사² 명　【Text=0/Freq1=0】 ⓧ
　　① (예) 열의 복사(輻射) 현상. 〔×〕

≪복숭아≫전체빈도합=5(0.0003%)
　복숭아 명☆☆★　【Text=3/Freq1=5】
　　① (예) 복숭아를 먹다.

≪복습≫전체빈도합=11(0.0006%)
　복습 명☆★★　【Text=5/Freq1=11】
　　① (예) 예습과 복습(復習)을 하다.

≪복잡하다≫전체빈도합=126(0.0068%)
　복잡하다 형★★★　【Text=64/Freq1=126】
　　① (예) [문제가/상황이/양상이] 복잡(複雜)
　　　　하다. 〔Text=43/Freq2=85(67.5%)〕
　　② (예) [거리가/대합실이] 복잡하다.
　　　　〔Text=19/Freq2=28(22.2%)〕
　　③ (예) [마음이/생각이] 복잡하다.
　　　　〔Text=7/Freq2=13(10.3%)〕

≪복장≫전체빈도합=19(0.0010%)
　복장¹ 명　【Text=0/Freq1=0】 ⓧ
　　① (예) 복장을 긁다./복장이 아프다. 〔×〕
　　관 <복장(이) 터지다> 〔×〕
　복장² 명　【Text=11/Freq1=18(94.7%)】
　　① (예) 가벼운 복장(服裝)./복장을 갖추다.
　복장ˣ ?　【Text=1/Freq1=1(5.3%)】

≪복지≫전체빈도합=17(0.0009%)
　복지¹ 명　【Text=10/Freq1=17(100%)】
　　① (예) 시민의 복지(福祉)를 향상하다.
　　　　〔Text=8/Freq2=12(70.6%)〕
　　관 <복지 국가> 〔Text=2/Freq2=3(17.6%)〕
　　관 <복지 사업> 〔×〕
　　관 <복지 사회> 〔Text=2/Freq2=2(11.8%)〕
　복지² 명　【Text=0/Freq1=0】 ⓧ
　　① (예) 양복을 맞출 복지(服地)를 고르다. 〔×〕

≪볶다≫전체빈도합=9(0.0005%)
　볶다 동☆☆★　【Text=7/Freq1=9】
　　① (예) 깨를 볶다. 〔Text=3/Freq2=5(55.6%)〕
　　② (예) [고기를/닭을] 볶다.
　　　　〔Text=2/Freq2=2(22.2%)〕
　　③ (예) 사람을 달달 볶다.
　　　　〔Text=2/Freq2=2(22.2%)〕

≪본격적≫전체빈도합=47(0.0025%)
　본격적¹ 명　【Text=31/Freq1=45(95.7%)】
　　① (예) [본격적(本格的)으로/본격적인] 활동을
　　　　시작하다. 〔Text=27/Freq2=36(80%)〕
　　② (예) 본격적인 근대 소설의 형태.
　　　　〔Text=7/Freq2=9(20%)〕
　본격적² 관　【Text=2/Freq1=2(4.3%)】
　　① (예) 본격적(本格的) 활동을 시작하다. 〔×〕
　　② (예) 본격적 근대 소설의 형태.
　　　　〔Text=2/Freq2=2(100%)〕

≪본능≫전체빈도합=16(0.0009%)
　본능 명　【Text=11/Freq1=16】

---

127) 『연세 한국어 사전』의 '복⁶'(예:복자음), '-복⁷'(예:운동복)은 말뭉치의 분석에 적용하지 않았으므로 제외한다.

① (예) 종족 보존의 본능(本能).
  〔Text=5/Freq2=5(31.3%)〕
② (예) 죽고 싶어하는 본능을 느끼다.
  〔Text=6/Freq2=11(68.8%)〕

≪본뜨다≫ 전체빈도합=20(0.0011%)
본뜨다 동 【Text=10/Freq1=20】
① (예) [모양을/소리를] 본뜨다.
  〔Text=10/Freq2=20(100%)〕
② (예) [부처를/행실을] 본뜨다. 〔×〕

≪본래≫ 전체빈도합=66(0.0036%)
본래¹ 명 【Text=23/Freq1=38(57.6%)】
① (예) 그 사람은 본래(本來)가 악하지는 않다. 〔Text=10/Freq2=13(34.2%)〕
② (예) 화장을 지우자 본래의 얼굴이 드러나다. 〔Text=15/Freq2=25(65.8%)〕
본래² 부 【Text=20/Freq1=28(42.4%)】
① (예) 본래(本來) 1주일 예정의 공사.
  〔Text=3/Freq2=3(10.7%)〕
② (예) 그는 본래 성격이 거칠다.
  〔Text=7/Freq2=11(39.3%)〕
③ (예) 냉면은 본래 겨울철 음식이다.
  〔Text=12/Freq2=14(50%)〕

≪본받다≫ 전체빈도합=65(0.0035%)
본받다 동 【Text=33/Freq1=65】
⓪ (예) [부모를/정신을] 본(本)받다.

≪본성≫ 전체빈도합=38(0.0020%)
본성 명 【Text=10/Freq1=38】
① (예) [매체의/수필의] 본성(本性)을 파악하다. 〔Text=1/Freq2=1(2.6%)〕
② (예) 사람의 본성은 선하다.
  〔Text=10/Freq2=37(97.4%)〕

≪본인≫ 전체빈도합=27(0.0015%)
본인¹ 명 【Text=15/Freq1=17(63%)】
⓪ (예) 환자 본인(本人)이 치료비를 부담하다.
본인² 대 【Text=2/Freq1=10(37%)】
⓪ (예) 본인(本人)은 오늘 책임을 지고 사임하고자 합니다.

≪본질≫ 전체빈도합=69(0.0037%)
본질 명 ★☆☆ 【Text=23/Freq1=69】
⓪ (예) 학문의 본질(本質)은 진리 탐구이다.

≪본질적≫ 전체빈도합=31(0.0017%)
본질적¹ 명 【Text=13/Freq1=23(74.2%)】
⓪ (예) 문제를 본질적(本質的)으로 해결하다.
  /본질적인 요소.
본질적² 관 【Text=4/Freq1=8(25.8%)】
⓪ (예) 본질적(本質的) [가치를/특성을] 알아내다.

≪볼≫ 전체빈도합=27(0.0015%)
볼¹ 명 ☆☆★ 【Text=22/Freq1=22(81.5%)】
① (예) 볼이 발갛게 상기되다.
  〔Text=18/Freq2=18(81.8%)〕
② (예) 볼을 실룩이며 화를 내다./나이가 들어 볼이 처지다. 〔Text=3/Freq2=4(18.2%)〕
관 <볼이 붓다> 화가 나서 잔뜩 볼이 붓다. 〔×〕
볼² 명 【Text=0/Freq1=0】 ⓧ
① (예) [구두의/발의] 볼이 넓다. 〔×〕
② (예) [버선에/양말에] 볼을 대어 깁다. 〔×〕
볼³ 명 【Text=2/Freq1=5(18.5%)】
① (예) 운동장에서 볼을 차다.
  〔Text=2/Freq2=2(40%)〕
② (예) 투 스트라이크 투 볼.
  〔Text=2/Freq2=3(60%)〕

≪볼일≫ 전체빈도합=21(0.0011%)
볼일 명 【Text=15/Freq1=21】
⓪ (예) 시내에 볼일을 보러 가다.
  〔Text=13/Freq2=18(85.7%)〕
관 <별 볼일(이) 없다>
  〔Text=1/Freq2=1(4.8%)〕
관 <볼일(을) 보다> 취객이 길에서 볼일을 보다. 〔Text=1/Freq2=2(9.5%)〕

≪볼펜≫ 전체빈도합=14(0.0008%)
볼펜 명 ☆★★ 【Text=10/Freq1=14】
⓪ (예) 볼펜으로 메모를 하다.

≪봄≫ 전체빈도합=275(0.0148%)
봄 명 ★★★ 【Text=86/Freq1=275】
① (예) 꽃 피는 봄이 되다.
  〔Text=84/Freq2=272(98.9%)〕
② (예) 안식과 구원의 봄이 오다.
  〔Text=3/Freq2=3(1.1%)〕
관 <봄을 타다> 〔×〕

≪봄날≫ 전체빈도합=21(0.0011%)
봄날 명 【Text=12/Freq1=21】
⓪ (예) [꽃 피는/따뜻한/화창한] 봄날.

≪봄비≫ 전체빈도합=24(0.0013%)

봄비 명 【Text=10/Freq1=24】
　⓪ (예) 봄비가 촉촉히 내리다.

≪봉사≫전체빈도합=50(0.0027%)

봉사¹ 명 【Text=2/Freq1=2(4%)】
　⓪ (예) 눈 먼 심 봉사.

봉사² 명★☆☆ 【Text=18/Freq1=47(94%)】
　⓪ (예) 남을 위해 봉사(奉仕)를 하다.

봉사³ 명 【Text=1/Freq1=1(2%)】
　⓪ (예) 주군에 대한 봉사(奉事).

봉사⁴ 명 【Text=0/Freq1=0】ⓧ
　⓪ (예) 조상의 제사를 위한 봉사(奉祀)를 물려받다. 〔×〕

≪봉사하다♣≫전체빈도합=27(0.0015%)

봉사하다⁰¹ 동 【Text=15/Freq1=23(85.2%)】
　❶ (예) [나라에/남을 위해] 봉사(奉仕)하다.
　　〔Text=13/Freq2=17(73.9%)〕
　❷ (예) [공익에/목적에] 봉사하다.
　　〔Text=3/Freq2=6(26.1%)〕

봉사하다⁰² 동 【Text=4/Freq1=4(14.8%)】
　⓪ (예) [시녀로/저택에 하인들이] 주인에게 봉사(奉事)하다.

≪봉지≫전체빈도합=44(0.0024%)

봉지 명 【Text=21/Freq1=44】
　Ⅰ (예) [비닐/사탕] 봉지(封紙).
　　〔Text=16/Freq2=36(81.8%)〕
　Ⅱ (예) [과자/군밤] 한 봉지.
　　〔Text=7/Freq2=8(18.2%)〕

≪봉투≫전체빈도합=48(0.0026%)

봉투 명☆☆★ 【Text=26/Freq1=48】
　① (예) 편지를 봉투(封套)에 넣다.
　　〔Text=21/Freq2=32(66.7%)〕
　② (예) 비닐 봉투에 쓰레기를 담다.
　　〔Text=7/Freq2=16(33.3%)〕

≪뵈다≫전체빈도합=61(0.0033%)

뵈다¹ 동 【Text=11/Freq1=21(34.4%)】
　⓪ (예) 내 눈에는 아무것도 뵈지 않다.

뵈다² 동 【Text=2/Freq1=4(6.6%)】
　⓪ (예) 경비원에게 신분증을 뵈다.

뵈다³ 동★★☆ 【Text=26/Freq1=36(59%)】
　⓪ (예) 선생님을 뵌 적이 있다.

≪뵙다≫전체빈도합=58(0.0031%)

뵙다 동☆★★ 【Text=33/Freq1=58】
　⓪ (예) 선생님을 뵙다.

≪부≫전체빈도합=110(0.0059%) [128]

부¹ 명 【Text=4/Freq1=18(16.4%)】
　⓪ (예) 철수의 부(父)가 흠칫 놀라다.

부² 명 【Text=0/Freq1=0】ⓧ
　⓪ (예) 표결 결과 부(否)가 더 많다. 〔×〕

부³ 명 【Text=12/Freq1=28(25.5%)】
　① (예) 부(富)의 공평한 분배.
　　〔Text=2/Freq2=6(21.4%)〕
　② (예) 명예와 부를 얻다.
　　〔Text=11/Freq2=22(78.6%)〕

부⁴ 명 【Text=1/Freq1=1(0.9%)】
　⓪ (예) 우리 부(部)가 해외 업무를 맡다.

부⁵ 명의 【Text=6/Freq1=7(6.4%)】
　⓪ (예) [서류/신문/잡지] 한 부(部).

부⁶ 명의 【Text=28/Freq1=53(48.2%)】
　① (예) 소설의 제3부(部)가 나오다.
　　〔Text=15/Freq2=46(86.8%)〕
　② (예) 3부 공연이 시작되다.
　　〔Text=3/Freq2=7(13.2%)〕

부⁷ 명의 【Text=1/Freq1=1(0.9%)】
　⓪ (예) 삼 부(分) 이자.

부⁸ 부 【Text=0/Freq1=0】ⓧ
　⓪ (예) 배의 기적 소리가 부 하고 들리다. 〔×〕

부ˣ ? 【Text=2/Freq1=2(1.8%)】

≪부근≫전체빈도합=40(0.0022%)

부근 명☆☆★ 【Text=20/Freq1=40】
　⓪ (예) 역 부근(附近)으로 가다.

≪부끄러움≫전체빈도합=20(0.0011%)

부끄러움 명 【Text=14/Freq1=20】
　⓪ (예) 부끄러움을 느끼다.

≪부끄럽다≫전체빈도합=102(0.0055%)

부끄럽다 형★☆★ 【Text=62/Freq1=102】
　① (예) 거짓말을 한 것이 부끄럽다.
　　〔Text=55/Freq2=89(87.3%)〕
　② (예) 낯선 사람들 앞이라 부끄러운 듯 아이가 고개를 숙이다. 〔Text=12/Freq2=13(12.7%)〕

≪부담≫전체빈도합=44(0.0024%)

부담 명☆☆★ 【Text=31/Freq1=44】
　① (예) 국민의 세금 부담(負擔)이 크다.

---

[128] 『연세 한국어 사전』의 '부-⁹'(예:보자유), '부-¹⁰'(예:보사장)은 말뭉치의 분석에 적용하지 않았으므로 제외한다.

〔Text=9/Freq2=11(25%)〕
② (예) 그 일에 한 푼도 부담을 안 하다.
　　　〔Text=4/Freq2=6(13.6%)〕
③ (예) 읽기에 부담이 없는 책./업무에 부담을 느끼다. 〔Text=19/Freq2=22(50%)〕
④ (예) 위에 부담을 주는 음식을 피하다.
　　　〔Text=2/Freq2=5(11.4%)〕

≪**부대**≫전체빈도합=28(0.0015%)

부대¹ 명 【Text=1/Freq1=1(3.6%)】
　Ⅰ (예) 새 술은 새 부대(負袋)에 담다.
　　　〔Text=1/Freq2=1(100%)〕
　Ⅱ (예) 밀가루 두 부대. 〔×〕
부대² 명 【Text=17/Freq1=27(96.4%)】
① (예) 부대(部隊) 주변의 술집.
　　　〔Text=16/Freq2=26(96.3%)〕
② (예) 박수 부대를 동원하다.
　　　〔Text=1/Freq2=1(3.7%)〕
부대³ 명 【Text=0/Freq1=0】 ⓧ 129)
⓪ (예) 부대(附帶) [시설/조건]. 〔×〕

≪**부드럽다**≫전체빈도합=83(0.0045%)

부드럽다 형★★★ 【Text=47/Freq1=83】
① (예) [손이/피부가] 부드럽다.
　　　〔Text=17/Freq2=23(27.7%)〕
② (예) 목소리가 부드럽다.
　　　〔Text=4/Freq2=4(4.8%)〕
③ (예) [말투가/행동이] 부드럽다.
　　　〔Text=18/Freq2=30(36.1%)〕
④ (예) [마음이/성격이] 부드럽다.
　　　〔Text=9/Freq2=11(13.3%)〕
⑤ (예) [빛이/조명이] 부드럽다.
　　　〔Text=2/Freq2=2(2.4%)〕
⑥ (예) 색깔이 부드럽다.
　　　〔Text=7/Freq2=7(8.4%)〕
❼ (예) 부드러운 [소재/음식/이미지].
　　　〔Text=4/Freq2=6(7.2%)〕

≪**부딪치다**≫전체빈도합=78(0.0042%)

부딪치다 동★☆☆ 【Text=50/Freq1=78】
　Ⅰ ① (예) 자전거가 가로수에 부딪치다.
　　　〔Text=28/Freq2=44(56.4%)〕
　　② (예) [반대에/사태에] 부딪치다.
　　　〔Text=12/Freq2=15(19.2%)〕
　　③ (예) 한 사무실에서 매일 부딪치다.
　　　〔Text=3/Freq2=3(3.8%)〕

④ (예) [그와 이 문제를 놓고/적군과 정면으로] 부딪치다.
　　　〔Text=8/Freq2=11(14.1%)〕
　Ⅱ (예) 달걀을 식탁에 부딪쳐 깨다.
　　　〔Text=5/Freq2=5(6.4%)〕

≪**부딪히다**≫전체빈도합=23(0.0012%)

부딪히다 동 【Text=17/Freq1=23】
① (예) 뗏목이 바위에 부딪히다.
　　　〔Text=11/Freq2=15(65.2%)〕
② (예) 문제어 부딪혀 당황하다.
　　　〔Text=6/Freq2=7(30.4%)〕
③ (예) 본사이 가면 그와 부딪히게 되다.
　　　〔Text=1/Freq2=1(4.3%)〕

≪**부러워하다**≫전체빈도합=29(0.0016%)

부러워하다 동 【Text=24/Freq1=29】
⓪ (예) 남을 부러워하다.

≪**부러지다**≫전체빈도합=27(0.0015%)

부러지다 동 【Text=18/Freq1=27】
⓪ (예) [가지가/뼈가] 부러지다.
　　　〔Text=18/Freq2=27(100%)〕
　관 <뜨 부러지다> 딱 부러지게 말하다. 〔×〕

≪**부럽다**≫전체빈도합=46(0.0025%)

부럽다 형☆★★ 【Text=35/Freq1=46】
⓪ (예) 나는 부자가 부럽지 않다.

≪**부르다**≫전체빈도합=755(0.0407%)

부르다¹ 동★★★ 【Text=169/Freq1=741(98.1%)】
　Ⅰ ① (예) [사람을/점원을] 부르다.
　　　〔Text=57/Freq2=121(16.3%)〕
　　② (예) [이름을/죽은 딸을] 부르다.
　　　〔Text=13/Freq2=29(3.9%)〕
　　③ (예) 선생님이 정답을 부르다.
　　　〔Text=9/Freq2=16(2.2%)〕
　　④ (예) [노래를/타령을] 부르다.
　　　〔Text=87/Freq2=208(28.1%)〕
　　⑤ (예) [구호를/만세를] 부르다.
　　　〔Text=8/Freq2=18(2.4%)〕
　　⑥ (예) 값을 부르다. 〔×〕
　　⑦ (예) [사람을/택시를] 부르다.
　　　〔Text=50/Freq2=77(10.4%)〕
　　⑧ (예) [신이/조국이] 나를 부르다.
　　　〔Text=1/Freq2=1(0.1%)〕

---

129) 『연세 한국어 사전』에서는 '부대³'가 '형성'의 품사로 되어 있다.

⑨ (예) [결과를/반발을/실수를] 부르다.
　　　〔Text=8/Freq2=8(1.1%)〕
⑩ (예) 공권력의 개입을 부르다. 〔×〕
⑪ (예) 전통 가옥을 한옥이라 부르다./
　　　그를 형으로 부르다.
　　　〔Text=97/Freq2=260(35.1%)〕
㉿ <부르는 것이 값이다> 〔×〕
㉿ <출석을 부르다>
　　　〔Text=3/Freq2=3(0.4%)〕
㉿ <쾌재를 부르다> 〔×〕
㉿ <피를 부르다> 〔×〕

부르다² 혱☆☆★ 【Text=12/Freq1=13(1.7%)】
① (예) 밥을 배가 부르도록 먹다.
　　　〔Text=9/Freq2=9(69.2%)〕
② (예) 임신한 아내의 배가 많이 부르다.
　　　〔Text=1/Freq2=1(7.7%)〕
❸ (예) 배 부른 광목 보퉁이.
　　　〔Text=1/Freq2=1(7.7%)〕
❹ (예) 배가 부른지, 일감을 귀찮아하다.
　　　〔Text=2/Freq2=2(15.4%)〕

부르다ˣ ? 【Text=1/Freq1=1(0.1%)】

≪**부리다**≫ 전체빈도합=109(0.0059%)

부리다¹ 동 【Text=12/Freq1=18(16.5%)】
① (예) [노비를/사람을] 부리다.
　　　〔Text=2/Freq2=2(11.1%)〕
② (예) [교태를/재주를] 부리다.
　　　〔Text=7/Freq2=10(55.6%)〕
❸ (예) 배를 부리다.
　　　〔Text=1/Freq2=3(16.7%)〕
❹ (예) [글자를/컴퓨터를] 부려 쓰다.
　　　〔Text=3/Freq2=3(16.7%)〕

부리다² 동★★★
　　　【Text=54/Freq1=81(74.3%)】 [130]
㉿ <객기를 부리다>
　　　〔Text=2/Freq2=2(2.5%)〕
㉿ <게으름을 부리다>
　　　〔Text=1/Freq2=1(1.2%)〕
㉿ <고집을 부리다>
　　　〔Text=10/Freq2=12(14.8%)〕
㉿ <극성을 부리다>
　　　〔Text=2/Freq2=2(2.5%)〕
㉿ <기승을 부리다>
　　　〔Text=2/Freq2=2(2.5%)〕

㉿ <까탈을 부리다> 〔Text=1/Freq2=1(1.2%)〕
㉿ <난동을 부리다> 〔Text=1/Freq2=1(1.2%)〕
㉿ <딴청을 부리다> 〔Text=1/Freq2=1(1.2%)〕
㉿ <떼깡을 부리다> 〔Text=1/Freq2=1(1.2%)〕
㉿ <만용을 부리다> 〔Text=1/Freq2=1(1.2%)〕
㉿ <말썽을 부리다>
　　　〔Text=5/Freq2=5(6.2%)〕
㉿ <멋을 부리다> 〔Text=1/Freq2=1(1.2%)〕
㉿ <배짱을 부리다> 〔Text=1/Freq2=1(1.2%)〕
㉿ <세력을 부리다> 〔Text=1/Freq2=1(1.2%)〕
㉿ <술주정을 부리다>
　　　〔Text=1/Freq2=1(1.2%)〕
㉿ <신경질을 부리다>
　　　〔Text=2/Freq2=2(2.5%)〕
㉿ <심술을 부리다>
　　　〔Text=2/Freq2=2(2.5%)〕
㉿ <앙탈을 부리다>
　　　〔Text=4/Freq2=4(4.9%)〕
㉿ <어리광을 부리다>
　　　〔Text=1/Freq2=1(1.2%)〕
㉿ <억지를 부리다>
　　　〔Text=5/Freq2=7(8.6%)〕
㉿ <억척을 부리다> 〔Text=1/Freq2=1(1.2%)〕
㉿ <여유를 부리다> 〔Text=1/Freq2=1(1.2%)〕
㉿ <오기를 부리다> 〔Text=1/Freq2=1(1.2%)〕
㉿ <욕심을 부리다>
　　　〔Text=4/Freq2=5(6.2%)〕
㉿ <응석을 부리다>
　　　〔Text=5/Freq2=5(6.2%)〕
㉿ <익살을 부리다>
　　　〔Text=3/Freq2=3(3.7%)〕
㉿ <재롱을 부리다> 〔Text=1/Freq2=1(1.2%)〕
㉿ <짜증을 부리다>
　　　〔Text=2/Freq2=2(2.5%)〕
㉿ <추태를 부리다> 〔Text=1/Freq2=1(1.2%)〕
㉿ <치기를 부리다> 〔Text=1/Freq2=1(1.2%)〕
㉿ <탐욕을 부리다> 〔Text=1/Freq2=1(1.2%)〕
㉿ <투정을 부리다>
　　　〔Text=3/Freq2=4(4.9%)〕
㉿ <트집을 부리다> 〔Text=1/Freq2=1(1.2%)〕
㉿ <행패를 부리다>
　　　〔Text=3/Freq2=3(3.7%)〕
㉿ <허세를 부리다> 〔Text=1/Freq2=1(1.2%)〕

---

[130] 『연세 한국어 사전』에서는 '부리다²'가 단일 의미로 기술되어 있는데, "떨다², 피우다²" 등과 마찬가지로 연어 관계에 따른 실제 쓰임에 따라서 상세히 나누어 기술한다.

[관]<호기를 부리다> 〔Text=1/Freq2=1(1.2%)〕

부리다[3] [동] 【Text=7/Freq1=9(8.3%)】

⓪ (예) [이삿짐을 대문 앞에/컨테이너를 부두에] 부리다.

부리다[0] [동][보] 【Text=1/Freq1=1(0.9%)】

⓿ (예) 사고가 나 부리다.

≪**부모**≫전체빈도합=533(0.0287%)

부모 [명]★★★ 【Text=119/Freq1=533】

⓪ (예) 아이의 부모(父母)를 만나다. 〔Text=117/Freq2=528(99.1%)〕

[관]<부모 형제> 〔Text=5/Freq2=5(0.9%)〕

≪**부문**≫전체빈도합=45(0.0024%)

부문 [명] 【Text=18/Freq1=45】

⓪ (예) [농업/서비스] 부문(部門).

≪**부부**≫전체빈도합=112(0.0060%)

부부 [명]★★☆ 【Text=40/Freq1=112】

⓪ (예) 부부(夫婦)가 함께 외출하다. 〔Text=40/Freq2=112(100%)〕

[관]<부부 동반> 〔×〕

[관]<부부 생활> 〔×〕

≪**부분**≫전체빈도합=378(0.0204%)

부분 [명]★★★ 【Text=97/Freq1=378】

① (예) 부분(部分)과 전체. 〔Text=41/Freq2=126(33.3%)〕

② (예) 배운 부분은 이해가 되다./불이 비친 부분. 〔Text=64/Freq2=180(47.6%)〕

③ (예) 그 부분에 대해서는 내가 잘못하다. 〔Text=34/Freq2=72(19%)〕

≪**부산**≫전체빈도합=90(0.0048%)

부산 [명] 【Text=1/Freq1=1(1.1%)】

⓪ (예) 부산을 떨다.

부산[0] [명](고유)★★☆ 【Text=32/Freq1=89(98.9%)】

⓿ (예) 부산(釜山)에 살다.

≪**부상**≫전체빈도합=11(0.0006%)

부상[1] [명]☆☆★ 【Text=7/Freq1=9(81.8%)】

⓪ (예) 사고로 부상(負傷)을 입다.

부상[2] [명] 【Text=0/Freq1=0】 ⓧ

① (예) 잠수함이 부상(浮上)을 하다. 〔×〕

② (예) 새로운 스타로 부상을 하다. 〔×〕

부상[3] [명] 【Text=0/Freq1=0】 ⓧ

⓪ (예) 상장과 부상(副賞)을 받다. 〔×〕

부상[0] [명] 【Text=1/Freq1=2(18.2%)】

⓿ (예) 보상고-부상(負商).

≪**부서지다**≫전체빈도합=40(0.0022%)

부서지다 [동]★☆☆ 【Text=30/Freq1=40】

① ㉠ (예) [과자가/뼈가] 부서지다. 〔Text=14/Freq2=17(42.5%)〕

㉡ (예) [바깟물이/파도가] 부서지다. 〔Text=2/Freq2=2(5%)〕

㉢ (예) [달빛이/햇빛이] 부서지다. 〔Text=4/Freq2=5(12.5%)〕

② (예) 부서진 건물./차가 부서지다. 〔Text=10/Freq2=13(32.5%)〕

③ (예) [기대가/믿음이] 부서지다. 〔Text=3/Freq2=3(7.5%)〕

④ (예) 술값으로 돈이 많이 부서지다. 〔×〕

≪**부수다**≫전체빈도합=23(0.0012%)

부수다 [동]☆☆★ 【Text=19/Freq1=23】

① (예) [살림살이를/흙덩이를] 부수다. 〔Text=12/Freq2=15(65.2%)〕

② (예) 실수로 실험 기구들을 부수다. 〔Text=4/Freq2=5(21.7%)〕

③ (예) 옛 것을 무조건 부수고 없애다. 〔Text=3/Freq2=3(13%)〕

④ (예) [상대 힘을/적을] 부수다. 〔×〕

≪**부엌**≫전체빈도합=82(0.0044%)

부엌 [명]★★★ 【Text=44/Freq1=82】

⓪ (예) 부엌에서 밥상을 차리다.

≪**부여하다**♣≫전체빈도합=24(0.0013%)

부여하다[0] [동] 【Text=19/Freq1=24】

❶ (예) 그에게 [권리를/임무를/자격을] 부여(附與)하다. 〔Text=2/Freq2=2(8.3%)〕

❷ (예) 삶에 [가치를/생기를/의미를] 부여하다. 〔Text=19/Freq2=22(91.7%)〕

≪**부인**≫전체빈도합=113(0.0061%)

부인[1] [명]★★★ 【Text=26/Freq1=60(53.1%)】

⓪ (예) 김 부장 부인(夫人)의 음식 솜씨.

부인[2] [명] 【Text=0/Freq1=0】 ⓧ

⓪ (예) 사실 여부에 대해 부인(否認)을 하다. 〔×〕

부인[3] [명] 【Text=19/Freq1=53(46.9%)】

⓪ (예) 나이가 들어 보이는 부인(婦人)이 찾아오다.

≪**부인하다**≫전체빈도합=19(0.0010%)

부인하다 [동] 【Text=16/Freq1=19】

⓪ (예) [범행을/사실을/죄를] 부인(否認)하다.

≪**부자**≫전체빈도합=90(0.0048%)

부자¹ 몡 ★★★　【Text=33/Freq1=82(91.1%)】
① (예) 재산을 모아 부자(富者)가 되다.
〔Text=33/Freq2=82(100%)〕
② (예) [딸/땅/책] 부자. 〔×〕

부자² 몡　【Text=5/Freq1=7(7.8%)】
⓪ (예) 부자(父子)가 꼭 닮다.

부자³ 몡　【Text=0/Freq1=0】 ⓧ
① (예) 낚싯줄에 달린 부자(浮子)가 움직이다. 〔×〕
② (예) 물이 차면 변기의 부자가 떠오르다. 〔×〕

부자ˣ ⁇　【Text=1/Freq1=1(1.1%)】

≪**부장**≫전체빈도합=41(0.0022%)

부장¹ 몡☆★☆　【Text=12/Freq1=41(100%)】
⓪ (예) 차장에서 부장(部長)으로 승진하다.

부장² 몡　【Text=0/Freq1=0】 ⓧ
⓪ (예) 이성계의 부장(副將)으로 전장에 나가다. 〔×〕

부장³ 몡　【Text=0/Freq1=0】 ⓧ
① (예) 사령관 다음인 참모 부장(副長)에 오르다. 〔×〕
② (예) 해군 함정의 부장이 명령하다. 〔×〕

부장⁴ 몡　【Text=0/Freq1=0】 ⓧ
⓪ (예) 훈장과 함께 부장(副章)을 받다. 〔×〕

부장⁵ 몡　【Text=0/Freq1=0】 ⓧ
⓪ (예) 여인의 묘에 비녀를 부장(副葬)을 하다. 〔×〕

≪**부정**≫전체빈도합=43(0.0023%)

부정¹ 몡★★☆　【Text=11/Freq1=22(51.2%)】
⓪ (예) 선거 부정(不正).

부정² 몡　【Text=10/Freq1=17(39.5%)】
① (예) 모든 말에 부정(否定)을 하다.
〔Text=4/Freq2=6(35.3%)〕
② (예) 현실 부정에 빠지다.
〔Text=6/Freq2=11(64.7%)〕

부정³ 몡　【Text=0/Freq1=0】 ⓧ
⓪ (예) 주거 부정(不定). 〔×〕

부정⁴ 몡　【Text=2/Freq1=3(7%)】
⓪ (예) 부정(不淨)을 [씻다/타다].

부정⁵ 몡　【Text=1/Freq1=1(2.3%)】
⓪ (예) 배우자의 부정(不貞) 행위.

≪**부정적**≫전체빈도합=20(0.0011%)

부정적¹ 몡　【Text=12/Freq1=17(85%)】
⓪ (예) 부정적(否定的)으로 생각하다.
/부정적인 견해.

부정적² 관　【Text=3/Freq1=3(15%)】
⓪ (예) 부정적(否定的) 영향을 끼치다.

≪**부정하다**≫전체빈도합=21(0.0011%)

부정하다¹ 동　【Text=17/Freq1=20(95.2%)】
① (예) [가치를/진리를] 부정(否定)하다.
〔Text=12/Freq2=15(75%)〕
② (예) [사실을/혐의를] 부정하다.
〔Text=4/Freq2=4(20%)〕
❸ (예) 부정하는 문법적 표현을 연구하다.
〔Text=1/Freq2=1(5%)〕

부정하다² 형　【Text=0/Freq1=0】 ⓧ
⓪ (예) 부정(不正)한 방법으로 출세하다. 〔×〕

부정하다³ 형　【Text=0/Freq1=0】 ⓧ
⓪ (예) [수입이/주거가] 부정(不定)하다. 〔×〕

부정하다⁴ 형　【Text=0/Freq1=0】 ⓧ
① (예) 부정(不淨)한 사람은 굿판에 못 들어가다. 〔×〕
② (예) 침구로 혈맥을 뚫어 부정한 피를 뽑다. 〔×〕

부정하다⁵ 형　【Text=1/Freq1=1(4.8%)】
⓪ (예) 배우자의 부정(不貞)한 행위.
/부정한 [남편/아내].

≪**부족**≫전체빈도합=28(0.0015%)

부족¹ 몡☆☆★　【Text=17/Freq1=21(75%)】
⓪ (예) [능력/수면/운동/자금/훈련] 부족(不足).

부족² 몡　【Text=7/Freq1=7(25%)】
⓪ (예) 고대 부족(部族) 국가.

≪**부족하다**≫전체빈도합=90(0.0048%)

부족하다 형★★★　【Text=61/Freq1=90】
Ⅰ (예) [경험이/성의가/일손이/자원이] 부족(不足)하다. 〔Text=60/Freq2=87(96.7%)〕
Ⅱ (예) 부족한 저를 도와 주십시오.
〔Text=2/Freq2=3(3.3%)〕

≪**부지런하다**≫전체빈도합=30(0.0016%)

부지런하다 형☆☆★　【Text=22/Freq1=30】
⓪ (예) 부지런한 사람.

≪**부지런히**≫전체빈도합=50(0.0027%)

부지런히 부　【Text=34/Freq1=50】

① (예) 논으로 밭으로 부지런히 뛰어다니다.
　　〔Text=22/Freq2=31(62%)〕
② (예) 부지런히 서둘러야 끝낼 수 있다.
　　〔Text=13/Freq2=19(38%)〕

≪**부채**≫전체빈도합=19(0.0010%)
　부채¹ 명 ☆☆★ 　【Text=11/Freq1=18(94.7%)】
　　⓪ (예) 부채를 활활 부치다.
　부채² 명 　【Text=1/Freq1=1(5.3%)】
　　⓪ (예) 부채(負債)를 갚다.

≪**부처**≫전체빈도합=45(0.0024%)
　부처¹ 명 　【Text=18/Freq1=39(86.7%)】
　　① (예) 부처가 깨달음을 얻다.
　　　〔Text=18/Freq2=37(94.9%)〕
　　② (예) 사람은 누구든 부처가 될 수 있다.
　　　〔Text=2/Freq2=2(5.1%)〕
　부처² 명 　【Text=2/Freq1=6(13.3%)】
　　⓪ (예) 여러 부처(部處)의 장관들.
　부처³ 명 　【Text=0/Freq1=0】 ⓧ
　　⓪ (예) 부처(夫妻) 사이의 예의.〔×〕

≪**부축하다**≫전체빈도합=19(0.0010%)
　부축하다 동 　【Text=16/Freq1=19】
　　⓪ (예) [노인을/팔을] 부축하다.

≪**부치다**≫전체빈도합=22(0.0012%)
　부치다¹ 동 　【Text=0/Freq1=0】 ⓧ
　　⓪ (예) [기운에/힘에/힘이] 부치다.〔×〕
　부치다² 동 ☆★★ 　【Text=8/Freq1=15(68.2%)】
　　⓪ (예) [소포를/편지를] 부치다.
　부치다³ 동 　【Text=1/Freq1=1(4.5%)】
　　① (예) [표결에/회의에] 부치다.〔×〕
　　② (예) 비밀에 부치다.
　　　〔Text=1/Freq2=1(100%)〕
　　③ (예) 몸을 부칠 데가 없다.〔×〕
　　④ (예) 원고를 인쇄에 부치다.〔×〕
　　⑤ (예) [삼일절에/어버이날에] 부치는 글.〔×〕
　　⑥ (예) 망부석에 부치는 [노래/시].〔×〕
　부치다⁴ 동 　【Text=1/Freq1=1(4.5%)】
　　⓪ (예) [논을/밭을] 부치다.
　부치다⁵ 동 　【Text=2/Freq1=2(9.1%)】
　　⓪ (예) [산적을/전을] 부치다.
　부치다⁶ 동 　【Text=1/Freq1=1(4.5%)】
　　⓪ (예) 부채를 부치다.
　부치다⁰ 동 　【Text=2/Freq1=2(9.1%)】
　　❶ (예) 소매를 걷어 부치다.

≪**부탁**≫전체빈도합=60(0.0032%)
　부탁 명 ★★★ 　【Text=33/Freq1=60】
　　⓪ (예) 부탁(付託)을 [받다/하다].

≪**부탁하다**≫전체빈도합=66(0.0036%)
　부탁하다 동 ★★★ 　【Text=50/Freq1=66】
　　⓪ (예) 친구에게 도와 달라고 부탁(付託)하다.

≪**부풀다**≫전체빈도합=28(0.0015%)
　부풀다 동 　【Text=23/Freq1=28】
　　① ㉠ (예) 빵이 둥글게 부풀다.
　　　〔Text=3/Freq2=3(10.7%)〕
　　　㉡ (예) 물집이 잡혀 빨갛게 부풀다.
　　　〔Text=5/Freq2=5(17.9%)〕
　　② (예) [기대에/희망에] 부풀다.
　　　〔Text=16/Freq2=18(64.3%)〕
　　③ (예) [만용이/증오심이] 부풀다.〔×〕
　　④ (예) 사소한 일이 뺑튀기처럼 부풀다.
　　　〔Text=2/Freq2=2(7.1%)〕

≪**부품**≫전체빈도합=30(0.0016%)
　부품 명 　【Text=10/Freq1=30】
　　⓪ (예) 자동차 부품(部品).

≪**부피**≫전체빈도합=22(0.0012%)
　부피 명 ☆☆★ 　【Text=10/Freq1=22】
　　⓪ (예) 물건의 부피가 크다.

≪**부호**≫전처빈도합=26(0.0014%)
　부호¹ 명 　【Text=10/Freq1=25(96.2%)】
　　⓪ (예) 문자와 부호(符號).
　부호² 명 　【Text=1/Freq1=1(3.8%)】
　　⓪ (계) 부호(富豪)들의 생활.

≪**북**≫전체빈 도합=53(0.0029%)
　북¹ 명 　【Text=15/Freq1=23(43.4%)】
　　⓪ (예) 북을 치다.
　북² 명 　【Text=0/Freq1=0】 ⓧ
　　① (예) 베틀에 북이 왔다 갔다 하다.〔×〕
　　② (예) 재봉틀을 돌려 북에 실을 삼다.〔×〕
　북³ 명 　【Text=0/Freq1=0】 ⓧ
　　⓪ (예) 밭에 풀을 매고 북을 주다.〔×〕
　북⁴ 명 ★☆★ 　【Text=9/Freq1=26(49.1%)】
　　① (예) 북(北)으로 향하다.
　　　〔Text=2/Freq2=4(15.4%)〕
　　② (예) 북에 두고 온 가족.
　　　〔Text=7/Freq2=22(84.6%)〕
　북⁵ 부 　【Text=2/Freq1=3(5.7%)】
　　① (예) 달력 한 장을 북 찢다.

　　　　　〔Text=2/Freq2=3(100%)〕
　　② (예) 잔등을 북 긁다. 〔×〕
북ˣ ? 【Text=1/Freq1=1(1.9%)】

≪북쪽≫전체빈도합=63(0.0034%)

북쪽 명★☆★　【Text=30/Freq1=63】
　① (예) 북(北)쪽에서 찬바람이 불다.
　　　　　〔Text=25/Freq2=53(84.1%)〕
　② (예) 북쪽 식구들을 그리워하다.
　　　　　〔Text=6/Freq2=10(15.9%)〕

≪북한≫전체빈도합=207(0.0111%)

북한 명(고유)★☆☆　【Text=23/Freq1=207】
　⓪ (예) 남한과 북한(北韓).

≪분≫전체빈도합=848(0.0457%)

분¹ 명　【Text=1/Freq1=1(0.1%)】
　⓪ (예) 얼굴에 분(粉)을 바르다.
분² 명　【Text=2/Freq1=2(0.2%)】
　⓪ (예) 분(分)에 넘치는 사치.
분³ 명　【Text=5/Freq1=5(0.6%)】
　⓪ (예) 분(憤·忿)이 풀리지 않다.
　　/분을 참지 못하다.
분⁴ 명　【Text=0/Freq1=0】 ⓧ
　⓪ (예) 나무를 새 분(盆)에 옮겨 심다. 〔×〕
분⁵ 명의★★★　【Text=124/Freq1=529(62.4%)】
　① (예) 아는 분의 중매로 만나다.
　　　　　〔Text=116/Freq2=441(83.4%)〕
　② (예) 선생님 한 분.
　　　　　〔Text=52/Freq2=88(16.6%)〕
분⁶ 명의★★★　【Text=106/Freq1=311(36.7%)】
　① (예) 시간이 30분(分) 걸리다./오후 7시
　　20분.〔Text=88/Freq2=246(79.1%)〕
　② (예) 북위 30도 2분의 위치.
　　　　　〔Text=1/Freq2=1(0.3%)〕
　③ (예) 열흘 분의 식량.
　　　　　〔Text=13/Freq2=15(4.8%)〕
　④ (예) 3분의 2.〔Text=26/Freq2=49(15.8%)〕

≪분노≫전체빈도합=49(0.0026%)

분노 명　【Text=23/Freq1=49】
　⓪ (예) 분노(憤怒·忿怒)가 끓어오르다.

≪분단≫전체빈도합=147(0.0079%)

분단¹ 명★☆☆　【Text=10/Freq1=32(21.8%)】
　⓪ (예) 분단(分斷) 국가.
분단² 명　【Text=16/Freq1=115(78.2%)】
　⓪ (예) 분단(分團)별로 청소를 하다.

≪분량≫전체빈도합=17(0.0009%)

분량 명　【Text=12/Freq1=17】
　⓪ (예) 책 한 권 분량(分量).

≪분리≫전체빈도합=16(0.0009%)

분리 명　【Text=12/Freq1=16】
　⓪ (예) 정치와 종교의 분리(分離).

≪분리하다≫전체빈도합=19(0.0010%)

분리하다 동　【Text=10/Freq1=19】
　⓪ (예) 물과 기름을 분리(分離)하다.

≪분명≫전체빈도합=52(0.0028%)

분명 부　【Text=31/Freq1=52】
　⓪ (예) 분명(分明) 무슨 사정이 있다.

≪분명하다≫전체빈도합=154(0.0083%)

분명하다 형★☆★　【Text=77/Freq1=154】
　① (예) 모습이 분명(分明)하게 보이다.
　　　　　〔Text=4/Freq2=4(2.6%)〕
　② (예) 분명한 어조로 말하다.
　　　　　〔Text=8/Freq2=30(19.5%)〕
　③ (예) [목적이/사실이] 분명하다.
　　　　　〔Text=43/Freq2=66(42.9%)〕
　④ (예) [성격이/일거일동이] 분명하다.
　　　　　〔Text=1/Freq2=1(0.6%)〕
　⑤ (예) 그가 알고 있음이 분명하다.
　　　　　〔Text=36/Freq2=53(34.4%)〕

≪분명히≫전체빈도합=112(0.0060%)

분명히 부　【Text=69/Freq1=112】
　⓪ (예) 분명(分明)히 그를 봤다.
　　　　　〔Text=48/Freq2=69(61.6%)〕
　❶ (예) 의견을 분명히 표현하다.
　　　　　〔Text=32/Freq2=43(38.4%)〕

≪분석≫전체빈도합=35(0.0019%)

분석 명　【Text=21/Freq1=35】
　① (예) [단백질/물리적/화학적] 분석(分析).
　　〔×〕
　② (예) [자료/작품/정신/통계] 분석.
　　　　　〔Text=20/Freq2=28(80%)〕
　㊟ <분석 판단>〔Text=1/Freq2=7(20%)〕

≪분석하다≫전체빈도합=36(0.0019%)

분석하다 동　【Text=20/Freq1=36】
　⓪ (예) 작가의 작품을 시기별로 나누어
　　분석(分析)하다.

≪분야≫전체빈도합=108(0.0058%)

분야 명★☆☆ 【Text=38/Freq1=108】
① (예) 여러 분야(分野)의 지식.

≪분위기≫전체빈도합=178(0.0096%)

분위기 명★★☆ 【Text=72/Freq1=178】
① (예) 실내 분위기(雰圍氣)를 바꾸다.
 /가정의 화목한 분위기.
　〔Text=61/Freq2=148(83.1%)〕
② (예) 전쟁의 분위기가 감돌다.
　〔Text=20/Freq2=25(14%)〕
관 <분위기(가) 있다> 분위기 있는 술집.
　〔Text=4/Freq2=5(2.8%)〕

≪분주하다≫전체빈도합=16(0.0009%)

분주하다 형 【Text=13/Freq1=16】
① (예) 직장인들이 분주((奔走)하게 오고가다.

≪분필≫전체빈도합=7(0.0004%)

분필 명☆☆★ 【Text=3/Freq1=7】
① (예) 분필(粉筆)로 낙서를 하다.

≪불≫전체빈도합=264(0.0142%) 131)

불¹ 명★★★ 【Text=94/Freq1=242(91.7%)】
① (예) 고기를 불에 익혀 먹다.
　〔Text=54/Freq2=103(42.6%)〕
② (예) 불을 끄다./형광등 불을 켜다.
　〔Text=37/Freq2=70(28.9%)〕
③ (예) [산에/집에] 불이 나다.
　〔Text=10/Freq2=18(7.4%)〕
❹ (예) 담배에 불을 붙이다.
　〔Text=19/Freq2=34(14%)〕
❺ (예) 신호등에 빨간 불이 들어오다.
　〔Text=6/Freq2=8(3.3%)〕
❻ (예) 가슴에 욕망의 불이 타다.
　〔Text=1/Freq2=1(0.4%)〕
관 <눈에 불을 켜다>
　〔Text=1/Freq2=1(0.4%)〕
관 <불 일듯> 장사가 불 일듯 잘 되다. 〔×〕
관 <불을 당기다>
　호기심에 불을 당기다. 〔×〕
관 <불(을) 보듯> 불을 보듯 확실하다.
　〔Text=3/Freq2=3(1.2%)〕
관 <불을 붙이다>
　사회적 논쟁에 불을 붙이다. 〔×〕
관 <불(을) 지르다>
　집에 불을 지르다. 〔×〕

관 <불이 붙다>
① (예) 국회의원 선거에 불이 붙다.
　〔Text=3/Freq2=3(1.2%)〕
② (예) 가슴에 불이 붙다.
　〔Text=1/Freq2=1(0.4%)〕
③ (예) 전화통에 불이 붙다. 〔×〕

불² 명 【Text=4/Freq1=14(5.3%)】
① (예) 100불(弗)짜리 지폐.

불⁰ 명 【Text=1/Freq1=8(3%)】
❶ (예) 유불(佛)도의 사상.

≪불가능하다≫전체빈도합=59(0.0032%)

불가능하다 형 【Text=43/Freq1=59】
① (예) [복원이/실현이/회복이]
　불가능(不可能)하다.

≪불가피하다≫전체빈도합=19(0.0010%)

불가피하다 형 【Text=10/Freq1=19】
① (예) [갈등이/희생이] 불가피(不可避)하다.

≪불고기≫전체빈도합=19(0.0010%)

불고기 명☆★☆ 【Text=9/Freq1=19】
① (예) 불고기를 먹다.

≪불과≫전처 빈도합=29(0.0016%)

불과 부 【Text=21/Freq1=29】
① (예) 집에서 불과(不過) 5분 거리에 학교가 있다.

≪불과하다≫전체빈도합=83(0.0045%)

불과하다 형 【Text=46/Freq1=83】
① (예) [나이가 스물에/어린 학생에]
　불과(不過)하다.

≪불교≫전처빈도합=95(0.0051%)

불교 명★☆★ 【Text=16/Freq1=95】
① (예) 불교(佛敎)의 가르침.

≪불구하다≫전체빈도합=88(0.0047%)

불구하다 동 【Text=42/Freq1=88】
Ⅰ <−에도 불구하고> (예) 노력을 했음에도
　불구(不拘)하고 실패하다.
　〔Text=41/Freq2=87(98.9%)〕
Ⅱ <−를 불구하고> (예) 염치를 불구하고
　부탁하다. 〔Text=1/Freq2=1(1.1%)〕

≪불길≫전체빈도합=17(0.0009%)

불길 명 【Text=10/Freq1=17】
① (예) 불길이 [번지다/솟구치다].

---

131) 『연세 한국어 사전』의 '불³'(예:불규칙)은 말뭉치의 분석에 적용하지 않았으므로 제외한다.

　　　　② (예) 눈에 증오의 불길이 타오르다.
　　　　　　〔Text=4/Freq2=4(23.5%)〕
　　　　③ (예) 민주화의 불길이 번져 나가다.
　　　　　　〔Text=1/Freq2=1(5.9%)〕

≪**불꽃**≫전체빈도합=54(0.0029%)

　불꽃 몡 【Text=19/Freq1=54】
　　　① (예) 장작불의 불꽃이 타오르다.
　　　　　〔Text=10/Freq2=25(46.3%)〕
　　　② (예) 변압기에서 불꽃이 튀어 오르다.
　　　　　〔Text=5/Freq2=16(29.6%)〕
　　　❸ (예) 사랑의 불꽃이 타오르다.
　　　　　〔Text=8/Freq2=12(22.2%)〕
　　　관<불꽃(이) 튀다> 불꽃 튀는 경쟁.
　　　　　〔Text=1/Freq2=1(1.9%)〕

≪**불다**≫전체빈도합=142(0.0076%)

　불다¹ 동★★★ 【Text=50/Freq1=99(69.7%)】
　　　① (예) [찬바람이/태풍이] 불다.
　　　　　〔Text=46/Freq2=94(94.9%)〕
　　　② (예) [감원/사정/선거] 바람이 불다.
　　　　　〔Text=5/Freq2=5(5.1%)〕

　불다² 동 【Text=24/Freq1=43(30.3%)】
　　Ⅰ (예) 사이렌이 불다.
　　　　〔Text=2/Freq2=2(4.7%)〕
　　Ⅱ ① (예) [손발을/입김을] 호호 불다.
　　　　　〔Text=3/Freq2=5(11.6%)〕
　　　② (예) 촛불을 불어 끄다.
　　　　　〔Text=3/Freq2=3(7%)〕
　　　③ (예) 풍선을 불다.
　　　　　〔Text=3/Freq2=9(20.9%)〕
　　　④ (예) [나팔을/피리를] 불다.
　　　　　〔Text=9/Freq2=13(30.2%)〕
　　Ⅲ (예) [비밀을/사실대로/진상을] 불다. 〔×〕
　　관<나발(을) 불다>
　　　Ⅰ (예) 소주 한 병을 나발을 불다.
　　　　　〔Text=1/Freq2=1(2.3%)〕
　　　Ⅱ ① (예) 사람들에게 어쩌고저쩌고 나발을
　　　　　　불다. 〔×〕
　　　　② (예) 죄를 지었다고 순순히 나발
　　　　　　불다. 〔×〕
　　관<불어 넣다> 생활에 생기를 불어 넣다.
　　　〔Text=1/Freq2=1(2.3%)〕
　　관<휘파람을 불다>
　　　〔Text=8/Freq2=9(20.9%)〕

≪**불러일으키다**≫전체빈도합=18(0.0010%)

　불러일으키다 동 【Text=15/Freq1=18】
　　　① (예) [논란을/사고를/싸움을/오해를]
　　　　 불러일으키다. 〔Text=7/Freq2=7(38.9%)〕
　　　② (예) [감정을/긴장감을/분노를/애국심을]
　　　　 불러일으키다. 〔Text=8/Freq2=11(61.1%)〕

≪**불리다**≫전체빈도합=122(0.0066%)

　불리다¹ 동★★☆ 【Text=58/Freq1=116(95.1%)】
　　Ⅰ ① (예) 경찰에 불려 나와 조사 받다.
　　　　　〔Text=9/Freq2=17(14.7%)〕
　　　② (예) 대학가에서 많이 불리는 노래.
　　　　　〔Text=3/Freq2=4(3.4%)〕
　　Ⅱ (예) 홍콩은 동양의 진주로 불리다.
　　　　〔Text=50/Freq2=95(81.9%)〕

　불리다² 동 【Text=2/Freq1=2(1.6%)】
　　Ⅰ (예) 쌀을 물에 불리다. 〔×〕
　　Ⅱ (예) [몸을/세를/이익을] 불리다.
　　　　〔Text=2/Freq2=2(100%)〕

　불리다³ 동 【Text=2/Freq1=3(2.5%)】
　　　⓪ (예) 음식으로 배를 불리다.
　　　　〔Text=2/Freq2=3(100%)〕
　　관<배를 불리다> 이자로 배를 불리다. 〔×〕

　불리다⁴ 동 【Text=1/Freq1=1(0.8%)】
　　　⓪ (예) 낙엽이 바람에 불려 날아가다.

≪**불만**≫전체빈도합=64(0.0034%)

　불만 몡 【Text=40/Freq1=64】
　　　⓪ (예) 표정에 불만(不滿)이 가득하다.
　　　　/불만에 차다.

≪**불빛**≫전체빈도합=99(0.0053%)

　불빛 몡 【Text=32/Freq1=99】
　　　⓪ (예) 창틈으로 불빛이 새어 나오다.

≪**불쌍하다**≫전체빈도합=62(0.0033%)

　불쌍하다 형☆☆★ 【Text=39/Freq1=62】
　　　⓪ (예) 고생하는 동생들이 불쌍하다.

≪**불쑥**≫전체빈도합=35(0.0019%)

　불쑥 閉 【Text=24/Freq1=35】
　　　① (예) 불쑥 [나오다/손을 내밀다].
　　　　〔Text=7/Freq2=9(25.7%)〕
　　　② (예) 불쑥 한 마디를 하다.
　　　　〔Text=8/Freq2=11(31.4%)〕
　　　③ (예) 문을 열고 사람이 불쑥 들어서다.
　　　　〔Text=11/Freq2=14(40%)〕
　　　(×) 〔Text=1/Freq2=1(2.9%)〕

≪**불안**≫전체빈도합=30(0.0016%)

불안 [명] 【Text=18/Freq1=30】
① (예) 시험에 불안(不安)을 느끼다.
　　〔Text=14/Freq2=23(76.7%)〕
② (예) [국제 정세의/주가의] 불안.
　　〔Text=5/Freq2=7(23.3%)〕

≪불안하다≫전체빈도합=91(0.0049%)

불안하다 [형]★★☆ 【Text=51/Freq1=91】
① (예) [마음이/생활이/정신이] 불안(不安)하다. 〔Text=46/Freq2=83(91.2%)〕
② (예) 국내외 정세가 불안하다.
　　〔Text=6/Freq2=7(7.7%)〕
ⓧ 〔Text=1/Freq2=1(1.1%)〕

≪불쾌하다≫전체빈도합=26(0.0014%)

불쾌하다 [형] 【Text=16/Freq1=26】
① (예) [기분이/느낌이] 불쾌(不快)하다.

≪불타다≫전체빈도합=18(0.0010%)

불타다 [동] 【Text=13/Freq1=18】
Ⅰ ① (예) 집이 화재로 불타다.
　　〔Text=7/Freq2=10(55.6%)〕
② (예) [노을이/단풍이] 불타다.
　　〔Text=1/Freq2=1(5.6%)〕
Ⅱ ① (예) [전의가/정의감에] 불타다.
　　〔Text=5/req2=6(33.3%)〕
② (예) [분노로/증오로] 불타다. 〔×〕
ⓧ 〔Text=1/Freq2=1(5.6%)〕

≪불편≫전체빈도합=38(0.0020%)

불편 [명] 【Text=24/Freq1=38】
① (예) [거동에/마음에/몸에] 불편(不便)을 느끼다. 〔Text=11/Freq2=12(31.6%)〕
② (예) 신호등이 없어서 불편을 겪다.
　　〔Text=16/Freq2=26(68.4%)〕

≪불편하다≫전체빈도합=131(0.0071%)

불편하다 [형]★★☆ 【Text=59/Freq1=131】
① (예) [사람이/생활이/온돌방이] 불편(不便)하다. 〔Text=24/Freq2=41(31.3%)〕
②<~에/-기(에/가)/데] 불편하다>
(예) 옷이 활동하기에 불편하다.
　　〔Text=11/Freq2=14(10.7%)〕
❸ (예) [교통이/왕래가/통행이] 불편하다. /불편한 점이 많다.
　　〔Text=22/Freq2=39(29.8%)〕
❹ (예) [다리가/마음이] 불편하다.
　　〔Text=21/Freq2=36(27.5%)〕

❺ (예) 이웃들과 영 불편하다.
　　〔Text=1/Freq2=1(0.8%)〕

≪불평≫전체빈도합=28(0.0015%)

불평 [명] 【Text=20/Freq1=28】
⓪ (예) 불평(不平)을 하다.

≪불행≫전체빈도합=36(0.0019%)

불행 [명] 【Text=22/Freq1=36】
① (예) 가정의 불행(不幸)을 겪다.
　　〔Text=15/Freq2=20(55.6%)〕
② (예) 잠깐의 실수가 불행을 부르다.
　　〔Text=13/Freq2=15(41.7%)〕
㉮<불행 중 다행> 〔Text=1/Freq2=1(2.8%)〕

≪불행하다≫전체빈도합=63(0.0034%)

불행하다 [형] 【Text=36/Freq1=63】
⓪ (예) 불행(不幸)하게 살다.
　　〔Text=30/Freq2=55(87.3%)〕
㉮<불행히·게도> 〔Text=8/Freq2=8(12.7%)〕

≪불현듯≫전체빈도합=19(0.0010%)

불현듯 [부] 【Text=11/Freq1=19】
⓪ (예) 불현듯 그 때 일이 생각나다.

≪불확실하다≫전체빈도합=16(0.0009%)

불확실하다 [형] 【Text=12/Freq1=16】
⓪ (예) [소리가/장래가] 불확실(不確實)하다.

≪붉다≫전체빈도합=83(0.0045%)

붉다 [형]★★★ 【Text=53/Freq1=83】
⓪ (예) 붉은 [노을/빛/색/피].

≪붉히다≫전체빈도합=26(0.0014%)

붉히다 [동] 【Text=18/Freq1=26】
① (예) [부끄러워서/화가 나서] 얼굴을 붉히다. 〔Text=17/Freq2=24(92.3%)〕
② (예) 그리움에 눈시울을 붉히다.
　　〔Text=2/Freq2=2(7.7%)〕
㉮<눈을 붉히다>
공짜라면 눈을 붉히고 덤비다. 〔×〕

≪붐비다≫전체빈도합=26(0.0014%)

붐비다 [동] 【Text=16/Freq1=26】
⓪ (예) 대합실이 인파로 붐비다.
　　〔Text=14/Freq2=20(76.9%)〕
❶ (예) 길에 [사람들이/차들이] 붐비다.
　　〔Text=3/Freq2=6(23.1%)〕

≪붓≫전체빈도합=20(0.0011%)

붓 몡☆☆★ 【Text=17/Freq1=20】
　① (예) 붓으로[그림을 그리다/글씨를 쓰다]. 〔Text=13/Freq2=14(70%)〕
　② (예) 현실 문제에 대해 붓을 놀리다.
　　〔Text=4/Freq2=4(20%)〕
　③ (예) 붓을 꺾고 작품 활동을 그만두다.
　　〔Text=2/Freq2=2(10%)〕

≪붓다≫전체빈도합=44(0.0024%)

붓다¹ 동 【Text=14/Freq1=22(50%)】
　① (예) [눈이/목이/임파선이] 붓다.
　　〔Text=13/Freq2=21(95.5%)〕
　② (예) 그가 못마땅한지 퉁퉁 부어 있다.
　　〔Text=1/Freq2=1(4.5%)〕
　관<간이 붓다>
　　간이 부었는지 돈을 펑펑 쓰다. 〔×〕

붓다² 동★★★ 【Text=21/Freq1=22(50%)】
　① (예) [가루를/물을] 붓다.
　　〔Text=15/Freq2=15(68.2%)〕
　② (예) [곗돈을/이자를/적금을] 붓다.
　　〔Text=4/Freq2=5(22.7%)〕
　관<쏟아 붓다>
　　① (예) 장대비가 쏟아 붓다.
　　　〔Text=1/Freq2=1(4.5%)〕
　　② (예) 물건을 바닥에 쏟아 붓다.
　　　〔Text=1/Freq2=1(4.5%)〕

≪붙다≫전체빈도합=219(0.0118%)

붙다 동★★★ 【Text=106/Freq1=219】
Ⅰ① (예) [나뭇잎이 창에/이마에 반창고가] 붙다. 〔Text=49/Freq2=84(38.4%)〕
　② (예) 앞사람 뒤에 바싹 붙어 가다.
　　〔Text=13/Freq2=28(12.8%)〕
　③㉠ (예) [권력에/정권에] 붙다. 〔×〕
　　㉡ (예) [감시가/미행이] 붙다.
　　　〔Text=6/Freq2=6(2.7%)〕
　　㉢ (예) 저런 남자에게 붙는 여자도 있을까. 〔×〕
　④㉠ (예) 배에 [군살이/지방이] 붙다.
　　　〔Text=2/Freq2=2(0.9%)〕
　　㉡ (예) [이자가/현상금이] 붙다.
　　　〔Text=1/Freq2=2(0.9%)〕
　⑤㉠ (예) [별명이/제목이] 붙다.
　　　〔Text=16/Freq2=18(8.2%)〕
　　㉡ (예) [단서가/조건이] 붙다.
　　　〔Text=5/Freq2=5(2.3%)〕
　⑥ (예) [대학에/시험에] 붙다.
　　〔Text=11/Freq2=19(8.7%)〕
　⑦ (예) [집에/한 곳에] 붙어 있다. 〔×〕
　⑧ (예) [경쟁이/시비가] 붙다.
　　〔Text=8/Freq2=8(3.7%)〕
　⑨㉠ (예) [습관이/이력이] 붙다.
　　　〔Text=1/Freq2=1(0.5%)〕
　　㉡ (예) [자신이/재미가] 붙다.
　　　〔Text=1/Freq2=1(0.5%)〕
　　㉢ (예) [실력이/힘이] 붙다.
　　　〔Text=4/Freq2=4(1.8%)〕
　　㉣ (예) [속도가/속력이] 붙다.
　　　〔Text=2/Freq2=2(0.9%)〕
　⑩ (예) 겨우 [생명이/숨이] 붙어 있다.
　　〔Text=1/Freq2=2(0.9%)〕
　⑪ (예) 귀신이 붙다.
　　〔Text=2/Freq2=2(0.9%)〕
　⑫ (예) 불이 붙다.
　　〔Text=4/Freq2=4(1.8%)〕
　⑬ (예) 옷이 몸에 딱 붙다.
　　〔Text=2/Freq2=3(1.4%)〕
　⑭ (예) 일손이 모자라니 너도 와서 붙어라. 〔×〕
Ⅱ① (예) 사랑채와 서재가 붙은 집./ 집들이 다닥다닥 붙다.
　　〔Text=14/Freq2=18(8.2%)〕
　② (예) 친구들과 붙어 다니다.
　　〔Text=2/Freq2=2(0.9%)〕
　③ (예) 그녀와 두목이 붙었다는 소문.
　　〔Text=1/Freq2=2(0.9%)〕
　관<간에 붙었다 쓸개에 붙었다 하다> 〔×〕
　관<불이 붙다>
　　① (예) 선거에 불이 붙다.
　　　〔Text=2/Freq2=2(0.9%)〕
　　② (예) 그녀의 가슴에 불이 붙다. 〔×〕
　　③ (예) 전화통에 불이 붙다. 〔×〕
　관<빈대(를) 붙다> 〔×〕
　관<입에 붙다> 술이 입에 짝짝 붙다. 〔×〕
　ⓧ 〔Text=3/Freq2=4(1.8%)〕

≪붙들다≫전체빈도합=36(0.0019%)

붙들다 동 【Text=25/Freq1=36】
　① (예) [소매를/손잡이를] 붙들고 서다.
　　〔Text=8/Freq2=10(27.8%)〕
　②㉠ (예) 사람들을 붙들어다 가두다.
　　　〔Text=8/Freq2=10(27.8%)〕
　　㉡ (예) 사람들을 붙들고 길을 묻다.
　　　〔Text=5/Freq2=5(13.9%)〕

③ (예) 왼손으로 지휘봉을 붙들다. 〔×〕
❹ (예) 혼자 어려운 일을 붙들고 있다.
　　〔Text=7/Freq2=7(19.4%)〕
관<붙들고 늘어지다> 의문을 붙들고
　　늘어지다. 〔Text=3/Freq2=3(8.3%)〕
관<붙들어 매다> 걱정일랑 붙들어 매라.
　　〔Text=1/Freq2=1(2.8%)〕

≪붙이다≫전체빈도합=262(0.0141%)

붙이다 [동]★★★ 【Text=121/Freq1=262】
Ⅰ ① (예) [얼굴에 반창고를/종이를 풀로]
　　붙이다. 〔Text=58/Freq2=89(34%)〕
② (예) 어깨를 벽으로 붙이고 걷다.
　　〔Text=7/Freq2=12(4.6%)〕
③ (예) [구실을/단서를] 붙이다.
　　〔Text=10/Freq2=12(4.6%)〕
④ (예) [이름을/제목을] 붙이다.
　　〔Text=36/Freq2=73(27.9%)〕
⑤ (예) [세금을/이자를] 붙이다.
　　〔Text=2/Freq2=2(0.8%)〕
⑥ (예) 가정교사를 붙이다. 〔×〕
⑦ (예) 자녀를 원하는 대학에 붙이다. 〔×〕
⑧ (예) [싸움을/흥정을] 붙이다. 〔×〕
⑨ ㉠ (예) [마음을/재미를] 붙이다.
　　　　〔Text=4/Freq2=4(1.5%)〕
　　㉡ (예) 속도를 붙여 걷다. 〔×〕
⑩ (예) 불을 붙이다.
　　〔Text=25/Freq2=38(14.5%)〕
⑪ (예) 그 일에 나도 붙여 줘.
　　〔Text=1/Freq2=1(0.4%)〕
⑫ (예) [말을/수작을] 붙이다.
　　〔Text=7/Freq2=9(3.4%)〕
⑬ (예) 경례를 붙이다.
　　〔Text=2/Freq2=2(0.8%)〕
⑭ (예) 몸을 붙일 데가 없다. 〔×〕
⑮ (예) 이름 뒤에 님 자를 붙이다.
　　〔Text=4/Freq2=6(2.3%)〕
⑯ (예) 부업으로 봉투를 붙이다.
　　〔Text=2/Freq2=2(0.8%)〕
⑰ (예) 사물마다에 의미를 붙이다.
　　〔Text=2/Freq2=2(0.8%)〕
⑱ (예) [심의에/입찰을] 붙이다.
　　☞부치다³①. 〔Text=2/Freq2=2(0.8%)〕
⑲ (예) 멜로디에 가사를 붙이다.
　　〔Text=1/Freq2=1(0.4%)〕
⑳ (예) [부침개를/지짐을] 붙이다.
　　〔Text=1/Freq2=1(0.4%)〕
㉑ (예) 우체국에서 소포를 붙이다.
　　☞부치다². 〔Text=1/Freq2=1(0.4%)〕
Ⅱ ① (예) 두 사람을 붙여 주다. 〔×〕
② (예) 담수를 붙여 새끼를 낳다. 〔×〕
Ⅲ ① (예) [목숨을/숨을] 붙이다. 〔×〕
② (예) 잠시 눈을 붙이다.
　　〔Text=2/Freq2=2(0.8%)〕
③ (예) 구령을 붙이다.
　　〔Text=1/Freq2=1(0.4%)〕
관<발(을) 붙이다>
　　⓪ 연극계에 발을 붙이다. 〔×〕
　　❶ 고향엔 발도 안 붙이다.
　　　〔Text=1/Freq2=1(0.4%)〕
관<불(을) 붙이다> 논쟁에 불을 붙이다. 〔×〕
Ⓧ 〔Text=1/Freq2=1(0.4%)〕

≪붙잡다≫전체빈도합=43(0.0023%)

붙잡다 [동]☆☆★ 【Text=26/Freq1=43】
① (예) [손을/줄을] 단단히 붙잡다.
　　〔Text=11/Freq2=19(44.2%)〕
② ㉠ (예) 지나가는 사람을 붙잡고 말하다.
　　　　〔Text=2/Freq2=2(4.7%)〕
　　㉡ (예) 달아나는 도둑을 붙잡다.
　　　　〔Text=7/Freq2=10(23.3%)〕
　　㉢ (예) 떠나려는 사람을 붙잡다.
　　　　〔Text=6/Freq2=8(18.6%)〕
③ (예) 기회를 붙잡다. 〔Text=1/Freq2=3(7%)〕
Ⓧ 〔Text=_/Freq2=1(2.3%)〕

≪붙잡히다≫전체빈도합=23(0.0012%)

붙잡히다 [동] 【Text=18/Freq1=23】
⓪ (예) [경찰에/적에게] 붙잡히다.
　　〔Text=18/Freq2=22(95.7%)〕
❶ (예) [멱살을/팔을] 붙잡히다.
　　〔Text=1/Freq2=1(4.3%)〕

≪비≫전체빈도합=378(0.0204%) [132]

비¹ [명]★★★ 【Text=89/Freq1=355(93.9%)】
⓪ (예) 비가 [내리다/오다].
　　〔Text=89/Freq2=353(99.4%)〕
관<비 오듯 하다> 땀이 비 오듯 하다.
　　〔Text=2/Freq2=2(0.6%)〕

---

[132] 『연세 한국어 사전』의 '바⁶'(예:비무장), '-비⁷'(예:교통비)는 말뭉치의 분석에 적용하지 않았으므
로 제외한다.

비² 명 【Text=6/Freq1=8(2.1%)】
　⓪ (예) 비로 마당을 쓸다.
비³ 명 【Text=4/Freq1=5(1.3%)】
　⓪ (예) 물질의 질량과 부피와의 비(比).
비⁴ 명 【Text=2/Freq1=4(1.1%)】
　⓪ (예) 비(碑)를 세우다.
비⁵ 명 【Text=0/Freq1=0】 ⓧ
　⓪ (예) 황제의 비(妃). 〔×〕
비ˣ ? 【Text=3/Freq1=6(1.6%)】

≪비교≫전체빈도합=30(0.0016%)

비교 명 ★☆★ 【Text=20/Freq1=30】
　⓪ (예) [문화의/역사적] 비교(比較)를 하다.
　　〔Text=20/Freq2=30(100%)〕
　관 <비교 연구> 〔×〕

≪비교적≫전체빈도합=48(0.0026%)

비교적 부 【Text=39/Freq1=48】
　⓪ (예) 값이 비교적(比較的) 싸다.

≪비교하다≫전체빈도합=237(0.0128%)

비교하다 동 ★★☆ 【Text=81/Freq1=237】
　⓪ (예) [모양을/특징을] 비교(比較)하다.

≪비극≫전체빈도합=37(0.0020%)

비극 명 【Text=23/Freq1=37】
　① (예) 셰익스피어의 비극(悲劇) 햄릿.
　　〔Text=5/Freq2=11(29.7%)〕
　② (예) 이런 현실은 비극이다.
　　〔Text=18/Freq2=26(70.3%)〕

≪비난≫전체빈도합=16(0.0009%)

비난 명 【Text=15/Freq1=16】
　⓪ (예) 비난(非難)을 [듣다/받다/하다].

≪비난하다≫전체빈도합=16(0.0009%)

비난하다 동 【Text=14/Freq1=16】
　⓪ (예) [남을/상대를/정부를] 비난(非難)하다.

≪비누≫전체빈도합=34(0.0018%)

비누 명 ☆★★ 【Text=19/Freq1=34】
　⓪ (예) 옷을 비누로 빨다.

≪비닐≫전체빈도합=51(0.0027%)

비닐 명 ★☆☆ 【Text=26/Freq1=51】
　⓪ (예) 물에 젖지 않게 비닐로 싸다.
　　〔Text=21/Freq2=41(80.4%)〕
　관 <비닐 봉지> 〔Text=7/Freq2=10(19.6%)〕

≪비다≫전체빈도합=208(0.0112%)

비다 동 ★★★ 【Text=91/Freq1=208】
　① (예) 속이 텅 비다./빈 컵.
　　〔Text=50/Freq2=111(53.4%)〕
　② (예) 빈 사무실이 많다.
　　〔Text=27/Freq2=38(18.3%)〕
　③ (예) 빈 손으로 찾아오다.
　　〔Text=3/Freq2=3(1.4%)〕
　④ (예) 시간이 비다. 〔Text=1/Freq2=1(0.5%)〕
　⑤ (예) 가슴이 텅 비다.
　　〔Text=6/Freq2=9(4.3%)〕
　⑥ (예) 빈 웃음을 웃다./빈 이름뿐인 선비.
　　〔Text=4/Freq2=7(3.4%)〕
　⑦ (예) [돈이/물건이] 비다.
　　〔Text=1/Freq2=1(0.5%)〕
　❽ (예) 텅 빈 바닷가를 거닐다.
　　〔Text=21/Freq2=33(15.9%)〕
　관 <[골이/머리가] 비다>
　　〔Text=2/Freq2=2(1%)〕
　관 <마음이 비다> 〔Text=2/Freq2=2(1%)〕
　ⓧ 〔Text=1/Freq2=1(0.5%)〕

≪비단≫전체빈도합=27(0.0015%)

비단¹ 명 ☆☆★ 【Text=13/Freq1=15(55.6%)】
　⓪ (예) 비단(緋緞)으로 옷을 짓다.
비단² 부 【Text=9/Freq1=12(44.4%)】
　⓪ (예) 비단(非但) 우리만의 문제가 아니다.

≪비둘기≫전체빈도합=12(0.0006%)

비둘기 명 ☆☆★ 【Text=7/Freq1=12】
　⓪ (예) 비둘기들이 날아들다.

≪비디오≫전체빈도합=48(0.0026%)

비디오 명 ☆★☆ 【Text=23/Freq1=48】
　① (예) 비디오 [가수/모니터].
　　〔Text=7/Freq2=10(20.8%)〕
　② (예) 비디오를 켜다.
　　〔Text=5/Freq2=9(18.8%)〕
　③ (예) 비디오 가게./비디오를 빌리다.
　　〔Text=12/Freq2=20(41.7%)〕
　④ (예) 비디오 [예술/자료].
　　〔Text=2/Freq2=3(6.3%)〕
　❺ (예) 잔치를 비디오로 찍다.
　　〔Text=4/Freq2=6(12.5%)〕

≪비로소≫전체빈도합=97(0.0052%)

비로소 부 ☆☆★ 【Text=64/Freq1=97】
　⓪ (예) 집을 떠나 보아야 비로소 가정의 고마움을 알다.

≪비록≫전체빈도합=117(0.0063%)

비록¹ 명 【Text=0/Freq1=0】 ⓧ
① (예) 궁궐의 숨겨진 일화를 담은 비록(秘錄)이 발견되다. 〔×〕

비록² 튀 ☆☆★ 【Text=64/Freq1=117(100%)】
① (예) 비록 배는 고프지만 음식에 손대지 않다.

≪비롯되다≫전체빈도합=46(0.0025%)

비롯되다 동 【Text=33/Freq1=46】
① (예) 신라 때부터 비롯된 풍속.
   〔Text=5/Freq2=7(15.2%)〕
② (예) 모든 병은 무지에서 비롯되다.
   〔Text=30/Freq2=39(84.8%)〕

≪비롯하다≫전체빈도합=107(0.0058%)

비롯하다 동★★☆ 【Text=65/Freq1=107】
Ⅰ (예) 신라에서 비롯한 풍류.
   〔Text=5/Freq2=6(5.6%)〕
Ⅱ (예) 할머니를 비롯해 가족 모두가 모이다.
   〔Text=61/Freq2=101(94.4%)〕

≪비명≫전체빈도합=34(0.0018%)

비명¹ 명 【Text=19/Freq1=33(97.1%)】
① (예) 놀라서 비명(悲鳴)을 지르다.

비명² 명 【Text=1/Freq1=1(2.9%)】
① (예) 영조가 친필로 비명(碑銘)을 쓰다.

비명³ 명 【Text=0/Freq1=0】 ⓧ
① (예) 당쟁의 소용돌이 속에서 비명(非命)에 죽다. 〔×〕
관 <비명 횡사> 〔×〕

≪비밀≫전체빈도합=94(0.0051%)

비밀 명★★★ 【Text=45/Freq1=94】
① (예) 사람들에게 비밀(秘密)로 하다.
   〔Text=27/Freq2=41(43.6%)〕
② (예) 그것은 내게 은밀한 비밀이다.
   〔Text=13/Freq2=34(36.2%)〕
③ (예) 우주 탄생의 비밀을 풀다.
   〔Text=11/Freq2=19(20.2%)〕
관 <비밀 경찰> 〔×〕

≪비바람≫전체빈도합=16(0.0009%)

비바람 명 【Text=12/Freq1=16】
① (예) 비바람이 [몰아치다/불다].
   〔Text=11/Freq2=14(87.5%)〕
② (예) 세월의 비바람에 빛이 바래다.
   〔Text=2/Freq2=2(12.5%)〕

≪비비다≫전체빈도합=20(0.0011%)

비비다 동 ☆☆★ 【Text=18/Freq1=20】
① (예) 담뱃불을 재떨이에 비벼 끄다.
   /[눈꺼풀을/두 손을] 비비다.
   〔Text=16/Freq2=18(90%)〕
② (예) 보리밥을 고추장으로 비비다.
   〔Text=2/Freq2=2(10%)〕

≪비빔밥≫전체빈도합=5(0.0003%)

비빔밥 명☆★☆ 【Text=5/Freq1=5】
① (예) 비빔밥을 먹다.

≪비석≫전체빈도합=20(0.0011%)

비석 명 【Text=11/Freq1=20】
① (예) 비석(碑石)을 세우다.
   〔Text=11/Freq2=20(100%)〕
② (예) 거리의 늘비한 비석들에 진실이 담겨 있을까. 〔×〕

≪비슷하다≫전체빈도합=222(0.0120%)

비슷하다 형★★★ 【Text=101/Freq1=222】
① (예) [나이가/외모가/특징이] 비슷하다.
   〔Text=91/Freq2=206(92.8%)〕
② (예) 농담 비슷한 이야기./사랑 비슷한 감정. 〔Text=14/Freq2=16(7.2%)〕

≪비싸다≫전체빈도합=100(0.0054%)

비싸다 형★★★ 【Text=53/Freq1=100】
① (예) 값이 비싸다.
   〔Text=52/Freq2=99(99%)〕
관 <비싸게 굴다> 〔Text=1/Freq2=1(1%)〕

≪비용≫전체빈도합=66(0.0036%)

비용 명★★★ 【Text=31/Freq1=66】
① (예) [결혼/여행] 비용(費用).

≪비우다≫전체빈도합=37(0.0020%)

비우다 동 【Text=27/Freq1=37】
① (예) 쓰레기통을 비우다.
   〔Text=4/Freq2=5(13.5%)〕
② (예) 냉면 한 그릇을 깨끗이 비우다.
   〔Text=9/Freq2=13(35.1%)〕
③ (예) [가게를/집을] 비우고 외출하다.
   〔Text=9/Freq2=9(24.3%)〕
④ (예) 내달까지 셋방을 비워 주다.
   〔Text=3/Freq2=4(10.8%)〕
⑤ ㉠ (예) 직장을 비우다.
   〔Text=1/Freq2=1(2.7%)〕
   ㉡ (예) 학기를 비우다. 〔×〕
⑥ (예) [시간을/하루를] 비우다. 〔×〕

㉿ <마음을 비우다>
　　〔Text=3/Freq2=3(8.1%)〕
ⓧ 〔Text=2/Freq2=2(5.4%)〕

≪**비웃다**≫전체빈도합=45(0.0024%)
비웃다 동 【Text=30/Freq1=45】
　⓪ (예) 남의 실수를 비웃다.

≪**비유하다**≫전체빈도합=18(0.0010%)
비유하다 동 【Text=14/Freq1=18】
　⓪ (예) 인생을 [구름에/나무에] 비유(比喩)하다.

≪**비율**≫전체빈도합=26(0.0014%)
비율 명 ★☆☆ 【Text=12/Freq1=26】
　⓪ (예) 남녀 학생의 비율(比率).

≪**비중**≫전체빈도합=37(0.0020%)
비중 명 【Text=14/Freq1=37】
　① (예) 물보다 비중(比重)이 작다. 〔×〕
　② (예) 생활비에서 교육비가 큰 비중을
　　　차지하다. 〔Text=14/Freq2=37(100%)〕

≪**비참하다**≫전체빈도합=24(0.0013%)
비참하다 형 ☆☆★ 【Text=18/Freq1=24】
　⓪ (예) 비참(悲慘)하게 살다.
　　　/비참한 [기분/꼴]이 되다.

≪**비추다**≫전체빈도합=69(0.0037%)
비추다 동 ★☆☆ 【Text=41/Freq1=69】
Ⅰ ⓪ (예) [달이/햇살이/형광등이] 방을
　　　비추다. 〔Text=14/Freq2=29(42%)〕
　❶ (예) 카메라가 마을을 멀리 비추다.
　　　〔Text=2/Freq2=7(10.1%)〕
　❷ (예) 거울이 모습을 비추어 주다.
　　　〔Text=3/Freq2=4(5.8%)〕
Ⅱ ① (예) [손전등을/조명을] 비추다.
　　　〔Text=6/Freq2=7(10.1%)〕
　② (예) 싫다는 뜻을 비추다. 〔×〕
Ⅲ ① (예) [불빛에/형광등에] 비춰 보다. 〔×〕
　② (예) [강물에/거울에] 몸을 비춰 보다.
　　　〔Text=8/Freq2=9(13%)〕
　③ (예) 경험에 비추어 판단하다.
　　　〔Text=12/Freq2=13(18.8%)〕

≪**비치다**≫전체빈도합=67(0.0036%)
비치다 동 ★☆★ 【Text=38/Freq1=67】
Ⅰ ① (예) 호수에 차의 불빛이 비치다.
　　　〔Text=14/Freq2=14(20.9%)〕
　② (예) 강물 위에 산이 비치다.
　　　〔Text=16/Freq2=36(53.7%)〕
　③ (예) 좋지 못한 징조가 비치다.
　　　〔Text=3/Freq2=3(4.5%)〕
　④ (예) 속옷이 비치는 치마를 입다.
　　　〔Text=3/Freq2=3(4.5%)〕
Ⅱ ① (예) [눈치를/이야기를] 슬쩍 비치다. 〔×〕
　② (예) [모습을/얼굴을] 비치다.
　　　〔Text=2/Freq2=2(3%)〕
Ⅲ (예) 내 눈에 [바보로/아이로] 비치다.
　　　〔Text=7/Freq2=8(11.9%)〕
ⓧ 〔Text=1/Freq2=1(1.5%)〕

≪**비키다**≫전체빈도합=29(0.0016%)
비키다 동 【Text=21/Freq1=29】
Ⅰ (예) 사람들이 슬금슬금 비키다./저리
　　　비키세요. 〔Text=13/Freq2=16(55.2%)〕
Ⅱ ① (예) [몸을/시선을] 비키다.
　　　〔Text=1/Freq2=1(3.4%)〕
　② (예) [길을/찻길을] 비켜 주다.
　　　〔Text=6/Freq2=8(27.6%)〕
　③ (예) 차가 교회를 비켜 동네 쪽으로 꺾어
　　　들다. 〔Text=3/Freq2=4(13.8%)〕

≪**비틀거리다**≫전체빈도합=20(0.0011%)
비틀거리다 동 【Text=16/Freq1=20】
　⓪ (예) 술에 취해 비틀거리다.

≪**비판**≫전체빈도합=74(0.0040%)
비판 명 【Text=23/Freq1=74】
　⓪ (예) 정부에 대해 비판(批判)을 하다.

≪**비판하다**≫전체빈도합=50(0.0027%)
비판하다 동 【Text=19/Freq1=50】
　① (예) 언론이 정부를 비판(批判)하다.
　　　〔Text=7/Freq2=18(36%)〕
　② (예) [무관심을/오류를] 비판하다.
　　　〔Text=13/Freq2=32(64%)〕

≪**비하다**≫전체빈도합=156(0.0084%)
비하다 동 ★★☆ 【Text=80/Freq1=156】
Ⅰ (예) 예전 것과 비(比)할 수 없다.
　　　〔Text=5/Freq2=5(3.2%)〕
Ⅱ ① (예) 다른 사람들에 비해 젊다.
　　　〔Text=72/Freq2=129(82.7%)〕
　② (예) 형은 성격이 강한 데 비해 아우는
　　　순하다. 〔Text=16/Freq2=21(13.5%)〕
㉿ <비할 데(가) 없다>
　　　〔Text=1/Freq2=1(0.6%)〕

≪비행기≫전체빈도합=98(0.0053%)

비행기 명★★★ 【Text=44/Freq1=98】
  ⓪ (예) 비행기(飛行機)를 타다.
     〔Text=42/Freq2=96(98%)〕
  관 <비행기를 태우다>
     〔Text=2/Freq2=2(2%)〕

≪비행기표⁺≫전체빈도합=3(0.0002%)

비행기표⁰ 명☆★☆ 【Text=2/Freq1=3】
  ❶ (예) 비행기표(飛行機票)를 예약하다.

≪빈곤≫전체빈도합=21(0.0011%)

빈곤 명 【Text=11/Freq1=21】
  ① (예) 기아와 빈곤(貧困)에 시달리다.
     〔Text=5/Freq2=15(71.4%)〕
  ② (예) [소재의/외교의/철학의] 빈곤을
     드러내다. 〔Text=6/Freq2=6(28.6%)〕

≪빌다≫전체빈도합=93(0.0050%)

빌다¹ 동 【Text=15/Freq1=19(20.4%)】
  Ⅰ ①㉠ (예) 술기운을 빌어 고백하다.
         〔Text=3/Freq2=4(21.1%)〕
       ㉡ (예) 중국 고사를 빌어 비유하다.
         〔Text=7/Freq2=8(42.1%)〕
     ② (예) 거지가 밥을 빌어 먹다.
         〔Text=3/Freq2=4(21.1%)〕
  Ⅱ ① (예) 이 기회를 빌어 고마움을 전하다.
         〔Text=3/Freq2=3(15.8%)〕
     ② (예) 그의 [말을/표현을] 빌면 이렇다. 〔×〕

빌다² 동★★★ 【Text=45/Freq1=74(79.6%)】
  ① (예) [건강을/합격을/뜻대로 되길
         /어머니를 살려 달라고] 신에게 빌다.
         〔Text=32/Freq2=57(77%)〕
  ② (예) 친구에게 [용서를/잘못을/잘못했다
         고] 빌다. 〔Text=17/Freq2=17(23%)〕

≪빌딩≫전체빈도합=29(0.0016%)

빌딩 명☆★☆ 【Text=19/Freq1=29】
  ⓪ (예) 빌딩을 세우다.

≪빌려주다≫전체빈도합=8(0.0004%)

빌려주다 동☆★☆ 【Text=7/Freq1=8】
  ① (예) 친구에게 물건을 빌려주다.
     〔Text=4/Freq2=5(62.5%)〕
  ② (예) 사람들에게 [방을/집을] 빌려주다.
     〔Text=1/Freq2=1(12.5%)〕

③ (예) [이름을/지혜를] 빌려주다.
     〔Text=2/Freq2=2(25%)〕

≪빌리다≫전체빈도합=98(0.0053%)

빌리다 동★★★ 【Text=60/Freq1=98】
  ⓪ (예) [담뱃불을/차를] 빌리다.
     〔Text=34/Freq2=46(46.9%)〕
  ❶ (예) 돈을 빌리다. 〔Text=6/Freq2=7(7.1%)〕
  ❷ (예) [남의 손을/머리를/일손을/지혜를] 빌려
     일을 마치다.
     〔Text=6/Freq2=6(6.1%)〕
  ❸ (예) [관객자 말을/시의 형식을] 빌리다.
     〔Text=6/Freq2=7(7.1%)〕
  관 <귀를 빌리다> 귀 좀 잠깐 빌리자.
     〔Text=1/Freq2=1(1%)〕
  관 <빌려 [주다/달라다/드리다]>
     〔Text=17/Freq2=31(31.6%)〕

≪빗≫전체빈도합=6(0.0003%) [133]

빗¹ 명☆☆★ 【Text=5/Freq1=6】
  ⓪ (예) 빗으로 머리를 빗다.

≪빗다≫전체빈도합=20(0.0011%)

빗다 동 【Text=10/Freq1=20】
  ⓪ (예) 머리를 빗다.

≪빗물≫전체빈도합=19(0.0010%)

빗물 명 【Text=13/Freq1=19】
  ⓪ (예) 마당에 빗물이 고이다.

≪빗방울≫전체빈도합=19(0.0010%)

빗방울 명 【Text=13/Freq1=19】
  ⓪ (예) 빗방울이 떨어지다.

≪빙그레≫전체빈도합=30(0.0016%)

빙그레 부 【Text=22/Freq1=30】
  ⓪ (예) 빙그레 [웃다/웃음을 짓다].

≪빚≫전체빈도합=21(0.0011%)

빚 명☆☆★ 【Text=18/Freq1=21】
  ① (예) 빚을 [갚다/내다/얻다].
     〔Text=16/Freq2=19(90.5%)〕
  ② (예) 아녀에게 마음의 빚을 지다.
     〔Text=2/Freq2=2(9.5%)〕

≪빚다≫전체빈도합=39(0.0021%)

빚다 동 【Text=27/Freq1=39】
  ①㉠ (예) 떡을 빚다.

---

133) 『연세 한국어 사전』의 '빗²'(예:빗나가다)는 말뭉치의 분석어 적용하지 않았으므로 제외한다.

〔Text=8/Freq2=14(35.9%)〕
ⓛ (예) 도자기를 빚다.
〔Text=6/Freq2=6(15.4%)〕
② (예) 술을 빚다. 〔Text=2/Freq2=2(5.1%)〕
③ (예) [물의를/혼선을] 빚다.
〔Text=13/Freq2=15(38.5%)〕
ⓧ 〔Text=2/Freq2=2(5.1%)〕

≪빛≫전체빈도합=165(0.0089%)

빛 명★★★ 【Text=62/Freq1=165】
① (예) 아침 해가 빛을 뿜어내다./가로등 빛이 비치다. 〔Text=25/Freq2=66(40%)〕
② (예) 빛이 바랜 바지./흰 빛의 옷.
〔Text=22/Freq2=47(28.5%)〕
③ (예) 얼굴에 [낭패의/우울한] 빛이 서리다./억울하다는 빛이 뚜렷하다.
〔Text=14/Freq2=22(13.3%)〕
④ (예) 사내의 눈이 기묘하게 빛을 띠다.
〔Text=3/Freq2=4(2.4%)〕
⑤ (예) [노력이/재능이] 빛을 발하다.
〔Text=8/Freq2=9(5.5%)〕
❻ (예) 밝은 빛이 가득 찬 내일.
〔Text=5/Freq2=5(3%)〕
관<빛 좋은 개살구> 〔×〕
관<빛을 발하다> 문단에서 빛을 발하다.
〔Text=4/Freq2=4(2.4%)〕
관<빛을 보다> 작품들이 다시 빛을 보다.
〔Text=3/Freq2=5(3%)〕
관<빛을 잃다> 〔×〕
관<빛이 나다> 빛이 안 나는 일.
〔Text=1/Freq2=1(0.6%)〕
ⓧ 〔Text=2/Freq2=2(1.2%)〕

≪빛깔≫전체빈도합=40(0.0022%)

빛깔 명★☆★ 【Text=27/Freq1=40】
⓪ (예) 옷 빛깔이 화려하다.

≪빛나다≫전체빈도합=83(0.0045%)

빛나다 동☆☆★ 【Text=49/Freq1=83】
⓪ (예) 빛나는 [미래/승리].
〔Text=15/Freq2=25(30.1%)〕
❶ (예) 햇빛을 받은 모래밭이 눈부시게 빛나다. 〔Text=16/Freq2=26(31.3%)〕
❷ (예) 밤하늘에 별이 빛나다.
〔Text=16/Freq2=19(22.9%)〕
❸ (예) 얼굴이 환히 빛나다.
〔Text=10/Freq2=10(12%)〕

관<~에 빛나는 ~>
오스카상에 빛나는 작품. 〔×〕
ⓧ 〔Text=3/Freq2=3(3.6%)〕

≪빛내다≫전체빈도합=30(0.0016%)

빛내다 동 【Text=20/Freq1=30】
⓪ (예) [나라를/역사를/이름을] 빛내다.
〔Text=17/Freq2=27(90%)〕
❶ (예) 눈을 빛내며 관심을 보이다.
〔Text=2/Freq2=2(6.7%)〕
관<자리를 빛내다> 〔Text=1/Freq2=1(3.3%)〕

≪빠뜨리다≫전체빈도합=28(0.0015%)

빠뜨리다 동 【Text=22/Freq1=28】
Ⅰ① (예) [가방을/발을] 물에 빠뜨리다.
〔Text=3/Freq2=7(25%)〕
② (예) 그를 [곤경에/절망에] 빠뜨리다.
〔Text=7/Freq2=7(25%)〕
Ⅱ① (예) 빠뜨린 [내용/말/이야기].
〔Text=11/Freq2=12(42.9%)〕
② (예) 술집에서 지갑을 빠뜨리다.
〔Text=1/Freq2=1(3.6%)〕
관<다 된 밥에 코 빠뜨리다>
〔Text=1/Freq2=1(3.6%)〕

≪빠르다≫전체빈도합=192(0.0103%)

빠르다 형★★★ 【Text=90/Freq1=192】
Ⅰ① (예) 비행기가 기차보다 빠르다.
/공이 빠르게 튀어 오르다.
〔Text=57/Freq2=110(57.3%)〕
② (예) 효과가 빠른 약./빠른 시일 안에 마치다. 〔Text=37/Freq2=62(32.3%)〕
③ (예) 회사에서 승진이 빠르다.
/약속 시간보다 10분쯤 빠른 시간.
〔Text=5/Freq2=7(3.6%)〕
④ (예) 아직 나들이 가기에는 빠르다.
〔Text=2/Freq2=2(1%)〕
Ⅱ① (예) [눈치가/계산이/상황 판단이] 빠르다. 〔Text=9/Freq2=10(5.2%)〕
② (예) [턱이/하관이] 빠른 [얼굴/이목구비].

〔×〕

≪빠져나가다*≫ 전체빈도합=30(0.0016%)

빠져나가다⁰ 동 【Text=24/Freq1=30】
❶ (예) [강의실을/집을] 빠져나가다.
〔Text=13/Freq2=16(64%)〕
❷ (예) [공기가/피가/혼이] 빠져나가다.
〔Text=8/Freq2=9(36%)〕
❸ (예) [곤경을/함정에서] 빠져나가다.
〔Text=5/Freq2=5(20%)〕

≪빠져나오다*≫ 전체빈도합=16(0.0009%)

빠져나오다⁰ 동 【Text=11/Freq1=16】
❶ (예) [강의실을/집을] 빠져나오다.
〔Text=8/Freq2=13(81.3%)〕
❷ (예) [공기가/피가/혼이] 빠져나오다.
〔Text=1/Freq2=1(6.3%)〕
❸ (예) [곤경을/손아귀에서] 빠져나오다.
〔Text=2/Freq2=2(12.5%)〕

≪빠져들다*≫ 전체빈도합=31(0.0017%)

빠져들다⁰ 동 【Text=20/Freq1=31】
❶ (예) [꿈에/잠에] 빠져들다.
〔Text=3/Freq2=3(9.7%)〕
❷ (예) [생각에/일에] 빠져들다.
〔Text=4/Freq2=9(29%)〕
❸ (예) [경치에/매력에/유혹에] 빠져들다.
〔Text=4/Freq2=5(16.1%)〕
❹ (예) 절망의 [상태에/수렁에] 빠져들다.
/충격에 빠져들다.
〔Text=11/Freq2=14(45.2%)〕

≪빠지다≫ 전체빈도합=363(0.0195%)

빠지다¹ 동 ★★★ 【Text=88/Freq1=198(54.5%)】
Ⅰ ① (예) [머리가/이빨이] 빠지다.
〔Text=12/Freq2=18(9.1%)〕
② (예) 밑이 빠진
독. 〔Text=1/Freq2=1(0.5%)〕
③ (예) 바람이 빠진 공./물이 빠지다.
〔Text=11/Freq2=17(8.6%)〕
④ (예) 옷에서 [물이/풀기가] 빠지다.
〔Text=2/Freq2=2(1%)〕
⑤ (예) 다리에 [기운이/힘이] 빠지다.
〔Text=12/Freq2=12(6.1%)〕
⑥ (예) [몸무게가/체중이] 빠지다.
〔Text=3/Freq2=30(15.2%)〕
⑦ (예) [명단에서 이름이/중요한 것이]
빠지다. 〔Text=9/Freq2=9(4.5%)〕
⑧ (예) [계에서/일에서] 빠지다.
〔Text=7/Freq2=12(6.1%)〕
⑨ (예) 이익은커녕 본전도 안 빠지다. 〔×〕
⑩ (예) [방이/집이] 빠지면 바로 이사하다.
〔×〕
⑪ (예) 두 달에서 닷새가 빠지다.
〔Text=1/Freq2=1(0.5%)〕
⑫ (예) 차가 잘 빠지다.
〔Text=1/Freq2=2(1%)〕
Ⅱ ① (예) [골목을/숲을] 빠져서 큰길로
나가다. 〔Text=3/Freq2=3(1.5%)〕
② (예) [공연을/수업을] 빠지다.
〔Text=8/Freq2=9(4.6%)〕
Ⅲ ① ㉠ (예) [옆길로/옆으로] 빠지다.
〔Text=2/Freq2=2(1%)〕
㉡ (예) 거제도에서 부산으로 빠졌다가
서울로 올라가다.
〔Text=3/Freq2=3(1.5%)〕
㉢ (예) 길이 시청 앞으로 빠지다.
〔Text=1/Freq2=1(0.5%)〕
② (예) 장사 길로 빠지다.
〔Text=1/Freq2=1(0.5%)〕
③ (예) 엉겁결에 뒤로 빠지다. 〔×〕
Ⅳ (예) 어디에도 빠지지 않는 [용모/인물]. 〔×〕
Ⅴ ① (예) [갸름하게/늘씬하게] 빠진
[생김새/용모]. 〔×〕
② (예) 몸매가 잘 빠지다. 〔×〕
③ (예) 하관이 쪽 빠지다.
〔Text=1/Freq2=1(0.5%)〕
관 <김(이) 빠지다> 〔Text=2/Freq2=2(1%)〕
관 <넋이 빠지다> 〔Text=2/Freq2=2(1%)〕
관 <눈물이 빠지다> 〔Text=1/Freq2=1(0.5%)〕
관 <[눈이/목이] 빠지게>
〔Text=1/Freq2=1(0.5%)〕
관 <등골이 빠지다> 〔×〕
관 <맥이 빠지다> 〔Text=5/Freq2=6(3.1%)〕
관 <배꼽이 빠지다> 〔×〕
관 <빠져 [나가다/나오다]>
〔Text=35/Freq2=54(27.3%)〕
관 <[뼈가/뼛골이] 빠지다>
〔Text=2/Freq2=2(1%)〕
관 <삼천포로 빠지다>
〔Text=1/Freq2=2(1%)〕
관 <쓸개 빠지다> 〔×〕
관 <[얼이/정신이] 빠지다>

〔Text=2/Freq2=2(1%)〕
관 <코가 빠지다> 〔×〕
ⓧ 〔Text=2/Freq2=2(1%)〕

빠지다² 동★★★ 【Text=80/Freq1=153(42.1%)】
① ㉠ (예) 물에 빠지다.
〔Text=25/Freq2=37(24.2%)〕
㉡ (예) 구덩이에 빠지다.
〔Text=10/Freq2=11(7.2%)〕
② (예) [궁지로/빈곤에] 빠지다.
〔Text=20/Freq2=30(19.6%)〕
③ (예) [생각에/허탈감에] 빠지다.
〔Text=27/Freq2=37(24.2%)〕
④ (예) [깊은 잠에/단잠에] 빠지다.
〔Text=5/Freq2=5(3.3%)〕
⑤ (예) [도박에/사랑에/취미에] 빠지다.
〔Text=18/Freq2=26(17%)〕
⑥ (예) [꾐에/유혹에/함정에] 빠지다.
〔Text=6/Freq2=7(4.6%)〕

빠지다³ 동보 【Text=8/Freq1=12(3.3%)】
⓪ (예) 닳아 빠진 낡은 청바지.
/그 흔해 빠진 라디오도 없다.

≪빤히≫전체빈도합=16(0.0009%)

빤히 동 【Text=12/Freq1=16】
① (예) 빤히 알다. 〔×〕
② (예) 빤히 [보다/쳐다보다].
〔Text=11/Freq2=15(93.3%)〕
③ (예) 불빛이 어둠 속을 빤히 밝히다. 〔×〕
④ (예) 창문에서 빤히 보이다.
〔Text=1/Freq2=1(6.3%)〕

≪빨갛다≫전체빈도합=105(0.0057%)

빨갛다 형★★★ 【Text=55/Freq1=105】
⓪ (예) 빨간 꽃./코끝이 빨갛게 얼다.

≪빨다≫전체빈도합=41(0.0022%)

빨다¹ 동 【Text=14/Freq1=17(41.5%)】
① (예) 아기가 젖을 빨다./담배를 빨다.
〔Text=12/Freq2=15(88.2%)〕
② (예) 사탕을 쪽쪽 빨다.
〔Text=2/Freq2=2(11.8%)〕
관 <손가락을 빨다> 〔×〕

빨다² 동☆★ 【Text=19/Freq1=23(56.1%)】
⓪ (예) [양말을/옷을] 빨다.

빨다ˣ ? 【Text=1/Freq1=1(2.4%)】

≪빨래≫전체빈도합=66(0.0036%)

빨래 명★★★ 【Text=33/Freq1=66】

① (예) 세탁기로 빨래를 하다.
〔Text=26/Freq2=51(77.3%)〕
② (예) 빨래를 [개다/널다]./빨래가 많다.
〔Text=13/Freq2=15(22.7%)〕

≪빨리≫전체빈도합=356(0.0192%)

빨리 부★★★ 【Text=138/Freq1=356】
⓪ (예) 빨리 달리다./말을 빨리 알아듣다.

≪빨리빨리≫전체빈도합=15(0.0008%)

빨리빨리 부 【Text=10/Freq1=15】
⓪ (예) 빨리빨리 일을 [서두르다/해치우다].

≪빵≫전체빈도합=66(0.0036%)

빵 명★★★ 【Text=34/Freq1=66】
① (예) 빵을 굽다. 〔Text=29/Freq2=57(86.4%)〕
② (예) 빵보다 자유가 더 소중하다.
〔Text=5/Freq2=7(10.6%)〕
ⓧ 〔Text=2/Freq2=2(3%)〕

≪빼놓다≫전체빈도합=23(0.0012%)

빼놓다 동 【Text=20/Freq1=23】
① (예) [반지를/전구를] 빼놓다. 〔×〕
② (예) 나를 빼놓고 자기들끼리 가다.
〔Text=2/Freq2=2(8.7%)〕
③ (예) 책만 빼놓고 다 버리다.
〔Text=18/Freq2=21(91.3%)〕
④ (예) [기운을/얼을] 빼놓다. 〔×〕

≪빼다≫전체빈도합=99(0.0053%)

빼다 동★★★ 【Text=56/Freq1=99】
Ⅰ ① ㉠ (예) 주머니에서 손을 빼다./
칼을 칼집에서 빼다.
〔Text=17/Freq2=21(21.2%)〕
㉡ (예) 생선 내장을 깨끗하게 빼다.
〔Text=1/Freq2=1(1%)〕
㉢ (예) 자판기에서 커피를 빼다.
〔Text=1/Freq2=1(1%)〕
② ㉠ (예) 숫자를 빼다.
〔Text=4/Freq2=5(5.1%)〕
㉡ (예) 발언을 회의록에서 빼다.
/자기 얘기를 빼고 말하다.
〔Text=9/Freq2=10(10.1%)〕
㉢ (예) 그를 [명단에서/팀에서] 빼다.
〔Text=2/Freq2=2(2%)〕
㉣ (예) 오후 몇 시간 빼고는 종일 흐리다.
/그 사건을 빼곤 모두 순조롭다.
〔Text=9/Freq2=9(9.1%)〕
③ (예) 타이어 공기를 빼다./논에 물을 빼다.

〔×〕
④ (예) [기운을/진을] 빼다. 〔×〕
⑤ (예) [넋을/얼을/정신을] 빼다. 〔×〕
⑥ (예) [살을/체중을] 빼다.
〔Text=2/Freq2=11(11.1%)〕
⑦ (예) 때를 빼다. 〔Text=2/Freq2=2(2%)〕
⑧ (예) [기계/종자] 값을 빼다. 〔×〕
⑨ (예) 목을 길게 빼다.
〔Text=6/Freq2=7(7.1%)〕
⑩ ㉠ (예) 몸을 뒤로 빼다.
〔Text=5/Freq2=5(5.1%)〕
㉡ (예) [의자를/자동차를] 뒤로 빼다.
〔Text=3/Freq2=5(5.1%)〕
⑪ (예) [대답을/소리를] 길게 빼다.
〔Text=3/Freq2=4(4%)〕
⑫ ㉠ (예) [돈을/예금을/전세금을] 빼다.
〔Text=2/Freq2=2(2%)〕
㉡ (예) [방을/집을] 빼다. 〔×〕
⑬ (예) 아이가 아버지를 쏙 빼다.
〔Text=1/Freq2=1(1%)〕
⑭ (예) 가게 물건을 몰래 빼다 팔다. 〔×〕
⑮ (예) 군대를 빼다. 〔×〕
⑯ (예) 영화를 거의 빼지 않고 보다.
〔Text=1/Freq2=2(2%)〕
⑰ (예) [얌전을/점잔을] 빼다. 〔×〕
⓲ (예) 사진을 빼다. 〔Text=2/Freq2=2(2%)〕
Ⅱ ① (예) [새 옷을/한복으로] 빼어 입다. 〔×〕
② (예) [바쁘다고/식에 안 가려고] 빼다.
〔Text=2/Freq2=4(4%)〕
Ⅲ (예) 범인들이 해외로 빼다. 〔×〕
[관] <꽁무니를 빼다> 〔Text=1/Freq2=2(2%)〕
[관] <때 빼고 광내다> 〔×〕
[관] <목을 빼다> 목을 빼고 기다리다. 〔×〕
[관] <몸을 빼다> 〔×〕
[관] <발을 빼다> 〔Text=2/Freq2=2(2%)〕
[관] <빼다 박다> 〔×〕
[관] <빼(지)도 박(지)도 못하다> 〔×〕
[관] <용 빼는 재주> 〔×〕
[관] <(진)땀(을) 빼다> 〔Text=1/Freq2=1(1%)〕

≪**빼앗기다**≫전체빈도합=45(0.0024%)

빼앗기다 [동] 【Text=33/Freq1=45】
① (예) [나라를/돈을/물건을] 빼앗기다.
〔Text=24/Freq2=31(68.9%)〕
② (예) [선두를/주도권을] 빼앗기다.
〔Text=8/Freq2=9(20%)〕
③ (예) 취미에 시간을 빼앗기다.
〔Text=1/Freq2=1(2.2%)〕
④ (예) 놀음에 [넋을/마음을] 빼앗기다.
〔Text=4/Freq2=4(8.9%)〕

≪**빼앗다**≫전체빈도합=60(0.0032%)

빼앗다 [동]★☆★ 【Text=38/Freq1=60】
Ⅰ ① (예) [그에게서/손에서] [돈을/서류를] 빼앗다. 〔Text=20/Freq2=29(48.3%)〕
② (예) [권력을/재산을] 빼앗다.
〔Text=19/Freq2=27(45%)〕
Ⅱ ① (예) 시간을 빼앗다. 〔×〕
② (예) [마음을/혼을] 빼앗다.
〔Text=1/Freq2=1(1.7%)〕
ⓧ 〔Text=3/Freq2=3(5%)〕

≪**뺏다**≫전체빈도합=24(0.0013%) [134)]

뺏다 [동] 【Text=16/Freq1=24】
Ⅰ ① (예) [그에게서/손에서] [돈을/서류를] 뺏다. 〔Text=12/Freq2=18(75%)〕
② (예) [권력을/재산을] 뺏다.
〔Text=3/Freq2=3(12.5%)〕
Ⅱ ① (예) 시간을 뺏다.
〔Text=1/Freq2=1(4.2%)〕
② (예) [마음을/혼을] 뺏다.
〔Text=2/Freq2=2(8.3%)〕

≪**뺨**≫전체빈도합=27(0.0015%)

뺨 [명]☆☆★ 【Text=20/Freq1=27】
⓪ (예) 뺨 위로 눈물이 흐르다.
〔Text=20/Freq2=27(100%)〕
[관] <뺨을 올리다> 〔×〕

≪**뻔하다**≫전체빈도합=85(0.0046%)

뻔하다[1] [형] 【Text=20/Freq1=26(30.6%)】
① (예) 뻔한 이야기./사고가 날 것은 뻔하다.
〔Text=11/Freq2=15(57.7%)〕
② (예) 장래가 뻔하다.
〔Text=9/Freq2=11(42.3%)〕
[관] <뻔할 뻔 자> 〔×〕
뻔하다[2] [동][보]☆★☆ 【Text=44/Freq1=59(69.4%)】
⓪ (예) 하마터면 [넘어질/실수할/죽을] 뻔하다.

≪**뻗다**≫전체빈도합=48(0.0026%)

---

134) 『연세 한국어 사전』에서는 '뺏다'가 "'빼앗다'의 준말"로 기술되어 있으므로 여기서는 '빼앗다'의 의미 구분에 따라 상세히 기술한다.

뻗다 동★☆★ 【Text=35/Freq1=48】
Ⅰ ① (예) [가지가/덩굴이/뿌리가] 뻗다.
〔Text=5/Freq2=8(16.7%)〕
② (예) [골목이/길이/산맥이] 남북으로 뻗다. 〔Text=13/Freq2=14(29.2%)〕
③ (예) [국력이/세력이/힘이] 세계로 뻗어 가다. 〔Text=3/Freq2=3(6.3%)〕
④ (예) 지쳐서 옆으로 뻗다. 〔×〕
⑤ (예) 쭉 뻗은 몸매.
〔Text=1/Freq2=1(2.1%)〕
Ⅱ ① (예) [다리를/두 발을] 뻗다.
〔Text=15/Freq2=21(43.8%)〕
② (예) 나무가 [가지를/순을] 뻗다. 〔×〕
Ⅲ (예) [손을/팔을] 뻗다. 〔×〕
관 <~의 손(길)을 뻗다>
[도움의/침략의] 손길을 뻗다. 〔×〕
ⓧ 〔Text=1/Freq2=1(2.1%)〕

≪뼈≫전체빈도합=50(0.0027%)

뼈 명★☆★ 【Text=30/Freq1=50】
⓪ (예) 동물의 뼈./넘어져서 뼈가 부러지다.
〔Text=23/Freq2=40(80%)〕
관 <뼈(가) 빠지게> 뼈 빠지게 벌다.
〔Text=2/Freq2=2(4%)〕
관 <뼈(가) 있다> 뼈 있는 말.
〔Text=1/Freq2=1(2%)〕
관 <뼈도 못 추리다> 〔×〕
관 <뼈를 깎다> 뼈를 깎는 아픔.
〔Text=3/Freq2=4(8%)〕
관 <뼈를 묻다> 〔×〕
관 <뼈만 남다> 〔×〕
관 <뼈에 사무치다> 슬픔이 뼈에 사무치다.
〔Text=3/Freq2=3(6%)〕
관 <잔뼈가 굵다> 〔×〕

≪뽑다≫전체빈도합=130(0.0070%)

뽑다 동★★★ 【Text=62/Freq1=130】
① (예) 못을 뽑다./밭에서 무를 뽑다.
〔Text=24/Freq2=35(26.9%)〕
② (예) [고름을/연기를] 뽑아 내다.
〔Text=3/Freq2=6(4.6%)〕
③ (예) [당선작을/요점을] 뽑다.
〔Text=13/Freq2=17(13.1%)〕
④ (예) [대표를/회장으로] 뽑다.
〔Text=23/Freq2=56(43.1%)〕
⑤ ㉠ (예) [목을/고개를] 길게 뽑다.
〔Text=2/Freq2=2(1.5%)〕
㉡ (예) 처마를 길게 뽑다. 〔×〕
⑥ (예) [대답을/소리를] 길게 뽑다.
〔Text=1/Freq2=2(1.5%)〕
⑦ (예) 노래를 한 곡조 뽑다.
〔Text=3/Freq2=5(3.8%)〕
⑧ (예) [돈을/본전을] 뽑다. 〔×〕
⑨ (예) 전세금을 뽑다. 〔×〕
⑩ (예) [나쁜 풍조를/편견을] 뿌리째 뽑다.
〔Text=1/Freq2=1(0.8%)〕
⑪ ㉠ (예) [국수를/실을] 뽑다. 〔×〕
㉡ (예) 자판기에서 커피를 뽑다.
〔Text=3/Freq2=3(2.3%)〕
⑫ (예) [견적을/통계를] 뽑다.
〔Text=3/Freq2=3(2.3%)〕
⑬ (예) [새끼를/아들을] 쑥쑥 뽑다. 〔×〕
⑭ (예) [사진을/프린트를] 뽑다. 〔×〕
⑮ (예) 성격이 선친을 그대로 뽑다. 〔×〕
⑯ (예) [자가용을/차를] 뽑다. 〔×〕
⑰ (예) [양복을/옷을] 뽑아 입다. 〔×〕
관 <제비를 뽑다> 〔×〕

≪뽑히다≫전체빈도합=26(0.0014%)

뽑히다 동 【Text=18/Freq1=26】
① (예) 나무가 뿌리째 뽑히다.
〔Text=5/Freq2=5(19.2%)〕
② (예) 팔에서 피가 뽑히다. 〔×〕
③ (예) 당선작으로 뽑히다.
〔Text=3/Freq2=7(26.9%)〕
④ (예) [대표로/회장으로] 뽑히다.
〔Text=10/Freq2=13(50%)〕
⑤ (예) 이기주의가 뿌리째 뽑히다. 〔×〕
ⓧ 〔Text=1/Freq2=1(3.8%)〕

≪뾰족하다≫전체빈도합=20(0.0011%)

뾰족하다 형 【Text=14/Freq1=20】
① (예) [잎이/지붕이] 뾰족하다.
〔Text=10/Freq2=16(80%)〕
② (예) 뾰족한 [방법이/수가] 없다.
〔Text=4/Freq2=4(20%)〕
③ (예) 주말에는 뾰족하게 할 일도 없다. 〔×〕
④ (예) 뾰족한 성미를 고치다. 〔×〕

≪뿌듯하다≫전체빈도합=19(0.0010%)

뿌듯하다 형 【Text=18/Freq1=19】
① (예) [아랫배가/자루 속이] 뿌듯하다.
〔Text=1/Freq2=1(5.3%)〕
② (예) 가슴이 뿌듯한 보람을 느끼다.

〔Text=17/Freq2=18(94.7%)〕

≪뿌리≫전체빈도합=98(0.0053%)

뿌리 명★☆★ 【Text=58/Freq1=98】
① (예) 식물이 뿌리를 내리다.
〔Text=23/Freq2=29(29.6%)〕
② (예) 다리 기둥의 뿌리가 썩다.
〔Text=1/Freq2=1(1%)〕
③ (예) 예술에도 뿌리가 있다.
〔Text=34/Freq2=57(58.2%)〕
④ (예) 뿌리가 깊은 권위주의./병의 뿌리를 뽑다. 〔Text=8/Freq2=9(9.2%)〕
❺ (예) 고향에 뿌리를 내리고 살다.
〔Text=2/Freq2=2(2%)〕
관 <뿌리를 박다>
① (예) 불안은 불신에 뿌리를 박고 있다. 〔×〕
② (예) 고향에 뿌리를 박고 살다. 〔×〕

≪뿌리다≫전체빈도합=89(0.0048%)

뿌리다 동★☆☆ 【Text=51/Freq1=86(96.6%)】
Ⅰ (예) [눈이/소나기가] 뿌리다.
〔Text=4/Freq2=5(5.8%)〕
Ⅱ ① (예) 강물에 꽃송이를 뿌리다.
〔Text=25/Freq2=40(46.5%)〕
② (예) 꽃씨를 뿌리다.
〔Text=19/Freq2=30(34.9%)〕
③ (예) [뇌물을/돈을] 뿌리다.
〔Text=6/Freq2=7(8.1%)〕
④ (예) 눈물을 뿌리다. 〔×〕
⑤ (예) 투수가 공을 뿌리다. 〔×〕
⑥ (예) 뿌린 대로 거두다.
〔Text=3/Freq2=4(4.7%)〕

뿌리다⁰ 동보 【Text=3/Freq1=3(3.4%)】
❶ (예) 맘에 들어 뿌리다.(=버리다)(방언)

≪뿌리치다≫전체빈도합=19(0.0010%)

뿌리치다 동 【Text=16/Freq1=19】
① (예) [손길을/손을] 뿌리치다.
〔Text=7/Freq2=9(47.4%)〕
② (예) [도움을/생각을] 뿌리치다.
〔Text=10/Freq2=10(52.6%)〕

≪뿐≫전체빈도합=515(0.0277%)

뿐¹ 명의★★☆ 【Text=141/Freq1=515】

❶ (예) 빙긋이 웃기만 할 뿐이다.
〔Text=122/Freq2=380(73.8%)〕
관 <-ㄹ/-을 [뿐더러/뿐(만) 아니라]>
성품이 곧을 뿐더러, 효성도 지극하다.
〔Text=39/Freq2=135(26.2%)〕

≪뿔≫전체빈도합=17(0.0009%)

뿔¹ 명☆☆★ 【Text=8/Freq1=16(94.1%)】
① (예) 사슴의 뿔. 〔Text=8/Freq2=16(100%)〕
② (예) 지계의 뿔이 길다. 〔×〕

뿔² 명 【Text=1/Freq1=1(5.9%)】
❶ (예) 친구가 뿔이 많이 나다.

≪뿔뿔이≫전체빈도합=15(0.0008%)

뿔뿔이 부 【Text=13/Freq1=15】
❶ (예) 뿔뿔이 [헤어지다/흩어지다].

≪뿜다≫전체빈도합=20(0.0011%)

뿜다 동 【Text=17/Freq1=20】
① (예) [분수에서 물줄기를/총구에서 불을] 뿜다. 〔Text=10/Freq2=12(60%)〕
② (예) 조명등이 빛을 뿜어 내다.
〔Text=4/Freq2=5(25%)〕
③ (예) 얼굴에 독기를 뿜다.
〔Text=3/Freq2=3(15%)〕

ㅅ

≪사≫전체빈도합=616(0.0332%) ¹³⁵⁾

사¹ 명 【Text=0/Freq1=0】 ⓧ
Ⅰ (예) 생과 사(死)를 넘나들다. 〔×〕
Ⅱ (예) 9회갈 2사 1루의 마지막 찬스 〔×〕

사² 명 【Text=0/Freq1=0】 ⓧ
❶ (예) 공과 사(私)를 구별하다. 〔×〕

사³ 명의 【Text=1/Freq1=2(0.3%)】
❶ (예) 입주 업체가 85개 사(社)에 이르다.

사⁴ 명 【Text=0/Freq1=0】 ⓧ
❶ (예) 육군 7사(師) 본부. 〔×〕

사⁵ 주★★★ 【Text=141/Freq1=614(99.7%)】

---

135) 『연세 한국어 사전』의 '-사⁸'(예:잡지사), '-사⁹'(예:문학사), '-사¹⁰'(예:기숙사), '-사¹¹'(예:변호사), '-사¹²'(예:마술사), '-사¹³'(예:관심사), '-사¹⁴'(예:불국사)는 말뭉치의 분석에 적용하지 않았으므로 제외한다.

Ⅰ ⓪ (예) 이에 사(四)를 곱하면 팔이다.
　　　〔Text=18/Freq2=26(4.2%)〕
　❶ (예) 그림4(사).
　　　〔Text=11/Freq2=24(3.9%)〕
Ⅱ (예) 4(사) 년. 〔Text=131/Freq2=564(91.9%)〕

≪사건≫전체빈도합=327(0.0176%)
　사건 명★★★ 【Text=67/Freq1=327】
　① (예) 살인 사건(事件)이 일어나다.
　　　〔Text=47/Freq2=203(62.1%)〕
　② (예) 그들과 김 씨와의 사건을 알다.
　　　〔Text=18/Freq2=34(10.4%)〕
　③ (예) 형사 사건의 담당 검사.
　　　〔Text=4/Freq2=4(1.2%)〕
　④ (예) 사건 중심으로 서술한 작품.
　　　〔Text=13/Freq2=86(26.3%)〕

≪사고≫전체빈도합=188(0.0101%)
　사고¹ 명★★☆ 【Text=47/Freq1=96(51.1%)】
　⓪ (예) 교통 사고(事故)가 나다.
　사고² 명 【Text=31/Freq1=92(48.9%)】
　⓪ (예) 사고(思考)의 틀을 바꾸다.
　　　〔Text=24/Freq2=77(83.7%)〕
　관<사고 방식>〔Text=11/Freq2=15(16.3%)〕

≪사과≫전체빈도합=106(0.0057%)
　사과¹ 명★★★ 【Text=33/Freq1=80(75.5%)】
　⓪ (예) 사과(沙果)를 깎아 먹다.
　사과² 명★★★ 【Text=15/Freq1=25(23.6%)】
　⓪ (예) 진심으로 사과(謝過)를 하다.
　사과ˣ ? 【Text=1/Freq1=1(0.9%)】

≪사과하다≫전체빈도합=37(0.0020%)
　사과하다 동 【Text=20/Freq1=37】
　⓪ (예) 아내에게 사과(謝過)하다.

≪사귀다≫전체빈도합=82(0.0044%)
　사귀다 동★★★ 【Text=34/Freq1=82】
　⓪ (예) 친구를 사귀다.

≪사나이≫전체빈도합=23(0.0012%)
　사나이 명 【Text=12/Freq1=23】
　⓪ (예) 낯선 사나이가 다가오다.

≪사납다≫전체빈도합=46(0.0025%)
　사납다 형★☆★ 【Text=27/Freq1=46】
　① (예) 사나운 [동물/손길].
　　　〔Text=13/Freq2=29(63%)〕
　② (예) 눈보라가 사나운 어느 날 밤.
　　　〔Text=3/Freq2=3(6.5%)〕
　③ (예) [눈매가/눈이/표정이] 사납다.
　　　〔Text=4/Freq2=4(8.7%)〕
　④ (예) [꿈자리가/팔자가] 사납다.
　　　〔Text=9/Freq2=9(19.6%)〕
　관<눈꼴(이) 사납다> 〔×〕
　ⓧ〔Text=1/Freq2=1(2.2%)〕

≪사내≫전체빈도합=330(0.0178%)
　사내¹ 명★☆☆ 【Text=34/Freq1=328(99.4%)】
　① (예) 사내 동생.
　　　〔Text=33/Freq2=290(88.4%)〕
　② (예) 사내 대장부가 되다.
　　　〔Text=10/Freq2=38(11.6%)〕
　사내² 명 【Text=1/Freq1=2(0.6%)】
　⓪ (예) 사내(社內) 커플.
　　/소문이 사내에 퍼지다.

≪사내아이≫전체빈도합=17(0.0009%)
　사내아이 명 【Text=10/Freq1=17】
　⓪ (예) 사내아이와 계집아이.

≪사냥≫전체빈도합=40(0.0022%)
　사냥 명 【Text=16/Freq1=40】
　⓪ (예) 사냥을 나가다.

≪사다≫전체빈도합=992(0.0534%)
　사다 동★★★ 【Text=158/Freq1=992】
　Ⅰ ① (예) 물건을 싸게 사다.
　　　〔Text=150/Freq2=934(94.2%)〕
　② (예) 짐꾼을 사다. 〔×〕
　③ (예) [노여움을/부러움을] 사다.
　　　〔Text=10/Freq2=10(1%)〕
　④ (예) 곡식을 팔아 돈을 사다. 〔×〕
　⑤ (예) 술집에서 여자를 사다.
　　　〔Text=1/Freq2=1(0.1%)〕
　Ⅱ (예) [밥을/술을/저녁을] 사다.
　　　〔Text=22/Freq2=42(4.2%)〕
　Ⅲ <사서> (예) 사서 고생을 하다.
　　　〔Text=1/Freq2=1(0.1%)〕
　관<높이 사다> 〔Text=1/Freq2=1(0.1%)〕
　ⓧ〔Text=3/Freq2=3(0.3%)〕

≪사들이다≫전체빈도합=19(0.0010%)
　사들이다 동 【Text=12/Freq1=19】
　⓪ (예) [그림을/땅을/식기를] 사들이다.
　　　〔Text=11/Freq2=17(89.5%)〕
　❶ (예) 외국에서 농산물을 사들이다.

〔Text=2/Freq2=2(10.5%)〕

≪**사라지다**≫전체빈도합=211(0.0114%)

사라지다 동★★★ 【Text=88/Freq1=211】
① (예) [모기가/자취가] 사라지다.
〔Text=71/Freq2=167(79.1%)〕
② (예) [슬픔이/희망이] 다 사라지다.
〔Text=35/Freq2=43(20.4%)〕
③ (예) 단두대의 이슬로 사라지다.
〔Text=1/Freq2=1(0.5%)〕

≪**사람**≫전체빈도합=6,975(0.3756%)

사람 명★★★ 【Text=213/Freq1=6,975】
Ⅰ ① (예) 동물과 사람의 차이.
〔Text=127/Freq2=723(10.4%)〕
② (예) 사람으로서의 온전한 구실을 하다.
〔Text=33/Freq2=54(0.8%)〕
③ (예) 공사장에 사람이 모자라다.
〔Text=16/Freq2=37(0.5%)〕
④ (예) [남인 계통의/한국] 사람들.
〔Text=95/Freq2=482(6.9%)〕
⑤ (예) 시내 사람들./타지 사람.
〔Text=69/Freq2=195(2.8%)〕
❻ (예) 사람들이 둘의 사이를 오해하다.
〔Text=206/Freq2=3,897(55.9%)〕
❼ (예) 어제 시장에서 만난 사람은 누구입니까? 〔Text=175/Freq2=1,205(17.3%)〕
❽ (예) 사람은 좋아 보이다.
〔Text=3/Freq2=3(0%)〕
Ⅱ (예) 의사 한 사람과 순경 두 사람.
〔Text=119/Freq2=377(5.4%)〕
관<사람을 끌다> 〔Text=1/Freq2=1(0%)〕
ⓧ 〔Text=1/Freq2=1(0%)〕

≪**사랑**≫전체빈도합=447(0.0241%)

사랑¹ 명★★★ 【Text=91/Freq1=435(97.3%)】
① (예) 행복과 사랑이 넘치는 가정.
〔Text=58/Freq2=168(38.6%)〕
② (예) 사랑은 우정보다 뜨겁다.
〔Text=43/Freq2=224(51.5%)〕
③ (예) 예술에 대한 사랑.
〔Text=7/Freq2=22(5.1%)〕
④ (예) 부부간의 사랑(의) 행위.
〔Text=1/Freq2=1(0.2%)〕
⑤ (예) 믿음과 소망과 사랑.
〔Text=4/Freq2=9(2.1%)〕
❻ (예) 헤어진 내 사랑./나의 사랑

엘레멘트-인. 〔Text=2/Freq2=7(1.6%)〕
관<사랑에 빠지다> 〔×〕
관<사랑을 나누다>
〔Text=3/Freq2=4(0.9%)〕

사랑² 명 【Text=2/Freq1=12(2.7%)】
⓪ (예) 사랑(舍廊)에 거처하다.

≪**사랑하다**≫전체빈도합=323(0.0174%)

사랑ㅎ-다 동★★★ 【Text=93/Freq1=323】
① (예) [개를/아들을] 사랑하다.
〔Text=68/Freq2=170(52.6%)〕
② (예) 그녀와 사랑하는 사이가 되다.
〔Text=33/Freq2=108(33.4%)〕
③ (예) [글을/항구를] 사랑하다.
〔Text=29/Freq2=45(13.9%)〕

≪**사례**≫전처 빈도합=45(0.0024%)

사례¹ 명★☆☆ 【Text=27/Freq1=45(100%)】
⓪ (예) 좋은 사례(事例)를 찾다.

사례² 명 【Text=0/Freq1=0】 ⓧ
⓪ (예) 중매쟁이에게 고맙다는 사례((謝禮)를 하다. 〔×〕

사례³ 명 【Text=0/Freq1=0】 ⓧ
⓪ (예) 관혼상제의 예를 사례(四禮)라 하다. 〔×〕

≪**사로잡다**≫전체빈도합=17(0.0009%)

사로잡다 동 【Text=14/Freq1=17】
① (예) [멧돼지를/적군을] 사로잡다.
〔Text=2/Freq2=4(23.5%)〕
② (예) [마음을/시선을] 사로잡다.
〔Text=7/Freq2=8(47.1%)〕
③ (예) [생각이/허탈감이] 나를 사로잡다.
〔Text=5/Freq2=5(29.4%)〕

≪**사로잡히다**≫전체빈도합=27(0.0015%)

사로잡히다 동 【Text=21/Freq1=27】
① (예) 적군에게 사로잡히다.
〔Text=1/Freq2=1(3.7%)〕
② (예) 첫눈에 그에게 사로잡히다.
〔Text=1/Freq2=1(3.7%)〕
③ (예) [욕심에/편견에] 사로잡히다.
〔Text=19/Freq2=25(92.6%)〕

≪**사막**≫전체빈도합=31(0.0017%)

사막 명 【Text=14/Freq1=31】
⓪ (예) 메마른 사막(沙漠·砂漠).

≪**사무실**≫전체빈도합=107(0.0058%)

사무실 명★★☆ 【Text=32/Freq1=107】

⓪ (예) 회사의 사무실(事務室).

≪**사물**≫전체빈도합=110(0.0059%)

사물¹ 명 ★☆☆ 【Text=34/Freq1=108(98.2%)】
① (예) 사물(事物)을 보는 관점.

사물² 명 【Text=0/Freq1=0】 ⓧ
① (예) 사물(四物) 놀이. 〔×〕

사물⁰ 명 【Text=2/Freq1=2(1.8%)】
❶ (예) 사물(私物)을 사물함에 보관하다.

≪**사뭇**≫전체빈도합=19(0.0010%)

사뭇 부 【Text=13/Freq1=19】
① (예) 사뭇 [엄하게 묻다/표정이 밝아지다].
〔Text=13/Freq2=16(84.2%)〕
② (예) 어제부터 사뭇 빈속으로 있다.
〔Text=2/Freq2=3(15.8%)〕

≪**사방**≫전체빈도합=58(0.0031%)

사방¹ 명 【Text=38/Freq1=55(94.8%)】
Ⅰ ① (예) 사방(四方)에서 공격하다.
〔Text=16/Freq2=21(38.2%)〕
② (예) 책이 사방에 흩어지다.
〔Text=28/Freq2=34(61.8%)〕
Ⅱ (예) 학교가 사방 논으로 둘러싸이다. 〔×〕

사방² 명 【Text=0/Freq1=0】 ⓧ
① (예) 사방(砂防) 공사를 하다. 〔×〕

사방⁰ 명 【Text=1/Freq1=3(5.2%)】
❶ (예) 사방(舍房) 키.

≪**사상**≫전체빈도합=194(0.0104%)

사상¹ 명 ★☆★ 【Text=35/Freq1=189(97.4%)】
① (예) [좌익/평등] 사상(思想).
〔Text=32/Freq2=156(82.5%)〕
② (예) 작가의 사상.
〔Text=11/Freq2=33(17.5%)〕

사상² 명 【Text=3/Freq1=5(2.6%)】
① (예) 한국 출판 사상(史上) 처음이다.

사상³ 명 【Text=0/Freq1=0】 ⓧ
① (예) 일월성신을 사상(四象)이라 하다.
〔×〕
② (예) 한의학에서 체질을 사상으로 나누다.
〔×〕

사상⁴ 명 【Text=0/Freq1=0】 ⓧ
① (예) 사고로 20명이 사상(死傷)을 당하다.
〔×〕

≪**사소하다**≫전체빈도합=21(0.0011%)

사소하다 형 【Text=15/Freq1=21】

⓪ (예) 사소(些少)한 [일/잘못].

≪**사슴**≫전체빈도합=123(0.0066%)

사슴 명 ★★★ 【Text=12/Freq1=123】
⓪ (예) 사슴의 뿔.

≪**사실**≫전체빈도합=895(0.0482%)

사실¹ 명 【Text=17/Freq1=43(4.8%)】
⓪ (예) 음악사의 여러 사실(史實)에 대한 연구.

사실² 명★★★ 【Text=137/Freq1=625(69.8%)】
① (예) 사실(事實)을 있는 그대로 알려 주다.
〔Text=113/Freq2=357(57.1%)〕
② (예) 결과가 나쁘다는 사실을 알다.
〔Text=91/Freq2=268(42.9%)〕

사실³ 부★★☆ 【Text=85/Freq1=224(25%)】
⓪ (예) 태연한 척하지만 사실(事實), 초조하다.

사실⁰ 명 【Text=3/Freq1=3(0.3%)】
❶ (예) 대상을 있는 그대로 모사하는
사실(寫實)에 가깝다.

≪**사십**≫전체빈도합=278(0.0150%)

사십 수 【Text=83/Freq1=278】
Ⅰ (예) 사십(四十) [년/분].
〔Text=81/Freq2=249(89.6%)〕
Ⅱ (예) 나이 사십이 넘다.
〔Text=18/Freq2=29(10.4%)〕

≪**사업**≫전체빈도합=74(0.0040%)

사업 명★★★ 【Text=39/Freq1=74】
① (예) 사업(事業)을 하다./사업 수완이 좋다.
〔Text=28/Freq2=46(62.2%)〕
② (예) [복지/선교] 사업.
〔Text=17/Freq2=28(37.8%)〕

≪**사연**≫전체빈도합=33(0.0018%)

사연 명 【Text=20/Freq1=33】
⓪ (예) 슬픈 사연(事緣)이 많다.

≪**사용**≫전체빈도합=70(0.0038%)

사용¹ 명★☆☆ 【Text=23/Freq1=70(100%)】
⓪ (예) 토지 사용(使用)을 허가하다.

사용² 명 【Text=0/Freq1=0】 ⓧ
⓪ (예) 공용과 사용(私用)을 구별하다. 〔×〕

≪**사용되다**≫전체빈도합=56(0.0030%)

사용되다 동 ★☆☆ 【Text=21/Freq1=56】
⓪ (예) 건물이 사무실로 사용(使用)되다.
〔Text=16/Freq2=30(53.6%)〕
관 <~에/~에서/-는 데] 사용되다>

간을 맞추는 데 간장이 사용되다.
〔Text=9/Freq2=26(46.4%)〕

≪**사용하다**≫전체빈도합=437(0.0235%)

사용하다 동★★☆ 【Text=104/Freq1=437】
① (예) [신용카드를/열쇠를] 사용(使用)하다.
〔Text=77/Freq2=281(64.3%)〕
② (예) [건물을 사무실로/자동차를 업무용으로] 사용하다. 〔Text=51/Freq2=156(35.7%)〕

≪**사원**≫전체빈도합=28(0.0015%)

사원¹ 명 【Text=2/Freq1=3(10.7%)】
⓪ (예) 사원(寺院)에서 생활하는 스님들.
사원² 명☆★☆ 【Text=13/Freq1=25(89.3%)】
⓪ (예) 회사에서 사원(社員)을 모집하다.

≪**사월**≫전체빈도합=60(0.0032%)

사월 명☆★☆ 【Text=36/Freq1=60】
⓪ (예) 사월(四月).

≪**사위**≫전체빈도합=9(0.0005%)

사위¹ 명☆☆★ 【Text=5/Freq1=5(55.6%)】
⓪ (예) 청년을 사위로 삼다.
사위² 명 【Text=4/Freq1=4(44.4%)】
⓪ (예) 사위(四圍)가 고요하다.

≪**사이**≫전체빈도합=635(0.0342%)

사이 명★★★ 【Text=156/Freq1=635】
① (예) 기둥과 벽 사이.
〔Text=70/Freq2=143(22.5%)〕
② (예) 아이가 어른들 사이를 헤집고 다니다. 〔Text=34/Freq2=47(7.4%)〕
③ (예) 사귀는 사이에 정이 들다.
/하룻밤 사이에 값이 오르다.
〔Text=64/Freq2=166(26.1%)〕
④ (예) 도망칠 사이도 없다.
〔Text=26/Freq2=66(10.4%)〕
⑤ (예) [모르는/아는/친한] 사이.
〔Text=63/Freq2=104(16.4%)〕
⑥ (예) [부부/친척들] 사이가 원만하다.
〔Text=13/Freq2=18(2.8%)〕
⑦ (예) [두 나라/우리들] 사이에 갈등이 생기다. 〔Text=44/Freq2=74(11.7%)〕
❽ (예) 40세와 60세 사이의 중년 남성들.
〔Text=1/Freq2=1(0.2%)〕
관 <사이가 뜨다>
① (예) 이빨 사이가 뜨다. 〔×〕
② (예) 1부와 2부 공연의 사이가 뜨다. 〔×〕

관 <사이(가) 좋다>
〔Text=5/Freq2=6(0.9%)〕
관 <어느 사이에> 〔Text=10/Freq2=10(1.6%)〕

≪**사이좋다**⁺≫전체빈도합=54(0.0029%)

사이좋다⁰ 형 【Text=31/Freq1=54】
❶ (예) [동생과/친구들과] 사이좋다.
/사이좋은 부부.

≪**사자**≫전처 빈도합=105(0.0057%)

사자¹ 명☆☆★ 【Text=11/Freq1=105(100%)】
⓪ (예) 사자(獅子)는 동물의 왕으로 불리다.
사자² 명 【Text=0/Freq1=0】 ⓧ
① (예) 당나라 사자(使者). 〔×〕
② (예) 죽음의 사자. 〔×〕
사자³ 명 【Text=0/Freq1=0】 ⓧ
⓪ (예) 사자(死者)의 명예를 지키다. 〔×〕

≪**사장**≫전체빈도합=90(0.0048%)

사장¹ 명★★★ 【Text=25/Freq1=90(100%)】
⓪ (예) 회사의 사장(社長)으로 취임하다.
/박 사장.
사장² 명 【Text=0/Freq1=0】 ⓧ
⓪ (예) 귀중한 자료가 사장(死藏)이 되다. 〔×〕
사장³ 명 【Text=0/Freq1=0】 ⓧ
⓪ (예) 강가의 사장(砂場·沙場)에서 놀다. 〔×〕
사장⁴ 명 【Text=0/Freq1=0】 ⓧ
⓪ (예) 개인 사장(私藏)의 미술품. 〔×〕
사장⁵ 명 【Text=0/Freq1=0】 ⓧ
⓪ (예) 허바허바 사장(寫場)에서 사진을 찍다. 〔×〕
사장⁶ 명 【Text=0/Freq1=0】 ⓧ
⓪ (예) 가야금의 사장(師匠) 우륵. 〔×〕

≪**사적**≫전체빈도합=33(0.0018%)

사적¹ 명 【Text=2/Freq1=9(27.3%)】
⓪ (예) 사적(史蹟)을 답사하다.
사적² 명 【Text=0/Freq1=0】 ⓧ
⓪ (예) 조선 건국의 사적(事蹟·事跡·事迹)을 노래하다. 〔×〕
사적³ 【Text=11/Freq1=17(51.5%)】
⓪ (예) 사적(私的)으로 부탁하다./사적인 일.
사적⁴ 명 【Text=0/Freq1=0】 ⓧ
⓪ (예) 당시의 사적(史的)인 흐름을 파악하다. 〔×〕
사적⁵ 관 【Text=2/Freq1=7(21.2%)】
⓪ (예) 사적(私的) 생활을 보호하다.
사적⁶ 관 【Text=0/Freq1=0】 ⓧ

사적 301

⓪ (예) 삼일운동에 대한 사적(史的) 고찰.〔×〕
≪**사전**≫전체빈도합=140(0.0075%)
　사전[1] 명★★★　【Text=24/Freq1=100(71.4%)】
　　⓪ (예) [국어/영어] 사전(辭典).
　사전[2] 명　【Text=7/Freq1=14(10%)】
　　⓪ (예) [백과/인명] 사전(事典).
　사전[3] 명　【Text=15/Freq1=26(18.6%)】
　　⓪ (예) 사전(事前)에 [알다/알리다].
　사전[4] 명　【Text=0/Freq1=0】 ⓧ
　　⓪ (예) 공전과 사전(私田)의 구분.〔×〕
≪**사정**≫전체빈도합=114(0.0061%)
　사정[1] 명★★☆　【Text=67/Freq1=114(100%)】
　　① (예) 그간의 사정(事情)을 설명하다.
　　　　〔Text=59/Freq2=89(78.1%)〕
　　② (예) 제발 도와 달라고 사정을 하다.
　　　　〔Text=3/Freq2=6(5.3%)〕
　　❸ (예) [자금/집안] 사정이 나쁘다.
　　　　〔Text=9/Freq2=19(16.7%)〕
　사정[2] 명　【Text=0/Freq1=0】 ⓧ
　　⓪ (예) 사업 계획에 대한 사정(査定)을
　　　　받다.〔×〕
　사정[3] 명　【Text=0/Freq1=0】 ⓧ
　　⓪ (예) 남자가 사정(射精)을 하다.〔×〕
　사정[4] 명　【Text=0/Freq1=0】 ⓧ [136]
　　⓪ (예) 사정(射程) 거리에 들다.〔×〕
≪**사진**≫전체빈도합=368(0.0198%)
　사진 명★★★　【Text=96/Freq1=368】
　　⓪ (예) 사진(寫眞)을 찍다.
　　　　〔Text=92/Freq2=346(94%)〕
　　❶ (예) 디자인, 서예, 사진의 각 분야.
　　　　〔Text=7/Freq2=17(4.6%)〕
　　㊙<활동 사진>〔Text=3/Freq2=5(1.4%)〕
≪**사촌**≫전체빈도합=66(0.0036%)
　사촌 명☆☆★　【Text=30/Freq1=66】
　　⓪ (예) 사촌(四寸) [동생/언니/형].
　　　　〔Text=26/Freq2=61(92.4%)〕
　　㊙<이웃 사촌>〔Text=4/Freq2=5(7.6%)〕
≪**사춘기**≫전체빈도합=27(0.0015%)
　사춘기 명　【Text=12/Freq1=27】
　　⓪ (예) 사춘기(思春期)를 겪다.
≪**사탕**≫전체빈도합=19(0.0010%)

　사탕 명☆☆★　【Text=10/Freq1=19】
　　① (예) 사탕을 [먹다/씹다].
　　　　〔Text=10/Freq2=19(100%)〕
　　② (예) 커피에 사탕을 넣다.〔×〕
≪**사태**≫전체빈도합=64(0.0034%)
　사태[1] 명　【Text=0/Freq1=0】 ⓧ
　　⓪ (예) 사태로 국을 끓이다.〔×〕
　사태[2] 명★☆☆　【Text=30/Freq1=64(100%)】
　　① (예) 사태(事態)가 급변하다.
　　　　〔Text=20/Freq2=42(65.6%)〕
　　②<~ 사태> (예) [10·26/천안문] 사태.
　　　　〔Text=13/Freq2=22(34.4%)〕
　사태[3] 명　【Text=0/Freq1=0】 ⓧ
　　① (예) 산에서 사태(沙汰)가 나다.〔×〕
　　② (예) 부산에 피난민의 사태가 나다.〔×〕
≪**사항**≫전체빈도합=68(0.0037%)
　사항 명★★☆　【Text=37/Freq1=68】
　　⓪ (예) 인적 사항(事項)을 적다.
　　　　/검토할 사항을 정리하다.
≪**사회**≫전체빈도합=869(0.0468%)
　사회[1] 명★★★　【Text=111/Freq1=862(99.2%)】
　　① (예) 이웃과 사회(社會)에 대한 봉사에
　　　　힘쓰다.〔Text=94/Freq2=663(76.9%)〕
　　② (예) [귀족/양반] 사회.
　　　　〔Text=30/Freq2=97(11.3%)〕
　　③ (예) 여성의 사회 진출./넓은 사회를 활동
　　　　무대로 하다.〔Text=26/Freq2=52(6%)〕
　　❹ (예) 사회 [과목/시간].
　　　　〔Text=8/Freq2=9(1%)〕
　　㊙<사회 경제>〔Text=3/Freq2=3(0.3%)〕
　　㊙<사회 과학>〔Text=2/Freq2=3(0.3%)〕
　　㊙<사회 교육>〔Text=1/Freq2=1(0.1%)〕
　　㊙<사회 규범>〔×〕
　　㊙<사회 문제>〔Text=8/Freq2=15(1.7%)〕
　　㊙<사회 보장>〔Text=1/Freq2=1(0.1%)〕
　　㊙<사회 봉사>〔Text=3/Freq2=4(0.5%)〕
　　㊙<사회 사업>〔Text=1/Freq2=3(0.3%)〕
　　㊙<사회 생활>〔Text=9/Freq2=9(1%)〕
　　㊙<사회 운동>〔×〕
　　㊙<사회 정의>〔Text=2/Freq2=2(0.2%)〕
　사회[2] 명　【Text=4/Freq1=7(0.8%)】
　　① (예) 결혼식에서 사회(司會)를 보다.
　　　　〔Text=4/Freq2=7(100%)〕

---

136) 『연세 한국어 사전』에서는 '사정[4]'이 '형성'의 품사로 기술되어 있다.

② (예) 사회에게 부탁을 하다. 〔×〕

≪**사회적**≫전체빈도합=118(0.0064%)

사회적¹ 명 【Text=20/Freq1=40(33.9%)】
　⓪ (예) [사회적(社會的)으로/사회적인] 문제가 되다.

사회적² 관 【Text=31/Freq1=78(66.1%)】
　⓪ (예) 사회적(社會的) 위기의 원인.

≪**사회주의**≫전체빈도합=22(0.0012%)

사회주의 명 【Text=10/Freq1=22】
　⓪ (예) 사회주의(社會主義) [경제/국가/사상/혁명].

≪**사흘**≫전체빈도합=36(0.0019%)

사흘 명 ☆☆★ 【Text=24/Freq1=36】
　⓪ (예) 사흘이 지나다.

≪**산**≫전체빈도합=503(0.0271%) [137]

산¹ 명 ★★★ 【Text=121/Freq1=500(99.4%)】
　⓪ (예) 산(山)이 높다.

산² 명 【Text=0/Freq1=0】 〔×〕
　① (예) 산(酸)과 염기의 특징. 〔×〕
　② (예) 위에서 산이 올라오다. 〔×〕

산ˣ ? 【Text=1/Freq1=3(0.6%)】

≪**산골**≫전체빈도합=23(0.0012%)

산골 명 【Text=13/Freq1=23】
　⓪ (예) 경치가 좋은 산(山)골에 살다.

≪**산길**≫전체빈도합=23(0.0012%)

산길 명 【Text=16/Freq1=23】
　⓪ (예) 가파른 산(山)길로 가다.

≪**산맥**≫전체빈도합=9(0.0005%)

산맥 명 ☆☆★ 【Text=5/Freq1=9】
　⓪ (예) [알프스/태백] 산맥(山脈).

≪**산문**≫전체빈도합=15(0.0008%)

산문 명 【Text=10/Freq1=15】
　⓪ (예) 시와 산문(散文)의 형식.

≪**산물**≫전체빈도합=20(0.0011%)

산물 명 【Text=17/Freq1=20】
　① (예) 각 [나라의/지방의] 산물(産物).
　　〔Text=6/Freq2=7(35%)〕
　② (예) [과학의/냉전의/환경의] 산물.
　　〔Text=11/Freq2=13(65%)〕

≪**산소**≫전체빈도합=24(0.0013%)

산소¹ 명 ☆☆★ 【Text=6/Freq1=22(91.7%)】
　① (예) 조상들의 산소(山所)를 돌보다.
　　〔Text=5/Freq2=14(63.6%)〕
　② (예) 명절에 산소에 다녀오다.
　　〔Text=4/Freq2=8(36.4%)〕

산소² 명 【Text=1/Freq1=2(8.3%)】
　⓪ (예) 공기 속의 산소(酸素)의 양.

≪**산업**≫전체빈도합=264(0.0142%)

산업 명 ★★★ 【Text=33/Freq1=264】
　⓪ (예) 산업(産業)이 발달하다.
　　〔Text=30/Freq2=190(72%)〕
　관 <~ 산업> [관광/광고/생명/서비스/컴퓨터] 산업. 〔Text=10/Freq2=46(17.4%)〕
　관 <산업 [기지/단지]>
　　〔Text=4/Freq2=26(9.8%)〕
　관 <산업 자본> 〔×〕
　관 <산업 재해> 〔×〕
　관 <산업 혁명> 〔Text=1/Freq2=2(0.8%)〕

≪**산책**≫전체빈도합=13(0.0007%)

산책 명 ☆★☆ 【Text=8/Freq1=13】
　⓪ (예) 공원에서 산책(散策)을 하다.

≪**살**≫전체빈도합=386(0.0208%)

살¹ 명 ★★★ 【Text=38/Freq1=87(22.5%)】
　① (예) 살이 찌다./운동으로 살을 빼다.
　　〔Text=32/Freq2=71(81.6%)〕
　② (예) 해변에서 살을 태우다.
　　〔Text=6/Freq2=10(11.5%)〕
　③ (예) 한우는 살이 연하고 맛있다.
　　〔Text=1/Freq2=1(1.1%)〕
　④ (예) 조개나 새우의 살로 요리하다.
　　〔Text=1/Freq2=1(1.1%)〕
　⑤ (예) [ㄴ팔꽃 줄기의/고구마 순의] 살이 가물다. 〔×〕
　관 <살을 붙이다> 소문에 살을 붙이다. 〔×〕
　관 <살을 섞다> 〔×〕
　관 <살을 에다> 살을 에는 추위.
　　〔Text=2/Freq2=2(2.3%)〕
　관 <제 살 깎아먹다>
　　〔Text=1/Freq2=1(1.1%)〕

---

[137] 『연세 한국어 사전』의 '산³'(예:산나물), '-산⁴'(예:서울산)은 말뭉치의 분석에 적용하지 않았으므로 제외한다.

㉮<피가 되고 살이 되다>
　　〖Text=1/Freq2=1(1.1%)〗
살² 명 【Text=0/Freq1=0】 ⓧ
　① (예) [부채의/창문의] 살 모양. 〔×〕
　② (예) 활과 살. 〔×〕
살³ 명 【Text=0/Freq1=0】 ⓧ
　⓪ (예) 집안에 살(煞)이 끼다. 〔×〕
살⁴ 명의 ★★★　【Text=92/Freq1=298(77.2%)】
　⓪ (예) 나이 스무 살이 되다.
살ˣ ? 【Text=1/Freq1=1(0.3%)】

≪살갗≫전체빈도합=16(0.0009%)

살갗 명　【Text=11/Freq1=16】
　⓪ (예) 찬 기운이 살갗에 닿다.

≪살금살금≫전체빈도합=20(0.0011%)

살금살금 閆　【Text=13/Freq1=20】
　⓪ (예) 몰래 살금살금 [다가가다/들어가다].

≪살다≫전체빈도합=2,267(0.1221%)

살다 동 ★★★　【Text=201/Freq1=2,267】
　Ⅰ ① (예) [동물이/식물이/인간이] 살 수 있는
　　　환경. 〖Text=92/Freq2=218(9.6%)〗
　　② (예) 선친이 살았을 때는 잘살다.
　　　〖Text=95/Freq2=236(10.4%)〗
　　③ (예) 농사를 지으며 살다./커피 없이는 하루도
　　　못 살다. 〖Text=153/Freq2=625(27.6%)〗
　　④ (예) [서울에/아파트에서] 살다.
　　　〖Text=143/Freq2=571(25.2%)〗
　　⑤ (예) 사랑하는 사람과 살다.
　　　〖Text=55/Freq2=117(5.2%)〗
　　⑥ (예) 자연의 숨결이 살아있는 대지.
　　　〖Text=19/Freq2=22(1%)〗
　　⑦ (예) 기가 살다. 〖Text=7/Freq2=7(0.3%)〗
　　⑧ (예) [전통이/제도가] 살아 있다.
　　　〖Text=10/Freq2=10(0.4%)〗
　　⑨ (예) 추억이 가슴속에 살아 있다.
　　　〖Text=7/Freq2=8(0.4%)〗
　　❿ (예) 휴, 이제 살았다./죽다가 겨우 살아 난
　　　기분. 〖Text=5/Freq2=5(0.2%)〗
　　⓫ (예) 교회에서 살다./산 교육의 장.
　　　〖Text=2/Freq2=2(0.1%)〗
　Ⅱ ① ㉠ (예) [머슴을/벼슬을] 살다.
　　　　〖Text=5/Freq2=10(0.4%)〗
　　　㉡ (예) [구류를/징역을/형을] 살다.
　　　　〖Text=3/Freq2=17(0.8%)〗
　　② (예) [삶을/생애를/일생을] 살다.
　　　〖Text=38/Freq2=58(2.6%)〗
　　③ (예) [계절을/내일을/현대를] 살다.
　　　〖Text=25/Freq2=42(1.9%)〗
　　④ (예) [세를/월세를/전세를] 살다.
　　　〖Text=1/Freq2=1(0%)〗
　Ⅲ (예) [대의에/우정에/의리에] 살다.
　　　〖Text=1/Freq2=3(0.1%)〗
　㉮<-고/-며/-아 살다> 속고만 살다.
　　〖Text=71/Freq2=209(9.2%)〗
　㉮<먹고 살다> 〖Text=19/Freq2=36(1.6%)〗
　㉮<못 살다>
　　① (예) 못 살겠다./못 살게 굴다.
　　　〖Text=6/Freq2=7(0.3%)〗
　　② (예) 못 사는 집안.
　　　〖Text=4/Freq2=5(0.2%)〗
　㉮<~에 살고 ~에 죽다>
　　의리에 살고 의리에 죽다. 〔×〕
　㉮<잘 살다> 제법 잘 사는 집.
　　〖Text=30/Freq2=58(2.6%)〗

≪살리다≫전체빈도합=131(0.0071%)

살리다 동 ★★★　【Text=59/Freq1=131】
　Ⅰ ① (예) 가족을 먹여 살리다.
　　　/생명을 주어서라도 아이를 살리다.
　　　〖Text=23/Freq2=42(32.1%)〗
　　② (예) [기억을/특성을] 살리다.
　　　〖Text=19/Freq2=37(28.2%)〗
　　③ (예) 여백을 살리다.
　　　〖Text=9/Freq2=16(12.2%)〗
　　④ (예) [경험을/전공을] 살리다.
　　　〖Text=7/Freq2=14(10.7%)〗
　　❺ (예) [경제를/회사를] 살리다.
　　　〖Text=7/Freq2=13(9.9%)〗
　Ⅱ (예) 사람을 [감옥을/머슴을] 살리다. 〔×〕
　㉮<살려 주다> 〖Text=6/Freq2=9(6.9%)〗

≪살림≫전체빈도합=55(0.0030%)

살림 명 ★☆★　【Text=36/Freq1=55】
　① (예) 살림을 [꾸리다/하다].
　　〖Text=18/Freq2=24(43.6%)〗
　② (예) 살림이 나아지다.
　　〖Text=17/Freq2=23(41.8%)〗
　③ (예) 살림을 장만하다.
　　〖Text=1/Freq2=2(3.6%)〗
　❹ (예) 두 회사의 살림을 합치다.
　　〖Text=2/Freq2=2(3.6%)〗
　ⓧ 〖Text=1/Freq2=4(7.3%)〗

≪**살림살이**≫전체빈도합=21(0.0011%)

살림살이 명 【Text=14/Freq1=21】
① (예) 어려운 살림살이에도 꿋꿋하다.
〔Text=10/Freq2=15(71.4%)〕
② (예) 살림살이를 장만하다.
〔Text=5/Freq2=6(28.6%)〕

≪**살며시**≫전체빈도합=19(0.0010%)

살며시 부 【Text=15/Freq1=19】
⓪ (예) 살며시 [나오다/다가가다/문을 닫다/손을 대다].

≪**살아가다**≫전체빈도합=258(0.0139%)

살아가다 동★★☆ 【Text=70/Freq1=258】
Ⅰ ① (예) 동물과 사람들이 살아가다.
〔Text=35/Freq2=65(25.2%)〕
② (예) 고생을 참고 살아가다.
〔Text=48/Freq2=164(63.6%)〕
Ⅱ ① (예) [인생을/한평생을] 살아가다.
〔Text=16/Freq2=18(7%)〕
② (예) 하루하루를 살아가다.
〔Text=10/Freq2=11(4.3%)〕

≪**살아나다**≫전체빈도합=38(0.0020%)

살아나다 동 【Text=21/Freq1=38】
① (예) 죽어가던 환자가 살아나다.
〔Text=14/Freq2=20(52.6%)〕
② (예) 필사적으로 버텨 살아나자.
〔Text=3/Freq2=5(13.2%)〕
③ (예) [불빛이/불이] 살아나다. 〔×〕
④ (예) [기억이/통증이] 살아나다.
〔Text=3/Freq2=3(7.9%)〕
⑤ (예) [개성이/색채가] 살아나다.
〔Text=5/Freq2=5(13.2%)〕
❻ (예) [경기가/수출이] 살아나다.
〔Text=2/Freq2=3(7.9%)〕
ⓧ 〔Text=1/Freq2=2(5.3%)〕

≪**살아남다**≫전체빈도합=21(0.0011%)

살아남다 동 【Text=13/Freq1=21】
① (예) 전쟁에서 살아남다.
〔Text=6/Freq2=14(66.7%)〕
② (예) 경쟁에서 살아남다.
〔Text=6/Freq2=6(28.6%)〕
③ (예) [비밀이/죄책감이] 살아남다.
〔Text=1/Freq2=1(4.8%)〕

≪**살아오다**≫전체빈도합=61(0.0033%)

살아오다 동 【Text=26/Freq1=61】
Ⅰ ① (예) 끼니를 거르며 살아오다.
〔Text=9/Freq2=11(18%)〕
② (예) 아파트에서 살아오다.
〔Text=16/Freq2=34(55.7%)〕
Ⅱ ① (예) [삶을/인생을] 살아오다.
〔Text=9/Freq2=16(26.2%)〕
② (예) 이 땅에 오래 살아온 [문화/종교]. 〔×〕

≪**살인**≫전체빈도합=45(0.0024%)

살인 명 【Text=14/Freq1=45】
⓪ (예) 살인(殺人)을 저지르다.

≪**살짝**≫전체빈도합=33(0.0018%)

살짝 부 【Text=25/Freq1=33】
① (예) 살짝 [나가다/엿듣다].
〔Text=5/Freq2=9(27.3%)〕
② (예) 살짝 [건드리다/데치다/때리다].
〔Text=15/Freq2=18(54.5%)〕
③ (예) 바위를 살짝 들어올리다.
〔Text=5/Freq2=6(18.2%)〕

≪**살찌다**≫전체빈도합=17(0.0009%)

살찌다 동 【Text=12/Freq1=17】
① (예) 몸이 살찌다.
〔Text=9/Freq2=14(82.4%)〕
② (예) 귀족들만 살찌는 세금 제도
〔Text=1/Freq2=1(5.9%)〕
❸ (예) 삶을 살찌게 하다.
〔Text=2/Freq2=2(11.8%)〕

≪**살펴보다**≫전체빈도합=358(0.0193%)

살펴보다 동★☆★ 【Text=96/Freq1=358】
① (예) [방 안을/집을] 살펴보다.
〔Text=69/Freq2=250(69.8%)〕
② (예) [문제를/주제를] 살펴보다.
〔Text=58/Freq2=108(30.2%)〕

≪**살피다**≫전체빈도합=141(0.0076%)

살피다 동★☆★ 【Text=74/Freq1=141】
① (예) [논밭을/주위를] 살피다.
〔Text=22/Freq2=26(18.4%)〕
② (예) [문제를/상황을] 살피다.
〔Text=23/Freq2=40(28.4%)〕
③ (예) 민정을 살피다.
〔Text=1/Freq2=2(1.4%)〕
❹ (예) [눈치를/표정을] 살피다.

　　　　〔Text=25/Freq2=39(27.7%)〕
　❺ (예) [꽃을/내면을] 꼼꼼히 살피다.
　　　　〔Text=27/Freq2=34(24.1%)〕
≪삶≫전체빈도합=586(0.0316%)
　삶 명★★☆ 【Text=89/Freq1=586】
　　⓪ (예) 끈기 있게 삶을 이어가다.
　　　　〔Text=89/Freq2=570(97.3%)〕
　❶ (예) 새로운 삶을 되찾다.
　　　　〔Text=9/Freq2=15(2.6%)〕
　　ⓧ 〔Text=1/Freq2=1(0.2%)〕
≪삶다≫전체빈도합=12(0.0006%)
　삶다 동☆☆★ 【Text=10/Freq1=12】
　　① (예) [국수를/달걀을/빨래를] 삶다.
　　　　〔Text=9/Freq2=10(83.3%)〕
　　② (예) 뇌물로 관리를 삶다. 〔×〕
　　ⓧ 〔Text=1/Freq2=2(16.7%)〕
≪삼≫전체빈도합=902(0.0486%)
　삼¹ 명 【Text=2/Freq1=2(0.2%)】
　　⓪ (예) 삼을 삼다.
　삼² 명 【Text=1/Freq1=8(0.9%)】
　　⓪ (예) 삼(夢)을 심다.
　삼³ 주★★★ 【Text=178/Freq1=892(98.9%)】
　　Ⅰ ⓪ (예) 오분의 삼(三·參).
　　　　〔Text=41/Freq2=83(9.3%)〕
　　　❶ (예) 그림 3(삼).
　　　　〔Text=16/Freq2=38(4.3%)〕
　　Ⅱ (예) 삼[년/학년].
　　　　〔Text=171/Freq2=771(86.4%)〕
≪삼국≫전체빈도합=66(0.0036%)
　삼국 명 【Text=15/Freq1=66】
　　⓪ (예) 신라가 삼국(三國)을 통일하다.
　　　　〔Text=9/Freq2=28(42.4%)〕
　　㉗<삼국 시대> 〔Text=9/Freq2=27(40.9%)〕
　　㉗<삼국 통일> 〔Text=7/Freq2=11(16.7%)〕
≪삼다≫전체빈도합=134(0.0072%)
　삼다¹ 동★★☆ 【Text=69/Freq1=131(97.8%)】
　　Ⅰ ① (예) 그를 [말벗을/사위로] 삼다.
　　　　〔Text=14/Freq2=17(13%)〕
　　　② (예) 불교를 국교로 삼다./
　　　　회사 얘기로 술안주를 삼다.
　　　　〔Text=29/Freq2=48(36.6%)〕
　　　③ (예) 학교 가는 것을 [낙으로/위안을]
　　　　삼다. 〔Text=30/Freq2=45(34.4%)〕

　　　④ (예) 책을 베개로 삼다./아버지를 핑계
　　　　삼다./밤을 낮 삼아 살다.
　　　　〔Text=10/Freq2=14(10.7%)〕
　　Ⅱ (예) [장난/참고] 삼아 하는 말.
　　　　〔Text=6/Freq2=6(4.6%)〕
　　ⓧ 〔Text=1/Freq2=1(0.8%)〕
　삼다² 동 【Text=2/Freq1=3(2.2%)】
　　① (예) [삼태기를/짚신을] 삼다.
　　　　〔Text=1/Freq2=1(33.3%)〕
　　② (예) [모시를/삼을] 삼다.
　　　　〔Text=2/Freq2=2(66.7%)〕
≪삼십≫전체빈도합=365(0.0197%)
　삼십 주 【Text=118/Freq1=365】
　　Ⅰ ① (예) 허리 굵기가 삼십(三十)이다.
　　　　〔Text=5/Freq2=7(1.9%)〕
　　　② (예) 삼십 초반의 젊은이. 〔×〕
　　Ⅱ (예) 삼십 [년/분].
　　　　〔Text=117/Freq2=358(98.1%)〕
≪삼월≫전체빈도합=52(0.0028%)
　삼월 명☆★☆ 【Text=32/Freq1=52】
　　⓪ (예) 삼월(三月) 일일.
≪삼촌≫전체빈도합=131(0.0071%)
　삼촌 명★★★ 【Text=31/Freq1=131】
　　⓪ (예) 삼촌(三寸)에게 인사하다.
≪삼키다≫전체빈도합=33(0.0018%)
　삼키다 동☆☆★ 【Text=23/Freq1=33】
　　① (예) 음식을 삼키다.
　　　　〔Text=16/Freq2=21(63.6%)〕
　　② (예) [말을/울음을] 삼키다.
　　　　〔Text=2/Freq2=2(6.1%)〕
　　③ (예) 파도가 해안을 삼켜 버리다.
　　　　〔Text=3/Freq2=7(21.2%)〕
　　④ (예) [남의 재산을/세금을] 삼키다.
　　　　〔Text=2/Freq2=2(6.1%)〕
　　ⓧ 〔Text=1/Freq2=1(3%)〕
≪삽≫전체빈도합=9(0.0005%)
　삽¹ 명☆☆★ 【Text=6/Freq1=9】
　　Ⅰ (예) 삽으로 땅을 파다.
　　　　〔Text=5/Freq2=8(88.9%)〕
　　Ⅱ (예) 대여섯 삽을 파다.
　　　　〔Text=1/Freq2=1(11.1%)〕
≪상≫전체빈도합=267(0.0144%) [138]
　상¹ 명 【Text=16/Freq1=40(15%)】

① (예) 상(床)에 술과 음식을 차리다.
　　〔Text=12/Freq2=24(60%)〕
② (예) [손님/차례] 상에 고기를 올리다.
　　〔Text=8/Freq2=14(35%)〕
판 <상을 물리다> 〔×〕
판 <상을 보다> 〔×〕
판 <상을 차리다> 〔Text=2/Freq2=2(5%)〕
상² 명★★★　【Text=31/Freq1=48(18%)】
　⓪ (예) 상(賞)을 [받다/주다/타다].
상³ 명　【Text=4/Freq1=4(1.5%)】
① (예) 상(相)을 찡그리다.
　　〔Text=1/Freq2=1(25%)〕
② (예) 죽을 상이 되다.
　　〔Text=2/Freq2=2(50%)〕
③ (예) 손금이나 상을 잘 보다./빌어먹을 상을 하다. 〔×〕
④ (예) [지식인의/현대 시민의] 상.
　　〔Text=1/Freq2=1(25%)〕
상⁴ 명　【Text=1/Freq1=1(0.4%)】
　⓪ (예) 부모의 상(喪)을 당하다.
상⁵ 명　【Text=4/Freq1=7(2.6%)】
① (예) 이순신 장군의 상(像).
　　〔Text=2/Freq2=2(28.6%)〕
② (예) 수정체에 상이 맺히다.
　　〔Text=2/Freq2=5(71.4%)〕
③ (예) 바람직한 주부의 상을 만들다. 〔×〕
상⁶ 명☆★☆　【Text=25/Freq1=27(10.1%)】 ¹³⁹
① (예) 성적이 상(上)에 들다.
　　〔Text=2/Freq2=2(7.4%)〕
② (예) 상께서 노하다. 〔×〕
❸ (예) 지구 상의 생물./도로 상에서 생긴 사고. 〔Text=23/Freq2=25(92.6%)〕
상⁷ 명　【Text=0/Freq1=0】 ⓧ
　⓪ (예) 상(想)이 잡혀야 작품을 쓰다. 〔×〕
상⁸ 명　【Text=0/Freq1=0】 ⓧ
　⓪ (예) 궁상(商)각치우의 다섯 음계. 〔×〕
-상¹⁰ 접☆★☆　【Text=54/Freq1=139(52.1%)】
　⓪ (예) [법률/역사/이론/절차]상(上).
상ˣ ?　【Text=1/Freq1=1(0.4%)】

≪상가≫전체빈도합=25(0.0013%)
상가¹ 명　【Text=13/Freq1=21(84%)】

⓪ (예) 아파트 근처에 상가(商街)가 있다.
상가² 명　【Text=2/Freq1=2(8%)】
　⓪ (예) 모든 상가(商家)가 문을 닫다.
상가³ 명　【Text=2/Freq1=2(8%)】
　⓪ (예) 상을 당한 동료의 상가(喪家)에 가다.

≪상관≫전체빈도합=43(0.0023%)
상관¹ 명　【Text=36/Freq1=43(100%)】
① (예) 두 사건은 상관(相關)이 없다.
　　〔Text=36/Freq2=42(97.7%)〕
② (예) 남녀가 상관을 하다. 〔×〕
판 <상관 관계> 〔Text=1/Freq2=1(2.3%)〕
상관² 명　【Text=0/Freq1=0】 ⓧ
　⓪ (예) 상관(上官)의 명령에 복종하다. 〔×〕

≪상관없다≫전체빈도합=23(0.0012%)
상관없다 형　【Text=17/Freq1=23】
Ⅰ (예) 나와 상관(相關)없는 일이다.
　　〔Text=9/Freq2=10(43.5%)〕
Ⅱ (예) 잠깐 쉬어도 상관없다.
　　〔Text=11/Freq2=13(56.5%)〕

≪상냥하다≫전체빈도합=17(0.0009%)
상냥하다 형　【Text=11/Freq1=17】
⓪ (예) 사람들에게 상냥하게 미소 짓다.
　/상냥한 [말씨/인상].

≪상당하다≫전체빈도합=39(0.0021%)
상당하다¹ 동　【Text=0/Freq1=0】 ⓧ
⓪ (예) 시가 500만원에 상당(相當)하는 물건. 〔×〕
상당하다² 형　【Text=27/Freq1=39(100%)】
　⓪ (예) [솜씨가/실력이] 상당(相當)하다.

≪상당히≫전체빈도합=108(0.0058%)
상당히 부　【Text=36/Freq1=108】
⓪ (예) 외출이 상당(相當)히 잦다.
　/콜레스테롤 량이 상당히 증가하다.

≪상대≫전체빈도합=110(0.0059%)
상대¹ 명★★☆　【Text=46/Freq1=110(100%)】
Ⅰ ① (예) 그들에게 엄하게 상대(相對)를 하다.
　　〔Text=1/Freq2=1(0.9%)〕
② (예) 대화의 상대를 편하게 하다.

---

138) 『연세 한국어 사전』의 '-상⁹'(예:사회상), '-상¹¹'(예:나선상), '-상¹²'(예:고물상), '-상¹³'(예:교육자상, 비너스상)은 말뭉치의 분석에 적용하지 않았으므로 제외한다.
139) 『외국인을 위한 한국어 학습 사전』(2004)의 중요 어휘 목록에서는 '상⁶'❸을 독립된 의존명사로 보아 ☆★☆의 중요도를 부여하고 있다.

　　　　〔Text=21/Freq2=38(34.5%)〕
　　③ (예) 상대가 안 되는 싸움.
　　　　〔Text=8/Freq2=10(9.1%)〕
　　④ (예) 슛이 상대의 수비에 맞다.
　　　　〔Text=11/Freq2=37(33.6%)〕
　　⑤ (예) 직원을 상대로 설득을 하다.
　　　　〔Text=12/Freq2=15(13.6%)〕
　Ⅱ ① (예) 상대 팀. 〔Text=2/Freq2=3(2.7%)〕
　　② (예) 상대 평가. 〔Text=4/Freq2=6(5.5%)〕
상대² 명　【Text=0/Freq1=0】ⓧ
　⓪ (예) 상대(商大)를 다니다. 〔×〕
≪상대방≫전체빈도합=118(0.0064%)
　상대방 명★★☆　【Text=54/Freq1=118】
　⓪ (예) 상대방(相對方)을 노려보다.
≪상대적≫전체빈도합=23(0.0012%)
　상대적¹ 명　【Text=11/Freq1=20(87%)】
　① (예) 인구에 비해 상대적(相對的)으로 토지가
　　부족하다. 〔Text=6/Freq2=13(65%)〕
　② (예) 윤리적 선은 상대적일 수밖에 없다.
　　〔Text=6/Freq2=7(35%)〕
　상대적² 관　【Text=3/Freq1=3(13%)】
　① (예) 근로 시간에 비한 여가의 상대적
　　(相對的) 증가. 〔Text=1/Freq2=1(33.3%)〕
　② (예) 원자들의 상대적 위치.
　　〔Text=2/Freq2=2(66.7%)〕
≪상대편≫전체빈도합=26(0.0014%)
　상대편 명　【Text=12/Freq1=26】
　⓪ (예) 상대편(相對便)의 입장을 듣다.
　　〔Text=11/Freq2=24(92.3%)〕
　❶ (예) 중앙선 너머 상대편 차선.
　　〔Text=1/Freq2=2(7.7%)〕
≪상상≫전체빈도합=43(0.0023%)
　상상 명　【Text=33/Freq1=43】
　⓪ (예) 상상(想像)으로 그림을 그리다.
　　/상상을 뛰어넘다./상상도 못할 일.
　　〔Text=31/Freq2=39(90.7%)〕
　관＜상상의 [나래/날개]＞
　　〔Text=4/Freq2=4(9.3%)〕
≪상상력≫전체빈도합=45(0.0024%)
　상상력 명　【Text=16/Freq1=45】
　⓪ (예) 상상력(想像力)이 풍부하다.
≪상상하다≫전체빈도합=153(0.0082%)
　상상하다 동★☆☆　【Text=59/Freq1=153】

　⓪ (예) 미래를 상상(想像)하다.
≪상식≫전체빈도합=22(0.0012%)
　상식¹ 명　【Text=19/Freq1=22(100%)】
　① (예) 사회에는 그 사회의 상식(常識)이
　　있다. 〔Text=15/Freq2=18(81.8%)〕
　② (예) 누구나 지켜야 할 상식이 바로 교통
　　질서이다. 〔Text=4/Freq2=4(18.2%)〕
　상식² 명　【Text=0/Freq1=0】ⓧ
　⓪ (예) 나무 열매를 상식(常食)으로 하다. 〔×〕
　상식³ 명　【Text=0/Freq1=0】ⓧ
　⓪ (예) 상가에서 조석으로 상식(上食)을 하다. 〔×〕
≪상실하다≫전체빈도합=20(0.0011%)
　상실하다 동　【Text=15/Freq1=20】
　⓪ (예) [개성을/신뢰를/의욕을] 상실(喪失)하다.
≪상업≫전체빈도합=22(0.0012%)
　상업 명☆☆★　【Text=10/Freq1=22】
　① (예) 상업(商業)을 목적으로 하다.
　　〔Text=7/Freq2=17(77.3%)〕
　② (예) 상업 [작가/출판].
　　〔Text=2/Freq2=4(18.2%)〕
　❸ (예) 학교에서 상업을 가르치다.
　　〔Text=1/Freq2=1(4.5%)〕
≪상인≫전체빈도합=53(0.0029%)
　상인¹ 명★☆☆　【Text=19/Freq1=53(100%)】
　⓪ (예) 시장 상인(商人).
　상인² 명　【Text=0/Freq1=0】ⓧ
　⓪ (예) 양반과 상인(常人)의 계급. 〔×〕
≪상자≫전체빈도합=62(0.0033%)
　상자 명★☆☆　【Text=34/Freq1=62】
　Ⅰ (예) 상자(箱子)를 열다.
　　〔Text=33/Freq2=61(98.3%)〕
　Ⅱ (예) 사과 한 상자. 〔Text=1/Freq2=1(1.6%)〕
≪상점≫전체빈도합=31(0.0017%)
　상점 명☆☆★　【Text=23/Freq1=31】
　⓪ (예) 상점(商店)이 문을 닫다.
≪상징≫전체빈도합=21(0.0011%)
　상징 명　【Text=15/Freq1=21】
　⓪ (예) [부의/청춘의] 상징(象徵).
≪상처≫전체빈도합=69(0.0037%)
　상처¹ 명★☆★　【Text=38/Freq1=69(100%)】
　① (예) 손에 상처(傷處)가 나다.
　　〔Text=21/Freq2=24(34.8%)〕

② (예) 마음의 상처를 입다.
　　　〔Text=17/Freq2=33(47.8%)〕
③ (예) 전쟁의 상처에서 벗어나다.
　　　〔Text=6/Freq2=11(15.9%)〕
ⓧ 〔Text=1/Freq2=1(1.4%)〕

상처² 명 【Text=0/Freq1=0】 ⓧ
① (예) 상처(喪妻)를 하고 혼자 살다. 〔×〕

≪상쾌하다≫ 전체빈도합=35(0.0019%)

상쾌하다 형 ☆★★ 【Text=30/Freq1=35】
① (예) 기분이 상쾌(爽快)하다.

≪상태≫ 전체빈도합=223(0.0120%)

상태 명 ★★☆ 【Text=79/Freq1=223】
① (예) 경제 상태(狀態)./지친 상태.
　　　〔Text=59/Freq2=148(66.4%)〕
❶ (예) 식민지 상태.
　　　〔Text=42/Freq2=75(33.6%)〕

≪상품≫ 전체빈도합=117(0.0063%)

상품¹ 명 ★★☆ 【Text=36/Freq1=110(94%)】
① (예) 상품(商品)을 판매하다.

상품² 명 【Text=2/Freq1=7(6%)】
① (예) 상장과 상품(賞品).

상품³ 명 【Text=0/Freq1=0】 ⓧ
① (예) 배 상품(上品) 한 상자의 가격. 〔×〕

≪상하다≫ 전체빈도합=75(0.0040%)

상하다 동 ★★☆ 【Text=48/Freq1=75】
① (예) [몸이/심장이] 상(傷)하다.
　　　〔Text=1/Freq2=1(1.3%)〕
② (예) [뿌리가/울타리가] 상하다.
　　　〔Text=5/Freq2=5(6.7%)〕
③ (예) [몸이/얼굴이] 상하다. 〔×〕
④ (예) [밥이/생선이] 상하다.
　　　〔Text=6/Freq2=10(13.3%)〕
⑤ (예) [기분이/자존심이] 상하다.
　　　〔Text=39/Freq2=59(78.7%)〕

≪상황≫ 전체빈도합=293(0.0158%)

상황 명 ★★☆ 【Text=85/Freq1=293】
① (예) 상황(狀況)이 변하다./학생들이 처한 상황. 〔Text=63/Freq2=175(59.7%)〕
❶ (예) [일이 끝난/전시] 상황이다.
　　　〔Text=51/Freq2=117(39.9%)〕
관 <상황 끝> 〔Text=1/Freq2=1(0.3%)〕

≪새≫ 전체빈도합=444(0.0239%) [140]

새¹ 명 ★★★ 【Text=63/Freq1=172(38.7%)】
① (예) 새가 [날아가다/지저귀다].
　　　〔Text=60/Freq2=169(98.3%)〕
관 <쥐도 새도 모르게>
　　　〔Text=3/Freq2=3(1.7%)〕

새² 명 【Text=34/Freq1=60(13.5%)】
① (예) 잠든 새 비가 그치다.
　　　〔Text=33/Freq2=59(98.3%)〕
관 <눈 깜짝할 새> 〔×〕
관 <눈 코 뜰 새 없다>
　　　〔Text=1/Freq2=1(1.7%)〕

새³ 관 ★★★ 【Text=96/Freq1=212(47.7%)】
① (예) 새 희망이 돋는 새날.
　　　〔Text=63/Freq2=104(49.1%)〕
② (예) 말쑥한 새 옷.
　　　〔Text=51/Freq2=92(43.4%)〕
③ (예) 벌써 새 학기로 접어들다.
　　　〔Text=10/Freq2=16(7.5%)〕

≪새기다≫ 전체빈도합=63(0.0034%)

새기다¹ 동 ★☆☆ 【Text=29/Freq1=59(93.7%)】
Ⅰ ① (예) 나무에 글씨를 새기다.
　　　〔Text=18/Freq2=41(69.5%)〕
② (예) 가르침을 마음에 새기다.
　　　〔Text=14/Freq2=15(25.4%)〕
❸ (예) 이마에 새겨진 주름.
　　　〔Text=2/Freq2=2(3.4%)〕
Ⅱ ① (예) 도장을 새기다.
　　　〔Text=1/Freq2=1(1.7%)〕
② (예) 경함을 새기다. 〔×〕

새기다² 동 【Text=0/Freq1=0】 ⓧ
① (예) 글을 새겨 읽다./뜻을 새기며 읽다. 〔×〕
② (예) 말뜻을 새기다. 〔×〕
③ (예) 외국어로 된 시를 새겨 읽다. 〔×〕

새기다³ 동 【Text=4/Freq1=4(6.3%)】
① (예) 소가 여물을 새기다.
　　　〔Text=1/Freq2=1(25%)〕
② (예) 그 말을 새기고 또 새기다.
　　　〔Text=3/Freq2=3(75%)〕

≪새까맣다≫ 전체빈도합=16(0.0009%)

새까맣다 형 【Text=12/Freq1=16】
① (예) 옷이 새까맣게 더럽혀지다./새까만

---

[140] 『연세 한국어 사전』의 '새⁴'(예:새까맣다), '새⁵'(예:차림새)는 말뭉치의 분석에 적용하지 않았으므로 제외한다.

눈동자. 〔Text=9/Freq2=11(68.8%)〕
　② (예) 새벽이라 아직 새까맣다.
　　　〔Text=1/Freq2=1(6.3%)〕
　③ (예) 생일을 새까맣게 [모르다/잊다]. 〔×〕
　④ (예) 공포로 그의 얼굴이 새까맣게 죽어
　　　있다. 〔×〕
　⑤ (예) 구경꾼들이 새까맣게 모여들다.
　　　〔Text=1/Freq2=2(12.5%)〕
　⑥ (예) 새까만 [졸병/후배].
　　　〔Text=1/Freq2=1(6.3%)〕
　ⓧ 〔Text=1/Freq2=1(6.3%)〕

≪새끼≫전체빈도합=226(0.0122%)

새끼¹ 몡 【Text=4/Freq1=14(6.2%)】
　⓪ (예) 볏짚으로 새끼를 꼬다.
새끼² 몡★☆★ 【Text=41/Freq1=212(93.8%)】
　① (예) 새끼를 낳다.
　　　〔Text=30/Freq2=100(47.2%)〕
　② (예) 아이구, 내 새끼.
　　　〔Text=3/Freq2=6(2.8%)〕
　③ (예) 난 그 새끼 싫다./이 새끼야.
　　　〔Text=12/Freq2=106(50%)〕
　④ (예) 돈이 새끼를 치다. 〔×〕

≪새다≫전체빈도합=47(0.0025%)

새다¹ 동☆★★ 【Text=18/Freq1=34(72.3%)】
　① (예) [가스가/물이/불빛이/비가/지붕이]
　　　샌다. 〔Text=14/Freq2=27(79.4%)〕
　② (예) [기밀이/비밀이] 새다. 〔×〕
　③ (예) [딴 길로/옆길로] 새다.
　　　〔Text=1/Freq2=1(2.9%)〕
　④ (예) 회의 도중에 잠깐 새다. 〔×〕
　❺ (예) [소리가/울음이/웃음이] 새다.
　　　〔Text=5/Freq2=5(14.7%)〕
　괸<김이 새다> 〔Text=1/Freq2=1(2.9%)〕
　괸<물 샐 틈 없다> 〔×〕
새다² 동 【Text=5/Freq1=8(17%)】
　⓪ (예) [날이/밤이] 새다.
새다³ 동 【Text=3/Freq1=5(10.6%)】
　⓪ (예) 밤을 새다(=새우다).

≪새로≫전체빈도합=162(0.0087%)

새로 뷔★★☆ 【Text=95/Freq1=162】
　① (예) 새로 [사다/설치하다].
　　　〔Text=46/Freq2=65(40.1%)〕
　② (예) 법이 새로 시행되다./구두가 새로
　　　나오다. 〔Text=29/Freq2=39(24.1%)〕

　③ (예) 고향으로 돌아와 새로 시작하다./국을
　　　새로 끓이다. 〔Text=42/Freq2=57(35.2%)〕
　④ (예) 새로 두 시가 지나다.
　　　〔Text=1/Freq2=1(0.6%)〕

≪새로이≫전체빈도합=15(0.0008%)

새로이 뷔 【Text=12/Freq1=15】
　① (예) 사용법을 새로이 익히다./평가를 새로이
　　　하다. 〔Text=7/Freq2=8(53.3%)〕
　② (예) 신인 가수가 새로이 등장하다.
　　　〔Text=7/Freq2=7(46.7%)〕

≪새롭다≫전체빈도합=575(0.0310%)

새롭다 혱★★★ 【Text=119/Freq1=575】
Ⅰ ① (예) 새로운 버릇이 생기다.
　　　〔Text=78/Freq2=244(42.4%)〕
　② (예) 차창으로 새로운 경치가 스쳐가다.
　　　〔Text=89/Freq2=293(51%)〕
Ⅱ ① (예) 옛 일들이 어제처럼 새롭다.
　　　〔Text=21/Freq2=25(4.3%)〕
　② (예) 하는 짓마다 다 새롭다.
　　　/까치 울음이 새롭게 울려오다.
　　　〔Text=7/Freq2=13(2.3%)〕

≪새벽≫전체빈도합=150(0.0081%)

새벽 몡★★★ 【Text=63/Freq1=150】
　① (예) 새벽에 일어나다.
　　　〔Text=63/Freq2=148(98.7%)〕
　② (예) 시대의 새벽을 열다.
　　　〔Text=1/Freq2=2(1.3%)〕

≪새삼≫전체빈도합=38(0.0020%)

새삼 뷔 【Text=23/Freq1=38】
　⓪ (예) 새삼 고마움을 느끼다.
　　　/긴장 때문에 새삼 가슴이 두근거리다.

≪새삼스럽다≫전체빈도합=31(0.0017%)

새삼스럽다 혱 【Text=20/Freq1=31】
　① (예) 새삼스럽게 아내에게 고마움을
　　　느끼다. 〔Text=9/Freq2=13(41.9%)〕
　② (예) 다 아는 것을 새삼스럽게 다시 말하다.
　　　〔Text=7/Freq2=8(25.8%)〕
　③ (예) 처음 듣는 새삼스러운 그의 질문에
　　　놀라다. 〔Text=7/Freq2=9(29%)〕
　ⓧ 〔Text=1/Freq2=1(3.2%)〕

≪새싹≫전체빈도합=34(0.0018%)

새싹 몡 【Text=14/Freq1=34】
　① (예) 산에 들에 새싹이 돋다.

〔Text=14/Freq2=34(100%)〕
② (예) 자라나는 새싹들에게 꿈을 주다. 〔×〕

《새우》전체빈도합=5(0.0003%)
새우 명☆★ 【Text=4/Freq1=5】
⓪ (예) 새우로 젓을 담다.

《새우다》전체빈도합=15(0.0008%)
새우다 동☆★☆ 【Text=12/Freq1=15】
⓪ (예) [날밤을/날을/밤을] 새우다.

《새해》전체빈도합=23(0.0012%)
새해 명☆★☆ 【Text=9/Freq1=23】
⓪ (예) 새해를 맞다.

《색》전체빈도합=73(0.0039%) 141)
색¹ 명★★★ 【Text=37/Freq1=70(95.9%)】
⓪ (예) 나뭇잎의 색(色)이 푸르다.
색² 명 【Text=1/Freq1=3(4.1%)】
⓪ (예) [남자가/여자가] 색(色)을 밝히다.

《색깔》전체빈도합=108(0.0058%)
색깔 명★★★ 【Text=51/Freq1=108】
① (예) 피부의 색(色)깔.
   〔Text=47/Freq2=103(95.4%)〕
② (예) 정치적인 색깔이 다르다.
   〔Text=3/Freq2=3(2.8%)〕
ⓧ 〔Text=2/Freq2=2(1.9%)〕

《색종이》전체빈도합=23(0.0012%)
색종이 명 【Text=14/Freq1=23】
⓪ (예) 색(色)종이를 접다.

《샘》전체빈도합=23(0.0012%)
샘¹ 명 【Text=5/Freq1=6(26.1%)】
⓪ (예) 샘이 나다./샘을 내다.
샘² 명 【Text=10/Freq1=15(65.2%)】
① (예) 산 속의 샘에서 물이 솟다.
   〔Text=2/Freq2=2(13.3%)〕
② (예) [마을의/집 앞의] 샘에 아낙들이
   모이다. 〔Text=2/Freq2=5(33.3%)〕
③ (예) 슬픈 생각이 눈 속의 샘을 자극하다.
   〔×〕
❹ (예) [믿음의/지혜의] 샘.
   〔Text=8/Freq2=8(53.3%)〕
관 <샘(이) 솟다> 기쁨이 샘이 솟다. 〔×〕

샘ˣ ? 【Text=1/Freq1=2(8.7%)】

《생》전체빈도합=47(0.0025%) 142)
생¹ 명 【Text=18/Freq1=27(57.4%)】
⓪ (예) 생(生)과 사의 갈림길에 서다.
   〔Text=18/Freq2=26(94.1%)〕
ⓧ 〔Text=1/Freq2=1(5.9%)〕
-생³ 접 【Text=11/Freq1=17(36.2%)】
① (예) 1994년 5월 13일생(生).
   〔Text=10/Freq2=16(94.1%)〕
② (예) 3년생 [소나무/인삼].
   〔Text=1/Freq2=1(5.9%)〕
-생⁴ 접 【Text=3/Freq1=3(6.4%)】
① (예) [1학년/2기]생(生).
   〔Text=2/Freq2=2(66.7%)〕
② (예) [모범/지각/학원]생.
   〔Text=1/Freq2=1(33.3%)〕

《생각》전체빈도합=1,831(0.0986%)
생각 명★★★ 【Text=192/Freq1=1,831】
① (예) 깊은 생각에 잠기다.
   〔Text=120/Freq2=433(23.6%)〕
② (예) 자신의 생각을 설명하다.
   〔Text=124/Freq2=575(31.4%)〕
③ (예) [네/술] 생각이 간절하다.
   〔Text=56/Freq2=61(3.3%)〕
④ (예) 어릴 때 함께 놀던 생각이 나다.
   〔Text=24/Freq2=32(1.7%)〕
⑤ (예) 생각보다 빨리 도착하다.
   〔Text=51/Freq2=74(4%)〕
⑥ (예) 생각이 있는 사람.
   〔Text=21/Freq2=27(1.5%)〕
❼ (예) 포기 하면 안 된다는 생각에, 다시 결심을
   다지다. 〔Text=133/Freq2=367(20%)〕
관 <-다고/-다는 생각(이) [되다/들다]>
   결과적으로 잘된 일이었다[고/는] 생각이
   들다. 〔Text=79/Freq2=227(12.4%)〕
ⓧ 〔Text=13/Freq2=35(1.9%)〕

《생각나다》전체빈도합=86(0.0046%)
생각나다 동★★★ 【Text=59/Freq1=86】
① (예) [이름이/주소가/무슨 꿈이었는지]
   생각나지 않다.
   〔Text=30/Freq2=39(45.3%)〕

---

141) 『연세 한국어 사전』의 '-색³'(예:지방색)은 말뭉치의 분석에 적용하지 않았으므로 제외한다.
142) 『연세 한국어 사전』의 '생-²'(예:생옥수수, 생가죽, 생장작, 생고생, 생이별, 생부모, 생살, 생지옥)은 말뭉치의 분석에 적용하지 않았으므로 제외한다.

② (예) 갑자기 [어머니가/좋은 방도가/놀러 오라고 한 것이] 생각나다.
〔Text=35/Freq2=45(52.3%)〕
③ (예) [그 사람이/담배가] 생각나다.
〔Text=2/Freq2=2(2.3%)〕

≪**생각되다**≫전체빈도합=97(0.0052%)

생각되다 동★☆☆ 【Text=53/Freq1=97】
⓪ (예) [내 잘못으로/너무 늦었다고/안타깝게] 생각되다.

≪**생각하다**≫전체빈도합=2,854(0.1537%)

생각하다 동★★★ 【Text=199/Freq1=2,854】
Ⅰ (예) 인간은 생각하는 능력이 있다.
〔Text=80/Freq2=230(8.1%)〕
Ⅱ ① (예) 나이들어 죽음을 생각하다.
〔Text=135/Freq2=919(32.2%)〕
② (예) [방법을/방안을] 생각하다.
〔Text=84/Freq2=238(8.3%)〕
③ (예) 옛일을 생각하다.
〔Text=79/Freq2=172(6%)〕
④ (예) 그 다음을 생각하다.
〔Text=87/Freq2=199(7%)〕
⑤ (예) [민족을/아이를] 생각하다.
〔Text=11/Freq2=18(0.6%)〕
⑥ (예) [남편을/체면을] 생각하다.
〔Text=57/Freq2=101(3.5%)〕
⑦ (예) 사례로 백만 원쯤 생각하다. /애를 때려서 다루려 생각하면 안 되다.
〔Text=49/Freq2=112(3.9%)〕
Ⅲ (예) 부장이 나를 모범 사원으로 생각하다. /안에 있을지 모른다고 생각하다.
〔Text=160/Freq2=856(30%)〕
ⓧ 〔Text=7/Freq2=9(0.3%)〕

≪**생겨나다**≫전체빈도합=67(0.0036%)

생겨나다 동★☆☆ 【Text=43/Freq1=67】
⓪ (예) [실업자가/유대감이] 생겨나다.

≪**생계**≫전체빈도합=18(0.0010%)

생계 명 【Text=11/Freq1=18】
⓪ (예) 생계(生計)를 [꾸리다/위협하다/잇다]. /생계가 막막하다.

≪**생기다**≫전체빈도합=625(0.0337%)

생기다 동★★★ 【Text=174/Freq1=625】
Ⅰ ① (예) 태초에 빛과 질서가 생기다.
〔Text=59/Freq2=101(16.2%)〕
② (예) 마을에 초등학교가 생기다.
〔Text=31/Freq2=55(8.8%)〕
③ (예) 결과가 생기다.
〔Text=23/Freq2=30(4.8%)〕
④ (예) [말썽이/문제가/사고가/일이] 생기다. 〔Text=87/Freq2=158(25.3%)〕
Ⅱ ① (예) [방이/일자리가/집이] 생기다.
〔Text=17/Freq2=30(4.8%)〕
② (예) [꾀가/버릇이] 생기다.
〔Text=20/Freq2=31(5%)〕
③ (예) [애인이/친구가] 생기다.
〔Text=13/Freq2=22(3.5%)〕
④ (예) 하는 일에 [자신이/회의가] 생기다.
〔Text=26/Freq2=39(6.2%)〕
⑤ (예) [병이/화병이] 생기다.
〔Text=14/Freq2=25(4%)〕
⑥ (예) [아기가/아이가] 생기다.
〔Text=2/Freq2=3(0.5%)〕
Ⅲ (예) 네모로 생긴 상자./무섭게 생긴 사내. /깔끔하게 생긴 찻집.
〔Text=71/Freq2=122(19.5%)〕
Ⅳ (예) 시골 학교 다 문 닫게 생겼다./화가 안 나게 생겼어? 〔Text=6/Freq2=7(1.1%)〕
ⓧ 〔Text=2/Freq2=2(0.3%)〕

≪**생김새**≫전체빈도합=39(0.0021%)

생김새 명★☆☆ 【Text=28/Freq1=39】
⓪ (예) 그는 생김새가 [무섭다/우락부락하다].

≪**생명**≫전체빈도합=147(0.0079%)

생명 명★★★ 【Text=57/Freq1=147】
① (예) 사고로 생명(生命)을 잃다.
〔Text=37/Freq2=93(63.3%)〕
② (예) 군대는 위계질서가 생명이다.
〔Text=11/Freq2=16(10.9%)〕
③ (예) 세상의 한 생명으로 태어나다.
〔Text=24/Freq2=38(25.9%)〕
관<생명을 건지다> 〔×〕

≪**생명력**≫전체빈도합=16(0.0009%)

생명력 명 【Text=12/Freq1=16】
⓪ (예) 생명력(生命力)이 강하다.

≪**생물**≫전체빈도합=32(0.0017%)

생물 명★☆★ 【Text=18/Freq1=32】
⓪ (예) 산과 들에 사는 생물(生物).

≪**생산**≫전체빈도합=97(0.0052%)

생산 명★☆★ 【Text=26/Freq1=97】

① (예) 식량 생산(生産)을 늘리다.
〔Text=26/Freq2=97(100%)〕
② (예) 계집애만 생산을 하다. 〔×〕

≪**생산되다**≫전체빈도합=28(0.0015%)

생산되다 동 【Text=11/Freq1=28】
① (예) [제품이/철이] 생산(生産)되다.
〔Text=11/Freq2=28(100%)〕
② (예) 부부 사이에 딸애가 생산되다. 〔×〕

≪**생산하다**≫전체빈도합=64(0.0034%)

생산하다 동 ★☆☆ 【Text=25/Freq1=64】
① (예) 농산물을 생산(生産)하다.
〔Text=24/Freq2=63(98.4%)〕
② (예) 아들을 생산하다.
〔Text=1/Freq2=1(1.6%)〕

≪**생생하다**≫전체빈도합=38(0.0020%)

생생하다 형 【Text=27/Freq1=38】
① (예) 잔디가 생생(生生)하다. 〔×〕
② (예) 기억이 아직도 생생하다.
〔Text=26/Freq2=36(94.7%)〕
③ (예) 생생한 피부. 〔Text=2/Freq2=2(5.3%)〕

≪**생선**≫전체빈도합=80(0.0043%)

생선 명 ☆★★ 【Text=32/Freq1=80】
① (예) 갓 잡은 싱싱한 생선(生鮮).

≪**생신**≫전체빈도합=22(0.0012%)

생신 명 【Text=15/Freq1=22】
① (예) 할아버지 생신(生辰)을 맞다.

≪**생애**≫전체빈도합=46(0.0025%)

생애 명 【Text=23/Freq1=46】
① (예) 짧은 생애(生涯)를 마치다.

≪**생일**≫전체빈도합=112(0.0060%)

생일 명 ★★★ 【Text=44/Freq1=112】
① (예) 생일(生日)을 맞다.

≪**생전**≫전체빈도합=24(0.0013%)

생전¹ 명 【Text=7/Freq1=9(37.5%)】
① (예) 고인이 생전(生前)에 살던 집.
〔Text=6/Freq2=7(77.8%)〕
관 <살아 생전에> 〔Text=2/Freq2=2(22.2%)〕
관 <생전 [가도/가야]> 〔×〕

생전² 부 【Text=15/Freq1=15(62.5%)】
① (예) 값을 생각하면 생전(生前) 못 사다. 〔×〕
② (예) 생전 그런 일 한 적이 없다.
〔Text=3/Freq2=3(20%)〕

관 <생전 처음> 생전 처음 보다.
〔Text=12/Freq2=12(80%)〕

≪**생존**≫전체빈도합=32(0.0017%)

생존 명 【Text=13/Freq1=32】
① (예) 생존(生存)에 위기를 느끼다.
〔Text=13/Freq2=32(100%)〕
관 <생존 경쟁> 〔×〕

≪**생활**≫전체빈도합=1,195(0.0644%)

생활 명 ★★★ 【Text=161/Freq1=1,195】
① (예) [자기에게 충실한/행복한] 생활(生活)
을 하다. 〔Text=124/Freq2=724(60.6%)〕
② (예) 실직으로 생활이 어려워지다.
〔Text=64/Freq2=129(10.8%)〕
③ (예) [직장/학교] 생활.
〔Text=76/Freq2=186(15.6%)〕
④ (예) [농경/목축/수렵] 생활.
〔Text=51/Freq2=152(12.7%)〕
관 <생활 수준> 〔Text=2/Freq2=2(0.2%)〕
x 〔Text=2/Freq2=2(0.2%)〕

≪**생활하다**≫전체빈도합=121(0.0065%)

생활하다 동 ★★☆ 【Text=49/Freq1=121】
① (예) 하루의 대부분을 집 밖에서
생활(生活)하다.

≪**서구**≫전체빈도합=103(0.0055%)

서구 명 【Text=17/Freq1=102(99%)】
① (예) 서구(西歐) 문물이 밀려들다.
〔Text=17/Freq2=96(94.1%)〕
② (예) 동구 국가와 서구 국가.
〔Text=4/Freq2=6(5.9%)〕

서구ᶜ 명 【Text=1/Freq1=1(1%)】
❶ (예) 서구(西區)의 구민들.

≪**서글프다**≫전체빈도합=25(0.0013%)

서글프다 형 【Text=15/Freq1=25】
① (예) 인생이 서글프다./서글픈 마음이 들다.
〔Text=15/Freq2=23(92%)〕
② (예) [그의 말이/몸 둘 곳 없다는 것이]
서글프다. 〔Text=2/Freq2=2(8%)〕

≪**서너**≫전체빈도합=49(0.0026%)

서너 관 ☆★☆ 【Text=33/Freq1=49】
① (예) 서너 [명/시간/차례].

≪**서늘하다**≫전체빈도합=15(0.0008%)

서늘하다 형 ☆☆★ 【Text=13/Freq1=15】

① (예) 서늘한 가을 기운이 돌다.
〔Text=6/Freq2=7(46.7%)〕
② (예) 사람의 간담을 서늘케 하다.
〔Text=7/Freq2=8(53.3%)〕

≪**서다**≫전체빈도합=763(0.0411%)

서다 [동]★★★ **【Text=155/Freq1=763】**

Ⅰ ① (예) 사람이 똑바로 서 있다.
〔Text=95/Freq2=278(36.4%)〕
② (예) 달리던 차가 갑자기 서다.
〔Text=35/Freq2=61(8%)〕
③ (예) [공장이/빌딩이] 서다.
〔Text=2/Freq2=2(0.3%)〕
④ (예) [나라가/정부가] 서다.
〔Text=1/Freq2=1(0.1%)〕
⑤ (예) [장이/저자가] 서다.
〔Text=6/Freq2=21(2.8%)〕
⑥ (예) [기강이/법도가] 서다.
〔Text=1/Freq2=1(0.1%)〕
⑦ (예) 말에 [논리가/조리가] 서다.
〔Text=1/Freq2=1(0.1%)〕
⑧ (예) [결의가/확신이] 서다.
〔Text=2/Freq2=2(0.3%)〕
⑨ (예) [권위가/체면이] 서다.
〔Text=2/Freq2=2(0.3%)〕
⑩ (예) [가늠이/판단이] 서다.
〔Text=4/Freq2=4(0.5%)〕
⑪ (예) [무지개가/서릿발이] 서다. 〔×〕
⑫ ㉠ (예) 머리칼이 꼿꼿이 서다.
〔Text=2/Freq2=2(0.3%)〕
㉡ (예) 콧날이 우뚝 서다.
〔Text=2/Freq2=2(0.3%)〕
⑬ (예) 바지에 [줄이/풀이] 서다. 〔×〕
⑭ (예) 아기가 서다. 〔×〕
⑮ (예) 칼에 날이 퍼렇게 서다.
〔Text=1/Freq2=1(0.1%)〕
⑯ (예) 새 천지가 바로 서다.
〔Text=5/Freq2=7(0.9%)〕

Ⅱ ① (예) [개울가에/맨 뒷줄에/세면대 앞에] 서다. 〔Text=76/Freq2=199(26.1%)〕
② (예) 도로가에 건물 한 채가 서 있다./섬에 등대가 서 있다.
〔Text=27/Freq2=47(6.2%)〕
③ (예) 풍전등화의 위기에 서다./피해자의 입장에 서다. 〔Text=21/Freq2=24(3.1%)〕

Ⅲ ① (예) [근무를/보증을/주례를] 서다.
〔Text=13/Freq2=21(2.8%)〕
② (예) [선봉을/앞장을] 서다.
〔Text=10/Freq2=12(1.6%)〕
③ (예) [열병을/줄을] 서다.
〔Text=24/Freq2=45(5.9%)〕
④ (예) 벌을 서다. 〔Text=3/Freq2=3(0.4%)〕

[관]<[강단에/교단에] 서다>
〔Text=4/Freq2=5(0.7%)〕
[관]<날(이) 서다> 〔×〕
[관]<뒷전에 서다> 〔Text=3/Freq2=4(0.5%)〕
[관]<들러리(를) 서다>
〔Text=1/Freq2=1(0.1%)〕
[관]<말발이 서다> 〔×〕
[관]<무대에 서다> 〔×〕
[관]<물구나무(를) 서다>
〔Text=1/Freq2=1(0.1%)〕
[관]<법정에 서다> 〔Text=2/Freq2=6(0.8%)〕
[관]<정상에 서다> 〔×〕
[관]<줄을 서다> 신랑 후보가 줄을 서다.
〔Text=1/Freq2=1(0.1%)〕
ⓧ 〔Text=9/Freq2=9(1.2%)〕

≪**서당**≫전체빈도합=68(0.0037%)

서당 [명] **【Text=16/Freq1=68】**
⓪ (예) 서당(書堂)에서 글을 배우다.

≪**서두르다**≫전체빈도합=85(0.0046%)

서두르다 [동]★★★ **【Text=59/Freq1=85】**

Ⅰ ⓪ (예) 너무 서두르지 말아라.
〔Text=25/Freq2=33(38.8%)〕
❶ <서둘러 ~> (예) 서둘러 [돌아가다/출발하다]. 〔Text=28/Freq2=34(30%)〕

Ⅱ ① (예) [결혼을/출근을] 서두르다.
〔Text=17/Freq2=18(21.2%)〕
② (예) [걸음을/길을] 서두르다. 〔×〕

≪**서랍**≫전체빈도합=48(0.0026%)

서랍 [명]☆★☆ **【Text=26/Freq1=48】**
⓪ (예) 서랍을 열다.

≪**서럽다**≫전체빈도합=25(0.0013%)

서럽다 [형] **【Text=16/Freq1=25】**
⓪ (예) 헤어지는 것이 서러워 울다.

≪**서로**≫전체빈도합=882(0.0475%)

서로[1] [명]★★☆ **【Text=73/Freq1=116(13.2%)】**
⓪ (예) 서로가 서로를 이해하는 사회.

서로[2] [부]★★★ **【Text=161/Freq1=766(86.8%)】**
① (예) 둘이는 서로 모르는 사이다.

〔Text=128/Freq2=374(48.8%)〕
② (예) 사람과 개가 서로 사귄 역사.
〔Text=88/Freq2=259(33.8%)〕
③ (예) '에'와 '애'의 음이 서로 비슷하다.
〔Text=67/Freq2=132(17.2%)〕
ⓧ 〔Text=1/Freq2=1(0.1%)〕

《서류》전체빈도합=35(0.0019%)

서류¹ 명 ★★★ 【Text=24/Freq1=35(100%)】
⓪ (예) 서류(書類)를 정리하다.

서류² 명 【Text=0/Freq1=0】 ⓧ
⓪ (예) 서자 출신들인 서류(庶流). 〔×〕

《서른》전체빈도합=82(0.0044%)

서른 주 ★★★ 【Text=44/Freq1=82】
Ⅰ ⓪ (예) 서른을 세다.
〔Text=4/Freq2=6(7.3%)〕
❶ (예) 나이 서른을 넘기다.
〔Text=17/Freq2=23(28%)〕
Ⅱ (예) 서른 [명/살].
〔Text=30/Freq2=53(64.6%)〕

《서리》전체빈도합=9(0.0005%)

서리¹ 명 ☆☆★ 【Text=5/Freq1=7(77.8%)】
⓪ (예) 서리가 내리다.
〔Text=5/Freq2=7(100%)〕
관 <(된) 서리를 맞다> 〔×〕

서리² 명 【Text=0/Freq1=0】 ⓧ
⓪ (예) 밭에서 수박 서리를 하다. 〔×〕

서리³ 명 【Text=0/Freq1=0】 ⓧ
⓪ (예) 국무 총리 서리(署理). 〔×〕

서리⁰ 명 【Text=1/Freq1=2(22.2%)】
❶ (예) 바위 서리에 걸터앉다.

《서리다》전체빈도합=22(0.0012%)

서리다¹ 동 【Text=14/Freq1=22(100%)】
① (예) [김이/안개가] 서리다.
〔Text=3/Freq2=5(22.7%)〕
② ㉠ (예) 눈에 [물기가/핏발이] 서리다.
〔Text=2/Freq2=2(9.1%)〕
㉡ (예) 눈에 독기가 서리다./목소리에 원한이 서리다.
〔Text=5/Freq2=5(22.7%)〕
③ (예) 마음에 추억이 서리다.
〔Text=3/Freq2=3(13.6%)〕
④ (예) [끈이/줄이] 서리다. 〔×〕
ⓧ 〔Text=4/Freq2=7(31.8%)〕

서리다² 동 【Text=0/Freq1=0】 ⓧ
① (예) 밧줄을 서려 들다. 〔×〕
② (예) 독사가 몸을 서리다. 〔×〕

《서민》전체빈도합=19(0.0010%)

서민 명 【Text=13/Freq1=19】
① (예) 서민(庶民)들이 즐겨 찾는 시장.
〔Text=10/Freq2=13(68.4%)〕
② (예) 하층의 서민들을 위한 생계 보조.
〔Text=3/Freq2=6(31.6%)〕

《서방》전체빈도합=64(0.0034%)

서방¹ 명 【Text=16/Freq1=49(76.6%)】
Ⅰ (예) 서방(書房)한테 소박맞다.
〔Text=7/Freq2=8(16.3%)〕
Ⅱ ① (예) 머슴 장 서방.
〔Text=4/Freq2=33(67.3%)〕
② (예) 사위 김 서방.
〔Text=5/Freq2=8(16.3%)〕

서방² 명 【Text=7/Freq1=15(23.4%)】
① (예) 뒷간은 서방(西方)을 꺼리다.
〔Text=1/Freq2=1(6.7%)〕
② (예) 서방 [극락/정토]. 〔×〕
③ (예) 서방 사회. 〔Text=6/Freq2=14(93.3%)〕

《서비스》전체빈도합=37(0.0020%)

서비스 명 ☆★☆ 【Text=15/Freq1=37】
① (예) 아내는 서비스가 만점이다.
〔Text=10/Freq2=20(54.1%)〕
② (예) 금융과 유통 서비스 활동.
〔Text=6/Freq2=16(43.2%)〕
③ (예) 물건을 서비스로 주다.
〔Text=1/Freq2=1(2.7%)〕

《서서히》전체빈도합=52(0.0028%)

서서히 부 【Text=37/Freq1=52】
⓪ (예) 증세가 서서(徐徐)히 나타나다.

《서성거리다》전체빈도합=19(0.0010%)

서성거리다 동 【Text=15/Freq1=19】
⓪ (예) 길에서 서성거리다.

《서양》전체빈도합=92(0.0050%)

서양 명 ★★★ 【Text=26/Freq1=92】
⓪ (예) 서양(西洋) 문화.

《서운하다》전체빈도합=23(0.0012%)

서운하다 형 【Text=14/Freq1=23】
⓪ (예) 친구를 보내기가 서운하다.

《서울》전체빈도합=773(0.0416%)

서울 명★★☆ 【Text=122/Freq1=773】
① (예) 고려가 서울을 강화로 옮기다.
   〔Text=3/Freq2=3(0.4%)〕
② (예) 어릴 때 서울로 올라오다.
   〔Text=121/Freq2=770(99.6%)〕

≪서재≫전체빈도합=18(0.0010%)
서재 명 【Text=10/Freq1=18】
⓪ (예) 서재(書齋)에서 글을 쓰다.

≪서적≫전체빈도합=15(0.0008%)
서적 명 【Text=11/Freq1=15】
⓪ (예) [문학/전공/철학] 서적(書籍).

≪서점≫전체빈도합=17(0.0009%)
서점 명☆★★ 【Text=11/Freq1=17】
⓪ (예) 서점(書店)에서 책을 사다.

≪서쪽≫전체빈도합=31(0.0017%)
서쪽 명★☆☆ 【Text=18/Freq1=31】
⓪ (예) 서(西)쪽으로 해가 지다.

≪서투르다≫전체빈도합=13(0.0007%)
서투르다 형☆☆★ 【Text=12/Freq1=13】
① (예) 솜씨가 서투르다.
   〔Text=12/Freq2=13(100%)〕
② (예) 서투른 생각 하지 말다. 〔×〕

≪석≫전체빈도합=43(0.0023%)
석¹ 명 【Text=0/Freq1=0】 ⓧ
⓪ (예) 산사에서 석(錫)을 치다. 〔×〕
석² 명 【Text=0/Freq1=0】 ⓧ
⓪ (예) 한자의 석(釋)을 알다. 〔×〕
석³ 명의 【Text=0/Freq1=0】 ⓧ
① (예) 방청석이 200석(席)이다. 〔×〕
② (예) 국회에서 10석을 확보하다. 〔×〕
석⁴ 명의 【Text=1/Freq1=1(2.3%)】
⓪ (예) 삼천 석(石) 벼.
석⁵ 관☆★☆ 【Text=26/Freq1=41(95.3%)】
⓪ (예) 석 [냥/되/섬/자].
-석⁶ 접 【Text=1/Freq1=1(2.3%)】
⓪ (예) 2명석(席).

≪석유≫전체빈도합=58(0.0031%)
석유 명★☆★ 【Text=18/Freq1=58】

① (예) 사막에서 석유(石油)가 나다.
   〔Text=8/Freq2=15(25.9%)〕
② (예) 석탄과 석유를 소비하다.
   〔Text=11/Freq2=38(65.5%)〕
③ (예) 석유 등잔. 〔Text=3/Freq2=5(8.6%)〕

≪섞다≫전체빈도합=33(0.0018%)
섞다 동★☆★ 【Text=28/Freq1=33】
Ⅰ① (예) 쌀에 보리를 섞은 밥./
   뜨거운 물에 찬물을 섞다.
   〔Text=11/Freq2=13(39.4%)〕
② (예) [콧소리를/한숨] 섞어 말하다.
   〔Text=8/Freq2=9(27.3%)〕
Ⅱ① (예) 술을 이것저것 섞어 마시다.
   〔Text=8/Freq2=10(30.3%)〕
② (예) [패를/화투를] 섞다. 〔×〕
관<몸을 섞다> 〔×〕
ⓧ 〔Text=1/Freq2=1(3%)〕

≪섞이다≫전체빈도합=60(0.0032%)
섞이다 동★☆☆ 【Text=46/Freq1=60】
Ⅰ (예) 자갈과 흙이 섞이다./
   여러 색깔이 한데 섞여 어울리다.
   〔Text=36/Freq2=45(75%)〕
Ⅱ (예) [불만이/애교가] 섞인 말투.
   〔Text=13/Freq2=15(25%)〕

≪선≫전체빈도합=80(0.0043%) ¹⁴³
선¹ 명 【Text=5/Freq1=6(7.5%)】
① (예) 노총각이 선을 보다.
   〔Text=2/Freq2=3(50%)〕
② (예) 새 상품이 선을 보이다.
   〔Text=3/Freq2=3(50%)〕
선² 명★★★ 【Text=35/Freq1=55(68.8%)】
① (예) 종이에 선(線)을 [그리다/긋다].
   〔Text=18/Freq2=33(60%)〕
② (예) 선이 짧아서 연결하다.
   〔Text=4/Freq2=4(7.3%)〕
③ (예) 한복의 부드러운 선.
   〔Text=9/Freq2=12(21.8%)〕
④ (예) 이 정도 선에서 마무리하다.
   〔Text=3/Freq2=3(5.5%)〕
관<선을 긋다> 그 사람들하고 분명히 선을
   긋다. 〔Text=1/Freq2=1(1.8%)〕

---

143) 『연세 한국어 사전』의 '선⁷'(예:선무당, 선잠), '선⁸'(예:선이자, 선인금), '선⁹'(예:선녹색), '-선¹⁰'(예:명작선, 3선 의원), '-선¹¹'(예:여객선), -선¹²의 Ⅰ (예: 경부선)은 말뭉치의 분석에 적용하지 않았으므로 제외한다.

관 <선을 넘다> 〔×〕
관 <선을 대다> 〔×〕
관 <선이 가늘다> 〔×〕
관 <선이 굵다> 선이 굵은 인상.
〔Text=2/Freq2=2(3.6%)〕
관 <선이 닿다> 〔×〕

선³ 명 【Text=2/Freq1=2(2.5%)】
① (예) 화투판은 선(先)에게 유리하다.

선⁴ 명 【Text=9/Freq1=11(13.8%)】
① (예) 선(善)을 권하고 악을 벌하다.
〔Text=9/Freq2=10(90.9%)〕
② (예) 미스 코리아 선.
〔Text=1/Freq2=1(9.1%)〕

선⁵ 명 【Text=2/Freq1=3(3.8%)】
① (예) 기도와 선(禪)을 하다.

선⁶ 명 【Text=0/Freq1=0】 ⓧ
① (예) 고추 선(膳)을 만들다. 〔×〕

-선¹² 접 【Text=1/Freq1=2(2.5%)】
Ⅱ (예) 지하철 2호선(線)을 타다.

선ˣ ? 【Text=1/Freq1=1(1.3%)】

≪선거≫ 전체빈도합=85(0.0046%)
선거 명★☆★ 【Text=22/Freq1=85】
① (예) 대통령 선거(選擧).

≪선두≫ 전체빈도합=22(0.0012%)
선두¹ 명 【Text=9/Freq1=20(90.9%)】
① (예) 행렬의 선두(先頭)에 서다.
〔Text=8/Freq2=18(90%)〕
관 <~를 선두로> 한국을 선두로 10개국이 참가하다. 〔Text=1/Freq2=2(10%)〕
선두² 명 【Text=1/Freq1=2(9.1%)】
① (예) 선두(船頭) 갑판.

≪선뜻≫ 전체빈도합=23(0.0012%)
선뜻 부 【Text=22/Freq1=23】
① (예) 선뜻 [나서다/내키지 않다].
〔Text=16/Freq2=17(73.9%)〕
② (예) 누구나 선뜻 느낄 수 있는 느낌.
〔Text=6/Freq2=6(26.1%)〕
③ (예) 얼굴에 걱정스런 표정이 선뜻 스쳐가다. 〔×〕

≪선명하다≫ 전체빈도합=27(0.0015%)

선명하다¹ 동 【Text=0/Freq1=0】 ⓧ
① (예) 천하에 우리 태도를 선명(宣明)하다. 〔×〕
선명하다² 형 【Text=22/Freq1=27(100%)】
① (예) 자국이 선명(鮮明)하다./
선명하게 보이다.

≪선물≫ 전체빈도합=188(0.0101%)
선물¹ 명★★★ 【Text=59/Freq1=188(100%)】
① (예) 생일 선물(膳物)을 주다.
선물² 명 【Text=0/Freq1=0】 ⓧ
① (예) 선물(先物) [거래/시장]. 〔×〕

≪선물하다≫ 전체빈도합=10(0.0005%)
선물하다 동☆★☆ 【Text=8/Freq1=10】
① (예) 친구어게 책을 선물(膳物)하다.

≪선배≫ 전체빈도합=146(0.0079%)
선배 명★★★ 【Text=34/Freq1=146】
① (예) 같은 분야에서 오래 일해 온 선배(先輩)들. 〔Text=22/Freq2=76(52.1%)〕
② (예) 학교 선배. 〔Text=20/Freq2=69(47.3%)〕
ⓧ 〔Text=1/Freq2=1(0.7%)〕

≪선비≫ 전체빈도합=144(0.0078%)
선비 명★☆☆ 【Text=24/Freq1=144】
① (예) 학식이 깊은 선비.

≪선생≫ 전체빈도합=1,805(0.0972%)
선생 명★★★ 【Text=164/Freq1=1,805】 144)
① (예) 학교 선생(先生).
〔Text=138/Freq2=1,384(76.7%)〕
② (예) 율곡 선생. 〔Text=25/Freq2=116(6.4%)〕
③ (예) 그는 낚시에는 아주 선생이다. 〔×〕
④ <~ 선생> (예) [약사/의사] 선생.
〔Text=49/Freq2=237(13.1%)〕
❺ (예) 선생께선 어디서 오셨습니까?
〔Text=12/Freq2=68(3.8%)〕

≪선수≫ 전체빈도합=116(0.0062%)
선수¹ 명★★★ 【Text=37/Freq1=115(99.1%)】
① (예) 배구 선수(選手).
선수² 명 【Text=0/Freq1=0】 ⓧ
① (예) 윷놀이에서 모 치는 선수(善手). 〔×〕
선수³ 명 【Text=1/Freq1=1(0.9%)】

---

144) 『외국인을 위한 한국어 학습 사전』(2004)의 중요 어휘 목록에는 '선생님'이 ☆☆★의 중요도로 포함되어 있는데, 말뭉치의 분석에서는 '선생'과 '님'으로 분석하여 적용하였으므로 올림말에서 제외한다.

① (예) 선착순의 선수(先手)를 빼앗기다.
〔Text=1/Freq2=1(100%)〕
② (예) 바둑에서 선수를 두다. 〔×〕
[관]<선수를 걸다> 〔×〕
[관]<선수를 [쓰다/치다]> 〔×〕

선수[4] [명] 【Text=0/Freq1=0】 ⓧ
⓪ (예) 배가 선수(船首)를 돌리다. 〔×〕

≪**선언하다**≫전체빈도합=15(0.0008%)

선언하다 [동] 【Text=10/Freq1=15】
⓪ (예) [독립을/혼인을/휴전을] 선언(宣言)하다.

≪**선진**≫전체빈도합=23(0.0012%)

선진[1] [명] 【Text=10/Freq1=23(100%)】
⓪ (예) 문화의 선진(先進)을 이룩하다.
/선진 기술. 〔Text=8/Freq2=9(39.1%)〕
[관]<선진 공업(제)국>
〔Text=3/Freq2=14(60.9%)〕

선진[2] [명] 【Text=0/Freq1=0】 ⓧ
⓪ (예) 본진보다 선진(先陣)이 먼저 공격하다.
〔×〕

≪**선진국**≫전체빈도합=70(0.0038%)

선진국 [명] 【Text=17/Freq1=70】
⓪ (예) 선진국(先進國)과 후진국.

≪**선택**≫전체빈도합=100(0.0054%)

선택 [명]☆★☆ 【Text=43/Freq1=100】
⓪ (예) 다른 선택(選擇)의 길이 없다.
〔Text=43/Freq2=100(100%)〕
[관]<선택 과목> 〔×〕

≪**선택하다**≫전체빈도합=130(0.0070%)

선택하다 [동]★★☆ 【Text=59/Freq1=130】
⓪ (예) 둘 중의 하나를 선택(選擇)하다.

≪**설거지**≫전체빈도합=15(0.0008%)

설거지 [명] 【Text=13/Freq1=15】
⓪ (예) 설거지를 하다.

≪**설날**≫전체빈도합=44(0.0024%)

설날 [명]☆★★ 【Text=17/Freq1=44】
⓪ (예) 설날에 떡국을 먹다.

≪**설득력**≫전체빈도합=23(0.0012%)

설득력 [명] 【Text=14/Freq1=23】
⓪ (예) 주장에 설득력(說得力)이 있다.

≪**설득하다**≫전체빈도합=36(0.0019%)

설득하다 [동] 【Text=20/Freq1=36】
⓪ (예) [가자고/남편을] 설득(說得)하다.

≪**설레다**≫전체빈도합=19(0.0010%)

설레다 [동] 【Text=17/Freq1=19】
⓪ (예) [가슴이/마음이] 설레다.

≪**설령**≫전체빈도합=19(0.0010%)

설령 [부] 【Text=13/Freq1=19】
⓪ (예) 설령(設令) 거짓말이라 [하여도/할지라도] 나는 그를 믿겠다.

≪**설마**≫전체빈도합=18(0.0010%)

설마 [부] 【Text=15/Freq1=18】
⓪ (예) 설마 그럴 리가 있어?
〔Text=15/Freq2=18(100%)〕
[관]<설마가 사람 잡다> 〔×〕

≪**설명**≫전체빈도합=117(0.0063%)

설명 [명]★★★ 【Text=61/Freq1=117】
⓪ (예) 설명(說明)을 [듣다/하다].

≪**설명하다**≫전체빈도합=215(0.0116%)

설명하다 [동]★★☆ 【Text=87/Freq1=215】
⓪ (예) 상황을 자세히 설명(說明)하다.

≪**설사**≫전체빈도합=22(0.0012%)

설사[1] [명] 【Text=5/Freq1=6(27.3%)】
⓪ (예) 설사(泄瀉)가 나다.

설사[2] [부] 【Text=12/Freq1=16(72.7%)】
⓪ (예) 설사(設使) 실패한다 하더라도 노력하다.

≪**설악산**♣≫전체빈도합=24(0.0013%)

설악산[0] [명](고유)☆★☆ 【Text=11/Freq1=24】
⓿ (예) 설악산(雪嶽山)에 오르다.

≪**설치하다**≫전체빈도합=27(0.0015%)

설치하다 [동]★☆☆ 【Text=20/Freq1=27】
① (예) [본부를/연구소를] 설치(設置)하다.
〔Text=7/Freq2=9(33.3%)〕
② (예) [기계를/에어컨을] 설치하다.
〔Text=13/Freq2=18(66.7%)〕

≪**설탕**≫전체빈도합=18(0.0010%)

설탕 [명]☆★★ 【Text=13/Freq1=18】
⓪ (예) 커피에 설탕을 넣다.

≪**섬**≫전체빈도합=63(0.0034%)

섬[1] [명]★☆★ 【Text=22/Freq1=58(92.1%)】
⓪ (예) 뭍에서 섬으로 가는 다리.

섬[2] [명] 【Text=4/Freq1=5(7.9%)】

Ⅰ (예) 밤을 섬으로 따다. 〔×〕
Ⅱ (예) 쌀 다섯 섬. 〔Text=4/Freq2=5(100%)〕
섬³ 명 【Text=0/Freq1=0】 ⓧ
① (예) 방을 나와 섬 아래로 내려서다. 〔×〕

≪**섬세하다**≫전체빈도합=22(0.0012%)

섬세하다 혱 【Text=16/Freq1=22】
① (예) 얇고 섬세(纖細)하게 짠 옷감.
 〔Text=2/Freq2=4(18.2%)〕
② (예) 섬세하게 조각된 난간.
 〔Text=11/Freq2=11(50%)〕
③ (예) 성격이 섬세하다.
 〔Text=5/Freq2=7(31.8%)〕
④ (예) 눈빛이 섬세하고 불안하다. 〔×〕

≪**섭섭하다**≫전체빈도합=37(0.0020%)

섭섭하다 혱☆★★ 【Text=32/Freq1=37】
①㉠ (예) 헤어지기가 섭섭하다.
 〔Text=6/Freq2=8(21.6%)〕
 ㉡ (예) 기회를 놓쳐 매우 섭섭하다.
 〔Text=5/Freq2=6(16.2%)〕
② (예) 그는 나에게 섭섭한 눈치이다.
 〔Text=21/Freq2=21(56.8%)〕
 ⓧ 〔Text=2/Freq2=2(5.4%)〕

≪**성**≫전체빈도합=133(0.0072%) 145)

성¹ 명 【Text=3/Freq1=3(2.3%)】
① (예) 친구에게 성을 내다./성이 나다.
성² 명 【Text=9/Freq1=13(9.8%)】
① (예) 성(性)에 눈을 뜨다.
 〔Text=7/Freq2=10(76.9%)〕
② (예) 남녀의 성의 특성.
 〔Text=3/Freq2=3(23.1%)〕
성³ 명 【Text=1/Freq1=1(0.8%)】
㉮ <성(性)[에/이] 차다>
 〔Text=1/Freq2=1(100%)〕
성⁴ 명★☆★ 【Text=16/Freq1=23(17.3%)】
① (예) 김씨 성(姓)을 가진 사람들.
성⁵ 명★☆★ 【Text=16/Freq1=89(66.9%)】
① (예) 성(城)을 쌓다.
성⁶ 명의 【Text=2/Freq1=2(1.5%)】
① <-ㄴ/-ㄹ 성 싶다>
 (예) 비가 올 성도 싶다.
성ˣ ? 【Text=2/Freq1=2(1.5%)】

≪**성격**≫전체빈도합=297(0.0160%)

성격 명★★★ 【Text=72/Freq1=297】
① (예) 신중한 성격(性格)을 지니다.
 〔Text=57/Freq2=238(80.1%)〕
② (예) 두 사건은 성격이 다르다.
 〔Text=23/Freq2=59(19.9%)〕

≪**성공**≫전체빈도합=61(0.0033%)

성공 명 【Text=27/Freq1=61】
① (예) 계획이 성공(成功)을 거두다.
 〔Text=27/Freq2=60(98.4%)〕
 ⓧ 〔Text=1/Freq2=1(1.6%)〕

≪**성공하다**≫전체빈도합=67(0.0036%)

성공하다 동☆★☆ 【Text=44/Freq1=67】
① (예) [사랑에/인공위성 발사가/혁명이] 성공(成功)하다. 〔Text=28/Freq2=41(61.2%)〕
② (예) 주식 투자로 성공하다.
 〔Text=15/Freq2=26(38.8%)〕

≪**성과**≫전체빈도합=44(0.0024%)

성과 명 【Text=22/Freq1=44】
① (예) [좋은/큰] 성과(成果)를 올리다.

≪**성급하다**≫전체빈도합=21(0.0011%)

성급하다 혱 【Text=13/Freq1=21】
① (예) 성급(性急)하게 판단하다.
 〔Text=12/Freq2=20(95.2%)〕
② (예) 거리에 성급한 수박이 나오다.
 〔Text=1/Freq2=1(4.8%)〕

≪**성냥**≫전체빈도합=10(0.0005%)

성냥 명☆☆★ 【Text=10/Freq1=10】
① (예) 성냥으로 불을 붙이다.

≪**성립되다**≫전체빈도합=17(0.0009%)

성립되다 동 【Text=12/Freq1=17】
① (예) [계약이/약속이] 성립(成立)되다.
 〔Text=2/Freq2=2(11.8%)〕
❶ (예) [논리가/주장이] 성립되다.
 〔Text=7/Freq2=10(58.8%)〕
❷ (예) [불교가/사상이/왕조가] 성립되다.
 〔Text=5/Freq2=5(29.4%)〕

≪**성명**≫전체빈도합=14(0.0008%)

성명¹ 명 【Text=2/Freq1=2(14.3%)】
① (예) 주소와 성명(姓名)을 쓰다.

---

145) 『연세 한국어 사전』의 '성⁷'(예:성베드로, 성만찬), '-성⁸'(예:인간성)은 말뭉치의 분석에 적용하지 않았으므로 제외한다.

성명² 몡 ☆☆★ 【Text=5/Freq1=11(78.6%)】
　① (예) 정부가 성명(聲明)을 발표하다.
성명³ 몡 【Text=1/Freq1=1(7.1%)】
　① (예) 난세에 성명(性命)을 보전하다. 〔×〕
　② (예) 생물의 성명이 진화를 거듭하다.
　　〔Text=1/Freq2=1(100%)〕

≪**성숙하다**≫전체빈도합=20(0.0011%)
　성숙하다¹ 동 【Text=1/Freq1=1(5%)】
　　① (예) 오곡이 성숙(成熟)하는 계절.
　성숙하다² 형 【Text=16/Freq1=19(95%)】
　　① (예) 성숙(成熟)한 [모습/여인].
　　　〔Text=7/Freq2=10(52.6%)〕
　　② (예) 성숙한 사회를 만들다.
　　　〔Text=9/Freq2=9(47.4%)〕

≪**성실하다**≫전체빈도합=30(0.0016%)
　성실하다 형 【Text=22/Freq1=30】
　　① (예) 성실(誠實)하게 일하다.
　　　/성실한 [사람/태도].

≪**성의**≫전체빈도합=16(0.0009%)
　성의 몡 【Text=12/Freq1=16】
　　① (예) 성의(誠意)를 보이다.

≪**성장**≫전체빈도합=58(0.0031%)
　성장¹ 몡 【Text=25/Freq1=58(100%)】
　　① (예) 아이의 성장(成長)이 빠르다.
　　　〔Text=16/Freq2=26(44.8%)〕
　　② (예) 눈부신 성장을 이루다.
　　　〔Text=8/Freq2=18(31%)〕
　　관<경제 성장> 〔Text=5/Freq2=14(24.1%)〕
　성장² 몡 【Text=0/Freq1=0】 ⓧ
　　① (예) 화려하게 성장(盛裝)을 한 귀부인. 〔×〕

≪**성장하다**≫전체빈도합=36(0.0019%)
　성장하다¹ 동 【Text=21/Freq1=36(100%)】
　　① (예) 자녀들이 잘 성장(成長)하다.
　　　〔Text=10/Freq2=13(36.1%)〕
　　② (예) [경제가/문명이] 성장하다.
　　　〔Text=13/Freq2=23(63.9%)〕
　성장하다² 동 【Text=0/Freq1=0】 ⓧ 146)
　　① (예) 화려하게 성장(盛裝)한 모습. 〔×〕

≪**성적**≫전체빈도합=114(0.0061%)

성적¹ 몡 ★★★ 【Text=21/Freq1=100(87.7%)】
　① (예) 대회에서 좋은 성적(成績)을 거두다.
　　〔Text=5/Freq2=7(7%)〕
　② (예) 시험 성적이 좋다.
　　〔Text=20/Freq2=93(93%)〕
성적² 몡 【Text=6/Freq1=13(11.4%)】
　① (예) 성적(性的)으로 문란하다.
　　〔Text=5/Freq2=10(76.9%)〕
　② (예) 남녀의 성적인 구별.
　　〔Text=2/Freq2=3(23.1%)〕
성적³ 관 【Text=1/Freq1=1(0.9%)】
　① (예) 성적(性的) 상상. 〔×〕
　② (예) 사춘기에 성적 특징이 드러나다.
　　〔Text=1/Freq2=1(100%)〕

≪**성질**≫전체빈도합=80(0.0043%)
　성질 몡 ★☆★ 【Text=40/Freq1=80】
　　① (예) 오빠는 성질(性質)이 사납다.
　　　〔Text=20/Freq2=26(32.5%)〕
　　② (예) [광물의/자석의] 성질.
　　　〔Text=22/Freq2=51(63.8%)〕
　　관<성질(을) [내다/부리다]>
　　　〔Text=2/Freq2=3(3.8%)〕

≪**성취**≫전체빈도합=17(0.0009%)
　성취 몡 【Text=12/Freq1=17】
　　① (예) 학문적인 성취(成就)를 이루다.
　　　〔Text=11/Freq2=16(94.1%)〕
　　관<성취 동기> 〔Text=1/Freq2=1(5.9%)〕

≪**성취하다**≫전체빈도합=15(0.0008%)
　성취하다 동 【Text=13/Freq1=15】
　　① (예) [목표를/소원을] 성취(成就)하다.

≪**성함**≫전체빈도합=8(0.0004%)
　성함 몡 ☆☆★ 【Text=8/Freq1=8】
　　① (예) 성함(姓銜)이 어떻게 되세요?

≪**세**≫전체빈도합=605(0.0326%) 147)
　세¹ 몡 【Text=1/Freq1=1(0.2%)】
　　① (예) 세(勢)를 [넓히다/얻다].
　세² 몡 【Text=0/Freq1=0】 ⓧ
　　① (예) 세(貰)를 들어 살다. 〔×〕
　　관<세를 내다> 〔×〕
　세³ 몡 【Text=0/Freq1=0】 ⓧ

---

146) 『연세 한국어 사전』에는 '성장하다²'가 '형용사'로 되어 있지만, '동사'가 옳다.
147) 『연세 한국어 사전』의 '-세⁷'의 ②(예:홍적세/충적세), '-세⁸'(예:하락세/상승세)는 말뭉치의 분석에 적용하지 않았으므로 제외한다.

세⁴ 명의★★☆ 【Text=36/Freq1=88(14.5%)】
　⓪ (예) 이십 세(歲)의 꽃다운 나이.
세⁵ 관★★★ 【Text=154/Freq1=510(84.3%)】
　⓪ (예) 세 [사람/정거장].
-세⁷ 접 【Text=3/Freq1=5(0.8%)】
　① (예) 에드워드 3세(世)./루이13세.
세ˣ ? 【Text=1/Freq1=1(0.2%)】

≪세계≫ 전체빈도합=663(0.0357%)

세계 명★★★ 【Text=100/Freq1=663】
　① ㉠ (예) 세계(世界)에서 가장 높은 산.
　　　〔Text=72/Freq2=327(49.3%)〕
　　㉡ (예) [서방/자유주의] 세계.
　　　〔Text=3/Freq2=5(0.8%)〕
　② (예) 세계의 모든 사물은 상대적인 것이다.
　　　〔Text=41/Freq2=158(23.8%)〕
　③ (예) 영혼의 세계로 들어가다.
　　　〔Text=50/Freq2=163(24.6%)〕
　관<세계 대전> 〔Text=2/Freq2=2(0.3%)〕
　관<세계 시장> 〔Text=6/Freq2=8(1.2%)〕
　관<세계 종교> 〔×〕
　관<세계 지도> 〔×〕

≪세계적≫ 전체빈도합=50(0.0027%)

세계적¹ 명 【Text=30/Freq1=45(90%)】
　⓪ (예) 세계적(世界的)으로 유명하다.
세계적² 관 【Text=4/Freq1=5(10%)】
　⓪ (예) 세계적(世界的) 문제.

≪세금≫ 전체빈도합=21(0.0011%)

세금 명☆☆★ 【Text=15/Freq1=21】
　⓪ (예) 세금(稅金)을 내다.

≪세기≫ 전체빈도합=162(0.0087%)

세기¹ 명★★☆ 【Text=38/Freq1=160(98.8%)】 ¹⁴⁸⁾
　Ⅰ (예) 세기(世紀)의 사건. 〔×〕
　Ⅱ ① (예) 독립한 지 한 세기가 지나다.
　　　〔Text=12/Freq2=17(10.6%)〕
　　② (예) 21세기.
　　　〔Text=34/Freq2=143(89.4%)〕
세기² 명 【Text=0/Freq1=0】 ⓧ
　⓪ (예) 자잘한 세기(細技)에 능한 선수. 〔×〕
세기⁰ 명 【Text=2/Freq1=2(1.2%)】

　⓪ (예) 빛의 세기.

≪세다≫ 전체빈도합=107(0.0058%)

세다¹ 동 【Text=2/Freq1=2(1.9%)】
　① (예) 머리가 하얗게 세다.
　　　〔Text=2/Freq2=2(100%)〕
　② (예) 얼굴이 하얗게 세다. 〔×〕
세다² 동★☆★ 【Text=26/Freq1=45(42.1%)】
　① (예) [물건의 개수를/표를] 세다.
　　　〔Text=15/Freq2=24(53.3%)〕
　② (예) 삼백까지 수를 세다.
　　　〔Text=3/Freq2=8(17.8%)〕
　③ (예) 거스름돈을 세다.
　　　〔Text=5/Freq2=7(15.6%)〕
　관<셀 수 [없으리만큼/없을 만큼/없이]>
　　　〔Text=5/Freq2=6(13.3%)〕
세다³ 형★★★ 【Text=38/Freq1=60(56.1%)】
　Ⅰ ① (예) [기 운이/힘이] 세다.
　　　〔Text=22/Freq2=35(58.3%)〕
　　② (예) 가속 페달을 세게 밟다.
　　　〔Text=9/Freq2=11(18.3%)〕
　　③ (예) [물줄기가/바람이/불이] 세다.
　　　〔Text=5/Freq2=5(8.3%)〕
　　④ (예) [강단이/고집이/성질이] 세다.
　　　〔Text=6/Freq2=6(10%)〕
　　⑤ (예) [말발이/입심이] 세다. 〔×〕
　　⑥ (예) [값이/경쟁률이] 세다. 〔×〕
　　⑦ (예) [덕양이/털이] 세다. 〔×〕
　　⑧ (예) [터가/팔자가] 세다. 〔×〕
　　⑨ (예) [부담이/일이] 세다. 〔×〕
　　⑩ (예) [군기가/규율이] 세다. 〔×〕
　　⑪ (예) [월급이/일당이] 세다. 〔×〕
　　⑫ (예) 뼈이 세다. 〔Text=1/Freq2=1(1.7%)〕
　Ⅱ (예) 그는 [바둑이/술이] 세다. 〔×〕
　관<콧대가 세다> 〔Text=1/Freq2=2(3.3%)〕

≪세대≫ 전체빈도합=145(0.0078%)

세대¹ 명★☆☆ 【Text=33/Freq1=135(93.1%)】
　① (예) 전후 세대(世代).
　　　〔Text=27/Freq2=96(71.1%)〕
　② (예) 한 시대 전. 〔Text=5/Freq2=7(5.2%)〕
　③ (예) 여러 세대가 한 집에 살다.
　　　〔Text=6/Freq2=32(23.7%)〕

---

148) 『외국인을 위한 한국어 학습 사전』(2004)의 중요 어휘 목록에서는 '세기¹'의 Ⅰ과 Ⅱ의 용법을 독립된 명사와 의존명사로 보아 각각 ★☆☆과 ★★☆의 중요도를 부여하고 있는데 여기서는 하나로 통합하여 제시한다.

㈜<세대 교체> 〔×〕
세대² 몡 【Text=3/Freq1=10(6.9%)】
　Ⅰ (예) 각 세대(世帶)별로 한 사람씩 오다.
　　　〔Text=1/Freq2=1(10%)〕
　Ⅱ (예) 2천 세대 규모의 아파트 단지.
　　　〔Text=3/Freq2=9(90%)〕

≪**세력**≫전체빈도합=94(0.0051%)
세력 몡★☆☆　【Text=28/Freq1=94】
　① (예) 고구려가 한강 남쪽으로 세력(勢力)을 확장하다. 〔Text=17/Freq2=39(41.5%)〕
　② (예) 보수 세력의 반대.
　　　〔Text=17/Freq2=55(58.5%)〕
　㈜<세력 균형> 〔×〕

≪**세련되다**≫전체빈도합=26(0.0014%)
세련되다 혱　【Text=21/Freq1=26】
　① (예) 옷차림이 세련(洗練)되다.
　　　〔Text=14/Freq2=17(65.4%)〕
　② (예) [글이/말이] 세련되다.
　　　〔Text=2/Freq2=2(7.7%)〕
　③ (예) 세련된 [기술/매너].
　　　〔Text=5/Freq2=7(26.9%)〕

≪**세로**≫전체빈도합=12(0.0006%)
세로 몡☆☆★　【Text=10/Freq1=12】
　⓪ (예) 상자를 세로로 세우다.

≪**세배**≫전체빈도합=14(0.0008%)
세배 몡☆☆　【Text=7/Freq1=14】
　⓪ (예) 세배(歲拜)를 [받다/하다].

≪**세상**≫전체빈도합=650(0.0350%)
세상 몡★★★　【Text=136/Freq1=650】
　① (예) 세상(世上)에 태어나다.
　　　/그런 것은 이 세상 아무데도 없다.
　　　〔Text=103/Freq2=316(48.6%)〕
　② (예) 세상 여론. 〔Text=72/Freq2=221(34%)〕
　③ (예) 자기들 세상이라 생각하다.
　　　〔Text=5/Freq2=8(1.2%)〕
　❹ (예) [그림의/노래의/이야기의] 세상.
　　　〔Text=1/Freq2=7(1.1%)〕
　㈜<다음 세상> 〔Text=1/Freq2=1(0.2%)〕
　㈜<바깥 세상> 〔Text=2/Freq2=2(0.3%)〕
　㈜<세상 모르다> 〔Text=1/Freq2=1(0.2%)〕
　㈜<세상 물정 모르다>
　　　〔Text=2/Freq2=3(0.5%)〕
　㈜<세상 없는> 〔×〕
　㈜<세상 없어도> 〔×〕
　㈜<세상 없이> 〔×〕
　㈜<세상에> 세상에 이렇게 춥다니!
　　　〔Text=18/Freq2=22(3.4%)〕
　㈜<세상을 등지다> 〔×〕
　㈜<세상을 떠나다>
　　　〔Text=18/Freq2=23(3.5%)〕
　㈜<세상을 뜨다> 〔Text=1/Freq2=1(0.2%)〕
　㈜<세상을 버리다> 〔×〕
　㈜<세상을 하직하다>
　　　〔Text=1/Freq2=1(0.2%)〕
　㈜<세상(이) 돌아가다>
　　　〔Text=3/Freq2=3(0.5%)〕
　㈜<세상이 바뀌다>
　　　〔Text=2/Freq2=3(0.5%)〕
　㈜<이 세상> 이 세상을 떠나다.
　　　〔Text=17/Freq2=35(5.4%)〕
　㈜<저 세상> 저 세상으로 가다.
　　　〔Text=3/Freq2=3(0.5%)〕

≪**세수**≫전체빈도합=26(0.0014%)
세수¹ 몡☆★★　【Text=18/Freq1=26(100%)】
　⓪ (예) 찬물로 세수(洗手)를 하다.
세수² 몡　【Text=0/Freq1=0】 ⓧ
　⓪ (예) 불경기로 세수(稅收)가 줄다. 〔×〕

≪**세우다**≫전체빈도합=477(0.0257%)
세우다 동★★★　【Text=126/Freq1=477】
　Ⅰ ① (예) 아이를 일으켜 세우다.
　　　〔Text=6/Freq2=6(1.3%)〕
　　② (예) [무릎을/허리를] 세우고 앉다.
　　　〔Text=15/Freq2=26(5.5%)〕
　　③ (예) [노를/막대를] 구석에 세우다.
　　　〔Text=16/Freq2=20(4.2%)〕
　　④ (예) [기둥을/비석을] 세우다.
　　　〔Text=27/Freq2=46(9.6%)〕
　　⑤ ㉠ (예) [학교를/회사를] 세우다.
　　　〔Text=32/Freq2=112(23.5%)〕
　　　㉡ (예) [규율을/율법을] 세우다.
　　　〔Text=6/Freq2=6(1.3%)〕
　　⑥ (예) [국가를/정부를] 세우다.
　　　〔Text=17/Freq2=74(15.5%)〕
　　⑦ (예) 문을 나서려는 아들을 세우다.
　　　/[버스를/차를] 세우다.
　　　〔Text=28/Freq2=52(10.9%)〕
　　⑧ ㉠ (예) [귀를/미간을] 세우다.
　　　〔Text=2/Freq2=2(0.4%)〕

ⓛ (예) 코를 세우다. 〔×〕
⑨ (예) [칼라를/코트의 깃을] 세우다.
　　〔Text=3/Freq2=3(0.6%)〕
⑩ ㉠ (예) [핏대를/핏발을] 세우다.
　　〔Text=1/Freq2=1(0.2%)〕
　 ㉡ (예) [신경을/촉각을] 세우다.
　　〔Text=4/Freq2=4(0.8%)〕
⑪ (예) [손톱에/칼에] 날을 세우다.
　　〔Text=1/Freq2=1(0.2%)〕
⑫ (예) 바지에 [날을/주름을] 세우다. 〔×〕
⑬ (예) [권위를/체면을/자신을] 세우다.
　　〔Text=4/Freq2=5(1%)〕
⑭ (예) [계획을/목표를] 세우다.
　　〔Text=41/Freq2=79(16.6%)〕
⑮ (예) [논리를/체계를] 세우다.
　　〔Text=3/Freq2=4(0.8%)〕
⑯ (예) [기강을/질서를] 세우다.
　　〔Text=3/Freq2=3(0.6%)〕
⑰ (예) [공을/기록을/성과를] 세우다.
　　〔Text=7/Freq2=9(1.9%)〕
⑱ (예) [보증인을/증인을] 세우다.
　　〔Text=1/Freq2=1(0.2%)〕
⑲ (예) [왕을/후보를] 세우다. 〔×〕
⑳ (예) 고집을 세우다. 〔×〕
㉑ (예) 유모차를 바로 세우다.
　　〔Text=3/Freq2=5(1%)〕
㉒ (예) 농업을 일으켜 세우다.
　　〔Text=1/Freq2=1(0.2%)〕
Ⅱ (예) 청년을 [가운데/선봉에/제자리에] 세우다. 〔Text=3/Freq2=5(1%)〕
Ⅲ ① (예) 관람객들을 줄을 세우다.
　　〔Text=3/Freq2=3(0.6%)〕
　 ② (예) 벌을 세우다. 〔×〕
㉔ <말발을 세우다> 〔×〕
㉔ <밤을 세우다> ☞ 밤을 새우다.
　　〔Text=3/Freq2=3(0.6%)〕
㉔ <법정에 세우다> 〔Text=1/Freq2=3(0.6%)〕
㉔ <앞장을 세우다> 〔×〕
㉔ <콧대를 세우다>
　　〔Text=3/Freq2=3(0.6%)〕

≪세월≫전체빈도합=149(0.0080%)

세월 명 ★★☆ 【Text=74/Freq1=149】
① (예) 긴 세월(歲月)이 흐르다.
　　〔Text=70/Freq2=137(91.9%)〕
② (예) 세월이 참 좋아지다.
　　〔Text=2/Freq2=2(1.3%)〕

③ (예) 시험에 떨어질까 초조한 세월을 보내다. 〔Text=7/Freq2=8(5.4%)〕
㉔ <세월아 네월아 하다>
　　〔Text=1/Freq2=1(0.7%)〕
㉔ <세월(을) 만나다>
　　〔Text=1/Freq2=1(0.7%)〕

≪세제≫전체빈도합=25(0.0013%)

세제¹ 명 【Text=1/Freq1=2(8%)】
⓪ (예) 세제(稅制)를 개편하다.
세제² 명 【Text=10/Freq1=23(92%)】
⓪ (예) 빨래나 설거지할 때 세제(洗劑)를 쓰다.
　　〔Text=7/Freq2=9(39.1%)〕
㉔ <합성 세제> 〔Text=5/Freq2=14(60.9%)〕

≪세차다≫전체빈도합=21(0.0011%)

세차다 형 【Text=14/Freq1=21】
① (예) 어깨를 세차게 치다./세찬 반응.
　　〔Text=6/Freq2=7(33.3%)〕
② (예) 세차게 흐르는 물./세찬 파도.
　　〔Text=9/Freq2=14(66.7%)〕

≪세탁기≫전체빈도합=24(0.0013%)

세탁기 명 ☆★☆ 【Text=10/Freq1=24】
⓪ (예) 세탁기(洗濯機)를 돌리다.

≪세포≫전체빈도합=5(0.0003%)

세포¹ 명 ☆☆★ 【Text=4/Freq1=5(100%)】
① (예) 생물의 세포(細胞).
　　〔Text=3/Freq2=4(80%)〕
② (예) 공공 기관에 잠복한 세포 조직. 〔×〕
㉔ <세포 분열> 〔×〕
　 ⓧ 〔Text=1/Freq2=1(20%)〕
세포² 명 【Text=0/Freq1=0】 ⓧ
⓪ (예) 가는 삼실로 세포(細布)를 짜다. 〔×〕

≪센티미터≫전체빈도합=45(0.0024%)

센티미터 명의 ☆★☆ 【Text=15/Freq1=45】
⓪ (예) 키가 190센티미터나 되다.

≪셈≫전체빈도합=168(0.0090%)

셈 명 ★★★ 【Text=87/Freq1=168】
Ⅰ ① (예) 손가락으로 셈을 하다.
　　〔Text=3/Freq2=9(5.4%)〕
　 ② (예) 계산서를 보며 셈을 따지다.
　　〔Text=3/Freq2=5(3%)〕
　 ③ (예) 매사에 셈이 바르지 못하다. 〔×〕
　 ④ (예) 카운터에서 셈을 치르다.
　　〔Text=1/Freq2=1(0.6%)〕

⑤ (예) 집안의 셈이 펴다. 〔×〕
⑥ (예) 꿍꿍이나 셈이 있다. 〔×〕
⑦ (예) 일솜씨도 좋고 셈이 빠르다. 〔×〕
Ⅱ ①<-ㄹ 셈> (예) 잠시 쉴 셈으로 눕다.
/빵으로 저녁을 때울 셈이다.
〔Text=7/Freq2=7(4.2%)〕
② <-ㄴ 셈> (예) 큰 손해를 입은 셈이다.
〔Text=78/Freq2=143(85.1%)〕
관<셈이 흐리다> 〔×〕
관<어찌 된 셈인지> 어찌 된 셈인지 문이 안 열리다. 〔Text=2/Freq2=2(1.2%)〕
ⓧ 〔Text=1/Freq2=1(0.6%)〕

《셋》전체빈도합=77(0.0041%)

셋 주★★★ 【Text=42/Freq1=77】
⓪ (예) 여자가 둘, 남자가 셋이다.

《셋째》전체빈도합=103(0.0055%)

셋째 주☆★☆ 【Text=46/Freq1=103】
Ⅰ ① (예) 네 가지 중 셋째가 중요하다.
〔Text=34/Freq2=56(54.4%)〕
② (예) 옆집 셋째는 회사에 다니다.
〔Text=4/Freq2=18(17.5%)〕
Ⅱ (예) 셋째 [딸/아들/이유].
〔Text=20/Freq2=29(28.2%)〕

《소》전체빈도합=138(0.0074%) 149)

소¹ 명★★★ 【Text=33/Freq1=137(99.3%)】
⓪ (예) 소가 쟁기를 끌다.
〔Text=33/Freq2=136(98.6%)〕
관<소 귀에 경 읽기>
〔Text=1/Freq2=1(0.7%)〕
관<소 닭 보듯, 닭 소 보듯> 〔×〕

소² 명 【Text=0/Freq1=0】 ⓧ
⓪ (예) 송편에 넣을 소를 준비하다. 〔×〕

소³ 명 【Text=0/Freq1=0】 ⓧ
⓪ (예) 유생들이 임금에게 소(疏)를 올리다. 〔×〕

소⁴ 명 【Text=1/Freq1=1(0.7%)】
⓪ (예) 사이즈를 소(小)로 하다.

소⁵ 명 【Text=0/Freq1=0】 ⓧ
⓪ (예) 깊은 소(沼)에 빠지다. 〔×〕

소⁶ 명 【Text=0/Freq1=0】 ⓧ
⓪ (예) 법원에 소(訴)를 제기하다. 〔×〕

《소개》전체빈도합=28(0.0015%)

소개¹ 명☆★★ 【Text=22/Freq1=28(100%)】
① (예) 세계 문학의 소개(紹介).
〔Text=20/Freq2=25(89.3%)〕
② (예) 그를 친구에게 소개를 하다.
/안내원에게 소개를 받다.
〔Text=2/Freq2=3(10.7%)〕
③ (예) 동창 소개로 회사에 취직하다. 〔×〕

소개² 명 【Text=0/Freq1=0】 ⓧ
⓪ (예) 적의 공격에 대비해 마을을 소개(疏開))를 시키다. 〔×〕

《소개되다》전체빈도합=16(0.0009%)

소개되다 동 【Text=11/Freq1=16】
① (예) 작품이 외국에 소개(紹介)되다.
〔Text=11/Freq2=16(100%)〕
② (예) 내가 그의 친구에게 소개되다. 〔×〕

《소개하다》전체빈도합=129(0.0069%)

소개하다 동★★☆ 【Text=49/Freq1=129】
① (예) [사례를/한국의 문화를] 소개(紹介)하다. 〔Text=38/Freq2=112(86.8%)〕
② (예) 그가 그녀를 나한테 소개하다.
〔Text=13/Freq2=17(13.2%)〕

《소금》전체빈도합=34(0.0018%)

소금 명★★★ 【Text=19/Freq1=34】
⓪ (예) 배추를 소금에 절이다.

《소나기》전체빈도합=28(0.0015%)

소나기 명☆☆★ 【Text=16/Freq1=28】
⓪ (예) 소나기가 내리다.
〔Text=15/Freq2=27(96.4%)〕
❶ (예) [걱정의/문제의] 소나기를 만나다.
〔Text=1/Freq2=1(3.6%)〕
관<소나기 -> 소나기 골이 터지다. 〔×〕

《소나무》전체빈도합=59(0.0032%)

소나무 명☆☆★ 【Text=29/Freq1=59】
⓪ (예) 소나무 한 그루.

《소녀》전체빈도합=171(0.0092%)

소녀 명★★★ 【Text=29/Freq1=171】
⓪ (예) 한 소녀(少女)가 다가오다.
〔Text=29/Freq2=171(100%)〕
관<소녀 가장> 〔×〕

---

149) 『연세 한국어 사전』의 '- 소⁸'(예:연구소, 10개소)는 말뭉치의 분석에 적용하지 않았으므로 제외한다.

≪소년≫전체빈도합=267(0.0144%)

소년 명★★★　【Text=43/Freq1=267】
① (예) 소년(少年)이 환히 웃다.
　　〔Text=43/Freq2=263(98.5%)〕
㉿ <소년 가장>　〔Text=1/Freq2=4(1.5%)〕

≪소동≫전체빈도합=17(0.0009%)

소동 명　【Text=14/Freq1=17】
① (예) 마을에 소동(騷動)이 일어나다.

≪소득≫전체빈도합=71(0.0038%)

소득 명　【Text=18/Freq1=71】
① (예) 평화를 위해 노력을 했지만 아무 소득
　　(所得)도 없다.〔Text=6/Freq2=9(12.7%)〕
② (예) 근로자의 소득이 줄다.
　　〔Text=12/Freq2=59(83.1%)〕
㉿ <소득 수준>　〔Text=3/Freq2=3(4.2%)〕

≪소란≫전체빈도합=15(0.0008%)

소란 명　【Text=13/Freq1=15】
① (예) 소란(騷亂)을 피우다.

≪소리≫전체빈도합=1,666(0.0897%)

소리 명★★★　【Text=173/Freq1=1,666】
① (예) [개구리/바람/잔기침] 소리.
　　〔Text=137/Freq2=814(48.9%)〕
② (예) 아이들이 떠드는 소리.
　　〔Text=115/Freq2=403(24.2%)〕
③ (예) 말도 안 되는 소리./쓸데없는 소리
　　말아라!　〔Text=88/Freq2=225(13.5%)〕
④ (예) 우리 소리를 [듣다/하다].
　　〔Text=6/Freq2=14(0.8%)〕
❺ (예) 모음의 소리를 길게 내다.
　　〔Text=24/Freq2=101(6.1%)〕
㉿ <[끽/찍] 소리(도) 못하다>
　　〔Text=1/Freq2=1(0.06%)〕
㉿ <소리 [높여/높이]>
　　〔Text=7/Freq2=7(0.4%)〕
㉿ <소리가 (드) 높다> 변화를 바라는 소리가
　　높다.〔Text=1/Freq2=1(0.1%)〕
㉿ <~ 소리(를) 듣다> 바보 소리를 듣다.
　　〔Text=5/Freq2=7(0.4%)〕
㉿ <소리를 지르다>
　　〔Text=43/Freq2=80(4.8%)〕
㉿ <소리를 치다>〔Text=9/Freq2=11(0.7%)〕
㉿ <아쉬운 소리>〔×〕
㉿ <앓는 소리>〔×〕
㉿ <죽는 소리>〔×〕

ⓧ〔Text=2/Freq2=2(0.1%)〕

≪소리나다≫전체빈도합=44(0.0024%)

소리나다 동　【Text=24/Freq1=44】
① (예) 소리나는 장난감.

≪소리내다≫전체빈도합=104(0.0056%)

소리내다 동　【Text=27/Freq1=104】
① (예) 책을 소리내어 읽다.

≪소리치다≫전체빈도합=70(0.0038%)

소리치다 동　【Text=39/Freq1=70】
① (예) 꼼짝 달라고 소리치다.

≪소망≫전체빈도합=39(0.0021%)

소망 명　【Text=27/Freq1=39】
① (예) 소망(所望)을 [갖다/이루다].

≪소매≫전체빈도합=25(0.0013%)

소매¹ 명☆☆★　【Text=17/Freq1=19(76%)】
① (예) 짧은 소매의 옷을 입다.
　　〔Text=15/Freq2=17(89.5%)〕
㉿ <소매를 걷어붙이다>
　　〔Text=2/Freq2=2(10.5%)〕

소매² 명　【Text=2/Freq1=6(24%)】
① (예) 소매(小賣)로 팔다.

≪소문≫전체빈도합=85(0.0046%)

소문 명★★☆　【Text=46/Freq1=85】
① (예) 소문(所聞)이 퍼지다.

≪소박하다≫전체빈도합=24(0.0013%)

소박하다 형　【Text=18/Freq1=24】
① (예) 검소하고 소박(素朴)하게 살다.

≪소비≫전체빈도합=45(0.0024%)

소비 명☆☆★　【Text=17/Freq1=45】
① (예) 생산과 소비(消費).

≪소비자≫전체빈도합=62(0.0033%)

소비자 명　【Text=22/Freq1=62】
① (예) 생산자와 소비자(消費者).
　　〔Text=21/Freq2=58(93.5%)〕
㉿ <소비자 단체>〔Text=2/Freq2=4(6.5%)〕

≪소설≫전체빈도합=338(0.0182%)

소설¹ 명★★★　【Text=41/Freq1=337(99.7%)】
① (예) 소설(小說)의 형식과 특징.
　　〔Text=34/Freq2=255(75.7%)〕
② (예) 소설을 읽다.

〔Text=17/Freq2=82(24.3%)〕
소설² 몡   【Text=1/Freq1=1(0.3%)】
  ⓪ (예) 소설(小雪)에 큰 눈이 내리다.

≪소설가≫전체빈도합=45(0.0024%)
소설가 몡   【Text=17/Freq1=45】
  ⓪ (예) 소설가(小說家)의 작품.

≪소수≫전체빈도합=28(0.0015%)
소수¹ 몡   【Text=15/Freq1=28(100%)】
  ⓪ (예) 소수(少數)의 의견을 존중하다.
      〔Text=14/Freq2=25(89.3%)〕
   관 <소수 민족> 〔Text=1/Freq2=3(10.7%)〕
소수² 몡   【Text=0/Freq1=0】 ⓧ
  ① (예) 0보다 크고 1보다 작은 소수(小數). 〔×〕
  ② (예) 소수 둘째 자리. 〔×〕
소수³ 몡   【Text=0/Freq1=0】 ⓧ
  ⓪ (예) 소수(素數)는 다른 수로 나눌 수 없다.
      〔×〕

≪소식≫전체빈도합=215(0.0116%)
소식¹ 몡★★★ 【Text=85/Freq1=215(100%)】
  ① (예) 소식(消息)이 없다./소식을 전하다.
      〔Text=58/Freq2=139(64.7%)〕
  ② (예) 잘 있다는 소식을 듣다.
      〔Text=39/Freq2=76(35.3%)〕
   관 <소식이 깡통이다> 〔×〕
소식² 몡   【Text=0/Freq1=0】 ⓧ
  ⓪ (예) 건강의 비결은 소식(小食)과 운동이다.
      〔×〕

≪소외되다≫전체빈도합=20(0.0011%)
소외되다 동   【Text=12/Freq1=20】
  ⓪ (예) 사회에서 소외(疎外)된 [계층/사람].

≪소용≫전체빈도합=36(0.0019%)
소용 몡☆★☆ 【Text=33/Freq1=36】
  ⓪ (예) 아무 소용(所用)이 없다.

≪소용돌이≫전체빈도합=17(0.0009%)
소용돌이 몡   【Text=10/Freq1=17】
  ① (예) 강물 한가운데서 소용돌이가 일다. 〔×〕
  ② (예) 전쟁의 소용돌이에 휩쓸리다.
      〔Text=9/Freq2=11(64.7%)〕
  ❸ (예) 우주의 소용돌이가 일다.
      〔Text=1/Freq2=6(35.3%)〕

≪소원≫전체빈도합=38(0.0020%)
소원 몡★★☆ 【Text=24/Freq1=38】

  ⓪ (예) 소원(所願)을 빌다.

≪소위≫전체빈도합=71(0.0038%)
소위¹ 몡   【Text=0/Freq1=0】 ⓧ
  ⓪ (예) 질병을 귀신들의 소위(所爲)로 돌리다.
      〔×〕
소위² 몡   【Text=1/Freq1=1(1.4%)】
  ⓪ (예) 육군 소위(少尉)가 되다.
소위³ 몡   【Text=1/Freq1=1(1.4%)】
  ⓪ (예) 소위(小委)에서 개정안을 검토하다.
소위⁴ 부   【Text=22/Freq1=69(97.2%)】
  ⓪ (예) 소위(所謂) 우정이라는 이름으로 사귀다.

≪소유≫전체빈도합=16(0.0009%)
소유 몡   【Text=11/Freq1=16】
  ⓪ (예) 부모 소유(所有)의 집.

≪소유하다≫전체빈도합=18(0.0010%)
소유하다 동   【Text=14/Freq1=18】
  ⓪ (예) [권리를/집을/행복을] 소유(所有)하다.

≪소음≫전체빈도합=24(0.0013%)
소음¹ 몡   【Text=12/Freq1=22(91.7%)】
  ⓪ (예) 자동차 소음(騷音)이 심하다.
소음² 몡   【Text=1/Freq1=2(8.3%)】
  ⓪ (예) 소음(少陰) 체질.
소음³ 몡   【Text=0/Freq1=0】 ⓧ
  ⓪ (예) 소음(消音) 장치. 〔×〕

≪소재≫전체빈도합=50(0.0027%)
소재¹ 몡   【Text=16/Freq1=48(96%)】
  ① (예) [기사의/소설의] 소재(素材).
      〔Text=16/Freq2=48(100%)〕
  ② (예) 공산품 생산에 필요한 소재. 〔×〕
소재² 몡   【Text=1/Freq1=2(4%)】
  ① (예) 범인의 소재(所在)를 알다./책임 소재를
      따지다. 〔Text=1/Freq2=2(100%)〕
  ② (예) 인천 소재의 한 병원. 〔×〕

≪소주≫전체빈도합=42(0.0023%)
소주¹ 몡☆★☆ 【Text=20/Freq1=42(100%)】
  ⓪ (예) 소주(燒酒)를 마시다.
소주² 몡   【Text=0/Freq1=0】 ⓧ
  ⓪ (예) 주자가 문헌에 소주(小註)를 달다. 〔×〕

≪소중하다≫전체빈도합=174(0.0094%)
소중하다 형★★★ 【Text=66/Freq1=174】
  ⓪ (예) 약속을 소중(所重)하게 여기다.

≪소중히≫전체빈도합=43(0.0023%)

소중히 뷔 【Text=27/Freq1=43】
  ⓪ (예) 물건을 소중(所重)히 [다루다/보관하다].
≪소질≫전체빈도합=43(0.0023%)
 소질 몡 【Text=21/Freq1=43】
  ⓪ (예) 미술에 소질(素質)이 있다.
≪소파≫전체빈도합=47(0.0025%)
 소파 몡☆★ 【Text=17/Freq1=47】
  ⓪ (예) 소파에 앉다.
≪소포≫전체빈도합=7(0.0004%)
 소포 몡☆☆★ 【Text=5/Freq1=7】
  ⓪ (예) 우체국에서 소포(小包)를 부치다.
≪소풍≫전체빈도합=62(0.0033%)
 소풍 몡☆★★ 【Text=29/Freq1=62】
  ⓪ (예) 소풍(消風)을 가다.
≪소홀히≫전체빈도합=20(0.0011%)
 소홀히 몡 【Text=17/Freq1=20】
  ⓪ (예) [가족을/일을] 소홀(疏忽)히 여기다.
≪소화≫전체빈도합=18(0.0010%)
 소화¹ 몡☆★☆ 【Text=8/Freq1=18(100%)】
  ① (예) 소화(消化)가 잘 되는 음식.
    〔Text=6/Freq2=16(88.9%)〕
  ② (예) 외래 문화의 소화.
    〔Text=1/Freq2=1(5.6%)〕
  ③ (예) 초판 책도 소화가 힘들다. 〔×〕
  곤<소화 불량> 〔Text=1/Freq2=1(5.6%)〕
 소화² 몡 【Text=0/Freq1=0】 ⓧ
  ⓪ (예) 화재 현장에서 소화 작업(消火)을 하다. 〔×〕
≪속≫전체빈도합=1,788(0.0963%) 150)
 속¹ 몡★★★ 【Text=189/Freq1=1,787(99.9%)】
  ①㉠ (예) 갱 속./땅 속 깊이 묻다.
    〔Text=128/Freq2=481(26.9%)〕
   ㉡ (예) [공포/불안/어둠] 속에 떨다.
    〔Text=80/Freq2=162(9.1%)〕
   ㉢ (예) [먼지/바람/안개] 속을 헤치며 나아가다. 〔Text=113/Freq2=309(17.3%)〕
   ㉣ (예) [꿈이나 이야기/오랜 역사] 속에 나타난 모습.
    〔Text=93/Freq2=286(16%)〕
   ㉤ (예) [가슴/마음] 속에서 우러나는 감동. 〔Text=85/Freq2=180(10.1%)〕
   ㉥ (예) [사회/세상/시대] 속에서 생활하다.
    〔Text=68/Freq2=111(6.2%)〕
   ㉦ (예) 어려운 여건 속에서 노력하다.
    〔Text=50/Freq2=95(5.3%)〕
  ② (예) 속으로 섭섭하게 생각하다.
    〔Text=60/Freq2=105(5.9%)〕
  ③ (예) 속이 잘 익은 수박./속이 꽉 찬 배추.
    〔Text=4/Freq2=8(0.4%)〕
  ④ (예) 만두 속. 〔Text=1/Freq2=1(0.1%)〕
  ⑤ (예) 비린내를 맡고 속이 뒤집히다./속이 울출하다. 〔Text=17/Freq2=27(1.5%)〕
  ❻ (예) [요지경/이름/행간] 속.
    〔Text=4/Freq2=4(0.2%)〕
  곤<속 빈 강정> 〔×〕
  곤<속도 모르다> 〔×〕
  곤<속에 품다> 〔×〕
  곤<속을 긁다> 〔×〕
  곤<속을 끓이다> 〔×〕
  곤<속을 달래다> 〔×〕
  곤<속을 떠보다> 〔×〕
  곤<속을 빼놓다> 〔×〕
  곤<속을 썩다> 〔×〕
  곤<속(을) 썩이다>
   ① (예) 여드름 때문에 속을 썩이다.
    〔Text=2/Freq2=2(0.1%)〕
   ② (예) 부모의 속을 썩이다.
    〔Text=5/Freq2=5(0.3%)〕
  곤<속을 쓰다> 〔×〕
  곤<속을 [주다/터놓다]>
    〔Text=1/Freq2=1(0.1%)〕
  곤<속을 타우다> 〔Text=1/Freq2=1(0.1%)〕
  곤<속을 풀다> 〔×〕
  곤<속이 가라앉다> 〔×〕
  곤<속(이) 깊다> 〔×〕
  곤<속이 [꺼림칙하다/께름하다]> 〔×〕
  곤<속이 꼬이다> 〔×〕
  곤<속이 끓다> 〔×〕
  곤<속이 [넓다/좁다]>
    〔Text=2/Freq2=2(0.1%)〕
  곤<속이 누그러지다> 〔×〕
  곤<속이 달다> 〔×〕
  곤<속이 [뒤집히다/뒤틀리다]>
    〔Text=1/Freq2=1(0.1%)〕
  곤<속이 드러나다> 〔×〕

---

150) 『연세 한국어 사전』의 '속⁴'(예:속사미인곡)은 말뭉치의 분석에 적용하지 않았으므로 제외한다.

[관]<속이 (들여다)[보이다/뵈다]> 〔×〕
[관]<속이 떨리다> 〔×〕
[관]<속이 부대끼다> 〔×〕
[관]<속이 비다> 〔×〕
[관]<속이 살다> 〔×〕
[관]<속이 실하다> 〔×〕
[관]<속이 썩다>
〔Text=1/Freq2=1(0.1%)〕
[관]<속이 없다> 〔Text=1/Freq2=1(0.1%)〕
[관]<속이 오르다> 〔×〕
[관]<속이 있다> 〔×〕
[관]<속이 좋다> 〔×〕
[관]<속이 좋지 않다> 〔×〕
[관]<속이 찜찜하다> 〔×〕
[관]<속이 차다> 〔×〕
[관]<속이 켕기다> 〔×〕
[관]<속이 [타다/터지다]>
〔Text=3/Freq2=3(0.2%)〕
[관]<속이 트이다> 〔×〕
[관]<속이 편하다>
〔Text=1/Freq2=1(0.1%)〕
[관]<속이 풀리다> 〔×〕
[관]<속이 후련하다> 〔×〕

속[2] [명] **【Text=1/Freq1=1(0.1%)】**
⓪ (예) 엉겅퀴는 속(屬)으로는 국화속에 속하다.

속[3] [명의] **【Text=0/Freq1=0】** [x]
⓪ (예) 김 세 속(束). 〔×〕

≪**속다**≫전체빈도합=23(0.0012%)

속다 [동]☆☆★ **【Text=15/Freq1=23】**
⓪ (예) [거짓말에/친구에게] 속다.

≪**속담**≫전체빈도합=121(0.0065%)

속담 [명]★★★ **【Text=28/Freq1=121】**
⓪ (예) 속담(俗談)의 뜻을 알다.

≪**속도**≫전체빈도합=60(0.0032%)

속도 [명]★☆★ **【Text=28/Freq1=60】**
⓪ (예) 열차의 속도(速度)가 빠르다.

≪**속삭이다**≫전체빈도합=24(0.0013%)

속삭이다 [동] **【Text=21/Freq1=24】**
⓪ (예) 귀에 입을 대고 속삭이다.

≪**속상하다**≫전체빈도합=26(0.0014%)

속상하다 [형] **【Text=14/Freq1=24(92.3%)】**
⓪ (예) 일이 뜻대로 안 돼 속상(-傷)하다.

속상하다[0] [동] **【Text=2/Freq1=2(7.7%)】**
⓿ (예) 요즘 속상(-傷)하는 일이 많다.

≪**속성**≫전체빈도합=41(0.0022%)

속성[1] [명] **【Text=19/Freq1=41(100%)】**
⓪ (예) [사물의/인간의/일의] 속성(屬性).

속성[2] [명] **【Text=0/Freq1=0】** [x]
⓪ (예) 속성(速成)으로 배우다. 〔×〕

속성[3] [명] **【Text=0/Freq1=0】** [x]
⓪ (예) 출가 전의 속성(俗姓). 〔×〕

≪**속옷**≫전체빈도합=28(0.0015%)

속옷 [명] **【Text=16/Freq1=28】**
⓪ (예) 속옷을 갈아입다.

≪**속이다**≫전체빈도합=42(0.0023%)

속이다 [동]★☆★ **【Text=29/Freq1=42】**
Ⅰ (예) [남을/눈을/하늘을] 속이다.
〔Text=26/Freq2=38(90.5%)〕
Ⅱ (예) [나이를/사실을/신분을] 속이다.
〔Text=4/Freq2=4(9.5%)〕

≪**속하다**≫전체빈도합=91(0.0049%)

속하다 [동]★☆★ **【Text=48/Freq1=91】**
① (예) 까마귀과에 속(屬)한 새들./
금산은 충청남도에 속하다.
〔Text=29/Freq2=58(63.7%)〕
② (예) 방송부에 속한 학생들.
〔Text=15/Freq2=19(20.9%)〕
③ (예) 내게 속해 있는 것들을 치우다.
〔Text=12/Freq2=13(14.3%)〕
[x] 〔Text=1/Freq2=1(1.1%)〕

≪**손**≫전체빈도합=966(0.0520%)

손[1] [명]★★★ **【Text=169/Freq1=964(99.8%)】**
① (예) 나를 향해 손을 흔들다.
〔Text=150/Freq2=803(83.3%)〕
② (예) 손을 꼽아 계산을 하다.
〔Text=9/Freq2=19(2%)〕
③ (예) 출입문을 손으로 열다.
〔Text=9/Freq2=12(1.2%)〕
④ (예) 일이 손에 잡히지 않다.
〔Text=11/Freq2=14(1.5%)〕
⑤ (예) 할머니의 손에서 자라다.
〔Text=19/Freq2=20(2.1%)〕
⑥ (예) 재산을 손에 넣다.
〔Text=10/Freq2=22(2.3%)〕
⑦ (예) 한국 영토에 손을 뻗치다./임무를 그의 손에 맡기다. 〔Text=15/Freq2=19(2%)〕

⑧ (예) 공장에 손이 모자라다.
    〔Text=3/Freq2=6(0.6%)〕
㉥ <손에 넣다> 〔Text=1/Freq2=1(0.1%)〕
㉥ <손에 땀을 쥐다>
    〔Text=3/Freq2=3(0.3%)〕
㉥ <손에 익다> 〔×〕
㉥ <손에 잡히다> 〔Text=1/Freq2=1(0.1%)〕
㉥ <손에 장을 지지다> 〔×〕
㉥ <손에 쥐다> 〔Text=2/Freq2=2(0.2%)〕
㉥ <손을 끊다> 〔Text=2/Freq2=4(0.4%)〕
㉥ <손을 내밀다> 〔Text=1/Freq2=1(0.1%)〕
㉥ <손(을) 놓다> 〔Text=2/Freq2=2(0.2%)〕
㉥ <손(을) 대다>
  ① (예) 손 대는 사업마다 성공하다.
    〔Text=1/Freq2=1(0.1%)〕
  ② (예) 부모도 손 댈 수 없는 문제아.
    〔Text=1/Freq2=1(0.1%)〕
  ③ (예) 공금에 손을 대다.
    〔Text=1/Freq2=1(0.1%)〕
㉥ <손(을) 들다> 〔Text=3/Freq2=3(0.3%)〕
㉥ <손(을) 떼다> 〔Text=3/Freq2=4(0.4%)〕
㉥ <손을 멈추다> 〔Text=1/Freq2=1(0.1%)〕
㉥ <손(을) 벌리다> 〔×〕
㉥ <손(을) 보다>
  ① (예) 기계를 손 보다.
    〔Text=3/Freq2=3(0.3%)〕
  ② (예) 까부는 놈을 손 보다.
    〔Text=1/Freq2=1(0.1%)〕
㉥ <손(을) 쓰다> 〔Text=4/Freq2=4(0.4%)〕
㉥ <손(을) [씻다/털다]>
    〔Text=2/Freq2=2(0.2%)〕
㉥ <손을 잡다> 〔Text=6/Freq2=6(0.6%)〕
㉥ <손을 젓다> 〔Text=3/Freq2=4(0.4%)〕
㉥ <손을 타다> 〔Text=1/Freq2=1(0.1%)〕
㉥ <손을 털다> 〔×〕
㉥ <손이 (많이) 가다>
    〔Text=1/Freq2=1(0.1%)〕
㉥ <손(이) 크다> 〔Text=2/Freq2=2(0.2%)〕

손² 몡 【Text=1/Freq1=2(0.2%)】
  ① (예) 잔치에 손들이 많이 모이다.
    〔Text=1/Freq2=2(100%)〕
  ② (예) 가게에 하루에 대여섯 손이 들다. 〔×〕

손³ 몡 【Text=0/Freq1=0】 ⓧ
  ⓪ (예) 손이 없는 날에 이사하다. 〔×〕

손⁴ 몡 【Text=0/Freq1=0】 ⓧ
  ⓪ (예) 늦게야 손(孫)을 보다. 〔×〕

손⁵ 몡 【Text=0/Freq1=0】 ⓧ
  ⓪ (예) 고등어 한 손을 사다. 〔×〕

≪손가락≫ 전체빈도합=102(0.0055%)

손가락 몡 ★☆★ 【Text=52/Freq1=102】
  ⓪ (예) 손가락에 반지를 끼다.
    〔Text=51/Freq2=101(99%)〕
㉥ <손가락을 꼽다>
  ① (예) 자가용을 가진 집은 열 손가락을 꼽을 정도이다. 〔×〕
  ② (예) 손가락을 꼽으며 소풍날을 기다리다. 〔×〕
  ❸ (예) 손가락을 꼽으며 셈을 하다.
    〔Text=1/Freq2=1(1%)〕
㉥ <손가락을 빨다>
  ① (예) 호재가 났는데도 옆에서 손가락만 빨다. 〔×〕
  ② (예) 먹을 것이 떨어져 손가락만 빨다. 〔×〕

≪손길≫ 전체빈도합=21(0.0011%)

손길 몡 【Text=18/Freq1=21】
  ① (예) 부드러운 손길로 배를 쓰다듬다.
    〔Text=5/Freq2=7(33.3%)〕
  ② (예) 주부들의 손길에 가족의 건강이 달리다. 〔Text=11/Freq2=11(52.4%)〕
  ③ (예) 이권을 둘러싼 검은 손길들.
    〔Text=2/Freq2=2(9.5%)〕
  ④ (예) 농부들의 손길이 바쁘다.
    〔Text=1/Freq2=1(4.8%)〕
㉥ <~의 손길을 뻗치다>
    유혹의 손길을 뻗치다. 〔×〕

≪손님≫ 전체빈도합=288(0.0155%)

손님 몡 ★★★ 【Text=93/Freq1=288】
  ① (예) 집들이에 손님을 청하다.
    〔Text=56/Freq2=121(42%)〕
  ② (예) 가게에 손님이 많다.
    〔Text=51/Freq2=167(58%)〕

≪손등≫ 전체빈도합=20(0.0011%)

손등 몡 【Text=10/Freq1=20】
  ⓪ (예) 흐르는 눈물을 손등으로 닦다.

≪손목≫ 전체빈도합=22(0.0012%)

손목 몡 ☆☆★ 【Text=14/Freq1=22】
  ⓪ (예) 손목을 잡다.

≪손바닥≫ 전체빈도합=63(0.0034%)

손바닥 명 【Text=34/Freq1=63】
　① (예) 손바닥에 땀이 나다.
　　　〔Text=32/Freq2=60(95.2%)〕
　관 <손바닥 (들여다)보듯(이)>
　　　〔Text=3/Freq2=3(4.8%)〕
　관 <손바닥(을) 뒤집듯(이) 하다> 〔×〕

≪손발≫전체빈도합=15(0.0008%)
손발 명 【Text=12/Freq1=15】
　① (예) 손발을 깨끗이 씻다.
　　　〔Text=8/Freq2=9(60%)〕
　② (예) 왕의 손발이 되다.
　　　〔Text=1/Freq2=1(6.7%)〕
　관 <손발을 맞추다> 〔×〕
　관 <손발이 따로 놀다> 〔×〕
　관 <손발(이) 맞다>
　　　〔Text=3/Freq2=5(33.3%)〕

≪손뼉≫전체빈도합=36(0.0019%)
손뼉 명 【Text=22/Freq1=36】
　① (예) 손뼉을 치다.

≪손수≫전체빈도합=16(0.0009%)
손수 명 【Text=11/Freq1=16】
　① (예) 주부들이 손수 옷을 만들다.
　　　〔Text=7/Freq2=11(68.8%)〕
　② (예) 할아버지께서 손수 밥을 짓다.
　　　〔Text=4/Freq2=5(31.3%)〕
　관 <손발을 맞추다> 〔×〕

≪손수건≫전체빈도합=21(0.0011%)
손수건 명☆☆★ 【Text=19/Freq1=21】
　① (예) 손수건(-手巾)으로 눈물을 닦다.

≪손쉽다≫전체빈도합=22(0.0012%)
손쉽다 형 【Text=17/Freq1=22】
　① (예) 서민들이 손쉽게 이용할 수 있는 금융 기관./손쉬운 일.

≪손자≫전체빈도합=52(0.0028%)
손자 명☆☆★ 【Text=23/Freq1=52】
　① (예) 자기 자식들과 손자(孫子)들.
　　　〔Text=1/Freq2=2(3.8%)〕
　② (예) 아들이 손자를 낳다.
　　　〔Text=22/Freq2=50(96.2%)〕

≪손잡이≫전체빈도합=20(0.0011%)
손잡이 명 【Text=15/Freq1=20】
　① (예) 냄비의 손잡이를 잡다.

≪손톱≫전체빈도합=35(0.0019%)
손톱 명☆☆★ 【Text=21/Freq1=35】
　① (예) 손톱을 깎다.
　　　〔Text=20/Freq2=33(94.3%)〕
　관 <손톱도 안 들어가다>
　　　〔Text=1/Freq2=1(2.9%)〕
　관 <손톱만큼도> 〔Text=1/Freq2=1(2.9%)〕

≪손해≫전체빈도합=43(0.0023%)
손해 명★☆★ 【Text=27/Freq1=43】
　① (예) 손해(損害)를 보다.
　　　〔Text=25/Freq2=41(95.3%)〕
　관 <손해 배상> 〔Text=2/Freq2=2(4.7%)〕

≪솔직하다≫전체빈도합=52(0.0028%)
솔직하다 형☆☆★ 【Text=36/Freq1=52】
　① (예) 하고 싶은 말을 솔직(率直)하게 털어놓다. /솔직한 심정.

≪솔직히≫전체빈도합=45(0.0024%)
솔직히 부 【Text=32/Freq1=45】
　① (예) 솔직(率直)히 말하다.
　　　/잘못을 솔직히 인정하다.

≪솜≫전체빈도합=10(0.0005%)
솜 명☆☆★ 【Text=9/Freq1=10】
　① (예) 솜을 타서 이불을 만들다.

≪솜씨≫전체빈도합=100(0.0054%)
솜씨 명★★★ 【Text=55/Freq1=100】
　① (예) 음식 솜씨가 좋다.

≪솟구치다≫전체빈도합=18(0.0010%)
솟구치다 동 【Text=15/Freq1=18】
　Ⅰ ① (예) [물줄기가/새가] 솟구치다.
　　　〔Text=8/Freq2=8(44.4%)〕
　② (예) [분노가/힘이] 솟구치다.
　　　〔Text=7/Freq2=8(44.4%)〕
　Ⅱ (예) 몸을 솟구치다.
　　　〔Text=2/Freq2=2(11.1%)〕

≪솟다≫전체빈도합=38(0.0020%)
솟다 동☆☆★ 【Text=32/Freq1=38】
　① (예) 연기가 하늘로 솟다.
　　　〔Text=2/Freq2=2(5.3%)〕
　② (예) [달이/해가] 솟다. 〔×〕
　③ (예) 샘이 솟다./손바닥에서 땀이 솟다.
　　　〔Text=1/Freq2=1(2.6%)〕
　④ (예) [부아가/용기가/힘이] 솟다.

　　　　〔Text=13/Freq2=13(34.2%)〕
　⑤ (예) [건물이/누각이] 우뚝 솟다.
　　　　〔Text=15/Freq2=16(42.1%)〕
　⑥ (예) [두드러기가/힘줄이] 솟다.
　　　　〔Text=3/Freq2=4(10.5%)〕
　⑦ (예) 땅에서 싹이 솟다
　　　　〔Text=2/Freq2=2(5.3%)〕
　㉮ <샘(이) 솟다> 희망이 샘 솟다. 〔×〕

≪솟아오르다≫전체빈도합=16(0.0009%)

솟아오르다 동 【Text=14/Freq1=16】
　① (예) 연기가 하늘로 솟아오르다.
　　　　〔Text=6/Freq2=6(37.5%)〕
　② (예) [달이/해가] 솟아오르다.
　　　　〔Text=1/Freq2=1(6.3%)〕
　③ (예) [땀이/샘이] 솟아오르다.
　　　　〔Text=3/Freq2=3(18.8%)〕
　④ (예) [부아가/용기가/힘이] 솟아오르다.
　　　　〔Text=2/Freq2=2(12.5%)〕
　⑤ (예) [건물이/땅이] 솟아오르다.
　　　　〔Text=3/Freq2=3(18.8%)〕
　⑥ (예) [두드러기가/힘줄이] 솟아오르다. 〔×〕
　⑦ (예) [못이/싹이] 솟아오르다. 〔×〕
　❽ (예) 솟아오르는 동아시아.
　　　　〔Text=1/Freq2=1(6.3%)〕

≪송아지≫전체빈도합=22(0.0012%)

송아지 명 【Text=10/Freq1=22】
　⓪ (예) 송아지가 어미소의 젖을 빨다.

≪송이≫전체빈도합=34(0.0018%)

송이¹ 명 【Text=21/Freq1=34(100%)】
　Ⅰ ① (예) 꽃묶음 속에서 일그러진 송이를
　　　　떼어내다. 〔Text=3/Freq2=3(8.8%)〕
　　② (예) [머루/포도] 송이.
　　　　　〔Text=1/Freq2=2(5.9%)〕
　Ⅱ (예) 꽃 한 송이.
　　　　〔Text=19/Freq2=29(85.3%)〕

송이² 명 【Text=0/Freq1=0】 ⓧ
　⓪ (예) 송이(松栮)로 요리를 하다. 〔×〕

≪송편≫전체빈도합=27(0.0015%)

송편 명 ☆★☆ 【Text=13/Freq1=27】
　⓪ (예) 송(松)편을 먹다.

≪솥≫전체빈도합=15(0.0008%)

솥 명 ☆☆★ 【Text=10/Freq1=15】
　⓪ (예) 쌀을 씻어 솥에 안치다.

≪쇠≫전체빈도합=22(0.0012%) [151]

쇠¹ 명 ☆☆★ 【Text=10/Freq1=22】
　① (예) 쇠로 만든 그릇.
　　　　〔Text=6/Freq2=8(36.4%)〕
　② (여) 용광로에선 단단한 쇠도 녹는다.
　　　　〔Text=5/Freq2=14(63.6%)〕
　③ (예) 문에 쇠를 채우다. 〔×〕
　④ (예) 터에 쇠를 놓다. 〔×〕
　⑤ (예) 쇠와 징, 북을 치다. 〔×〕

≪쇼핑≫전체빈도합=3(0.0002%)

쇼핑 명 ☆★☆ 【Text=3/Freq1=3】
　⓪ (여) 백화점에서 쇼핑을 하다.

≪수≫전체빈도합=7,146(0.3848%) [152]

수¹ 명 【Text=1/Freq1=1(0%)】
　⓪ (대) 병아리의 암과 수를 구별하다.

수² 명 ★★★ 【Text=61/Freq1=163(2.3%)】
　① (예) [돼지/사람/물건의] 수(數).
　　　　〔Text=57/Freq2=132(81%)〕
　② (예) 수어는 홀수와 짝수가 있다.
　　　　〔Text=5/Freq2=21(12.9%)〕
　③ (예) 수에 따른 명사의 복수형.
　　　　〔Text=1/Freq2=1(0.6%)〕
　❹ (예) 국영수 중심으로 공부하다.
　　　　〔Text=4/Freq2=9(5.5%)〕

수³ 명 【Text=0/Freq1=0】 ⓧ
　Ⅰ (예) 바득은 수(手)의 싸움이다. 〔×〕
　Ⅱ (예) 한 수를 놓고 생각에 잠기다. 〔×〕

수⁴ 명 【Text=2/Freq1=5(0.1%)】
　⓪ (예) 미술 성적은 수(秀)이다.

수⁵ 명 【Text=4/Freq1=5(0.1%)】
　⓪ (예) 수(繡)를 놓다.

수⁶ 명 【Text=1/Freq1=1(0%)】
　① (예) 87세까지 수(壽)를 누리다.
　　　　〔Text=1/Freq2=1(100%)〕
　② (예) 갑자기 수를 마치다. 〔×〕

---

151) 『연세 한국어 사전』의 '쇠²'(예:<u>쇠</u>기러기), '쇠³'(예:<u>쇠</u>고기)는 말뭉치의 분석에 적용하지 않았으므로 제외한다.

152) 『연세 한국어 사전』의 '수¹¹'(예:<u>수</u>평아리), '-수¹³'(예:운전<u>수</u>), '-수¹⁴'(예:사형<u>수</u>)는 말뭉치의 분석에 적용하지 않았으므로 제외한다.

수⁷ 명　【Text=0/Freq1=0】 ⓧ
　ⓞ (예) 죽을 수(數)가 들다.〔×〕
수⁸ 명의 ★★★　【Text=213/Freq1=6,957(97.4%)】
　① <-ㄹ/-을 수(가) [있다/없다]>
　　(예) 다시 만들 수 있다.
　　　〔Text=213/Freq2=6,752(97.1%)〕
　② (예) 무슨 수를 써서라도 이기다.
　　　〔Text=64/Freq2=141(2%)〕
　❸ (예) 젊을 때엔 실수하는 수가 많다.
　　　〔Text=34/Freq2=61(0.9%)〕
　괸 <뾰족한 수>　〔Text=3/Freq2=3(0.04%)〕
수⁹ 명의　【Text=3/Freq1=3(0%)】
　ⓞ (예) 시조 한 수(首)를 읊다.
수⁻¹² 접　【Text=4/Freq1=6(0.1%)】
　ⓞ (예) 수(數)억 년./수천 개./수년.
수⁰ 명　【Text=4/Freq1=4(0.1%)】
　❶ (예) 월화수(水)에 강의가 있다.
수ˣ ?　【Text=1/Freq1=1(0%)】

≪수건≫전체빈도합=31(0.0017%)
　수건 명☆☆★　【Text=21/Freq1=31】
　　ⓞ (예) 수건(手巾)으로 몸을 닦다.

≪수고≫전체빈도합=17(0.0009%)
　수고 명☆☆★　【Text=13/Freq1=17】
　　ⓞ (예) 수고가 많다./수고를 하다.

≪수고하다≫전체빈도합=34(0.0018%)
　수고하다 동☆★☆　【Text=24/Freq1=34】
　　ⓞ (예) 준비하느라 수고하다.

≪수다≫전체빈도합=19(0.0010%)
　수다 명　【Text=13/Freq1=19】
　　ⓞ (예) 수다를 [떨다/피우다].

≪수단≫전체빈도합=87(0.0047%)
　수단 명★★☆　【Text=39/Freq1=87】
　　① (예) [표현의/출세의] 수단(手段).
　　　〔Text=39/Freq2=86(98.9%)〕
　　② (예) 사람을 설득하는 수단이 뛰어나다.
　　　〔Text=1/Freq2=1(1.1%)〕

≪수도≫전체빈도합=35(0.0019%)
　수도¹ 명　【Text=7/Freq1=15(42.9%)】
　　ⓞ (예) 한국의 수도(首都)인 서울.
　수도² 명☆★★　【Text=10/Freq1=19(54.3%)】
　　ⓞ (예) 수도(水道)가 얼다.
　수도⁰ 명　【Text=1/Freq1=1(2.9%)】
　　❶ (예) 절에서 수도(修道)를 하다.

≪수도꼭지≫전체빈도합=28(0.0015%)
　수도꼭지 명　【Text=14/Freq1=28】
　　ⓞ (예) 수도(水道)꼭지를 틀다.

≪수돗물≫전체빈도합=36(0.0019%)
　수돗물 명　【Text=11/Freq1=36】
　　ⓞ (예) 대야에 수돗물(水道-)을 받다.

≪수립하다≫전체빈도합=20(0.0011%)
　수립하다 동　【Text=14/Freq1=20】
　　ⓞ (예) [계획을/국가를/전략을] 수립(樹立)하다.

≪수많다≫전체빈도합=112(0.0060%)
　수많다 형★☆☆　【Text=62/Freq1=112】
　　ⓞ (예) 수(數)많은 [말/학생들].

≪수명≫전체빈도합=21(0.0011%)
　수명 명☆★☆　【Text=10/Freq1=21】
　　① (예) 남성의 평균 수명(壽命).
　　　〔Text=8/Freq2=18(85.7%)〕
　　② (예) 건물의 수명.
　　　〔Text=3/Freq2=3(14.3%)〕

≪수박≫전체빈도합=25(0.0013%)
　수박 명☆★★　【Text=16/Freq1=25】
　　ⓞ (예) 수박을 먹다.
　　　〔Text=15/Freq2=24(96%)〕
　괸 <수박 겉 핥기>　〔Text=1/Freq2=1(4%)〕

≪수백≫전체빈도합=30(0.0016%)
　수백 ㈜　【Text=26/Freq1=30】
　　Ⅰ (예) 수백(數百)의 사람들이 몰려들다.
　　　〔Text=3/Freq2=3(10%)〕
　　Ⅱ (예) 수백 명의 시민.
　　　〔Text=23/Freq2=27(90%)〕

≪수법≫전체빈도합=31(0.0017%)
　수법 명　【Text=12/Freq1=31】
　　① (예) 소설의 묘사 수법(手法)./석기를 만드는
　　　수법.　〔Text=6/Freq2=21(67.7%)〕
　　② (예) [사람을 속이는/일 처리] 수법.
　　　〔Text=6/Freq2=10(32.3%)〕

≪수상≫전체빈도합=19(0.0010%)
　수상¹ 명　【Text=1/Freq1=2(10.5%)】
　　ⓞ (예) 노벨상 수상(受賞)을 축하하다.
　수상² 명　【Text=0/Freq1=0】 ⓧ
　　ⓞ (예) 관상과 수상(手相)을 보다.〔×〕
　수상³ 명☆☆★　【Text=7/Freq1=17(89.5%)】

⓪ (예) 영국 수상(首相).

수상⁴ 명 【Text=0/Freq1=0】 ⓧ
⓪ (예) 장관이 직접 수상(授賞)을 하다. 〔×〕

수상⁵ 명 【Text=0/Freq1=0】 ⓧ
⓪ (예) 수상(水上) 교통. 〔×〕

수상⁶ 명 【Text=0/Freq1=0】 ⓧ
⓪ (예) 수상(隨想)의 형식으로 글쓰기. 〔×〕

≪**수수께끼**≫전체빈도합=24(0.0013%)

수수께끼 명 【Text=13/Freq1=24】
① (예) 수수께끼를 맞히다.
〔Text=6/Freq2=15(62.5%)〕
② (예) 사건의 수수께끼가 풀리다.
〔Text=7/Freq2=9(37.5%)〕

≪**수술**≫전체빈도합=67(0.0036%)

수술¹ 명 【Text=2/Freq1=2(3%)】
① (예) 하얀 꽃에 노란 수술이 달리다.
〔Text=1/Freq2=1(50%)〕
② (예) 예복에 장식용 수술을 달다.
〔Text=1/Freq2=1(50%)〕

수술² 명☆☆★ 【Text=18/Freq1=65(97%)】
① (예) 병원에서 수술(手術)을 받다.
〔Text=17/Freq2=64(98.5%)〕
② (예) 교육계의 문제를 수술을 하다.
〔Text=1/Freq2=1(1.5%)〕

≪**수시로**≫전체빈도합=15(0.0008%)

수시로 튀 【Text=14/Freq1=15】
⓪ (예) 수시(隨時)로 나를 찾아오다.

≪**수십**≫전체빈도합=46(0.0025%)

수십 수 【Text=32/Freq1=46】
Ⅰ (예) 장정 수십(數十)이 덤벼들다. 〔×〕
Ⅱ (예) 수십 개의 북을 치다.
〔Text=32/Freq2=46(100%)〕

≪**수업**≫전체빈도합=152(0.0082%)

수업¹ 명★★★ 【Text=51/Freq1=144(94.7%)】
⓪ (예) 선생님은 수업(授業)을 세미나 식으로
하다.

수업² 명 【Text=3/Freq1=8(5.3%)】
⓪ (예) 아들의 수업(受業)의 진도를 알아 보다.

수업³ 명 【Text=0/Freq1=0】 ⓧ
⓪ (예) 신부 수업(修業)을 하다. 〔×〕

≪**수없이**≫전체빈도합=40(0.0022%)

수없이 튀 【Text=25/Freq1=40】
⓪ (예) 확실해질 때까지 수(數)없이 검토하다.

≪**수염**≫전체빈도합=34(0.0018%)

수염 명☆☆★ 【Text=22/Freq1=34】
① (예) 수염(鬚髥)이 [길다/나다].
〔Text=18/Freq2=26(76.5%)〕
② (예) 고양이의 수염.
〔Text=5/Freq2=7(20.6%)〕
③ (예) 옥수수 수염. 〔Text=1/Freq2=1(2.9%)〕

≪**수영**≫전체빈도합=48(0.0026%)

수영¹ 명☆★★ 【Text=28/Freq1=48(100%)】
⓪ (예) 바다에서 수영(水泳)을 하다.

수영² 명 【Text=0/Freq1=0】 ⓧ
⓪ (예) 조선 시대 전라도와 경상도에
수영(水營)을 두다. 〔×〕

≪**수영장**≫전체빈도합=26(0.0014%)

수영장 명☆☆★ 【Text=14/Freq1=26】
⓪ (예) 실내 수영장(水泳場).

≪**수영하다**≫전체빈도합=6(0.0003%)

수영하다 동☆★☆ 【Text=4/Freq1=6】
⓪ (예) 수영(水泳)할 줄 알다.

≪**수요**≫전체빈도합=33(0.0018%)

수요 명☆☆★ 【Text=12/Freq1=33】
⓪ (예) 수요(需要)와 공급.

≪**수요일**≫전체빈도합=12(0.0006%)

수요일 명☆★★ 【Text=9/Freq1=12】
⓪ (예) 수요일(水曜日).

≪**수용하다**≫전체빈도합=27(0.0015%)

수용하다¹ 동 【Text=11/Freq1=23(85.2%)】
⓪ (예) [비관을/여론을/의견을] 수용(受容)하다.

수용하다² 동 【Text=3/Freq1=3(11.1%)】
⓪ (예) [고아를/포로를] 수용(收容)하다.

수용하다⁰ 동 【Text=1/Freq1=1(3.7%)】
❶ (예) 정부가 토지를 수용(收用)하다.

≪**수입**≫전체빈도합=119(0.0064%)

수입¹ 명★☆★ 【Text=16/Freq1=40(33.6%)】
① (예) 근로자들의 수입(收入)이 줄다.
〔Text=14/Freq2=37(92.5%)〕
② (예) [관세/담배] 수입 등 정부의 세원.
〔Text=3/Freq2=3(7.5%)〕

수입² 명 【Text=15/Freq1=79(66.4%)】
① (예) 원자재 수입(輸入)이 늘어나다.
〔Text=12/Freq2=64(81%)〕
② (예) 외국 문화의 수입.

〔Text=3/Freq2=4(5.1%)〕
㉮ <수입 개방> 〔Text=4/Freq2=11(13.9%)〕

≪수입하다♣≫전체빈도합=53(0.0029%)
　수입하다⁰ 동　【Text=14/Freq1=53】
　　❶ (예) [쌀을/원료를] 수입(輸入)하다.
　　　〔Text=13/Freq2=52(98.1%)〕
　　❷ (예) [문화를/사상을] 수입하다.
　　　〔Text=1/Freq2=1(1.9%)〕

≪수저≫전체빈도합=23(0.0012%)
　수저　명　【Text=15/Freq1=23】
　　① (예) 상에 수저를 나란히 놓다.
　　　〔Text=9/Freq2=10(43.5%)〕
　　② (예) 아버지가 먼저 수저를 들다.
　　　〔Text=9/Freq2=13(56.5%)〕

≪수정≫전체빈도합=22(0.0012%)
　수정¹ 명　【Text=0/Freq1=0】 ⓧ
　　⓪ (예) 수정(水晶)으로 만든 술잔. 〔×〕
　수정² 명　【Text=0/Freq1=0】 ⓧ
　　⓪ (예) 암수의 수정(受精·授精). 〔×〕
　수정³ 명☆☆★　【Text=14/Freq1=19(86.4%)】
　　⓪ (예) 문건의 수정(修正)이 필요하다.
　수정⁴ 명　【Text=1/Freq1=1(4.5%)】
　　⓪ (예) 책의 수정(修訂) 증보판.
　수정⁵ 명　【Text=2/Freq1=2(9.1%)】
　　⓪ (예) 손목에 수정(手錠)을 채우다.

≪수준≫전체빈도합=120(0.0065%)
　수준　명★★☆　【Text=47/Freq1=120】
　　① (예) 수준(水準) 높은 인적 자원.
　　　〔Text=45/Freq2=112(93.3%)〕
　　② (예) 수준 미달의 [작문/학사].
　　　〔Text=5/Freq2=8(6.7%)〕

≪수천≫전체빈도합=22(0.0012%)
　수천　수　【Text=17/Freq1=22】
　　Ⅰ (예) 수천(數千) 수만의 군사.
　　　〔Text=1/Freq2=1(4.5%)〕
　　Ⅱ (예) 수천 년의 세월이 흐르다.
　　　〔Text=17/Freq2=21(95.5%)〕

≪수출≫전체빈도합=68(0.0037%)
　수출　명★☆★　【Text=12/Freq1=68】
　　⓪ (예) 수출(輸出)을 하다.
　　　〔Text=12/Freq2=67(98.5%)〕
　　㉮ <수출 산업> 〔Text=1/Freq2=1(1.5%)〕
　　㉮ <수출 업자> 〔×〕

㉮ <수출 업체> 〔×〕

≪수출하다≫전체빈도합=41(0.0022%)
　수출하다 동　【Text=12/Freq1=41】
　　⓪ (예) [쌀을/원유를] 수출(輸出)하다.
　　　〔Text=12/Freq2=40(97.6%)〕
　　❶ (예) [문화를/사상을] 수출하다.
　　　〔Text=1/Freq2=1(2.4%)〕

≪수표≫전체빈도합=5(0.0003%)
　수표　명☆☆★　【Text=4/Freq1=5】
　　⓪ (예) 수표(手票)를 발행하다.

≪수학≫전체빈도합=49(0.0026%)
　수학¹ 명★★☆　【Text=24/Freq1=48(98%)】
　　⓪ (예) 수학(數學) [교사/성적].
　수학² 명　【Text=1/Freq1=1(2%)】
　　⓪ (예) 대학에서 4년 동안 수학(修學)을 하다.
　　〔×〕
　㉮ <수학 여행> 〔Text=1/Freq2=1(100%)〕

≪수행하다≫전체빈도합=49(0.0026%)
　수행하다¹ 동★☆☆　【Text=17/Freq1=48(98%)】
　　⓪ (예) [역할을/의무를/작업을] 수행(遂行)하다.
　수행하다² 동　【Text=0/Freq1=0】 ⓧ
　　① (예) 절에서 참선하고 수행(修行)하다. 〔×〕
　　② (예) 오래 수행하여 훌륭한 인격자가
　　　되자. 〔×〕
　수행하다³ 동　【Text=1/Freq1=1(2%)】
　　⓪ (예) [대통령을/총장을] 수행(隨行)하다.

≪수화기≫전체빈도합=53(0.0029%)
　수화기　명　【Text=20/Freq1=53】
　　⓪ (예) 전화 수화기(受話器)를 들다.

≪숙소≫전체빈도합=18(0.0010%)
　숙소　명　【Text=13/Freq1=18】
　　⓪ (예) 숙소(宿所)에 머무르다.

≪숙이다≫전체빈도합=85(0.0046%)
　숙이다 동　【Text=51/Freq1=85】
　　⓪ (예) [머리를/몸을] 낮게 숙이다.
　　　〔Text=49/Freq2=82(96.5%)〕
　　㉮ <고개를 숙이다>
　　① (예) 권력에 고개를 숙이고 살다.
　　　〔Text=1/Freq2=1(1.2%)〕
　　② (예) 예술혼에 절로 고개를 숙이다.
　　　〔Text=2/Freq2=2(2.4%)〕

≪숙제≫전체빈도합=91(0.0049%)

숙제 [명]★★★ 【Text=35/Freq1=91】
① (예) 아이들이 숙제(宿題)를 하다.
〔Text=31/Freq2=87(95.6%)〕
② (예) 정치인들이 해결해야 할 숙제.
〔Text=4/Freq2=4(4.4%)〕

≪**순간**≫전체빈도합=318(0.0171%)

순간[1] [명] 【Text=0/Freq1=0】 [x]
⓪ (예) 순간(旬刊)으로 나오는 신문. 〔×〕
순간[2] [명]★★★ 【Text=88/Freq1=271(85.2%)】
① (예) 한 순간(瞬間)의 동작.
〔Text=31/Freq2=65(24%)〕
② (예) 그를 보는 순간 깜짝 놀라다.
〔Text=78/Freq2=206(76%)〕
순간[3] [부] 【Text=29/Freq1=47(14.8%)】
⓪ (예) 순간(瞬間) 숨이 막히다.

≪**순간적**≫전체빈도합=16(0.0009%)

순간적[1] [명] 【Text=14/Freq1=16(100%)】
⓪ (예) 순간적(瞬間的)으로 판단하다.
/순간적인 일.
순간적[2] [관] 【Text=0/Freq1=0】 [x]
⓪ (예) 순간적(瞬間的) [기회/착각]. 〔×〕

≪**순경**≫전체빈도합=18(0.0010%)

순경 [명]☆☆★ 【Text=8/Freq1=18】
⓪ (예) 순경(巡警)이 순찰을 하다.

≪**순서**≫전체빈도합=121(0.0065%)

순서 [명]★★☆ 【Text=51/Freq1=121】
⓪ (예) 발표할 순서(順序)를 기다리다.
〔Text=30/Freq2=61(50.4%)〕
❶ (예) [도착한/키] 순서대로 앉다.
〔Text=25/Freq2=60(49.6%)〕

≪**순수**≫전체빈도합=41(0.0022%)

순수 [명] 【Text=11/Freq1=41】
⓪ (예) 어린이의 순수(純粹)를 지키다.
〔Text=11/Freq2=35(85.4%)〕
[관]<순수 문학> 〔Text=1/Freq2=1(2.4%)〕
[관]<순수 이성> 〔Text=2/Freq2=5(12.2%)〕

≪**순수하다**≫전체빈도합=61(0.0033%)

순수하다 [형]★☆☆ 【Text=35/Freq1=61】
① (예) 순수(純粹)한 우리말을 찾다.
〔Text=24/Freq2=35(57.4%)〕
② (예) 젊은이들의 순수한 열정.
〔Text=18/Freq2=26(42.6%)〕

≪**순식간**≫전체빈도합=16(0.0009%)

순식간 [명] 【Text=16/Freq1=16】
⓪ (예) 순식간(瞬息間)에 사고가 나다.

≪**순진하다**≫전체빈도합=19(0.0010%)

순진하다 [형] 【Text=15/Freq1=19】
⓪ (예) [생각이/아이가] 순진(純眞)하다.

≪**숟가락**≫전체빈도합=26(0.0014%)

숟가락 [명]☆★★ 【Text=20/Freq1=26】
Ⅰ (예) 숟가락으로 밥을 먹다.
〔Text=19/Freq2=25(96.2%)〕
Ⅱ (예) 밥을 한 숟가락 뜨다.
〔Text=1/Freq2=1(3.8%)〕

≪**술**≫전체빈도합=352(0.0190%) 153)

술[1] [명]★★★ 【Text=73/Freq1=343(97.4%)】
⓪ (예) 술을 마시다./술에 취하다.
술[2] [명] 【Text=0/Freq1=0】 [x]
⓪ (예) 노리개의 매듭과 술. 〔×〕
술[3] [명의] 【Text=6/Freq1=8(2.3%)】
⓪ (예) 밥을 두어 술 뜨다.
〔Text=3/Freq2=4(50%)〕
[관]<첫 술에 배 부르랴>
〔Text=2/Freq2=3(37.5%)〕
[관]<한 술 더 뜨다>
〔Text=1/Freq2=1(12.5%)〕
술[x] [?] 【Text=1/Freq1=1(0.3%)】

≪**술잔**≫전체빈도합=24(0.01013%)

술잔 [명] 【Text=12/Freq1=24】
⓪ (예) 술잔(-盞)에 술을 따르다.
〔Text=10/Freq2=21(87.5%)〕
[관]<술잔을 기울이다>
〔Text=3/Freq2=3(12.5%)〕

≪**술집**≫전체빈도합=35(0.0019%)

술집 [명]☆★☆ 【Text=22/Freq1=35】
⓪ (예) 술집에서 술을 마시다.

≪**숨**≫전체빈도합=119(0.0064%)

숨 [명]★★★ 【Text=70/Freq1=119】
① (예) 숨을 들이쉬다.
〔Text=50/Freq2=84(70.6%)〕
② (예) 삶아서 채소의 숨을 죽이다. 〔×〕

---

153) 『연세 한국어 사전』의 '- 술[4]'(예: 인쇄술)은 말뭉치의 분석에 적용하지 않았으므로 제외한다.

㊛<숨도 쉬지 않고> 〔×〕
㊛<숨도 [크게/제대로] 못 쉬다>
　　〔Text=1/Freq2=1(0.8%)〕
㊛<숨(을) 거두다>
　　〔Text=5/Freq2=5(4.2%)〕
㊛<숨을 [고르다/돌리다]>
　　〔Text=4/Freq2=4(3.4%)〕
㊛<숨(이) 넘어가다>
　　〔Text=2/Freq2=2(1.7%)〕
㊛<숨(이) 막히다> 숨 막히는 접전.
　　〔Text=8/Freq2=8(6.7%)〕
㊛<숨(이) 죽다> 〔×〕
㊛<숨(이) 차다> 〔Text=7/Freq2=10(8.4%)〕
㊛<숨이 턱에 닿다>
　　〔Text=3/Freq2=3(2.5%)〕
　ⓧ 〔Text=2/Freq2=2(1.7%)〕

≪**숨기다**≫전체빈도합=73(0.0039%)
　숨기다 동 ★★☆　【Text=50/Freq1=73】
　　Ⅰ ① (예) 돈을 꼭꼭 숨기다./원고를 안주머니에 숨기다. 〔Text=20/Freq2=27(37%)〕
　　② (예) 숲으로 몸을 숨기다.
　　　〔Text=12/Freq2=14(19.2%)〕
　　Ⅱ (예) 친구에게 사실을 숨기다.
　　　〔Text=25/Freq2=32(43.8%)〕

≪**숨다**≫전체빈도합=105(0.0057%)
　숨다 동 ★☆★　【Text=53/Freq1=105】
　　Ⅰ ① (예) 아이가 [뒤에/집으로] 숨다.
　　　〔Text=25/Freq2=46(43.8%)〕
　　② (예) 이 글에는 비난이 숨어 있다.
　　　〔Text=21/Freq2=32(30.5%)〕
　　③ (예) 숨어 [생활하다/지내다].
　　　〔Text=13/Freq2=19(18.1%)〕
　　Ⅱ (예) 숨은 사랑의 힘./숨은 인재들을 찾아내다. 〔Text=7/Freq2=8(7.6%)〕

≪**숨바꼭질**≫전체빈도합=15(0.0008%)
　숨바꼭질 명　【Text=11/Freq1=15】
　　① (예) 아이들이 숨바꼭질 놀이를 하다.
　　　〔Text=5/Freq2=5(33.3%)〕
　　② (예) 시위대가 경찰과 숨바꼭질을 되풀이하다. 〔Text=6/Freq2=10(66.7%)〕

≪**숫자**≫전체빈도합=85(0.0046%)
　숫자 명 ★☆★　【Text=35/Freq1=85】
　　① (예) 6보다 더 큰 숫자(數字).
　　　〔Text=24/Freq2=63(74.1%)〕
　　② (예) 상당한 숫자의 희생자가 발생하다.
　　　〔Text=15/Freq2=22(25.9%)〕

≪**숱하다**≫전체빈도합=28(0.0015%)
　숱하다 형　【Text=19/Freq1=28】
　　① (예) 개울가에 숱한 산딸기나무.
　　　〔Text=15/Freq2=22(78.6%)〕
　　② (예) 숱하게 고생을 하다.
　　　〔Text=3/Freq2=3(10.7%)〕
　　③ (예) 그런 사고를 숱하게 보다.
　　　〔Text=3/Freq2=3(10.7%)〕

≪**숲**≫전체빈도합=165(0.0089%)
　숲 명 ★★★　【Text=57/Freq1=165】
　　⓪ (예) 숲이 울창하다.

≪**쉬다**≫전체빈도합=277(0.0149%)
　쉬다¹ 동 ★★★　【Text=98/Freq1=219(79.1%)】
　　Ⅰ ① (예) 피곤해서 쉬다./뛰다가 지치면 쉬고, 쉬었다가 다시 뛰다.
　　　〔Text=76/Freq2=144(65.8%)〕
　　② (예) 졸업 후에 그냥 쉬다./일거리가 없이 마냥 쉬다. 〔Text=3/Freq2=4(1.8%)〕
　　③ (예) [가게가/학교가] 쉬다.
　　　〔Text=18/Freq2=25(11.4%)〕
　　④ (예) 쉬지 않고 [비가 내리다/잔소리를 하다]. 〔Text=10/Freq2=13(5.9%)〕
　　Ⅱ ① (예) 감기로 학교를 쉬다./겨울철에 농사를 쉬다. 〔Text=14/Freq2=18(8.2%)〕
　　② (예) 잠시 [다리를/머리를] 쉬다.
　　　〔Text=9/Freq2=15(6.8%)〕
　쉬다² 동　【Text=38/Freq1=50(18.1%)】
　　① (예) 숨을 쉬다. 〔Text=19/Freq2=23(46%)〕
　　② (예) 길게 한숨을 쉬다.
　　　〔Text=18/Freq2=22(44%)〕
　㊛<숨도 쉬지 않고> 〔×〕
　㊛<숨도 [제대로/크게] 못 쉬다>
　　〔Text=2/Freq2=2(4%)〕
　㊛<안도의 (한)숨을 쉬다>
　　〔Text=3/Freq2=3(6%)〕
　쉬다³ 동　【Text=0/Freq1=0】ⓧ
　　⓪ (예) [떡이/음식이] 쉬다. 〔×〕
　쉬다⁴ 동　【Text=6/Freq1=8(2.9%)】
　　⓪ (예) 목이 쉬다.

≪**쉰**≫전체빈도합=21(0.0011%)
　쉰 주 ☆★★　【Text=13/Freq1=21】
　　Ⅰ (예) 나이가 올해 쉰이 되다.

〔Text=6/Freq2=8(38.1%)〕
 Ⅱ (예) 쉰 [명/사람/살].
   〔Text=9/Freq2=13(61.9%)〕

≪쉽다≫ 전체빈도합=492(0.0265%)
 쉽다 형★★★ 【Text=148/Freq1=492】
  Ⅰ ① (예) [단어가/문제가/시험이] 쉽다./하기
     쉬운 일. 〔Text=75/Freq2=145(29.5%)〕
    ② (예) 그만큼 개성 있는 사람도 쉽지
     않다. 〔Text=13/Freq2=16(3.3%)〕
    ③ (예) 모습을 쉽게 알아보다./
     쉽게 물러서지 않다.
       〔Text=102/Freq2=225(45.7%)〕
  Ⅱ (예) 공해가 사람을 병들기 쉽게 하다./
     인간은 주관적이 되기 쉽다.
       〔Text=19/Freq2=43(8.7%)〕
  Ⅲ <-기(가) 쉽다> (예) 인쇄가 잘못 되었기
     쉽다./아마, 안 돌아오기 쉽다.
       〔Text=43/Freq2=63(12.8%)〕

≪쉽사리≫ 전체빈도합=16(0.0009%)
 쉽사리 부 【Text=11/Freq1=16】
  ⓪ (예) 어려운 일인데 쉽사리 [해결하다/해내다].

≪슈퍼마켓≫ 전체빈도합=16(0.0009%)
 슈퍼마켓 명 【Text=11/Freq1=16】
  ⓪ (예) 슈퍼마켓에서 물건을 사다.

≪스님≫ 전체빈도합=97(0.0052%)
 스님 명 ☆☆★ 【Text=20/Freq1=97】
  ① (예) 스님이 불공을 드리다.
     〔Text=16/Freq2=78(80.4%)〕
  ② (예) [법정/원효] 스님.
     〔Text=8/Freq2=19(19.6%)〕

≪스며들다≫ 전체빈도합=19(0.0010%)
 스며들다 동 【Text=15/Freq1=19】
  ① (예) [물이/빛이/바람이/향기가] 방으로
     스며들다. 〔Text=12/Freq2=13(68.4%)〕
  ② (예) 외국의 문화가 삶에 스며들다.
     〔Text=2/Freq2=2(10.5%)〕
  ❸ (예) [예감이/한기가] 몸으로 스며들다
     〔Text=3/Freq2=4(21.1%)〕

≪스무≫ 전체빈도합=46(0.0025%)
 스무 관 ☆★☆ 【Text=29/Freq1=46】
  ⓪ (예) 스무 [개/살/해].

≪스물≫ 전체빈도합=113(0.0061%)

 스물 수★★★ 【Text=49/Freq1=113】
  Ⅰ (예) 나이가 스물이다.
     〔Text=18/Freq2=36(31.9%)〕
  Ⅱ (예) 스물 한 살/스물 댓 걸음.
     〔Text=37/Freq2=77(68.1%)〕

≪스스로≫ 전체빈도합=352(0.0190%)
 스스로[1] 명★☆☆ 【Text=57/Freq1=102(29%)】
  ⓪ (예) 자기 일을 스스로가 알아서 해결하다.
 스스로[2] 부★☆☆ 【Text=98/Freq1=250(71%)】
  Ⅰ ① (예) 스스로 빛을 내는 별.
      〔Text=43/Freq2=62(24.8%)〕
    ② (예) 친구를 얻으려 스스로 남의 친구가
     되다. 〔Text=41/Freq2=72(28.8%)〕
    ③ (예) 사회가 스스로 변화하다.
      〔Text=14/Freq2=15(6%)〕
  Ⅱ (예) 아동 스스로 반성하다.
      〔Text=43/Freq2=101(40.4%)〕

≪스승≫ 전체빈도합=60(0.0032%)
 스승 명 【Text=27/Freq1=60】
  ⓪ (예) 스승의 은혜.

≪스위치≫ 전체빈도합=22(0.0012%)
 스위치 명 【Text=10/Freq1=22】
  ⓪ (예) 스위치를 [내리다/켜다].

≪스치다≫ 전체빈도합=50(0.0027%)
 스치다 동★☆☆ 【Text=33/Freq1=50】
  ① (예) 머리칼이 얼굴에 스치다./그가 내 옆을
     스쳐 뛰어가다. 〔Text=18/Freq2=20(40%)〕
  ② (예) 바람이 얼굴을 스치다./코끝을 스치는
     냄새. 〔Text=7/Freq2=9(18%)〕
  ③ (예) 기억이 머리를 빠르게 스치다./
     얼굴에 실망의 빛이 스치고 지나가다.
       〔Text=17/Freq2=19(38%)〕
  ❹ (예) 그녀를 스쳐 간 남자들.
       〔Text=1/Freq2=2(4%)〕

≪스키≫ 전체빈도합=4(0.0002%)
 스키 명 ☆★☆ 【Text=3/Freq1=4】
  ① (예) 스키를 타다. 〔Text=1/Freq2=1(25%)〕
  ② (예) 골프와 스키를 즐기다.
     〔Text=2/Freq2=3(75%)〕

≪스타일≫ 전체빈도합=32(0.0017%)
 스타일 명 【Text=13/Freq1=32】
  ① (예) 유럽 스타일의 축구.
     〔Text=4/Freq2=5(15.6%)〕

② (예) 독재자의 통치 스타일.
  〔Text=1/Freq2=2(6.3%)〕
③ (예) 작가의 글 스타일.
  〔Text=2/Freq2=7(21.9%)〕
④ (예) 자기 스타일대로 살다.
  〔Text=6/Freq2=15(46.9%)〕
⑤ (예) [패션/헤어] 스타일.
  〔Text=1/Freq2=1(3.1%)〕
❻ (예) 그 사람은 내 스타일이 아니다.
  〔Text=1/Freq2=2(6.3%)〕

≪스트레스≫전체빈도합=37(0.0020%)
 스트레스 명☆★☆ 【Text=14/Freq1=37】
  ⓪ (예) 스트레스를 [받다/풀다].

≪스포츠≫전체빈도합=20(0.0011%)
 스포츠 명 【Text=14/Freq1=20】
  ⓪ (예) 스포츠 [선수/정신].

≪슬그머니≫전체빈도합=27(0.0015%)
 슬그머니 부 【Text=21/Freq1=27】
  ① (예) 슬그머니 집을 빠져나오다.
    〔Text=18/Freq2=24(88.9%)〕
  ② (예) 슬그머니 [걱정되다/화가 나다].
    〔Text=3/Freq2=3(11.1%)〕

≪슬기≫전체빈도합=35(0.0019%)
 슬기 명 【Text=12/Freq1=35】
  ⓪ (예) 지혜와 슬기를 모으다.

≪슬기롭다≫전체빈도합=27(0.0015%)
 슬기롭다 형 【Text=16/Freq1=27】
  ⓪ (예) 어려움에 슬기롭게 대처하다.

≪슬쩍≫전체빈도합=20(0.0011%)
 슬쩍 부 【Text=16/Freq1=20】
  ① (예) 슬쩍 [끼어들다/빠져나오다].
    〔Text=7/Freq2=7(35%)〕
  ② (예) 슬쩍 [떠보다/물어 보다].
    〔Text=6/Freq2=8(40%)〕
  ③ (예) 슬쩍 [밀어올리다/치다].
    〔Text=4/Freq2=4(20%)〕
  ④ (예) 슬쩍 보아넘길 문제가 아니다.
    〔Text=1/Freq2=1(5%)〕

≪슬퍼하다≫전체빈도합=21(0.0011%)
 슬퍼하다 동 【Text=13/Freq1=21】
  ⓪ (예) 가족을 잃고 슬퍼하다.

≪슬프다≫전체빈도합=114(0.0061%)
 슬프다 형★★★ 【Text=55/Freq1=114】
  Ⅰ (예) 슬픈 광경에 눈물을 흘리다./슬픈 일을 당하다. 〔Text=38/Freq2=55(48.2%)〕
  Ⅱ ⓪ (예) 퇴직한 아버지의 모습이 안쓰럽고 슬프다. 〔Text=32/Freq2=56(49.1%)〕
    ❶ (예) 마음이 슬프다.
      〔Text=3/Freq2=3(2.6%)〕

≪슬픔≫전체빈도합=59(0.0032%)
 슬픔 명 【Text=39/Freq1=59】
  ⓪ (예) 슬픔 속에서 헤어 나오다.

≪습관≫전체빈도합=97(0.0052%)
 습관 명★★☆ 【Text=40/Freq1=97】
  ⓪ (예) 습관(習慣)이 되다.

≪습기≫전체빈도합=9(0.0005%)
 습기 명☆☆★ 【Text=6/Freq1=9】
  ⓪ (예) 방에 습기(濕氣)가 차다.

≪승려≫전체빈도합=21(0.0011%)
 승려 명 【Text=11/Freq1=21】
  ⓪ (예) 절에서 수행하는 승려(僧侶)들.

≪승리≫전체빈도합=32(0.0017%)
 승리 명 【Text=21/Freq1=32】
  ⓪ (예) [경기에서/전투에서] 승리(勝利)를 거두다. 〔Text=21/Freq2=32(100%)〕
  관<승리의 여신> 〔×〕

≪승용차≫전체빈도합=41(0.0022%)
 승용차 명 【Text=25/Freq1=41】
  ⓪ (예) 승용차(乘用車)를 이용하다.

≪시≫전체빈도합=1,104(0.0595%) [154]
 시¹ 명 【Text=64/Freq1=439(39.8%)】
  ⓪ (예) 김소월의 시(詩)를 읽다.
 시² 명★★★ 【Text=109/Freq1=520(47.1%)】 [155]
  Ⅰ (예) 태어난 시(時)로 사주를 보다.
    〔Text=1/Freq2=1(0.2%)〕

---

154) 『연세 한국어 사전』의 '사⁸'(예:<u>사</u>퍼렇다), '사⁹'(예:<u>사</u>어머니)는 말뭉치의 분석에 적용하지 않았으므로 제외한다.
155) 『외국인을 위한 한국어 학습 사전』(2004)의 중요 어휘 목록에서는 '시²'의 Ⅱ에 해당하는 용법을 독립된 의존명사로 보아 ★★★의 중요도를 부여하고 있다.

Ⅱ (예) 여덟 시까지 일을 하다.
　　〔Text=109/Freq2=517(99.6%)〕
　㉚ <시도 때도 없이>
　　〔Text=2/Freq2=2(0.4%)〕
시³ 명 【Text=13/Freq1=82(7.4%)】
　⓪ (예) 시(市)의 예산.
시⁴ 명 【Text=0/Freq1=0】 ⓧ
　⓪ (예) 시 음을 내다. 〔×〕
시⁵ 명의 【Text=20/Freq1=63(5.7%)】
　⓪ (예) [결석할/도착/착륙] 시(時)에는 반드시 통보할 것.
시⁶ 깜 【Text=0/Freq1=0】 ⓧ
　⓪ (예) 시, 왜 나한테 화를 내? 〔×〕

《시각》전체빈도합=111(0.0060%)
시각¹ 명 ★☆☆ 【Text=30/Freq1=44(39.6%)】
　① (예) 해가 뜨는 시각(時刻).
　　〔Text=30/Freq2=42(95.5%)〕
　② (예) 시각을 지체하지 않고 떠나다. 〔×〕
　㉚ <시각을 다투다> 〔×〕
　ⓧ 〔Text=1/Freq2=2(4.5%)〕
시각² 명 【Text=23/Freq1=56(50.5%)】
　⓪ (예) 사회를 보는 작가의 시각(視角).
시각³ 명 【Text=7/Freq1=11(9.9%)】
　⓪ (예) 시각(視覺)에 장애가 생기다.
　　〔Text=7/Freq2=9(81.8%)〕
　㉚ <시각 예술> 【Text=1/Freq2=2(18.2%)】

《시간》전체빈도합=1,533(0.0826%)
시간 명 ★★★ 【Text=194/Freq1=1,533】
　Ⅰ ① (예) 시간(時間)이 [지나다/흐르다].
　　〔Text=144/Freq2=585(38.2%)〕
　② (예) [근무/수업/휴식] 시간.
　　〔Text=112/Freq2=323(21.1%)〕
　❸ (예) 같은 날 같은 시간에 동시에 출발하다.
　　〔Text=80/Freq2=187(12.2%)〕
　❹ (예) 지난 시간에 공부한 것./다음 시간은 수학이다. 〔Text=55/Freq2=134(8.7%)〕
　Ⅱ (예) 다섯 시간.
　　〔Text=100/Freq2=208(13.6%)〕
　㉚ <-번째 시간> 세 번째 시간.
　　〔Text=1/Freq2=1(0.1%)〕
　㉚ <시간 관계상> 〔Text=1/Freq2=1(0.1%)〕
　㉚ <시간 문제> 〔Text=2/Freq2=2(0.1%)〕
　㉚ <시간을 [갖다/내다/주다]>
　　〔Text=15/Freq2=18(1.2%)〕

　㉚ <시간이 [나다/없다/있다]>
　　〔Text=43/Freq2=73(4.8%)〕
　ⓧ 〔Text=1/Freq2=1(0.1%)〕

《시계》전체빈도합=119(0.0064%)
시계¹ 명 ★★★ 【Text=49/Freq1=119(100%)】
　⓪ (예) 시계(時計)를 [보다/차다].
시계² 명 【Text=0/Freq1=0】 ⓧ
　⓪ (예) 안개로 시계(視界)가 좋지 않다. 〔×〕

《시골》전체빈도합=134(0.0072%)
시골 명 ★★★ 【Text=62/Freq1=134】
　① (예) 도시를 떠나 시골로 가다.
　　〔Text=43/Freq2=77(57.5%)〕
　② (예) 서울보다 시골에 살고 싶다.
　　〔Text=18/Freq2=30(22.4%)〕
　③ (예) 추석에 시골에 다녀오다.
　　〔Text=9/Freq2=27(20.1%)〕

《시기》전체빈도합=122(0.0066%)
시기¹ 명 【Text=5/Freq1=5(4.1%)】
　⓪ (예) 시기(時機)를 놓치다.
시기² 명 ★☆☆ 【Text=55/Freq1=115(94.3%)】
　⓪ (예) 청소년기는 중요한 시기(時期)이다.
시기³ 명 【Text=2/Freq1=2(1.6%)】
　⓪ (예) 시기(猜忌)를 받다.

《시끄럽다》전체빈도합=63(0.0034%)
시끄럽다 형 ★★★ 【Text=44/Freq1=63】
　① (예) [교실이/사무실이] 시끄럽다.
　　〔Text=37/Freq2=54(85.7%)〕
　② (예) 사건으로 세상이 시끄럽다.
　　〔Text=2/Freq2=2(3.2%)〕
　③ (예) 일이 두고두고 시끄럽게 생기다.
　　〔Text=5/Freq2=7(11.1%)〕

《시내》전체 빈도합=77(0.0041%)
시내¹ 명 ★★★ 【Text=43/Freq1=77(100%)】
　⓪ (예) 시내(市內)로 나오다.
　　〔Text=40/Freq2=70(90.9%)〕
　㉚ <시내 버스> 【Text=4/Freq2=7(9.1%)】
시내² 명 【Text=0/Freq1=0】 ⓧ
　⓪ (예) 맑은 시내가 흐르다. 〔×〕

《시냇물》전체빈도합=20(0.0011%)
시냇물 명 【Text=15/Freq1=20】
　⓪ (예) 시냇물이 흐르다.

《시늉》전체빈도합=28(0.0015%)

시늉 명 【Text=21/Freq1=28】
　⓪ (예) 알았다는 시늉을 하다.

≪시다≫전체빈도합=8(0.0004%)
시다¹ 형 ☆☆★ 【Text=6/Freq1=7(87.5%)】
　Ⅰ (예) 레몬의 신 맛.
　　〔Text=5/Freq2=6(85.7%)〕
　Ⅱ (예) 김치가 시어 터지다.
　　〔Text=1/Freq2=1(14.3%)〕
시다² 형 【Text=1/Freq1=1(12.5%)】
　① (예) 발목이 시다. 〔Text=1/Freq2=1(100%)〕
　② (예) 눈이 시어서 뜰 수가 없다. 〔×〕
　관 <눈꼴(이) 시다> 〔×〕

≪시달리다≫전체빈도합=45(0.0024%)
시달리다 동 【Text=36/Freq1=45】
　⓪ (예) [소음에/아이에게] 시달리다.

≪시대≫전체빈도합=746(0.0402%)
시대 명 ★★★ 【Text=102/Freq1=746】
　⓪ (예) [로마/삼국] 시대(時代).
　　〔Text=76/Freq2=519(69.6%)〕
　❶ (예) [개성/개인주의/과학 만능/자아
　　상실/정보화] 시대.
　　〔Text=59/Freq2=202(27.1%)〕
　❷ (예) 시대에 뒤떨어지다.
　　/시대를 [뛰어넘다/앞서 가다].
　　〔Text=10/Freq2=23(3.1%)〕
　관 <시대 정신> 〔Text=1/Freq2=1(0.1%)〕
　ⓧ 〔Text=1/Freq2=1(0.1%)〕

≪시대적≫전체빈도합=27(0.0015%)
시대적¹ 명 【Text=4/Freq1=7(25.9%)】
　⓪ (예) 시대적(時代的)인 [경향/배경].
　　/시대적으로 구분하다.
시대적² 관 【Text=13/Freq1=20(74.1%)】
　⓪ (예) 시대적(時代的) [상황/흐름].

≪시도≫전체빈도합=15(0.0008%)
시도 명 【Text=13/Freq1=15】
　⓪ (예) 새로운 시도(試圖)를 하다.

≪시도하다⁺≫전체빈도합=22(0.0012%)
시도하다⁰ 동 【Text=17/Freq1=22】
　❶ (예) [가출을/침략을/탈출하려고]
　　시도(試圖)하다.

≪시들다≫전체빈도합=19(0.0010%)
시들다 동 【Text=12/Freq1=19】

　① (예) 꽃이 시들다.
　　〔Text=10/Freq2=16(84.2%)〕
　② (예) 시들어 가는 나의 젊음.
　　〔Text=2/Freq2=2(10.5%)〕
　ⓧ 〔Text=1/Freq2=1(5.3%)〕

≪시련≫전체빈도합=20(0.0011%)
시련 명 【Text=14/Freq1=20】
　⓪ (예) 큰 시련(試鍊)을 겪다.

≪시멘트≫전체빈도합=25(0.0013%)
시멘트 명 【Text=18/Freq1=25】
　⓪ (예) 시멘트를 자갈과 모래와 섞다.

≪시민≫전체빈도합=141(0.0076%)
시민 명 ★★☆ 【Text=30/Freq1=141】
　① (예) [서울/수원] 시민(市民).
　　〔Text=14/Freq2=65(46.1%)〕
　② (예) 학생과 시민들이 시위에 나서다./영국
　　시민들. 〔Text=24/Freq2=76(53.9%)〕
　관 <시민 계급> 〔×〕
　관 <시민 사회> 〔×〕
　관 <시민 혁명> 〔×〕

≪시선≫전체빈도합=106(0.0057%)
시선¹ 명 【Text=46/Freq1=106(100%)】
　① (예) 둘의 시선(視線)이 마주치다.
　　〔Text=36/Freq2=83(78.3%)〕
　② (예) 외면의 시선으로 마다하다./
　　감시하는 어른들의 시선.
　　〔Text=19/Freq2=23(21.7%)〕
시선² 명 【Text=0/Freq1=0】 ⓧ
　⓪ (예) 한국 현대 시선(詩選). 〔×〕

≪시설≫전체빈도합=162(0.0087%)
시설 명 ★★☆ 【Text=43/Freq1=162】
　⓪ (예) [공장/복지/편의] 시설(施設)을 짓다.

≪시시하다≫전체빈도합=15(0.0008%)
시시하다 형 【Text=13/Freq1=15】
　① (예) [사는 게/일이] 시시하다.
　　〔Text=12/Freq2=14(93.3%)〕
　② (예) 사람이 너무 시시하다.
　　〔Text=1/Freq2=1(6.7%)〕
　③ (예) 대결이 시시하게 끝나다. 〔×〕

≪시야≫전체빈도합=25(0.0013%)
시야 명 【Text=19/Freq1=25】
　① (예) 시야(視野)가 확 트이다./시야를

가로막다. 〔Text=11/Freq2=15(60%)〕
② (예) 사물을 보는 시야를 넓히다.
〔Text=8/Freq2=10(40%)〕

≪**시원하다**≫전체빈도합=106(0.0057%)
시원하다 형★★★ 【Text=65/Freq1=106】
① (예) 바람이 시원하다.
〔Text=41/Freq2=59(55.7%)〕
② (예) 마음이 시원하다.
〔Text=11/Freq2=12(11.3%)〕
③ (예) 목욕을 하고 난 후의 시원한 느낌.
〔Text=6/Freq2=6(5.7%)〕
④ (예) 말주변이 시원치 않다.
〔Text=3/Freq2=4(3.8%)〕
⑤ (예) 성격이 시원하다./하고 싶은 말을 시원하게 하다. 〔Text=2/Freq2=2(1.9%)〕
⑥ (예) 시원하게 트인 앞 뜰.
〔Text=4/Freq2=4(3.8%)〕
⑦ (예) 김치 국물이 시원하다./시원한 콩나물국. 〔Text=9/Freq2=19(17.9%)〕

≪**시월**≫전체빈도합=50(0.0027%)
시월 명☆★☆ 【Text=27/Freq1=50】
⓪ (예) 시월(十月)로 접어들다.

≪**시위**≫전체빈도합=70(0.0038%)
시위¹ 명 【Text=2/Freq1=3(4.3%)】
⓪ (예) 활의 시위를 당기다.
시위² 명 【Text=19/Freq1=67(95.7%)】
① (예) 아내가 시위(示威)를 하듯 외출하다.
〔Text=2/Freq2=2(3%)〕
② (예) [촛불/침묵] 시위를 하다.
〔Text=17/Freq2=65(97%)〕
시위³ 명 【Text=0/Freq1=0】 ⓧ
⓪ (예) 임금의 시위(侍衛)를 하다. 〔ⓧ〕

≪**시인**≫전체빈도합=153(0.0082%)
시인¹ 명☆☆★ 【Text=39/Freq1=153(100%)】
⓪ (예) 시인(詩人)으로 데뷔하다.
시인² 명 【Text=0/Freq1=0】 ⓧ
⓪ (예) 소문이 사실이라고 시인(是認)을 하다.
〔ⓧ〕

≪**시작**≫전체빈도합=88(0.0047%)
시작 명☆★★ 【Text=58/Freq1=87(98.9%)】
⓪ (예) 수업 시작(始作)을 알리다.
〔Text=53/Freq2=80(92%)〕
❶ (예) 작업을 시작, 30분 만에 끝내다.
〔Text=5/Freq2=5(5.7%)〕
관 <시작이 탄> 〔Text=2/Freq2=2(2.3%)〕
시작⁰ 명 【Text=1/Freq1=1(1.1%)】
❶ (예) 시작(詩作) [노트/방법].

≪**시작되다**≫전체빈도합=227(0.0122%)
시작되다 동★★☆ 【Text=98/Freq1=227】
⓪ (예) 9시에 [시험이/일과가] 시작(始作)되다.

≪**시작하다**≫전체빈도합=964(0.0519%)
시작하다 동★★★ 【Text=176/Freq1=964】
Ⅰ ⓪ (예) [연극을/일을/집회를/회견을] 시작(始作)하다.
〔Text=103/Freq2=240(24.9%)〕
❶ <~[로부터/에서] 시작하다>
(예) 일을 어디서부터 시작할까?
〔Text=18/Freq2=22(2.3%)〕
Ⅱ <~기 시작하다> (예) 눈이 내리기 시작하다.
〔Text=159/Freq2=688(71.4%)〕
관 <[다시/새로] 시작하다>
〔Text=10/Freq2=14(1.5%)〕

≪**시장**≫전체빈도합=402(0.0216%)
시장¹ 명 【Text=0/Freq1=0】 ⓧ
⓪ (예) 시장이 반찬이다. 〔ⓧ〕
시장² 명★★★ 【Text=78/Freq1=388(96.5%)】
① (예) 시장(市場)에서 장을 보다.
〔Text=64/Freq2=243(62.7%)〕
② (예) [곡물/수출/원자재] 시장.
〔Text=16/Freq2=126(32.4%)〕
③ (예) [세계/외국] 시장에 진출하다.
〔Text=8/Freq2=19(4.9%)〕
관 <시장 가격> 〔ⓧ〕
관 <시장 경제> 〔ⓧ〕
관 <시장 점유율> 〔ⓧ〕
시장³ 명 【Text=6/Freq1=14(3.5%)】
⓪ (예) 서울 시장(市長) 선거.

≪**시절**≫전처 빈도합=324(0.0174%)
시절 명★★☆ 【Text=91/Freq1=324】
① (예) 시절(時節)을 잘 만나다./호랑이 담배 피우던 시절. 〔Text=31/Freq2=61(18.8%)〕
② (예) [신입/졸병] 시절.
〔Text=80/Freq2=249(76.9%)〕
③ (예) 시절이 좋을 때 같으면 나도 사장이다.
〔Text=7/Freq2=11(3.4%)〕
④ (예) 꽃피는 시절이 돌아오다.
〔Text=1/Freq2=1(0.3%)〕

ⓧ 〔Text=1/Freq2=2(0.6%)〕

≪시점≫전체빈도합=36(0.0019%)

시점¹ 몡 【Text=12/Freq1=23(63.9%)】
　⓪ (예) 과거의 어느 시점(時點)으로 돌아가다.
시점² 몡 【Text=5/Freq1=13(36.1%)】
　① (예) 긍정적인 시점(視點)을 취하다.
　　〔Text=4/Freq2=5(38.5%)〕
　② (예) [등장 인물의/주인공의] 시점.
　　〔Text=1/Freq2=8(61.5%)〕

≪시집≫전체빈도합=89(0.0048%)

시집¹ 몡☆★★ 【Text=23/Freq1=49(55.1%)】
　⓪ (예) 시(媤)집의 식구들.
　　〔Text=2/Freq2=6(12.2%)〕
　㈜<시집(을) [가다/보내다/오다]>
　　〔Text=21/Freq2=43(87.8%)〕
시집² 몡 【Text=12/Freq1=40(44.9%)】
　⓪ (예) 시집(詩集)을 읽다.

≪시집가다≫전체빈도합=32(0.0017%)

시집가다 동 【Text=22/Freq1=32】
　⓪ (예) 누나가 시(媤)집가다.

≪시청≫전체빈도합=33(0.0018%)

시청¹ 몡★★☆ 【Text=12/Freq1=21(63.6%)】
　⓪ (예) 시청(市廳)에 근무하다.
시청² 몡 【Text=2/Freq1=12(36.4%)】
　⓪ (예) 텔레비전 시청(視聽) 시간.

≪시체≫전체빈도합=31(0.0017%)

시체 몡 【Text=14/Freq1=31】
　⓪ (예) 시체(屍體)를 공동 묘지에 묻다.

≪시커멓다≫전체빈도합=21(0.0011%)

시커멓다 혱 【Text=16/Freq1=21】
　⓪ (예) 시커멓게 때가 끼다./얼굴이 시커멓다.
　　〔Text=14/Freq2=18(85.7%)〕
　ⓧ 〔Text=2/Freq2=3(14.3%)〕

≪시키다≫전체빈도합=218(0.0117%)

시키다 동★★★ 【Text=107/Freq1=218】
　Ⅰ ① (예) 아이에게 [공부를/자습을] 시키다.
　　/시키는 대로 하다.
　　〔Text=65/Freq2=110(50.5%)〕
　② (예) 아이에게 [노래를/말을/이야기를]

시키다. 〔Text=8/Freq2=9(4.1%)〕
　③ (예) 식당에서 [맥주를/짜장면을] 시키다.
　　〔Text=17/Freq2=27(12.4%)〕
　Ⅱ ① (예) 그를 [미술가를/총리를] 시키다.
　　〔Text=7/Freq2=8(3.7%)〕
　② (예) 어머니를 병원에 입원을 시키다.
　　/아이를 훈련을 시키다.
　　〔Text=20/Freq2=26(11.9%)〕
　③ (예) 부모를[걱정을/실망을/안심을/이해를]
　　시키다. 〔Text=7/Freq2=10(4.6%)〕
　④ (예) [망신을/소화를] 시키다.
　　〔Text=12/Freq2=17(7.8%)〕
　Ⅲ (예) 그에게 약을 사 [오게/오도록/오라고]
　　시키다. 〔Text=6/Freq2=8(3.7%)〕
　㈜<소개(를) 시키다> 그 친구 좀 소개 시켜
　　줘. 〔Text=2/Freq2=3(1.4%)〕

≪시합≫전체빈도합=19(0.0010%)

시합 몡☆★☆ 【Text=13/Freq1=19】
　⓪ (예) 축구 시합(試合)을 하다.

≪시험≫전체빈도합=230(0.0124%)

시험 몡★★★ 【Text=58/Freq1=230】
　① (예) 운전 시험(試驗)을 보다.
　　〔Text=53/Freq2=223(97%)〕
　② (예) 시험 인화를 하다.
　　〔Text=4/Freq2=5(2.2%)〕
　③ (예) 악마의 시험에 들다.
　　〔Text=1/Freq2=2(0.9%)〕
　㈜<시험 삼아> 〔×〕

≪식≫전체빈도합=181(0.0097%)

식¹ 몡★☆☆ 【Text=62/Freq1=150(82.9%)】 [156]
　Ⅰ (예) 식(式)이 시작되다. 〔×〕
　Ⅱ <~ [식의 ~/식으로]>
　　(예) 그런 식의 착각은 흔하다./그런 식으로
　　하지 마. 〔Text=62/Freq2=150(100%)〕
식² 몡 【Text=0/Freq1=0】 ⓧ
　⓪ (예) 수학 문제의 식(式)을 풀다. 〔×〕
식³ 뮈 【Text=0/Freq1=0】 ⓧ
　⓪ (예) 주전자에서 식 소리가 나다. 〔×〕
-식⁴ 졉 【Text=20/Freq1=29(16%)】
　⓪ (예) [재래/한국]식(式).
식⁰ 몡의 【Text=1/Freq1=1(0.6%)】
　❶ (예) 일박 이식(食).

---

[156] 『외국인을 위한 한국어 학습 사전』(2004)의 중요 어휘 목록에서는 '식¹'의 Ⅱ에 해당하는 용법을 독립된 의존명사로 보아 ★★☆의 중요도를 부여하고 있다.

식ˣ ？ 【Text=1/Freq1=1(0.6%)】

≪식구≫전체빈도합=129(0.0069%)

식구 명★★★ 【Text=60/Freq1=129】
① (예) 아저씨와 나는 한 식구(食口)이다.
〔Text=5/Freq2=8(6.2%)〕
② (예) 집의 온 식구가 다 모이다.
〔Text=53/Freq2=113(87.6%)〕
③ (예) 신입을 새 식구로 받아들이다.
〔Text=6/Freq2=8(6.2%)〕

≪식다≫전체빈도합=33(0.0018%)

식다 동☆☆★ 【Text=30/Freq1=33】
① (예) [국이/더위가/지열이] 식다.
〔Text=23/Freq2=26(78.8%)〕
② (예) [분위기가/사랑이] 식다.
〔Text=7/Freq2=7(21.2%)〕

≪식당≫전체빈도합=87(0.0047%)

식당 명★★★ 【Text=34/Freq1=87】
① (예) 기숙사와 식당(食堂)을 짓다.
〔Text=7/Freq2=8(9.2%)〕
② (예) 식당에서 점원으로 일하다.
〔Text=31/Freq2=79(90.8%)〕

≪식량≫전체빈도합=65(0.0035%)

식량 명 【Text=14/Freq1=65】
⓪ (예) 식량(食糧)이 부족하다.

≪식물≫전체빈도합=54(0.0029%)

식물 명★☆★ 【Text=25/Freq1=54】
⓪ (예) 정원에 식물(植物)을 가꾸다.
〔Text=25/Freq2=54(100%)〕
관<식물 인간> 〔×〕

≪식민지≫전체빈도합=68(0.0037%)

식민지 명 【Text=14/Freq1=68】
⓪ (예) 식민지(植民地) 시대.

≪식사≫전체빈도합=164(0.0088%)

식사¹ 명★★★ 【Text=66/Freq1=164(100%)】
⓪ (예) 아침 식사(食事)를 하다.

식사² 명 【Text=0/Freq1=0】 ⓧ
⓪ (예) 입학식에서 할 식사(式辭)를 쓰다. 〔×〕

≪식사하다≫전체빈도합=49(0.0026%)

식사하다 동☆★☆ 【Text=20/Freq1=49】
⓪ (예) 신문을 보며 식사(食事)하다.

≪식탁≫전체빈도합=55(0.0030%)

식탁 명☆★☆ 【Text=28/Freq1=55】
① (예) 음식들을 식탁(食卓)에 놓다.
〔Text=23/Freq2=38(69.1%)〕
② (예) 아침 식탁을 거들다.
〔Text=11/Freq2=17(30.9%)〕
관<식탁을 차리다> 〔×〕

≪식품≫전체빈도합=37(0.0020%)

식품 명★★☆ 【Text=15/Freq1=37】
⓪ (예) 가공 식품(食品).

≪신≫전체빈도합=209(0.0113%)

신¹ 명 【Text=16/Freq1=29(13.9%)】
⓪ (예) 신을 신다.

신² 명★★★ 【Text=32/Freq1=42(20.1%)】
⓪ (예) 신이 [나다/오르다].

신³ 명 【Text=35/Freq1=114(54.5%)】
⓪ (예) 신(神)을 믿다.

신⁴ 명 【Text=2/Freq1=14(6.7%)】
⓪ (예) 영화의 마지막 신이 멋지다.

신⁵ 대 【Text=1/Freq1=2(1%)】
⓪ (예) 신(臣)은 상감께 충성하겠습니다.

신⁶ 접 【Text=2/Freq1=8(3.8%)】
⓪ (예) 신(新)[기술/식민주의/여성].

≪신경≫전체빈도합=93(0.0050%)

신경 명★★☆ 【Text=50/Freq1=93】
① (예) 대뇌의 중추 신경(神經).
〔Text=7/Freq2=23(24.7%)〕
② (예) 환자는 신경이 날카롭다.
〔Text=10/Freq2=13(14%)〕
관<신경 과민> 〔×〕
관<신경을 끊다> 〔×〕
관<신경(을) 쓰다>
〔Text=42/Freq2=57(61.3%)〕

≪신경쓰다≫전체빈도합=18(0.0010%)

신경쓰다 동 【Text=16/Freq1=18】
⓪ (예) [건강에/아이한테] 신경(神經)쓰다.

≪신기하다≫전체빈도합=115(0.0062%)

신기하다 형 【Text=62/Freq1=115】
⓪ (예) 처음 간 곳이라 모든 게 낯설고 신기(新奇·神奇)하다.

≪신나다≫전체빈도합=59(0.0032%)

신나다 동 【Text=39/Freq1=59】
① (예) 함께 있는 게 신나다./재미있고 신나는 놀이. 〔Text=23/Freq2=31(52.5%)〕

② (예) 축제가 신나게 벌어지다.
　　　〔Text=16/Freq2=20(33.9%)〕
　③ (예) 사진을 신나게 찍다./눈이 신나게
　　　내리다. 〔Text=7/Freq2=8(13.6%)〕

≪신념≫전체빈도합=45(0.0024%)
　신념 명 【Text=23/Freq1=45】
　　⓪ (예) 확고한 신념(信念)을 갖다.

≪신다≫전체빈도합=107(0.0058%)
　신다 동★★★ 【Text=48/Freq1=107】
　　⓪ (예) [구두를/신발을] 신다.

≪신라≫전체빈도합=169(0.0091%)
　신라⁰ 명(고유)★★☆ 【Text=24/Freq1=169】
　　❶ (예) 신라(新羅) 시대.

≪신랑≫전체빈도합=111(0.0060%)
　신랑 명☆★☆ 【Text=20/Freq1=111】
　　⓪ (예) 신랑(新郎)과 신부.

≪신뢰≫전체빈도합=15(0.0008%)
　신뢰 명 【Text=10/Freq1=15】
　　⓪ (예) 신뢰(信賴)를 [쌓다/잃다].

≪신문≫전체빈도합=369(0.0199%)
　신문¹ 명★★★ 【Text=105/Freq1=369(100%)】
　　⓪ (예) 신문(新聞)을 구독하다.
　　　〔Text=101/Freq2=355(96.2%)〕
　　관<신문 기사>〔Text=8/Freq2=10(2.7%)〕
　　관<신문 기자>〔Text=4/Freq2=4(1.1%)〕
　신문² 명 【Text=0/Freq1=0】 ⓧ
　　⓪ (예) 경찰이 신문(訊問)을 하다. 〔×〕

≪신문사≫전체빈도합=40(0.0022%)
　신문사 명 【Text=19/Freq1=40】
　　⓪ (예) 신문사(新聞社)에 근무하다.

≪신발≫전체빈도합=82(0.0044%)
　신발 명★★★ 【Text=38/Freq1=82】
　　⓪ (예) 신발 두 켤레./신발을 신다.

≪신부≫전체빈도합=77(0.0041%)
　신부¹ 명★★★ 【Text=18/Freq1=66(85.7%)】
　　⓪ (예) 신랑과 신부(新婦).
　신부² 명 【Text=3/Freq1=11(14.3%)】
　　⓪ (예) 성당에서 신부(神父)에게 고해를 하다.

≪신분≫전체빈도합=22(0.0012%)
　신분 명 【Text=17/Freq1=22】

　　① (예) 복장에는 사람의 신분(身分)이
　　　나타나다. 〔Text=3/Freq2=3(13.6%)〕
　　② (예) 그 사람의 신분도 모르다.
　　　〔Text=5/Freq2=5(22.7%)〕
　　③ (예) 태어나면서 주어진 신분에 매여 살다.
　　　〔Text=7/Freq2=12(54.5%)〕
　　관<신분 보장>〔×〕
　　관<신분 제도>〔Text=2/Freq2=2(9.1%)〕

≪신비하다≫전체빈도합=18(0.0010%)
　신비하다 형 【Text=14/Freq1=18】
　　⓪ (예) 자연의 신비(神秘)한 조화.

≪신사≫전체빈도합=35(0.0019%)
　신사¹ 명 【Text=12/Freq1=29(82.9%)】
　　① (예) 예의바른 신사(紳士).
　　　〔Text=4/Freq2=6(20.7%)〕
　　② (예) 중년 신사 한 사람.
　　　〔Text=8/Freq2=23(79.3%)〕
　신사² 명 【Text=2/Freq1=6(17.1%)】
　　⓪ (예) 신사(神社)에 참배하다.
　　　〔Text=2/Freq2=6(100%)〕
　　관<신사 참배>〔×〕
　신사³ 명 【Text=0/Freq1=0】 ⓧ
　　⓪ (예) 무당이 신사(神祠)에서 굿을 하다. 〔×〕

≪신선하다≫전체빈도합=26(0.0014%)
　신선하다 형 【Text=19/Freq1=26】
　　① (예) 신선(新鮮)한 [이미지/인상].
　　　〔Text=13/Freq2=13(50%)〕
　　② (예) 신선한 [과일/채소].
　　　〔Text=8/Freq2=12(46.2%)〕
　　ⓧ 〔Text=1/Freq2=1(3.8%)〕

≪신성하다≫전체빈도합=15(0.0008%)
　신성하다 형 【Text=12/Freq1=15】
　　⓪ (예) 신성(神聖)한 [장소/존재].

≪신세≫전체빈도합=51(0.0027%)
　신세 명☆★☆ 【Text=37/Freq1=51】
　　① (예) 불운한 신세(身世)를 한탄하다.
　　　〔Text=23/Freq2=28(54.9%)〕
　　② (예) 신세를 [끼치다/지다].
　　　〔Text=13/Freq2=18(35.3%)〕
　　관<~ 신세(를 지다)> 병원 신세를 지다.
　　　〔Text=3/Freq2=3(5.9%)〕
　　관<신세 타령>〔×〕
　　관<신세 한탄>〔Text=2/Freq2=2(3.9%)〕

≪신앙≫전체빈도합=28(0.0015%)
　신앙 명 ☆☆★　【Text=14/Freq1=28】
　　⓪ (예) 신에 대한 신앙(信仰)을 갖다.
　　　〔Text=12/Freq2=26(92.9%)〕
　　관 <신앙 고백> 〔×〕
　　관 <신앙 생활> 〔Text=2/Freq2=2(7.1%)〕
≪신음≫전체빈도합=18(0.0010%)
　신음 명　【Text=13/Freq1=18】
　　⓪ (예) 환자의 신음(呻吟) 소리가 나다.
≪신중하다≫전체빈도합=21(0.0011%)
　신중하다 형　【Text=18/Freq1=21】
　　⓪ (예) 신중(愼重)하게 [말하다/생각하다].
　　　/신중한 태도를 취하다.
≪신체≫전체빈도합=30(0.0016%)
　신체 명 ★☆☆　【Text=19/Freq1=30】
　　⓪ (예) 신체(身體)가 허약하다.
　　　〔Text=19/Freq2=30(100%)〕
　　관 <신체 검사> 〔×〕
≪신하≫전체빈도합=72(0.0039%)
　신하 명 ★☆☆　【Text=19/Freq1=72】
　　⓪ (예) 임금의 신하(臣下)들.
≪신호≫전체빈도합=56(0.0030%)
　신호 명 ★☆☆　【Text=28/Freq1=56】
　　① (예) 전화기의 신호(信號)가 울리다.
　　　〔Text=25/Freq2=51(91.1%)〕
　　② (예) 열은 몸에 이상이 있다는 신호다.
　　　〔Text=4/Freq2=5(8.9%)〕
≪신호등≫전체빈도합=41(0.0022%)
　신호등 명　【Text=16/Freq1=41】
　　⓪ (예) 신호등(信號燈)이 바뀌다.
≪신화≫전체빈도합=44(0.0024%)
　신화 명　【Text=19/Freq1=44】
　　① (예) 로마 신화(神話)에 등장하는 신들.
　　　〔Text=7/Freq2=9(20.5%)〕
　　② (예) [건국/단군/천지개벽의] 신화.
　　　〔Text=5/Freq2=24(54.5%)〕
　　③ (예) [선배의/아버지의] 성공 신화.
　　　〔Text=8/Freq2=11(25%)〕
≪싣다≫전체빈도합=87(0.0047%)

싣다 동 ★☆★　【Text=55/Freq1=87】
　① (예) 짐을 [나귀 등에/용달차에/지게에] 싣다. 〔Text=38/Freq2=59(67.8%)〕
　② (예) 시집에 서문을 싣다.
　　〔Text=16/Freq2=25(28.7%)〕
　③ (예) 바람이 바다내음을 실어 오다.
　　〔Text=2/Freq2=2(2.3%)〕
　❹ (예) 소문을 실어 나르는 보부상.
　　〔Text=1/Freq2=1(1.1%)〕
≪실≫전체빈도합=43(0.0023%) 157)
　실¹ 명 ★☆★　【Text=21/Freq1=36(83.7%)】
　　⓪ (예) 바늘에 실을 꿰다.
　실² 명　【Text=1/Freq1=1(2.3%)】
　　⓪ (예) 득과 실(失)을 따지다.
　실³ 명　【Text=1/Freq1=1(2.3%)】
　　⓪ (예) 겉보기에는 그래도 실(實)은 알차다.
　　　/명분보다 실을 택하다.
　실⁴ 명　【Text=2/Freq1=5(11.6%)】
　　Ⅰ (예) 건물에 필요한 실(室)의 종류.
　　　〔Text=2/Freq2=5(100%)〕
　　Ⅱ (예) 200실 규모의 호텔. 〔×〕
≪실감나다≫전체빈도합=27(0.0015%)
　실감나다 동　【Text=10/Freq1=27】
　　⓪ (예) 실감(實感)나게 표현하다.
≪실내≫전체빈도합=23(0.0012%)
　실내 명　【Text=15/Freq1=23】
　　⓪ (예) 실내(室內)에 들어가다.
　　　/실내 [수영장/온도].
≪실력≫전체빈도합=36(0.0019%)
　실력 명 ★★☆　【Text=32/Freq1=36】
　　① (예) 컴퓨터 실력(實力)이 좋다.
　　　〔Text=32/Freq2=36(100%)〕
　　② (예) 적을 물리치려면 상당한 실력이 필요하다. 〔×〕
　　관 <실력 행사> 〔×〕
≪실례≫전체빈도합=34(0.0018%)
　실례¹ 명　【Text=2/Freq1=3(8.8%)】
　　⓪ (예) 상세히 실례(實例)를 들어 소개하다.
　실례² 명 ☆★☆　【Text=15/Freq1=31(91.2%)】
　　⓪ (예) 실례(失禮)를 무릅쓰고 부탁하다.
　　　/실례가 되다.

---

157) 『연세 한국어 사전』의 '실⁵'(예:실버들), '실⁶'(예:실생활), '-실⁷'(예:사무실), '-실⁸'(예:김실)은 말뭉치의 분석에 적용하지 않았으므로 제외한다.

≪**실례하다**≫전체빈도합=25(0.0013%)

 실례하다 동☆★☆ 【Text=14/Freq1=25】
  ① (예) 그에게 실례(失禮)하다. 〔×〕
  ② (예) 일이 있어 이만 실례하다.
    〔Text=13/Freq2=24(96%)〕
  ❸ (예) 공원에서 몰래 실례하다.
    〔Text=1/Freq2=1(4%)〕

≪**실로**≫전체빈도합=34(0.0018%)

 실로 부 【Text=23/Freq1=34】
  ① (예) 실(實)로 [5년 만에 만나다/유치하기 짝이 없다]. 〔Text=20/Freq2=26(76.5%)〕
  ② (예) 실로 [놀랄 만하다/엄청나다].
    〔Text=7/Freq2=8(23.5%)〕

≪**실리다**≫전체빈도합=90(0.0048%)

 실리다 동 【Text=55/Freq1=90】
  ① (예) 환자가 [들것에/자전거에] 실려 병원으로 옮겨지다.
    〔Text=18/Freq2=22(24.4%)〕
  ② (예) 작품이 잡지에 실리다.
    〔Text=35/Freq2=62(68.9%)〕
  ③ (예) 주먹에 힘이 실리다./더운 기운이 바람에 실려 일렁이다.
    〔Text=6/Freq2=6(6.7%)〕

≪**실망**≫전체빈도합=26(0.0014%)

 실망 명 【Text=21/Freq1=26】
  ⓪ (예) 실망(失望)에 빠지다.

≪**실망하다**≫전체빈도합=28(0.0015%)

 실망하다 동 【Text=21/Freq1=28】
  ⓪ (예) 시험에 떨어져서 실망(失望)하다.

≪**실수**≫전체빈도합=116(0.0062%)

 실수^1 명★★☆ 【Text=40/Freq1=116(100%)】
  ⓪ (예) 실수(失手)를 [저지르다/하다].
 실수^2 명 【Text=0/Freq1=0】 ⓧ
  ① (예) 손해의 실수(實數)는 예상보다 크지 않다. 〔×〕
  ② (예) 방정식의 실수로 된 근을 구하다. 〔×〕
 실수^3 명 【Text=0/Freq1=0】 ⓧ
  ⓪ (예) 시장의 실수(實需)를 파악하다. 〔×〕

≪**실수하다**≫전체빈도합=11(0.0006%)

 실수하다 동☆★☆ 【Text=9/Freq1=11】
  ⓪ (예) 실수(失手)해서 컵을 떨어뜨리다.

≪**실시하다**≫전체빈도합=32(0.0017%)

 실시하다 동 【Text=14/Freq1=32】
  ⓪ (예) [교육을/무상급식을/제도를/총선거를] 실시(實施)하다.

≪**실은**≫전체빈도합=31(0.0017%)

 실은 부 【Text=18/Freq1=31】
  ⓪ (예) 소문은 나쁘게 났지만 실(實)은 그렇지 않다.

≪**실정**≫전체빈도합=36(0.0019%)

 실정^1 명 【Text=19/Freq1=33(91.7%)】
  ① (예) 외국 이론은 우리 실정(實情)에 맞지 않다. 〔Text=8/Freq2=9(27.3%)〕
  ② <-ㄴ/-는 실정이다> (예) 이 문제를 바로 해결하기 어려운 실정이다.
    〔Text=14/Freq2=24(72.7%)〕
 실정^2 명 【Text=3/Freq1=3(8.3%)】
  ⓪ (예) 정부가 실정(失政)을 거듭하다.

≪**실제**≫전체빈도합=104(0.0056%)

 실제^1 명★☆☆ 【Text=37/Freq1=89(85.6%)】
  Ⅰ (예) 기록이 실제(實際)와 같다.
    〔Text=20/Freq2=33(37.1%)〕
  Ⅱ (예) 실제 나이를 숨기다.
    〔Text=23/Freq2=56(62.9%)〕
 실제^2 부 【Text=12/Freq1=15(14.4%)】
  ⓪ (예) 실제(實際) 그 문제에는 관심이 없다.

≪**실제로**≫전체빈도합=168(0.0090%)

 실제로 부★☆☆ 【Text=70/Freq1=168】
  ① (예) 영화 속의 기술은 실제(實際)로 가능하다. 〔Text=56/Freq2=122(72.6%)〕
  ② (예) 실제로 이런 일도 있었다.
    〔Text=26/Freq2=46(27.4%)〕

≪**실제적**≫전체빈도합=19(0.0010%)

 실제적^1 명 【Text=12/Freq1=18(94.7%)】
  ① (예) 현실적이고 실제적(實際的)으로 생각하다. 〔Text=12/Freq2=18(100%)〕
  ② (예) 실제적인 [국민/인간]. 〔×〕
 실제적^2 관 【Text=1/Freq1=1(5.3%)】
  ⓪ (예) 실제적(實際的) [문제/필요성].

≪**실천**≫전체빈도합=56(0.0030%)

 실천 명★☆☆ 【Text=29/Freq1=56】
  ⓪ (예) 계획을 실천(實踐)에 옮기다.
    〔Text=29/Freq2=56(100%)〕
  관 <실천 철학> 〔×〕

≪**실천하다**≫전체빈도합=147(0.0079%)

실천하다 동★☆☆ 【Text=40/Freq1=147】
① (예) [계획을/사랑을] 실천(實踐)하다.

≪**실체**≫전체빈도합=27(0.0015%)

실체 명 【Text=16/Freq1=27】
① (예) 모양과 부피를 가진 실체(實體).
〔Text=5/Freq2=7(25.9%)〕
② (예) [사랑의/언어의] 실체.
〔Text=13/Freq2=20(74.1%)〕

≪**실컷**≫전체빈도합=39(0.0021%)

실컷 부 【Text=30/Freq1=39】
① (예) 잠을 실컷 자고 일어나다.
〔Text=25/Freq2=31(79.5%)〕
② (예) 실컷 맞고 돌아오다.
〔Text=6/Freq2=8(20.5%)〕

≪**실패**≫전체빈도합=38(0.0020%)

실패¹ 명 【Text=1/Freq1=2(5.3%)】
① (예) 실패에 실을 감다.

실패² 명 【Text=20/Freq1=36(94.7%)】
① (예) 실패(失敗)는 성공의 어머니.

≪**실패하다**≫전체빈도합=41(0.0022%)

실패하다 동☆★☆ 【Text=28/Freq1=41】
Ⅰ (예) 농사를 실패(失敗)하다.
〔Text=20/Freq2=25(61%)〕
Ⅱ (예) [등반에/초혼에] 실패하다.
〔Text=13/Freq2=16(39%)〕

≪**실험**≫전체빈도합=38(0.0020%)

실험 명★☆★ 【Text=18/Freq1=38】
① (예) 화학 실험(實驗)을 하다.
〔Text=13/Freq2=30(78.9%)〕
② (예) 현대 예술에서의 각종 실험.
〔Text=5/Freq2=8(21.1%)〕

≪**실현**≫전체빈도합=18(0.0010%)

실현 명 【Text=12/Freq1=18】
① (예) 꿈의 실현(實現)을 바라다.

≪**실현하다**≫전체빈도합=22(0.0012%)

실현하다 동 【Text=18/Freq1=22】
① (예) [꿈을/이상을] 실현(實現)하다.

≪**싫다**≫전체빈도합=297(0.0160%)

싫다 형★★★ 【Text=103/Freq1=297】
① (예) [별명이/부모의 간섭이] 싫다.

〔Text=74/Freq2=172(57.9%)〕
② (예) 집에 돌아가기 싫다./사람들이 나를 측은히 바라보는 것이 싫다.
〔Text=68/Freq2=117(39.4%)〕
❸ (예) 싫은 [말/소리] 한 마디 하다.
〔Text=6/Freq2=7(2.4%)〕
관<싫어> 싫어. 나 안 가.
〔Text=1/Freq2=1(0.3%)〕

≪**싫어하다**≫전체빈도합=86(0.0046%)

싫어하다 동★★★ 【Text=56/Freq1=86】
① (예) [육식을/폭력을] 싫어하다.
〔Text=33/Freq2=56(65.1%)〕
② (예) [남 앞에 서는 것을/밖에 나가기를] 싫어하다. 〔Text=26/Freq2=30(34.9%)〕

≪**심각하다**≫전체빈도합=73(0.0039%)

심각하다 형★★☆ 【Text=45/Freq1=73】
① (예) [문제를/해결책을] 심각(深刻)하게 생각하다. 〔Text=26/Freq2=36(49.3%)〕
② (예) [상황이/증상이] 심각하다.
〔Text=25/Freq2=37(50.7%)〕

≪**심다**≫전체빈도합=120(0.0065%)

심다 동★★★ 【Text=49/Freq1=120】
① (예) 밭에 [꽃을/나무를/파를] 심다.
〔Text=39/Freq2=101(84.2%)〕
② (예) 마음에 희망을 심다.
〔Text=13/Freq2=19(15.8%)〕

≪**심리**≫전처 빈도합=32(0.0017%)

심리¹ 명★☆☆ 【Text=15/Freq1=32(100%)】
① (예) [공포/방어] 심리(心理).
〔Text=14/Freq2=31(96.9%)〕
❶ (예) 대학에서 심리 쪽을 전공하다.
〔Text=1/Freq2=1(3.1%)〕
관<심리 요법> 〔×〕

심리² 명 【Text=0/Freq1=0】 ⓧ
① (예) 사건의 심리(審理)를 하다. 〔×〕

≪**심부름**≫전체빈도합=50(0.0027%)

심부름 명 【Text=23/Freq1=50】
① (예) 아이에게 심부름을 시키다.

≪**심심하다**≫전체빈도합=28(0.0015%)

심심하다¹ 형☆★★ 【Text=19/Freq1=26(92.9%)】
Ⅰ (예) 심심하면 책을 읽다.
〔Text=18/Freq2=25(96.2%)〕
Ⅱ ①<심심치 않게>

(예) 사고가 심심치 않게 일어나다. 〔×〕
② <심심하면> (예) 목이 심심하면 붓다.
〔Text=1/Freq2=1(3.8%)〕
관 <입이 심심하다> 〔×〕

심심하다² 형 【Text=0/Freq1=0】 ⓧ
① (예) [맛이/찌개가] 심심하다. 〔×〕
② (예) 음악이 어딘가 심심하다. 〔×〕

심심하다³ 형 【Text=2/Freq1=2(7.1%)】
⓪ (예) 심심(深甚)한 [감사를/사의를] 표하다.

《**심장**》전체빈도합=63(0.0034%)

심장 명 ★☆★ 【Text=29/Freq1=63】
① (예) 심장(心臟)이 [두근거리다/뛰다/멎다].
〔Text=26/Freq2=56(88.9%)〕
② (예) 도서관은 대학의 심장이다.
〔Text=3/Freq2=4(6.3%)〕
③ (예) 뜨거운 심장을 가진 젊은이들.
〔Text=3/Freq2=3(4.8%)〕
관 <심장 마비> 〔×〕
관 <심장이 [작다/크다]> 〔×〕

《**심정**》전체빈도합=48(0.0026%)

심정 명 【Text=32/Freq1=48】
⓪ (예) [괴로운/그의] 심정(心情)을 이해하다.

《**심지어**》전체빈도합=65(0.0035%)

심지어 부 【Text=47/Freq1=65】
⓪ (예) 부하들이나 심지어(甚至於) 아이에게도 존댓말을 쓰다.

《**심하다**》전체빈도합=155(0.0083%)

심하다 형 ★★★ 【Text=96/Freq1=155】
① (예) [마모가/바람이] 심(甚)하다.
〔Text=70/Freq2=103(66.5%)〕
② (예) 심한 독감./심하게 아프다.
〔Text=44/Freq2=52(33.5%)〕

《**십**》전체빈도합=902(0.0486%)

십 주 ★★★ 【Text=154/Freq1=902】
Ⅰ (예) 넷에 여섯을 더하면 십(十)이다.
〔Text=26/Freq2=64(7.1%)〕
Ⅱ (예) 십 [년/도/분].
〔Text=151/Freq2=838(92.9%)〕

《**십상**》전체빈도합=24(0.0013%)

십상¹ 명 【Text=1/Freq1=1(4.2%)】
Ⅰ (예) 이 돌은 주춧돌 감으로 아주 십상이다. 〔×〕
Ⅱ (예) 그를 만나기 십상 좋은 기회다.
〔Text=1/Freq2=1(100%)〕

십상² 명 【Text=15/Freq1=23(95.8%)】
⓪ (예) 자칫하면 실패하기 십상(十常)이다.

《**십이월**》전체빈도합=38(0.0020%)

십이월 명 ☆★☆ 【Text=20/Freq1=38】
⓪ (예) 십이월(十二月).

《**십일월**♣》전체빈도합=40(0.0022%)

십일월⁰ 명 ☆★☆ 【Text=20/Freq1=40】
❶ (예) 십일월(十一月).

《**싱겁다**》전체빈도합=20(0.0011%)

싱겁다 형 ☆☆★ 【Text=14/Freq1=20】
① (예) 국물이 싱겁다.
〔Text=4/Freq2=5(25%)〕
② (예) 싱겁게 씩 웃다.
〔Text=6/Freq2=9(45%)〕
③ (예) [담배가/술이] 싱겁다. 〔×〕
④ (예) 내기에 돈을 안 걸면 싱겁다.
〔Text=5/Freq2=6(30%)〕

《**싱싱하다**》전체빈도합=39(0.0021%)

싱싱하다 형 ☆★★ 【Text=24/Freq1=39】
① (예) 싱싱한 [꽃/물고기].
〔Text=16/Freq2=27(69.2%)〕
② (예) 싱싱한 [생명력/젊음].
〔Text=6/Freq2=8(20.5%)〕
③ (예) 싱싱하고 신선한 아침 기운.
〔Text=3/Freq2=4(10.3%)〕

《**싶다**》전체빈도합=1,479(0.0796%) [158]

싶다¹ 형 【Text=57/Freq1=120(8.1%)】
⓪ (예) [금방 되겠다/언제 울었냐/한번 가 볼까] 싶다.

싶다² 형보 ★★★
【Text=194/Freq1=1,351(91.3%)】
⓪ (예) [가고/먹고/울고] 싶다.

- **싶다³** 접 【Text=7/Freq1=8(0.5%)】
⓪ (예) 사실인 듯싶다./될 성싶다.

---

158) 『외국인을 위한 한국어 학습 사전』(2004)의 중요 어휘 목록에서는 '싶어하다'를 독립된 보조동사로 보아 ★★☆의 중요도를 부여하고 있는데, 이 사전의 말뭉치의 분석에는 '싶다'와 '하다'를 분석하여 적용했으므로 올림말에서 제외한다.

ㅆ

≪싸늘하다≫전체빈도합=19(0.0010%)

싸늘하다 형 【Text=13/Freq1=19】
① (예) [공기가/바람이] 싸늘하다.
〔Text=5/Freq2=5(26.3%)〕
② (예) 시선이 얼음처럼 싸늘하다.
〔Text=8/Freq2=13(68.4%)〕
③ (예) 밥이 싸늘하게 식다.
〔Text=1/Freq2=1(5.3%)〕

≪싸다≫전체빈도합=155(0.0083%)

싸다¹ 동★★★ 【Text=41/Freq1=65(41.9%)】
Ⅰ ① (예) 선물을 [보자기에/포장지로] 싸다.
〔Text=13/Freq2=13(20%)〕
② (예) 구경꾼들이 그를 싸고 둘러서다.
〔Text=4/Freq2=5(7.7%)〕
③ (예) [물건을/짐을] 싸다.
〔Text=16/Freq2=19(29.2%)〕
❹ (예) [도시락을/점심을] 싸다.
〔Text=13/Freq2=20(30.8%)〕
❺ (예) [고기를/김밥을/쌈을] 싸 먹다.
〔Text=6/Freq2=8(12.3%)〕
Ⅱ (예) 소유권을 싸고 분쟁이 일어나다. 〔×〕

싸다² 동 【Text=5/Freq1=7(4.5%)】
① (예) 아이가 자다가 오줌을 싸다.
〔Text=3/Freq2=5(71.4%)〕
② (예) 숲에 들어가 [똥을/오줌을] 싸다.
〔Text=2/Freq2=2(28.6%)〕
관<죽을 똥을 싸다> 〔×〕

싸다³ 형★★★ 【Text=35/Freq1=80(51.6%)】
Ⅰ (예) 채소가 싱싱하고 값이 싸다.
〔Text=35/Freq2=80(100%)〕
Ⅱ (예) [맞아도/죽어도] 싸다. 〔×〕

싸다⁴ 형 【Text=1/Freq1=1(0.6%)】
① (예) 싸게 일어나!/싸게 갔다가 와.
〔Text=1/Freq2=1(100%)〕
② (예) 입이 싸다. 〔×〕
③ (예) 지붕의 물매가 싸다. 〔×〕

싸다ˣ ? 【Text=2/Freq1=2(1.3%)】

≪싸우다≫전체빈도합=187(0.0101%)

싸우다 동★★★ 【Text=78/Freq1=187】
① (예) 친구와 싸우다.
〔Text=60/Freq2=138(73.8%)〕
② (예) [고독과/추위와] 싸우다.
〔Text=14/Freq2=19(10.2%)〕
③ (예) 자유를 위하여 피 흘려 싸우다.
〔Text=16/Freq2=30(16%)〕

≪싸움≫전체빈도합=125(0.0067%)

싸움 명★★★ 【Text=56/Freq1=125】
⓪ (예) 취객들 사이에 싸움이 나다.
〔Text=31/Freq2=65(52%)〕
❶ (예) 안시성 싸움.
〔Text=12/Freq2=30(24%)〕
❷ (예) 당파 싸움. 〔Text=17/Freq2=27(21.6%)〕
❸ (예) 1위 싸움이 한창이다.
〔Text=1/Freq2=2(1.6%)〕
❹ (예) 자신과의 내면의 싸움을 하다.
〔Text=1/Freq2=1(0.8%)〕

≪싸이다≫전체빈도합=18(0.0010%)

싸이다 동 【Text=16/Freq1=18】
① (예) [보자기에/신문지에] 싸인 물건.
〔Text=5/Freq2=6(33.3%)〕
② ㉠ (예) [바다로/숲에] 싸인 마을.
〔Text=4/Freq2=4(22.2%)〕
㉡ (예) 남자들에 싸여 지내다. 〔×〕
③ ㉠ (예) [어둠에/화염에] 싸이다.
〔Text=4/Freq2=4(22.2%)〕
㉡ (예) [감정에/불안에] 싸이다.
〔Text=3/Freq2=3(16.7%)〕
관<베일에 싸이다> 〔×〕
관<비밀어 싸이다> 〔Text=1/Freq2=1(5.6%)〕

≪싹≫전체빈도합=43(0.0023%)

싹¹ 명☆☆★ 【Text=19/Freq1=33(76.7%)】
① (예) 씨앗에서 싹이 돋다.
〔Text=15/Freq2=29(87.9%)〕
② (예) [평화의/희망의] 싹을 틔우다.
〔Text=3/Freq2=3(9.1%)〕
관<싹이 노랗다> 행실을 보니 그 아이는 싹이 노랗다. 〔×〕
관<싹(이) 트다> 새로운 예술이 싹 트다.
〔Text=1/Freq2=1(3%)〕

싹² 부 【Text=9/Freq1=10(23.3%)】
① (예) 피로감이 싹 날아가다.
〔Text=8/Freq2=9(90%)〕
② (예) 생각이 싹 달라지다.
〔Text=1/Freq2=1(10%)〕

싹³ 【Text=0/Freq1=0】 ⓧ
　⓪ (예) 싹 싹 소리를 내며 머리칼이 잘리다.
　　〔×〕

≪쌀≫ 전체빈도합=123(0.0066%)
　쌀 명 ★★★ 【Text=37/Freq1=123】
　　⓪ (예) 쌀 세 가마니.
　　　〔Text=37/Freq2=122(99.2%)〕
　　ⓧ 〔Text=1/Freq2=1(0.8%)〕

≪쌀쌀하다≫ 전체빈도합=21(0.0011%)
　쌀쌀하다 형 【Text=14/Freq1=21】
　　① (예) 바람이 쌀쌀하다./쌀쌀한 날씨.
　　　〔Text=8/Freq2=12(57.1%)〕
　　② (예) 쌀쌀한 표정을 짓다.
　　　〔Text=6/Freq2=8(38.1%)〕
　　ⓧ 〔Text=1/Freq2=1(4.8%)〕

≪쌍≫ 전체빈도합=23(0.0012%)
　쌍 명 【Text=16/Freq1=22(95.7%)】
　　Ⅰ (예) 두 사람이 쌍(雙)을 이루다.
　　　〔Text=2/Freq2=2(9.1%)〕
　　Ⅱ (예) 은가락지 한 쌍.
　　　〔Text=15/Freq2=20(90.9%)〕
　쌍⁰ 감 【Text=1/Freq1=1(4.3%)】
　　⓪ (예) 쌍, 기분 나쁘네.

≪쌓다≫ 전체빈도합=128(0.0069%)
　쌓다¹ 동 ★★★ 【Text=52/Freq1=126(98.4%)】
　　① (예) [상자를/장작을] 쌓다.
　　　〔Text=16/Freq2=25(19.8%)〕
　　② (예) 돌로 [둑을/축대를] 쌓다.
　　　〔Text=20/Freq2=68(54%)〕
　　③ (예) [경력을/경험을/덕을] 쌓다.
　　　〔Text=21/Freq2=25(19.8%)〕
　　④ (예) [기초를/토대를] 쌓다.〔×〕
　　관 <[담을/벽을] 쌓다> 공부와 담을 쌓다.
　　　〔Text=4/Freq2=5(4%)〕
　　ⓧ 〔Text=3/Freq2=3(2.4%)〕
　쌓다² 동 보 【Text=2/Freq1=2(1.6%)】
　　⓪ (예) [개가 짖어/소리를 질러] 쌓다.

≪쌓이다≫ 전체빈도합=106(0.0057%)
　쌓이다 동 ★★★ 【Text=65/Freq1=106】
　　①㉠ (예) 마당에 장작이 쌓여 있다.
　　　〔Text=34/Freq2=40(37.7%)〕
　　　㉡ (예) 뜰에 낙엽이 쌓이다.
　　　〔Text=26/Freq2=37(34.9%)〕

　　② (예) 화강암으로 축대가 쌓여 있다.
　　　〔Text=2/Freq2=2(1.9%)〕
　　③ (예) [경력이/경험이/덕이] 쌓이다.
　　　〔Text=1/Freq2=1(0.9%)〕
　　④ (예) [기초가/토대가] 쌓이다.〔×〕
　　⑤ (예) [스트레스가/피로가] 쌓이다.
　　　〔Text=16/Freq2=22(20.8%)〕
　　❻ (예) 일이 산더미처럼 쌓이다.
　　　〔Text=4/Freq2=4(3.8%)〕

≪썩≫ 전체빈도합=29(0.0016%)
　썩 부 【Text=20/Freq1=29】
　　① (예) 맛이 썩 괜찮다.
　　　〔Text=15/Freq2=22(75.9%)〕
　　② (예) 내 앞에서 썩 나가!
　　　〔Text=6/Freq2=7(24.1%)〕

≪썩다≫ 전체빈도합=59(0.0032%)
　썩다 동 ☆☆★ 【Text=36/Freq1=59】
　　① (예) [과일이/물이/이가] 썩다.
　　　〔Text=29/Freq2=40(67.8%)〕
　　②㉠ (예) 비싼 컴퓨터가 썩고 있다.
　　　〔Text=1/Freq2=1(1.7%)〕
　　　㉡ (예) [재능이/평생을 오지에서] 썩다.
　　　〔Text=2/Freq2=2(3.4%)〕
　　③ (예) [사상이/사회가/제도가] 썩다.
　　　〔Text=6/Freq2=14(23.7%)〕
　　관 <[골/속](이/을) 썩다>
　　　〔Text=2/Freq2=2(3.4%)〕

≪썰렁하다≫ 전체빈도합=15(0.0008%)
　썰렁하다 형 【Text=14/Freq1=15】
　　① (예) 난방이 안 돼서 방안이 썰렁하다.
　　　〔Text=5/Freq2=5(33.3%)〕
　　② (예) 빈 방이 썰렁하게 느껴지다.
　　　〔Text=4/Freq2=4(26.7%)〕
　　③ (예) 분위기가 썰렁하다.
　　　〔Text=4/Freq2=5(33.3%)〕
　　❹ (예) 장식이 없어서 인형이 썰렁하다.
　　　〔Text=1/Freq2=1(6.7%)〕

≪쏘다≫ 전체빈도합=53(0.0029%)
　쏘다 동 ☆☆★ 【Text=33/Freq1=53】
　　Ⅰ① (예) [총을/숯을/인공위성을] 쏘다.
　　　〔Text=24/Freq2=39(73.6%)〕
　　② (예) [신경질적으로/한 마디씩] 쏘다.
　　　〔Text=3/Freq2=4(7.5%)〕
　　❸ (예) 한 턱 쏘다.〔Text=1/Freq2=3(5.7%)〕

Ⅱ ① (예) [모기가/벌이] 정강이를 쏘다.
　　〔Text=4/Freq2=5(9.4%)〕
　② (예) 톡 쏘는 [냄새/맛].
　　〔Text=2/Freq2=2(3.8%)〕

≪쏘다니다≫전체빈도합=18(0.0010%)

쏘다니다 동 【Text=14/Freq1=18】
　⓪ (예) [거리를/동네를] 쏘다니다.

≪쏟다≫전체빈도합=59(0.0032%)

쏟다 동★☆★ 【Text=42/Freq1=59】
　① (예) [물을/그릇을/콩을] 쏟다.
　　〔Text=10/Freq2=13(22%)〕
　② (예) [불평을/푸념을] 쏟아 놓다.
　　〔Text=2/Freq2=2(3.4%)〕
　③ (예) [일에/발표회에] 마음을 쏟다.
　　〔Text=22/Freq2=26(44.1%)〕
　④ (예) 먹구름이 진눈깨비를 마구 쏟다.
　　〔Text=1/Freq2=1(1.7%)〕
　⑤ (예) [눈물을/피를] 쏟다.
　　〔Text=10/Freq2=13(22%)〕
　❻ (예) [별이/우박이] 쏟아 지다.
　　〔Text=2/Freq2=2(3.4%)〕
　❼ (예) 시선을 책에 쏟다.
　　〔Text=1/Freq2=1(1.7%)〕
　❽ (예) 고인 물을 쏟아 내다.
　　〔Text=1/Freq2=1(1.7%)〕

≪쑤시다≫전체빈도합=21(0.0011%)

쑤시다¹ 동☆☆★ 【Text=9/Freq1=14(66.7%)】
　① (예) 이쑤시개로 이를 쑤시다./가지로 흙을 쑤시다. 〔Text=4/Freq2=9(64.3%)〕
　② (예) 가방에 돈다발을 쑤셔 넣다.
　　〔Text=2/Freq2=2(14.3%)〕
　③ (예) 그가 누군지 알아내려고 이리저리 쑤시다. 〔×〕
　④ (예) 직원들 사이를 쑤시고 다니다.
　　〔Text=1/Freq2=1(7.1%)〕
　⑤ (예) 건물 구석구석을 쑤시고 뒤지다.
　　〔Text=2/Freq2=2(14.3%)〕
　⑥ (예) 집에 쑤시고 앉아 쉬다. 〔×〕

쑤시다² 동 【Text=5/Freq1=7(33.3%)】
　⓪ (예) [골치가/몸이/뼛골이] 쑤시다.
　　〔Text=4/Freq2=6(85.7%)〕
　관<좀이 쑤시다> 〔Text=1/Freq2=1(14.3%)〕

≪쑥스럽다≫전체빈도합=26(0.0014%)

쑥스럽다 형 【Text=20/Freq1=26】

　⓪ (예) 얼굴을 마주하기 쑥스럽다.

≪쓰다≫전체빈도합=2,643(0.1423%)

쓰다¹ 동★★★ 【Text=168/Freq1=1,042(39.4%)】
　Ⅰ ① ㉠ (예) [기계를/컴퓨터를] 쓰다./지하를 창고로 쓰다.
　　　〔Text=88/Freq2=346(33.2%)〕
　　㉡ (예) 가명을 쓰다./오늘날 우리가 쓰는 한글. 〔Text=41/Freq2=78(7.5%)〕
　② (예) 소쿠리를 만들 때 쓰는 싸리나무./좋은 재료만 써서 제품을 만들다.
　　〔Text=21/Freq2=45(4.3%)〕
　③ (예) [속임수를/수단을] 쓰다.
　　〔Text=27/Freq2=39(3.7%)〕
　④ (예) [겨비를/필름을] 다 쓰다.
　　〔Text=61/Freq2=153(14.7%)〕
　⑤ (예) [고운 말씨를/사투리를] 쓰다.
　　〔Text=51/Freq2=188(18%)〕
　⑥ (예) 약을 쓰다. 〔Text=4/Freq2=4(0.4%)〕
　⑦ (예) 사람을 쓰다.
　　〔Text=9/Freq2=12(1.2%)〕
　⑧ (예) [다리를/머리를/팔을] 쓰다.
　　〔Text=6/Freq2=11(1.1%)〕
　⑨ (예) 사채를 쓰다. 〔×〕
　⑩ (예) [기운을/신경을/힘을] 쓰다.
　　〔Text=49/Freq2=68(6.5%)〕
　⑪ (예) [떼를/억지를] 쓰다.
　　〔Text=11/Freq2=13(1.2%)〕
　⑫ (예) [인상을/제스처를] 쓰다.
　　〔Text=1/Freq2=1(0.1%)〕
　Ⅱ (예) 마음을 [곱게/옳게] 쓰다.
　　〔Text=5/Freq2=5(0.5%)〕
　Ⅲ <-아서/-면 쓰나> (예) 동생하고 싸우면 쓰나? 〔Text=6/Freq2=6(0.6%)〕
　관<기(를) 쓰다> 〔Text=7/Freq2=9(0.9%)〕
　관<마음(을) 쓰다>
　　〔Text=3/Freq2=3(0.3%)〕
　관<머리(를) 쓰다>
　　〔Text=3/Freq2=3(0.3%)〕
　관<[사족을/사죽을] 못 쓰다>
　　〔Text=2/Freq2=2(0.2%)〕
　관<선심(을) 쓰다>
　　〔Text=4/Freq2=4(0.4%)〕
　관<손(을) 쓰다> 〔Text=4/Freq2=4(0.4%)〕
　관<쓸 데 [없다/없이]>
　　〔Text=3/Freq2=3(0.3%)〕
　관<쓸 만하다> 〔×〕

㉛<악(을) 쓰다>
  ① (예) 밤새 마시고 악을 쓰고 춤 추다.
    〔Text=3/Freq2=3(0.3%)〕
  ② (예) 악 쓰고 돈을 벌다.
    〔Text=3/Freq2=3(0.3%)〕
㉛<안간힘을 쓰다>
    〔Text=9/Freq2=12(1.2%)〕
㉛<[애를/용을] 쓰다>
    〔Text=19/Freq2=24(2.3%)〕
㉛<인심(을) 쓰다> 〔Text=1/Freq2=1(0.1%)〕
㉛<주먹을 쓰다> 〔×〕
㉛<쪽을 못 쓰다> 〔×〕
㉛<한턱(을) 쓰다> 〔Text=1/Freq2=1(0.1%)〕
㉛<힘(을) 쓰다> 평화를 위해 힘 쓰다.
    〔Text=1/Freq2=1(0.1%)〕

쓰다² 图★★★ 【Text=170/Freq1=1,454(55%)】
  ① (예) 칠판에 이름을 쓰다./글씨를 쓰다./
    이름을 한자로 쓰다.
    〔Text=86/Freq2=287(19.7%)〕
  ② (예) [주소를/합의서를] 쓰다.
    〔Text=108/Freq2=515(35.4%)〕
  ③ (예) [글을/소설을/시를] 쓰다.
    〔Text=91/Freq2=652(44.8%)〕

쓰다³ 图★★★ 【Text=68/Freq1=126(4.8%)】
  ① (예) 머리에 [모자를/수건을] 쓰다.
    〔Text=43/Freq2=75(59.5%)〕
  ② (예) [양산을/우산을] 쓰다.
    〔Text=4/Freq2=8(6.3%)〕
  ③ (예) [마스크를/탈을] 쓰다.
    〔Text=12/Freq2=14(11.1%)〕
  ④ (예) [돋보기를/안경을] 쓰다.
    〔Text=10/Freq2=13(10.3%)〕
  ⑤ (예) 이불을 쓰고 눕다.
    〔Text=5/Freq2=6(4.8%)〕
  ⑥ (예) 가구가 먼지를 뽀얗게 쓰다.
    〔Text=2/Freq2=2(1.6%)〕
  ⑦ (예) 누명을 쓰다. 〔Text=1/Freq2=1(0.8%)〕
  ⑧ (예) [멍에를/칼을] 쓰다. 〔×〕
㉛<감투를 쓰다> 〔Text=2/Freq2=2(1.6%)〕
㉛<굴레를 쓰다> 〔×〕
㉛<~ 멍에를 쓰다> 〔×〕
㉛<바가지(를) 쓰다>
    〔Text=1/Freq2=3(2.4%)〕
㉛<색안경을 쓰(고 보)다>
    〔Text=1/Freq2=1(0.8%)〕
㉛<인두겁을 쓰다> 〔×〕

    〔Text=1/Freq2=1(0.8%)〕
쓰다⁴ 图 【Text=0/Freq1=0】 ⓧ
  ⓪ (예) 명당 자리에 묘를 쓰다. 〔×〕
쓰다⁵ 圈☆☆★ 【Text=13/Freq1=21(0.8%)】
  Ⅰ ① (예) 맛이 쓰다./쓴 소주/입에 쓴 약이 몸에
       좋다. 〔Text=11/Freq2=19(90.5%)〕
    ② (예) 입 안이 쓰고 식욕이 없다. 〔×〕
    ③ (예) 그런 일을 당하니 [뒷맛이/입맛이]
       쓰다. 〔×〕
  Ⅱ (예) 쓴 웃음을 짓다.
    〔Text=2/Freq2=2(9.5%)〕

≪쓰다듬다≫전체빈도합=33(0.0018%)
  쓰다듬다 图 【Text=26/Freq1=33】
  ① (예) 아버지가 [긴 머리칼을/아이 머리를]
    쓰다듬다. 〔Text=26/Freq2=33(100%)〕
  ② (예) 마음을 쓰다듬다. 〔×〕

≪쓰러지다≫전체빈도합=89(0.0048%)
  쓰러지다 图★☆★ 【Text=51/Freq1=89】
  ① (예) [고혈압으로/기절하여/배가 고파서]
    쓰러지다. 〔Text=43/Freq2=74(83.1%)〕
  ② (예) 쓰러질 듯한 [비석/초가].
    〔Text=9/Freq2=12(13.5%)〕
  ③ (예) 쓰러진 [집안을/회사를] 일으키다.
    〔Text=3/Freq2=3(3.4%)〕

≪쓰레기≫전체빈도합=202(0.0109%)
  쓰레기 图★★★ 【Text=48/Freq1=202】
  ⓪ (예) 쓰레기를 치우다.

≪쓰레기통≫전체빈도합=35(0.0019%)
  쓰레기통 图 【Text=20/Freq1=35】
  ⓪ (예) 휴지를 쓰레기통(桶)에 넣다.

≪쓰이다≫전체빈도합=197(0.0106%)
  쓰이다¹ 图★★☆ 【Text=65/Freq1=134(68%)】
  ① (예) 논문에 영어가 많이 쓰이다./광고에
    쓰이는 음악. 〔Text=61/Freq2=127(94.8%)〕
  ② (예) [기부금이/세금이] 좋은 곳에 쓰이다.
    〔×〕
  ③ (예) 딸에게 자꾸 마음이 쓰이다.
    〔Text=5/Freq2=7(5.2%)〕
  쓰이다² 图 【Text=35/Freq1=63(32%)】
  ① (예) 붉은 글씨가 쓰인 현수막.
    〔Text=12/Freq2=14(22.2%)〕
  ② (예) 설명서에 먹지 말라고 쓰여 있다.
    〔Text=25/Freq2=38(60.3%)〕

③ (예) 한글로 쓰인 소설.
　　　〔Text=6/Freq2=10(15.9%)〕
㉙ <얼굴에 쓰이다> 〔Text=1/Freq2=1(1.6%)〕

≪쓰임*≫ 전체빈도합=20(0.0011%)
쓰임⁰ 명　【Text=12/Freq1=20】
❶ (예) 쓰임에 따라 물건을 나누다.
　　　〔Text=9/Freq2=13(65%)〕
❷ (예) 말의 쓰임이 다르다.
　　　〔Text=5/Freq2=7(35%)〕

≪쓸다≫ 전체빈도합=37(0.0020%)
쓸다¹ 동 ☆☆★　【Text=21/Freq1=36(97.3%)】
①㉠ (예) [마당을/쓰레기를] 쓸다.
　　　〔Text=12/Freq2=18(50%)〕
㉡ (예) 비리를 모조리 쓸어 넣다.
　　　〔Text=2/Freq2=2(5.6%)〕
② (예) 아이의 배를 쓸어 주다.
　　　〔Text=9/Freq2=13(36.1%)〕
③ (예) [장마가/태풍이] 마을을 쓸고 가다.
　　　〔Text=3/Freq2=3(8.3%)〕
④ (예) 건더기를 쓸어 입에 넣다. 〔×〕
쓸다² 동　【Text=0/Freq1=0】 ⓧ
⓪ (예) 줄로 톱날을 쓸다. 〔×〕
쓸다⁰ 동　【Text=1/Freq1=1(2.7%)】
❶ (예) 곰팡이가 쓸다.

≪쓸데없다≫ 전체빈도합=31(0.0017%)
쓸데없다 형　【Text=23/Freq1=31】
⓪ (예) 후회도 쓸데없다./쓸데없는 말을 하다.

≪쓸모≫ 전체빈도합=22(0.0012%)
쓸모 명　【Text=18/Freq1=22】
⓪ (예) 이것은 내게 쓸모가 없다.
　　　/쓸모가 있게 꾸며지다.

≪쓸쓸하다≫ 전체빈도합=47(0.0025%)
쓸쓸하다 형 ★☆★　【Text=33/Freq1=47】
① (예) 가족이 없어 쓸쓸하게 살다.
　　　〔Text=33/Freq2=47(100%)〕
② (예) 날씨가 춥고 쓸쓸하다. 〔×〕

≪씌다≫ 전체빈도합=50(0.0027%)
씌다¹ 동　【Text=27/Freq1=47(94%)】
⓪ (예) 벽에 큰 글씨가 씌어 있다.
씌다² 동　【Text=0/Freq1=0】 ⓧ
① (예) 눈에 뭐가 씌다. 〔×〕

② (예) [귀신이/혼령이] 씌다. 〔×〕
씌다ˣ ?　【Text=2/Freq1=3(6%)】

≪씌우다≫ 전체빈도합=20(0.0011%)
씌우다 동　【Text=19/Freq1=20】
① (예) [갓을/보를] 씌우다.
　　　〔Text=15/Freq2=15(75%)〕
② (예) [누명을/올가미를] 씌우다.
　　　〔Text=2/Freq2=3(15%)〕
ⓧ 〔Text=2/Freq2=2(10%)〕

≪씨≫ 전체 빈도합=1,550(0.0835%) ¹⁵⁹⁾
씨¹ 명 ☆★★　【Text=24/Freq1=37(2.4%)】
①㉠ (예) 포도의 씨를 뱉다.
　　　〔Text=5/Freq2=5(13.5%)〕
㉡ (예) 봄에 씨를 뿌리다.
　　　〔Text=15/Freq2=25(67.6%)〕
② (예) 씨가 좋은 말과 교배하다.
　　　〔Text=2/Freq2=2(5.4%)〕
③ (예) 사랑의 씨를 뿌리다.
　　　〔Text=3/Freq2=3(8.1%)〕
㉙ <말이 씨가 되다>
　　　〔Text=2/Freq2=2(5.4%)〕
㉙ <씨가 마르다> 〔×〕
㉙ <씨가 먹히다> 〔×〕
㉙ <씨도 없다> 〔×〕
㉙ <씨를 말리다> 〔×〕
씨² 명　【Text=0/Freq1=0】 ⓧ
⓪ (예) 돗자리의 씨와 날이 촘촘하다. 〔×〕
씨³ 명　【Text=0/Freq1=0】 ⓧ
⓪ (예) 낱말의 9가지의 씨로 나누다. 〔×〕
씨⁴ 명의 ★★☆　【Text=88/Freq1=1,448(93.4%)】
⓪ (예) 김 씨(氏)./철수 씨./김철수 씨.
씨⁵ 대　【Text=0/Freq1=0】 ⓧ
⓪ (예) 씨(氏)는 고향으로 내려가다. 〔×〕
씨⁶ 감　【Text=9/Freq1=22(1.4%)】
⓪ (예) 혼자서는 안 갈래. 씨.
-씨⁷ 접　【Text=16/Freq1=43(2.8%)】
⓪ (예) 강릉 김씨(氏) 문중.

≪씨름≫ 전체빈도합=26(0.0014%)
씨름 명 ☆★★　【Text=12/Freq1=26】
① (예) 씨름을 하다.
　　　〔Text=12/Freq2=26(100%)〕
② (예) 세상과 한판 씨름을 하다. 〔×〕

---

159) 『연세 한국어 사전』의 '-씨⁸'(예:마음씨)는 말뭉치의 분석에 적용하지 않았으므로 제외한다.

≪씨앗≫ 전체빈도합=33(0.0018%)

씨앗 명 【Text=18/Freq1=33】
① (예) [곡식의/식물의] 씨앗을 심다.
〔Text=15/Freq2=26(78.8%)〕
② (예) [불신의/의심의] 씨앗을 뿌리다.
〔Text=4/Freq2=7(21.2%)〕

≪씩≫ 전체빈도합=602(0.0324%)

씩¹ 부 【Text=5/Freq1=5(0.8%)】
⓪ (예) 씩 웃다.

-씩² 접 ★★☆ 【Text=163/Freq1=597(99.2%)】
① ㉠ (예) 각자 회비로 천 원씩 내다.
〔Text=99/Freq2=195(32.7%)〕
㉡ (예) 매일 100원씩 모으다.
〔Text=131/Freq2=326(54.6%)〕
② (예) 아이를 셋씩이나 낳다.
〔Text=39/Freq2=52(8.7%)〕
㉻ <가끔씩> 가끔씩 만나다.
〔Text=17/Freq2=24(4%)〕

≪씩씩하다≫ 전체빈도합=23(0.0012%)

씩씩하다 형 ☆☆★ 【Text=18/Freq1=23】
① (예) 씩씩한 청년./아이가 씩씩하다.
〔Text=7/Freq2=8(34.8%)〕
② (예) 씩씩하게 대답하다.
〔Text=13/Freq2=15(65.2%)〕

≪씹다≫ 전체빈도합=46(0.0025%)

씹다 동 ☆☆★ 【Text=30/Freq1=46】
① (예) [고기를/껌을/사과를] 씹다.
〔Text=28/Freq2=41(89.1%)〕
② (예) 뒤에서 남을 씹다.
〔Text=1/Freq2=1(2.2%)〕
③ (예) 말을 씹어 뱉다.
〔Text=2/Freq2=3(6.5%)〕
❹ (예) 열등감을 씹다.
〔Text=1/Freq2=1(2.2%)〕

≪씻다≫ 전체빈도합=122(0.0066%)

씻다 동 ★★★ 【Text=61/Freq1=122】
① (예) 물에 [얼굴을/몸을] 씻다./김치를 물에 씻어 먹다. 〔Text=46/Freq2=95(77.9%)〕
② (예) [눈물을/땀을] 씻어 내다.
〔Text=7/Freq2=7(5.7%)〕
③ (예) [과오를/오해를] 씻다.
〔Text=13/Freq2=14(11.5%)〕

㉻ <눈을 씻고> 〔×〕
㉻ <손(을) [씻다/털다]> 어두운 생활에서 손을 씻다. 〔Text=1/Freq2=1(0.8%)〕
㉻ <씻은 듯이> 씻은 듯이 병이 낫다.
〔Text=4/Freq2=4(3.3%)〕
㉻ <입(을) [딱/싹] 씻다> 〔×〕
ⓧ 〔Text=1/Freq2=1(0.8%)〕

≪아≫ 전체빈도합=677(0.0365%) [160)]

아¹ 명 【Text=3/Freq1=5(0.7%)】
⓪ (예) '아'에다가 'ㄹ'을 받쳐 쓰다.

아² 감 ★★★ 【Text=123/Freq1=668(98.7%)】
① (예) 아, 어떻게 이런 일이…./아, 벌써 그렇게 되었군.
〔Text=42/Freq2=78(11.7%)〕
② (예) 아, 예쁘다!/아 이거였구나!/아, 정말 멋있다! 〔Text=32/Freq2=53(7.9%)〕
③ (예) 아, 우울하구나!/아 모두 쓸데없다.
〔Text=33/Freq2=61(9.1%)〕
④ (예) 아, 그래, 딸이 하나 있지./아, 이제야 생각난다. 〔Text=57/Freq2=129(19.3%)〕
⑤ (예) 아, 강 선생, 나 여기 있어.
〔Text=28/Freq2=58(8.7%)〕
⑥ (예) 아, 아까운 시간이 다 흘러갔다. /아, 이거?/아, 저 말이에요.
〔Text=36/Freq2=178(26.6%)〕
❼ (예) A: 법명은 무상입니다. B: 아, 예. 무상 스님요. 〔Text=29/Freq2=71(10.6%)〕
❽ (예) 아, 왜 이리 붙들고 이래?
〔Text=14/Freq2=40(6%)〕

아⁰ 명 【Text=2/Freq1=2(0.3%)】
❶ (예) 우리 아(=아이)가 아프다.(방언)

아ˣ ? 【Text=2/Freq1=2(0.3%)】

≪아가씨≫ 전체빈도합=86(0.0046%)

아가씨 명 ★★★ 【Text=33/Freq1=86】
① (예) 경아는 착한 아가씨이다.
〔Text=33/Freq2=86(100%)〕

---

160) 『연세 한국어 사전』의 '-아⁶'(예:행운아)는 말뭉치의 분석에 적용하지 않았으므로 제외한다.

② (예) 손아랫시누이를 아가씨라고 부르다.
〔×〕

≪**아기**≫전체빈도합=287(0.0155%)

아기 명★★★ 【Text=55/Freq1=287】
⓪ (예) 아기가 엄마 품에서 잠들다.
〔Text=46/Freq2=160(55.7%)〕
❶ (예) 아기 [나무/다람쥐].
〔Text=21/Freq2=126(43.9%)〕
ⓧ 〔Text=1/Freq2=1(0.3%)〕

≪**아까**≫전체빈도합=159(0.0086%)

아까¹ 명 【Text=31/Freq1=37(23.3%)】
⓪ (예) 아까와 같이 하다./아까의 약속을 잊다.

아까² 부★★★ 【Text=57/Freq1=122(76.7%)】
⓪ (예) 아까 뭐라고 했지?/아까 도착했다.

≪**아깝다**≫전체빈도합=40(0.0022%)

아깝다 형☆☆★ 【Text=32/Freq1=40】
① (예) 기회를 놓치기 아깝다.
〔Text=5/Freq2=7(17.5%)〕
② (예) [돈이/목숨이] 귀중하고 아깝다.
〔Text=18/Freq2=24(60%)〕
③ (예) 아까운 재능을 낭비하다.
〔Text=4/Freq2=4(10%)〕
⑳<아깝게(도)> 아깝게도 실패하다.
〔Text=5/Freq2=5(12.5%)〕

≪**아끼다**≫전체빈도합=191(0.0103%)

아끼다 동★★★ 【Text=69/Freq1=191】
① (예) [돈을/물을/시간을] 아껴 쓰다.
〔Text=42/Freq2=105(55%)〕
② (예) [문화재를/이웃을] 아끼다.
〔Text=40/Freq2=83(43.5%)〕
⑳<[말을/정담을] 아끼다>
〔Text=2/Freq2=2(1%)〕
⑳<몸을 아끼다> 〔Text=1/Freq2=1(0.5%)〕

≪**아나운서**≫전체빈도합=151(0.0081%)

아나운서 명 【Text=10/Freq1=151】
① (예) 라디오 아나운서.
〔Text=10/Freq2=151(100%)〕
② (예) 장내 아나운서의 목소리. 〔×〕

≪**아낙네**≫전체빈도합=28(0.0015%)

아낙네 명 【Text=11/Freq1=28】
⓪ (예) 마을 아낙네들이 모이다.

≪**아내**≫전체빈도합=412(0.0222%)

아내 명★★★ 【Text=64/Freq1=412】
⓪ (예) 아내와 외출하다.

≪**아냐**≫전체빈도합=42(0.0023%)

아냐 감 【Text=20/Freq1=42】
⓪ (예) A:어디 아파요? B:아냐, 괜찮아.
/A:다 왔어요? B:아냐, 한참 더 가야 한다.

≪**아뇨**⁺≫전체빈도합=39(0.0021%)

아뇨⁰ 감☆★☆ 【Text=21/Freq1=39】
❶ (예) A:지금 바쁘세요? B:아뇨, 괜찮아요.

≪**아니**≫전체빈도합=522(0.0281%)

아니¹ 부☆☆★ 【Text=14/Freq1=24(4.6%)】
⓪ (예) 까마귀 검어도 살은 아니 검다.
〔Text=11/Freq2=18(75%)〕
⑳<아니 땐 굴뚝에 연기 나다> 아니 땐 굴뚝에 연기 날까? 〔Text=5/Freq2=6(25%)〕

아니² 감★★★ 【Text=122/Freq1=498(95.4%)】
① (예) 아니, 얘들아, 정신 차려라, 응?
/아니, 이게 무슨 일이지?
〔Text=74/Freq2=214(43%)〕
② (예) A:네가 그랬니? B:아니, 안 그랬어.
〔Text=46/Freq2=153(30.7%)〕
③ (예) 한 시간, 하루, 아니 한 달쯤.
〔Text=63/Freq2=131(26.3%)〕

≪**아니다**≫전체빈도합=3,940(0.2122%)

아니다 형★★★ 【Text=202/Freq1=3,940】
① (예) 그는 바보가 아니다.
/이 정도면 더운 날씨는 아니다.
〔Text=190/Freq2=2,787(70.7%)〕
② (예) 집을 나서자 갑자기 비가 내리는 게 아닌가. 〔Text=119/Freq2=430(10.9%)〕
⑳<다름(이) 아니다>
〔Text=11/Freq2=13(0.3%)〕
⑳<-ㄹ 뿐(만) 아니라>
문제가 어려울 뿐 아니라 많기도 하다.
〔Text=67/Freq2=127(3.2%)〕
⑳<[말이/달씀이] 아니다>
〔Text=5/Freq2=7(0.2%)〕
⑳<뿐(만) 아니라> 뿐만 아니라, 더 큰 문제도 있다. 〔Text=21/Freq2=34(0.9%)〕
⑳<-(뿐)만(이) 아니라>
어른뿐만 아니라 아이들도 오다.
〔Text=81/Freq2=175(4.4%)〕
⑳<아니나 다를까> 〔Text=3/Freq2=4(0.1%)〕
⑳<아니면> 뭔가 잘못된 거야. 아니면, 내

오해거나. 〔Text=80/Freq2=140(3.6%)〕
　관<아니(요)> 아니요, 잘못 본 거요.
　　　〔Text=54/Freq2=202(5.1%)〕
　관<아닌 게 아니라>
　　　〔Text=6/Freq2=12(0.3%)〕
　관<아닌 밤중에> 〔Text=1/Freq2=1(0%)〕
　관<여간 ~ 아니다> 여간 힘든 게 아니다.
　　　〔Text=4/Freq2=4(0.1%)〕

≪아니오≫전체빈도합=47(0.0025%)
　아니오 감☆★☆ 【Text=15/Freq1=47】
　　⓪ (예) A:좀 더우세요? B:아니오. 괜찮습니다.

≪아동≫전체빈도합=17(0.0009%)
　아동 명 【Text=11/Freq1=17】
　　① (예) 취학 전 아동(兒童)들의 양육.
　　　〔Text=6/Freq2=12(70.6%)〕
　　② (예) 아동의 순수한 마음.
　　　〔Text=3/Freq2=3(17.6%)〕
　관<아동 문학> 〔Text=2/Freq2=2(11.8%)〕

≪아득하다≫전체빈도합=40(0.0022%)
　아득하다 형 【Text=28/Freq1=40】
　Ⅰ ① (예) 아득한 저편./올라온 길이 아득해
　　　　보이다. 〔Text=7/Freq2=8(20%)〕
　　② (예) 아득한 옛날의 일이다.
　　　〔Text=16/Freq2=22(55%)〕
　Ⅱ ① (예) 언제 성공할지 아득하기만 하다.
　　　〔Text=5/Freq2=8(20%)〕
　　② (예) 의식이 아득해지다.
　　　〔Text=2/Freq2=2(5%)〕

≪아들≫전체빈도합=407(0.0219%)
　아들 명★★★ 【Text=105/Freq1=407】
　　⓪ (예) 아들을 낳다.

≪아래≫전체빈도합=313(0.0169%)
　아래 명★★★ 【Text=123/Freq1=313】
　　① (예) 다리 위에서 아래를 내려보다.
　　　〔Text=38/Freq2=64(20.4%)〕
　　② (예) 상사가 아래 직원을 아껴 주다.
　　　〔Text=12/Freq2=15(4.8%)〕
　　③ (예) 나보다 두세 살 아래입니다.
　　　〔Text=5/Freq2=5(1.6%)〕
　　④ (예) 원인은 아래의 두 가지이다.
　　　〔Text=26/Freq2=58(18.5%)〕
　　⑤ (예) 산 아래에 자리잡은 집./감나무 아래의
　　　　땅을 파다. 〔Text=67/Freq2=124(39.6%)〕
　　⑥ (예) 과학의 발전이라는 이름 아래 자연을
　　　　파괴하다. 〔Text=27/Freq2=40(12.8%)〕
　　⑦ (예) 스웨터를 걸친 아래로 주름치마를
　　　　입다. 〔Text=3/Freq2=5(1.6%)〕
　❽ (예) 아래 아 글자. 〔Text=1/Freq2=2(0.6%)〕

≪아랫사람≫전체빈도합=20(0.0011%)
　아랫사람 명 【Text=11/Freq1=20】
　　① (예) 집안의 윗사람과 아랫사람.
　　　〔Text=5/Freq2=12(60%)〕
　　② (예) 직장의 아랫사람들.
　　　〔Text=6/Freq2=8(40%)〕

≪아르바이트≫전체빈도합=21(0.0011%)
　아르바이트 명☆★☆ 【Text=9/Freq1=21】
　　⓪ (예) 아르바이트를 하다.

≪아름다움≫전체빈도합=101(0.0054%)
　아름다움 명★☆☆ 【Text=35/Freq1=101】
　　① (예) [밤하늘의/외모의] 아름다움.
　　　〔Text=27/Freq2=63(62.4%)〕
　　② (예) 청춘의 아름다움을 간직하다.
　　　〔Text=17/Freq2=36(35.6%)〕
　❸ (예) 아름다움의 본질을 추구하다.
　　　〔Text=1/Freq2=2(2%)〕

≪아름답다≫전체빈도합=460(0.0248%)
　아름답다 형★★★ 【Text=126/Freq1=460】
　　① (예) [경치가/산이] 참 아름답다.
　　　〔Text=115/Freq2=361(78.5%)〕
　　② (예) 아름다운 [마음씨/이야기].
　　　〔Text=50/Freq2=99(21.5%)〕

≪아마≫전체빈도합=279(0.0150%)
　아마¹ 명 【Text=0/Freq1=0】 ⓧ
　　⓪ (예) 아마와 프로의 차이. 〔×〕
　아마² 명 【Text=0/Freq1=0】 ⓧ
　　⓪ (예) 아마(亞麻)로 천을 만들다. 〔×〕
　아마³ 부★★★ 【Text=112/Freq1=279(100%)】
　　⓪ (예) 아마 틀림없을 것이다.

≪아무≫전체빈도합=484(0.0261%)
　아무¹ 대★★★ 【Text=101/Freq1=201(41.5%)】
　　⓪ (예) 아무도 오지 않다./아무나 해도 괜찮다.
　아무² 관★★☆ 【Text=118/Freq1=283(58.5%)】
　　① (예) 아무 책이나 좋다.
　　　〔Text=28/Freq2=37(13.1%)〕
　　② (예) 아무 [대답도/말도] 없다.
　　　〔Text=107/Freq2=246(86.9%)〕

≪**아무개**≫전체빈도합=18(0.0010%)

아무개 대 【Text=12/Freq1=18】
　⓪ (예) 황 아무개 씨./아무개 박사.

≪**아무것**≫전체빈도합=84(0.0045%)

아무것 대★★☆ 【Text=45/Freq1=84】
　Ⅰ (예) 아무것이나 좋다.
　　〔Text=8/Freq2=13(15.5%)〕
　Ⅱ (예) 아무것도 [모르다/없다].
　　〔Text=37/Freq2=62(73.8%)〕
　관 <아무것도 아니다>
　　〔Text=8/Freq2=9(10.7%)〕

≪**아무래도**≫전체빈도합=74(0.0040%)

아무래도 부★★☆ 【Text=42/Freq1=74】
　① (예) 햇볕을 못 받으면 아무래도 과일이 안 맺다. 〔Text=8/Freq2=14(18.9%)〕
　② (예) 아직도 연락이 없는 것을 보니 아무래도 뭔가 이상하다. 〔Text=37/Freq2=60(81.1%)〕

≪**아무렇게나**≫전체빈도합=27(0.0015%)

아무렇게나 부 【Text=17/Freq1=27】
　⓪ (예) 옷을 아무렇게나 벗어 두다.
　　/생각하지 않고 아무렇게나 말하다.

≪**아무렇다**≫전체빈도합=160(0.0086%)

아무렇다 형☆★☆ 【Text=80/Freq1=160】 161)
　① (예) 인물이 아무렇든 능력이 중요하다.
　　/나는 아무래도 좋다.
　　〔Text=5/Freq2=5(3.1%)〕
　② (예) 아무런 [대답도/소식도/연락도] 없다.
　　〔Text=64/Freq2=732(82.5%)〕
　관 <아무렇지 않다>
　　① (예) 상한 음식을 먹었는데도 아무렇지 않다. 〔Text=4/Freq2=4(2.5%)〕
　　② (예) 아무렇지 않은 듯 웃다.
　　　〔Text=17/Freq2=19(11.9%)〕

≪**아무리**≫전체빈도합=252(0.0136%)

아무리¹ 부★★★
　　【Text=111/Freq1=252(100%)】
　⓪ (예) 아무리 누워 있어도 잠이 안 오다.

아무리² 감 【Text=0/Freq1=0】 ⓧ
　⓪ (예) 아무리, 그럴 리가 있어? 〔×〕

≪**아무튼**≫전체빈도합=50(0.0027%)

아무튼 부☆★☆ 【Text=34/Freq1=50】
　⓪ (예) 아무튼 시작해 보자.

≪**아버님**≫전체빈도합=71(0.0038%)

아버님 명☆★☆ 【Text=18/Freq1=71】
　⓪ (예) 저희 아버님께서 오셨습니다.
　　〔Text=14/Freq2=63(88.7%)〕
　❶ (예) 학생이 아버님께 직접 드리다.
　　〔Text=2/Freq2=4(5.6%)〕
　❷ (예) 아버님, 진지 잡수십시오.
　　〔Text=4/Freq2=4(5.6%)〕

≪**아버지**≫전체빈도합=1,430(0.0770%)

아버지 명★★★ 【Text=147/Freq1=1,430】
　① (예) 아버지를 둘러싸고 온 가족이 둘러앉다. 〔Text=136/Freq2=1,221(85.4%)〕
　② (예) 이제 한 아이의 아버지가 되다.
　　〔Text=17/Freq2=29(2%)〕
　③ (예) 물리학의 아버지로 불리다.
　　〔Text=5/Freq2=5(0.4%)〕
　④ (예) 하늘에 계신 아버지시여.
　　〔Text=2/Freq2=2(0.1%)〕
　❺ (예) 재경이 아버지, 웬일이세요?
　　〔Text=55/Freq2=163(11.4%)〕
　❻ (예) 아들아, 이 아버지의 말을 좀 들어 보렴. 〔Text=3/Freq2=4(0.3%)〕
　❼ (예) 작은 아버지. ☞ 작은아버지.
　　〔Text=1/Freq2=2(0.1%)〕
　ⓧ 〔Text=2/Freq2=4(0.3%)〕

≪**아빠**≫전체빈도합=325(0.0175%)

아빠 명★★★ 【Text=43/Freq1=325】
　⓪ (예) 아빠, 안녕히 다녀오세요.
　　〔Text=31/Freq2=218(67.1%)〕
　❶ (예) 아이가 제 아빠 얼굴을 바라보다.
　　/명희가 아빠에게 떼를 쓰다.
　　〔Text=23/Freq2=71(21.8%)〕
　❷ (예) 가영아, 이 아빠가 약속하마.
　　〔Text=7/Freq2=22(6.8%)〕
　❸ (예) 아빠 [구름/까치/다람쥐].
　　〔Text=5/Freq2=8(2.5%)〕
　❹ (예) 친정의 아빠를 그리워하다.
　　〔Text=5/Freq2=6(1.8%)〕

≪**아쉬움**＊≫전체빈도합=18(0.0010%)

---

161) 『연세 한국어 사전』에서는 '아무렇다'를 "'아무러하다'의 준말"이라고만 기술하고 있는데, 여기서는 '아무러하다'의 의미 구분에 따라 상세히 나누어 기술한다.

아쉬움[0] [명] 【Text=17/Freq1=18】
 ⓿ (예) 결과에 아쉬움이 남다.
 /아쉬움을 느끼다.

≪**아쉽다**≫전체빈도합=39(0.0021%)

아쉽다 [형] 【Text=30/Freq1=39】
 ① (예) 경기에서 아쉽게 지다.
 〔Text=24/Freq2=29(74.4%)〕
 ② (예) 돈 몇 푼이 아쉽다.
 〔Text=9/Freq2=10(25.6%)〕
 [관] <아쉬운 소리> 돈이 없어서 친구에게 아쉬운 소리를 하다. 〔×〕

≪**아아**≫전체빈도합=28(0.0015%)

아아 [감] 【Text=16/Freq1=27(96.4%)】
 ① (예) 아아, 슬프게도 님은 떠났다.
 〔Text=11/Freq2=19(70.4%)〕
 ② (예) 아아, 알겠어요.
 〔Text=6/Freq2=8(29.6%)〕

아아[0] [명] 【Text=1/Freq1=1(3.6%)】
 ⓿ (예) 아아(=아이)가 키가 크다.(방언)

≪**아예**≫전체빈도합=91(0.0049%)

아예 [부] 【Text=58/Freq1=91】
 ① (예) 모자랄까 봐 아예 음식을 많이 준비하다. 〔Text=12/Freq2=13(14.3%)〕
 ② (예) 성적이 나빠서 장학금은 아예 꿈도 못 꾸다. 〔Text=26/Freq2=34(37.4%)〕
 ③ (예) 제대로 할 수 없으면 아예 시작하지 [말아라/말자]. 〔Text=31/Freq2=44(48.4%)〕

≪**아우**≫전체빈도합=46(0.0025%)

아우 [명] 【Text=11/Freq1=34(73.9%)】
 ① (예) 그는 친구의 아우이다.
 〔Text=8/Freq2=30(88.2%)〕
 ② (예) 형님 아우로 지내는 회사 동료.
 〔Text=3/Freq2=4(11.8%)〕

아우[0] [감] 【Text=9/Freq1=12(26.1%)】
 ⓿ (예) 아우, [난 싫어./안 되겠네./왜 그래요?]

≪**아울러**≫전체빈도합=34(0.0018%)

아울러 [부] 【Text=21/Freq1=34】
 ①<~과 아울러> (예) 생활이 규칙적으로 됨과 아울러 건강도 회복되다.
 〔Text=14/Freq2=25(73.5%)〕
 ② (예) 예술 작품이 눈과 가슴을 아울러 뜨겁게 하다. 〔Text=9/Freq2=9(26.5%)〕

≪**아유**≫전체빈도합=29(0.0016%)

아유 [감] 【Text=17/Freq1=29】
 ① (예) 아유, 지금이 몇 신데 이제 와요.
 〔Text=2/Freq2=2(6.9%)〕
 ② (예) 아유, 예쁘기도 하지.
 〔Text=7/Freq2=12(41.4%)〕
 ③ (예) 아유, 정말 이 짓도 못 해 먹겠어.
 〔Text=3/Freq2=3(10.3%)〕
 ❹ (예) 아유, 이것들을 그냥….
 〔Text=6/Freq2=7(24.1%)〕
 ❺ (예) 아유 참, 답답하네.
 〔Text=5/Freq2=5(17.2%)〕

≪**아이**≫전체빈도합=1,508(0.0812%)

아이[1] [명]★★★ 【Text=149/Freq1=1,400(92.8%)】
 ① (예) 운동장에서 아이들이 뛰놀다.
 /아이에게 심부름을 시키다.
 〔Text=134/Freq2=1,066(76.1%)〕
 ② (예) 아버지가 아이를 안아 주다.
 〔Text=70/Freq2=334(23.9%)〕

아이[2] [감] 【Text=42/Freq1=88(5.8%)】
 ① (예) 아이 제게 무슨 돈이 있어요?/아이 어떻게 해요. 〔Text=27/Freq2=49(55.7%)〕
 ② (예) 아이, 형님, 그런 말씀 마시오./아이, 나 죽네. 〔Text=9/Freq2=39(44.3%)〕

아이[x] [?] 【Text=10/Freq1=20(1.4%)】

≪**아이고**≫전체빈도합=42(0.0023%)

아이고 [감]☆★☆ 【Text=25/Freq1=42】
 ☞ 아이구.
 ① (예) 아이고, 예쁜 내 새끼.
 /아이고, 이렇게 고마울 데가 있나?
 〔Text=7/Freq2=7(16.7%)〕
 ② (예) 아이고, 학생 큰일났어./아이고, 이 일을 어쩔까. 〔Text=14/Freq2=18(42.9%)〕
 ③ (예) 허리가 아픈지 아이고 소리를 내다.
 /아이고 내 팔자야.
 〔Text=7/Freq2=12(28.6%)〕
 ④ (예) 아이고 세상이 어떻게 되려고….
 〔Text=4/Freq2=5(11.9%)〕
 ⑤ (예) 아이고, 아이고, 돌아가신 우리 아버지, 불쌍해. 〔×〕
 ❻ (예) 아이고, 마음대로 해 보라지. 〔×〕

≪**아이구**≫전체빈도합=66(0.0036%) [162)]

아이구 [감]☆★☆ 【Text=37/Freq1=66】
 ☞ 아이고.
 ① (예) 아이구, 예쁜 내 새끼.

/아이구, 이렇게 고마울 데가 있나?
　　　　〔Text=15/Freq2=17(25.8%)〕
② (예) 아이구, 학생 큰일났어.
　　/아이구, 이 일을 어쩔까.
　　　　〔Text=14/Freq2=21(31.8%)〕
③ (예) 허리가 아픈지 아이구 소리를 내다.
　　/아이구 내 팔자야.
　　　　〔Text=7/Freq2=9(13.6%)〕
④ (예) 아이구 세상이 어떻게 되려고….
　　　　〔Text=8/Freq2=8(12.1%)〕
⑤ (예) 아이구, 아이구, 돌아가신 우리 아버지,
　　불쌍해서 어떡해? 〔Text=1/Freq2=2(3%)〕
❻ (예) 아이구, 마음대로 해 보라지.
　　　　〔Text=5/Freq2=9(13.6%)〕

≪아이디어≫ 전체빈도합=29(0.0016%)

아이디어 명 【Text=13/Freq1=29】
　⓪ (예) 아이디어를 짜내다.

≪아이스크림≫ 전체빈도합=24(0.0013%)

아이스크림 명 ☆★☆ 【Text=7/Freq1=24】
　⓪ (예) 아이스크림을 먹다.

≪아저씨≫ 전체빈도합=370(0.0199%)

아저씨 명 ★★★ 【Text=87/Freq1=370】
　① (예) 외가 쪽으로 오촌 되는 아저씨.
　　　　〔Text=4/Freq2=10(2.7%)〕
　② (예) 민수 엄마, 아저씨 계세요? 〔×〕
　③ (예) 동네 아저씨들.
　　　　〔Text=78/Freq2=312(84.3%)〕
　❹ (예) 뒤에 서 계신 아저씨, 앞으로 나오세요.
　　　　〔Text=15/Freq2=48(13%)〕

≪아주≫ 전체빈도합=593(0.0319%)

아주¹ 부 ★★★ 【Text=153/Freq1=576(97.1%)】
① ㉠ (예) 아주 [귀엽다/맛이 있다/춥다].
　　　　〔Text=131/Freq2=376(65.3%)〕
　㉡ (예) 아주 오래 전./아주 빨리 뛰다.
　　　　〔Text=47/Freq2=61(10.6%)〕
　㉢ (예) 아주 [닮다/신나다/인물이 피다
　　/좋아하다/한정되다].
　　　　〔Text=29/Freq2=36(6.3%)〕
　㉣ (예) 아주 [걱정/미인/부자/안성맞춤
　　/인상적/잠깐]이다.
　　　　〔Text=31/Freq2=41(7.1%)〕
　㉤ (예) 아주 새 차다.
　　　　〔Text=4/Freq2=5(0.9%)〕
② (예) 아주 잊고 살다./쉰다고 아주 놀면 안
　되다. 〔Text=33/Freq2=46(8%)〕
③ (예) 운이 아주 따르지 않다./고통이 아주 없는
　생활을 하다. 〔Text=3/Freq2=3(0.5%)〕
④ (예) 아주 [떠나다/쫓아내다].
　　　　〔Text=4/Freq2=6(1%)〕
⑤ (예) 이제는 아주 발악을 하다.
　　　　〔Text=2/Freq2=2(0.3%)〕

아주² 감 【Text=5/Freq1=17(2.9%)】
　⓪ (예) 아주, 제가 뭐나 된 듯 줄 알아.
　　　　〔Text=1/Freq2=1(5.9%)〕
　❶ (예) 뉴욕의, 아주, 미국의 상징이다.
　　　　〔Text=4/Freq2=16(94.1%)〕

≪아주머니≫ 전체빈도합=139(0.0075%)

아주머니 명 ★★★ 【Text=60/Freq1=139】
　☞ 아줌마.
　① (예) 어머니와 친척 되는 아주머니.
　　　　〔Text=2/Freq2=3(2.2%)〕
　② (예) 김 씨네 아주머니.
　　　　〔Text=1/Freq2=1(0.7%)〕
　③ (예) [파출부/하숙집] 아주머니.
　　　　〔Text=57/Freq2=135(97.1%)〕
　④ (예) 아주머니, 조카가 형을 꼭 닮았네요.
　　〔×〕

≪아줌마≫ 전체빈도합=100(0.0054%)

아줌마 명 ☆★☆ 【Text=23/Freq1=100】
　☞ 아주머니.
　⓪ (예) 어머니와 친척 되는 아줌마. 〔×〕
　❶ (예) 김 씨네 아줌마. 〔×〕
　❷ (예) [파출부/하숙집] 아줌마.
　　　　〔Text=23/Freq2=100(100%)〕
　❸ (예) 아줌마, 조카가 형을 꼭 닮았네요.
　　〔×〕

≪아직≫ 전체빈도합=681(0.0367%)

아직 부 ★★★ 【Text=170/Freq1=681】
　① (예) 떠난 지 아직 석 달도 안 되다./아직
　　환갑이 안 되다. 〔Text=35/Freq2=47(6.9%)〕
　② (예) 아직 한 시간 남다./아직 네 시 반이다.
　　　　〔Text=16/Freq2=18(2.6%)〕
　③ (예) 아직 비법을 못 배우다.
　　/아직 정신을 차리지 못하다.

---

162) 『연세 한국어 사전』에서는 '아이구'를 "☞아이고"라고만 기술하고 있으므로, 여기서는 '아이고'의
　　의미 구분에 따라 용법을 상세히 나누어 기술한다.

〔Text=120/Freq2=296(43.5%)〕
④ <아직(도)> (예) 그는 아직 서울에 있다.
/그는 아직도 자고 있다.
〔Text=124/Freq2=320(47%)〕

≪아침≫전체빈도합=619(0.0333%)
아침 명★★★ 【Text=149/Freq1=619】
① (예) 아침부터 외출을 서두르다.
〔Text=147/Freq2=578(93.4%)〕
② (예) 아침을 먹다.
〔Text=26/Freq2=41(6.6%)〕

≪아파트≫전체빈도합=175(0.0094%)
아파트 명★★★ 【Text=51/Freq1=175】
⓪ (예) 아파트에 살다.
〔Text=49/Freq2=153(87.4%)〕
관 <아파트 단지> 〔Text=9/Freq2=22(12.6%)〕
관 <아파트 촌> 〔×〕

≪아프다≫전체빈도합=372(0.0200%)
아프다 형★★★ 【Text=130/Freq1=372】
① (예) [머리가/몸이] 아프다.
〔Text=106/Freq2=297(79.8%)〕
② (예) 마음이 아프다.
〔Text=39/Freq2=62(16.7%)〕
관 <골치(가) 아프다>
〔Text=9/Freq2=10(2.7%)〕
관 <배(가) 아프다> 사촌이 논을 사면 배가
아프다. 〔Text=3/Freq2=3(0.8%)〕

≪아픔≫전체빈도합=47(0.0025%)
아픔 명 【Text=29/Freq1=47】
① (예) 허리의 아픔을 참다.
〔Text=7/Freq2=13(27.7%)〕
② (예) [마음의/분단의] 아픔을 씻다.
〔Text=24/Freq2=34(72.3%)〕

≪아홉≫전체빈도합=133(0.0072%)
아홉 수★★★ 【Text=71/Freq1=133】
Ⅰ (예) 식구가 모두 아홉이다.
〔Text=20/Freq2=47(35.3%)〕
Ⅱ (예) 사과 아홉 개.
〔Text=56/Freq2=86(64.7%)〕

≪아휴≫전체빈도합=35(0.0019%)
아휴⁰ 감 【Text=14/Freq1=35】
❶ (예) 아휴 [기가 막혀/속상해/힘들다].
〔Text=7/Freq2=18(51.4%)〕
❷ (예) 아휴 [어떡하지?/참 곤란하네.]
〔Text=8/Freq2=15(42.9%)〕
❸ (예) 아휴 곱기도 하다.
〔Text=2/Freq2=2(5.7%)〕

≪아흔≫전체빈도합=0(0.0000%)
아흔 수☆☆★ 【Text=0/Freq1=0】 (x) [163]
Ⅰ (예) 나이가 아흔이다. 〔×〕
Ⅱ (예) 아흔 살. 〔×〕

≪악기≫전체빈도합=20(0.0011%)
악기 명★☆★ 【Text=15/Freq1=20】
⓪ (예) 악기(樂器)를 연주하다.

≪악수≫전체빈도합=22(0.0012%)
악수¹ 명 【Text=0/Freq1=0】 (x)
⓪ (예) 비가 악수로 퍼붓다. 〔×〕
악수² 명 【Text=12/Freq1=22(100%)】
⓪ (예) 손을 내밀어 악수(握手)를 하다.
악수³ 명 【Text=0/Freq1=0】 (x)
① (예) 바둑에서 막판에 악수를 두다. 〔×〕
② (예) 거짓말이 악수가 되다. 〔×〕

≪안≫전체빈도합=2,733(0.1472%) [164]
안¹ 명★★★ 【Text=175/Freq1=782(28.6%)】
① (예) 대합실 안이 인파로 붐비다.
〔Text=171/Freq2=728(93.1%)〕
② (예) 한 시간 안에 도착하다.
〔Text=24/Freq2=43(5.5%)〕
③ (예) 안에서 어머니가 나를 부르다.
〔Text=4/Freq2=5(0.6%)〕
④ (예) 안을 대지 않은 홑치마를 입다.
〔Text=1/Freq2=2(0.3%)〕
❺ (예) 생각이 [가족/믿음] 안에 머물다.
〔Text=3/Freq2=4(0.5%)〕
안² 명 【Text=2/Freq1=5(0.2%)】
① (예) 좋은 안(案)이 있다.
〔Text=2/Freq2=5(100%)〕
② (예) 토론된 여러 안 중에서 결정하다.

---

163) 『외국인을 위한 한국어 학습 사전』(2004)에서는, '아흔'이 주요 기본어휘 목록들과 학습 사전의 공통 중요 어휘로 포함되었는데, 분석 대상의 말뭉치에서는 용례가 하나도 나타나지 않았다.
164) 『연세 한국어 사전』의 '안⁴'(예:안주인), '-안⁵'(예:예산안), '-안⁶'(예:동해안)은 말뭉치의 분석에 적용하지 않았으므로 제외한다.

안³ 🖫★★★ 【Text=188/Freq1=1,946(71.2%)】
　⓪ (예) 과자를 안 먹다./비가 안 오다.
　　/키가 안 크다.

≪안개≫전체빈도합=31(0.0017%)

안개 몡☆★★ 【Text=23/Freq1=31】
　⓪ (예) 안개가 자욱하게 끼다.

≪안경≫전체빈도합=48(0.0026%)

안경 몡★★★ 【Text=21/Freq1=48】
　⓪ (예) 안경(眼鏡)을 [끼다/벗다/쓰다].
　　〔Text=20/Freq2=47(97.9%)〕
　⑳ <제 눈에 안경> 〔Text=1/Freq2=1(2.1%)〕

≪안기다≫전체빈도합=48(0.0026%)

안기다¹ 동 【Text=18/Freq1=21(43.8%)】
　⓪ (예) 아기가 엄마 품에 안기다.

안기다² 동 【Text=21/Freq1=27(56.3%)】
　① (예) 남편에게 [선물을/아기를] 안겨 주다.
　　〔Text=6/Freq2=6(22.2%)〕
　② (예) 아이들에게 희망을 안겨 주다.
　　〔Text=13/Freq2=15(55.6%)〕
　③ (예) 중요한 책임을 그에게 안기다.
　　〔Text=1/Freq2=1(3.7%)〕
　④ (예) 자랑스러운 승리를 안겨 주다.
　　〔Text=3/Freq2=5(18.5%)〕

≪안내≫전체빈도합=34(0.0018%)

안내 몡☆★☆ 【Text=23/Freq1=34】
　① (예) 점원의 안내(案內)를 받다.
　　〔Text=15/Freq2=22(64.7%)〕
　② (예) [관광/길] 안내를 하다.
　　〔Text=11/Freq2=12(35.3%)〕

≪안내하다≫전체빈도합=37(0.0020%)

안내하다 동☆★☆ 【Text=27/Freq1=37】
　Ⅰ (예) [길을/장소를] 안내(案內)하다.
　　〔Text=11/Freq2=16(43.2%)〕
　Ⅱ ⓪ (예) 손님을 사장실로 안내하다.
　　〔Text=15/Freq2=20(54.1%)〕
　　❶ (예) 과거로 안내하다.
　　〔Text=1/Freq2=1(2.7%)〕

≪안녕≫전체빈도합=53(0.0029%)

안녕¹ 몡 【Text=3/Freq1=3(5.7%)】
　⓪ (예) [가족들의/나라의] 안녕(安寧)을 빌다.

안녕² 캄☆★☆ 【Text=26/Freq1=50(94.3%)】
　⓪ (예) 안녕(安寧), 내일 보자.

≪안녕하다≫전체빈도합=197(0.0106%)

안녕하다 혱★★★ 【Text=70/Freq1=197】
　⓪ (예) [부인/아버님]께서도 안녕(安寧)
　　하시지요? 〔Text=11/Freq2=14(7.1%)〕
　⑳ <안녕하세요>/ <안녕하십니까>
　　〔Text=68/Freq2=183(92.9%)〕

≪안녕히≫전체빈도합=96(0.0052%)

안녕히 🖫☆★★ 【Text=44/Freq1=96】
　⓪ (예) 가족들도 안녕(安寧)히 지내지요?
　　〔Text=1/Freq2=1(1%)〕
　⑳ <안녕히 [가세요/가십시오]>
　　〔Text=19/Freq2=35(36.5%)〕
　⑳ <안녕히 [계세요/계십시오]>
　　〔Text=31/Freq2=48(50%)〕
　⑳ <안녕히 [주무세요/주무십시오]>
　　〔Text=4/Freq2=5(5.2%)〕
　⑳ <안녕히 [주무셨어요?/주무셨습니까?]>
　　〔Text=7/Freq2=7(7.3%)〕

≪안다≫전체빈도합=123(0.0066%)

안다 동☆★★ 【Text=57/Freq1=123】
　① (예) [꽃다발을/아기를] 안다.
　　〔Text=43/Freq2=97(78.9%)〕
　② (예) 아픈 [가슴을/배를] 안고 뒹굴다.
　　〔Text=1/Freq2=1(0.8%)〕
　③ (예) [바람을/햇빛을] 안고 마주서다.
　　〔Text=2/Freq2=2(1.6%)〕
　④ (예) [명예를/책임을] 안다.
　　〔Text=3/Freq2=5(4.1%)〕
　⑤ (예) [슬픔을/절망감을] 안고 살다.
　　〔Text=9/Freq2=11(8.9%)〕
　⑥ (예) 구조적 문제를 안고 있다.
　　〔Text=5/Freq2=6(4.9%)〕
　⑦ (예) 바다를 안고 있는 갯마을.
　　〔Text=1/Freq2=1(0.8%)〕
　⑳ <- 가슴을 안고>
　　부푼 가슴을 안고 상경하다. 〔×〕

≪안되다≫전체빈도합=165(0.0089%)

안되다¹ 혱 【Text=17/Freq1=19(11.5%)】
　Ⅰ (예) 실직한 사람들이 안됐다./
　　아이를 깨우기가 안됐다.
　　〔Text=10/Freq2=11(57.9%)〕
　Ⅱ (예) 어서 파출부를 구해야지, 네가 고생이
　　돼서 안됐구나. 〔Text=8/Freq2=8(42.1%)〕

안되다⁰ 동 【Text=52/Freq1=146(88.5%)】

❶ (예) 복도에서 뛰면 안돼.
　　〔Text=35/Freq2=80(54.8%)〕
❷ (예) 천년 가도 민주주의 안돼요.
　　〔Text=15/Freq2=21(14.4%)〕
❸ (예) [계획대로/생각대로] 잘 안되다.
　　〔Text=14/Freq2=16(11%)〕
❹ (예) 제대한 지 얼마 안돼.
　　〔Text=12/Freq2=16(11%)〕
❺ (예) 안돼! 가지 마.
　　〔Text=7/Freq2=12(8.2%)〕
　ⓧ 〔Text=1/Freq2=1(0.7%)〕

≪안목≫ 전체빈도합=24(0.0013%)
안목 몡　【Text=14/Freq1=24】
　⓪ (예) 예술적 안목(眼目)이 높다.
　/긴 안목으로 보다.

≪안방≫ 전체빈도합=65(0.0035%)
안방 몡☆☆★　【Text=32/Freq1=65】
　① (예) 안방(-房)으로 들어가다.
　　〔Text=31/Freq2=61(93.8%)〕
　② (예) 조선 시대 안방을 지키는 마님.
　　〔Text=3/Freq2=4(6.2%)〕

≪안부≫ 전체빈도합=20(0.0011%)
안부 몡　【Text=17/Freq1=20】
　⓪ (예) 가족의 안부(安否)를 묻다.

≪안심≫ 전체빈도합=15(0.0008%)
안심¹ 몡　【Text=0/Freq1=0】ⓧ
　⓪ (예) 안심 스테이크. 〔×〕
안심² 몡　【Text=11/Freq1=15(100%)】
　⓪ (예) 남편을 보자 안심(安心)이 되다.
　　〔Text=11/Freq2=14(93.3%)〕
　관<안심이다> 〔Text=1/Freq2=1(6.7%)〕

≪안심하다≫ 전체빈도합=18(0.0010%)
안심하다 동　【Text=16/Freq1=18】
　⓪ (예) 안심(安心)하고 쉬다.

≪안전≫ 전체빈도합=22(0.0012%)
안전¹ 몡☆☆★　【Text=13/Freq1=22(100%)】
　⓪ (예) 시민들의 안전(安全)을 지키다.
　　〔Text=12/Freq2=18(81.8%)〕
　관<안전 벨트> 〔Text=1/Freq2=1(4.5%)〕
　관<안전 보장> 〔Text=3/Freq2=3(13.6%)〕
　관<안전 사고> 〔×〕
　관<안전 지대> 〔×〕
안전² 몡　【Text=0/Freq1=0】ⓧ

　⓪ (예) 멋진 풍경이 안전(眼前)에 전개되다.
　　〔×〕
안전³ 몡　【Text=0/Freq1=0】ⓧ
　⓪ (예) 어느 안전(案前)이라고 거짓말을
　　하겠습니까. 〔×〕

≪안전하다≫ 전체빈도합=71(0.0038%)
안전하다 형　【Text=36/Freq1=71】
　⓪ (예) 차를 안전(安全)하게 몰다.

≪안정≫ 전체빈도합=26(0.0014%)
안정¹ 몡　【Text=10/Freq1=13(50%)】
　⓪ (예) 사회가 안정(安定)을 얻다.
안정² 몡　【Text=12/Freq1=13(50%)】
　⓪ (예) 마음이 차츰 안정(安靜)을 되찾다.
안정³ 몡　【Text=0/Freq1=0】ⓧ
　⓪ (예) 몽롱하던 안정(眼睛)이 반짝이다.
　　〔×〕

≪안정되다≫ 전체빈도합=24(0.0013%)
안정되다¹ 동　【Text=17/Freq1=20(83.3%)】
　⓪ (예) [나라가/사회가/집안이] 안정(安定)되다.
안정되다² 동　【Text=4/Freq1=4(16.7%)】
　⓪ (예) 마음이 안정(安靜)되다.

≪안주≫ 전체빈도합=13(0.0007%)
안주¹ 몡　【Text=1/Freq1=1(7.7%)】
　① (예) 안주(安住)의 땅을 찾다. 〔×〕
　② (예) 현재 상태에 안주를 하다.
　　〔Text=1/Freq2=1(100%)〕
안주² 몡☆★★　【Text=9/Freq1=12(92.3%)】
　⓪ (예) 술과 안주(按酒)를 시키다.

≪안쪽≫ 전체빈도합=20(0.0011%)
안쪽 몡★☆☆　【Text=15/Freq1=20】
　Ⅰ (예) 안쪽에서 문을 열다.
　　〔Text=13/Freq2=18(90%)〕
　Ⅱ (예) 거리가 사오십 미터 안쪽이다.
　　〔Text=2/Freq2=2(10%)〕

≪안타깝다≫ 전체빈도합=58(0.0031%)
안타깝다 형★☆☆　【Text=47/Freq1=58】
　⓪ (예) 나의 마음을 몰라 주는 [그들이/상황이]
　　안타깝다.

≪안팎≫ 전체빈도합=22(0.0012%)
안팎 몡　【Text=19/Freq1=22】
　Ⅰ ① (예) 식장 안팎에 손님들이 가득하다.
　　〔Text=10/Freq2=10(45.5%)〕

② (예) 안팎이 다른 위선자. 〔×〕
③ (예) 부부인 듯한 안팎 노인. 〔×〕
Ⅱ (예) 스무 살 안팎의 나이.
〔Text=9/Freq2=12(54.5%)〕

≪앉다≫전체빈도합=992(0.0534%)

앉다 동★★★ 【Text=167/Freq1=992】
Ⅰ ① (예) [의자에/자리에] 앉다.
〔Text=163/Freq2=959(96.7%)〕
② (예) [나비가/새가] 나무에 앉다.
〔Text=9/Freq2=15(1.5%)〕
③ (예) 남향으로 앉은 사랑채.
〔Text=1/Freq2=2(0.2%)〕
④ (예) [자리에/지위에] 앉다.
〔Text=3/Freq2=5(0.5%)〕
Ⅱ (예) 먼지가 뽀얗게 앉다.
〔Text=4/Freq2=4(0.4%)〕
Ⅲ <앉아서> (예) 이대로 앉아서 당하다.
〔Text=3/Freq2=3(0.3%)〕
관<귀에 딱지가 앉다> 〔×〕
관<놀고 앉았다> 〔×〕
관<돈방석에 앉다> 〔×〕
관<머리에 서리가 앉다> 〔×〕
관<바늘방석에 앉다>
〔Text=1/Freq2=1(0.1%)〕
ⓧ 〔Text=3/Freq2=3(0.3%)〕

≪앉히다≫전체빈도합=38(0.0020%)

앉히다 동 【Text=28/Freq1=38】
① (예) 나를 [사무실에/옆에] 앉히다.
〔Text=25/Freq2=33(86.8%)〕
② (예) 지붕에 기와를 앉히다.
〔Text=2/Freq2=2(5.3%)〕
③ (예) 친척을 요직에 앉히다.
〔Text=1/Freq2=1(2.6%)〕
ⓧ 〔Text=1/Freq2=2(5.3%)〕

≪않다≫전체빈도합=6,150(0.3312%)

않다¹ 동보★★☆ 【Text=210/Freq1=4,245(69%)】
❶ (예) [말하지/음식을 가리지] 않다.
않다² 형보★★☆
【Text=191/Freq1=1,261(20.5%)】
❶ (예) [아프지/춥지] 않다.
않다^{01} 동보★★☆ 【Text=159/Freq1=586(9.5%)】
❶ (예) 불의를 보고만 있지 않는다.
〔Text=139/Freq2=335(57.2%)〕
❷ (예) 혼자 가고 싶지 않다.
〔Text=114/Freq2=251(42.8%)〕
않다^{02} 동☆☆★ 【Text=35/Freq1=58(0.9%)】
❶ (예) 공부 않는 놈./꼼짝 않다.

≪알≫전체빈도합=61(0.0033%) [165]

알¹ 명★☆★ 【Text=29/Freq1=61】
Ⅰ ①㉠ (예) [물고기가/벌레가/새가] 알을
까다. 〔Text=10/Freq2=29(47.5%)〕
㉡ (예) 암탉이 알을 낳다.
〔Text=5/Freq2=5(8.2%)〕
② (예) 보리에 알이 통통하게 들다.
〔Text=3/Freq2=4(6.6%)〕
③ (예) 안경의 한 쪽 알이 빠지다.
〔Text=3/Freq2=5(8.2%)〕
Ⅱ (예) 사탕 두 알.
〔Text=10/Freq2=17(27.9%)〕
관<꿩 먹고 알 먹다> 〔×〕
ⓧ 〔Text=1/Freq2=1(1.6%)〕

≪알다≫전체빈도합=2,625(0.1414%)

알다 동★★★ 【Text=203/Freq1=2,625】
Ⅰ ① (예) [까닭을/사실을/그 말이 사실인 것을]
알다. 〔Text=193/Freq2=1,630(62.1%)〕
② (예) [글자를/영어를/외국어를] 알다.
〔Text=46/Freq2=135(5.1%)〕
③<-을 줄 알다> (예) [운전할/참을] 줄
알다. 〔Text=57/Freq2=79(3%)〕
④ (예) [마음을/멋을/음악을] 알다.
〔Text=58/Freq2=100(3.8%)〕
⑤ (예) 유 선생을 잘 알다./아는 체를 하다.
/알고 지내는 사이.
〔Text=68/Freq2=122(4.6%)〕
⑥ (예) [은혜를/주제를/창피를] 알다.
〔Text=15/Freq2=18(0.7%)〕
⑦<-만 알다> (예) [돈만/자기만] 알다.
〔Text=1/Freq2=1(0%)〕
⑧<알아 주다> (예) 마음을 알아 주다.
〔Text=3/Freq2=4(0.2%)〕
⑨ (예) 내가 알 바가 아니다./내가 알 게
뭐야. 〔Text=3/Freq2=5(0.2%)〕
⑩<알아서> (예) 알아서 처리하다.
〔Text=18/Freq2=29(1.1%)〕

---

165) 『연세 한국어 사전』의 '알^2'(예:알몸, 알사탕, 알거지)는 말뭉치의 분석에 적용하지 않았으므로 제
외한다.

❶ (예) [이름을/주소를] 알다.
〔Text=43/Freq2=59(2.2%)〕
Ⅱ (예) 고맙게 알다./누이를 어머니로 알고 자라다./끝난 걸로 알다./까불면 맞을 줄 알아. 〔Text=81/Freq2=179(6.8%)〕
㉮ <-는 법을 알다> 밥 짓는 법을 알다.
〔Text=4/Freq2=6(0.2%)〕
㉮ <알게 모르게>
〔Text=6/Freq2=6(0.2%)〕
㉮ <알겠다>/ <알았다>
⓪ (예) 예, 알았습니다.(대답)
〔Text=51/Freq2=116(4.4%)〕
❶ (예) 알겠니?/알았지?(물음)
〔Text=26/Freq2=38(1.4%)〕
㉮ <알고 [보니/보면]>
〔Text=16/Freq2=22(0.8%)〕
㉮ <알다가도 모를>
〔Text=8/Freq2=11(0.4%)〕
㉮ <알다시피>/ <아시다시피>
〔Text=8/Freq2=12(0.5%)〕
㉮ <알만한 ~> 〔Text=3/Freq2=5(0.2%)〕
㉮ <알아 [내다/보다]>
〔Text=26/Freq2=41(1.6%)〕
㉮ <알아 듣다> 〔Text=4/Freq2=5(0.2%)〕
ⓧ 〔Text=2/Freq2=2(0.1%)〕

≪알리다≫전체빈도합=330(0.0178%)

알리다 통★★★ 【Text=124/Freq1=330】
Ⅰ ① (예) 동료들에게 [상황을/소식을/외출한다는 것을] 알리다.
〔Text=45/Freq2=93(28.2%)〕
② (예) [문화를/스스로를/제품을] 널리 알리다. 〔Text=33/Freq2=63(19.1%)〕
❸ (예) 그가 알려 준 대로 하다.
〔Text=21/Freq2=30(9.1%)〕
Ⅱ (예) 다방 입구를 알리는 문./시계가 정오를 알리다. 〔Text=38/Freq2=54(16.4%)〕
㉮ <알려지다> [166]
Ⅰ (예) 사고 소식이 알려지다.
〔Text=32/Freq2=59(17.9%)〕
Ⅱ (예) 이름깨나 알려진 회사.
〔Text=25/Freq2=31(9.4%)〕

≪알맞다≫전체빈도합=227(0.0122%)

알맞다 형★★★ 【Text=74/Freq1=227】
Ⅰ ① (예) [밤을 지내기에/소나무 생육에] 알맞다. 〔Text=51/Freq2=167(73.6%)〕
② (예) 잘못했다간 봉변당하기 알맞다.
〔Text=15/Freq2=18(7.9%)〕
Ⅱ (예) 약을 알맞게 [섞다/쓰다].
〔Text=26/Freq2=42(18.5%)〕

≪알아듣다≫전체빈도합=88(0.0047%)

알아듣다 통★★☆ 【Text=47/Freq1=88】
① (예) [말을/얘기를/용어를] 알아듣다.
〔Text=43/Freq2=80(90.9%)〕
② (예) 목소리를 알아듣다.
〔Text=5/Freq2=7(8%)〕
❸ (예) 컴퓨터의 OS가 명령어를 알아듣다.
〔Text=1/Freq2=1(1.1%)〕

≪알아맞히다≫전체빈도합=26(0.0014%)

알아맞히다 통 【Text=11/Freq1=26】
① (예) [답을/문제를] 알아맞히다.
〔Text=5/Freq2=16(61.5%)〕
② (예) [미래를/앞일을] 잘 알아맞히다.
〔Text=6/Freq2=10(38.5%)〕

≪알아보다≫전체빈도합=1,137(0.0612%)

알아보다 통★★☆ 【Text=118/Freq1=1,137】
① (예) [경위를/결과를] 알아보다.
〔Text=94/Freq2=1,079(94.9%)〕
② (예) 얼굴을 첫눈에 알아보다.
〔Text=16/Freq2=17(1.5%)〕
③ (예) 사람을 전혀 알아보지 못하다.
〔Text=24/Freq2=37(3.3%)〕
④ ㉠ (예) 그림의 뜻을 알아보다. 〔ⓧ〕
㉡ (예) [떡잎을/재능을] 알아보다.
〔Text=1/Freq2=1(0.1%)〕
⑤ (예) [일거리를/직장을] 알아보다.
〔Text=3/Freq2=3(0.3%)〕

≪알아주다≫전체빈도합=15(0.0008%)

알아주다 통 【Text=12/Freq1=15】
① (예) 동네에서 알아주는 멋쟁이.
〔Text=8/Freq2=8(53.3%)〕
② (예) 남의 [사정을/형편을] 알아주다.
〔Text=4/Freq2=7(46.7%)〕

≪알아차리다≫전체빈도합=18(0.0010%)

---

166) 『연세 한국어 사전』에는 '알려지다'가 독립된 올림말로 실려 있으나 말뭉치의 분석에서는 '알다'와 보조동사 '지다'의 결합형으로 분석하였다.

알아차리다 동 【Text=14/Freq1=18】
① (예) 위험하다는 사실을 알아차리다.
〔Text=10/Freq2=12(66.7%)〕
② (예) 돌아가는 낌새를 알아차리다.
〔Text=6/Freq2=6(33.3%)〕

≪알아채다≫전체빈도합=18(0.0010%)

알아채다 동 【Text=15/Freq1=18】
⓪ (예) [눈치를/정체를] 알아채다.

≪앓다≫전체빈도합=56(0.0030%)

앓다 동★★★ 【Text=38/Freq1=56】
① (예) [감기를/병을] 앓다.
〔Text=32/Freq2=49(87.5%)〕
② (예) [속만/속으로/혼자] 끙끙 앓다.
〔Text=3/Freq2=3(5.4%)〕
❸ (예) 세계 경제가 몸살을 앓다.
〔Text=1/Freq2=1(1.8%)〕
㊃<골머리를 앓다>
〔Text=2/Freq2=2(3.6%)〕
㊃<벙어리 냉가슴 앓다>
〔Text=1/Freq2=1(1.8%)〕
㊃<앓느니 죽지> 〔×〕
㊃<앓는 소리> 〔×〕

≪암≫전체빈도합=27(0.0015%) 167)

암¹ 명 【Text=0/Freq1=0】 ⓧ
⓪ (예) 암과 수의 구별. 〔×〕
암² 명 【Text=12/Freq1=21(77.8%)】
⓪ (예) 암(癌)에 걸리다.
암³ 감 【Text=6/Freq1=6(22.2%)】
⓪ (예) 암, 그렇고 말고요.

≪압력≫전체빈도합=27(0.0015%)

압력 명 【Text=15/Freq1=27】
① (예) 물의 압력(壓力)이 세다.
〔Text=1/Freq2=1(3.7%)〕
② (예) 신문사에 압력을 넣다.
〔Text=14/Freq2=26(96.3%)〕
㊃<압력 단체> 〔×〕

≪앞≫전체빈도합=1,474(0.0794%)

앞 명★★★ 【Text=197/Freq1=1,474】
① (예) 안개로 앞이 안 보이다.
〔Text=137/Freq2=575(39%)〕
② (예) 물건의 앞/앞 머리카락.
〔Text=27/Freq2=37(2.5%)〕
③ (예) 앞의 이야기./주인공의 앞 세대.
〔Text=57/Freq2=89(6%)〕
④ (예) 어른들 앞에서 조심하다.
〔Text=104/Freq2=212(14.4%)〕
⑤ (예) 앞을 내다보다./앞에 닥친 생활에 허덕이다. 〔Text=24/Freq2=48(3.3%)〕
⑥ (예) 노안으로 앞이 침침하다.
〔Text=5/Freq2=6(0.4%)〕
⑦ (예) 앞으로 [잘하다/전망이 좋다].
〔Text=106/Freq2=272(18.5%)〕
⑧ (예) [총칼/현실] 앞에 좌절하다.
〔Text=32/Freq2=48(3.3%)〕
⑨ (예) 한 사람 앞에 두 개씩 나누어 주다.
〔×〕
⑩ (예) 홍길동 앞. 〔Text=3/Freq2=4(0.3%)〕
⓫ (예) 텔레비전 앞에 앉아 있다.
〔Text=69/Freq2=167(11.3%)〕
㊃<앞(날)이 창창하다> 〔×〕
㊃<앞드 뒤도 [모르다/없다]> 〔×〕
㊃<앞에 나서다>
① (예) 남을 제치고 앞에 나서다.
〔Text=1/Freq2=1(0.1%)〕
② (계) 강연을 위해 남 앞에 나서다.
〔Text=1/Freq2=1(0.1%)〕
③ (예) 데모할 때 남 앞에 나서다. 〔×〕
㊃<앞에 [놓다/두다]> 결혼을 앞에 놓고 초조하다. 〔Text=2/Freq2=2(0.1%)〕
㊃<앞을 가리다> 〔×〕
㊃<앞을 내다보다> 〔×〕
㊃<앞(을) 다투다> 모두 앞 다투어 뛰다.
〔Text=5/Freq2=5(0.3%)〕
㊃<앞을 막다> 〔×〕
㊃<앞을 못 보다>
① (예) 앞을 못 보는 심 봉사.
〔Text=2/Freq2=4(0.3%)〕
② (예) 한 치 앞을 못 보는 정국. 〔×〕
㊃<앞이 [깜깜하다/캄캄하다]>
① (예) 앞이 캄캄해 넘어지다. 〔×〕
② (예) 큰일을 당해 앞이 깜깜하다.
〔Text=2/Freq2=2(0.1%)〕
㊃<코 앞에 닥치다>
〔Text=1/Freq2=1(0.1%)〕

---

167) 『연세 한국어 사전』의 '암⁴'(예:암소), '암⁵'(예:암시장), '-암⁶'(예:화강암), '-암⁷'(예:석굴암)은 말뭉치의 분석에 적용하지 않았으므로 제외한다.

≪앞날≫전체빈도합=32(0.0017%)

앞날 몡 【Text=18/Freq1=32】
　⓪ (예) 아이들의 앞날이 밝다.

≪앞두다≫전체빈도합=33(0.0018%)

앞두다 동 【Text=23/Freq1=33】
　⓪ (예) [선거를/큰일을] 앞두다.

≪앞뒤≫전체빈도합=40(0.0022%)

앞뒤 몡 【Text=28/Freq1=40】
　① (예) 몸이 앞뒤로 흔들리다.
　　〔Text=18/Freq2=21(52.5%)〕
　② (예) 일의 앞뒤를 헤아리다.
　　〔Text=3/Freq2=3(7.5%)〕
　③ (예) 글은 앞뒤의 연결이 중요하다.
　　〔Text=8/Freq2=13(32.5%)〕
　관<[앞뒤가/앞뒤로] 꽉 막히다>
　　〔Text=2/Freq2=2(5%)〕
　관<앞뒤가 (안) 맞다>
　　〔Text=1/Freq2=1(2.5%)〕
　관<앞뒤를 재다> 〔×〕

≪앞바다≫전체빈도합=18(0.0010%)

앞바다 몡 【Text=12/Freq1=18】
　① (예) [마을/인천] 앞바다.
　　〔Text=12/Freq2=18(100%)〕
　② (예) 한반도 앞바다와 먼바다의 일기예보.
　　〔×〕

≪앞서다≫전체빈도합=88(0.0047%)

앞서다 동★★☆ 【Text=50/Freq1=88】
　Ⅰ① (예) 형이 앞서서 걷다.
　　　〔Text=13/Freq2=16(18.2%)〕
　　② (예) 10년 이상 앞서다.
　　　〔Text=14/Freq2=14(15.9%)〕
　　③ (예) 남보다 앞서서 봉사하다. 〔×〕
　　④ (예) 감정이 이성보다 앞서다.
　　　〔Text=6/Freq2=9(10.2%)〕
　Ⅱ① (예) 앞차를 앞서려고 속도를
　　　올리다. 〔×〕
　　② (예) [경쟁자를/미국을] 앞서다. 〔×〕
　　③ (예) [능력이/수준이] 앞서다.
　　　〔Text=8/Freq2=8(9.1%)〕
　Ⅲ① (예) 학문에 앞서 품격을 갖추다.
　　　〔Text=12/Freq2=19(21.6%)〕

　② (예) 앞서 언급한 사실.
　　〔Text=8/Freq2=15(17%)〕
　관<앞서거니 뒤서거니>
　　〔Text=2/Freq2=2(2.3%)〕
　x 〔Text=4/Freq2=5(5.7%)〕

≪앞세우다≫전체빈도합=23(0.0012%)

앞세우다 동 【Text=19/Freq1=23】
　① (예) 딸을 앞세우고 집을 나서다.
　　〔Text=10/Freq2=11(47.8%)〕
　② (예) 흥분해서 고함부터 앞세우다.
　　〔Text=4/Freq2=4(17.4%)〕
　③㉠ (예) 경찰을 앞세워 권력을 유지하다.
　　〔Text=1/Freq2=1(4.3%)〕
　　㉡ (예) 어릴 적 인연을 앞세워 부탁하다.
　　〔Text=1/Freq2=1(4.3%)〕
　④ (예) [주장을/체면을] 앞세우다.
　　〔Text=5/Freq2=5(21.7%)〕
　⑤ (예) 자식을 앞세우고 손녀와 살다. 〔×〕
　관<말만 앞세우다> 〔Text=1/Freq2=1(4.3%)〕

≪앞장≫전체빈도합=19(0.0010%)

앞장 몡 【Text=14/Freq1=17(89.5%)】
　⓪ (예) 모든 일에 앞장을 서다.

앞장⁰ 몡 【Text=2/Freq1=2(11%)】
　❶ (예) 책의 앞장(張).

≪앞장서다≫전체빈도합=16(0.0009%)

앞장서다 동 【Text=14/Freq1=16】
　Ⅰ (예) 그가 앞장서서 안으로 들어가다.
　　〔Text=9/Freq2=9(56.3%)〕
　Ⅱ (예) [개혁에/일에] 앞장서다.
　　〔Text=5/Freq2=7(43.8%)〕

≪애≫전체빈도합=411(0.0221%) [168]

애¹ 몡 【Text=1/Freq1=1(0.2%)】
　⓪ (예) '애'와 '에'의 구분.

애² 몡 【Text=24/Freq1=29(7.1%)】
　관<애가 달다> 〔Text=1/Freq2=1(3.4%)〕
　관<애(가) 마르다> 〔Text=1/Freq2=1(3.4%)〕
　관<애(가) 타다> 〔Text=1/Freq2=1(3.4%)〕
　관<애(가) 터지다> 〔×〕
　관<애를 먹다> 〔Text=2/Freq2=2(6.9%)〕
　관<애를 먹이다> 〔Text=1/Freq2=1(3.4%)〕
　관<애를 쓰다> 〔Text=17/Freq2=22(75.9%)〕

---

[168] 『연세 한국어 사전』의 '애 ⁴(예:애호박)', '-애⁵(예:조국애)는 말뭉치의 분석에 적용하지 않았으므로 제외한다.

㉄ <애를 태우다> 〔Text=1/Freq2=1(3.4%)〕
애³ 명 ★★★ 【Text=63/Freq1=381(92.7%)】 169)
　① (예) 애를 보다./어린 애들.
　　〔Text=34/Freq2=171(44.9%)〕
　② (예) 부모가 애의 기분을 살피다.
　　〔Text=27/Freq2=85(22.3%)〕
　❸ (예) [같은 반/총무과/친구] 애들.
　　〔Text=13/Freq2=90(23.6%)〕
　❹ (예) 가게에서 일하는 애.
　　〔Text=12/Freq2=35(9.2%)〕
　㉄ <애(가) 떨어지다> 〔×〕
　㉄ <애를 떼다> 〔×〕
≪애국자≫전체빈도합=17(0.0009%)
애국자 명 　【Text=11/Freq1=17】
　① (예) 애국자(愛國者)가 되다.
≪애기≫전체빈도합=50(0.0027%)
애기 명 　【Text=14/Freq1=50】
　① (예) 애기를 낳다.
　　〔Text=14/Freq2=49(98%)〕
　❶ (예) 사무실 애기들이 일을 잘하다.
　　〔Text=1/Freq2=1(2%)〕
≪애쓰다≫전체빈도합=118(0.0064%)
애쓰다 동 ★☆☆ 【Text=66/Freq1=118】
　① (예) 애써 태연하려고 노력하다.
　　〔Text=21/Freq2=25(21.2%)〕
　❶ (예) 오해를 풀려고 애쓰다.
　　〔Text=34/Freq2=50(42.4%)〕
　❷ (예) 나라를 위해 애쓰다.
　　〔Text=19/Freq2=41(34.7%)〕
　❸ (예) 학문 연구에 애쓰다.
　　〔Text=1/Freq2=1(0.8%)〕
　❹ (예) 욕을 배우지 못해 애쓰다.
　　〔Text=1/Freq2=1(0.8%)〕
≪애인≫전체빈도합=42(0.0023%)
애인 명 ☆★★ 【Text=14/Freq1=42】
　① (예) 애인(愛人)이 생기다.
≪애정≫전체빈도합=62(0.0033%)
애정¹ 명 　【Text=29/Freq1=62(100%)】
　① (예) 부모의 애정(愛情)을 느끼다.
　　〔Text=21/Freq2=39(62.9%)〕
　② (예) 그에 대한 애정이 남아 있다.

　　〔Text=12/Freq2=23(37.1%)〕
애정² 명 　【Text=0/Freq1=0】 ⓧ
　① (예) 병자들에게 애정(哀情)을 느끼다. 〔×〕
≪애초≫전체빈도합=27(0.0015%)
애초 명 　【Text=17/Freq1=27】
　Ⅰ (예) 애초의 계획대로 되다.
　　〔Text=17/Freq2=22(81.5%)〕
　Ⅱ (예) 어초 상대가 되지도 못 하다.
　　〔Text=3/Freq2=5(18.5%)〕
≪애타다≫전체빈도합=15(0.0008%)
애타다 동 　【Text=11/Freq1=15】
　① (예) 애타게 [기다리다/찾다].
≪야≫전체빈도합=263(0.0142%)
야¹ 명 　【Text=0/Freq1=0】 ⓧ
　① (예) '야'에 받침 'ㄱ'을 붙이다. 〔×〕
야² 명 　【Text=0/Freq1=0】 ⓧ
　① (예) 왕의 부름에 응하지 않고 야(野)에 머물다. 〔×〕
　② (예) 여와 야의 대립. 〔×〕
야³ 감 ★★☆ 【Text=83/Freq1=262(99.6%)】
　☞ 야아.
　Ⅰ ① (예) 야, 비가 금방 그치네.
　　　〔Text=37/Freq2=52(19.8%)〕
　　② (예) 야, 신난다. 이제 방학이다.
　　　〔Text=14/Freq2=17(6.5%)〕
　Ⅱ ① (예) 야, 빨리 와.
　　　〔Text=42/Freq2=143(54.6%)〕
　　② (예) 야, 임마./야, 너 이리 와.
　　　〔Text=19/Freq2=50(19.1%)〕
야ˣ ? 　【Text=1/Freq1=1(0.4%)】
≪야구≫전체빈도합=45(0.0024%)
야구 명 ★★★ 【Text=24/Freq1=45】
　① (예) 야구(野球) 선수.
≪야단≫전체빈도합=38(0.0020%)
야단 명 ☆★☆ 【Text=28/Freq1=38】
　Ⅰ ① (예) 지갑이 없어졌다고 야단(惹端)이 나다. 〔Text=5/Freq2=5(13.2%)〕
　　② (예) 주인에게 야단을 맞다.
　　　/선생님이 아이에게 야단을 치다.
　　　〔Text=16/Freq2=19(50%)〕
　Ⅱ <야단디다>

---

169) 『연세 한국어 사전』에서는 '애³'를 "'아이'의 준말"이라고만 기술하고 있는데, 여기서는 '아이¹'의 의미 구분에 따라 용법을 상세히 나누어 기술한다.

① (예) 얼른 일어나라고 야단이다.
  〔Text=12/Freq2=13(34.2%)〕
② (예) 농사를 망쳤으니 야단이다.
  〔Text=1/Freq2=1(2.6%)〕

≪야아≫전체빈도합=15(0.0008%) 170)
야아⁰ 깜 【Text=11/Freq1=15】 ☞ 야³.
Ⅰ ❶ (예) 야아, 비가 금방 그치네.
  〔Text=6/Freq2=10(66.7%)〕
  ❷ (예) 야아, 신난다. 이제 방학이다.
  〔Text=2/Freq2=2(13.3%)〕
Ⅱ ❶ (예) 야아, 빨리 와.
  〔Text=2/Freq2=2(13.3%)〕
  ❷ (예) 야아, 임마./야아, 너 이리 와.
  〔Text=1/Freq2=1(6.7%)〕

≪야외≫전체빈도합=18(0.0010%)
야외 명 【Text=11/Freq1=18】
① (예) 야외(野外)로 놀러 가다.
  〔Text=3/Freq2=4(22.2%)〕
② (예) 야외 [무대/촬영].
  〔Text=8/Freq2=14(77.8%)〕

≪야채≫전체빈도합=7(0.0004%)
야채 명 ☆★★ 【Text=6/Freq1=7】
⓪ (예) 야채(野菜)를 먹다.

≪약≫전체빈도합=267(0.0144%)
약¹ 명 【Text=11/Freq1=17(6.4%)】
⓪ (예) 약이 오르다./약을 올리다.
약² 명★★★ 【Text=52/Freq1=148(55.4%)】
① (예) 혈압을 낮추는 약(藥)을 먹다.
  〔Text=45/Freq2=136(91.9%)〕
② (예) 과수원에 약을 치다.
  〔Text=3/Freq2=3(2%)〕
③ (예) [살 빼는/잠 안 오는] 약을 먹다.
  〔Text=2/Freq2=3(2%)〕
④ (예) 어려움을 겪는 것도 후일의 약이 되다.
  〔Text=5/Freq2=5(3.4%)〕
  관<약을 팔다> 약 그만 팔고 본론에 들어가다. 〔Text=1/Freq2=1(0.7%)〕
약³ 관★★★ 【Text=43/Freq1=102(38.2%)】
⓪ (예) 약(約) 100년 동안.

≪약간≫전체빈도합=169(0.0091%)
약간¹ 명 【Text=25/Freq1=35(20.7%)】

⓪ (예) 밭뙈기 약간(若干)./약간의 통증.
약간² 튀★★☆ 【Text=67/Freq1=134(79.3%)】
  ⓪ (예) 다리를 약간(若干) 절다./약간 얼굴을 붉히다. 〔Text=66/Freq2=130(97%)〕
  ❶ (예) 내가 약간, 군대 갔을 때, 약간…
  〔Text=3/Freq2=4(3%)〕

≪약국≫전체빈도합=14(0.0008%)
약국 명 ☆★★ 【Text=10/Freq1=14】
⓪ (예) 약국(藥局)에서 약을 사다.

≪약속≫전체빈도합=211(0.0114%)
약속 명★★★ 【Text=79/Freq1=211】
⓪ (예) 약속(約束)을 지키다.

≪약속하다≫전체빈도합=63(0.0034%)
약속하다 동★★☆ 【Text=39/Freq1=63】
⓪ (예) 담배를 끊기로 약속(約束)하다.

≪약수터≫전체빈도합=33(0.0018%)
약수터 명 【Text=10/Freq1=33】
⓪ (예) 약수(藥水)터에서 물을 마시다.

≪약하다≫전체빈도합=89(0.0048%)
약하다 형★★★ 【Text=56/Freq1=89】
Ⅰ ① (예) 주먹이 약(弱)하다.
  〔Text=27/Freq2=46(51.7%)〕
  ② (예) [기둥이/몸이] 약하다.
  〔Text=17/Freq2=20(22.5%)〕
  ③ (예) [각오가/마음이/의지가] 약하다.
  〔Text=7/Freq2=9(10.1%)〕
  ④ (예) [관련성이/변별성이] 약하다.
  〔Text=5/Freq2=6(6.7%)〕
Ⅱ ① (예) 비단은 좀에 약하다.
  〔Text=6/Freq2=6(6.7%)〕
  ② (예) [노래에/수학이] 약하다. 〔×〕
  ⓧ 〔Text=2/Freq2=2(2.2%)〕

≪얇다≫전체빈도합=36(0.0019%)
얇다 형 ☆☆★ 【Text=22/Freq1=36】
① (예) 얇은 이불을 덮다.
  〔Text=21/Freq2=35(97.2%)〕
② (예) 지식층의 폭이 얇다.
  〔Text=1/Freq2=1(2.8%)〕

≪양≫전체빈도합=177(0.0095%) 171)

---

170) 『연세 한국어 사전』의 '야³'의 의미 구분에 따라 '야아'를 기술하기로 한다.
171) 『연세 한국어 사전』의 '양 ⁹'(예:양손), '양 ¹⁰'(예:양담배)는 말뭉치의 분석에 적용하지 않았으므로

양¹ 명　【Text=9/Freq1=18(10.2%)】
　① (예) 양(羊)을 기르다.
　　〔Text=9/Freq2=18(100%)〕
　② (예) 목사로서 양들을 잘 이끌다. 〔×〕
양² 명★★★　【Text=40/Freq1=71(40.1%)】
　① (예) 양(量)보다 질을 따지다.
　　〔Text=36/Freq2=63(88.7%)〕
　② (예) 자기의 양만큼 밥을 먹다.
　　〔Text=6/Freq2=8(11.3%)〕
　㊀ <양에 차다>
　　① (예) 밥이 양에 차지 않다. 〔×〕
　　② (예) 결과가 양에 차지 않다. 〔×〕
양³ 명　【Text=2/Freq1=3(1.7%)】
　⓪ (예) 음과 양(陽)의 조화.
　　〔Text=2/Freq2=3(100%)〕
　㊀ <음으로 양으로>
　　음으로 양으로 도움을 주다. 〔×〕
양⁴ 명　【Text=1/Freq1=1(0.6%)】
　⓪ (예) 사회 과목에서 양(良)을 받다.
양⁵ 명　【Text=0/Freq1=0】 ⓧ
　⓪ (예) 소의 양(䑋)을 볶아 먹다. 〔×〕
양⁶ 명의☆★　【Text=28/Freq1=48(27.1%)】
　① (예) 형이 동생 하는 양을 바라보다.
　　〔Text=4/Freq2=6(12.5%)〕
　② (예) 둘이 서로 모르는 사이인 양 따로 떨어져
　　걷다. 〔Text=21/Freq2=38(79.2%)〕
　③ (예) 밥이나 얻어먹을 양으로 군대에
　　들어가다. 〔Text=3/Freq2=4(8.3%)〕
　④ (예) 그와 마주칠 양이면 늘 외면하다. 〔×〕
양⁷ 명의　【Text=8/Freq1=16(9%)】
　⓪ (예) 서가영 양(孃).
양⁸ 관　【Text=15/Freq1=19(10.7%)】
　⓪ (예) 양(兩) [극단/끝/어깨/옆].
양ˣ ?　【Text=1/Freq1=1(0.6%)】

≪양념≫ 전체빈도합=16(0.0009%)
　양념 명☆☆　【Text=13/Freq1=16】
　① (예) 요리에 양념을 넣다.
　　〔Text=10/Freq2=13(81.3%)〕
　② (예) 불평을 양념 삼아 얘기를 나누다.
　　〔Text=3/Freq2=3(18.8%)〕

≪양말≫ 전체빈도합=39(0.0021%)
　양말 명☆★★　【Text=20/Freq1=39】
　⓪ (예) 양말(洋襪)을 [벗다/신다].

제외한다.

≪양반≫ 전체 빈도합=82(0.0044%)
　양반 명★★☆　【Text=36/Freq1=82】
　① (예) 양반(兩班) 집안에서 자라다.
　　〔Text=18/Freq2=44(53.7%)〕
　② (예) 사람은 양반인데, 경제력이 없다.
　　〔Text=1/Freq2=1(1.2%)〕
　③ (예) 우리 주인 양반.
　　〔Text=2/Freq2=2(2.4%)〕
　④ (예) 젊은 양반-/이 답답한 양반아.
　　〔Text=16/Freq2=30(36.6%)〕
　㊀ <수염이 석 자라도 먹어야 양반>
　　〔Text=1/Freq2=2(2.4%)〕
　㊀ <양반이다> 김치 냄새는 치즈 냄새보다
　　양반이다. 〔Text=3/Freq2=3(3.7%)〕

≪양보하다≫ 전체빈도합=32(0.0017%)
　양보하다 동　【Text=22/Freq1=32】
　① (예) 노인에게 자리를 양보(讓步)하다.
　　〔Text=18/Freq2=24(75%)〕
　② (예) 백보 양보해서 내가 잘못했다 치자.
　　〔Text=6/Freq2=8(25%)〕

≪양복≫ 전체빈도합=35(0.0019%)
　양복 명☆★★　【Text=19/Freq1=35】
　⓪ (예) 양복(洋服)을 입다.
　　〔Text=16/Freq2=28(80%)〕
　❶ (예) 한복은 양복보다 편하다.
　　〔Text=3/Freq2=7(20%)〕

≪양산≫ 전체빈도합=5(0.0003%)
　양산¹ 명☆☆★　【Text=2/Freq1=3(60%)】
　⓪ (예) 햇볕을 가리려고 양산(陽傘)을 쓰다.
　양산² 명　【Text=1/Freq1=2(40%)】
　⓪ (예) 제품의 양산(量産)에 들어가다.

≪양식≫ 전체빈도합=90(0.0048%)
　양식¹ 명　【Text=3/Freq1=3(3.3%)】
　⓪ (예) 양식(良識)에 따라 판단하다.
　　/사람이 양식이 없다.
　양식² 명　【Text=12/Freq1=59(65.6%)】
　① (예) 표현 양식(樣式)이 다르다.
　　〔Text=8/Freq2=13(22%)〕
　② (예) 전통 양식을 고수하다.
　　〔Text=2/Freq2=5(8.5%)〕
　③ (예) 서양의 건축 양식.
　　〔Text=7/Freq2=40(67.8%)〕

④ (예) 정해진 서류 양식을 따르다.
　　　〔Text=1/Freq2=1(1.7%)〕
양식³ 명 ★☆★　【Text=14/Freq1=20(22.2%)】
① (예) 일 년 먹을 양식(糧食).
　　　〔Text=11/Freq2=15(75%)〕
② (예) [마음의/정신의] 양식.
　　　〔Text=3/Freq2=5(25%)〕
양식⁴ 명　【Text=3/Freq1=3(3.3%)】
⓪ (예) 양식(洋食)보다 한식을 즐겨 먹다.
양식⁵ 명　【Text=0/Freq1=0】 ⓧ
⓪ (예) 지붕을 양식(洋式)으로 하다. 〔×〕
양식⁶ 명　【Text=3/Freq1=5(5.6%)】
⓪ (예) 굴 양식(養殖).

≪**양심**≫ 전체빈도합=53(0.0029%)

양심¹ 명　【Text=31/Freq1=53(100%)】
⓪ (예) 양심(良心)의 가책을 느끼다.
　　　〔Text=31/Freq2=53(100%)〕
　관 <양심 선언> 〔×〕
양심² 명　【Text=0/Freq1=0】 ⓧ
⓪ (예) 양심(兩心)을 품다. 〔×〕

≪**양쪽**≫ 전체빈도합=56(0.0030%)

양쪽 명 ★☆★　【Text=38/Freq1=56】
⓪ (예) 양(兩)쪽에서 팔을 끼다.

≪**얕다**≫ 전체빈도합=16(0.0009%)

얕다 형 ☆☆★　【Text=13/Freq1=16】
① ㉠ (예) [강물이/바다가] 얕다.
　　　〔Text=4/Freq2=5(31.3%)〕
　㉡ (예) 얕은 잠에서 깨어나다.
　　　〔Text=3/Freq2=5(31.3%)〕
② (예) 경험이 얕다./얕은 지식.
　　　〔Text=5/Freq2=5(31.3%)〕
③ (예) [생각이/심지가] 얕다./얕은 생각으로 꾀를 부리다. 〔Text=1/Freq2=1(6.3%)〕
④ (예) 얕은 산에 사는 나무. 〔×〕

≪**애**≫ 전체빈도합=201(0.0108%)

애¹ 명　【Text=0/Freq1=0】 ⓧ
⓪ (예) '애'를 발음하다. 〔×〕
애² 대　【Text=21/Freq1=80(39.8%)】 ¹⁷²⁾
⓪ (예) 애는 바나나를 제일 좋아해요.
애³ 대 ★★☆　【Text=55/Freq1=121(60.2%)】 ¹⁷³⁾
① (예) 애, 싫다./애들아, 엄마 왔다.
　　　〔Text=37/Freq2=80(66.1%)〕
② (예) 그런 바보는 처음 본다, 애.
　　　〔Text=3/Freq2=3(2.5%)〕
③ (예) 애는, 걔가 몇 살인데?
　　　〔Text=5/Freq2=5(4.1%)〕
❹ (예) 애, 네 수다는 여전하구나.
　　　〔Text=19/Freq2=30(24.8%)〕
　ⓧ 〔Text=3/Freq2=3(2.5%)〕

≪**얘기**≫ 전체빈도합=640(0.0345%) ¹⁷⁴⁾

얘기 명 ★★☆　【Text=105/Freq1=640】
　☞ 이야기.
① (예) 소녀가장 전나영 양의 얘기를 소개하다. 〔Text=57/Freq2=155(24.2%)〕
② (예) 만나서 서로 얘기를 하다.
　　　〔Text=79/Freq2=384(60%)〕
③ (예) 형이 애인과 결혼한다는 얘기를 들려주다. 〔Text=15/Freq2=41(6.4%)〕
④ (예) 삼계탕의 대추가 몸에 나쁘다는 얘기가 있다. 〔Text=29/Freq2=58(9.1%)〕
　관 <얘기 꽃을 피우다> 〔×〕
　ⓧ 〔Text=2/Freq2=2(0.3%)〕

≪**얘기하다**≫ 전체빈도합=225(0.0121%) ¹⁷⁵⁾

얘기하다 동 ★★☆　【Text=72/Freq1=225】
　☞ 이야기하다.
Ⅰ (예) [그 날 일을/사연을/사정을] 얘기하다.
　　　〔Text=57/Freq2=172(76.4%)〕
Ⅱ (예) 선생님과 얘기하다.
　　　〔Text=28/Freq2=53(23.6%)〕

≪**어**≫ 전체빈도합=914(0.0492%) ¹⁷⁶⁾

어¹ 명　【Text=2/Freq1=2(0.2%)】

---

172) 『연세 한국어 사전』에서는 '걔, 애, 쟤'를 각각 '그 아이, 이 아이, 저 아이'의 준꼴(준)로 기술하고 있으나 여기서는 '대명사'로 기술한다.
173) 『연세 한국어 사전』에서는 '애³'를 감탄사로 기술하고 있으나 여기서는 '대명사'로 기술한다.
174) 『연세 한국어 사전』에서는 '얘기'를 "'이야기'의 준말"이라고만 기술하고 있는데, 여기서는 '이야기'의 의미 구분을 따라 상세히 나누어 기술한다.
175) 『연세 한국어 사전』에서는 '얘기하다'를 단일한 의미로 기술하고 있는데, 여기서는 '이야기하다'의 의미 구분을 따라 상세히 나누어 기술한다.
176) 『연세 한국어 사전』의 '어⁵'(예:어갑주), '-어⁶'(예:한국어)는 말뭉치의 분석에 적용하지 않았으므로 제외한다.

⓪ (예) '아' 다르고 '어' 다르다.
어² 〖감〗☆★ 【Text=53/Freq1=912(99.8%)】
　☞ 어어⁰.
① (예) 어, [넌 대체 뭐야?/가방 어디 갔지?]
　　〔Text=38/Freq2=88(9.6%)〕
② (예) 어~, [시원하다./아주 잘 하는데!]
　　〔Text=1/Freq2=1(0.1%)〕
③ (예) 어, [귀찮아/기분 나빠].
　　〔Text=4/Freq2=4(0.4%)〕
④ (예) 어, [맞다/이제야 생각났다].
　　〔Text=6/Freq2=7(0.8%)〕
⑤ (예) 어, 나 여기 있어.
　　〔Text=6/Freq2=6(0.7%)〕
⑥ (예) 어… 그러니까 환불해 달라는 겁니까?
　　〔Text=22/Freq2=413(45.3%)〕
❼ (예) 어, 이거? 내 가방이야.
　/A:이거냐? B:어, 그거 맞아.
　　〔Text=22/Freq2=381(41.8%)〕
❽ (예) 내 말이 맞지, 어?
　　〔Text=4/Freq2=9(1%)〕
ⓧ 〔Text=2/Freq2=3(0.3%)〕

≪어귀≫전체빈도합=22(0.0012%)

어귀 〖명〗 【Text=14/Freq1=22】
⓪ (예) [골목/다리/마을/산/시장] 어귀.

≪어긋나다≫전체빈도합=30(0.0016%)

어긋나다 〖동〗 【Text=24/Freq1=30】
Ⅰ ① (예) 톱니가 어긋나다.
　　〔Text=2/Freq2=2(6.7%)〕
② (예) 서로 [감정이/마음이] 어긋나다.
　　〔Text=1/Freq2=1(3.3%)〕
③ (예) 두 사람의 말이 서로 어긋나다.
　　〔Text=1/Freq2=1(3.3%)〕
Ⅱ ① (예) 부모의 뜻에 어긋나다.
　　〔Text=4/Freq2=5(16.7%)〕
② (예) [법에/양심에] 어긋나다.
　　〔Text=11/Freq2=15(50%)〕
Ⅲ ① (예) 사진의 [구도가/초점이] 어긋나다.
　　〔Text=2/Freq2=2(6.7%)〕
② (예) [기대가/예상이] 어긋나다.
　　〔Text=2/Freq2=2(6.7%)〕
③ (예) [계획이/일이] 어긋나다.
　　〔Text=2/Freq2=2(6.7%)〕
〖관〗<길이 어긋나다> 길이 어긋나 삼촌을 못 만나다. 〔×〕

≪어기다≫전체빈도합=22(0.0012%)

어기다 〖동〗 【Text=19/Freq1=22】
⓪ (예) [법을/약속을] 어기다.

≪어김없이≫전체빈도합=24(0.0013%)

어김없이 〖부〗 【Text=15/Freq1=24】
⓪ (예) 봄이 어김없이 찾아오다.

≪어깨≫전체빈도합=129(0.0069%)

어깨 〖명〗★★★ 【Text=69/Freq1=129】
① (예) 어깨를 [움츠리다/으쓱하다].
　　〔Text=61/Freq2=116(89.9%)〕
② (예) 양복 어깨에 얼룩이 있다.
　　〔Text=3/Freq2=3(2.3%)〕
〖관〗<어깨가 가볍다> 〔×〕
〖관〗<어깨가 무겁다> 책임을 맡아서 어깨가 무겁다. 〔Text=5/Freq2=5(3.9%)〕
〖관〗<어깨를 걸다> 〔×〕
〖관〗<어깨를 겨루다> 〔×〕
〖관〗<어깨(를) 겯다> 〔×〕
〖관〗<어깨를 나란히 하다>
　　〔Text=2/Freq2=2(1.6%)〕
〖관〗<어깨에 힘을 주다>
　　〔Text=3/Freq2=3(2.3%)〕

≪어느≫전체빈도합=1,098(0.0591%)

어느 〖관〗★★★ 【Text=188/Freq1=1,098】
① (예) 어느 것이 제 것입니까?
　　〔Text=86/Freq2=206(18.8%)〕
② (예) 비가 오는 어느 아침이었다.
　　〔Text=150/Freq2=632(57.5%)〕
③ (예) 어느 고을, 어느 마을치고 산이 없는 곳이 없다. 〔Text=62/Freq2=115(10.5%)〕
〖관〗<그 어느 때> 〔×〕
〖관〗<어느 [결/사이/새/틈]에>
　　〔Text=30/Freq2=48(4.4%)〕
〖관〗<어느 [만큼/정도]>
　　〔Text=47/Freq2=97(8.8%)〕
〖관〗<어느 세월에> 〔×〕

≪어느날♣≫전체빈도합=15(0.0008%)

어느날⁰ 〖명〗 【Text=11/Freq1=15】
Ⅰ ❶ (예) 4월의 어느날 아침.
　　〔Text=2/Freq2=3(20%)〕
Ⅱ ❶ (예) 어느날 우연히 만나다.
　　〔Text=10/Freq2=12(80%)〕

≪어느덧≫전체빈도합=30(0.0016%)

어느덧 〖부〗 【Text=25/Freq1=30】

㉠ (예) 어느덧 가을이 오다.
≪어느새≫전체빈도합=54(0.0029%)
　어느새 󰂎 【Text=35/Freq1=54】
　　㉠ (예) 책을 읽다가 어느새 잠이 들다.
≪어둠≫전체빈도합=118(0.0064%)
　어둠 󰂍 【Text=42/Freq1=118】
　　① (예) 칠흑 같은 어둠이 걷히다.
　　　　〔Text=40/Freq2=109(92.4%)〕
　　② (예) 마음을 짓누르는 어둠에 빠지다.
　　　　〔Text=5/Freq2=5(4.2%)〕
　　㉮ <어둠이 [내려앉다/내리다]>
　　　　〔Text=4/Freq2=4(3.4%)〕
≪어둡다≫전체빈도합=122(0.0066%)
　어둡다 󰂏★★★ 【Text=69/Freq1=122】
　Ⅰ ①㉠ (예) [날이/조명이] 어둡다.
　　　　〔Text=16/Freq2=20(16.4%)〕
　　　㉡ (예) [방안이/하늘이] 어둡다.
　　　　〔Text=42/Freq2=63(51.6%)〕
　　② (예) 어두운 [보라색/회색].
　　　　〔Text=2/Freq2=2(1.6%)〕
　　③ (예) 성격이 어둡다.
　　　　〔Text=2/Freq2=2(1.6%)〕
　　④ (예) [목소리가/표정이] 어둡다.
　　　　〔Text=9/Freq2=11(9%)〕
　　⑤㉠ (예) 어두운 시절을 보내다.
　　　　〔Text=7/Freq2=9(7.4%)〕
　　　㉡ (예) [장래가/전망이] 어둡다.
　　　　〔Text=1/Freq2=1(0.8%)〕
　　⑥㉠ (예) 귀가 어두워 소리를 못 듣다. 〔×〕
　　　㉡ (예) [길눈이/말귀가] 어둡다.
　　　　〔Text=3/Freq2=3(2.5%)〕
　Ⅱ (예) [물정에/사리 판단에] 어둡다.
　　　　〔Text=4/Freq2=4(3.3%)〕
　　㉮ <눈이 어둡다>
　　　① (예) 눈이 어두워서 돋보기를 쓰다.
　　　　〔Text=3/Freq2=3(2.5%)〕
　　　② (예) 돈 몇 푼에 눈이 어두워지다.
　　　　〔Text=4/Freq2=4(3.3%)〕
≪어디≫전체빈도합=1,225(0.0660%)
　어디¹ 󰂐★★★ 【Text=200/Freq1=1,079(88.1%)】
　　① (예) 어디서 웃음소리가 나다./어디를 가도 재미있다. 〔Text=125/Freq2=345(32%)〕
　　② (예) 어디로 가야 하나?/기준을 어디에 둘까? 〔Text=165/Freq2=693(64.2%)〕

　　③ (예) 여기가 어디라고 감히 떠들어?
　　　　〔Text=10/Freq2=10(0.9%)〕
　　㉮ <어디까지나> 〔Text=20/Freq2=28(2.6%)〕
　　㉮ <어디(에)다 대고> 〔×〕
　　㉮ <어디(이)다> 성의가 그게 어디야?
　　　　〔Text=3/Freq2=3(0.3%)〕
　어디² 󰂎★★☆ 【Text=88/Freq1=146(11.9%)】
　　① (예) 아무리 잘한다 해도 어디 부모와 같을까?/그게 어디 마음대로 되는 일인가. 〔Text=43/Freq2=59(40.4%)〕
　　② (예) 어디 들어오기만 해 봐.
　　　　〔Text=13/Freq2=14(9.6%)〕
　　③ (예) 어디, 나도 한번 보자.
　　　　〔Text=17/Freq2=24(16.4%)〕
　　㉮ <어디 있다> 이런 어처구니없는 일이 어디 있어?☞ 어딨다.
　　　　〔Text=36/Freq2=49(33.6%)〕
≪어디어디♣≫전체빈도합=19(0.0010%)
　어디어디⁰ 󰂐 【Text=10/Freq1=19】
　　㉠ (예) 어디어디에 [다녀오다/들르다].
≪어딨다♣≫전체빈도합=22(0.0012%)
　어딨다⁰ 󰂏 【Text=10/Freq1=22】
　　㉠ (예) 어딨다 이제 와?/그런 게 어딨어?
　　☞ 어디² 󰂮 <어디 있다>
≪어떠하다≫전체빈도합=204(0.0110%)
　어떠하다 󰂏★☆★ 【Text=72/Freq1=204】
　Ⅰ (예) 생각이 어떠하냐.
　　　/태도가 어떠하든 상관하지 않다.
　　　　〔Text=55/Freq2=160(78.4%)〕
　Ⅱ (예) 어떠한 시도도 하지 않다.
　　　/위로할 어떠한 말도 찾지 못하다.
　　　　〔Text=29/Freq2=44(21.6%)〕
≪어떡하다≫전체빈도합=61(0.0033%)
　어떡하다 󰂑☆★☆ 【Text=27/Freq1=61】
　　㉠ (예) 좋은 걸 어떡해요.
　　　/저녁 식사는 어떡하셨어요?
≪어떤≫전체빈도합=2,287(0.1232%)
　어떤 󰂮★★★ 【Text=191/Freq1=2,287】
　　① (예) 둘 중에 어떤 것입니까?
　　　　〔Text=101/Freq2=549(24%)〕
　　② (예) 저 마을에는 어떤 사람들이 살까?
　　　　〔Text=125/Freq2=756(33.1%)〕
　　③ (예) 오늘 어떤 동창을 만났다.

〔Text=115/Freq2=521(22.8%)〕
④ (예) 어떤 사람이 위험한 처지에 있다고
하자. 〔Text=88/Freq2=387(16.9%)〕
❺ (예) 우리의 사고를, 어떤, 지배하고 있는…
〔Text=8/Freq2=74(3.2%)〕

≪어떻게≫전체빈도합=2,009(0.1082%)

어떻게 [부]★★★ 【Text=205/Freq1=2,009】
① (예) 어떻게 말을 꺼내야 할까?
/도서관을 어떻게 이용하는 것이 좋은가
알아보다. 〔Text=174/Freq2=1,053(52.4%)〕
② (예) 어떻게 [생각해요?/지내셨어요?]
〔Text=162/Freq2=646(32.2%)〕
③ (예) 어떻게 이렇게 늦은 시간에 오셨어요?
〔Text=35/Freq2=50(2.5%)〕
④ (예) 어떻게 하면 나를 믿게 하지?
〔Text=90/Freq2=235(11.7%)〕
⑤ (예) 어떻게 단단히 묶었던지 줄을 풀 수가
없다. 〔Text=3/Freq2=3(0.1%)〕
❻ (예) 어떻게, 지내시기는 괜찮으세요?
〔Text=7/Freq2=9(0.4%)〕
❼ (예) 야, 어떻게 좀 해 봐.
〔Text=7/Freq2=7(0.3%)〕
ⓧ 〔Text=6/Freq2=6(0.3%)〕

≪어떻다≫전체빈도합=441(0.0238%)

어떻다 [형]★★★ 【Text=137/Freq1=441】[177]
Ⅰ ⓪ (예) 네 생각은 어때?/그의 태도가 어떻든
관계없다. 〔Text=99/Freq2=217(49.2%)〕
❶ (예) 멀미가 날 때 껌을 씹으면 어떻겠어?
/이거 어때?
〔Text=71/Freq2=143(32.4%)〕
Ⅱ (예) 어떤 시도도 하지 않다.
/그를 위로할 어떤 말도 찾지 못하다.
〔Text=25/Freq2=78(17.7%)〕
ⓧ 〔Text=3/Freq2=3(0.7%)〕

≪어려움≫전체빈도합=95(0.0051%)

어려움 [명]★★☆ 【Text=57/Freq1=95】
① (예) 목표 달성에 어려움이 많다.
〔Text=56/Freq2=89(93.7%)〕
② (예) 경제적 어려움을 겪다.
〔Text=4/Freq2=6(6.3%)〕

≪어렵다≫전체빈도합=588(0.0317%)

어렵다 [형]★★★ 【Text=159/Freq1=588】
Ⅰ ① (예) 결정을 [내리기가/내리는 것이]
어렵다. 〔Text=112/Freq2=269(45.7%)〕
② (예) 만나기가 어려우면 헤어지기도
어려운 법이다.
〔Text=49/Freq2=78(13.3%)〕
Ⅱ ① (예) 죽음의 문제는 풀기 어렵다./어려운
문제. 〔Text=60/Freq2=105(17.9%)〕
② (예) [집안이/형편이] 어렵다.
〔Text=36/Freq2=63(10.7%)〕
③ (예) [경제가/재정이] 어렵다.
〔Text=38/Freq2=70(11.9%)〕
Ⅲ (예) 시댁 식구가 어렵다.
〔Text=3/Freq2=3(0.5%)〕
관 <어려운 (발)걸음을 하다> 〔×〕

≪어른≫전체빈도합=368(0.0198%)

어른 [명]★★★ 【Text=98/Freq1=368】
Ⅰ ① (예) 아들이 벌써 어른이 다 되었다./
어른 요금. 〔Text=70/Freq2=208(56.5%)〕
② (예) 16살에 결혼을 한 어른이다.
〔Text=2/Freq2=2(0.5%)〕
③ (예) [시댁/양가] 어른.
〔Text=51/Freq2=143(38.9%)〕
④ (예) 어른께서는 어떻게 생각하세요? 〔×〕
⑤ (예) 아버지는 우리 동네의 어른이다.
〔Text=2/Freq2=3(0.8%)〕
Ⅱ (예) [바깥/주인] 어른.
〔Text=6/Freq2=10(2.7%)〕
ⓧ 〔Text=2/Freq2=2(0.5%)〕

≪어리다≫전체빈도합=472(0.0254%)

어리다[1] [동] 【Text=17/Freq1=19(4%)】
① (예) 눈에 눈물이 어리다.
〔Text=2/Freq2=2(10.5%)〕
② (예) [목소리에/입가에] [긴장이/장난기가]
어리다. 〔Text=13/Freq2=14(73.7%)〕
③ (예) 창호지에 달빛이 어리다.
〔Text=2/Freq2=2(10.5%)〕
관 <눈에 어리다> 고향 집이 눈에 어리다.
〔Text=1/Freq2=1(5.3%)〕

어리다[2] [형]★★★ 【Text=133/Freq1=453(96%)】
① (예) 어렸을 때 살던 곳./어려서부터 키가
크다. 〔Text=131/Freq2=444(98%)〕

---

177) 『연세 한국어 사전』에서는 '어떻다'를 "'어떠하다'의 준말"이라고 기술하고 있으므로, 여기서는 '어떠하다'의 의미 구분을 따라 상세히 나누어 기술한다.

② (예) 철모르는 어린 생각에 실수하다.
　　〔Text=8/Freq2=9(2%)〕

《어리둥절하다》전체빈도합=23(0.0012%)
　어리둥절하다 〖형〗　【Text=18/Freq1=23】
　⓪ (예) 무슨 영문인지 몰라 어리둥절하다.

《어리석다》전체빈도합=56(0.0030%)
　어리석다 〖형〗★☆★　【Text=31/Freq1=56】
　⓪ (예) 자신이 어리석게 느껴지다.
　　/어리석은 짓을 저지르다.

《어린아이》전체빈도합=43(0.0023%)
　어린아이 〖명〗　【Text=29/Freq1=43】
　⓪ (예) 어린아이를 품에 안다.

《어린애》전체빈도합=29(0.0016%)
　어린애 〖명〗　【Text=21/Freq1=29】
　⓪ (예) 한두 살 먹은 어린애 같다.

《어린이》전체빈도합=453(0.0244%)
　어린이 〖명〗★★★　【Text=78/Freq1=453】
　⓪ (예) 어린이는 어른의 거울이다.
　　/어린이 여러분!

《어머》전체빈도합=83(0.0045%)
　어머 〖감〗☆★☆　【Text=37/Freq1=83】
　⓪ (예) 어머, 귀여워라./어머, 깜짝이야./
　　어머, 내 정신 좀 봐.

《어머니》전체빈도합=1,674(0.0901%)
　어머니 〖명〗★★★　【Text=155/Freq1=1,674】
　　☞어머님.
　① (예) [과장님/우리] 어머니.
　　〔Text=149/Freq2=1,547(92.4%)〕
　② (예) 어머니가 되는 법도를 배우다.
　　〔Text=34/Freq2=86(5.1%)〕
　③ (예) 어머니, 안녕하세요? 저는 철수
　　친구입니다.〔Text=5/Freq2=18(1.1%)〕
　④ (예) 자연은 인간의 어머니이다.
　　〔Text=4/Freq2=5(0.3%)〕
　⑤ (예) 필요는 발명의 어머니이다.
　　〔Text=3/Freq2=3(0.2%)〕
　❻ (예) 여보, 어머니를 우리가 모셔요.
　　〔Text=7/Freq2=14(0.8%)〕
　ⓧ〔Text=1/Freq2=1(0.1%)〕

《어머님》전체빈도합=90(0.0048%)
　어머님 〖명〗☆★☆　【Text=22/Freq1=90】[178]
　　☞어머니.
　① (예) [과장님/우리] 어머님.
　　〔Text=19/Freq2=79(87.8%)〕
　② (예) 어머님이 되는 법도를 배우다.〔ⓧ〕
　③ (예) 어머님, 안녕하세요? 저는 철수
　　친구입니다.〔Text=3/Freq2=3(3.3%)〕
　④ (예) 자연은 인간의 어머님이다.
　　〔Text=1/Freq2=1(1.1%)〕
　⑤ (예) 필요는 발명의 어머님이다.〔ⓧ〕
　❻ (예) 여보, 어머님을 우리가 모셔요.
　　〔Text=5/Freq2=7(7.8%)〕

《어미》전체빈도합=29(0.0016%)
　어미^1 〖명〗　【Text=11/Freq1=29(100%)】
　① (예) 강아지와 어미 개.
　　〔Text=8/Freq2=22(75.9%)〕
　② (예) 네가 이 어미를 슬프게 하는구나.
　　〔Text=3/Freq2=6(20.7%)〕
　③ (예) 어미야, 아범 들어왔느냐?
　　〔Text=1/Freq2=1(3.4%)〕
　어미^2 〖명〗　【Text=0/Freq1=0】 ⓧ
　⓪ (예) 동사 어미(語尾)의 변화.〔ⓧ〕

《어색하다》전체빈도합=54(0.0029%)
　어색하다 〖형〗☆☆★　【Text=41/Freq1=54】
　① (예) 첫 만남의 자리가 어색하다./어색한
　　감정을 느끼다.〔Text=20/Freq2=26(48%)〕
　② (예) [자세가/표현이] 어색하다.
　　〔Text=22/Freq2=28(51.9%)〕

《어서》전체빈도합=193(0.0104%)
　어서^1 〖부〗★★★　【Text=82/Freq1=193】
　① (예) 꾸물대지 말고 어서 가자.
　　〔Text=55/Freq2=102(52.9%)〕
　② (예) 어서 오세요./어서들 들어와.
　　〔Text=44/Freq2=91(47.2%)〕

《어어*》전체빈도합=23(0.0012%)
　어어^0 〖감〗　【Text=10/Freq1=23】☞어^2. [179]
　① (예) 어어, [넌 대체 뭐야?/가방 어디 갔지?]
　　〔Text=3/Freq2=4(17.4%)〕
　② (예) 어어, [시원하다./아주 잘하는데!]〔ⓧ〕

---

178) 『연세 한국어 사전』에서는 '어머님'을 "'어머니'의 높임말"이라고만 기술하고 있는데, 여기서는 '어머니'의 의미 구분에 따라 상세히 나누어 기술한다.
179) 『연세 한국어 사전』의 '어^2'의 의미 구분에 따라 '어어^0'의 쓰임을 상세히 나누어 기술한다.

③ (예) 어, [귀찮아/기분 나빠]. 〔×〕
④ (예) 어, [맞다/이제야 생각났다]. 〔×〕
⑤ (예) 어, [나 여기 있어/마침 잘 왔어].
〔Text=1/Freq2=1(4.3%)〕
⑥ (예) 어어… 그러니까 환불해 달라는 겁니까? 〔×〕
❼ (예) 어, 이거? 내 가방이야.
/A:이거냐? B:어, 그거 맞아
〔Text=5/Freq2=16(69.6%)〕
❽ (예) 내 말이 맞지, 어어? 〔×〕
❾ (예) 이제, 어, 제가, 어, 하고 싶은 말은… 〔Text=2/Freq2=3(0.3%)〕

≪어우러지다≫전체빈도합=20(0.0011%)
어우러지다 동 【Text=17/Freq1=20】
❶ (예) 남녀노소가 함께 어우러져 이야기꽃을 피우다.

≪어울리다≫전체빈도합=269(0.0145%)
어울리다 동★★★ 【Text=97/Freq1=269】
Ⅰ ① (예) 친구들과 어울려 다니다.
〔Text=37/Freq2=70(26%)〕
② (예) [불량배와/도박판에] 어울리다.
〔Text=1/Freq2=3(1.1%)〕
③ (예) 주술과 놀이가 한데 어울리다.
〔Text=14/Freq2=20(7.4%)〕
Ⅱ (예) 옷이 그녀에게 잘 어울리다.
〔Text=67/Freq2=176(65.4%)〕

≪어유≫전체빈도합=19(0.0010%)
어유 감 【Text=11/Freq1=18(94.7%)】
① (예) 어유, 저 달 좀 봐. 보름달이네.
〔Text=7/Freq2=10(55.6%)〕
② (예) 어유, [머리 아파/짜증나].
〔Text=6/Freq2=8(44.4%)〕
어유⁰ 명 【Text=1/Freq1=1(5.3%)】
❶ (예) 접시에 어유(魚油)를 붓고 심지에 불을 붙이다.

≪어이없다≫전체빈도합=15(0.0008%)
어이없다 형 【Text=14/Freq1=15】
❶ (예) [결과가/대답이] 어이없다.

≪어제≫전체빈도합=295(0.0159%)
어제 명★★★ 【Text=113/Freq1=295】 180)
Ⅰ ① (예) [어제보다/어제에 비하면] 따뜻하다. 〔Text=59/Freq2=88(29.8%)〕
② (예) 인류의 어제를 기억하다.
〔Text=9/Freq2=15(5.1%)〕
Ⅱ (예) 어제 서울을 떠났다.
〔Text=81/Freq2=189(64.1%)〕
㉠ <어제 오늘> 어제 오늘의 일이 아니다.
〔Text=3/Freq2=3(1%)〕

≪어젯밤≫전체빈도합=48(0.0026%)
어젯밤 명☆★☆ 【Text=25/Freq1=48】
Ⅰ (예) 어젯밤에 화재가 났다.
〔Text=19/Freq2=32(66.7%)〕
Ⅱ (예) 어젯밤 큰 사고가 났다.
〔Text=10/Freq2=16(33.3%)〕

≪어지간히≫전체빈도합=15(0.0008%)
어지간히 부 【Text=13/Freq1=15】
① (예) 겨울엔 어지간히 춥겠다.
〔Text=5/Freq2=5(33.3%)〕
② (예) 만점은 아니어도 점수를 어지간히 따다. 〔×〕
③ (예) 어지간히 참을 만큼 참다.
〔Text=9/Freq2=10(66.7%)〕

≪어지럽다≫전체빈도합=40(0.0022%)
어지럽다 형★☆★ 【Text=28/Freq1=40】
Ⅰ ① (예) [눈이/머리가] 어지럽다.
〔Text=9/Freq2=10(25%)〕
② (예) [마음이/생각이] 어지럽다.
〔Text=2/Freq2=2(5%)〕
Ⅱ ①㉠ (예) 차량의 불빛이 어지러웠다.
〔Text=5/Freq2=5(12.5%)〕
㉡ (예) 책걸상이 어지럽게 널려 있다.
〔Text=6/Freq2=6(15%)〕
② (예) [세상이/정국이] 어지럽다.
〔Text=10/Freq2=16(40%)〕
㊉ 〔Text=1/Freq2=1(2.5%)〕

≪어째서≫전체빈도합=31(0.0017%)
어째서 부☆☆★ 【Text=19/Freq1=31】
❶ (예) 어째서 그렇게 생각하지?

≪어쨌든≫전체빈도합=87(0.0047%)
어쨌든 부 【Text=48/Freq1=87】
① (예) 일이 어렵긴 하지만, 어쨌든 보람이 있다. 〔Text=41/Freq2=67(77%)〕

---

180) 『외국인을 위한 한국어 학습 사전』(2004)의 중요 어휘 목록에서는 '어제'의 Ⅱ에 해당하는 용법을 독립된 부사로 보아 ★★☆의 중요도를 부여하고 있다.

② (예) 대학생이란 어쨌든 선택 받은 사람들이다. 〔Text=3/Freq2=4(4.6%)〕
③ (예) 벽에 낙서를 하지 않나 어쨌든 장난이 보통이 아니다.
〔Text=16/Freq2=16(18.4%)〕

≪어쩌다≫전체빈도합=297(0.0160%)

어쩌다¹ 罔★★
【Text=110/Freq1=262(88.2%)】 181)
Ⅰ ⓪ (예) 어쩌다가 그렇게 됐을까?
/회사를 관두고 어쩌게?
〔Text=72/Freq2=132(50.4%)〕
❶ (예) 결과가 어쨌든 나는 상관없다.
〔Text=5/Freq2=10(3.8%)〕
❷ (예) 어쩐 일로 전화를 했어?
〔Text=13/Freq2=5(1.9%)〕
Ⅱ (예) 그녀는 어째 날 싫어하는 것일까?
〔Text=9/Freq2=3(1.1%)〕
괸 <어쩌고 저쩌고>
〔Text=22/Freq2=13(5%)〕
괸 <어쩔 [도리가/수가] 없다>
〔Text=3/Freq2=69(26.3%)〕
괸 <어쩔 [바를/줄(을)] 모르다>
〔Text=47/Freq2=28(10.7%)〕
ⓧ 〔Text=2/Freq2=2(0.8%)〕

어쩌다² 罔 【Text=26/Freq1=35(11.8%)】
⓪ (예) 어쩌다 [마주치면/만나면] 반가워하다.

≪어쩌면≫전체빈도합=137(0.0074%)

어쩌면¹ 罔 【Text=52/Freq1=116(84.7%)】
⓪ (예) 어쩌면 비가 올지도 몰라요.
/사실 어쩌면 잘된 일인지도 모른다.

어쩌면² 갂 【Text=16/Freq1=21(15.3%)】
⓪ (예) 어쩌면 이렇게도 책이 많지?

≪어쩐지≫전체빈도합=42(0.0023%)

어쩐지 罔☆★☆ 【Text=30/Freq1=42】
⓪ (예) 어쩐지 [눈이 올 것 같다/술이나 한잔하고 싶다].

≪어찌≫전체빈도합=89(0.0048%)

어찌 罔☆★★ 【Text=54/Freq1=89】
① ㉠ (예) 그간 어찌들 지냈나?/장차 어찌 할 생각이니? 〔Text=19/Freq2=29(32.6%)〕
㉡ (예) 어찌 후회가 없을까?
〔Text=24/Freq2=32(36%)〕
㉢ (예) 형제간에 어찌 저리 다른지 원.
〔Text=6/Freq2=6(6.7%)〕
② (예) 정 장군은 어찌 생각하시오?
〔Text=8/Freq2=8(9%)〕
③ (예) 문을 어찌 열었을까?
〔Text=4/Freq2=4(4.5%)〕
④ (예) 연락도 없이 어찌 갑자기 왔소?
〔Text=3/Freq2=4(4.5%)〕
⑤ (예) 어찌 가슴이 두근거리는지.
〔Text=5/Freq2=6(6.7%)〕

≪어찌나♣≫전체빈도합=25(0.0013%)

어찌나⁰ 罔 【Text=15/Freq1=25】
❶ (예) 어찌나 추운지 모르겠다.
〔Text=13/Freq2=18(72%)〕
❷ (예) 어찌나 웃는지 어리둥절하다.
〔Text=7/Freq2=7(28%)〕

≪어찌하다≫전체빈도합=33(0.0018%)

어찌하다 图 【Text=27/Freq1=33】
Ⅰ (예) 집을 팔고 어찌하려고?
〔Text=20/Freq2=24(72.7%)〕
Ⅱ (예) 그는 어찌하여 날 좋아할까?
〔Text=9/Freq2=9(27.3%)〕

≪어차피≫전체빈도합=56(0.0030%)

어차피 罔☆☆ 【Text=42/Freq1=56】
⓪ (예) 지금은 비밀로 해도 어차피(於此彼) 알려질 일이다.

≪어처구니≫전체빈도합=15(0.0008%)

어처구니 명 【Text=11/Freq1=15】
⓪ (예) 어처구니가 없다는 표정.

≪어치≫전체빈도합=13(0.0007%)

- 어치 접☆☆★ 【Text=9/Freq1=13】
⓪ (예) [삼백 원/천 원]어치.

≪어휘≫전체빈도합=17(0.0009%)

어휘 명☆★★ 【Text=5/Freq1=17】
① (예) 우리에게 사랑이라는 어휘(語彙)는 무슨 의미일까? 〔Text=4/Freq2=5(29.4%)〕
② (예) 어휘가 부족해서 표현을 못 하다.
/교육용 어휘. 〔Text=2/Freq2=12(70.6%)〕

≪억≫전체빈도합=71(0.0038%)

---

181) 『연세 한국어 사전』에서는 '어쩌다¹'를 "'어찌하다'의 준말"이라고만 기술하고 있는데, 여기서는 '어찌하다'의 용법 구분에 따라 상세히 나누어 기술한다.

억[1] [수]★★★ 【Text=25/Freq1=70(98.6%)】
Ⅰ (예) 연봉이 억(億)을 넘다.
〔Text=10/Freq2=21(30%)〕
Ⅱ (예) 10억 불 수출을 하다.
〔Text=20/Freq2=49(70%)〕

억[2] [감] 【Text=1/Freq1=1(1.4%)】
⓪ (예) 억 소리를 내며 쓰러지다.

≪**억세다**≫전체빈도합=18(0.0010%)

억세다 [형] 【Text=13/Freq1=18】
① (예) 어금니가 억세고 강하다.
〔Text=3/Freq2=3(16.7%)〕
② (예) 가난을 억세게 참아내다.
〔Text=5/Freq2=5(27.8%)〕
③ (예) 팔을 억세게 잡아끌다.
〔Text=6/Freq2=8(44.4%)〕
④ (예) 고사리 순이 억세다. 〔×〕
⑤ (예) 억세게 운이 좋다. 〔×〕
❻ (예) 억센 [바람/사투리].
〔Text=2/Freq2=2(11.1%)〕

≪**억압**≫전체빈도합=15(0.0008%)

억압 [명] 【Text=12/Freq1=15】
⓪ (예) 정치적인 억압(抑壓)을 받다.

≪**억울하다**≫전체빈도합=48(0.0026%)

억울하다 [형]★☆☆ 【Text=31/Freq1=48】
⓪ (예) 누명을 쓰고 억울(抑鬱)하게 죽다.

≪**억제하다**≫전체빈도합=16(0.0009%)

억제하다 [동] 【Text=12/Freq1=16】
① (예) [변화를/세력을] 억제(抑制)하다.
〔Text=2/Freq2=2(12.5%)〕
② (예) [감정을/분노를/충동을] 억제하다.
〔Text=4/Freq2=6(37.5%)〕 ㅌ
③ (예) 불필요한 지출을 억제하다.
〔Text=5/Freq2=6(37.5%)〕
④ (예) [본능을/자신을] 억제하다.
〔Text=2/Freq2=2(12.5%)〕

≪**억지로**≫전체빈도합=31(0.0017%)

억지로 [부] 【Text=24/Freq1=31】
⓪ (예) 눈물을 억지로 참다.

≪**언급하다**≫전체빈도합=26(0.0014%)

언급하다 [동] 【Text=18/Freq1=26】
⓪ (예) [문제를/이야기를/일을] 언급(言及)하다.

≪**언니**≫전체빈도합=204(0.0110%)

언니 [명]★★★ 【Text=59/Freq1=204】
① (예) 언니가 동생을 돌보다.
〔Text=35/Freq2=128(62.7%)〕
② (예) [간호원/주인] 언니.
〔Text=30/Freq2=69(33.8%)〕
③ (예) 창수가 언니, 누나하고 같이 놀다.
〔Text=2/Freq2=3(1.5%)〕
❹ (예) 올케 언니. 〔Text=1/Freq2=4(2%)〕

≪**언덕**≫전체빈도합=76(0.0041%)

언덕 [명]★☆★ 【Text=35/Freq1=76】
⓪ (예) 언덕에 올라가다.

≪**언론**≫전체빈도합=218(0.0117%)

언론 [명] 【Text=15/Freq1=218】
① (예) 언론(言論)의 자유를 지키다.
〔Text=8/Freq2=21(9.6%)〕
② (예) 언론의 취재를 막다.
〔Text=9/Freq2=190(87.2%)〕
[관]<언론 기관> 〔×〕
[관]<언론 자유> 〔Text=2/Freq2=6(2.8%)〕
[관]<언론 정책> 〔×〕
[관]<언론 탄압> 〔×〕
ⓧ 〔Text=1/Freq2=1(0.5%)〕

≪**언어**≫전체빈도합=178(0.0096%)

언어 [명]★★★ 【Text=38/Freq1=178】
⓪ (예) 언어(言語)마다 문법 체계가 다르다.
/광고에 쓰이는 언어.

≪**언제**≫전체빈도합=478(0.0257%)

언제 [대]★★★ 【Text=156/Freq1=478】[182]
Ⅰ ① (예) 집을 나간 때는 언제인가?/
날짜를 언제로 정할까.
〔Text=79/Freq2=133(27.8%)〕
② (예) [언제든/언제라도] 오세요.
〔Text=36/Freq2=59(12.3%)〕
Ⅱ ① (예) 언제 도착했어요?
〔Text=95/Freq2=216(45.2%)〕
② (예) 언제 보아도 재미있다.
/내가 언제 노래한 적 있어?
〔Text=39/Freq2=54(11.3%)〕
[관]<-ㄴ/-은 지가 언제이다>

---

182) 『외국인을 위한 한국어 학습 사전』(2004)의 중요 어휘 목록에서는 '언제'의 Ⅱ에 해당하는 용법을 독립된 부사로 보아 ★★☆의 중요도를 부여하고 있다.

부탁한 지가 언제인데 아직이야?
〔Text=3/Freq2=3(0.6%)〕
[관]<언제까지고> 언제까지고 기다리다.
〔Text=1/Freq2=1(0.2%)〕
[관]<언제까지나> 언제까지나 함께 있다.
〔Text=6/Freq2=11(2.3%)〕
[x] 〔Text=1/Freq2=1(0.2%)〕

≪**언제나**≫전체빈도합=247(0.0133%)

언제나 [부]★★★ **【Text=101/Freq1=247】**
① (예) 그녀는 언제나 즐거워 보인다.
〔Text=93/Freq2=221(89.5%)〕
② (예) 생각나면 언제나 와도 좋다.
/언제나 취소할 수 있다.
〔Text=19/Freq2=23(9.3%)〕
③ (예) 나는 언제나 저렇게 잘하지?
〔Text=3/Freq2=3(1.2%)〕

≪**언젠가**♣≫전체빈도합=62(0.0033%)

언젠가^0 [부] **【Text=44/Freq1=62】**
❶ (예) 언젠가 진실을 알게 될 것이다.
〔Text=31/Freq2=38(61.3%)〕
❷ (예) 언젠가 그를 만난 일이 있다.
〔Text=21/Freq2=24(38.7%)〕

≪**얹다**≫전체빈도합=38(0.0020%)

얹다 [동] **【Text=29/Freq1=38】**
①㉠ (예) 책을 책상 위에 얹다./선반에 상자를 얹다. 〔Text=15/Freq2=19(50%)〕
㉡ (예) 손을 이마에 얹다.
〔Text=12/Freq2=12(31.6%)〕
㉢ (예) 머리를 땋아서 얹다. 〔×〕
② (예) 일당에 [웃돈을/출장비를] 얹어 주다. 〔Text=2/Freq2=2(5.3%)〕
③ (예) [기와를/이엉을] 얹은 집.
〔Text=1/Freq2=2(5.3%)〕
[관]<머리를 얹다> 시집가서 머리를 얹다. 〔×〕
[x] 〔Text=2/Freq2=3(7.9%)〕

≪**얻다**≫전체빈도합=392(0.0211%)

얻다 [동]★★★ **【Text=129/Freq1=392】**
Ⅰ ① (예) 친구에게 담배 하나를 얻다./
[쌀을/용돈을] 얻다.
〔Text=40/Freq2=68(17.3%)〕
② (예) [빚을/융자를] 얻다.
〔Text=1/Freq2=1(0.3%)〕
③ (예) [양해를/허가를/허락을] 얻다.
〔Text=3/Freq2=3(0.8%)〕
④ (예) 도움을 얻다.
〔Text=6/Freq2=6(1.5%)〕
⑤ (예) [공감을/신뢰를/인기를] 얻다.
〔Text=16/Freq2=19(4.8%)〕
⑥ (예) [용기를/위안을/자신을] 얻다.
〔Text=16/Freq2=22(5.6%)〕
⑦ (예) [기운을/힘을] 얻다.
〔Text=14/Freq2=19(4.8%)〕
⑧ (예) [교훈을/지식을/지혜를] 얻다.
〔Text=38/Freq2=81(20.7%)〕
❾ (예) 산에서 목재를 얻는다.
〔Text=11/Freq2=24(6.1%)〕
Ⅱ ① (예) [권리를/부를/지위를] 얻다.
〔Text=29/Freq2=35(8.9%)〕
② (예) [성과를/점수를/효과를] 얻다.
〔Text=37/Freq2=59(15.1%)〕
③ (예) [짬을/휴가를] 얻다.
〔Text=4/Freq2=4(1%)〕
④ (예) 병을 얻다. 〔Text=3/Freq2=4(1%)〕
⑤ (예) [방을/세를/아파트를] 얻다.
〔Text=11/Freq2=18(4.6%)〕
⑥ (예) [일자리를/직장을] 얻다.
〔Text=8/Freq2=13(3.3%)〕
⑦ (예) [남편을/며느리를] 얻다.
〔Text=9/Freq2=10(2.6%)〕
❽ (예) [딸을/아들을/자식을] 얻다.
〔Text=3/Freq2=4(1%)〕
❾ (예) [제자를/친구를] 얻다.
〔Text=2/Freq2=2(0.5%)〕

≪**얻어맞다**≫전체빈도합=19(0.0010%)

얻어맞다 [동] **【Text=14/Freq1=19】**
① (예) 불량배에게 [늘씬하게/따귀를] 얻어맞다. 〔Text=11/Freq2=15(78.9%)〕
② (예) 매스컴에 한 방 얻어맞다.
〔Text=4/Freq2=4(21.1%)〕

≪**얻어먹다**≫전체빈도합=17(0.0009%)

얻어먹다 [동] **【Text=13/Freq1=17】**
① (예) 친구에게 밥을 얻어먹다.
〔Text=11/Freq2=15(88.2%)〕
② (예) 거지가 동네를 돌아다니며 얻어먹다.
〔Text=2/Freq2=2(11.8%)〕
③ (예) 욕을 얻어먹다. 〔×〕

≪**얼**≫전체빈도합=18(0.0010%) [183)]

얼^1 [명] **【Text=13/Freq1=18】**

ⓞ (예) 겨레의 얼을 지키다./조상의 얼.
  〔Text=12/Freq2=17(94.4%)〕
㉯ <얼(이) 빠지다> 〔Text=1/Freq2=1(5.6%)〕

≪얼굴≫전체빈도합=970(0.0522%)

얼굴 몡★★★ 【Text=150/Freq1=970】
① (예) 손으로 얼굴을 가리다./얼굴이 잘 생기다. 〔Text=136/Freq2=678(69.9%)〕
② (예) 피곤한 얼굴로 웃다./사실을 몰랐다는 얼굴을 하다. 〔Text=76/Freq2=195(20.1%)〕
③ (예) TV에 얼굴을 비치다.
  〔Text=27/Freq2=44(4.5%)〕
④ (예) 무슨 얼굴로 그를 다시 만나겠니?
  〔Text=2/Freq2=2(0.2%)〕
⑤ (예) 이 시대의 얼굴.
  〔Text=6/Freq2=13(1.3%)〕
⑥ (예) 손님 중에 알 만한 얼굴이 없다.
  〔Text=17/Freq2=19(2%)〕
㉯ <얼굴(가죽)이 두껍다> 〔×〕
㉯ <얼굴에 똥칠하다> 〔×〕
㉯ <얼굴에 쓰이다>
  〔Text=3/Freq2=3(0.3%)〕
㉯ <얼굴에 철판을 깔다> 〔×〕
㉯ <얼굴(을) 내밀다>
  〔Text=1/Freq2=1(0.1%)〕
㉯ <얼굴을 [들 수 없다/못 들다]>
  〔Text=1/Freq2=1(0.1%)〕
㉯ <얼굴(을) 보다>
  〔Text=8/Freq2=11(1.1%)〕
㉯ <얼굴(이) 간지럽다> 〔×〕
㉯ <얼굴(이) 좋아지다>
  〔Text=1/Freq2=1(0.1%)〕
㉯ <얼굴이 팔리다>
  〔Text=2/Freq2=2(0.2%)〕
㉯ <얼굴이 피다> 〔×〕

≪얼다≫전체빈도합=32(0.0017%)

얼다 동☆★ 【Text=21/Freq1=32】
① (예) [눈이/물이/수도가] 얼다.
  〔Text=14/Freq2=20(62.5%)〕
② (예) 손이 꽁꽁 얼다.
  〔Text=8/Freq2=11(34.4%)〕
③ (예) 새 소리조차 얼어 붙은 도요지.
  〔Text=1/Freq2=1(3.1%)〕

④ (예) 면접 때 너무 얼어서 대답을 못 하다. 〔×〕

≪얼른≫전체빈도합=168(0.0090%)

얼른 凰★★★ 【Text=75/Freq1=168】
ⓞ (예) 깜짝 놀라 얼른 말이 안 나오다./늦었으니 얼른 가자.

≪얼마≫전체빈도합=390(0.0210%)

얼마 몡★★☆ 【Text=147/Freq1=390】
① (예) 값이 얼마입니까?
  〔Text=47/Freq2=96(24.6%)〕
② (예) 얼마가 지나다./얼마를 걷다.
  〔Text=15/Freq2=19(4.9%)〕
③ (예) 5만 얼마씩 받다.
  〔Text=8/Freq2=13(3.3%)〕
㉯ <얼마 동안>
  ❶ (예) 얼마 동안 모습이 보이지 않다.
    〔Text=8/Freq2=8(2.1%)〕
  ❷ (예) 얼마 동안이나 기다리죠?
    〔Text=21/Freq2=26(6.7%)〕
㉯ <얼마 [안 ~/-지 않다]>
  〔Text=64/Freq2=92(23.6%)〕
㉯ <얼마 전> 〔Text=74/Freq2=113(29%)〕
㉯ <얼마 후> 〔Text=21/Freq2=23(5.9%)〕

≪얼마나≫전체빈도합=523(0.0282%)

얼마나 凰★★★ 【Text=163/Freq1=523】
① (예) 시간이 얼마나 지났을까?
  〔Text=93/Freq2=176(33.7%)〕
② (예) 합격했으니 얼마나 좋을까?
  〔Text=115/Freq2=280(53.5%)〕
㉯ <얼마나 -는지 [모르다/알다]>
  기분이 얼마나 좋은지 몰라.
  〔Text=51/Freq2=67(12.8%)〕

≪얼마든지≫전체빈도합=50(0.0027%)

얼마든지 凰 【Text=36/Freq1=50】
ⓞ (예) 얼마든지 [기회가/도와 줄 수/할 수가] 있다.

≪얼음≫전체빈도합=49(0.0026%)

얼음 몡★☆★ 【Text=26/Freq1=49】
ⓞ (예) 얼음이 얼다.

≪얼핏≫전체빈도합=41(0.0022%)

---

183) 『연세 한국어 사전』의 '얼^2'(예:얼뜨다, 얼버무리다)은 말뭉치의 분석에 적용하지 않았으므로 제외한다.

얼핏 뷔 【Text=26/Freq1=41】
　⓪ (예) 얼핏 보고는 구별이 안 되다.

≪얽히다≫전체빈도합=42(0.0023%)
얽히다 동 【Text=28/Freq1=42】
　① (예) 전선이 가로 세로 얽히다.
　　〔Text=6/Freq2=6(14.3%)〕
　② (예) 안타까움에 애정이 얽힌 음성.
　　〔Text=10/Freq2=10(23.8%)〕
　③ (예) 이 산에 얽힌 이야기가 많다.
　　〔Text=15/Freq2=26(61.9%)〕
　관〈얽히고 설키다〉〔×〕

≪엄격하다≫전체빈도합=31(0.0017%)
엄격하다 형 【Text=20/Freq1=31】
　① (예) [격식이/규율이/기준이/단속이] 엄격
　　(嚴格)하다.〔Text=16/Freq2=25(80.6%)〕
　② (예) 엄격한 [선생님/아버지].
　　〔Text=5/Freq2=6(19.4%)〕

≪엄마≫전체빈도합=640(0.0345%)
엄마 명★★★ 【Text=94/Freq1=640】
　① (예) 엄마, 어디 가?/우리 엄마는 바보야.
　　〔Text=64/Freq2=311(48.6%)〕
　② (예) 엄마의 모습을 보자 그녀는 가슴이
　　뭉클해지다.〔Text=30/Freq2=103(16.1%)〕
　❸ (예) 아이가 엄마 얼굴을 바라보다.
　　〔Text=48/Freq2=168(26.3%)〕
　❹ (예) 부경아, 엄마가 약속하마.
　　〔Text=20/Freq2=48(7.5%)〕
　❺ (예) 엄마 [제비/토끼].
　　〔Text=6/Freq2=10(1.6%)〕

≪엄숙하다≫전체빈도합=19(0.0010%)
엄숙하다 형 【Text=17/Freq1=19】
　① (예) 애국가가 엄숙(嚴肅)하게 울려
　　퍼지다.〔Text=11/Freq2=12(63.2%)〕
　② (예) 국민 앞에 엄숙하게 선서하다.
　　〔Text=4/Freq2=4(21.1%)〕
　③ (예) 선생이 엄숙하게 말하다.
　　〔Text=3/Freq2=3(15.8%)〕

≪엄청나다≫전체빈도합=122(0.0066%)
엄청나다 형☆★☆ 【Text=60/Freq1=122】
　⓪ (예) 피해가 엄청나다./엄청난 액수.

≪업다≫전체빈도합=42(0.0023%)
업다 동☆☆★ 【Text=20/Freq1=42】
　① (예) 아이를 (등에) 업다.
　　〔Text=18/Freq2=39(92.9%)〕
　② (예) 아버지의 지위를 등에 업고 멋대로
　　처신하다.〔Text=2/Freq2=3(7.1%)〕
　③ (예) 과부를 업어다가 함께 살다.〔×〕

≪업무≫전체빈도합=83(0.0045%)
업무 명★★☆ 【Text=16/Freq1=83】
　⓪ (예) 업무(業務)를 [맡다/처리하다].

≪업적≫전체빈도합=48(0.0026%)
업적 명 【Text=22/Freq1=48】
　⓪ (예) 위대한 업적(業績)을 남기다.

≪없다≫전체빈도합=6,059(0.3263%)
없다 형★★★ 【Text=213/Freq1=6,059】
Ⅰ ① (예) 밤에도 문을 닫는 일이 없다./
　　아무 잘못이 없다.
　　〔Text=195/Freq2=1,306(21.6%)〕
　② (예) 산에 소나무가 없다./암컷에는
　　날개가 없다./소리 없는 노래.
　　〔Text=64/Freq2=116(1.9%)〕
　③ (예) 찬은 없지만 맛있게 드십시오.
　　/남편을 부를 호칭이 없다.
　　〔Text=33/Freq2=52(0.9%)〕
　④ (예) 사람에게 [관심이/기운이/돈이
　　/시간이/자신이] 없다.
　　〔Text=159/Freq2=669(11%)〕
　⑤ (예) 그에게는 아무 [권리도/물건도
　　/자유도] 없다.
　　〔Text=103/Freq2=203(3.4%)〕
　⑥ (예) 집안에 큰 흉사가 없도록 빌다.
　　/카메라에는 이상이 없다.
　　〔Text=93/Freq2=201(3.3%)〕
　⑦ 〈-ㄹ/-을 [것이/근거가/까닭이/나위가
　　/바가/이유가] 없다〉
　　(예) 망설일 까닭이 없다.
　　〔Text=79/Freq2=136(2.2%)〕
　⑧ (예) 없는 살림에 고생이 많다./없는 놈이
　　있는 체를 하다.
　　〔Text=7/Freq2=8(0.1%)〕
　❾ (예) [대답이/말이] 없다.
　　〔Text=67/Freq2=116(1.9%)〕
Ⅱ ① (예) 〈-ㄹ [길이/도리가/방도가/수가]
　　없다〉 도와 줄 길이 없다.
　　〔Text=194/Freq2=2,122(35%)〕
　② (예) 필요가 없다./전과 다름 없다.
　　〔Text=133/Freq2=306(5.1%)〕

㉭<(-기) 짝이 없다> 억울하기 짝이 없다.
　〔Text=31/Freq2=44(0.7%)〕
㉭<-ㄴ/-는 [경우가/법이] 없다>
　아침을 거르는 법이 없다.
　〔Text=5/Freq2=5(0.1%)〕
㉭<-ㄴ/-는 법이 없다>
　여자라고 남자에게 지라는 법은 없다.
　〔Text=8/Freq2=9(0.1%)〕
㉭<-ㄴ/-은 [때가/일이/적이] 없다>
　거짓말 한 적이 없다.
　〔Text=101/Freq2=238(3.9%)〕
㉭<(-는) 수 없다> 하는 수 없이
　되돌아가다. 〔Text=63/Freq2=117(1.9%)〕
㉭<[다시/더/둘도] 없다>
　〔Text=6/Freq2=7(0.1%)〕
㉭<더할 [나위/데/수] 없다>
　〔Text=1/Freq2=3(0.1%)〕
㉭<-ㄹ/-을 [리가/턱이] 없다>
　아버지가 거짓말을 할 리가 없다.
　〔Text=5/Freq2=5(0.1%)〕
㉭<말할 것도 없다>
　〔Text=15/Freq2=20(0.3%)〕
㉭<맛(이) 없다> 〔Text=11/Freq2=13(0.2%)〕
㉭<-밖에 없다> [기다릴 수/부모님]밖에
　없다. 〔Text=109/Freq2=295(4.9%)〕
㉭<볼품(이) 없다> 〔x〕
㉭<[어림(이)/턱도] 없다>
　〔Text=3/Freq2=3(0.1%)〕
㉭<[어이가/어처구니가] 없다>
　〔Text=19/Freq2=25(0.4%)〕
㉭<없어서(는) 안 되다>
　〔Text=9/Freq2=9(0.1%)〕
㉭<-와 관계가 없다>
　〔Text=11/Freq2=11(0.2%)〕
㉭<이를 데(가) 없다> 허전하기가 이를 데
　없다. 〔Text=5/Freq2=6(0.1%)〕
㉭<입추의 여지가 없다> 〔x〕
㉭<재미가 없다> 〔Text=9/Freq2=10(0.2%)〕
㉭<천하 없어도> 〔Text=1/Freq2=1(0%)〕
　ⓧ 〔Text=2/Freq2=3(0.1%)〕

≪없애다≫전체빈도합=40(0.0022%)

없애다 ⑤★☆☆ 【Text=28/Freq1=40】
　❶ (예) [담장을/차별을] 없애다.

≪없어지다≫전체빈도합=147(0.0079%)

없어지다 ⑤ 【Text=79/Freq1=147】

　❶ (예) 내일이면 내가 없어진 걸 알게 되겠지.
　　　〔Text=69/Freq2=120(81.6%)〕
　❷ (예) 밥이 다 없어지다./지문이 닳아
　　없어지다. 〔Text=9/Freq2=9(6.1%)〕
　❸ (예) [물건이/지갑이] 없어지다.
　　　〔Text=10/Freq2=17(11.6%)〕
　ⓧ 〔Text=1/Freq2=1(0.7%)〕

≪없이*≫전체빈도합=720(0.0388%)

없이⁰ ㉭★★☆ 【Text=155/Freq1=720】
　❶ (예) 사고 없이 공사를 끝내다./증세도 없이
　　병들다. 〔Text=64/Freq2=101(14%)〕
　❷ (예) 실력도 없이 자랑만 하다./버릇이 없이
　　굴다. 〔Text=59/Freq2=81(11.3%)〕
　❸ (예) 나는 너 없이 못 살겠다./먼지 하나 없이
　　깨끗하다./구름 한 점 없이 파란 하늘.
　　　〔Text=25/Freq2=78(10.8%)〕
　❹ (예) 아무 근거도 없이 남을 헐뜯다.
　　/아무 이유도 없이 빠지다.
　　　〔Text=20/Freq2=39(5.4%)〕
　❺ (예) 더할 수 없이 기쁘다./행렬이 끝이 없이
　　계속되다. 〔Text=2/Freq2=35(4.9%)〕
　❻ (예) 아무 일도 없이 세월이 흐르다.
　　　〔Text=11/Freq2=22(3.1%)〕
　❼ (예) 부모 없이 자라다.
　　　〔Text=50/Freq2=13(1.8%)〕
　❽ (예) 위아래도 없이 반말을 하다.
　　　〔Text=29/Freq2=7(1%)〕
　❾ (예) 찬 없이 밥상을 차리다.
　　　〔Text=6/Freq2=2(0.3%)〕
㉭<너 나 할 것 없이>
　〔Text=7/Freq2=8(1.1%)〕
㉭<다시 없이> 〔Text=3/Freq2=3(0.4%)〕
㉭<-ㄹ/-을 것도 없이>
　〔Text=35/Freq2=35(4.9%)〕
㉭<밑도 끝도 없이>
　〔Text=3/Freq2=3(0.4%)〕
㉭<[사이가/시간이/여유가/틈이] 없이>
　〔Text=21/Freq2=25(3.5%)〕
㉭<아무 말 없이>
　〔Text=81/Freq2=152(21.1%)〕
㉭<[어쩔/하는/할] [도리/수] 없이>
　〔Text=62/Freq2=92(12.8%)〕
㉭<전에 없이> 〔Text=6/Freq2=8(1.1%)〕
　ⓧ 〔Text=11/Freq2=16(2.2%)〕

≪엉덩이≫전체빈도합=53(0.0029%)

엉덩이 몡☆★ 【Text=29/Freq1=53】
  ⓪ (예) 엉덩이에 주사를 맞다.
      〔Text=29/Freq2=51(96.2%)〕
  관<엉덩이가 무겁다>
      〔Text=1/Freq2=1(1.9%)〕
  관<엉덩이가 헤프다>
      〔Text=1/Freq2=1(1.9%)〕

≪엉뚱하다≫전체빈도합=63(0.0034%)
엉뚱하다 혱 【Text=37/Freq1=63】
  ① (예) [말이/행동이] 엉뚱하다.
      〔Text=18/Freq2=25(39.7%)〕
  ② (예) 소식이 엉뚱한 데서 오다.
      〔Text=26/Freq2=38(60.3%)〕

≪엉망≫전체빈도합=22(0.0012%)
엉망 몡 【Text=16/Freq1=22】
  ⓪ (예) 태풍으로 농사가 엉망이 되다.

≪엉엉≫전체빈도합=15(0.0008%)
엉엉 믄 【Text=10/Freq1=15】
  ⓪ (예) 엉엉 [울다/울음을 터뜨리다].

≪엉터리≫전체빈도합=17(0.0009%)
엉터리 몡 【Text=14/Freq1=17】
  ① (예) 엉터리로 대답하다./이런 엉터리!
      〔Text=9/Freq2=9(52.9%)〕
  ② (예) 엉터리 [계약서/식당].
      〔Text=7/Freq2=8(47.1%)〕

≪엊그제≫전체빈도합=24(0.0013%)
엊그제 몡 【Text=22/Freq1=24】 [184]
  Ⅰ ① (예) 화요일인 엊그제 비가 내렸다.
      〔Text=4/Freq2=4(16.7%)〕
     ② (예) 엊그제만 해도 추레하더니 이젠
          어엿한 사장이다.
      〔Text=14/Freq2=14(58.3%)〕
  Ⅱ (예) 바로 엊그제 편지를 부쳤다.
      〔Text=6/Freq2=6(25%)〕

≪엎드리다≫전체빈도합=31(0.0017%)
엎드리다 동☆☆★ 【Text=27/Freq1=31】
  ⓪ (예) 신하들이 왕 앞에 엎드리다.
      〔Text=24/Freq2=27(87.1%)〕
  ❶ (예) 침대에 몸을 엎드리다.
      〔Text=1/Freq2=1(3.2%)〕
  ❷ (예) 길 위에 어둠이 엎드려 있다.
      〔Text=3/Freq2=3(9.7%)〕
  관<엎드려 절 받기> 〔×〕

≪에≫전체빈도합=152(0.0082%)
에¹ 몡 【Text=1/Freq1=1(0.7%)】
  ⓪ (예) '에'와 '애'의 발음을 구별하다.
에² 갑 【Text=13/Freq1=151(99.3%)】
  ① (예) 에, 우리도, 에, 잘해 봅시다.
      〔Text=11/Freq2=144(95.4%)〕
  ② (예) 에, 시원하다. 〔×〕
  ❸ (예) (대답으로) 에, 그래요.
      〔Text=4/Freq2=7(4.6%)〕

≪에너지≫전체빈도합=79(0.0043%)
에너지 몡★☆☆ 【Text=21/Freq1=79】
  ① (예) 인간의 [삶의/창조적] 에너지.
      〔Text=8/Freq2=11(13.9%)〕
  ② (예) 에너지 [수급/자원].
      〔Text=13/Freq2=67(84.8%)〕
  ③ (예) 에너지 보전의 법칙.
      〔Text=1/Freq2=1(1.3%)〕

≪에이≫전체빈도합=32(0.0017%)
에이 갑 【Text=21/Freq1=32】
  ⓪ (예) 에이, 이놈의 직장 그만둬야지.
      〔Text=12/Freq2=18(56.3%)〕
  ❶ (예) 에이, 그럴 리가 있습니까?
      〔Text=11/Freq2=14(43.8%)〕

≪엘리베이터≫전체빈도합=34(0.0018%)
엘리베이터 몡 【Text=14/Freq1=34】
  ⓪ (예) 엘리베이터를 타다.

≪여≫전체빈도합=217(0.0117%) [185]
여¹ 몡 【Text=1/Freq1=1(0.5%)】
  ⓪ (예) '여'는 이중 모음이다.
여² 몡 【Text=0/Freq1=0】 ⓧ
  ⓪ (예) 밀물이 되자 갯벌의 여가 물에 잠기다.
      〔×〕
여³ 몡 【Text=2/Freq1=2(0.9%)】
  ⓪ (예) 남과 여(女)의 비율.
여⁴ 몡 【Text=0/Freq1=0】 ⓧ
  ⓪ (예) 여(與)와 야의 대립. 〔×〕

---

184) 『연세 한국어 사전』에서는 '엊그제'를 "'엊그저께'의 준말"이라고만 기술하고 있는데, 여기서는 '엊그저께'의 의미 구분에 따라 상세히 나누어 기술한다.
185) 『연세 한국어 사전』의 '여¹⁰'(예:여교수)는 말뭉치의 분석에 적용하지 않았으므로 제외한다.

여⁵ 〖대〗 【Text=2/Freq1=2(0.9%)】
　⓪ (예) 여(=여기)까지 오느라 수고하다.

여⁶ 〖부〗 【Text=2/Freq1=2(0.9%)】
　⓪ (예) 가지 말고 여 [앉아요/있어라].

-여¹¹ 〖집〗★★☆ 【Text=74/Freq1=210(96.8%)】
　⓪ (예) 십여(餘) 호/백여 가구.
　　〔Text=73/Freq2=208(99.1%)〕
　❶ (예) 칠년여 동안의 기다림.
　　〔Text=2/Freq2=2(1%)〕

《여가》전체빈도합=54(0.0029%)
여가 〖명〗 【Text=15/Freq1=54】
　⓪ (예) 여가(餘暇)를 활용하다.

《여간》전체빈도합=30(0.0016%)
여간 〖부〗☆★ 【Text=23/Freq1=30】
　⓪ (예) 여간(如干) 추운 날씨가 아니다.

《여건》전체빈도합=38(0.0020%)
여건 〖명〗 【Text=18/Freq1=38】
　⓪ (예) 경제적인 여건(與件).

《여관》전체빈도합=45(0.0024%)
여관 〖명〗☆☆★ 【Text=14/Freq1=45】
　⓪ (예) 여관(旅館)에서 묵다.

《여권》전체빈도합=6(0.0003%)
여권¹ 〖명〗☆☆★ 【Text=3/Freq1=6(100%)】
　⓪ (예) 여권(旅券)을 만들다.

여권² 〖명〗 【Text=0/Freq1=0】 ⓧ
　⓪ (예) 여권(女權)이 신장되다. 〔×〕

여권³ 〖명〗 【Text=0/Freq1=0】 ⓧ
　⓪ (예) 여권(與圈)이 분열되다. 〔×〕

《여기》전체빈도합=812(0.0437%)
여기¹ 〖대〗★★★ 【Text=160/Freq1=628(77.3%)】
　①㉠ (예) 여기가 제일 높다.
　　〔Text=110/Freq2=327(52.1%)〕
　　㉡ (예) 여기에다 집 약도를 그려라.
　　〔Text=27/Freq2=41(6.5%)〕
　② (예) 여기까지가 내가 살아왔던 길이야.
　　/생각이 여기에 미치자 가슴이 뛰었다.
　　〔Text=76/Freq2=258(41.1%)〕
　㉮ <여기요> 여기요, 주문 받으세요.
　　〔Text=1/Freq2=1(0.2%)〕
　ⓧ 〔Text=1/Freq2=1(0.2%)〕

여기² 〖부〗★★☆ 【Text=72/Freq1=184(22.7%)】
　① (예) 언제 여기 내려왔어요?/그 사람들이
　　여기 또 올까? 〔Text=52/Freq2=116(63%)〕

② (예) 자, 여기 네 몫이 있다./명단이 여기 다
　적혀 있다. 〔Text=30/Freq2=56(30.4%)〕
❸ (예) 피해가 큰 이유가 바로 여기 있다.
　〔Text=4/Freq2=5(3.3%)〕
❹ (예) 숫자라는 여기 숫자언어가 여기….
　〔Text=2/Freq2=4(2.2%)〕
㉮ <여기 ~ 저기 ~> 여기 가서는 이 말, 저기
　가서는 저 말 하다.
　〔Text=2/Freq2=2(1.1%)〕

《여기다》전체빈도합=240(0.0129%)
여기다 〖동〗★★★ 【Text=95/Freq1=240】
　⓪ (예) 그 일을 [대수롭지 않게/심각히]
　　여기다. 〔Text=73/Freq2=138(57.5%)〕
　㉮ <-다고 여기다> 그는 내가 거짓말한다고
　　여기다. 〔Text=29/Freq2=40(16.7%)〕
　㉮ <-[로/처럼] 여기다> 우리는 그를 족으로
　　여기다. 〔Text=43/Freq2=62(25.8%)〕

《여기저기》전체빈도합=88(0.0047%)
여기저기¹ 〖명〗 【Text=31/Freq1=37(42%)】
　⓪ (예) 여기저기를 두리번거리다./
　　밭 여기저기에 잡초가 나다.

여기저기² 〖부〗☆★ 【Text=42/Freq1=51(58%)】
　⓪ (예) 여기저기 [기웃거리다/떠돌아다니다].

《여느》전체빈도합=35(0.0019%)
여느 〖관〗 【Text=27/Freq1=35】
　① (예) 여느 때 같았으면 어림없는 얘기이다.
　　〔Text=24/Freq2=32(91.4%)〕
　② (예) 이것 말고, 여느 것은 없소?
　　〔Text=3/Freq2=3(8.6%)〕

《여덟》전체빈도합=120(0.0065%)
여덟 〖수〗★★★ 【Text=69/Freq1=120】
　Ⅰ (예) 만 나이로 여덟이다.
　　〔Text=7/Freq2=10(8.3%)〕
　Ⅱ (예) 여덟 형제의 장남.
　　〔Text=63/Freq2=110(91.7%)〕

《여동생》전체빈도합=13(0.0007%)
여동생 〖명〗☆★★ 【Text=11/Freq1=13】
　⓪ (예) 시집 간 여동생(女同生).

《여든》전체빈도합=19(0.0010%)
여든 〖수〗★★ 【Text=11/Freq1=19】
　Ⅰ (예) 여든이 다가오는 나이.
　　〔Text=5/Freq2=8(42.1%)〕
　Ⅱ (예) 여든 [명/살].

〔Text=6/Freq2=11(57.9%)〕

≪여러≫전체빈도합=1,364(0.0735%)

여러 팬★★★ 【Text=170/Freq1=1,364】
⓪ (예) 여러 선생님께 감사드리다.
〔Text=143/Freq2=736(54%)〕
㉣<여러 가지>
① (예) 여러 가지의 상품.
〔Text=56/Freq2=91(6.7%)〕
② (예) 여러 가지 종류.
〔Text=107/Freq2=537(39.4%)〕

≪여러분≫전체빈도합=256(0.0138%)

여러분 대★★★ 【Text=83/Freq1=256】
⓪ (예) 여러분의 선택이 미래를 좌우합니다./
[손님/시민] 여러분.

≪여럿≫전체빈도합=44(0.0024%)

여럿 명 【Text=29/Freq1=44】
① (예) 농사를 짓는 집도 여럿이다.
〔Text=7/Freq2=9(20.5%)〕
② (예) 얘기를 여럿에게서 듣다.
〔Text=23/Freq2=35(79.5%)〕

≪여론≫전체빈도합=54(0.0029%)

여론 명 【Text=20/Freq1=54】
⓪ (예) 여론(輿論)이 나빠지다.
〔Text=16/Freq2=45(83.3%)〕
㉣<여론 조사> 【Text=5/Freq2=9(16.7%)〕

≪여름≫전체빈도합=310(0.0167%)

여름 명★★★ 【Text=105/Freq1=310】
⓪ (예) 여름에 비가 많이 오다.
〔Text=99/Freq2=251(81%)〕
㉣<여름 방학> 【Text=18/Freq2=59(19%)〕

≪여름철≫전체빈도합=30(0.0016%)

여름철 명 【Text=16/Freq1=30】
⓪ (예) 여름철에 걸리기 쉬운 병.

≪여리다≫전체빈도합=15(0.0008%)

여리다 형 【Text=11/Freq1=15】
① (예) 여린 싹./여리고 곱게 생긴 여인.
〔Text=4/Freq2=5(33.3%)〕
② (예) 마음이 여리다.
〔Text=6/Freq2=6(40%)〕
③ (예) 여린 [빛/색채].
〔Text=2/Freq2=2(13.3%)〕
④ (예) 여린 소리./소리를 여리게 내다.

〔Text=2/Freq2=2(13.3%)〕

≪여보≫전체빈도합=64(0.0034%)

여보 감☆★☆ 【Text=26/Freq1=64】
① (예) 여보, 일찍 들어오세요.
〔Text=25/Freq2=60(93.8%)〕
② (예) 여보, 젊은이!
〔Text=1/Freq2=4(6.3%)〕

≪여보세요≫전체빈도합=83(0.0045%)

여보세요 감☆★★ 【Text=37/Freq1=83】
① (예) 여보세요, 거기 119지요?
〔Text=32/Freq2=68(81.9%)〕
② (예) 여보세요, 안에 계세요?
〔Text=7/Freq2=15(18.1%)〕

≪여부≫전체빈도합=30(0.0016%)

여부 명 【Text=19/Freq1=30】
⓪ (예) 그의 생사 여부(與否)를 모르다.
〔Text=19/Freq2=30(100%)〕
㉣<여부가 있다> 〔×〕

≪여사≫전체빈도합=92(0.0050%)

여사[1] 명 【Text=13/Freq1=92(100%)】
⓪ (예) 김 여사(女史).

여사[2] 명 【Text=0/Freq1=0】 ⓧ
⓪ (예) 직장 생활 하면서 여사(餘事)로 글을 쓰다. 〔×〕

여사[3] 명 【Text=0/Freq1=0】 ⓧ
⓪ (예) 출장지의 여사(旅舍)에서 묵다. 〔×〕

≪여섯≫전체빈도합=174(0.0094%)

여섯 수★★★ 【Text=86/Freq1=174】
Ⅰ (예) 가족은 모두 여섯이다.
〔Text=9/Freq2=14(8%)〕
Ⅱ (예) 여섯 [가지/명/시].
〔Text=81/Freq2=160(92%)〕

≪여성≫전체빈도합=153(0.0082%)

여성 명★★★ 【Text=37/Freq1=153】
① (예) 어머니를 통해 여성(女性)다움을 배우다. 〔Text=23/Freq2=81(52.9%)〕
② (예) 여성의 [사회 진출/취업난].
〔Text=25/Freq2=72(47.1%)〕
③ (예) 여성 명사와 남성 명사는 활용형이 다르다. 〔×〕

≪여우≫전체빈도합=78(0.0042%)

여우[1] 명☆☆★ 【Text=16/Freq1=78(100%)】

① (예) 여우와 늑대.
　　〔Text=13/Freq2=74(94.9%)〕
② (예) 장사를 하다 보니 여우가 다 되다.
　　〔Text=4/Freq2=4(5.1%)〕
여우² 몡 【Text=0/Freq1=0】 ⓧ
　⓪ (예) 여우(女優) 주연상. 〔×〕

≪여유≫전체빈도합=89(0.0048%)
여유 몡 ★★☆　【Text=55/Freq1=89】
① (예) 시간 여유(餘裕)를 주다.
　　〔Text=38/Freq2=49(55.1%)〕
② (예) 마음의 여유를 가지다.
　　〔Text=22/Freq2=38(42.7%)〕
ⓧ 〔Text=2/Freq2=2(2.2%)〕

≪여의도*≫전체빈도합=32(0.0017%)
여의도⁰ 몡 (고유)☆★☆　【Text=15/Freq1=32】
❶ (예) 여의도(汝矣島)에 살다.

≪여인≫전체빈도합=77(0.0041%)
여인 몡 ★☆★　【Text=33/Freq1=77】
⓪ (예) 사십대의 여인(女人).

≪여자≫전체빈도합=1,006(0.0542%)
여자 몡 ★★★　【Text=133/Freq1=1,006】
⓪ (예) 여자(女子)와 남자는 다르다.
　　〔Text=123/Freq2=682(67.8%)〕
❶ (예) 이 여자 누구야?
　　〔Text=55/Freq2=324(32.2%)〕

≪여전하다≫전체빈도합=15(0.0008%)
여전하다 혱　【Text=12/Freq1=15】
⓪ (예) [무더위가/솜씨가] 여전(如前)하다.

≪여전히≫전체빈도합=145(0.0078%)
여전히 믯☆★☆　【Text=63/Freq1=145】
⓪ (예) 입춘이 지나도 여전(如前)히 춥다.

≪여지≫전체빈도합=16(0.0009%)
여지 몡　【Text=16/Freq1=16】
① (예) 건물에 휴식을 위한 여지(餘地)를 두다. 〔×〕
② (예) [논란의/변명의/재고의] 여지가 없다.
　　〔Text=10/Freq2=10(62.5%)〕
③ (예) 선택의 여지를 주다.
　　〔Text=4/Freq2=4(25%)〕
④ (예) 개발의 여지가 많다.

　　〔Text=1/Freq2=1(6.3%)〕
㉮ <입추의 여지가 없다>
　　〔Text=1/Freq2=1(6.3%)〕

≪여쭈다≫전체빈도합=80(0.0043%)
여쭈다 동　【Text=36/Freq1=80】
① (예) 선생님께 인사를 여쭈다.
　　〔Text=2/Freq2=3(3.8%)〕
② (예) 선생님께 답을 여쭈어 보다.
　　〔Text=36/Freq2=77(96.3%)〕

≪여태≫전체빈도합=33(0.0018%)
여태 믯　【Text=22/Freq1=33】
⓪ (예) 여태 [모르고/일하고] 있다.

≪여학생≫전체빈도합=39(0.0021%)
여학생 몡★★☆　【Text=19/Freq1=39】
⓪ (예) 여학생(女學生)과 남학생.

≪여행≫전체빈도합=172(0.0093%)
여행 몡★★★　【Text=77/Freq1=172】
① (예) 해외 여행(旅行)을 떠나다.
　　〔Text=76/Freq2=170(98.8%)〕
② (예) [도피/애정] 여행.
　　〔Text=1/Freq2=1(0.6%)〕
ⓧ 〔Text=1/Freq2=1(0.6%)〕

≪여행사≫전체빈도합=6(0.0003%)
여행사 몡☆★☆　【Text=5/Freq1=6】
⓪ (예) 여행사(旅行社)에서 항공권을 구입하다.

≪여행하다≫전체빈도합=40(0.0022%)
여행하다 동☆★☆　【Text=20/Freq1=40】
⓪ (예) 동해안을 여행(旅行)하다.

≪역≫전체빈도합=71(0.0038%) [186]
역¹ 몡★★★　【Text=27/Freq1=61(85.9%)】
⓪ (예) 기차가 역(驛)에 도착하다.
역² 몡　【Text=3/Freq1=3(4.2%)】
① (예) 역(逆)으로 생각하다.
　　〔Text=3/Freq2=3(100%)〕
② (예) 그 주장의 역 또한 성립하다. 〔×〕
역³ 몡　【Text=3/Freq1=4(5.6%)】
⓪ (예) 연극의 주인공 역(役)을 맡다.
역⁴ 몡ㅋ　【Text=1/Freq1=3(4.2%)】
⓪ (예) 플라톤 저 최명관 역(譯).

≪역사≫전체빈도합=402(0.0216%)

---

[186] 『연세 한국어 사전』의 '역⁵'(예:역효과)는 말뭉치의 분석에 적용하지 않았으므로 제외한다.

역사¹ 명 ★★★　【Text=81/Freq1=398(99%)】
　① (예) 역사(歷史)를 뒤지다.
　　　〔Text=58/Freq2=238(59.8%)〕
　② (예) [국어의/인류] 역사를 밝히다.
　　　〔Text=45/Freq2=111(27.9%)〕
　❸ (예) 역사 [과목/선생].
　　　〔Text=1/Freq2=1(0.3%)〕
　㉸<역사가 [길다/깊다/오래다]>
　　　〔Text=24/Freq2=39(9.8%)〕
　㉸<역사가 짧다>　〔Text=1/Freq2=1(0.3%)〕
　㉸<역사를 빛내다>　〔Text=4/Freq2=8(2%)〕
역사² 명　【Text=2/Freq1=2(0.5%)】
　⓪ (예) 역사(驛舍)를 빠져 나오다.
역사³ 명　【Text=0/Freq1=0】ⓧ
　⓪ (예) 한국 역도의 간판 역사(力士) 이성재 선수. 〔×〕
역사⁰ 명　【Text=1/Freq1=2(0.5%)】
　❶ (예) 역사(役事)가 끝나다.

≪역사적≫전체빈도합=107(0.0058%)

역사적¹ 명　【Text=19/Freq1=26(24.3%)】
　① (예) 역사적(歷史的)인 자료를 모으다.
　　　〔Text=4/Freq2=5(19.2%)〕
　② (예) 양국은 역사적으로 적대적 관계에 있다. 〔Text=9/Freq2=10(38.5%)〕
　③ (예) 큰 역사적인 의의를 가지다.
　　　〔Text=8/Freq2=11(42.3%)〕
역사적² 관　【Text=28/Freq1=81(75.7%)】
　① (예) 역사적(歷史的) 인식이 부족하다.
　　　〔Text=13/Freq2=27(33.3%)〕
　② (예) 역사적 교훈으로 받아들이다.
　　　〔Text=18/Freq2=38(46.9%)〕
　③ (예) 역사적 재판이 벌어지다.
　　　〔Text=8/Freq2=15(18.5%)〕
　ⓧ 〔Text=1/Freq2=1(1.2%)〕

≪역시≫전체빈도합=372(0.0200%)

역시¹ 명　【Text=0/Freq1=0】ⓧ
　⓪ (예) 영미 작가들의 역시(譯詩). 〔×〕
역시² 부 ★★★　【Text=108/Freq1=372(100%)】
　①<~(도) 역시(도)>
　　(예) 나도 역시(亦是) 그렇게 생각하다.
　　　〔Text=78/Freq2=234(62.9%)〕
　② (예) 장사는 역시 먹는 장사가 낫다.
　　　〔Text=31/Freq2=49(13.2%)〕
　③ (예) 자넨 역시 대단해.
　　　〔Text=48/Freq2=89(23.9%)〕

≪역할≫전체빈도합=141(0.0076%)

역할 명 ★★☆　【Text=58/Freq1=141】
　① (예) 가정에서 어머니의 역할(役割)이 중요하다. 〔Text=30/Freq2=67(47.5%)〕
　② (예) 간은 독을 없애는 역할을 하다.
　　　〔Text=34/Freq2=69(48.9%)〕
　③ (예) 영화에서의 내 역할은 조연이다.
　　　〔Text=4/Freq2=5(3.5%)〕

≪엮다≫전체빈도합=56(0.0030%)

엮다 동 ☆☆★　【Text=30/Freq1=56】
Ⅰ ① (예) 갈대로 자리를 엮다.
　　　〔Text=12/Freq2=22(39.3%)〕
　② (예) 연구 결과를 책으로 엮다.
　　　〔Text=13/Freq2=23(41.1%)〕
Ⅱ ① (예) 이야기를 엮다.
　　　〔Text=3/Freq2=3(5.4%)〕
　② (예) 일정표에 맞춰 시간을 엮다.
　　　〔Text=7/Freq2=8(14.3%)〕

≪연≫전체빈도합=32(0.0017%) [187]

연¹ 명 ★☆☆　【Text=8/Freq1=19(59.4%)】
　⓪ (예) 연(鳶)을 날리다.
연² 명　【Text=2/Freq1=3(9.4%)】
　⓪ (예) 시의 두 번째 연(聯).
연³ 명　【Text=2/Freq1=5(15.6%)】
　⓪ (예) 속세와의 연(緣)을 끊다.
연⁴ 명　【Text=0/Freq1=0】ⓧ
　⓪ (예) 연(蓮)의 꽃이 피다. 〔×〕
연⁵ 관　【Text=1/Freq1=4(12.5%)】
　⓪ (예) 연(年) 4회 실시하다.
연⁶ 관　【Text=0/Freq1=0】ⓧ
　⓪ (예) 연(延) 인원 3만 명이 참가하다. 〔×〕
연⁰ 명　【Text=1/Freq1=1(3.1%)】
　❶ (예) 연(年). 월, 일의 순서로 쓰다.

≪연결≫전체빈도합=19(0.0010%)

연결 명　【Text=12/Freq1=19】
　① (예) 건물들이 계단으로 연결(連結)이 되다. 〔×〕
　② (예) 싱크대의 연결이 안 좋다.

---

[187] 『연세 한국어 사전』의 '연 ⁷'(예:연사흘), '연 ⁸'(예:연분홍), '- 연⁹'(예:회갑연)은 말뭉치의 분석에 적용하지 않았으므로 제외한다.

③ (예) 사회 운동이 민주주의와 연결이 되다.
　　　〔Text=7/Freq2=13(68.4%)〕
　　④ (예) 전화로 그와 연결을 시도하다.
　　　〔Text=1/Freq2=1(5.3%)〕
　ⓧ〔Text=1/Freq2=2(10.5%)〕

≪**연결되다**≫전체빈도합=46(0.0025%)
연결되다 동★☆☆　【Text=37/Freq1=46】
　Ⅰ ① (예) [선이/줄이] 연결(連結)되다.
　　　〔Text=10/Freq2=14(30.4%)〕
　　② (예) 찬스가 골로 연결되다.
　　　〔Text=6/Freq2=6(13%)〕
　　③ (예) 실용적 동기와 연결된 연구.
　　　〔Text=17/Freq2=20(43.5%)〕
　　④ (예) 생산자와 소비자가 연결되다.
　　　〔Text=3/Freq2=3(6.5%)〕
　Ⅱ (예) [전화가/현장이] 연결되다.
　　　〔Text=3/Freq2=3(6.5%)〕

≪**연결시키다**≫전체빈도합=15(0.0008%)
연결시키다 동　【Text=13/Freq1=15】
　Ⅰ ① (예) [선을/줄을] 연결(連結)시키다.
　　　〔Text=2/Freq2=3(20%)〕
　　② (예) 찬스를 골로 연결시키다.〔×〕
　　③ (예) 결과를 원인과 연결시키다.
　　　〔Text=9/Freq2=9(60%)〕
　　④ (예) 생산자와 소비자를 연결시키다.
　　　〔Text=3/Freq2=3(20%)〕
　Ⅱ (예) [전화를/현장으로] 연결시키다.〔×〕

≪**연결하다**≫전체빈도합=26(0.0014%)
연결하다 동★★☆　【Text=18/Freq1=26】
　Ⅰ ① (예) [선을/줄을] 연결(連結)하다.
　　　〔Text=11/Freq2=15(57.7%)〕
　　② (예) 찬스를 골로 연결하다.
　　　〔Text=3/Freq2=3(11.5%)〕
　　③ (예) 사람과 사람을 연결하는 매개.
　　　〔Text=2/Freq2=3(11.5%)〕
　　④ (예) 생산자와 소비자를 연결하다.
　　　〔Text=2/Freq2=3(11.5%)〕
　Ⅱ (예) [전화를/현장으로] 연결하다.
　　　〔Text=1/Freq2=1(3.8%)〕
　ⓧ〔Text=1/Freq2=1(3.8%)〕

≪**연관**≫전체빈도합=15(0.0008%)
연관[1] 명　【Text=11/Freq1=15(100%)】
　① (예) 두 사건이 밀접한 연관(聯關)을 [갖다/맺다].
연관[2] 명　【Text=0/Freq1=0】ⓧ
　① (예) 연관(煙管)이 막혀서 연기가 못 빠져나가다.〔×〕

≪**연구**≫전체빈도합=190(0.0102%)
연구 명★★★　【Text=54/Freq1=190】
　① (예) 연구(研究)를 하다.
　　　〔Text=53/Freq2=184(96.8%)〕
　❶ (예) 이 문제를 집중 연구, 결론을 내다.
　　　〔Text=6/Freq2=6(3.2%)〕

≪**연구소**≫전체빈도합=42(0.0023%)
연구소 명　【Text=16/Freq1=42】
　① (예) 연구소(研究所)에서 일하다.

≪**연구실**≫전체빈도합=67(0.0036%)
연구실 명　【Text=13/Freq1=67】
　① (예) 연구실(研究室)에서 책을 쓰다.

≪**연구하다**≫전체빈도합=106(0.0057%)
연구하다 동★☆☆　【Text=46/Freq1=106】
　① (예) 말을 연구(研究)하다.

≪**연극**≫전체빈도합=216(0.0116%)
연극 명★★★　【Text=31/Freq1=216】
　① (예) 극장에서 연극(演劇)을 보다.
　　　〔Text=25/Freq2=206(95.4%)〕
　② (예) 가족을 속이려 연극을 하다.
　　　〔Text=4/Freq2=10(4.6%)〕

≪**연기**≫전체빈도합=82(0.0044%)
연기[1] 명★★★　【Text=43/Freq1=65(79.3%)】
　① (예) 굴뚝에서 연기(煙氣)가 나다.
연기[2] 명　【Text=1/Freq1=1(1.2%)】
　① (예) 계획을 연기(延期)를 하다.
연기[3] 명　【Text=10/Freq1=16(19.5%)】
　① (예) 배우가 연기(演技)를 잘하다.
　　　〔Text=7/Freq2=13(81.3%)〕
　② (예) 감정을 숨기고 연기를 하다.
　　　〔Text=3/Freq2=3(18.8%)〕
연기[4] 명　【Text=0/Freq1=0】ⓧ
　① (예) 윤회와 연기(緣起)를 깨닫다.〔×〕
연기[5] 명　【Text=0/Freq1=0】ⓧ
　① (예) 그 사건의 연기(年紀)가 불분명하다.〔×〕

≪**연락**≫전체빈도합=70(0.0038%)
연락 명★★☆　【Text=45/Freq1=70】

⓪ (예) 그에게 연락(連絡)을 하다.
≪**연락하다**≫전체빈도합=43(0.0023%)
　연락하다 동☆★　【Text=30/Freq1=43】
　　Ⅰ (예) 회사에 연락(連絡)하다.
　　　〔Text=30/Freq2=43(100%)〕
　　Ⅱ (예) 섬과 육지를 연락하는 통신 수단. 〔×〕
≪**연못**≫전체빈도합=61(0.0033%)
　연못 명　【Text=15/Freq1=61】
　　⓪ (예) 뜰에 작은 연(蓮)못을 파다.
≪**연세**≫전체빈도합=11(0.0006%)
　연세 명☆★　【Text=8/Freq1=11】
　　⓪ (예) 연세(年歲)가 많으시다.
≪**연습**≫전체빈도합=104(0.0056%)
　연습¹ 명　【Text=24/Freq1=43(41.3%)】
　　⓪ (예) 한국군이 [도하/실전] 연습(演習)을 하다.
　연습² 명★★★　【Text=23/Freq1=61(58.7%)】
　　⓪ (예) [운전/피아노] 연습(練習·鍊習)을 하다.
≪**연습하다**≫전체빈도합=33(0.0018%)
　연습하다 동☆★☆　【Text=17/Freq1=33】
　　⓪ (예) [노래를/피아노를] 연습(練習·鍊習)하다.
≪**연신**≫전체빈도합=20(0.0011%)
　연신 명　【Text=15/Freq1=20】
　　⓪ (예) 연신 [손을 흔들다/웃다].
≪**연애**≫전체빈도합=26(0.0014%)
　연애 명☆★☆　【Text=16/Freq1=26】
　　⓪ (예) 연애(戀愛) 결혼을 하다.
≪**연인**≫전체빈도합=19(0.0010%)
　연인 명　【Text=12/Freq1=19】
　　⓪ (예) 연인(戀人) 사이로 발전하다.
≪**연장**≫전체빈도합=20(0.0011%)
　연장¹ 명　【Text=10/Freq1=16(80%)】
　　⓪ (예) 삽과 낫 같은 연장을 쓰다.
　연장² 명☆☆★　【Text=2/Freq1=4(20%)】
　　① (예) 평균 수명의 연장(延長). 〔×〕
　　② (예) 현재는 과거의 연장이다.
　　　〔Text=2/Freq2=4(100%)〕
　　③ (예) 총 연장 500km의 고속 도로. 〔×〕
≪**연주**≫전체빈도합=11(0.0006%)
　연주 명☆☆★　【Text=9/Freq1=11】
　　⓪ (예) 악단의 연주(演奏)를 듣다.

≪**연주하다**≫전체빈도합=24(0.0013%)
　연주하다 동　【Text=15/Freq1=24】
　　⓪ (예) 악기를 연주(演奏)하다.
≪**연탄**≫전체빈도합=27(0.0015%)
　연탄 명☆☆★　【Text=12/Freq1=27】
　　⓪ (예) 연탄(煉炭)을 [갈다/때다].
　　　〔Text=11/Freq2=25(92.6%)〕
　　관<연탄 가스> 〔Text=1/Freq2=1(3.7%)〕
　　관<연탄 난로> 〔Text=1/Freq2=1(3.7%)〕
≪**연필**≫전체빈도합=80(0.0043%)
　연필 명★★★　【Text=37/Freq1=80】
　　⓪ (예) 연필(鉛筆)로 쓰다.
≪**연하다**≫전체빈도합=8(0.0004%)
　연하다¹ 동　【Text=0/Freq1=0】 ⓧ
　　⓪ (예) 산 밑으로 기와집들이 연(連)해 있다.
　　　〔×〕
　연하다² 동　【Text=1/Freq1=1(12.5%)】
　　⓪ (예) 강에 연(沿)한 마을.
　연하다³ 형☆☆★　【Text=5/Freq1=7(87.5%)】
　　① (예) 나물이 연(軟)하다.
　　　〔Text=3/Freq2=4(57.1%)〕
　　② (예) 연한 하늘색 옷.
　　　〔Text=3/Freq2=3(42.9%)〕
≪**열**≫전체빈도합=373(0.0201%)
　열¹ 명★★★　【Text=34/Freq1=45(12.1%)】
　　① (예) 전열 기구들이 열(熱)을 내뿜다.
　　　〔Text=6/Freq2=9(20%)〕
　　② (예) 몸에 열이 나다.
　　　〔Text=16/Freq2=19(42.2%)〕
　　③ (예) 업무에 열과 성을 다하다.
　　　〔Text=2/Freq2=3(6.7%)〕
　　④ (예) 열을 내며 [말하다/항의하다].
　　　〔Text=2/Freq2=2(4.4%)〕
　　⑤ (예) 열에 받쳐 신경질을 부리다.
　　　〔Text=4/Freq2=4(8.9%)〕
　　관<열을 내다> ☞④.
　　관<열을 올리다>
　　　Ⅰ (예) 열을 올리며 말하다. 〔×〕
　　　Ⅱ (예) 공부에 열을 올리다.
　　　　〔Text=7/Freq2=7(15.6%)〕
　　관<열(이) 오르다> 〔Text=1/Freq2=1(2.2%)〕
　열² 명　【Text=2/Freq1=2(0.5%)】
　　Ⅰ ① (예) 기러기가 열(列)을 지어 날아가다.
　　　　〔Text=1/Freq2=1(50%)〕

②(예) [군인들이/트럭들이] 열을 짓다. 〔×〕
Ⅱ (예) 차들이 세 열로 늘어서다.
〔Text=1/Freq2=1(50%)〕

열³ 쥬★★★ 【Text=121/Freq1=326(87.4%)】
Ⅰ ①(예) 속으로 열을 세다.
〔Text=30/Freq2=62(19%)〕
②<하나에서 열까지> (예) 하나에서 열까지 믿을 말이 없다.
〔Text=2/Freq2=2(0.6%)〕
Ⅱ ①(예) 열 배 스무 배 어렵다.
〔Text=112/Freq2=262(80.4%)〕
②<열 일 제쳐놓다>
(예) 열 일 제쳐놓고 잠부터 자다. 〔×〕

≪열다≫전체빈도합=395(0.0213%)
열다¹ 동★★★ 【Text=140/Freq1=394(99.7%)】
① ㉠(예) [문을/커튼을] 열다.
〔Text=82/Freq2=212(53.8%)〕
㉡(예) [빗장을/자물쇠를] 열다.
〔Text=6/Freq2=11(2.8%)〕
② ㉠(예) [가방을/상자를] 열다.
〔Text=19/Freq2=21(5.3%)〕
㉡(예) [뚜껑을/마개를] 열다.
〔Text=9/Freq2=11(2.8%)〕
③(예) [말문을/입을] 열다.
〔Text=23/Freq2=41(10.4%)〕
④(예) [가슴을/마음을] 열다.
〔Text=6/Freq2=6(1.5%)〕
⑤(예) [송별연을/회의를] 열다.
〔Text=30/Freq2=44(11.2%)〕
⑥(예) [가게를/약국을] 열다.
〔Text=4/Freq2=5(1.3%)〕
⑦(예) [길을/퇴로를] 열다.
〔Text=11/Freq2=14(3.6%)〕
⑧(예) 새로운 [시대를/지평을] 열다.
〔Text=12/Freq2=14(3.6%)〕
⑨(예) [아침을/하루를] 열다. 〔×〕
❿(예) 프로그램을 열다.
〔Text=1/Freq2=1(0.3%)〕
관<막을 열다> 21세기가 막을 열다. 〔×〕
관<(~의) 문을 열다>
①(예) 열쇠로 가게의 문을 열다.
〔Text=6/Freq2=6(1.5%)〕
②(예) 새로 편의점 문을 열다.
〔Text=1/Freq2=1(0.3%)〕
❸(예) 개방의 문을 열다.
〔Text=3/Freq2=3(0.8%)〕

관<[새/새로운] 장을 열다>
〔Text=1/Freq2=1(0.3%)〕
열다² 동 【Text=1/Freq1=1(0.3%)】
⓪(예) 열매가 열다.

≪열리다≫전체빈도합=214(0.0115%)
열리다¹ 동★★★ 【Text=92/Freq1=198(92.5%)】
①(예) [문이/창이] 열리다.
〔Text=47/Freq2=89(44.9%)〕
②(예) [대회가/전시회가] 열리다.
〔Text=36/Freq2=70(35.4%)〕
③(예) 모퉁이를 돌면 깊은 계곡이 열리다.
〔Text=2/Freq2=2(1%)〕
④(예) 컴퓨터의 시대가 열리다.
〔Text=7/Freq2=7(3.5%)〕
❺(예) [가방이/깡통이] 열리다.
〔Text=1/Freq2=1(0.5%)〕
관<귀가 열리다> 〔Text=1/Freq2=1(0.5%)〕
관<길이 열리다> 〔×〕
관<[~르/~에게] 열리다> [모두에게/세계로] 열린 길. 〔Text=2/Freq2=3(1.5%)〕
관<[말문이/일이] 열리다>
〔Text=2/Freq2=3(1.5%)〕
관<열린 [교육/마음/연극]>
〔Text=7/Freq2=22(11.1%)〕
열리다² 동 【Text=11/Freq1=16(7.5%)】
⓪(예) [감이/열매가] 열리다.

≪열매≫전체빈도합=65(0.0035%)
열매 명★☆★ 【Text=33/Freq1=65】
①(예) 가지에 열매가 열리다.
〔Text=27/Freq2=54(83.1%)〕
②(예) 경제 성장의 열매가 열리다.
〔Text=8/Freq2=11(16.9%)〕
관<열매를 맺다> 노력이 열매를 맺다. 〔×〕

≪열쇠≫전체빈도합=65(0.0035%)
열쇠 명☆☆★ 【Text=21/Freq1=65】
①(예) 문을 열쇠로 열다.
〔Text=17/Freq2=59(90.8%)〕
②(예) 사건의 비밀을 푸는 열쇠.
〔Text=5/Freq2=6(9.2%)〕

≪열심히≫전체빈도합=397(0.0214%)
열심히 튀★★★ 【Text=132/Freq1=397】
⓪(예) 열심(熱心)히 일을 하다.

≪열정≫전체빈도합=33(0.0018%)
열정 명 【Text=21/Freq1=33】

열정 389

① (예) [그녀에게/조국에] 뜨거운 열정(熱情)을 느끼다. 〔Text=13/Freq2=19(57.6%)〕
② (예) 열정을 [기울이다/다하다/쏟다]. 〔Text=9/Freq2=14(42.4%)〕

≪열중하다≫전체빈도합=36(0.0019%)
열중하다 동 【Text=23/Freq1=36】
⓪ (예) 공부에 열중(熱中)하다.

≪열차≫전체빈도합=45(0.0024%)
열차 명 ☆☆★ 【Text=20/Freq1=45】
⓪ (예) 열차(列車)가 역에 서다.

≪열흘≫전체빈도합=24(0.0013%)
열흘 명 ☆☆★ 【Text=18/Freq1=24】
⓪ (예) 열흘이 지나다.

≪엷다≫전체빈도합=5(0.0003%)
엷다 형 ☆☆★ 【Text=5/Freq1=5】
① (예) 엷은 얼음장. 〔×〕
② (예) 엷은 초록색. 〔Text=3/Freq2=3(60%)〕
③ (예) 엷은 [안개/향기]. 〔Text=1/Freq2=1(20%)〕
④ (예) 사람이 엷고 까불다. 〔×〕
⑤ (예) 엷은 [미소/한숨]. 〔Text=1/Freq2=1(20%)〕

≪염려≫전체빈도합=37(0.0020%)
염려 명 【Text=30/Freq1=37】
⓪ (예) 염려(念慮)를 하다. 〔Text=30/Freq2=37(100%)〕
관 <염려(를) 놓다> 〔×〕

≪염소≫전체빈도합=22(0.0012%)
염소¹ 명 ☆☆★ 【Text=10/Freq1=21(95.5%)】
⓪ (예) 염소를 기르다.
염소² 명 【Text=1/Freq1=1(4.5%)】
⓪ (예) 염소(貂素) 성분이 들어 있다.

≪엽서≫전체빈도합=21(0.0011%)
엽서 명 【Text=11/Freq1=21】
⓪ (예) 엽서(葉書)를 보내다.

≪엿보다≫전체빈도합=28(0.0015%)
엿보다 동 ☆☆★ 【Text=16/Freq1=28】
① (예) 숨어서 그들의 행동을 엿보다. 〔Text=4/Freq2=5(17.9%)〕
② (예) 속담에서 선조들의 지혜를 엿보다. 〔Text=12/Freq2=22(78.6%)〕
③ (예) [기회를/짬을] 엿보다.

〔Text=1/Freq2=1(3.6%)〕

≪영≫전체빈도합=58(0.0031%)
영¹ 명 ☆☆★ 【Text=15/Freq1=27(46.6%)】
⓪ (예) 기온이 영(零) 도에 가깝다.
영² 명 【Text=0/Freq1=0】 ⓧ
① (예) 사람은 육신과 영((靈)을 가진 존재. 〔×〕
② (예) 하나님은 영이시다. 〔×〕
영³ 명 【Text=0/Freq1=0】 ⓧ
⓪ (예) 영(令)을 거역하다. 〔×〕
영⁴ 부 【Text=16/Freq1=22(37.9%)】
① (예) 모임에 영 나오지 못하다./공부에 영 취미가 없다. 〔Text=10/Freq2=13(59.1%)〕
② (예) 일이 영 뒤죽박죽이 되다. 〔Text=7/Freq2=9(40.9%)〕
영⁵ 부 【Text=0/Freq1=0】 ⓧ
⓪ (예) 영(永) 모르고 넘어가다. 〔×〕
영⁶ 명 【Text=4/Freq1=9(15.5%)】
⓿ (예) 영(英), 수, 국.

≪영감≫전체빈도합=71(0.0038%)
영감¹ 명 【Text=17/Freq1=67(94.4%)】
Ⅰ ① (예) 우리 영감(令監)이 선물로 준 반지야. 〔Text=3/Freq2=3(4.5%)〕
② (예) 복덕방 영감. 〔Text=6/Freq2=35(52.2%)〕
③ (예) 물러가라, 영감 나가신다. 〔×〕
Ⅱ (예) 이 주사 영감은 말이 없다. 〔Text=10/Freq2=29(43.3%)〕
영감² 명 【Text=4/Freq1=4(5.6%)】
⓪ (예) 시적 영감(靈感)이 떠오르다.

≪영광≫전체빈도합=18(0.0010%)
영광 명 【Text=16/Freq1=18】
① (예) 수석의 영광(榮光)을 차지하다. 〔Text=16/Freq2=18(100%)〕
② (예) 하나님께 영광 드리세. 〔×〕

≪영국✽≫전체빈도합=73(0.0039%)
영국⁰ 명(고유)★★☆ 【Text=35/Freq1=73】
⓿ (예) 영국(英國)으로 유학을 가다.

≪영문≫전체빈도합=27(0.0015%)
영문¹ 명 【Text=19/Freq1=22(81.5%)】
⓪ (예) 영문도 모르고 병원으로 끌려가다.
영문² 명 【Text=3/Freq1=5(18.5%)】
⓪ (예) 서류를 영문(英文)으로 만들다.

≪영상≫전체빈도합=46(0.0025%)

영상¹ 명 【Text=14/Freq1=43(93.5%)】
① (예) 텔레비전의 영상(映像).
   〔Text=8/Freq2=32(74.4%)〕
② (예) 뇌리에 떠오르는 영상.
   〔Text=5/Freq2=5(11.6%)〕
③ (예) 거울에 비친 자기의 영상.
   〔Text=3/Freq2=6(14%)〕

영상² 명 【Text=2/Freq1=3(6.5%)】
⓪ (예) 낮 기온이 영상(零上) 10도까지 오르다.

≪영양≫전체빈도합=23(0.0012%)

영양 명 ☆☆★ 【Text=11/Freq1=23】
⓪ (예) 영양(營養)을 섭취하다.
   〔Text=11/Freq2=23(100%)〕
관 <영양 실조> 〔×〕

≪영어≫전체빈도합=150(0.0081%)

영어 명 ★★☆ 【Text=43/Freq1=150】
⓪ (예) 영어(英語)를 배우다.

≪영업≫전체빈도합=18(0.0010%)

영업 명 【Text=10/Freq1=18】
⓪ (예) 24시간 영업(營業)을 하다.

≪영역≫전체빈도합=72(0.0039%)

영역¹ 명 ★☆☆ 【Text=30/Freq1=72(100%)】
① (예) 개인의 생활 영역(領域)이 넓어지다.
   〔Text=16/Freq2=29(40.3%)〕
② (예) 세 나라가 영역을 다투다. 〔×〕
③ (예) 금융 기관의 업무 영역.
   〔Text=20/Freq2=43(59.7%)〕

영역² 명 【Text=0/Freq1=0】 ⓧ
⓪ (예) 김소월 작품의 영역(英譯)을 하다. 〔×〕

≪영영≫전체빈도합=22(0.0012%)

영영 부 【Text=17/Freq1=22】
① (예) 영영(永永) [돌아오지 않다/잊지 못하다]. 〔Text=11/Freq2=12(54.5%)〕
② (예) 영영 [기회가 사라지다/세상을 떠나다]. 〔Text=8/Freq2=10(45.5%)〕

≪영웅≫전체빈도합=25(0.0013%)

영웅 명 【Text=11/Freq1=25】
⓪ (예) 나라를 구한 영웅(英雄).
   〔Text=11/Freq2=25(100%)〕
관 <영웅 호걸> 〔×〕

≪영원하다≫전체빈도합=49(0.0026%)

영원하다 형 【Text=23/Freq1=49】
① (예) 우주와 진리는 영원(永遠)하다.
   〔Text=12/Freq2=27(55.1%)〕
② (예) 우리의 사랑은 영원할 것이다.
   〔Text=14/Freq2=22(44.9%)〕

≪영원히≫전체빈도합=52(0.0028%)

영원히 부 【Text=34/Freq1=52】
① (예) 영원(永遠)히 변치 않는 진리.
   〔Text=27/Freq2=36(69.2%)〕
② (예) 통일은 영원히 불가능하다.
   〔Text=13/Freq2=16(30.8%)〕

≪영토≫전체빈도합=25(0.0013%)

영토 명 【Text=13/Freq1=25】
⓪ (예) 나라의 영토(領土)가 넓다.

≪영하≫전체빈도합=9(0.0005%)

영하 명 ☆★☆ 【Text=8/Freq1=9】
⓪ (예) 기온이 영하(零下)로 내려가다.

≪영향≫전체빈도합=152(0.0082%)

영향 명 ★★☆ 【Text=50/Freq1=152】
⓪ (예) 여론에 영향(影響)을 미치다.

≪영향력≫전체빈도합=20(0.0011%)

영향력 명 【Text=13/Freq1=20】
⓪ (예) 부모의 영향력(影響力)이 크다.

≪영혼≫전체빈도합=75(0.0040%)

영혼 명 【Text=29/Freq1=75】
① (예) 시인의 영혼(靈魂)이 깃든 시.
   〔Text=28/Freq2=62(82.7%)〕
② (예) 병든 영혼들을 위해 기도하다.
   〔Text=1/Freq2=1(1.3%)〕
③ (예) 죽은 사람의 영혼을 위로하다.
   〔Text=6/Freq2=12(16%)〕

≪영화≫전체빈도합=471(0.0254%)

영화¹ 명 ★★★ 【Text=65/Freq1=469(99.6%)】
⓪ (예) 극장에서 영화(映畵)를 보다.
   〔Text=65/Freq2=468(99.8%)〕
관 <영화 배우> 〔Text=1/Freq2=1(0.2%)〕

영화² 명 【Text=2/Freq1=2(0.4%)】
⓪ (예) 부귀와 영화(榮華)를 누리다.

≪영화관≫전체빈도합=17(0.0009%)

영화관 명 ☆★☆ 【Text=7/Freq1=17】
⓪ (예) 영화관(映畵館)에서 영화를 보다.

≪옆≫전체빈도합=405(0.0218%)

옆 명★★★ 【Text=134/Freq1=405】
　① (예) 차를 길 옆에 세우다.
　　〔Text=107/Freq2=271(66.9%)〕
　② (예) 엄마가 늘 아기 옆에 있다.
　　〔Text=73/Freq2=134(33.1%)〕

≪옆구리≫전체빈도합=18(0.0010%)

옆구리 명 【Text=13/Freq1=18】
　① (예) 옆구리가 아프다.
　　〔Text=13/Freq2=16(88.9%)〕
　② (예) 편지 옆구리를 뜯다.
　　〔Text=2/Freq2=2(11.1%)〕

≪옆집≫전체빈도합=50(0.0027%)

옆집 명☆★☆ 【Text=28/Freq1=50】
　⓪ (예) 옆집에 외국인이 살다.

≪예≫전체빈도합=814(0.0438%)

예¹ 명 【Text=0/Freq1=0】 ⓧ
　⓪ (예) 글자 '예'의 발음에 주의하다.〔×〕

예² 명 【Text=30/Freq1=46(5.7%)】
　⓪ (예) 예(로)부터 전해 오다.
　　〔Text=24/Freq2=36(78.3%)〕
　관 <예나 지금이나>
　　〔Text=10/Freq2=10(21.7%)〕

예³ 대 【Text=5/Freq1=8(1%)】 ¹⁸⁸
　⓪ (예) 예서 무엇을 하느냐?
　　〔Text=5/Freq2=6(75%)〕
　❶ (예) 생각이 예까지 미치자 ….
　　〔Text=1/Freq2=2(25%)〕

예⁴ 명★★☆ 【Text=88/Freq1=288(35.4%)】
　① (예) 예(例)에 없던 성과.
　　〔Text=1/Freq2=5(1.7%)〕
　② (예) 방심하다 실수하는 예를 보다.
　　〔Text=24/Freq2=42(14.6%)〕
　③ (예) 예를 들다.
　　〔Text=76/Freq2=235(81.6%)〕
　④ (예) 예의 다방에서 만나자.〔×〕
　⑤ (예) 예의 그 히스테리가 또 발작하다.
　　〔Text=5/Freq2=6(2.1%)〕

예⁵ 명 【Text=7/Freq1=9(1.1%)】
　① (예) 예(禮)를 모르는 사람.
　　〔Text=2/Freq2=2(22.2%)〕
　② (예) 제사를 예로 모시다.
　　〔Text=4/Freq2=6(66.7%)〕
　③ (예) 백년가약의 예를 올리다.
　　〔Text=1/Freq2=1(11.1%)〕

예⁶ 감★★☆ 【Text=53/Freq1=463(56.9%)】
　① (예) 예, 선생님 말씀이 옳습니다./예, 알겠습니다.〔Text=44/Freq2=348(75.2%)〕
　② (예) 어처구니없어 '예?' 하고 되묻다.
　　〔Text=14/Freq2=33(7.1%)〕
　③ (예) 예, 오늘 개학이라서요, 저도 학생이거든요.〔Text=24/Freq2=69(14.9%)〕
　④ (예) 잘 좀 봐 주세요, 예?
　　〔Text=4/Freq2=4(0.9%)〕
　❺ (예) 조금만 더 오른쪽으로, 예, 자, 이제 한번 웃어 보세요.〔Text=4/Freq2=5(1.1%)〕
　❻ (예) (전화를 받으며) 예, 여보세요.
　　〔Text=2/Freq2=2(0.4%)〕
　ⓧ 〔Text=2/Freq2=2(0.4%)〕

예⁷ 감 【Text=0/Freq1=0】 ⓧ
　⓪ (예) 예, 이 [녀석/놈]!〔×〕

≪예감≫전체빈도합=23(0.0012%)

예감 명 【Text=15/Freq1=23】
　⓪ (예) 예감(豫感)이 들어맞다.

≪예매하다≫전체빈도합=6(0.0003%)

예매하다¹ 동☆★☆ 【Text=4/Freq1=6(100%)】
　① (예) 떠나기 전에 표를 예매(豫買)하다.
　　〔Text=4/Freq2=6(100%)〕
　② (예) 농민들에게 배추를 밭뙈기로 예매하다.〔×〕

예매하다² 동 【Text=0/Freq1=0】 ⓧ
　① (예) 창구에서 표를 예매(豫賣)하다.〔×〕
　② (예) 상인에게 배추를 밭뙈기로 예매하다.〔×〕

≪예민하다≫전체빈도합=23(0.0012%)

예민하다 형 【Text=16/Freq1=23】
　① (예) 신경이 예민(銳敏)하다.
　　〔Text=12/Freq2=16(69.6%)〕
　② (예) 예민한 관찰력을 지니다.
　　〔Text=6/Freq2=7(30.4%)〕

≪예방≫전체빈도합=18(0.0010%)

예방¹ 명 【Text=9/Freq1=18(100%)】
　⓪ (예) [오염/재해/질병] 예방(豫防)이 중요하다.〔Text=9/Freq2=11(61.1%)〕

---

188) 『연세 한국어 사전』에서는 '예³'를 "대명사 '여기'의 준말"인 '명사'로 기술하고 있는데, 여기서는 이를 대명사로 기술하되 용례가 적으므로 의미를 세분하지는 않는다.

관 <예방 접종> 〔Text=1/Freq2=6(33.3%)〕
관 <예방 주사> 〔Text=1/Freq2=1(5.6%)〕

예방² 명 【Text=0/Freq1=0】 ⓧ
  ⓪ (예) 형방과 예방(禮房)을 부르다. 〔×〕

예방³ 명 【Text=0/Freq1=0】 ⓧ
  ⓪ (예) 수상의 예방(禮訪)을 받다. 〔×〕

≪예쁘다≫전체빈도합=224(0.0121%)

예쁘다 형 ★★★ 【Text=86/Freq1=224】
  Ⅰ (예) [반지가/얼굴이] 예쁘다.
    〔Text=85/Freq2=204(91.1%)〕
  Ⅱ (예) [딸이/사위가/아기가] 예쁘다.
    〔Text=6/Freq2=13(5.8%)〕
  관 <마음이 예쁘다>
    〔Text=2/Freq2=3(1.3%)〕
  관 <[소리가/이름이] 예쁘다>
    〔Text=3/Freq2=4(1.8%)〕

≪예산≫전체빈도합=9(0.0005%)

예산 명 ☆☆★ 【Text=7/Freq1=9】
  ① (예) 예산(豫算)이 모자라서 다 못 사다. 〔×〕
  ② (예) 국회에서 새해 예산을 심의하다.
    〔Text=7/Freq2=9(100%)〕

≪예상≫전체빈도합=20(0.0011%)

예상 명 【Text=19/Freq1=20】
  ⓪ (예) 독일이 예상(豫想)대로 우승하다.
    〔Text=16/Freq2=17(85%)〕
  관 <예상 밖으로> 〔×〕
  관 <예상 외로> 〔Text=3/Freq2=3(15%)〕

≪예상하다≫전체빈도합=23(0.0012%)

예상하다 동 【Text=19/Freq1=23】
  ⓪ (예) [비가 올 거라고/중국의 우승을]
    예상(豫想)하다.

≪예순≫전체빈도합=5(0.0003%)

예순 주 ☆☆★ 【Text=3/Freq1=5】
  Ⅰ (예) 나이가 예순을 넘기다.
    〔Text=1/Freq2=2(40%)〕
  Ⅱ (예) 신청자가 예순 명을 넘다.
    〔Text=2/Freq2=3(60%)〕

≪예술≫전체빈도합=386(0.0208%)

예술 명 ★★★ 【Text=44/Freq1=386】
  ① (예) 예술(藝術)에 종사하다.
    〔Text=39/Freq2=304(81.3%)〕
  ② (예) 조각과 그림 같은 예술을 아끼다.
    〔Text=8/Freq2=18(4.8%)〕

  ❸ (예) [민속/영화/전통] 예술.
    〔Text=12/Freq2=52(13.9%)〕
  관 <예술 작품> 〔Text=4/Freq2=12(3.2%)〕
  관 <예술 지상주의> 〔×〕

≪예술가≫전체빈도합=41(0.0022%)

예술가 명 【Text=17/Freq1=41】
  ⓪ (예) 예술가(藝術家)가 되다.

≪예술적≫전체빈도합=40(0.0022%)

예술적¹ 명 【Text=7/Freq1=12(30%)】
  ⓪ (예) [예술적(藝術的)으로/예술적인] 건물을
    짓다.

예술적² 관 【Text=10/Freq1=28(70%)】
  ⓪ (예) 예술적(藝術的) [가치가/감각이]
    뛰어나다.

≪예약≫전체빈도합=11(0.0006%)

예약 명 ☆★☆ 【Text=9/Freq1=11】
  ⓪ (예) 승차권 예약(豫約)을 하다.

≪예약하다≫전체빈도합=9(0.0005%)

예약하다 동 ☆★☆ 【Text=8/Freq1=9】
  ⓪ (예) 호텔을 예약(豫約)하다.

≪예외≫전체빈도합=33(0.0018%)

예외 명 【Text=23/Freq1=33】
  ⓪ (예) 예외(例外)로 인정하다.

≪예의≫전체빈도합=45(0.0024%)

예의¹ 명 ★★☆ 【Text=24/Freq1=42(93.3%)】
  ⓪ (예) 예의(禮儀)가 바르다./예의를 지키다.

예의² 명 【Text=1/Freq1=1(2.2%)】
  ⓪ (예) 예의(禮義)의 형식을 숭상하다.

예의³ 부 【Text=2/Freq1=2(4.4%)】
  ⓪ (예) 예의(銳意) 주시하다.

≪예의바르다♣≫전체빈도합=17(0.0009%)

예의바르다⁰ 형 【Text=12/Freq1=17】
  ⓿ (예) 예의(禮儀)바른 [말씨/사람].

≪예전≫전체빈도합=76(0.0041%)

예전 명 ★☆☆ 【Text=46/Freq1=76】
  ⓪ (예) 예전에 있었던 일./몸이 예전 같지 않다.

≪예절≫전체빈도합=150(0.0081%)

예절 명 ☆★☆ 【Text=31/Freq1=150】
  ⓪ (예) 예절(禮節)을 지키다.

≪예정≫전체빈도합=42(0.0023%)

예정¹ 명 ☆★☆ 【Text=24/Freq1=42(100%)】
　⓪ (예) 예정(豫定)을 앞당기다.
　　　〔Text=7/Freq2=11(26.2%)〕
　관 <-ㄹ/-을 예정> 곧 떠날 예정이다.
　　　〔Text=20/Freq2=31(73.8%)〕
예정² 명 【Text=0/Freq1=0】 ⓧ
　⓪ (예) 예정(豫程)에 따라 일이 진행되다. 〔×〕
≪예측하다≫ 전체빈도합=18(0.0010%)
예측하다 동 【Text=12/Freq1=18】
　⓪ (예) [결과를/미래를] 예측(豫測)하다.
≪예컨대≫ 전체빈도합=30(0.0016%)
예컨대 부 【Text=15/Freq1=30】
　⓪ (예) 사회에 필요한 가치, 예(例)컨대 자유,
　　　 평등, 정의를 중요하게 생각하다.
≪옛≫ 전체빈도합=127(0.0068%)
옛¹ 관 ★★☆ 【Text=41/Freq1=116(91.3%)】
　① (예) 고구려의 옛 영토를 되찾다.
　　　〔Text=26/Freq2=83(71.6%)〕
　② (예) 아버지가 옛 시절을 떠올리다.
　　　〔Text=18/Freq2=33(28.4%)〕
옛² 감 【Text=0/Freq1=0】 ⓧ
　⓪ (예) 옛? 뭐라고요? 〔×〕
옛⁰ 명 【Text=9/Freq1=11(8.7%)】
　❶ (예) 옛부터 내려오는 풍습.
≪옛날≫ 전체빈도합=604(0.0325%)
옛날 명 ★★★ 【Text=128/Freq1=604】
　① (예) 옛날에 선비들이 공부하던 곳.
　　　〔Text=90/Freq2=426(70.5%)〕
　② (예) 집안 형편이 옛날하고 다르다.
　　　〔Text=64/Freq2=178(29.5%)〕
≪오≫ 전체빈도합=890(0.0479%)
오¹ 명 【Text=1/Freq1=1(0.1%)】
　⓪ (예) '아'와 '오'는 양성 모음이다.
오² 명 【Text=0/Freq1=0】 ⓧ
　⓪ (예) 군인들이 오(伍)와 열을 맞추다. 〔×〕
오³ 주 ★★★ 【Text=170/Freq1=853(95.8%)】 ¹⁸⁹⁾
　Ⅰ ⓪ (예) 경쟁률이 오(五) 대 일이다.
　　　〔Text=19/Freq2=38(4.5%)〕
　❶ (예) 그림 5(오).
　　　〔Text=7/Freq2=11(1.3%)〕
　Ⅱ (예) 9시 5(오)분.
　　　〔Text=166/Freq2=804(94.3%)〕
오⁴ 감 【Text=24/Freq1=36(4%)】
　⓪ (예) 오, 맙소사!/오, 꿈이었구나!
≪오가다≫ 전체빈도합=46(0.0025%)
오가다 동 【Text=34/Freq1=46】
　① (예) [사람들이/차들이] 바삐 오가다.
　　　〔Text=9/Freq2=12(26.1%)〕
　② (예) 집과 학교를 오가다.
　　　〔Text=14/Freq2=19(41.3%)〕
　③ (예) [돈이/편지가] 오가다.
　　　〔Text=8/Freq2=8(17.4%)〕
　❹ (예) [시간을/천 년을] 오가다.
　　　〔Text=1/Freq2=2(4.3%)〕
　❺ (예) 두 문화의 경계를 오가다.
　　　〔Text=2/Freq2=2(4.3%)〕
　❻ (예) 10등 내외를 오가다.
　　　〔Text=1/Freq2=1(2.2%)〕
　❼ (예) 직장을 따라 여러 곳을 오가다.
　　　〔Text=1/Freq2=1(2.2%)〕
　관 <오간 데 없다> 〔×〕
　관 <오갈 데 없다>
　　① (예) 오갈 데 없게 된 놀부네.
　　　〔Text=1/Freq2=1(2.2%)〕
　　② (예) 우리는 오갈 데 없는 중산층이다. 〔×〕
≪오늘≫ 전체빈도합=1,105(0.0595%)
오늘 명 ★★★ 【Text=186/Freq1=1,105】 ¹⁹⁰⁾
　Ⅰ ① (예) 오늘은 공휴일이다.
　　　〔Text=125/Freq2=393(35.6%)〕
　　② (예) 오늘의 세계./오늘을 살다.
　　　〔Text=43/Freq2=106(9.6%)〕
　Ⅱ (예) 오늘 출발하다.
　　　〔Text=154/Freq2=593(53.7%)〕
　관 <어제나 오늘이나>
　　　〔Text=2/Freq2=3(0.3%)〕
　관 <오늘 따라> 오늘 따라 몸이 안 좋다.
　　　〔Text=9/Freq2=10(0.9%)〕
≪오늘날≫ 전체빈도합=299(0.0161%)
오늘날 명 ★★☆ 【Text=71/Freq1=299】

---

189) 『연세 한국어 사전』에서는 '오³'를 단일 용법으로 기술하고 있으나, 여기서는 다른 수사들의 기술 체계에 맞추어 용법을 상세히 나누어 기술한다.
190) 『외국인을 위한 한국어 학습 사전』(2004)의 중요 어휘 목록에서는 '오늘'의 Ⅱ에 해당하는 용법을 독립된 부사로 보아, ★★☆의 중요도를 부여하고 있다.

Ⅰ (예) 오늘날의 발전./오늘날에 와서.
　　〔Text=54/Freq2=181(60.5%)〕
Ⅱ (예) 오늘날 환경 오염이 큰 문제가 되다.
　　〔Text=49/Freq2=118(39.5%)〕

≪**오다**≫전체빈도합=4,139(0.2229%)

오다¹ 동★★★　【Text=214/Freq1=3,213(77.6%)】
Ⅰ ① (예) [서울을/창가로/터미널에] 오다.
　　　〔Text=181/Freq2=1,471(45.8%)〕
　② (예) [병원에/학교를] 오다.
　　　〔Text=64/Freq2=143(4.5%)〕
　③ (예) [감옥에/군대에/인문계를] 오다.
　　　〔Text=13/Freq2=43(1.3%)〕
　④ (예) 대학에 강사로 오다./
　　　회사에 사외이사로 오다.
　　　〔Text=14/Freq2=28(0.9%)〕
　⑤ (예) 제일 [뒤에/앞에] 오다.
　　　〔Text=10/Freq2=18(0.6%)〕
　⑥ (예) [사태가/일이] [막바지에/이
　　　지경까지] 오다.
　　　〔Text=16/Freq2=25(0.8%)〕
　⑦ (예) 귀한 책이 내 손에까지 오다.
　　　〔Text=5/Freq2=8(0.2%)〕
　⑧ (예) 손이 어깨에 와 닿다./집에서 돈이
　　　오다. 〔Text=16/Freq2=26(0.8%)〕
　⑨ (예) [소포가/신호가/전화가] 오다.
　　　〔Text=48/Freq2=106(3.3%)〕
　⑩ (예) [냇물이/양말이] 무릎까지 오다.
　　　〔Text=3/Freq2=3(0.1%)〕
　⑪ (예) [이제/최근에] 와서 달라지다.
　　　〔Text=47/Freq2=75(2.3%)〕
　❶❷ (예) 각자 [써/해] 온 숙제를 [내다/읽다].
　　　〔Text=146/Freq2=549(17.1%)〕
Ⅱ ① (예) [눈이/비가/소나기가] 오다.
　　　〔Text=69/Freq2=207(6.4%)〕
　②㉠ (예) [봄이/일요일이] 오다.
　　　〔Text=45/Freq2=73(2.3%)〕
　　㉡ (예) [다시 이 곳을 찾을 날이/통일의
　　　그날이] 언제나 올까.
　　　〔Text=21/Freq2=31(1%)〕
　③ (예) 고통 끝에 행복이 오다.
　　　〔Text=2/Freq2=2(0.1%)〕
　④ (예) 자꾸 [잠이/졸음이] 오다.
　　　〔Text=17/Freq2=22(0.7%)〕
Ⅲ ① (예) [감이/느낌이] 오다.
　　　〔Text=9/Freq2=11(0.3%)〕
　② (예) 몸에 [마비가/이상이] 오다./

갈증이 오다. 〔Text=11/Freq2=15(0.5%)〕
　③ (예) 아이에게 변화가 오다./
　　　사회에 큰 변동이 오다.
　　　〔Text=16/Freq2=23(0.7%)〕
　④ (예) [기호가/순서가/차례가] 오다.
　　　〔Text=4/Freq2=4(0.1%)〕
Ⅳ ① (예) [등산을/면회를/문병을/유학을]
　　　오다. 〔Text=25/Freq2=46(1.4%)〕
　② (예) [도망을/전근을/출장을] 오다.
　　　〔Text=39/Freq2=72(2.2%)〕
　③ (예) [시집을/장가를] 오다.
　　　〔Text=3/Freq2=4(0.1%)〕
Ⅴ (예) [먼 길을/새벽길로] 어렵게 오다.
　　〔Text=6/Freq2=6(0.2%)〕
Ⅵ (예) 사회 혼란은 정치적 변화로부터 오다.
　　〔Text=22/Freq2=39(1.2%)〕
Ⅶ (예) 오는 [가을에/토요일에] 결혼식을
　　하다. 〔Text=12/Freq2=17(0.5%)〕
㉮ <갔다(가) 오다>
　　〔Text=37/Freq2=67(2.1%)〕
㉮ <다 오다> 집에 다 왔다.
　　〔Text=2/Freq2=2(0.1%)〕
㉮ <어서 오다> 〔Text=26/Freq2=45(1.4%)〕
㉮ <오고 가다>/ <왔다 갔다 하다>
　　〔Text=18/Freq2=25(0.8%)〕
㉮ <오도 가도 못하다>
　　〔Text=1/Freq2=1(0%)〕
㉮ <오'리 오너라> 〔×〕
ⓧ 〔Text=6/Freq2=6(0.2%)〕

오다² 동보★★☆
　　　【Text=158/Freq1=926(22.4%)】
① (예) 오래 전부터 [사귀어/일해/준비해]
　　오다. 〔Text=144/Freq2=673(72.7%)〕
② (예) [새 날이 밝아/손이 시려] 오다.
　　〔Text=5/Freq2=99(10.7%)〕
③ (예) 새벽이 가까워 오다.
　　〔Text=6/Freq2=6(0.6%)〕
④ (예) 그가 매일 전화를 걸어 오다.
　　〔Text=63/Freq2=147(15.9%)〕
ⓧ 〔Text=1/Freq2=1(0.1%)〕

≪**오락**≫전체빈도합=45(0.0024%)

오락 명☆☆★　【Text=22/Freq1=45】
① (예) 연예와 오락(娛樂)에 관한 기사.
　　〔Text=11/Freq2=28(62.2%)〕
② (예) 컴퓨터로 오락을 하다.

〔Text=12/Freq2=17(37.8%)〕

≪오래≫전체빈도합=252(0.0136%)

오래¹ 몡 【Text=27/Freq1=44(17.5%)】
　⓪ (예) 그를 잊은 지 이미 오래이다.

오래² 曱 ★★★ 【Text=100/Freq1=208(82.5%)】
　⓪ (예) 오래 [기다리다/살다/참다].

≪오래간만≫전체빈도합=34(0.0018%)

오래간만 몡☆★☆ 【Text=18/Freq1=34】
　⓪ (예) 오래간만에 만나다.

≪오래다≫전체빈도합=56(0.0030%)

오래다 혱 【Text=36/Freq1=56】
　① (예) [불 꺼진/차가 끊긴] 지 오래다.
　　　〔Text=30/Freq2=35(62.5%)〕
　② (예) 오랜 역사를 자랑하다.
　　　〔Text=12/Freq2=21(37.5%)〕

≪오래도록≫전체빈도합=18(0.0010%)

오래도록 曱 【Text=12/Freq1=18】
　⓪ (예) 오래도록 [기다리다/참다].

≪오래되다≫전체빈도합=35(0.0019%)

오래되다 혱☆★☆ 【Text=28/Freq1=35】
　① (예) 일을 그만둔 지 오래되다.
　　　〔Text=9/Freq2=9(25.7%)〕
　② (예) 약이 오래돼 약효가 없어지다.
　　　〔Text=16/Freq2=17(48.6%)〕
　❸ (예) 역사가 오래되다./오래된 친구.
　　　〔Text=8/Freq2=9(25.7%)〕

≪오랜≫전체빈도합=106(0.0057%)

오랜 관 ★★☆ 【Text=57/Freq1=106】
　⓪ (예) 오랜 [단골/동무].
　　　〔Text=25/Freq2=40(37.7%)〕
　❶ (예) 오랜 [시간/역사]./오랜 생각 끝에 결심하다.〔Text=43/Freq2=66(62.3%)〕

≪오랜만≫전체빈도합=69(0.0037%)

오랜만 몡★★☆ 【Text=40/Freq1=69】
　⓪ (예) 오랜만에 형제를 만나다.

≪오랫동안≫전체빈도합=100(0.0054%)

오랫동안 몡★★☆ 【Text=63/Freq1=100】 ¹⁹¹⁾
　Ⅰ (예) 오랫동안의 [방황/연구]. 〔×〕
　Ⅱ (예) 오랫동안 [기다리다/참다].

〔Text=63/Freq2=100(100%)〕

≪오로지≫전체빈도합=28(0.0015%)

오로지 曱 【Text=21/Freq1=28】
　⓪ (예) 오로지 한 가지 길밖에 없었다.

≪오르내리다≫전체빈도합=26(0.0014%)

오르내리다 동 【Text=20/Freq1=26】
　Ⅰ ① (예) [차에/층계를] 오르내리다.
　　　〔Text=9/Freq2=12(46.2%)〕
　　② (예) [경성을/서울을] 오르내리다.〔×〕
　　③ (예) 남의 구설수에 오르내리다.
　　　〔Text=2/Freq2=2(7.7%)〕
　　④ (예) 영하 20도를 오르내리다.
　　　〔Text=3/Freq2=3(11.5%)〕
　Ⅱ (예) 숨결에 따라 어깨가 오르내리다./주가가 오르내리다.
　　　〔Text=2/Freq2=2(7.7%)〕
　관<입방아에 오르내리다> 〔×〕
　관<입에 오르내리다>
　　　〔Text=5/Freq2=6(23.1%)〕
　(x)〔Text=1/Freq2=1(3.8%)〕

≪오르다≫전체빈도합=313(0.0169%)

오르다 동 ★★★ 【Text=117/Freq1=313】
　Ⅰ ① (예) [밭길로/산에] 오르다.
　　　〔Text=48/Freq2=107(34.2%)〕
　　② (예) [배에/차에] 오르다.
　　　〔Text=9/Freq2=16(5.1%)〕
　　③ (예) [국도에/오솔길로] 오르다. 〔×〕
　　④ (예) 일이 [궤도에/수준에] 오르다.
　　　〔Text=3/Freq2=4(1.3%)〕
　　⑤ (예) [왕위에/황제에] 오르다.
　　　〔Text=13/Freq2=19(6.1%)〕
　　⑥ (예) [4강에/순위에] 오르다.
　　　〔Text=1/Freq2=2(0.6%)〕
　　⑦ (예) [귀향길에/장도에] 오르다.
　　　〔Text=3/Freq2=5(1.6%)〕
　　⑧ (예) [용의선상에/화제에] 오르다.
　　　〔Text=1/Freq2=1(0.3%)〕
　　⑨ (예) [학적부에/호적에] 오르다.
　　　〔Text=2/Freq2=2(0.6%)〕
　　⑩ (예) 찌개가 [밥상에/식탁에] 오르다.
　　　〔Text=3/Freq2=4(1.3%)〕
　　⑪ (예) 성당으로 오르는 [계단/언덕길].

---

191) 『외국인을 위한 한국어 학습 사전』(2004)의 중요 어휘 목록에서는 '오랫동안'의 Ⅱ에 해당하는 용법을 독립된 부사로 보아 ★★☆의 중요도를 부여하고 있다.

〔Text=2/Freq2=2(0.6%)〕
Ⅱ ① (예) [김이/불길이] 오르다.
　　　　〔Text=14/Freq2=21(6.7%)〕
　② (예) 꽃대가 오르다.
　　　　〔Text=4/Freq2=4(1.3%)〕
　③ (예) [능률이/매상이] 오르다.
　　　　〔Text=5/Freq2=6(1.9%)〕
　④ ㉠ (예) [물기가/생기가/술기가] 오르다.
　　　　〔Text=3/Freq2=3(1%)〕
　　 ㉡ (예) [신명이/흥이] 오르다.
　　　　〔Text=4/Freq2=6(1.9%)〕
　⑤ (예) [수은 독이/옻이] 오르다.
　　　　〔Text=3/Freq2=4(1.3%)〕
　⑥ (예) [비곗살이/살이] 오르다.
　　　　〔Text=4/Freq2=5(1.6%)〕
　⑦ (예) 신이 오르다. 〔×〕
Ⅲ ① ㉠ (예) [열이/혈압이] 오르다.
　　　　〔Text=8/Freq2=9(2.9%)〕
　　 ㉡ (예) [물가가/임대료가] 오르다.
　　　　〔Text=14/Freq2=26(8.3%)〕
　② (예) [기세가/사기가] 오르다.
　　　　〔Text=3/Freq2=3(1%)〕
Ⅳ (예) [산을/총계를] 오르다.
　　　　〔Text=9/Freq2=14(4.5%)〕
Ⅴ (예) [발목이 부어/얼굴이 달아/연기가 피어]오르다. 〔Text=22/Freq2=29(9.3%)〕
㉿ <끗발이 오르다> 〔×〕
㉿ <도마(위)에 오르다> 〔×〕
㉿ <독이 오르다> 독 오른 표정.
　　　　〔Text=1/Freq2=1(0.3%)〕
㉿ <막이 오르다> 〔Text=2/Freq2=3(1%)〕
㉿ <무대에 오르다> 〔Text=1/Freq2=6(1.9%)〕
㉿ <물(이) 오르다> 〔×〕
㉿ <약(이) 오르다> 〔Text=6/Freq2=10(3.2%)〕
㉿ <열(이) 오르다> 〔Text=1/Freq2=1(0.3%)〕
㉿ <입에 오르다> 〔×〕
㉿ <주가가 오르다> 〔×〕

≪오른손≫전체빈도합=21(0.0011%)

오른손 몡 【Text=16/Freq1=21】
　⓪ (예) 오른손으로 공을 잡다.

≪오른쪽≫전체빈도합=85(0.0046%)

오른쪽 몡★★★ 【Text=46/Freq1=85】
　⓪ (예) 오른쪽으로 돌아서다.

≪오리≫전체빈도합=29(0.0016%)

오리¹ 몡 【Text=13/Freq1=28(96.6%)】
　⓪ (예) 오리가 뒤뚱뒤뚱 걷다.
오리² 몡 【Text=0/Freq1=0】 〔×〕
　⓪ (예) 오리(汚吏)들의 비행을 폭로하다. 〔×〕
오리³ 몡의 【Text=1/Freq1=1(3.4%)】
　① (예) 한 오리 [어둠/연기].
　　　　〔Text=1/Freq2=1(100%)〕
　② (예) 노끈 몇 오리. 〔×〕

≪오빠≫전체빈도합=310(0.0167%)

오빠 몡★★★ 【Text=56/Freq1=310】
　⓪ (예) 가족은 부모와 오빠가 있다.
　　　　〔Text=39/Freq2=176(56.8%)〕
　❶ (예) 오빠들, 취하셨나 봐요./나, 오빠랑 사귀고 싶어. 〔Text=23/Freq2=132(42.6%)〕
　㈜ 〔Text=2/Freq2=2(0.6%)〕

≪오십≫전체빈도합=275(0.0148%)

오십 㑛 【Text=89/Freq1=275】
Ⅰ ① (예) 확률이 오십(五十) 대 오십이다.
　　　　〔Text=3/Freq2=7(2.5%)〕
　② (예) 나이가 오십에 가깝다.
　　　　〔Text=3/Freq2=4(1.5%)〕
Ⅱ (예) 오십 [킬/퍼센트].
　　　　〔Text=86/Freq2=264(96%)〕

≪오염≫전체빈도합=72(0.0039%)

오염 몡★★☆ 【Text=23/Freq1=72】
　① (예) 강물의 오염(汚染)을 막다.
　　　　〔Text=21/Freq2=70(97.2%)〕
　② (예) 말의 오염이 심하다.
　　　　〔Text=2/Freq2=2(2.8%)〕

≪오염되다≫전체빈도합=28(0.0015%)

오염되다 동 【Text=14/Freq1=28】
　① (예) [물이/환경이] 오염(汚染)되다.
　　　　〔Text=11/Freq2=23(82.1%)〕
　② (예) 양심이 오염되다.
　　　　〔Text=3/Freq2=5(17.9%)〕

≪오월≫전체빈도합=76(0.0041%)

오월 몡★★☆ 【Text=42/Freq1=76】
　⓪ (예) 오월(五月).

≪오전≫전체빈도합=47(0.0025%)

오전 몡★★★ 【Text=30/Freq1=47】
Ⅰ (예) 모레 오전(午前)에 만나다.
　　　　〔Text=21/Freq2=32(68.1%)〕
Ⅱ (예) 오전 10시. 〔Text=11/Freq2=15(31.9%)〕

≪오줌≫전체빈도합=32(0.0017%)
  오줌 명 【Text=17/Freq1=32】
    ⓪ (예) 오줌을 누다./오줌이 마렵다.

≪오직≫전체빈도합=66(0.0036%)
  오직 부 【Text=39/Freq1=66】
    ① (예) 일의 성패가 나에게 달리다.
        〔Text=24/Freq2=27(40.9%)〕
    ② (예) 오직 물만 마시며 단식을 하다.
        〔Text=25/Freq2=39(59.1%)〕

≪오징어≫전체빈도합=26(0.0014%)
  오징어 명 【Text=14/Freq1=26】
    ⓪ (예) 오징어를 잡다.

≪오토바이≫전체빈도합=24(0.0013%)
  오토바이 명 【Text=12/Freq1=24】
    ⓪ (예) 오토바이를 타다.

≪오해≫전체빈도합=36(0.0019%)
  오해 명★☆☆ 【Text=24/Freq1=36】
    ⓪ (예) 오해(誤解)를 풀다.

≪오후≫전체빈도합=181(0.0097%)
  오후 명★★★ 【Text=90/Freq1=181】
    Ⅰ (예) 일요일 오후(午後)에 만나다.
        〔Text=71/Freq2=123(68%)〕
    Ⅱ (예) 오후 9시. 〔Text=38/Freq2=58(32%)〕

≪오히려≫전체빈도합=276(0.0149%)
  오히려 부★★★ 【Text=105/Freq1=276】
    ① (예) 자기가 잘못하고 오히려 큰소리를
        치다. 〔Text=104/Freq2=269(97.5%)〕
    ② (예) 문제를 다 풀었는데 오히려 시간이
        남다. 〔×〕
    ❸ (예) 항복하느니 오히려 죽는 게 낫다.
        〔Text=7/Freq2=7(2.5%)〕

≪옥상≫전체빈도합=31(0.0017%)
  옥상 명 【Text=11/Freq1=31】
    ① (예) 교회 옥상(屋上)의 십자가.
        〔Text=2/Freq2=4(12.9%)〕
    ② (예) 옥상에 올라가 빨래를 널다.
        〔Text=10/Freq2=27(87.1%)〕

≪옥수수≫전체빈도합=9(0.0005%)
  옥수수 명☆☆★ 【Text=7/Freq1=9】
    ⓪ (예) 옥수수를 삶아 먹다.

≪온≫전체빈도합=158(0.0085%)

온 관★★☆ 【Text=83/Freq1=158】
  ① (예) 온 [나라/동네/산/세상/천하].
      〔Text=40/Freq2=62(39.2%)〕
  ② (예) 온 [가족/국민/민족].
      〔Text=43/Freq2=62(39.2%)〕
  ❸ (예) 온 [몸/신경/정성/정신/힘].
      〔Text=23/Freq2=30(19%)〕
  ❹ (예) 온 [종일/하루].
      〔Text=2/Freq2=4(2.5%)〕

≪온갖≫전체빈도합=98(0.0053%)
  온갖 관★☆☆ 【Text=65/Freq1=98】
    ① (예) 온갖 잡동사니를 가방에 넣다.
        〔Text=46/Freq2=58(59.2%)〕
    ② (예) 아이에게 온갖 정성을 다하다.
        〔Text=29/Freq2=40(40.8%)〕

≪온도≫전체빈도합=50(0.0027%)
  온도 명★☆★ 【Text=14/Freq1=50】
    ⓪ (예) 실내 온도(溫度)가 낮다.

≪온돌≫전체빈도합=14(0.0008%)
  온돌 명☆☆★ 【Text=5/Freq1=14】
    ⓪ (예) 온돌(溫突)로 난방을 하다.

≪온몸≫전체빈도합=78(0.0042%)
  온몸 명 【Text=43/Freq1=78】
    ⓪ (예) 온몸이 쑤시다.

≪온통≫전체빈도합=76(0.0041%)
  온통 부★☆☆ 【Text=46/Freq1=76】
    ① (예) 옷이 온통 땀으로 젖다.
        〔Text=37/Freq2=59(77.6%)〕
    ② (예) 온통 가슴이 뿌듯하다.
        /풍경에 온통 정신이 팔리다.
        〔Text=15/Freq2=17(22.4%)〕

≪올라가다≫전체빈도합=301(0.0162%)
  올라가다 동★★★ 【Text=110/Freq1=301】
    Ⅰ① (예) [계단을/산에/2층으로] 올라가다.
        〔Text=75/Freq2=204(67.8%)〕
    ② (예) [대처로/서울에] 올라가다.
        〔Text=5/Freq2=5(1.7%)〕
    ③ (예) [북으로/북쪽으로] 올라가다.
        〔Text=1/Freq2=1(0.3%)〕
    ④ (예) 인사과에 올라가 따지다.
        /보고가 대장에게 올라가다.
        〔Text=2/Freq2=3(1%)〕
    ⑤ (예) 높은 [자리에/지위에] 올라가다.

　　　　　〔Text=1/Freq2=1(0.3%)〕
　⑥ (예) [고학년으로/중학교에] 올라가다.
　　　　　〔Text=3/Freq2=3(1%)〕
　⑦ (예) [결승에/본선에] 올라가다. 〔×〕
　⑧ (예) [보고서에/족보에/호적에]
　　　　올라가다. 〔×〕
　⑨ (예) [버스에/차로] 올라가다. 〔×〕
Ⅱ ① (예) 연기가 하늘로 올라가다.
　　　　　〔Text=14/Freq2=18(6%)〕
　② (예) [눈꼬리가/속눈썹이] 위로
　　　　올라가다. 〔Text=2/Freq2=2(0.7%)〕
　③ ㉠ (예) [기온이/혈압이] 올라가다.
　　　　　　〔Text=7/Freq2=12(4%)〕
　　　㉡ (예) [땅값이/물가가] 올라가다.
　　　　　　〔Text=3/Freq2=4(1.3%)〕
　　　㉢ (예) 점수가 올라가다.
　　　　　　〔Text=3/Freq2=4(1.3%)〕
　　　㉣ (예) [계급이/학년이] 올라가다.
　　　　　　〔Text=5/Freq2=10(3.3%)〕
　　　㉤ (예) [인기가/주가가] 올라가다. 〔×〕
　　　㉥ (예) 사기가 올라가다.
　　　　　　〔Text=1/Freq2=1(0.3%)〕
　④ (예) 옷이 작아 소매가 팔꿈치 가까이
　　　　올라가다. 〔Text=1/Freq2=1(0.3%)〕
　⑤ (예) 건물이 올라가다. 〔×〕
　⑥ (예) [손이/주먹이] 올라가다.
　　　　　〔Text=3/Freq2=3(1%)〕
　❼ (예) 고려 시대로 거슬러 올라가다.
　　　　　〔Text=6/Freq2=7(2.3%)〕
　❽ (예) 시선이 위로 올라가다.
　　　　　〔Text=4/Freq2=6(2%)〕
Ⅲ (예) [산길을/숲길을] 올라가다.
　　　　　〔Text=9/Freq2=13(4.3%)〕
　ⓧ 〔Text=3/Freq2=3(1%)〕

≪**올라서다**≫전체빈도합=25(0.0013%)

올라서다 동 【Text=20/Freq1=25】
　① (예) [계단을/교단에/도로 위로/마루에]
　　　　올라서다. 〔Text=18/Freq2=23(92%)〕
　② (예) [3위로/양반의 신분으로] 올라서다.
　　　　　〔Text=1/Freq2=1(4%)〕
　③ (예) [지하철에/차에] 올라서다. 〔×〕
　④ (예) [궤도에/선진국 수준으로] 올라서다.
　　　　　〔Text=1/Freq2=1(4%)〕

≪**올라오다**≫전체빈도합=82(0.0044%)

올라오다 동 ★☆ 【Text=51/Freq1=82】
Ⅰ ① (예) 산에 올라오다./방석 위로 올라와

앉다. 〔Text=22/Freq2=30(36.6%)〕
　② (예) 강둑길로 올라오는 샛길. 〔×〕
　③ (예) [본사로/서울 학교로] 올라오다.
　　　　　〔Text=4/Freq2=5(6.1%)〕
　④ (예) [세계 정상에/2학년으로] 올라오다.
　　　　　〔Text=2/Freq2=3(3.7%)〕
　⑤ (예) [결승에/준결승에] 올라오다. 〔×〕
　⑥ (예) [서울로/서울에] 올라오다.
　　　　　〔Text=14/Freq2=16(19.5%)〕
　⑦ (예) 물이 허리까지 올라오다.
　　　　　〔Text=4/Freq2=6(7.3%)〕
　⑧ (예) [배에/차에] 올라오다. 〔×〕
Ⅱ ① (예) 뜨거운 김이 올라오다./안개가 피어
　　　　올라오다. 〔Text=3/Freq2=4(4.9%)〕
　② ㉠ (예) 가슴 속으로 [감동이/설움이]
　　　　　올라오다. 〔Text=2/Freq2=2(2.4%)〕
　　　㉡ (예) [점심 먹은 것이/토가]
　　　　　올라오다. 〔×〕
　③ (예) 배가 부풀어 오르다. 〔×〕
　④ (예) [술기운이/술이] 올라오다. 〔×〕
Ⅲ (예) [복도를/언덕길을] 올라오다.
　　　　　〔Text=7/Freq2=11(13.4%)〕
　ⓧ 〔Text=4/Freq2=5(6.1%)〕

≪**올라타다**≫전체빈도합=21(0.0011%)

올라타다 동 【Text=14/Freq1=21】
　① (예) [버스에/차에/택시를] 올라타다.
　　　　　〔Text=14/Freq2=21(100%)〕
　② (예) [나뭇가지를/상자 위에] 올라타다. 〔×〕
　③ (예) [고삐를/상투 꼭대기에] 올라타다. 〔×〕

≪**올려놓다**⁺≫전체빈도합=34(0.0018%)

올려놓다[01] 동 【Text=24/Freq1=32(94.1%)】
　❶ (예) 난로 위에 주전자를 올려놓다.
　　　　/무릎 위에 손을 올려놓다.
　　　　　〔Text=22/Freq2=30(93.8%)〕
　❷ (예) 팀을 4강에 올려놓다.
　　　　/후배를 간부 자리에 올려놓다.
　　　　　〔Text=2/Freq2=2(6.3%)〕

올려놓다[02] 동 【Text=1/Freq1=1(2.9%)】
　❶ (예) 값을 두 배로 올려놓다.

올려놓다ˣ ? 【Text=1/Freq1=1(2.9%)】

≪**올려다보다**≫전체빈도합=21(0.0011%)

올려다보다 동 【Text=16/Freq1=21】
　① (예) [위를/하늘을] 올려다보다.
　　　　　〔Text=16/Freq2=21(100%)〕

② (예) [스승을/위인을] 올려다보다. 〔×〕

《올리다》전체빈도합=237(0.0128%)

올리다 동★★★ 【Text=106/Freq1=237】
  Ⅰ ① (예) 발을 무릎 위에 올리다./손자를 무릎에 올려 앉히다./브레이크에 발을 올리다. 〔Text=17/Freq2=25(10.5%)〕
    ② (예) 고기를 [상에/식탁에] 올리다.
      〔Text=3/Freq2=3(1.3%)〕
    ③ (예) 개혁을 궤도에 올리다./ 높은 수준으로 올리다.
      〔Text=1/Freq2=1(0.4%)〕
    ④ (예) [명단에/수첩에/호적에] 올리다.
      〔Text=4/Freq2=4(1.7%)〕
    ⑤ (예) [의제에/화제에] 올리다.
      〔Text=3/Freq2=3(1.3%)〕
    ⑥ ㉠ (예) [식사를/편지를] 올리다.
      〔Text=17/Freq2=27(11.4%)〕
      ㉡ (예) [기도를/제사를] 올리다.
      〔Text=5/Freq2=8(3.4%)〕
      ㉢ (예) [인사를/절을] 올리다.
      〔Text=14/Freq2=20(8.4%)〕
    ⑦ (예) [기와를/지붕을] 올리다. 〔×〕
    ⑧ (예) [건물을/10층을] 올리다.
      〔Text=2/Freq2=2(0.8%)〕
    ⑨ (예) 단청을 곱게 올리다.
      〔Text=1/Freq2=1(0.4%)〕
    ❿ (예) [먼지를/연기를] (피워) 올리다.
      〔Text=5/Freq2=7(3%)〕
    ⓫ (예) 위를 올려다 보다.
      〔Text=4/Freq2=7(3%)〕
    ⓬ (예) 기계에 운영체제를 올리다.
      〔Text=1/Freq2=1(0.4%)〕
  Ⅱ ① ㉠ (예) [돛을/안경다리를] 올리다.
      〔Text=20/Freq2=26(11%)〕
      ㉡ (예) 옷깃을/커튼을] 올리다.
      〔Text=21/Freq2=24(10.1%)〕
    ② ㉠ (예) [속력을/효과를] 올리다.
      〔Text=10/Freq2=20(8.4%)〕
      ㉡ (예) [기세를/사기를] 올리다.
      〔Text=1/Freq2=1(0.4%)〕
    ③ (예) [성과를/수익을] 올리다.
      〔Text=10/Freq2=15(6.3%)〕
    ④ (예) [탄성을/함성을] 올리다.
      〔Text=8/Freq2=9(3.8%)〕
    ⑤ (예) [결혼식을/식을] 올리다.
      〔Text=5/Freq2=7(3%)〕

  Ⅲ (예) 안부 말씀을 전해 올리다./결과를 보고해 올리다. 〔Text=2/Freq2=2(0.8%)〕
  관<[귀싸대기를/따귀를/뺨을] 올리다>
      〔Text=1/Freq2=1(0.4%)〕
  관<끗발을 올리다> 〔×〕
  관<닻을 올리다>
      새 시대가 닻을 올리다. 〔×〕
  관<도마(위)에 올리다>
      〔Text=1/Freq2=1(0.4%)〕
  관<막을 올리다>21세기가 막을 올리다.
      〔Text=1/Freq2=1(0.4%)〕
  관<머리를 올리다>
      〔Text=1/Freq2=2(0.8%)〕
  관<목청을 올리다> 〔×〕
  관<무대에 올리다>
      〔Text=3/Freq2=4(1.7%)〕
  관<약을 올리다> 〔Text=4/Freq2=4(1.7%)〕
  관<열을 올리다>
    ① (예) 열을 올리며 말하다.
      〔Text=1/Freq2=1(0.4%)〕
    ② (예) 공부에 열을 올리다.
      〔Text=6/Freq2=6(2.5%)〕
  관<[입끝에/입밖에/입에] 올리다>
      〔Text=4/Freq2=4(1.7%)〕
  관<핏대를 올리다> 〔×〕

《올림픽》전체빈도합=61(0.0033%)

올림픽 명☆★☆ 【Text=20/Freq1=61】
  ① (예) 서울 올림픽에 참가하다.
      〔Text=20/Freq2=61(100%)〕
  ② (예) [기능/수학] 올림픽. 〔×〕

《올바로》전체빈도합=18(0.0010%)

올바로 부 【Text=14/Freq1=18】
  ⓪ (예) 올바로 [알다/처신하다].

《올바르다》전체빈도합=121(0.0065%)

올바르다 형★☆☆ 【Text=48/Freq1=121】
  ⓪ (예) 올바르게 [생각하다/이해하다].

《올해》전체빈도합=54(0.0029%)

올해 명☆★★ 【Text=35/Freq1=54】
  Ⅰ (예) 올해의 [계획/목표]./올해로 결혼한 지 10년째이다. 〔Text=16/Freq2=23(42.6%)〕
  Ⅱ (예) 아이가 올해 학교에 들어가다.
      〔Text=26/Freq2=31(57.4%)〕

《옮기다》전체빈도합=272(0.0146%)

옮기다 동★★★ 【Text=109/Freq1=272】

Ⅰ ① (예) 짐을 옮기다./꽃을 옮겨 심다.
　　　〔Text=42/Freq2=72(26.5%)〕
　② (예) 걸음을 옮기다.
　　　〔Text=18/Freq2=31(11.4%)〕
　③ (예) 교실로 자리를 옮기다./직장을
　　　옮기다. 〔Text=57/Freq2=105(38.6%)〕
　④ (예) 아이에게 감기를 옮기다.
　　　〔Text=1/Freq2=1(0.4%)〕
　⑤ (예) 사상을 학생들에게 옮겨 주다.
　　　〔Text=2/Freq2=3(1.1%)〕
　⑥ (예) [말을/소문을] 옮기다.
　　　〔Text=10/Freq2=13(4.8%)〕
　⑦ (예) [생각을/시선을] 옮기다.
　　　〔Text=10/Freq2=11(4%)〕
Ⅱ ① (예) 말을 글로 옮기다.
　　　〔Text=11/Freq2=17(6.3%)〕
　② (예) 한문을 우리말로 옮기다.
　　　〔Text=6/Freq2=8(2.9%)〕
Ⅲ (예) [결심을/말을] 실천에 옮기다.
　　　〔Text=7/Freq2=7(2.6%)〕
ⓧ 〔Text=4/Freq2=4(1.5%)〕

≪옳다≫ 전체빈도합=212(0.0114%)

옳다 휑★★★　【Text=72/Freq1=212】
Ⅰ ① (예) 옳은 [말을/일을] 하다.
　　　〔Text=46/Freq2=128(60.4%)〕
　② (예) 답을 옳게 쓰다.
　　　〔Text=14/Freq2=38(17.9%)〕
　③ (예) 스스로 그만두는 것이 옳겠다.
　　　〔Text=1/Freq2=1(0.5%)〕
　④ (예) 편지가 옳게 전해지다.
　　　〔Text=3/Freq2=3(1.4%)〕
Ⅱ ① (예) 인사라도 드렸어야 옳다.
　　　/그 말만은 하지 말았어야 옳았다.
　　　〔Text=11/Freq2=13(6.1%)〕
　② (예) [결론이/주장이] 옳다.
　　　〔Text=3/Freq2=4(1.9%)〕
Ⅲ ① (예) 옳거니, 바로 그것이다!
　　　〔Text=7/Freq2=13(6.1%)〕
　② (예) 옳소, 나도 그 의견에 동감이오.
　　　〔Text=3/Freq2=4(1.9%)〕
　③ (예) 옳지, 잘됐다 싶었다.
　　　〔Text=6/Freq2=6(2.8%)〕
ⓧ 〔Text=1/Freq2=2(0.9%)〕

≪옷≫ 전체빈도합=448(0.0241%)

옷 몡★★★　【Text=119/Freq1=448】

① (예) 옷을 [벗다/입다].
　　〔Text=118/Freq2=446(99.6%)〕
② (예) 밀가루로 생선에 옷을 입혀 튀기다.
　　〔×〕
㊟ <옷을 벗다> 장관이 뇌물 사건으로 옷을
　　 벗다. 〔×〕
㊟ <옷이 날개다> 〔Text=1/Freq2=1(0.2%)〕
ⓧ 〔Text=1/Freq2=1(0.2%)〕

≪옷감≫ 전체빈도합=25(0.0013%)

옷감 몡☆☆★　【Text=16/Freq1=25】
⓪ (예) 옷감으로 옷을 짓다.

≪옷장≫ 전체빈도합=25(0.0013%)

옷장 몡　【Text=13/Freq1=25】
⓪ (예) 옷을 개어 옷장(-欌)에 넣다.

≪옷차림≫ 전체빈도합=47(0.0025%)

옷차림 몡☆★☆　【Text=30/Freq1=47】
⓪ (예) 옷차림이 화려하다.

≪와*≫ 전체빈도합=34(0.0018%)

와⁰ 감　【Text=25/Freq1=34】
❶ (예) 와, [너구하다/말도 안 돼].
　　〔Text=11/Freq2=15(44.1%)〕
❷ (예) 와, [잘됐다/좋다].
　　〔Text=11/Freq2=12(35.3%)〕
❸ (예) 와 하는 함성이 터지다.
　　〔Text=5/Freq2=7(20.6%)〕

≪완벽하다≫ 전체빈도합=36(0.0019%)

완벽하다 휑　【Text=27/Freq1=36】
⓪ (예) 연주가 완벽(完璧)하다.

≪완성≫ 전체빈도합=16(0.0009%)

완성 몡　【Text=10/Freq1=16】
⓪ (예) [건물의/인격의/작품의] 완성(完成)을
　　보다.

≪완성되다≫ 전체빈도합=46(0.0025%)

완성되다 동　【Text=27/Freq1=46】
⓪ (예) [건물이/인격이/작품이] 완성(完成)되다.

≪완성하다≫ 전체빈도합=42(0.0023%)

완성하다 동★★☆　【Text=22/Freq1=42】
⓪ (예) [건물을/인격을/작품을] 완성(完成)하다.

≪완전하다≫ 전체빈도합=30(0.0016%)

완전하다 휑　【Text=22/Freq1=30】
⓪ (예) 준비가 완전(完全)하다.

≪완전히≫전체빈도합=140(0.0075%)

완전히 㗊★★☆ 【Text=72/Freq1=140】
　① (예) 기대가 완전(完全)히 무너지다.
　　　/주위가 완전히 어두워지다.
　　　　〔Text=61/Freq2=118(84.3%)〕
　② (예) 분위기가 완전히 다르다.
　　　　〔Text=17/Freq2=20(14.3%)〕
　ⓧ 〔Text=2/Freq2=2(1.4%)〕

≪왕≫전체빈도합=125(0.0067%) [192]

왕¹ 명★★☆ 【Text=28/Freq1=125】
　① (예) 새로운 왕(王)이 되다.
　　　　〔Text=23/Freq2=118(94.4%)〕
　② (예) 우유는 식품의 왕이라고 불리다./
　　　밀림의 왕 호랑이. 〔Text=7/Freq2=7(5.6%)〕

≪왕자≫전체빈도합=48(0.0026%)

왕자¹ 명 【Text=15/Freq1=46(95.8%)】
　⓪ (예) 공주와 왕자(王子).
왕자² 명 【Text=2/Freq1=2(4.2%)】
　⓪ (예) 밀림의 왕자(王者) 호랑이.
　　　/해운계의 왕자로 군림하다.

≪왕조≫전체빈도합=23(0.0012%)

왕조 명 【Text=14/Freq1=23】
　① (예) 새 왕조(王朝)를 세우다.
　　　　〔Text=2/Freq2=2(8.7%)〕
　② (예) 조선 왕조 중기.
　　　　〔Text=13/Freq2=21(91.3%)〕

≪왜≫전체빈도합=1,455(0.0784%) [193]

왜¹ 명 【Text=0/Freq1=0】 ⓧ
　⓪ (예) 모음 '왜'의 발음. 〔×〕
왜² 명 【Text=1/Freq1=2(0.1%)】
　⓪ (예) 왜(倭)의 공격을 받다.
왜³ 㗊★★★ 【Text=194/Freq1=1,433(98.5%)】
　⓪ (예) 아직까지 왜 연락이 없을까?
왜⁴ 갑 【Text=11/Freq1=20(1.4%)】
　⓪ (예) 한 길 사람 속은 모른다는 말이 있잖니 왜.

≪왜냐하면≫전체빈도합=87(0.0047%)

왜냐하면 㗊☆★☆ 【Text=48/Freq1=87】
　⓪ (예) 나도 나가기 싫다. 왜냐하면 춥기 때문이다.

≪왠지≫전체빈도합=30(0.0016%)

왠지 㗊 【Text=18/Freq1=30】
　⓪ (예) 왠지 불안하다.

≪외≫전체빈도합=69(0.0037%)

외¹ 명 【Text=0/Freq1=0】 ⓧ
　⓪ (예) 외 글자를 읽다. 〔×〕
외² 명 【Text=0/Freq1=0】 ⓧ
　⓪ (예) 외를 고추장에 찍어 먹다. 〔×〕
외³ 명의★★☆ 【Text=54/Freq1=68(98.6%)】
　⓪ (예) 생각 외(外)의 일이 많다.
　　　/이것 외에 또 무엇이 있을까.
외ˣ ？ 【Text=1/Freq1=1(1.4%)】

≪외가≫전체빈도합=28(0.0015%)

외가 명 【Text=16/Freq1=28】
　⓪ (예) 외가(外家)에 다녀오다.

≪외교≫전체빈도합=45(0.0024%)

외교 명 【Text=12/Freq1=45】
　① (예) 외교(外交) [관계/문제].
　　　　〔Text=12/Freq2=35(77.8%)〕
　② (예) 우리 팀의 외교는 네가 맡으렴. 〔×〕
　관<외교 정책> 〔Text=1/Freq2=10(22.2%)〕

≪외국≫전체빈도합=223(0.0120%)

외국 명★★★ 【Text=79/Freq1=223】
　⓪ (예) 외국(外國)으로 유학을 가다.

≪외국어≫전체빈도합=22(0.0012%)

외국어 명☆★☆ 【Text=10/Freq1=22】
　⓪ (예) 외국어(外國語)를 배우다.

≪외국인≫전체빈도합=76(0.0041%)

외국인 명★★☆ 【Text=27/Freq1=76】
　⓪ (예) 외국인(外國人)을 안내하다.

≪외로움≫전체빈도합=33(0.0018%)

외로움 명 【Text=16/Freq1=33】
　⓪ (예) 외로움에 지치다.

≪외롭다≫전체빈도합=59(0.0032%)

외롭다 형☆☆★ 【Text=33/Freq1=59】
　① (예) 집에 혼자 있으니 외롭다.
　　　　〔Text=30/Freq2=54(91.5%)〕
　② (예) 깊은 산속의 외로운 초가집.

---

192) 『연세 한국어 사전』의 '왕 ²'(예:왕개미), '- 왕³'(예:발명왕)은 말뭉치의 분석에 적용하지 않았으므로 제외한다.

193) 『연세 한국어 사전』의 '왜 ⁵'(예:왜간장)은 말뭉치의 분석에 적용하지 않았으므로 제외한다.

〔Text=3/Freq2=4(6.8%)〕
ⓧ 〔Text=1/Freq2=1(1.7%)〕

≪외면하다≫전체빈도합=34(0.0018%)
외면하다 동 【Text=20/Freq1=34】
　⓪ (예) [친구를/현실을] 외면(外面)하다.

≪외모≫전체빈도합=23(0.0012%)
외모 명 【Text=13/Freq1=23】
　⓪ (예) 외모(外貌)를 [가꾸다/중시하다].

≪외부≫전체빈도합=45(0.0024%)
외부 명 【Text=24/Freq1=45】
　① (예) 체내의 노폐물을 외부(外部)로 내보내다. 〔Text=8/Freq2=12(26.7%)〕
　② (예) 회사의 일이 외부로 알려지다.
　　〔Text=18/Freq2=31(68.9%)〕
　관 <외부 세계> 〔Text=2/Freq2=2(4.4%)〕

≪외삼촌≫전체빈도합=41(0.0022%)
외삼촌 명 【Text=13/Freq1=41】
　⓪ (예) 외삼촌(外三寸).

≪외우다≫전체빈도합=38(0.0020%)
외우다 동☆★★ 【Text=21/Freq1=38】
　① (예) [내용을/이름을] 다 외우다.
　　〔Text=17/Freq2=27(71.1%)〕
　② (예) [싯구절을/주문을] 크게 외우다.
　　〔Text=6/Freq2=11(28.9%)〕

≪외적≫전체빈도합=33(0.0018%)
외적¹ 명 【Text=10/Freq1=20(60.6%)】
　⓪ (예) 외적(外敵)의 침략을 받다.
외적² 명 【Text=6/Freq1=6(18.2%)】
　⓪ (예) 외적(外的)인 면을 중요시하다.
외적³ 관 【Text=5/Freq1=7(21.2%)】
　⓪ (예) 외적(外的) 조건을 따지다.

≪외출≫전체빈도합=21(0.0011%)
외출 명☆★☆ 【Text=16/Freq1=21】
　⓪ (예) 볼일을 보러 외출(外出)을 하다.

≪외출하다≫전체빈도합=17(0.0009%)
외출하다 동☆★☆ 【Text=13/Freq1=17】
　⓪ (예) 주인이 외출(外出)하고 없다.

≪외치다≫전체빈도합=110(0.0059%)
외치다 동☆☆★ 【Text=51/Freq1=110】

Ⅰ (예) 큰 소리로 외치다.
　　〔Text=27/Freq2=41(37.3%)〕
Ⅱ ① (예) [구령을/그만두라고] 외치다.
　　〔Text=23/Freq2=48(43.6%)〕
　② (예) 재선거 실시를 외치다.
　　〔Text=17/Freq2=21(19.1%)〕

≪외할머니≫전체빈도합=56(0.0030%)
외할머니 명 【Text=19/Freq1=56】
　⓪ (예) 외(外)할머니.

≪외할아버지≫전체빈도합=24(0.0013%)
외할아버지 명 【Text=13/Freq1=24】
　⓪ (예) 외(外)할아버지.

≪왼손≫전체빈도합=25(0.0013%)
왼손 명 【Text=15/Freq1=25】
　⓪ (예) 왼손으로 잡다.

≪왼쪽≫전체빈도합=79(0.0043%)
왼쪽 명★★★ 【Text=42/Freq1=79】
　⓪ (예) 왼쪽으로 가다.

≪요≫전체빈도합=38(0.0020%) [194)]
요¹ 명 【Text=0/Freq1=0】 ⓧ
　⓪ (예) 글자 '요'를 쓰다. 〔ⓧ〕
요² 명☆☆★ 【Text=1/Freq1=1(2.6%)】
　⓪ (예) 요를 깔다.
요³ 관 【Text=25/Freq1=36(94.7%)】
　⓪ (예) 요 [근처/모양/앞].
요ˣ ? 【Text=1/Freq1=1(2.6%)】

≪요구≫전체빈도합=75(0.0040%)
요구 명★☆★ 【Text=33/Freq1=75】
　① (예) 협상 요구(要求) 조건을 걸다.
　　〔Text=12/Freq2=23(30.7%)〕
　② (예) 개헌 요구가 높아지다.
　　〔Text=24/Freq2=52(69.3%)〕

≪요구되다≫전체빈도합=21(0.0011%)
요구되다 동 【Text=14/Freq1=21】
　① (예) 구호품으로 식수가 많이 요구(要求)되다. 〔Text=1/Freq2=1(4.8%)〕
　② (예) 정책적 결단이 요구되다.
　　〔Text=13/Freq2=20(95.2%)〕

≪요구하다≫전체빈도합=109(0.0059%)
요구하다 동★☆☆ 【Text=48/Freq1=109】

---

194) 『연세 한국어 사전』의 '요-⁷'(예:요주의)는 말뭉치의 분석에 적용하지 않았으므로 제외한다.

① (예) 그녀가 내게 돈을 요구(要求)하다.
　　〔Text=7/Freq2=12(11%)〕
② (예) 인간다운 삶을 요구하다.
　　〔Text=45/Freq2=97(89%)〕

≪요금≫전체빈도합=26(0.0014%)

요금 명 ☆★★　【Text=12/Freq1=26】
① (예) [수도/전기] 요금(料金).

≪요란하다≫전체빈도합=33(0.0018%)

요란하다 형　【Text=30/Freq1=33】
① (예) 소리가 요란(搖亂)하다.
　　〔Text=24/Freq2=27(81.8%)〕
② (예) 차림새가 요란하다.
　　〔Text=6/Freq2=6(18.2%)〕

≪요령≫전체빈도합=21(0.0011%)

요령^1 명　【Text=12/Freq1=21(100%)】
① (예) 기안 쓰는 요령(要領)을 배우다.
　　〔Text=7/Freq2=16(76.2%)〕
② (예) 경험으로 빨리 하는 요령을 알다.
　　〔Text=4/Freq2=4(19%)〕
③ (예) 일에 요령을 [부리다/피우다].
　　〔Text=1/Freq2=1(4.8%)〕

요령^2 명　【Text=0/Freq1=0】 ⓧ
① (예) 상여 앞에서 요령(搖鈴)을 흔들다. 〔×〕

≪요리≫전체빈도합=31(0.0017%)

요리^1 명 ☆★★　【Text=17/Freq1=28(90.3%)】
① (예) 요리(料理)를 잘 하다.
　　〔Text=9/Freq2=12(42.9%)〕
② (예) 서양 요리의 맛.
　　〔Text=10/Freq2=16(57.1%)〕

요리^2 부　【Text=2/Freq1=2(6.5%)】
① (예) 요리 가면 역이 나오다.
　　/요리 조리 살피다.

요리^3 부　【Text=0/Freq1=0】 ⓧ
① (예) 기분이 요리 좋다. 〔×〕

요리^x ?　【Text=1/Freq1=1(3.2%)】

≪요새≫전체빈도합=92(0.0050%)

요새^1 명　【Text=1/Freq1=1(1.1%)】
① (예) 난공불락의 요새(要塞).

요새^2 명★★★　【Text=34/Freq1=91(98.9%)】 [195]
Ⅰ (예) 요새 세상에 그런 일이 있다니.
　　〔Text=9/Freq2=14(15.4%)〕
Ⅱ (예) 요새 어떻게 지내십니까?
　　〔Text=29/Freq2=77(84.6%)〕

≪요소≫전체빈도합=110(0.0059%)

요소^1 명★☆☆　【Text=35/Freq1=109(99.1%)】
① (예) 평등은 민주주의의 중요한 요소(要素)다.

요소^2 명　【Text=0/Freq1=0】 ⓧ
① (예) 요소(尿素)는 오줌의 성분이다. 〔×〕

요소^3 명　【Text=1/Freq1=1(0.9%)】
① (예) 경찰이 요소(要所)에서 검문하다.

≪요약하다≫전체빈도합=21(0.0011%)

요약하다 동　【Text=13/Freq1=21】
① (예) 글의 내용을 간단히 요약(要約)하다.

≪요인≫전체빈도합=31(0.0017%)

요인^1 명　【Text=14/Freq1=31(100%)】
① (예) 노화의 요인(要因)을 밝히다.

요인^2 명　【Text=0/Freq1=0】 ⓧ
① (예) 정부의 요인(要人)들. 〔×〕

≪요일≫전체빈도합=28(0.0015%)

요일 명 ☆★☆　【Text=14/Freq1=28】
① (예) 요일(曜日)마다 메뉴가 다르다.

≪요즈음≫전체빈도합=129(0.0069%)

요즈음^1 명　【Text=24/Freq1=59(45.7%)】
① (예) 요즈음의 젊은이들.
　　〔Text=24/Freq2=59(100%)〕
관 <요즈음 들어(서)> 〔×〕
관 <요즈음 와서> 〔×〕

요즈음^2 부★★☆　【Text=43/Freq1=70(54.3%)】
① (예) 요즈음 일이 바쁘다.

≪요즘≫전체빈도합=285(0.0153%)

요즘^1 명 ☆★☆　【Text=53/Freq1=108(37.9%)】
① (예) 요즘이 제일 바쁠 때이다.
　　〔Text=52/Freq2=104(96.3%)〕
관 <요즘 들어(서)>
　　〔Text=3/Freq2=3(2.8%)〕
관 <요즘 와서> 〔Text=1/Freq2=1(0.9%)〕

요즘^2 부★★☆　【Text=69/Freq1=177(62.1%)】
① (예) 요즘 몸이 안 좋다.

≪욕≫전체빈도합=31(0.0017%)

---

[195] 『외국인을 위한 한국어 학습 사전』(2004)의 중요 어휘 목록에서는 '요새^2'의 Ⅰ과 Ⅱ에 해당하는 용법을 각각 독립된 명사와 부사로 나누어 각각 ☆☆★와 ★★☆의 중요도를 부여하고 있는데 여기서는 이를 합하여 보이기로 한다.

욕 몡 【Text=25/Freq1=31】
 ① (예) 사람들에게 욕(辱)을 듣다.
   〔Text=7/Freq2=8(25.8%)〕
 ② (예) 그들에게 욕을 퍼붓다.
   〔Text=15/Freq2=18(58.1%)〕
 ③ (예) 그에 대한 비난을 자신에 대한 욕으로
   느끼다. 〔×〕
 관 <욕을 먹다> 〔Text=5/Freq2=5(16.1%)〕

≪욕구≫전체빈도합=56(0.0030%)
욕구 몡 【Text=27/Freq1=56】
 ⓪ (예) 성적인 욕구(欲求)를 느끼다.

≪욕망≫전체빈도합=52(0.0028%)
욕망 몡 ★☆☆ 【Text=17/Freq1=52】
 ⓪ (예) 출세의 욕망(欲望)에 불타다.

≪욕설≫전체빈도합=16(0.0009%)
욕설 몡 【Text=11/Freq1=16】
 ⓪ (예) 욕설(辱說)을 [듣다/퍼붓다/하다].

≪욕심≫전체빈도합=71(0.0038%)
욕심 몡 ★★★ 【Text=45/Freq1=71】
 ⓪ (예) 욕심(慾心)을 [내다/부리다].

≪용≫전체빈도합=60(0.0032%)
용¹ 몡 【Text=3/Freq1=3(5%)】
 ⓪ (예) 끙끙 용을 쓰며 버티다.
   ☞ <용을 쓰다>
 관 <용을 쓰다> 〔Text=3/Freq2=3(100%)〕
용² 몡 【Text=13/Freq1=33(55%)】
 ⓪ (예) 용(龍)이 승천하다.
용³ 몡 【Text=0/Freq1=0】 ⓧ
 ⓪ (예) 보약 중에 용(茸)이 좋다. 〔×〕
-용⁴ 접 【Text=16/Freq1=24(40%)】
 ① (예) [광고/연습/영업]용(用).
   〔Text=11/Freq2=17(70.8%)〕
 ② (예) [숙녀/신사/아동]용.
   〔Text=6/Freq2=7(29.2%)〕

≪용기≫전체빈도합=128(0.0069%)
용기¹ 몡 ★★☆ 【Text=58/Freq1=127(99.2%)】
 ① (예) 용기(勇氣)를 내다.
   〔Text=53/Freq2=116(91.3%)〕
 ② (예) 집으로 찾아갈 용기가 없다.
   〔Text=10/Freq2=11(8.7%)〕
용기² 몡 【Text=1/Freq1=1(0.8%)】
 ⓪ (예) 물을 담을 용기(容器).

≪용돈≫전체빈도합=75(0.0040%)
용돈 몡 ★★☆ 【Text=26/Freq1=75】
 ⓪ (예) 아이에게 용(用)돈을 주다.

≪용서≫전처 빈도합=26(0.0014%)
용서 몡 ☆☆★ 【Text=16/Freq1=26】
 ⓪ (예) 용서(容恕)를 [받다/빌다].

≪용서하다≫전체빈도합=56(0.0030%)
용서하다 동 【Text=33/Freq1=56】
 ⓪ (예) [그를/죄를] 용서(容恕)하다.

≪용어≫전체빈도합=31(0.0017%)
용어 몡 【Text=18/Freq1=31】
 ⓪ (예) [경제/전문] 용어(用語)를 쓰다.

≪우두커니≫전체빈도합=17(0.0009%)
우두커니 뿌 【Text=15/Freq1=17】
 ⓪ (예) 우두커니 [바라보다/서다].

≪우려≫전체빈도합=23(0.0012%)
우려 몡 【Text=17/Freq1=23】
 ⓪ (예) 실패할 우려(憂慮)가 있다.

≪우리≫전체빈도합=7,239(0.3898%)
우리¹ 몡 ☆★☆ 【Text=7/Freq1=17(0.2%)】
 ⓪ (예) 가축을 우리에 가두다.
우리² 대 ★★★ 【Text=213/Freq1=7,221(99.8%)】
 ① (예) 우리 같이 가자.
   〔Text=205/Freq2=4,820(66.8%)〕
 ② (예) 우리 할머니.
   〔Text=132/Freq2=606(8.4%)〕
 ③ (예) 우리 회사원들의 고충.
   〔Text=78/Freq2=290(4%)〕
 ④ (예) 우리 당이 선거에 이기다.
   〔Text=104/Freq2=590(8.2%)〕
 관 <우리 나라>
   Ⅰ (예) 우리 나라는 공화국이다.
     〔Text=114/Freq2=660(9.1%)〕
   Ⅱ (예) 우리 나라 [국토/사람들].
     〔Text=67/Freq2=248(3.4%)〕
 ⓧ 〔Text=6/Freq2=7(0.1%)〕
우리ˣ ? 【Text=1/Freq1=1(0%)】

≪우리말≫전체빈도합=95(0.0051%)
우리말 몡 【Text=39/Freq1=95】
 ⓪ (예) 외국에서 우리말을 가르치다.

≪우물≫전체빈도합=23(0.0012%)

우물 명 ☆☆★　【Text=14/Freq1=23】
　① (예) 우물에서 물을 긷다.
　　　〔Text=14/Freq2=22(95.7%)〕
　㉑ <한 우물을 파다>
　　　〔Text=1/Freq2=1(4.3%)〕

≪우산≫ 전체빈도합=71(0.0038%)
우산 명 ★★★　【Text=23/Freq1=71】
　① (예) 우산(雨傘)을 쓰다.

≪우선≫ 전체빈도합=225(0.0121%)
우선¹ 명　【Text=2/Freq1=3(1.3%)】
　① (예) 우선(優先)으로 하다.
　　　〔Text=2/Freq2=3(100%)〕
　㉑ <우선 순위> 〔×〕
우선² 부 ★★★　【Text=103/Freq1=222(98.7%)】
　① (예) 딴 것보다 우선(于先) 먹을 것을 찾다.
　　　〔Text=75/Freq2=144(64.9%)〕
　② (예) 우선 달리고 보다.
　　　〔Text=51/Freq2=78(35.1%)〕

≪우수하다≫ 전체빈도합=25(0.0013%)
우수하다 형　【Text=20/Freq1=25】
　① (예) [성적이/품질이] 우수(優秀)하다.

≪우습다≫ 전체빈도합=46(0.0025%)
우습다 형 ☆☆★　【Text=38/Freq1=46】
　Ⅰ ① (예) [내용이/표현이] 우습다.
　　　〔Text=12/Freq2=16(34.8%)〕
　　② (예) 우습다 싶을 만큼 화를 내다.
　　　〔Text=8/Freq2=8(17.4%)〕
　Ⅱ ① (예) 넘어지는 모습이 우습다.
　　　〔Text=10/Freq2=10(21.7%)〕
　　② (예) 잘난척하는 것이 우습다.
　　　〔Text=11/Freq2=11(23.9%)〕
　ⓧ 〔Text=1/Freq2=1(2.2%)〕

≪우연≫ 전체빈도합=24(0.0013%)
우연 명　【Text=15/Freq1=24】
　① (예) 거짓말 같은 우연(偶然)도 있다.

≪우연히≫ 전체빈도합=38(0.0020%)
우연히 부 ☆★☆　【Text=30/Freq1=38】
　① (예) 길에서 우연(偶然)히 친구를 만나다.

≪우울하다≫ 전체빈도합=47(0.0025%)
우울하다 형 ☆★★　【Text=30/Freq1=47】
　① (예) 기분이 우울(憂鬱)하다.

≪우유≫ 전체빈도합=73(0.0039%)

우유 명 ★★★　【Text=25/Freq1=73】
　① (예) 우유(牛乳)를 마시다.

≪우정≫ 전체빈도합=43(0.0023%)
우정¹ 명　【Text=15/Freq1=42(97.7%)】
　① (예) 친구와 우정(友情)을 나누다.
우정² 부　【Text=0/Freq1=0】 ⓧ
　① (예) 알면서도 우정 모른 체하다. 〔×〕
우정⁰ 　【Text=1/Freq1=1(2.3%)】
　❶ (예) 우정(郵政).

≪우주≫ 전체빈도합=51(0.0027%)
우주 명 ★☆☆　【Text=21/Freq1=51】
　① (예) 무한한 우주(宇宙).
　　　〔Text=21/Freq2=51(100%)〕
　② (예) 한글에 우주의 원리를 적용하다. 〔×〕

≪우체국≫ 전체빈도합=40(0.0022%)
우체국 명 ☆★★　【Text=18/Freq1=40】
　① (예) 우체국(郵遞局)에서 편지를 부치다.

≪우편≫ 전체빈도합=9(0.0005%)
우편¹ 명　【Text=0/Freq1=0】 ⓧ
　① (예) 무대 우편(右便)에 초가집이 있다. 〔×〕
우편² 명 ☆☆★　【Text=4/Freq1=9(100%)】
　① (예) 편지를 우편(郵便)으로 부치다.
　　　〔Text=4/Freq2=8(88.9%)〕
　② (예) 등기 우편을 받다.
　　　〔Text=1/Freq2=1(11.1%)〕
　㉑ <우편 집배원> 〔×〕

≪우표≫ 전체빈도합=14(0.0008%)
우표 명 ☆★★　【Text=4/Freq1=14】
　① (예) 봉투에 우표(郵票)를 붙이다.

≪운≫ 전체빈도합=22(0.0012%)
운¹ 명　【Text=13/Freq1=21(95.5%)】
　① (예) 운(運)이 [나쁘다/좋다].
운² 명　【Text=1/Freq1=1(4.5%)】
　① (예) 시의 운(韻)을 맞추다. 〔×〕
　㉑ <운을 떼다> 〔Text=1/Freq2=1(100%)〕

≪운동≫ 전체빈도합=335(0.0180%)
운동 명 ★★★　【Text=102/Freq1=335】
　① (예) 아침마다 운동(運動)을 하다.
　　　〔Text=40/Freq2=107(31.9%)〕
　② (예) 선거 운동을 벌이다.
　　　〔Text=55/Freq2=154(46%)〕
　❸ (예) 좋아하는 운동은 야구이다.

❹ (예) 물체의 규칙적인 운동.
　　　　〔Text=4/Freq2=28(8.4%)〕
　　㉄ <운동 경기> 〔Text=7/Freq2=10(3%)〕
　　㉄ <운동 선수> 〔Text=2/Freq2=2(0.6%)〕
≪운동장≫전체빈도합=131(0.0071%)
　운동장 명★★☆ 【Text=52/Freq1=131】
　　⓪ (예) 운동장(運動場)에서 아이들이 뛰어놀다.
≪운동하다≫전체빈도합=30(0.0016%)
　운동하다 동☆★☆ 【Text=15/Freq1=30】
　　① (예) 아침마다 운동(運動)하다.
　　　〔Text=11/Freq2=22(73.3%)〕
　　② (예) 독립 협회에 가입하여 운동하다.
　　　〔Text=2/Freq2=2(6.7%)〕
　　③ (예) 물질이 끊임없이 운동하다.
　　　〔Text=2/Freq2=6(20%)〕
≪운동화≫전체빈도합=33(0.0018%)
　운동화 명☆★☆ 【Text=9/Freq1=33】
　　⓪ (예) 운동화(運動靴)를 신다.
≪운동회≫전체빈도합=48(0.0026%)
　운동회 명 【Text=22/Freq1=48】
　　⓪ (예) 학교에서 운동회(運動會)가 열리다.
≪운명≫전체빈도합=137(0.0074%)
　운명¹ 명 【Text=47/Freq1=134(97.8%)】
　　⓪ (예) 헤어져야 할 운명(運命)이다.
　　　/정해진 운명을 거스르다.
　운명² 명 【Text=2/Freq1=3(2.2%)】
　　⓪ (예) 병원에서 운명(殞命)을 하다.
≪운반하다≫전체빈도합=20(0.0011%)
　운반하다 동 【Text=12/Freq1=20】
　　⓪ (예) 차로 짐을 운반(運搬)하다.
≪운영하다≫전체빈도합=28(0.0015%)
　운영하다 동 【Text=22/Freq1=28】
　　⓪ (예) [가게를/기업을] 운영(運營)하다.
≪운전≫전체빈도합=59(0.0032%)
　운전 명☆★★ 【Text=23/Freq1=59】
　　⓪ (예) 택시 운전(運轉)을 하다.
　　　〔Text=16/Freq2=33(55.9%)〕
　　㉄ <운전 기사> 〔Text=7/Freq2=26(44.1%)〕
≪운전사*≫전체빈도합=23(0.0012%)
　운전사⁰ 명 【Text=10/Freq1=23】

　　⓪ (예) 택시 운전사(運轉士)로 일하다.
≪운전하다≫전체빈도합=34(0.0018%)
　운전하다 동☆★☆ 【Text=20/Freq1=34】
　　⓪ (예) 차를 운전(運轉)하다.
≪울다≫전체빈도합=348(0.0187%)
　울다¹ 동★★★ 【Text=102/Freq1=348(100%)】
　　① (예) 아기가 울다./울음을 울다.
　　　〔Text=91/Freq2=287(82.5%)〕
　　② (예) [벌레가/짐승이] 울다.
　　　〔Text=22/Freq2=48(13.8%)〕
　　③ ㉠ (예) [벽시계가/전화가/천둥이] 울다.
　　　〔Text=8/Freq2=11(3.2%)〕
　　　㉡ (예) 바람에 문풍지가 울다.
　　　〔Text=1/Freq2=1(0.3%)〕
　　㉄ <귀- 울다> 〔×〕
　　㉄ <우는 소리> 우는 소리를 하다. 〔×〕
　　㉄ <울며 겨자 먹기>
　　　〔Text=1/Freq2=1(0.3%)〕
　울다² 동 【Text=0/Freq1=0】 ⓧ
　　⓪ (예) [벽지가/장판이] 울다. 〔×〕
≪울리다≫전체빈도합=152(0.0082%)
　울리다 동★★☆ 【Text=81/Freq1=152】
　Ⅰ① (예) [경적이/사이렌이] 울리다.
　　　〔Text=59/Freq2=95(62.5%)〕
　　② (예) [기침/울음/음악] 소리가 귀에
　　　　울리다. 〔Text=6/Freq2=7(4.6%)〕
　　③ (예) 떠드는 소리가 방에서 울리다.
　　　〔Text=14/Freq2=15(9.9%)〕
　　④ (예) [교실이/대청이] 울리다.
　　　〔Text=2/Freq2=2(1.3%)〕
　　⑤ (예) 뱃가죽이 찌르르 울리다. 〔×〕
　Ⅱ① (예) [동생을/마누라를] 울리다.
　　　〔Text=3/Freq2=3(2%)〕
　　② (예) [경적을/종을] 울리다.
　　　〔Text=8/Freq2=13(8.6%)〕
　　③ (예) 폭소리가 귀를 울리다.
　　　〔Text=1/Freq2=1(0.7%)〕
　　④ (예) 센 바람이 문풍지를 울리다.
　　　〔Text=1/Freq2=1(0.7%)〕
　　⑤ (예) 그함소리가 안채를 울리다.
　　　〔Text=5/Freq2=5(3.3%)〕
　　⑥ (예) 글이 [가슴을/심금을] 울리다.
　　　〔Text=5/Freq2=5(3.3%)〕
　　⑦ (예) 세도가 근동을 울리다. 〔×〕

[관]<경종을 울리다> 〔Text=2/Freq2=2(1.3%)〕
[관]<변죽을 울리다> 〔Text=1/Freq2=1(0.7%)〕
[x] 〔Text=2/Freq2=2(1.3%)〕

≪**울먹이다**≫전체빈도합=21(0.0011%)

울먹이다 [동] **【Text=11/Freq1=21】**
⓪(예) 울먹이는 목소리.

≪**울음**≫전체빈도합=124(0.0067%)

울음 [명] **【Text=47/Freq1=124】**
⓪(예) 슬퍼서 울음이 나오다.

≪**울타리**≫전체빈도합=29(0.0016%)

울타리 [명] **【Text=17/Freq1=29】**
⓪(예) 울타리를 치다.

≪**움직이다**≫전체빈도합=265(0.0143%)

움직이다 [동]★★★ **【Text=96/Freq1=265】**
Ⅰ ①(예) [사람이/열차가] 움직이다.
〔Text=44/Freq2=98(37%)〕
②(예) [다리가/팔이] 움직이다.
〔Text=18/Freq2=28(10.6%)〕
③(예) [세력/정파]들이 움직이다.
〔Text=11/Freq2=13(4.9%)〕
④(예) [기계가/회사가] 잘 움직이다.
〔Text=13/Freq2=25(9.4%)〕
⑤(예) 마음이 움직이다.
〔Text=3/Freq2=3(1.1%)〕
❻(예) 사회가 움직여 가다.
〔Text=1/Freq2=1(0.4%)〕
Ⅱ ①(예) [의자를/짐을] 뒤로 움직이다.
〔Text=6/Freq2=21(7.9%)〕
②(예) [발을/손을/손목을] 움직이다.
〔Text=25/Freq2=40(15.1%)〕
③㉠(예) 사람들을 선동해 움직이다. 〔×〕
㉡(예) [부서를/세계를] 움직이다.
〔Text=8/Freq2=12(4.5%)〕
④(예) [기계를/차를] 움직이다.
〔Text=4/Freq2=6(2.3%)〕
⑤(예) 마음을 움직이다.
〔Text=5/Freq2=6(2.3%)〕
⑥(예) 움직일 수 없는 진리. 〔×〕
[관]<살아 움직이다> [느낌이/영상이] 살아 움직이다. 〔Text=10/Freq2=12(4.5%)〕

≪**움직임**≫전체빈도합=71(0.0038%)

움직임 [명]★☆☆ **【Text=34/Freq1=71】**
①(예) 방 안엔 아무 움직임이 없다.
〔Text=20/Freq2=36(50.7%)〕
②(예) 마음의 움직임을 느끼다.
〔Text=9/Freq2=13(18.3%)〕
❸(예) 재야의 움직임을 살피다.
〔Text=10/Freq2=22(31%)〕

≪**움켜쥐다**≫전체빈도합=18(0.0010%)

움켜쥐다 [동] **【Text=11/Freq1=18】**
①(예) [가방을/멱살을/팔을] 움켜쥐다.
〔Text=9/Freq2=12(66.7%)〕
②(예) [손을/주먹을] 움켜쥐다.
〔Text=2/Freq2=5(27.8%)〕
③(예) [권력을/돈을] 움켜쥐다.
〔Text=1/Freq2=1(5.6%)〕

≪**웃기다**≫전체빈도합=36(0.0019%)

웃기다 [동] **【Text=19/Freq1=36】**
Ⅰ (예) 농담으로 사람들을 웃기다.
〔Text=4/Freq2=15(41.7%)〕
Ⅱ (예) 웃기는 [사람/일] 다 보겠네.
〔Text=15/Freq2=20(55.6%)〕
[x] 〔Text=1/Freq2=1(2.8%)〕

≪**웃다**≫전체빈도합=519(0.0279%)

웃다 [동]★★★ **【Text=124/Freq1=519】**
Ⅰ ①(예) [만족한 듯/손뼉을 치며] 웃다.
〔Text=119/Freq2=483(93.1%)〕
②(예) 남들이 들으면 웃을 일이다.
〔Text=9/Freq2=14(2.7%)〕
❸(예) 꽃이 환하게 웃고 있다.
〔Text=7/Freq2=7(1.3%)〕
Ⅱ (예) [너털웃음을/웃음을] 웃다.
〔Text=2/Freq2=2(0.4%)〕
[관]<쓸쓸히 웃다> 〔Text=7/Freq2=8(1.5%)〕
[관]<웃지 못할 ~> 웃지 못할 촌극.
〔Text=5/Freq2=5(1%)〕

≪**웃어른**≫전체빈도합=38(0.0020%)

웃어른 [명] **【Text=15/Freq1=38】**
⓪(예) 설날에 웃어른께 세배하다.

≪**웃음**≫전체빈도합=185(0.0100%)

웃음 [명]★☆★ **【Text=74/Freq1=185】**
⓪(예) 웃음을 [짓다/터뜨리다].
〔Text=74/Freq2=184(99.5%)〕
[관]<웃음을 사다> 이웃에게 웃음을 사다.
〔Text=1/Freq2=1(0.5%)〕
[관]<웃음을 팔다> 술집에서 웃음을 팔다. 〔×〕

≪웅크리다≫전체빈도합=24(0.0013%)

웅크리다 동 【Text=20/Freq1=24】
⓪ (예) 몸을 웅크리다.

≪워낙≫전체빈도합=56(0.0030%)

워낙 부☆★ 【Text=41/Freq1=56】
① (예) 샘이 워낙 겨울에도 안 얼다.
〔Text=14/Freq2=15(26.8%)〕
② (예) 사장님은 워낙 바쁘시다.
〔Text=31/Freq2=41(73.2%)〕

≪원≫전체빈도합=438(0.0236%) [196]

원¹ 명 【Text=0/Freq1=0】 ⓧ
⓪ (예) 고을의 원(員) 노릇을 하다.〔×〕

원² 명 【Text=0/Freq1=0】 ⓧ
⓪ (예) 마음에 한과 원(怨)으로 남다.〔×〕

원³ 명☆☆★ 【Text=4/Freq1=5(1.1%)】
⓪ (예) 원(圓)을 그리다.

원⁴ 명 【Text=3/Freq1=3(0.7%)】
⓪ (예) 사람의 원(願)을 풀어 주다.

원⁵ 명의★★★ 【Text=74/Freq1=395(90.2%)】
⓪ (예) 돈 1000원.〔Text=74/Freq2=395(100%)〕
❶ (예) 달러를 원으로 환산하다.〔×〕

원⁶ 명의 【Text=0/Freq1=0】 ⓧ
⓪ (예) 옛날 목수의 품삯이 일 원(圓)이었다.
〔×〕

원⁷ 부 【Text=0/Freq1=0】 ⓧ
⓪ (예) 우리야 원 늙어서 힘이 없어.〔×〕

원⁸ 감 【Text=17/Freq1=32(7.3%)】
⓪ (예) 원, 별 걱정 다하십니다.

원⁰ 수 【Text=2/Freq1=3(0.7%)】
❶ (예) 넘버 원.

≪원고≫전체빈도합=52(0.0028%)

원고¹ 명☆☆★ 【Text=21/Freq1=52(100%)】
⓪ (예) 원고(原稿)를 쓰다.

원고² 명 【Text=0/Freq1=0】 ⓧ
⓪ (예) 재판에서 원고(原告)가 이기다.〔×〕

≪원동력≫전체빈도합=17(0.0009%)

원동력 명 【Text=15/Freq1=17】
⓪ (예) 경제 발전의 원동력(原動力)은 교육에 있다.

≪원래≫전체빈도합=129(0.0069%)

원래¹ 명 【Text=19/Freq1=25(19.4%)】
⓪ (예) 원래(元來·原來)의 의미를 밝히다.

원래² 부☆★☆ 【Text=57/Freq1=104(80.6%)】
⓪ (예) 성격이 원래(元來·原來) 그렇다.

≪원료≫전체빈도합=27(0.0015%)

원료 명 【Text=11/Freq1=27】
⓪ (예) 석유를 원료(原料)로 쓰다.

≪원리≫전체빈도합=68(0.0037%)

원리 명★☆☆ 【Text=26/Freq1=68】
⓪ (예) 기본 원리(原理)를 알다.

≪원만하다≫전체빈도합=17(0.0009%)

원만하다 동 【Text=12/Freq1=17】
① (예) 원만(圓滿)한 [성격/인품].
〔Text=2/Freq2=5(29.4%)〕
② (예) 일이 원만하게 해결되다.
〔Text=4/Freq2=5(29.4%)〕
③ (예) 이웃과의 사이가 원만하다.
〔Text=6/Freq2=6(35.3%)〕
❹ (예) 불상의 얼굴이 원만하게 보이다.
〔Text=1/Freq2=1(5.9%)〕

≪원망하다≫전체빈도합=28(0.0015%)

원망하다 동 【Text=20/Freq1=28】
⓪ (예) [그 사람을/세상을] 원망(怨望)하다.

≪원숭이≫전체빈도합=45(0.0024%)

원숭이 명☆☆★ 【Text=16/Freq1=45】
⓪ (예) 원숭이가 나무에 오르다.

≪원인≫전체빈도합=170(0.0092%)

원인¹ 명★★☆ 【Text=48/Freq1=155(91.2%)】
⓪ (예) 원인(原因)과 결과. /사고의 원인을 밝히다.

원인² 명 【Text=0/Freq1=0】 ⓧ
⓪ (예) 원인(猿人)의 화석이 발견되다.〔×〕

원인³ 명 【Text=1/Freq1=15(8.8%)】
⓪ (예) 북경 원인(原人).

≪원칙≫전체빈도합=46(0.0025%)

원칙 명★☆★ 【Text=20/Freq1=46】
① (예) [거래의/과학 실험의] 원칙(原則)을 지키다.〔Text=9/Freq2=21(45.7%)〕
② (예) 그 문제에 대해 몇 가지 원칙을 세우다.

---

196) 『연세 한국어 사전』의 '완⁹'(예:원저자), '-원¹⁰'(예:회사원), '-원¹¹'(예:고아원), '-원¹²'(예:자금원), '-원¹³'(예:동물원), '원¹⁴'(예:휴가원), '-원¹⁵'(예:제조원)은 말뭉치의 분석에 적용하지 않았으므로 제외한다.

〔Text=14/Freq2=25(54.3%)〕

≪원하다≫전체빈도합=127(0.0068%)

원하다 동 ★★☆　【Text=68/Freq1=127】
　⓪ (예) [노트북 컴퓨터를/직장 생활을 하는 것을] 원(願)하다.
　　　〔Text=61/Freq2=101(79.5%)〕
　㈘ <-기 원하다> 성공하기 원하다.
　　　〔Text=21/Freq2=26(20.5%)〕

≪월≫전체빈도합=92(0.0050%)

월¹ 명　【Text=0/Freq1=0】ⓧ
　⓪ (예) 글과 월의 짜임새. 〔×〕
월² 명★★★　【Text=36/Freq1=88(95.7%)】
　Ⅰ (예) 월(月) 40만 원의 이자.
　　　〔Text=4/Freq2=4(4.5%)〕
　Ⅱ (예) 4월. 〔Text=33/Freq2=84(95.5%)〕
월³ 명　【Text=3/Freq1=4(4.3%)】
　⓪ (예) 월(月), 수, 금 3교시.

≪월급≫전체빈도합=37(0.0020%)

월급 명☆★★　【Text=19/Freq1=37】
　⓪ (예) 월급(月給)을 받다.

≪월요일≫전체빈도합=35(0.0019%)

월요일 명☆★★　【Text=21/Freq1=35】
　⓪ (예) 월요일(月曜日).

≪웬≫전체빈도합=56(0.0030%)

웬 관★★☆　【Text=38/Freq1=56】
　① (예) 갑자기 웬 비가 이렇게 오지?
　　　〔Text=25/Freq2=37(66.1%)〕
　② (예) 웬 청년이 찾아오다.
　　　〔Text=17/Freq2=19(33.9%)〕

≪웬만하다≫전체빈도합=36(0.0019%)

웬만하다 형　【Text=23/Freq1=36】
　① (예) 아주 못하지는 않고 [솜씨가/실력이] 웬만하다. 〔Text=7/Freq2=8(22.2%)〕
　② (예) 웬만해서는 화를 내지 않다.
　　/웬만한 일에 당황하지 않다.
　　　〔Text=17/Freq2=27(75%)〕
　ⓧ 〔Text=1/Freq2=1(2.8%)〕

≪웬일≫전체빈도합=66(0.0036%)

웬일 명★★☆　【Text=48/Freq1=66】
　⓪ (예) 웬일로 낮술을 드실까?
　　/웬일인지 잠이 오지 않다.

≪웬지⁺≫전체빈도합=16(0.0009%)

웬지⁰ 부　【Text=11/Freq1=16】
　⓿ (예) 웬지 불안하다. ☞ 왠지.

≪위≫전체빈도합=1,026(0.0553%)

위¹ 명　【Text=0/Freq1=0】ⓧ
　⓪ (예) '위'라는 글자를 쓰다. 〔×〕
위² 명★★★　【Text=179/Freq1=984(95.9%)】
　① (예) 산 위에 수원지가 있다.
　　　〔Text=79/Freq2=158(16.1%)〕
　② (예) 나무 위로 올라가다.
　　　〔Text=66/Freq2=118(12%)〕
　③ ㉠ (예) 논밭이 메워지고 그 위에 주택이 들어서다. 〔Text=85/Freq2=212(21.5%)〕
　　 ㉡ (예) 침대 위에 눕다.
　　　〔Text=103/Freq2=288(29.3%)〕
　④ (예) 이 강의 위는 동강, 아래는 남한강으로 불린다. 〔Text=3/Freq2=6(0.6%)〕
　⑤ (예) 위에서 지시가 내려오다.
　　　〔Text=14/Freq2=15(1.5%)〕
　⑥ (예) 나보다 학문이 위다.
　　　〔Text=5/Freq2=5(0.5%)〕
　⑦ (예) 남편보다 한 살 위이다.
　　/바로 위의 언니는 미혼이다.
　　　〔Text=11/Freq2=12(1.2%)〕
　⑧ ㉠ (예) 시대가 위로 거슬러 올라가다.
　　　〔Text=5/Freq2=12(1.2%)〕
　　 ㉡ (예) 위에 든 예를 설명하다.
　　　〔Text=49/Freq2=126(12.8%)〕
　⑨ (예) [기초/바탕] 위에(서).
　　　〔Text=18/Freq2=22(2.2%)〕
　⑩ (예) 나쁜 일 위에 더 나쁜 일이 생기다.
　　　〔Text=4/Freq2=4(0.4%)〕
　⓫ (예) 와이셔츠 위에 멜빵을 메다.
　　　〔Text=5/Freq2=5(0.5%)〕
　㈘ <뛰는 놈 위에 나는 놈>
　　　〔Text=1/Freq2=1(0.1%)〕
위³ 명　【Text=8/Freq1=19(1.9%)】
　⓪ (예) 과음은 위(胃)에 좋지 않다.
위⁴ 명의　【Text=14/Freq1=23(2.2%)】
　① (예) 세계 3위(位) 안에 들다.
　　　〔Text=14/Freq2=23(100%)〕
　② (예) 영령 10위를 사당 모시다. 〔×〕

≪위기≫전체빈도합=74(0.0040%)

위기 명　【Text=28/Freq1=74】
　⓪ (예) 절체절명의 위기(危機)에 빠지다.
　　/위기를 극복하다.

〖Text=28/Freq2=74(100%)〗
㉿ <위기 의식> 〔×〕

≪위대하다≫전체빈도합=73(0.0039%)
위대하다 휑 【Text=33/Freq1=73】
① (예) 역사상 위대(偉大)한 인물.
/자연의 위대한 힘.

≪위로≫전체빈도합=23(0.0012%)
위로 몡 【Text=20/Freq1=23】
① (예) 위로(慰勞)를 [받다/하다].

≪위로하다≫전체빈도합=45(0.0024%)
위로하다 동 【Text=32/Freq1=45】
① (예) [그녀를/슬픔을/울적한 마음을] 위로(慰勞)하다.

≪위안≫전체빈도합=17(0.0009%)
위안 몡 【Text=14/Freq1=17】
① (예) 마음의 위안(慰安)을 얻다.

≪위원≫전체빈도합=4(0.0002%)
위원 몡☆☆★ 【Text=4/Freq1=4】
① (예) 위원(委員)으로 위촉하다.

≪위원회≫전체빈도합=24(0.0013%)
위원회 몡 【Text=13/Freq1=24】
① (예) 전문가들로 위원회(委員會)를 구성하다.

≪위주≫전체빈도합=26(0.0014%)
위주 몡 【Text=15/Freq1=26】
① (예) 능력 위주(爲主)로 평가하다.
/수출 위주의 경제.

≪위쪽≫전체빈도합=16(0.0009%)
위쪽 몡 【Text=12/Freq1=16】
① (예) [강/건물/마을의] 맨 위쪽.

≪위치≫전체빈도합=94(0.0051%)
위치 몡★★★ 【Text=51/Freq1=94】
① (예) 집터의 위치(位置)가 좋다.
〖Text=28/Freq2=48(51.1%)〗
② (예) [역사에/정국에서] 중요한 위치를 차지하다. 〖Text=29/Freq2=46(48.9%)〗

≪위치하다≫전체빈도합=23(0.0012%)
위치하다 동 【Text=16/Freq1=23】
① (예) [도심에/북쪽에/산속에] 위치(位置)하다.

≪위하다≫전체빈도합=2,004(0.1079%)
위하다 동★★★ 【Text=182/Freq1=2,004】
① (예) 관광객을 위(爲)해 공연을 하다.
〖Text=124/Freq2=404(20.2%)〗
② (예) 저 사를 위해 친척들이 오다.
〖Text=124/Freq2=530(26.4%)〗
③ (예) 남편이 아내를 위하다.
〖Text=26/Freq2=36(1.8%)〗
㉿ <-기 위하다> 성공하기 위해 노력하다.
〖Text=137/Freq2=1,033(51.5%)〗
ⓧ 〖Text=1/Freq2=1(0.1%)〗

≪위험≫전체빈도합=57(0.0031%)
위험 몡★☆★ 【Text=36/Freq1=57】
① (예) 위험(危險)에 빠지다.

≪위험하다≫전체빈도합=79(0.0043%)
위험하다 휑★★★ 【Text=49/Freq1=79】
① (예) 무단횡단은 위험(危險)하다.

≪위협≫전체빈도합=40(0.0022%)
위협 몡 【Text=22/Freq1=40】
① (예) 생명의 위협(威脅)을 느끼다.

≪위협하다≫전체빈도합=24(0.0013%)
위협하다 동 【Text=18/Freq1=24】
① (예) [건강을/생명을] 위협(威脅)하다.

≪유교≫전체빈도합=35(0.0019%)
유교 몡 【Text=11/Freq1=35】
① (예) 유교(儒敎) 사상.

≪유난히≫전체빈도합=54(0.0029%)
유난히 픤 【Text=39/Freq1=54】
① (예) 할아버지가 손자를 유난히 귀여워하다.
/시간이 유난히 빨리 지나가다.

≪유럽≫전체빈도합=68(0.0037%)
유럽 몡(고유)★★☆ 【Text=26/Freq1=68】
① (예) 유럽 여행을 하다.

≪유리≫전체빈도합=51(0.0027%)
유리¹ 몡★☆★ 【Text=31/Freq1=49(96.1%)】
① (예) 유리(琉璃) 그릇.
유리² 몡 【Text=1/Freq1=1(2%)】
① (예) 현실로부터의 유리(遊離).
유리³ 몡 【Text=0/Freq1=0】 ⓧ ¹⁹⁷⁾
① (예) 유리(流離) 걸식을 하다. 〔×〕

---

197) 『연세 한국어 사전』에서는 '유리³'를 '형성'의 품사로 기술하고 있다.

유리 411

유리ˣ ? 【Text=1/Freq1=1(2%)】

≪유리창≫ 전체빈도합=31(0.0017%)

유리창 명 【Text=19/Freq1=31】
　⓪ (예) 유리창(琉璃窓)을 [닦다/열다].

≪유리하다≫ 전체빈도합=26(0.0014%)

유리하다¹ 동 【Text=0/Freq1=0】 ⓧ
　⓪ (예) 도탄에 빠져 유리(遊離)하는 민족. 〔×〕

유리하다² 형 【Text=23/Freq1=26(100%)】
　⓪ (예) 우리에게 유리(有利)한 조건을 제시하다.

≪유명하다≫ 전체빈도합=129(0.0069%)

유명하다 형 ★★★ 【Text=67/Freq1=129】
　⓪ (예) 유명(有名)한 사람.
　　　〔Text=57/Freq2=97(75.2%)〕
　㉵ <-기로/~로] 유명하다>
　　 전주는 비빔밥으로 유명하다.
　　　〔Text=24/Freq2=32(24.8%)〕

≪유물≫ 전체빈도합=76(0.0041%)

유물¹ 명 【Text=16/Freq1=76(100%)】
　① (예) 아버지가 남기신 유물(遺物). 〔×〕
　② (예) 삼국 시대의 유물.
　　　〔Text=16/Freq2=76(100%)〕
　③ (예) 구시대의 유물이 되다. 〔×〕

유물² 명 【Text=0/Freq1=0】 ⓧ ¹⁹⁸
　⓪ (예) 유물(唯物) 사상. 〔×〕

≪유사하다≫ 전체빈도합=15(0.0008%)

유사하다 형 【Text=10/Freq1=15】
　⓪ (예) 모양이 유사(類似)하다.

≪유산≫ 전체빈도합=49(0.0026%)

유산¹ 명 【Text=22/Freq1=48(98%)】
　① (예) 땅을 유산(遺産)으로 남기다.
　　　〔Text=3/Freq2=4(8.3%)〕
　② (예) 민족의 유산을 보존하다.
　　　〔Text=11/Freq2=22(45.8%)〕
　㉵ <문화 유산> 〔Text=10/Freq2=22(45.8%)〕

유산² 명 【Text=1/Freq1=1(2%)】
　① (예) 유산(流産)으로 아기를 잃다.
　　　〔Text=1/Freq2=1(100%)〕
　② (예) 법안의 통과가 유산이 되다. 〔×〕

유산³ 명 【Text=0/Freq1=0】 ⓧ
　⓪ (예) 올리브유에 유산(油酸)이 많이 들다.
　　　〔×〕

유산⁴ 명 【Text=0/Freq1=0】 ⓧ
　⓪ (예) 우유에 유산(乳酸)을 첨가하다. 〔×〕

유산⁵ 명 【Text=0/Freq1=0】 ⓧ ¹⁹⁹
　⓪ (예) 유산(有産) [계급/계층]. 〔×〕

≪유월≫ 전체빈도합=55(0.0030%)

유월 명 ☆★☆ 【Text=24/Freq1=55】
　⓪ (예) 유월(六月).

≪유의하다≫ 전체빈도합=46(0.0025%)

유의하다 동 【Text=24/Freq1=46】
　⓪ (예) [건강에/안전 사고에] 유의(留意)하다.

≪유익하다≫ 전체빈도합=16(0.0009%)

유익하다 형 【Text=13/Freq1=16】
　⓪ (예) 서로에게 유익(有益)한 선택.

≪유일하다≫ 전체빈도합=68(0.0037%)

유일하다 형 【Text=43/Freq1=68】
　⓪ (예) 사고의 유일(唯一)한 생존자.

≪유적≫ 전체빈도합=64(0.0034%)

유적 명 【Text=12/Freq1=64】
　⓪ (예) 신라의 유적(遺蹟)을 돌아보다.

≪유적지≫ 전체빈도합=33(0.0018%)

유적지 명 【Text=11/Freq1=33】
　⓪ (예) 유적지(遺蹟地)를 조사하다.

≪유지≫ 전체빈도합=22(0.0012%)

유지¹ 명 【Text=10/Freq1=19(86.4%)】
　⓪ (예) [관계/보안의] 유지(維持)에 힘쓰다.

유지² 명 【Text=2/Freq1=2(9.1%)】
　⓪ (예) 지역의 유지(有志)들이 모이다.

유지³ 명 【Text=0/Freq1=0】 ⓧ
　⓪ (예) 고인의 유지(遺志)를 받들다. 〔×〕

유지⁴ 명 【Text=1/Freq1=1(4.5%)】
　⓪ (예) 우유, 계란, 야채, 유지(油脂) 등을
　　　섭취하다.

≪유지하다≫ 전체빈도합=65(0.0035%)

유지하다 동 ★★☆ 【Text=44/Freq1=65】
　Ⅰ (예) [관계를/명맥을/자세를] 유지(維持)하다.
　　　〔Text=33/Freq2=46(70.8%)〕
　Ⅱ (예) [거리를/금리를/몸을 정상으로]
　　　유지하다. 〔Text=14/Freq2=19(29.2%)〕

---

198) 『연세 한국어 사전』에서는 '유물²'을 '형성'의 품사로 기술하고 있다.
199) 『연세 한국어 사전』에서는 '유산⁵'을 '형성'의 품사로 기술하고 있다.

≪유치원≫전체빈도합=43(0.0023%)
유치원 명 【Text=18/Freq1=43】
　⓪ (예) 유치원(幼稚園)에 다니다.
≪유치하다≫전체빈도합=17(0.0009%)
유치하다¹ 동 【Text=2/Freq1=2(11.8%)】
　⓪ (예) [대회를/투자를] 유치(誘致)하다.
유치하다² 동 【Text=0/Freq1=0】 ⓧ
　① (예) [문서를/화물을] 유치(留置)하다. 〔×〕
　② (예) 용의자를 감방에 유치하다. 〔×〕
유치하다³ 형 【Text=10/Freq1=15(88.2%)】
　⓪ (예) 하는 [생각이/장난이] 유치(幼稚)하다.
≪유학≫전체빈도합=75(0.0040%)
유학¹ 명 【Text=5/Freq1=24(32%)】
　⓪ (예) 사대부들이 유학(儒學)을 중요시하다.
유학² 명 【Text=2/Freq1=2(2.7%)】
　⓪ (예) [서울로/외지로] 유학(遊學)을 가다.
유학³ 명★★☆ 【Text=22/Freq1=49(65.3%)】
　⓪ (예) 일본으로 유학(留學)을 가다.
≪유행≫전체빈도합=31(0.0017%)
유행 명☆★☆ 【Text=24/Freq1=31】
　① (예) 미니 스커트가 유행(流行)이 되다.
　　〔Text=21/Freq2=28(90.3%)〕
　② (예) 전염병이 유행을 하다.
　　〔Text=2/Freq2=2(6.5%)〕
　관 <유행의 첨단을 [가다/걷다]> 〔×〕
　ⓧ 〔Text=1/Freq2=1(3.2%)〕
≪유행하다≫전체빈도합=16(0.0009%)
유행하다 동 【Text=12/Freq1=16】
　① (예) 요즘 유행(流行)하는 스타일.
　　〔Text=11/Freq2=15(93.8%)〕
　② (예) [감기가/독감이] 유행하다.
　　〔Text=1/Freq2=1(6.3%)〕
≪유희≫전체빈도합=21(0.0011%)
유희 명 【Text=11/Freq1=21】
　⓪ (예) 유희(遊戱)를 즐기다.
≪육≫전체빈도합=400(0.0215%) ²⁰⁰⁾
육¹ 명 【Text=1/Freq1=1(0.2%)】
　⓪ (예) 영과 육(肉)의 세계를 구별하다.
육² 주★★★ 【Text=123/Freq1=399(99.8%)】
Ⅰ ⓪ (예) 육(六)에서 3을 빼다.
　　〔Text=8/Freq2=13(3.3%)〕

❶ (예) 그림 6(육).
　　〔Text=7/Freq2=13(3.3%)〕
Ⅱ (예) 6(육)[년/번/호].
　　〔Text=116/Freq2=373(93.5%)〕
≪육군≫전체빈도합=4(0.0002%)
육군 명☆☆★ 【Text=4/Freq1=4】
　⓪ (예) 육군(陸軍)으로 복무하다.
≪육십≫전체빈도합=213(0.0115%)
육십 주 【Text=79/Freq1=213】
Ⅰ ① (예) 육십(六十)보다 큰 수.
　　〔Text=1/Freq2=1(0.5%)〕
　② (예) 나이가 육십이다.
　　〔Text=1/Freq2=1(0.5%)〕
Ⅱ (예) 육십 [년/세].
　　〔Text=78/Freq2=211(99.1%)〕
≪육지≫전체빈도합=16(0.0009%)
육지 명★☆☆ 【Text=10/Freq1=16】
　① (예) 바다 멀리 육지(陸地)가 보이다.
　　〔Text=8/Freq2=11(68.8%)〕
　② (예) 섬에서 육지로 가는 배.
　　〔Text=4/Freq2=5(31.3%)〕
≪육체≫전체빈도합=35(0.0019%)
육체 명★☆☆ 【Text=20/Freq1=35】
　⓪ (예) 육체(肉體)를 가꾸다.
　　〔Text=19/Freq2=34(97.1%)〕
　관 <육체 노동> 〔Text=1/Freq2=1(2.9%)〕
≪윤리≫전체빈도합=28(0.0015%)
윤리 명 【Text=16/Freq1=28】
　⓪ (예) 윤리(倫理)를 따르다.
≪윷놀이≫전체빈도합=18(0.0010%)
윷놀이 명☆★☆ 【Text=11/Freq1=18】
　⓪ (예) 윷놀이를 하다.
≪으⁕≫전체빈도합=36(0.0019%)
으⁰ 감 【Text=10/Freq1=36】
　❶ (예) 으, 이것은, 으, 중요한 문제이다.
≪으레≫전체빈도합=27(0.0015%)
으레 부 【Text=19/Freq1=27】
　① (예) 퇴근길에 으레 술집에 들르다.
　　〔Text=8/Freq2=11(40.7%)〕
　② (예) 겨울 하면 으레 눈을 떠올리다.

---

200) 『연세 한국어 사전』의 '-육³'(예:수입육)은 말뭉치의 분석에 적용하지 않았으므로 제외한다.

〔Text=13/Freq2=16(59.3%)〕

≪으응*≫전체빈도합=31(0.0017%)

으응⁰ 【Text=11/Freq1=31】 ☞응.
❶ (예) 으응, [갈게/알았어].
　　〔Text=9/Freq2=25(80.6%)〕
❷ (예) 요놈의 자식. 그거 어디서 배운 버릇이냐 으응? 〔×〕
❸ (예) A:내가 말이야…. B:으응.
　　〔Text=2/Freq2=3(9.7%)〕
❹ (예) 왜 그래, 으응, 왜?
　　〔Text=1/Freq2=1(3.2%)〕
❺ (예) 으응? 뭐라고요?
　　〔Text=2/Freq2=2(6.5%)〕

≪은≫전체빈도합=21(0.0011%)

은¹ 명 ☆★ 【Text=10/Freq1=21】
⓪ (예) 은(銀)으로 만든 수저.

≪은근히≫전체빈도합=36(0.0019%)

은근히 부 【Text=28/Freq1=36】
① (예) 의중을 은근(慇懃)히 떠 보다.
　　〔Text=8/Freq2=11(30.6%)〕
② (예) 은근히 놀라다.
　　〔Text=18/Freq2=22(61.1%)〕
③ (예) 작은 목소리로 은근히 묻다.
　　〔Text=1/Freq2=1(2.8%)〕
ⓧ 〔Text=2/Freq2=2(5.6%)〕

≪은행≫전체빈도합=92(0.0050%)

은행¹ 명 ★★★ 【Text=34/Freq1=88(95.7%)】
⓪ (예) 은행(銀行)에 저금을 하다.
은행² 명 【Text=1/Freq1=1(1.1%)】
⓪ (예) 은행(銀杏)을 구워 먹다.
은행ˣ ? 〔Text=2/Freq1=3(3.3%)〕

≪은혜≫전체빈도합=34(0.0018%)

은혜 명 【Text=23/Freq1=34】
① (예) 은인에게 은혜(恩惠)를 갚다.
　　〔Text=22/Freq2=33(97.1%)〕
② (예) 하나님의 은혜를 입다.
　　〔Text=1/Freq2=1(2.9%)〕

≪읊다≫전체빈도합=22(0.0012%)

읊다 동 【Text=16/Freq1=22】
Ⅰ ① (예) 랭보의 시를 원어로 읊다.
　　〔Text=5/Freq2=5(22.7%)〕
② (예) 낙엽을 보고 시를 읊다.
　　〔Text=7/Freq2=7(31.8%)〕
Ⅱ (예) 외로움을 읊은 시.
　　〔Text=6/Freq2=7(31.8%)〕
ⓧ 〔Text=1/Freq2=3(13.6%)〕

≪음≫전체빈도합=599(0.0323%) [201]

음¹ 명 【Text=7/Freq1=8(1.3%)】
① (예) 글자의 음(音).
　　〔Text=2/Freq2=2(25%)〕
② (예) 한자의 음과 훈.
　　〔Text=1/Freq2=2(25%)〕
③ (예) 서양 음악은 음이 분명하다.
　　〔Text=4/Freq2=4(50%)〕
음² 명 【Text=1/Freq1=1(0.2%)】
① (예) 음(陰)과 양의 대립.
　　〔Text=1/Freq2=1(100)〕
② (예) 음이 집을 누르고 있는 형상. 〔×〕
③ (예) 그늘을 음으로 그려서 처리하다. 〔×〕
관 <음으로 양으로 돕다> 〔×〕
음³ 명 【Text=0/Freq1=0】 ⓧ
⓪ (예) 음(陰) 3월. 〔×〕
음⁴ 감 ☆★☆ 【Text=48/Freq1=590(98.5%)】
⓪ (예) 음, 가만 있어 봐.

≪음력≫전체빈도합=26(0.0014%)

음력 명 【Text=16/Freq1=26】
⓪ (예) 오늘은 음력(陰曆)으로 몇월 며칠입니까?

≪음료수≫전체빈도합=20(0.0011%)

음료수 명 ☆★☆ 【Text=16/Freq1=20】
① (예) 빗물을 받아 음료수(飮料水)로 쓰다.
　　〔Text=1/Freq2=1(5%)〕
② (예) 음료수 병. 〔Text=15/Freq2=19(95%)〕

≪음성≫전체빈도합=43(0.0023%)

음성¹ 명 【Text=19/Freq1=39(90.7%)】
① (예) 음성(音聲)에 뜻을 담은 기호
　　〔Text=3/Freq2=3(7.7%)〕
② (예) 무거운 음성으로 말하다.
　　〔Text=18/Freq2=36(92.3%)〕
음성² 명 【Text=2/Freq1=4(9.3%)】
① (예) 병균이 체내에 음성(陰性)으로 존재하다. 〔×〕
② (예) 음성 과외를 금지하다. 〔×〕
③ (예) 양성과 음성의 대립.

---

201) 『연세 한국어 사전』의 '-음⁶'(예:믿음)은 말뭉치의 분석에 적용하지 않았으므로 제외한다.

〔Text=2/Freq2=4(100%)〕

≪음식≫전체빈도합=451(0.0243%)

음식 명★★★ 【Text=100/Freq1=451】
⓪ (예) 음식(飮食)을 먹다.

≪음식점≫전체빈도합=29(0.0016%)

음식점 명☆★☆ 【Text=15/Freq1=29】
⓪ (예) 음식점(飮食店)에서 식사를 하다.

≪음악≫전체빈도합=227(0.0122%)

음악 명★★★ 【Text=75/Freq1=227】
⓪ (예) 조용한 음악(音樂)을 듣다.
〔Text=57/Freq2=137(60.4%)〕
❶ (예) 한국의 음악을 전공하다.
〔Text=34/Freq2=90(39.6%)〕
관 <음악 대학> 〔×〕

≪응≫전체빈도합=285(0.0153%)

응 감★★★ 【Text=73/Freq1=285】 ☞으응⁰.
① (예) 응, [갈게/알았어].
〔Text=64/Freq2=152(53.3%)〕
② (예) 요놈의 자식. 그거 어디서 배운 버릇이냐 응? 〔Text=6/Freq2=10(3.5%)〕
❸ (예) A:내가 말이야…. B:응.
〔Text=8/Freq2=53(18.6%)〕
❹ (예) 왜 그래, 응, 왜?
〔Text=16/Freq2=41(14.4%)〕
❺ (예) 응? 뭐라고요?
〔Text=11/Freq2=20(7%)〕
ⓧ 〔Text=8/Freq2=9(3.2%)〕

≪응시하다≫전체빈도합=19(0.0010%)

응시하다¹ 동 【Text=14/Freq1=16(84.2%)】
⓪ (예) [바다를/앞을] 응시(凝視)하다.

응시하다² 동 【Text=3/Freq1=3(15.8%)】
⓪ (예) [대학 입시에/신입 사원 모집에] 응시(應試)하다.

≪의견≫전체빈도합=392(0.0211%)

의견 명★★★ 【Text=69/Freq1=392】
⓪ (예) 의견(意見)을 말하다.

≪의논≫전체빈도합=25(0.0013%)

의논 명 【Text=16/Freq1=25】
⓪ (예) 여럿이 의논(議論)을 하다.

≪의논하다≫전체빈도합=83(0.0045%)

의논하다 동★★☆ 【Text=34/Freq1=83】
⓪ (예) 부모와 의논(議論)하다.

≪의도≫전체빈도합=100(0.0054%)

의도 명★☆☆ 【Text=25/Freq1=100】
⓪ (예) 글쓴이의 의도(意圖).

≪의리≫전체빈도합=17(0.0009%)

의리 명 【Text=3/Freq1=17】
⓪ (예) [신하로서의/친구로서의] 의리(義理)를 지키다.

≪의무≫전체빈도합=40(0.0022%)

의무 명★☆☆ 【Text=25/Freq1=40】
① (예) 가장의 의무(義務)를 다하다.
〔Text=23/Freq2=33(82.5%)〕
② (예) 투표는 국민의 의무이다.
〔Text=4/Freq2=7(17.5%)〕
관 <의무 교육> 〔×〕

≪의문≫전체빈도합=53(0.0029%)

의문 명★☆☆ 【Text=35/Freq1=53】
⓪ (예) 의문(疑問)이 풀리다.

≪의미≫전체빈도합=345(0.0186%)

의미 명★★★ 【Text=85/Freq1=345】
① (예) 글의 의미(意味)를 파악하다.
〔Text=37/Freq2=140(40.6%)〕
② (예) 사과하는 의미에서 한잔 사다.
〔Text=53/Freq2=120(34.8%)〕
③ (예) 책은 안 읽으면 의미가 없다.
〔Text=42/Freq2=85(24.6%)〕

≪의미하다≫전체빈도합=63(0.0034%)

의미하다 동 【Text=29/Freq1=63】
⓪ (예) 그것은 대체 무엇을 의미(意味)하는 것일까?

≪의사≫전체빈도합=195(0.0105%) 202)

의사¹ 명★★★ 【Text=55/Freq1=143(73.3%)】
⓪ (예) 의사(醫師)가 진찰을 하다.

의사² 명 【Text=20/Freq1=26(13.3%)】
① (예) 회사를 그만두겠다는 의사(意思)를 전하다. 〔Text=12/Freq2=15(57.7%)〕
② (예) 서면으로 계약 의사를 표시하다. 〔×〕
관 <의사 결정> 〔Text=2/Freq2=3(11.5%)〕
관 <의사 소통> 〔Text=4/Freq2=5(19.2%)〕

---

202) 『연세 한국어 사전』에서는 '의사⁴'와 '의사⁵'를 '형성'의 품사로 기술하고 있다.

㉻ <의사 전달> 〔×〕
㉻ <의사 표시> 〔Text=3/Freq2=3(11.5%)〕
의사³ 몡 【Text=3/Freq1=25(12.8%)】
　⓪ (예) 안중근 의사(義士).
의사⁴ 몡 【Text=1/Freq1=1(0.5%)】
　⓪ (예) 의사(擬似) 뇌염 증세.
의사⁵ 몡 【Text=0/Freq1=0】 ⓧ
　⓪ (예) 국회의 의사(議事) 일정. 〔×〕
≪의식≫전체빈도합=226(0.0122%)
의식¹ 몡★☆★ 【Text=55/Freq1=206(91.2%)】
　① (예) 의식(意識)을 [잃다/회복하다].
　　　〔Text=19/Freq2=54(26.2%)〕
　② (예) 인권에 대한 의식이 높아지다.
　　　〔Text=40/Freq2=147(71.4%)〕
㉻ <의식 구조> 〔Text=4/Freq2=4(1.9%)〕
　ⓧ 〔Text=1/Freq2=1(0.5%)〕
의식² 몡 【Text=11/Freq1=20(8.8%)】
　⓪ (예) 의식(儀式)을 치르다.
≪의식적≫전체빈도합=18(0.0010%)
의식적¹ 몡 【Text=12/Freq1=18(100%)】
　⓪ (예) 의식적(意識的)으로 그를 피하다.
의식적² 관 【Text=0/Freq1=0】 ⓧ
　⓪ (예) 의식적(意識的) 노력. 〔×〕
≪의식하다≫전체빈도합=48(0.0026%)
의식하다 동 【Text=24/Freq1=48】
　① (예) [눈을/아내를] 의식(意識)하다.
　　　〔Text=13/Freq2=26(54.2%)〕
　② (예) 위기가 닥쳤음을 의식하다.
　　　〔Text=13/Freq2=22(45.8%)〕
≪의심≫전체빈도합=27(0.0015%)
의심 몡 【Text=18/Freq1=27】
　⓪ (예) 의심(疑心)이 들다.
≪의심하다≫전체빈도합=33(0.0018%)
의심하다 동 【Text=23/Freq1=33】
　⓪ (예) [부모의 사랑을/사람을/사실을]
　　　의심(疑心)하다.
≪의외≫전체빈도합=22(0.0012%)
의외 몡 【Text=15/Freq1=22】
　⓪ (예) 의외(意外)로 일이 잘 되다.
≪의욕≫전체빈도합=19(0.0010%)

의욕 몡 【Text=15/Freq1=19】
　⓪ (예) 의욕(意欲·意慾)이 넘치다.
≪의원≫전체빈도합=94(0.0051%)
의원¹ 몡★☆ 【Text=12/Freq1=62(66%)】
　⓪ (예) [국회/의회] 의원(議員).
의원² 몡 【Text=2/Freq1=2(2.1%)】
　⓪ (예) 의원(醫院)을 개업하다.
의원³ 몡 【Text=6/Freq1=30(31.9%)】
　⓪ (예) 아기를 의원(醫員)에게 보이다.
의원⁴ 몡 【Text=0/Freq1=0】 ⓧ ²⁰³⁾
　⓪ (예) 의원(依願) 면직. 〔×〕
≪의자≫전체빈도합=144(0.0078%)
의자¹ 몡 【Text=0/Freq1=0】 ⓧ
　⓪ (예) 의자(倚子)에 등을 기대다. 〔×〕
의자² 몡★★★ 【Text=52/Freq1=144(100%)】
　⓪ (예) 의자(椅子)에 앉다.
≪의젓하다≫전체빈도합=20(0.0011%)
의젓하다 형 【Text=17/Freq1=20】
　① (예) 말과 행동이 어른처럼 의젓하다.
　　　〔Text=15/Freq2=16(80%)〕
　② (예) 소나무들이 의젓하게 서 있다.
　　　〔Text=1/Freq2=3(15%)〕
　ⓧ 〔Text=1/Freq2=1(5%)〕
≪의존하다≫전체빈도합=36(0.0019%)
의존하다 동 【Text=26/Freq1=36】
　⓪ (예) [그 사람에게/도움에/원조에]
　　　의존(依存)하다.
≪의지≫전체빈도합=79(0.0043%)
의지¹ 몡★☆ 【Text=34/Freq1=75(94.9%)】
　⓪ (예) 의지(意志)가 강하다.
의지² 몡 【Text=3/Freq1=4(5.1%)】
　① (예) 벽에 몸을 의지(依支)를 하고 서다. 〔×〕
　② (예) 부모에게 의지를 하다.
　　　〔Text=3/Freq2=4(100%)〕
≪의지하다≫전체빈도합=37(0.0020%)
의지하다 동 【Text=23/Freq1=37】
　① (예) 난간에 몸을 의지(依支)하다.
　　　〔Text=2/Freq2=2(5.4%)〕
　② (예) [가장에게/종교에] 의지하다.
　　　〔Text=21/Freq2=35(94.6%)〕
≪의하다≫전체빈도합=420(0.0226%)

---

203) 『연세 한국어 사전』에서는 '의원⁴'을 '형성'의 품사로 기술하고 있다.

의하다 동★★☆ 【Text=88/Freq1=420】
　⓪ (예) 기록에 의(依)하면 한반도에도 지진이 잦았다.

≪의학≫ 전체빈도합=16(0.0009%)

의학 명 【Text=12/Freq1=16】
　⓪ (예) 현대 의학(醫學)으로도 치료가 불가능하다.

≪의회≫ 전체빈도합=45(0.0024%)

의회 명★☆☆ 【Text=10/Freq1=45】
　① (예) 지방마다 의회(議會)를 두다.
　　〔Text=6/Freq2=40(88.9%)〕
　② (예) 의회에 진출하다.
　　〔Text=3/Freq2=4(8.9%)〕
　관<의회 민주주의> 〔×〕
　관<의회 정치> 〔×〕
　관<의회 제도> 〔Text=1/Freq2=1(2.2%)〕

≪이≫ 전체빈도합=8,356(0.4500%) 204)

이¹ 명 【Text=1/Freq1=3(0%)】
　⓪ (예) 홀소리 ㅣ(이)의 소리.

이² 명★★★ 【Text=36/Freq1=70(0.8%)】
　① (예) 아기가 이가 나기 시작하다.
　　〔Text=27/Freq2=54(77.1%)〕
　② (예) [그릇에/접시에] 이가 빠지다.
　　〔Text=2/Freq2=2(2.9%)〕
　관<이(가) 갈리다>
　　① (예) 그의 배신에 이가 갈리다.
　　　〔Text=1/Freq2=1(1.4%)〕
　　② (예) 술이라면 이가 갈리다. 〔×〕
　관<[이/이빨] 빠진 호랑이> 〔×〕
　관<이가 빠지다> 셋트상품에 이가 빠져서 팔 수 없다. 〔Text=1/Freq2=1(1.4%)〕
　관<이(를) 갈다> 원수에게 이를 갈다.
　　〔Text=3/Freq2=3(4.3%)〕
　관<이(를) 악물다> 이를 악물고 참다.
　　〔Text=8/Freq2=9(12.9%)〕

이³ 명 【Text=4/Freq1=12(0.1%)】
　⓪ (예) 머리에 이가 우글거리다.
　　〔Text=4/Freq2=12(100%)〕
　관<이 잡듯> 집안을 이 잡듯 뒤지다. 〔×〕

이⁴ 명 【Text=1/Freq1=1(0%)】
　⓪ (예) 장사를 해도 이(利)가 안 남다.

이⁵ 명 【Text=1/Freq1=1(0%)】
　⓪ (예) 세상의 이(理)를 알다.

이⁶ 명의★★☆ 【Text=54/Freq1=117(1.4%)】
　⓪ (예) 옛 일을 기억하는 이가 많다.
　　〔Text=54/Freq2=116(99.1%)〕
　(x) 〔Text=1/Freq2=1(0.9%)〕

이⁷ 대★★★ 【Text=127/Freq1=856(10.2%)】 205)
　① (예) 우리 앞에 놓인 이보다 확실한 증거가 어디 있는가? 〔Text=1/Freq2=1(0.1%)〕
　② (예) 도시 문제의 해결이 시급하며 이를 무시하면 안 된다.
　　〔Text=113/Freq2=690(80.6%)〕
　③ (예) 이들은 믿을 수 없는 사람들이니, 조심하시오. 〔Text=4/Freq2=4(0.5%)〕
　❹ (예) 거 참, 이…, 참 곤란하네.
　　〔Text=14/Freq2=159(18.6%)〕
　(x) 〔Text=2/Freq2=2(0.2%)〕

이⁸ 수★★★ 【Text=176/Freq1=1,036(12.4%)】
　Ⅰ ⓪ (예) 일에 이(二)를 더하면 삼이다.
　　〔Text=38/Freq2=85(8.2%)〕
　　❶ (예) 선2(이)는 선1(일)과 만나다.
　　〔Text=18/Freq2=82(7.9%)〕
　Ⅱ (예) 결혼하고 2(이)년째 되던 해./ 2(이)층은 세를 놓다.
　　〔Text=169/Freq2=862(83.2%)〕
　(x) 〔Text=5/Freq2=7(0.7%)〕

이⁹ 관★★★ 【Text=206/Freq1=3,805(45.5%)】
　① (예) 여러분이 지금 보고 계시는 이 책은…
　　〔Text=182/Freq2=1,506(39.6%)〕
　② (예) 이제는 더 못 참겠다 이 말입니다.
　　〔Text=152/Freq2=1,718(45.2%)〕
　❸ (예) 이 시대의 이 시간에 우리가 생각해야 할 일.(=현재의)
　　〔Text=104/Freq2=404(10.6%)〕
　❹ (예) 이 나라 이 땅./소중한 이 지구. /이 세상.(=우리의)
　　〔Text=62/Freq2=177(4.7%)〕

-이¹⁷ 접 【Text=1/Freq1=2(0%)】 206)
　⓪ (예) 길이/넓이/놀이/높이/먹이.

---

204) 『연세 한국어 사전』의 '-아 ¹²'(예:의밥), '-아 ¹³'(예:죽이다), '-아 ¹⁴'(예:보이다), '-아 ¹⁵'(예:먹이다), '-아 ¹⁶'(예:높이다), '-아 ¹⁷'(예:먹이), '-아 ¹⁸'(예:절름발이), '-이²⁰'(예:높이, 낱낱이, 일찍이)는 말뭉치의 분석에 적용하지 않았으므로 제외한다.

205) 『연세 한국어 사전』에서는 '이⁷'를 "'이것'의 준말."로 기술하고 있는데, 여기서는 '이것'의 의미 구분에 따라 상세히 기술하기로 한다.

- 이[19] 〖접〗★★☆ 【Text=140/Freq1=2,453(29.4%)】
  Ⅰ (예) [갑순/복돌]이.
    〔Text=128/Freq2=2,406(98.1%)〕
  Ⅱ (예) [둘/셋/여럿]이.
    〔Text=27/Freq2=47(1.9%)〕

≪이거≫ 전체빈도합=744(0.0401%)

이거 〖대〗★★★ 【Text=130/Freq1=744】 ☞이것.
  Ⅰ ① (예) 너 이거 좀 들고 있어.
    〔Text=80/Freq2=292(39.2%)〕
   ② (예) 엄지손가락을 세워서 "이거야, 이거!"라고 했다.
    〔Text=4/Freq2=4(0.5%)〕
   ❸ (예) 이게 무슨 소리지?/이건 제 인생이에요. 〔Text=85/Freq2=230(30.9%)〕
   ❹ (예) '건강', 이거야말로 중요하다.
    〔Text=8/Freq2=60(8.1%)〕
   ❺ (예) 내 말이 우습다 이거죠?
    〔Text=18/Freq2=27(3.6%)〕
   ❻ (예) 이게 감히 나한테 덤벼?
    〔Text=10/Freq2=14(1.9%)〕
  Ⅱ (예) 이거 어디 이거 정신을 차릴 수 있어야 이거 살지. 〔Text=24/Freq2=85(11.4%)〕
  〖관〗<이거 [도대체/원/정말/참]>
    아, 이거 참 오늘 내가 왜 이러지.
    〔Text=15/Freq2=18(2.4%)〕
  〖관〗<이거 보다>
   ① (예) 이거 보세요, 손님.
    〔Text=3/Freq2=6(0.8%)〕
   ② (예) 이거 봐, 내 말이 맞지? 〔×〕
  〖관〗<이거 저거>
    이거 저거 [들다/따지다]. 〔×〕
  ⓧ 〔Text=4/Freq2=8(1.1%)〕

≪이것≫ 전체빈도합=670(0.0361%)

이것 〖대〗★★★ 【Text=149/Freq1=670】 ☞이거.
  ① (예) 너 이것 좀 들고 있어.
    〔Text=58/Freq2=131(19.6%)〕
  ② (예) '건강', 이것이야말로 중요하다.
    〔Text=111/Freq2=509(76%)〕
  ③ (예) 이것들이 감히 나한테 덤벼?
    〔Text=4/Freq2=7(1%)〕
  ❹ (예) 이것이 무슨 소리지?
    /이것은 제 인생이에요. 〔×〕
  ❺ (예) 내 말이 우습다 이것이죠? 〔×〕
  ❻ (예) 이것 어디 이것 정신을 차릴 수 있어야 이것 살지. 〔×〕
  〖관〗<이것 [도대체/원/정말/참]> 〔×〕
  〖관〗<이것 보다>
   ① (예) 이것 보세요, 손님.
    〔Text=2/Freq2=2(0.3%)〕
   ② (예) 이것 봐, 내 말이 맞지?
    〔Text=1/Freq2=1(0.1%)〕
  〖관〗<이것 저것> ☞이것저것.
  Ⅰ 이것 저것을 [들다/만지다].
    〔Text=2/Freq2=2(0.3%)〕
  Ⅱ 이것 저것 [따지다/문제가 많다].
    〔Text=4/Freq2=4(0.6%)〕
  〖관〗<이것 ~ 저것 ~> 이것은 이렇고 저것은 저렇다. 〔Text=4/Freq2=4(0.6%)〕
  ⓧ 〔Text=5/Freq2=5(0.7%)〕

≪이것저것≫ 전체빈도합=37(0.0020%)

이것저것 〖명〗 【Text=28/Freq1=37】
  Ⅰ (예) 짐을 이것저것을 다 챙기다.
    〔Text=4/Freq2=5(13.5%)〕
  Ⅱ (예) 이것저것 다양한 일을 하다.
    〔Text=24/Freq2=31(83.8%)〕
  ⓧ 〔Text=1/Freq2=1(2.7%)〕

≪이곳*≫ 전체빈도합=142(0.0076%)

이곳[0] 〖대〗★★☆ 【Text=57/Freq1=142】
  ❶ (예) 이곳에서부터 여행을 시작하다.
    〔Text=45/Freq2=99(69.7%)〕
  ❷ (예) 상주, 이곳은 감으로 유명하다.
    〔Text=16/Freq2=28(19.7%)〕
  〖관〗<이곳 저곳> 〔Text=10/Freq2=15(10.6%)〕

≪이기다≫ 전체빈도합=165(0.0089%)

이기다[1] 〖동〗★★★ 【Text=78/Freq1=163(98.8%)】
  ① (예) [상대에게/상대편을] 이기다.
    〔Text=44/Freq2=96(58.9%)〕
  ② (예) [고통을/더위를] 이기다.
    〔Text=21/Freq2=34(20.9%)〕
  ③ (예) [궁금함을/분을] 이기지 못하다.
    〔Text=9/Freq2=10(6.1%)〕
  ④ (예) 제 몸을 이기지 못하다.
    〔Text=1/Freq2=1(0.6%)〕
  ⑤ (예) 경쟁 사회에서 이기다.

---

206) '-이[17]'의 접미사는 본래 분석 대상이 아니지만, '팔걸이(팔·걸·이)'에서와 같이 단어 구조를 설명하면서 실제로 쓰인 용례의 빈도수만을 제시한다.

〔Text=10/Freq2=11(6.7%)〕
　관<[~를/~에] 못 이기다> 친구의 성화에 못 이겨서 나오다. 〔Text=8/Freq2=9(5.5%)〕
　관<못 이기는 [척/체](하다)>
　　〔Text=2/Freq2=2(1.2%)〕
이기다² 동 【Text=1/Freq1=2(1.2%)】
　① (예) [물감을/찰흙을] 잘 이기다.
　　〔Text=1/Freq2=2(100%)〕
　② (예) 쇠고기를 잘 이겨 만든 완자. 〔×〕

≪이끌다≫전체빈도합=79(0.0043%)

이끌다 동 ★☆☆ 【Text=52/Freq1=79】
　Ⅰ ① ㉠ (예) [나귀를/아이의 손을] 이끌다.
　　　〔Text=4/Freq2=4(5.1%)〕
　　㉡ (예) [부대를/식구들을] 이끌다.
　　　〔Text=6/Freq2=8(10.1%)〕
　② ㉠ (예) [우리 집안을/주력 함대를] 이끌어 나가다. 〔Text=16/Freq2=23(29.1%)〕
　　㉡ (예) 80년대를 이끄는 연극.
　　　〔Text=8/Freq2=10(12.7%)〕
　　㉢ (예) [대화를/분위기를/이야기를] 이끌다. 〔Text=3/Freq2=5(6.3%)〕
　③ (예) 후배들을 올바로 이끌다.
　　〔Text=5/Freq2=6(7.6%)〕
　④ (예) [노구를/지친 몸을] 이끌고 돌아오다. 〔Text=3/Freq2=3(3.8%)〕
　⑤ (예) 호기심이 나를 이끌다.
　　〔Text=5/Freq2=5(6.3%)〕
　Ⅱ (예) 흥정을 유리하게 이끌다./스스로를 파멸로 이끌다. 〔Text=8/Freq2=10(12.7%)〕
　ⓧ 〔Text=4/Freq2=5(6.3%)〕

≪이끌리다≫전체빈도합=17(0.0009%)

이끌리다 동 【Text=13/Freq1=17】
　① ㉠ (예) [가족에게/손에] 이끌리다.
　　　〔Text=5/Freq2=5(29.4%)〕
　　㉡ (예) 알 수 없는 힘에 이끌리다.
　　　〔Text=5/Freq2=6(35.3%)〕
　② ㉠ (예) 음악에 마음이 이끌리다.
　　　〔Text=4/Freq2=5(29.4%)〕
　　㉡ (예) 그에게 마음이 이끌리다.
　　　〔Text=1/Freq2=1(5.9%)〕

≪이내≫전체빈도합=57(0.0031%)

이내¹ 명 【Text=7/Freq1=7(12.3%)】
　⓪ (예) 반경 2미터 이내(以內).

/한 달 이내에 일이 끝나다.
이내² 부 【Text=25/Freq1=48(84.2%)】
　① (예) 방이 더워 이내 밖으로 나오다.
　　〔Text=24/Freq2=47(97.9%)〕
　② (예) 숲을 지나면 이내 시장이 나오다.
　　〔Text=1/Freq2=1(2.1%)〕
이내³ 부 【Text=2/Freq1=2(3.5%)】
　⓪ (예) 한다 한다 하면서 이내 지금까지 일을 미루어 오다.

≪이념≫전체빈도합=63(0.0034%)

이념 명★☆☆ 【Text=22/Freq1=63】
　① (예) 사상과 기념(理念)의 차이를 초월하다.
　　〔Text=17/Freq2=36(57.1%)〕
　② (예) 이산가족들에게 이념은 중요하지 않다. 〔Text=9/Freq2=27(42.9%)〕

≪이놈≫전체빈도합=40(0.0022%)

이놈 대 【Text=19/Freq1=40】
　① (예) 너 이놈의 새끼.
　　〔Text=11/Freq2=25(62.5%)〕
　② (예) 이놈은 내 아들이다. 〔×〕
　③ (예) 시계 이놈이 고장나다.
　　〔Text=5/Freq2=7(17.5%)〕
　④ (예) 이놈의 [냄새/세상/집구석].
　　〔Text=6/Freq2=8(20%)〕

≪이다≫전체빈도합=36,708(1.9767%) [207]

이다¹ 동 【Text=13/Freq1=23(0.1%)】
　① (예) [보따리를/함지를] 이다.
　　〔Text=11/Freq2=21(91.3%)〕
　② (예) 머리에 눈을 이고 들어오다.
　　〔Text=1/Freq2=1(4.3%)〕
　③ (예) 파란 하늘을 이고 선 산봉우리.
　　〔Text=1/Freq2=1(4.3%)〕

이다² 동 【Text=0/Freq1=0】 ⓧ
　⓪ (예) [이엉을/지붕을] 이다. 〔×〕

이다³ 지 ★★★
　　【Text=217/Freq1=36,685(99.9%)】
　① (예) 이건 우리 집이다.
　　〔Text=217/Freq2=17,856(48.7%)〕
　② ㉠ (예) [도덕적/무조건적]이다.
　　　〔Text=153/Freq2=2,502(6.8%)〕
　　㉡ (예) 어떻게 하냐며 [걱정/난리/반대/불평/야단]이다.
　　　〔Text=69/Freq2=127(0.3%)〕

---

207) 『연세 한국어 사전』의 '-이다⁵'(예:출렁이다)는 말뭉치의 분석에 적용하지 않았으므로 제외한다.

ㄷ (예) 바느질이 제법이다./떠날 시간이
　　벌써다. 〔Text=137/Freq2=330(0.9%)〕
ㄹ (예) 결근한 건 배가 아파서이다.
　　/다 너를 위해서이다.
　　　　〔Text=110/Freq2=264(0.7%)〕
❸ (예) [다행/마찬가지/별꼴/사실/질색/큰일]
　이다. 〔Text=131/Freq2=297(0.8%)〕
❹ (예) [그때/점심 시간]이었다.
　　　　〔Text=72/Freq2=167(0.5%)〕
❺ (예) [오랜만/잠깐 동안]이다.
　　　　〔Text=25/Freq2=37(0.1%)〕
❻ (예) 시험이 끝나면 바로 방학이다.
　　　　〔Text=1/Freq2=1(0%)〕
❼ (예) 고개를 넘으면 학교다.
　　　　〔Text=3/Freq2=3(0%)〕
❽ (예) 나는 운동이다. 〔Text=3/Freq2=7(0%)〕
관 <~ [그거/말/뭐/이거](이)다>
　싫다 그거죠?/잊었지 뭐니?
　　　　〔Text=111/Freq2=478(1.3%)〕
관 <그게 어디야> 월급이 많지는 않지만 그게
　어디야. 〔Text=1/Freq2=1(0%)〕
관 <[그래서/그런데/하지만] 말이다>
　　　　〔Text=11/Freq2=14(0%)〕
관 <[~/-기] 나름이다> 모든 것은 다 생각하기
　나름이다. 〔Text=5/Freq2=5(0%)〕
관 <[~/-기] 때문이다/-ㄴ 까닭이다>
　아이를 꾸짖는 것은 사랑하기 때문이다.
　　　　〔Text=162/Freq2=953(2.6%)〕
관 <-기 [마련/십상/예사/일쑤]이다>
　방심하면 실수하기 마련이다.
　　　　〔Text=70/Freq2=170(0.5%)〕
관 <-기에 망정이지> 미리 준비했기에
　망정이지 큰일날 뻔하다.
　　　　〔Text=3/Freq2=3(0%)〕
관 <-기(에) 안성맞춤이다>
　마당이 아이들이 뛰놀기에 안성맞춤이다.
　　　　〔Text=6/Freq2=6(0%)〕
관 <[기왕/이왕]이면>
　　　　〔Text=12/Freq2=13(0%)〕
관 <-ㄴ/-는 [것/말/바/소리/얘기]이다>
　거짓말이란 말이야/괜히 그러는 것이다.
　　　　〔Text=196/Freq2=4,097(11.2%)〕
관 <-ㄴ/-는 법이다> 누구나 실수하는
　법이다. 〔Text=27/Freq2=50(0.1%)〕
관 <-ㄴ/-ㄹ [기색/기세/눈치/모양/전망]
　이다> 화가 난 기색이다.
　　　　〔Text=91/Freq2=241(0.7%)〕
관 <-ㄴ/-은 것은 ~ [전/중/후]이다>
　우리가 도착한 것은 그가 떠난 후였다.
　　　　〔Text=18/Freq2=23(0.1%)〕
관 <-는 격이다> 잘못한 사람이 화내는
　격이다. 〔Text=5/Freq2=5(0%)〕
관 <-는 [길/김/마당/중/참]이다>
　친구를 만나러 가는 길이다.
　　　　〔Text=65/Freq2=117(0.3%)〕
관 <-는 [까닭/탓]이다> 머리가 아픈 것은
　피곤한 탓이다. 〔Text=45/Freq2=81(0.2%)〕
관 <-는 [꼴/식/투]이다>
　점원의 태도는 비싸면 사지 말라는 식이다.
　　　　〔Text=25/Freq2=33(0.1%)〕
관 <-는/-던 [차/터]이다> 믿고 있는
　터이다. 〔Text=20/Freq2=34(0.1%)〕
관 <[는/도] ~이다> 참, 너도 너다.
　　　　〔Text=15/Freq2=21(0.1%)〕
관 <-는/-은 셈이다> 올해 마흔이 되는
　셈이다. 〔Text=78/Freq2=136(0.4%)〕
관 <-는/-은 편이다> 매운 것을 잘 먹는
　편이다. 〔Text=51/Freq2=96(0.3%)〕
관 <~ [덕/덕분]이다> 이웃들 덕분이다.
　　　　〔Text=14/Freq2=18(0.1%)〕
관 <-ㄹ 것이다>
　① (예) 비가 올 것이다.
　　　　〔Text=195/Freq2=1,773(4.8%)〕
　② (예) 내가 갈 것이다.
　　　　〔Text=133/Freq2=360(1%)〕
　③ (예) 꼭 가야 할 것이다.
　　　　〔Text=56/Freq2=117(0.3%)〕
관 <-ㄹ [계획/생각/심산/양/예정/작정]
　이다> 내년에는 결혼할 계획이다.
　　　　〔Text=61/Freq2=109(0.3%)〕
관 <-ㄹ [노릇/신세/실정/지경/처지/판
　/형편]이다> 아무도 내 말을 안 믿으니 미칠
　노릇이다. 〔Text=77/Freq2=179(0.5%)〕
관 <[~/-ㄹ] [따름/뿐]이다> 최선을 다할
　따름이다. 〔Text=133/Freq2=514(1.4%)〕
관 <-ㄹ 정도이다> 너무 바빠서 눈코뜰 새가
　없을 정도이다. 〔Text=59/Freq2=84(0.2%)〕
관 <-ㄹ 터이다>
　① (예) 내가 갈 터이니 기다려라.
　　　　〔Text=52/Freq2=87(0.2%)〕
　② (예) 힘들 테니 쉬어.
　　　　〔Text=100/Freq2=268(0.7%)〕

관 <무엇인가>/<어딘지> 말이 어딘지
　이상하다. 〔Text=140/Freq2=613(1.7%)〕
관 <뭐야>/<뭐랄까> 그 뭐야….
　〔Text=4/Freq2=12(0%)〕
관 <[~ [상태/차림/투성이]이다>
　선생님은 한복 차림이다.
　〔Text=41/Freq2=64(0.2%)〕
관 <실례(이)지만>
　〔Text=12/Freq2=24(0.1%)〕
관 <(-어서) 탈이다> 한국어를 너무 잘해서
　탈이다. 〔Text=5/Freq2=5(0%)〕
관 <~에 [열심/한창]이다> 아이들이 놀이에
　한창이다. 〔Text=14/Freq2=14(0%)〕
관 <왜(이)냐(하)면>
　〔Text=25/Freq2=41(0.1%)〕
관 <~[이건/이든/이니/이며/이다]
　~[이건/이든/이니/이며/이다](하다)>
　〔Text=54/Freq2=187(0.5%)〕
관 <~이고 자시고 간에>
　떡이고 자시고 간에 아무것이라도 먹자.
　〔Text=1/Freq2=1(0%)〕
관 <~(이)네 ~(이)네 하다>
　아무것도 모르면서 콩이네 팥이네 하다.
　〔Text=1/Freq2=4(0%)〕
관 <~[이라고/이라는/이라면]> '가족'이라고
　하는 사회. 〔Text=195/Freq2=3,449(9.4%)〕
관 <~(이)란 ~은> 약이란 약은 다 먹다.
　〔Text=4/Freq2=5(0%)〕
관 <~(이)면> [주말/방학]이면 여행을 가다.
　〔Text=91/Freq2=252(0.7%)〕
관 <~[이면/이라면]>
　목동이면 버스를 갈아타야 된다.
　〔Text=115/Freq2=256(0.7%)〕
관 <[정말/참말]이지> 정말이지 일이 너무
　힘들다. 〔Text=14/Freq2=18(0.1%)〕
관 <~ 중이다> [출장/휴가] 중이다.
　〔Text=47/Freq2=59(0.2%)〕
ⓧ 〔Text=4/Freq2=4(0%)〕

《이대로》전체빈도합=32(0.0017%)
　이대로 튀 【Text=25/Freq1=32】
　　⓪ (예) 이대로 혼자 살고 싶다.

《이데올로기》전체빈도합=47(0.0025%)
　이데올로기 명 【Text=13/Freq1=47】
　　⓪ (예) 해방 후 좌우익의 이데올로기 대립이
　　　심해지다.

《이동》전체빈도합=17(0.0009%)
　이동¹ 명 【Text=13/Freq1=17(100%)】
　　① (예) 사람의 이동(移動)을 위한 도로.
　　　〔Text=10/Freq2=14(82.4%)〕
　　② (예) 인사 이동. 〔Text=2/Freq2=2(11.8%)〕
　　관 <이동 전화> 〔Text=1/Freq2=1(5.9%)〕
　이동² 명 【Text=0/Freq1=0】 ⓧ
　　⓪ (예) 지중해 이동(以東) 지역. 〔×〕

《이동하다》전처 빈도합=26(0.0014%)
　이동하다 동 【Text=12/Freq1=26】
　　⓪ (예) 우측으로 이동(移動)하다.

《이들》전체빈도합=253(0.0136%)
　이들⁰ 대 【Text=68/Freq1=253】
　　❶ (예) 이들은 그들과 다르다.

《이듬해》전체빈도합=17(0.0009%)
　이듬해 명 【Text=14/Freq1=17】
　　⓪ (예) 결혼한 그 이듬해에 애를 낳다.

《이따가》전체빈도합=11(0.0006%)
　이따가 튀 ☆★☆ 【Text=7/Freq1=11】
　　⓪ (예) 이따가 놀러 가자.

《이따금》전체 빈도합=35(0.0019%)
　이따금 튀 ☆☆★ 【Text=19/Freq1=35】
　　① (예) 몸이 이따금 경련을 하다.
　　　〔Text=11/Freq2=14(40%)〕
　　② (예) 결석하는 일도 이따금 있다.
　　　〔Text=11/Freq2=21(60%)〕

《이때》전체빈도합=94(0.0051%)
　이때⁰ 명 【Text=36/Freq1=94】
　　❶ (예) 기회는 이때다./이때까지 뭐 해?
　　　〔Text=12/Freq2=37(39.4%)〕
　　❷ (예) 그를 만난 건 이때가 처음이다.
　　　〔Text=26/Freq2=57(60.6%)〕

《이래》전처 빈도합=33(0.0018%)
　이래 명의 【Text=21/Freq1=33】
　　⓪ (예) [졸업한/취직한] 이래(以來) 처음이다.
　　　〔Text=11/Freq2=13(39.4%)〕
　　❶ (예) [유사/70년대/칸트/해방] 이래.
　　　〔Text=14/Freq2=20(60.6%)〕

《이러다》전체빈도합=135(0.0073%)
　이러다 튀 【Text=2/Freq1=2(1.5%)】
　　⓪ (예) 이러다 늦겠다.

이러다⁰ 동 【Text=53/Freq1=133(98.5%)】
❶ (예) 같이 놀자는데, 이럴 거 없잖아.
〔Text=36/Freq2=75(56.4%)〕
❷ (예) 이상에서 미술의 특징을 살펴보았다. 이러고 보면 미술이란 말에도….
〔Text=19/Freq2=30(22.6%)〕
❸ (예) 화난 목소리로 이러더군요.
〔Text=12/Freq2=23(17.3%)〕
관<이러지도 저러지도 못하다>
〔Text=1/Freq2=1(0.8%)〕
ⓧ 〔Text=3/Freq2=4(3%)〕

≪이러하다≫전체빈도합=605(0.0326%)

이러하다 형★★☆ 【Text=99/Freq1=605】
☞이렇다.
① (예) 꽃이 하나둘 시들어, 결국 정원의 꽃들이 다 이러하였다. 〔Text=2/Freq2=3(0.5%)〕
② (예) 그의 하는 [대답이/짓이] 이러했다.
〔Text=5/Freq2=6(1%)〕
❸ (예) 그 이유는 이러하다. 첫째….
〔Text=5/Freq2=5(0.8%)〕
관<이러한> 이러한 관점에서 보다.
〔Text=96/Freq2=591(97.7%)〕

≪이런≫전체빈도합=1,204(0.0648%)

이런¹ 관★★★ 【Text=166/Freq1=1,184(98.3%)】
⓪ (예) 이런 요소가 중요하다.
〔Text=165/Freq2=1,172(99%)〕
관<이런 (~) 저런 (~)> 이런 (생각) 저런 생각에 잠기다. 〔Text=11/Freq2=12(1%)〕
이런² 감 【Text=10/Freq1=20(1.7%)】
⓪ (예) 이런, 세상에…/이런, 내 정신 좀 봐.

≪이런저런≫전체빈도합=28(0.0015%)

이런저런 관 【Text=25/Freq1=28】
⓪ (예) 이런저런 [생각/이야기].

≪이렇게≫전체빈도합=1,073(0.0578%)

이렇게 부★★★ 【Text=180/Freq1=1,073】
⓪ (예) 팔을 이렇게 들어 보세요.
〔Text=170/Freq2=901(84%)〕
❶ (예) 이렇게 훌륭한 분이 계시다니.
〔Text=88/Freq2=159(14.8%)〕
ⓧ 〔Text=8/Freq2=13(1.2%)〕

≪이렇다≫전체빈도합=155(0.0083%)

이렇다 형★★★ 【Text=79/Freq1=155】 208)
☞이러하다.
① (예) 꽃이 하나둘 시들어, 결국 정원의 꽃들이 다 이랬다.
〔Text=67/Freq2=122(78.7%)〕
② (예) 그의 하는 대답이 이랬다.
〔Text=15/Freq2=27(17.4%)〕
❸ (예) 그 이유는 이렇다. 첫째….
〔Text=4/Freq2=4(2.6%)〕
관<이런> ☞이런¹.
ⓧ 〔Text=1/Freq2=2(1.3%)〕

≪이론≫전체빈도합=95(0.0051%)

이론¹ 명★☆☆ 【Text=29/Freq1=94(98.9%)】
① (예) 이론(理論)을 세우다.
〔Text=16/Freq2=32(34%)〕
② (예) [문학/첨단] 이론.
〔Text=20/Freq2=62(66%)〕
관<이론 체계> 〔×〕
이론² 명 【Text=1/Freq1=1(1.1%)】
⓪ (예) 주장에 대해 이론(異論)이 있다.
〔Text=1/Freq2=1(100%)〕
관<이론의 여지가 없다> 〔×〕

≪이롭다≫전체빈도합=17(0.0009%)

이롭다 형 【Text=15/Freq1=17】
⓪ (예) 운동은 몸에 이(利)롭다.

≪이루다≫전체빈도합=324(0.0174%)

이루다 동★★★ 【Text=108/Freq1=324】
①㉠ (예) [문전성시를/불바다를/조화를] 이루다. 〔Text=45/Freq2=93(28.7%)〕
㉡ (예) 냇물이 모여 큰 강을 이루다.
/집단을 이루고 살다.
〔Text=52/Freq2=76(23.5%)〕
② (예) [국가를/사회를] 이루다.
/결혼하여 일가를 이루고 살다.
〔Text=27/Freq2=56(17.3%)〕
③㉠ (예) [기대를/꿈을/목표를/욕망을] 이루다. 〔Text=38/Freq2=53(16.4%)〕
㉡ (예) 부친이 이룬 회사를 물려 받다.
/이룰 수 없는 사랑.
〔Text=26/Freq2=38(11.7%)〕
④ (예) 잠을 못 이루다.
〔Text=7/Freq2=8(2.5%)〕

---

208) 『연세 한국어 사전』에서는 '이렇다'를 "'이러하다'의 준말"이라고만 기술하고 있는데, 여기서는 '이러하다'의 의미 구분에 따라 상세히 나누어 기술한다.

≪**이루어지다**≫전체빈도합=237(0.0128%)
　이루어지다 동　【Text=82/Freq1=237】
　　Ⅰ ① (예) [적극적 참여가/충분한 논의가]
　　　　　이루어지다. 〔Text=42/Freq2=80(33.8%)〕
　　　② (예) [사랑이/일이] 이루어지다.
　　　　　〔Text=29/Freq2=51(21.5%)〕
　　　③ (예) [꿈이/목표가] 이루어지다.
　　　　　〔Text=15/Freq2=21(8.9%)〕
　　　④ (예) 화산 폭발로 이루어진 산./
　　　　　긴 행렬이 이루어지다.
　　　　　〔Text=28/Freq2=37(15.6%)〕
　　Ⅱ (예) 많은 사건들로 이루어진 생애.
　　　　　〔Text=28/Freq2=48(20.3%)〕

≪**이룩하다**≫전체빈도합=60(0.0032%)
　이룩하다 동 ★☆☆　【Text=35/Freq1=60】
　　① (예) 고도 성장을 이룩하다.
　　　　〔Text=26/Freq2=44(73.3%)〕
　　② (예) 통일 국가를 이룩하다.
　　　　〔Text=12/Freq2=16(26.7%)〕

≪**이르다**≫전체빈도합=340(0.0183%)
　이르다¹ 동 ★★★　【Text=92/Freq1=238(70%)】
　　Ⅰ ① (예) 자동차가 사거리에 이르다.
　　　　　〔Text=24/Freq2=30(12.6%)〕
　　　② ㉠ (예) 위험한 [수준에/지경에] 이르다.
　　　　　〔Text=30/Freq2=61(25.6%)〕
　　　　㉡ (예) [20세기에/절정에] 이르다.
　　　　　〔Text=26/Freq2=40(16.8%)〕
　　　③ (예) 자산이 7조원에 이르다.
　　　　　/엄청난 숫자에 이르다.
　　　　　〔Text=16/Freq2=20(8.4%)〕
　　Ⅱ ① (예) 태백산에서 속리산에 이르는 길.
　　　　　/오늘에 이르기까지 10년간.
　　　　　〔Text=35/Freq2=58(24.4%)〕
　　　② (예) 선덕왕에 이르러 절이 완성되다.
　　　　　〔Text=19/Freq2=28(11.8%)〕
　　ⓧ 〔Text=1/Freq2=1(0.4%)〕
　이르다² 동　【Text=36/Freq1=52(15.3%)】
　　Ⅰ ① (예) 운전사에게 시내로 가자고 이르다.
　　　　　〔Text=19/Freq2=32(61.5%)〕
　　　② (예) 떠든다고 선생님에게 이르다.
　　　　　〔Text=8/Freq2=9(17.3%)〕
　　Ⅱ (예) 아이에게 알아듣게 이르다.
　　　　〔Text=3/Freq2=3(5.8%)〕
　　Ⅲ (예) 기생 20살이면 환갑이라고 이르다.
　　　　〔Text=4/Freq2=4(7.7%)〕

　　Ⅳ (예) 옛 글에 이르되….
　　　　〔Text=2/Freq2=2(3.8%)〕
　　㉮ <이를 데(가) 없다> 슬프기 이를 데가
　　　없다. 〔Text=1/Freq2=1(1.9%)〕
　　ⓧ 〔Text=1/Freq2=1(1.9%)〕
　이르다³ 형 ☆☆★　【Text=33/Freq1=49(14.4%)】
　　Ⅰ (예) 김장을 이르게 하다.
　　　　〔Text=3/Freq2=4(8.2%)〕
　　Ⅱ (예) 결론을 내리기(에) 이르다.
　　　　〔Text=8/Freq2=9(18.4%)〕
　　Ⅲ (예) 이른 [봄/시간/아침].
　　　　〔Text=27/Freq2=36(73.5%)〕
　이르다ˣ ?　【Text=1/Freq1=1(0.3%)】

≪**이른바**≫전체빈도합=106(0.0057%)
　이른바 부　【Text=38/Freq1=106】
　　⓪ (예) 이 지역은 이른바 호남의 곡창 지대이다.

≪**이를테면**≫전체빈도합=36(0.0019%)
　이를테면 부　【Text=22/Freq1=36】
　　⓪ (예) 부정 탄 사람 이를테면 초상집에 다녀온
　　　사람이 오면 야단이 나다.

≪**이름**≫전체빈도합=686(0.0369%)
　이름 명 ★★★　【Text=167/Freq1=686】
　　① (예) 풀과 나무의 이름을 알다.
　　　　〔Text=125/Freq2=397(57.9%)〕
　　② (예) 성도 이름도 모르다.
　　　　〔Text=46/Freq2=132(19.2%)〕
　　③ (예) 이름이 [나다/높다]./이름을 널리
　　　알리다. 〔Text=19/Freq2=23(3.4%)〕
　　④ (예) 3천만 민족의 이름으로 반대하다.
　　　　〔Text=2/Freq2=2(0.3%)〕
　　⑤ (예) 과학의 발전이라는 이름 아래 자연을
　　　파괴하다. 〔Text=13/Freq2=14(2%)〕
　　❻ (예) 내 이름은 서부경이다.
　　　　〔Text=50/Freq2=110(16%)〕
　　㉮ <이름(이) 없다> 이름(도) 없는 시인.
　　　　〔Text=4/Freq2=5(0.7%)〕
　　㉮ <이름(이) 있다> 〔×〕
　　ⓧ 〔Text=2/Freq2=3(0.4%)〕

≪**이름나다**≫전체빈도합=17(0.0009%)
　이름나다 형　【Text=10/Freq1=17】
　　⓪ (예) 뛰어난 가창력으로 이름난 가수.
　　　/성실하기로 이름난 사람.

≪**이리**≫전체빈도합=118(0.0064%)
　이리¹ 명　【Text=2/Freq1=19(16.1%)】

이리　423

ⓞ (예) 이리 한 마리.
이리² 몡 【Text=0/Freq1=0】 ⓧ
　ⓞ (예) 생선 뱃속에 이리가 들다. 〔×〕
이리³ 튀★★★ 【Text=44/Freq1=83(70.3%)】
　ⓞ (예) 이리 나오세요./이리 뛰고 저리 뛰다.
　　〔Text=40/Freq2=67(80.7%)〕
　㉿ <이리로> 이리로 나오세요
　　〔Text=11/Freq2=16(19.3%)〕
이리⁴ 튀 【Text=15/Freq1=16(13.6%)】
　ⓞ (예) 날이 왜 이리 추울까?
≪이리저리≫전체빈도합=45(0.0024%)
이리저리¹ 튀★☆☆ 【Text=29/Freq1=42(93.3%)】
　ⓞ (예) 팔짱을 끼고 이리저리 서성이다.
이리저리² 튀 【Text=3/Freq1=3(6.7%)】
　ⓞ (예) 물건이 이리저리 분류되다.
≪이마≫전체빈도합=91(0.0049%)
이마 몡☆☆★ 【Text=52/Freq1=91】
　ⓞ (예) 이마에 땀이 흐르다.
　　〔Text=52/Freq2=91(100%)〕
　㉿ <이마에 피도 안 마르다> 〔×〕
≪이모≫전체빈도합=53(0.0029%)
이모 몡☆☆★ 【Text=20/Freq1=53】
　ⓞ (예) 엄마보다 두 살 아래의 이모(姨母).
　　〔Text=18/Freq2=51(96.2%)〕
　❶ (예) (식당에서) 이모, 반찬 더 주세요.
　　〔Text=2/Freq2=2(3.8%)〕
≪이미≫전체빈도합=399(0.0215%)
이미 튀★★★ 【Text=120/Freq1=399】
　ⓞ (예) 이미 노인이 되다.
　　/아이들이 이미 어엿한 대학생이다.
　　〔Text=112/Freq2=307(76.9%)〕
　❶ (예) 일이 이미 글러 버린 것 같다.
　　〔Text=54/Freq2=92(23.1%)〕
≪이미지≫전체빈도합=62(0.0033%)
이미지 몡 【Text=27/Freq1=62】
　① (예) 시의 이미지 전개를 파악하다.
　　〔Text=17/Freq2=34(54.8%)〕
　② (예) 얼굴 전체의 이미지가 청순하다
　　〔Text=14/Freq2=28(45.2%)〕
≪이바지하다≫전체빈도합=16(0.0009%)

이바지하다 동 【Text=12/Freq1=16】
　ⓞ (예) 사회에 이바지하다.
≪이번≫전체빈도합=408(0.0220%)
이번 몡★★★ 【Text=140/Freq1=408】
　Ⅰ (예) 이번에 졸업하게 되었다.
　　〔Text=110/Freq2=221(54.2%)〕
　Ⅱ (예) 이번 [여름 방학에/일로] 배운 게 많다.
　　〔Text=66/Freq2=183(44.9%)〕
　ⓧ 〔Text=1/Freq2=4(1%)〕
≪이별≫전체빈도합=26(0.0014%)
이별 몡 【Text=15/Freq1=26】
　ⓞ (예) 이별(離別)을 슬퍼하다.
≪이분≫전체빈도합=21(0.0011%)
이분¹ 몡 【Text=0/Freq1=0】 ⓧ
　ⓞ (예) 현상과 실체로 이분(二分)을 하다. 〔×〕
이분² 대★☆ 【Text=12/Freq1=21(100%)】
　ⓞ (예) 방금 오신 이분이 선생님입니다.
≪이불≫전체빈도합=66(0.0036%)
이불 몡☆☆★ 【Text=36/Freq1=66】
　ⓞ (예) 이불을 [개다/덮다].
≪이빨≫전체빈도합=17(0.0009%)
이빨 몡 【Text=14/Freq1=17】
　ⓞ (예) 이빨을 뽑다.
≪이쁘다≫전체빈도합=32(0.0017%)
이쁘다 형 【Text=12/Freq1=32】 ²⁰⁹⁾
　Ⅰ (예) [눈이/얼굴이] 이쁘다.
　　〔Text=9/Freq2=25(78.1%)〕
　Ⅱ (예) [딸이/사위가/아기가] 이쁘다.
　　〔Text=5/Freq2=7(21.9%)〕
≪이사≫전체빈도합=89(0.0048%)
이사¹ 몡★★★ 【Text=39/Freq1=80(89.9%)】
　ⓞ (예) 다른 동네로 이사(移徙)를 가다.
이사² 몡 【Text=4/Freq1=9(10.1%)】
　ⓞ (예) 회사에서 이사(理事)로 승진하다.
≪이사하다≫전체빈도합=31(0.0017%)
이사하다 동☆★☆ 【Text=24/Freq1=31】
　ⓞ (예) 서울로 이사(移徙)하다.
≪이삼≫전체빈도합=16(0.0009%)

---

209) 『연세 한국어 사전』에서는 '이쁘다'를 "'예쁘다'의 잘못"이라고 기술하고 있는데, 여기서는 '예쁘다'의 의미 구분에 따라 기술한다.

이삼 [수] 【Text=11/Freq1=16】
Ⅰ (예) 오차가 이삼(二三)을 넘지 않다. 〔×〕
Ⅱ (예) 이삼 [년/일].
〔Text=11/Freq2=16(100%)〕

≪**이상**≫전체빈도합=390(0.0210%)

이상[1] [명] 【Text=3/Freq1=3(0.8%)】
⓪ (예) 이상(異常) [증세/체질].

이상[2] [명] 【Text=7/Freq1=13(3.3%)】
⓪ (예) 몸에는 아무 이상(異狀)이 없다.

이상[3] [명] 【Text=22/Freq1=35(9%)】
① (예) 현실과 이상(理想) 사이의 틈.
〔Text=4/Freq2=4(11.4%)〕
② (예) 꿈과 이상을 가슴에 품다.
〔Text=19/Freq2=31(88.6%)〕
[관]<이상 국가> 〔×〕
[관]<이상 사회> 〔×〕
[관]<이상 세계> 〔×〕

이상[4] [명] 【Text=29/Freq1=38(9.7%)】
① (예) 이상(以上)의 사실이 중요하다.
〔Text=16/Freq2=19(50%)〕
② (예) 이것으로 강의를 마치겠다. 이상!
〔Text=5/Freq2=6(15.8%)〕
③ (예) 사고를 낸 이상 책임을 지다.
〔Text=10/Freq2=13(34.2%)〕

이상[5] [명][의]★★★ 【Text=118/Freq1=301(77.2%)】
① (예) 평균의 4배 이상(以上).
〔Text=63/Freq2=102(33.9%)〕
② (예) 친형제 이상으로 친하다.
〔Text=46/Freq2=70(23.3%)〕
❸ (예) [더 이상/이 이상] [보기/하기] 싫다.
〔Text=65/Freq2=129(42.9%)〕

≪**이상적**≫전체빈도합=25(0.0013%)

이상적[1] [명] 【Text=16/Freq1=25(100%)】
⓪ (예) [이상적(理想的)으로/이상적인] 결혼을 하다.

이상적[2] [관] 【Text=0/Freq1=0】 ⓧ
⓪ (예) 이상적(理想的) [사회/인간]. 〔×〕

≪**이상하다**≫전체빈도합=312(0.0168%)

이상하다 [형]★★★ 【Text=121/Freq1=312】
① (예) 겨울에 여름옷을 입다니, 저 사람 이상(異常)하다. 〔Text=65/Freq2=125(40.1%)〕
② (예) 너 오늘 태도가 이상하다.
〔Text=63/Freq2=99(31.7%)〕
③ (예) 저 사람, 자꾸 비틀거리는 것이 이상하다. 〔Text=44/Freq2=87(27.9%)〕
ⓧ 〔Text=1/Freq2=1(0.3%)〕

≪**이성**≫전체빈도합=69(0.0037%)

이성[1] [명]★☆☆ 【Text=17/Freq1=50(72.5%)】
⓪ (예) 인간은 이성(理性)을 가진 존재이다.

이성[2] [명] 【Text=7/Freq1=19(27.5%)】
⓪ (예) 이성(異性)에 눈을 뜨다.

이성[3] [명] 【Text=0/Freq1=0】 ⓧ
⓪ (예) 세 남매가 모두 이성(異姓)이다. 〔×〕

≪**이슬**≫전체빈도합=20(0.0011%)

이슬 [명]☆☆★ 【Text=15/Freq1=20】
① (예) 풀섶에 이슬이 내리다.
〔Text=14/Freq2=17(85%)〕
② (예) 생리 때 아래의 이슬이 멎다. 〔×〕
③ (예) 눈에 이슬이 맺히다.
〔Text=2/Freq2=3(15%)〕
[관]<~의 이슬로 사라지다>
형장의 이슬로 사라지다. 〔×〕

≪**이십**≫전체빈도합=561(0.0302%)

이십 [수] 【Text=137/Freq1=561】
Ⅰ (예) 나이가 이십(二十)이다.
〔Text=2/Freq2=2(0.4%)〕
Ⅱ (예) 이십 [년/명/분].
〔Text=136/Freq2=559(99.6%)〕

≪**이야기**≫전체빈도합=1,742(0.0938%)

이야기 [명]★★★ 【Text=158/Freq1=1,742】
☞얘기.
① (예) 이 책은 신과 영웅들의 이야기이다.
〔Text=125/Freq2=1,182(67.9%)〕
② (예) 친구와 이야기를 하다.
〔Text=93/Freq2=274(15.7%)〕
③ (예) 형이 애인과 결혼한다는 이야기를 들려주다. 〔Text=57/Freq2=196(11.3%)〕
④ (예) 삼계탕의 대추가 몸에 안 좋다는 이야기가 있다. 〔Text=34/Freq2=81(4.7%)〕
[관]<이야기 꽃을 피우다>
〔Text=2/Freq2=2(0.1%)〕
ⓧ 〔Text=5/Freq2=7(0.4%)〕

≪**이야기하다**≫전체빈도합=660(0.0355%)

이야기하다 [동]★★☆ 【Text=112/Freq1=660】
Ⅰ (예) 친구에게 [기분 나쁘다고/사연을/사정을] 이야기하다. 〔Text=107/Freq2=621(94.1%)〕
Ⅱ (예) 친구들과 오손도손 이야기하다.

〔Text=27/Freq2=39(5.9%)〕

≪이어≫전체빈도합=25(0.0013%)

이어 ᄇ 【Text=14/Freq1=25】
  ⓪ (예) 옷을 입고 이어 가방을 메다.
    〔Text=10/Freq2=16(64%)〕
  ㉄<곧 이어> 〔Text=5/Freq2=9(36%)〕

≪이어받다≫전체빈도합=22(0.0012%)

이어받다 동 【Text=16/Freq1=22】
  ① (예) 그의 말을 이어받아 되받아치다.
    〔Text=3/Freq2=3(13.6%)〕
  ② (예) [사업을/피를] 이어받다.
    〔Text=13/Freq2=19(86.4%)〕

≪이어서≫전체빈도합=25(0.0013%)

이어서 ᄇ 【Text=19/Freq1=25】
  ⓪ (예) 졸업장과 상장 수여, 이어서 축사가
    시작되다. 〔Text=18/Freq2=22(88%)〕
  ㉄<[곧/바로] 이어서>
    〔Text=2/Freq2=3(12%)〕

≪이어지다≫전체빈도합=157(0.0085%)

이어지다 동 【Text=59/Freq1=157】
  ① (예) 언덕이 바다로 이어지다.
    〔Text=35/Freq2=105(66.9%)〕
  ② (예) 논란이 계속 이어지다.
    〔Text=23/Freq2=28(17.8%)〕
  ③ (예) 사상이 오늘날까지 이어지다.
    〔Text=19/Freq2=24(15.3%)〕

≪이에≫전체빈도합=16(0.0009%)

이에 ᄇ 【Text=15/Freq1=16】
  ⓪ (예) 특검이 임명되었고, 이에 본격적인
    수사가 시작되다.

≪이왕≫전체빈도합=24(0.0013%)

이왕 명 【Text=18/Freq1=24】
  Ⅰ (예) 이왕(已往)에 죽을 몸이라면 ….
    〔Text=3/Freq2=3(12.5%)〕
  Ⅱ (예) 이왕 왔으니 구경이라도 하자.
    〔Text=7/Freq2=10(41.7%)〕
  ㉄<이왕이면> 〔Text=10/Freq2=11(45.8%)〕

≪이외≫전체빈도합=67(0.0036%)

이외 명 【Text=42/Freq1=67】
  ⓪ (예) 월급 이외(以外)의 수입이 있다.

≪이용≫전체빈도합=37(0.0020%)

이용¹ 명 ☆☆★ 【Text=22/Freq1=37(100%)】
  ① (예) [도구의/자원] 이용(利用).
    〔Text=20/Freq2=32(86.5%)〕
  ② (예) 남에게 이용만 당하다.
    〔Text=2/Freq2=5(13.5%)〕
  ㉄<이용 가치> 〔×〕

이용² 명 【Text=0/Freq1=0】 ⓧ
  ⓪ (예) 이용(理容)에 종사하다. 〔×〕

≪이용되다≫전체빈도합=37(0.0020%)

이용되다 동 【Text=20/Freq1=37】
  Ⅰ ① (예) 대나무가 공예에 널리
      이용(利用)되다.
      〔Text=12/Freq2=20(54.1%)〕
    ② (예) 헛점이 적에게 이용되다.
      〔Text=6/Freq2=7(18.9%)〕
  Ⅱ ① (예) 공터가 주차장으로 이용되다.
      〔Text=8/Freq2=10(27%)〕
    ② (예) 스포츠가 정치적 수단으로 이용되다.
      〔×〕

≪이용하다≫전체빈도합=375(0.0202%)

이용하다 동★★☆ 【Text=102/Freq1=375】
  Ⅰ ① (예) [버스를/지하철을] 이용(利用)하다.
      〔Text=88/Freq2=346(92.3%)〕
    ② (예) 경제 위기를 투기에 이용하다.
      〔Text=13/Freq2=15(4%)〕
  Ⅱ ① (예) 글씨 연습에 이면지를 이용하다.
      〔Text=8/Freq2=9(2.4%)〕
    ② (예) 둑을 쌓아 도로로 이용하다.
      〔Text=5/Freq2=5(1.3%)〕

≪이웃≫전체빈도합=297(0.0160%)

이웃 명★★★ 【Text=77/Freq1=297】
  ① (예) 이웃에 살다./이웃과 친하게 지내다.
    〔Text=70/Freq2=237(79.8%)〕
  ② (예) 한국의 이웃인 일본.
    〔Text=24/Freq2=55(18.5%)〕
  ㉄<이웃 사촌> 〔Text=4/Freq2=5(1.7%)〕

≪이웃집≫전체빈도합=44(0.0024%)

이웃집 명 【Text=30/Freq1=44】
  ⓪ (예) 이웃집에 살다.

≪이월≫전체빈도합=21(0.0011%)

이월¹ 명☆★☆ 【Text=11/Freq1=21(100%)】
  ⓪ (예) 이월(二月).

이월² 명 【Text=0/Freq1=0】 ⓧ
  ① (예) 회장직의 이월(移越). 〔×〕

② (예) 예산의 이월. 〔×〕

《이유》전체빈도합=423(0.0228%)

이유¹ 몡 ★★★　【Text=132/Freq1=423(100%)】
　① (예) 사회가 혼란해진 이유(理由)는
　　무엇일까.　〔Text=129/Freq2=410(96.9%)〕
　② (예) 무슨 이유로 화를 내나?
　　〔Text=12/Freq2=13(3.1%)〕

이유² 몡　【Text=0/Freq1=0】 ⓧ
　⓪ (예) 생후 6개월쯤 이유(離乳)가 시작되다.
　　〔×〕

《이윽고》전체빈도합=73(0.0039%)

이윽고 뷔　【Text=31/Freq1=73】
　① (예) 한참 울던 아이가 이윽고 입을 열다.
　　〔Text=25/Freq2=63(86.3%)〕
　② (예) 투표 결과 이윽고 이승만이 당선되다.
　　〔Text=8/Freq2=10(13.7%)〕

《이익》전체빈도합=145(0.0078%)

이익 몡 ★☆★　【Text=43/Freq1=145】
　① (예) 모두에게 이익(利益)이 되다.
　　〔Text=40/Freq2=126(86.9%)〕
　② (예) 물건을 팔아 이익을 남기다.
　　〔Text=7/Freq2=18(12.4%)〕
　⑭<이익 단체> 〔×〕
　⑭<이익 사회> 〔×〕
　⑭<이익 집단> 〔×〕
　ⓧ 〔Text=1/Freq2=1(0.7%)〕

《이자》전체빈도합=11(0.0006%)

이자¹ 몡　【Text=0/Freq1=0】 ⓧ
　⓪ (예) 이자에서 인슐린이 나오다. 〔×〕
이자² 몡 ★☆☆　【Text=6/Freq1=10(90.9%)】
　⓪ (예) 비싼 이자(利子)를 주고 돈을 빌리다.
이자⁰ 뷔　【Text=1/Freq1=1(9.1%)】
　❶ (예) 이자 곧 차가 도착할 겁니다.

《이전》전체빈도합=97(0.0052%)

이전¹ 몡 ★☆☆　【Text=51/Freq1=91(93.8%)】
　① (예) [건국/해방] 이전(以前).
　　〔Text=36/Freq2=66(72.5%)〕
　② (예) 이전까진 별 구경거리가 없었다.
　　〔Text=9/Freq2=11(12.1%)〕
　③ (예) 이전 [직장/집/학교].
　　〔Text=4/Freq2=4(4.4%)〕
　④ (예) 추정 연대보다 훨씬 이전의 유물.
　　〔Text=7/Freq2=7(7.7%)〕

　ⓧ 〔Text=3/Freq2=3(3.3%)〕
이전² 몡　【Text=4/Freq1=5(5.2%)】
　① (예) 회사가 이전(移轉)을 하다.
　　〔Text=2/Freq2=3(60%)〕
　② (예) 건물의 명의 이전을 하다.
　　〔Text=2/Freq2=2(40%)〕
이전ˣ ?　【Text=1/Freq1=1(1%)】

《이제》전체빈도합=1,295(0.0697%)

이제¹ 몡 ☆★★　【Text=61/Freq1=107(8.3%)】
　① (예) 이제까지 기다리다./이제부터
　　시작하다.　〔Text=48/Freq2=69(64.5%)〕
　② (예) 이제 세상은 과거와 다르다.
　　〔Text=16/Freq2=32(29.9%)〕
　❸ (예) 그 즈음, 나는 이제까지 믿었던 것들이
　　거짓임을 깨달았다.
　　〔Text=2/Freq2=4(3.7%)〕
　⑭<이제 와서> 〔Text=1/Freq2=2(1.9%)〕
이제² 뷔 ★★★　【Text=173/Freq1=964(74.4%)】
　① (예) 이제 막 스물에 접어들다.
　　〔Text=102/Freq2=233(24.2%)〕
　② (예) 이제 여기서 어디로 가야 할까.
　　〔Text=108/Freq2=263(27.3%)〕
　③ (예) 그간 열심히 노력한 덕에 이제 남의 도움
　　없이 살아갈 수 있다.
　　〔Text=133/Freq2=466(48.3%)〕
　ⓧ 〔Text=1/Freq2=2(0.2%)〕
이제⁰ 감　【Text=12/Freq1=224(17.3%)】
　❶ (예) 근데, 이제, 그게 이제, 막 시작하려던 그
　　참에, 이제…

《이중》전체빈도합=15(0.0008%)

이중 몡　【Text=11/Freq1=15】
　⓪ (예) 이중(二重)으로 된 창문.

《이쪽》전체빈도합=87(0.0047%)

이쪽¹ 몡 ★★☆　【Text=42/Freq1=87(100%)】
　⓪ (예) 이쪽으로 오세요.
　　〔Text=35/Freq2=71(81.6%)〕
　❶ (예) 그가 이쪽에게 말을 걸어 오다.
　　〔Text=9/Freq2=13(14.9%)〕
　⑭<이쪽 저쪽> 자유롭게 이쪽 저쪽
　　넘나들다. 〔Text=3/Freq2=3(3.4%)〕
이쪽² 몡　【Text=0/Freq1=0】 ⓧ
　⓪ (예) 충치가 생겨 이쪽이 떨어져 나가다.
　　〔×〕

《이처럼》전체빈도합=133(0.0072%)

이처럼 🖻　【Text=66/Freq1=133】
　　⓪ (예) 세상에 이처럼 슬픈 일이 또 있을까.

≪이치≫전체빈도합=38(0.0020%)

이치 몡　【Text=28/Freq1=38】
　　⓪ (예) 자연의 이치(理致)를 따르다.

≪이튿날≫전체빈도합=74(0.0040%)

이튿날 몡★☆★　【Text=42/Freq1=74】
　　⓪ (예) 서울 온 이튿날에 떠나다.

≪이틀≫전체빈도합=50(0.0027%)

이틀¹ 몡☆★★　【Text=31/Freq1=50(100%)】
　　⓪ (예) 집 떠난 지 이틀 지나다.

이틀² 몡　【Text=0/Freq1=0】 ⓧ
　　⓪ (예) 이틀이 튼튼해야 잘 씹을 수 있다. 〔×〕

≪이하≫전체빈도합=17(0.0009%)

이하 몡　【Text=14/Freq1=17】
　Ⅰ (예) 이하(以下) 생략.
　　　〔Text=1/Freq2=1(5.9%)〕
　Ⅱ ① (예) 10세 이하의 어린이.
　　　〔Text=11/Freq2=13(76.5%)〕
　　② (예) 경제 성장률이 평균 이하이다.
　　　〔Text=3/Freq2=3(17.6%)〕
　　③ (예) 부장 이하 10여 명의 직원. 〔×〕

≪이해≫전체빈도합=105(0.0057%)

이해¹ 몡　【Text=10/Freq1=15(14.3%)】
　　⓪ (예) 쌍방의 이해(利害)가 맞다.
　　　〔Text=4/Freq2=8(53.3%)〕
　　관<이해 관계>　〔Text=5/Freq2=5(33.3%)〕
　　관<이해 타산>　〔Text=2/Freq2=2(13.3%)〕

이해² 몡★★★　【Text=49/Freq1=90(85.7%)】
　　① (예) 그는 이런 일에 이해(理解)가 없는
　　　사람이다. 〔Text=15/Freq2=31(34.4%)〕
　　② (예) [뜻이/의도가] 이해가 안 [가다/되다].
　　　〔Text=40/Freq2=59(65.6%)〕

≪이해되다≫전체빈도합=17(0.0009%)

이해되다 동　【Text=15/Freq1=17】
　Ⅰ ① (예) [글이/말이] 이해(理解)되다.
　　　〔Text=4/Freq2=4(23.5%)〕
　　② (예) [마음이/처지가] 이해되다.
　　　〔Text=2/Freq2=2(11.8%)〕
　Ⅱ (예) 두 개념은 대립되는 것으로 이해되다.
　　　〔Text=10/Freq2=11(64.7%)〕

≪이해하다≫전체빈도합=280(0.0151%)

이해하다 동★★☆　【Text=99/Freq1=280】
　Ⅰ ① (예) [뜻을/말을] 이해(理解)하다.
　　　〔Text=37/Freq2=66(23.6%)〕
　　② (예) 원자 현상들을 이해하기 위해
　　　연구하다. 〔Text=45/Freq2=93(33.2%)〕
　　③ (예) 그의 [심정을/처지를] 잘 이해하다.
　　　〔Text=64/Freq2=119(42.5%)〕
　Ⅱ (예) 노사 문제를 공존의 관계로 이해하다.
　　　〔Text=2/Freq2=2(0.7%)〕

≪이혼≫전체빈도합=27(0.0015%)

이혼 몡　【Text=12/Freq1=27】
　　⓪ (예) 이혼(離婚)을 하다.

≪이후≫전체빈도합=260(0.0140%)

이후 몡★★★　【Text=88/Freq1=260】
　　① (예) 학교를 졸업한 이후(以後)로 처음
　　　만나다. 〔Text=86/Freq2=233(89.6%)〕
　　② (예) 이후에도 이 일을 계속하고 싶다.
　　　〔Text=1/Freq2=1(0.4%)〕
　　❸ (예) 이후부터 컴퓨터가 보급되다.
　　　〔Text=12/Freq2=26(10%)〕

≪익다≫전체빈도합=53(0.0029%)

익다¹ 동★★★　【Text=24/Freq1=42(79.2%)】
　　① (예) [과실이/벼이삭이] 익어 가다.
　　　〔Text=20/Freq2=32(76.2%)〕
　　② (예) [감자가/고기가/생선이] 익다.
　　　〔Text=3/Freq2=3(7.1%)〕
　　③ (예) [김치가/술이] 익다.
　　　〔Text=4/Freq2=7(16.7%)〕

익다² 혱　【Text=10/Freq1=11(20.8%)】
　Ⅰ ① (예) 분위기가 몸에 익다./손에 익다.
　　　〔Text=1/Freq2=1(9.1%)〕
　　② (예) 소리가 귀에 익다./모습이 눈에
　　　익다. 〔Text=6/Freq2=7(63.6%)〕
　　③ (예) 어둠에 눈이 익기를 기다리다.
　　　〔Text=1/Freq2=1(9.1%)〕
　Ⅱ (예) 아이가 낯이 익다.
　　　〔Text=2/Freq2=2(18.2%)〕

≪익숙하다≫전체빈도합=69(0.0037%)

익숙하다 혱★★☆　【Text=45/Freq1=69】
　　① (예) 아이 다루는 데 익숙하다./익숙한 솜씨.
　　　〔Text=21/Freq2=25(36.2%)〕
　　② (예) [생활에/일이] 익숙하다.
　　　〔Text=32/Freq2=44(63.8%)〕

≪익히다≫전체빈도합=108(0.0058%)

익히다¹ 동 【Text=10/Freq1=13(12%)】
① (예) 고기를 불에 익히다.
〔Text=7/Freq2=10(76.9%)〕
② (예) [김치를/술을] 익히다.
〔Text=3/Freq2=3(23.1%)〕

익히다² 동★★☆ 【Text=48/Freq1=95(88%)】
① (예) [기술을/한국어를] 익히다.
〔Text=45/Freq2=84(88.4%)〕
② (예) 이웃들과 낯을 익히다.
〔Text=6/Freq2=11(11.6%)〕

≪인≫전체빈도합=61(0.0033%)

인¹ 명 【Text=0/Freq1=0】 ⓧ
⓪ (예) 꼼꼼함이 몸에 인이 되어 박이다. 〔×〕
관<인이 박이다> 〔×〕

인² 명☆★☆ 【Text=29/Freq1=53(86.9%)】
Ⅰ (예) 천과 지, 인(人)의 삼재. 〔×〕
Ⅱ (예) 수백 인의 지원자.
〔Text=28/Freq2=52(98.1%)〕
ⓧ 〔Text=1/Freq2=1(1.9%)〕

인³ 명 【Text=2/Freq1=3(4.9%)】
⓪ (예) 백성들에게 인(仁)을 베풀다.

인⁴ 명 【Text=1/Freq1=1(1.6%)】
⓪ (예) 책에 도서관의 인(印)을 찍다.

-인⁵ 집 【Text=1/Freq1=1(1.6%)】 ²¹⁰⁾
⓪ (예) [연극/예술/한국]인(人).

인⁰ 부 【Text=1/Freq1=1(1.6%)】
❶ (예) 가방 인(=이리로) 주세요.

인ˣ ? 【Text=2/Freq1=2(3.3%)】

≪인간≫전체빈도합=730(0.0393%)

인간 명★★★ 【Text=99/Freq1=730】
① (예) 동물과 인간(人間)의 관계.
〔Text=91/Freq2=640(87.7%)〕
② (예) 못된 인간이 되다.
〔Text=17/Freq2=39(5.3%)〕
③ (예) 인간 속에서의 [종교/처신].
〔Text=15/Freq2=25(3.4%)〕
관<인간 관계> 〔Text=6/Freq2=9(1.2%)〕
관<인간 사회> 〔Text=4/Freq2=5(0.7%)〕
관<인간 세계> 〔Text=3/Freq2=7(1%)〕
관<인간 세상> 〔Text=4/Freq2=5(0.7%)〕

≪인간적≫전체빈도합=41(0.0022%)

인간적¹ 명 【Text=19/Freq1=29(70.7%)】
⓪ (예) 인간적(人間的)으로 대하다.
/인간적인 [삶/태도].

인간적² 관 【Tex=7/Freq1=12(29.3%)】
⓪ (예) 인간적(人間的) [고독을/번민을] 느끼다.

≪인격≫전체빈도합=56(0.0030%)

인격 명 【Text=21/Freq1=56】
① (예) 말에 인격(人格)이 드러나다.
〔Text=14/Freq2=20(35.7%)〕
② (예) 모든 사람을 평등한 인격으로 대하다.
〔Tex=10/Freq2=36(64.3%)〕

≪인구≫전체빈도합=88(0.0047%)

인구 명★★★ 【Text=29/Freq1=88】
① (예) 서울의 인구(人口).
〔Text=28/Freq2=86(97.7%)〕
② (예) 인구에 회자되다.
〔Text=1/Freq2=1(1.1%)〕
관<인구 문제> 〔Text=1/Freq2=1(1.1%)〕
관<인구 밀도> 〔×〕
관<인구 폭발> 〔×〕

≪인근≫전체빈도합=16(0.0009%)

인근 명 【Text=11/Freq1=16】
⓪ (예) 공장 인근(隣近)의 주택.

≪인기≫전체빈도합=69(0.0037%)

인기 명★★★ 【Text=33/Freq1=69】
⓪ (예) 인기(人氣)가 [없다/있다].

≪인내≫전체빈도합=17(0.0009%)

인내 명 【Text=15/Freq1=17】
⓪ (예) 인내(忍耐)를 가지고 기다리다.

≪인류≫전체빈도합=116(0.0062%)

인류 명☆★☆ 【Text=37/Freq1=116】
① (예) 인류(人類) 공영과 번영.
〔Text=23/Freq2=65(56%)〕
② (예) 최초의 인류가 출현한 시기.
〔Text=19/Freq2=50(43.1%)〕
관<인류 사회> 〔Text=1/Freq2=1(0.9%)〕

≪인물≫전체빈도합=394(0.0212%)

인물 명★★★ 【Text=72/Freq1=394】
① (예) 역사를 바꾼 인물(人物)들.

---

210) 『연세 한국어 사전』의 '-인⁵'(예:예술인)은 말뭉치의 분석에 적용하지 않았으나, 여기서는 본문에 접미사로 홀로 쓰여 나타난 용례의 빈도수만을 제시한다.

　　　　　　〔Text=48/Freq2=268(68%)〕
　②(예) 훌륭한 인물이 나다.
　　　　　　〔Text=26/Freq2=72(18.3%)〕
　③㉠(예) 인물이 빼어나다.
　　　　　　〔Text=6/Freq2=11(2.8%)〕
　　㉡(예) 선거에서 인물을 보고 투표하다.
　　　　　　〔Text=2/Freq2=5(1.3%)〕
　❹(예) [가공의/주요] 인물.
　　　　　　〔Text=13/Freq2=37(9.4%)〕
　❺(예) 글 속의 토끼는 어떤 인물인가?
　　　　　　〔Text=1/Freq2=1(0.3%)〕
≪인사≫전체빈도합=249(0.0134%)
　인사¹ 명 ★★★　【Text=84/Freq1=230(92.4%)】
　①(예) 처음으로 인사(人事)를 나누다.
　　　　　　〔Text=23/Freq2=65(28.3%)〕
　②(예) 대감께 인사를 올리다.
　　　　　　〔Text=69/Freq2=144(62.6%)〕
　③(예) 선생님께 인사가 늦었습니다.
　　　　　　〔Text=11/Freq2=21(9.1%)〕
　인사² 명　【Text=8/Freq1=9(3.6%)】
　⓪(예) 회사의 인사(人事)를 담당하다.
　　　　　　〔Text=6/Freq2=7(77.8%)〕
　㊀<인사 관리>　〔Text=1/Freq2=1(11.1%)〕
　㊀<인사 이동>　〔Text=1/Freq2=1(11.1%)〕
　인사³ 명　【Text=10/Freq1=10(4%)】
　⓪(예) [각계의/애국] 인사(人士).
≪인사말≫전체빈도합=73(0.0039%)
　인사말 명　【Text=21/Freq1=73】
　①(예) 선물을 받고 고맙다는 인사(人事)말을 하다.〔Text=21/Freq2=73(100%)〕
　②(예) 시장이 무성의한 인사말로 축사를 하다.〔×〕
≪인사하다≫전체빈도합=85(0.0046%)
　인사하다 동 ☆★☆　【Text=36/Freq1=85】
　①(예) 고개를 숙여 인사(人事)하다.
　　　　　　〔Text=9/Freq2=9(10.6%)〕
　②(예) 학과장에게 인사하러 가다.
　　　　　　〔Text=29/Freq2=75(88.2%)〕
　ⓧ　〔Text=1/Freq2=1(1.2%)〕
≪인삼≫전체빈도합=18(0.0010%)
　인삼 명 ☆★★　【Text=10/Freq1=18】
　⓪(예) 인삼(人蔘)을 재배하다.
≪인상≫전체빈도합=73(0.0039%)

　인상¹ 명 ★★☆　【Text=33/Freq1=46(63%)】
　⓪(예) 좋은 인상(印象)을 주다.
　　　　　　〔Text=26/Freq2=34(73.9%)〕
　㊀<인상에 남다>〔Text=2/Freq2=2(4.3%)〕
　㊀<인상(이) 깊다>
　　　　　　〔Text=6/Freq2=10(21.7%)〕
　인상² 명　【Text=4/Freq1=6(8.2%)】
　①(예) [가격/환율] 인상(引上).
　　　　　　〔Text=4/Freq2=6(100%)〕
　②(예) 역도 인상 경기에서 신기록을 세우다.
　　　　　　〔×〕
　인상³ 명　【Text=13/Freq1=21(28.8%)】
　⓪(예) 인상(人相)을 찌푸리다./선량해 보이는 인상.〔Text=13/Freq2=20(95.2%)〕
　㊀<인상 착의>　〔×〕
　㊀<인상을 쓰다>〔Text=1/Freq2=1(4.8%)〕
≪인생≫전체빈도합=233(0.0125%)
　인생 명 ★★★　【Text=59/Freq1=233】
　①(예) 그의 인생(人生)은 행복했다.
　　　　　　〔Text=59/Freq2=229(98.3%)〕
　②(예) 너는 정말 한심한 인생이구나!
　　　　　　〔Text=4/Freq2=4(1.7%)〕
≪인식≫전체빈도합=68(0.0037%)
　인식 명　【Text=29/Freq1=68】
　⓪(예) 사물에 대한 인식(認識).
　　　　　　〔Text=29/Freq2=67(98.5%)〕
　㊀<인식 능력>　〔Text=1/Freq2=1(1.5%)〕
≪인식하다≫전체빈도합=44(0.0024%)
　인식하다 동　【Text=25/Freq1=44】
　⓪(예) 중요성을 인식(認識)하다.
≪인심≫전체빈도합=17(0.0009%)
　인심 명　【Text=10/Freq1=17】
　①(예) 이웃에게 인심(人心)을 얻다.
　　　　　　〔Text=8/Freq2=10(58.8%)〕
　②(예) 사람들의 인심이 좋다.
　　　　　　〔Text=4/Freq2=6(35.3%)〕
　③(예) 왕이 포악하여 인심을 잃다.
　　　　　　〔Text=1/Freq2=1(5.9%)〕
　㊀<인심(을) 쓰다>〔×〕
≪인연≫전체빈도합=32(0.0017%)
　인연 명 ★☆　【Text=23/Freq1=32】
　①(예) 춘향과 몽룡이 결혼을 약속하고 그 날 인연(因緣)을 맺다.

〔Text=4/Freq2=4(12.5%)〕
② (예) 돈과 인연이 닿지 않다.
〔Text=5/Freq2=6(18.8%)〕
③ (예) 이승의 인연이 다하다.
〔Text=15/Freq2=19(59.4%)〕
㉮ <인연을 끊다> 〔Text=1/Freq2=1(3.1%)〕
㉮ <인연을 맺다> 좋은 집안과 인연을 맺다.
〔Text=2/Freq2=2(6.3%)〕
㉮ <인연이 멀다> 〔×〕

≪인용하다≫ 전체빈도합=30(0.0016%)

인용하다 [동] 【Text=12/Freq1=30】
❶ (예) [글을/시를] 인용(引用)하다.

≪인정≫ 전체빈도합=33(0.0018%)

인정¹ [명] ★☆☆ 【Text=15/Freq1=18(54.5%)】
① (예) 이웃에게 인정(人情)을 베풀다.
〔Text=15/Freq2=18(100%)〕
② (예) 잘 살아 보고 싶은 것이 인정이다. 〔×〕
③ (예) 돈을 인정으로 들이고 감옥에서
풀려나다. 〔×〕

인정² [명] 【Text=11/Freq1=15(45.5%)】
❶ (예) 사람들에게 인정(認定)을 받다.

≪인정받다≫ 전체빈도합=19(0.0010%)

인정받다⁰ [동] 【Text=15/Freq1=19】
❶ (예) [가치를/공을/실력을] 인정(認定)받다.
〔Text=13/Freq2=15(78.9%)〕
❷ (예) [독립국으로/친구로] 인정받다.
〔Text=4/Freq2=4(21.1%)〕

≪인정하다≫ 전체빈도합=56(0.0030%)

인정하다 [동] ★☆☆ 【Text=36/Freq1=56】
❶ (예) [사실을/잘못을/패배를] 인정(認定)
하다. 〔Text=32/Freq2=48(85.7%)〕
❶ (예) [독립국으로/친구로] 인정하다.
〔Text=6/Freq2=6(10.7%)〕
❷ (예) 좋다고 인정하다.
〔Text=2/Freq2=2(3.6%)〕

≪인제≫ 전체빈도합=231(0.0124%)

인제¹ [명] 【Text=7/Freq1=8(3.5%)】 ☞이제¹. 211)
① (예) 인제부터 내 말을 잘 들어라.
〔Text=4/Freq2=4(50%)〕
② (예) 인제 세상은 과거와 다르다.
〔Text=2/Freq2=3(37.5%)〕

㉮ <인제 와서> 〔Text=1/Freq2=1(12.5%)〕

인제² [부] ★☆☆ 【Text=49/Freq1=87(37.7%)】
① (예) 인제 홀로 살 수 있게 되었다.
〔Text=30/Freq2=43(49.4%)〕
② (예) 인제 어디로 가야 할까?
〔Text=27/Freq2=34(39.1%)〕
❸ (예) 인제 와?/인제 막 스물이 되다.
〔Text=6/Freq2=10(11.5%)〕

인제⁰ [감] 【Text=14/Freq1=136(58.9%)】
❶ (예) 그런데, 인제, 그게 인제, 막 시작하려던
그 참에, 인저…

≪인천≫ 전체빈도합=34(0.0018%)

인천⁰ [명](고유)☆★☆ 【Text=19/Freq1=34】
❶ (예) 인천(仁川)에 살다.

≪인하다≫ 전체빈도합=121(0.0065%)

인하다 [동] ★★☆ 【Text=58/Freq1=121】
❶ (예) [교통사고로/홍수로] 인(因)한 피해가
크다.

≪인형≫ 전체빈도합=32(0.0017%)

인형 [명]☆★☆ 【Text=21/Freq1=32】
❶ (예) 인형(人形)을 가지고 놀다.

≪일≫ 전체빈도합=6,206(0.3342%)

일¹ [명]★★★ 【Text=210/Freq1=4,490(72.3%)】
① (예) 인간이 일만 하면서 살 수는 없다.
〔Text=154/Freq2=1,057(23.5%)〕
② (예) 그와의 지난 일들을 잊다.
/좋지 않은 일이 생기다.
〔Text=173/Freq2=1,518(33.8%)〕
③ (예) 회사에서 일을 하다.
/학원에서 가르치는 일을 하다.
〔Text=115/Freq2=429(9.6%)〕
④ (예) 자연을 보호하는 것은 꼭 필요한
일이다. 〔Text=152/Freq2=725(16.1%)〕
⑤ (예) 우연히 만나는 일도 있다.
〔Text=123/Freq2=358(8%)〕
⑥ (예) 회사에 일이 생기다./일이 있어서 먼저
실례하다. 〔Text=98/Freq2=235(5.2%)〕
⑦ (예) 아이가 일을 저지르다.
〔Text=14/Freq2=18(0.4%)〕
⑧ (예) (50주년 기념 행사 같은) 일을 치르느라
그생하다. 〔×〕

---

211) 『연세 한국어 사전』에서는 '인제¹'를 '이제'라고만 기술하고 있는데, 여기서는 '이제'의 의미 구분
에 따라 상세히 기술한다.

⑨ <는 것도 (다) 일이다>
　　(예) 매일 밥 차리는 것도 일이다.
　　　　〔Text=11/Freq2=18(0.4%)〕
⑩ (예) 지금 추진하는 일에 회사의 앞날이
　　걸리다. 〔Text=34/Freq2=94(2.1%)〕
　ⓧ 〔Text=17/Freq2=38(0.8%)〕
일² 명의★★★　【Text=119/Freq1=470(7.6%)】
　⓪ (예) 마감이 [몇/5(오)]일(日) 남다.
일³ 수★★★　【Text=190/Freq1=1,241(20%)】
　Ⅰ ⓪ (예) 일(一)에 오를 더하다.
　　　　〔Text=57/Freq2=140(11.3%)〕
　　❶ (예) 그림 1(일)의 윗부분.
　　　　〔Text=27/Freq2=107(8.6%)〕
　Ⅱ (예) 1(일)[등/번].
　　　　〔Text=177/Freq2=982(79.1%)〕
　ⓧ 〔Text=6/Freq2=12(1%)〕
일⁰ 대　【Text=1/Freq1=1(0%)】
　❶ (예) 일(=이리)로 오세요.
일ˣ ❓　【Text=3/Freq1=4(0.1%)】
≪일가≫전체빈도합=16(0.0009%)
　일가 명　【Text=12/Freq1=16】
　　① (예) 그는 혜경궁 홍 씨와도 일가(一家)가
　　　　되다. 〔Text=12/Freq2=16(100%)〕
　　② (예) 예술 분야에서 일가를 이루다. 〔ⅹ〕
≪일곱≫전체빈도합=120(0.0065%)
　일곱 수★★★　【Text=71/Freq1=120】
　　Ⅰ (예) 식구가 모두 일곱이다.
　　　　〔Text=14/Freq2=21(17.5%)〕
　　Ⅱ (예) 아이가 일곱 살이 되다.
　　　　〔Text=61/Freq2=99(82.5%)〕
≪일관되다≫전체빈도합=15(0.0008%)
　일관되다 동　【Text=11/Freq1=15】
　　⓪ (예) [논리가/주장이/태도가] 일관(一貫)되다.
≪일구다≫전체빈도합=22(0.0012%)
　일구다¹ 동　【Text=15/Freq1=20(90.9%)】
　　⓪ (예) [밭을/산을] 일구다.
　일구다² 동　【Text=2/Freq1=2(9.1%)】
　　⓪ (예) [치맛바람을/흙먼지를] 일구다.
≪일그러지다≫전체빈도합=17(0.0009%)
　일그러지다 동　【Text=15/Freq1=17】
　　① (예) [상자가/얼굴이] 일그러지다.
　　　　〔Text=12/Freq2=14(82.4%)〕
　　② (예) 성격이 일그러지다.

　　　　〔Text=3/Freq2=3(17.6%)〕
≪일기≫전체빈도합=88(0.0047%)
　일기¹ 명★★★　【Text=26/Freq1=74(84.1%)】
　　⓪ (예) 매일 일기(日記)를 쓰다.
　일기² 명　【Text=6/Freq1=13(14.8%)】
　　⓪ (예) 일기(日氣)가 좋지 않다.
　　　　〔Text=3/Freq2=4(30.8%)〕
　　㉮ <일기 예보>　〔Text=5/Freq2=9(69.2%)〕
　일기⁰ 명　【Text=1/Freq1=1(1.1%)】
　　❶ (예) 60세를 일기(一期)로 세상을 떠나다.
≪일깨우다≫전체빈도합=24(0.0013%)
　일깨우다 동　【Text=20/Freq1=24】
　　Ⅰ (예) 그의 정신이 우리를 일깨우다.
　　　　〔Text=7/Freq2=7(29.2%)〕
　　Ⅱ (예) 사람들에게 사랑의 중요성을
　　　　일깨우다. 〔Text=15/Freq2=17(70.8%)〕
≪일다≫전체빈도합=29(0.0016%)
　일다¹ 동　【Text=24/Freq1=28(96.6%)】
　　① ㉠ (예) [바람이/풍랑이] 일다.
　　　　〔Text=10/Freq2=10(35.7%)〕
　　　㉡ (예) [의구심이/흥분이] 일다.
　　　　〔Text=6/Freq2=6(21.4%)〕
　　　㉢ (예) [경련이/통증이] 일다.
　　　　〔Text=2/Freq2=2(7.1%)〕
　　　㉣ (예) 여론이 일다.
　　　　〔Text=7/Freq2=10(35.7%)〕
　　② (예) [거품이/보푸라기가] 일다. 〔ⅹ〕
　　③ (예) 살림이 많이 일다. 〔ⅹ〕
　　㉮ <불 일 듯> 장사가 불 일 듯 잘되다. 〔ⅹ〕
　일다² 동　【Text=1/Freq1=1(3.4%)】
　　① (예) 쌀을 일어 밥을 하다.
　　　　〔Text=1/Freq2=1(100%)〕
　　② (예) 벼를 키로 일다. 〔ⅹ〕
≪일단≫전체빈도합=88(0.0047%)
　일단¹ 명　【Text=2/Freq1=2(2.3%)】
　　⓪ (예) 작가적 정신의 일단(一端)을 엿보다.
　일단² 명　【Text=3/Freq1=5(5.7%)】
　　⓪ (예) 일단(一團)의 깡패들.
　일단³ 명　【Text=0/Freq1=0】 ⓧ
　　① (예) 신문의 일단(一段) 기사로 나다. 〔ⅹ〕
　　② (예) 자동차 기어를 일단으로 넣다. 〔ⅹ〕
　　③ (예) 유도 일단을 따다. 〔ⅹ〕
　일단⁴ 부☆★☆　【Text=41/Freq1=81(92%)】
　　① (예) 증세가 보이면 일단(一旦) 의사에게

가다. 〔Text=31/Freq2=64(79%)〕
② (예) 열은 일단 내렸지만 계속 조심하다.
〔Text=4/Freq2=4(4.9%)〕
③ (예) 일단 병에 걸리면 전염에 주의해야 하다. 〔Text=10/Freq2=13(16%)〕

≪**일대**≫전체빈도합=36(0.0019%)

일대¹ 명 【Text=20/Freq1=25(69.4%)】
  ⓪ (예) 남해안 일대(一帶)에 태풍이 불다.

일대² 명 【Text=0/Freq1=0】 ⓧ
  ① (예) 일대(一代)의 명저를 여러 권 남기다. 〔×〕
  ② (예) 일생 일대의 [기회/실수]. 〔×〕

일대³ 관 【Text=9/Freq1=11(30.6%)】
  ⓪ (예) 한국 문학 사상 일대(一大) 혁명이다.

≪**일련**≫전체빈도합=17(0.0009%)

일련 명 【Text=13/Freq1=17】
  ⓪ (예) 일련(一連)의 [사건/사태/현상].

≪**일류**≫전체빈도합=16(0.0009%)

일류 명 【Text=11/Freq1=16】
  ⓪ (예) 건물의 외관은 일류(一流)이다.
〔Text=8/Freq2=8(50%)〕
  관<일류 대학> 〔Text=4/Freq2=8(50%)〕

≪**일반**≫전체빈도합=76(0.0041%)

일반 명★☆★ 【Text=33/Freq1=76】
  Ⅰ ① (예) 주민의 보건과 생활 일반(一般)을 돌보다. 〔Text=7/Freq2=10(13.2%)〕
    ②<~ 일반> (예) [남성/여성/한국인] 일반에 대한 정보.
〔Text=6/Freq2=11(14.5%)〕
    ③ (예) 유물이 일반에 공개되다.
〔Text=3/Freq2=6(7.9%)〕
  Ⅱ (예) 일반 시민들을 위한 주택.
〔Text=22/Freq2=49(64.5%)〕

≪**일반적**≫전체빈도합=80(0.0043%)

일반적¹ 명 【Text=31/Freq1=70(87.5%)】
  ⓪ (예) 일반적(一般的)으로 그렇다. /일반적인 방식.

일반적² 관 【Text=7/Freq1=10(12.5%)】
  ⓪ (예) 일반적(一般的) 경향.

≪**일방적**≫전체빈도합=25(0.0013%)

일방적¹ 명 【Text=16/Freq1=23(92%)】
  ① (예) 일방적(一方的)인 통고를 하다.
〔Text=5/Freq2=8(34.8%)〕

② (예) 일방적으로 당하다.
〔Text=13/Freq2=15(65.2%)〕

일방적² 관 【Text=2/Freq1=2(8%)】
  ① (예) 일방적(一方的) 지시. 〔×〕
  ② (예) 일방적 희생을 강요하다.
〔Text=2/Freq2=2(100%)〕

≪**일본**♣≫전체빈도합=412(0.0222%)

일본⁰ 명(고유)★★★ 【Text=77/Freq1=412】
  ⓿ (예) 일본(日本)으로 출장을 가다.

≪**일본어**≫전체빈도합=9(0.0005%)

일본어 명☆★☆ 【Text=5/Freq1=9】
  ⓪ (예) 일본어(日本語)를 배우다.

≪**일본인**♣≫전체빈도합=15(0.0008%)

일본인⁰ 명 【Text=13/Freq1=15】
  ⓿ (예) 일본인(日本人) [관광객이/친구가/학생이] 많다.

≪**일부**≫전체빈도합=132(0.0071%)

일부¹ 명★☆★ 【Text=60/Freq1=132(100%)】
  Ⅰ (예) 뜰은 집의 일부(一部)이다.
〔Text=59/Freq2=118(89.4%)〕
  Ⅱ (예) 변화가 일부 나타나다.
〔Text=10/Freq2=14(10.6%)〕

일부² 명 【Text=0/Freq1=0】 ⓧ
  ⓪ (예) 1936년 12월 5일의 일부(日附)가 붙다. 〔×〕

일부³ 명 【Text=0/Freq1=0】 ⓧ
  ⓪ (예) 일부(日賦)로 물건을 사다. 〔×〕

≪**일부러**≫전체빈도합=79(0.0043%)

일부러 부★★★ 【Text=54/Freq1=79】
  ① (예) 술 한잔하러 일부러 찾아오다.
〔Text=32/Freq2=41(51.9%)〕
  ② (예) 일부러 쓰러져서 사람을 놀라게 하다.
〔Text=24/Freq2=29(36.7%)〕
  ③ (예) 애가 울어도 일부러 모른 척하다.
〔Text=8/Freq2=9(11.4%)〕

≪**일상**≫전체빈도합=74(0.0040%)

일상 명★★☆ 【Text=43/Freq1=74】
  Ⅰ (예) [반복되는/지루한] 일상(日常)에서 벗어나다. 〔Text=14/Freq2=18(24.3%)〕
  Ⅱ (예) 일상 [경험/영역/용어].
〔Text=5/Freq2=5(6.8%)〕
  관<일상 생활> 〔Text=25/Freq2=48(64.9%)〕
  관<일상 언어> 〔Text=1/Freq2=3(4.1%)〕

㉑<일상 용품>〔×〕

≪**일상적**≫전체빈도합=25(0.0013%)

일상적¹ 몡 【Text=14/Freq1=17(68%)】
　⓪ (예) 일상적(日常的)으로 반복하다.
　　　/일상적인 생활.

일상적² 관 【Text=4/Freq1=8(32%)】
　⓪ (예) 일상적(日常的) [대화/삶/현실].

≪**일생**≫전체빈도합=63(0.0034%)

일생 몡☆★ 【Text=32/Freq1=63】
　Ⅰ (예) 후회 없는 일생(一生)을 살다.
　　　〔Text=29/Freq2=59(93.7%)〕
　Ⅱ (예) 이 일을 일생 잊지 않겠다.
　　　〔Text=1/Freq2=1(1.6%)〕
　㉑<일생을 바치다>
　　　〔Text=3/Freq2=3(4.8%)〕

≪**일시적**≫전체빈도합=17(0.0009%)

일시적¹ 몡 【Text=13/Freq1=15(88.2%)】
　⓪ (예) 일시적(一時的)으로 중단되다.
　　　/일시적인 혼란.

일시적² 관 【Text=2/Freq1=2(11.8%)】
　⓪ (예) 일시적(一時的) [유행/효과].

≪**일쑤**≫전체빈도합=37(0.0020%)

일쑤 몡 【Text=27/Freq1=37】
　Ⅰ <-기 일쑤이다>
　　(예) 애가 울어서 밤을 새우기가
　　　일쑤다. 〔Text=25/Freq2=34(91.9%)〕
　Ⅱ (예) 돈이 없어 일쑤 끼니를 거르다.
　　　〔Text=2/Freq2=3(8.1%)〕

≪**일어나다**≫전체빈도합=783(0.0422%)

일어나다 동★★★ 【Text=168/Freq1=783】
　① (예) 의자에서 일어나다.
　　　〔Text=72/Freq2=177(22.6%)〕
　② (예) 아침에 (침상에서) 일어나다.
　　　〔Text=74/Freq2=174(22.2%)〕
　③㉠ (예) [사건이/싸움이] 일어나다.
　　　〔Text=92/Freq2=301(38.4%)〕
　　㉡ (예) [동요가/변화가] 일어나다.
　　　〔Text=39/Freq2=72(9.2%)〕
　　㉢ (예) [복통이/현기증이] 일어나다.
　　　〔Text=1/Freq2=1(0.1%)〕
　　㉣ (예) [짜증이/충동이] 일어나다.
　　　〔Text=14/Freq2=14(1.8%)〕
　④ (예) 여성들이 일어나 권리를 찾다.
　　　〔Text=8/Freq2=8(1%)〕

　⑤ (예) [먹구름이/번개가] 일어나다.
　　　〔Text=4/Freq2=4(0.5%)〕
　⑥ (예) [김이/먼지가/바람이] 일어나다.〔×〕
　⑦ (예) [불길이/산불이] 일어나다.
　　　〔Text=3/Freq2=5(0.6%)〕
　⑧ (예) 새로운 [문화가/종교가] 일어나다.
　　　〔Text=9/Freq2=11(1.4%)〕
　⑨ (예) [가세가/운세가] 일어나다.
　　　〔Text=1/Freq2=1(0.1%)〕
　⑩ (예) 새 나라가 일어나다.
　　　〔Text=3/Freq2=7(0.9%)〕
　⑪ (예) 페인트칠이 일어나다.
　　　〔Text=1/Freq2=1(0.1%)〕
　⑫ (예) 병석을 털고 일어나다.
　　　〔Text=5/Freq2=6(0.8%)〕
　ⓧ 〔Text=1/Freq2=1(0.1%)〕

≪**일어서다**≫전체빈도합=156(0.0084%)

일어서다 동★☆★ 【Text=64/Freq1=156】
　① (예) 의자에서 벌떡 일어서다.
　　　〔Text=53/Freq2=139(89.1%)〕
　② (예) 시민들이 정의를 위해 일어서다.
　　　〔Text=3/Freq2=5(3.2%)〕
　③ (예) 가난을 딛고 일어서다.
　　　〔Text=7/Freq2=8(5.1%)〕
　㉑<머리카락이 일어서다>〔×〕
　ⓧ 〔Text=4/Freq2=4(2.6%)〕

≪**일요일**≫전체빈도합=128(0.0069%)

일요일 몡★★★ 【Text=62/Freq1=128】
　⓪ (예) 일요일(日曜日).

≪**일월**≫전체빈도합=26(0.0014%)

일월¹ 몡 【Text=0/Freq1=0】ⓧ
　① (예) 일월(日月)의 음양 조화.〔×〕
　② (예) 초야에 묻혀 한가로이 일월을 보내다.
　　〔×〕

일월² 몡☆★☆ 【Text=16/Freq1=26(100%)】
　⓪ (예) 일월(一月).

≪**일으키다**≫전체빈도합=147(0.0079%)

일으키다 동★★★ 【Text=75/Freq1=147】
　Ⅰ① (예) 아이를 일으켜 세우다.
　　　〔Text=9/Freq2=10(6.8%)〕
　　② (예) [몸을/허리를] 일으키다.
　　　〔Text=18/Freq2=37(25.2%)〕
　　③ (예) [반란을/폭동을] 일으키다.
　　　〔Text=13/Freq2=17(11.6%)〕

④ (예) [군대를/의병을] 일으키다.
〔Text=3/Freq2=5(3.4%)〕
⑤ (예) [말썽을/평지풍파를] 일으키다.
〔Text=7/Freq2=8(5.4%)〕
⑥ (예) 나라를 일으키다.
〔Text=3/Freq2=3(2%)〕
⑦ (예) [먼지를/물살을] 일으키다.
〔Text=15/Freq2=24(16.3%)〕
⑧ (예) [사업을/집안을] 일으키다.
〔Text=2/Freq2=2(1.4%)〕
⑨ (예) [뇌진탕을/발작을] 일으키다.
〔Text=3/Freq2=3(2%)〕
⑩ (예) 고장을 일으키다. 〔×〕
⑪ (예) [착오를/혼란을] 일으키다. 〔×〕
⑫ (예) [반감을/향수를] 일으키다. 〔×〕
Ⅱ ① ㉠ (예) 사회에 물의를 일으키다.
〔Text=10/Freq2=16(10.9%)〕
㉡ (예) 그에게 혼란을 일으키다.
〔Text=11/Freq2=11(7.5%)〕
② (예) 그의 가슴에 혐오감을 일으키다.
〔Text=6/Freq2=8(5.4%)〕
③ (예) [암을/현기증을] 일으키다.
〔Text=2/Freq2=2(1.4%)〕
ⓧ 〔Text=1/Freq2=1(0.7%)〕

≪**일일이**≫전체빈도합=23(0.0012%)

일일이 [부] **[Text=18/Freq1=23]**
⓪ (예) 문제를 일일(一一)이 지적하다.

≪**일자리**≫전체빈도합=21(0.0011%)

일자리 [명] **[Text=15/Freq1=21]**
⓪ (예) 일자리를 구하다.

≪**일정하다**≫전체빈도합=58(0.0031%)

일정하다 [형]★☆☆ **[Text=42/Freq1=58]**
⓪ (예) 건물의 간격이 일정(一定)하다.
/메뉴가 일정하다.

≪**일제**≫전체빈도합=76(0.0041%)

일제[1] [명] **[Text=22/Freq1=73(96.1%)]**
① (예) 일제(日帝)가 중국을 침략하다.
〔Text=14/Freq2=37(50.7%)〕
② (예) 일제 말기의 국어 말살 정책.
〔Text=13/Freq2=21(28.8%)〕
[관]<일제 시대> 〔Text=7/Freq2=15(20.5%)〕
[관]<일제 잔재> 〔×〕

일제[2] [명] **[Text=2/Freq1=2(2.6%)]**
⓪ (예) 일제(日製) 자동차.

일제[3] [명] **[Text=1/Freq1=1(1.3%)]** [212]
⓪ (예) 일제(一齊) 검문.

≪**일제히**≫전체빈도합=31(0.0017%)

일제히 [부] **[Text=24/Freq1=31]**
⓪ (예) 모두 일제(一齊)히 멈추다.

≪**일종**≫전체빈도합=60(0.0032%)

일종 [명] **[Text=30/Freq1=60]**
① (예) 하프는 악기의 일종(一種)이다.
〔Text=9/Freq2=11(18.3%)〕
② (예) 이 시는 일종의 서정시이다.
〔Text=25/Freq2=49(81.7%)〕

≪**일찌감치**≫전체빈도합=15(0.0008%)

일찌감치 [부] **[Text=10/Freq1=15]**
⓪ (예) 아침 일찌감치 출발하다.

≪**일찍**≫전체빈도합=211(0.0114%)

일찍 [부]★★★ **[Text=107/Freq1=211]**
⓪ (예) 일찍 [일어나다/일이 끝나다].
〔Text=87/Freq2=169(80.1%)〕
❶ (예) 왕이 일찍 세상을 떠나다.
〔Text=13/Freq2=14(6.6%)〕
[관]<일찍부터>
① (예) 아침 일찍부터 일하다.
〔Text=6/Freq2=6(2.8%)〕
② (예) 일찍부터 농업이 발달하다.
〔Text=14/Freq2=21(10%)〕
ⓧ 〔Text=1/Freq2=1(0.5%)〕

≪**일찍이**≫전체빈도합=38(0.0020%)

일찍이 [부] **[Text=24/Freq1=38]**
① (예) 아침 일찍이 차례를 지내다.
〔Text=1/Freq2=1(2.6%)〕
② (예) 한방에서는 일찍이 대추를 강장제로 많이 써 오다. 〔Text=23/Freq2=37(97.4%)〕

≪**일체**≫전체빈도합=44(0.0024%)

일체[1] [명] **[Text=14/Freq1=22(50%)]**
Ⅰ ① (예) 수술비와 입원비 일체(一切)를 보험에서 보장하다.
〔Text=5/Freq2=5(22.7%)〕
② (예) 일체의 사실들을 밝히다.
〔Text=9/Freq2=17(77.3%)〕

---

212) 『연세 한국어 사전』에서는 '일제[3]'가 '형성'의 품사로 기술되어 있다.

Ⅱ (예) 일체 제도를 개선하다. 〔×〕
일체² 명 【Text=3/Freq1=6(13.6%)】
  ⓪ (예) 모든 겨레가 일체(一體)로 뭉치다.
일체⁰ 부 【Text=12/Freq1=16(36.4%)】
  ❶ (예) 걱정 근심을 일체(一切) 털어 버리다.

≪일치하다≫전체빈도합=20(0.0011%)
  일치하다 동 【Text=16/Freq1=20】
    ⓪ (예) [두 사람의 말이/말과 행동이/의견들이]
      일치(一致)하다.

≪일컫다≫전체빈도합=35(0.0019%)
  일컫다 동 【Text=25/Freq1=35】
    Ⅰ (예) 가구 만드는 목수를 소목장이라
      일컫다. 〔Text=9/Freq2=12(34.3%)〕
    Ⅱ ① (예) 도자기는 도기와 자기를 통틀어
      일컫는 말이다.
        〔Text=20/Freq2=23(65.7%)〕
      ② (예) 신의 이름을 망령되이 일컫지
        말라. 〔×〕

≪일하다≫전체빈도합=312(0.0168%)
  일하다 동★★★ 【Text=112/Freq1=312】
    Ⅰ (예) [공장에서/땀 흘려] 일하다.
      〔Text=112/Freq2=298(95.5%)〕
    Ⅱ (예) [공무원으로/차장으로] 일하다.
      〔Text=11/Freq2=14(4.5%)〕

≪일행≫전체빈도합=40(0.0022%)
  일행 명 【Text=18/Freq1=40】
    ⓪ (예) 대표단 일행(一行)을 안내하다.

≪일흔≫전체빈도합=17(0.0009%)
  일흔 주 ☆☆★ 【Text=12/Freq1=17】
    Ⅰ (예) 나이가 [일흔이다/일흔이 넘다].
      〔Text=8/Freq2=10(58.8%)〕
    Ⅱ (예) 일흔 [명/살].
      〔Text=5/Freq2=7(41.2%)〕

≪읽다≫전체빈도합=1,890(0.1018%)
  읽다 동★★★ 【Text=151/Freq1=1,890】
    ① ㉠ (예) [글을/책을] 읽다.
      〔Text=1433/Freq2=1,776(94%)〕
      ㉡ (예) 악보를 읽다.
        〔Text=8/Freq2=14(0.7%)〕
      ㉢ (예) 표지의 글자를 눈으로 읽다.

      〔Text=14/Freq2=71(3.8%)〕
    ㉣ (예) 러시아어를 읽을 수 있다.
      〔Text=1/Freq2=1(0.1%)〕
    ❶ (예) 할머니에게 편지를 읽어 주다.
      〔Text=14/Freq2=17(0.9%)〕
    ② (예) [마음을/심중을/표정을] 읽다.
      〔Text=3/Freq2=4(0.2%)〕
    ③ (예) [대세를/사회를] 읽다.
      〔Text=5/Freq2=7(0.4%)〕

≪잃다≫전체빈도합=213(0.0115%)
  잃다 동★★★ 【Text=99/Freq1=213】
    ① (예) 길에서 [돈을/지갑을] 잃다.
      〔Text=13/Freq2=22(10.3%)〕
    ② (예) [대중의 사랑을/일자리를] 잃다.
      〔Text=26/Freq2=32(15%)〕
    ③ (예) [눈을/왼팔을] 잃다.
      〔Text=1/Freq2=1(0.5%)〕
    ④ (예) [넋을/정신을] 잃다.
      〔Text=31/Freq2=44(20.7%)〕
    ⑤ ㉠ (예) [기운을/웃음을/특성을] 잃다.
      〔Text=29/Freq2=36(16.9%)〕
      ㉡ (예) [명성을/인기를] 잃다.
        〔Text=10/Freq2=14(6.6%)〕
    ⑥ ㉠ (예) [아이를/친구를] 잃다.
      〔Text=5/Freq2=6(2.8%)〕
      ㉡ (예) 아들을 홍역으로 잃다.
        〔Text=17/Freq2=25(11.7%)〕
    ⑦ (예) [길을/방향을] 잃다.
      〔Text=10/Freq2=12(5.6%)〕
    ⑧ (예) [중심을/초점을] 잃다.
      〔Text=10/Freq2=10(4.7%)〕
    ⑨ (예) [기회를/때를] 잃다.
      〔Text=1/Freq2=1(0.5%)〕
    ❿ (예) 노름에서 돈을 잃다./경기를 잃다.
      〔Text=2/Freq2=5(2.3%)〕
    ㉮ <(할) 말을 잃다>
      〔Text=4/Freq2=4(1.9%)〕
    ⓧ 〔Text=1/Freq2=1(0.5%)〕

≪잃어버리다≫전체빈도합=94(0.0051%)
  잃어버리다 동★★☆ 【Text=54/Freq1=94】
    ☞잃다. ²¹³
    ① (예) 길에서 지갑을 잃어버리다.
      〔Text=21/Freq2=38(40.4%)〕

---

213) 『연세 한국어 사전』에서는 '잃어버리다'를 단일 의미로 기술하고 있는데, 여기서는 '잃다'의 의미 구분에 따라 상세히 기술한다.

② (예) 일자리를 잃어버리다.
  〔Text=13/Freq2=20(21.3%)〕
③ (예) [눈을/왼팔을] 잃어버리다.
  〔Text=1/Freq2=1(1.1%)〕
④ (예) [넋을/정신을] 잃어버리다.
  〔Text=3/Freq2=3(3.2%)〕
⑤ ㉠ (예) [기운을/웃음을] 잃어버리다.
  〔Text=11/Freq2=14(14.9%)〕
  ㉡ (예) [명성을/인기를] 잃어버리다.
  〔Text=1/Freq2=1(1.1%)〕
⑥ ㉠ (예) [아이를/친구를] 잃어버리다.
  〔Text=3/Freq2=3(3.2%)〕
  ㉡ (예) 아들을 홍역으로 잃어버리다.
  〔Text=2/Freq2=2(2.1%)〕
⑦ (예) [길을/방향을] 잃어버리다.
  〔Text=4/Freq2=4(4.3%)〕
⑧ (예) [중심을/초점을] 잃어버리다.
  〔Text=1/Freq2=1(1.1%)〕
⑨ (예) [기회를/때를] 잃어버리다.
  〔Text=1/Freq2=1(1.1%)〕
❿ (예) 노름에서 돈을 잃어버리다.
  〔Text=1/Freq2=5(5.3%)〕
㊀ <(할) 말을 잃어버리다>
  〔Text=1/Freq2=1(1.1%)〕

《임금》전체빈도합=267(0.0144%)

임금¹ 명★★★ 【Text=37/Freq1=253(94.8%)】
⓪ (예) 신하가 임금을 섬기다.

임금² 명 【Text=6/Freq1=14(5.2%)】
⓪ (예) 노동을 하고 임금(賃金)을 받다.
  〔Text=5/Freq2=9(64.3%)〕
㊀ <임금 노동자> 〔×〕
㊀ <임금 인상> 〔Text=3/Freq2=5(35.7%)〕

《임마*》전체빈도합=55(0.0030%)

임마⁰ 감 【Text=16/Freq1=55】
⓪ (예) 임마, 이리 와 봐./뭘 봐, 임마.

《임무》전체빈도합=18(0.0010%)

임무 명 【Text=13/Freq1=18】
⓪ (예) 임무(任務)를 맡다.

《임시》전체빈도합=28(0.0015%)

임시 명★☆☆ 【Text=16/Freq1=28】
⓪ (예) 임시(臨時)로 대표를 맡다.
  〔Text=14/Freq2=23(82.1%)〕
㊀ <임시 정부>
  ① (예) 시민들이 파리에 임시 정부를 세우다. 〔×〕
  ② (예) 상해의 대한민국 임시 정부.
  〔Text=4/Freq2=5(17.9%)〕

《입》전체빈도합=450(0.0242%)

입 명★★★ 【Text=124/Freq1=450】
Ⅰ ① (예) 밥을 입에 넣다.
  〔Text=64/Freq2=156(34.7%)〕
  ② (예) 입을 꼭 다물다./입 언저리에 국물이 묻다. 〔Text=45/Freq2=78(17.3%)〕
  ③ (예) 입을 쨍긋하다.
  〔Text=66/Freq2=162(36%)〕
  ❹ (예) 입이 좁은 병.
  〔Text=2/Freq2=2(0.4%)〕
  ❺ (예) 맨 입으로?/입이 고급이다.
  〔Text=2/Freq2=2(0.4%)〕
Ⅱ (예) 단무지를 한 입 베어 먹다.
  〔Text=6/Freq2=8(1.8%)〕
㊀ <(누구의) 입에 붙이다> 〔×〕
㊀ <(누구의) 입에 오르내리다>
  〔Text=4/Freq2=5(1.1%)〕
㊀ <[입 끝에/'입 밖에/입에] 오르다>
  〔Text=5/Freq2=5(1.1%)〕
㊀ <입만 까다> 〔×〕
㊀ <입관 살다> 〔×〕
㊀ <입(맛)에 맞다> 〔Text=5/Freq2=6(1.3%)〕
㊀ <입에 담지 못하다> 〔×〕
㊀ <입에 대다> 〔Text=2/Freq2=2(0.4%)〕
㊀ <입에 발린 ~> 입에 발린 칭찬. 〔×〕
㊀ <입에 붙다> 〔×〕
㊀ <입에 신물이 나다>
  〔Text=1/Freq2=1(0.2%)〕
㊀ <입에 익다> 〔×〕
㊀ <입에 짝짝 붙다> 〔×〕
㊀ <입에 풀칠하다> 〔Text=1/Freq2=1(0.2%)〕
㊀ <입(을) [딱/싹] 씻다> 〔×〕
㊀ <입(을) 막다> 〔Text=4/Freq2=4(0.9%)〕
㊀ <입을 맞추다>
  ① (예) 사랑하는 사람과 입을 맞추다.
  〔Text=4/Freq2=5(1.1%)〕
  ② (예) 함께 한 것으로 입을 맞추다.
  〔Text=2/Freq2=2(0.4%)〕
㊀ <입을 모으다> 〔Text=2/Freq2=2(0.4%)〕
㊀ <입을 벌리다>
  ① (예) 놀라 입을 딱 벌리다. 〔×〕
  ② (예) 말없던 그가 입을 벌리다.
  〔Text=2/Freq2=2(0.4%)〕

관<입을 봉하다> 〔×〕
관<입이 간지럽다> 〔Text=1/Freq2=1(0.2%)〕
관<입이 딱 벌어지다> 〔×〕
관<입이 떨어지지 않다>
　　〔Text=2/Freq2=2(0.4%)〕
관<입이 마르다> 〔×〕
관<입이 무겁다> 〔Text=1/Freq2=1(0.2%)〕
관<입이 심심하다> 〔×〕
관<입이 열리다> 〔Text=3/Freq2=3(0.7%)〕
관<입이 재다> 〔×〕
관<입이 짧다> 〔×〕
관<입이 함박만하다> 〔×〕

≪입가≫전체빈도합=17(0.0009%)
　입가 명 【Text=15/Freq1=17】
　　⓪ (예) 입가에 웃음을 띠다.

≪입구≫전체빈도합=67(0.0036%)
　입구 명☆★★ 【Text=47/Freq1=67】
　　⓪ (예) [건물/마을] 입구(入口).

≪입다≫전체빈도합=525(0.0283%)
　입다 동★★★ 【Text=141/Freq1=525】
　　① (예) [바지를/옷을/양장을] 입다.
　　　〔Text=126/Freq2=472(89.9%)〕
　　② (예) [상처를/피해를] 입다.
　　　〔Text=31/Freq2=46(8.8%)〕
　　③ (예) [도움을/은덕을/혜택을] 입다.
　　　〔Text=5/Freq2=7(1.3%)〕
　　④ (예) [때를/손때를] 입다. 〔×〕
　　⑤ (예) 넋을/몸을 입고 태어나다. 〔×〕

≪입맛≫전체빈도합=20(0.0011%)
　입맛 명 【Text=19/Freq1=20】
　　① (예) 환절기에 입맛이 떨어지다.
　　　〔Text=13/Freq2=13(65%)〕
　　② (예) 스타일이 입맛에 맞지 않다.
　　　〔Text=2/Freq2=2(10%)〕
　관<입맛을 다시다>
　　① (예) 입맛을 다시며 밥을 먹다.
　　　〔Text=2/Freq2=2(10%)〕
　　② (예) 못마땅해서 입맛을 다시다.
　　　〔Text=1/Freq2=1(5%)〕
　　③ (예) 탐이 나서 입맛을 다시다.
　　　〔Text=1/Freq2=1(5%)〕
　관<입맛(이) 당기다> 〔×〕
　관<입맛(이) 떨어지다>
　　　〔Text=1/Freq2=1(5%)〕

관<입맛(이) 쓰다> 〔×〕

≪입술≫전체빈도합=66(0.0036%)
　입술 명★☆★ 【Text=35/Freq1=66】
　　⓪ (예) 입술에 루즈를 바르다.
　　　〔Text=34/Freq2=59(89.4%)〕
　관<입술을 깨물다> 입술을 깨물며 아픔을
　　참다. 〔Text=7/Freq2=7(10.6%)〕

≪입원≫전체빈도합=16(0.0009%)
　입원 명☆☆★ 【Text=11/Freq1=16】
　　⓪ (예) 병원에 입원(入院)을 하다.

≪입원하다≫전체빈도합=23(0.0012%)
　입원하다 동 【Text=14/Freq1=23】
　　⓪ (예) 병원에 입원(入院)하다.

≪입장≫전체빈도합=166(0.0089%)
　입장¹ 명★★☆ 【Text=55/Freq1=160(96.4%)】
　　⓪ (예) 상대의 입장(立場)에서 생각하다.
　입장² 명 【Text=4/Freq1=6(3.6%)】
　　⓪ (예) 표를 내고 극장에 입장(入場)을 하다.

≪입학≫전체빈도합=38(0.0020%)
　입학 명☆★★ 【Text=20/Freq1=38】
　　⓪ (예) 입학(入學) 수속을 하다.
　　　〔Text=18/Freq2=34(89.5%)〕
　관<입학 시험> 〔Text=3/Freq2=4(10.5%)〕

≪입학하다≫전체빈도합=40(0.0022%)
　입학하다 동 【Text=27/Freq1=40】
　　⓪ (예) 학교에 입학(入學)하다.

≪입히다≫전체빈도합=41(0.0022%)
　입히다 동☆★☆ 【Text=30/Freq1=41】
　　① (예) 아이에게 옷을 입히다.
　　　〔Text=19/Freq2=24(58.5%)〕
　　② (예) 남에게 손해를 입히다.
　　　〔Text=7/Freq2=9(22%)〕
　　③ (예) 겉에 금박을 입히다.
　　　〔Text=3/Freq2=6(14.6%)〕
　　⒳ 〔Text=2/Freq2=2(4.9%)〕

≪잇다≫전체빈도합=273(0.0147%)
　잇다 동★★★ 【Text=93/Freq1=273】
　Ⅰ ① (예) 두 끈을 잇다./소파를 길게 이어
　　　놓다. 〔Text=8/Freq2=12(4.4%)〕
　　② (예) 그림1과 그림4를 잇다.
　　　〔Text=10/Freq2=20(7.3%)〕
　　③ (예) 을지로와 종로를 잇는 지름길.

　　　　〔Text=13/Freq2=15(5.5%)〕
　④ (예) 사람들이 대열을 잇다.
　　　　〔Text=4/Freq2=4(1.5%)〕
　⑤ (예) [끼니를/말을] 잇다.
　　　　〔Text=56/Freq2=147(53.8%)〕
　⑥ (예) [뒤를/사업을] 잇다.
　　　　〔Text=27/Freq2=47(17.2%)〕
Ⅱ <~에 이어(서)>
　(예) 외환 위기에 이어 금융 위기가
　　일어나다. 〔Text=15/Freq2=17(6.2%)〕
　관<꼬리를 잇다> 〔Text=1/Freq2=1(0.4%)〕
　관<줄을 잇다> 〔Text=4/Freq2=4(1.5%)〕
　ⓧ 〔Text=4/Freq2=6(2.2%)〕

≪있다≫ 전체빈도합=23,058(1.2417%)

있다¹ 형★★★
　　　【Text=215/Freq1=12,630(54.8%)】 214)
Ⅰ ① (예) 옛날에 어느 산골에 한 부부가
　　　있었다./이심전심이란 말이 있다.
　　　〔Text=206/Freq2=2,513(19.9%)〕
　② (예) 열차 사고가 있었다./
　　　그 일로 크게 다치는 사람이 있을 것이다.
　　　〔Text=143/Freq2=509(4%)〕
　③ (예) 운동회가 있는 날./오늘 소방 훈련이
　　　있다. 〔Text=86/Freq2=174(1.4%)〕
Ⅱ ① (예) 정거장은 바로 앞에 있다./
　　　자료가 회사에 있다.
　　　〔Text=186/Freq2=1,284(10.2%)〕
　② (예) 남편이 제약회사에 있다.
　　　〔Text=35/Freq2=45(0.4%)〕
　③ (예) 초청 명단에 이름이 있다.
　　　〔Text=120/Freq2=451(3.6%)〕
　④ (예) 곤란한 처지에 있다./
　　　물가가 오르는 추세에 있다.
　　　〔Text=67/Freq2=134(1.1%)〕
Ⅲ ① (예) 돈은 내게 있다./
　　　그 사람한테 자가용이 있을까?
　　　〔Text=156/Freq2=538(4.3%)〕
　② (예) 나에게는 고향의 노모가 있다.
　　　〔Text=53/Freq2=88(0.7%)〕
　③ (예) 이 소설에는 독창성이 있다.
　　　〔Text=177/Freq2=1,024(8.1%)〕
　④ (예) 며느리가 태기가 있어 친정으로
　　　보내다. 〔Text=77/Freq2=171(1.4%)〕

Ⅳ (예) 결혼하기 전 노총각으로 있을 때./
　　중학교 교장으로 있다.
　　〔Text=25/Freq2=36(0.3%)〕
Ⅴ (예) 나는 그냥 집에 있겠다.
　　〔Text=117/Freq2=350(2.8%)〕
Ⅵ (예) 1주일만 있으면 방학이다./
　　좀 있으니 아픔이 가시다.
　　〔Text=44/Freq2=52(0.4%)〕
Ⅶ <있는 ~> (예) [있는 사람인데도/있는 집이]
　　더 검소하다. 〔Text=5/Freq2=6(0.1%)〕
❶ (예) [가만/잘/조용히] 있다.
　　〔Text=56/Freq2=100(0.8%)〕
❷ (예) 일이 재미도 있고 흥미도 있다.
　　〔Text=34/Freq2=62(0.5%)〕
관 <-는 거 있다> 말도 안 하는 거 있지?
　　〔Text=4/Freq2=4(0%)〕
관 <-ㄹ 리(가) 있냐> 괜찮을 리 있냐?
　　〔Text=19/Freq2=22(0.2%)〕
관 <-ㄹ/-ㄴ [바가/일이/적이] 있다>
　　이 문제를 다룬 바가 있다.
　　〔Text=138/Freq2=369(2.9%)〕
관 <-ㄹ 수 있다>
　① (예) 문제를 풀 수 있다.
　　〔Text=150/Freq2=637(5%)〕
　② (예) 주말엔 늦잠 잘 수 있다.
　　〔Text=190/Freq2=2,140(16.9%)〕
　③ (예) 사고가 또 날 수 있다.
　　〔Text=177/Freq2=1,631(12.9%)〕
관 <[~에/어게] 있어(서)>
　　〔Text=61/Freq2=221(1.8%)〕
관 <있는 [대로/힘껏]> 있는 힘껏 밀다.
　　〔Text=10/Freq2=13(0.1%)〕
관 <있잖아요> 있잖아요. 오늘 바빠요?
　　〔Text=15/Freq2=24(0.2%)〕
　ⓧ 〔Text=18/Freq2=32(0.3%)〕

있다² 동보★★☆ 【Text=208/Freq1=6,698(29%)】
　① (예) [밥을 먹고/책을 읽고/학교에 다니고]
　　있다. 〔Text=205/Freq2=4,543(67.8%)〕
　② (예) 아이를 안고 있다./버스에 타고 있다.
　　〔Text=183/Freq2=2,155(32.2%)〕

있다³ 동보★★☆
　　　【Text=200/Freq1=3,730(16.2%)】
　⓪ (예) 뒤에 서 있다./비닐로 포장되어 있다.
　　/일이 밀려 있다.

---

214) 『외국인을 위한 한국어 학습 사전』(2004)의 중요 어휘 목록에는 '있다¹'의 Ⅳ~Ⅶ에 해당하는 용법을 독립된 동사로 보아 ★★☆의 중요도를 부여하고 있다.

〔Text=200/Freq2=3,730(100%)〕

≪잉크≫ 전체빈도합=17(0.0009%)

잉크 명 【Text=12/Freq1=17】
　⓪ (예) 펜에 검정 잉크를 찍어 쓰다.

≪잊다≫ 전체빈도합=246(0.0132%)

잊다 동★★★ 【Text=110/Freq1=246】
　① (예) [약속을/이름을] 잊다.
　　〔Text=27/Freq2=34(13.8%)〕
　② (예) 숙제 하는 것을 잊다.
　　〔Text=26/Freq2=30(12.2%)〕
　③ (예) [근심을/피로를] 잊다.
　　〔Text=23/Freq2=27(11%)〕
　④ (예) [본분을/은혜를] 잊다.
　　〔Text=27/Freq2=38(15.4%)〕
　⑤ (예) [그를/그 일을] 잊겠다.
　　〔Text=47/Freq2=91(37%)〕
　⑥ (예) 그리움을 잊으려 일에 몰두하다.
　　〔Text=16/Freq2=21(8.5%)〕
　❼ (예) 택시에서 [시계를/지갑을] 잊다.
　　〔Text=5/Freq2=5(2%)〕
　관<(할) 말을 잊다> 〔×〕

≪잊어버리다≫ 전체빈도합=75(0.0040%)

잊어버리다 동★★★ 【Text=46/Freq1=75】 215)
　❶ (예) [약속을/이름을] 잊어버리다.
　　〔Text=24/Freq2=36(48%)〕
　❷ (예) 숙제 하는 것을 잊어버리다.
　　〔Text=8/Freq2=10(13.3%)〕
　❸ (예) [근심을/피로를] 다 잊어버리다.
　　〔Text=4/Freq2=5(6.7%)〕
　❹ (예) [본분을/은혜를] 잊어버리다.
　　〔Text=1/Freq2=1(1.3%)〕
　❺ (예) [그를/그 일을] 잊어버리겠다.
　　〔Text=10/Freq2=15(20%)〕
　❻ (예) 그리움을 잊어버리려 일에 몰두하다.
　　〔Text=5/Freq2=6(8%)〕
　❼ (예) 택시에 지갑을 잊어(=잃어)버리다.
　　〔Text=1/Freq2=1(1.3%)〕
　❽ (예) 아이가 집을 잊어(=잃어)버리다.
　　〔Text=1/Freq2=1(1.3%)〕
　관<(할) 말을 잊어버리다> 〔×〕

≪잊히다≫ 전체빈도합=27(0.0015%)

잊히다 동 【Text=20/Freq1=27】
　⓪ (예) 그 일이 결코 잊힐 리 없다.

≪잎≫ 전체빈도합=51(0.0027%)

잎 명★☆★ 【Text=31/Freq1=51】
　Ⅰ (예) 나무에 푸른 잎이 달리다.
　　〔Text=31/Freq2=49(96.1%)〕
　Ⅱ (예) 나뭇잎이 한 잎 두 잎 떨어지다.
　　〔Text=1/Freq2=2(3.9%)〕

≪자≫ 전체빈도합=516(0.0278%) 216)

자¹ 명★★★ 【Text=9/Freq1=14(2.7%)】
　⓪ (예) 자로 길이를 재다.

자² 명 【Text=1/Freq1=2(0.4%)】
　⓪ (예) 성삼문의 자(字)는 근보이다.

자³ 명의 【Text=6/Freq1=10(1.9%)】
　⓪ (예) 삼십 자 높이의 탑.
　　〔Text=6/Freq2=7(70%)〕
　관<내 코가 석 자> 〔Text=1/Freq2=1(10%)〕
　관<수염이 석자라도 먹어야 양반>
　　〔Text=1/Freq2=2(20%)〕

자⁴ 명의 【Text=38/Freq1=75(14.5%)】
　① (예) 그 글자는 무슨 자(字)입니까?
　　〔Text=22/Freq2=35(46.7%)〕
　②<소식 [한/몇] 자> (예) 소식 몇 자 적어
　　보내다. 〔Text=1/Freq2=1(1.3%)〕
　③ (예) 이백 자 원고지.
　　〔Text=15/Freq2=26(34.7%)〕
　④ (예) 4월 1일자 신문.
　　〔Text=3/Freq2=13(17.3%)〕
　관<뻔할 뻔 자> 〔×〕

자⁵ 명의★★☆ 【Text=58/Freq1=177(34.3%)】
　① (예) 하늘은 스스로 돕는 자(者)를 돕는다.
　　〔Text=57/Freq2=167(94.4%)〕
　② (예) 충희라는 자는 믿을 수 없다.
　　〔Text=6/Freq2=10(5.7%)〕

자⁶ 감★★★ 【Text=77/Freq1=238(46.1%)】

---

215) 『연세 한국어 사전』에서는 '잊어버리다'를 단일 의미로 기술하고 있는데, 여기서는 '잊다'의 의미 구분에 따라 상세히 기술한다.
216) 『연세 한국어 사전』의 '-자¹⁰'(예:기술자)는 말뭉치의 분석에 적용하지 않았으므로 제외한다.

① (예) 자, 그만들 떠들고 일어나자.
 /자, 식기 전에 차를 들게.
  〔Text=50/Freq2=125(52.5%)〕
② (예) 자, 거의 다 왔다./자, 그럼 나는 이만
  가겠다. 〔Text=50/Freq2=109(45.8%)〕
③ (예) 자, 이제 어떻게 한다?
 /자, 그런데 이거 눈이 너무 많이 오네.
  〔Text=1/Freq2=4(1.7%)〕

≪**자격**≫전체빈도합=33(0.0018%)
 자격 명 【Text=30/Freq1=33】
  ① (예) [응모/지원] 자격(資格).
   〔Text=19/Freq2=21(63.6%)〕
  ② (예) 회장 자격으로 참석하다.
   〔Text=11/Freq2=12(36.4%)〕
  ㉠<자격 정지> 〔×〕

≪**자국**≫전체빈도합=28(0.0015%)
 자국¹ 명 【Text=14/Freq1=18(64.3%)】
  ⓪ (예) 자국이 [남다/생기다].
 자국² 명 【Text=3/Freq1=10(35.7%)】
  ⓪ (예) 자국(自國)의 이익을 추구하다.

≪**자극**≫전체빈도합=26(0.0014%)
 자극 명 【Text=13/Freq1=26】
  ① (예) 위에 자극(刺戟)을 주다.
   〔Text=5/Freq2=9(34.6%)〕
  ② (예) 친구와 서로 자극을 주고받다.
   〔Text=9/Freq2=17(65.4%)〕

≪**자금**≫전체빈도합=14(0.0008%)
 자금 명★☆★ 【Text=11/Freq1=14】
  ① (예) 사업 자금(資金)을 마련하다.
   〔Text=5/Freq2=6(42.9%)〕
  ② (예) 결혼 자금을 모으다.
   〔Text=7/Freq2=8(57.1%)〕

≪**자기**≫전체빈도합=1,558(0.0839%)
 자기¹ 명 【Text=3/Freq1=11(0.7%)】
  ⓪ (예) 가마에 자기(瓷器)를 굽다.
 자기² 명 【Text=0/Freq1=0】 ⓧ
  ⓪ (예) 자기(磁氣)는 전류의 세기에 비례한다.
   〔×〕
 자기³ 대★★★ 【Text=185/Freq1=1,547(99.3%)】
  ① (예) 그가 밖에서 자기(自己)의 방을
   올려다보다. 〔Text=149/Freq2=744(48.1%)〕

② (예) 흔히 우리는 생명을 자기 것으로
 착각한다. 〔Text=133/Freq2=770(49.8%)〕
③ (예) 자기 아직 안 잤어?
 〔Text=11/Freq2=26(1.7%)〕
㉠<자기 도취> 〔Text=1/Freq2=2(0.1%)〕
㉠<자기 모순> 〔×〕
㉠<자기 실현> 〔×〕
㉠<자기 중심적> 〔Text=2/Freq2=3(0.2%)〕
㉠<자기 표현> 〔Text=2/Freq2=2(0.1%)〕
 자기⁴ 명 【Text=0/Freq1=0】 ⓧ ²¹⁷⁾
  ⓪ (예) 자기(自記) [습도계/온도계]. 〔×〕

≪**자꾸**≫전체빈도합=214(0.0115%)
 자꾸 부★★★ 【Text=98/Freq1=214】
  ① (예) 그의 모습이 자꾸 생각나다.
   〔Text=83/Freq2=150(70.1%)〕
  ② (예) 마음이 자꾸 더 불안해지다.
   〔Text=42/Freq2=63(29.4%)〕
  ⓧ 〔Text=1/Freq2=1(0.5%)〕

≪**자네**≫전체빈도합=161(0.0087%)
 자네 대★★★ 【Text=43/Freq1=161】
  ⓪ (예) 자네는 누구인가?

≪**자녀**≫전체빈도합=81(0.0044%)
 자녀 명 【Text=26/Freq1=81】
  ⓪ (예) 자녀(子女)를 교육하다.

≪**자다**≫전체빈도합=376(0.0203%)
 자다 동★★★ 【Text=119/Freq1=376】
  Ⅰ ① (예) [겨울잠을/낮잠을] 자다.
    〔Text=118/Freq2=367(97.6%)〕
   ② (예) 시계가 자다. 〔×〕
  Ⅱ (예) [바람이/불길이] 자다. 〔×〕
  Ⅲ (예) 낯선 [남자와/여자와] 자다.
    〔Text=2/Freq2=7(1.9%)〕
  ⓧ 〔Text=2/Freq2=2(0.5%)〕

≪**자동**≫전체빈도합=23(0.0012%)
 자동 명 【Text=14/Freq1=23】
  Ⅰ (예) 문이 자동(自動)으로 열리다.
    〔Text=12/Freq2=21(91.3%)〕
  Ⅱ (예) 계약이 자동 취소되다.
    〔Text=2/Freq2=2(8.7%)〕
  ㉠<자동 판매기> 〔×〕

≪**자동차**≫전체빈도합=203(0.0109%)

---

217) 『연세 한국어 사전』에서는 '자기⁴'를 '형성'의 품사로 기술하고 있다.

자동차 명★★★　【Text=69/Freq1=203】
　⓪ (예) 자동차(自動車)를 몰다.

≪**자라나다**≫전체빈도합=27(0.0015%)
　자라나다 동　【Text=15/Freq1=27】☞자라다¹.
　① (예) [아이들이/키가/풀이] 자라나다.
　　　〔Text=9/Freq2=14(51.9%)〕
　② (예) [가난하게/고아로] 자라나다.
　　　〔Text=9/Freq2=12(44.4%)〕
　③ (예) 고통 속에서 사랑이 자라나다.
　　　〔Text=1/Freq2=1(3.7%)〕

≪**자라다**≫전체빈도합=276(0.0149%)
　자라다¹ 동★★★【Text=110/Freq1=275(99.6%)】
　　☞자라나다.
　① (예) [아이들이/풀이] 잘 자라다.
　　　〔Text=71/Freq2=156(56.7%)〕
　② (예) [고아로/한 마을에서] 자라다.
　　　〔Text=62/Freq2=110(40%)〕
　③ (예) 고통 속에서 사랑이 자라다.
　　　〔Text=8/Freq2=9(3.3%)〕
　자라다² 동　【Text=1/Freq1=1(0.4%)】
　⓪ (예) 힘이 자라는 데까지 돕다.

≪**자랑**≫전체빈도합=45(0.0024%)
　자랑 명☆☆★　【Text=32/Freq1=45】
　⓪ (예) 친구에게 자랑을 하다.

≪**자랑거리**≫전체빈도합=31(0.0017%)
　자랑거리 명　【Text=18/Freq1=31】
　⓪ (예) 이 고장은 자랑거리가 많다.

≪**자랑스럽다**≫전체빈도합=89(0.0048%)
　자랑스럽다 형★☆☆　【Text=43/Freq1=89】
　⓪ (예) 아들이 자랑스럽다.

≪**자랑하다**≫전체빈도합=69(0.0037%)
　자랑하다 동☆★☆　【Text=56/Freq1=69】
　⓪ (예) 합격했다고 자랑하다.

≪**자료**≫전체빈도합=234(0.0126%)
　자료 명★★☆　【Text=48/Freq1=234】
　⓪ (예) 회의 자료(資料).

≪**자르다**≫전체빈도합=78(0.0042%)
　자르다 동★★★　【Text=43/Freq1=78】
　① (예) 칼로 [고기를/나무를] 자르다.
　　　〔Text=17/Freq2=25(32.1%)〕
　② (예) 서론은 자르고 본론에 들어가다.
　　　〔Text=11/Freq2=14(17.9%)〕

　③ (예) 중간에 말을 자르다.
　　　〔Text=3/Freq2=4(5.1%)〕
　④ (예) 머리를 짧게 자르다.
　　　〔Text=10/Freq2=21(26.9%)〕
　⑤ (예) 직원을 자르다. 〔×〕
　⑥ (예) 한 마디로 잘라 말하다.
　　　〔Text=10/Freq2=12(15.4%)〕
　ⓧ 〔Text=1/Freq2=2(2.6%)〕

≪**자리**≫전체빈도합=541(0.0291%)
　자리¹ 명★★★　【Text=149/Freq1=524(96.9%)】
　① (예) 볕이 잘 드는 자리에 빨래를 널다.
　　　〔Text=61/Freq2=114(21.8%)〕
　② (예) 자리에 앉다.
　　　〔Text=76/Freq2=188(35.9%)〕
　③ (예) 매를 맞은 자리가 아프다.
　　　〔Text=27/Freq2=30(5.7%)〕
　④ (예) 총리의 자리가 비다.
　　　〔Text=31/Freq2=69(13.2%)〕
　⑤ (예) 우리가 나설 자리가 아니다.
　　　〔Text=41/Freq2=65(12.4%)〕
　⑥ (예) 사무실에서 자리를 지키다.
　　　〔Text=15/Freq2=16(3.1%)〕
　⑦ (예) 신랑감으로 좋은 자리이다.
　　　〔Text=4/Freq2=5(1%)〕
　⑧ (예) 소수점 셋째 자리.
　　　〔Text=1/Freq2=5(1%)〕
　⑨ (예) 전갈 자리. 〔Text=1/Freq2=2(0.4%)〕
　관<그 자리에서>
　　사고로 운전자가 그 자리에서 숨지다. 〔×〕
　관<앉은 자리에서> 앉은 자리에서 갈비
　　10인분을 먹다. 〔×〕
　관<이 자리를 빌어>
　　　〔Text=1/Freq2=1(0.2%)〕
　관<이 자리에서> 〔×〕
　관<자리(가) 나다> 〔×〕
　관<자리(가) 잡히다>
　　① (예) 이민을 가서 자리가 잡히다.
　　　〔Text=1/Freq2=1(0.2%)〕
　　② (예) 양 편 응원단이 다 자리가
　　　잡히다. 〔×〕
　　③ (예) 식당에서 칼질하는 양이 자리가
　　　잡히다. 〔×〕
　관<자리를 굳히다> 〔×〕
　관<자리를 뜨다> 〔Text=3/Freq2=5(1%)〕
　관<자리를 맡다> 〔×〕

[관] <자리를 잡다>
① (예) 눈에 안 띄는 곳에 자리를 잡다.
〔Text=4/Freq2=4(0.8%)〕
② (예) 방값이 싸서 여기 자리를 잡다.
〔Text=5/Freq2=6(1.1%)〕
③ (예) 이식한 피부가 잘 자리를 잡다.
〔Text=7/Freq2=8(1.5%)〕
[관] <(자리를) 털고일어나다> 〔×〕
[관] <자리를 피하다>
〔Text=2/Freq2=2(0.4%)〕
[관] <자리(를)(함께) 하다>
〔Text=1/Freq2=1(0.2%)〕
[관] <한 자리 하다> 〔Text=2/Freq2=2(0.4%)〕

자리^{2} [명] 【Text=14/Freq1=17(3.1%)】
① (예) 대나무로 만든 자리를 깔고 앉다.
〔Text=3/Freq2=3(17.6%)〕
② (예) 자리를 펴고 누워 잠을 청하다.
〔Text=10/Freq2=11(64.7%)〕
[관] <(자리를) 걷고 일어나다> 〔×〕
[관] <자리를 보다> 자식이 부모의 자리를 보아 드리다. 〔×〕
[관] <자리에 눕다> 병들어 자리에 눕다.
〔Text=2/Freq2=3(17.6%)〕
[관] <자리에 들다> 〔×〕

자리^{3} [명] 【Text=0/Freq1=0】 [x]
① (예) 두 자리 서술어. 〔×〕
② (예) 주어 자리에 쓰이다. 〔×〕

≪**자리잡다**≫전체빈도합=57(0.0031%)

자리잡다 [동]★☆☆ 【Text=39/Freq1=57】
① (예) 산골 구석에 자리잡은 마을.
〔Text=22/Freq2=36(63.2%)〕
② (예) 강강술래가 민속 놀이로 자리잡다.
〔Text=7/Freq2=8(14%)〕
③ (예) 가슴에 슬픔이 자리잡다.
〔Text=13/Freq2=13(22.8%)〕

≪**자매**≫전체빈도합=18(0.0010%)

자매 [명] 【Text=13/Freq1=18】
① (예) 세 자매(姊妹)의 사이가 좋다.
〔Text=10/Freq2=15(83.3%)〕
② (예) 자매 [기관/학교]. 〔×〕
❸ (예) 3천만 자매 형제여.
〔Text=2/Freq2=2(11.1%)〕
❹ (예) 앞 책의 자매 편으로 쓰여진 책.
〔Text=1/Freq2=1(5.6%)〕

≪**자물쇠**≫전체빈도합=17(0.0009%)

자물쇠 [명] 【Text=6/Freq1=17】
⓪ (예) 자물쇠를 [열다/채우다].

≪**자본**≫전체빈도합=26(0.0014%)

자본 [명]☆☆★ 【Text=9/Freq1=26】
① (예) 투자를 할 자본(資本)이 모자라다.
〔Text=1/Freq2=1(3.8%)〕
② (예) 사회 간접 자본.
〔Text=7/Freq2=21(80.8%)〕
❸ (예) 자본과 권력이 지배하는 사회.
〔Text=1/Freq2=4(15.4%)〕

≪**자본주의**≫전체빈도합=36(0.0019%)

자본주의 [명] 【Text=13/Freq1=36】
⓪ (예) 자본주의(資本主義) 사회.

≪**자부심**≫전체빈도합=26(0.0014%)

자부심 [명] 【Text=20/Freq1=26】
⓪ (예) 자부심(自負心)을 느끼다.

≪**자살**≫전체빈도합=21(0.0011%)

자살 [명] 【Text=12/Freq1=21】
⓪ (예) 자살(自殺)을 하다.

≪**자상하다**≫전체빈도합=15(0.0008%)

자상하다 [형] 【Text=13/Freq1=15】
① (예) 자상(仔詳)하게 설명하다.
〔Text=4/Freq2=4(26.7%)〕
② (예) 마음이 자상하다./자상한 남편.
〔Text=10/Freq2=11(73.3%)〕

≪**자세**≫전체빈도합=237(0.0128%)

자세 [명]★☆★ 【Text=77/Freq1=237】
① (예) 똑바른 자세(姿勢)로 서다.
〔Text=35/Freq2=139(58.7%)〕
② (예) 성실한 자세로 일하다.
〔Text=47/Freq2=96(40.5%)〕
[x] 〔Text=1/Freq2=2(0.8%)〕

≪**자세하다**≫전체빈도합=103(0.0055%)

자세하다 [형]★☆★ 【Text=38/Freq1=103】
⓪ (예) 자세(仔細)한 [설명/지도].
〔Text=35/Freq2=96(93.2%)〕
❶ (예) 물건을 자세하게 살피다.
〔Text=6/Freq2=7(6.8%)〕

≪**자세히**≫전체빈도합=128(0.0069%)

자세히 [부]★★☆ 【Text=64/Freq1=128】
⓪ (예) 설명서를 자세(仔細)히 읽어 보다.

≪**자손**≫전체빈도합=20(0.0011%)

자손 명 【Text=13/Freq1=20】
① (예) 슬하에 자손(子孫)을 셋 두다.
　　〔Text=4/Freq2=7(35%)〕
② (예) [단군의/후대의] 자손들.
　　〔Text=8/Freq2=11(55%)〕
㉠ <자손 대대(로)> 〔Text=2/Freq2=2(10%)〕

≪자식≫전체빈도합=265(0.0143%)
자식 명★★★ 【Text=73/Freq1=265】
① (예) 자식(子息) 낳아 키우다.
　　〔Text=63/Freq2=184(69.4%)〕
② (예) 저 나쁜 자식 좀 보아.
　　〔Text=15/Freq2=59(22.3%)〕
③ (예) 자식, 엄마 없이도 잘 노는군!
　　〔Text=4/Freq2=20(7.5%)〕
㉠ <자식 농사> 〔Text=1/Freq2=1(0.4%)〕
㉠ <자식을 보다> 늘그막에 자식을 보다. 〔×〕
ⓧ 〔Text=1/Freq2=1(0.4%)〕

≪자신≫전체빈도합=1,173(0.0632%)
자신¹ 명★★☆ 【Text=138/Freq1=1,091(93%)】
① (예) 그는 자신(自身)이 해야 할 일을 알고 있다. 〔Text=127/Freq2=807(74%)〕
② <~ 자신> (예) 선생님 자신도 가르치면서 배우다. 〔Text=80/Freq2=284(26%)〕
자신² 명★★★ 【Text=57/Freq1=82(7%)】
⓪ (예) 수학에 자신(自信)이 [없다/있다].

≪자신감≫전체빈도합=39(0.0021%)
자신감 명 【Text=24/Freq1=39】
⓪ (예) 자신감(自信感)을 갖다.

≪자아≫전체빈도합=29(0.0016%)
자아 명 【Text=13/Freq1=24(82.8%)】
① (예) 타인과 구별되는 자아(自我)를 발견하다. 〔Text=10/Freq2=19(79.2%)〕
② (예) 불교는 자아의 종교이다.
　　〔Text=1/Freq2=1(4.2%)〕
③ (예) 심리학의 자아는 자기 자신에 대한 의식을 가리키다. 〔Text=1/Freq2=3(12.5%)〕
㉠ <자아 실현> 〔Text=1/Freq2=1(4.2%)〕
㉠ <자아 의식> 〔×〕
자아⁰ 감 【Text=4/Freq1=5(17.2%)】 ☞자⁶.
❶ (예) 자아, 차나 한잔 들게.
　　〔Text=3/Freq2=4(80%)〕
❷ (예) 자아, 거의 다 왔다. 〔×〕
❸ (예) 자아, 이제 어떻게 한다?
　　〔Text=1/Freq2=1(20%)〕

≪자연≫전체빈도합=329(0.0177%)
자연¹ 명★★★ 【Text=79/Freq1=316(96%)】
① (예) 자연(自然)의 [법칙/질서].
　　〔Text=39/Freq2=97(30.7%)〕
② (예) 도시에서 나와 자연을 즐기다.
　　〔Text=41/Freq2=135(42.7%)〕
❸ (예) 자연 시간에 배우다.
　　〔Text=3/Freq2=4(1.3%)〕
㉠ <자연 경제> 〔×〕
㉠ <자연 과학> 〔Text=3/Freq2=10(3.2%)〕
㉠ <자연 도태> 〔×〕
㉠ <자연 법칙> 〔×〕
㉠ <자연 보호> 〔Text=6/Freq2=14(4.4%)〕
㉠ <자연 숭배> 〔×〕
㉠ <자연 자원> 〔Text=3/Freq2=4(1.3%)〕
㉠ <자연 재해> 〔Text=3/Freq2=5(1.6%)〕
㉠ <자연 철학> 〔×〕
㉠ <자연 현상> 〔Text=2/Freq2=3(0.9%)〕
㉠ <자연 환경> 〔Text=15/Freq2=41(13%)〕
ⓧ 〔Text=3/Freq2=3(0.9%)〕
자연² 부 【Text=12/Freq1=13(4%)】
⓪ (예) 멀리 이사 간 후로 친구와 자연(自然) 멀어지다.

≪자연스럽다≫전체빈도합=119(0.0064%)
자연스럽다 형★★☆ 【Text=60/Freq1=119】
① (예) 가구에 자연(自然)스러운 나뭇결이 살아 있다. 〔Text=39/Freq2=82(68.9%)〕
② (예) 이성에 관심이 생기는 것은 자연스러운 일이다. 〔Text=12/Freq2=13(10.9%)〕
③ <자연스럽게> (예) 자주 듣다가 자연스럽게 노래를 익히다.
　　〔Text=19/Freq2=24(20.2%)〕

≪자연히≫전체빈도합=30(0.0016%)
자연히 부 【Text=22/Freq1=30】
⓪ (예) 욕심을 버리면 자연(自然)히 마음이 편해지다.

≪자원≫전체빈도합=92(0.0050%)
자원¹ 명★☆☆ 【Text=24/Freq1=81(88%)】
⓪ (예) [인적/천연] 자원(資源)이 풍부하다.
자원² 명 【Text=8/Freq1=11(12%)】
⓪ (예) 자원(自願) [봉사/입대].

≪자유≫전체빈도합=161(0.0087%)
자유 명★☆★ 【Text=59/Freq1=161】
⓪ (예) 언론의 자유(自由).

〔Text=56/Freq2=149(92.5%)〕
㊙<자유 ~ 자유 [시간/학습].
〔Text=4/Freq2=5(3.1%)〕
㊙<자유 경쟁> 〔Text=1/Freq2=1(0.6%)〕
㊙<자유 민주주의> 〔Text=2/Freq2=3(1.9%)〕
㊙<자유 선거> 〔×〕
㊙<자유 세계> 〔×〕
㊙<자유 의사> 〔×〕
㊙<자유 의지> 〔Text=1/Freq2=2(1.2%)〕
㊙<자유 자재> 〔Text=1/Freq2=1(0.6%)〕
㊙<자유 재량> 〔×〕
㊙<자유 진영> 〔×〕

《**자유롭다**》전체빈도합=102(0.0055%)

자유롭다 형★★☆ 【Text=52/Freq1=102】
① (예) 시내를 자유(自由)롭게 다니다.
〔Text=26/Freq2=38(37.3%)〕
② (예) 자유롭고 정의로운 사회를 만들다.
〔Text=18/Freq2=35(34.3%)〕
③ (예) 형식에 상관 없이 자유롭게 글을 쓰다.
〔Text=14/Freq2=21(20.6%)〕
④ (예) [고통에서/불안에서/불평등에서] 자유롭다. 〔Text=4/Freq2=8(7.8%)〕

《**자음**》전체빈도합=6(0.0003%)

자음 명☆★☆ 【Text=3/Freq1=6】
① (예) 자음(子音)과 모음.

《**자전거**》전체빈도합=104(0.0056%)

자전거 명★★★ 【Text=28/Freq1=104】
① (예) 자전거(自轉車)를 타다.

《**자존심**》전체빈도합=33(0.0018%)

자존심 명 【Text=16/Freq1=33】
① (예) 자존심(自尊心)이 강하다.

《**자주**》전체빈도합=239(0.0129%)

자주¹ 명 【Text=9/Freq1=19(7.9%)】
① (예) 민족의 자주(自主)와 독립.
〔Text=7/Freq2=15(78.9%)〕
㊙<자주 독립> 〔Text=3/Freq2=4(21.1%)〕

자주² 명 【Text=0/Freq1=0】 ⓧ
① (예) 한복 섶에 자주(紫朱) 고름을 달다. 〔×〕

자주³ 뷔★★★ 【Text=106/Freq1=220(92.1%)】
① (예) 선생님을 자주 찾아뵙다./지하철을 자주 타다. 〔Text=79/Freq2=151(68.6%)〕
② (예) 사소한 일로 자주 싸우다.
〔Text=46/Freq2=69(31.4%)〕

《**자체**》전체빈도합=240(0.0129%)

자체 명☆★☆ 【Text=67/Freq1=240】
① (예) 사랑 그 자체(自體)를 말하다.
〔Text=64/Freq2=231(96.3%)〕
㊙<-는 자체> 거짓말을 하는 자체가 부끄럽다. 〔Text=4/Freq2=4(1.7%)〕
㊙<자체(의) ~ 자체 [개발/점검].
〔Text=5/Freq2=5(2.1%)〕

《**자취**》전체빈도합=20(0.0011%)

자취¹ 명☆☆★ 【Text=13/Freq1=19(95%)】
① (예) 그가 있었다는 자취를 찾을 수가 없다.
〔Text=8/Freq2=10(52.6%)〕
② (예) 거리에 사람의 자취가 보이지 않다.
〔×〕
㊙<자취를 감추다>
〔Text=6/Freq2=9(47.4%)〕

자취² 명 【Text=1/Freq1=1(5%)】
① (예) 방을 얻어 자취(自炊)를 하다.

《**자칫**》전체빈도합=21(0.0011%)

자칫 뷔 【Text=14/Freq1=21】
① (예) 자칫 잘못하면 큰 사고가 생기다.
〔Text=4/Freq2=4(19%)〕
② (예) 그런 행동들이 자칫 건강을 해치기 쉽다. 〔Text=11/Freq2=17(81%)〕

《**작가**》전체빈도합=181(0.0097%)

작가 명☆☆★ 【Text=32/Freq1=181】
① (예) 소설을 쓴 작가(作家).

《**작년**》전체빈도합=85(0.0046%)

작년 명★★★ 【Text=49/Freq1=85】
① (예) 작년(昨年)에 대학을 졸업했다.
〔Text=49/Freq2=84(98.8%)〕
❶ (예) 우리는 작년 처음 만났다.
〔Text=1/Freq2=1(1.2%)〕

《**작다**》전체빈도합=520(0.0280%)

작다 형★★★ 【Text=163/Freq1=520】
① (예) [몸이/크기가/테이블이] 작다.
〔Text=122/Freq2=313(60.2%)〕
② (예) 작은 [규모/모임/회사].
〔Text=47/Freq2=64(12.3%)〕
③ (예) 작은 [꿈/충격].
〔Text=12/Freq2=12(2.3%)〕
④ (예) 작은 돈이 모여 목돈이 되다./폐활량이 작다. 〔Text=4/Freq2=4(0.8%)〕

작다 445

⑤ (예) 작은 일에도 잘 웃다./사회에 작으나마 보탬이 되다. 〔Text=28/Freq2=44(8.5%)〕
⑥ (예) 소리가 작다.
〔Text=22/Freq2=29(5.6%)〕
⑦ (예) 작게 한숨을 쉬다./가지가 작게 흔들리다. 〔Text=4/Freq2=5(1%)〕
⑧ (예) [간덩이가/담이] 작다.
〔Text=1/Freq2=1(0.2%)〕
⑨ (예) 저항력이 작다./작은 힘.
〔Text=9/Freq2=10(1.9%)〕
⑩ (예) 작은 [실수/죄]. 〔×〕
⑪ (예) 이번 달의 작은 달이다. 〔×〕
⑫ (예) [구두가/치수가/크기가] 발에 작다.
〔Text=6/Freq2=8(1.5%)〕
⑬ <작게> (예) 작게 잡아도 높이가 2미터는 되다. 〔Text=1/Freq2=2(0.2%)〕
⑭ <작은 ~> (예) 사진 속에서 작은 천국을 느끼다. 〔Text=10/Freq2=12(2.3%)〕
㉮ <그릇이 작다> 〔×〕
㉯ <작은 ~> 작은 [댁/아버지/집/형].
〔Text=8/Freq2=11(2.1%)〕
㉰ <키가 작다> 키가 작은 관목.
〔Text=3/Freq2=4(0.8%)〕
ⓧ 〔Text=1/Freq2=2(0.4%)〕

≪작문≫전체빈도합=12(0.0006%)

작문 명 ☆☆★ 【Text=7/Freq1=12】
① (예) 머릿속으로 작문(作文)을 하면서 영어로 대답하다. 〔Text=6/Freq2=8(66.7%)〕
② (예) 작문 [수업/시간].
〔Text=3/Freq2=4(33.3%)〕

≪작성하다≫전체빈도합=22(0.0012%)

작성하다 동 【Text=14/Freq1=22】
⓪ (예) [답안지를/서류를] 작성(作成)하다.

≪작업≫전체빈도합=120(0.0065%)

작업 명 【Text=53/Freq1=120】
⓪ (예) 서류 작업(作業)을 하다.
〔Text=52/Freq2=117(97.5%)〕
❶ (예) 여자에게 작업을 걸다.
〔Text=1/Freq2=3(2.5%)〕
㉮ <작업 환경> 〔×〕

≪작용≫전체빈도합=20(0.0011%)

작용 명 【Text=11/Freq1=20】

① (예) [발열/정신] 작용(作用).
〔Text=6/Freq2=10(50%)〕
② (예) 환경에 대한 인간의 작용.
〔Text=7/Freq2=10(50%)〕

≪작용하다≫전체빈도합=36(0.0019%)

작용하다 동★☆☆ 【Text=23/Freq1=36】
① (예) 전통 관념이 작용(作用)하다.
〔Text=23/Freq2=35(97.2%)〕
② (예) 물체에 큰 힘이 작용하다.
〔Text=1/Freq2=1(2.8%)〕

≪작은아버지≫전체빈도합=35(0.0019%)

작은아버지 명 【Text=13/Freq1=35】
⓪ (예) 작은아버지에게 세배를 드리다.

≪작전≫전체빈도합=34(0.0018%)

작전 명 【Text=17/Freq1=34】
① (예) 인천 상륙 작전(作戰).
〔Text=9/Freq2=14(41.2%)〕
② (예) 코치가 작전을 지시하다.
〔Text=2/Freq2=3(8.8%)〕
③ (예) [광고/신상품 판매] 작전을 짜다.
〔Text=6/Freq2=17(50%)〕
㉮ <작전 타임> 〔×〕

≪작정≫전체빈도합=21(0.0011%)

작정 명 【Text=17/Freq1=21】
⓪ (예) 회사를 그만둘 작정(作定)이다.

≪작품≫전체빈도합=366(0.0197%)

작품 명 ★★★ 【Text=52/Freq1=366】
① (예) 과학 전시회에 낼 연구 작품(作品).
〔Text=5/Freq2=11(3%)〕
② (예) 예술 작품을 감상하다.
〔Text=50/Freq2=355(97%)〕

≪잔≫전체빈도합=202(0.0109%) [218]

잔¹ 명 ★★★ 【Text=56/Freq1=202】
Ⅰ (예) 잔(盞)에 술을 따르다.
〔Text=25/Freq2=74(36.6%)〕
Ⅱ (예) 커피 한 잔 주세요.
〔Text=50/Freq2=128(63.4%)〕

≪잔디≫전체빈도합=11(0.0006%)

잔디 명 ☆☆★ 【Text=10/Freq1=11】
⓪ (예) 정원의 잔디를 깎다.

---

[218] 『연세 한국어 사전』의 '잔²'(예:잔심부름)은 말뭉치의 분석에 적용하지 않았으므로 제외한다.

≪**잔디밭**≫전체빈도합=15(0.0008%)

잔디밭 명 【Text=13/Freq1=15】
  ⓪ (예) 잔디밭에 들어가다.

≪**잔뜩**≫전체빈도합=62(0.0033%)

잔뜩 부 【Text=46/Freq1=62】
  ① (예) 하늘에 구름이 잔뜩 끼다.
    〔Text=12/Freq2=13(21%)〕
  ② (예) 잔뜩 멋을 부리다.
    〔Text=12/Freq2=13(21%)〕
  ③ (예) 잔뜩 불쾌한 표정을 짓다.
    〔Text=26/Freq2=36(58.1%)〕

≪**잔인하다**≫전체빈도합=20(0.0011%)

잔인하다 형 【Text=16/Freq1=20】
  ⓪ (예) 잔인(殘忍)한 [범죄/학살/행위].
    /잔인하게 죽이다.

≪**잔잔하다**≫전체빈도합=18(0.0010%)

잔잔하다 형 【Text=14/Freq1=18】
  ① (예) [물결이/바다가/바람이] 잔잔하다.
    〔Text=6/Freq2=7(38.9%)〕
  ② (예) 얼굴이 잔잔하다./잔잔한 웃음.
    〔Text=1/Freq2=1(5.6%)〕
  ③ (예) 잔잔한 햇볕이 내려쬐다. 〔×〕
  ④ (예) [관계가/분위기가] 잔잔하다.
    〔Text=5/Freq2=6(33.3%)〕
  ⑤ (예) [목소리가/소리가] 잔잔하다.
    〔Text=4/Freq2=4(22.2%)〕
  ⑥ (예) 잔잔한 무늬의 원피스 〔×〕
  ⑦ (예) 빗줄기가 잔잔하게 내리다. 〔×〕

≪**잔치**≫전체빈도합=42(0.0023%)

잔치 명★★★ 【Text=28/Freq1=42】
  ⓪ (예) 큰 잔치를 베풀다.

≪**잘**≫전체빈도합=2,294(0.1235%)

잘 부★★★ 【Text=210/Freq1=2,294】
  ① (예) 넥타이와 양복이 잘 어우러지다.
    〔Text=105/Freq2=254(11.1%)〕
  ② (예) 감정을 잘 다스리다./뭐든 잘 먹다.
    〔Text=120/Freq2=331(14.4%)〕
  ③ ㉠ (예) 아무 근심 없이 잘 먹고, 잘 자다.
    /재미있게 잘 놀다.
    〔Text=84/Freq2=202(8.8%)〕
    ㉡ (예) 누구나 잘 알고 있는 사실.
    〔Text=156/Freq2=471(20.5%)〕
  ④ (예) 마음을 잘 쓰다.
    〔Text=40/Freq2=61(2.7%)〕
  ⑤ (예) 기다렸는데 마침 잘 오다.
    〔Text=14/Freq2=18(0.8%)〕
  ⑥ (예) 연애할 때 잘 다니던 술집.
    〔Text=26/Freq2=33(1.4%)〕
  ⑦ (예) 선생님 말씀을 잘 듣다./여기를 잘
    보세요. 〔Text=87/Freq2=297(12.9%)〕
  ⑧ (예) 잘 찢어지다./걸핏하면 잘 울다.
    〔Text=42/Freq2=62(2.7%)〕
  ⑨ <잘 [하다,'해 주다]> (예) 다른 사람에게
    잘 해 주다. 〔Text=57/Freq2=105(4.6%)〕
  ⑩ (예) 저울을 잘 달아 주다./
    무게가 5킬로그램은 잘 나가다. 〔×〕
  ⑪ (예) 덕택에 잘 지냅니다./그럼, 잘 가거라.
    〔Text=58/Freq2=114(5%)〕
  ⑫ (예) 사진이 잘 나오다.
    〔Text=34/Freq2=51(2.2%)〕
  ⑬ (예) 밥보다 국수를 더 잘 먹다.
    〔Text=10/Freq2=11(0.5%)〕
  ⑭ (예) 시간을 잘 지키다.
    〔Text=30/Freq2=55(2.4%)〕
  ⑮ (예) 나만 잘 살면 된다는 생각.
    〔Text=39/Freq2=75(3.3%)〕
  ⑯ (예) 칼이 잘 들다.
    〔Text=13/Freq2=19(0.8%)〕
  ❶⓻ (예) 일이 잘 되다./잘 팔리다.
    〔Text=76/Freq2=121(5.3%)〕
  관 <잘 나가다> 〔×〕
  관 <잘 보이다> 〔Text=1/Freq2=1(0%)〕
  관 <잘 봐주다> 이번 일만 잘 봐주다.
    〔Text=4/Freq2=4(0.2%)〕
  관 <잘 부탁하다> 앞으로 잘 부탁합니다.
    〔Text=4/Freq2=6(0.3%)〕
  (×) 〔Text=1/Freq2=3(0.1%)〕

≪**잘나다**≫전체빈도합=23(0.0012%)

잘나다 동 【Text=21/Freq1=23】
  Ⅰ ① (예) 잘났다고 콧대를 세우다.
    〔Text=16/Freq2=18(78.3%)〕
  ② (예) 우리 중 그가 제일 잘나 보이다.
    〔Text=2/Freq2=2(8.7%)〕
  Ⅱ ① (예) 잘난 당신 때문에 애가 저렇다.
    〔Text=1/Freq2=1(4.3%)〕
  ② (예) 그래 너 잘났다!
    〔Text=2/Freq2=2(8.7%)〕

≪**잘다**≫전체빈도합=17(0.0009%)

잘다 형 【Text=14/Freq1=17】
① (예) [무늬가/활자개] 잘다.
　　〔Text=12/Freq2=15(88.2%)〕
② (예) [김치를/오징어를] 잘게 찢다.
　　〔Text=1/Freq2=1(5.9%)〕
③ (예) [사람이/생각이] 잘다. 〔×〕
④ (예) 잘게 [떨리다/출렁이다].
　　〔Text=1/Freq2=1(5.9%)〕

≪잘되다≫ 전체빈도합=29(0.0016%)

잘되다 동 【Text=18/Freq1=29】
① (예) [사업이/일이] 잘되다.
　　〔Text=4/Freq2=10(34.5%)〕
② (예) [기업이/집안이] 잘되다. 〔×〕
③ (예) 자식이 잘되다.
　　〔Text=1/Freq2=1(3.4%)〕
④ (예) [갈비찜이/작품이] 잘되다.
　　〔Text=10/Freq2=12(41.4%)〕
⑤ (예) 다행이야, 참 잘됐다.
　　〔Text=6/Freq2=6(20.7%)〕
⑥ (예) 강물이 범람이 잘되다. 〔×〕
⑦ (예) 잘되고 못된 것을 따지다. 〔×〕
㉮ <잘돼야> 잘돼야 2,3(이삼)년 전의 일이다.
　　〔×〕

≪잘못≫ 전체빈도합=244(0.0131%)

잘못¹ 명 ★★★ 【Text=57/Freq1=130(53.3%)】
⓪ (예) 아무 잘못도 없다./남의 잘못을 탓하다.
잘못² 부 ★★☆ 【Text=70/Freq1=114(46.7%)】
⓪ (예) 길을 잘못 알다./전화가 잘못 걸리다.
　　〔Text=70/Freq2=114(100%)〕
㉮ <잘못 보이다> 상사에게 잘못 보이다. 〔×〕

≪잘못되다≫ 전체빈도합=117(0.0063%)

잘못되다 동 ★☆☆ 【Text=59/Freq1=117】
① ㉠ (예) [수술이/일이] 잘못되다.
　　〔Text=14/Freq2=19(16.2%)〕
　 ㉡ (예) [아이가/장래가] 잘못되다.
　　〔Text=4/Freq2=4(3.4%)〕
② (예) [뭔가/처리가] 잘못되다.
　　〔Text=25/Freq2=49(41.9%)〕
③ (예) 몸이 잘못되다./어제 저녁 먹은 것이
　　잘못되다. 〔×〕
④ (예) 그가 사고로 잘못되다. 〔×〕
⑤ (예) 애가 잘못된 곳으로 빠지다.
　　〔Text=29/Freq2=45(38.5%)〕

≪잘못하다≫ 전체빈도합=103(0.0055%)

잘못하다 동 ★★☆ 【Text=57/Freq1=103】
Ⅰ ① (예) 자기가 무엇을 잘못하는지 잘
　　모르다./진상 파악을 잘못하다.
　　〔Text=9/Freq2=14(13.6%)〕
② (예) 누가 잘못했는지 따지다.
　　〔Text=39/Freq2=67(65%)〕
③ (예) [잘못하다가는/잘못하면/잘못해서]
　　실패하다. 〔Text=18/Freq2=19(18.4%)〕
Ⅱ (예) 그 사람한테 잘못하다.
　　/그에게 말 한 번 잘못한 탓으로
　　혼나다. 〔Text=3/Freq2=3(2.9%)〕

≪잘하다≫ 전체빈도합=167(0.0090%)

잘하다 동 ★★★ 【Text=76/Freq1=167】
Ⅰ ① (예) 누가 잘하고 잘못했는지 따지다.
　　〔Text=15/Freq2=17(10.2%)〕
② (예) 이사 오기를 잘하다.
　　〔Text=12/Freq2=14(8.4%)〕
③ (예) 툭하면 울기를 잘하다.
　　〔Text=8/Freq2=9(5.4%)〕
④ (예) 그는 식사 때 반주를 잘하다. 〔×〕
❺ (예) 공부를 잘하다.
　　〔Text=39/Freq2=85(50.9%)〕
❻ (예) 몸조리 잘하세요.
　　〔Text=20/Freq2=23(13.8%)〕
❼ (예) 보내 준 나물, 잘해 먹었다.
　　〔Text=1/Freq2=1(0.6%)〕
Ⅱ (예) 식구들한테 잘하다.
　　〔Text=8/Freq2=12(7.2%)〕
㉮ <잘하면> 잘하면 일이 금방 끝나겠다.
　　〔Text=1/Freq2=1(0.6%)〕
㉮ <잘한다 잘해> 잘한다 잘해, 어휴~.
　　(비아냥거림) 〔Text=3/Freq2=4(2.4%)〕
㉮ <잘해야>
① (예) 잘해야 내일 아침에나
　　도착하다. 〔×〕
② (예) 잘해야 여섯 살이다.
　　〔Text=1/Freq2=1(0.6%)〕

≪잠≫ 전체빈도합=257(0.0138%)

잠 명 ★★★ 【Text=94/Freq1=257】
① (예) 잠에서 깨다./잠이 들다.
　　〔Text=93/Freq2=252(98.1%)〕
② (예) 잠을 자고 난 누에. 〔×〕
③ (예) 조선이 잠에서 깨어나다.
　　〔Text=1/Freq2=2(0.8%)〕
❹ (예) 감각을 잠 재우다.

　　　　　〖Text=1/Freq2=1(0.4%)〗
　　팬 <잠에 떨어지다> 〖Text=1/Freq2=1(0.4%)〗
　　팬 <잠이 많다> 〖Text=1/Freq2=1(0.4%)〗

≪**잠그다**≫전체빈도합=36(0.0019%)
　잠그다¹ 동　【Text=21/Freq1=30(83.3%)】
　　Ⅰ (예) [가방을/문을/서랍을] 잠그다.
　　　　〖Text=11/Freq2=13(43.3%)〗
　　Ⅱ ① (예) [자물쇠를/지퍼를] 잠그다.
　　　　〖Text=3/Freq2=3(10%)〗
　　　② (예) [가스를/수도꼭지를] 잠그다.
　　　　〖Text=9/Freq2=13(43.3%)〗
　　　③ (예) 단추를 잠그다.
　　　　〖Text=1/Freq2=1(3.3%)〗
　잠그다² 동　【Text=2/Freq1=5(13.9%)】
　　⓪ (예) 시냇물에 [두 발을/몸을] 잠그다.
　잠그다ˣ ?　【Text=1/Freq2=1(2.8%)】

≪**잠기다**≫전체빈도합=89(0.0048%)
　잠기다¹ 동　【Text=6/Freq1=6(6.7%)】
　　Ⅰ (예) [문이/자물쇠가] 굳게 잠기다.
　　　　〖Text=5/Freq2=5(83.3%)〗
　　Ⅱ ① (예) 수도꼭지가 잠기다. 〔×〕
　　　② (예) 단추가 잠기다.
　　　　〖Text=1/Freq2=1(16.7%)〗
　잠기다² 동★☆☆　【Text=47/Freq1=81(91%)】 ²¹⁹⁾
　　Ⅰ ① ㉠ (예) [마을이/몸이] 물에 잠기다.
　　　　　　〖Text=15/Freq2=24(29.6%)〗
　　　　㉡ (예) [달빛에/안개 속에] 잠긴거리.
　　　　　　〖Text=2/Freq2=3(3.7%)〗
　　　② (예) 거래처 부도로 자금이 잠기다. 〔×〕
　　　③ (예) [슬픔에/행복에] 잠기다.
　　　　〖Text=32/Freq2=54(66.7%)〗
　　Ⅱ (예) 목소리가 잠기다. 〔×〕
　잠기다ˣ ?　【Text=2/Freq1=2(2.2%)】

≪**잠깐**≫전체빈도합=155(0.0083%)
　잠깐¹ 명　【Text=15/Freq1=16(10.3%)】
　　⓪ (예) [잠깐을/잠깐의 고통을] 못 참고
　　　　안달하다.
　잠깐² 부★★★　【Text=78/Freq1=139(89.7%)】
　　⓪ (예) 잠깐 집에 갔다 오다./새벽에 잠깐
　　　　쉬다. 〖Text=78/Freq2=138(99.3%)〗
　　ⓧ 〖Text=1/Freq2=1(0.7%)〗

≪**잠들다**≫전체빈도합=61(0.0033%)
　잠들다 동　【Text=37/Freq1=61】
　　① (예) 바람이 잠들다.
　　　　〖Text=1/Freq2=1(1.6%)〗
　　② (예) 국립묘지에 잠들다.
　　　　〖Text=4/Freq2=4(6.6%)〗
　　③ (예) 잠든 의식을 일깨우다.
　　　　〖Text=2/Freq2=2(3.3%)〗
　　❹ (예) 아이가 잠들다.
　　　　〖Text=32/Freq2=54(88.5%)〗

≪**잠시**≫전체빈도합=272(0.0146%)
　잠시¹ 명　【Text=52/Freq1=76(27.9%)】
　　⓪ (예) 잠시(暫時) 후에 역에 도착하다.
　잠시² 부★★☆　【Text=97/Freq1=196(72.1%)】
　　⓪ (예) 잠시(暫時) [말을 끊다/이성을 잃다].

≪**잠자다**≫전체빈도합=27(0.0015%)
　잠자다 동　【Text=21/Freq1=27】
　　① (예) 잠자는 동안에는 불을 끄다.
　　　　〖Text=20/Freq2=26(96.3%)〗
　　② (예) 귀중한 자료가 서랍 속에서 잠자다.
　　　　〔×〕
　　③ (예) [양심이/정신이] 잠자다.
　　　　〖Text=1/Freq2=1(3.7%)〗

≪**잠자리**≫전체빈도합=75(0.0040%)
　잠자리¹ 명　【Text=14/Freq1=33(44%)】
　　⓪ (예) 잠자리가 가을 하늘을 날아다니다.
　잠자리² 명★☆★　【Text=33/Freq1=42(56%)】
　　⓪ (예) 잠자리가 불편하다./잠자리에 들다.
　　　　〖Text=32/Freq2=39(92.9%)〗
　　팬 <잠자리를 같이하다>
　　　　〖Text=3/Freq2=3(7.1%)〗

≪**잠자코**≫전체빈도합=21(0.0011%)
　잠자코 부☆☆★　【Text=15/Freq1=21】
　　⓪ (예) 입을 다물고 잠자코 있다.

≪**잡다**≫전체빈도합=601(0.0324%)
　잡다¹ 동★★★　【Text=148/Freq1=576(95.8%)】
　　Ⅰ ① (예) [손목을/손을] 잡다./지팡이를 잡고
　　　　서다. 〖Text=87/Freq2=209(36.3%)〗
　　　② ㉠ (예) 범인을 잡다.
　　　　　　〖Text=29/Freq2=41(7.1%)〗

---

219) 『외국인을 위한 한국어 학습 사전』(2004)의 중요 어휘 목록에는 '잠기다¹'가 포함되어 있는데, 여기
　　서는 그 쓰임의 폭이 더 넓은 것으로 나타난 '잠기다²'를 기본어휘로 삼는다.

ⓒ (예) [매미를/해충을] 잡다.
　　　　〔Text=55/Freq2=168(29.2%)〕
　　ⓓ (예) [불길을/산불을] 잡다.
　　　　〔Text=3/Freq2=3(0.5%)〕
③ ㉠ (예) [권력을/기선을/정권을/주도권을]
　　　　잡다. 〔Text=6/Freq2=7(1.2%)〕
　　ⓛ (예) [기회를/행운을] 잡다.
　　　　〔Text=2/Freq2=2(0.3%)〕
　　ⓒ (예) [장소를/터를] 잡다.
　　　　〔Text=16/Freq2=21(3.6%)〕
　　ⓓ (예) [직장을/금광으로 천금을] 잡다.
　　　　〔×〕
④ ㉠ (예) 산으로 [길을/방향을] 잡다.
　　　　〔Text=7/Freq2=10(1.7%)〕
　　ⓛ (예) [결혼 날짜를/1주일을] 잡다.
　　　　〔Text=5/Freq2=6(1%)〕
⑤ ㉠ (예) [말꼬리를/약점을] 잡다.
　　　　〔Text=5/Freq2=6(1%)〕
　　ⓛ (예) [단서를/실마리를/증거를] 잡다.
　　　　〔Text=3/Freq2=4(0.7%)〕
　　ⓒ (예) 범행 현장을 잡다. 〔×〕
⑥ ㉠ (예) [갈피를/마음을] 잡다.
　　　　〔Text=8/Freq2=10(1.7%)〕
　　ⓛ (예) [균형을/중심을] 잡다.
　　　　〔Text=7/Freq2=11(1.9%)〕
⑦ ㉠ (예) 떠나려는 사람을 잡다.
　　　　〔Text=6/Freq2=9(1.6%)〕
　　ⓛ (예) [차를/택시를] 잡다.
　　　　〔Text=5/Freq2=6(1%)〕
⑧ ㉠ (예) [스케줄을/예정을] 잡다.
　　　　〔Text=5/Freq2=7(1.2%)〕
　　ⓛ (예) [감정을/분위기를] 잡다.
　　　　〔Text=2/Freq2=2(0.3%)〕
　　ⓒ (예) [기반을/윤곽을] 잡다.
　　　　〔Text=6/Freq2=10(1.7%)〕
⑨ (예) [교편을/지휘봉을] 잡다.
　　　　〔Text=5/Freq2=5(0.9%)〕
⑩ (예) [국물을/물을] 넉넉히 잡다. 〔×〕
❶ (예) [버디를/삼진을] 잡다.
　　　　〔Text=1/Freq2=2(0.3%)〕
❷ (예) 인플레를 잡다.
　　　　〔Text=1/Freq2=1(0.2%)〕
Ⅱ ① (예) [담보를/인질을] 잡다. 〔×〕
　　② (예) 전체의 1할을 합격자로 잡다.
　　　　〔Text=9/Freq2=10(1.7%)〕

③ (예) 움직임을 렌즈로 잡다./
　　　전파를 수신기로 잡다.
　　　　〔Text=2/Freq2=3(0.5%)〕
❹ (예) [글감으로/주제를] 잡다.
　　　　〔Text=3/Freq2=5(0.9%)〕
㊟ <꼭 잡다> 개그로 꼭 잡다.
　　　　〔Text=1/Freq2=1(0.2%)〕
㊟ <뜬구름(을) 잡다>
　　　　〔Text=2/Freq2=2(0.3%)〕
㊟ <배를 잡다> 배를 잡고 웃다.
　　　　〔Text=1/Freq2=1(0.2%)〕
㊟ <생사람(을) 잡다>
　　　　〔Text=3/Freq2=3(0.5%)〕
㊟ <손을 잡다> 간첩과 손을 잡다.
　　　　〔Text=1/Freq2=1(0.2%)〕
㊟ <자리를 잡다>
　　① (예) 싼 하숙집에 자리를 잡다.
　　　　〔Text=3/Freq2=5(0.9%)〕
　　② (예) 모퉁이 쪽에 자리를 잡다.
　　　　〔Text=3/Freq2=3(0.5%)〕
　　③ (예) 이식한 피부가 자리를 잡다.
　　　　〔Text=1/Freq2=1(0.2%)〕
㊟ <주름(을) 잡다> 〔×〕
㊟ <폼을 잡다> 〔×〕
　ⓧ 〔Text=1/Freq2=1(0.2%)〕
잡다² 동 【Text=14/Freq1=25(4.2%)】
　⓪ (예) [닭을/돼지를] 잡다.
《잡수시다》전체빈도합=26(0.0014%)

잡수시다 동☆★★ 【Text=17/Freq1=26】 [220]
Ⅰ ① ㉠ (예) 저녁을 잡수시다.
　　　　〔Text=14/Freq2=20(76.9%)〕
　　ⓛ (예) 커피를 잡수시다.
　　　　〔Text=1/Freq2=1(3.8%)〕
　　ⓒ (예) 약을 잡수시다.
　　　　〔Text=2/Freq2=3(11.5%)〕
② (예) 가스를 잡수시다. 〔×〕
③ (예) [마음을/앙심을] 잡수시다. 〔×〕
④ (예) [구전을/뇌물을] 잡수시다. 〔×〕
⑤ (예) 남의 [돈을/재산을] 잡수시다. 〔×〕
⑥ (예) 나이를 잡수시다. 〔×〕
⑦ (예) [땀을/물을/습기를] 잡수시다. 〔×〕
⑧ (예) 여자를 잡수시다. 〔×〕
⑨ (예) [겁을/쇼크를] 잡수시다. 〔×〕

---

[220] 『연세 한국어 사전』에서는 '잡수시다'를 "'먹다'의 높임말"이라고만 기술하고 있는데, 여기서는 '먹다¹'의 의미 구분에 따라 상세히 기술한다.

⑩ (예) [구류를/벌점을] 잡수시다. 〔×〕
❶ (예) 껌을 잡수시다. 〔×〕
II ① (예) 그에게 [욕을/핀잔을] 잡수시다. 〔×〕
② (예) 업자에게 [뇌물을/돈을] 잡수시다. 〔×〕
III (예) 대회에서 일등을 잡수시다. 〔×〕
IV ① (예) [버짐이/벌레가] 잡수시다. 〔×〕
② (예) [대패가/톱이/화장이] 잘 잡수시다. 〔×〕
V (예) [대패가/톱날이] 잘 잡수시다. 〔×〕
ⓧ 〔Text=2/Freq2=2(7.7%)〕

《**잡아당기다**》전체빈도합=15(0.0008%)

잡아당기다 동 【Text=14/Freq1=15】
⓪ (예) [손목을/줄을] 잡아당기다.

《**잡아먹다**》전체빈도합=36(0.0019%)

잡아먹다 동 【Text=17/Freq1=36】
① (예) 형제가 서로 잡아먹으려 들다. 〔×〕
② (예) [돈을/시간을] 잡아먹다. 〔Text=1/Freq2=1(2.8%)〕
❸ (예) [물고기를/벌레를/사람을/짐승을] 잡아먹다. 〔Text=14/Freq2=33(91.7%)〕
❹ (예) [계집을/여자를] 잡아먹다. 〔Text=2/Freq2=2(5.6%)〕

《**잡지**》전체빈도합=77(0.0041%)

잡지 명★★★ 【Text=35/Freq1=77】
⓪ (예) 잡지(雜誌)를 읽다.

《**잡히다**》전체빈도합=106(0.0057%)

잡히다¹ 동★★★ 【Text=73/Freq1=106(100%)】
I (예) 발에 물집이 잡히다./[살얼음이/주름이] 잡히다. 〔×〕
II ① (예) 손에 잡히는 대로 책을 읽다./손에 멱살을 잡히다. 〔Text=12/Freq2=15(14.2%)〕
② ㉠ (예) 범인이 현장에서 잡히다. 〔Text=27/Freq2=34(32.1%)〕
㉡ (예) 쥐가 뱀에게 잡히다./고기가 잘 잡히다. 〔Text=17/Freq2=26(24.5%)〕
㉢ (예) [시민이 인질로/집이 담보로] 잡히다. 〔Text=2/Freq2=2(1.9%)〕
㉣ (예) 불길이 잡히다. 〔Text=2/Freq2=2(1.9%)〕
③ ㉠ (예) 피서철이라 방이 겨우 잡히다. 〔×〕
㉡ (예) [목돈이/일자리가] 잡히다. 〔×〕
④ ㉠ (예) 가야 할 방향이 잡히다. 〔×〕
㉡ (예) [날짜가/비용이] 잡히다. 〔Text=2/Freq2=2(1.9%)〕
⑤ ㉠ (예) [감이/실마리가] 잡히다. 〔Text=1/Freq2=1(0.9%)〕
㉡ (예) 카메라에 모습이 잡히다. 〔Text=6/Freq2=7(6.6%)〕
⑥ ㉠ (예) [가늠이/질서가] 잡히다. 〔Text=4/Freq2=4(3.8%)〕
㉡ (예) [균형이/중심이] 잡히다. 〔Text=2/Freq2=3(2.8%)〕
⑦ (예) [차가/택시가] 잡히다. 〔×〕
⑧ ㉠ (예) [스케줄이/일정이] 잡히다. 〔×〕
㉡ (예) 분위기가 잡히다. 〔×〕
㉢ (예) [건물의/국가의] 틀이 잡히다. 〔Text=6/Freq2=6(5.7%)〕
III (예) [말꼬리를/약점을/흠이] 잡히다. 〔Text=3/Freq2=3(2.8%)〕
IV (예) 성장률 목표가 3%로 잡히다. 〔×〕
㉣ <자리가 잡히다> 〔Text=1/Freq2=1(0.9%)〕

잡히다² 동 【Text=0/Freq1=0】 ⓧ
① (예) 아내에게 운전대를 잡히다. 〔×〕
② (예) 집을 은행에 잡히다. 〔×〕

《**장**》전체빈도합=277(0.0149%) ²²¹⁾

장¹ 명 【Text=14/Freq1=24(8.7%)】
I (예) 책의 각 장(章)의 제목. 〔Text=3/Freq2=4(16.7%)〕
II (예) 이 점은 4장에서 설명하다. 〔Text=12/Freq2=20(83.3%)〕

장² 명 【Text=3/Freq1=12(4.3%)】
I (예) 연극의 마지막 장(場)이 절정이다. 〔Text=1/Freq2=1(8.3%)〕
II (예) 3막 5장으로 구성된 연극. 〔Text=3/Freq2=11(91.7%)〕

장³ 명★★★ 【Text=10/Freq1=33(11.9%)】
⓪ (예) 장(場)에 나가 채소를 팔다. 〔Text=8/Freq2=27(81.8%)〕
㉣ <장을 보다> 〔Text=2/Freq2=2(6.1%)〕

---

221) 『연세 한국어 사전』의 '장-¹¹'(예:장거리, 장시간), '-장¹²'(예:단체장), '-장¹³'(예:연습장), '-장¹⁴'(예:고발장), '-장¹⁵'(예:운동장), '-장¹⁶'(예:국민장), '-장¹⁷'(예:주인장)은 말뭉치의 분석에 적용하지 않았으므로 제외한다.

관<장이 서다> 〔Text=1/Freq2=4(12.1%)〕
장⁴ 명 【Text=8/Freq1=16(5.8%)】
　⓪ (예) 대학은 학문 연구의 장(場)이다.
　/토론의 장을 마련하다.
장⁵ 명 【Text=2/Freq1=7(2.5%)】
　⓪ (예) 장(腸)이 [나쁘다/약하다].
장⁶ 명 【Text=1/Freq1=1(0.4%)】
　⓪ (예) 장(欌)에 이불을 넣다.
장⁷ 명 【Text=3/Freq1=8(2.9%)】
　① (예) 간장 된장 고추장 같은 장(醬)을
　　담그다. 〔Text=3/Freq2=8(100%)〕
　② (예) 국에 간을 맞추려고 장을 넣다. 〔×〕
　관<손에 장을 지지다> 〔×〕
장⁸ 명 【Text=1/Freq1=1(0.4%)】
　⓪ (예) 지자제의 장(長)을 선거로 뽑다.
장⁹ 명 【Text=0/Freq1=0】 ⓧ
　⓪ (예) (장기에서) 장(將) 받아라. 〔×〕
장¹⁰ 명의★★★ 【Text=76/Freq1=172(62.1%)】
　⓪ (예) 종이 한 장(張)./오천 원짜리 석 장.
　〔Text=75/Freq2=170(98.8%)〕
　❶ (예) 연탄 100장./빨랫비누 여러 장.
　〔Text=2/Freq2=2(1.2%)〕
장ˣ ? 【Text=3/Freq1=3(1.1%)】

≪장가≫전체빈도합=22(0.0012%)
장가¹ 명 【Text=16/Freq1=22(100%)】
　⓪ (예) 장가(丈家)를 [가다/보내다].
장가² 명 【Text=0/Freq1=0】 ⓧ
　⓪ (예) 시조와 장가(長歌)의 비교. 〔×〕

≪장갑≫전체빈도합=25(0.0013%)
장갑¹ 명☆★ 【Text=11/Freq1=25(100%)】
　⓪ (예) 장갑(掌匣)을 끼다.
장갑² 명 【Text=0/Freq1=0】 ⓧ
　① (예) 군사들이 장갑(裝甲)을 차리다. 〔×〕
　② (예) 거북선에는 장갑이 덮여 있다. 〔×〕

≪장관≫전체빈도합=27(0.0015%)
장관¹ 명 【Text=7/Freq1=9(33.3%)】
　① (예) 단풍이 장관(壯觀)을 이루다.
　〔Text=7/Freq2=9(100%)〕
　② (예) 하는 꼴이 참 장관이다, 쯧쯧. 〔×〕
장관² 명☆☆★ 【Text=14/Freq1=18(66.7%)】
　⓪ (예) 외교부 장관(長官).

≪장군≫전체빈도합=110(0.0059%)
장군¹ 명★☆☆ 【Text=30/Freq1=110(100%)】
　⓪ (예) 이순신 장군(將軍).
　〔Text=28/Freq2=103(93.6%)〕
　❶ (예) 마을 어귀에 장군을 세우다.
　〔Text=2/Freq2=7(6.4%)〕
장군² 명 【Text=0/Freq1=0】 ⓧ
　⓪ (예) (장기에서) 장군(將軍) 받아라. 〔×〕

≪장기≫전체빈도합=14(0.0008%)
장기¹ 명 【Text=3/Freq1=3(21.4%)】
　⓪ (예) 장기(長期) 대출.
장기² 명 【Text=1/Freq1=6(42.9%)】
　⓪ (예) 장기(臟器) 이식.
장기³ 명 【Text=1/Freq1=1(7.1%)】
　⓪ (예) 장기(長技) 자랑.
장기⁴ 명☆☆★ 【Text=4/Freq1=4(28.6%)】
　⓪ (예) 장기(將棋)를 두다.

≪장난≫전체빈도합=92(0.0050%)
장난 명☆★☆ 【Text=52/Freq1=92】
　① (예) 장난을 치다.
　〔Text=13/Freq2=16(17.4%)〕
　② (예) 인생은 장난으로 살 수 없다.
　〔Text=28/Freq2=39(42.4%)〕
　③ (예) 남자들의 지나친 장난에 기분이
　　상하다. 〔Text=13/Freq2=22(23.9%)〕
　관<장난(이) 아니다> 바람이 장난이
　　아니다. 〔Text=6/Freq2=15(16.3%)〕

≪장난감≫전체빈도합=67(0.0036%)
장난감 명☆★★ 【Text=31/Freq1=67】
　⓪ (예) 장난감을 가지고 놀다.

≪장단≫전체빈도합=23(0.0012%)
장단 명 【Text=18/Freq1=23】
　Ⅰ ① (예) 칼을 장단(長短)에 따라 나누다. 〔×〕
　　② (예) 느린 장단과 가락.
　　〔Text=7/Freq2=8(34.8%)〕
　Ⅱ (예) 두 장단의 박자. 〔×〕
　관<(남의) 장단에 춤추다> 〔×〕
　관<장단을 맞추다>
　　Ⅰ (예) '얼쑤' 하고 장단을 맞추다.
　　〔Text=9/Freq2=12(52.2%)〕
　　Ⅱ (예) 그의 거짓말에 장단을 맞추다.
　　〔Text=3/Freq2=3(13%)〕

≪장래≫전체빈도합=48(0.0026%)
장래 명☆☆★ 【Text=26/Freq1=48】
　Ⅰ ① (예) 아이의 장래(將來)를 생각하다.
　　/가까운 장래에 일어날 일.

〔Text=23/Freq2=40(83.3%)〕
② (예) 장래가 [밝다/어둡다/촉망되다].
〔Text=6/Freq2=6(12.5%)〕
Ⅱ (예) 장래 시인이 되고 싶다.
〔Text=2/Freq2=2(4.2%)〕

≪장롱≫ 전체빈도합=31(0.0017%)

장롱 명 【Text=12/Freq1=31】
⓪ (예) 장롱(欌籠)에서 옷을 꺼내다.

≪장마≫ 전체빈도합=34(0.0018%)

장마 명 ☆★★ 【Text=17/Freq1=34】
⓪ (예) 지루한 장마가 그치다.

≪장만하다≫ 전체빈도합=20(0.0011%)

장만하다 동 【Text=15/Freq1=20】
① (예) [등산복을/아파트를] 장만하다.
〔Text=10/Freq2=12(60%)〕
② (예) 음식을 장만하다.
〔Text=6/Freq2=8(40%)〕

≪장면≫ 전체빈도합=179(0.0096%)

장면 명 ★☆☆ 【Text=61/Freq1=179】
① (예) 방에서 벌어지는 장면(場面)에 놀라다.
〔Text=49/Freq2=133(74.3%)〕
② (예) 영화의 첫 장면이 멋지다.
〔Text=16/Freq2=46(25.7%)〕

≪장모≫ 전체빈도합=5(0.0003%)

장모 명 ☆☆★ 【Text=3/Freq1=5】
⓪ (예) 장모(丈母)와 장인.

≪장미≫ 전체빈도합=15(0.0008%)

장미 명 ☆★★ 【Text=8/Freq1=15】
⓪ (예) 뜰에 장미(薔薇)를 심다.

≪장비≫ 전체빈도합=16(0.0009%)

장비 명 【Text=14/Freq1=16】
⓪ (예) 등산 장비(裝備)를 갖추다.

≪장사≫ 전체빈도합=69(0.0037%)

장사[1] 명 ★☆☆ 【Text=33/Freq1=65(94.2%)】
⓪ (예) 김밥 장사를 하다.
장사[2] 명 【Text=3/Freq1=3(4.3%)】
⓪ (예) 힘이 장사(壯士)다./항우 장사.
〔Text=2/Freq2=2(66.7%)〕
관 <장사(가) 없다> 매에 장사 없다.

〔Text=1/Freq2=1(33.3%)〕
장사[3] 명 【Text=1/Freq1=1(1.4%)】
⓪ (예) 할아버지의 장사(葬事)를 치르다.

≪장소≫ 전체빈도합=164(0.0088%)

장소 명 ★★★ 【Text=72/Freq1=164】
⓪ (예) 약속 장소(場所)에 가다.

≪장수≫ 전체빈도합=55(0.0030%)

장수[1] 명 ★☆☆ 【Text=16/Freq1=41(74.5%)】 [222]
⓪ (예) [과일/생선/소금] 장수.
장수[2] 명 【Text=5/Freq1=7(12.7%)】
⓪ (예) 고구려의 장수(將帥) 을지문덕.
장수[3] 명 【Text=4/Freq1=6(10.9%)】
⓪ (예) 장수(長壽)를 하다.
장수[4] 명 【Text=1/Freq1=1(1.8%)】
⓪ (예) 보고서 장수(張數)를 줄이다.
장수[5] 명 【Text=0/Freq1=0】 ⓧ
⓪ (예) 논문의 장수(章數). 〔×〕

≪장애≫ 전체빈도합=27(0.0015%)

장애 명 【Text=14/Freq1=27】
① (예) [계획에/일에] 장애(障碍)가 되다.
〔Text=9/Freq2=9(33.3%)〕
② (예) [신체/위장/정신] 장애를 겪다.
〔Text=6/Freq2=18(66.7%)〕

≪장인≫ 전체빈도합=8(0.0004%)

장인[1] 명 ☆☆★ 【Text=1/Freq1=1(12.5%)】
⓪ (예) 장인(丈人) 어른.
장인[2] 명 【Text=6/Freq1=7(87.5%)】
① (예) 원시 사회의 장인(匠人)은 존경받는 사람들이었다. 〔Text=3/Freq2=4(57%)〕
② (예) 나전장 장인. 〔Text=3/Freq2=3(43%)〕

≪장점≫ 전체빈도합=17(0.0009%)

장점 명 ☆★☆ 【Text=13/Freq1=17】
⓪ (예) 장점(長點)과 단점.

≪장차≫ 전체빈도합=26(0.0014%)

장차[1] 명 【Text=1/Freq1=1(3.8%)】
⓪ (예) 장차(將次)의 권력 승계를 놓고 싸우다.
장차[2] 부 【Text=15/Freq1=25(96.2%)】
⓪ (예) 장차(將次) [의사가 되고 싶다/크게 되다/할 일이 많다].

≪장치≫ 전체빈도합=47(0.0025%)

---

222) 『외국인을 위한 한국어 학습 사전』(2004)의 중요 어휘 목록에는 '장수[3]'이 포함되어 있는데, 여기서는 그 쓰임의 폭이 더 넓은 '장수[1]'을 기본어휘로 삼는다.

장치¹ 명 【Text=14/Freq1=47(100%)】
　① (예) [계산/기계/냉방] 장치(裝置).
　　　〔Text=12/Freq2=42(89.4%)〕
　② (예) [무대/문학적/시적] 장치.
　　　〔Text=2/Freq2=3(6.4%)〕
　③ (예) 분쟁 예방을 위한 제도적 장치.
　　　〔Text=2/Freq2=2(4.3%)〕
장치² 명 【Text=0/Freq1=0】 ⓧ
　⓪ (예) 장날마다 이자를 갚는 장(場)치를 빌려 쓰다. 〔×〕

≪장학금≫전체빈도합=24(0.0013%)

장학금 명 【Text=11/Freq1=24】
　⓪ (예) 장학금(獎學金)을 받다.

≪재≫전체빈도합=24(0.0013%) ²²³⁾

재¹ 명 ☆★ 【Text=10/Freq1=16(66.7%)】
　⓪ (예) 집이 불에 타서 재가 되다.
재² 명 【Text=1/Freq1=5(20.8%)】
　⓪ (예) 가파른 재를 넘다.
재³ 명 【Text=0/Freq1=0】 ⓧ
　⓪ (예) 절약하여 재(在)를 나게 하다. 〔×〕
재⁴ 명 【Text=0/Freq1=0】 ⓧ
　⓪ (예) 재(災)가 코 앞에 들이닥치다. 〔×〕
재⁵ 명 【Text=0/Freq1=0】 ⓧ
　⓪ (예) 재(財)에 집착하다. 〔×〕
재⁶ 명 【Text=1/Freq1=1(4.2%)】
　⓪ (예) 절에서 큰 재(齋)를 올리다.
-재¹⁰ 접 【Text=1/Freq1=2(8.3%)】
　⓪ (예) 한약재의 '-재'(材).

≪재능≫전체빈도합=35(0.0019%)

재능 명 【Text=18/Freq1=35】
　⓪ (예) 재능(才能)을 살리다.

≪재다≫전체빈도합=58(0.0031%)

재다¹ 동 【Text=0/Freq1=0】 ⓧ
　⓪ (예) 부자라고 재다. 〔×〕
　관 <폼을 재다> 〔×〕
재다² 동 ★☆★ 【Text=24/Freq1=52(89.7%)】
　① (예) 환자의 열을 재다.
　　　〔Text=22/Freq2=48(92.3%)〕
　② (예) 인생을 세속의 잣대로 재다.
　　　〔Text=3/Freq2=4(7.7%)〕
　관 <앞뒤를 재다> 〔×〕
재다³ 동 【Text=1/Freq1=2(3.4%)】
　⓪ (예) 파이프에 잎담배를 재다.
재다⁴ 동 【Text=1/Freq1=1(1.7%)】
　⓪ (예) [고기를/김을] 재다.
재다⁵ 형 【Text=2/Freq1=2(3.4%)】
　⓪ (예) 잰 걸음으로 걷다.
　관 <입이 재다> 〔×〕
재다ˣ ? 【Text=1/Freq1=1(1.7%)】

≪재떨이≫전체빈도합=4(0.0002%)

재떨이 명 ☆☆★ 【Text=4/Freq1=4】
　⓪ (예) 담뱃재를 재떨이에 떨다,

≪재료≫전체빈도합=78(0.0042%)

재료 명 ★★★ 【Text=31/Freq1=78】
　⓪ (예) 갈대를 재료(材料)로 지은 집.

≪재미≫전체빈도합=104(0.0056%)

재미¹ 명 ★★★ 【Text=45/Freq1=99(95.2%)】
　① (예) 분재에 재미를 느끼다.
　　　〔Text=32/Freq2=72(72.7%)〕
　② (예) 재미가 괜찮은 사업.
　　　〔Text=1/Freq2=4(4%)〕
　③ (예) 요즘 재미가 괜찮은가?(안부)
　　　〔Text=2/Freq2=3(3%)〕
　관 <재미(가) 나다> 〔Text=2/Freq2=2(2%)〕
　관 <재미(가) 없다>
　　　〔Text=9/Freq2=11(11.1%)〕
　관 <재미(를) 들이다> 〔Text=1/Freq2=1(1%)〕
　관 <재미(를) 보다> 〔Text=5/Freq2=5(5.1%)〕
　관 <재미(를) 붙이다> 〔Text=1/Freq2=1(1%)〕
재미² 명 【Text=1/Freq1=5(4.8%)】 ²²⁴⁾
　⓪ (예) 재미(在美) 한인 사회. 〔×〕
　관 <재미 교포> 〔Text=1/Freq2=5(100%)〕

≪재미없다≫전체빈도합=23(0.0012%)

재미없다 형 ☆★☆ 【Text=18/Freq1=23】
　Ⅰ (예) 그 책은 재미없다.
　　　〔Text=18/Freq2=23(100%)〕
　Ⅱ (예) 거짓말하면 너 재미없다. 〔×〕

≪재미있다≫전체빈도합=484(0.0261%)

---

223) 『연세 한국어 사전』의 '재 ⁸'(예:재일본), '재 ⁹'(예:재교육), '-재¹⁰'(예:한약재), '-재¹¹'(예:문화재)는 말뭉치의 분석에 적용하지 않으므로 제외한다. 다만, 글 속에 접미사의 예시로 나타난 용례의 수는 따로 보이기로 한다.

224) 『연세 한국어 사전』에서는 '재미²'를 '형성'의 품사로 기술하고 있다.

재미있다 휑★★★ 【Text=121/Freq1=484】
　☞재밌다.
Ⅰ (예) [그의 말투가/일이] 재미있다.
　　〔Text=87/Freq2=217(44.8%)〕
Ⅱ (예) 재미있는 [광고/에피소드].
　　〔Text=74/Freq2=266(55%)〕
ⓧ 〔Text=1/Freq2=1(0.2%)〕

≪재밌다♣≫전체빈도합=45(0.0024%)

재밌다⁰ 휑 【Text=13/Freq1=45】
　☞재미있다. ²²⁵⁾
Ⅰ ❶ (예) [그의 말투가/일이] 재밌다.
　　〔Text=12/Freq2=32(71.1%)〕
Ⅱ ❶ (예) 재밌는 [에피소드/광고].
　　〔Text=5/Freq2=13(28.9%)〕

≪재배하다≫전체빈도합=19(0.0010%)

재배하다 동 【Text=13/Freq1=19】
　⓪ (예) 벼를 재배(栽培)하다.

≪재벌≫전체빈도합=24(0.0013%)

재벌 명 【Text=12/Freq1=24】
　⓪ (예) 재벌(財閥)들의 재산 기부.
　　〔Text=12/Freq2=23(95.8%)〕
　관<재벌 기업> 〔Text=1/Freq2=1(4.2%)〕

≪재빨리≫전체빈도합=41(0.0022%)

재빨리 부 【Text=29/Freq1=41】
　⓪ (예) 재빨리 [도망치다/알아채다].

≪재산≫전체빈도합=74(0.0040%)

재산 명★★★ 【Text=41/Freq1=74】
　① (예) 재산(財産)이 많다.
　　〔Text=40/Freq2=72(97.3%)〕
　② (예) 소비자의 신뢰가 회사의 가장 큰
　　재산이다. 〔Text=2/Freq2=2(2.7%)〕

≪재수≫전체빈도합=31(0.0017%)

재수¹ 명 【Text=13/Freq1=14(45.2%)】
　⓪ (예) 재수(財數)가 [나쁘다/없다/좋다].
재수² 명 【Text=4/Freq1=17(54.8%)】
　⓪ (예) 재수(再修)를 하다.

≪재주≫전체빈도합=40(0.0022%)

재주 명☆★ 【Text=21/Freq1=40】
① (예) 사업을 하는 재주(才-)가 있다.
　　〔Text=20/Freq2=31(77.5%)〕
② (예) 교묘한 재주로 사람을 속이다.
　　〔Text=5/Freq2=5(12.5%)〕
관<재주(를) 넘다> 〔Text=1/Freq2=1(2.5%)〕
관<재주(를) 부리다>
　　〔Text=1/Freq2=3(7.5%)〕
관<재주(를) 피우다> 〔ⓧ〕

≪재촉하다≫전체빈도합=18(0.0010%)

재촉하다 동 【Text=17/Freq1=18】
Ⅰ (예) 빨리 오라고 재촉하다.
　　〔Text=11/Freq2=12(66.7%)〕
Ⅱ (예) [걸음을/길을/발길을] 재촉하다.
　　〔Text=6/Freq2=6(33.3%)〕

≪재판≫전체빈도합=42(0.0023%)

재판¹ 명★☆★ 【Text=14/Freq1=41(97.6%)】
① (예) 민족적 재판(裁判).
　　〔Text=4/Freq2=7(17.1%)〕
② (예) 1심의 재판 결과가 나오다.
　　〔Text=1C/Freq2=34(82.9%)〕
재판² 명 【Text=1/Freq1=1(2.4%)】
① (예) 책의 재판(再版)이 나오다.
　　〔Text=1/Freq2=1(100%)〕
② (예) 또 다시 과거의 재판이 되다. 〔ⓧ〕

≪재활용하다≫전체빈도합=24(0.0013%)

재활용하다 동 【Text=10/Freq1=24】
　⓪ (예) 빈 병을 재활용(再活用)하다.

≪쟁반≫전체빈도합=18(0.0010%)

쟁반 명 【Text=10/Freq1=18】
　⓪ (예) 쟁반(錚盤)에 과일을 담다.

≪쟤≫전체빈도합=22(0.0012%)

쟤 대 【Text=11/Freq1=22】
　⓪ (예) 저기 있는 쟤가 맘에 들어? ²²⁶⁾

≪저≫전체빈도합=1,864(0.1004%) ²²⁷⁾

저¹ 명의 【Text=0/Freq1=0】 ⓧ
　⓪ (예) 최현배 저(著) '우리말본'. 〔ⓧ〕
저² 대★★★ 【Text=134/Freq1=1,124(60.3%)】
　⓪ (예) 저는 학생입니다.

---

225) '재미있다'의 의미 구분에 따라 '재밌다'를 기술한다.
226) 『연세 한국어 사전』에서는 '걔, 얘, 쟤'는 각각 '그 아이, 이 아이, 저 아이'의 준꼴(준)로 기술하고 있으나 여기서는 한 낱말로 보아 '대명사'로 기술한다.
227) 『연세 한국어 사전』의 '저⁷'(예:적물가)는 말뭉치의 분석에 적용하지 않았으므로 제외한다.

〔Text=134/Freq2=1,117(99.4%)〕
❶ (예) '나'를 '저'로 바꾸다.
　〔Text=1/Freq2=7(0.6%)〕
저³ 대 【Text=11/Freq1=15(0.8%)】
　⓪ (예) 석구는 저도 눈물이 나올 것 같아 얼른 고개를 돌렸다.
저⁴ 대 【Text=17/Freq1=19(1%)】
　① (예) 이 상황이 저들에게 유리할까요?
　　〔Text=8/Freq2=9(47.4%)〕
　② (예) 난 저처럼 아름다운 경치를 본 적이 없어./에구머니, 저를 어째.
　　〔Text=7/Freq2=8(42.1%)〕
　❸ (예) 저(기)쯤에서 아이가 달려오다.
　　〔Text=1/Freq2=1(5.3%)〕
　판<그나 저나> 〔Text=1/Freq2=1(5.3%)〕
저⁵ 관★★★ 【Text=134/Freq1=517(27.7%)】
　① (예) 집이 저 위쪽이지?/저 어른이 누구시죠? 〔Text=113/Freq2=408(78.9%)〕
　②<이 ~ 저 ~> (예) 이 마을 저 마을을 돌아다니다. 〔Text=27/Freq2=42(8.1%)〕
　③ (예) 저 잔인무도한 폭도들.
　　〔Text=31/Freq2=47(9.1%)〕
　❹ (예) 저 남쪽 어딘가로 가고 싶다.
　　〔Text=11/Freq2=17(3.3%)〕
　판<저 세상> 〔Text=3/Freq2=3(0.6%)〕
저⁶ 감☆★☆ 【Text=44/Freq1=187(10%)】
　① (예) 저, 잘 못 들었는데 다시 말씀해 주세요. 〔Text=20/Freq2=108(57.8%)〕
　② (예) 저, 말씀 좀 묻겠습니다.
　　〔Text=36/Freq2=79(42.2%)〕
저ˣ ? 【Text=2/Freq1=2(0.1%)】

≪저거≫전체빈도합=77(0.0041%)

저거 대☆★☆ 【Text=46/Freq1=77】 ☞저것. ²²⁸⁾
　① (예) 저기 보이는 저거 뭐죠?
　　〔Text=30/Freq2=39(50.6%)〕
　② (예) 저거 봐요, 사람들이 웃어요.
　　〔Text=6/Freq2=6(7.8%)〕
　③ (예) 저 자식 저거 벌써 술이 취했군.
　　〔Text=5/Freq2=6(7.8%)〕
　④ (예) 이거도 어렵다, 저거도 어렵다 불평하다. 〔Text=6/Freq2=7(9.1%)〕

❺ (예) 2학기 때 저거 뭐 들었지?
　〔Text=4/Freq2=17(22.1%)〕
ⓧ 〔Text=1/Freq2=2(2.6%)〕

≪저것≫전체빈도합=59(0.0032%)

저것 대★★★ 【Text=37/Freq1=59】 ☞저거.
　① (예) 저기 보이는 저것은 무엇이죠?
　　〔Text=17/Freq2=31(52.5%)〕
　② (예) 저것 봐요, 사람들이 웃어요.
　　〔Text=4/Freq2=6(10.2%)〕
　③ (예) 저것들이 새벽부터 어딜 가지?
　　〔Text=5/Freq2=8(13.6%)〕
　④ (예) 이것도 어렵다, 저것도 어렵다 불평하다. 〔Text=12/Freq2=13(22%)〕
　ⓧ 〔Text=1/Freq2=1(1.7%)〕

≪저고리≫전체빈도합=24(0.0013%)

저고리 명☆★★ 【Text=12/Freq1=24】
　① (예) 한복 저고리에 치마를 입다.
　　〔Text=11/Freq2=23(95.8%)〕
　② (예) 양복 저고리에서 지갑을 꺼내다.
　　〔Text=1/Freq2=1(4.2%)〕

≪저곳✱≫전체빈도합=16(0.0009%)

저곳⁰ 대 【Text=11/Freq1=16】
　❶ (예) 저곳은 늘 사람들로 붐빈다.
　　〔Text=1/Freq2=1(6.3%)〕
　판<이곳 저곳> 〔Text=10/Freq2=15(93.8%)〕

≪저금≫전체빈도합=9(0.0005%)

저금 명☆☆★ 【Text=8/Freq1=9】
　⓪ (예) 은행에 저금(貯金)을 하다.

≪저기≫전체빈도합=160(0.0086%)

저기 대★★★ 【Text=80/Freq1=160】
　Ⅰ (예) 저기에 집이 보이지?/저기가 네 고향이다. 〔Text=32/Freq2=40(25%)〕
　Ⅱ (예) 저기 가서 얘기하자. ²²⁹⁾
　　〔Text=52/Freq2=84(52.5%)〕
　Ⅲ ① (예) 저기, 저어 손님이 왔어요.
　　〔Text=11/Freq2=11(6.9%)〕
　② (예) 어릴 땐 저기, 그 뭐, 공주처럼 살았어. 〔Text=11/Freq2=25(15.6%)〕

---

228) 『연세 한국어 사전』에서는 '저거'가 두 가지 용법으로 기술되어 있는데, 여기서는 '저것'의 의미 구분에 따라 더 상세히 기술한다.
229) 『외국인을 위한 한국어 학습 사전』(2004)의 중요 어휘 목록에서는 '저기'의 Ⅱ에 해당하는 용법을 독립된 부사로 보아 ★★☆의 중요도를 부여하고 있다.

≪**저녁**≫전체빈도합=316(0.0170%)

저녁 명 ★★★ 【Text=127/Freq1=316】
① (예) 아침부터 저녁까지 일하다.
〔Text=110/Freq2=239(75.6%)〕
② (예) 저녁을 먹다.
〔Text=45/Freq2=77(24.4%)〕

≪**저녁밥**≫전체빈도합=21(0.0011%)

저녁밥 명 【Text=11/Freq1=21】
⓪ (예) 저녁밥을 [먹다/짓다].

≪**저러다**≫전체빈도합=19(0.0010%)

저러다 동 【Text=16/Freq1=19】
⓪ (예) 계속 저러다 다치겠다.
〔Text=14/Freq2=16(84.2%)〕
❶ (예) 이러다 저러다 말이 많다.
〔Text=2/Freq2=3(15.8%)〕

≪**저런**≫전체빈도합=65(0.0035%)

저런¹ 관 ☆★★ 【Text=32/Freq1=46(70.8%)】
⓪ (예) 저런 놈이 어떻게 의사가 됐지?
〔Text=22/Freq2=33(71.7%)〕
㉠ <그런 저런>/<이런 저런> 이런 저런 이야기. 〔Text=12/Freq2=13(28.3%)〕

저런² 감 【Text=15/Freq1=19(29.2%)】
⓪ (예) 저런, 비를 맞았군요.

≪**저렇게**≫전체빈도합=89(0.0048%)

저렇게 부 ★★★ 【Text=50/Freq1=89】
⓪ (예) 웬 자동차가 저렇게 많아?
〔Text=24/Freq2=32(36%)〕
❶ (예) 저렇게 남들 욕만 하면 안 돼.
〔Text=31/Freq2=51(57.3%)〕
㉠ <이렇게 저렇게>
〔Text=5/Freq2=6(6.7%)〕

≪**저렇다**≫전체빈도합=22(0.0012%)

저렇다 형 【Text=14/Freq1=22】
① (예) 지금은 모습이 저렇다.
〔Text=13/Freq2=18(81.8%)〕
② <저렇듯> (예) 저렇듯 늙었다.
〔Text=1/Freq2=1(4.5%)〕
㉠ <이렇고 저렇고>
〔Text=1/Freq2=3(13.6%)〕

≪**저리**≫전체빈도합=25(0.0013%)

저리¹ 명 【Text=0/Freq1=0】 (x)
⓪ (예) 자금을 저리(低利)로 빌리다. 〔×〕

저리² 부 【Text=5/Freq1=6(24%)】
① (예) 모두 저리 반대하니 안 되겠다.
〔Text=4/Freq2=5(83.3%)〕
② (예) 저리 먼 하늘.
〔Text=1/Freq2=1(16.7%)〕

저리³ 부 【Text=15/Freq1=19(76%)】
① (예) 저리 가! 혼자 있고 싶어.
〔Text=6/Freq2=8(42.1%)〕
② (예) 현장에서 이리 뛰고 저리 뛰다.
〔Text=9/Freq2=9(47.4%)〕
❸ (예) 저리로 가다. 〔Text=1/Freq2=1(5.3%)〕
㉠ <저리 가라 (하다)>
요리사 저리 가라 할 정도로 솜씨가 좋다.
〔Text=1/Freq2=1(5.3%)〕

≪**저마다**≫전체빈도합=52(0.0028%)

저마다 부 【Text=29/Freq1=52】
Ⅰ (예) 사람들이 저마다 한 마디씩 하다.
〔Text=23/Freq2=37(71.2%)〕
Ⅱ (예) 모두 저마다의 의견을 말하다.
〔Text=6/Freq2=15(28.8%)〕

≪**저물다**≫전체빈도합=21(0.0011%)

저물다 동 【Text=20/Freq1=21】
① (예) [날이/해가] 저물다.
〔Text=17/Freq2=18(85.7%)〕
② (예) [가을이/한 해가] 저물다.
〔Text=3/Freq2=3(14.3%)〕

≪**저서**≫전체빈도합=15(0.0008%)

저서 명 【Text=11/Freq1=15】
⓪ (예) 저서(著書)를 출판하다.

≪**저수지**≫전체빈도합=22(0.0012%)

저수지 명 【Text=11/Freq1=22】
⓪ (예) 저수지(貯水池)에 물이 차다.

≪**저어**≫전체빈도합=17(0.0009%)

저어⁰ 감 【Text=13/Freq1=17】 ☞저⁶.
❶ (예) 저어, 잘 못 들었는데 다시 말해 주세요. 〔Text=1/Freq2=1(5.9%)〕
❷ (예) 저어, 말씀 좀 묻겠습니다.
〔Text=12/Freq2=16(94.1%)〕

≪**저자**≫전체빈도합=20(0.0011%)

저자¹ 명 【Text=0/Freq1=0】 (x)
① (예) 거리에 작은 저자가 벌어지다. 〔×〕
② (예) 길 양편으로 저자가 죽 늘어서다. 〔×〕

저자² 명 【Text=11/Freq1=19(95%)】

ⓞ (예) '국어문법'의 저자(著者) 주시경.
저자³ 대 【Text=1/Freq1=1(5%)】
　ⓞ (예) 저자(- 者)는 누구지?

≪저장하다≫전체빈도합=16(0.0009%)
저장하다 동 【Text=11/Freq1=16】
　ⓞ (예) 창고에 곡식을 저장(貯藏)하다.
　　　〔Text=10/Freq2=14(87.5%)〕
　❶ (예) 데이터를 하드디스크에 저장하다.
　　　〔Text=1/Freq2=2(12.5%)〕

≪저절로≫전체빈도합=46(0.0025%)
저절로 부★★★ 【Text=33/Freq1=46】
　① (예) 거센 감정이 저절로 넘쳐흐르다.
　　　〔Text=9/Freq2=10(21.7%)〕
　② (예) 신나서 저절로 노래가 나오다.
　　　〔Text=27/Freq2=36(78.3%)〕

≪저지르다≫전체빈도합=55(0.0030%)
저지르다 동★☆☆ 【Text=35/Freq1=55】
　ⓞ (예) 잘못을 저지르다.

≪저쪽≫전체빈도합=67(0.0036%)
저쪽 명★★☆ 【Text=43/Freq1=67】
　① (예) 도서관은 저쪽에 있다.
　　　〔Text=27/Freq2=36(53.7%)〕
　② (예) 우리보다 저쪽이 더 급하다.
　　　〔Text=3/Freq2=3(4.5%)〕
　③ (예) 저쪽 땅의 가족이 나를 기다리다.
　　　〔Text=4/Freq2=5(7.5%)〕
　❹ (예) 유리창 저쪽에 아이들이 앉다.
　　　〔Text=13/Freq2=19(28.4%)〕
　❺ (예) 30년쯤 저쪽의 일이다.
　　　〔Text=1/Freq2=1(1.5%)〕
　관<이쪽 저쪽> 이쪽 저쪽 번갈아 보다.
　　　〔Text=3/Freq2=3(4.5%)〕

≪저축≫전체빈도합=37(0.0020%)
저축 명 【Text=10/Freq1=37】
　① (예) 용돈을 아껴 저축(貯蓄)을 하다.
　　　〔Text=7/Freq2=30(81.1%)〕
　② (예) 은행에 목돈 마련 저축을 들다.
　　　〔Text=3/Freq2=7(18.9%)〕

≪저편⁺≫전체빈도합=28(0.0015%)
저편⁰ 대 【Text=16/Freq1=28】
　❶ (예) 저편(便)으로 가다./[거울/바다] 저편.
　　　〔Text=15/Freq2=22(78.6%)〕
　❷ (예) [기억의/시간의] 저편.
　　　〔Text=3/Freq2=3(10.7%)〕
　❸ (예) 이편보다 저편이 더 비싸다.
　　　〔Text=1/Freq2=2(7.1%)〕
　❹ (예) 저편에서 회답을 거부하다.
　　　〔Text=1/Freq2=1(3.6%)〕

≪저항≫전체빈도합=32(0.0017%)
저항 명 【Text=15/Freq1=32】
　① (예) [독재에/압력에] 저항(抵抗)을 하다.
　　　〔Text=14/Freq2=31(96.9%)〕
　②㉠ (예) [공기의/물의] 압력과 저항.
　　　〔Text=1/Freq2=1(3.1%)〕
　　㉡ (예) 콘덴서의 저항 장치. 〔×〕
　관<저항 운동>〔×〕
　관<저항 의식>〔×〕

≪저희≫전체빈도합=182(0.0098%)
저희¹ 대★★☆ 【Text=58/Freq1=179(98.4%)】
　① (예) 저희는 학생입니다.
　　　〔Text=37/Freq2=95(53.1%)〕
　② (예) 저희 [부서/아버지/엄마/학과].
　　　〔Text=39/Freq2=84(46.9%)〕
저희² 대 【Text=3/Freq1=3(1.6%)】
　ⓞ (예) 저희끼리 수군대는 것 같다.

≪적≫전체빈도합=803(0.0432%)
적¹ 명★☆★ 【Text=21/Freq1=32(4%)】
　① (예) 적(敵)과 동지.
　　　〔Text=10/Freq2=16(50%)〕
　② (예) 수비수가 적으로부터 골을 지키다.
　　　〔Text=1/Freq2=1(3.1%)〕
　③ (예) 전선에서 적과 대치하다.
　　　〔Text=10/Freq2=15(46.9%)〕
적² 명 【Text=1/Freq1=1(0.1%)】
　ⓞ (예) 대학에 적(籍)을 두다.
적³ 명 【Text=0/Freq1=0】ⓧ
　ⓞ (예) 기름을 두르고 적(炙)을 부치다.〔×〕
적⁴ 명 【Text=0/Freq1=0】ⓧ
　ⓞ (예) 적(笛)을 불다.〔×〕
적⁵ 명 【Text=2/Freq1=2(0.2%)】
　ⓞ (예) 백, 적(赤), 황, 청, 흑의 다섯 가지 색.
적⁶ 명의★★★ 【Text=135/Freq1=424(52.8%)】
　① (예) 한국에 여행한 적이 있다.
　　　〔Text=132/Freq2=412(97.2%)〕
　② (예) 개구리가 올챙이 적 생각 못하다.
　　　〔Text=10/Freq2=12(2.8%)〕
- 적⁷ 접★★☆ 【Text=50/Freq1=344(42.8%)】 ²³⁰

Ⅰ (예) 지도자적(的)인 능력.
〖Text=41/Freq2=115(33.4%)〗
Ⅱ (예) 역사론적 비판.
〖Text=32/Freq2=229(66.6%)〗

≪**적극**≫전체빈도합=14(0.0008%)

적극 [부]☆★☆ 【Text=10/Freq1=14】
① (예) 일을 적극(積極) 추진하다.

≪**적극적**≫전체빈도합=65(0.0035%)

적극적¹ [명] 【Text=36/Freq1=57(87.7%)】
① (예) 적극적(積極的)인 태도.
/문제에 적극적으로 대처하다.

적극적² [관] 【Text=4/Freq1=8(12.3%)】
① (예) 적극적(積極的) 협조를 하다.

≪**적다**≫전체빈도합=417(0.0225%)

적다¹ [동]★★★ 【Text=78/Freq1=250(60%)】
① (예) 원고지에 [수필을/시를] 적다.
〖Text=63/Freq2=203(81.2%)〗
② (예) [글자를/한자를] 적다.
〖Text=17/Freq2=26(10.4%)〗
③ (예) [가계부를/장부를] 적다.
〖Text=12/Freq2=21(8.4%)〗

적다² [형]★★★ 【Text=81/Freq1=167(40%)】
① (예) 강우량이 적다./사람이 적다.

≪**적당하다**≫전체빈도합=45(0.0024%)

적당하다 [형]★★★ 【Text=31/Freq1=45】
Ⅰ ① (예) 온도를 적당(適當)하게 맞추다.
〖Text=27/Freq2=35(77.8%)〗
② (예) 적당한 선에서 타협하다.
〖Text=3/Freq2=3(6.7%)〗
Ⅱ (예) 모여 살기에 적당한 곳.
〖Text=5/Freq2=7(15.6%)〗

≪**적당히**≫전체빈도합=24(0.0013%)

적당히 [부] 【Text=19/Freq1=24】
① (예) 술도 적당(適當)히 마시면 좋다.
〖Text=11/Freq2=14(58.3%)〗
② (예) 일을 적당히 얼버무리다.
〖Text=9/Freq2=10(41.7%)〗

≪**적성**≫전체빈도합=72(0.0039%)

적성 [명]☆★☆ 【Text=12/Freq1=72】
① (예) 직업이 적성(適性)에 딱 맞다.

〖Text=12/Freq2=72(100%)〗
㉮ <적성 검사> 〔×〕

≪**적시다**≫전체빈도합=22(0.0012%)

적시다 [동] 【Text=19/Freq1=22】
Ⅰ ① (예) 땀이 몸을 적시다.
〖Text=6/Freq2=7(31.8%)〗
② (예) 멜로디가 가슴을 적시다.
〖Text=3/Freq2=3(13.6%)〗
Ⅱ ① (예) 수건에 물을 적시다.
〖Text=5/Freq2=5(22.7%)〗
② (예) 빗물에 치마 밑단을 적시다.
〖Text=6/Freq2=6(27.3%)〗
㉮ <눈시울(을) 적시다>
〖Text=1/Freq2=1(4.5%)〗
㉮ <이부자리를 적시다> 〔×〕

≪**적어도**≫전체빈도합=110(0.0059%)

적어도 [부] 【Text=60/Freq1=110】
① (예) 적어도 한 달은 걸릴 것 같다.
〖Text=28/Freq2=35(31.8%)〗
② (예) 착하지는 않아도 적어도 죄 지을 사람은
아니다. 〖Text=45/Freq2=75(68.2%)〗

≪**적용되다**≫전체빈도합=19(0.0010%)

적용되다 [동] 【Text=12/Freq1=19】
① (예) [법이/원리가] 모두에게 공평하게
적용(適用)되다.

≪**적응하다**≫전체빈도합=36(0.0019%)

적응하다 [동] 【Text=17/Freq1=36】
① (예) [사회의 변화에/새 생활에/시대에]
적응(適應)하다. 〖Text=14/Freq2=27(75%)〗
② (예) 생물이 [자연에/환경에] 적응하다.
〖Text=4/Freq2=9(25%)〗

≪**적절하다**≫전체빈도합=92(0.0050%)

적절하다 [형]★☆☆ 【Text=36/Freq1=92】
Ⅰ (예) 돈을 적절(適切)하게 활용하다.
〖Text=32/Freq2=86(93.5%)〗
Ⅱ (예) [공부하기에/상황에] 적절하다.
〖Text=6/Freq2=6(6.5%)〗

≪**적합하다**≫전체빈도합=25(0.0013%)

적합하다 [형] 【Text=15/Freq1=25】
① (예) [농업에/일을 하기에/전문직에]

---

230) 『연세 한국어 사전』에서는 '-적⁷'을 단일 의미로 기술하고 있는데, 여기서는 이 접미사에 의해 파생되는 품사에 따라 나누어 상세히 기술한다.

적합(適合)하다.

≪**적히다**≫전체빈도합=33(0.0018%)

  적히다 동 【Text=25/Freq1=33】
   ① (예) 수첩에 [메모가/이름이/주소가]
      적히다. 〔Text=22/Freq2=30(90.9%)〕
   ② (예) 종이에 [글자가/숫자가] 적히다.
      〔Text=3/Freq2=3(9.1%)〕

≪**전**≫전체빈도합=1,135(0.0611%) [231]

  전[1] 명 【Text=0/Freq1=0】 ⓧ
   ⓪ (예) 화로 전에 장죽을 털다. 〔×〕
  전[2] 명★★★ 【Text=194/Freq1=1,044(92%)】
   ① (예) 요즘 전(前)보다 더 바빠지다.
      〔Text=79/Freq2=120(11.5%)〕
   ② (예) [몇 년/오래] 전의 일이다.
      〔Text=155/Freq2=552(52.9%)〕
   관 <~/-기> 전> 그는 아직 귀가 전이다.
      /출발하기 전에 연락하다.
      〔Text=158/Freq2=362(34.7%)〕
   관 <전에 없다> 전에 없는 풍년이다.
      〔Text=8/Freq2=10(1%)〕
  전[3] 명 【Text=1/Freq1=1(0.1%)】
   ⓪ (예) 전(煎)을 부치다./명태 전.
  전[4] 명 【Text=0/Freq1=0】 ⓧ
   ⓪ (예) 길가에 전(廛)을 벌이다. 〔×〕
  전[5] 명 【Text=0/Freq1=0】 ⓧ
   ⓪ (예) 고분의 바닥에 전(塼)을 깔다. 〔×〕
  전[6] 명의 【Text=2/Freq1=32(2.8%)】
   ① (예) 엽전 3전(錢)을 내다. 〔×〕
   ② (예) 금덩이의 무게가 7냥 5전이나 되다.
      〔×〕
   ③ (예) 50전 짜리 동전.
      〔Text=2/Freq2=32(100%)〕
  전[8] 관 【Text=28/Freq1=45(4%)】
   ⓪ (예) 전(全) 대원은 운동장으로 집합.
  전[9] 관 【Text=6/Freq1=13(1.1%)】
   ⓪ (예) 전(前) [교장/대통령/시대].

≪**전개**≫전체빈도합=36(0.0019%)

  전개 명 【Text=16/Freq1=36】
   ⓪ (예) 줄거리의 전개(展開)가 빠르다.

≪**전개되다**≫전체빈도합=39(0.0021%)

  전개되다 동 【Text=23/Freq1=39】
   ⓪ (예) [사건이/상황이/이야기가] 이상하게
      전개(展開)되다.
      〔Text=16/Freq2=27(69.2%)〕
   ❶ (예) [논의가/추격전이/토론이] 활발히
      전개되다. 〔Text=6/Freq2=7(17.9%)〕
   ❷ (예) 등 뒤로 [바다가/배경이/절벽이]
      전개되다. 〔Text=4/Freq2=5(12.8%)〕

≪**전공**≫전체빈도합=50(0.0027%)

  전공[1] 명 【Text=0/Freq1=0】 ⓧ
   ⓪ (예) 전투에서 큰 전공(戰功)을 세우다. 〔×〕
  전공[2] 명☆★☆ 【Text=15/Freq1=50(100%)】
   ① (예) 전공(專攻)을 살리는 직업.
      〔Text=15/Freq2=44(88%)〕
   ② (예) 교양과 전공을 2과목씩 신청하다.
      〔Text=1/Freq2=6(12%)〕
  전공[3] 명 【Text=0/Freq1=0】 ⓧ
   ⓪ (예) 전공(電工)이 전봇대에서 일을 하다.
      〔×〕

≪**전공하다**≫전체빈도합=19(0.0010%)

  전공하다 동 【Text=12/Freq1=19】
   ⓪ (예) 국어학을 전공(專攻)하다.

≪**전국**≫전체빈도합=89(0.0048%)

  전국 명★★★ 【Text=47/Freq1=89】
   ⓪ (예) 전국(全國)에 비가 내리다.
      〔Text=46/Freq2=87(97.8%)〕
   관 <전국 체전> 〔Text=1/Freq2=2(2.2%)〕

≪**전기**≫전체빈도합=118(0.0064%)

  전기[1] 명★★★ 【Text=30/Freq1=94(79.7%)】
   ⓪ (예) 전기(電氣)로 가는 자동차.
      〔Text=27/Freq2=90(95.7%)〕
   관 <전기가 나가다> 〔Text=2/Freq2=2(2.1%)〕
   관 <전기가 들어오다>
      ① (예) 1970년대에야 마을에 전기가
         들어오다. 〔Text=1/Freq2=1(1.1%)〕
      ② (예) 정전됐다가 잠시 후 전기가 다시
         들어오다. 〔Text=1/Freq2=1(1.1%)〕
  전기[2] 명 【Text=6/Freq1=12(10.2%)】
   ⓪ (예) 위인들의 전기(傳記)를 읽다.
  전기[3] 명 【Text=5/Freq1=9(7.6%)】

---

[231] 『연세 한국어 사전』의 '전[7]'('저는'이 줄어든 말), '전[10]'(예:<u>전</u>남편, <u>전</u>반부), '-전[11]'(예:공중<u>전</u>, 결승<u>전</u>), '-전[12]'(예:서예<u>전</u>), '-전[13]'(예:위인<u>전</u>), '-전[14]'(예:대웅<u>전</u>)은 말뭉치의 분석에 적용하지 않았으므로 제외한다.

⓪ (예) 전기(前期) 대회에서 우승하다.

전기⁴ 몡 【Text=2/Freq1=2(1.7%)】
⓪ (예) 역사적 전기(轉機)를 맞다.

전기⁵ 몡 【Text=0/Freq1=0】 ⓧ
⓪ (예) 상세한 것은 전기(前記)의 내용을 보시오. 〔×〕

전기⁶ 몡 【Text=0/Freq1=0】 ⓧ
⓪ (예) 전기(傳奇) 소설. 〔×〕

전기ˣ ⁇ 【Text=1/Freq1=1(0.8%)】

≪**전날**≫전체빈도합=32(0.0017%)

전날 몡 【Text=27/Freq1=32】
① (예) [떠나기/추석] 전(前)날.
〔Text=26/Freq2=31(96.9%)〕
② (예) 전날의 배신에 원한을 품다.
〔Text=1/Freq2=1(3.1%)〕

≪**전달**≫전체빈도합=24(0.0013%)

전달¹ 몡 【Text=1/Freq1=2(8.3%)】
① (예) 전(前)달의 카드 요금이 많다.
〔Text=1/Freq2=2(100%)〕
② (예) 전쟁이 나던 그 전달에 집을 나가다.
〔×〕

전달² 몡 【Text=11/Freq1=22(91.7%)】
① (예) 선물이 제대로 전달(傳達)이 되다.
〔Text=2/Freq2=2(9.1%)〕
② (예) 의미 전달이 잘 안되다.
〔Text=9/Freq2=17(77.3%)〕
③ (예) 회의는 언제나 지시와 전달로 이어지다. 〔×〕
④ (예) 눈짓이 제대로 전달이 되다.
〔Text=1/Freq2=1(4.5%)〕
⑤ (예) 자극이 뇌로 전달이 되다.
〔Text=1/Freq2=2(9.1%)〕

≪**전달되다**≫전체빈도합=24(0.0013%)

전달되다 동 【Text=16/Freq1=24】
① (예) 편지가 그에게 전달(傳達)되다.
〔Text=2/Freq2=2(8.3%)〕
② (예) 글을 통해 [뜻이/의도가/의미가] 전달되다. 〔Text=4/Freq2=10(41.7%)〕
③ (예) 그들에게 [요구가/이야기가] 전달되다.
〔Text=5/Freq2=7(29.2%)〕
④ (예) [냄새가/느낌이/소리가/생각이/신호가] 전달되다. 〔Text=4/Freq2=4(16.7%)〕
⑤ (예) [열이/자극이/힘이] 전달되다.
〔Text=1/Freq2=1(4.2%)〕

≪**전달하다**≫전체빈도합=48(0.0026%)

전달하다 동★☆☆ 【Text=26/Freq1=48】
① (예) 편지를 그에게 전달(傳達)하다.
〔Text=3/Freq2=5(10.4%)〕
② (예) 글을 통해 [뜻을/의도를/의미를] 전달하다 〔Text=14/Freq2=25(52.1%)〕
③ (예) 그들에게 [요구를/이야기를] 전달하다.
〔Text=3/Freq2=3(6.3%)〕
④ (예) [느낌을/생각을/소리를/신호를] 전달하다 〔Text=10/Freq2=14(29.2%)〕
⑤ (예) [열을/자극을/힘을] 전달하다.
〔Text=1/Freq2=1(2.1%)〕

≪**전등**≫전체빈도합=18(0.0010%)

전등 몡☆☆★ 【Text=14/Freq1=18】
⓪ (예) 전등(電燈)을 켜다.

≪**전락하다**≫전체빈도합=22(0.0012%)

전락하다 동 【Text=17/Freq1=22】
⓪ (예) [범죄자로/비참한 신세로/초라한 모습으로] 전락(轉落)하다.

≪**전래**≫전체빈도합=44(0.0024%)

전래 몡 【Text=12/Freq1=44】
① (예) 한국의 전래(傳來) 동화.
〔Text=11/Freq2=43(97.7%)〕
② (예) 불교의 전래. 〔Text=1/Freq2=1(2.3%)〕

≪**전략**≫전체빈도합=35(0.0019%)

전략¹ 몡 【Text=12/Freq1=35(100%)】
① (예) 전장에서 이기기 위한 전략(戰略)을 세우다. 〔Text=3/Freq2=5(14.3%)〕
② (예) 그의 교묘한 전략에 휘둘리다.
〔Text=9/Freq2=30(85.7%)〕

전략² 몡 【Text=0/Freq1=0】 ⓧ
⓪ (예) 전략(前略). 〔×〕

≪**전망**≫전체빈도합=27(0.0015%)

전망 몡 【Text=20/Freq1=27】
① (예) 앞이 트여 전망(展望)이 좋다.
〔Text=4/Freq2=6(22.2%)〕
② (예) 경제 전망을 낙관하다.
〔Text=16/Freq2=21(77.8%)〕

≪**전문**≫전체빈도합=34(0.0018%)

전문¹ 몡 【Text=2/Freq1=2(5.9%)】
① (예) 헌법 전문(前文).
〔Text=2/Freq2=2(100%)〕

② (예) 글의 전문에 취지를 밝히다.〔×〕
전문² 명 ★☆☆ 【Text=17/Freq1=29(85.3%)】
　① (예) [불고기/한식] 전문(專門) 식당.
　　　〔Text=17/Freq2=27(93.1%)〕
　관 <전문 대학>〔Text=1/Freq2=2(6.9%)〕
　관 <전문 위원>〔×〕
　관 <전문 지식>〔×〕
　관 <전문 학교>〔×〕
전문³ 명 【Text=3/Freq1=3(8.8%)】
　① (예) 글의 전문(全文)을 소개하다.
전문⁴ 명 【Text=0/Freq1=0】ⓧ
　① (예) 급한 소식을 전문(電文)으로 보내다.
　〔×〕
전문⁵ 명 【Text=0/Freq1=0】ⓧ
　① (예) 그의 전문(傳聞)에 따르면 사정이 급한
　　　것 같다.〔×〕

≪전문가≫전체빈도합=45(0.0024%)
전문가 명 【Text=27/Freq1=45】
　① (예) [각 분야의/경제/역사/요리]
　　　전문가(專門家).

≪전문적≫전체빈도합=27(0.0015%)
전문적¹ 명 【Text=16/Freq1=20(74.1%)】
　① (예) 디자인을 전문적(專門的)으로
　　　가르치다./전문적인 용어.
전문적² 관 【Text=4/Freq1=7(25.9%)】
　① (예) 전문적(專門的) 지식을 갖추다.

≪전보≫전체빈도합=4(0.0002%)
전보¹ 명 ☆☆★ 【Text=3/Freq1=4(100%)】
　① (예) 전보(電報)를 [받다/치다].
전보² 명 【Text=0/Freq1=0】ⓧ
　① (예) 지방 전보(轉補)를 명하다.〔×〕

≪전부≫전체빈도합=88(0.0047%)
전부¹ 명 【Text=37/Freq1=49(55.7%)】
　① (예) 재산의 전부(全部)를 기부하다.
전부² 부 ☆★★ 【Text=20/Freq1=39(44.3%)】
　① (예) 일을 전부(全部) 마치다.

≪전설≫전체빈도합=35(0.0019%)
전설 명 【Text=15/Freq1=35】
　① (예) 산에 얽힌 전설(傳說).

≪전세계≫전체빈도합=22(0.0012%)
전세계 명 【Text=11/Freq1=22】
　① (예) 전세계(全世界)의 [나라들/인류].
　　　/전세계가 놀라다.

≪전시되다≫전체빈도합=22(0.0012%)
전시되다 동 【Text=13/Freq1=22】
　① (예) 박물관에 유물이 전시(展示)되다.

≪전시회≫전체빈도합=41(0.0022%)
전시회 명 【Text=14/Freq1=41】
　① (예) 사진 전시회(展示會)가 열리다.

≪전자≫전체빈도합=60(0.0032%)
전자¹ 명 【Text=9/Freq1=12(20%)】
　① (예) 전자(前者)는 후자와 다르다.
전자² 명 ★☆★ 【Text=16/Freq1=47(78.3%)】
　① (예) 전자(電子), 화학 등의 공업.
　　　〔Text=3/Freq2=4(8.5%)〕
　관 <전자 공업>〔Text=1/Freq2=6(12.8%)〕
　관 <전자 공장>〔Text=1/Freq2=1(2.1%)〕
　관 <전자 부품>〔Text=1/Freq2=1(2.1%)〕
　관 <전자 사서함>〔Text=1/Freq2=1(2.1%)〕
　관 <전자 상가>〔Text=1/Freq2=3(6.4%)〕
　관 <전자 시계>〔Text=1/Freq2=1(2.1%)〕
　관 <전자 시대>〔Text=1/Freq2=1(2.1%)〕
　관 <전자 신문>〔Text=1/Freq2=1(2.1%)〕
　관 <전자 오락>〔Text=4/Freq2=7(14.9%)〕
　관 <전자 오락기>〔Text=2/Freq2=7(14.9%)〕
　관 <전자 오락실>〔Text=1/Freq2=1(2.1%)〕
　관 <전자 제품>〔Text=6/Freq2=10(21.3%)〕
　관 <전자 통신>〔Text=1/Freq2=1(2.1%)〕
　관 <전자 회사>〔Text=1/Freq2=2(4.3%)〕
전자³ 명 【Text=0/Freq1=0】ⓧ
　① (예) 전자(篆字)로 쓴 글씨.〔×〕
전자ˣ ? 【Text=1/Freq1=1(1.7%)】

≪전쟁≫전체빈도합=231(0.0124%)
전쟁 명 ★★★ 【Text=58/Freq1=231】
　① (예) 양국 간에 전쟁(戰爭)이 나다.
　　　〔Text=52/Freq2=220(95.2%)〕
　② (예) [시청률/입시] 전쟁이 벌어지다.
　　　〔Text=10/Freq2=11(4.8%)〕

≪전제≫전체빈도합=55(0.0030%)
전제¹ 명 【Text=22/Freq1=55(100%)】
　① (예) 결혼을 전제(前提)로 사귀다.
　　　〔Text=21/Freq2=53(96.4%)〕
　관 <전제 조건>
　　　〔Text=2/Freq2=2(3.6%)〕
전제² 명 【Text=0/Freq1=0】ⓧ
　① (예) 전제(專制) 체제의 국가.〔×〕
　관 <전제 군주>〔×〕

관 <전제 정치> [×]

≪**전철**≫ 전체빈도합=29(0.0015%)

전철¹ 명 ☆☆★　【Text=12/Freq1=27(93.1%)】
　① (예) 전철(電鐵)을 타고 가다.

전철² 명　【Text=2/Freq1=2(6.9%)】
　① (예) 지난날의 전철(前轍)을 되풀이하다.
　　[×]
　관 <전철을 밟다> 부모의 전철을 밟다.
　　〔Text=2/Freq2=2(100%)〕

≪**전체**≫ 전체빈도합=185(0.0100%)

전체 명 ★★★　【Text=83/Freq1=185】
　① (예) 이불로 몸 전체(全體)를 덮다.
　　〔Text=62/Freq2=121(65.4%)〕
　② (예) [국민/회사] 전체.
　　〔Text=40/Freq2=64(34.6%)〕

≪**전체적**≫ 전체빈도합=22(0.0012%)

전체적¹ 명　【Text=13/Freq1=19(86.4%)】
　① (예) 전체적(全體的)인 조망.
　　/전체적으로 볼 때.

전체적² 관　【Text=3/Freq1=3(13.6%)】
　① (예) 전체적(全體的) [균형/의미].

≪**전통**≫ 전체빈도합=153(0.0082%)

전통 명 ★★★　【Text=50/Freq1=153】
　① (예) 전통(傳統)을 지키다.
　　〔Text=33/Freq2=79(51.6%)〕
　❶ (예) 전통 [과자/기법/마스코트].
　　〔Text=7/Freq2=7(4.6%)〕
　관 <전통 [결혼식/혼례(식)]>
　　〔Text=4/Freq2=4(2.6%)〕
　관 <전통 공예> 〔Text=1/Freq2=4(2.6%)〕
　관 <전통 문화> 〔Text=9/Freq2=31(20.3%)〕
　관 <전통 사상> [×]
　관 <전통 사회> 〔Text=1/Freq2=1(0.7%)〕
　관 <전통 예술> 〔Text=3/Freq2=3(2.0%)〕
　관 <전통 예절> 〔Text=2/Freq2=7(4.6%)〕
　관 <전통 음식> 〔Text=4/Freq2=14(9.2%)〕
　관 <전통 음악> 〔Text=2/Freq2=3(2%)〕

≪**전통적**≫ 전체빈도합=49(0.0026%)

전통적¹ 명　【Text=19/Freq1=37(75.5%)】
　① (예) 전통적(傳統的)인 문화를 소개하다.

전통적² 관　【Text=6/Freq1=12(24.5%)】
　① (예) 전통적(傳統的) 사상을 이해하다.

≪**전투**≫ 전체빈도합=25(0.0013%)

전투 명　【Text=13/Freq1=25】
　① (예) 적과 전투(戰鬪)를 벌이다.

≪**전하다**≫ 전체빈도합=390(0.0210%)

전하다 동 ★★★　【Text=116/Freq1=390】
　Ⅰ (예) [가사는/책의 원본은] 전(傳)하지
　　않는다. 〔Text=34/Freq2=70(17.9%)〕
　Ⅱ ① (예) [소식을/의견을] 전하다.
　　〔Text=83/Freq2=244(62.6%)〕
　　② (예) 방송국에 원고를 전하다./편지를
　　　전하다. 〔Text=24/Freq2=42(10.8%)〕
　　③ (예) 가야금을 후세에 전하다.
　　〔Text=17/Freq2=24(6.2%)〕
　❹ (예) [소리가/열이/온기가] 전해지다.
　　〔Text=5/Freq2=10(2.6%)〕

≪**전학**≫ 전체빈도합=27(0.0015%)

전학 명　【Text=16/Freq1=27】
　① (예) 다른 학교로 전학(轉學)을 가다.

≪**전혀**≫ 전체빈도합=249(0.0134%)

전혀¹ 부 ★★★　【Text=98/Freq1=231(92.8%)】
　① (예) [우리에게/일에] 전(全)혀 도움이 안
　　되다. 〔Text=97/Freq2=229(99.1%)〕
　❶ (예) 전혀 새로운 [차원/형태].
　　〔Text=2/Freq2=2(0.9%)〕

전혀² 부　【Text=7/Freq1=18(7.2%)】
　① (예) 살림이 편 것은 전(專)혀 아내의 힘이다.

≪**전형**≫ 전체빈도합=20(0.0011%)

전형¹ 명　【Text=10/Freq1=20(100%)】
　① (예) [대가족의/문학의] 전형(典型).

전형² 명　【Text=0/Freq1=0】 (x)
　① (예) 입시 전형(銓衡) 일정. [×]

≪**전형적**≫ 전체빈도합=20(0.0011%)

전형적¹ 명　【Text=12/Freq1=15(75%)】
　① (예) 전형적(典型的)인 [농촌/모습].

전형적² 관　【Text=1/Freq1=5(25%)】
　① (예) 전형적(典型的) [상징/인물].

≪**전화**≫ 전체빈도합=560(0.0302%)

전화¹ 명 ★★★　【Text=97/Freq1=559(99.8%)】
　① (예) 전화(電話)를 [걸다/받다].
　　〔Text=90/Freq2=486(87.1%)〕
　② (예) 내내 전화 곁을 못 떠나다.
　　〔Text=29/Freq2=54(9.7%)〕
　관 <전화 번호> ☞ 전화번호.
　　〔Text=9/Freq2=18(3.2%)〕

[관]<전화 번호부> 〔×〕

전화^{2} [명] 【Text=1/Freq1=1(0.2%)】

⓪ (예) 전화(戰火)로 나라가 피폐되다.

전화^{3} [명] 【Text=0/Freq1=0】 ⓧ

⓪ (예) 전화(戰禍)에 시달리다. 〔×〕

전화^{4} [명] 【Text=0/Freq1=0】 ⓧ

⓪ (예) 불교에서 전화(轉化)가 된 새로운 종교. 〔×〕

≪**전화기**≫전체빈도합=47(0.0025%)

전화기 [명] 【Text=22/Freq1=47】

⓪ (예) 전화기(電話機)가 울리다.

≪**전화번호♣**≫전체빈도합=27(0.0015%)

전화번호^{0} [명]☆★☆ 【Text=15/Freq1=27】

⓿ (예) 전화번호(電話番號)를 가르쳐 주다.

≪**전화벨♣**≫전체빈도합=24(0.0013%)

전화벨^{0} [명] 【Text=14/Freq1=24】

⓿ (예) 전화(電話)벨이 울리다.

≪**전화하다**≫전체빈도합=73(0.0039%)

전화하다^{1} [동]☆★☆ 【Text=41/Freq1=73(100%)】

⓪ (예) 친구에게 전화(電話)하다.

전화하다^{2} [동] 【Text=0/Freq1=0】 ⓧ

① (예) 실직 계층이 노숙자로 전화(轉化)할 위험이 있다. 〔×〕

② (예) 경험을 지식으로 전화하는 방법. 〔×〕

≪**절**≫전체빈도합=158(0.0085%) [232]

절^{1} [명]★★★ 【Text=32/Freq1=71(44.9%)】

① (예) 부처님께 절을 올리다. 〔Text=24/Freq2=59(83.1%)〕

② (예) 어른에게 절을 하다. 〔Text=10/Freq2=12(16.9%)〕

절^{2} [명] 【Text=25/Freq1=86(54.4%)】

⓪ (예) 절에서 불공을 드리다.

절^{3} [명] 【Text=1/Freq1=1(0.6%)】

Ⅰ (예) 문장에서 절(節)이 명사처럼 쓰이다. 〔×〕

Ⅱ ① (예) 본문의 8절을 공부하다. 〔×〕

② (예) 애국가를 4절까지 외우다. 〔Text=1/Freq2=1(100%)〕

≪**절대**≫전체빈도합=75(0.0040%)

절대^{1} [명] 【Text=8/Freq1=18(24%)】

① (예) 왕이 절대(絕對)의 권력를 갖다. 〔Text=2/Freq2=4(22.2%)〕

② (예) 절대 [빈곤/이성/진리]. 〔Text=5/Freq2=13(72.2%)〕

[관]<절대 군주> 〔×〕

[관]<절대 다수> 〔×〕

[관]<절대 왕조> 〔Text=1/Freq2=1(5.6%)〕

절대^{2} [부] 【Text=33/Freq1=57(76%)】

① (예) 이 일은 절대(絕對) 비밀로 하다. 〔Text=7/Freq2=9(15.8%)〕

② (예) 기한을 절대 지킬 수 없다. 〔Text=30/Freq2=47(82.5%)〕

ⓧ 〔Text=1/Freq2=1(1.8%)〕

≪**절대로**≫전체빈도합=45(0.0024%)

절대로 [부]☆★☆ 【Text=38/Freq1=45】

⓪ (예) 절대(絕對)로 용서 않다.

≪**절대적**≫전체빈도합=60(0.0032%)

절대적^{1} [명] 【Text=21/Freq1=43(71.7%)】

⓪ (예) 절대적(絕對的)인 권력.

절대적^{2} [관] 【Text=7/Freq1=17(28.3%)】

⓪ (예) 절대적(絕對的) 진리.

≪**절로**≫전체빈도합=16(0.0009%)

절로 [부] 【Text=12/Freq1=16】

⓪ (예) 절로 [웃음이/화가] 나다.

≪**절망**≫전체빈도합=47(0.0025%)

절망 [명] 【Text=21/Freq1=47】

⓪ (예) 깊은 절망(絕望)에 빠지다.

≪**절반**≫전체빈도합=28(0.0015%)

절반 [명] 【Text=19/Freq1=28】

⓪ (예) 재산의 절반(折半)을 잃다.

≪**절실하다**≫전체빈도합=17(0.0009%)

절실하다 [형] 【Text=13/Freq1=17】

① (예) 서민들에게 주택 문제가 가장 절실(切實)하다. 〔Text=13/Freq2=17(100%)〕

② (예) 그 말이 내 상황에 절실하다. 〔×〕

≪**절약하다**≫전체빈도합=40(0.0022%)

절약하다 [동] 【Text=16/Freq1=40】

⓪ (예) [교통비를/돈을/물을/시간을/에너지를] 절약(節約)하다.

≪**절차**≫전체빈도합=15(0.0008%)

---

232) 『연세 한국어 사전』의 '- 절^{4}'(예:삼일절)은 말뭉치의 분석에 적용하지 않았으므로 제외한다.

절차 명 【Text=13/Freq1=15】
　⓪ (예) 복잡한 절차(節次)를 거치다.

≪젊다≫전체빈도합=276(0.0149%)
젊다 형★★★ 【Text=100/Freq1=276】
　① (예) 나이가 젊다./젊은 사람.
　　〔Text=94/Freq2=223(80.8%)〕
　② (예) 젊은 [날/시절/용기/정열].
　　〔Text=19/Freq2=38(13.8%)〕
　❸ (예) 아줌마가 [갈수록 젊어지다/나이보다 젊어 보이다]. 〔Text=10/Freq2=15(5.4%)〕

≪젊은이≫전체빈도합=265(0.0143%)
젊은이 명★★☆ 【Text=65/Freq1=265】
　⓪ (예) 길에서 한 젊은이가 노인을 도와 주다.

≪젊음≫전체빈도합=24(0.0013%)
젊음 명 【Text=14/Freq1=24】
　⓪ (예) 젊음을 불태우다.

≪점≫전체빈도합=1,077(0.0580%) 233)
점¹ 명★★★ 【Text=16/Freq1=26(2.4%)】
　① (예) 붓으로 점(點)을 찍다.
　　〔Text=10/Freq2=10(38.5%)〕
　② (예) 얼굴에 점이 있다.
　　〔Text=6/Freq2=15(57.7%)〕
　ⓧ 〔Text=1/Freq2=1(3.8%)〕
점² 명 【Text=4/Freq1=12(1.1%)】
　⓪ (예) 점(占)을 보다. 〔Text=1/Freq2=9(75%)〕
　㉶ <점(을) 치다> 〔Text=3/Freq2=3(25%)〕
점³ 명의★★☆ 【Text=160/Freq1=1,039(96.5%)】
　① (예) 이 점(點)에 주의하다./어려운 점이 많다. 〔Text=149/Freq2=911(87.7%)〕
　② ㉠ (예) 성적이 78점이다.
　　　　〔Text=8/Freq2=22(2.1%)〕
　　ⓒ (예) 미술 작품 몇 점을 구입하다.
　　　　〔Text=6/Freq2=15(1.4%)〕
　　ⓒ (예) 하늘에 구름 한 점 없다.
　　　　〔Text=12/Freq2=13(1.3%)〕
　　㉣ (예) 빗방울 한 점 안 내리다. 〔ⓧ〕
　　㉤ (예) 바둑판에 아홉 점을 먼저 놓다. 〔ⓧ〕
　　㉥ (예) 지금 몇 점이나 되었을까. 〔ⓧ〕
　❸ (예) 3.5(삼점 오).
　　〔Text=21/Freq2=76(7.3%)〕
　❹ (예) 바람 한 점 불지 않다.
　　〔Text=2/Freq2=2(0.2%)〕

≪점검하다≫전체빈도합=15(0.0008%)

점검하다 동 【Text=15/Freq1=15】
　⓪ (예) 자동차를 점검(點檢)하다.

≪점수≫전체빈도합=34(0.0018%)
점수 명 【Text=14/Freq1=34】
　⓪ (예) 좋은 점수(點數)를 따다.

≪점심≫전체빈도합=121(0.0065%)
점심 명★★★ 【Text=66/Freq1=121】
　① (예) 점심(點心)을 먹다.
　　〔Text=56/Freq2=90(74.4%)〕
　② (예) 점심에 친구를 만나다.
　　〔Text=3/Freq2=8(6.6%)〕
　㉶ <점심 시간> 〔Text=16/Freq2=23(19%)〕

≪점잖다≫전체빈도합=25(0.0013%)
점잖다 형☆☆★ 【Text=19/Freq1=25】
　① (예) 점잖은 [사람/신사].
　　〔Text=11/Freq2=14(56%)〕
　② (예) 점잖은 색의 넥타이./점잖은 처지에 그럴 수 없다. 〔Text=10/Freq2=11(44%)〕

≪점점≫전체빈도합=186(0.0100%)
점점 부★★★ 【Text=93/Freq1=186】
　⓪ (예) 인기가 점점(漸漸) 높아지다.
　　/ㅈ 원자ㄱ- 점점 줄어들다.

≪점차≫전체빈도합=64(0.0034%)
점차 부 【Text=34/Freq1=64】
　⓪ (예) 사회가 점차(漸次) 변화하다.

≪접근하다≫전체빈도합=27(0.0015%)
접근하다 동 【Text=20/Freq1=27】
　① (예) [그녀에게/목표에] 접근(接近)하다.
　　〔Text=13/Freq2=15(55.6%)〕
　② (예) [견해가/이해가] 서로 접근하다.
　　〔Text=1/Freq2=1(3.7%)〕
　③ (예) [문제에/실체에] 접근하다.
　　〔Text=7/Freq2=11(40.7%)〕

≪접다≫전체빈도합=34(0.0018%)
접다 동 【Text=20/Freq1=34】
　① ㉠ (예) [수건을/편지를] 접다.
　　　　〔Text=8/Freq2=11(32.4%)〕
　　ⓒ (예) [배를/종이학을] 접다.
　　　　〔Text=4/Freq2=9(26.5%)〕
　② (예) [날개를/우산을] 접다.

---

233) 『연세 한국어 사전』의 '- 점⁴'(예:백화점)은 말뭉치의 분석에 적용하지 않았으므로 제외한다.

③ (예) [생각을/의견을] 접어 두다. 〔×〕
④ (예) 그를 한 수 접어 두고 내려보다. 〔×〕
ⓧ 〔Text=2/Freq2=2(5.9%)〕

≪접시≫ 전체빈도합=44(0.0024%)

접시 명☆★★ 【Text=23/Freq1=44】
❶ (예) 요리를 접시에 담다.
　　〔Text=21/Freq2=42(95.5%)〕
❶ (예) 회 한 접시를 시키다.
　　〔Text=2/Freq2=2(4.5%)〕

≪접어들다≫ 전체빈도합=35(0.0019%)

접어들다 동 【Text=26/Freq1=35】
① (예) [골목길로/시내로] 접어들다.
　　〔Text=6/Freq2=7(20%)〕
② (예) [4월에/중년으로] 접어들다.
　　〔Text=15/Freq2=19(54.3%)〕
③ (예) 산업화의 단계로 접어들다.
　　〔Text=8/Freq2=9(25.7%)〕

≪접촉≫ 전체빈도합=17(0.0009%)

접촉 명 【Text=13/Freq1=17】
① (예) 물체가 접촉(接觸)을 하다.
　　〔Text=3/Freq2=3(17.6%)〕
② (예) 환자와의 접촉을 피하다.
　　〔Text=1/Freq2=1(5.9%)〕
③ (예) [사회적/타인들과의] 접촉.
　　〔Text=9/Freq2=13(76.5%)〕

≪접하다≫ 전체빈도합=30(0.0016%)

접하다 동 【Text=18/Freq1=30】
Ⅰ ① (예) 담이 뒷집과 접(接)하다./휴전선에
　　접한 마을. 〔Text=2/Freq2=3(10%)〕
　② (예) [서양 문물에/자연과] 접하다.
　　〔Text=5/Freq2=7(23.3%)〕
　③ (예) 외국인을 처음 접하다.
　　〔Text=2/Freq2=3(10%)〕
Ⅱ ① (예) [시를/좋은 글을] 접하다.
　　〔Text=10/Freq2=15(50%)〕
　② (예) [부고를/소식을] 접하다.
　　〔Text=2/Freq2=2(6.7%)〕

≪젓가락≫ 전체빈도합=29(0.0016%)

젓가락 명☆★★ 【Text=19/Freq1=29】
❶ (예) 젓가락으로 생선을 집어 들다.

≪젓다≫ 전체빈도합=32(0.0017%)

젓다 동☆☆★ 【Text=23/Freq1=32】
Ⅰ ① (예) [고개를/다리를/팔을] 젓다.
　　〔Text=6/Freq2=9(28.1%)〕
　② (예) 싫다고 [고개를/머리를/손을] 절레
　　절레 젓다. 〔Text=13/Freq2=15(46.9%)〕
　③ (예) [노를/배를] 젓다.
　　〔Text=5/Freq2=6(18.8%)〕
Ⅱ (예) 국자로 국물을 젓다.
　　〔Text=1/Freq2=1(3.1%)〕
ⓧ 〔Text=1/Freq2=1(3.1%)〕

≪정≫ 전체빈도합=86(0.0046%) [234]

정¹ 명 【Text=1/Freq1=1(1.2%)】
❶ (예) 바위를 정(釘)으로 쪼아 부수다.

정² 명★★★ 【Text=42/Freq1=75(87.2%)】
① (예) [연모의/연민의] 정(情)을 갖다.
　　〔Text=11/Freq2=12(16%)〕
② (예) 직장에 정을 붙이다./미운 정 고운 정 다
　　들다. 〔Text=29/Freq2=57(76%)〕
관 <정을 통하다> 〔Text=1/Freq2=1(1.3%)〕
관 <정(이) 들다> 〔Text=4/Freq2=4(5.3%)〕
관 <정(이) 떨어지다>
　　〔Text=1/Freq2=1(1.3%)〕

정³ 명 【Text=0/Freq1=0】 ⓧ
① (예) 십간의 넷째가 정(丁)이다. 〔×〕
② (예) 갑을병과 정(丁) 네 사람. 〔×〕

정⁴ 명의 【Text=0/Freq1=0】 ⓧ
❶ (예) 소총 다섯 정(挺). 〔×〕

정⁵ 명의 【Text=0/Freq1=0】 ⓧ
❶ (예) 한 상자에 100정(錠)짜리 약. 〔×〕

정⁶ 부 【Text=7/Freq1=7(8.1%)】
① (예) 정 그렇다면 네 마음대로 해라.
　　〔Text=5/Freq2=5(71.4%)〕
② (예) 정 싫어하면 어쩔 수 없지./정 가려거든
　　가라. 〔Text=2/Freq2=2(28.6%)〕

-정⁸ 접 【Text=0/Freq1=0】 ⓧ
❶ (예) 1만 원정(整). 〔×〕

정ˣ ? 【Text=3/Freq1=3(3.5%)】

≪정교하다≫ 전체빈도합=20(0.0011%)

정교하다 형 【Text=14/Freq1=20】
❶ (예) [기계가/기술이/체계가]
　　정교(精巧)하다./정교하게 다듬다.

---

234) 『연세 한국어 사전』의 '장-⁷'(예:정반대, 정사원)은 말뭉치의 분석에 적용하지 않았으므로 제외한다.

≪**정권**≫전체빈도합=63(0.0034%)

정권 명 【Text=18/Freq1=63】
① (예) 정권(政權)을 잡다.
〔Text=18/Freq2=63(100%)〕
관 <정권 교체> 〔×〕

≪**정답다**≫전체빈도합=41(0.0022%)

정답다 형 【Text=29/Freq1=41】
① (예) 정(情)답게 팔짱을 끼다./정다운 친구. 〔Text=23/Freq2=31(75.6%)〕
② (예) 새소리가 정답게 들려오다.
〔Text=10/Freq2=10(24.4%)〕

≪**정당하다**≫전체빈도합=31(0.0017%)

정당하다 형 【Text=18/Freq1=31】
① (예) 그의 말은 정당(正當)하다.

≪**정도**≫전체빈도합=754(0.0406%)

정도¹ 명★★★ 【Text=158/Freq1=749(99.3%)】
① (예) 부산까지 3시간 정도(程度) 걸리다. /이 정도 선에서 타협하다.
〔Text=126/Freq2=390(52.1%)〕
② (예) 눈물이 날 정도로 춥다.
〔Text=105/Freq2=274(36.6%)〕
③ (예) 말이 정도가 좀 지나치다.
〔Text=4/Freq2=5(0.7%)〕
관 <어느 정도> 그의 처지가 어느 정도 이해되다. 〔Text=41/Freq2=80(10.7%)〕
정도² 명 【Text=4/Freq1=5(0.7%)】
① (예) 정도(正道)를 [가다/걷다].
정도³ 명 【Text=0/Freq1=0】 ⓧ
① (예) 서울 정도(定都) 6백 년. 〔×〕
정도⁴ 명 【Text=0/Freq1=0】 ⓧ
① (예) 오랑캐를 무찌르기 위한 정도(征途)에 나서다. 〔×〕
② (예) 에베레스트 정복을 위한 정도에 오르다. 〔×〕

≪**정들다**≫전체빈도합=19(0.0010%)

정들다 동 【Text=11/Freq1=19】
① (예) 정(情)든 [고향/친구/학교]. /그 아이와 정들다.

≪**정류장**≫전체빈도합=43(0.0023%)

정류장 명☆★★ 【Text=23/Freq1=43】
① (예) 정류장(停留場)에서 버스를 타다.
〔Text=23/Freq2=40(93%)〕
❶ (예) 세 정류장을 더 가다.

〔Text=2/Freq2=3(7%)〕

≪**정리**≫전체빈도합=68(0.0037%)

정리¹ 명★★★ 【Text=34/Freq1=65(95.6%)】
① ㉠ (예) [경지/교통/물건/자료/집안] 정리(整理)를 하다./정리 정돈.
〔Text=28/Freq2=53(81.5%)〕
㉡ (예) 신변 정리를 하다.
〔Text=4/Freq2=7(10.8%)〕
② (예) [사건이/일이] 완전히 정리가 되다.
〔Text=3/Freq2=5(7.7%)〕
정리² 명 【Text=0/Freq1=0】 ⓧ
① (예) 피타고라스 정리(定理). 〔×〕
정리³ 명 【Text=0/Freq1=0】 ⓧ
① (예) 둘 사이의 정리(情理)를 생각해서 봐주다. 〔×〕
정리⁴ 명 【Text=0/Freq1=0】 ⓧ
① (예) 법원 정리(廷吏). 〔×〕
정리ˣ ? 【Text=2/Freq1=3(4.4%)】

≪**정리하다**≫전체빈도합=231(0.0124%)

정리하다 동★★☆ 【Text=81/Freq1=231】
① (예) [물건을/서류를/옷장을] 정리(整理) 하다. 〔Text=32/Freq2=60(26%)〕
② (예) 사업을 정리하다.
〔Text=5/Freq2=6(2.6%)〕
③ (예) 그와의 관계를 정리하다.
〔Text=3/Freq2=3(1.3%)〕
❹ (예) 내용을 간단히 정리하다.
〔Text=23/Freq2=89(38.5%)〕
❺ (예) 전래의 음악을 정리하다.
〔Text=34/Freq2=69(29.9%)〕
ⓧ 〔Text=4/Freq2=4(1.7%)〕

≪**정말**≫전체빈도합=657(0.0354%)

정말¹ 명☆★★ 【Text=41/Freq1=56(8.5%)】
① (예) 그 말이 정말(正-)이다.
정말² 부★★☆ 【Text=139/Freq1=565(86%)】
① (예) 정말(正-) [뜻밖이다/좋아하다/춥다].
정말³ 감 【Text=16/Freq1=36(5.5%)】
① (예) 정말(正-)! 난 뭐한테 홀린 기분이야.
〔Text=12/Freq2=21(58.3%)〕
❶ (예) 나도 정말 열심히 정말 해 보려고 정말 한 건데…. 〔Text=7/Freq2=15(41.7%)〕

≪**정말로**≫전체빈도합=35(0.0019%)

정말로 부 【Text=28/Freq1=35】
① (예) 정(正)말로 부럽다.

≪**정면**≫전체빈도합=26(0.0014%)

  정면 명 【Text=17/Freq1=26】
    ① (예) 건물 정면(正面)에 현수막이 걸리다.
      〔Text=13/Freq2=18(69.2%)〕
    ② (예) 여야가 정면으로 대결하다.
      〔Text=7/Freq2=8(30.8%)〕

≪**정문**≫전체빈도합=27(0.0015%)

  정문^1 명 【Text=16/Freq1=27(100%)】
    ⓪ (예) 학교 정문(正門)으로 들어가다.
  정문^2 명 【Text=0/Freq1=0】 ⓧ
    ⓪ (예) 열녀의 비와 정문(旌門)을 세우다. 〔×〕

≪**정반대**≫전체빈도합=18(0.0010%)

  정반대 명 【Text=16/Freq1=18】
    ⓪ (예) 사실과 정반대(正反對)의 말.

≪**정보**≫전체빈도합=232(0.0125%)

  정보^1 명★★☆ 【Text=37/Freq1=231(99.6%)】
    ① (예) 중요한 정보(情報)를 듣다.
      〔Text=21/Freq2=35(15.2%)〕
    ② (예) 21세기는 정보의 시대다.
      〔Text=24/Freq2=196(84.8%)〕
    관<정보 기관> 〔×〕
  정보^2 명 【Text=0/Freq1=0】 ⓧ
    ⓪ (예) 2만 정보(町步)가 넘는 땅. 〔×〕
  정보^x ? 【Text=1/Freq1=1(0.4%)】

≪**정부**≫전체빈도합=202(0.0109%)

  정부^1 명★★★ 【Text=41/Freq1=200(99%)】
    ① (예) 선거로 정부(政府)를 수립하다.
      〔Text=21/Freq2=86(43%)〕
    ② (예) 정부의 여러 부처가 협력하다.
      〔Text=35/Freq2=114(57%)〕
  정부^2 명 【Text=0/Freq1=0】 ⓧ
    ⓪ (예) 유부녀가 정부(情夫)를 두다. 〔×〕
  정부^3 명 【Text=2/Freq1=2(1%)】
    ⓪ (예) 유부남이 정부(情婦)를 두다.

≪**정상**≫전체빈도합=29(0.0016%)

  정상^1 명 【Text=10/Freq1=15(51.7%)】
    ①㉠ (예) 산 정상(頂上)에 오르다.
      〔Text=7/Freq2=12(80%)〕
     ㉡ (예) [권력의/인기의] 정상에 오르다.
      〔Text=3/Freq2=3(20%)〕
    ② (예) 두 나라의 정상이 만나다. 〔×〕
    관<정상 회담> 〔×〕
    관<정상에 서다> 〔×〕

정상^2 명 【Text=9/Freq1=14(48.3%)】
  ① (예) [사람이/생각이] 정상(正常)이 아니다.
    〔Text=9/Freq2=13(92.9%)〕
  ② (예) 정상 근무를 하다.
    〔Text=1/Freq2=1(7.1%)〕
정상^3 명 【Text=0/Freq1=0】 ⓧ
  ⓪ (예) 정상(情狀)을 참작하다. 〔×〕

≪**정상적**≫전체빈도합=16(0.0009%)

  정상적^1 명 【Text=10/Freq1=15(93.8%)】
    ⓪ (예) 정상적(正常的)인 사고 방식.
    /정상적으로 자라다.
  정상적^2 관 【Text=1/Freq1=1(6.3%)】
    ⓪ (예) 정상적(正常的) 사회.

≪**정서**≫전체빈도합=34(0.0018%)

  정서 명 【Text=23/Freq1=34】
    ① (예) [겨레의/농민의] 정서(情緖)가 표현된
    작품. 〔Text=15/Freq2=20(58.8%)〕
    ② (예) 아이들의 정서가 불안하다.
      〔Text=10/Freq2=14(41.2%)〕

≪**정성**≫전체빈도합=51(0.0027%)

  정성 명★★☆ 【Text=36/Freq1=51】
    ⓪ (예) 정성(精誠)을 [기울이다/다하다/쏟다].

≪**정성껏**≫전체빈도합=20(0.0011%)

  정성껏 명 【Text=16/Freq1=20】
    ⓪ (예) 음식을 정성(精誠)껏 만들다.

≪**정승**≫전체빈도합=42(0.0023%)

  정승 명 【Text=11/Freq1=42】
    ⓪ (예) 정승(政丞) 벼슬을 지내다.
      〔Text=10/Freq2=40(95.2%)〕
    관<개같이 벌어서 정승같이 쓰다>
      〔Text=2/Freq2=2(4.8%)〕

≪**정식**≫전체빈도합=26(0.0014%)

  정식^1 명 【Text=16/Freq1=25(96.2%)】
    ① (예) 정식(正式)으로 발령하다.
      〔Text=6/Freq2=7(28%)〕
    ②㉠ (예) 정식으로 사표를 내다.
      〔Text=7/Freq2=9(36%)〕
     ㉡ (예) 정식으로 남의 집을 방문하다.
      〔Text=3/Freq2=3(12%)〕
    ③ (예) 불교가 정식으로 꽃피기 시작하다.
      〔Text=4/Freq2=6(24%)〕
  정식^2 명 【Text=1/Freq1=1(3.8%)】
    ⓪ (예) 정식(定食)을 먹다.

《정신》전체빈도합=393(0.0212%)

정신 명 ★★★ 【Text=109/Freq1=393】
① (예) 새로운 정신(精神)으로 일을 시작하다.
　〔Text=43/Freq2=73(18.6%)〕
② (예) 동양의 심오한 정신 세계에 빠져들다.
　〔Text=28/Freq2=42(10.7%)〕
③ (예) [독립/자유/절차탁마]의 정신.
　〔Text=51/Freq2=193(49.1%)〕
관<[내/제] 정신이 아니다>
　〔Text=2/Freq2=2(0.5%)〕
관<정신을 잃다>
① (예) 머리를 부딪쳐 정신을 잃다.
　〔Text=3/Freq2=3(0.8%)〕
② (예) 무슨 일을 당해도 정신을 잃지 말아라. 〔×〕
관<정신을 차리다>
① (예) 마취가 풀리고 정신을 차리다.
　〔Text=1/Freq2=3(0.8%)〕
② (예) 정신 바짝 차리고 대처하다.
　〔Text=22/Freq2=34(8.7%)〕
관<정신을 팔다> 〔Text=1/Freq2=1(0.3%)〕
관<정신(이) 나가다>
　〔Text=4/Freq2=4(1%)〕
관<정신이 나다>
　〔Text=1/Freq2=1(0.3%)〕
관<정신이 들다>
① (예) 졸다가 퍼뜩 정신이 들다.
　〔Text=2/Freq2=2(0.5%)〕
② (예) 혼나야 정신이 들다.
　〔Text=3/Freq2=3(0.8%)〕
관<정신이 말짱하다>
　〔Text=1/Freq2=1(0.3%)〕
관<정신이 빠지다>
① (예) 정신 빠진 놈들 같으니.
　〔Text=1/Freq2=1(0.3%)〕
② (예) 정신이 빠져서 약속을 뭐가 뭔지 모르다. 〔×〕
③ (예) 오락에 정신이 빠지다. 〔×〕
관<정신이 사납다> 〔×〕
관<[정신이/정신 상태가] 썩다> 〔×〕
관<정신(이) 없다>
① (예) 일이 바빠서 정신이 없다.
　〔Text=19/Freq2=20(5.1%)〕
② (예) 정신이 없을 정도로 취하다.
　〔Text=5/Freq2=5(1.3%)〕
관<정신이 있다> 〔Text=1/Freq2=1(0.3%)〕

관<정신이 팔리다>
　〔Text=3/Freq2=3(0.8%)〕
　 〔Text=1/Freq2=1(0.3%)〕

《정신없이*》전체빈도합=21(0.0011%)

정신없이⁰ 부 【Text=17/Freq1=21】
❶ (예) 너구 놀라서 정신(精神)없이 대답하다. 〔Text=12/Freq2=13(61.9%)〕
❷ (예) 시간에 늦어 정신없이 뛰어가다.
　〔Text=6/Freq2=8(38.1%)〕

《정신적》전체빈도합=89(0.0048%)

정신적¹ 명 【Text=24/Freq1=41(46.1%)】
⓪ (예) 정신적(精神的)으로 병적인 상태에 있다.
정신적² 관 【Text=24/Freq1=48(53.9%)】
⓪ (예) 정신적(精神的) 고통을 겪다.

《정열》전체빈도합=19(0.0010%)

정열 명 【Text=13/Freq1=19】
⓪ (예) 정열(情熱)을 쏟다.

《정월》전체빈도합=25(0.0013%)

정월 명 【Text=12/Freq1=25】
⓪ (예) 정월(正月) 초하루.

《정의》전체빈도합=68(0.0037%)

정의¹ 명 【Text=14/Freq1=27(39.7%)】
⓪ (예) 정의(正義)를 실현하다.
정의² 명 【Text=0/Freq1=0】 ⓧ
⓪ (예) 사사로운 정의(情誼)에 끌리다. 〔×〕
정의³ 명 【Text=0/Freq1=0】 ⓧ
⓪ (예) 인간의 정의(情意). 〔×〕
정의⁴ 명 【Text=10/Freq1=41(60.3%)】
⓪ (예) 용어의 정의(定義)를 설명하다.

《정작》전체빈도합=23(0.0012%)

정작 부 【Text=18/Freq1=23】
Ⅰ ① (예) 정작 관심을 끈 것은 경력이다.
　〔Text=5/Freq2=5(21.7%)〕
② (예) 정작 대면하면 화를 못 내다.
　〔Text=9/Freq2=10(43.5%)〕
③ (예) 그 일로 정작 우리가 죄의식을 느끼다. 〔Text=7/Freq2=8(34.8%)〕
Ⅱ ① (예) 정작은 지금부터이다. 〔×〕
② (예) 정작으로 사고 싶은 물건은 못 찾다. 〔×〕

《정적》전체빈도합=20(0.0011%)

정적¹ 명 【Text=13/Freq1=18(90%)】

ⓞ (예) 고요한 정적(靜寂)이 감돌다.
　　/정적을 깨는 소리.
정적² 몡　【Text=0/Freq1=0】 ⓧ
　　ⓞ (예) 음모로 정적(政敵)들을 제거하다. 〔×〕
정적³ 몡　【Text=1/Freq1=1(5%)】
　　ⓞ (예) 이미지가 너무 정적(靜的)이다.
정적⁴ 몡　【Text=1/Freq1=1(5%)】
　　ⓞ (예) 정적(情的)인 태도를 갖다.
정적⁵ 괸　【Text=0/Freq1=0】 ⓧ
　　ⓞ (예) 정적(靜的) [문화/사회]. 〔×〕

≪정중하다≫전체빈도합=15(0.0008%)

정중하다 혱　【Text=13/Freq1=15】
　　ⓞ (예) 정중(鄭重)하게 [말을/인사를] 하다.

≪정직하다≫전체빈도합=35(0.0019%)

정직하다 혱☆☆★　【Text=7/Freq1=35】
　　ⓞ (예) 정직(正直)한 태도./역사에 대해 정직하다.

≪정책≫전체빈도합=221(0.0119%)

정책 몡☆☆★　【Text=29/Freq1=221】
　　ⓞ (예) 정부의 외교 정책(政策).

≪정치≫전체빈도합=307(0.0165%)

정치 몡★★★　【Text=55/Freq1=307】
　① (예) 민주 정치(政治).
　　　〔Text=53/Freq2=290(94.5%)〕
　② (예) 출세를 하려면 정치가 필요하다.
　　　〔Text=7/Freq2=15(4.9%)〕
　괸<정치 구조> 〔×〕
　괸<정치 권력> 〔×〕
　괸<정치 노선> 〔×〕
　괸<정치 단체> 〔Text=1/Freq2=2(0.7%)〕
　괸<정치 이념> 〔×〕
　괸<정치 자금> 〔×〕
　괸<정치 투쟁> 〔×〕

≪정치가≫전체빈도합=24(0.0013%)

정치가 몡　【Text=15/Freq1=24】
　① (예) 정당에 소속된 정치가(政治家).
　　　〔Text=13/Freq2=21(87.5%)〕
　② (예) 위대한 정치가이기도 했던 왕.
　　　〔Text=2/Freq2=3(12.5%)〕
　③ (예) 사람을 능란하게 조종하는 정치가 타입. 〔×〕

≪정치인≫전체빈도합=20(0.0011%)

정치인 몡　【Text=11/Freq1=20】
　　ⓞ (예) 정치인(政治人)으로 활동하다.

≪정치적≫전체빈도합=124(0.0067%)

정치적¹ 몡　【Text=20/Freq1=43(34.7%)】
　　ⓞ (예) 정치적(政治的)으로 중립을 지키다.
　　　/정치적인 문제.
정치적² 괸　【Text=20/Freq1=81(65.3%)】
　　ⓞ (예) 정치적(政治的) 상황.

≪정하다≫전체빈도합=264(0.0142%)

정하다¹ 동★★★　【Text=91/Freq1=260(98.5%)】
　① ㉠ (예) 약속 장소를 지하철역으로
　　　　정(定)하다.
　　　　〔Text=54/Freq2=120(46.2%)〕
　　㉡ (예) 마음에 정하다.
　　　　〔Text=10/Freq2=10(3.8%)〕
　② (예) 마음을 정하다.
　　　　〔Text=9/Freq2=9(3.5%)〕
　③ (예) 새로운 휴일을 정하다.
　　　　〔Text=17/Freq2=24(9.2%)〕
　❹ (예) [내용을/목적을] 정하다.
　　　　〔Text=46/Freq2=95(36.5%)〕
　ⓧ 〔Text=2/Freq2=2(0.8%)〕
정하다² 혱　【Text=2/Freq1=2(0.8%)】
　　ⓞ (예) 정의가 이기는 것은 정(正)한 이치이다.
정하다³ 혱　【Text=2/Freq1=2(0.8%)】
　　ⓞ (예) 몸과 마음을 정(淨)하게 하다.
　　　　〔Text=1/Freq2=1(50%)〕
　　ⓧ 〔Text=1/Freq2=1(50%)〕

≪정확하다≫전체빈도합=324(0.0174%)

정확하다 혱★★★　【Text=78/Freq1=324】
　① (예) 발음을 정확(正確)하게 하다.
　　　〔Text=78/Freq2=324(100%)〕
　② (예) 성실하고 정확한 사람. 〔×〕

≪정확히≫전체빈도합=45(0.0024%)

정확히 믠　【Text=37/Freq1=45】
　　ⓞ (예) 발음을 정확(正確)히 하다./주소를
　　　정확히 [기억하다/쓰다]./정확히 말하다.

≪젖≫전체빈도합=24(0.0013%)

젖 몡☆☆★　【Text=11/Freq1=24】
　① (예) 아기가 젖을 잘 먹다./소의 젖을
　　　마시다. 〔Text=10/Freq2=22(91.7%)〕
　② ㉠ (예) 아기가 어머니의 젖을 만지다. 〔×〕
　　㉡ (예) 남자의 젖. 〔×〕
　괸<젖 먹던 힘을 내다> 〔×〕
　괸<젖을 떼다> 〔Text=1/Freq2=1(4.2%)〕
　괸<젖(이) 떨어지다> 〔×〕

① (예) 갓 젖 떨어진 새끼 원숭이.
　　〔Text=1/Freq2=1(4.2%)〕
② (예) 젖 덜 떨어진 신참 사원들.〔×〕

≪젖다≫전체빈도합=129(0.0069%)

젖다 동 ☆★★　【Text=64/Freq1=129】
① (예) 옷이 땀으로 흥건하게 젖다./온몸이 비에 젖다.〔Text=41/Freq2=77(59.7%)〕
② (예) [생각에/실의에] 젖다.
　　〔Text=17/Freq2=25(19.4%)〕
③ (예) [생활에/타성에] 젖다.
　　〔Text=11/Freq2=11(8.5%)〕
④ (예) [노을에/달빛에] 젖다.
　　〔Text=2/Freq2=2(1.6%)〕
⑤ ㉠ (예) [눈시울이/눈이] 젖다.
　　〔Text=6/Freq2=7(5.4%)〕
　 ㉡ (예) 목소리가 슬픔에 젖다.
　　〔Text=2/Freq2=2(1.6%)〕
❻ (예) 취기에 젖다. 〔Text=2/Freq2=3(2.3%)〕
❼ (예) 바다 냄새에 젖다.
　　〔Text=1/Freq2=1(0.8%)〕
❽ (예) 오페라에 젖다.
　　〔Text=1/Freq2=1(0.8%)〕
관 <귀에 젖다> 같은 노래를 귀에 젖도록 들다.〔×〕

≪젖히다≫전체빈도합=34(0.0018%)

젖히다 동 　【Text=15/Freq1=34】
① (예) [몸을/좌석을] 뒤로 젖히다.
　　〔Text=9/Freq2=13(38.2%)〕
② (예) [문을/이부자리를] 젖히다.
　　〔Text=7/Freq2=17(50%)〕
　ⓧ〔Text=4/Freq2=4(11.8%)〕

≪제≫전체빈도합=1,391(0.0749%) 235)

제¹ 명　【Text=0/Freq1=0】 ⓧ
① (예) 성황당에 제(祭)를 올리다.〔×〕
제² 명의　【Text=0/Freq1=0】 ⓧ
① (예) 한약을 한 제(劑) 짓다.〔×〕
제³ 대　【Text=2/Freq1=3(0.2%)】
① (예) 봄처녀 제 오시네.
제⁴ 대 ★★★　【Text=114/Freq1=477(34.3%)】
① (예) 제가 도와 드리겠습니다.
　　〔Text=102/Freq2=455(95.4%)〕
② (예) 아이는 제가 뭘 잘못했는지 모르다.
　　〔Text=18/Freq2=21(4.4%)〕
관 <제 아무리>〔Text=1/Freq2=1(0.2%)〕
제⁵ 관 ★★☆　【Text=77/Freq1=227(16.3%)】 236)
① (예) 제 곁으로 오세요.
제⁶ 관　【Text=74/Freq1=140(10.1%)】 237)
① (예) 호랑이도 제 말 하면 온다.
　　〔Text=57/Freq2=112(80%)〕
② (예) 제 값을 받다./제 꼴을 갖추다.
　　〔Text=25/Freq2=28(20%)〕
제⁷ 명의　【Text=1/Freq1=2(0.1%)】 238)
① (예) 잠시 옥살이 할 제 매일같이 면회를 오다.
제⁸ 관　【Text=6/Freq1=8(0.6%)】
① (예) 사회의 제(諸) 현상을 다루다.
제⁹ 접　【Text=86/Freq1=527(37.9%)】
① (예) 국보 제(第)1호./제2공장.
-제¹⁰ 접　【Text=3/Freq1=5(0.4%)】
① (예) 스크린 쿼터제(制)./사년제 학교.
-제¹² 접　【Text=1/Freq1=1(0.1%)】
① (예) 한국제(製)./대만제.
　　〔Text=1/Freq2=1(100%)〕
② (예) 알미늄제/플라스틱제.〔×〕
제ˣ ?　【Text=1/Freq1=1(0.1%)】

≪제각기≫전체빈도합=29(0.0016%)

제각기 부　【Text=24/Freq1=29】
① (예) 모습이 제각기(- 各其) 다르다.
　　〔Text=22/Freq2=27(93.1%)〕
　ⓧ〔Text=2/Freq2=2(6.9%)〕

≪제공하다≫전체빈도합=43(0.0023%)

제공하다 동　【Text=27/Freq1=43】
① (예) [숙식을/정보를/편의를] 제공(提供)하다.

≪제기되다≫전체빈도합=19(0.0010%)

---

235) 『연세 한국어 사전』의 '-제¹¹'(예:연극제), '-제¹²'(예:플라스틱제) '-제¹³'(예:소화제)는 말뭉치의 분석에 적용하지 않았으므로 제외한다. 여기서는 다만 접사의 보기로 나타난 빈도수만을 제시한다.
236) 『연세 한국어 사전』에서는 '제⁵'를 "대명사 '저'와 조사 '의'가 합하여 줄어든 말."로 '준꼴'의 품사로 기술하고 있는데, 여기서는 관형사로 기술한다.
237) 『연세 한국어 사전』에서는 '제⁶'를 "'자기의'가 줄어든 말"로 '준꼴'의 품사로 기술하고 있는데, 여기서는 관형사로 기술한다.
238) 『연세 한국어 사전』에서는 '제⁷'를 "'적에'가 줄어든 말"로 '준꼴'의 품사로 기술하고 있는데, 여기서는 의존명사로 기술한다.

제기되다 동 【Text=11/Freq1=19】
　① (예) 해결할 문제가 제기(提起)되다.
　　　〔Text=8/Freq2=12(63.2%)〕
　② (예) 민족주의는 4.19에서 제기되다.
　　　〔Text=2/Freq2=3(15.8%)〕
　③ (예) 공해가 새로운 과제로 제기되다.
　　　〔Text=1/Freq2=2(10.5%)〕
　④ (예) 신빙성에 의문이 제기되다.
　　　〔Text=2/Freq2=2(10.5%)〕

≪제기하다≫전체빈도합=20(0.0011%)
제기하다 동 【Text=12/Freq1=20】
　① (예) 토의할 문제를 제기(提起)하다.
　　　〔Text=11/Freq2=17(85%)〕
　② (예) 회사를 상대로 소송을 제기하다.
　　　〔Text=1/Freq2=2(10%)〕
　③ (예) 기존 우주관에 이의를 제기하다.
　　　〔Text=1/Freq2=1(5%)〕
　④ (예) 글에서 두 가지를 문제로 제기하다.
　　　〔×〕

≪제대로≫전체빈도합=185(0.0100%)
제대로 부 ★★☆ 【Text=95/Freq1=185】
　① (예) 학교를 제대로 마치다.
　　　〔Text=57/Freq2=97(52.4%)〕
　② (예) 일이 제대로 풀리다.
　　　〔Text=22/Freq2=25(13.5%)〕
　③ (예) 집값이 제대로 나가다.
　　　〔Text=41/Freq2=57(30.8%)〕
　④ (예) 전쟁에 나갔다 제대로 돌아오다.
　　　〔Text=6/Freq2=6(3.2%)〕

≪제도≫전체빈도합=132(0.0071%)
제도¹ 명 ★★★ 【Text=37/Freq1=131(99.2%)】
　① (예) 휴직 제도(制度).
　　　〔Text=35/Freq2=121(92.4%)〕
　② (예) 의회 제도. 〔Text=6/Freq2=10(7.6%)〕
제도² 명 【Text=0/Freq1=0】 ⓧ
　⓪ (예) 제도(製圖) 용구로 도면을 그리다. 〔×〕
제도³ 명 【Text=1/Freq1=1(0.8%)】
　⓪ (예) 바하마 제도(諸島)의 여러 섬.

≪제목≫전체빈도합=101(0.0054%)
제목 명 ★★☆ 【Text=39/Freq1=101】
　⓪ (예) 글에 제목(題目)을 붙이다.

≪제발≫전체빈도합=58(0.0031%)
제발 부 ☆★★ 【Text=33/Freq1=58】
　⓪ (예) 제발 용서해 주세요.
　　　〔Text=33/Freq2=58(100%)〕
　관 <제발 덕분(에)> 〔×〕

≪제법≫전체빈도합=78(0.0042%)
제법 부 【Text=44/Freq1=78】
　Ⅰ (예) 제법 키가 크다.
　　　〔Text=43/Freq2=74(94.9%)〕
　Ⅱ (예) 음식 솜씨가 제법이다.
　　　〔Text=3/Freq2=4(5.1%)〕

≪제비≫전체빈도합=66(0.0036%)
제비¹ 명 【Text=3/Freq1=6(9.1%)】
　⓪ (예) 제비를 뽑다.
제비² 명 ☆★★ 【Text=10/Freq1=59(89.4%)】
　⓪ (예) 제비가 집을 짓다.
　　　〔Text=9/Freq2=58(98.3%)〕
　관 <물 찬 제비 같다>
　　　〔Text=1/Freq2=1(1.7%)〕
제비ˣ 명 【Text=1/Freq1=1(1.5%)】

≪제사≫전체빈도합=65(0.0035%)
제사¹ 명 ★★★ 【Text=26/Freq1=65(100%)】
　⓪ (예) 제사(祭祀)를 지내다.
제사² 명 【Text=0/Freq1=0】 ⓧ
　⓪ (예) 제사(製絲) 방직업. 〔×〕

≪제시되다≫전체빈도합=16(0.0009%)
제시되다 동 【Text=12/Freq1=16】
　① (예) [사진이/증거물이] 제시(提示)되다.
　　　〔Text=1/Freq2=1(6.3%)〕
　② (예) [대안이/해답이] 제시되다.
　　　〔Text=11/Freq2=15(93.8%)〕

≪제시하다≫전체빈도합=75(0.0040%)
제시하다 동 【Text=33/Freq1=75】
　① (예) 신분증을 제시(提示)하다. 〔×〕
　② (예) [조건을/해결 방안을] 제시하다.
　　　〔Text=33/Freq2=75(100%)〕

≪제안≫전체빈도합=19(0.0010%)
제안 명 【Text=15/Freq1=19】
　⓪ (예) 제안(提案)을 받아들이다.

≪제약≫전체빈도합=24(0.0013%)
제약¹ 명 【Text=13/Freq1=23(95.8%)】
　⓪ (예) 많은 제약(制約)이 따르다.
제약² 명 【Text=1/Freq1=1(4.2%)】
　⓪ (예) 제약(製藥) 기술.

〔Text=1/Freq2=1(100%)〕
㉝ <제약 회사> 〔×〕

≪제외하다≫ 전체빈도합=34(0.0018%)

제외하다 동 【Text=29/Freq1=34】
① (예) 휴식 시간을 제외(除外)하다.

≪제일≫ 전체빈도합=253(0.0136%)

제일¹ 명 【Text=0/Freq1=0】 ⓧ
① (예) 죽은 동생의 제일(祭日). 〔×〕

제일² 주 ☆★☆ 【Text=106/Freq1=253(100%)】 239)
Ⅰ ① (예) 국방의 제일(第一) 조건.
〔Text=6/Freq2=8(3.2%)〕
② (예) 당대 제일의 화가.
〔Text=19/Freq2=29(11.5%)〕
Ⅱ (예) 아버지가 제일 무섭다.
〔Text=95/Freq2=216(85.4%)〕

≪제자≫ 전체빈도합=68(0.0037%)

제자¹ 명 【Text=28/Freq1=68(100%)】
① (예) 스승과 제자(弟子).

제자² 명 【Text=0/Freq1=0】 ⓧ
① (예) [비석의/소설의] 제자(題字). 〔×〕

≪제자리≫ 전체빈도합=33(0.0018%)

제자리 명 【Text=27/Freq1=33】
① ㉠ (예) 책을 도로 제자리에 꽂다.
〔Text=13/Freq2=16(48.5%)〕
㉡ (예) 모든 물건을 제자리에 두다.
〔Text=8/Freq2=8(24.2%)〕
② ㉠ (예) 제자리에서 빙글빙글 돌다.
〔Text=4/Freq2=4(12.1%)〕
㉡ (예) 분위기가 제자리로 돌아오다.
〔Text=3/Freq2=3(9.1%)〕
③ (예) 저마다 제자리에서 직분을 다하다.
〔Text=1/Freq2=1(3%)〕
④ (예) 사업이 제자리를 잡다.
〔Text=1/Freq2=1(3%)〕

≪제작≫ 전체빈도합=37(0.0020%)

제작 명 【Text=11/Freq1=37】
① (예) [비행기/토기의] 제작(製作) 과정.
〔Text=4/Freq2=10(27%)〕
② (예) [광고/방송/영화/작품] 제작.
〔Text=8/Freq2=27(73%)〕

≪제작하다≫ 전체빈도합=21(0.0011%)

제작하다 동 【Text=12/Freq1=21】
① (예) [도구를/장치를] 제작(製作)하다.
〔Text=5/Freq2=10(47.6%)〕
② (예) [영화를/작품을] 제작하다.
〔Text=8/Freq2=11(52.4%)〕

≪제주도♣≫ 전체빈도합=54(0.0029%)

제주도ᶜ 명(고유) ★★☆ 【Text=23/Freq1=54】
❶ (예) 제주도(濟州島)로 여행을 가다.

≪제품≫ 전체빈도합=149(0.0080%)

제품 명 ★★☆ 【Text=27/Freq1=149】
① (예) 전자 제품(製品).

≪제한≫ 전체빈도합=15(0.0008%)

제한 명 【Text=10/Freq1=15】
① (예) 금액에 제한(制限)이 없다.
〔Text=3/Freq2=3(20%)〕
② (예) 제한 급수를 실시하다.
〔Text=7/Freq2=12(80%)〕

≪제한되다≫ 전체빈도합=18(0.0010%)

제한되다 동 【Text=15/Freq1=18】
① (예) [공간이/범위가/조건이] 제한(制限)되다. 〔Text=15/Freq2=18(100%)〕
② (예) 인원이 10명으로 제한되다. 〔×〕

≪조≫ 전체빈도합=47(0.0025%)

조¹ 명 【Text=2/Freq1=2(4.3%)】
① (예) 조 이삭이 늘어지다.

조² 명 【Text=17/Freq1=33(70.2%)】
① (예) 8개 조(組)로 나누다.

조³ 명의 【Text=3/Freq1=3(6.4%)】
① (예) 헌법 제6조(條).

조⁴ 명의 【Text=0/Freq1=0】 ⓧ
① (예) 수고비 조(條)로 돈을 주다. 〔×〕

조⁵ 명의 【Text=1/Freq1=1(2.1%)】
① (예) 44조(調)의 율조. 〔×〕
② (예) 윽박지르는 조로 말하다.
〔Text=1/Freq2=1(100%)〕

조⁶ 주 【Text=4/Freq1=8(17%)】
① (예) 1조(兆) 원의 예산이 들다.

조⁷ 관 【Text=0/Freq1=0】 ⓧ
① (예) 조 그림 좀 봐. 〔×〕

≪조각≫ 전체빈도합=85(0.0046%)

---

239) 『외국인을 위한 한국어 학습 사전』(2004)의 중요 어휘 목록에서는 '제일²'의 Ⅱ에 해당하는 용법을 독립된 부사로 보아 ★★★의 중요도를 부여하고 있다.

조각¹ 명 ★☆★ 【Text=33/Freq1=59(69.4%)】
  Ⅰ ① (예) 벽돌이 깨어져 조각이 나다.
      〔Text=19/Freq2=38(64.4%)〕
    ② (예) 햇빛이 빛의 조각들이 되어
      쏟아지다. 〔Text=10/Freq2=10(16.9%)〕
  Ⅱ (예) 베이컨 두 조각을 먹다.
      〔Text=9/Freq2=11(18.6%)〕
조각² 명 【Text=8/Freq1=26(30.6%)】
  ⓪ (예) 돌로 조각(彫刻)을 하다.
조각³ 명 【Text=0/Freq1=0】 ⓧ
  ⓪ (예) 새 내각의 조각(組閣)에 들어가다. 〔×〕

≪조개≫전체빈도합=36(0.0019%)
조개 명 ☆☆★ 【Text=16/Freq1=36】
  ⓪ (예) 조개를 잡다.

≪조건≫전체빈도합=127(0.0068%)
조건 명 ★★☆ 【Text=47/Freq1=127】
  ⓪ (예) 같은 조건(條件)에서 실험하다.
    /결혼 조건. 〔Text=46/Freq2=119(93.7%)〕
  ㉮ <전제 조건> 〔Text=2/Freq2=2(1.6%)〕
  ㉮ <조건 반사> 〔×〕
  ㉮ <[충분/필요] 조건>
      〔Text=3/Freq2=6(4.7%)〕

≪조국≫전체빈도합=76(0.0041%)
조국 명 ★☆★ 【Text=27/Freq1=76】
  ① (예) 해외에서 살다가 조국(祖國)으로
    돌아가다. 〔Text=27/Freq2=76(100%)〕
  ② (예) 시민권을 얻어 살면 그곳이 자기
    조국이다. 〔×〕

≪조그마하다≫전체빈도합=22(0.0012%)
조그마하다 형 【Text=14/Freq1=22】
  ⓪ (예) 크기가 조그마하다.

≪조그맣다≫전체빈도합=69(0.0037%)
조그맣다 형 【Text=47/Freq1=69】
  ⓪ (예) 조그만 [거울/손/아이].

≪조금≫전체빈도합=550(0.0296%)
조금¹ 명 【Text=43/Freq1=68(12.4%)】
  ① (예) 물 조금을 붓다.
      〔Text=16/Freq2=28(41.2%)〕
  ② (예) 조금 [전/후]에.
      〔Text=32/Freq2=40(58.8%)〕
조금² 명 【Text=0/Freq1=0】 ⓧ
  ⓪ (예) 하현달이 뜨는 조금에 고기가 잘
    잡히다. 〔×〕

조금³ 부 ★★★ 【Text=146/Freq1=482(87.6%)】
  ① (예) 날이 조금 춥다./눈이 조금 쌓이다.
      〔Text=113/Freq2=296(61.4%)〕
  ② (예) 조금 [쉬다가/있다가] 가다.
      〔Text=45/Freq2=57(11.8%)〕
  ③ (예) 조금도 [다르지 않다/움직이지 않다].
      〔Text=46/Freq2=78(16.2%)〕
  ❹ (예) 조금 [빨리/일찍/잘] 하다.
      〔Text=16/Freq2=17(3.5%)〕
  ㉮ <조금 더> 〔Text=26/Freq2=34(7.1%)〕

≪조르다≫전체빈도합=39(0.0021%)
조르다¹ 동 【Text=2/Freq1=2(5.1%)】
  ① (예) 목을 조르다. 〔Text=2/Freq2=2(100%)〕
  ② (예) [넥타이를/허리끈을] 조르다. 〔×〕
  ㉮ <허리띠를 조르다> 살림이 어려워
    허리띠를 조르다. 〔×〕
조르다² 동 ☆☆★ 【Text=25/Freq1=37(94.9%)】
  ⓪ (예) 애인에게 [같이 살자고/결혼을] 조르다.

≪조명≫전체빈도합=39(0.0021%)
조명 명 【Text=11/Freq1=39】
  ① (예) [가게의/방의/현관] 조명(照明)이 밝다.
      〔Text=6/Freq2=10(25.6%)〕
  ② (예) 무대 조명./조명이 들어오다.
      〔Text=6/Freq2=28(71.8%)〕
  ③ (예) 역사의 새로운 조명을 받다.
      〔Text=1/Freq2=1(2.6%)〕

≪조사≫전체빈도합=87(0.0047%)
조사¹ 명 ★★★ 【Text=39/Freq1=85(97.7%)】
  ⓪ (예) [발굴/인구] 조사(調査)를 하다.
조사² 명 【Text=0/Freq1=0】 ⓧ
  ⓪ (예) 조사(助詞)의 용법을 배우다. 〔×〕
조사³ 명 【Text=0/Freq1=0】 ⓧ
  ⓪ (예) 추도식에서 조사(弔辭·弔詞)를 읽다.
    〔×〕
조사⁴ 명 【Text=0/Freq1=0】 ⓧ
  ⓪ (예) 햇빛의 조사(照射) 각도가 식물에 영향을
    주다. 〔×〕
조사⁵ 명 【Text=0/Freq1=0】 ⓧ
  ⓪ (예) 스트레스와 조사(早死)의 관계. 〔×〕
조사⁰ 명 【Text=2/Freq1=2(2.3%)】
  ❶ (예) 조사(祖師) 스님의 가르침.

≪조사하다≫전체빈도합=257(0.0138%)
조사하다 동 ★☆☆ 【Text=53/Freq1=257】
  ⓪ (예) [사건을/자료를] 조사(調査)하다.

≪**조상**≫전체빈도합=353(0.0190%)

조상¹ 명 ★★★ 【Text=66/Freq1=353(100%)】
  ① (예) 한 조상(祖上)을 모시는 일가친척들.
    〔Text=22/Freq2=47(13.3%)〕
  ② (예) 우리 조상들의 지혜를 배우다.
    〔Text=54/Freq2=304(86.1%)〕
  ⓧ 〔Text=1/Freq2=2(0.6%)〕

조상² 명 【Text=0/Freq1=0】 ⓧ
  ⓪ (예) 빈소에 조상(弔喪)을 가다. 〔×〕

조상³ 명 【Text=0/Freq1=0】 ⓧ
  ⓪ (예) 돌로 만든 여인의 조상(彫像). 〔×〕

≪**조선**≫전체빈도합=242(0.0130%)

조선 명 【Text=1/Freq1=3(1.2%)】
  ⓪ (예) 조선(造船) 산업.

조선⁰ 명(고유) ★★☆
    【Text=51/Freq1=239(98.8%)】
  ❶ (예) 조선(朝鮮)을 건국하다.
    〔Text=35/Freq2=123(51.5%)〕
  ❷ (예) 조선 [시대/왕조].
    〔Text=30/Freq2=96(40.2%)〕
  ❸ (예) 조선 [민주당/일보/호텔].
    〔Text=3/Freq2=4(1.7%)〕
  관<조선 총독부> 〔Text=2/Freq2=9(3.8%)〕
  관<조선 통신사> 〔Text=2/Freq2=7(2.9%)〕

≪**조심**≫전체빈도합=20(0.0011%)

조심 명 【Text=12/Freq1=20】
  ⓪ (예) 조심(操心)을 하다.

≪**조심스럽다**≫전체빈도합=49(0.0026%)

조심스럽다 형 【Text=39/Freq1=49】
  Ⅰ (예) 운전을 조심(操心)스럽게 하다./말투가
    조심스럽다. 〔Text=36/Freq2=44(89.8%)〕
  Ⅱ (예) 깨질까 손대기 조심스럽다.
    〔Text=5/Freq2=5(10.2%)〕

≪**조심조심**≫전체빈도합=15(0.0008%)

조심조심 부 【Text=13/Freq1=15】
  ⓪ (예) 조심조심(操心操心) [다가가다/
    행동하다].

≪**조심하다**≫전체빈도합=102(0.0055%)

조심하다 동 ★★★ 【Text=61/Freq1=102】
  ⓪ (예) [길을/행동을] 조심(操心)하다.
    〔Text=61/Freq2=101(99%)〕
  관<-에 조심하다> 건강에 조심하세요.
    〔Text=1/Freq2=1(2%)〕

≪**조용하다**≫전체빈도합=73(0.0039%)

조용하다 형 ★★★ 【Text=49/Freq1=73】
  ① (예) 집 안이 쥐 죽은 듯 조용하다.
    〔Text=20/Freq2=25(34.2%)〕
  ② (예) 조용한 사람.
    〔Text=10/Freq2=10(13.7%)〕
  ③ (예) [조용하게/조용한 소리로] 말하다.
    〔Text=8/Freq2=8(11%)〕
  ④ (예) 범인이 조용하게 잡혀 오다.
    〔Text=2/Freq2=2(2.7%)〕
  ⑤ (예) 조용한 데로 가서 요양하다.
    〔Text=16/Freq2=28(38.4%)〕

≪**조용히**≫전체빈도합=120(0.0065%)

조용히 부 ★★☆ 【Text=63/Freq1=120】
  ① (예) 아이가 조용히 이야기를 듣다.
    〔Text=36/Freq2=56(46.7%)〕
  ② (예) [식이/예배가] 조용히 진행되다.
    〔Text=3/Freq2=52(43.3%)〕
  ③ (예) 조용히 [떠나다/일을 처리하다].
    〔Text=6/Freq2=8(6.7%)〕
  ④ (예) 나를 조용히 [부르다/찾아오다].
    〔Text=4/Freq2=4(3.3%)〕

≪**조절하다**≫전체빈도합=19(0.0010%)

조절하다 동 【Text=16/Freq1=19】
  ⓪ (예) [강의 흐름을/호흡을] 조절(調節)하다.

≪**조정**≫전체빈도합=30(0.0016%)

조정¹ 명 【Text=6/Freq1=7(23.3%)】
  ⓪ (예) 조정(朝廷)에서 정사를 논하다.

조정² 명 【Text=1/Freq1=1(3.3%)】
  ⓪ (예) 이해 관계의 조정(調停)을 하다.

조정³ 명 【Text=7/Freq1=22(73.3%)】
  ⓪ (예) [시간의/화면] 조정(調整).
    〔Text=4/Freq2=11(50%)〕
  관<구조 조정> 〔Text=3/Freq2=11(50%)〕

≪**조직**≫전체빈도합=52(0.0028%)

조직 명 ★☆★ 【Text=23/Freq1=52】
  ① (예) 임시 정부의 조직(組織).
    〔Text=22/Freq2=49(94.2%)〕
  ② (예) 몸의 조직에 영양소를 축적하다.
    〔Text=2/Freq2=3(5.8%)〕
  ③ (예) 옷감의 조직이 탄탄하다. 〔×〕

≪**조치**≫전체빈도합=46(0.0025%)

조치 명 【Text=20/Freq1=46】

⓪ (예) 조치(措置)를 취하다.

≪조카≫전체빈도합=17(0.0009%)

조카 명☆★★ 【Text=14/Freq1=17】
① (예) 조카가 장가를 가다.
〔Text=11/Freq2=13(76.5%)〕
② (예) 오빠 내외 조카들을 보고 싶다.
〔Text=3/Freq2=4(23.5%)〕

≪조화≫전체빈도합=43(0.0023%)

조화¹ 명 【Text=1/Freq1=1(2.3%)】
⓪ (예) 빈소에 조화(弔花)를 보내다.

조화² 명 【Text=1/Freq1=1(2.3%)】
⓪ (예) 운명의 조화(造化)를 따르다.
〔Text=1/Freq2=1(100%)〕
관<조화를 부리다> 〔×〕

조화³ 명 【Text=23/Freq1=40(93%)】
⓪ (예) 균형과 조화(調和)를 [깨다/이루다].

조화⁴ 명 【Text=1/Freq1=1(2.3%)】
⓪ (예) 조화(造花)로 장식하다.

≪존경하다≫전체빈도합=34(0.0018%)

존경하다 동★☆☆ 【Text=23/Freq1=34】
⓪ (예) [선생님을/위인을] 존경(尊敬)하다.

≪존재≫전체빈도합=184(0.0099%)

존재 명★☆☆ 【Text=57/Freq1=184】
① (예) 그의 존재(存在)를 잊다.
〔Text=33/Freq2=76(41.3%)〕
② (예) 자신을 버림 받은 존재라고 생각하다.
〔Text=40/Freq2=108(58.7%)〕

≪존재하다≫전체빈도합=107(0.0058%)

존재하다 동★☆☆ 【Text=37/Freq1=107】
Ⅰ (예) 지구상에 존재(存在)하는 자원은 유한하다. 〔Text=31/Freq2=79(73.8%)〕
Ⅱ (예) 구비 문학은 말로 존재한다.
〔Text=20/Freq2=28(26.2%)〕

≪존중하다≫전체빈도합=62(0.0033%)

존중하다 동★☆☆ 【Text=22/Freq1=62】
⓪ (예) [개성을/의견을] 존중(尊重)하다.

≪졸다≫전체빈도합=18(0.0010%)

졸다¹ 동☆★★ 【Text=16/Freq1=18(100%)】
⓪ (예) 의자에 앉아 꾸벅꾸벅 졸다.

졸다² 동 【Text=0/Freq1=0】 ⓧ
⓪ (예) [국이/찌개가] 졸다. 〔×〕

≪졸리다≫전체빈도합=11(0.0006%)

졸리다¹ 동☆★☆ 【Text=11/Freq1=11(100%)】
⓪ (예) 밤에 잠을 설쳐서 졸리다.

졸리다² 동 【Text=0/Freq1=0】 ⓧ
⓪ (예) [목을/목이] 졸리다. 〔×〕

≪졸업≫전체빈도합=27(0.0015%)

졸업 명☆★★ 【Text=18/Freq1=27】
⓪ (예) 졸업(卒業)을 하다.

≪졸업하다≫전체빈도합=87(0.0047%)

졸업하다 동★★☆ 【Text=49/Freq1=87】
⓪ (예) 학교를 졸업(卒業)하다.

≪졸음≫전체빈도합=17(0.0009%)

졸음 명 【Text=10/Freq1=17】
⓪ (예) 쏟아지는 졸음을 [쫓다/참다].

≪좀≫전체빈도합=1,337(0.0720%)

좀¹ 명 【Text=3/Freq1=3(0.2%)】
⓪ (예) [옷에/종이에] 좀이 [먹다/슬다].
〔Text=2/Freq2=2(66.7%)〕
관<좀이 쑤시다> 〔Text=1/Freq2=1(33.3%)〕

좀² 명 【Text=8/Freq1=10(0.7%)】
⓪ (예) 좀 [뒤/전]에 도착하다.

좀³ 부★★★ 【Text=129/Freq1=555(41.5%)】 ²⁴⁰⁾
① (예) 몸이 좀 이상하다./눈에 좀 거슬리다. /돈이 좀 모아지다.
〔Text=119/Freq2=449(80.9%)〕
② (예) 좀 [쉬다/있다가] 가다.
〔Text=37/Freq2=57(10.3%)〕
❸ (예) 좀 [빨리/일찍/잘] 하다.
〔Text=5/Freq2=5(0.9%)〕
관<좀 더>☞ 좀더.
① (예) 좀 더 [쉽다/편안하다].
〔Text=24/Freq2=39(7%)〕
② (예) 좀 더 [기다리다/쉬다].
〔Text=5/Freq2=5(0.9%)〕
❸ (예) 좀 더 [빨리/일찍/잘] 하다. 〔×〕

좀⁴ 부 【Text=4/Freq1=6(0.4%)】
⓪ (예) 개 말이 좀 많아?/보기 좀 좋습니까?

좀⁵ 감 【Text=125/Freq1=762(57%)】
① (예) 어머, 저 놈 좀 보게!/야, 내 정신 좀

---

240) 『연세 한국어 사전』에서는 '좀³'을 "'조금³'의 준말"이라고만 기술하고 있는데, 여기서는 '조금³'의 의미 구분을 따라 상세히 기술한다.

봐라. 〔Text=77/Freq2=317(41.6%)〕
② (예) 여보, 어디 좀 봐요./친구한테 좀 가
보세요. 〔Text=111/Freq2=445(58.4%)〕
좀^x ? 【Text=1/Freq1=1(0.1%)】

≪좀더♣≫전체빈도합=169(0.0091%)
좀더^0 부 ★★☆ 【Text=83/Freq1=169】
❶ (예) 좀더 [구체적이다/쉽다/편하다].
〔Text=54/Freq2=97(57.4%)〕
❷ (예) 좀더 [기다리다/생각하다].
〔Text=38/Freq2=45(26.6%)〕
❸ (예) 좀더 [빨리/일찍/잘] 하다.
〔Text=19/Freq2=27(16%)〕

≪좀처럼≫전체빈도합=26(0.0014%)
좀처럼 부 ☆☆★ 【Text=22/Freq1=26】
⓪ (예) 좀처럼 입을 열지 못하다.
/딸꾹질이 좀처럼 멎지 않다.

≪좁다≫전체빈도합=101(0.0054%)
좁다 형 ★★★ 【Text=67/Freq1=101】
① (예) [마당이/방이] 좁다.
〔Text=39/Freq2=51(50.5%)〕
② (예) [골목이/책상 폭이] 좁다.
〔Text=24/Freq2=30(29.7%)〕
③ (예) 목이 좁은 호리병./틈이 좁다.
〔Text=5/Freq2=6(5.9%)〕
④ (예) 좁은 시골 바닥에 소문이 파다하다.
〔Text=4/Freq2=4(4%)〕
⑤ (예) 좁은 소견./그는 속이 좁다.
〔Text=6/Freq2=6(5.9%)〕
❻ (예) 범위가 좁다. 〔Text=1/Freq2=1(1%)〕
❼ (예) 터울이 좁다. 〔Text=1/Freq2=1(1%)〕
관 <좁은 의미의 ~> 〔Text=2/Freq2=2(2%)〕

≪종≫전체빈도합=67(0.0036%) [241]
종^1 명 【Text=4/Freq1=6(9%)】
① (예) 대가에 종으로 들어가다.
〔Text=2/Freq2=4(66.7%)〕
② (예) 제국주의의 종으로 살다.
〔Text=2/Freq2=2(33.3%)〕
종^2 명 ★☆☆ 【Text=13/Freq1=44(65.7%)】
⓪ (예) 종(鐘)을 치다.
종^3 명 【Text=2/Freq1=2(3%)】
① (예) 생물은 모두 그 종(種)에 맞는 형태를

지니다. 〔Text=2/Freq2=2(100%)〕
② (예) 같은 유에 속하는 종들을 구별하다.
〔×〕
종^4 명 【Text=0/Freq1=0】 ⓧ
⓪ (예) 횡과 종(縱)으로 선들이 이어지다. 〔×〕
종^5 명 【Text=0/Freq1=0】 ⓧ
⓪ (예) 주와 종(從)의 구분. 〔×〕
종^6 명 【Text=8/Freq1=14(20.9%)】
⓪ (예) 교과서를 5종(種) 선정하다.
종^x ? 【Text=1/Freq1=1(1.5%)】

≪종교≫전체빈도합=76(0.0041%)
종교 명 ★☆★ 【Text=32/Freq1=76】
⓪ (예) 종교(宗敎)를 가지다.
〔Text=29/Freq2=73(96.1%)〕
관 <종교 단체> 〔Text=2/Freq2=2(2.6%)〕
관 <종교 의식> 장승제와 같은 종교 의식.
〔Text=1/Freq2=1(1.3%)〕

≪종로♣≫전체빈도합=28(0.0015%)
종로^0 명 (고유) ★☆☆ 【Text=18/Freq1=28】
❶ (예) 종로(鍾路) 거리가 붐비다.

≪종류≫전체빈도합=185(0.0100%)
종류 명 ★★★ 【Text=72/Freq1=185】
Ⅰ ① (예) 과일을 종류(種類)대로 사다.
〔Text=61/Freq2=148(80%)〕
② (예) 국 종류를 싫어하다./참고서 종류를
취급하다. 〔Text=9/Freq2=10(5.4%)〕
Ⅱ (예) 잡지가 세 종류 나오다.
〔Text=16/Freq2=27(14.6%)〕

≪종말≫전체빈도합=18(0.0010%)
종말 명 【Text=13/Freq1=18】
⓪ (예) 지구가 종말(終末)을 맞다.

≪종사하다≫전체빈도합=22(0.0012%)
종사하다 동 【Text=13/Freq1=22】
⓪ (예) 농업에 종사(從事)하다.

≪종업원≫전체빈도합=50(0.0027%)
종업원 명 【Text=12/Freq1=50】
⓪ (예) 식당의 종업원(從業員).

≪종이≫전체빈도합=138(0.0074%)
종이 명 ★★★ 【Text=66/Freq1=138】

---

241) 『연세 한국어 사전』의 '종^7'(예:종형제), '종^8'(예:종일품), '-종^9'(예:조계종, 남종), '-종^{10}'(예:개량종) '-종^{11}'(예:골육종)은 말뭉치의 분석에 적용하지 않았으므로 제외한다.

⓪ (예) 종이에 주소를 쓰다.
〔Text=66/Freq2=138(100%)〕
[관]<종이 한 장 차이> 〔×〕

≪**종일**≫전체빈도합=42(0.0023%)

종일 [명] 【Text=32/Freq1=42】
Ⅰ (예) 회사에서 종일(終日)을 일하다.
〔Text=25/Freq2=32(76.2%)〕
Ⅱ (예) 종일 비가 내리다.
〔Text=8/Freq2=10(23.8%)〕

≪**종종**≫전체빈도합=22(0.0012%)

종종 [부] 【Text=19/Freq1=22】
⓪ (예) 소문을 종종 듣다./종종 만나다.

≪**종합**≫전체빈도합=48(0.0026%)

종합 [명] 【Text=22/Freq1=48】
① (예) 정보의 종합(綜合)이 중요하다.
〔Text=6/Freq2=9(18.8%)〕
② (예) 동대문 종합 상가./종합 대책.
〔Text=16/Freq2=38(79.2%)〕
[관]<종합 대학> 〔Text=1/Freq2=1(2.1%)〕
[관]<종합 병원> 〔×〕

≪**종합하다**≫전체빈도합=31(0.0017%)

종합하다 [동] 【Text=16/Freq1=31】
⓪ (예) 의견을 종합(綜合)하다.

≪**좋다**≫전체빈도합=2,452(0.1320%)

좋다 [형]★★★ 【Text=207/Freq1=2,452】
Ⅰ ① (예) [경치가/머리가] 좋다./좋은 [음식/음악]. 〔Text=143/Freq2=437(17.8%)〕
② (예) 좋은 대학을 나오다./[성능이/질이] 좋다. 〔Text=71/Freq2=157(6.4%)〕
③ (예) [솜씨가/수단이/입담이] 좋다.
〔Text=20/Freq2=25(1%)〕
④ (예) [느낌이/분위기가] 좋다./좋은 [소식/일이] 생기다.
〔Text=51/Freq2=89(3.6%)〕
⑤ (예) [경기가/대우가/벌이가/성과가/성적이/인기가] 좋다.
〔Text=33/Freq2=64(2.6%)〕
⑥ (예) [건강이/몸이/안색이] 좋다.
〔Text=39/Freq2=54(2.2%)〕
⑦ (예) [기세가/체력이/힘이] 좋다.
〔Text=11/Freq2=14(0.6%)〕
⑧ (예) [사람이/성격이/인상이/인심이/태도가] 좋다.
〔Text=32/Freq2=45(1.8%)〕
⑨ (예) 좋게 지내다./[관계가/사이가] 좋다.
〔Text=10/Freq2=12(0.5%)〕
⑩ (예) 좋은 기회./선물로는 반지가 좋다./[궁합이/조건이] 좋다.
〔Text=51/Freq2=90(3.7%)〕
⑪ (예) 좋게 말할 때 끝내다./좋은 말로 타이르다. 〔Text=6/Freq2=13(0.5%)〕
⑫ (예) [사주가/시기가/예감이/운수가] 좋다./좋은 날 택일하다.
〔Text=16/Freq2=24(1%)〕
⑬ (예) [날씨가/날이] 좋다.
〔Text=20/Freq2=25(1%)〕
⑭ (예) [넉살이/비위가/배짱이/염치가] 좋다. 〔Text=3/Freq2=5(0.2%)〕
⑮ (예) 좋은 [방법이/생각이/수가] 있다./좋은 [예/지적].
〔Text=68/Freq2=121(4.9%)〕
⓰ (예) 결혼의 좋은 점을 이야기하다.
〔Text=27/Freq2=45(1.8%)〕
⓱ (예) 좋은 경험을 하다.
〔Text=7/Freq2=7(0.3%)〕
Ⅱ ① (예) 기분이 좋다./아이를 보고 좋아서 싱글벙글하다.
〔Text=92/Freq2=187(7.6%)〕
② (예) 나는 [그 사람이/바다가] 좋다.
〔Text=78/Freq2=172(7%)〕
③ (예) 시간은 8시가 좋겠고, 장소는 강당이 좋겠다. 〔Text=17/Freq2=25(1%)〕
Ⅲ ① (예) 이 칼은 고기를 써는 데 좋다./적당한 자극은 건강에 좋다.
〔Text=34/Freq2=55(2.2%)〕
② (예) [듣기에/보기가/살기(에)] 좋다.
〔Text=57/Freq2=98(4%)〕
③ (예) 활동하기 좋은 옷.
〔Text=14/Freq2=19(0.8%)〕
Ⅳ (예) [나가도/안 믿어도] 좋다./잠깐이라도 좋으니 시간 좀 내 줘.
〔Text=57/Freq2=100(4.1%)〕
Ⅴ ① (예) 얼씨구나 좋다./아, 좋다!
〔Text=15/Freq2=22(0.9%)〕
② (예) 좋아, 오늘 끝내 줄게./좋아요 그럼 가요. 〔Text=7/Freq2=7(0.3%)〕
③ (예) 좋다, 갔다 오너라./좋소, 내가 하지요. 〔Text=44/Freq2=79(3.2%)〕
Ⅵ ①<좋게> (예) 좋게 말해서 선의의 경쟁이지

거의 전쟁이다.
〔Text=6/Freq2=6(0.2%)〕
② (예) [좋도록/좋으실 대로] 하세요.
〔Text=1/Freq2=1(0%)〕
관<꼴 좋다> 〔×〕
관<누이 좋고 매부 좋다>
〔Text=1/Freq2=2(0.1%)〕
관<[-는 것이/-면/-어야] 좋다>
무슨 사업을 하면 좋을까요?
〔Text=97/Freq2=261(10.6%)〕
관<말이 좋아(서)> 말이 좋아서 휴가이지 사실상 휴직이다. 〔Text=1/Freq2=1(0%)〕
관<-면 좋겠다> 나도 딸 하나 있으면 좋겠다. 〔Text=83/Freq2=184(7.5%)〕
관<물(이) 좋다> 물 좋은 나이트클럽.
〔Text=1/Freq2=1(0%)〕
관<보기 좋게> 보기 좋게 시험에 떨어지다.
〔Text=2/Freq2=2(0.1%)〕
관<빛 좋은 개살구>
〔Text=2/Freq2=2(0.1%)〕
ⓧ 〔Text=1/Freq2=1(0%)〕

《좋아하다》전체빈도합=527(0.0284%)
좋아하다 동★★★ 【Text=145/Freq1=527】
Ⅰ ① (예) [꽃을/예쁜 것을] 좋아하다.
〔Text=97/Freq2=240(45.5%)〕
② (예) [놀기(를)/놀러 오는 것을/운동을] 좋아하다. 〔Text=49/Freq2=107(20.3%)〕
③ (예) [생선을/채식을] 좋아하다.
〔Text=44/Freq2=85(16.1%)〕
④ (예) 두 사람이 서로 좋아하다./후배를 좋아하다. 〔Text=33/Freq2=65(12.3%)〕
Ⅱ ⓪ (예) 칭찬을 듣고 몹시 좋아하다.
〔Text=20/Freq2=29(5.5%)〕
❶ (예) 장난? 장난 좋아하시네.
〔Text=1/Freq2=1(0.2%)〕

《좌석》전체빈도합=14(0.0008%)
좌석 명☆☆★ 【Text=8/Freq1=14】
① (예) 열차의 좌석(座席)에 앉다.
〔Text=8/Freq2=13(92.9%)〕
② (예) 친구들과 술 마시는 좌석에 빠지다. 〔×〕
관<좌석 버스> 〔Text=1/Freq2=2(7.1%)〕

《좌우》전체빈도합=16(0.0009%)
좌우 명 【Text=10/Freq1=16】
① (예) 고개를 좌우(左右)로 흔들다.
〔Text=8/Freq2=14(87.5%)〕
② (예) 길 좌우를 두리번거리다.
〔Text=1/Freq2=1(6.3%)〕
③ (예) 해방 후 좌우의 대립이 심해지다. 〔×〕
④ (예) 노력 여부에 따라 좌우가 되다. 〔×〕
⑤ (예) 임금이 좌우를 물리치다.
〔Text=1/Freq2=1(6.3%)〕

《좌절》전체빈도합=20(0.0011%)
좌절 명 【Text=14/Freq1=20】
① (예) 살면서 좌절(挫折)을 겪다.
〔Text=12/Freq2=17(85%)〕
② (예) 혁명이 좌절로 끝나다.
〔Text=3/Freq2=3(15%)〕

《죄》전체빈도합=81(0.0044%)
죄^1 명★☆★ 【Text=40/Freq1=79(97.5%)】
⓪ (예) 죄(罪)를 짓다.
죄^2 부 【Text=2/Freq1=2(2.5%)】
⓪ (예) 나무를 죄 태우다.

《죄송하다》전체빈도합=92(0.0050%)
죄송하다 형★★★ 【Text=44/Freq1=92】
① (예) 불편하시게 해서 죄송(罪悚)합니다.
〔Text=38/Freq2=79(85.9%)〕
② (예) 죄송하지만 차 좀 세워 주세요.
〔Text=11/Freq2=13(14.1%)〕

《주》전체빈도합=111(0.0060%) [242]
주^1 명 【Text=10/Freq1=18(16.2%)】
① (예) 주(主)를 이루다./주가 되다.
〔Text=4/Freq2=5(27.8%)〕
② (예) 주를 믿다. 〔Text=6/Freq2=13(72.2%)〕
주^2 명 【Text=4/Freq1=7(6.3%)】
① (예) 조선 시대에 주(州)와 군을 두다. 〔×〕
② (예) 미국은 주마다 규칙이 다르다.
〔Text=4/Freq2=7(100%)〕
주^3 명 【Text=0/Freq1=0】 ⓧ
Ⅰ (예) 회사의 주(株)를 구입하다. 〔×〕
Ⅱ ① (예) 주식 2만 주를 거래하다. 〔×〕
② (예) 과수원에 5천 주의 나무를 심다. 〔×〕

---

242) 『연세 한국어 사전』의 '주^6'(예:조내용), '주^7'(예:조중국 대사), '-주^8'(예:과일주), '-주^9'(예:건물주), '-주^{10}'(예:유럽주)는 말뭉치의 분석에 적용하지 않았으므로 제외한다.

주[4] 명 ★★★ 【Text=48/Freq1=83(74.8%)】
  Ⅰ (예) 주(週) 5일제.
      〔Text=36/Freq2=55(66.3%)〕
  Ⅱ (예) [두/몇] 주 만에 만나다.
      〔Text=15/Freq2=28(33.7%)〕
주[5] 명 【Text=1/Freq1=2(1.8%)】
  ⓪ (예) 주(註·注)를 [달다/붙이다].
주[x] ? 【Text=1/Freq1=1(0.9%)】

≪주고받다≫ 전체빈도합=115(0.0062%)

주고받다 동 ★☆☆ 【Text=41/Freq1=115】
  ① (예) [선물을/영향을] 주고받다.
      〔Text=27/Freq2=41(35.7%)〕
  ② (예) [말을/이야기를] 주고받다.
      〔Text=22/Freq2=74(64.3%)〕

≪주관≫ 전체빈도합=16(0.0009%)

주관[1] 명 【Text=11/Freq1=16(100%)】
  ⓪ (예) 해석이 주관(主觀)에 치우치다./자기
      주관대로 하다. 〔Text=8/Freq2=10(62.5%)〕
  관<주관 판단> 〔Text=1/Freq2=4(25%)〕
  관<주관이 없다> 〔Text=2/Freq2=2(12.5%)〕
주관[2] 명 【Text=0/Freq1=0】 ⓧ
  ⓪ (예) 문화부 주관(主管)으로 행사를 치르다.
      〔×〕

≪주다≫ 전체빈도합=5,018(0.2702%)

주다[1] 동 ★★★ 【Text=207/Freq1=1,259(25.1%)】
  Ⅰ ① (예) 내게 [쪽지를/책을] 주다.
        〔Text=135/Freq2=439(34.8%)〕
    ② (예) 그에게 [싸게/월급을] 주다.
        〔Text=42/Freq2=74(5.9%)〕
    ③ (예) 아이에게 [밥을/젖을] 주다.
        〔Text=43/Freq2=74(5.9%)〕
    ④ (예) 식물에 [물을/비료를] 주다.
        〔Text=11/Freq2=12(1%)〕
    ⑤ (예) 그에게 [과제를/일을] 주다.
        〔Text=7/Freq2=8(0.6%)〕
    ⑥ (예) 그에게 [권한을/기회를] 주다.
        〔Text=21/Freq2=25(2%)〕
    ⑦ (예) 남에게 도움을 주다.
        〔Text=68/Freq2=145(11.5%)〕
    ⑧ (예) 남에게 [고통을/해를] 주다.
        〔Text=32/Freq2=64(5.1%)〕
    ⑨ (예) 남에게 [망신을/창피를] 주다.
        〔Text=9/Freq2=9(0.7%)〕
    ⑩ (예) 남에게 [언질을/주의를] 주다.
        〔Text=15/Freq2=17(1.3%)〕
    ⑪ (예) 남에게 [연락을/전화를] 주다.
        〔Text=13/Freq2=15(1.2%)〕
    ⑫ (예) 점수를 [박하게/후하게] 주다.
        〔Text=4/Freq2=12(1%)〕
    ⑬ (예) 아이에게 [벌을/상을] 주다.
        〔Text=21/Freq2=33(2.6%)〕
    ⑭ (예) 남에게 [말미를/시간을] 주다.
        〔Text=19/Freq2=19(1.5%)〕
    ⑮ (예) 벗에게 [마음을/속을/정을] 다 주다.
        〔Text=12/Freq2=21(1.7%)〕
    ⑯ ㉠ (예) 사람들에게 [감동을/인상을]
            주다. 〔Text=84/Freq2=154(12.2%)〕
       ㉡ (예) 그에게 겁을 주다.
            〔Text=2/Freq2=2(0.2%)〕
    ⑰ (예) 그에게 [세례를/안수를] 주다.
        〔Text=1/Freq2=1(0.1%)〕
    ⑱ (예) 환자에게 [약을/주사를] 주다.
        〔Text=2/Freq2=3(0.2%)〕
    ⑲ (예) [기합을/힘을] 주다.
        〔Text=12/Freq2=15(1.2%)〕
    ⑳ (예) [변화를/악센트를] 주다.
        〔Text=30/Freq2=40(3.2%)〕
    ㉑ (예) [귀를/눈을] 주다.
        〔Text=9/Freq2=13(1%)〕
    ㉒ (예) 눈치를 주다. 〔×〕
    ㉓ (예) 아이를 부잣집에 양자로 주다.
        〔Text=1/Freq2=1(0.1%)〕
    ㉔ (예) 남에게 세를 주다.
        〔Text=3/Freq2=3(0.2%)〕
    ㉕ (예) 남자에게 몸을 주다.
        〔Text=1/Freq2=2(0.2%)〕
  Ⅱ (예) 아이를 역까지 [데려다/바래다/태워다]
      주다. 〔Text=21/Freq2=31(2.5%)〕
  관<밥을 주다> 시계에 밥을 주다.
      〔Text=2/Freq2=3(0.2%)〕
  관<주고 받다> ☞ 주고받다.
    ① (예) [선물을/영향을] 주고 받다.
        〔Text=6/Freq2=8(0.6%)〕
    ② (예) [말을/이야기를] 주고 받다.
        〔Text=4/Freq2=4(0.3%)〕
  관<힘(을) 주다>
    Ⅰ ① (예) 방문을 힘을 주어 당기다. 〔×〕
      ② (예) 힘주어 말하다.
          〔Text=3/Freq2=3(0.2%)〕
    Ⅱ (예) [목에/어깨에] 힘주고 다니다. 〔×〕

ⓧ〔Text=8/Freq2=9(0.7%)〕

주다² 동보★★☆ 【Text=212/Freq1=3,759(74.9%)】
① (예) 등을 두들겨 주다./철수 씨 좀 바꿔 주세요.〔Text=207/Freq2=2,982(79.3%)〕
② (예) 무사히 끝나 주기를 바랐다. /그가 깨어나 준 것이 고맙다. 〔Text=91/Freq2=357(9.5%)〕
③ (예) 놈의 뒤통수를 갈겨 주다./놀부를 혼내 주다.〔Text=54/Freq2=114(3%)〕
❹ (예) 저를 좀 도와 주세요. 〔Text=103/Freq2=305(8.1%)〕
관 <끝내 주다> 맛이 끝내 주다. 〔Text=1/Freq2=1(0%)〕

≪**주도하다**≫전체빈도합=18(0.0010%)
주도하다 동 【Text=16/Freq1=18】
⓪ (예) [모임을/파업을] 주도(主導)하다.

≪**주되다**≫전체빈도합=15(0.0008%)
주되다 동 【Text=11/Freq1=15】
⓪ (예) 주(主)된 [업무/원인/특징].

≪**주로**≫전체빈도합=140(0.0075%)
주로 부★★★ 【Text=78/Freq1=140】
⓪ (예) 고객은 주(主)로 회사원이다. /아침에 주로 빵을 먹다.

≪**주말**≫전체빈도합=73(0.0039%)
주말 명☆★★ 【Text=38/Freq1=73】
⓪ (예) 주말(週末)을 보내다.

≪**주머니**≫전체빈도합=102(0.0055%)
주머니 명★★☆ 【Text=40/Freq1=102】
⓪ (예) 주머니에서 돈을 꺼내다. 〔Text=40/Freq2=102(100%)〕
관 <주머니가 [가볍다/비다]〔ⓧ〕
관 <주머니를 털다>
① (예) 주머니를 털어 술을 사오다.〔ⓧ〕
② (예) 취객의 주머니를 털다.〔ⓧ〕

≪**주먹**≫전체빈도합=72(0.0039%)
주먹 명★★☆ 【Text=33/Freq1=72】
Ⅰ ① (예) 주먹으로 때리다. 〔Text=30/Freq2=59(81.9%)〕
② (예) 조직의 주먹들이 다 모이다. 〔Text=5/Freq2=11(15.3%)〕
Ⅱ (예) 소금을 한 주먹 넣다. 〔Text=1/Freq2=1(1.4%)〕

관 <주먹을 쓰다>〔Text=1/Freq2=1(1.4%)〕
관 <주먹이 울다>〔ⓧ〕

≪**주목하다**≫전체빈도합=21(0.0011%)
주목하다 동 【Text=13/Freq1=21】
① (예) 사람을 주목(注目)하다. 〔Text=1/Freq2=1(4.8%)〕
② (예) [말에/사실에] 주목하다. 〔Text=11/Freq2=19(90.5%)〕
③ (예) 모두 여기에 주목하세요. 〔Text=1/Freq2=1(4.8%)〕

≪**주무시다**≫전체빈도합=41(0.0022%)
주무시다 동☆★★ 【Text=26/Freq1=41】
⓪ (예) 어머니께서 방에서 주무시다. 〔Text=21/Freq2=29(70.7%)〕
관 <안녕히 주무시다> 안녕히 [주무세요. /주무셨어요?]〔Text=9/Freq2=12(29.3%)〕

≪**주문하다**≫전체빈도합=15(0.0008%)
주문하다 동☆★☆ 【Text=11/Freq1=15】
⓪ (예) [소주를/책을] 주문(注文)하다. 〔Text=10/Freq2=14(93.3%)〕
❶ (예) 감독이 액션을 주문하다. 〔Text=1/Freq2=1(6.7%)〕

≪**주민**≫전체빈도합=62(0.0033%)
주민 명★☆★ 【Text=29/Freq1=62】
⓪ (예) 아파트 주민(住民).

≪**주방**≫전체빈도합=33(0.0018%)
주방 명 【Text=11/Freq1=33】
⓪ (예) 식당 주방(廚房)에서 일하다.

≪**주변**≫전체빈도합=222(0.0120%)
주변¹ 명 【Text=1/Freq1=1(0.5%)】
⓪ (예) 주변이 없는 사람.
주변² 명★★☆ 【Text=88/Freq1=221(99.5%)】
⓪ (예) [섬/우리/집] 주변(周邊)을 둘러보다.

≪**주부**≫전체빈도합=46(0.0025%)
주부¹ 명☆★★ 【Text=19/Freq1=46(100%)】
⓪ (예) 가정의 주부(主婦)들.
주부² 명 【Text=0/Freq1=0】 ⓧ
① (예) 고대의 문신은 멋내기의 주부(主部) 였다.〔ⓧ〕
② (예) 문장을 주부와 술부로 나누다.〔ⓧ〕

≪**주사**≫전체빈도합=23(0.0012%)
주사¹ 명☆☆★ 【Text=11/Freq1=21(91.3%)】

주사 481

⓪ (예) 간호사가 주사(注射)를 놓다.
주사² 몡 【Text=0/Freq1=0】 ⓧ
⓪ (예) 술을 마시면 주사(酒邪)가 심하다. 〔×〕
주사³ 몡 【Text=0/Freq1=0】 ⓧ
⓪ (예) 주사(朱砂)로 연지를 만들다. 〔×〕
주사⁴ 몡 【Text=1/Freq1=2(8.7%)】
① (예) 면사무소의 주사(主事)가 되다.
〔Text=1/Freq2=2(100%)〕
② (예) 아전이 아니라 영문 주사이다. 〔×〕
③ (예) 김 주사. 〔×〕

《**주소**》전체빈도합=32(0.0017%)
주소 몡☆★★ 【Text=27/Freq1=32】
⓪ (예) 봉투에 주소(住所)를 쓰다.

《**주스**》전체빈도합=10(0.0005%)
주스 몡☆★☆ 【Text=7/Freq1=10】
⓪ (예) 과일 주스를 마시다.

《**주어지다**》전체빈도합=81(0.0044%)
주어지다 동★☆☆ 【Text=41/Freq1=81】
⓪ (예) 기회가 주어지다./주어진 조건에 따르다.

《**주요**》전체빈도합=57(0.0031%)
주요 몡 【Text=27/Freq1=57】 ²⁴³⁾
⓪ (예) 주요(主要) 성분.

《**주위**》전체빈도합=234(0.0126%)
주위 몡★★★ 【Text=98/Freq1=234】
① (예) 눈 주위(周圍)가 붓다.
〔Text=13/Freq2=20(8.5%)〕
② (예) 주위를 두리번거리다./학교 주위.
〔Text=57/Freq2=96(41%)〕
③ (예) 주위 사람들./주위에 [물어 보다/소문을 내다]. 〔Text=58/Freq2=115(49.1%)〕
관<주위 환경> 〔Text=3/Freq2=3(1.3%)〕

《**주의**》전체빈도합=40(0.0022%) ²⁴⁴⁾
주의¹ 몡 【Text=1/Freq1=4(10%)】
⓪ (예) 신세대들은 주의(主義)와 주장이 분명하다.
주의² 몡★★★ 【Text=31/Freq1=36(90%)】
① (예) 위험에 주의(注意)를 하다.
〔Text=7/Freq2=7(19.4%)〕
② (예) 선생님에게 주의를 듣다.

〔Text=11/Freq2=13(36.1%)〕
③ (예) 사람들의 주의를 끌다.
〔Text=11/Freq2=14(38.9%)〕
관<주의 사항> 〔Text=1/Freq2=1(2.8%)〕
ⓧ 〔Text=1/Freq2=1(2.8%)〕

《**주의하다**》전체빈도합=127(0.0068%)
주의하다 동★☆☆ 【Text=34/Freq1=127】
Ⅰ (예) 전염병에 주의(注意)하다./깨지기 쉬우니까 주의해.
〔Text=34/Freq2=127(100%)〕
Ⅱ (예) 그들에게 방법에 문제가 있음을 주의하다. 〔×〕

《**주인**》전체빈도합=322(0.0173%)
주인 몡★★★ 【Text=87/Freq1=322】
① (예) 개가 주인(主人)을 따르다.
〔Text=55/Freq2=158(49.1%)〕
② (예) 그 집의 주인 영감이 나오다.
〔Text=7/Freq2=13(4%)〕
③ (예) 주민들이 주인으로서의 의식을 갖다.
〔Text=13/Freq2=31(9.6%)〕
④ (예) 손님이 주인을 찾다.
〔Text=7/Freq2=15(4.7%)〕
⑤ (예) 가게의 주인.
〔Text=30/Freq2=102(31.7%)〕
⑥ (예) 우리 집 주인 양반. 〔×〕
ⓧ 〔Text=2/Freq2=3(0.9%)〕

《**주인공**》전체빈도합=89(0.0048%)
주인공 몡 【Text=36/Freq1=89】
① (예) 영화의 주인공(主人公).
〔Text=25/Freq2=65(73%)〕
② (예) [단체의/시대의] 주인공.
〔Text=2/Freq2=10(11.2%)〕
❸ (예) [미래의/역사의] 주인공.
〔Text=7/Freq2=8(9%)〕
❹ (예) [목소리의/무덤의/행운의] 주인공.
〔Text=3/Freq2=3(3.4%)〕
ⓧ 〔Text=2/Freq2=3(3.4%)〕

《**주일**》전체빈도합=123(0.0066%)
주일¹ 몡☆★★ 【Text=74/Freq1=120(97.6%)】 ²⁴⁵⁾
Ⅰ (예) 이번 주일(週日)에 휴일이 끼다.

---

243) 『연세 한국어 사전』에서는 '주요'를 '형성'의 품사로 기술하고 있다.
244) 『연세 한국어 사전』의 '- 주의³'(예:민주<u>주의</u>, 물질<u>주의</u>)는 말뭉치의 분석에 적용하지 않았으므로 제외한다.

〔Text=2/Freq2=2(1.7%)〕
　Ⅱ (예) 생후 2주일.
　　　〔Text=73/Freq2=118(98.3%)〕
주일² 몡 【Text=3/Freq1=3(2.4%)】
　① (예) 주일(主日)에 교회에 가다.
　　　〔Text=3/Freq2=3(100%)〕
　㉺ <주일 학교> 〔×〕

≪주장≫ 전체빈도합=223(0.0120%)
주장¹ 몡 ★★☆ 【Text=59/Freq1=219(98.2%)】
　① (예) 각자의 주장(主張)을 내세우다.
주장² 몡 【Text=1/Freq1=4(1.8%)】
　① (예) 팀의 주장(主將)을 맡다.

≪주장하다≫ 전체빈도합=164(0.0088%)
주장하다 동 ★☆☆ 【Text=63/Freq1=164】
　① (예) [결백을/권리를/의견을] 주장(主張)
　　하다. 〔Text=46/Freq2=93(56.7%)〕
　❶ (예) 옳지 않다고 주장하다.
　　　〔Text=38/Freq2=71(43.3%)〕

≪주저앉다≫ 전체빈도합=56(0.0030%)
주저앉다 동 【Text=36/Freq1=56】
　① (예) 지쳐서 그 자리에 주저앉다.
　　　〔Text=21/Freq2=29(51.8%)〕
　② (예) 끌려가지 않으려고 땅바닥에
　　주저앉다. 〔Text=15/Freq2=21(37.5%)〕
　③ (예) 잠깐 다니러 왔다가 주저앉다.
　　　〔Text=1/Freq2=1(1.8%)〕
　④ (예) 지붕이 폭싹 주저앉다.
　　　〔Text=2/Freq2=2(3.6%)〕
　⑤ (예) 현실에 안주하여 주저앉다.
　　　〔Text=3/Freq2=3(5.4%)〕

≪주전자≫ 전체빈도합=24(0.0013%)
주전자 몡 ☆☆★ 【Text=12/Freq1=24】
　① (예) 주전자(酒煎子)에 물을 끓이다.

≪주제≫ 전체빈도합=200(0.0108%)
주제¹ 몡 【Text=11/Freq1=13(6.5%)】
　① (예) 빚도 못 갚는 주제에 또 돈을 빌려
　　달라고?
주제² 몡 ★☆☆ 【Text=38/Freq1=187(93.5%)】
　① (예) 발표의 주제(主題)를 정하다.
　　　〔Text=22/Freq2=71(38%)〕

　② (예) 사랑을 주제로 한 작품.
　　　〔Text=23/Freq2=116(62%)〕

≪주차장≫ 전체빈도합=39(0.0021%)
주차장 몡 【Text=11/Freq1=39】
　① (예) 주차장(駐車場)에 차를 대다.

≪주체≫ 전체빈도합=38(0.0020%)
주체¹ 몡 【Text=2/Freq1=2(5.3%)】
　① (예) 주체를 할 수 없는 분노가 일다.
주체² 몡 ★☆☆ 【Text=18/Freq1=36(94.7%)】
　① (여) 조경의 주체(主體)는 나무이다.
　　　〔Text=2/Freq2=3(7.9%)〕
　② (여) [경제의/문제 해결의] 주체.
　　　〔Text=13/Freq2=19(50%)〕
　③ (예) 주체와 객체의 관계는 철학의 근본적
　　문제이다 〔Text=6/Freq2=14(36.8%)〕
　㉺ <즈체 사상> 〔×〕

≪주택≫ 전체빈도합=26(0.0014%)
주택 몡 【Text=16/Freq1=26】
　① (예) 음식, 옷, 주택(住宅)은 생존의 기본
　　조건이다. 〔Text=15/Freq2=23(88.5%)〕
　② (여) 고급 주택에 살다.
　　　〔Text=2/Freq2=3(11.5%)〕

≪죽≫ 전체빈도합=39(0.0021%)
죽¹ 몡 ☆☆★ 【Text=10/Freq1=12(30.8%)】
　① (예) 죽(粥)을 [끓이다/먹다].
　　　〔Text=7/Freq2=9(75.0%)〕
　㉺ <다 된 죽에 코 빠뜨리다>
　　　〔Text=1/Freq2=1(8.3%)〕
　㉺ <변덕이 죽 끓듯> 〔×〕
　㉺ <식은 죽 먹기> 〔Text=2/Freq2=2(16.7%)〕
　㉺ <죽도 밥도 [아니다/안 되다]> 〔×〕
　㉺ <죽(을) 쑤다> 시험에 죽을 쑤다. 〔×〕
죽² 몡의 【Text=0/Freq1=0】 ⓧ
　① (예) 대접 한 죽. 〔×〕
　㉺ <죽이 맞다> 두 사람이 죽이 맞다. 〔×〕
죽³ 뮈 【Text=10/Freq1=23(59%)】
　① (예) 옷을 죽 찢다. 〔×〕
　② (예) 간판들이 죽 잇대어 있다./집을 죽
　　어워싸다. 〔Text=3/Freq2=8(34.8%)〕
　③ (예) 3년 동안 죽 함께 공부하다.

---

245) 『외국인을 위한 한국어 학습 사전』(2004)의 중요 어휘 목록에서는 '주일¹'의 Ⅰ과 Ⅱ에 해당하는 용법을 각각 독립된 명사와 의존명사로 보아 각각 ☆★★과 ☆★☆의 중요도를 부여하고 있는데 여기서는 이를 통합하여 보이기로 한다.

④ (예) 구구단을 죽 외우다.
　　　〔Text=1/Freq2=6(26.1%)〕
⑤ (예) 다리를 죽 뻗다.
　　　〔Text=4/Freq2=1(4.3%)〕
⑥ (예) 선을 죽 긋다. 〔×〕
⑦ ㉠ (예) 대롱을 죽 빨다. 〔×〕
　　㉡ (예) 잔을 죽 비우다./국물을 죽
　　　들이켜다. 〔×〕
⑧ (예) 힘이 죽 빠지다. 〔×〕
죽^x ② 〖Text=1/Freq1=4(10.3%)〗

≪**죽다**≫ 전체빈도합=701(0.0377%)

죽다 동 ★★★ 〖Text=142/Freq1=701〗
Ⅰ ① ㉠ (예) 사고로 사람이 죽다./개가 죽다.
　　　〔Text=128/Freq2=580(82.7%)〕
　　㉡ (예) [나무가/잔디가] 죽다.
　　　〔Text=4/Freq2=4(0.6%)〕
　　㉢ (예) 풀 한 포기 없는 죽은 땅. 〔×〕
　　㉣ (예) [정신이/활기가] 죽다./죽은
　　　사회. 〔Text=14/Freq2=19(2.7%)〕
② (예) 시계가 죽다. 〔×〕
③ (예) 등대불이 죽었다 되살아나다.
④ (예) 부동산 경기가 죽다./죽었던 야망이
　　다시 살아나다.
　　　〔Text=2/Freq2=2(0.3%)〕
⑤ ㉠ (예) [얼굴이/입술이] 파랗게
　　　죽다. 〔×〕
　　㉡ (예) 형광등 때문에 과일색이 죽어
　　　보이다. 〔×〕
⑥ (예) [날이/콧날이] 죽다. 〔×〕
⑦ (예) [불쌍해/예뻐] 죽겠다.
　　　〔Text=16/Freq2=28(4%)〕
⑧ (예) 죽어 [살다/지내다]. 〔×〕
⑨ (예) 죽을 [고생/곤욕/지경].
　　　〔Text=8/Freq2=10(1.4%)〕
❿ (예) 너 한번 죽어 볼래?
　　　〔Text=2/Freq2=4(0.6%)〕
⓫ (예) 죽은 [과거/시간].
　　　〔Text=2/Freq2=2(0.3%)〕
⓬ (예) 시청자들에게 전달되지 못하고 죽어
　　버린 광고. 〔Text=1/Freq2=1(0.1%)〕
Ⅱ ⓪ (예) 아이구나 죽겠다./아이고 죽겠다.
　　　〔Text=2/Freq2=2(0.3%)〕
❶ (예) 화투 패가 나쁘면 그냥 죽다.
　　　〔Text=1/Freq2=1(0.1%)〕
❷ (예) 용용 죽겠지.
　　　〔Text=1/Freq2=1(0.1%)〕
관 <[고대/곧] 죽어도> 〔×〕
관 <[기(가) 죽다]> 〔Text=6/Freq2=6(0.9%)〕
관 <껌벅 죽다/죽고 못 살다>
　　　〔Text=3/Freq2=3(0.4%)〕
관 <나 죽었소 하다> 〔×〕
관 <숨(이) 죽다>
　배추를 숨이 죽도록 소금에 절이다. 〔×〕
관 <[야코가 죽다]> 〔Text=1/Freq2=1(0.1%)〕
관 <~에 살고 ~에 죽다>
　사랑에 살고 사랑에 죽다. 〔×〕
관 <죽고 못 살다>
　두 사람이 죽고 못 사는 사이이다. 〔×〕
관 <죽기 살기로>/<죽기 아니면
　까무러치기로> 〔Text=2/Freq2=4(0.6%)〕
관 <죽는 소리> 〔×〕
관 <[죽도록/죽어라고/죽어라/죽자고]>
　① (예) 죽어라고 [가다/달리다/먹다].
　　　〔Text=5/Freq2=7(1%)〕
　② (예) 온몸이 죽도록 맞은 듯 아프다.
　　　〔Text=2/Freq2=2(0.3%)〕
　③ (예) 죽도록 [미워하다/속을 썩이다].
　　　〔Text=2/Freq2=2(0.3%)〕
관 <죽어도>/<죽었다 깨어나도>
　① (예) 죽어도 그냥 둘 수가 없다.
　　　〔Text=4/Freq2=6(0.9%)〕
　② (예) 죽었다 깨어나도 모를 거야.
　　　〔Text=2/Freq2=3(0.4%)〕
관 <죽으나 사나> 죽으나 사나 공부만 하다.
　　　〔×〕
관 <죽을 똥을 싸다> 〔×〕
관 <죽을 맛이다> 〔×〕
관 <죽을 병> 〔×〕
관 <죽을 상> 죽을 상을 짓다 〔×〕
관 <죽을 죄> 죽을 죄를 짓다.
　　　〔Text=2/Freq2=3(0.4%)〕
관 <죽을 힘> 죽을 힘을 다하다.
　　　〔Text=1/Freq2=1(0.1%)〕
관 <죽자 사자> 죽자 사자 싸우다. 〔×〕
관 <죽지 못해> 죽지 못해 이 일을 하다.
　　　〔×〕
관 <(쥐) 죽은 듯이>
　　　〔Text=3/Freq2=3(0.4%)〕
관 <풀(이) 죽다> 풀이 죽은 목소리.
　　　〔Text=5/Freq2=6(0.9%)〕

≪**죽음**≫ 전체빈도합=190(0.0102%)

죽음 명★★☆ 【Text=54/Freq1=190】
　① (예) 삶과 죽음.
≪죽이다≫전체빈도합=149(0.0080%)
죽이다 동★★★ 【Text=55/Freq1=149】
　① (예) 적을 죽이다.
　　　〔Text=42/Freq2=120(80.5%)〕
　②㉠ (예) 소리 죽여 울다./텔레비전의 소리를
　　　죽이다. 〔Text=15/Freq2=17(11.4%)〕
　　㉡ (예) [기를/사기를] 죽이다.
　　　〔Text=7/Freq2=10(6.7%)〕
　③ (예) 하릴없이 시간을 죽이다. 〔×〕
　ⓧ 〔Text=2/Freq2=2(1.3%)〕
≪준비≫전체빈도합=178(0.0096%)
준비 명★★★ 【Text=95/Freq1=178】
　① (예) 일을 할 준비(準備)를 하다.
　　　〔Text=95/Freq2=177(99.4%)〕
　㉮ <준비 운동> 〔Text=1/Freq2=1(0.6%)〕
≪준비물≫전체빈도합=43(0.0023%)
준비물 명 【Text=20/Freq1=43】
　① (예) 여행 준비물(準備物)을 챙기다.
≪준비하다≫전체빈도합=145(0.0078%)
준비하다 동★★☆ 【Text=77/Freq1=145】
　① (예) [결혼을/음식을] 준비(準備)하다.
≪줄≫전체빈도합=640(0.0345%)
줄¹ 명★★★ 【Text=55/Freq1=124(19.4%)】
　① (예) 줄로 묶다./줄이 끊어지다.
　　　〔Text=18/Freq2=47(37.9%)〕
　② (예) 아이들이 줄을 서다.
　　　〔Text=35/Freq2=63(50.8%)〕
　③㉠ (예) 소매에 흰 줄이 쳐진 교복. 〔×〕
　　㉡ (예) 원고에 붉은 줄을 치다.
　　　〔Text=6/Freq2=7(5.6%)〕
　④ (예) 실력자에게 줄이 닿다.
　　　〔Text=1/Freq2=1(0.8%)〕
　⑤ (예) 거문고 줄을 고르다. 〔×〕
　㉮ <줄을 서다> 신랑 후보가 줄을 서다.
　　　〔Text=3/Freq2=3(2.4%)〕
　㉮ <줄을 잇다> 문상객들이 줄을 잇다.
　　　〔Text=3/Freq2=3(2.4%)〕
줄² 명 【Text=1/Freq1=1(0.2%)】
　① (예) 모난 부분을 줄로 깎아 내다.
줄³ 명의 【Text=22/Freq1=31(4.8%)】
　①㉠ (예) 학생들이 세 줄로 서다.

　　　〔Text=7/Freq2=14(45.2%)〕
　　㉡ (예) 두어 줄의 글귀를 적어 주다.
　　　〔Text=11/Freq2=13(41.9%)〕
　　㉢ (예) 계란 두 줄. 〔×〕
　　㉣ (예) 김밥 한 줄.
　　　〔Text=2/Freq2=2(6.5%)〕
　②㉠ (예) 인생 오십 줄에 접어들다.
　　　〔Text=2/Freq2=2(6.5%)〕
　　㉡ (예) 재상 줄에 오르다. 〔×〕
줄⁴ 명의★★★ 【Text=154/Freq1=484(75.6%)】
　① (예) 자전거 탈 줄 [모르다/알다].
　　　〔Text=34/Freq2=45(9.3%)〕
　② (예) 양보할 줄 알아야 한다.
　　　〔Text=45/Freq2=64(13.2%)〕
　③㉠ (예) [거짓말인/다리가 아픈] 줄을
　　　모르다. 〔Text=86/Freq2=177(36.6%)〕
　　㉡ (예) 반론의 여지가 없을 줄로 알다.
　　　/거짓달인 줄(로) 알았는데 사실이다.
　　　〔Text=70/Freq2=131(27.1%)〕
　㉮ <-ㄹ 줄(을) 모르다> 지칠 줄 모르고
　　　일하다. 〔Text=26/Freq2=32(6.6%)〕
　㉮ <[어쩔/더찌할] 줄(을) 모르다>
　　　〔Text=33/Freq2=29(6%)〕
　㉮ <하룻강아지 범 무서운 줄 모르다>
　　　〔Text=4/Freq2=6(1.2%)〕
≪줄거리≫전체빈도합=105(0.0057%)
줄거리¹ 명 【Text=23/Freq1=105(100%)】
　① (예) [이야기의/작품의] 줄거리.
줄거리² 명 【Text=0/Freq1=0】 ⓧ
　① (예) 미역 줄거리. 〔×〕
≪줄곧≫전체빈도합=23(0.0012%)
줄곧 부 【Text=19/Freq1=23】
　① (예) 어려서부터 줄곧 시골서 자라다.
≪줄기≫전체빈도합=49(0.0026%)
줄기 명★☆★ 【Text=31/Freq1=49】
Ⅰ① (예) 나무의 줄기.
　　　〔Text=15/Freq2=20(40.8%)〕
　② (예) [강의/산의] 줄기가 갈라지다.
　　　〔Text=4/Freq2=7(14.3%)〕
　③ (예) 등불의 불빛 줄기가 쏟아지다.
　　　〔Text=2/Freq2=2(4.1%)〕
　④ (예) 민중 운동의 큰 줄기.
　　　〔Text=3/Freq2=3(6.1%)〕
Ⅱ① (예) 두 줄기 버드나무 가로수.
　　　〔Text=2/Freq2=3(6.1%)〕

② (예) 한 줄기 빛이 비치다. 〔×〕
③ (예) 한 줄기 눈물이 흘러내리다.
　　〔Text=5/Freq2=8(16.3%)〕
④ (예) 한 줄기 시원한 바람이 불다.
　　〔Text=2/Freq2=2(4.1%)〕
⑤ (예) 한 줄기 소나기가 내리다.
　　〔Text=1/Freq2=1(2%)〕
ⓧ 〔Text=3/Freq2=3(6.1%)〕

≪줄다≫전체빈도합=33(0.0018%)

줄다 동☆☆★　【Text=21/Freq1=33】
　❶ (예) [소비가/옷이/체중이] 줄다.

≪줄어들다≫전체빈도합=44(0.0024%)

줄어들다 동★☆☆　【Text=31/Freq1=44】
　❶ (예) [소비가/옷이/체중이] 줄어들다.

≪줄이다≫전체빈도합=135(0.0073%)

줄이다 동★★★　【Text=55/Freq1=135】
① (예) [소리를/옷을] 줄이다.
　　〔Text=54/Freq2=133(98.5%)〕
② (예) 시간이 다 되어 이만 줄이다.
　　〔Text=1/Freq2=2(1.5%)〕

≪줍다≫전체빈도합=125(0.0067%)

줍다 동★☆☆　【Text=54/Freq1=125】
① (예) 모래밭에서 조개껍질을 줍다./휴지를 줍다. 〔Text=43/Freq2=103(82.4%)〕
② (예) 길에서 [돈을/지갑을] 줍다.
　　〔Text=8/Freq2=13(10.4%)〕
❸ (예) 이것저것 주워 [먹다/읽다].
　　〔Text=6/Freq2=8(6.4%)〕
❹ (예) 다리 밑에서 주워 온 아이.
　　〔Text=1/Freq2=1(0.8%)〕

≪중≫전체빈도합=1,055(0.0568%)　[246]

중¹ 명　【Text=8/Freq1=18(1.7%)】
　❶ (예) 절에 들어가 중이 되다.
　　〔Text=8/Freq2=18(100%)〕
　관 <중 염불하듯> 〔×〕

중² 명☆★★　【Text=4/Freq1=7(0.7%)】
　❶ (예) 성적은 중(中) 정도이다.
　　〔Text=1/Freq2=1(14.3%)〕
　❶ (예) 중3(삼) 때. 〔Text=3/Freq2=6(85.7%)〕

중³ 명의★★★　【Text=181/Freq1=1,030(97.6%)】
① (예) 학생 중(中)에서 가장 크다.

〔Text=161/Freq2=731(71%)〕
②㉠ (예) 막 집에 들어서는 중이다./책을 읽던 중에 발견하다.
　　〔Text=49/Freq2=83(8.1%)〕
　㉡ (예) [토의/회의] 중.
　　〔Text=59/Freq2=115(11.2%)〕
③ (예) [임신/재학] 중.
　　〔Text=35/Freq2=50(4.9%)〕
④ (예) 혈액 중의 혈당을 측정하다./산 중에 묻혀 살다. 〔Text=14/Freq2=31(3%)〕
❺ (예) [금년/이번 주/2월] 중.
　　〔Text=15/Freq2=19(1.8%)〕
ⓧ 〔Text=1/Freq2=1(0.1%)〕

≪중간≫전체빈도합=67(0.0036%)

중간 명★★★　【Text=46/Freq1=67】
① (예) 서울과 인천의 중간(中間)쯤.
　　〔Text=11/Freq2=12(17.9%)〕
② (예) 전동차의 중간쯤에 가서 앉다.
　　〔Text=10/Freq2=11(16.4%)〕
③ (예) 성적이 중간으로 돌다.
　　〔Text=3/Freq2=6(9%)〕
④ (예) 여자 친구와 애인의 중간 단계.
　　〔Text=3/Freq2=3(4.5%)〕
⑤ (예) 출장을 중간에 그만두다.
　　〔Text=22/Freq2=32(47.8%)〕
⑥ (예) 일이 잘 되게 중간 역할을 하다.
　　〔Text=3/Freq2=3(4.5%)〕
관 <중간 고사> 〔×〕
관 <중간 노선> 〔×〕
관 <중간 상인> 〔×〕

≪중국*≫전체빈도합=276(0.0149%)

중국⁰ 명(고유)★★★　【Text=59/Freq1=276】
　❶ (예) 중국(中國)으로 여행을 가다.

≪중년≫전체빈도합=36(0.0019%)

중년 명　【Text=18/Freq1=36】
　❶ (예) 나이가 중년(中年)에 접어들다.

≪중단하다≫전체빈도합=18(0.0010%)

중단하다 동　【Text=14/Freq1=18】
　❶ (예) [공사를/말을] 중단(中斷)하다.

≪중반≫전체빈도합=20(0.0011%)

중반 명　【Text=15/Freq1=20】

---

[246] 『연세 한국어 사전』의 '중⁴'(예:중모음, 중공업)은 말뭉치의 분석에 적용하지 않았으므로 제외한다.

⓪ (예) [경기/선거] 중반(中盤)에 접어들다.
〔Text=1/Freq2=1(5%)〕
❶ (예) [40대/90년대] 중반에 접어들다.
〔Text=14/Freq2=19(95%)〕

≪중시하다≫전체빈도합=15(0.0008%)

중시하다 동 【Text=12/Freq1=15】
⓪ (예) [성격을/외모를] 중시(重視)하다.

≪중심≫전체빈도합=318(0.0171%)

중심¹ 명 ★★★ 【Text=68/Freq1=310(97.5%)】
① (예) 나방들이 전등을 중심(中心)으로 맴을 돌다. 〔Text=18/Freq2=25(8.1%)〕
② (예) 농경 중심의 문화.
〔Text=39/Freq2=200(64.5%)〕
③ (예) 사람은 매사에 중심이 있어야 한다.
〔×〕
관 <~를 중심으로> 문제점을 중심으로 논의하다. 〔Text=43/Freq2=85(27.4%)〕
관 <중심 인물> 〔×〕

중심² 명 【Text=7/Freq1=8(2.5%)】
⓪ (예) 가까스로 중심(重心)을 유지하다.

≪중앙≫전체빈도합=34(0.0018%)

중앙 명 ☆☆★ 【Text=25/Freq1=34】
① (예) 단상의 중앙(中央)에 서다.
〔Text=9/Freq2=12(35.3%)〕
② (예) 당의 중앙 위원으로 뽑히다.
〔Text=5/Freq2=5(14.7%)〕
③ (예) 중앙의 귀족과 지방의 토호.
〔Text=8/Freq2=9(26.5%)〕
관 <국립 중앙 박물관>
〔Text=3/Freq2=4(11.8%)〕
관 <중앙 아시아> 〔Text=2/Freq2=2(5.9%)〕
관 <중앙 은행> 〔×〕
관 <중앙 정부> 〔×〕
관 <중앙 집권> 〔Text=2/Freq2=2(5.9%)〕

≪중얼거리다≫전체빈도합=65(0.0035%)

중얼거리다 동 【Text=39/Freq1=65】
⓪ (예) 입으로 뭔가를 중얼거리다.

≪중요성≫전체빈도합=48(0.0026%)

중요성 명 【Text=24/Freq1=48】
⓪ (예) 교육의 중요성(重要性)을 알다.

≪중요시하다≫전체빈도합=16(0.0009%)

중요시하다 동 【Text=10/Freq1=16】
⓪ (예) 미래보다 현재를 중요시(重要視)하다.

≪중요하다≫전체빈도합=522(0.0281%)

중요하다 형 ★★★ 【Text=125/Freq1=522】
⓪ (예) 꿈을 갖는 건 중요(重要)하다.
〔Text=93/Freq2=270(51.7%)〕
❶ (예) 사건의 중요한 원인을 찾다.
〔Text=90/Freq2=251(48.1%)〕
ⓧ 〔Text=1/Freq2=1(0.2%)〕

≪중학교≫전체빈도합=107(0.0058%)

중학교 명 ☆★★ 【Text=45/Freq1=107】
⓪ (예) 중학교(中學校)에 다니다.

≪쥐≫전체빈도합=54(0.0029%)

쥐¹ 명 ★★★ 【Text=26/Freq1=54(100%)】
⓪ (예) 고양이가 쥐를 잡다.
〔Text=18/Freq2=41(75.9%)〕
관 <고양이 앞의 쥐>
〔Text=1/Freq2=2(3.7%)〕
관 <낮말은 새가 듣고 밤말은 쥐가 듣다>
〔Text=2/Freq2=2(3.7%)〕
관 <독 안에 든 쥐> 〔Text=1/Freq2=1(1.9%)〕
관 <쥐 구멍에도 볕들 날이 있다>
〔Text=1/Freq2=1(1.9%)〕
관 <쥐 끓듯 하다> 〔Text=1/Freq2=1(1.9%)〕
관 <쥐 죽은 듯이> 〔Text=3/Freq2=3(5.6%)〕
관 <쥐도 새도 모르게>
〔Text=3/Freq2=3(5.6%)〕

쥐² 명 【Text=0/Freq1=0】 ⓧ
⓪ (예) 다리에 쥐가 나다. 〔×〕

≪쥐다≫전체빈도합=103(0.0055%)

쥐다 동 ★☆★ 【Text=52/Freq1=103】
① (예) 주먹을 쥐다.
〔Text=13/Freq2=18(17.5%)〕
② (예) [멱살을/부채를] 쥐고 흔들다.
〔Text=33/Freq2=68(66%)〕
③ (예) [권력을/실권을] 쥐다.
〔Text=5/Freq2=5(4.9%)〕
④ (예) [돈을/재물을] 쥐다.
〔Text=1/Freq2=1(1%)〕
관 <가슴을 쥐어 뜯다>
〔Text=2/Freq2=2(1.9%)〕
관 <배꼽을 쥐고 웃다>
〔Text=2/Freq2=2(1.9%)〕
관 <손에 땀을 쥐다>
〔Text=2/Freq2=2(1.9%)〕
관 <쥐고 흔들다> 〔Text=1/Freq2=5(4.9%)〕

⚐<쥐면 꺼질까 불면 날아갈까> 〔×〕

≪즈음≫전체빈도합=28(0.0015%)

즈음 몡의 【Text=19/Freq1=28】
　⓪ (예) [그/저녁 먹을/해가 질] 즈음에야
　　　도착하다.

≪즉≫전체빈도합=262(0.0141%)

즉 凰★★★ 【Text=67/Freq1=262】
　① (예) 천고마비, 즉(卽) 하늘은 높고 말은
　　　살찐다는 계절이다.
　　　〔Text=34/Freq2=96(36.6%)〕
　②㉠ (예) 우화는 교훈적이다. 즉 악보다 선이
　　　더 강하다는 것이다.
　　　〔Text=32/Freq2=73(27.9%)〕
　　㉡ (예) 그는 큰 도박을 걸었다. 즉 자기의
　　　승진을 요구한 것이다.
　　　〔Text=32/Freq2=66(25.2%)〕
　③ (예) 준비 없이 산을 오른다는 것은, 즉 사고
　　　나기 딱이었다.
　　　〔Text=6/Freq2=8(3.1%)〕
　④ (예) 초기에는 경제 발전이 즉 공장 건설인 줄
　　　알았다. 〔Text=13/Freq2=19(7.3%)〕

≪즉시≫전체빈도합=19(0.0010%)

즉시 凰 【Text=17/Freq1=19】
　Ⅰ (예) 연락을 받고 즉시(卽時) 떠나다.
　　　〔Text=10/Freq2=12(63.2%)〕
　Ⅱ (예) 그 즉시에는 대답을 못하다.
　　　〔Text=7/Freq2=7(36.8%)〕

≪즐거움≫전체빈도합=62(0.0033%)

즐거움 몡 【Text=33/Freq1=62】
　⓪ (예) 독서의 즐거움을 느끼다.

≪즐거워하다♣≫전체빈도합=15(0.0008%)

즐거워하다⁰ 동 【Text=11/Freq1=15】
　❶ (예) 아이들이 함께 [놀며/운동장을 뛰며]
　　　즐거워하다.

≪즐겁다≫전체빈도합=309(0.0166%)

즐겁다 휑★★★ 【Text=101/Freq1=309】
　Ⅰ (예) 나는 [등산이/여행이] 즐겁다.
　　　〔Text=91/Freq2=232(75.1%)〕
　Ⅱ <즐거운> (예) 즐거운 여행이 되다.

　　　〔Text=45/Freq2=76(24.6%)〕
　ⓧ 〔Text=1/Freq2=1(0.3%)〕

≪즐기다≫전체빈도합=218(0.0117%)

즐기다 동★★★ 【Text=88/Freq1=218】
　①㉠ (예) 휴가를 즐기다.
　　　〔Text=16/Freq2=22(10.1%)〕
　　㉡ (예) 해변에서 햇빛을 즐기다.
　　　〔Text=50/Freq2=82(37.6%)〕
　②㉠ (예) 전화로 데이트를 즐기다.
　　　〔Text=26/Freq2=54(24.8%)〕
　　㉡ (예) [고기를/술을] 즐기다.
　　　〔Text=2/Freq2=2(0.9%)〕
　⚐<즐겨 ~> 즐겨 다니는 곳.
　　　〔Text=39/Freq2=56(25.7%)〕
　ⓧ 〔Text=2/Freq2=2(0.9%)〕

≪증가≫전체빈도합=19(0.0010%)

증가 몡 【Text=10/Freq1=19】
　⓪ (예) 인구 증가(增加).

≪증가하다≫전체빈도합=25(0.0013%)

증가하다 동 【Text=13/Freq1=25】
　⓪ (예) 인구가 증가(增加)하다.

≪증거≫전체빈도합=28(0.0015%)

증거 몡 【Text=21/Freq1=28】
　⓪ (예) 증거(證據)를 찾다.

≪증명하다≫전체빈도합=16(0.0009%)

증명하다 동 【Text=15/Freq1=16】
　① (예) 결백을 증명(證明)하다.
　　　〔Text=15/Freq2=16(100%)〕
　② (예) 수학의 [가설을/정리를] 증명하다. 〔×〕

≪증상≫전체빈도합=17(0.0009%)

증상 몡 【Text=10/Freq1=17】
　⓪ (예) 감기 증상(症狀)이 심하다.

≪증오≫전체빈도합=28(0.0015%)

증오 몡 【Text=13/Freq1=28】
　⓪ (예) 증오(憎惡)에 찬 시선.

≪지≫전체빈도합=244(0.0131%) [247]

지¹ 몡의★★☆ 【Text=107/Freq1=206(84.4%)】
　① (예) 친구를 못 본 지 1년이 되다.

---

[247] 『연세 한국어 사전』의 '-지⁶'(예:휴양지), '-지⁷'(예:양복지), '-지⁸'(예:포장지, 일간지), '-지⁹'(예:문예지)는 말뭉치의 분석에 적용하지 않았으므로 제외한다. 다만, 접미사의 예로 나타난 용례의 빈도 수를 제시한다.

　　　　〔Text=69/Freq2=107(51.9%)〕
　② (예) 이곳에 온 지가 얼마나 되나?
　　　　〔Text=61/Freq2=99(48.1%)〕
지² 대 【Text=10/Freq1=15(6.1%)】
　⓪ (예) 지가 뭔데 나보고 오라 가라 해?
지³ 관 【Text=10/Freq1=14(5.7%)】
　⓪ (예) 짐승도 지 어미는 아는 법이다.
-지⁹ 접 【Text=4/Freq1=4(1.6%)】
　⓪ (예) [동인/문예/타임]지(誌).
지ˣ ? 【Text=5/Freq1=5(2%)】

≪**지각**≫전체빈도합=18(0.0010%)

지각¹ 명 【Text=6/Freq1=13(72.2%)】
　① (예) 지각(知覺)과 감각.
　　　　〔Text=5/Freq2=11(84.6%)〕
　② (예) 지각이 있는 사람.
　　　　〔Text=2/Freq2=2(15.4%)〕
지각² 명 ☆★ 【Text=4/Freq1=5(27.8%)】
　⓪ (예) 학교에 지각(遲刻)을 하다.
지각³ 명 【Text=0/Freq1=0】 ⓧ
　⓪ (예) 지구의 지각(地殼)과 멘틀. 〔ⓧ〕

≪**지각하다**≫전체빈도합=8(0.0004%)

지각하다¹ 동 【Text=4/Freq1=4(50%)】
　① (예) 실제 세계를 있는 그대로 지각(知覺)
　　　하다. 〔Text=4/Freq2=4(100%)〕
　② (예) 사회의 치부를 지각하다. 〔ⓧ〕
지각하다² 동 ☆★☆ 【Text=4/Freq1=4(50%)】
　⓪ (예) 늦잠을 자서 학교에 지각(遲刻)하다.

≪**지갑**≫전체빈도합=39(0.0021%)

지갑 명 ☆★★ 【Text=20/Freq1=39】
　⓪ (예) 지갑(紙匣)에 돈을 넣다.

≪**지겹다**≫전체빈도합=26(0.0014%)

지겹다 형 【Text=19/Freq1=26】
　⓪ (예) [공부가/사는 게/일이] 지겹다.
　　　　〔Text=18/Freq2=21(80.8%)〕
　관 <[지겹게/지겹도록]> 지겹게 쫓아다니는
　　　남자. 〔Text=4/Freq2=5(19.2%)〕

≪**지경**≫전체빈도합=78(0.0042%)

지경 명의 ☆★☆ 【Text=53/Freq1=78】
　⓪ (예) 포기해야 할 지경(地境)에 이르다./죽을
　　　지경이다. 〔Text=53/Freq2=77(98.7%)〕
　❶ (예) 30리 밖 지경의 장날.
　　　　〔Text=1/Freq2=1(1.3%)〕

≪**지구**≫전체빈도합=149(0.0080%)

지구¹ 명 ★★★ 【Text=44/Freq1=143(96%)】
　⓪ (예) 지구(地球)에서 달까지의 거리.
　　　　〔Text=44/Freq2=143(100%)〕
　관 <지구 과학> 〔ⓧ〕
지구² 명 【Text=5/Freq1=6(4%)】
　⓪ (예) 재개발 지구(地區)로 지정되다.

≪**지극히**≫전체빈도합=22(0.0012%)

지극히 부 【Text=19/Freq1=22】
　⓪ (예) 지극(至極)히 사랑하다./그렇게 생각하는
　　　것은 지극히 당연하다.

≪**지금**≫전체빈도합=1,606(0.0865%)

지금¹ 명 ★★★ 【Text=165/Freq1=652(40.6%)】
　① (예) 지금(只今)이 몇 시야?/지금으로부터
　　　10년 전. 〔Text=107/Freq2=193(29.6%)〕
　② (예) 지금까지 거짓말한 적 없다.
　　　　〔Text=156/Freq2=447(68.6%)〕
　관 <지금 현재> 지금 현재의 상황.
　　　　〔Text=3/Freq2=6(0.9%)〕
　관 <지금(에) 와서(야)>
　　　　〔Text=4/Freq2=6(0.9%)〕
지금² 부 ★★☆ 【Text=169/Freq1=954(59.4%)】
　① (예) 지금(只今) 막 도착하다./당장 나가, 지금
　　　당장! 〔Text=128/Freq2=505(52.9%)〕
　② (예) 세계는 지금 정보화 시대에 들어서고
　　　있다. 〔Text=118/Freq2=387(40.6%)〕
　❸ (예) 지금. 그러니까, 지금, 과거에, 지금…
　　　　〔Text=10/Freq2=59(6.2%)〕
　관 <지금 현재> 지금 현재 논의 중이다.
　　　　〔Text=3/Freq2=3(0.3%)〕

≪**지껄이다**≫전체빈도합=18(0.0010%)

지껄이다 동 【Text=11/Freq1=18】
　⓪ (예) 함부로 지껄이다.

≪**지나가다**≫전체빈도합=247(0.0133%)

지나가다 동 ★★★ 【Text=114/Freq1=247】
　Ⅰ (예) [가지 앞을/버스가/이 길을] 지나가다.
　　　　〔Text=84/Freq2=162(65.6%)〕
　Ⅱ ①㉠ (예) 약속 시간이 지나가다.
　　　　〔Text=8/Freq2=9(3.6%)〕
　　　㉡ (예) [세월이/1년이] 지나가다.
　　　　〔Text=16/Freq2=28(11.3%)〕
　② (예) 그 일은 이제 지나간 일이다.
　　　　〔Text=10/Freq2=10(4%)〕
　③ (예) 대학 생활이 그렇게 지나가다.
　　　　〔Text=10/Freq2=10(4%)〕

④ (예) [전쟁이/추위가] 지나가다.
　　〔Text=5/Freq2=5(2%)〕
⑤ (예) [생각이 머릿속을/얼굴에 미소가]
　지나가다. 〔Text=10/Freq2=12(4.9%)〕
⑥ (예) 일기 쓰기를 빠뜨리고 지나가다.
　　〔Text=8/Freq2=8(3.2%)〕
⑦ (예) 마을 앞으로 고속도로가 지나가다.
　　〔×〕
⑧ (예) 지나가는 [말로/이야기로] 하다.
　　〔Text=3/Freq2=3(1.2%)〕

≪**지나다**≫전체빈도합=689(0.0371%)

지나다 동★★★　【Text=177/Freq1=689】 [248]
Ⅰ ① ㉠ (예) [겨울이/자정이] 지나다.
　　　　〔Text=42/Freq2=58(8.4%)〕
　　㉡ (예) 시간이 꽤 지나다.
　　　　〔Text=88/Freq2=181(26.3%)〕
② (예) 일이 [고비가/절반이] 지나다./다 지난
　일이다. 〔Text=9/Freq2=9(1.3%)〕
③ (예) [단계가/철이] 지나다.
　　〔Text=12/Freq2=13(1.9%)〕
④ (예) 비탈이 지나면 논이 나오다.
　　〔Text=3/Freq2=6(0.9%)〕
⑤ (예) 지난 3월 처음 만나다.
　　〔Text=37/Freq2=81(11.8%)〕
❻ (예) 지난 [1년간/1일부터 9일까지].
　　〔Text=79/Freq2=176(25.5%)〕
Ⅱ ① (예) 열차가 건널목을 지나다.
　　〔Text=65/Freq2=105(15.2%)〕
② (예) [사춘기를/여름을] 지나다.
　　〔Text=5/Freq2=7(1%)〕
③ (예) 슬픔을 지나 아픔으로 느끼다.
　　〔Text=3/Freq2=3(0.4%)〕
Ⅲ (예) 남은 사람들은 8명에 지나지
　않다./변명에 지나지 않다.
　　〔Text=28/Freq2=49(7.1%)〕
ⓧ 〔Text=1/Freq2=1(0.1%)〕

≪**지나치다**≫전체빈도합=157(0.0085%) [249]

지나치다¹ 동★☆☆　【Text=38/Freq1=63(40.1%)】
① (예) 내릴 정류장을 지나치다.
　　〔Text=27/Freq2=44(69.8%)〕
② (예) 그냥 지나칠 [사건이/일이] 아니다.
　　〔Text=12/Freq2=13(20.6%)〕
③ (예) 발언이 도를 지나치다.
　　〔Text=5/Freq2=6(9.5%)〕

지나치다² 형★☆☆　【Text=52/Freq1=94(59.9%)】
① (예) 술이 너무 지나치다./도에 지나친 요구를
　하다. 〔Text=29/Freq2=41(43.6%)〕
②<지나치게> (예) 지나치게 가늘다.
　　〔Text=35/Freq2=53(56.4%)〕

≪**지난날**≫전체빈도합=27(0.0015%)

지난날 명　【Text=18/Freq1=27】
① (예) 지난날이 떠오르다.
　　〔Text=11/Freq2=15(55.6%)〕
② (예) 지난날을 후회하다.
　　〔Text=6/Freq2=6(22.2%)〕
❸ (예) 지난날, 나는 바보처럼 살았다.
　　〔Text=5/Freq2=6(22.2%)〕

≪**지난번**≫전체빈도합=54(0.0029%)

지난번 명　【Text=33/Freq1=54】
⓪ (예) 지난번에 함께 여행을 했다.
　　〔Text=28/Freq2=45(83.3%)〕
❶ (예) 동생이 지난번 아팠을 때.
　　〔Text=8/Freq2=9(16.7%)〕

≪**지난해**≫전체빈도합=25(0.0013%)

지난해 명　【Text=17/Freq1=25】
⓪ (예) 지난해에 학교를 졸업했다.
　　〔Text=12/Freq2=16(64%)〕
❶ (예) 그 친구를 지난해 한번 만났다.
　　〔Text=8/Freq2=9(36%)〕

≪**지내다**≫전체빈도합=408(0.0220%)

지내다 동★★★　【Text=132/Freq1=408】
Ⅰ (예) [삼촌 집에서/직장 생활에 만족해서]
　지내다. 〔Text=82/Freq2=164(40.2%)〕
Ⅱ (예) 그와 [가까이/어울려] 지내다.
　　〔Text=58/Freq2=133(32.6%)〕
Ⅲ ① (예) [겨울을/휴가를] 지내다.
　　〔Text=27/Freq2=35(8.6%)〕
② (예) 군수를 지내다.
　　〔Text=10/Freq2=17(4.2%)〕
③ (예) 조상에게 차례를 지내다.

---

248) 『외국인을 위한 한국어 학습 사전』(2004)의 중요 어휘 목록에서는 '지나다'의 Ⅰ⑤,❻의 용법으로 쓰인 '지난'을 독립된 관형사로 보아 ★★☆의 중요도를 부여하고 있다.
249) 『연세 한국어 사전』에서는 '지나치다'를 하나의 올림말(동사)로 기술하고 있으나, 여기서는 동사와 형용사 두 낱말로 나누어 기술한다.

〔Text=26/Freq2=59(14.5%)〕

≪**지니다**≫전체빈도합=238(0.0128%)

지니다 동★★☆ 【Text=76/Freq1=238】
① (예) 돈 3천 불을 지니고 떠나다.
〔Text=7/Freq2=9(3.8%)〕
② (예) 상징이 지니는 의미./겸손한 마음 자세를 지니다. 〔Text=72/Freq2=221(92.9%)〕
③ (예) 남모를 사연을 지니고 살아가다.
〔Text=7/Freq2=7(2.9%)〕
ⓧ 〔Text=1/Freq2=1(0.4%)〕

≪**지다**≫전체빈도합=4,115(0.2216%) [250]

지다¹ 동★★★ 【Text=35/Freq1=60(1.5%)】
① (예) 나무의 잎들이 지다.
〔Text=12/Freq2=17(28.3%)〕
② (예) [달이/해가] 지다.
〔Text=27/Freq2=40(66.7%)〕
③ (예) [때가/얼룩이/자국이] 지다.
〔Text=1/Freq2=1(1.7%)〕
관<[이/한] 해가 지다>
〔Text=2/Freq2=2(3.3%)〕

지다² 동★★★ 【Text=35/Freq1=48(1.2%)】
① (예) [경기에서/남에게/장기에서] 지다.

지다³ 동 【Text=52/Freq1=74(1.8%)】
① (예) 짐을 [등에/지게에] 지다.
〔Text=12/Freq2=17(23%)〕
② (예) [빚을/신세를/외상을] 지다.
〔Text=17/Freq2=21(28.4%)〕
③ (예) [부담을/책임을] 지다.
〔Text=20/Freq2=29(39.2%)〕
관<뒷짐(을) 지다>
〔Text=4/Freq2=4(5.4%)〕
관<등에 지다> 샛별을 등에 지고 달리다.
〔ⓧ〕
관<등을 지다> 둘이 등을 지고 서다.
〔Text=1/Freq2=1(1.4%)〕
관<~ 신세를 지다> 휠체어 신세를 지다.
〔Text=2/Freq2=2(2.7%)〕

지다⁴ 동 【Text=12/Freq1=18(0.4%)】
① (예) [그늘이/얼룩이/주름이] 지다.
〔Text=7/Freq2=7(38.9%)〕
② (예) [경사가/차이가/허기가] 지다.
〔Text=4/Freq2=8(44.4%)〕

③ (예) [장마가/홍수가] 지다.
〔Text=2/Freq2=2(11.1%)〕
④ (예) 그들과 원수가 지다. 〔ⓧ〕
❺ (예) 썰물이 지다. 〔Text=1/Freq2=1(5.6%)〕

지다⁵ 동보★★☆
【Text=206/Freq1=3,915(95.1%)】
① (예) 얼굴이 벌게지다./기분이 괜찮아지다.
〔Text=197/Freq2=1,788(45.7%)〕
② (예) 소파에 벌렁 나뒹굴어지다./자전거가 잘 가지다. 〔Text=33/Freq2=55(1.4%)〕
③ (예) 처지가 바뀌어지다./잘 될 것으로 보여지다. 〔Text=105/Freq2=274(7%)〕
④ (예) 이부자리가 개어져 있다./소원이 이루어지다. 〔Text=192/Freq2=1,797(45.9%)〕
관<-고 지고> 천년만년 살고 지고.
〔Text=1/Freq2=1(0%)〕

≪**지도**≫전체빈도합=223(0.0120%)

지도¹ 명 【Text=11/Freq1=12(5.4%)】
⓪ (예) 코치의 지도(指導)를 따르다.

지도² 명★★★ 【Text=27/Freq1=211(94.6%)】
⓪ (예) 세계 지도(地圖)를 펼치다.
〔Text=26/Freq2=210(99.5%)〕
관<(이불에) 지도를 그리다>
〔Text=1/Freq2=1(0.5%)〕

≪**지도자**≫전체빈도합=60(0.0032%)

지도자 명★☆☆ 【Text=20/Freq1=60】
⓪ (예) [정치/종교] 지도자(指導者).

≪**지독하다**≫전체빈도합=24(0.0013%)

지독하다 형 【Text=16/Freq1=24】
① (예) [모기가/성미가] 지독(至毒)하다.
〔Text=3/Freq2=4(16.7%)〕
② (예) [감기가/몸살이] 지독하다.
〔Text=13/Freq2=20(83.3%)〕

≪**지루하다**≫전체빈도합=37(0.0020%)

지루하다 형☆★☆ 【Text=30/Freq1=37】
⓪ (예) 지루한 [나날이/장마가] 계속되다.

≪**지르다**≫전체빈도합=138(0.0074%)

지르다¹ 동★★★ 【Text=64/Freq1=134(97.1%)】
⓪ (예) [고함을/비명을/소리를] 지르다.

지르다² 동 【Text=1/Freq1=1(0.7%)】

---

250) 『연세 한국어 사전』의 '-지다⁶'(예: 값지다, 눈물지다)는 말뭉치의 분석에 적용하지 않았으므로 제외한다.

Ⅰ ① ㉠ (예) [발로/주먹으로] 옆구리를
　　　　　지르다. 〔×〕
　　　㉡ (예) 그를 향해 [발길을/주먹을]
　　　　　지르다. 〔×〕
　② (예) 복도를 질러 계단으로 가다. 〔×〕
　③ (예) 골을 향해 공을 지르다. 〔×〕
　④ (예) 사람 [부아를/속을] 지르다. 〔×〕
Ⅱ ① ㉠ (예) 코트 주머니에 손을 지르다. 〔×〕
　　　㉡ (예) 문지기에게 돈을 질러 주다. 〔×〕
　② ㉠ (예) 양손을 허리에 지르다. 〔×〕
　　　㉡ (예) 팔짱을 지르다. 〔×〕
　③ ㉠ (예) 난간을 지르다.
　　　　〔Text=1/Freq2=1(100%)〕
　　　㉡ (예) [빗장을/자물쇠에 열쇠를]
　　　　　지르다. 〔×〕

지르다³ 동 【Text=2/Freq1=3(2.2%)】
　⓪ (예) [논에/마을에] 불을 지르다.

≪**지리**≫전체빈도합=15(0.0008%)

지리 명 ☆★ 【Text=10/Freq1=15】
　① (예) 고장의 지리(地理)를 잘 알다.
　　　〔Text=7/Freq2=8(53.3%)〕
　② (예) 천문과 지리에 통달하다.
　　　〔Text=6/Freq2=7(46.7%)〕

≪**지명**≫전체빈도합=15(0.0008%)

지명¹ 명 【Text=11/Freq1=15(100%)】
　⓪ (예) 전국의 지명(地名)을 조사하다.

지명² 명 【Text=0/Freq1=0】 ⓧ
　⓪ (예) 선생님의 지명(指名)을 받다. 〔×〕

≪**지방**≫전체빈도합=206(0.0111%)

지방¹ 명 ★★★ 【Text=60/Freq1=201(97.6%)】
　① (예) [경기/남극/북쪽] 지방(地方).
　　　〔Text=43/Freq2=138(68.7%)〕
　② (예) 본사를 지방으로 이전하다.
　　　〔Text=25/Freq2=50(24.9%)〕
　관 <지방 관청> 〔×〕
　관 <지방 법원> 〔Text=1/Freq2=1(0.5%)〕
　관 <지방 분권> 〔×〕
　관 <지방 선거> 〔×〕
　관 <지방 의회> 〔Text=2/Freq2=3(1.5%)〕
　관 <지방 자치> 〔Text=3/Freq2=9(4.5%)〕

지방² 명 【Text=2/Freq1=3(1.5%)】
　⓪ (예) 버터에는 지방(脂肪)이 많다.
　　　〔Text=2/Freq2=3(100%)〕

　관 <지방 조직> 〔×〕

지방³ 명 【Text=1/Freq1=2(1%)】
　⓪ (예) 지방(紙榜)을 써 붙이다.

≪**지배**≫전체빈도합=32(0.0017%)

지배 명 【Text=14/Freq1=32】
　① (예) 일본의 지배(支配)를 당하다.
　　　〔Text=10/Freq2=23(71.9%)〕
　② (예) 도덕과 관습의 지배를 받다.
　　　〔Text=6/Freq2=7(21.9%)〕
　관 <지배 계급> 〔Text=1/Freq2=2(6.3%)〕
　관 <지배 계층> 〔×〕
　관 <지배 세력> 〔×〕

≪**지배하다**≫전체빈도합=35(0.0019%)

지배하다 동 ★☆☆ 【Text=24/Freq1=35】
　① (예) 왕이 나라를 지배(支配)하다.
　　　〔Text=15/Freq2=19(54.3%)〕
　② (예) 자본이 세상을 지배하다.
　　　〔Text=12/Freq2=16(45.7%)〕

≪**지붕**≫전체빈도합=57(0.0031%)

지붕 명 ★★★ 【Text=33/Freq1=57】
　① (예) 건물의 지붕에 눈이 쌓이다.
　　　〔Text=31/Freq2=55(96.5%)〕
　② (예) 열차의 지붕 위로 올라가다.
　　　〔Text=2/Freq2=2(3.5%)〕

≪**지상**≫전체빈도합=51(0.0027%)

지상¹ 명 【Text=18/Freq1=45(88.2%)】
　① (예) 지하 2층 지상(地上) 5층 건물.
　　　〔Text=12/Freq2=21(46.7%)〕
　② (예) 이 지상에서 더는 볼 수 없다.
　　　〔Text=9/Freq2=24(53.3%)〕
　관 <지상 천국> 〔×〕

지상² 명 【Text=4/Freq1=4(7.8%)】
　⓪ (예) 신문 지상(紙上)을 통해 알려지다.

지상³ 명 【Text=2/Freq1=2(3.9%)】 251)
　⓪ (예) 평화가 지상(至上)의 목표이다.
　　　〔Text=2/Freq2=2(100%)〕
　관 <지상 명령> 〔×〕

≪**지속되다**≫전체빈도합=15(0.0008%)

지속되다 동 【Text=12/Freq1=15】
　⓪ (예) [불황이/상태가/효과가] 오래
　　　지속(持續)되다.

---

251) 『연세 한국어 사전』에서는 '지상³'을 '형성'의 품사로 기술하고 있다.

≪**지시**≫전체빈도합=23(0.0012%)

지시 몡 【Text=15/Freq1=23】
① (예) 손가락으로 지시(指示)를 하다. 〔×〕
② (예) 상부의 지시를 따르다.
〔Text=15/Freq2=23(100%)〕

≪**지식**≫전체빈도합=175(0.0094%)

지식 몡★★★ 【Text=44/Freq1=175】
⓪ (예) 지식(知識)을 쌓다.

≪**지식인**≫전체빈도합=42(0.0023%)

지식인 몡 【Text=14/Freq1=42】
⓪ (예) 지식인(知識人)의 사회적 책무.

≪**지역**≫전체빈도합=210(0.0113%)

지역 몡★★★ 【Text=51/Freq1=210】
⓪ (예) 지역(地域)에 따른 차이.
〔Text=51/Freq2=209(99.5%)〕
관 <지역 [갈등/감정]>
〔Text=1/Freq2=1(0.5%)〕
관 <지역 사회> 〔×〕

≪**지옥**≫전체빈도합=16(0.0009%)

지옥 몡 【Text=13/Freq1=16】
① (예) 죽어서 지옥(地獄)에 가다.
〔Text=11/Freq2=13(81.3%)〕
② (예) [교통/입시] 지옥.
〔Text=2/Freq2=3(18.8%)〕

≪**지우개**≫전체빈도합=15(0.0008%)

지우개 몡☆☆★ 【Text=9/Freq1=15】
① (예) 지우개로 칠판을 지우다.
〔Text=2/Freq2=2(13.3%)〕
② (예) 고무 지우개로 글씨를 지우다.
〔Text=6/Freq2=10(66.7%)〕
ⓧ 〔Text=2/Freq2=3(20%)〕

≪**지우다**≫전체빈도합=42(0.0023%)

지우다¹ 동☆★★ 【Text=27/Freq1=36(85.7%)】
①㉠ (예) [낙서를/화장을] 지우다.
〔Text=10/Freq2=12(33.3%)〕
㉡ (예) 범행의 흔적을 지우다.
〔Text=7/Freq2=8(22.2%)〕
② (예) 얼굴에서 거만한 표정을 지우다.
〔Text=3/Freq2=3(8.3%)〕
③ (예) 불안한 마음을 지우다.
〔Text=8/Freq2=11(30.6%)〕
④ (예) 뱃속의 아이를 지우다.
〔Text=1/Freq2=2(5.6%)〕

지우다² 동 【Text=4/Freq1=4(9.5%)】
① (예) 짐꾼에게 짐을 지우다.
〔Text=1/Freq2=1(25%)〕
② (예) 남에게 [부담을/책임을] 지우다.
〔Text=3/Freq2=3(75%)〕

지우다³ 동 【Text=0/Freq1=0】 ⓧ
⓪ (예) [결박을/포승을] 지우다. 〔×〕

지우다⁴ 동 【Text=0/Freq1=0】 ⓧ
⓪ (예) [딸을/아들을] 짝을 지우다. 〔×〕

지우다⁵ 동 【Text=0/Freq1=0】 ⓧ
⓪ (예) 나무들이 [꽃을/잎을] 지우다. 〔×〕

지우다ˣ ? 【Text=2/Freq2=2(4.8%)】

≪**지원**≫전체빈도합=22(0.0012%)

지원¹ 몡 【Text=11/Freq1=22(100%)】
⓪ (예) [생활비/재정적] 지원(支援).

지원² 몡 【Text=0/Freq1=0】 ⓧ
⓪ (예) 사관학교에 지원(志願)을 하다. 〔×〕

≪**지원하다**≫전체빈도합=18(0.0010%)

지원하다¹ 동 【Text=11/Freq1=13(72.2%)】
Ⅰ (예) [단체를/사업을/서민을] 지원(支援)하다.
〔Text=5/Freq2=11(84.6%)〕
Ⅱ (예) [물자를/자금을] 지원하다.
〔Text=2/Freq2=2(15.4%)〕

지원하다² 동 【Text=5/Freq1=5(27.8%)】
⓪ (예) [군대에/대학에] 지원(志願)하다.

≪**지위**≫전체빈도합=36(0.0019%)

지위 몡★☆★ 【Text=22/Freq1=36】
⓪ (예) 여성들의 지위(地位) 향상.

≪**지저분하다**≫전체빈도합=27(0.0015%)

지저분하다 혱☆☆★ 【Text=19/Freq1=27】
① (예) 쓰레기가 길에 지저분하게 널리다.
〔Text=19/Freq2=26(96.3%)〕
② (예) 지저분한 소리를 늘어놓다.
〔Text=1/Freq2=1(3.7%)〕

≪**지적**≫전체빈도합=49(0.0026%)

지적¹ 몡 【Text=15/Freq1=26(53.1%)】
① (예) 문제를 지적(指摘)을 하다.
〔Text=10/Freq2=14(53.8%)〕
② (예) 시설이 부족하다는 지적을 받다.
〔Text=7/Freq2=12(46.2%)〕

지적² 몡 【Text=8/Freq1=8(16.3%)】
① (예) 지적(知的)으로 우수하다.
〔Text=3/Freq2=3(37.5%)〕

② (예) 그녀는 아주 지적이다.
　　　〔Text=5/Freq2=5(62.5%)〕
지적³ 관 【Text=10/Freq1=15(30.6%)】
　① (예) 지적(知的) 능력을 키우다.
　　　〔Text=10/Freq2=15(100%)〕
　② (예) 지적 용모를 지니다. 〔×〕

≪**지적하다**≫전체빈도합=41(0.0022%)
지적하다 동 【Text=21/Freq1=41】
　① (예) 잘못을 지적(指摘)하다.

≪**지점**≫전체빈도합=38(0.0020%)
지점¹ 명 ☆☆★ 【Text=13/Freq1=32(84.2%)】
　① (예) 사고가 일어난 지점(地點).
　　　〔Text=8/Freq2=24(75%)〕
　② (예) 문학과 역사가 만나는 지점.
　　　〔Text=7/Freq2=8(25%)〕
지점² 명 【Text=4/Freq1=6(15.8%)】
　① (예) 해외에 지점(支店)을 내다.

≪**지정되다**≫전체빈도합=19(0.0010%)
지정되다 동 【Text=11/Freq1=19】
　Ⅰ (예) [국보로/휴일로] 지정(指定)되다.
　　　〔Text=7/Freq2=13(68.4%)〕
　Ⅱ (예) [목표가/자리가] 지정되다.
　　　〔Text=5/Freq2=6(31.6%)〕

≪**지지**≫전체빈도합=18(0.0010%)
지지¹ 명 【Text=0/Freq1=0】 ⓧ
　① (예) 아가야, 그거 지지야. 먹지 마. 〔×〕
　② (예) 에, 지지, 만지지 말아라. 〔×〕
지지² 명 【Text=14/Freq1=18(100%)】
　① (예) 주장이 여론의 지지(支持)를 받다.
　　　〔Text=14/Freq2=18(100%)〕
　② (예) 건물의 지지에 필요한 기둥. 〔×〕

≪**지지하다**≫전체빈도합=15(0.0008%)
지지하다¹ 동 【Text=10/Freq1=15(100%)】
　① (예) 후보를 지지(支持)하다.
　　　〔Text=10/Freq2=15(100%)〕
　② (예) 건물을 지지하는 기둥. 〔×〕
지지하다² 형 【Text=0/Freq1=0】 ⓧ
　① (예) 재미 하나 없는 지지한 삶을 살다. 〔×〕
　② (예) 그 따위 지지한 일로 괴로워하다. 〔×〕

≪**지치다**≫전체빈도합=95(0.0051%)
지치다¹ 동 【Text=58/Freq1=93(97.9%)】
　① (예) 피로에 지친 몸.
　　　〔Text=39/Freq2=61(65.6%)〕
　② (예) 유학 준비를 하다가 중간에 지쳐 포기하다. 〔Text=21/Freq2=31(33.3%)〕
　ⓧ 〔Text=1/Freq2=1(1.1%)〕
지치다² 동 【Text=2/Freq1=2(2.1%)】
　⓪ (예) [썰매를/얼음장을] 지치다.
지치다³ 동 【Text=0/Freq1=0】 ⓧ
　⓪ (예) 대문을 지쳐 놓다. 〔×〕

≪**지켜보다**≫전체빈도합=73(0.0039%)
지켜보다 동 【Text=41/Freq1=73】
　① (예) 남자가 그를 지켜보다.
　　　〔Text=33/Freq2=64(87.7%)〕
　② (예) 결과를 지켜보다.
　　　〔Text=9/Freq2=9(12.3%)〕

≪**지키다**≫전체빈도합=610(0.0328%)
지키다 동 ★★★ 【Text=145/Freq1=610】
　① (예) [물건을/짐을] 지키다.
　　　〔Text=15/Freq2=15(2.5%)〕
　② (예) [나라를/지구를] 지키다.
　　　〔Text=19/Freq2=42(6.9%)〕
　③ (예) [권리를/자유를] 지키다.
　　　〔Text=44/Freq2=80(13.1%)〕
　④ (예) 경비가 골목 입구를 지키다.
　　　〔Text=11/Freq2=15(2.5%)〕
　⑤ (예) [곁을/임종을] 지키다.
　　　〔Text=10/Freq2=10(1.6%)〕
　⑥ (예) [위치를/일터를/자리를] 지키다.
　　　〔Text=11/Freq2=13(2.1%)〕
　⑦ (예) [법을/약속을/질서를] 지키다.
　　　〔Text=78/Freq2=352(57.7%)〕
　⑧ (예) [이성을/체면을/체통을] 지키다.
　　　〔Text=7/Freq2=8(1.3%)〕
　⑨ (예) [관계를/우위를/태도를] 지키다.
　　　〔Text=13/Freq2=20(3.3%)〕
　⑩ (예) 비밀을 지키다. 〔Text=3/Freq2=6(1%)〕
　⑪ (예) [절개를/지조를] 지키다.
　　　〔Text=4/Freq2=5(0.8%)〕
　❶❷ (예) [국민을/서민 생활을] 지켜 주다.
　　　〔Text=3/Freq2=3(0.5%)〕
　㉮ <집을 지키다>
　　① (예) 집 잘 지켜라, 바둑아.
　　　〔Text=5/Freq2=5(0.8%)〕
　　② (예) 끝내 팔지 않고 집을 지키다.
　　　〔Text=2/Freq2=2(0.3%)〕
　㉮ <침묵을 지키다> 〔Text=7/Freq2=9(1.5%)〕
　ⓧ 〔Text=18/Freq2=25(4.1%)〕

≪**지팡이**≫전체빈도합=14(0.0008%)

지팡이 명 ☆☆★ 【Text=8/Freq1=14】
　⓪ (예) 지팡이를 짚다.

≪**지하**≫전체빈도합=46(0.0025%)

지하 명 【Text=20/Freq1=46】
　① (예) 관을 지하(地下)에 묻다.
　　〔Text=16/Freq2=24(52.2%)〕
　② (예) 지하 조직. 〔Text=2/Freq2=2(4.3%)〕
　③ (예) 지하에 가서 조상을 보다.
　　〔Text=1/Freq2=2(4.3%)〕
　관<지하 공작> 〔×〕
　관<지하 여장군>〔Text=2/Freq2=3(6.5%)〕
　관<지하 자원>〔Text=2/Freq2=15(32.6%)〕

≪**지하철**≫전체빈도합=65(0.0035%)

지하철 명 ☆★★ 【Text=29/Freq1=65】
　⓪ (예) 지하철(地下鐵)을 타다.

≪**지하철역**＊≫전체빈도합=7(0.0004%)

지하철역⁰ 명 ☆★☆ 【Text=3/Freq1=7】
　❶ (예) 지하철역(地下鐵驛)으로 들어가다.

≪**지향하다**≫전체빈도합=19(0.0010%)

지향하다 동 【Text=13/Freq1=19】
　① (예) 총구가 하늘을 지향(指向)하다. 〔×〕
　② (예) [권력을/목표를] 지향하다.
　　〔Text=13/Freq2=19(100%)〕

≪**지혜**≫전체빈도합=84(0.0045%)

지혜 명 ★☆☆ 【Text=37/Freq1=84】
　⓪ (예) 삶의 지혜(智慧).

≪**지혜롭다**≫전체빈도합=26(0.0014%)

지혜롭다 형 【Text=14/Freq1=26】
　⓪ (예) 지혜(智慧)롭게 해결하다.

≪**직선**≫전체빈도합=17(0.0009%)

직선¹ 명 【Text=10/Freq1=15(88.2%)】
　⓪ (예) 도로가 직선(直線)으로 뻗다.

직선² 명 【Text=2/Freq1=2(11.8%)】
　⓪ (예) 대통령을 직선(直選)으로 뽑다.

≪**직업**≫전체빈도합=231(0.0124%)

직업 명 ★★★ 【Text=54/Freq1=231】
　⓪ (예) 직업(職業)을 [고르다/찾다].
　　〔Text=54/Freq2=230(99.6%)〕
　관<직업 교육>〔Text=1/Freq2=1(0.4%)〕

≪**직원**≫전체빈도합=58(0.0031%)

직원 명 ★★☆ 【Text=23/Freq1=58】
　⓪ (예) 회사의 직원(職員)들.

≪**직장**≫전체빈도합=122(0.0066%)

직장¹ 명 ★★★ 【Text=50/Freq1=122(100%)】
　⓪ (예) 직장(職場) 생활./직장에 나가다.

직장² 명 【Text=0/Freq1=0】 ⓧ
　⓪ (예) 직장(直腸)에 암이 생기다. 〔×〕

≪**직전**≫전체빈도합=38(0.0020%)

직전 명 【Text=27/Freq1=38】
　⓪ (예) [출발하기/퇴근] 직전(直前).

≪**직접**≫전체빈도합=226(0.0122%)

직접¹ 명 ★★ 【Text=9/Freq1=9(4%)】
　⓪ (예) 직접(直接)으로 이루어진 경험.

직접² 부 ★★☆ 【Text=100/Freq1=217(96%)】
　⓪ (예) 사장이 직접(直接) 나서서 문제를
　　해결하다.

≪**직접적**≫전체빈도합=39(0.0021%)

직접적¹ 명 【Text=22/Freq1=37(94.9%)】
　⓪ (여) [직접적(直接的)으로/직접적인] 영향을
　　받다.

직접적² 관 【Text=2/Freq1=2(5.1%)】
　⓪ (예) 직접적(直接的) 관계가 없다.

≪**직후**≫전체빈도합=32(0.0017%)

직후 명 【Text=21/Freq1=32】
　⓪ (예) 귀국한 직후(直後)에 결혼하다.
　　〔Text=8/Freq2=11(34.4%)〕
　❶ (예) [전쟁/해방] 직후.
　　〔Text=17/Freq2=21(65.6%)〕

≪**진단**≫전체빈도합=20(0.0011%)

진단 명 【Text=13/Freq1=20】
　① (예) 의사가 진단(診斷)을 내리다.
　　〔Text=9/Freq2=11(55%)〕
　② (예) 정치적 사태에 대한 진단을 내리다.
　　〔Text=4/Freq2=9(45%)〕

≪**진달래**≫전체빈도합=24(0.0013%)

진달래 명 ☆★★ 【Text=12/Freq1=24】
　⓪ (예) 산에 진달래가 피다.

≪**진리**≫전체빈도합=62(0.0033%)

진리 명 ★☆☆ 【Text=20/Freq1=62】
　⓪ (예) 진리(眞理)를 깨닫다.

≪**진보**≫전체빈도합=18(0.0010%)

진보 명 【Text=12/Freq1=18】
  ① (예) 기술이 진보(進步)를 거듭하다.
    〔Text=12/Freq2=18(94.7%)〕
  ② (예) 정치적인 진보와 보수.
    〔Text=1/Freq2=1(5.3%)〕

《진실》전체빈도합=42(0.0023%)
진실 명 【Text=21/Freq1=42】
  ⓪ (예) 역사적 진실(眞實)을 밝히다.

《진실하다》전체빈도합=22(0.0012%)
진실하다 형 【Text=16/Freq1=22】
  ⓪ (예) 진실(眞實)한 사랑을 하다.

《진심》전체빈도합=25(0.0013%)
진심¹ 명 【Text=22/Freq1=25(100%)】
  ⓪ (예) 진심(眞心)을 말하다.
진심² 명 【Text=0/Freq1=0】 ⓧ
  ⓪ (예) 일에 진심(盡心)으로 몰두하다.〔×〕

《진정》전체빈도합=38(0.0020%)
진정¹ 명 【Text=21/Freq1=35(92.1%)】
  Ⅰ (예) 진정(眞正)으로 평화를 원하다.
    〔Text=13/Freq2=22(62.9%)〕
  Ⅱ (예) 진정 뜻밖이다.
    〔Text=9/Freq2=13(37.1%)〕
진정² 명 【Text=1/Freq1=1(2.6%)】
  ⓪ (예) 상대방에게 자기의 진정(眞情)을 알리다.
진정³ 명 【Text=1/Freq1=1(2.6%)】
  ① (예) 차를 마시며 진정(鎭靜)을 하다.
    〔Text=1/Freq2=1(100%)〕
  ② (예) 소란을 진정을 시키다.〔×〕
진정⁴ 명 【Text=1/Freq1=1(2.6%)】
  ⓪ (예) 관공서에 진정(陳情)을 하다.

《진정하다》전체빈도합=72(0.0039%)
진정하다¹ 동 【Text=7/Freq1=8(11.1%)】
  ⓪ (예) 떨리는 마음을 진정(鎭靜)하다.
진정하다² 동 【Text=0/Freq1=0】 ⓧ
  ⓪ (예) 그의 석방을 진정(陳情)하다.〔×〕
진정하다³ 형 【Text=34/Freq1=64(88.9%)】
  ⓪ (예) 진정(眞正)한 [사랑/친구]을 만나다.

《진지》전체빈도합=10(0.0005%)
진지¹ 명 ☆☆★ 【Text=8/Freq1=9(90%)】
  ⓪ (예) 할아버지께서 진지를 잡수시다.
진지² 명 【Text=1/Freq1=1(10%)】
  ⓪ (예) 진지(陣地)를 구축하다.

《진지하다》전체빈도합=53(0.0029%)
진지하다 형 【Text=34/Freq1=53】
  ⓪ (예) 진지(眞摯)한 [태도/표정].

《진짜》전체빈도합=182(0.0098%)
진짜 명 ☆☆★ 【Text=48/Freq1=182】
  Ⅰ (예) 진(眞)짜와 가짜.
    〔Text=30/Freq2=49(26.9%)〕
  Ⅱ (예) 진짜 화가 나다.
    〔Text=32/Freq2=133(73.1%)〕

《진찰》전체빈도합=9(0.0005%)
진찰 명 ☆☆★ 【Text=7/Freq1=9】
  ⓪ (예) 의사에게 진찰(診察)을 받다.

《진출》전체빈도합=18(0.0010%)
진출 명 【Text=10/Freq1=18】
  ① (예) 여성의 사회 진출(進出).
    〔Text=8/Freq2=15(83.3%)〕
  ② (예) 시위대가 도심으로 진출하다.
    〔Text=1/Freq2=1(5.6%)〕
  ⓧ 〔Text=1/Freq2=2(11.1%)〕

《진하다》전체빈도합=29(0.0016%)
진하다¹ 동 【Text=0/Freq1=0】 ⓧ
  ⓪ (예) [기운이/호흡이] 진(盡)하다.〔×〕
진하다² 형 ☆☆★ 【Text=22/Freq1=29(100%)】
  ① (예) 고추장을 진(津)하게 물에 풀다./진한 커피를 마시다. 〔Text=3/Freq2=4(13.8%)〕
  ② (예) [색이/향기가/화장이] 진하다.
    〔Text=10/Freq2=12(41.4%)〕
  ③ (예) 인상이 진하게 남다./진한 사랑을 하다.
    〔Text=11/Freq2=13(44.8%)〕

《진학》전체빈도합=16(0.0009%)
진학 명 【Text=10/Freq1=16】
  ⓪ (예) 대학에 진학(進學)을 하다.

《진행》전체빈도합=44(0.0024%)
진행 명 【Text=24/Freq1=44】
  ① (예) 행렬의 진행(進行) 방향을 바꾸다.
    〔Text=1/Freq2=1(2.3%)〕
  ② (예) 일의 진행을 의논하다.
    〔Text=23/Freq2=43(97.7%)〕

《진행되다》전체빈도합=43(0.0023%)
진행되다 동 ★☆☆ 【Text=27/Freq1=43】
  ⓪ (예) [공판이/선거가/연구가] 순조롭게 진행(進行)되다.

≪**진행하다**≫전체빈도합=38(0.0020%)

진행하다 동　【Text=20/Freq1=38】
　① (예) [방송을/일을/회의를] 진행(進行)하다.
　　　〔Text=18/Freq2=36(94.7%)〕
　② (예) 기차가 진행하는 방향.
　　　〔Text=2/Freq2=2(5.3%)〕

≪**질**≫전체빈도합=39(0.0021%)

질¹ 명　【Text=18/Freq1=32(82.1%)】
　⓪ (예) 옷감의 질(質)이 좋다.

질² 명　【Text=0/Freq1=0】 ⓧ
　Ⅰ (예) 책을 질(帙)로 사다. 〔×〕
　Ⅱ (예) 한 질에 20권짜리 전집. 〔×〕

질³ 명　【Text=0/Freq1=0】 ⓧ
　⓪ (예) 여성의 질(膣). 〔×〕

-질⁴ 접　【Text=4/Freq1=7(17.9%)】
　① (예) [걸레/비/삽]질./바느질.
　　　〔Text=3/Freq2=5(71.4%)〕
　② (예) [목수/선생]질.
　　　〔Text=1/Freq2=1(14.3%)〕
　③ (예) [계집/서방/전화]질.
　　　〔Text=1/Freq2=1(14.3%)〕

≪**질리다**≫전체빈도합=34(0.0018%)

질리다¹ 동　【Text=25/Freq1=34(100%)】
　① (예) [공포에/추위에] 얼굴이 새파랗게 질리다. 〔Text=3/Freq2=3(8.8%)〕
　② (예) 사람들이 [겁에/위협에] 새파랗게 질리다. 〔Text=16/Freq2=20(58.8%)〕
　③ (예) 매사에 경솔한 그에게 질리다.
　　　/그의 떠버리 기질에 질리다.
　　　〔Text=4/Freq2=5(14.7%)〕
　④ (예) [자장면에/사람들과의 공허한 만남에] 질리다. 〔Text=3/Freq2=3(8.8%)〕
　㉡<기가 질리다> 〔Text=3/Freq2=3(8.8%)〕

질리다² 동　【Text=0/Freq1=0】 ⓧ
　Ⅰ (예) 발에 질린 허리가 아프다. 〔×〕
　Ⅱ ① (예) 손이 주머니에 꾹 질려 있다. 〔×〕
　　② (예) 대문에 빗장이 질리다. 〔×〕

≪**질문**≫전체빈도합=118(0.0064%)

질문 명★★★　【Text=59/Freq1=118】
　⓪ (예) 질문(質問)을 받다.

≪**질문하다**≫전체빈도합=21(0.0011%)

질문하다 동　【Text=13/Freq1=21】
　⓪ (예) 선생님에게 질문(質問)하다.

≪**질병**≫전체빈도합=20(0.0011%)

질병 명　【Text=14/Freq1=20】
　⓪ (예) 질병(疾病)을 예방하다.

≪**질서**≫전체빈도합=162(0.0087%)

질서 명★☆☆　【Text=54/Freq1=162】
　① (예) 차례차례 질서(秩序)를 지키다.
　　　〔Text=26/Freq2=55(34%)〕
　② (예) 도덕률 등의 질서에 따르다.
　　　〔Text=35/Freq2=104(64.2%)〕
　㉡<질서 유지> 〔Text=2/Freq2=2(1.2%)〕
　ⓧ 〔Text=1/Freq2=1(0.6%)〕

≪**짊어지다**≫전체빈도합=16(0.0009%)

짊어지다 동　【Text=11/Freq1=16】
　① (예) [배낭을/짐을] 짊어지다.
　　　〔Text=4/Freq2=6(37.5%)〕
　② (예) [과제를/어려움을] 짊어지다.
　　　〔Text=6/Freq2=9(56.3%)〕
　㉡<방고래를 짊어지다>
　　　〔Text=1/Freq2=1(6.3%)〕

≪**짐**≫전체빈도합=91(0.0049%)

짐¹ 명★★★　【Text=37/Freq1=82(90.1%)】
　① (예) 짐을 [들다/옮기다].
　　　〔Text=29/Freq2=67(81.7%)〕
　② (예) 일이 잘 되면 나로서는 큰 짐을 덜게 되다. 〔Text=8/Freq2=14(17.1%)〕
　③ (예) 아버지를 짐으로 생각하다./아이들의 짐이 되다. 〔Text=1/Freq2=1(1.2%)〕

짐² 명의　【Text=1/Freq1=1(1.1%)】
　⓪ (예) 풀 한 짐을 베다./퇴비 수십 짐.

짐³ 대　【Text=0/Freq1=0】 ⓧ
　⓪ (예) 짐(朕)의 명령이 곧 법이다. 〔×〕

짐⁰ 부　【Text=2/Freq1=8(8.8%)】 ☞지금².
　❶ (예) 짐(=지금) 뭐 하니?

≪**짐승**≫전체빈도합=116(0.0062%)

짐승 명★☆★　【Text=46/Freq1=116】
　① (예) 사람은 짐승과 다르다.
　　　〔Text=36/Freq2=62(53.4%)〕
　② (예) 새와 짐승을 사냥하다.
　　　〔Text=17/Freq2=53(45.7%)〕
　③ (예) 그 짐승들이 전쟁 때 한 짓을 용서 못하다. 〔×〕
　ⓧ 〔Text=1/Freq2=1(0.9%)〕

≪**짐작**≫전체빈도합=16(0.0009%)

짐작 명　【Text=12/Freq1=16】

⓪ (예) 짐작이 [가다/맞다/틀리다].
≪**짐작하다**≫전체빈도합=55(0.0030%)
　짐작하다 동 ★☆☆　【Text=40/Freq1=55】
　　⓪ (예) 나이를 짐작하다.
≪**짐짓**≫전체빈도합=15(0.0008%)
　짐짓 부　【Text=10/Freq1=15】
　　⓪ (예) 알면서도 짐짓 모른 척하다.
≪**집**≫전체빈도합=2,379(0.1281%) [252]
　집¹ 명★★★　【Text=196/Freq1=2,379(100%)】
　Ⅰ ① (예) 정원이 있는 집.
　　　　〔Text=180/Freq2=1,590(66.8%)〕
　　② (예) 나무 위에 까치가 집을 짓다.
　　　　〔Text=20/Freq2=93(3.9%)〕
　　③ (예) 그 집 아이는 예의바르다.
　　　　〔Text=131/Freq2=647(27.2%)〕
　　④ (예) 바둑에서 집을 크게 내다. 〔×〕
　　❺ (예) [멍멍탕/복덕방/아구찜] 집.
　　　　〔Text=12/Freq2=35(1.5%)〕
　　❻ (예) 여기서 말하는 집은 실제의 집이
　　　　아니다. 〔Text=1/Freq2=4(0.2%)〕
　　❼ (예) '사랑의 집'이란 시설에 다녀오다.
　　　　〔Text=1/Freq2=1(0%)〕
　Ⅱ ① (예) 나와 몇 집 건너 살던 친구.
　　　　〔Text=7/Freq2=9(0.4%)〕
　　② (예) 내기바둑에서 열 집을 이기다. 〔×〕
　집² 명의　【Text=0/Freq1=0】 ⓧ
　　⓪ (예) 3집(輯) 앨범. 〔×〕
≪**집다**≫전체빈도합=85(0.0046%)
　집다 동☆★★　【Text=47/Freq1=85】
　　①㉠ (예) 손으로 [과자를/안주를] 집어 먹다.
　　　　〔Text=38/Freq2=65(76.5%)〕
　　　㉡ (예) 젓가락으로 [안주를/화로의 불씨를]
　　　　집다. 〔Text=5/Freq2=5(5.9%)〕
　　② (예) [돌멩이를/파편을] 하나 집어 들다.
　　　　〔Text=9/Freq2=9(10.6%)〕
　　③ <집어> (예) 어디가 아프다고 꼭 집어
　　　　말하다. 〔Text=5/Freq2=5(5.9%)〕
　　ⓧ 〔Text=1/Freq2=1(1.2%)〕
≪**집단**≫전체빈도합=39(0.0021%)
　집단 명★☆☆　【Text=24/Freq1=39】
　　⓪ (예) 자신이 속한 집단(集團).

　　　　〔Text=23/Freq2=37(94.9%)〕
　　관<집단 생활>〔×〕
　　관<집단 행동>〔Text=1/Freq2=2(5.1%)〕
≪**집들이**≫전체빈도합=2(0.0001%)
　집들이 명★☆☆　【Text=2/Freq1=2】
　　⓪ (예) 집들이를 하다.
≪**집안**≫전체빈도합=186(0.0100%)
　집안 명★★☆　【Text=85/Freq1=186】
　　① (예) 집안 형편이 어렵다./집안에서 결혼을
　　　서두르다. 〔Text=36/Freq2=52(28%)〕
　　② (예) 집안이 형편없고 사람들이 예의가
　　　없다. 〔Text=31/Freq2=58(31.2%)〕
　　❸ (예) 가구로 집안을 꾸미다.
　　　〔Text=43/Freq2=69(37.1%)〕
　　관<집안 식구> 〔Text=6/Freq2=7(3.8%)〕
≪**집안일**≫전체빈도합=44(0.0024%)
　집안일 명☆★☆　【Text=26/Freq1=44】
　　① (예) 빨래, 설거지 같은 집안일.
　　　〔Text=23/Freq2=38(86.4%)〕
　　② (예) 집안일로 속이 상하다.
　　　〔Text=5/Freq2=6(13.6%)〕
≪**집어넣다**≫전체빈도합=28(0.0015%)
　집어넣다 동　【Text=23/Freq1=28】
　　① (예) [감옥에/단체에/학교에] 집어넣다.
　　　〔Text=1/Freq2=1(3.6%)〕
　　② (예) [기사를 1면에/서식에 금액을]
　　　집어넣다. 〔Text=5/Freq2=6(21.4%)〕
　　❸ (예) 돈을 [가방에/지갑에] 집어넣다.
　　　〔Text=17/Freq2=21(75%)〕
≪**집어들다**♣≫전체빈도합=16(0.0009%)
　집어들다⁰ 동　【Text=12/Freq1=16】
　　❶ (예) [가위를/돈을/의자를] 손에 집어들다.
≪**집중되다**≫전체빈도합=16(0.0009%)
　집중되다 동　【Text=12/Freq1=16】
　　⓪ (예) [관심이/시선이/조명이] 그에게
　　　집중(集中)되다.
≪**집집**≫전체빈도합=18(0.0010%)
　집집 명　【Text=14/Freq1=18】
　　⓪ (예) 집집마다 연기가 솟아오르다.

---

[252] 『연세 한국어 사전』의 '- 집³'(예:전주집, 빵집), '- 집⁴'(예:몸집, 물집), '- 집⁵'(예:수필집)은 말뭉치의 분석에 적용하지 않았으므로 제외한다.

≪짓≫전체빈도합=124(0.0067%) [253]

짓¹ 명의★☆☆ 【Text=64/Freq1=124】
① (예) 아이들이 하는 짓을 구경하다.
　　〔Text=4/Freq2=4(3.2%)〕
② (예) [악한/잔인한] 짓을 하다.
　　〔Text=63/Freq2=118(95.2%)〕
❸ (예) [고개/날개] 짓.
　　〔Text=2/Freq2=2(1.6%)〕

≪짓다≫전체빈도합=634(0.0341%)

짓다 동★★★ 【Text=155/Freq1=634】
① (예) [밥을/집을/한복을] 짓다.
　　〔Text=87/Freq2=238(37.5%)〕
②㉠ (예) 노래의 노랫말을 짓다.
　　〔Text=17/Freq2=49(7.7%)〕
　㉡ (예) 슬픔을 시로 지어 적다.
　　〔Text=11/Freq2=15(2.4%)〕
　㉢ (예) 곡을 짓다. 〔Text=6/Freq2=8(1.3%)〕
③ (예) 약을 짓다. 〔Text=4/Freq2=5(0.8%)〕
④ (예) [이름을/호를] 짓다.
　　〔Text=20/Freq2=33(5.2%)〕
⑤ (예) 끈으로 매듭을 짓다. 〔×〕
⑥ (예) [말을/소문을] 지어 퍼뜨리다. 〔×〕
⑦ (예) [그늘을/얼룩을] 짓다. 〔×〕
⑧ (예) [떼를/열을/짝을] 짓다.
　　〔Text=30/Freq2=34(5.4%)〕
⑨㉠ (예) [미소를/울상을/표정을] 짓다.
　　〔Text=68/Freq2=125(19.7%)〕
　㉡ (예) 한숨을 짓다. 〔×〕
　㉢ (예) 눈물을
　　 짓다. 〔Text=1/Freq2=1(0.2%)〕
⑩ (예) [구분을/연관을] 짓다.
　　〔Text=4/Freq2=5(0.8%)〕
⑪ (예) [마무리를/종결을] 짓다.
　　〔Text=6/Freq2=6(0.9%)〕
⑫ (예) 죄를 짓다.
　　〔Text=13/Freq2=19(3%)〕
⑬ (예) [농사를/밭농사를] 짓다.
　　〔Text=43/Freq2=91(14.4%)〕
관<매듭(을) 짓다> 일을 매듭 짓다.
　　〔Text=2/Freq2=2(0.3%)〕
ⓧ 〔Text=3/Freq2=3(0.5%)〕

≪짖다≫전체빈도합=28(0.0015%)

짖다 동☆☆★ 【Text=14/Freq1=28】
① (예) 개가 사납게 짖다.

≪짙다≫전체빈도합=48(0.0026%)

짙다 형★☆★ 【Text=36/Freq1=48】
① (예) 짙은 남빛 치마./색이 짙다.
　　〔Text=10/Freq2=12(25%)〕
② (예) [비구름이/안개가] 짙게 끼다.
　　〔Text=4/Freq2=5(10.4%)〕
③ (예) [눈썹이/머리숱이/숲이] 짙다.
　　〔Text=3/Freq2=3(6.3%)〕
④ (여) 그늘이 짙다. 〔Text=3/Freq2=3(6.3%)〕
⑤ (여) 짙고 뽀얀 국물./화장이 짙다.
　　〔Text=11/Freq2=16(33.3%)〕
⑥ (여) 얼굴에 병색이 짙다./변하는 경향이
　　 짙다. 〔Text=6/Freq2=6(12.5%)〕
⑦ (예) 거리에 짙은 [땅거미가/어둠이]
　　 깔리다. 〔Text=3/Freq2=3(6.3%)〕

≪짚다≫전체빈도합=44(0.0024%)

짚다 동 【Text=26/Freq1=44】
① (여) 땅에 두 손을 짚다./탁자를 짚다.
　　〔Text=7/Freq2=9(20.5%)〕
② (여) 지팡이를 짚다.
　　〔Text=6/Freq2=6(13.6%)〕
③ (예) [머리를/혈을] 짚다.
　　〔Text=8/Freq2=12(27.3%)〕
④ (예) 문제를 자세히 짚어 보다.
　　〔Text=5/Freq2=7(15.9%)〕
⑤ (예) 속마음을 확연히 짚어 내다.
　　〔Text=1/Freq2=1(2.3%)〕
관<짚고 넘어가다> 꼭 짚고 넘어가야 할
　　 문제. 〔Text=3/Freq2=9(20.5%)〕

≪짜다≫전처 빈도합=81(0.0044%)

짜다¹ 동★☆★ 【Text=26/Freq1=48(59.3%)】
Ⅰ ㉠ (예) 대나무로 상자를 짜다.

---

253) 『연세 한국어 사전』의 '짓-²'(예:짓밟다), '-짓³'(예:손짓)은 말뭉치의 분석에 적용하지 않았으므로 제외한다.

〔Text=1/Freq2=1(2.1%)〕
② (예) 실로 [옷감을/원단을] 짜다.
〔Text=7/Freq2=15(31.3%)〕
③ (예) [조를/팀을] 짜다.
〔Text=7/Freq2=12(25%)〕
④ (예) [계획을/일정을/전략을] 짜다.
〔Text=10/Freq2=16(33.3%)〕
Ⅱ (예) 두 사람이 짜고 속이다.
〔Text=3/Freq2=4(8.3%)〕

짜다² 동 【Text=9/Freq1=14(17.3%)】
① (예) [여드름을/치약을] 짜다.
〔Text=8/Freq2=13(92.9%)〕
② (예) 머리를 짜서 생각해내다. 〔×〕
③ (예) 눈물을 짜다. 〔Text=1/Freq2=1(7.1%)〕

짜다³ 형 ☆★★ 【Text=15/Freq1=17(21%)】
① (예) [국물이/맛이] 짜다.
〔Text=14/Freq2=16(94.1%)〕
② (예) 돈 내는 일에는 짜게 굴다./씀씀이가 짜다. 〔Text=1/Freq2=1(5.9%)〕

짜다ˣ ? 【Text=2/Freq1=2(2.5%)】

《짜리》전체빈도합=110(0.0059%)

- 짜리 접 ★★☆ 【Text=56/Freq1=110】
① (예) 만 원짜리 지폐./천 원짜리 공책./오백 원짜리 동전. 〔Text=33/Freq2=54(49.1%)〕
② (예) 열 권짜리 전집./오십 개짜리 사과 한 상자. 〔Text=30/Freq2=56(50.9%)〕

《짜이다》전체빈도합=16(0.0009%)

짜이다¹ 동 【Text=0/Freq1=0】 ⓧ
⓪ (예) 옷을 손에 쥐면 꼭 짜이는 느낌이 들다. 〔×〕

짜이다² 동 【Text=11/Freq1=15(93.8%)】
① (예) 섬세하게 짜인 비단.
〔Text=3/Freq2=4(26.7%)〕
② (예) [계획이/프로그램이] 짜이다.
〔Text=9/Freq2=11(73.3%)〕

짜이다⁰ 동 【Text=1/Freq1=1(6.3%)】
❶ (예) 콩에서 짜인 기름.

《짜임》전체빈도합=24(0.0013%)

짜임 명 【Text=10/Freq1=24】
⓪ (예) 글의 짜임을 살펴보다.

《짜증》전체빈도합=43(0.0023%)

짜증 명 ☆★★ 【Text=29/Freq1=43】
⓪ (예) 짜증이 나다./짜증을 내다.

《짝》전체빈도합=134(0.0072%) [254]

짝¹ 명 ★☆☆ 【Text=66/Freq1=129(96.3%)】
① (예) 둘이 짝을 이루다./내 짝은 착하다. /버선 두 짝. 〔Text=45/Freq2=84(65.1%)〕
② (예) 짝을 만나 가정을 이루다.
〔Text=1/Freq2=1(0.8%)〕
관 <짝(이) 없다> 슬프기 짝이 없다.
〔Text=29/Freq2=43(33.3%)〕
ⓧ 〔Text=1/Freq2=1(0.8%)〕

짝² 명의 【Text=1/Freq1=1(0.7%)】
① (예) 갈비 두 짝. 〔×〕
② (예) 장롱 한 짝. 〔Text=1/Freq2=1(100%)〕

짝³ 명의 【Text=0/Freq1=0】 ⓧ
① (예) 아무 짝에 쓸모없다. 〔×〕
② (예) 이게 무슨 짝인가? 〔×〕

짝⁴ 부 【Text=3/Freq1=4(3%)】
① (예) 칼로 천을 짝 찢다. 〔×〕
② (예) 사과를 반으로 짝 가르다.
〔Text=1/Freq2=1(25%)〕
③ (예) 입맛을 짝 다시다. 〔×〕
④ (예) 속옷이 등판에 짝 달라붙다. 〔×〕
⑤ (예) 짝, 짝, 짝 박수 소리가 들리다.
〔Text=1/Freq2=2(50%)〕
⑥ (예) 붉은 펜으로 짝 긋다. 〔×〕
⑦ (예) 어깨가 짝 벌어지다. 〔×〕
❽ (예) 리스트를 짝 뽑다.
〔Text=1/Freq2=1(25%)〕

《짧다》전체빈도합=163(0.0088%)

짧다 형 ★★★ 【Text=79/Freq1=163】
① (예) 머리를 짧게 자르다./목이 짧다.
〔Text=25/Freq2=55(33.7%)〕
② (예) 인생은 너무나 짧다.
〔Text=42/Freq2=68(41.7%)〕
③ (예) 짧게 [대답하다/한숨을 쉬다].
〔Text=12/Freq2=17(10.4%)〕
④ (예) [글이/이야기가] 짧고 간결하다.
〔Text=17/Freq2=19(11.7%)〕
⑤ <짧은 ~> (예) 짧은 [영어/지식].
〔Text=3/Freq2=3(1.8%)〕
⑥ (예) 겨울에는 해가 짧다.

---

[254] 『연세 한국어 사전』의 '짝⁵'(예:짝구두), '-짝⁶'(예:볼기짝)은 말뭉치의 분석에 적용하지 않았으므로 제외한다.

〔Text=1/Freq2=1(0.6%)〕
㊀ <입이 짧다>
입이 짧아서 못 먹는 것이 많다. 〔×〕

≪째≫전체빈도합=289(0.0156%)
- 째¹ 접 【Text=9/Freq1=9(3.1%)】
  ⓪ (예) [그릇/병]째.
- 째² 접★☆☆ 【Text=107/Freq1=280(96.9%)】
  ① (예) [이틀/일주일]째.
    〔Text=42/Freq2=64(22.9%)〕
  ② (예) 첫째./[세 그릇/열 개]째.
    〔Text=82/Freq2=216(77.1%)〕

≪쪼개다≫전체빈도합=19(0.0010%)
쪼개다 동 【Text=14/Freq1=19】
  ① (예) [수박을/장작을] 쪼개다.
    〔Text=6/Freq2=10(52.6%)〕
  ② (예) [공간을/일을] 쪼개다.
    〔Text=4/Freq2=4(21.1%)〕
  ③ (예) [돈을/시간을] 쪼개고 쪼개다.
    〔Text=5/Freq2=5(26.3%)〕
㊀ <실실 쪼개다> 〔×〕

≪쪽≫전체빈도합=654(0.0352%) [255)]

쪽¹ 명 【Text=1/Freq1=1(0.2%)】
  ⓪ (예) 머리를 틀어서 비녀로 쪽을 찌다.
쪽² 명☆★☆ 【Text=12/Freq1=23(3.5%)】
  Ⅰ (예) 잡지의 쪽마다 삽화를 넣다. 〔×〕
  Ⅱ (예) 교과서 51쪽을 펴다.
    〔Text=12/Freq2=23(100%)〕
쪽³ 명 【Text=10/Freq1=13(2%)】
  Ⅰ (예) 양파를 쪽을 내다.
    〔Text=4/Freq2=4(30.8%)〕
  Ⅱ (예) 마늘 두 쪽./김치 한 쪽.
    〔Text=6/Freq2=9(69.2%)〕
쪽⁴ 명 【Text=0/Freq1=0】 ⓧ
  ① (예) 양반 앞에서 쪽을 못 쓰다. 〔×〕
  ② (예) 명품이라면 쪽을 못 쓰다. 〔×〕
㊀ <쪽(이) 팔리다>
  실수하면 쪽팔리는 일이다. 〔×〕
쪽⁵ 명의★★★ 【Text=141/Freq1=613(93.7%)】
  ① (예) 계곡 쪽으로 발을 옮기다.
    〔Text=118/Freq2=458(74.7%)〕
  ② (예) 고소한다면 내 쪽에서 하다.

〔Text=54/Freq2=114(18.6%)〕
❸ (예) [앞/오른/왼] 쪽으로 가다.
  〔Text=17/Freq2=26(4.2%)〕
㊀ <한 쪽> 방 한 쪽에 책상이 있다.
  〔Text=11/Freq2=13(2.1%)〕
  ⓧ 〔Text=2/Freq2=2(0.3%)〕
쪽⁶ 부 【Text=1/Freq1=1(0.2%)】
  ⓪ (예) 등에 소름이 쪽 돋치다./힘이 쪽 빠지다.
쪽⁷ 부 【Text=3/Freq1=3(0.5%)】
  ⓪ (예) 쪽 소리를 내면서 입을 맞추다.
    /잔을 쪽 비우다.
쪽⁸ 명 【Text=0/Freq1=0】 ⓧ
  ① (예) 쪽 곧은 신작로. 〔×〕
  ② (예) 손가락을 쪽 펴다. 〔×〕
쪽⁹ 명 【Text=0/Freq1=0】 ⓧ
  ⓪ (예) 양복을 쪽 빼 입다. 〔×〕

≪쪽지≫전체빈도합=21(0.0011%)
쪽지 명 【Text=15/Freq1=21】
  ① (예) 주소를 쪽지(-紙)에 써서 주다.
    〔Text=8/Freq2=14(66.7%)〕
  ② (예) 복도에 붙은 쪽지를 보다.
    〔Text=7/Freq2=7(33.3%)〕

≪좀*≫전체빈도합=76(0.0041%) [256)]

좀01 부 【Text=13/Freq1=52(68.4%)】
  ❶ (예) 몸이 좀 이상하다.
    〔Text=13/Freq2=46(88.5%)〕
  ❷ (예) 좀 쉬다가 가다.
    〔Text=4/Freq2=6(11.5%)〕
좀02 부 【Text=0/Freq1=0】 ⓧ
  ⓪ (예) 개 말이 좀 많아?
    /보기 좀 좋습니까? 〔×〕
좀03 감 【Text=8/Freq1=24(31.6%)】
  ❶ (예) 좀, 소극적인 성격으로 많이 좀,
    바꿔다. 〔Text=5/Freq2=19(79.2%)〕
  ❷ (예) 이것 좀 보세요.
    〔Text=4/Freq2=5(20.8%)〕

≪쫓겨나다≫전체빈도합=35(0.0019%)
쫓겨나다 동 【Text=23/Freq1=35】
  ① (예) [동네서/집에서] 쫓겨나다.
    〔Text=14/Freq2=16(45.7%)〕
  ② (예) [교단에서/왕위에서] 쫓겨나다.

---

255) 『연세 한국어 사전』의 '쪽¹⁰'(예:쪽문, 쪽마늘), '- 쪽¹¹'(예:종이쪽), '- 쪽¹²'(예:아래쪽)은 말뭉치의 분석에 적용하지 않았으므로 제외한다.
256) 『연세 한국어 사전』의 '좀³', '좀⁴', '좀⁵'의 의미 구분에 따라 '좀'을 기술한다.

〔Text=10/Freq2=19(54.3%)〕

≪**쫓기다**≫전체빈도합=34(0.0018%)

쫓기다 동 【Text=28/Freq1=34】
① (예) 범인이 경찰에 쫓기다.
〔Text=15/Freq2=19(55.9%)〕
② (예) [마감에/시간에/일에] 쫓기다.
〔Text=12/Freq2=14(41.2%)〕
③ (예) [감정에/죄의식에] 쫓기다.
〔Text=1/Freq2=1(2.9%)〕

≪**쫓다**≫전체빈도합=57(0.0031%)

쫓다 동 ☆☆★ 【Text=33/Freq1=57】
① (예) [나비를/토끼를] 쫓다.
〔Text=22/Freq2=34(59.6%)〕
② (예) [잠을/파리를] 쫓다.
〔Text=15/Freq2=23(40.4%)〕

≪**쫓아가다**≫전체빈도합=18(0.0009%)

쫓아가다 동 【Text=13/Freq1=18】
Ⅰ ① (예) [뒤를/형을] 쫓아가다.
〔Text=9/Freq2=13(72.2%)〕
② (예) [유행을/진도를] 쫓아가다.
〔Text=3/Freq2=4(22.2%)〕
Ⅱ (예) [그에게/엘리베이터로] 쫓아가다.
〔Text=1/Freq2=1(5.6%)〕

≪**쫓아다니다**≫전체빈도합=20(0.0011%)

쫓아다니다 동 【Text=17/Freq1=20】
① (예) [닭을/범인을] 잡으려 쫓아다니다.
〔Text=8/Freq2=9(45%)〕
② (예) [관계 기관을/현장을] 쫓아다니다.
〔Text=5/Freq2=7(35%)〕
③ (예) [결혼하자고/그녀를] 쫓아다니다.
〔Text=4/Freq2=4(20%)〕

≪**쭉**≫전체빈도합=46(0.0025%)

쭉 부 【Text=22/Freq1=46】
① (예) 옷을 쭉 찢다. 〔Text=1/Freq2=1(2.2%)〕
② (예) 모래사장이 쭉 펼쳐지다.
〔Text=5/Freq2=5(10.9%)〕
③ (예) 쭉 혼자서 살아 오다.
〔Text=6/Freq2=15(32.6%)〕
④ (예) 이 길로 쭉 걸어가다.
〔Text=1/Freq2=2(4.3%)〕
⑤ ㉠ (예) 구구단을 쭉 외우다. 〔×〕

㉡ (예) 벽보를 한눈에 쭉 읽다. 〔×〕
⑥ (예) 발을 쭉 뻗고 자다.
〔Text=6/Freq2=9(19.6%)〕
⑦ (예) 자를 대고 줄을 쭉 긋다.
〔Text=1/Freq2=1(2.2%)〕
⑧ ㉠ (예) 빨대를 쭉 소리를 내며 빨다. 〔×〕
㉡ (예) 냉수 한 잔을 쭉 들이켜다.
〔Text=4/Freq2=7(15.2%)〕
⑨ (예) [물기를/살을/힘을] 쭉 빼다.
〔Text=3/Freq2=3(6.5%)〕
⑩ (예) 턱을 쭉 내밀다. 〔×〕
❶ (예) 값이 쭉 떨어지다./얘기를 쭉 하다.
〔Text=1/Freq2=3(6.5%)〕

≪**쯤**≫전체빈도합=492(0.0265%)

-쯤 접 ★★☆ 【Text=154/Freq1=492】
⓪ (예) [어디/오늘/한번/한 시간 전]쯤.

≪**찌개**≫전체빈도합=20(0.0011%)

찌개 명 ☆★☆ 【Text=15/Freq1=20】
⓪ (예) 찌개를 끓이다.

≪**찌꺼기**≫전체빈도합=19(0.0010%)

찌꺼기 명 【Text=13/Freq1=19】
① (예) [기름/음식] 찌꺼기.
〔Text=9/Freq2=15(78.9%)〕
② (예) 술을 만들고 난 찌꺼기.
〔Text=1/Freq2=1(5.3%)〕
❸ (예) [감정의/피로의] 찌꺼기.
〔Text=3/Freq2=3(15.8%)〕

≪**찌다**≫전체빈도합=73(0.0039%)

찌다¹ 동 【Text=12/Freq1=15(20.5%)】 257)
Ⅰ (예) [감자를/고구마를] 찌다.
〔Text=8/Freq2=10(66.7%)〕
Ⅱ (예) 날씨가 몹시 찌다./찌는 더위.
〔Text=4/Freq2=5(33.3%)〕
찌다² 동 ★★★ 【Text=16/Freq1=57(78.1%)】
⓪ (예) 살이 찌다.
찌다³ 동 【Text=1/Freq1=1(1.4%)】
⓪ (예) 머리를 곱게 빗어 쪽을 찌다.

≪**찌르다**≫전체빈도합=51(0.0027%)

찌르다 동 ★☆★ 【Text=31/Freq1=51】
① (예) 칼로 옆구리를 찌르다./주사 바늘을 팔에 찌르다. 〔Text=15/Freq2=22(43.1%)〕

---

257) 『외국인을 위한 한국어 학습 사전』(2004)의 중요 어휘 목록에서는 '찌다¹'가 포함되어 있는데, 여기서는 그 쓰임의 폭이 더 넓은 것으로 나타난 '찌다²'를 기본어휘로 삼는다.

② (예) 치맛자락을 걷어 허리에 찌르다.
  /비녀를 찌르다. 〔Text=6/Freq2=9(17.6%)〕
③ (예) 말로 남 아픈 데를 찌르다./외로움이
  가슴을 찌르다. 〔Text=2/Freq2=2(3.9%)〕
④ (예) [핵심을/허점을] 찌르다. 〔×〕
⑤ (예) [경찰에/선생님한테] 찌르다.
  〔Text=1/Freq2=1(2%)〕
⑥ (예) [주머니에/화투판에] 돈을 찌르다. 〔×〕
⑦ (예) 허리를 팔꿈치로 꾹 찌르다.
  〔Text=4/Freq2=5(9.8%)〕
관 <옆구리를 찌르다>
  〔Text=3/Freq2=3(5.9%)〕
관 <의표를 찌르다> 〔×〕
관 <정곡을 찌르다>
  〔Text=2/Freq2=2(3.9%)〕
관 <코를 찌르다> 〔Text=5/Freq2=6(11.8%)〕
관 <하늘을 찌르다> 〔Text=1/Freq2=1(2%)〕
관 <허를 찌르다> 〔×〕

≪찌푸리다≫전체빈도합=30(0.0016%)

찌푸리다 동 【Text=22/Freq1=30】
 Ⅰ (예) [눈살을/얼굴을] 찌푸리다.
  〔Text=22/Freq2=30(100%)〕
 Ⅱ (예) [날씨가/하늘이] 찌푸리다. 〔×〕

≪찍다≫전체빈도합=174(0.0094%)

찍다¹ 동 【Text=12/Freq1=16(9.2%)】
 ⓪ (예) 포크로 고기를 찍어 먹다.
  /도끼로 나무를 찍다.
찍다² 동 ★★★ 【Text=38/Freq1=48(27.6%)】
 Ⅰ ① (예) 옷자락으로 눈물을 찍다.
  〔Text=6/Freq2=6(12.5%)〕
  ② (예) [구두점을/빨간 점을] 찍다.
  〔Text=3/Freq2=3(6.3%)〕
  ③ (예) 눈 위에 발자국을 찍다./서류에
   도장을 찍다.
  〔Text=16/Freq2=16(33.3%)〕
  ④ (예) [책을/초대권을] 찍다.
  〔Text=9/Freq2=10(20.8%)〕
  ⑤ (예) 벽돌을 찍다.
  〔Text=2/Freq2=3(6.3%)〕
  ⑥ (예) 정답을 찍다. 〔×〕
  ❼ (예) 선거에서 [정당을/후보를] 찍다.
  〔Text=1/Freq2=2(4.2%)〕
 Ⅱ (예) [배신자로/이단으로] 찍다.

  〔Text=1/Freq2=2(4.2%)〕
관 <낙인을 찍다> 〔Text=1/Freq2=1(2.1%)〕
관 <종지부를 찍다>
  〔Text=4/Freq2=4(8.3%)〕
관 <휴대폰을 찍다> 〔Text=1/Freq2=1(2.1%)〕
찍다³ 동 【Text=1/Freq1=1(0.6%)】
 ⓪ (예) 검표원이 표를 하나하나 찍어 주다.
찍다⁴ 동 ★★★ 【Text=41/Freq1=109(62.6%)】
 ⓪ (예) [사진을/영화를] 찍다.

≪찡그리다≫전체빈도합=22(0.0012%)

찡그리다 동 【Text=18/Freq1=22】
 ⓪ (예) [미간을/얼굴을] 찡그리다.

≪찢다≫전체빈도합=54(0.0029%)

찢다 동 ☆☆★ 【Text=34/Freq1=54】
 ① (예) [봉지를/옷을/종이를] 찢다.
  〔Text=31/Freq2=51(94.4%)〕
 ② (예) [비명이/총성이] 귀를 찢다.
  〔Text=1/Freq2=1(1.9%)〕
 ③ (예) 비행기의 굉음이 하늘을 찢다. 〔×〕
 ④ (예) [불행이/서러움이] 가슴을 찢다.
  〔Text=1/Freq2=1(1.9%)〕
 ⓧ 〔Text=1/Freq2=1(1.9%)〕

≪차≫전체빈도합=597(0.0321%) [258]

차¹ 명 ★★★ 【Text=95/Freq1=468(78.4%)】
 Ⅰ (예) 차(車)를 [운전하다/타다].
  〔Text=95/Freq2=468(100%)〕
 Ⅱ (예) 흙을 한 차 더 실어 오다. 〔×〕
차² 명 【Text=0/Freq1=0】 ⓧ
 ⓪ (예) 차(車) 떼고 포 떼고 장기를 두다. 〔×〕
차³ 명 ★★★ 【Text=24/Freq1=37(6.2%)】
 ① (예) 차(茶)를 마시다.
  〔Text=5/Freq2=8(21.6%)〕
 ② (예) 다방에서 차를 나르다.
  〔Text=20/Freq2=29(78.4%)〕
차⁴ 명 【Text=5/Freq1=6(1%)】

---

[258] 『연세 한국어 사전』의 '차⁶'(예:차수수)는 말뭉치의 분석에 적용하지 않았으므로 제외한다.

① (예) 빈부의 차(差).
　　〔Text=3/Freq2=4(66.7%)〕
② (예) 나이 차가 있다.
　　〔Text=2/Freq2=2(33.3%)〕

차⁵ 몡의 【Text=4/Freq1=5(0.8%)】
⓪ (예) 막 나가려던 차(次)에 전화가 오다.

- 차⁷ 접 ☆★☆ 【Text=26/Freq1=81(13.6%)】
① (예) [연구/인사/지방 순회]차(次).
　　〔Text=4/Freq2=5(6.2%)〕
② (예) 제일차 석유 위기./2차 면접.
　　〔Text=22/Freq2=76(91.6%)〕
③ (예) 이차 방정식. 〔×〕

《차갑다》전체빈도합=49(0.0026%)

차갑다 혭 【Text=36/Freq1=49】
① (예) [날씨가/바람이] 차갑다.
　　〔Text=24/Freq2=32(65.3%)〕
② (예) [눈길이/시선이] 차갑다.
　　〔Text=14/Freq2=17(34.7%)〕

《차다》전체빈도합=239(0.0129%) ²⁵⁹⁾

차다¹ 동 ★★★ 【Text=76/Freq1=131(54.8%)】
Ⅰ ① ㉠ (예) 마당에 사람들이 꽉 차다.
　　　　/통이 쓰레기로 차다.
　　　　　〔Text=34/Freq2=46(35.1%)〕
　　㉡ (예) 계곡이 봄기운으로 차다.
　　　　/뜰에 햇살이 가득 차다.
　　　　　〔Text=11/Freq2=11(8.4%)〕
② (예) [배추 속이/열매가] 차다. 〔×〕
③ (예) [땀이/습기가] 차다.
　　〔Text=2/Freq2=3(2.3%)〕
④ (예) 눈에 호기심이 가득 차다./목소리가
　　　생기로 차다./[신념에/위풍에] 차다.
　　　〔Text=39/Freq2=51(38.9%)〕
Ⅱ ① (예) 물이 [목까지/발목에] 차다./
　　　십에 하나가 차지 않다.
　　　〔Text=4/Freq2=4(3.1%)〕
② (예) [마음에/성에/양에] 차다.
　　〔Text=3/Freq2=3(2.3%)〕
Ⅲ ① (예) [시한이/인원이/혼기가] 차다. 〔×〕
② (예) 달이 차면 기울다. 〔×〕
㉮<기가 차다> 〔Text=2/Freq2=2(1.5%)〕
㉮<속이 차다>
　　아이가 어른처럼 속이 차다. 〔×〕
㉮<숨(이) 차다> 〔Text=8/Freq2=11(8.4%)〕

차다² 동 【Text=42/Freq1=66(27.6%)】
① (예) [깡통을/상자를] [구둣발로/발로] 차다.
　　〔Text=22/Freq2=26(39.4%)〕
② (예) [공을/제기를] 차다.
　　〔Text=10/Freq2=20(30.3%)〕
③ (예) 방바닥을 차고 일어서다./흙길을 힘차게
　　　차고 나가다./물 찬 제비.
　　〔Text=4/Freq2=4(6.1%)〕
④ (예) [사람들을/얼굴을] 발로 차고 때리다.
　　〔Text=1/Freq2=1(1.5%)〕
⑤ (예) 여자가 남자를 차다.
　　〔Text=2/Freq2=6(9.1%)〕
㉮<혀를 차다> 〔Text=8/Freq2=9(13.6%)〕

차다³ 동 【Text=12/Freq1=19(7.9%)】
⓪ (예) 손목에 시계를 차다.
　　/허리에 [주머니를/총을/칼을] 차다.
　　〔Text=7/Freq2=12(63.2%)〕
㉮<기저귀를 차다>
　　〔Text=3/Freq2=3(15.8%)〕
㉮<[깡통을/쪽박을] 차다>
　　〔Text=2/Freq2=2(10.5%)〕
㉮<쇠고랑을 차다>
　　〔Text=1/Freq2=2(10.5%)〕
㉮<차고 앉다> 자리를 차고 앉다. 〔×〕

차다⁴ 혭 ☆★★ 【Text=19/Freq1=22(9.2%)】
① (예) [날씨가/맥주가] 차다.
　　〔Text=18/Freq2=21(95.5%)〕
② (예) [얼굴이/표정이] 차게 굳다./
　　　차게 말하다. 〔Text=1/Freq2=1(4.5%)〕

차다ˣ ? 【Text=1/Freq1=1(0.4%)】

《차라리》전체빈도합=109(0.0059%)

차라리 븟 ★★☆ 【Text=65/Freq1=109】
① (예) 노예가 되느니 차라리 죽겠다.
　　〔Text=28/Freq2=34(31.2%)〕
② (예) 그 편이 차라리 마음 편하다.
　　〔Text=36/Freq2=56(51.4%)〕
③ (예) 너무 막막해 차라리 울고 싶다.
　　〔Text=16/Freq2=17(15.6%)〕
ⓧ 〔Text=2/Freq2=2(1.8%)〕

《차량》전체빈도합=27(0.0015%)

차량 몡 【Text=13/Freq1=27】
① (예) 도로에 차량(車輛)이 늘어나다.
　　〔Text=13/Freq2=27(100%)〕

---

259) 『연세 한국어 사전』의 '- 차다⁵'(예:희망차다)는 말뭉치의 분석에 적용하지 않았으므로 제외한다.

② (예) 열차의 두 번째 차량이 탈선하다. 〔×〕

≪**차례**≫전체빈도합=316(0.0170%)

차례¹ 명 ★★★　【Text=100/Freq1=292(92.4%)】
　Ⅰ ① (예) 차례(次例)를 따지다.
　　　　　〔Text=29/Freq2=129(44.2%)〕
　　② (예) 나에게 차례가 돌아오다.
　　　　　〔Text=31/Freq2=59(20.2%)〕
　　③ <차례로> (예) 황혼과 어둠을 차례로 맞다. 〔Text=20/Freq2=23(7.9%)〕
　　④ (예) 책의 차례에서 내용을 찾다. 〔×〕
　Ⅱ (예) [세/여러/한두] 차례 연락하다.
　　　　　〔Text=49/Freq2=81(27.7%)〕

차례² 명　【Text=11/Freq1=24(7.6%)】
　① (예) 명절에 차례(茶禮)를 지내다.

≪**차리다**≫전체빈도합=110(0.0059%)

차리다 동 ★★★　【Text=66/Freq1=110】
　① (예) [밥상을/잔치를/저녁을] 차리다.
　　　　　〔Text=21/Freq2=24(21.8%)〕
　② (예) 음식을 상에 차려 놓다.
　　　　　〔Text=13/Freq2=15(13.6%)〕
　③ ㉠ (예) [사무실을/회사를] 차리다.
　　　　　〔Text=8/Freq2=9(8.2%)〕
　　㉡ (예) [가정을/살림을] 차리다.
　　　　　〔Text=2/Freq2=2(1.8%)〕
　　㉢ (예) [빈소를/초례청을] 차리다.
　　　　　〔Text=1/Freq2=1(0.9%)〕
　④ ㉠ (예) [짐을/행장을] 차리다. 〔×〕
　　㉡ (예) [준비를/채비를] 차리다.
　　　　　〔Text=1/Freq2=1(0.9%)〕
　⑤ (예) [격식을/의식을] 차리다.
　　　　　〔Text=1/Freq2=1(0.9%)〕
　⑥ (예) [위엄을/체면을] 차리다. 〔×〕
　⑦ <차려 입다> (예) 양복을 차려 입다.
　　　　　〔Text=14/Freq2=15(13.6%)〕
　⑧ (예) [여유를/정신을] 차리다.
　　　　　〔Text=24/Freq2=39(35.5%)〕
　⑨ (예) [실속을/욕심을/잇속을] 차리다.
　　　　　〔Text=1/Freq2=1(0.9%)〕
　⑩ (예) [기미를/낌새를] 차리다. 〔×〕
　ⓧ 〔Text=2/Freq2=2(1.8%)〕

≪**차림**≫전체빈도합=58(0.0031%)

차림 명　【Text=34/Freq1=58】
　① (예) 차림이 요란하다./한복 차림.

≪**차마**≫전체빈도합=33(0.0018%)

차마 부　【Text=26/Freq1=33】
　① (예) 차마 얼굴을 보기 민망하다.
　　　　　〔Text=17/Freq2=21(63.6%)〕
　② (예) 차마 사람의 짓이랄 수 없다.
　　　　　〔Text=11/Freq2=12(36.4%)〕

≪**차별**≫전체빈도합=18(0.0010%)

차별 명　【Text=12/Freq1=18】
　① (예) 학력 때문에 차별(差別)을 받다.
　　　　　〔Text=12/Freq2=18(100%)〕
　관 <차별 대우> 〔×〕

≪**차분하다**≫전체빈도합=18(0.0010%)

차분하다 형　【Text=18/Freq1=18】
　① ㉠ (예) 차분한 성격./마음이 차분하게 가라앉다. 〔Text=5/Freq2=5(27.8%)〕
　　㉡ (예) 차분한 눈길로 바라보다.
　　　　　〔Text=8/Freq2=8(44.4%)〕
　② (예) 차분한 목소리로 말하다.
　　　　　〔Text=4/Freq2=4(22.2%)〕
　③ (예) 차분한 분위기에서 식을 올리다.
　　　　　〔Text=1/Freq2=1(5.6%)〕

≪**차원**≫전체빈도합=68(0.0037%)

차원 명　【Text=32/Freq1=68】
　① (예) 국가적 차원(次元)에서 다루다.
　　　　　〔Text=32/Freq2=67(98.5%)〕
　② (예) 직선과 평면은 차원을 달리하다.
　　　　　〔Text=1/Freq2=1(1.5%)〕

≪**차이**≫전체빈도합=192(0.0103%)

차이 명 ★★★　【Text=74/Freq1=192】
　① (예) 차이(差異)가 나다.

≪**차이점**≫전체빈도합=91(0.0049%)

차이점 명　【Text=25/Freq1=91】
　① (예) 남녀의 차이점(差異點).

≪**차지하다**≫전체빈도합=116(0.0062%)

차지하다 동 ★☆★　【Text=66/Freq1=116】
　① (예) 재산을 차지하다.
　　　　　〔Text=21/Freq2=37(31.9%)〕
　② (예) [위치를/1위를/자리를/중심을] 차지하다 〔Text=16/Freq2=20(17.2%)〕
　③ (예) [몫을/반을/비중을] 차지하다.
　　　　　〔Text=39/Freq2=59(50.9%)〕

≪**차차**≫전체빈도합=22(0.0012%)

차차 부　【Text=17/Freq1=22】

차차　505

① (예) 차차(次次) 책에 빠져들다.
　　〔Text=15/Freq2=19(86.4%)〕
② (예) 방법은 차차 생각하기로 하다.
　　〔Text=2/Freq2=3(13.6%)〕

≪차창≫전체빈도합=27(0.0015%)
차창 명 　【Text=16/Freq1=27】
　⓪ (예) 차창(車窓) 밖을 바라보다.

≪차츰≫전체빈도합=45(0.0024%)
차츰 부 　【Text=28/Freq1=45】
　⓪ (예) 소문이 차츰 퍼져 나가다.

≪차표≫전체빈도합=5(0.0003%)
차표 명☆☆★ 　【Text=3/Freq1=5】
　⓪ (예) 역에서 차표(車票)를 사다.

≪착각≫전체빈도합=34(0.0018%)
착각 명 　【Text=22/Freq1=34】
　⓪ (예) 착각(錯覺)이 들다.

≪착각하다≫전체빈도합=20(0.0011%)
착각하다 동 　【Text=15/Freq1=20】
　⓪ (예) [날짜를/비가 온 것으로/외국인이라고]
　　착각(錯覺)하다.

≪착하다≫전체빈도합=100(0.0054%)
착하다 형★★★ 　【Text=50/Freq1=100】
　⓪ (예) 마음씨가 착한 아이.

≪찬란하다≫전체빈도합=39(0.0021%)
찬란하다 형 　【Text=27/Freq1=39】
　① (예) 찬란(燦爛)한 전통과 문화.
　　〔Text=19/Freq2=27(69.2%)〕
　② (예) [불빛이/햇빛이] 찬란하다.
　　〔Text=11/Freq2=12(30.8%)〕

≪찬성하다≫전체빈도합=25(0.0013%)
찬성하다 동 　【Text=13/Freq1=25】
　⓪ (예) 그 의견에 찬성(贊成)하다.

≪찬찬히≫전체빈도합=16(0.0009%)
찬찬히 부 　【Text=16/Freq1=16】
　① (예) 찬찬히 [살펴보다/읽다].
　　〔Text=16/Freq2=16(100%)〕
　② (예) 비탈을 찬찬히 내려가다.〔×〕

≪참≫전체빈도합=622(0.0335%) [260]

참[1] 명 　【Text=3/Freq1=7(1.1%)】
　⓪ (예) 참과 거짓.
참[2] 명 　【Text=1/Freq1=1(0.2%)】
　Ⅰ ① (예) 다음 역의 참(站)에 도착하다.〔×〕
　　② (예) 점심이 지난 오후에 참을 먹다.〔×〕
　Ⅱ ① (예) 차 한 잔 마실 참의 시간.
　　　〔Text=1/Freq2=1(100%)〕
　　② (예) 계단을 오르는 동안 두어 참을
　　　쉬다.〔×〕
참[3] 명의☆★ 　【Text=21/Freq1=39(6.3%)】
　① (예) 이제 막 가는 참(站)이다.
　　〔Text=15/Freq2=24(61.5%)〕
　② (예) 어디로 갈 참이냐?
　　〔Text=8/Freq2=15(38.5%)〕
참[4] 부★★★ 　【Text=124/Freq1=418(67.2%)】
　⓪ (예) 참 잘생기다./참 오랜만이다.
참[5] 감★★☆ 　【Text=65/Freq1=157(25.2%)】
　① (예) 참, 나한테 할 말이 있다고요?
　　〔Text=44/Freq2=83(52.9%)〕
　② (예) 할아버지도 참, 요즘 세상이 어떤
　　세상인데요.〔Text=37/Freq2=73(46.5%)〕
　(×) 〔Text=1/Freq2=1(0.6%)〕

≪참가하다≫전체빈도합=48(0.0026%)
참가하다 동★☆☆ 　【Text=30/Freq1=48】
　⓪ (예) [시위에/학회에] 참가(參加)하다.

≪참다≫전체빈도합=175(0.0094%)
참다 동★★★ 　【Text=82/Freq1=175】
　① (예) [기침을/웃음을/잠을] 참다.
　　〔Text=24/Freq2=37(21.1%)〕
　② (예) [무서움을/역겨움을] 참다.
　　〔Text=36/Freq2=56(32%)〕
　③ (예) [고난을/역경을] 참다.
　　〔Text=37/Freq2=55(31.4%)〕
　④ (예) 며칠만 더 참으면 돈을 갚겠다.
　　〔Text=11/Freq2=20(11.4%)〕
　관 <참다 [못한/못해]>
　　〔Text=5/Freq2=6(3.4%)〕
　(×) 〔Text=1/Freq2=1(0.6%)〕

≪참답다≫전체빈도합=21(0.0011%)
참답다 형 　【Text=11/Freq1=21】
　① (예) 남들과 참답게 어울리다.〔×〕
　② (예) 참다운 [삶을/애국자로] 살다.

---

[260] 『연세 한국어 사전』의 '참[6]'(예:참모습, 참숯, 참개구리)는 말뭉치의 분석에 적용하지 않았으므로 제외한다.

〖Text=11/Freq2=21(100%)〗
≪참되다≫전체빈도합=36(0.0019%)
참되다 형 【Text=21/Freq1=36】
① (예) 거짓 없는 참된 생활을 하다.
〖Text=5/Freq2=6(16.7%)〗
② (예) 인간의 참된 모습을 깨닫다.
〖Text=18/Freq2=30(83.3%)〗
≪참새≫전체빈도합=100(0.0054%)
참새 명 ☆★ 【Text=13/Freq1=100】
① (예) 참새가 날아들다.
≪참석하다≫전체빈도합=36(0.0019%)
참석하다 동 ★★☆ 【Text=24/Freq1=36】
① (예) [식에/행사에/회의에] 참석(參席)하다.
≪참여≫전체빈도합=37(0.0020%)
참여 명 【Text=16/Freq1=37】
① (예) 봉사에 참여(參與)를 하다.
≪참여하다≫전체빈도합=97(0.0052%)
참여하다 동 ★☆☆ 【Text=42/Freq1=97】
① (예) [투표에/파업에] 참여(參與)하다.
≪참외≫전체빈도합=36(0.0019%)
참외 명 【Text=11/Freq1=36】
① (예) 참외를 깎아 먹다.
≪참으로≫전체빈도합=130(0.0070%)
참으로 부 【Text=61/Freq1=130】
① (예) 참으로 [고맙다/훌륭하다].
≪창≫전체빈도합=120(0.0065%) 261)
창¹ 명 【Text=1/Freq1=1(0.8%)】
① (예) 구두의 밑바닥 창을 갈다.
창² 명★☆★ 【Text=41/Freq1=109(90.8%)】
① (예) 창(窓)을 [닫다/열다].
창³ 명 【Text=4/Freq1=6(5%)】
① (예) 창(槍)으로 찌르다.
〖Text=4/Freq2=6(100%)〗
② (예) 여자 창 던지기 경기. 〔×〕
창⁴ 명 【Text=2/Freq1=4(3.3%)】
① (예) 창(唱)을 배우다.
≪창가≫전체빈도합=38(0.0020%)
창가¹ 명 【Text=19/Freq1=37(97.4%)】

① (예) 창(窓)가의 자리에 앉다.
창가² 명 【Text=1/Freq1=1(2.6%)】
① (예) 창가(唱歌)를 부르다.
≪창고≫전체빈도합=22(0.0012%)
창고 명 【Text=16/Freq1=22】
① (예) 창고(倉庫)에 짐을 보관하다.
≪창문≫전체빈도합=101(0.0054%)
창문 명★★★ 【Text=44/Freq1=101】
① (예) 창문(窓門)을 열다.
≪창밖≫전체빈도합=26(0.0014%)
창밖 명 【Text=16/Freq1=26】
① (예) 창(窓)밖이 훤하다.
≪창작≫전체빈도합=35(0.0019%)
창작 명 【Text=12/Freq1=35】
① (예) 창작(創作) 활동을 하다.
≪창조≫전체빈도합=59(0.0032%)
창조 명 【Text=16/Freq1=59】
① (예) [문화/세상의] 창조(創造).
≪창조적≫전체빈도합=25(0.0013%)
창조적¹ 명 【Text=13/Freq1=16(64%)】
① (예) [창조적(創造的)으로/창조적인] 일을 하다.
창조적² 관 【Text=6/Freq1=9(36%)】
① (예) 창조적(創造的) [발상/활동].
≪창조하다≫전체빈도합=23(0.0012%)
창조하다 동 【Text=16/Freq1=23】
① (예) 새로운 것을 창조(創造)하다.
≪창피하다≫전체빈도합=16(0.0009%)
창피하다 형 ☆☆★ 【Text=15/Freq1=16】
① (예) 사람들 보기 창피(猖披)하다.
≪찾다≫전체빈도합=1,014(0.0546%)
찾다 동★★★ 【Text=193/Freq1=1,014】
Ⅰ ①㉠ (예) [일자리를/직장을] 찾다.
〖Text=30/Freq2=58(5.7%)〗
㉡ (예) [방법을/해결책을] 찾다.
〖Text=33/Freq2=48(4.7%)〗
②㉠ (예) 광맥을 찾다./구두를 찾아 신다.
〖Text=87/Freq2=202(19.9%)〗
㉡ (예) [비결을/원인을] 찾다.

---

261) 『연세 한국어 사전』의 '-창⁵'(예:시궁창), '-창⁶'(예:욕창)은 말뭉치의 분석에 적용하지 않았으므로 제외한다.

　　　　　〔Text=29/Freq2=53(5.2%)〕
　　③ (예) [사전을/전화번호부를] 찾다.
　　　　　〔Text=24/Freq2=73(7.2%)〕
　　④ (예) 산속 깊은 절을 찾아 쉬다.
　　　　　〔Text=61/Freq2=133(13.1%)〕
　　⑤ (예) [담당자를/사장을] 찾다.
　　　　　〔Text=15/Freq2=19(1.9%)〕
　　⑥ (예) [국물을/신 것을/외제만] 찾다.
　　　　　〔Text=20/Freq2=34(3.4%)〕
　　⑦ (예) [제 모습을/활력을] 찾다.
　　　　　〔Text=18/Freq2=27(2.7%)〕
　　❽ (예) [아이를/화장실을] 찾다.
　　　　　〔Text=89/Freq2=241(23.8%)〕
　　❾ (예) 인생의 참뜻을 찾다.
　　　　　〔Text=39/Freq2=70(6.9%)〕
　　❿ (예) 사례를 찾다.
　　　　　〔Text=22/Freq2=30(3%)〕
　　⓫ (예) 할 말을 찾다.
　　　　　〔Text=1/Freq2=1(0.1%)〕
　Ⅱ ⓪ (예) [돈을/예금을/짐을] 찾다.
　　　　　〔Text=11/Freq2=15(1.5%)〕
　　❶ (예) [나라를/땅을] 찾다(=되찾다).
　　　　　〔Text=7/Freq2=9(0.9%)〕
　　㉄ <우물가에서 숭늉 찾다>
　　　　　〔Text=1/Freq2=1(0.1%)〕

≪**찾아가다**≫전체빈도합=206(0.0111%)

　찾아가다 동 ★★☆　【Text=95/Freq1=206】
　　① (예) 주인이 [물건을/짐을] 찾아가다.
　　　　　〔Text=8/Freq2=11(5.3%)〕
　　② (예) 기사를 찾아가며 읽다.
　　　　　〔Text=5/Freq2=9(4.4%)〕
　　③ (예) [당숙을/선생님을] 찾아가다.
　　　　　〔Text=43/Freq2=68(33%)〕
　　④ (예) [고향을/회사를] 찾아가다.
　　　　　〔Text=69/Freq2=118(57.3%)〕

≪**찾아내다**≫전체빈도합=37(0.0020%)

　찾아내다 동　【Text=29/Freq1=37】
　　① (예) [물건을/사람을/집을] 찾아내다.
　　　　　〔Text=19/Freq2=22(59.5%)〕
　　② (예) [방법을/비밀을] 찾아내다.
　　　　　〔Text=11/Freq2=15(40.5%)〕

≪**찾아다니다**≫전체빈도합=31(0.0017%)

　찾아다니다 동　【Text=25/Freq1=31】
　　① (예) [셋집을/아이를] 찾아다니다.
　　　　　〔Text=14/Freq2=16(51.6%)〕
　　② (예) 관계자를 찾아다니며 부탁하다.
　　　　　〔Text=12/Freq2=15(48.4%)〕

≪**찾아들다**≫전체빈도합=15(0.0008%)

　찾아들다 동　【Text=11/Freq1=15】
　　① (예) [집으로/하숙으로] 찾아들다.
　　　　　〔Text=6/Freq2=9(60%)〕
　　② ㉠ (예) 마음속에 슬픔이 찾아들다.
　　　　　〔Text=1/Freq2=1(6.7%)〕
　　　 ㉡ (예) 인생에 계기가 찾아들다.
　　　　　〔Text=5/Freq2=5(33.3%)〕
　　㉄ <황혼이 찾아들다>
　　　　　인생에 황혼이 찾아들다.〔×〕

≪**찾아보다**≫전체빈도합=430(0.0232%)

　찾아보다 동 ★★☆　【Text=98/Freq1=430】
　　⓪ (예) 시골의 친지를 찾아보다.
　　　　　〔Text=11/Freq2=12(2.8%)〕
　　❶ (예) 근처에서 잘 곳을 찾아보다.
　　　　　〔Text=50/Freq2=212(49.3%)〕
　　❷ (예) [사전을/서적을] 찾아보다.
　　　　　〔Text=54/Freq2=154(35.8%)〕
　　❸ (예) [사례를/예를] 찾아보다.
　　　　　〔Text=36/Freq2=51(11.9%)〕
　　(×)〔Text=1/Freq2=1(0.2%)〕

≪**찾아오다**≫전체빈도합=225(0.0121%)

　찾아오다 동 ★★☆　【Text=94/Freq1=225】
　Ⅰ ① (예) [나를/우리를] 찾아오다.
　　　　　〔Text=55/Freq2=115(51.1%)〕
　　② (예) [숲을/학교로] 찾아오다.
　　　　　〔Text=45/Freq2=73(32.4%)〕
　　❸ (예) [가방을/짐을] 찾아오다. ☞찾다.
　　　　　〔Text=3/Freq2=3(1.3%)〕
　Ⅱ (예) [복통이/어둠이] 찾아오다.
　　　　　〔Text=21/Freq2=34(15.1%)〕

≪**채**≫전체빈도합=508(0.0274%) [262]

　채[1] 명　【Text=1/Freq1=1(0.2%)】
　　① (예) 장구 채.〔×〕
　　② (예) 골프 채.〔×〕
　　❸ (예) 거미줄 채로 잠자리를 잡다.

---

[262] 『연세 한국어 사전』의 '-채[6]'(예:사랑채), '-채[7]'(예:오리채)는 말뭉치의 분석에 적용하지 않았으므로 제외한다.

【Text=1/Freq2=1(100%)】
채² 몡 【Text=0/Freq1=0】 ⓧ
　⓪ (예) 계란이나 오이로 만든 채를 국수 위에 얹다. 〔×〕
　관<채를 썰다> 〔×〕
채³ 몡의★★★ 【Text=122/Freq1=444(87.4%)】
　⓪ (예) 낙지를 산 채로 먹다.
　　/아무 말도 못한 채 앉아 있다.
채⁴ 몡의 【Text=9/Freq1=16(3.1%)】
　① (예) 건물이 몇 채 서 있다.
　　〔Text=9/Freq2=16(100%)〕
　② (예) 교자와 수레 두 채. 〔×〕
　③ (예) 이불 한 채. 〔×〕
채⁵ 뷔 【Text=33/Freq1=46(9.1%)】
　① (예) 버스가 채 멈추기도 전이었다.
　　〔Text=22/Freq2=26(56.5%)〕
　② (예) 걸어서 [5분이/한 시간도] 채 안 되다.
　　〔Text=18/Freq2=20(43.5%)〕
-채⁰ 졉 【Text=1/Freq1=1(0.2%)】
　❶ (예) 상자채 가져오다. ☞째¹.

≪채소≫전체빈도합=72(0.0039%)
채소 몡★☆★ 【Text=23/Freq1=72】
　⓪ (예) 밭에 채소(菜蔬)를 심다.

≪채우다≫전체빈도합=133(0.0072%)
채우다¹ 동★★☆ 【Text=59/Freq1=111(83.5%)】
　Ⅰ① (예) [장독을/탕에 물을] 채우다.
　　〔Text=40/Freq2=56(50.5%)〕
　② (예) 가슴에 사랑을 가득 채우다.
　　〔Text=7/Freq2=8(7.2%)〕
　③ (예) 한 섬을 더 채워 10섬을 만들다.
　　〔Text=2/Freq2=2(1.8%)〕
　Ⅱ① (예) [기간을/목표를/임기를] 채우다.
　　〔Text=5/Freq2=6(5.4%)〕
　② (예) [사욕을/욕심을] 채우다.
　　〔Text=7/Freq2=10(9%)〕
　③ (예) [배고픔을/배움의 욕구를] 채우다.
　　〔Text=18/Freq2=28(25.2%)〕
　ⓧ 〔Text=1/Freq2=1(0.9%)〕
채우다² 동 【Text=2/Freq1=8(6%)】
　⓪ (예) [수갑을/칼을/족쇄를] 채우다.
채우다³ 동 【Text=10/Freq1=14(10.5%)】
　Ⅰ (예) [단추를/허리띠를] 채우다.

〔Text=5/Freq2=6(42.9%)〕
　Ⅱ (예) [자물쇠를/자물통을] 채우다.
　　〔Text=6/Freq2=8(57.1%)〕
채우다⁴ 동 【Text=0/Freq1=0】 ⓧ
　⓪ (예) 수박을 얼음에 채우다. 〔×〕

≪책≫전체빈도합=902(0.0486%) ²⁶³⁾
책¹ 몡★★★ 【Text=137/Freq1=902(100%)】
　⓪ (예) 책(冊)을 [보다/쓰다/읽다].
책² 몡 【Text=0/Freq1=0】 ⓧ
　⓪ (예) 그가 하는 일에 책(責)을 하다. 〔×〕
　관<책(을) 잡다> [나를/내 일에] 책을 잡다. 〔×〕
　관<책(을) 잡히다> 다른 사람에게 책을 잡히다. 〔×〕

≪책가방≫전체빈도합=26(0.0014%)
책가방 몡 【Text=13/Freq1=26】
　⓪ (예) 책(冊)가방을 [메다/챙기다].

≪책상≫전체빈도합=184(0.0099%)
책상 몡★★★ 【Text=70/Freq1=184】
　⓪ (예) 책상(冊床)에 앉다.

≪책임≫전체빈도합=106(0.0057%)
책임 몡★★★ 【Text=57/Freq1=106】
　① (예) 책임(責任)을 [맡다/지다].
　　〔Text=40/Freq2=72(67.9%)〕
　② (예) 그에게 책임을 묻다.
　　〔Text=27/Freq2=34(32.1%)〕
　관<책임 의식> 〔×〕

≪책임감≫전체빈도합=20(0.0011%)
책임감 몡 【Text=17/Freq1=20】
　⓪ (예) 책임감(責任感)이 강하다.

≪책임지다≫전체빈도합=31(0.0017%)
책임지다 동 【Text=22/Freq1=31】
　① (예) [생계를/아이를/일을] 책임(責任)지다.
　　〔Text=19/Freq2=25(80.6%)〕
　② (예) 일련의 사태에 대해 책임지다.
　　〔Text=3/Freq2=6(19.4%)〕

≪챙기다≫전체빈도합=71(0.0038%)
챙기다 동 【Text=46/Freq1=71】
　①㉠ (예) [보따리를/짐을] 챙기다.
　　〔Text=12/Freq2=14(19.7%)〕

---

263) 『연세 한국어 사전』의 '-책³'(예:자금책), '-책⁴'(예:해결책)은 갈퀴의 분석에 적용하지 않았으므로 제외한다.

㉡ (예) [서류를/제사음식을] 챙기다.
〔Text=11/Freq2=13(18.3%)〕
② (예) 밥상을 챙기다.
〔Text=1/Freq2=1(1.4%)〕
③ (예) 밥을 챙겨 먹다./옷을 챙겨 입다.
〔Text=9/Freq2=14(19.7%)〕
④ (예) 하던 일을 대강 챙기다.
〔Text=9/Freq2=10(14.1%)〕
⑤ (예) [대가를/돈을/사례금을] 챙기다.
〔Text=7/Freq2=7(9.9%)〕
⑥ (예) 결혼하더니 남편만 챙기다.
〔Text=3/Freq2=7(9.9%)〕
ⓧ 〔Text=5/Freq2=5(7%)〕

≪**처녀**≫전체빈도합=79(0.0043%)

처녀 [명]☆☆★ **【Text=29/Freq1=79】**
Ⅰ ① (예) 딸이 처녀(處女)가 다 되다.
〔Text=27/Freq2=76(96.2%)〕
② (예) 미혼의 처녀./처녀 시절.
〔Text=3/Freq2=3(3.8%)〕
Ⅱ (예) 처녀 비행을 하다. 〔×〕

≪**처리**≫전체빈도합=32(0.0017%)

처리 [명] **【Text=18/Freq1=32】**
① (예) [업무/일/전산/정보] 처리(處理).
〔Text=8/Freq2=10(31.3%)〕
② (예) [냉각/약품/폐수/화학] 처리.
〔Text=2/Freq2=4(12.5%)〕
❸ (예) [쓰레기/하수] 처리.
〔Text=9/Freq2=17(53.1%)〕
❹ (예) [자막/회상 신] 처리.
〔Text=1/Freq2=1(3.1%)〕

≪**처리하다**≫전체빈도합=62(0.0033%)

처리하다 [동]★★☆ **【Text=43/Freq1=62】**
⓪ (예) 일을 잘 처리(處理)하다.
〔Text=27/Freq2=37(59.7%)〕
❶ (예) [쓰레기를/하수를] 처리하다.
〔Text=15/Freq2=22(35.5%)〕
❷ (예) 자막으로 처리하다.
〔Text=2/Freq2=2(3.2%)〕
❸ (예) 저놈은 내가 처리하겠다.
〔Text=1/Freq2=1(1.6%)〕

≪**처마**≫전체빈도합=18(0.0010%)

처마 [명] **【Text=12/Freq1=18】**
⓪ (예) 처마 밑에 등불을 걸다.

≪**처음**≫전체빈도합=706(0.0380%)

처음[1] [명]★★★ **【Text=147/Freq1=445(63%)】**
⓪ (예) 서울 구경이 처음이다./처음으로 만나다. 〔Text=146/Freq2=442(99.3%)〕
[관] <[난생/생전] 처음으로>
〔Text=2/Freq2=2(0.8%)〕
ⓧ 〔Text=1/Freq2=1(0.2%)〕
처음[2] [부]★★☆ **【Text=123/Freq1=261(37%)】**
⓪ (예) 처음 [듣다/만나다].
〔Text=122/Freq2=249(95.4%)〕
[관] <[난생/생전] 처음> 난생 처음 보다.
〔Text=12/Freq2=12(4.6%)〕

≪**처지**≫전체빈도합=99(0.0053%)

처지 [명]★☆☆ **【Text=44/Freq1=99】**
① (예) 지방서 올라온 처지(處地)라 서울에 아는 사람이 없다./처지가 불쌍하다.
〔Text=41/Freq2=83(83.8%)〕
② (예) 서로 잘 아는 처지에 부탁을 거절할 수 없다. 〔Text=1/Freq2=1(1%)〕
③ (예) 처지가 바뀌다. 〔Text=2/Freq2=2(2%)〕
❹ (예) 필자의 표현 의도와 처지.
〔Text=1/Freq2=13(13.1%)〕

≪**처하다**≫전체빈도합=42(0.0023%)

처하다 [동] **【Text=27/Freq1=42】**
Ⅰ (예) [난관에/역경에] 처(處)하다.
〔Text=26/Freq2=39(92.9%)〕
Ⅱ (예) [사형에/엄벌에] 처하다.
〔Text=2/Freq2=3(7.1%)〕

≪**척**≫전체빈도합=80(0.0043%)

척[1] [명] **【Text=0/Freq1=0】** ⓧ
⓪ (예) 이웃들과 척(隻)을 짓다. 〔×〕
척[2] [명의]☆★☆ **【Text=35/Freq1=52(65%)】**
⓪ (예) [모르는 척/못 이기는 척] 따라 들어가다.
척[3] [명의] **【Text=1/Freq1=4(5%)】**
⓪ (예) 육 척(尺) 장신의 키.
척[4] [명의] **【Text=9/Freq1=20(25%)】**
⓪ (예) 배 한 척(隻).
척[5] [부] **【Text=3/Freq1=4(5%)】**
① (예) 전단을 벽에 척 붙이다. 〔×〕
② (예) 자리를 잡고 앉아 등을 척 기대다.
〔Text=2/Freq2=2(50%)〕
③ (예) 몸이 척 늘어지다. 〔×〕
④ (예) 허리에 두 손을 척 갖다 붙이다.
〔Text=2/Freq2=2(50%)〕

⑤ (예) 척 보면 안다. 〔×〕

≪**척하다**≫ 전체빈도합=44(0.0024%)

척하다 동보 ☆★☆ 【Text=31/Freq1=44】
  ⓞ (예) [말을 못 알아듣는/잠이 안 깬] 척하다.

≪**천**≫ 전체빈도합=1,222(0.0658%) 264)

천¹ 명 【Text=11/Freq1=27(2.2%)】
  ⓞ (예) 얇은 천으로 된 옷.

천² 주 ★★★ 【Text=154/Freq1=1,191(97.5%)】
  Ⅰ (예) 일부터 천(千)까지 세다.
    〔Text=20/Freq2=35(2.9%)〕
  Ⅱ (예) 돈 천 원./백 번, 천 번.
    〔Text=153/Freq2=1,156(97.1%)〕

천ˣ ? 【Text=3/Freq1=4(0.3%)】

≪**천국**≫ 전체빈도합=25(0.0013%)

천국 명 【Text=17/Freq1=25】
  ① (예) 근심 없는 천국(天國) 같은 삶.
    〔Text=13/Freq2=19(76%)〕
  ② (예) 예수를 믿고 천국에 가다.
    〔Text=4/Freq2=4(16%)〕
  ⓧ 〔Text=2/Freq2=2(8%)〕

≪**천둥**≫ 전체빈도합=22(0.0012%)

천둥 명 【Text=15/Freq1=22】
  ⓞ (예) 천둥이 치다.
    〔Text=6/Freq2=8(36.4%)〕
  관 <천둥 번개> 〔Text=4/Freq2=4(18.2%)〕
  관 <천둥 소리> 〔Text=7/Freq2=10(45.5%)〕

≪**천만**≫ 전체빈도합=31(0.0017%)

천만¹ 명 【Text=3/Freq1=3(9.7%)】
  ⓞ (예) 그것은 유감 천만(千萬)의 일이다. 〔×〕
  관 <천만 다행> 〔×〕
  관 <천만의 [말/말씀]>
    〔Text=3/Freq2=3(100%)〕

천만² 주 【Text=15/Freq1=25(80.6%)】
  Ⅰ (예) 인구가 5천만(千萬)을 헤아리다.
    〔Text=6/Freq2=9(36%)〕
  Ⅱ (예) 천만 [가지/년/명].
    〔Text=10/Freq2=16(64%)〕

천만³ 부 【Text=3/Freq1=3(9.7%)】
  ⓞ (예) 도와 주셔서 천만(千萬) 감사합니다.

≪**천사**≫ 전체빈도합=19(0.0010%)

천사 명 【Text=12/Freq1=19】

① (예) 하느님이 천사(天使)를 보내다.
  〔Text=3/Freq2=5(26.3%)〕
② (예) 그녀는 마음이 천사이다.
  〔Text=8/Freq2=13(68.4%)〕
ⓧ 〔Text=1/Freq2=1(5.3%)〕

≪**천장**≫ 전체빈도합=26(0.0014%)

천장 명 ☆☆★ 【Text=19/Freq1=26】
  ⓞ (예) 손이 천장(天障)에 닿다.

≪**천정**≫ 전체빈도합=16(0.0009%)

천정 명 【Text=10/Freq1=16】
  ⓞ (예) 물가가 천정(天井)을 모르고 치솟다.
    〔×〕
  ❶ (예) 천정에 달린 전등.
    〔Text=10/Freq2=16(100%)〕

≪**천지**≫ 전체빈도합=15(0.0008%)

천지 명 【Text=13/Freq1=15】
  ① (예) 천지(天地)에 봄이 오다.
    〔Text=5/Freq2=6(40%)〕
  ② (예) 나라가 사기꾼 천지가 되다. 〔×〕
  ③ (예) 봄이면 온통 진달래 천지이다.
    〔Text=1/Freq2=1(6.7%)〕
  ❹ (예) 중국 천지에 이름을 알리다.
    〔Text=5/Freq2=6(40%)〕
  관 <천지 개벽> 〔×〕
  관 <천지 만물> 〔Text=1/Freq2=1(6.7%)〕
  관 <천지 창조> 〔Text=1/Freq2=1(6.7%)〕
  관 <천지가 개벽하기 전에는> 〔×〕

≪**천천히**≫ 전체빈도합=117(0.0063%)

천천히 부 ★★★ 【Text=67/Freq1=117】
  ① (예) 천천히 걷다.
    〔Text=64/Freq2=111(94.9%)〕
  ② (예) 나중에 천천히 만나서 얘기하다.
    〔Text=6/Freq2=6(5.1%)〕

≪**천하**≫ 전체빈도합=32(0.0017%)

천하 명 【Text=17/Freq1=32】
  ① (예) 생명은 천하(天下)의 어떤 것과도 바꿀
    수 없다. 〔Text=7/Freq2=15(46.9%)〕
  ② (예) 천하를 통일하다.
    〔Text=3/Freq2=6(18.8%)〕
  ③ (예) 천하의 영웅 호걸./이 천하에 못된 놈
    같으니! 〔Text=7/Freq2=7(21.9%)〕

---

264) 『연세 한국어 사전』의 '- 천³'(예:청계천)은 말뭉치의 분석에 적용하지 않았으므로 제외한다.

[관] <천하 대장군> 〔Text=2/Freq2=3(9.4%)〕
[관] <천하 없어도> 〔Text=1/Freq2=1(3.1%)〕

≪**철**≫전체빈도합=56(0.0030%) 265)

철[1] [명]★★★ 【Text=16/Freq1=20(35.7%)】
① (예) 경치가 철마다 변하다.
〔Text=13/Freq2=14(70%)〕
② (예) 아직 해수욕 철이 아니다.
〔Text=4/Freq2=5(25%)〕
③ (예) 철 아닌 야채를 먹을 수 있다.
〔Text=1/Freq2=1(5%)〕

철[2] [명] 【Text=15/Freq1=16(28.6%)】
⓪ (예) 철이 들다./철을 모르는 아이.

철[3] [명] 【Text=12/Freq1=19(33.9%)】
① (예) 철(鐵)로 만든 농기구.
〔Text=11/Freq2=17(89.5%)〕
② (예) 철의 장막. 〔Text=1/Freq2=2(10.5%)〕

철[x] [?] 【Text=1/Freq1=1(1.8%)】

≪**철도**≫전체빈도합=34(0.0018%)

철도 [명]☆☆★ 【Text=19/Freq1=34】
⓪ (예) 서울에서 인천까지 철도(鐵道)가 놓이다.

≪**철저하다**≫전체빈도합=53(0.0029%)

철저하다 [형] 【Text=33/Freq1=53】
⓪ (예) 원칙에 철저(徹底)하다.

≪**철저히**≫전체빈도합=30(0.0016%)

철저히 [부] 【Text=24/Freq1=30】
⓪ (예) 철저(徹底)히 조사하다.

≪**철학**≫전체빈도합=187(0.0101%)

철학 [명]★☆☆ 【Text=30/Freq1=187】
① (예) 동양 철학(哲學)과 서양 철학.
〔Text=22/Freq2=171(91.4%)〕
② (예) 비관적인 인생 철학을 갖다.
〔Text=10/Freq2=13(7%)〕
❸ (예) 철학 시간에 시험을 보다.
〔Text=1/Freq2=1(0.5%)〕
[관] <철학 사상> 〔Text=2/Freq2=2(1.1%)〕

≪**철학자**≫전체빈도합=69(0.0037%)

철학자 [명] 【Text=18/Freq1=69】
⓪ (예) [고대의/위대한] 철학자(哲學者)들의 사상.

≪**첫**≫전체빈도합=169(0.0091%) 266)

첫[1] [관]★★★ 【Text=82/Freq1=169】
⓪ (예) 첫 장면./새해 첫 해돋이.
〔Text=64/Freq2=125(74%)〕
[관] <첫 번째> 〔Text=34/Freq2=44(26%)〕

≪**첫날**≫전체빈도합=19(0.0010%)

첫날 [명] 【Text=17/Freq1=19】
⓪ (예) [입원/행사] 첫날.

≪**첫머리**≫전체빈도합=30(0.0016%)

첫머리 [명] 【Text=11/Freq1=30】
⓪ (예) 원고의 첫머리를 읽다.

≪**첫째**≫전체빈도합=114(0.0061%)

첫째[1] [명] 【Text=4/Freq1=4(3.5%)】
① (예) 첫째가 장가를 가다. 〔×〕
② (예) 한국 음식 중 첫째로 손꼽히다.
〔Text=4/Freq2=4(100%)〕

첫째[2] [수]★★☆ 【Text=39/Freq1=63(55.3%)】
⓪ (예) 세 단계로 나눈다면 첫째는 준비 단계이고, 둘째는….
〔Text=20/Freq2=28(44.4%)〕
❶ <첫째 ~> (예) 첫째 원인.
〔Text=21/Freq2=35(55.6%)〕

첫째[3] [부] 【Text=28/Freq1=47(41.2%)】
⓪ (예) 첫째, 밥을 먹고 이를 닦을 것.

≪**청년**≫전체빈도합=129(0.0069%)

청년 [명]☆☆★ 【Text=46/Freq1=129】
① (예) 청년(靑年)을 교육하다.
〔Text=19/Freq2=51(39.5%)〕
② (예) 잘 생긴 청년과 맞선을 보다.
〔Text=31/Freq2=78(60.5%)〕

≪**청바지**≫전체빈도합=47(0.0025%)

청바지 [명] 【Text=13/Freq1=47】
⓪ (예) 청(靑)바지를 입다.

≪**청소**≫전체빈도합=103(0.0055%)

청소 [명]★★★ 【Text=40/Freq1=103】
⓪ (예) 청소(淸掃)를 하다.

≪**청소년**≫전체빈도합=19(0.0010%)

청소년 [명] 【Text=12/Freq1=19】

---

265) 『연세 한국어 사전』의 '- 철[4]'(예:서류철), '- 철[5]'(예:지하철)은 말뭉치의 분석에 적용하지 않았으므로 제외한다.
266) 『연세 한국어 사전』의 '첫- [2]'(예:첫인상)은 말뭉치의 분석에 적용하지 않았으므로 제외한다.

⓪ (예) 청소년(靑少年)은 미래의 희망이다.
≪**청소하다**≫전체빈도합=45(0.0024%)
청소하다 동★★☆ 【Text=29/Freq1=45】
　⓪ (예) 집 안팎을 깨끗하게 청소(淸掃)하다.
≪**청춘**≫전체빈도합=18(0.0010%)
청춘 명 【Text=11/Freq1=18】
　⓪ (예) 청춘(靑春)을 보내다.
≪**청하다**≫전체빈도합=39(0.0021%)
청하다 동★☆★ 【Text=30/Freq1=39】
　Ⅰ ① (예) [귀국하기를/도움을/돌아가라고] 청(請)하다. 〔Text=23/Freq2=28(71.8%)〕
　　② (예) [돈을/물 한 그릇을] 청하다.
　　　〔Text=3/Freq2=7(17.9%)〕
　Ⅱ ① (예) 손님을 청해 잔치를 하다.
　　　〔Text=1/Freq2=1(2.6%)〕
　　② (예) 눈을 감고 잠을 청하다.
　　　〔Text=3/Freq2=3(7.7%)〕
≪**체**≫전체빈도합=25(0.0013%) ²⁶⁷⁾
체¹ 명 【Text=2/Freq1=2(8%)】
　⓪ (예) 가루를 체로 치다.
체² 의 【Text=17/Freq1=22(88%)】
　① (예) 유식한 체 떠들다.
　　〔Text=12/Freq2=14(63.6%)〕
　② (예) 아는 체를 하다.
　　〔Text=6/Freq2=8(36.4%)〕
체³ 감 【Text=1/Freq1=1(4%)】
　⓪ (예) 체, 잘들 해 보라지.
≪**체계**≫전체빈도합=88(0.0047%)
체계 명★☆☆ 【Text=21/Freq1=88】
　⓪ (예) 사상 체계(體系)를 세우다.
≪**체력**≫전체빈도합=21(0.0011%)
체력 명 【Text=11/Freq1=21】
　⓪ (예) 강인한 체력(體力)을 기르다.
　　〔Text=8/Freq2=15(71.4%)〕
　㉄ <체력 단련> 〔Text=4/Freq2=6(28.6%)〕
≪**체육**≫전체빈도합=25(0.0013%)
체육 명☆☆★ 【Text=19/Freq1=25】
　⓪ (예) 체육(體育) 과목.
　　〔Text=16/Freq2=21(84%)〕

　㉄ <체육 대회> 〔Text=4/Freq2=4(16%)〕
≪**체제**≫전체빈도합=73(0.0039%)
체제 명★☆☆ 【Text=22/Freq1=73】
　⓪ (예) 권위적인 정치 체제(體制)에 저항하다.
≪**체조**≫전체빈도합=16(0.0009%)
체조 명☆☆★ 【Text=10/Freq1=16】
　⓪ (예) 맨손 체조(體操)를 하다.
≪**체질**≫전체빈도합=25(0.0013%)
체질¹ 명 【Text=0/Freq1=0】 ⓧ
　⓪ (예) 콩을 담고 체질을 하다. 〔ⓧ〕
체질² 명 【Text=15/Freq1=25(100%)】
　① (예) [건강한/살이 찌는] 체질(體質).
　　〔Text=8/Freq2=16(64%)〕
　② (예) [대학의/미술계의] 체질로 굳다.
　　〔Text=3/Freq2=5(20%)〕
　❸ (예) [병원/월급쟁이] 체질.
　　〔Text=3/Freq2=3(12%)〕
　ⓧ 〔Text=1/Freq2=1(4%)〕
≪**체포되다**≫전체빈도합=16(0.0009%)
체포되다 동 【Text=11/Freq1=16】
　⓪ (예) 범인이 경찰에 체포(逮捕)되다.
≪**체하다**≫전체빈도합=32(0.0017%)
체하다¹ 동 【Text=6/Freq1=6(18.8%)】
　⓪ (예) 걸핏하면 먹은 것이 체하다.
　　〔Text=5/Freq2=5(83.3%)〕
　❶ (예) 사는 일에 체하다.
　　〔Text=1/Freq2=1(16.7%)〕
체하다² 동보 【Text=20/Freq1=26(81.3%)】
　⓪ (예) 다 알면서도 [모르는/못 들은] 체하다.
≪**체험**≫전체빈도합=71(0.0038%)
체험 명 【Text=23/Freq1=71】
　⓪ (예) 문화 체험(體驗)을 하다.
≪**체험하다**≫전체빈도합=29(0.0016%)
체험하다 동 【Text=18/Freq1=29】
　⓪ (예) [굶주림을/사랑을/직접 몸으로] 체험(體驗)하다.
≪**쳐다보다**≫전체빈도합=218(0.0117%)
쳐다보다 동★★★ 【Text=82/Freq1=218】
　① (예) [지붕을/하늘을] 쳐다보다.

---

267) 『연세 한국어 사전』의 '- 체⁴'(예:구어체), '- 체⁵'(예:건강체, 기업체, 평면체)는 말뭉치의 분석에 적용하지 않았으므로 제외한다.

〔Text=34/Freq2=53(24.3%)〕
② (예) 옆 사람을 슬쩍 쳐다보다.
〔Text=68/Freq2=158(72.5%)〕
③ (예) 위로 쳐다볼 형님이 계시다.
〔Text=2/Freq2=3(1.4%)〕
④ (예) [정부만/지도자의 입만] 쳐다보다.
〔Text=3/Freq2=4(1.8%)〕

≪쳐들다≫ 전체빈도합=24(0.0013%)
  쳐들다 동 【Text=19/Freq1=24】
  ① (예) 바위를 머리 위로 쳐들다.
〔Text=5/Freq2=5(20.8%)〕
  ② (예) [얼굴을/턱을/팔을] 쳐들다.
〔Text=12/Freq2=14(58.3%)〕
  ❸ (예) 적이 쳐들어 오다. ☞쳐들어오다.
〔Text=1/Freq2=1(4.2%)〕
  관 <고개를 쳐들다>
    ① (예) 빳빳이 고개를 쳐들다.
〔Text=4/Freq2=4(16.7%)〕
    ② (예) 불안이 서서히 고개를 쳐들다. 〔×〕

≪쳐들어오다≫ 전체빈도합=29(0.0016%)
  쳐들어오다 동 【Text=17/Freq1=29】
  ① (예) 적군이 성으로 쳐들어오다.
〔Text=13/Freq2=24(82.8%)〕
  ② (예) 빚쟁이들이 집으로 쳐들어오다.
〔Text=5/Freq2=5(17.2%)〕

≪초≫ 전체빈도합=106(0.0057%) [268]
  초[1] 명 【Text=2/Freq1=3(2.8%)】
    ⓪ (예) 초에 불을 붙이다.
  초[2] 명 【Text=14/Freq1=62(58.5%)】
    Ⅰ (예) 시간을 분과 초(秒)로 계산하다.
〔Text=1/Freq2=3(4.8%)〕
    Ⅱ (예) 몇 초의 짧은 시간.
〔Text=14/Freq2=59(95.2%)〕
    관 <초를 다투다> 〔×〕
  초[3] 명 【Text=0/Freq1=0】 (x)
    ⓪ (예) 초(醋)를 [넣다/담그다]. 〔×〕
    관 <초를 치다> 실수로 일에 초를 치다. 〔×〕
  초[4] 명 【Text=0/Freq1=0】 (x)
    ⓪ (예) 원고의 초(草)를 잡다. 〔×〕
  초[5] 명의 ★★★ 【Text=28/Freq1=40(37.7%)】
    ⓪ (예) [다음 달/2학년/80년대] 초(初).
  초[x] ? 【Text=1/Freq1=1(0.9%)】

≪초기≫ 전체빈도합=52(0.0028%)
  초기 명 【Text=24/Freq1=52】
    ⓪ (예) [20세기/조선] 초기(初期).

≪초대≫ 전체빈도합=19(0.0010%)
  초대[1] 명 ☆★☆ 【Text=10/Freq1=15(78.9%)】
    ① (예) 집들이에 초대(招待)를 받다.
〔Text=9/Freq2=14(93.3%)〕
    ② (예) 전문가를 초대를 하다.
〔Text=1/Freq2=1(6.7%)〕
  초대[2] 명 【Text=4/Freq1=4(21.1%)】
    ⓪ (예) 초대(初代) 교장.

≪초대하다≫ 전체빈도합=29(0.0016%)
  초대하다 동 ☆★☆ 【Text=22/Freq1=29】
    ⓪ (예) 친구를 집에 초대(招待)하다.

≪초등≫ 전체빈도합=45(0.0024%)
  초등 명 【Text=22/Freq1=45】
    ⓪ (예) 초등(初等) 및 기초 단계의 교육.
〔Text=2/Freq2=3(6.7%)〕
    관 <초등 교육> 〔Text=1/Freq2=1(2.2%)〕
    관 <초등 학교> 〔Text=20/Freq2=41(91.1%)〕
    관 <초등 학생> 〔×〕

≪초래하다≫ 전체빈도합=19(0.0010%)
  초래하다 동 【Text=12/Freq1=19】
    ⓪ (예) [결과를/불행을/재앙을] 초래(招來)하다.

≪초반≫ 전체빈도합=15(0.0008%)
  초반[1] 명 【Text=12/Freq1=15(100%)】
    ⓪ (예) [경기/40대/21세기] 초반(初盤).
  초반[2] 명 【Text=0/Freq1=0】 (x)
    ⓪ (예) 돌로 초반(礎盤)을 만들다. 〔×〕

≪초여름≫ 전체빈도합=17(0.0009%)
  초여름 명 【Text=13/Freq1=17】
    ⓪ (예) 초(初)여름의 날씨.

≪초월하다≫ 전체빈도합=18(0.0010%)
  초월하다 동 【Text=16/Freq1=18】
    ⓪ (예) [국경을/상상을] 초월(超越)하다.

≪초점≫ 전체빈도합=50(0.0027%)
  초점 명 【Text=19/Freq1=50】
    ① (예) [관심의/시선의] 초점(焦點)이
        모아지다. 〔Text=14/Freq2=20(40%)〕

---

268) 『연세 한국어 사전』의 '초-[6]'(예:초여름), '초-[7]'(예:초능력), '-초[8]'(예:학기초), '-초[9]'(예:다년초)는 말뭉치의 분석에 적용하지 않았으므로 제외한다.

② (예) 흐리멍덩하게 초점 없는 눈을 하다.
　　〔Text=4/Freq2=5(10%)〕
③ (예) [렌즈의/카메라의] 초점을 맞추다.
　　〔Text=2/Freq2=25(50%)〕
④ (예) 포물선의 초점. 〔×〕

≪초조하다≫전체빈도합=34(0.0018%)
　초조하다 [형] 【Text=21/Freq1=34】
　　⓪ (예) 마음이 초조(焦燥)하다.

≪촛불≫전체빈도합=23(0.0012%)
　촛불 [명]☆★ 【Text=11/Freq1=23】
　　⓪ (예) 촛불을 [끄다/켜다].

≪총≫전체빈도합=38(0.0020%) [269]
　총¹ [명]★★ 【Text=16/Freq1=32(84.2%)】
　　① (예) 총(銃)을 쏘다.
　　　〔Text=13/Freq2=25(78.1%)〕
　　② (예) 적군의 총에 맞아 죽다.
　　　〔Text=6/Freq2=7(21.9%)〕
　총² [관] 【Text=6/Freq1=6(15.8%)】
　　⓪ (예) 직원이 총(總) 20명이다.

≪총각≫전체빈도합=25(0.0013%)
　총각 [명]☆☆★ 【Text=13/Freq1=25】
　　⓪ (예) 아직 결혼 안 한 총각(總角)이다.
　　　〔Text=12/Freq2=19(76%)〕
　　❶ (예) 총각, 길 좀 가르쳐 주오.
　　　〔Text=3/Freq2=6(24%)〕

≪최고≫전체빈도합=85(0.0046%)
　최고¹ [명]★★★ 【Text=58/Freq1=85(100%)】
　　① (예) 건강이 최고(最高)다./최고 학부를 졸업하다. 〔Text=49/Freq2=67(78.8%)〕
　　② (예) 속도를 최고로 놓다.
　　　〔Text=14/Freq2=17(20%)〕
　　ⓧ 〔Text=1/Freq2=1(1.2%)〕
　최고² [명] 【Text=0/Freq1=0】 ⓧ
　　⓪ (예) 최고(最古)의 인쇄 기술. 〔×〕

≪최근≫전체빈도합=115(0.0062%)
　최근 [명]☆☆★ 【Text=50/Freq1=115】 [270]
　　Ⅰ (예) 최근(最近)의 일이다.
　　　〔Text=40/Freq2=71(61.7%)〕
　　Ⅱ (예) 조기 교육이 최근 붐을 타다.

　　　〔Text=24/Freq2=44(38.3%)〕
　　[관]<최근 들어> 〔×〕

≪최대≫전체빈도합=29(0.0016%)
　최대 [명] 【Text=19/Freq1=29】
　　① (예) [사상/세계] 최대(最大)의 규모.
　　　〔Text=17/Freq2=26(89.7%)〕
　　② (예) 출력을 최대로 높이다.
　　　〔Text=3/Freq2=3(10.3%)〕

≪최선≫전체빈도합=60(0.0032%)
　최선 [명]☆★ 【Text=28/Freq1=60】
　　① (예) 최선(最善)이 어려우면 차선을 택하다.
　　　〔Text=11/Freq2=20(33.3%)〕
　　② (예) 자신의 최선을 다하다.
　　　〔Text=18/Freq2=40(66.7%)〕

≪최소한≫전체빈도합=28(0.0015%)
　최소한 [명] 【Text=24/Freq1=28】
　　Ⅰ (예) 최소한(最小限)의 예의를 지키다.
　　　〔Text=8/Freq2=8(28.6%)〕
　　Ⅱ (예) 최소한 천만 원이 필요하다.
　　　〔Text=18/Freq2=20(71.4%)〕

≪최초≫전체빈도합=65(0.0035%)
　최초 [명] 【Text=29/Freq1=65】
　　⓪ (예) 세계 최초(最初)로 발명하다.

≪최후≫전체빈도합=20(0.0011%)
　최후 [명] 【Text=13/Freq1=20】
　　① (예) 최후(最後)로 종교에 의지하다.
　　　〔Text=12/Freq2=19(95%)〕
　　② (예) 비참한 최후를 맞이하다.
　　　〔Text=1/Freq2=1(5%)〕
　　[관]<최후 진술> 〔×〕
　　[관]<최후 통첩> 〔×〕

≪추구하다≫전체빈도합=84(0.0045%)
　추구하다¹ [동] 【Text=20/Freq1=46(54.8%)】
　　⓪ (예) [꿈을/행복을] 추구(追求)하다.
　추구하다² [동] 【Text=20/Freq1=38(45.2%)】
　　⓪ (예) 학문을 하며 진리를 추구(追究)하다.

≪추다≫전체빈도합=94(0.0051%)
　추다¹ [동]★★★ 【Text=42/Freq1=92(97.9%)】
　　⓪ (예) [춤을/탱고를] 추다.

---

269) 『연세 한국어 사전』의 '총³'(예:총공격)은 말뭉치의 분석에 적용하지 않았으므로 제외한다.
270) 『외국인을 위한 한국어 학습 사전』(2004)의 중요 어휘 목록에서는 '최근'의 Ⅱ에 해당하는 용법을 독립된 부사로 보아 ☆☆★의 중요도를 부여하고 있다.

추다² 동 【Text=0/Freq1=0】 ⓧ
　① (예) 쇠약한 몸을 추다. 〔×〕
　② (예) 더 잘 하라고 짐짓 추어 주다. 〔×〕
　③ (예) 한쪽 턱을 추다. 〔×〕
　관 <맥을 못 추다> 〔×〕

추다³ 동 【Text=1/Freq1=2(2.1%)】
　⓪ (예) [빈집을/장롱을] 추다.

≪추상적≫ 전체빈도합=27(0.0015%)
추상적¹ 명 【Text=11/Freq1=20(74.1%)】
　① (예) 추상적(抽象的)인 원리.
　　〔Text=8/Freq2=13(65%)〕
　② (예) 얘기가 추상적으로 들리다.
　　〔Text=7/Freq2=7(35%)〕
추상적² 관 【Text=5/Freq1=7(25.9%)】
　① (예) 추상적(抽象的) 관념.
　　〔Text=5/Freq2=6(85.7%)〕
　② (예) 한갓 추상적 문자의 나열.
　　〔Text=1/Freq2=1(14.3%)〕

≪추석≫ 전체빈도합=90(0.0048%)
추석 명★★★ 【Text=24/Freq1=90】
　⓪ (예) 추석(秋夕)에 송편을 먹다.

≪추세≫ 전체빈도합=21(0.0011%)
추세 명 【Text=12/Freq1=21】
　⓪ (예) 물가가 오르는 추세(趨勢)이다.

≪추억≫ 전체빈도합=81(0.0044%)
추억 명☆☆★ 【Text=37/Freq1=81】
　⓪ (예) 추억(追憶)을 떠올리다.

≪추위≫ 전체빈도합=43(0.0023%)
추위 명★★★ 【Text=28/Freq1=43】
　⓪ (예) 추위에 덜덜 떨다.
　　〔Text=27/Freq2=40(93%)〕
　관 <추위를 타다> 〔Text=3/Freq2=3(7%)〕

≪추진하다≫ 전체빈도합=31(0.0017%)
추진하다 동 【Text=12/Freq1=31】
　⓪ (예) [계획을/사업을/일을/정책을] 추진(推進)하다.

≪축≫ 전체빈도합=34(0.0018%)
축¹ 명 【Text=6/Freq1=9(26.5%)】
　① (예) 바퀴를 축(軸)으로 하여 돌다.
　　〔Text=4/Freq2=6(66.7%)〕
　② (예) 가족의 두 축은 부모이다.
　　〔Text=2/Freq2=3(33.3%)〕

축² 명 【Text=0/Freq1=0】 ⓧ
　① (예) 밥만 축을 내다./[돈이/술이] 축이 나다. 〔×〕
　② (예) 과로로 몸이 축이 나다. 〔×〕
축³ 명의 【Text=12/Freq1=14(41.2%)】
　⓪ (예) 나이는 어린 축이다.
축⁴ 명의 【Text=0/Freq1=0】 ⓧ
　⓪ (예) 오징어 한 축. 〔×〕
축⁵ 부 【Text=6/Freq1=8(23.5%)】
　⓪ (예) 의자 위에 축 처져 기대다.
축ˣ ? 【Text=3/Freq1=3(8.8%)】

≪축구≫ 전체빈도합=61(0.0033%)
축구 명★★★ 【Text=24/Freq1=61】
　⓪ (예) 축구(蹴球)를 하다.

≪축제≫ 전체빈도합=44(0.0024%)
축제 명 【Text=17/Freq1=44】
　⓪ (예) 축제(祝祭)가 열리다.
　　〔Text=16/Freq2=43(97.7%)〕
　ⓧ 〔Text=1/Freq2=1(2.3%)〕

≪축하≫ 전체빈도합=36(0.0019%)
축하 명☆★☆ 【Text=23/Freq1=36】
　⓪ (예) 축하(祝賀)를 드리다.

≪축하하다≫ 전체빈도합=67(0.0036%)
축하하다 동☆★☆ 【Text=42/Freq1=67】
　⓪ (예) [결혼을/승리를/졸업을/합격을] 축하(祝賀)하다.

≪출근≫ 전체빈도합=25(0.0013%)
출근 명☆★★ 【Text=18/Freq1=25】
　⓪ (예) 회사에 첫 출근(出勤)을 하다.
　　〔Text=16/Freq2=21(84%)〕
　관 <출근 시간> 〔Text=4/Freq2=4(16%)〕

≪출근하다≫ 전체빈도합=34(0.0018%)
출근하다 동☆★☆ 【Text=23/Freq1=34】
　⓪ (예) 회사에 출근(出勤)하다.

≪출발≫ 전체빈도합=18(0.0010%)
출발 명☆★★ 【Text=16/Freq1=18】
　① (예) 버스가 출발(出發)을 하다.
　　〔Text=6/Freq2=7(38.9%)〕
　② (예) [논의의/문학의/삶의] 출발.
　　〔Text=10/Freq2=11(61.1%)〕

≪출발하다≫ 전체빈도합=66(0.0036%)
출발하다 동★★☆ 【Text=41/Freq1=66】

① (예) 열차가 정시에 출발(出發)하다.
　　〔Text=22/Freq2=29(43.9%)〕
② (예) 과거의 비판에서 출발하다.
　　〔Text=21/Freq2=37(56.1%)〕

≪출석≫전체빈도합=11(0.0006%)

출석 명 ☆★　【Text=9/Freq1=11】
　⓪ (예) 수업에 출석(出席)을 하다.
　　〔Text=7/Freq2=8(72.7%)〕
　관<출석을 부르다>
　　〔Text=3/Freq2=3(27.3%)〕

≪출세≫전체빈도합=19(0.0010%)

출세 명　【Text=12/Freq1=19】
　⓪ (예) 출세(出世)를 하다.
　　〔Text=12/Freq2=19(100%)〕
　관<출세 가도>〔×〕

≪출신≫전체빈도합=42(0.0023%)

출신 명　【Text=27/Freq1=42】
　① (예) 출신(出身)도 모르는 고아.
　　〔Text=14/Freq2=20(47.6%)〕
　② (예) 지방 대학 출신.
　　〔Text=18/Freq2=22(52.4%)〕

≪출입문≫전체빈도합=16(0.0009%)

출입문 명　【Text=10/Freq1=16】
　⓪ (예) 출입문(出入門)을 잠그다.

≪출장≫전체빈도합=15(0.0008%)

출장¹ 명 ☆★★　【Text=10/Freq1=15(100%)】
　⓪ (예) [지방/해외] 출장(出張)을 가다.
출장² 명　【Text=0/Freq1=0】 ⓧ
　⓪ (예) 경기에 출장(出場)을 하다.〔×〕

≪출판사≫전체빈도합=34(0.0018%)

출판사 명　【Text=16/Freq1=34】
　⓪ (예) 출판사(出版社)에서 일하다.

≪춤≫전체빈도합=124(0.0067%)

춤 명★★★　【Text=43/Freq1=124】
　⓪ (예) 춤을 추다.
　　〔Text=43/Freq2=114(91.9%)〕
　ⓧ〔Text=1/Freq2=10(8.1%)〕

≪춤추다≫전체빈도합=31(0.0017%)

춤추다 동　【Text=19/Freq1=31】
　① (예) [네온이/대나무가] 춤추다.〔×〕
　② (예) 망상이 뇌리에서 춤추다.〔×〕
　❸ (예) 노래하며 춤추고 놀다.
　　〔Text=18/Freq2=30(96.8%)〕
　관<(남의) 장단에 춤추다>
　　〔Text=1/Freq2=1(3.2%)〕

≪춥다≫전체빈도합=149(0.0080%)

춥다 형★★★　【Text=71/Freq1=149】
　① (예) 추운 방에서 떨다.
　　〔Text=44/Freq2=72(48.3%)〕
　② (예) 바깥 날씨가 춥다./추운 날.
　　〔Text=24/Freq2=33(22.1%)〕
　③ (예) 아이가 추운 듯 떨고 있다./몸이 으슬
　　으슬 춥다.〔Text=32/Freq2=44(29.5%)〕

≪충격≫전체빈도합=53(0.0029%)

충격 명 ☆★☆　【Text=33/Freq1=53】
　① (예) 충격(衝擊)으로 시계가 부서지다.
　　〔Text=2/Freq2=2(3.8%)〕
　② (예) 사고 소식에 충격을 받다./사회에 충격을
　　주다.〔Text=32/Freq2=51(96.2%)〕

≪충돌≫전체빈도합=27(0.0015%)

충돌 명　【Text=12/Freq1=27】
　① (예) 자동차의 충돌(衝突)로 사람이 죽다.
　　〔×〕
　② (예) 귀족들과의 이해 충돌.
　　〔Text=11/Freq2=22(81.5%)〕
　③ (예) 입자들의 충돌 과정.
　　〔Text=1/Freq2=5(18.5%)〕

≪충동≫전체빈도합=29(0.0016%)

충동 명　【Text=21/Freq1=29】
　① (예) 울고 싶은 충동(衝動)을 참다.
　　〔Text=21/Freq2=29(100%)〕
　② (예) 그에게 물건을 사라고 충동을 하다.
　　〔×〕

≪충분하다≫전체빈도합=58(0.0031%)

충분하다 형 ☆★★　【Text=40/Freq1=58】
　⓪ (예) 충분(充分)한 식량을 준비하다.
　　〔Text=25/Freq2=36(65.5%)〕
　❶ (예) 풍경이 감탄하기에 충분하다.
　　〔Text=16/Freq2=19(34.5%)〕

≪충분히≫전체빈도합=79(0.0043%)

충분히 부★★☆　【Text=53/Freq1=79】
　① (예) 돈을 충분(充分)히 준비하다.
　　〔Text=42/Freq2=57(72.2%)〕
　② (예) 충분히 가능한 일이다.
　　〔Text=16/Freq2=22(27.8%)〕

≪충실하다≫전체빈도합=27(0.0015%)
　충실하다¹ 형 【Text=20/Freq1=23(85.2%)】
　　① (예) [직무에/직업에] 충실(忠實)하다.
　충실하다² 형 【Text=4/Freq1=4(14.8%)】
　　① (예) 내용이 충실(充實)하다.
　　　　〔Text=4/Freq2=4(100%)〕
　　② (예) 아이를 충실하게 잘 기르다. 〔×〕
≪충족시키다≫전체빈도합=16(0.0009%)
　충족시키다 동 【Text=11/Freq1=16】
　　① (예) [욕구를/조건을] 충족(充足)시키다.
≪취급하다≫전체빈도합=26(0.0014%)
　취급하다 동 【Text=20/Freq1=26】
　　① (예) [가구를/잡화를] 취급(取扱)하다.
　　　　〔Text=1/Freq2=1(3.8%)〕
　　② (예) 사건을 취급하다.
　　　　〔Text=10/Freq2=14(53.8%)〕
　　③ (예) 나를 바보로 취급하다.
　　　　〔Text=10/Freq2=11(42.3%)〕
≪취미≫전체빈도합=116(0.0062%)
　취미 명 ★★★ 【Text=34/Freq1=116】
　　① (예) 등산을 취미(趣味)로 삼다.
　　　　〔Text=31/Freq2=105(90.5%)〕
　　② (예) 공부에 취미를 붙이다.
　　　　〔Text=8/Freq2=11(9.5%)〕
≪취소하다≫전체빈도합=9(0.0005%)
　취소하다 동 ☆★☆ 【Text=6/Freq1=9】
　　① (예) 약속을 취소(取消)하다.
　　　　〔Text=6/Freq2=9(100%)〕
　　② (예) 서울시가 영업 허가를 취소하다. 〔×〕
≪취직≫전체빈도합=39(0.0021%)
　취직 명 ☆★★ 【Text=25/Freq1=39】
　　① (예) 회사에 취직(就職)을 하다.
　　　　〔Text=25/Freq2=38(97.4%)〕
　　관 <취직 자리> 〔Text=1/Freq2=1(2.6%)〕
≪취직하다≫전체빈도합=22(0.0012%)
　취직하다 동 ☆★☆ 【Text=14/Freq1=22】
　　① (예) 회사에 취직(就職)하다.
≪취하다≫전체빈도합=147(0.0079%)
　취하다¹ 동 ★★★ 【Text=42/Freq1=80(54.4%)】

① (예) [술에/약에/잠에] 취(醉)하다.
　　〔Text=34/Freq2=65(81.3%)〕
② (예) [기쁨에/음악에/흥에] 취하다.
　　〔Text=12/Freq2=15(18.8%)〕
취하다² 동 【Text=39/Freq1=67(45.6%)】
Ⅰ ① (예) 주장에 맞게 자료를 취(取)하다.
　　〔Text=3/Freq2=3(4.5%)〕
　② (예) [방법을/방식을/형식을] 취하다.
　　〔Text=7/Freq2=9(13.4%)〕
　③ ⓪ (예) [입장을/태도를] 취하다.
　　〔Text=15/Freq2=25(37.3%)〕
　　❶ (예) [자세를/포즈를] 취하다.
　　〔Text=3/Freq2=4(6%)〕
　④ (예) [연락을/행동을] 취하다.
　　〔Text=16/Freq2=23(34.3%)〕
　⑤ (예) 수분을 취하다. 〔×〕
　⑥ (예) [실리를/이윤을/폭리를] 취하다.
　　〔Text=3/Freq2=3(4.5%)〕
Ⅱ (예) 특징으로서 외적 형태를 한옥으로 취하다. 〔×〕
≪측≫전체빈도합=26(0.0014%)
　측¹ 명의 【Text=5/Freq1=5(19.2%)】
　　⓪ (예) 우리 측(側)에서 반대하다.
-측² 접 【Text=16/Freq1=21(80.8%)】
　　⓪ (예) [남/반대/주최]측(側).
≪측면≫전체빈도합=77(0.0041%)
　측면 명 【Text=30/Freq1=77】
　　① (예) 건물을 측면(側面)에서 바라보다.
　　　　〔Text=2/Freq2=2(2.6%)〕
　　② (예) 경제적인 측면에서 검토하다.
　　　　〔Text=28/Freq2=75(97.4%)〕
≪층≫전체빈도합=150(0.0081%)
　층 명 ★★★ 【Text=59/Freq1=150】 ²⁷¹⁾
Ⅰ ① (예) 구름이 여러 개의 층(層)을 이루다. 〔×〕
　② (예) 건물의 층마다 CCTV가 있다.
　　〔Text=4/Freq2=5(3.3%)〕
　③ (예) 젊은 층에서 지지하다.
　　〔Text=7/Freq2=7(4.7%)〕
Ⅱ (예) 5층 건물.
　　〔Text=49/Freq2=137(91.3%)〕
ⓧ 〔Text=1/Freq2=1(0.7%)〕

---

271) 『외국인을 위한 한국어 학습 사전』(2004)의 중요 어휘 목록에서는 '층'의 Ⅱ에 해당하는 용법을 독립된 의존명사로 보아 ☆☆★의 중요도를 부여하고 있다.

≪치≫ 전체빈도합=32(0.0017%) [272)]

치¹ 몡 【Text=1/Freq1=1(3.1%)】
   ⓪ (예) 치(齒)가 떨리다./치를 떨다.

치² 몡 【Text=0/Freq1=0】 ⓧ
   ⓪ (예) 젊은 치들/저 치들은 왜 저러지? 〔×〕

치³ 몡의 【Text=6/Freq1=8(25%)】
   ⓪ (예) 세 사람 치의 일삯./넉 달 치 이자.

치⁴ 몡의 【Text=14/Freq1=17(53.1%)】
   ⓪ (예) 길이가 두 치 가량 되다.

치⁰ 감 【Text=5/Freq1=6(18.8%)】
   ❶ (예) 치, 왜 나한테 화를 내?

≪치다≫ 전체빈도합=543(0.0292%)

치다¹ 동 【Text=12/Freq1=15(2.8%)】
   ① (예) [눈보라가/비바람이/폭풍이] 치다.
      〔Text=3/Freq2=3(20%)〕
   ② (예) [번개가/벼락이/천둥이] 치다.
      〔Text=9/Freq2=11(73.3%)〕
   ③ (예) [물결이/파도가] 치다.
      〔Text=1/Freq2=1(6.7%)〕

치다² 동★★★ 【Text=130/Freq1=419(77.2%)】
 I ① (예) 책상을 치다./어깨를 툭 치다.
      〔Text=23/Freq2=38(9.1%)〕
   ②㉠ (예) [따귀를/뺨을/사내를] 치다.
      〔Text=13/Freq2=23(5.5%)〕
    ㉡ (예) [곤장을/매를] 치다.
      〔Text=3/Freq2=4(1%)〕
   ③ (예) 적이 사방에서 치고 들어오다.
      〔Text=6/Freq2=10(2.4%)〕
   ④ (예) 남의 [생각을/의견을] 치다.
      〔Text=1/Freq2=1(0.2%)〕
   ⑤ (예) 자동차가 사람을 치다.
      〔Text=3/Freq2=3(0.7%)〕
   ⑥ (예) [가슴 깊은 곳을/마음을] 치다. 〔×〕
   ⑦ (예) 문짝에 못을 치다. 〔×〕
   ⑧ (예) [박수를/손뼉을] 치다.
      〔Text=30/Freq2=44(10.5%)〕
   ⑨㉠ (예) [북을/종을/징을] 치다.
      〔Text=9/Freq2=19(4.5%)〕
    ㉡ (예) [기타를/피아노를] 치다.
      〔Text=8/Freq2=18(4.3%)〕
   ⑩ (예) [공을/테니스를/홈런을] 치다.
      〔Text=15/Freq2=34(8.1%)〕
   ⑪ (예) [자판을/타자를] 치다.
      〔Text=7/Freq2=28(6.7%)〕
   ⑫ (예) [무전을/전보를] 치다.
      〔Text=2/Freq2=3(0.7%)〕
   ⑬ (예) [가지를/머리를/목을] 치다.
      〔Text=2/Freq2=4(1%)〕
   ⑭ (예) [창을/칼을] 쳐서 낫을 만들다. 〔×〕
   ⑮ (예) [떡메를/떡을] 치다. 〔×〕
   ⑯ (예) [밀가루를/쌀을/체를] 치다.
      〔Text=1/Freq2=1(0.2%)〕
   ⑰ (예) [트럼프를/화투를] 치다.
      〔Text=4/Freq2=6(1.4%)〕
   ⑱ (예) 점을 치다.
      〔Text=3/Freq2=3(0.7%)〕
   ⑲ (예) [회를/채를] 치다.
      〔Text=1/Freq2=1(0.2%)〕
   ⑳ (예) [대추를/밤을] 치다. 〔×〕
   ㉑ (예) 시계가 두 시를 치다.
      〔Text=1/Freq2=1(0.2%)〕
   ㉒ (예) [날개를/꼬리를/활개를] 치다.
      〔Text=5/Freq2=6(1.4%)〕
   ㉓㉠ (예) [도망을/발버둥을/야단을/장난을]
         치다. 〔Text=39/Freq2=60(14.3%)〕
    ㉡ (예) [눈웃음을/코웃음을] 치다.
       〔Text=6/Freq2=6(1.4%)〕
    ㉢ (예) [조바심을/진저리를] 치다.
       〔Text=2/Freq2=3(0.7%)〕
    ㉣ (예) [공갈을/사기를/허풍을] 치다.
       〔Text=4/Freq2=4(1%)〕
    ㉤ (예) [내동댕이를/패대기를/헹가래를]
         치다. 〔×〕
    ㉥ (예) 가슴이 [고동을/난리를] 치다.
       〔Text=9/Freq2=9(2.1%)〕
    ㉦ (예) [공을/허탕을] 치다.
       〔Text=1/Freq2=2(0.5%)〕
   ㉔ (예) [사고를/일을] 치다.
       〔Text=1/Freq2=1(0.2%)〕
   ㉕ (예) [고함을/소리를/호통을] 치다.
       〔Text=30/Freq2=40(9.5%)〕
   ㉖ (예) 시험을 치다.
       〔Text=5/Freq2=6(1.4%)〕
 II (예) 수업을 시작하는 종이 치다.
       〔Text=3/Freq2=3(0.7%)〕
   ⚐<가슴을 치다> 〔Text=2/Freq2=2(0.5%)〕
   ⚐<계란으로 바위를 치다>

---

272) 『연세 한국어 사전』의 '차-⁵'(예:치솟다), '-차-⁶'(예:놓치다), '-치⁷'(예:기대치)는 말뭉치의 분석에 적용하지 않았으므로 제외한다.

〖Text=1/Freq2=1(0.2%)〗
㉯<꼬리를 치다> 남자에게 꼬리를 치다.
  〖Text=1/Freq2=1(0.2%)〗
㉯<뒤통수를 치다> 〔×〕
㉯<뒷북 치다> 〔×〕
㉯<등을 치다> 남의 등을 쳐서 먹고 살다.
  〔×〕
㉯<맞장구(를) 치다>
  〖Text=7/Freq2=9(2.1%)〗
㉯<무릎을 치다> 〖Text=4/Freq2=4(1%)〗
㉯<북 치고 장구 치다> 〔×〕
㉯<~ 뺨 치다> 전문가 뺨 치다.
  〖Text=1/Freq2=1(0.2%)〗
㉯<선수(를) 치다> 〔×〕
㉯<치고 받다> 〔×〕
㉯<히트를 치다> 〔×〕
  ⓧ 〖Text=15/Freq2=20(4.8%)〗
치다³ 동 〖Text=2/Freq1=3(0.6%)〗
  ① (예) [소금을/양념을/조미료를] 치다.
    〖Text=2/Freq2=3(100%)〗
  ② (예) 자전거에 기름을 치다. 〔×〕
  ③ (예) 밭에 농약을 치다. 〔×〕
  ㉯<초를 치다> 실수를 해서 일에 초를 치다.
    〔×〕
치다⁴ 동 〖Text=31/Freq1=38(7%)〗
  Ⅰ ① (예) 문에 [발을/커튼을] 치다.
      〖Text=8/Freq2=8(21.1%)〗
    ② ㉠ (예) [담을/칸막이를] 치다.
        〖Text=5/Freq2=6(15.8%)〗
      ㉡ (예) [슬래브를/콘크리트를] 치다.
        〖Text=1/Freq2=1(2.6%)〗
    ③ (예) 천막을 치다.
        〖Text=4/Freq2=4(10.5%)〗
    ④ (예) [둥지를/움막을/진을] 치다.
        〖Text=2/Freq2=2(5.3%)〗
    ⑤ (예) [덫을/투망을] 치다.
        〖Text=1/Freq2=1(2.6%)〗
    ⑥ (예) [금줄을/빨랫줄을] 치다.
        〖Text=2/Freq2=3(7.9%)〗
    ⑦ (예) 거미줄을 치다.
        〖Text=1/Freq2=1(2.6%)〗
    ⑧ (예) 머리에 댕기를 치다. 〔×〕
    ⑨ (예) [괄호를/동그라미를/선을] 치다.
        〖Text=5/Freq2=5(13.2%)〗
    ⑩ (예) 사군자를 치다. 〔×〕
  Ⅱ (예) [병풍을/철망을/철조망을] 치다.

〖Text=2/Freq2=2(5.3%)〗
㉯<경을 치다> 〖Text=1/Freq2=1(2.6%)〗
㉯<진(을) 치다> 가게 앞에 진을 치다.
  〖Text=2/Freq2=3(7.9%)〗
  ⓧ 〖Text=1/Freq2=1(2.6%)〗
치다⁵ 동 〖Text=32/Freq1=46(8.5%)〗
  Ⅰ (예) 땅값을 평당 만 원으로 치다.
      〖Text=2/Freq2=2(4.3%)〗
  Ⅱ ① (예) 값을 높게 치다.
      〖Text=4/Freq2=5(10.9%)〗
    ② (예) 택시를 탄다고 쳐도 늦었다.
      〖Text=16/Freq2=23(50%)〗
    ③ (예) 끈질기기로 치면 그밖에 없다.
      〖Text=13/Freq2=14(30.4%)〗
㉯<~은 둘째(로) 치고> 지겨운 것은 둘째
  치고 초조하다. 〖Text=2/Freq2=2(4.3%)〗
치다⁶ 동 〖Text=0/Freq1=0〗 ⓧ
  ⓪ (예) 멍석을 치다. 〔×〕
치다⁷ 동 〖Text=8/Freq1=15(2.8%)〗
  ① (예) 새끼를 치다.
      〖Text=2/Freq2=2(13.3%)〗
  ② (예) 나무가 옆으로 가지를 치다. 〔×〕
  ③ (예) [누에를/염소를] 치다.
      〖Text=6/Freq2=12(80%)〗
  ④ (예) 하숙을 치다. 〔×〕
㉯<가지(를) 치다>
  ① (예) 궁금함이 또 새로 가지를 치다. 〔×〕
  ② (예) 길이 가지를 치며 갈라지다. 〔×〕
㉯<새끼(를) 치다> 이자가 새끼를 치다.
  〖Text=1/Freq2=1(6.7%)〗
치다⁸ 동 〖Text=5/Freq1=5(0.9%)〗
  ① (예) [고랑을/도랑을] 치다.
      〖Text=1/Freq2=1(20%)〗
  ② ㉠ (예) [똥을/쓰레기를/재를] 치다.
      〖Text=1/Freq2=1(20%)〗
    ㉡ (예) [변소를/집안을] 치다. 〔×〕
  ③ (예) 걸레로 방을 치다.
      〖Text=3/Freq2=3(60%)〗
치다⁹ 동 〖Text=0/Freq1=0〗 ⓧ
  ⓪ (예) [덫에/소문에] 치다. 〔×〕
치다ˣ ? 〖Text=2/Freq1=2(0.4%)〗
≪치료≫전체빈도합=45(0.0024%)
치료 명 ★☆★ 〖Text=24/Freq1=45〗
  ⓪ (예) 치료(治療)를 받다.
≪치르다≫전체빈도합=101(0.0054%)

치르다¹ 동★★★ 【Text=41/Freq1=89(88.1%)】
① (예) [시험을/중대사를] 치르다./어차피 치러야 할 일이라면 피하지 않겠다.
　〔Text=29/Freq2=68(76.4%)〕
② (예) [옥고를/홍역을] 치르다.
　〔Text=13/Freq2=17(19.1%)〕
③ (예) 형기를 치르다.
　〔Text=4/Freq2=4(4.5%)〕
④ (예) [손님을/하숙생을] 치르다. 〔×〕

치르다² 동 【Text=11/Freq1=12(11.9%)】
① (예) [값을/돈을/하숙비를] 치르다.
　〔Text=9/Freq2=9(75%)〕
② (예) 대가를 치르다.
　〔Text=3/Freq2=3(25%)〕

≪치마≫전체빈도합=50(0.0027%)
치마 명★★★ 【Text=23/Freq1=50】
⓪ (예) 치마를 입다.

≪치밀다≫전체빈도합=16(0.0009%)
치밀다 동 【Text=15/Freq1=16】
Ⅰ ① (예) [분아가/생각이/화가] 치밀다.
　〔Text=15/Freq2=16(100%)〕
② (예) 목에서 [말이/욕이] 치밀다. 〔×〕
③ (예) [구역질이/구토가] 치밀다. 〔×〕
Ⅱ (예) 땅에서 열기가 치밀다. 〔×〕
Ⅲ (예) [머리를/상반신을] 치밀어 올리다. 〔×〕

≪치약≫전체빈도합=20(0.0011%)
치약 명☆★☆ 【Text=6/Freq1=20】
⓪ (예) 칫솔에 치약(齒藥)을 묻히다.

≪치열하다≫전체빈도합=32(0.0017%)
치열하다 형 【Text=23/Freq1=32】
⓪ (예) 경쟁이 치열(熾烈)하다.

≪치우다≫전체빈도합=84(0.0045%)
치우다¹ 동☆☆★ 【Text=46/Freq1=76(90.5%)】
Ⅰ ① ㉠ (예) 쓰레기를 치우다.
　〔Text=9/Freq2=11(14.5%)〕
　㉡ (예) 밥 먹을 때는 신문을 치우다./손을 치우다. 〔Text=14/Freq2=20(26.3%)〕
② (예) [방을/집안을] 치우다.
　〔Text=17/Freq2=24(31.6%)〕
③ (예) 상을 치우다.
　〔Text=7/Freq2=10(13.2%)〕
④ (예) 골치 아픈 얘기 치우고, 다른 얘기 하다. 〔Text=2/Freq2=2(2.6%)〕

⑤ (예) 혼자서 [술을/음식을] 다 치우다. 〔×〕
⑥ (예) 딸을 치우다. 〔×〕
Ⅱ (예) 탁자를 한쪽으로 치우다.
　〔Text=6/Freq2=8(10.5%)〕
ⓧ 〔Text=1/Freq2=1(1.3%)〕

치우다² 동 【Text=8/Freq1=8(9.5%)】
⓪ (예) [음식을 먹어/책을 팔아] 치우다.

≪친구≫전체빈도합=1,736(0.0935%)
친구 명★★★ 【Text=186/Freq1=1,736】
① ㉠ (예) 친구(親舊)를 사귀다.
　〔Text=180/Freq2=1,625(93.6%)〕
　㉡ (예) 자연과 친구가 되다.
　〔Text=7/Freq2=12(0.7%)〕
② (예) 이 친구야 정신 차려.
　〔Text=25/Freq2=51(2.9%)〕
관 [남자/여자] 친구>
　〔Text=13/Freq2=44(2.5%)〕
ⓧ 〔Text=1/Freq2=4(0.2%)〕

≪친절하다≫전체빈도합=54(0.0029%)
친절하다 형★★★ 【Text=29/Freq1=54】
⓪ (예) 이웃에게 친절(親切)하게 대하다.

≪친정≫전체빈도합=27(0.0015%)
친정¹ 명 【Text=14/Freq1=27(100%)】
⓪ (예) 아내가 친정(親庭)에 가다.

친정² 명 【Text=0/Freq1=0】 ⓧ
⓪ (예) 수렴청정이 끝나고 임금이 친정(親政)을 하다. 〔×〕

친정³ 명 【Text=0/Freq1=0】 ⓧ
⓪ (예) 왕이 몽골을 정벌하기 위해 친정(親征)을 하다. 〔×〕

≪친척≫전체빈도합=119(0.0064%)
친척 명★★★ 【Text=42/Freq1=119】
⓪ (예) 친척(親戚)들이 모이다.

≪친하다≫전체빈도합=89(0.0048%)
친하다¹ 동 【Text=0/Freq1=0】 ⓧ
⓪ (예) [학생들과/원고지와] 친(親)하라. 〔×〕

친하다² 형★★★ 【Text=49/Freq1=89(100%)】
① (예) 이웃과 친(親)하게 지내다.
　〔Text=49/Freq2=86(96.6%)〕
② (예) 양쪽이 친하게 지내며 교류하다.
　〔Text=3/Freq2=3(3.4%)〕

≪칠≫전체빈도합=382(0.0206%)
칠¹ 명 【Text=6/Freq1=11(2.9%)】

① (예) 칠(漆)로 목제품을 도장하다.
 〔Text=1/Freq2=5(45.5%)〕
② (예) 손톱에 빨간 칠을 하다.
 〔Text=4/Freq2=5(45.5%)〕
③ (예) 비누 칠을 하다.
 〔Text=1/Freq2=1(9.1%)〕
칠² ㊕★★★ 【Text=117/Freq1=371(97.1%)】
 Ⅰ ⓪ (예) 칠(七)은 행운의 숫자이다.
  〔Text=12/Freq2=28(7.5%)〕
  ❶ (예) 그림 7(칠).
   〔Text=5/Freq2=9(2.4%)〕
 Ⅱ (예) 칠 [번/장/형제].
  〔Text=113/Freq2=334(90%)〕
≪칠십≫전체빈도합=303(0.0163%)
 칠십 ㊕ 【Text=74/Freq1=303】 ²⁷³⁾
 Ⅰ (예) 나이가 칠십(七十)을 넘기다.
  〔Text=7/Freq2=10(3.3%)〕
 Ⅱ 칠십 명. 〔Text=72/Freq2=293(96.7%)〕
≪칠월≫전체빈도합=37(0.0020%)
 칠월 ㊊☆★☆ 【Text=25/Freq1=37】
  ⓪ (예) 칠월(七月).
≪칠판≫전체빈도합=26(0.0014%)
 칠판 ㊊☆☆★ 【Text=17/Freq1=26】
  ⓪ (예) 칠판(漆板)에 글씨를 쓰다.
≪칠하다≫전체빈도합=24(0.0013%)
 칠하다 ㊐ 【Text=21/Freq1=24】
  ⓪ (예) [기름을/페인트를] 칠(漆)하다.
≪침≫전체빈도합=49(0.0026%)
 침¹ ㊊★☆★ 【Text=34/Freq1=45(91.8%)】
  ⓪ (예) 침을 [뱉다/삼키다].
   〔Text=32/Freq2=41(91.1%)〕
  ㊔ <침(을) 튀기다>
   〔Text=2/Freq2=2(4.4%)〕
  ㊔ <침(을) 흘리다> 〔Text=1/Freq2=2(4.4%)〕
  ㊔ <침이 마르다> 침이 마르도록
    칭찬하다. 〔×〕
 침² ㊊ 【Text=2/Freq1=3(6.1%)】
  ⓪ (예) 한의원에서 침(鍼)을 맞다.
 침³ ㊊ 【Text=1/Freq1=1(2%)】
  ① (예) 저울의 침(針). 〔×〕
  ② (예) 벌이 침(針)을 쏘다.

  〔Text=1/Freq2=1(100%)〕
≪침대≫전체빈도합=73(0.0039%)
 침대 ㊊☆★★ 【Text=34/Freq1=73】
  ⓪ (예) 침대(寢臺)에서 일어나다.
≪침략≫전체빈도합=41(0.0022%)
 침략 ㊊★☆☆ 【Text=12/Freq1=41】
  ⓪ (예) 외적에게 침략(侵略)을 당하다.
   〔Text=12/Freq2=41(100%)〕
  ㊔ <침략 전쟁> 〔×〕
≪침묵≫전체빈도합=80(0.0043%)
 침묵 ㊊ 【Text=27/Freq1=80】
  ⓪ (예) 긴 침묵(沈默)이 흐르다.
   〔Text=26/Freq2=72(90%)〕
  ㊔ <침묵을 지키다>
   〔Text=6/Freq2=8(10%)〕
≪침입≫전체빈도합=24(0.0013%)
 침입 ㊊ 【Text=12/Freq1=24】
  ⓪ (예) 외세의 침입(侵入)을 받다.
≪침착하다≫전체빈도합=28(0.0015%)
 침착하다 ㊏ 【Text=21/Freq1=28】
  ⓪ (예) 침착(沈着)한 태도.
≪칫솔≫전체빈도합=14(0.0008%)
 칫솔 ㊊☆☆★ 【Text=7/Freq1=14】
  ⓪ (예) 칫솔(齒-)로 이를 닦다.
≪칭찬하다≫전체빈도합=47(0.0025%)
 칭찬하다 ㊐★☆☆ 【Text=31/Freq1=47】
  ⓪ (예) [성실함을/소년을/태도를]
    칭찬(稱讚)하다.

≪카드≫전체빈도합=61(0.0033%)
 카드 ㊊★★☆ 【Text=23/Freq1=61】
  ① (예) 카드에 중요한 사항을 적다.

---

273) 『연세 한국어 사전』에는 '칠십'을 단일 의미로 기술하고 있는데, 여기서는 다른 수사들과 마찬가지로 관형사적인 용법을 따로 나누어 기술한다. ☞칠².

〔Text=1/Freq2=1(1.6%)〕
② (예) [독서/진료] 카드.
　　〔Text=4/Freq2=5(8.2%)〕
③ (예) 신용 카드./카드로 계산하다.
　　〔Text=4/Freq2=6(9.8%)〕
④ (예) 의료 보험 카드. 〔×〕
⑤ (예) 트럼프 카드를 돌리다.
　　〔Text=2/Freq2=8(13.1%)〕
⑥ (예) [감사/생일/성탄절] 카드를 쓰다.
　　〔Text=8/Freq2=32(52.5%)〕
⑦ (예) 그림 카드 중에서 2장을 뽑다.
　　〔Text=3/Freq2=5(8.2%)〕
⑧ (예) 선거법을 카드로 쓰다.
　　〔Text=1/Freq2=1(1.6%)〕
⑨ (예) 컴퓨터 사운드 카드.
　　〔Text=1/Freq2=3(4.9%)〕

≪카메라≫전체빈도합=92(0.0050%)
카메라 명 ☆★★ 【Text=14/Freq1=92】
① (예) 카메라로 사진을 찍다.
　　〔Text=4/Freq2=7(7.6%)〕
② (예) 텔레비전 중계 카메라.
　　〔Text=11/Freq2=85(92.4%)〕

≪칸≫전체빈도합=84(0.0045%) [274]
칸¹ 명 ★☆☆ 【Text=27/Freq1=62(73.8%)】
Ⅰ ① (예) 책장의 칸마다 책이 가득하다.
　　〔Text=5/Freq2=6(9.7%)〕
② (예) 줄을 그어 칸을 만들다.
　　〔Text=19/Freq2=43(69.4%)〕
Ⅱ ① (예) 객차 두 칸을 달다.
　　〔Text=7/Freq2=13(21%)〕
② (예) 계단을 한 칸씩 오르다. 〔×〕
칸² 명의 【Text=12/Freq1=22(26.2%)】
⓪ (예) 집 한 칸 없다.

≪칼≫전체빈도합=93(0.0050%)
칼¹ 명 ★☆★ 【Text=37/Freq1=93(100%)】
⓪ (예) 칼에 손을 베다.
　　〔Text=37/Freq2=91(97.8%)〕
관 <칼 같다> 칼 같은 [말/바람]. 〔×〕
관 <칼을 갈다> 복수의 칼을 갈다. 〔×〕
관 <칼(을) 대다> 〔×〕
관 <칼(을) 맞다> 【Text=1/Freq2=2(2.2%)】
칼² 명 【Text=0/Freq1=0】 ⓧ
① (예) 칼을 쓰고 옥에 갇히다. 〔×〕

≪캄캄하다≫전체빈도합=21(0.0011%)
캄캄하다 형 ☆☆★ 【Text=17/Freq1=21】
Ⅰ (예) 캄캄한 [거리/지하실].
　　〔Text=13/Freq2=17(81%)〕
Ⅱ ① (예) 앞이 캄캄하다./캄캄한 절망감.
　　〔Text=3/Freq2=3(14.3%)〕
② (예) 세상 물정에 캄캄하다.
　　〔Text=1/Freq2=1(4.8%)〕

≪캐다≫전체빈도합=24(0.0013%)
캐다 동 ☆☆★ 【Text=16/Freq1=24】
① (예) [약초를/조개를] 캐다.
　　〔Text=11/Freq2=16(66.7%)〕
② (예) 말의 진의를 캐다.
　　〔Text=5/Freq2=7(29.2%)〕
관 <족보를 캐다> 이상한 일의 족보를 캐다.
　　〔×〕
ⓧ 〔Text=1/Freq2=1(4.2%)〕

≪캠퍼스≫전체빈도합=19(0.0010%)
캠퍼스 명 【Text=10/Freq1=19】
⓪ (예) [대학/지방] 캠퍼스.

≪커다랗다≫전체빈도합=195(0.0105%)
커다랗다 형 ★★☆ 【Text=88/Freq1=195】
⓪ (예) 커다란 집./눈을 커다랗게 뜨다.

≪커튼≫전체빈도합=35(0.0019%)
커튼 명 【Text=11/Freq1=35】
⓪ (예) 창문에 커튼을 치다.

≪커피≫전체빈도합=122(0.0066%)
커피 명 ★★★ 【Text=44/Freq1=122】
① (예) 갓 볶은 커피를 갈다.
　　〔Text=7/Freq2=12(9.8%)〕
② (예) 짙은 커피를 마시다.
　　〔Text=44/Freq2=110(90.2%)〕

≪컴퓨터≫전체빈도합=400(0.0215%)
컴퓨터 명 ★★★ 【Text=52/Freq1=400】
① (예) 컴퓨터를 업무에 활용하다.
　　〔Text=52/Freq2=400(100%)〕
② (예) 그 사람은 기억력은 컴퓨터이다. 〔×〕

≪컵≫전체빈도합=45(0.0024%)
컵 명 ☆☆★ 【Text=21/Freq1=45】
Ⅰ ① (예) 컵에 물을 따르다.

---

274) 『연세 한국어 사전』의 '-칸³'(예:화물칸)은 말뭉치의 분석에 적용하지 않았으므로 제외한다.

〔Text=19/Freq2=39(86.7%)〕
② (예) 우승한 팀에 우승 컵을 주다. 〔×〕
Ⅱ (예) 물 한 컵. 〔Text=1/Freq2=2(4.4%)〕
관<컵 라면> 〔Text=2/Freq2=4(8.9%)〕

≪케이크≫전체빈도합=2(0.0001%)

케이크 명☆★☆ 【Text=1/Freq1=2】
⓪ (예) 생일 케이크를 먹다.

≪켜다≫전체빈도합=124(0.0067%)

켜다¹ 동★★★ 【Text=57/Freq1=113(91.1%)】
① (예) [라이터를/불을/성냥을] 켜다.
〔Text=5/Freq2=8(7.1%)〕
② (예) [등잔불을/전등을] 켜다.
〔Text=44/Freq2=67(59.3%)〕
③ (예) [텔레비전을/히터를] 켜다.
〔Text=20/Freq2=37(32.7%)〕
관<눈에 [불을/쌍심지를] 켜다>
〔Text=1/Freq2=1(0.9%)〕

켜다² 동 【Text=0/Freq1=0】 ⓧ
⓪ (예) 나무를 톱으로 켜다. 〔×〕

켜다³ 동 【Text=1/Freq1=2(1.6%)】
⓪ (예) [첼로를/현을] 켜다.

켜다⁴ 동 【Text=7/Freq1=7(5.6%)】
⓪ (예) 기지개를 켜다.

켜다⁵ 동 【Text=1/Freq1=1(0.8%)】
⓪ (예) [물을/소주를] 켜다.
〔Text=1/Freq2=1(100%)〕
관<헛물(을) 켜다> 〔×〕

켜다ˣ ? 【Text=1/Freq1=1(0.8%)】

≪코≫전체빈도합=148(0.0080%) ²⁷⁵⁾

코¹ 명★★★ 【Text=72/Freq1=148(100%)】
① (예) 코로 냄새를 맡다.
〔Text=46/Freq2=95(64.2%)〕
② (예) 흐르는 코를 닦다.
〔Text=8/Freq2=11(7.4%)〕
③ (예) 고무신의 빨간 코.
〔Text=2/Freq2=2(1.4%)〕
관<내 코가 석자이다>
〔Text=1/Freq2=1(0.7%)〕
관<눈 코 뜰 새(가) 없다>
〔Text=1/Freq2=1(0.7%)〕
관<다 된 밥에 코 빠뜨리다>
〔Text=1/Freq2=1(0.7%)〕
관<코 먹은 소리> 〔×〕
관<코 묻은 돈> 〔×〕
관<코 앞에 [닥치다/오다]>
〔Text=4/Freq2=5(3.4%)〕
관<코가 꿰이다> 〔×〕
관<코가 납작해지다>
〔Text=1/Freq2=1(0.7%)〕
관<코가 높다> 〔Text=1/Freq2=1(0.7%)〕
관<코가 땅에 [닿게/닿도록/닿을
정도로]> 〔×〕
관<코가 비뚤어지다> 〔×〕
관<코가 빠지다> 〔×〕
관<코가 시큰하다> 〔×〕
관<코를 골다> 〔Text=13/Freq2=23(15.5%)〕
관<코를 찌르다> 〔Text=5/Freq2=6(4.1%)〕
관<큰 코 다치다> 〔Text=1/Freq2=1(0.7%)〕

코² 명 【Text=0/Freq1=0】 ⓧ
Ⅰ (예) 코를 엮으며 스웨터를 뜨다. 〔×〕
Ⅱ (예) 목도리를 뜰 때 몇 코를 잡다. 〔×〕

≪코끝≫전체빈도합=17(0.0009%)

코끝 명 【Text=14/Freq1=17】
① (예) 코끝이 [시큰하다/찡하다].
〔Text=13/Freq2=16(94.1%)〕
② (예) [고무신/버선] 코끝.
〔Text=1/Freq2=1(5.9%)〕
관<코끝도 안 보이다> 〔×〕

≪코끼리≫전체빈도합=39(0.0021%)

코끼리 명☆☆★ 【Text=12/Freq1=39】
⓪ (예) 코끼리는 코가 길다.

≪코트≫전체빈도합=14(0.0008%)

코트¹ 명☆★☆ 【Text=8/Freq1=14(100%)】
⓪ (예) 코트를 입다.

코트² 명 【Text=0/Freq1=0】 ⓧ
⓪ (예) 테니스 코트. 〔×〕

≪콜라≫전체빈도합=15(0.0008%)

콜라 명★☆ 【Text=9/Freq1=15】
⓪ (예) 콜라를 마시다.

≪콩≫전체빈도합=60(0.0032%)

콩¹ 명★☆★ 【Text=14/Freq1=60(100%)】
⓪ (예) 밥에 콩을 섞다.
〔Text=14/Freq2=59(98.3%)〕
ⓧ 〔Text=1/Freq2=1(1.7%)〕

---

275) 『연세 한국어 사전』의 '-코³'(예:결단코)는 말뭉치의 분석에 적용하지 않았으므로 제외한다.

콩² 불 【Text=0/Freq1=0】 ⓧ
　　⓪ (예) 머리를 콩 쥐어박다. 〔×〕
≪콩나물≫전체빈도합=17(0.0009%)
콩나물 명 【Text=13/Freq1=17】
　　⓪ (예) 콩나물로 국을 끓이다.
　　　〔Text=12/Freq2=15(88.2%)〕
　　관 <콩나물 교실> 〔Text=1/Freq2=1(5.9%)〕
　　관 <콩나물 시루 (같다)>
　　　〔Text=1/Freq2=1(5.9%)〕
≪쾌감≫전체빈도합=22(0.0012%)
쾌감 명 【Text=10/Freq1=22】
　　⓪ (예) 쾌감(快感)을 [느끼다/주다].
≪쾌락≫전체빈도합=15(0.0008%)
쾌락 명 【Text=10/Freq1=15】
　　⓪ (예) 쾌락(快樂)을 즐기다.
≪쾌적하다≫전체빈도합=18(0.0010%)
쾌적하다 형 【Text=10/Freq1=18】
　　⓪ (예) 쾌적(快適)한 [기분/환경].
≪크기≫전체빈도합=77(0.0041%)
크기 명 ★★☆ 【Text=40/Freq1=77】
　　① (예) 잔들의 크기가 다르다.
　　　〔Text=36/Freq2=69(89.6%)〕
　　② (예) 엄청난 크기의 [위력/힘]을 지니다.
　　　〔Text=1/Freq2=1(1.3%)〕
　　③ (예) 직업별 계층의 크기를 비교하다.
　　　〔Text=4/Freq2=4(5.2%)〕
　　④ (예) 시련의 크기에 따라 영향을 받다. 〔×〕
　　⑤ (예) 노력에 따라 얻어지는 효용의 크기는 다르다. 〔×〕
　　⑥ (예) 돈의 크기를 따지다.
　　　〔Text=2/Freq2=2(2.6%)〕
　　⑦ (예) [말소리의/웃음소리의] 크기.
　　　〔Text=1/Freq2=1(1.3%)〕
　　⑧ (예) 움직임의 크기. 〔×〕
≪크다≫전체빈도합=1,744(0.0939%)
크다¹ 동 ☆★☆ 【Text=50/Freq1=73(4.2%)】
　　① (예) 아들이 씩씩하게 잘 크다.
　　　〔Text=49/Freq2=72(98.6%)〕
　　② (예) 회사가 한창 커 가다.
　　　〔Text=1/Freq2=1(1.4%)〕
크다² 형 ★★★ 【Text=202/Freq1=1,671(95.8%)】
　　① (예) [덩치가/미용실이] 크다.
　　　〔Text=170/Freq2=641(38.4%)〕

　　② (예) 공이 크다./큰 [싸움/전투].
　　　〔Text=95/Freq2=220(13.2%)〕
　　③ (예) [실망이/충격이] 크다.
　　　〔Text=35/Freq2=54(3.2%)〕
　　④ (예) 액수가 크다./큰 상금을 걸다.
　　　〔Text=20/Freq2=24(1.4%)〕
　　⑤ (예) [책임감이/책임이] 크다.
　　　〔Text=6/Freq2=7(0.4%)〕
　　⑥ (예) [목소리가/박수가/소리가] 크다.
　　　〔Text=85/Freq2=151(9%)〕
　　⑦ (예) [담이/배짱이] 크다.
　　　〔Text=2/Freq2=2(0.1%)〕
　　⑧ (예) [세력이/영향이/효과가] 크다.
　　　〔Text=43/Freq2=79(4.7%)〕
　　⑨ (예) 큰 [불찰/잘못/죄]을 저지르다.
　　　〔Text=17/Freq2=24(1.4%)〕
　　⑩ (예) [가능성이/확률이] 크다.
　　　〔Text=6/Freq2=6(0.4%)〕
　　⑪ (예) 8월은 큰 달이다. 〔×〕
　　⑫ (예) [신발이/옷이] 크다.
　　　〔Text=3/Freq2=3(0.2%)〕
　　⑬ (예) 큰 [뜻/업적/인물/활약].
　　　〔Text=17/Freq2=21(1.3%)〕
　　⑭ (예) 큰 [결단/구실/이유/일/특징].
　　　〔Text=48/Freq2=74(4.4%)〕
　　⑮ (예) 환경으로 작게는 개인 공간에서 크게는 도시 환경이 있다.
　　　〔Text=2/Freq2=2(0.1%)〕
　　⑯ (예) 크게 [달라지다/앓다].
　　　〔Text=82/Freq2=176(10.5%)〕
　　⑰ (예) 크게 [나누다/보다/분류하다].
　　　〔Text=20/Freq2=29(1.7%)〕
　　⓲ (예) 큰 [비난을/질책을/칭찬을] 받다.
　　　〔Text=30/Freq2=50(3%)〕
　　⓳ (예) [결과가/성과가/효과가] 크다.
　　　〔Text=27/Freq2=33(2%)〕
　　⓴ (예) [관심이/기대가/희망이] 크다.
　　　〔Text=27/Freq2=33(2%)〕
　　㉑ (예) 큰 [삼촌/아버지/형].
　　　〔Text=10/Freq2=19(1.1%)〕
　　㉒ (예) 피해가 크다./큰 병에 걸리다. 〔Text=15/Freq2=17(1%)〕
　　㉓ (예) 큰 마음을 먹다.
　　　〔Text=1/Freq2=1(0.1%)〕
　　관 <간이 크다> 〔Text=1/Freq2=1(0.1%)〕
　　관 <그릇이 크다> 〔Text=1/Freq2=1(0.1%)〕

[관]<배가 크다> 〔×〕
[관]<배보다 배꼽이 (더) 크다>
〔Text=1/Freq2=1(0.1%)〕
[관]<손이 크다> 〔Text=2/Freq2=2(0.1%)〕

≪**크리스마스**≫전체빈도합=19(0.0010%)

크리스마스 [명]☆★☆ 【Text=11/Freq1=19】
⓪ (예) 크리스마스 카드.

≪**큰길**≫전체빈도합=21(0.0011%)

큰길 [명] 【Text=17/Freq1=21】
⓪ (예) 골목에서 큰길로 나가다.
〔Text=16/Freq2=20(95.2%)〕
❶ (예) 천하에서 의가 가장 큰길이다.
〔Text=1/Freq2=1(4.8%)〕

≪**큰댁**≫전체빈도합=27(0.0015%)

큰댁 [명] 【Text=12/Freq1=27】
① (예) 큰댁(宅)에서 제사를 지내다.
〔Text=12/Freq2=27(100%)〕
② (예) 첩이 큰댁을 무서워하다. 〔×〕

≪**큰아버지**≫전체빈도합=31(0.0017%)

큰아버지 [명] 【Text=17/Freq1=31】
⓪ (예) 큰아버지와 작은아버지.

≪**큰일**≫전체빈도합=54(0.0029%)

큰일 [명]★★☆ 【Text=41/Freq1=54】
① (예) 나라의 큰일을 맡아 하다.
〔Text=41/Freq2=52(96.3%)〕
② (예) 친척이 많아 큰일을 할 때 좋다.
〔Text=2/Freq2=2(3.7%)〕

≪**큰일나다**≫전체빈도합=29(0.0016%)

큰일나다 [동]☆★☆ 【Text=20/Freq1=29】
⓪ (예) 조금만 늦었으면 큰일날 뻔하다.

≪**큼직하다**≫전체빈도합=17(0.0009%)

큼직하다 [형] 【Text=11/Freq1=17】
⓪ (예) 큼직한 [가방/글씨/집].

≪**키**≫전체빈도합=170(0.0092%)

키[1] [명]★★★ 【Text=70/Freq1=143(84.1%)】
① (예) 아이들 키가 [작다/크다].
〔Text=67/Freq2=132(92.3%)〕
② (예) 키 작은 이불장.
〔Text=6/Freq2=7(4.9%)〕
[관]<키(가) 작다> 키가 작은 나무.
〔Text=3/Freq2=4(2.8%)〕

키[2] [명] 【Text=4/Freq1=4(2.4%)】
⓪ (예) 키로 곡식을 까부르다.

키[3] [명] 【Text=0/Freq1=0】 ⓧ
⓪ (예) 키로 배의 방향을 조정하다. 〔×〕
[관]<키를 잡다> 〔×〕

키[4] [명] 【Text=6/Freq1=23(13.5%)】
① (예) 아파트의 키./자동차 키.
〔Text=5/Freq2=18(78.3%)〕
② (예) 사건을 해결할 중요한 키를 쥐다. 〔×〕
③ (예) [인터폰의/자판의] 키를 누르다.
〔Text=1/Freq2=5(21.7%)〕
④ (예) 피아노의 키를 누르다. 〔×〕

≪**키우다**≫전체빈도합=127(0.0068%)

키우다 [동]★★★ 【Text=67/Freq1=127】
① (예) [기사를/사진을] 크게 키우다.
〔Text=4/Freq2=6(4.7%)〕
② (예) [금붕어를/콩나물을] 키우다.
〔Text=34/Freq2=62(48.8%)〕
③ (예) [예술인을/화가로] 키우다.
〔Text=8/Freq2=10(7.9%)〕
④ (예) [능력을/병을] 크게 키우다.
〔Text=30/Freq2=48(37.8%)〕
ⓧ 〔Text=1/Freq2=1(0.8%)〕

≪**킬로미터**≫전체빈도합=34(0.0018%)

킬로미터 [명][의] 【Text=20/Freq1=34】
⓪ (예) 거리가 10킬로미터이다.

ㅌ

≪**타고나다**≫전체빈도합=28(0.0015%)

타고나다 [동] 【Text=25/Freq1=28】
⓪ (예) [건강을/기억력을] 타고나다.

≪**타다**≫전체빈도합=710(0.0382%)

타다[1] [동] 【Text=40/Freq1=57(8%)】
Ⅰ ① (예) 집이 불에 타다.
〔Text=23/Freq2=30(52.6%)〕
② (예) 밥이 타다.
〔Text=1/Freq2=6(10.5%)〕
③ (예) 얼굴이 검게 타다.
〔Text=6/Freq2=6(10.5%)〕
④ (예) [목이/입술이] 타 들어가다.

　　　　〔Text=5/Freq2=5(8.8%)〕
　⑤ (예) 증오에 타는 눈으로 쏘아보다.
　　　　〔Text=1/Freq2=1(1.8%)〕
　⑥ (예) 그에 대한 생각에 가슴이 타다.
　　　　〔Text=6/Freq2=6(10.5%)〕
　❼ (예) 가뭄에 곡식이 타 들어가다.
　　　　〔Text=1/Freq2=1(1.8%)〕
　Ⅱ ① (예) 아궁이에 [불길이/불이] 타다. 〔×〕
　　② (예) 하늘 끝에서 노을이 타고 있다.
　　　　〔Text=1/Freq2=1(1.8%)〕
　관<[똥끝이/똥줄이] 타다> 〔×〕
　관<[애가/애간장이] 타다>
　　　　〔Text=1/Freq2=1(1.8%)〕
타다² 동 ★★★ 【Text=148/Freq1=585(82.4%)】
　① (예) [버스를/차에] 타다.
　　　　〔Text=132/Freq2=476(81.4%)〕
　② ㉠ (예) [그네를/미끄럼을] 타다.
　　　　〔Text=14/Freq2=20(3.4%)〕
　　㉡ (예) [작두를/줄을] 타다.
　　　　〔Text=3/Freq2=8(1.4%)〕
　③ ㉠ (예) [물살을/여울을/파도를] 타다.
　　　　〔Text=5/Freq2=10(1.7%)〕
　　㉡ (예) [붐을/인기를] 타다.
　　　　〔Text=7/Freq2=9(1.5%)〕
　④ (예) [조기 교육 바람을/틈을] 타다.
　　　　〔Text=5/Freq2=6(1%)〕
　⑤ (예) [바위를/비탈을] 타다.
　　　　〔Text=3/Freq2=3(0.5%)〕
　⑥ (예) [매스컴을/방송을] 타다.
　　　　〔Text=5/Freq2=10(1.7%)〕
　⑦ (예) [강을/고속도로를] 타다.
　　　　〔Text=3/Freq2=3(0.5%)〕
　⑧ (예) 소리가 공기를 타고 전해지다.
　　/연이 바람을 타고 날아가다.
　　　　〔Text=15/Freq2=20(3.4%)〕
　⑨ (예) 눈물이 뺨을 타고 흐르다./줄을 타고
　　내려오다. 〔Text=12/Freq2=14(2.4%)〕
　⑩ (예) 사내의 가슴을 타고 누르다.
　　　　〔Text=2/Freq2=2(0.3%)〕
　관<무등(을) 타다> 〔Text=1/Freq2=1(0.2%)〕
　관<한 배를 타다> 〔Text=1/Freq2=1(0.2%)〕
　ⓧ 〔Text=2/Freq2=2(0.3%)〕
타다³ 동 【Text=17/Freq1=24(3.4%)】
　Ⅰ (예) [돈을/봉급을/상을] 타다.
　　　　〔Text=16/Freq2=22(91.7%)〕
　Ⅱ (예) 좋은 팔자를 타고 세상에 나오다.

　　　　〔Text=2/Freq2=2(8.3%)〕
타다⁴ 동 【Text=11/Freq1=22(3.1%)】
　Ⅰ (예) 물에 꿀을 타다./술에 약을 타다.
　　　　〔Text=4/Freq2=5(22.7%)〕
　Ⅱ (예) [꿀물을/커피를/홍차를] 타다.
　　　　〔Text=7/Freq2=17(77.3%)〕
타다⁵ 동 【Text=16/Freq1=17(2.4%)】
　① ㉠ (예) [간지럼을/더위를/추위를] 타다.
　　　　〔Text=5/Freq2=5(29.4%)〕
　　㉡ (예) [부끄럼을/수줍음을] 타다.
　　　　〔Text=8/Freq2=8(47.1%)〕
　　㉢ (예) [가뭄을/가을을] 타다.
　　　　〔Text=1/Freq2=1(5.9%)〕
　② (예) [분위기를/유행을] 타다. 〔×〕
　③ (예) [더러움이/손때가/부정을] 타다.
　　　　〔Text=2/Freq2=3(17.6%)〕
　관<손(을/이) 타다> 금고가 사람 손을 타다.
　　〔×〕
타다⁶ 동 【Text=1/Freq1=1(0.1%)】
　① (예) 거문고를 타다.
　　　　〔Text=1/Freq2=1(100%)〕
　② (예) [가락을/음률을] 타다. 〔×〕
타다⁷ 동 【Text=2/Freq1=4(0.6%)】
　① (예) [나무를/박을] 타다.
　　　　〔Text=1/Freq2=3(75%)〕
　② (예) 가르마를 곱게 타다.
　　　　〔Text=1/Freq2=1(25%)〕
타다⁸ 동 【Text=0/Freq1=0】 ⓧ
　⓪ (예) 솜을 타다. 〔×〕

《**타당하다**》전체빈도합=16(0.0009%)

　타당하다 형 【Text=10/Freq1=16】
　⓪ (예) [근거가/말이/주장이] 타당(妥當)하다.

《**타오르다**》전체빈도합=21(0.0011%)

　타오르다 동 【Text=17/Freq1=21】
　① ㉠ (예) [나무가/짚이] 타오르다.
　　　　〔Text=5/Freq2=5(23.8%)〕
　　㉡ (예) [불꽃이/장작불이] 타오르다.
　　　　〔Text=7/Freq2=7(33.3%)〕
　② (예) [태양이/해개] 타오르다. 〔×〕
　③ (예) [노을이/단풍이] 붉게 타오르다.
　　　　〔Text=2/Freq2=2(9.5%)〕
　④ (예) [분노로/욕망으로] 타오르는 눈.
　　　　〔Text=2/Freq2=2(9.5%)〕
　⑤ (예) [마음이/정념이] 타오르다.
　　　　〔Text=4/Freq2=5(23.8%)〕

≪타이르다≫전체빈도합=20(0.0011%)
　타이르다 동 【Text=18/Freq1=20】
　　⓪ (예) [애를/조심하라고] 타이르다.
≪타인≫전체빈도합=25(0.0013%)
　타인 명 【Text=20/Freq1=25】
　　⓪ (예) 타인(他人)의 물건을 훔치다.
≪탁≫전체빈도합=31(0.0017%)
　탁 부 【Text=24/Freq1=31】
　　① (예) 문을 탁 닫다./바닥을 탁 치다.
　　　〔Text=11/Freq2=12(38.7%)〕
　　② (예) 마음을 탁 놓다./맥이 탁 풀리다.
　　　〔Text=2/Freq2=2(16.5%)〕
　　③ (예) 밧줄이 탁 끊기다. 〔×〕
　　④ ㉠ (예) [가슴이/시야가] 탁 트이다.
　　　〔Text=4/Freq2=4(12.9%)〕
　　　㉡ (예) 탁 트인 음성. 〔×〕
　　⑤ (예) 침을 탁 뱉다. 〔Text=2/Freq2=2(6.5%)〕
　　⑥ (예) [냄새가/맛이] 탁 쏘다. 〔×〕
　　❼ (예) 탁 [깨나다/나가다/나타나다].
　　　〔Text=3/Freq2=4(12.9%)〕
　　❽ (예) 탁 [넣어두다/놓다].
　　　〔Text=3/Freq2=3(9.7%)〕
　　❾ (예) 탁 [보다/찾다].
　　　〔Text=2/Freq2=4(12.9%)〕
≪탁구≫전체빈도합=5(0.0003%)
　탁구 명☆★ 【Text=3/Freq1=5】
　　⓪ (예) 탁구(卓球)를 치다.
≪탁월하다≫전체빈도합=27(0.0015%)
　탁월하다 형 【Text=11/Freq1=27】
　　⓪ (예) 탁월(卓越)한 [감각/능력]을 지니다.
　　　/탁월한 [이론/작가].
≪탁자≫전체빈도합=21(0.0011%)
　탁자 명 【Text=15/Freq1=21】
　　⓪ (예) 찻잔을 탁자(卓子) 위에 놓다.
≪탄생≫전체빈도합=25(0.0013%)
　탄생 명 【Text=16/Freq1=25】
　　① (예) 부처의 탄생(誕生)을 기리다.
　　　〔Text=4/Freq2=6(24%)〕
　　② (예) 대한 제국의 탄생을 선포하다.
　　　〔Text=13/Freq2=19(76%)〕

≪탄생하다≫전체빈도합=15(0.0008%)
　탄생하다 동 【Text=13/Freq1=15】
　　① (예) [공자가/아이가] 탄생(誕生)하다.
　　　〔Text=6/Freq2=6(40%)〕
　　② (예) [작품이/종교가] 탄생하다.
　　　〔Text=9/Freq2=9(60%)〕
≪탄성≫전체빈도합=17(0.0009%)
　탄성¹ 명 【Text=0/Freq1=0】 ⓧ
　　⓪ (예) 고무줄은 탄성(彈性)이 크다. 〔×〕
　탄성² 명 【Text=15/Freq1=17(100%)】
　　① (예) 묘기에 탄성(歎聲)을 지르다.
　　　〔Text=14/Freq2=16(94.1%)〕
　　② (예) 응원단이 탄성을 올리다.
　　　〔Text=1/Freq2=1(5.9%)〕
≪탈≫전체빈도합=36(0.0019%) ²⁷⁶⁾
　탈¹ 명★☆★ 【Text=12/Freq1=22(61.1%)】
　　① (예) 탈을 쓰다. 〔Text=9/Freq2=18(81.8%)〕
　　② <~(의) 탈> (예) 사람 탈만 썼지 그가 어디
　　　인간인가. 〔Text=3/Freq2=4(18.2%)〕
　탈² 명 【Text=13/Freq1=14(38.9%)】
　　① (예) 과음으로 탈이 나다.
　　　〔Text=1/Freq2=1(7.1%)〕
　　② (예) 아무 탈 없이 살아 오다.
　　　〔Text=8/Freq2=8(57.1%)〕
　　③ <탈이다> (예) 너무 고지식해 탈이다.
　　　〔Text=5/Freq2=5(35.7%)〕
　　㊟ <탈(을) 잡다> 글의 내용에 탈 잡을 것은
　　　없다. 〔×〕
≪탈춤≫전체빈도합=35(0.0019%)
　탈춤 명 【Text=10/Freq1=35】
　　⓪ (예) 탈춤을 추다.
≪탑≫전체빈도합=32(0.0017%)
　탑 명 【Text=10/Freq1=32】
　　① (예) 탑(塔)을 세우다.
　　　〔Text=7/Freq2=26(81.3%)〕
　　② (예) 등대의 탑 꼭대기.
　　　〔Text=3/Freq2=6(18.8%)〕
≪탓≫전체빈도합=101(0.0054%)
　탓 명의☆★★ 【Text=50/Freq1=101】
　　Ⅰ ① (예) 물가고는 공급 부족 탓이다.
　　　〔Text=35/Freq2=65(64.4%)〕

---

276) 『연세 한국어 사전』의 '탈³'(예:탈권위주의)는 말뭉치의 분석에 적용하지 않았으므로 제외한다.

② (예) [그 사람/남] 탓을 하다.
　　〔Text=23/Freq2=36(35.6%)〕
Ⅱ (예) 생각할 탓이니 놀라지 않다. 〔×〕

≪**태권도**≫전체빈도합=17(0.0009%)

태권도 명 ☆★☆　【Text=11/Freq1=17】
⓪ (예) 태권도(跆拳道)를 배우다.

≪**태도**≫전체빈도합=243(0.0131%)

태도 명 ★★☆　【Text=84/Freq1=243】
① (예) 사람에게 겸손한 태도(態度).
　　〔Text=70/Freq2=205(84.4%)〕
② (예) 사회에 대한 태도.
　　〔Text=25/Freq2=38(15.6%)〕

≪**태양**≫전체빈도합=43(0.0023%)

태양 명 ☆☆★　【Text=31/Freq1=43】
① (예) 태양(太陽)이 떠오르다.
　　〔Text=28/Freq2=40(93%)〕
② (예) 인류의 삶을 밝히는 태양.
　　〔Text=1/Freq2=1(2.3%)〕
❸ (예) 태양 체질. 〔Text=1/Freq2=1(2.3%)〕
관 <태양 광선> 〔Text=1/Freq2=1(2.3%)〕

≪**태어나다**≫전체빈도합=268(0.0144%)

태어나다 동 ★★★　【Text=89/Freq1=268】
① (예) [망아지가/아이가] 태어나다.
　　〔Text=84/Freq2=255(95.1%)〕
② (예) 시련 속에 새 문학이 태어나다.
　　〔Text=7/Freq2=7(2.6%)〕
❸ (예) 종이가 돈으로 태어나다.
　　〔Text=4/Freq2=6(2.2%)〕

≪**태우다**≫전체빈도합=62(0.0033%)

태우다^1 동 ★☆☆　【Text=24/Freq1=35(56.5%)】
Ⅰ ① (예) [나뭇가지를/장작을] 태우다.
　　〔Text=16/Freq2=24(68.6%)〕
② (예) 밥을 태우다.
　　〔Text=2/Freq2=3(8.6%)〕
③ (예) 햇볕에 [몸을/살갗을] 태우다. 〔×〕
④ ㉠ (예) 부모의 속을 태우다.
　　〔Text=1/Freq2=2(5.7%)〕
㉡ (예) 뜻대로 안 돼서 [속을/애를]
　　태우다. 〔Text=4/Freq2=4(11.4%)〕
Ⅱ ① (예) 횃불을 태우다. 〔×〕
② (예) [담배를/줄담배를] 태우다.
　　〔Text=1/Freq2=1(2.9%)〕
③ (예) [뜨거운 열정을/복수의 불길을]
　　가슴속에 태우다.
　　〔Text=1/Freq2=1(2.9%)〕

태우다^2 동 ★☆★　【Text=19/Freq1=27(43.5%)】
① ㉠ (예) [배에/차에] 아내를 태우다.
　　〔Text=15/Freq2=18(66.7%)〕
㉡ (예) 아이를 사다리에 태우다.
　　〔Text=3/Freq2=4(14.8%)〕
② (예) [그네를/목마를] 태우다.
　　〔Text=2/Freq2=2(7.4%)〕
관 <무등을 태우다> 〔×〕
관 <비행기(를) 태우다>
　　〔Text=3/Freq2=3(11.1%)〕

태우다^3 동　【Text=0/Freq1=0】 〔×〕
⓪ (예) 간지럼을 태우다. 〔×〕

≪**택시**≫전체빈도합=81(0.0044%)

택시 명 ★★★　【Text=39/Freq1=81】
⓪ (예) 택시를 타다.

≪**택하다**≫전체빈도합=54(0.0029%)

택하다 동　【Text=39/Freq1=54】
⓪ (예) 철학을 전공으로 택(擇)하다.

≪**터**≫전체빈도합=429(0.0231%)

터^1 명　【Text=19/Freq1=32(7.5%)】
Ⅰ (예) 빈 터에 관공서가 들어서다.
　　〔Text=9/Freq2=10(31.3%)〕
Ⅱ ① (예) 옛 학교 터에 빌딩을 세우다.
　　〔Text=7/Freq2=17(53.1%)〕
② (예) 빨래 터에서 빨래를 하다.
　　〔Text=4/Freq2=4(12.5%)〕
관 <터가 서다> 〔×〕
관 <터를 두다> 〔×〕
관 <터를 잡다> 터를 잡고 살다.
　　〔Text=1/Freq2=1(3.1%)〕

터^2 명의 ★★★　【Text=127/Freq1=397(92.5%)】
① (예) 곧 적이 쳐들어올 터이니 피하시오.
　　〔Text=59/Freq2=260(65.5%)〕
② (예) 나는 그를 존경해 왔던 터였다.
　　〔Text=31/Freq2=53(13.4%)〕
관 <-ㄹ 테니까> 도와 드릴 테니까
　　안심하세요. 〔Text=50/Freq2=84(21.2%)〕

≪**터득하다**≫전체빈도합=19(0.0010%)

터득하다 동　【Text=11/Freq1=19】
⓪ (예) 기술을 터득(攄得)하다.

≪**터뜨리다**≫전체빈도합=61(0.0033%)

터뜨리다 동 【Text=41/Freq1=61】
① (예) 풍선을 터뜨리다.
　　〔Text=5/Freq2=5(8.2%)〕
② (예) [수류탄을/폭약을] 터뜨리다.
　　〔Text=2/Freq2=3(4.9%)〕
③ (예) 꽃망울을 터뜨리다.
　　〔Text=1/Freq2=1(1.6%)〕
④ (예) [감정을/분노를] 터뜨리다.
　　〔Text=1/Freq2=1(1.6%)〕
⑤ (예) [울음을/웃음을] 터뜨리다.
　　〔Text=33/Freq2=46(75.4%)〕
⑥ (예) [불만을/불평을] 터뜨리다.
　　〔Text=5/Freq2=5(8.2%)〕
⑦ (예) [문제를/사건을] 터뜨리다. 〔×〕

≪터미널≫전체빈도합=46(0.0025%)

터미널 명 【Text=11/Freq1=46】
⓪ (예) [고속/시외] 버스 터미널.
　　〔Text=11/Freq2=29(63%)〕
❶ (예) 컴퓨터 터미널의 스위치를 넣다.
　　〔Text=1/Freq2=17(37%)〕

≪터전≫전체빈도합=30(0.0016%)

터전 명 【Text=17/Freq1=30】
① (예) 집을 지을 터전도 없다. 〔×〕
② (예) 생활의 터전을 닦다.
　　〔Text=17/Freq2=30(100%)〕

≪터지다≫전체빈도합=129(0.0069%)

터지다 동★☆★ 【Text=63/Freq1=129】
Ⅰ ①㉠ (예) 봉지가 터지다./저녁을 배 터지게
　　　　먹다. 〔Text=9/Freq2=12(9.3%)〕
　　㉡ (예) 장갑 손가락 구멍이 터지다.
　　　　〔Text=4/Freq2=5(3.9%)〕
　　㉢ (예) 옷의 솔기가 터지다.
　　　　〔Text=2/Freq2=3(2.3%)〕
　　㉣ (예) 머리가 터져 입원하다.
　　　　〔Text=3/Freq2=3(2.3%)〕
② (예) 손이 갈라 터지다.
　　〔Text=3/Freq2=3(2.3%)〕
③ (예) [지뢰가/폭탄이] 터지다.
　　〔Text=9/Freq2=16(12.4%)〕
④ (예) 코피가 터지다.
　　〔Text=2/Freq2=3(2.3%)〕
⑤㉠ (예) 분통이 터지다.
　　〔Text=16/Freq2=26(20.2%)〕
　　㉡ (예) 함성이 터지다.
　　　　〔Text=16/Freq2=20(15.5%)〕

⑥ (예) [사고가/전쟁이] 터지다.
　　〔Text=13/Freq2=19(14.7%)〕
⑦ (예) 복이 터지다.
　　〔Text=1/Freq2=1(0.8%)〕
⑧ (예) 막힌 뱃길이 터지다. 〔×〕
⑨ (예) 문제가 터지다.
　　〔Text=2/Freq2=3(2.3%)〕
⑩ (예) 경기에서 골이 터지다.
　　〔Text=1/Freq2=1(0.8%)〕
⓫ (예) 불량배들에게 터지다.
　　〔Text=4/Freq2=4(3.1%)〕
⓬ (예) [가게가/매장이] 터지다.
　　〔Text=2/Freq2=2(1.6%)〕
Ⅱ (예) [방이 좁아/아이가 순해/자장면이 불어]
　　터지다. 〔Text=2/Freq2=3(2.3%)〕
관 <목이 터져라> 〔Text=3/Freq2=3(2.3%)〕
관 <박(이) 터지도록> 〔×〕
관 <복장(이) 터지다>
　　〔Text=1/Freq2=1(0.8%)〕
관 <속(이) 터지다> 〔Text=1/Freq2=1(0.8%)〕

≪턱≫전체빈도합=58(0.0031%)

턱¹ 명☆☆★ 【Text=26/Freq1=39(67.2%)】
① (예) 숨이 턱에 닿다.
　　〔Text=19/Freq2=27(69.2%)〕
② (예) 손등으로 턱을 받치다.
　　〔Text=9/Freq2=12(30.8%)〕
턱² 명 【Text=1/Freq1=3(5.2%)】
⓪ (예) 창문의 턱에 등을 기대다.
턱³ 명의 【Text=6/Freq1=7(12.1%)】
① (예) 그가 비밀을 알 턱이 없다.
　　〔Text=5/Freq2=5(71.4%)〕
② (예) 만날 그 턱이고 나아지는 게 없다. 〔×〕
관 <턱도 없다> 〔Text=2/Freq2=2(28.6%)〕
턱⁴ 부 【Text=2/Freq1=2(3.4%)】
① (예) 맥없이 턱 죽어 버리다. 〔×〕
② (예) 손목을 턱 잡다. 〔×〕
③ (예) 턱 믿고 일을 맡기다. 〔×〕
④ (예) 숨이 턱 막히다.
　　〔Text=1/Freq2=1(50%)〕
⑤ (예) 목구멍에 돌이라도 턱 걸린 듯하다.
　　〔×〕
⑥ (예) 회사를 턱 그만두다.
　　〔Text=1/Freq2=1(50%)〕
⑦ (예) 턱 소리를 내며 쓰러지다. 〔×〕
턱⁰ 명의 【Text=4/Freq1=7(12.1%)】

⓿<[~ 턱/한 턱] 내다>
(예) 친구들에게 승진 턱을 내다.

≪**털**≫전체빈도합=44(0.0024%)

털 [명]☆☆★ 【Text=20/Freq1=44】
① (예) 다리에 털이 많다.
〔Text=19/Freq2=42(95.5%)〕
② (예) 털로 만든 모자를 쓰다.
〔Text=2/Freq2=2(4.5%)〕
[관]<미운 털이 박히다> 〔×〕

≪**털다**≫전체빈도합=60(0.0032%)

털다 [동]★☆★ 【Text=36/Freq1=60】
① (예) [머리카락을/먼지를/옷을] 털다.
〔Text=20/Freq2=32(53.3%)〕
② (예) 고뇌를 털어 버리다.
〔Text=6/Freq2=6(10%)〕
③ (예) 밑천을 몽땅 털어 땅을 사다.
〔Text=6/Freq2=6(10%)〕
④ (예) [금품을/빈 집을] 털다.
〔Text=4/Freq2=5(8.3%)〕
⑤ (예) 쌀을 쌀통에 털어 붓다./소금을 집어 입에 털어 넣다. 〔Text=4/Freq2=6(10%)〕
❻ (예) [비밀을/사연을] 털어 놓다.
〔Text=5/Freq2=5(8.3%)〕
[관]<손을 털다> 범죄에서 손을 털다. 〔×〕

≪**털썩**≫전체빈도합=18(0.0010%)

털썩 [부] 【Text=15/Freq1=18】
① (예) 바닥에 털썩 주저앉다.
〔Text=14/Freq2=16(88.9%)〕
② (예) 가방을 털썩 내려놓다.
〔Text=2/Freq2=2(11.1%)〕
③ (예) 바람에 문짝이 털썩 부딪치다. 〔×〕

≪**털어놓다**≫전체빈도합=38(0.0020%)

털어놓다 [동] 【Text=22/Freq1=38】
⓪ (예) [과거를/사실을] 털어놓다.

≪**텅**≫전체빈도합=39(0.0021%)

텅[1] [부]☆★☆ 【Text=29/Freq1=39(100%)】
⓪ (예) [들녘이/집이] 텅 비다.
텅[2] [부] 【Text=0/Freq1=0】 ⓧ
⓪ (예) 통이 텅 소리를 내며 떨어지다. 〔×〕

≪**테니스**≫전체빈도합=21(0.0011%)

테니스 [명]☆★☆ 【Text=3/Freq1=21】
⓪ (예) 테니스를 치다.

≪**테이블**≫전체빈도합=46(0.0025%)

테이블 [명] 【Text=12/Freq1=46】
⓪ (예) 테이블에 앉아 맥주를 마시다.

≪**테이프**≫전체빈도합=24(0.0013%)

테이프 [명]☆★☆ 【Text=16/Freq1=24】
① (예) 시장이 개통 테이프를 끊다.
〔Text=3/Freq2=4(16.7%)〕
② (예) 결승 테이프를 끊다. 〔×〕
③ (예) 노래 테이프를 듣다.
〔Text=12/Freq2=19(79.2%)〕
❹ (예) 상자를 테이프로 붙이다.
〔Text=1/Freq2=1(4.2%)〕

≪**텔레비전**≫전체빈도합=217(0.0117%)

텔레비전 [명]★★★ 【Text=58/Freq1=217】
⓪ (예) 텔레비전을 보다.

≪**토끼**≫전체빈도합=106(0.0057%)

토끼 [명]★★★ 【Text=27/Freq1=106】
⓪ (예) 토끼를 기르다.

≪**토대**≫전체빈도합=20(0.0011%)

토대 [명] 【Text=13/Freq1=20】
① (예) 건물을 지을 토대(土臺)를 파다. 〔×〕
② (예) 조사 결과를 토대로 결정하다.
〔Text=13/Freq2=20(100%)〕

≪**토론**≫전체빈도합=108(0.0058%)

토론 [명] 【Text=21/Freq1=108】
⓪ (예) 토론(討論)을 벌이다.

≪**토론하다**≫전체빈도합=39(0.0021%)

토론하다 [동] 【Text=15/Freq1=39】
⓪ (예) 국제 문제를 토론(討論)하다.

≪**토막**≫전체빈도합=15(0.0008%)

토막[1] [명] 【Text=12/Freq1=15(100%)】
Ⅰ ① (예) 토막을 내다./나무 토막.
〔Text=8/Freq2=10(66.7%)〕
② (예) 시 한 토막을 외우다.
〔Text=2/Freq2=2(13.3%)〕
Ⅱ (예) 나라가 두 토막이 나다.
〔Text=3/Freq2=3(20%)〕
토막[2] [명] 【Text=0/Freq1=0】 ⓧ
⓪ (예) 토막(土幕)을 짓고 살다. 〔×〕

≪**토요일**≫전체빈도합=89(0.0048%)

토요일 [명]★★★ 【Text=53/Freq1=89】

⓪ (예) 토요일(土曜日).

《토의하다》전체빈도합=23(0.0012%)

토의하다 [동] 【Text=15/Freq1=23】
  ⓪ (예) 중요 문제를 토의(討議)하다.

《토지》전체빈도합=15(0.0008%)

토지 [명] ☆☆★ 【Text=9/Freq1=15】
  ⓪ (예) 토지(土地)를 소유하다.
    〔Text=9/Freq2=15(100%)〕
  관 <토지 개혁> 〔×〕

《토하다》전체빈도합=25(0.0013%)

토하다 [동] ☆☆★ 【Text=18/Freq1=25】
  ① (예) 먹은 것을 토(吐)하다.
    〔Text=8/Freq2=8(32%)〕
  ② (예) 낮은 신음을 토하다.
    〔Text=8/Freq2=10(40%)〕
  ③ (예) 배가 연기를 토하며 출발하다.
    〔Text=2/Freq2=2(8%)〕
  ④ (예) 열변을 토하다.
    〔Text=5/Freq2=5(20%)〕

《톱》전체빈도합=6(0.0003%)

톱^1 [명] ☆☆★ 【Text=4/Freq1=5(83.3%)】
  ⓪ (예) 톱으로 나무를 자르다.
톱^2 [명] 【Text=1/Freq1=1(16.7%)】
  ① (예) 학생이 많기로 우리 과가 톱이다. 〔×〕
  ② (예) 성적이 전교에서 톱을 달리다. 〔×〕
  ③ (예) 기사가 신문 1면 톱으로 실리다.
    〔Text=1/Freq2=1(100%)〕

《통》전체빈도합=84(0.0045%) [277]

통^1 [명] 【Text=4/Freq1=4(4.8%)】
  ① (예) 통이 큰 바지를 입다.
    〔Text=3/Freq2=3(75%)〕
  ② (예) [다리/허리] 통이 굵다. 〔×〕
  ③ (예) 그 사람은 통이 크다.
    〔Text=1/Freq2=1(25%)〕
통^2 [명] 【Text=0/Freq1=0】 ⓧ
  Ⅰ (예) 통이 큰 배추. 〔×〕
  Ⅱ (예) [배추/수박/호박] 한 통. 〔×〕
통^3 [명] ★☆★ 【Text=17/Freq1=31(36.9%)】
  Ⅰ (예) 통(桶)에 석유가 들다.
    〔Text=12/Freq2=23(74.2%)〕
  Ⅱ (예) [물/석유] 한 통.
    〔Text=6/Freq2=8(25.8%)〕
통^4 [명] 【Text=1/Freq1=1(1.2%)】
  ⓪ (예) 원미동 23통(統) 5반.
통^5 [명의] ☆★☆ 【Text=15/Freq1=18(21.4%)】
  ⓪ (예) 아이들이 떠들어대는 통에 정신이 없다.
통^6 [명의] 【Text=0/Freq1=0】 ⓧ
  ⓪ (예) [광목/옥양목] 댓 통. 〔×〕
통^7 [명의] ☆★★ 【Text=11/Freq1=13(15.5%)】
  ① (예) 등본 두 통(通) 떼다.
    〔Text=8/Freq2=10(76.9%)〕
  ② (예) 전화 한 통 하면 해결되다.
    〔Text=3/Freq2=3(23.1%)〕
통^8 [부] ☆★☆ 【Text=13/Freq1=17(20.2%)】
  ① (예) 통 [만날/볼/알] 수가 없다.
    〔Text=13/Freq2=17(100%)〕
  ② (예) 사람 말을 통 귓등으로 듣다. 〔×〕
통^9 [부] 【Text=0/Freq1=0】 ⓧ
  ① (예) 북을 치면 통 소리가 나다. 〔×〕
  ② (예) 고무공이 통 튀다. 〔×〕

《통과하다》전체빈도합=21(0.0011%)

통과하다 [동] 【Text=18/Freq1=21】
  ① (예) [문을/터널을/현관을] 통과(通過)하다.
    〔Text=10/Freq2=10(47.6%)〕
  ② (예) 예산이 [국회를/심의를] 통과하다.
    〔Text=1/Freq2=1(4.8%)〕
  ③ (예) [검문을/시험을/예선을] 통과하다.
    〔Text=4/Freq2=6(28.6%)〕
  ❹ (예) [기억을/사랑을] 통과하다.
    〔Text=3/Freq2=3(14.3%)〕
  ❺ (예) 빛이 창호지를 통과하다.
    〔Text=1/Freq2=1(4.8%)〕

《통신》전체빈도합=80(0.0043%)

통신 [명] ★☆★ 【Text=16/Freq1=80】
  ① (예) 통신(通信)이 두절되다.
    〔Text=16/Freq2=79(98.8%)〕
  ② (예) 주재 기자의 통신을 받다. 〔×〕
  관 <통신 판매> 〔Text=1/Freq2=1(1.3%)〕

《통일》전체빈도합=156(0.0084%)

통일 [명] ★★★ 【Text=33/Freq1=156】
  ① (예) 삼국의 통일(統一).
    〔Text=33/Freq2=150(96.2%)〕
  ② (예) 맞춤법의 통일을 이루다.
    〔Text=3/Freq2=3(1.9%)〕

---

[277] 『연세 한국어 사전』의 '-통^{10}'(예:소식통)은 말뭉치의 분석에 적용하지 않았으므로 제외한다.

③ (예) 동서 사상의 통일을 꾀하다.
　　〔Text=1/Freq2=3(1.9%)〕
≪통일되다≫전체빈도합=20(0.0011%)
통일되다 동 【Text=12/Freq1=20】
　① (예) [남북이/삼국이] 통일(統一)되다.
　　〔Text=5/Freq2=13(65%)〕
　② (예) [용어로/형식으로] 통일되다.
　　〔Text=4/Freq2=4(20%)〕
　③ (예) [사상이/조직이/행동이] 통일되다.
　　〔Text=3/Freq2=3(15%)〕
≪통장≫전체빈도합=21(0.0011%)
통장¹ 명 ☆★☆ 【Text=11/Freq1=19(90.5%)】
　⓪ (예) 통장(通帳)의 돈을 찾아 오다.
통장² 명 【Text=1/Freq1=2(9.5%)】
　⓪ (예) 동네의 통장(統長)이 되다.
≪통제≫전체빈도합=21(0.0011%)
통제 명 【Text=13/Freq1=21】
　⓪ (예) [교통/출입] 통제(統制).
≪통하다≫전체빈도합=581(0.0313%)
통하다 동 ★★★ 【Text=139/Freq1=581】
Ⅰ ① (예) [바람이/피가] 잘 통(通)하다.
　　〔Text=7/Freq2=8(1.4%)〕
　② (예) 철원으로 통하는 길.
　　〔Text=9/Freq2=10(1.7%)〕
　③ (예) 글의 뜻이 통하다.
　　〔Text=4/Freq2=8(1.4%)〕
　④ (예) [마음이/말이/생각이] 통하다.
　　〔Text=8/Freq2=10(1.7%)〕
　⑤ (예) [말이/언어가] 안 통하다.
　　〔Text=9/Freq2=11(1.9%)〕
　⑥ (예) 이는 공즉시색과 통하다.
　　/문학과 그림은 서로 통하다.
　　〔Text=7/Freq2=8(1.4%)〕
　⑦ (예) 돈도 권력도 통하지 않다.
　　〔Text=5/Freq2=5(0.9%)〕
　⑧ (예) 길로 [배가/차가] 통하다. 〔×〕
Ⅱ ① (예) 조사를 통해 경향을 파악하다.
　　〔Text=23/Freq2=54(9.3%)〕
　② (예) 참모를 통해 부탁하다.
　　〔Text=11/Freq2=15(2.6%)〕
　③ (예) 혈관을 통하는 피의 흐름.
　　〔Text=2/Freq2=2(0.3%)〕

④ ㉠ (예) 협상을 통한 타협을 하다.
　　〔Text=62/Freq2=135(23.2%)〕
　㉡ (예) 학생을 통해 소식을 듣다.
　　〔Text=26/Freq2=33(5.7%)〕
　㉢ (예) 인물의 문답을 통해 이야기를
　　하다.　〔Text=83/Freq2=223(38.4%)〕
　㉣ (예) 창을 통해 풍경을 보다.
　　〔Text=18/Freq2=30(5.2%)〕
⑤ (예) 일생을 통해 고심한 문제.
　　〔Text=16/Freq2=21(3.6%)〕
Ⅲ (예) 이 곳에선 그가 학자로 통하다.
　　〔Text=4/Freq2=4(0.7%)〕
관 <궁하면 통하다> 〔Text=1/Freq2=1(0.2%)〕
관 <정을 통하다> 〔Text=1/Freq2=1(0.2%)〕
ⓧ 〔Text=2/Freq2=2(0.3%)〕
≪통화≫전체빈도합=23(0.0012%)
통화¹ 명 【Text=3/Freq1=5(21.7%)】
　⓪ (예) 통화(通貨) 공급.
통화² 명 ☆☆★ 【Text=12/Freq1=18(78.3%)】
Ⅰ (예) 전화 통화(通話)가 길다.
　　〔Text=12/Freq2=17(94.4%)〕
Ⅱ (예) 전화 한 통화에 얼마입니까?
　　〔Text=1/Freq2=1(5.6%)〕
≪퇴근≫전체빈도합=20(0.0011%)
퇴근 명 ☆★★ 【Text=12/Freq1=20】
　⓪ (예) 퇴근(退勤) 시간.
≪퇴근하다≫전체빈도합=30(0.0016%)
퇴근하다 동 ☆★☆ 【Text=24/Freq1=30】
　⓪ (예) 회사에서 퇴근(退勤)하다.
≪투≫전체빈도합=22(0.0012%) [278]
투¹ 명 의 【Text=16/Freq1=22】
　① (예) 그 사람은 말하는 투가 점잖다.
　　〔Text=1/Freq2=1(4.5%)〕
　② (예) [기운 나쁜/비난] 투로 말하다.
　　〔Text=9/Freq2=13(59.1%)〕
　③ (예) 그만두겠다는 투로 말하다.
　　〔Text=7/Freq2=8(36.4%)〕
≪투덜거리다≫전체빈도합=18(0.0010%)
투덜거리다 동 【Text=15/Freq1=18】
　⓪ (예) 투덜거리며 불평하다.
≪투명하다≫전체빈도합=16(0.0009%)
투명하다 형 【Text=11/Freq1=16】

---

[278] 『연세 한국어 사전』의 '-투²'(예:편지투)는 말뭉치의 분석에 적용하지 않았으므로 제외한다.

① (예) [냇물이/액체가] 투명(透明)하다.
　　〔Text=2/Freq2=2(12.5%)〕
② (예) [소리가/정신이] 투명하다.
　　〔Text=4/Freq2=5(31.3%)〕
③ (예) [유리가/창문이] 투명하다.
　　〔Text=3/Freq2=6(37.5%)〕
④ (예) [과정이/일 처리가] 투명하다.
　　〔Text=3/Freq2=3(18.8%)〕

≪-투성이≫전체빈도합=35(0.0019%)

-투성이 졉 【Text=27/Freq1=35】
　⓪ (예) [먼지/상처/주름살]투성이.

≪투쟁≫전체빈도합=41(0.0022%)

투쟁 명 【Text=30/Freq1=41】
　① (예) 노동자들의 임금 투쟁(鬪爭).
　　〔Text=24/Freq2=32(78%)〕
　② (예) 통치자와 백성과의 투쟁.
　　〔Text=8/Freq2=9(22%)〕

≪투표≫전체빈도합=26(0.0014%)

투표 명 ☆★ 【Text=9/Freq1=26】
　⓪ (예) 투표(投票)로 결정하다.

≪툭≫전체빈도합=24(0.0013%)

툭 부 【Text=15/Freq1=24】
　① (예) 나무에서 밤이 툭 하고 떨어지다.
　　〔Text=4/Freq2=5(20.8%)〕
　② (예) [옆구리를/팔을] 툭 치다.
　　〔Text=5/Freq2=6(25%)〕
　③ (예) 줄이 툭 끊어지다.
　　〔Text=5/Freq2=6(25%)〕
　④ (예) 말을 툭 [내뱉다/쏘다].
　　〔Text=1/Freq2=1(4.2%)〕
　⑤ (예) 눈두덩이 툭 튀어나오다.
　　〔Text=3/Freq2=3(12.5%)〕
　⑥ (예) [말을/생각을] 툭 터놓다. 〔×〕
　⑦ (예) 환하게 툭 터진 공간.
　　〔Text=1/Freq2=1(4.2%)〕
　ⓧ 〔Text=1/Freq2=2(8.3%)〕

≪퉁명스럽다≫전체빈도합=20(0.0011%)

퉁명스럽다 형 【Text=15/Freq1=20】
　⓪ (예) 퉁명스럽게 [대꾸하다/말을 내뱉다]. /퉁명스러운 대답.

≪튀다≫전체빈도합=28(0.0015%)

튀다 동 【Text=18/Freq1=28】
　① (예) 흙탕물이 튀다.
　　〔Text=11/Freq2=15(53.6%)〕
　② (예) 공이 위로 튀다. 〔×〕
　③ (예) 장작이 탁탁 튀는 소리가 나다. 〔×〕
　④ (예) 범인이 창 밖으로 튀다.
　　〔Text=3/Freq2=3(10.7%)〕
　⑤ (예) 화려한 색은 너무 튀다.
　　〔Text=3/Freq2=6(21.4%)〕
　❻ (예) 사람이 튀어 [나가다/나오다].
　　〔Text=3/Freq2=4(14.3%)〕

≪튀어나오다♣≫전체빈도합=34(0.0018%)

튀어나오다⁰ 동 【Text=26/Freq1=34】
　❶ (예) [이마가/핏줄이] 튀어나오다.
　　〔Text=11/Freq2=15(44.1%)〕
　❷ (예) [말이/욕이] 튀어나오다.
　　〔Text=12/Freq2=14(41.2%)〕
　❸ (예) [공이/아이가] 길로 튀어나오다.
　　〔Text=5/Freq2=5(14.7%)〕

≪트럭≫전체빈도합=35(0.0019%)

트럭 명 【Text=20/Freq1=35】
　⓪ (예) 트럭을 몰다.

≪트이다≫전체빈도합=17(0.0009%)

트이다 동 【Text=16/Freq1=17】
　① (예) 앞뒤로 트인 창.
　　〔Text=3/Freq2=4(23.5%)〕
　② (예) 유학의 길이 트이다. 〔×〕
　③ (예) [시야가/앞이] 트이다.
　　〔Text=6/Freq2=6(35.3%)〕
　④ (예) [신수가/운이] 트이다.
　　〔Text=1/Freq2=1(5.9%)〕
　⑤ (예) 여자에 도가 트이다. 〔×〕
　⑥ (예) 속이 트인 사람.
　　〔Text=1/Freq2=1(5.9%)〕
　❼ (예) [가슴이/귀가/숨이] 트이다.
　　〔Text=5/Freq2=5(29.4%)〕

≪특별≫전체빈도합=34(0.0018%)

특별 명 【Text=22/Freq1=34】
　⓪ (예) 특별(特別) [대우/메뉴].
　　〔Text=22/Freq2=33(97.1%)〕
　관<특별 활동> 〔Text=1/Freq2=1(2.9%)〕
　관<특별 회계> 〔×〕

≪특별하다≫전체빈도합=82(0.0044%)

특별하다 형★★☆ 【Text=49/Freq1=82】
　① (예) 특별(特別)한 [계층/일].

　　　　〔Text=40/Freq2=62(75.6%)〕
　② (예) 특별한 친구. 〔Text=2/Freq2=2(2.4%)〕
　③ (예) 그렇게 특별한 계책은 없다.
　　　　〔Text=17/Freq2=18(22%)〕

≪**특별히**≫전체빈도합=57(0.0031%)

　특별히 부★★☆　【Text=42/Freq1=57】
　⓪ (예) 특별(特別)히 좋아하는 음식은 없다.

≪**특색**≫전체빈도합=22(0.0012%)

　특색 명　【Text=12/Freq1=22】
　⓪ (예) 모양에 특색(特色)이 있다.

≪**특성**≫전체빈도합=48(0.0026%)

　특성 명★☆☆　【Text=32/Freq1=48】
　⓪ (예) 독특한 특성(特性)을 갖다.

≪**특수**≫전체빈도합=28(0.0015%)

　특수¹ 명　【Text=13/Freq1=28(100%)】
　① (예) 특수(特殊) [부대/학교/효과].
　　　　〔Text=12/Freq2=27(96.4%)〕
　② (예) 특수와 보편의 양면.
　　　　〔Text=1/Freq2=1(3.6%)〕

　특수² 명　【Text=0/Freq1=0】 ⓧ
　⓪ (예) 상인들이 추석 대목 특수(特需)를
　　　 기대하다. 〔×〕

≪**특수하다**≫전체빈도합=51(0.0027%)

　특수하다 형★☆☆　【Text=17/Freq1=51】
　⓪ (예) 사정이 특수(特殊)하다.

≪**특유**≫전체빈도합=20(0.0011%)

　특유 명　【Text=15/Freq1=20】
　⓪ (예) 경상도 특유(特有)의 사투리.
　　　 /여성 특유의 [말씨/시각/행동].

≪**특정**≫전체빈도합=18(0.0010%)

　특정 명　【Text=12/Freq1=18】
　⓪ (예) 특정(特定) 사실만 보도하다.

≪**특정하다**≫전체빈도합=25(0.0013%)

　특정하다 형　【Text=11/Freq1=25】
　⓪ (예) 규칙이 특정(特定)한 조건에만 적용되다.

≪**특집**≫전체빈도합=18(0.0010%)

　특집 명　【Text=10/Freq1=18】
　⓪ (예) 잡지에서 특집(特輯)으로 다루다.

≪**특징**≫전체빈도합=119(0.0064%)

　특징 명★★★　【Text=50/Freq1=119】
　⓪ (예) 작품의 특징(特徵).

≪**특히**≫전체빈도합=349(0.0188%)

　특히 부★★★　【Text=119/Freq1=349】
　① (예) 특(特)히 주목하다.
　　　　〔Text=88/Freq2=198(56.7%)〕
　② (예) 생선 중에 특히 등 푸른 생선.
　　　　〔Text=76/Freq2=151(43.3%)〕

≪**튼튼하다**≫전체빈도합=72(0.0039%)

　튼튼하다 형★★★　【Text=41/Freq1=72】
　① (예) 튼튼한 밧줄로 매다.
　　　　〔Text=17/Freq2=23(31.9%)〕
　② (예) 몸이 튼튼하다.
　　　　〔Text=18/Freq2=29(40.3%)〕
　③ (예) 나라를 튼튼하게 하다.
　　　　〔Text=10/Freq2=19(26.4%)〕
　ⓧ 〔Text=1/Freq2=1(1.4%)〕

≪**튼튼히**≫전체빈도합=24(0.0013%)

　튼튼히 부　【Text=12/Freq1=24】
　① (예) [담을/성을] 튼튼히 쌓다.
　　　　〔Text=4/Freq2=4(16.7%)〕
　② (예) [몸과 마음을/뼈를] 튼튼히 하다.
　　　　〔Text=3/Freq2=7(29.2%)〕
　③ (예) [국방을/재정을] 튼튼히 하다.
　　　　〔Text=6/Freq2=13(54.2%)〕

≪**틀**≫전체빈도합=31(0.0017%)

　틀¹ 명　【Text=21/Freq1=31(100%)】
　① (예) 반죽을 벽돌 틀에 틀어넣다. 〔×〕
　② (예) 그림을 그릴 틀을 잡다.
　　　　〔Text=7/Freq2=9(29%)〕
　③ (예) 사진을 나무로 된 틀에 끼우다.
　　　　〔Text=1/Freq2=1(3.2%)〕
　④ (예) 주어진 삶의 틀 안에 안주하다.
　　　　〔Text=8/Freq2=12(38.7%)〕
　⑤ (예) 정형시의 형식적인 틀에 맞추다.
　　　　〔Text=3/Freq2=6(19.4%)〕
　관 <틀에 갇히다> 〔×〕
　관 <틀에 맞다> 〔×〕
　관 <틀에 맞추다> 〔Text=1/Freq2=1(3.2%)〕
　관 <틀에 박히다> 〔Text=2/Freq2=2(6.5%)〕

　틀² 명　【Text=0/Freq1=0】 ⓧ
　① (예) 가마니 짜는 틀. 〔×〕
　② (예) 재봉용 틀로 옷을 만들다. 〔×〕

≪**틀다**≫전체빈도합=48(0.0026%)

　틀다 동　【Text=33/Freq1=48】
　①㉠ (예) [수도꼭지를/운전대를] 틀다.

〔Text=2/Freq2=2(4.2%)〕
　ⓝ (예) [고개를/몸을] 오른쪽으로 틀다.
　　〔Text=4/Freq2=4(8.3%)〕
② (예) [방향을/커브를] 틀다.
　〔Text=1/Freq2=1(2.1%)〕
③ ⓖ (예) [에어컨을/텔레비전을] 틀다.
　　〔Text=8/Freq2=15(31.3%)〕
　ⓝ (예) [노래를/동영상을/방송을] 틀다.
　　〔Text=8/Freq2=9(18.8%)〕
　ⓓ (예) [더운물을/수도를/펌프를] 틀다.
　　〔Text=5/Freq2=6(12.5%)〕
④ (예) 가부좌를 틀다.
　〔Text=1/Freq2=1(2.1%)〕
⑤ (예) 상투를 틀다. 〔Text=1/Freq2=1(2.1%)〕
⑥ (예) 뱀이 똬리를 틀다.
　〔Text=2/Freq2=2(4.2%)〕
⑦ (예) 덤불에 둥지를 틀다.
　〔Text=4/Freq2=5(10.4%)〕
⑧ (예) 솜을 틀다. 〔×〕
⑨ (예) 그들이 우리의 [계획을/주장을] 틀다.
　〔×〕
⑩ (예) 말꼬리를 비비 틀다.
　〔Text=1/Freq2=1(2.1%)〕
⑪ (예) 몸을 배배 틀다. 〔×〕
㊧<똬리를 틀다>
　내면에 욕구가 똬리를 틀다. 〔×〕
㊧<주리를 틀다> 〔×〕
ⓧ 〔Text=1/Freq2=1(2.1%)〕

≪**틀리다**≫전체빈도합=142(0.0076%)

틀리다¹ 동★★★ 【Text=61/Freq1=139(97.9%)】
Ⅰ ① (예) [논거가/답이/주장이] 틀리다.
　　〔Text=35/Freq2=72(51.8%)〕
　② (예) 오늘 도착하긴 틀렸다.
　　〔Text=5/Freq2=6(4.3%)〕
　③ (예) 성격이 틀려 먹다.
　　〔Text=5/Freq2=7(5%)〕
　④ (예) 악기가 소리부터가 틀리다.
　　〔Text=13/Freq2=21(15.1%)〕
Ⅱ (예) 발음을 자꾸 틀리다.
　〔Text=17/Freq2=23(16.5%)〕
㊧<틀림 없다> ☞ 틀림없다.
　〔Text=4/Freq2=9(6.5%)〕
ⓧ 〔Text=1/Freq2=1(0.7%)〕

틀리다² 동 【Text=3/Freq1=3(2.1%)】
Ⅰ ① (예) 수도꼭지가 잘 틀리지 않다.
　　〔Text=1/Freq2=1(33.3%)〕

　② (예) 일이 배배 틀리다.
　　〔Text=1/Freq2=1(33.3%)〕
Ⅱ (예) [배알이/비위가] 틀리다.
　〔Text=1/Freq2=1(33.3%)〕
Ⅲ (예) [고모네와/신문사와] 틀려 지내다. 〔×〕
㊧<주리를 틀리다> 〔×〕

≪**틀림없다**≫전체빈도합=84(0.0045%)

틀림없다 형☆☆ 【Text=52/Freq1=84】
① (예) 걱정하고 있는 것이 틀림없다.
　〔Text=50/Freq2=79(94%)〕
② (예) 과연 그의 말은 틀림없었다.
　〔Text=4/Freq2=5(6%)〕

≪**틀림없이**≫전체빈도합=40(0.0022%)

틀림없이 부☆☆ 【Text=28/Freq1=40】
⓪ (예) 일을 틀림없이 끝내다.

≪**틈**≫전체빈도합=89(0.0048%)

틈 명★★★ 【Text=64/Freq1=89】
① (예) 대문의 틈 사이./바위 틈.
　〔Text=35/Freq2=48(53.9%)〕
② (예) 전화할 틈도 없다./틈이 나다.
　〔Text=30/Freq2=33(37.1%)〕
③ (예) 두 사람 사이에 틈이 벌어지다.
　〔Text=1/Freq2=1(1.1%)〕
㊧<물 샐 틈 없다> 〔×〕
㊧<발 [들여놓을/디딜] 틈도 없다>
　〔Text=2/Freq2=2(2.2%)〕
㊧<틈을 내다> 〔Text=1/Freq2=1(1.1%)〕
㊧<틈을 [노리다/타다]>
　〔Text=4/Freq2=4(4.5%)〕

≪**틈틈이**≫전체빈도합=17(0.0009%)

틈틈이 부 【Text=14/Freq1=17】
Ⅰ ① (예) 절벽에 틈틈이 소나무가 서다. 〔×〕
　② (예) 일하다가 틈틈이 쉬다.
　　〔Text=11/Freq2=12(70.6%)〕
Ⅱ ① (예) 자갈이 깔린 틈틈이 풀이 나다. 〔×〕
　② (예) 살림하는 틈틈이 글을 쓰다.
　　〔Text=4/Freq2=5(29.4%)〕

≪**티브이**≫전체빈도합=187(0.0101%)

티브이 명☆★☆ 【Text=20/Freq1=187】
⓪ (예) 티브이로 영화를 보다.

≪**팀**≫전체빈도합=36(0.0019%)

팀 명☆★☆ 【Text=15/Freq1=36】
① (예) 두 팀으로 나뉘다./팀을 짜다.

　　　　〔Text=6/Freq2=12(33.3%)〕
　　② (예) 한국 팀이 이기다.
　　　　〔Text=10/Freq2=24(66.7%)〕

ㅍ

≪**파**≫전체빈도합=21(0.0011%) [279)]

파[1] 몡☆★　【Text=11/Freq1=17(81%)】
　⓪ (예) 국에 파를 썰어 넣다.
파[2] 몡　【Text=3/Freq1=3(14.3%)】
　Ⅰ ① (예) 당내에 소속된 파(派)가 다르다.〔×〕
　　② (예) 같은 본관에 파가 다르다.
　　　　〔Text=3/Freq2=3(100%)〕
　Ⅱ (예) 정당들이 진보와 보수 두 파로 나뉘다.
　　　　〔×〕
파[3] 몡　【Text=0/Freq1=0】ⓧ
　⓪ (예) 파 음을 내다.〔×〕
파[x] ?　【Text=1/Freq1=1(4.8%)】

≪**파괴**≫전체빈도합=21(0.0011%)

파괴 몡☆☆★　【Text=11/Freq1=21】
　① (예) [건물의/환경의] 파괴(破壞).
　　　〔Text=9/Freq2=18(85.7%)〕
　② (예) [가정의/조직의/집단의] 파괴.〔×〕
　③ (예) [관계의/분위기의] 파괴.〔×〕
　④ (예) [규범의/전통의/조약의] 파괴.
　　　〔Text=1/Freq2=1(4.8%)〕
　⑤ (예) [개념의/논리의] 파괴.〔×〕
　⑥ (예) 생명의 파괴.〔×〕
　⑦ (예) 신체 균형의 파괴로 생긴 질병.
　　　〔Text=2/Freq2=2(9.5%)〕

≪**파괴되다**≫전체빈도합=22(0.0012%)

파괴되다 동　【Text=14/Freq1=22】
　① (예) 공장이 파괴(破壞)되다.
　　　〔Text=11/Freq2=17(77.3%)〕
　② (예) [생태계가/세포가] 파괴되다.
　　　〔Text=4/Freq2=5(22.7%)〕
　③ (예) [삶이/생명이] 파괴되다.〔×〕

≪**파괴하다**≫전체빈도합=17(0.0009%)

파괴하다- 동　【Text=13/Freq1=17】
　① (예) [건물을/다리를] 파괴(破壞)하다.
　　　〔Text=7/Freq2=9(52.9%)〕
　② (예) [전통을/질서를] 파괴하다.〔×〕
　❸ (예) [내면을/민족을] 파괴하다.
　　　〔Text=4/Freq2=4(23.5%)〕
　❹ (예) [자연을/환경을] 파괴하다.
　　　〔Text=3/Freq2=4(23.5%)〕

≪**파다**≫전체빈도합=79(0.0043%)

파다 동★☆★　【Text=41/Freq1=79】
　①㉠ (예) [땅을/바닥을] 파다.
　　　〔Text=25/Freq2=32(40.5%)〕
　　㉡ (예) [석탄을/흙을] 파다.
　　　〔Text=3/Freq2=6(7.6%)〕
　　㉢ (예) 우물을 파다.
　　　〔Text=11/Freq2=20(25.3%)〕
　② (예) [글씨를/도장을] 파다.
　　　〔Text=3/Freq2=12(15.2%)〕
　③ (예) 옷의 윗부분을 둥그스름하게 파다.
　　　〔Text=1/Freq2=1(1.3%)〕
　④ (예) [실체를/진상을] 파다.〔×〕
　⑤ (예) 한 가지 전공을 파다.
　　　〔Text=2/Freq2=2(2.5%)〕
　㉰ <자기 무덤을 파다>
　　　〔Text=1/Freq2=2(2.5%)〕
　㉰ <한 우물을 파다>〔×〕
　ⓧ 〔Text=4/Freq2=4(5.1%)〕

≪**파도**≫전체빈도합=45(0.0024%)

파도 몡☆★★　【Text=26/Freq1=45】
　① (예) 바다에 파도(波濤)가 치다.
　　　〔Text=25/Freq2=44(97.8%)〕
　② (예) 투쟁의 커다란 파도가 일어나다.〔×〕
　③ (예) [기쁨의/충동의] 파도가 일다.〔×〕
　ⓧ 〔Text=1/Freq2=1(2.2%)〕

≪**파란색**＊≫전체빈도합=72(0.0039%)

파란색 몡　【Text=22/Freq1=72】
　❶ (예) 벽을 파란색(- -色)으로 칠하다.

≪**파랗다**≫전체빈도합=64(0.0034%)

파랗다 혱★★★　【Text=32/Freq1=64】
　① (예) [바닷물이/하늘이] 파랗다.

---

279) 『연세 한국어 사전』의 '-파[4]'(예:지진파), '-파[5]'(예:학구파)는 말뭉치의 분석에 적용하지 않았으므로 제외한다.

〔Text=31/Freq2=63(98.4%)〕
② (예) 안색이 공포로 파랗게 질리다.
  〔Text=1/Freq2=1(1.6%)〕
③ (예) 입술이 파랗게 얼다. 〔×〕

≪파리≫전체빈도합=20(0.0011%)

파리 명☆☆★ 【Text=13/Freq1=20】
  ⓪ (예) 파리들이 날아다니다.
    〔Text=13/Freq2=20(100%)〕
  관<파리 목숨> 〔×〕
  관<파리(를) 날리다> 손님이 없어 가게가 파리를 날리다. 〔×〕

≪파묻히다≫전체빈도합=122(0.0066%)

파묻히다 동 【Text=14/Freq1=122】
  ① (예) [흙 속에/흙에] 파묻히다.
    〔Text=3/Freq2=3(15%)〕
  ② (예) 건물이 [안개/어둠] 속에 파묻히다.
    〔Text=1/Freq2=1(5%)〕
  ③ (예) [일에/책에] 파묻혀 지내다.
    〔Text=6/Freq2=7(35%)〕
  ④ (예) [서재에/촌구석에] 파묻혀 살다.
    〔Text=3/Freq2=4(20%)〕
  ⑤ (예) [야유에/웃음소리에] 파묻히다.
    〔Text=2/Freq2=2(10%)〕
  ⓧ 〔Text=1/Freq2=3(15%)〕

≪파악하다≫전체빈도합=86(0.0046%)

파악하다 동 【Text=40/Freq1=86】
  ⓪ (예) [고객들의 요구를/범인의 윤곽을] 파악(把握)하다.

≪파출소≫전체빈도합=19(0.0010%)

파출소 명☆☆★ 【Text=10/Freq1=19】
  ⓪ (예) 파출소(派出所)에 신고하다.

≪파티≫전체빈도합=35(0.0019%)

파티 명☆★☆ 【Text=13/Freq1=35】
  ⓪ (예) 생일 파티를 하다.

≪파헤치다≫전체빈도합=16(0.0009%)

파헤치다 동 【Text=11/Freq1=16】
  ① (예) [땅을/흙을] 파헤치다.
    〔Text=8/Freq2=12(75%)〕
  ② (예) [사건을/진상을] 파헤치다.
    〔Text=4/Freq2=4(25%)〕

≪판≫전체빈도합=99(0.0053%) [280]

판¹ 명★☆☆ 【Text=34/Freq1=78(78.8%)】
  Ⅰ ① (예) 놀이나 트럼프로 판을 벌이다.
      〔Text=8/Freq2=29(37.2%)〕
    ② (예) 먹고살기도 어려운 판이다.
      〔Text=25/Freq2=37(47.4%)〕
  Ⅱ (예) 바둑을 세 판 두다.
      〔Text=5/Freq2=9(11.5%)〕
  관<살 판이 나다> 〔×〕
  관<판(을) [거두다/걷다]> 〔×〕
  관<판을 치다> 가짜가 판을 치다.
      〔Text=3/Freq2=3(3.8%)〕
  관<~ 판이다> 온통 여자애들 판이다. 〔×〕
판² 명 【Text=6/Freq1=8(8.1%)】
  Ⅰ ① (예) 나무로 만든 판(版)에 글을 새기다. 〔×〕
    ② (예) 책을 인쇄할 판을 다시 짜다. 〔×〕
  Ⅱ ① (예) 제1판을 발행하다.
      〔Text=3/Freq2=3(37.5%)〕
    ② (예) 무슨 판으로 책을 찍다. 〔×〕
    ③ (예) 우리말본 1929년 판.
      〔Text=1/Freq2=1(12.5%)〕
  ❹ (예) 현대판 심청전.
      〔Text=2/Freq2=2(25%)〕
  관<판에 박다> 〔×〕
  관<판에 박히다> 〔Text=2/Freq2=2(25%)〕
판³ 명 【Text=2/Freq1=12(12.1%)】
  ⓪ (예) 판(板)에다 구멍을 뚫다.
판⁴ 명 【Text=1/Freq1=1(1%)】
  ⓪ (예) 건축의 판(板)을 갈아 끼우다.
판⁵ 명의 【Text=0/Freq1=0】 ⓧ
  ⓪ (예) 계란 한 판(板). 〔×〕

≪판단≫전체빈도합=162(0.0087%)

판단 명★☆☆ 【Text=30/Freq1=162】
  ⓪ (예) 판단(判斷)을 내리다.

≪판단하다≫전체빈도합=70(0.0038%)

판단하다 동★★☆ 【Text=41/Freq1=70】
  Ⅰ (예) [반칙이라고/파울로] 판단(判斷)하다.
      〔Text=32/Freq2=52(74.3%)〕
  Ⅱ (예) [남을/사람을] 판단하다.
      〔Text=10/Freq2=18(25.7%)〕

≪판매≫전체빈도합=31(0.0017%)

---

[280] 『연세 한국어 사전』의 '- 판⁶'(예:노름판), '- 판⁷'(예:인쇄판), '- 판⁸'(예:개정판)은 말뭉치의 분석에 적용하지 않았으므로 제외한다.

판매 [명] 【Text=17/Freq1=31】
⓪ (예) 판매(販賣)가 늘다./할인 판매.
(Text=16/Freq2=30(96.8%))
[관]<판매 가격> (Text=1/Freq2=1(3.2%))

≪**판소리**≫전체빈도합=31(0.0017%)

판소리 [명]☆☆★ 【Text=10/Freq1=31】
⓪ (예) 판소리를 배우다.

≪**팔**≫전체빈도합=553(0.0298%)

팔[1] [명]★☆★ 【Text=59/Freq1=125(22.6%)】
① (예) 두 팔로 잡다.
(Text=59/Freq2=121(96.8%))
② (예) 같은 팔 길이의 저울.
(Text=1/Freq2=3(2.4%))
[관]<(두) 팔을 걷어붙이다> (×)
[관]<팔(을) 걷고 나서다>
(Text=1/Freq2=1(0.8%))

팔[2] [수]★★★ 【Text=105/Freq1=428(77.4%)】
Ⅰ ⓪ (예) 팔(八)에서 3을 빼다.
(Text=16/Freq2=26(6.1%))
❶ (예) 그림8(팔).
(Text=3/Freq2=6(1.4%))
❷ (예) 팔 자 모양.
(Text=1/Freq2=1(0.2%))
Ⅱ (예) 팔 년간. (Text=99/Freq2=395(92.3%))

≪**팔다**≫전체빈도합=273(0.0147%)

팔다 [동]★★★ 【Text=98/Freq1=273】
Ⅰ ① (예) 물건을 팔러 장에 가다.
(Text=89/Freq2=252(92.3%))
② (예) [땀을/품을] 팔다.
(Text=3/Freq2=7(2.6%))
③ (예) [양심을/지조를] 팔다.
(Text=1/Freq2=1(0.4%))
④ (예) [몸을/얼굴을] 팔다. (×)
⑤ (예) 딴 데 [마음을/한눈을] 팔다.
(Text=6/Freq2=8(2.9%))
⑥ (예) 봉급날에야 쌀을 팔다. (×)
Ⅱ ① (예) [동족을/민족을] 팔다. (×)
② (예) 직위를 팔아 사기를 치다.
(Text=2/Freq2=2(0.7%))
[관]<더위를 팔다> (Text=1/Freq2=2(0.7%))
[x] (Text=1/Freq2=1(0.4%))

≪**팔리다**≫전체빈도합=65(0.0035%)

팔리다 [동]★★★ 【Text=39/Freq1=65】
Ⅰ (예) [집이/책이] 잘 팔리다.
(Text=37/Freq2=60(92.3%))
Ⅱ ① (예) 게임에 정신이 팔리다.
(Text=1/Freq2=1(1.5%))
② (예) 광고에 얼굴이 팔리다.
(Text=2/Freq2=3(4.6%))
[x] (Text=1/Freq2=1(1.5%))

≪**팔십**♣≫전체빈도합=303(0.0163%)

팔십[0] [수] 【Text=67/Freq1=303】
Ⅰ ⓿ (예) 나이가 팔십(八十)이다.
(Text=2/Freq2=2(0.7%))
Ⅱ ⓿ (예) 팔십 [년/명].
(Text=66/Freq2=301(99.3%))

≪**팔월**≫전체빈도합=65(0.0035%)

팔월 [명]☆★☆ 【Text=37/Freq1=65】
⓪ (예) 팔월(八月).

≪**팔자**≫전체빈도합=35(0.0019%)

팔자[1] [명] 【Text=19/Freq1=35(100%)】
⓪ (예) 팔자(八字)가 [나쁘다/좋다].
(Text=18/Freq2=32(91.4%))
[관]<팔자 소관> (×)
[관]<팔자(가) 늘어지다> (×)
[관]<팔자(가) 사납다>
(Text=3/Freq2=3(8.6%))
[관]<팔자(가) 세다> (×)
[관]<팔자(를) 고치다>
① (예) 과부가 팔자를 고치다. (×)
② (예) 사업에 성공해 팔자를 고치다.
(Text=2/Freq2=3(8.6%))
[관]<팔자에 없다> 팔자에 없는 장사를 하다.
(×)

팔자[2] [명] 【Text=0/Freq1=0】 [x]
⓪ (예) 수염을 팔자(八字)로 기르다. (×)

≪**팥**≫전체빈도합=7(0.0004%)

팥 [명]☆☆★ 【Text=6/Freq1=7】
⓪ (예) 팥으로 죽을 끓이다.

≪**팽개치다**≫전체빈도합=19(0.0010%)

팽개치다 [동] 【Text=16/Freq1=19】
① (예) [가방을/짐을] 팽개치다.
(Text=11/Freq2=14(73.7%))
② (예) [가족을/일을] 팽개치다.
(Text=5/Freq2=5(26.3%))

≪**퍼붓다**≫전체빈도합=24(0.0013%)

퍼붓다 [동] 【Text=18/Freq1=24】

Ⅰ (예) [눈이/소나기가] 퍼붓다.
〔Text=7/Freq2=8(33.3%)〕
Ⅱ ① (예) [물을/흙을] 퍼붓다. 〔×〕
② (예) [불평을/욕을] 퍼붓다.
〔Text=11/Freq2=13(54.2%)〕
③ (예) [포탄을/화살을] 퍼붓다.
〔Text=1/Freq2=1(4.2%)〕
ⓧ 〔Text=2/Freq2=2(8.3%)〕

《퍼센트》전체빈도합=160(0.0086%)

퍼센트 명의★★☆ 【Text=36/Freq1=160】
⓪ (예) 97퍼센트(%).

《퍼지다》전체빈도합=70(0.0038%)

퍼지다 동★☆★ 【Text=52/Freq1=70】
① (예) 우산 꼴로 퍼진 모양.
〔Text=4/Freq2=4(5.7%)〕
② (예) [소문이/술기운이] 퍼지다.
〔Text=43/Freq2=57(81.4%)〕
③ (예) [라면이/쌀이] 퍼지다. 〔×〕
④ (예) 종양이 온 몸에 퍼지다.
〔Text=1/Freq2=1(1.4%)〕
⑤ (예) 하늘에 노을이 퍼지다./연기가 위로 퍼져 올라가다. 〔Text=6/Freq2=6(8.6%)〕
⑥ (예) 엉덩이가 펑퍼짐하게 퍼지다.
〔Text=1/Freq2=1(1.4%)〕
⑦ (예) 소파에 퍼져 눕다.
〔Text=1/Freq2=1(1.4%)〕
⑧ (예) [자식이/후손이] 온 땅에 퍼지다. 〔×〕

《퍽》전체빈도합=41(0.0022%)

퍽¹ 부 【Text=2/Freq1=2(4.9%)】
① (예) 퍽 소리가 나게 바닥을 치다. 〔×〕
② (예) 소파 위에 퍽 쓰러지다.
〔Text=2/Freq2=2(100%)〕
③㉠ (예) 가스불이 퍽 하고 붙다. 〔×〕
㉡ (예) 풍선이 퍽 하고 터지다. 〔×〕

퍽² 부☆☆★ 【Text=20/Freq1=39(95.1%)】
⓪ (예) 퍽 [따뜻하다/즐겁다/춥다].

《펄럭이다》전체빈도합=20(0.0011%)

펄럭이다 동 【Text=14/Freq1=20】
⓪ (예) 바람에 [국기가/옷자락이/치맛자락이] 펄럭이다.

《펴다》전체빈도합=119(0.0064%)

펴다 동★★★ 【Text=70/Freq1=119】
① (예) [전보를/종이를/책을] 펴다.
〔Text=20/Freq2=21(17.6%)〕
②㉠ (예) [가슴을/날개를/허리를] 펴다.
〔Text=23/Freq2=36(30.3%)〕
㉡ (예) [우산을/철사를] 펴다.
〔Text=6/Freq2=11(9.2%)〕
③ (예) [멍석을/이불을/자리를] 펴다.
〔Text=9/Freq2=11(9.2%)〕
④ (예) [얼굴을/인상을] 펴다.
〔Text=2/Freq2=2(1.7%)〕
⑤ (예) [경계를/수사를] 펴다.
〔Text=4/Freq2=4(3.4%)〕
⑥ (예) [뜻을/소신을] 펴다.
〔Text=19/Freq2=30(25.2%)〕
㉚ <기를 펴다> 〔Text=1/Freq2=2(1.7%)〕
㉚ <~의 나래를 펴다> 상상의 나래를 펴다.
〔Text=2/Freq2=2(1.7%)〕

《편》전체빈도합=323(0.0174%)

편¹ 명 【Text=29/Freq1=58(18%)】
⓪ (예) 아이들이 편(便)을 [가르다/나누다/짜다]./우리 편.
〔Text=27/Freq2=53(91.4%)〕
㉚ <편을 들다> 〔Text=4/Freq2=5(8.6%)〕
㉚ <편을 먹다> 〔×〕

편² 명의★★☆ 【Text=79/Freq1=178(55.1%)】
① (예) 하늘 저 편(便).
〔Text=11/Freq2=12(6.7%)〕
② (예) 초대한 편에서 비용을 내다.
〔Text=14/Freq2=27(15.2%)〕
③ (예) 거리는 비교적 조용한 편이다./혈압이 높은 편이다. 〔Text=56/Freq2=112(62.9%)〕
④ (예) 열차 편으로 가다./아들 편에 약을 보내다. 〔Text=3/Freq2=3(1.7%)〕
⑤ (예) 차라리 걷는 편이 더 빠르다.
〔Text=17/Freq2=20(11.2%)〕
㉚ <한 편으로> 〔Text=2/Freq2=4(2.2%)〕

편³ 명의 【Text=37/Freq1=87(26.9%)】
① (예) [논문/시/영화] 한 편(篇).
〔Text=31/Freq2=70(80.5%)〕
② (예) 참고서 기초 편을 공부하다.
〔Text=4/Freq2=11(12.6%)〕
③ (예) 본서의 제2편에서 자세히 다루다.
〔Text=4/Freq2=5(5.7%)〕
ⓧ 〔Text=1/Freq2=1(1.1%)〕

편⁴ 명의 【Text=0/Freq1=0】 ⓧ
⓪ (예) 문교부 편(編) 찾기 조사. 〔×〕

≪편견≫전체빈도합=31(0.0017%)
편견 명 【Text=14/Freq1=31】
① (예) 편견(偏見)을 [갖다/버리다].

≪편리하다≫전체빈도합=163(0.0088%)
편리하다 형★★★ 【Text=56/Freq1=163】
① (예) 살기에 편리(便利)하다.
〔Text=51/Freq2=151(92.6%)〕
② (예) 편리하게 제멋대로 생각하다.
〔Text=5/Freq2=9(5.5%)〕
ⓧ 〔Text=1/Freq2=3(1.8%)〕

≪편안하다≫전체빈도합=69(0.0037%)
편안하다 형★☆☆ 【Text=48/Freq1=69】
① (예) 편안(便安)하게 [살다/잠들다].
〔Text=46/Freq2=62(89.9%)〕
② (예) 아저씨도 편안하시지요?
〔Text=6/Freq2=6(8.7%)〕
ⓧ 〔Text=1/Freq2=1(1.4%)〕

≪편지≫전체빈도합=393(0.0212%)
편지 명★★★ 【Text=84/Freq1=393】
① (예) 편지(便紙·片紙)를 쓰다.

≪편집≫전체빈도합=20(0.0011%)
편집 명 【Text=10/Freq1=20】
① (예) [신문/영상/책] 편집(編輯).

≪편찮다≫전체빈도합=19(0.0010%)
편찮다 형 【Text=11/Freq1=19】
① (예) [몸이/할머니가] 편찮으시다.

≪편하다≫전체빈도합=140(0.0075%)
편하다 형★★★ 【Text=73/Freq1=140】
① (예) [고개가/허리가] 편(便)하다.
〔Text=2/Freq2=2(1.4%)〕
② (예) 마음이 편하다.
〔Text=31/Freq2=38(27.1%)〕
③ (예) 연장이 다루기 편하다.
〔Text=23/Freq2=36(25.7%)〕
❹ (예) 질서를 지켜야 서로 편하다.
〔Text=40/Freq2=64(45.7%)〕

≪편히≫전체빈도합=22(0.0012%)
편히 부 【Text=19/Freq1=22】
① (예) 집에서 편(便)히 쉬다.

≪펼치다≫전체빈도합=105(0.0057%)
펼치다 동★☆☆ 【Text=65/Freq1=105】
① ㉠ (예) [우산을/종이를] 펼치다.
〔Text=16/Freq2=21(20%)〕
㉡ (예) [교과서를/서류철을] 펼치다.
〔Text=13/Freq2=18(17.1%)〕
② (예) [꿈을/얘기를] 펼치다.
〔Text=7/Freq2=8(7.6%)〕
③ (예) [경기를/수사를] 펼치다.
〔Text=9/Freq2=11(10.5%)〕
관 <펼쳐지다>
① (예) 눈앞에 들이 펼쳐지다.
〔Text=24/Freq2=31(29.5%)〕
② (예) 놀랄 일이 눈앞에 펼쳐지다.
〔Text=13/Freq2=13(12.4%)〕
ⓧ 〔Text=3/Freq2=3(2.9%)〕

≪평≫전체빈도합=46(0.0025%) [281]
평¹ 명 【Text=4/Freq1=7(15.2%)】
① (예) 남보다 낫다는 평(評)을 듣다.
평² 명의 【Text=23/Freq1=39(84.8%)】
① (예) 땅 백 평(坪)./논 한 평에 얼마?

≪평가≫전체빈도합=53(0.0029%)
평가¹ ★☆☆ 【Text=28/Freq1=52(98.1%)】
① (예) [인물에/작품에] 대해 평가(評價)를
내리다. 〔Text=28/Freq2=52(98.1%)〕
관 <평가 절하> 〔Text=1/Freq2=1(1.9%)〕
평가² 명 【Text=1/Freq1=1(1.9%)】
① (예) 관세 평가(平價) 업무.
〔Text=1/Freq2=1(100%)〕
관 <평가 [절상/절하]> 달러화의 평가 절상.
〔ⓧ〕

≪평가하다≫전체빈도합=40(0.0022%)
평가하다 동 【Text=28/Freq1=40】
Ⅰ (예) [가치를/실력을/품질을] 평가(評價)하다.
〔Text=15/Freq2=20(50%)〕
Ⅱ (예) [기적으로/높이/좋게] 평가하다.
〔Text=17/Freq2=20(50%)〕

≪평균≫전체빈도합=42(0.0023%)
평균 명★★★ 【Text=19/Freq1=42】
① (예) 40대 직장인의 월수입의 평균(平均).
/평균 점수를 내다.

---

281) 『연세 한국어 사전』의 '평-³'(예:평지붕, 평사원)은 말뭉치의 분석에 적용하지 않았으므로 제외한다.

〔Text=19/Freq2=42(100%)〕
㉴ <평균 수명> 〔×〕

≪**평등**≫전체빈도합=19(0.0010%)

평등 명☆☆★ 【Text=14/Freq1=19】
① (예) [남녀/정치적] 평등(平等).

≪**평범하다**≫전체빈도합=67(0.0036%)

평범하다 형 【Text=36/Freq1=67】
① (예) 외모가 평범(平凡)하다.

≪**평생**≫전체빈도합=83(0.0045%)

평생 명 【Text=56/Freq1=83】
Ⅰ ① (예) 교육에 평생(平生)을 바치다.
〔Text=31/Freq2=37(44.6%)〕
② (예) 칠십 평생에 처음 보다.
〔Text=8/Freq2=8(9.6%)〕
③ (예) 평생 [교육/사원].
〔Text=4/Freq2=7(8.4%)〕
Ⅱ ① (예) 평생 잊지 못할 사건.
〔Text=12/Freq2=15(18.1%)〕
② (예) 평생 한 번 뿐인 결혼식.
〔Text=4/Freq2=5(6%)〕
③ (예) 평생 처음./평생 모은 돈.
〔Text=9/Freq2=11(13.3%)〕

≪**평소**≫전체빈도합=98(0.0053%)

평소 명★★☆ 【Text=65/Freq1=98】
① (예) 평소(平素)에 한복을 입다.
/요금이 평소보다 많이 나오다.
〔Text=58/Freq2=82(83.7%)〕
❶ (예) 평소 존경해 오다.
〔Text=13/Freq2=16(16.3%)〕

≪**평야**≫전체빈도합=33(0.0018%)

평야 명 【Text=10/Freq1=33】
① (예) 눈 앞에 평야(平野)가 펼쳐지다.

≪**평일**≫전체빈도합=8(0.0004%)

평일 명☆★☆ 【Text=7/Freq1=8】
① (예) 평일(平日)에만 근무하다.
〔Text=7/Freq2=8(100%)〕
② (예) 그 날도 평일과 다름없었다. 〔×〕

≪**평화**≫전체빈도합=72(0.0039%)

평화 명★★★ 【Text=28/Freq1=72】
① (예) 세계 평화(平和)가 깨지다.
〔Text=19/Freq2=55(76.4%)〕
② (예) 얼굴에 평화가 찾아오다.
〔Text=9/Freq2=14(19.4%)〕
㉴ <평화 조약> 〔×〕
㉴ <평화 통일> 〔Text=2/Freq2=3(4.2%)〕
㉴ <평화 회담> 〔×〕

≪**평화롭다**≫전체빈도합=32(0.0017%)

평화롭다 형 【Text=19/Freq1=32】
① (예) 평화(平和)로운 웃음을 짓다.

≪**폐**≫전체빈도합=19(0.0010%) [282]

폐^1 명 【Text=5/Freq1=7(36.8%)】
① (예) 한쪽 폐(肺)에 결핵이 걸리다.

폐^2 명☆☆★ 【Text=10/Freq1=12(63.2%)】
① (예) 제도가 사람들에게 많은 폐(弊)를 끼치다. 〔×〕
② (예) [남에게/이웃에게] 폐를 끼치다.
〔Text=10/Freq2=12(100%)〕

≪**폐허**≫전체빈도합=18(0.0010%)

폐허 명 【Text=13/Freq1=18】
① (예) 전쟁으로 폐허(廢墟)가 되다.

≪**포근하다**≫전체빈도합=15(0.0008%)

포근하다 형 【Text=13/Freq1=15】
① (예) 날씨가 포근하다./포근한 이불.
〔Text=4/Freq2=4(26.7%)〕
② (예) 기분이 포근하다./포근한 인상.
〔Text=9/Freq2=11(73.3%)〕

≪**포기하다**≫전체빈도합=122(0.0066%)

포기하다 동☆★☆ 【Text=58/Freq1=122】
① (예) [결혼을/계획을/꿈을] 포기(抛棄)하다.

≪**포도**≫전체빈도합=20(0.0011%)

포도 명☆★★ 【Text=8/Freq1=20】
① (예) 포도(葡萄)를 먹다.

≪**포장**≫전체빈도합=22(0.0012%)

포장^1 명 【Text=11/Freq1=15(68.2%)】
① (예) 선물의 포장(包裝)을 풀다.
〔Text=11/Freq2=15(100%)〕
② (예) 사랑이란 포장 속에 숨은 이기심. 〔×〕

포장^2 명 【Text=1/Freq1=2(9.1%)】
① (예) 아스팔트로 포장(鋪裝)이 된 도로.
〔Text=1/Freq2=2(100%)〕

---

[282] 『연세 한국어 사전』의 '폐^3'(예:폐사)는 말뭉치의 분석에 적용하지 않았으므로 제외한다.

㊀<포장 도로> 〔×〕

포장³ 명 【Text=5/Freq1=5(22.7%)】
① (예) 마차에 포장(布帳)을 씌우다.
〔Text=2/Freq2=2(40%)〕
㊀<포장 마차> 〔Text=3/Freq2=3(60%)〕

포장⁴ 명 【Text=0/Freq1=0】 ⓧ
① (예) 훈장과 포장(褒章)을 받다. 〔×〕

≪포함되다≫전체빈도합=24(0.0013%)

포함되다 동 【Text=19/Freq1=24】
① (예) [외가도 친척에/요금에 팁이]
포함(包含)되다.

≪포함하다≫전체빈도합=44(0.0024%)

포함하다 동 【Text=28/Freq1=44】
① (예) 세금을 포함(包含)한 가격.

≪폭≫전체빈도합=37(0.0020%)

폭¹ 명 ☆★ 【Text=28/Freq1=37(100%)】
Ⅰ ① (예) 도로의 폭(幅)이 좁다.
〔Text=4/Freq2=5(13.5%)〕
② (예) 제품의 선택 폭이 넓다.
〔Text=15/Freq2=19(51.4%)〕
③ (예) 무늬가 다른 여러 폭으로 만든 식탁보. 〔×〕
Ⅱ (예) 여덟 폭 병풍.
〔Text=11/Freq2=13(35.1%)〕

폭² 부 【Text=0/Freq1=0】 ⓧ
① (예) 젓가락으로 감자를 폭 찌르다. 〔×〕
② (예) 물속으로 폭 잠기다. 〔×〕
③ (예) 잠이 폭 들다. 〔×〕
④ (예) 볼이 폭 패이다. 〔×〕
⑤ (예) 머리까지 포대기로 폭 싸다. 〔×〕
⑥ (예) 앞으로 폭 고꾸라지다. 〔×〕
⑦ (예) [삽으로/순가락으로] 폭 푸다. 〔×〕
⑧ (예) [가루가/먼지가] 폭 쏟아지다. 〔×〕
⑨ (예) 고개를 폭 숙이다. 〔×〕
⑩ (예) 잉어를 폭 고다. 〔×〕
⑪ (예) 폭 [삭히다/적시다]. 〔×〕
⑫ (예) 한숨을 폭 쉬다. 〔×〕

≪폭력≫전체빈도합=30(0.0016%)

폭력 명 【Text=18/Freq1=30】
① (예) 폭력(暴力)을 휘두르다.

≪표≫전체빈도합=105(0.0057%)

표¹ 명 【Text=19/Freq1=41(39%)】
① (예) 표(表) 1을 보면 알 수 있다.

표² 명 ★★★ 【Text=25/Freq1=51(48.6%)】
Ⅰ ① (예) 역에서 표(票)를 끊다.
〔Text=19/Freq2=39(76.5%)〕
② (예) 후보에게 표를 던지다.
〔Text=6/Freq2=12(23.5%)〕
Ⅱ (예) 100표 차이로 당선되다. 〔×〕

표³ 명 【Text=6/Freq1=13(12.4%)】
① (예) 매일 날짜 위에다 표(標)를 하다.
〔Text=4/Freq2=8(61.5%)〕
② (예) 표가 나지 않게 봉투를 뜯어보다.
〔Text=2/Freq2=5(38.5%)〕

≪표면≫전체빈도합=21(0.0011%)

표면 명 【Text=14/Freq1=21】
① (예) 돗자리의 표면(表面)이 거칠다.
〔Text=8/Freq2=13(61.9%)〕
② (예) 말의 표면과 이면을 구별하다.
〔Text=7/Freq2=8(38.1%)〕

≪표시≫전체빈도합=29(0.0016%)

표시¹ 명 【Text=9/Freq1=11(37.9%)】
① (예) 감사의 표시(表示)를 하다.

표시² 명 【Text=11/Freq1=18(62.1%)】
① (예) 주차 금지 표시(標示).
〔Text=11/Freq2=18(100%)〕
㊀<표시(가) 나다> 〔×〕

≪표시되다≫전체빈도합=22(0.0012%)

표시되다¹ 동 【Text=0/Freq1=0】 ⓧ
① (예) [감정이/생각이] 행동으로
표시(表示)되다. 〔×〕

표시되다² 동 【Text=11/Freq1=22(100%)】
Ⅰ (예) 지도에 도시가 표시(標示)되다.
〔Text=6/Freq2=11(50%)〕
Ⅱ (예) [기호로/색으로] 표시되다.
〔Text=8/Freq2=11(50%)〕

≪표시하다≫전체빈도합=51(0.0027%)

표시하다¹ 동 【Text=13/Freq1=13(25.5%)】 [283]
① (예) [난색을/불만을/의문을]표시(表示)하다.

표시하다² 동 ★☆☆ 【Text=18/Freq1=38(74.5%)】
① (예) 지도에 논과 밭을 기호로
표시(標示)하다.

---

283) 『외국인을 위한 한국어학습사전』(2004)의 중요 어휘 목록에는 '표시하다¹'가 포함되어 있는데, 여기서는 그 쓰임의 폭이 더 넓은 것으로 나타난 '표시하다²'를 기본어휘로 삼는다.

≪표정≫전체빈도합=420(0.0226%)

표정 명★★★ 【Text=110/Freq1=420】
① (예) 아무 표정(表情)이 없이 웃다.
〔Text=77/Freq2=203(48.3%)〕
② (예) 항구의 표정이 초라하다.
〔Text=2/Freq2=3(0.7%)〕
❸ (예) 잘 모르겠다는 표정을 짓다.
〔Text=76/Freq2=214(51%)〕

≪표현≫전체빈도합=238(0.0128%)

표현 명★★☆ 【Text=61/Freq1=238】
⓪ (예) [사상의/정중한] 표현(表現)을 하다.

≪표현되다≫전체빈도합=30(0.0016%)

표현되다 동 【Text=23/Freq1=30】
⓪ (예) 작품에 한국인의 생활이 표현(表現)되다.

≪표현하다≫전체빈도합=211(0.0114%)

표현하다 동★★☆ 【Text=70/Freq1=211】
⓪ (예) 감정을 표현(表現)하다.

≪푸다≫전체빈도합=22(0.0012%)

푸다 동☆☆★ 【Text=12/Freq1=22】
⓪ (예) 그릇에 [국을/밥을] 푸다.

≪푸르다≫전체빈도합=147(0.0079%)

푸르다 형★★★ 【Text=71/Freq1=147】
⓪ (예) [산이/하늘이] 푸르다.

≪푹≫전체빈도합=51(0.0027%)

푹 부★★☆ 【Text=38/Freq1=51】
① (예) 목도리를 푹 뒤집어쓰다.
〔Text=1/Freq2=2(3.9%)〕
② (예) 몸과 마음이 푹 늘어지게 쉬다.
〔Text=12/Freq2=16(31.4%)〕
③ ㉠ (예) 온몸이 푹 젖다.
〔Text=6/Freq2=6(11.8%)〕
㉡ (예) 시 세계에 푹 빠지다.
〔Text=2/Freq2=2(3.9%)〕
④ (예) [삽으로/숟가락으로] 푹 뜨다. 〔×〕
⑤ (예) 코트에 손을 푹 찌르다./푹 꺼진 소파.
〔Text=7/Freq2=8(15.7%)〕
⑥ (예) 머리를 푹 수그리다.
〔Text=14/Freq2=16(31.4%)〕
⑦ (예) 한숨을 푹 쉬다. 〔×〕
ⓧ 〔Text=1/Freq2=1(2%)〕

≪푼≫전체빈도합=25(0.0013%)

푼¹ 명의 【Text=14/Freq1=25(100%)】
① (예) 짚신을 두 푼에 사다. 〔×〕
② (예) 돈이 몇 푼 안 되다.
〔Text=14/Freq2=25(100%)〕

푼² 명의 【Text=0/Freq1=0】 ⓧ
① (예) 한 치 오 푼의 길이. 〔×〕
② (예) 한 돈 세 푼짜리 반지. 〔×〕
② (예) 이자율이 보통 5푼쯤 하다. 〔×〕

≪풀≫전체빈도합=88(0.0047%)

풀¹ 명★★★ 【Text=41/Freq1=71(80.7%)】
⓪ (예) 밭에 풀이 나다./소가 풀을 뜯어 먹다.

풀² 명 【Text=16/Freq1=17(19.3%)】
① (예) 사진을 풀로 붙이다.
〔Text=7/Freq2=7(41.2%)〕
② (예) 모시옷에 풀을 먹이다.
〔Text=1/Freq2=1(5.9%)〕
③ (예) [기세가/풀이/활기가] 꺾이다.
〔Text=1/Freq2=1(5.9%)〕
㉮ <풀이 서다> 풀이 잘 선 무명 치마. 〔×〕
㉮ <풀이 없다> 풀이 없는 시선으로 바라보다. 〔×〕
㉮ <풀(이) 죽다> 풀이 죽은 목소리.
〔Text=7/Freq2=8(47.1%)〕

풀³ 명 【Text=0/Freq1=0】 ⓧ
⓪ (예) 풀에서 수영하다. 〔×〕

≪풀다≫전체빈도합=193(0.0104%)

풀다 동★★★ 【Text=91/Freq1=193】
Ⅰ ① (예) [벨트를/옷고름을] 풀다.
〔Text=19/Freq2=24(12.4%)〕
② (예) 보자기를 풀다.
〔Text=15/Freq2=22(11.4%)〕
③ (예) 잡힌 [사람들을/새들을] 풀어 주다.
〔Text=4/Freq2=5(2.6%)〕
④ (예) [안전장치를/족쇄를] 풀다.
〔Text=4/Freq2=7(3.6%)〕
⑤ (예) [깍지를/부동자세를] 풀다.
〔Text=5/Freq2=7(3.6%)〕
⑥ (예) 제한을 풀다.
〔Text=3/Freq2=3(1.6%)〕
⑦ (예) 긴장을 풀다.
〔Text=30/Freq2=55(28.5%)〕
⑧ (예) 몸에 쌓인 독을 풀다.
〔Text=1/Freq2=1(0.5%)〕
⑨ (예) [계산 문제를/퀴즈를] 풀다.
〔Text=13/Freq2=20(10.4%)〕
⑩ (예) 내용을 풀어서 설명하다.

　　　　　〔Text=11/Freq2=15(7.8%)〕
⑪ (예) 코를 풀다.
　　　　　〔Text=5/Freq2=12(6.2%)〕
❷ (예) [오해를/일을] 순리대로 풀다.
　　　　　〔Text=7/Freq2=12(6.2%)〕
❸ (예) 파마를 풀다.
　　　　　〔Text=1/Freq2=1(0.5%)〕
❹ (예) 농성을 풀다.
　　　　　〔Text=1/Freq2=1(0.5%)〕
Ⅱ ① (예) 물에 [고춧가루를/된장을] 풀다.
　　　　　〔Text=2/Freq2=3(1.6%)〕
② (예) 시중에 돈을 풀다.
　　　　　〔Text=1/Freq2=1(0.5%)〕
③ (예) 사람을 풀어 단속하다.
　　　　　〔Text=1/Freq2=1(0.5%)〕
관<몸을 풀다>
① (예) 피곤한 몸을 풀다. 〔×〕
② (예) 준비 체조로 몸을 풀다. 〔×〕
③ (예) [산모가/어미 개가] 몸을 풀다. 〔×〕
관<속(을) 풀다> 해장국으로 속을 풀다. 〔×〕
관<실마리를 풀다> 일의 실마리를 풀다.
　　　　　〔Text=1/Freq2=1(0.5%)〕
ⓧ 〔Text=2/Freq2=2(1%)〕

≪풀리다≫전체빈도합=78(0.0042%)

풀리다 동★★☆ 【Text=57/Freq1=78】
① (예) [고삐가/수갑이] 풀리다.
　　　　　〔Text=6/Freq2=7(9%)〕
② (예) 시중에 돈이 풀리다.
　　　　　〔Text=1/Freq2=1(1.3%)〕
③㉠ (예) [신경이/힘이] 풀리다.
　　　　　〔Text=8/Freq2=9(11.5%)〕
　㉡ (예) 분이 풀리다.
　　　　　〔Text=19/Freq2=20(25.6%)〕
④ (예) [경기가/일이] 쉽게 풀리다.
　　　　　〔Text=7/Freq2=9(11.5%)〕
⑤ (예) 통금이 풀리다.
　　　　　〔Text=4/Freq2=4(5.1%)〕
⑥ (예) [난제들이/문제가] 풀리다.
　　　　　〔Text=9/Freq2=9(11.5%)〕
⑦ (예) 추위가 풀리다.
　　　　　〔Text=5/Freq2=5(6.4%)〕
❽ (예) [교통이/정체가] 풀리다.
　　　　　〔Text=1/Freq2=1(1.3%)〕
관<맥이 풀리다> 〔Text=2/Freq2=2(2.6%)〕

관<직성이 풀리다> 〔Text=6/Freq2=7(9%)〕
관<풀려 나(오)다> 잡혀 갔던 사람들이 풀려 나오다. 〔Text=4/Freq2=4(5.1%)〕

≪풀밭≫전체빈도합=18(0.0010%)

풀밭 명 【Text=13/Freq1=18】
⓪ (예) 풀밭에 누워 하늘을 보다.

≪품≫전체빈도합=45(0.0024%) [284]

품[1] 명 【Text=25/Freq1=43(95.6%)】
① (예) 품이 넓은 반코트.
　　　　　〔Text=1/Freq2=2(4.7%)〕
② (예) 자식을 품에 안다.
　　　　　〔Text=16/Freq2=32(74.4%)〕
③ (예) 자연의 품에서 살다.
　　　　　〔Text=9/Freq2=9(20.9%)〕
관<품 안의 자식> 〔×〕
품[2] 명 【Text=1/Freq1=1(2.2%)】
⓪ (예) 품을 [들이다/팔다].
품[3] 의 【Text=1/Freq1=1(2.2%)】
⓪ (예) 말을 꺼내는 품으로 보아 걱정이 있어 보이다.

≪품다≫전체빈도합=59(0.0032%)

품다[1] 동★☆★ 【Text=42/Freq1=59(100%)】
①㉠ (예) [아기를/자식을] 가슴에 품다.
　　　　　〔Text=4/Freq2=6(10.2%)〕
　㉡ (예) 알을 품다. 〔Text=4/Freq2=4(6.8%)〕
② (예) 가슴 깊숙이 [총을/칼을] 품다.
　　　　　〔Text=1/Freq2=1(1.7%)〕
③ (예) [기운을/냉기를] 품다.
　　　　　〔Text=4/Freq2=4(6.8%)〕
④ (예) [기대를/뜻을/불만을/한을/회의를/희망을] 품다. 〔Text=33/Freq2=43(72.9%)〕
관<가시를 품다> 〔×〕
관<독을 품다> 〔×〕
ⓧ 〔Text=1/Freq2=1(1.7%)〕
품다[2] 동 【Text=0/Freq1=0】 ⓧ
① (예) 지하실에 고인 물을 품어 내다. 〔×〕
② (예) 입에 머금은 물을 품다. 〔×〕

≪품위≫전체빈도합=15(0.0008%)

품위 명 【Text=11/Freq1=15】
① (예) 교사로서 품위(品位)를 지키다.
　　　　　〔Text=11/Freq2=13(86.7%)〕
② (예) 품위가 있는 분위기의 거실.

---

284) 『연세 한국어 사전』의 '-품[4]'(예:수입품)은 말뭉치의 분석에 적용하지 않았으므로 제외한다.

〔Text=2/Freq2=2(13.3%)〕

≪품질≫전체빈도합=23(0.0012%)

품질 명 【Text=12/Freq1=23】
⓪ (예) 상품의 품질(品質)이 좋다.

≪풍경≫전체빈도합=78(0.0042%)

풍경¹ 명 【Text=43/Freq1=78(100%)】
① (예) 주위의 풍경(風景)이 아름답다.
〔Text=28/Freq2=45(57.7%)〕
② (예) 회사에서 매일 보는 아침 풍경.
〔Text=21/Freq2=33(42.3%)〕
③ (예) 유명한 화가의 풍경이다. 〔×〕

풍경² 명 【Text=0/Freq1=0】 ⓧ
⓪ (예) 처마 끝의 풍경(風磬) 소리. 〔×〕

≪풍기다≫전체빈도합=48(0.0026%)

풍기다 동 【Text=31/Freq1=48】
Ⅰ ① (예) [냄새가/향내가] 풍기다.
〔Text=13/Freq2=16(33.3%)〕
② (예) [느낌이/분위기가] 풍기다.
〔Text=8/Freq2=9(18.8%)〕
Ⅱ ① (예) [냄새를/향기를] 풍기다.
〔Text=5/Freq2=7(14.6%)〕
② (예) [느낌을/분위기를] 풍기다.
〔Text=13/Freq2=15(31.3%)〕
ⓧ 〔Text=1/Freq2=1(2.1%)〕

≪풍년≫전체빈도합=18(0.0010%)

풍년 명 【Text=11/Freq1=18】
⓪ (예) 풍년(豊年)이 들다.

≪풍부하다≫전체빈도합=62(0.0033%)

풍부하다 형★★☆ 【Text=38/Freq1=62】
⓪ (예) 자원이 풍부(豊富)하다.
〔Text=16/Freq2=23(37.1%)〕
❶ (예) [감정이/경험이/재능이] 풍부하다.
〔Text=18/Freq2=28(45.2%)〕
❷ (예) 탄력성이 풍부하다.
〔Text=10/Freq2=11(17.7%)〕

≪풍선≫전체빈도합=55(0.0030%)

풍선 명 【Text=12/Freq1=55】
⓪ (예) 풍선(風船)을 불다.

≪풍속≫전체빈도합=24(0.0013%)

풍속¹ 명 【Text=18/Freq1=24(100%)】
⓪ (예) 지방마다 풍속(風俗)이 다르다.

풍속² 명 【Text=0/Freq1=0】 ⓧ
⓪ (예) 최대 풍속(風速)이 초속 60미터에 이르다. 〔×〕

≪풍습≫전체빈도합=60(0.0032%)

풍습 명★★☆ 【Text=23/Freq1=60】
⓪ (예) 시골 풍습(風習).

≪풍요롭다≫전체빈도합=21(0.0011%)

풍요롭다 형 【Text=11/Freq1=21】
⓪ (예) 풍요(豊饒)로운 환경.

≪프랑스♣≫전체빈도합=55(0.0030%)

프랑스⁰ 명(고유)★★☆ 【Text=22/Freq1=55】
❶ (예) 프랑스로 유학을 가다.

≪프로≫전체빈도합=32(0.0017%)

프로¹ 명☆★☆ 【Text=10/Freq1=18(56.3%)】
Ⅰ (예) [코미디/텔레비전] 프로.
〔Text=10/Freq2=18(100%)〕
Ⅱ (예) 영화나 한 프로 보다. 〔×〕

프로² 명 【Text=4/Freq1=7(21.9%)】
⓪ (예) 프로 [선수/야구/축구].

프로³ 명의 【Text=3/Freq1=7(21.9%)】
⓪ (예) 가능성이 100프로(%)에 가깝다.

≪프로그램≫전체빈도합=141(0.0076%)

프로그램 명★★☆ 【Text=33/Freq1=141】
① (예) 교육 프로그램에 참가하다.
〔Text=6/Freq2=12(8.5%)〕
② (예) 방송 프로그램을 개편하다.
〔Text=21/Freq2=74(52.5%)〕
③ (예) 컴퓨터 게임 프로그램.
〔Text=8/Freq2=55(39%)〕

≪플라스틱≫전체빈도합=20(0.0011%)

플라스틱 명 【Text=17/Freq1=20】
⓪ (예) 플라스틱 물통.

≪피≫전체빈도합=108(0.0058%) [285]

피¹ 명★★★ 【Text=52/Freq1=106(98.1%)】
① (예) 피가 [나다/흐르다].
〔Text=42/Freq2=83(78.3%)〕
② (예) 부모의 피를 이어받다./피는 못 속이다.

---

[285] 『연세 한국어 사전』의 '파⁴'(예:피선거권), '-피⁵'(예:악어피)는 말뭉치의 분석에 적용하지 않았으므로 제외한다.

③ (예) 조상이 피와 땀으로 얻은 독립.
〖Text=6/Freq2=6(5.7%)〗
〖Text=5/Freq2=5(4.7%)〗
관<[대가리에/머리에] 피도 안 마르다>
〖Text=1/Freq2=1(0.9%)〗
관<새 발의 피> 〔×〕
관<피가 거꾸로 솟다>
〖Text=1/Freq2=1(0.9%)〗
관<피가 끓다> 〖Text=1/Freq2=1(0.9%)〗
관<피가 되고 살이 되다> 〔×〕
관<피가 마르다> 〔×〕
관<피는 물보다 진하다> 〔×〕
관<피도 눈물도 없다>
〖Text=3/Freq2=3(2.8%)〗
관<피를 말리다> 〖Text=3/Freq2=3(2.8%)〗
관<피를 보다>
① (예) 싸움에서 피를 보다. 〔×〕
② (예) 우리 쪽이 거래에서 피를 보다. 〔×〕
관<피를 부르다> 〔×〕
관<피를 섞다> 〖Text=1/Freq2=3(2.8%)〗
관<피와 살을 깎아내는 고통> 〔×〕

피² 명 【Text=1/Freq1=1(0.9%)】
⓪ (예) 논의 피를 뽑아 주다.

피³ 감 【Text=0/Freq1=0】 ⓧ
⓪ (예) 피, 그런 말이 어디 있어? 〔×〕

피ˣ ? 〖Text=1/Freq2=1(0.9%)〗

≪피곤하다≫전체빈도합=101(0.0054%)

피곤하다 형★★★ 【Text=57/Freq1=101】
⓪ (예) [눈이/몸이] 피곤(疲困)하다.
〖Text=52/Freq2=94(93.1%)〗
❶ (예) [마음이/정신이] 피곤하다.
〖Text=7/Freq2=7(6.9%)〗

≪피다≫전체빈도합=176(0.0095%)

피다¹ 동★★★ 【Text=67/Freq1=172(97.7%)】
Ⅰ ① (예) [국화가/꽃이] 피다.
〖Text=59/Freq2=145(84.3%)〗
② (예) 모닥불이 환하게 피어 있다.
〖Text=8/Freq2=10(5.8%)〗
③ (예) 얼굴이 활짝 피다.
〖Text=1/Freq2=1(0.6%)〗
④ (예) [살림이/형편이] 피다.
〖Text=1/Freq2=1(0.6%)〗
Ⅱ ① (예) [곰팡이가/버짐이] 피다.
〖Text=1/Freq2=1(0.6%)〗
② (예) 얼굴에 [웃음꽃이/웃음이] 피다.
〖Text=5/Freq2=9(5.2%)〗
관<꽃(이) 피다> 우정이 꽃피다.
〖Text=4/Freq2=5(2.9%)〗

피다² 동 【Text=4/Freq1=4(2.3%)】 ☞피우다².
⓪ (예) 담배를 피다. 〖Text=3/Freq2=3(75%)〗
❶ (예) 바람을 피다. 〖Text=1/Freq2=1(25%)〗

≪피로≫전체빈도합=18(0.0010%)

피로 명 【Text=13/Freq1=18】
⓪ (예) 피로(疲勞)를 풀다.

≪피부≫전체빈도합=36(0.0019%)

피부 명 【Text=24/Freq1=36】
⓪ (예) 피부(皮膚)가 [곱다/검다].
〖Text=18/Freq2=30(83.3%)〗
관<피부 비뇨기과> 〔×〕
관<피부로 느끼다> 불경기를 피부로 느끼다. 〖Text=6/Freq2=6(16.7%)〗

≪피아노≫전체빈도합=41(0.0022%)

피아노¹ 명 ☆★☆ 【Text=18/Freq1=41(100%)】
⓪ (예) 피아노를 치다.

피아노² 명 【Text=0/Freq1=0】 ⓧ
⓪ (예) 악보에 피아노라는 기호를 적다. 〔×〕

≪피어나다≫전체빈도합=36(0.0019%)

피어나다 동 【Text=18/Freq1=36】
① (예) 꽃이 피어나다.
〖Text=11/Freq2=25(69.4%)〗
② (예) [구름이/김이/안개가] 피어나다.
〖Text=2/Freq2=2(5.6%)〗
③ (예) 얼굴이 둥근 달처럼 피어나다.
〖Text=1/Freq2=1(2.8%)〗
④ (예) 따스한 정감이 피어나다.
〖Text=3/Freq2=4(11.1%)〗
⑤ (예) 입가에 웃음기가 피어나다.
〖Text=3/Freq2=3(8.3%)〗
ⓧ 〖Text=1/Freq2=1(2.8%)〗

≪피우다≫전체빈도합=168(0.0090%)

피우다¹ 동 【Text=40/Freq1=64(38.1%)】
① (예) 모란이 꽃을 활짝 피우다.
〖Text=15/Freq2=27(42.2%)〗
② (예) [모닥불을/향을] 피우다.
〖Text=20/Freq2=24(37.5%)〗
❸ (예) [보조개를/웃음꽃을] 피우다.
〖Text=3/Freq2=3(4.7%)〗
❹ (예) 남편이 바람을 피우다.

〔Text=2/Freq2=2(1.9%)〕
❺ (예) 먼지를 피우다.
　〔Text=1/Freq2=1(1.6%)〕
㊟<이야기(로) 꽃을 피우다>
　〔Text=6/Freq2=7(10.9%)〕

피우다² 동★★★ 【Text=52/Freq1=104(61.9%)】
① (예) [담배를/아편을] 피우다.
　〔Text=36/Freq2=77(74%)〕
② 〔Text=20/Freq2=26(25%)〕 ²⁸⁶
　㉠ (예) 거드름을 피우다.
　　〔Text=1/Freq2=1(1%)〕
　㉡ (예) 게으름을 피우다.
　　〔Text=8/Freq2=10(9.6%)〕
　㉢ (예) 난동을 피우다.
　　〔Text=1/Freq2=1(1%)〕
　㉣ (예) 난리법석을 피우다.
　　〔Text=2/Freq2=2(1.9%)〕
　㉤ (예) 딴전을 피우다. 〔×〕
　㉥ (예) 말썽을 피우다.
　　〔Text=2/Freq2=2(1.9%)〕
　㉦ (예) 미련을 피우다.
　　〔Text=1/Freq2=1(1%)〕
　㉧ (예) 생난리를 피우다.
　　〔Text=1/Freq2=1(1%)〕
　㉨ (예) 소란을 피우다.
　　〔Text=4/Freq2=4(3.8%)〕
　㉩ (예) 수선을 피우다.
　　〔Text=1/Freq2=2(1.9%)〕
　㉪ (예) 심술을 피우다.
　　〔Text=1/Freq2=1(1%)〕
　㉫ (예) 엄살을 피우다.
　　〔Text=1/Freq2=1(1%)〕
③ (예) 입에서 소주 냄새를 피우다.
　〔Text=1/Freq2=1(1%)〕

≪피하다≫전체빈도합=127(0.0068%)

피하다 동★★★ 【Text=82/Freq1=127】
Ⅰ ① (예) [공을/매를/차를] 피(避)하다.
　　〔Text=14/Freq2=19(15%)〕
　② (예) [검문을/위험을] 피하다.
　　〔Text=26/Freq2=33(26%)〕
　③ (예) [사람을/시선을] 피하다.
　　〔Text=21/Freq2=28(22%)〕
　④ (예) 불필요한 갈등을 피하다.

　　〔Text=9/Freq2=12(9.4%)〕
　⑤ (예) [밭일을/앞에 나서기를] 피하다.
　　〔Text=8/Freq2=9(7.1%)〕
　⑥ (예) 바쁜 시간대를 피하다.
　　〔Text=7/Freq2=8(6.3%)〕
　⑦ (예) 과로를 피하다.
　　〔Text=3/Freq2=3(2.4%)〕
　⑧ (예) 비를 피하다.
　　〔Text=6/Freq2=7(5.5%)〕
　⑨ (예) 자리를 피하다.
　　〔Text=5/Freq2=5(3.9%)〕
Ⅱ (예) 산골짜기로 피하다./몸을 피하다.
　〔Text=1/Freq2=2(1.6%)〕
㊟<피치 못할 ~> 피치 못할 사정.
　〔Text=1/Freq2=1(0.8%)〕

≪피해≫전체빈도합=114(0.0061%)

피해 명★☆★ 【Text=44/Freq1=114】
⓪ (예) 태풍으로 피해(被害)가 나다.
　〔Text=44/Freq2=114(100%)〕
㊟<피해 의식> 〔×〕

≪필연적≫전체빈도합=27(0.0015%)

필연적¹ 명 【Text=12/Freq1=26(96.3%)】
⓪ (예) 필연적(必然的)인 결과.
　/필연적으로 일어날 사고
필연적² 관 【Text=1/Freq1=1(3.7%)】
⓪ (예) 필연적(必然的) [관계/법칙].

≪필요≫전체빈도합=287(0.0155%)

필요 명★★★ 【Text=105/Freq1=287】
⓪ (예) 산소를 필요(必要)로 하다.
　〔Text=46/Freq2=79(27.5%)〕
❶ (예) 재고할 필요가 있다.
　〔Text=85/Freq2=187(65.2%)〕
❷ (예) 필요만 하다면 내가 사 오겠다.
　〔Text=12/Freq2=18(6.3%)〕
㊟<필요 조건> 〔Text=2/Freq2=3(1%)〕

≪필요성*≫전체빈도합=19(0.0010%)

필요성⁰ 명 【Text=12/Freq1=19】
❶ (예) [도덕의/쉬어야 할] 필요성(必要性)을 느끼다.

≪필요하다≫전체빈도합=553(0.0298%)

필요하다 형★★★ 【Text=140/Freq1=553】

---

286) "떨다², 부리다²"와 마찬가지로, '피우다²'도 연어 관계에 따른 실제 쓰임을 상세히 나누어 기술한다.

⓪ (예) [기술이/돈이/증언이] 필요(必要)하다. /등기에 필요한 서류.

≪**필자**≫전체빈도합=69(0.0037%)

필자 명 【Text=14/Freq1=69】
⓪ (예) 책의 필자(筆者).

≪**핏줄**≫전체빈도합=25(0.0013%)

핏줄 명 【Text=10/Freq1=25】
① (예) 팔에 굵은 핏줄이 돋다.
 〔Text=2/Freq2=2(8%)〕
② (예) 같은 핏줄로 이어진 사람들.
 〔Text=8/Freq2=23(92%)〕
㉮ <핏줄이 당기다> 〔×〕

≪**핑계**≫전체빈도합=17(0.0009%)

핑계 명 【Text=13/Freq1=17】
⓪ (예) 핑계를 대다.

≪**하**≫전체빈도합=57(0.0031%)

하¹ 명 【Text=0/Freq1=0】 ⓧ
⓪ (예) 등급을 상, 중, 하(下)로 나누다. 〔×〕
하² 甼 【Text=0/Freq1=0】 ⓧ
⓪ (예) 날이 하 화창해서 나들이를 하다. 〔×〕
하³ 甼 【Text=0/Freq1=0】 ⓧ
⓪ (예) 유리창에 입김을 하 불다. 〔×〕
하⁴ 감 【Text=3/Freq1=10(17.5%)】
⓪ (예) 하 참 기가 막혀서 원.
-하⁵ 접 【Text=6/Freq1=7(12.3%)】
⓪ (예) [조건/지배/통치]하(下).
하⁰¹ 명의 【Text=20/Freq1=39(68.4%)】
❶ (예) 아이엠에프 사태 하(下).
하⁰² 명 【Text=1/Freq1=1(1.8%)】
❶ (예) 하(河)란 물줄기라는 뜻이다.

≪**하기야**≫전체빈도합=22(0.0012%)

하기야 甼 【Text=10/Freq1=22】
⓪ (예) 하기야 그 말도 일리가 있다.

≪**하긴**≫전체빈도합=29(0.0016%)

하긴 甼 【Text=19/Freq1=29】

⓪ (예) 하긴 그 말이 맞다.

≪**하나**≫전체빈도합=1,417(0.0763%)

하나¹ 명 【Text=104/Freq1=376(26.5%)】
① (예) 영화의 특징 중의 하나.
 〔Text=78/Freq2=182(48.4%)〕
② (예) 마음을 하나로 합하다.
 〔Text=27/Freq2=59(15.7%)〕
③ (예) 오빠 하나만을 의지하며 살다.
 〔Text=24/Freq2=31(8.2%)〕
❹ (예) 하나의 새로운 경향.
 〔Text=41/Freq2=104(27.7%)〕
하나² 주★★★ 【Text=183/Freq1=1,040(73.4%)】
⓪ (예) 하나에 셋을 더하다.
 〔Text=175/Freq2=919(88.4%)〕
㉮ <만에 하나> 〔Text=3/Freq2=3(0.3%)〕
㉮ <~ 하나> 그림 하나 못 그리다.
 〔Text=32/Freq2=45(4.3%)〕
㉮ <하나 가득> 〔Text=1/Freq2=1(0.1%)〕
㉮ <하나도> 하나도 어렵지 않다.
 〔Text=49/Freq2=72(6.9%)〕
하나³ 甼 【Text=1/Freq1=1(0.1%)】
⓪ (예) 가을은 겨우 넘겼다. 하나 겨울은 더 힘들었다.

≪**하나님**≫전체빈도합=29(0.0016%)

하나님 명 【Text=10/Freq1=29】
⓪ (예) 예수는 하나님의 아들이다.

≪**하나하나**≫전체빈도합=48(0.0026%)

하나하나¹ 명 【Text=19/Freq1=23(47.9%)】
⓪ (예) 모습부터 태도 하나하나까지 아버지를 닮다.
하나하나² 甼 【Text=20/Freq1=25(52.1%)】
① (예) 하나하나 차근차근 가르치다.
 〔Text=15/Freq2=17(68%)〕
② (예) 하나하나 다 적어서 보고하다.
 〔Text=7/Freq2=8(32%)〕

≪**하느님**≫전체빈도합=48(0.0026%)

하느님 명 【Text=26/Freq1=48】
① (예) 하느님의 아들인 환웅.
 〔Text=18/Freq2=33(68.8%)〕
② (예) 이스라엘 민족의 하느님.
 〔Text=8/Freq2=15(31.3%)〕

≪**하늘**≫전체빈도합=543(0.0292%)

하늘 명★★★ 【Text=124/Freq1=543】

① (예) 하늘에 별이 뜨다./흐린 하늘.
　　〔Text=112/Freq2=455(83.8%)〕
② (예) 어머니는 하늘로 떠나가다.
　　〔Text=8/Freq2=29(5.3%)〕
③ (예) 하늘을 두려워하며 살다.
　　〔Text=20/Freq2=44(8.1%)〕
㉄ <하늘 높은 줄 모르다>
　　〔Text=1/Freq2=1(0.2%)〕
㉄ <하늘(과) 같다>
　　〔Text=3/Freq2=3(0.6%)〕
㉄ <하늘에 맡기다> 〔Text=1/Freq2=1(0.2%)〕
㉄ <하늘에서 (뚝) 떨어지다> 〔×〕
㉄ <하늘을 지붕 삼다> 〔×〕
㉄ <하늘을 찌르다> 〔Text=1/Freq2=1(0.2%)〕
㉄ <하늘의 별따기>
　　〔Text=4/Freq2=4(0.7%)〕
㉄ <하늘이 내려주다>
　　〔Text=1/Freq2=1(0.2%)〕
㉄ <하늘이 노랗다> 〔Text=1/Freq2=1(0.2%)〕
㉄ <하늘이 두 쪽(이) 나다>
　　〔Text=1/Freq2=1(0.2%)〕
㉄ <하늘이 캄캄하다> 〔×〕
Ⓧ 〔Text=2/Freq2=2(0.4%)〕

《하다》 전체빈도합=25,148(1.3542%)

하다[1] 동 ★★★ 【Text=218/Freq1=17,042(67.8%)】
Ⅰ ① (예) [노래를/말을/살림을/숙제를/일을/행동을] 하다.
　　〔Text=217/Freq2=5,121(30%)〕
② (예) [구슬치기를/차전놀이를/팔굽혀펴기를] 하다. 〔Text=148/Freq2=813(4.8%)〕
③ (예) [반대를/이사를/진출을/축하를/충고를] 하다. 〔Text=209/Freq2=3,271(19.2%)〕
④ (예) [나무를/반지를/옷을/틀니를] 하다.
　　〔Text=65/Freq2=128(0.8%)〕
⑤ (예) [목마를/어깨동무를/책상다리를/팔베개를/표정을] 하다.
　　〔Text=51/Freq2=101(0.6%)〕
⑥ (예) [귀걸이를/넥타이를/마스크를/목걸이를] 하다. 〔Text=16/Freq2=23(0.1%)〕
⑦ (예) [몸매를/정장을/차림새를/풍채를] 하다. 〔Text=31/Freq2=45(0.3%)〕
⑧ (예) [전화를/편지를] 하다.
　　〔Text=43/Freq2=103(0.6%)〕
⑨ (예) [담배를/식사를/술을] 하다.
　　〔Text=42/Freq2=75(0.4%)〕
⑩ (예) [비유로/사투리를/엉뚱한 말을/하소연을/한국말을] 하다.
　　〔Text=146/Freq2=927(5.4%)〕
⑪ (예) [벼슬을/수석을/1등을] 하다.
　　〔Text=21/Freq2=36(0.2%)〕
⑫ (예) [강사를/교수를/무당을/구실을/한자리를/~ 노릇을] 하다.
　　〔Text=98/Freq2=265(1.6%)〕
⑬ (예) [가게를/장사를] 하다.
　　〔Text=55/Freq2=158(0.9%)〕
⑭ (예) [미술을/예술을/학문을] 하다.
　　〔Text=16/Freq2=67(0.4%)〕
⑮ (예) [잔치를/총회를/회의를] 하다.
　　〔Text=44/Freq2=79(0.5%)〕
⑯ (예) 수박 한 통에 만 원 하다.
　　〔Text=10/Freq2=12(0.1%)〕
⑰ (예) [악기를/피아노를] 하다.
　　〔Text=2/Freq2=4(0%)〕
⑱ (예) 이건 내가 할 테니, 넌 저걸 가져.
　　〔Text=4/Freq2=4(0%)〕
⑲ (예) 그 일로 해서 마음에 상처를 받다.
　　〔Text=46/Freq2=132(0.8%)〕
⑳ (예) 골목으로 해서 큰길로 나가다.
　　〔Text=11/Freq2=18(0.1%)〕
㉑ (예) 전통 하면 뭐가 생각납니까?/책값만 해도 10만원이다.
　　〔Text=61/Freq2=84(0.5%)〕
㉒ (예) [영어를/컴퓨터를/테니스를] (못) 하다. 〔Text=7/Freq2=10(0.1%)〕
㉓ (예) TV에서 [드라마를/영화를] 하다.
　　〔Text=6/Freq2=6(0%)〕
㉔ (예) [가치를/술값을] 하다.
　　〔Text=4/Freq2=4(0%)〕
㉕ (예) [고생을/수고를/질겁을] 하다.
　　〔Text=4/Freq2=4(0%)〕
㉖ (예) [민주주의를/왕정을] 하다.
　　〔Text=1/Freq2=3(0%)〕
㉗ (예) [양념을/칠을/화장을] 하다.
　　〔Text=1/Freq2=1(0%)〕
Ⅱ ① (예) 그 일을 비밀로 하다./저녁을 양식으로 하다./바탕으로 하다.
　　〔Text=109/Freq2=361(2.1%)〕
② (예) 그 도자기는 지금 돈으로 하면 얼마나 할까? 〔Text=10/Freq2=25(0.1%)〕
③ (예) 팔을 [뒤로/위로] 하다.
　　〔Text=15/Freq2=18(0.1%)〕

Ⅲ ① (예) 그가 내게 만나자고 하다.
〔Text=195/Freq2=2,198(12.9%)〕
② <[-ㄴ가/-ㄹ까/-지/-려니] 하다>
(예) 놀리는 건가 하다./나이 들면 사람이 좀 되려니 하다.
〔Text=122/Freq2=325(1.9%)〕
③ <-면 하다> (예) 좀 쉬었으면 하다.
〔Text=29/Freq2=44(0.3%)〕

Ⅳ ① (예) 편지를 쓰고 찢고 하다./손을 쥐었다 폈다 하다./불빛이 켜졌다 꺼졌다 하다.
〔Text=76/Freq2=140(0.8%)〕
② (예) [연휴 무렵쯤/학교가 끝날 때쯤] 해서 연락하다. 〔Text=37/Freq2=64(0.4%)〕
③ (예) [남자고 여자고/지하철, 버스] 할 것 없이 모두. 〔Text=13/Freq2=14(0.1%)〕
④ (예) [뭐니 뭐니/크니 작으니] 해도 ….
〔Text=31/Freq2=55(0.3%)〕
⑤ (예) '쉿!' 하더니 손짓을 하다./'아' 하는 신음을 내다.
〔Text=154/Freq2=912(5.4%)〕
❻ (예) [기분 나쁘게/인상 좋게/조용히] 하다. 〔Text=128/Freq2=340(2%)〕

㉠ <[-거나/-든지/-던가] 하다> 쉬거나 일하거나 하다. 〔Text=22/Freq2=31(0.2%)〕
㉠ <걸음을 하다> 〔×〕
㉠ <[그거/이거/저거] 하다> 부탁하기 저거 하다. 〔Text=2/Freq2=5(0%)〕
㉠ <그만 하다> 제발 그만 좀 하세요.
〔Text=2/Freq2=3(0.02%)〕
㉠ <[그렇게/어떻게/이렇게] 하다>
〔Text=50/Freq2=142(0.8%)〕
㉠ <[까딱/꼼짝/꿈쩍] (못) 하다>
〔Text=9/Freq2=10(0.1%)〕
㉠ <[-ㄴ다(고)/-다] [하더라도/해서]>
내가 반대한다 해서 바뀔 일이 아니다.
〔Text=93/Freq2=219(1.3%)〕
㉠ <나 마나 하다> 가나 마나 하다.
〔Text=1/Freq2=1(0%)〕
㉠ <[-냐 -냐/-ㄴ가 -ㄴ가] 하다>
왜냐 하면./가냐 마냐 하는 문제.
〔Text=26/Freq2=34(0.2%)〕
㉠ <너무 하다> 〔Text=3/Freq2=4(0.02%)〕
㉠ <-는 둥 -는 둥 하다> 밥을 먹는둥 마는 둥 하다. 〔Text=2/Freq2=2(0.01%)〕
㉠ <-다 하면> 나갔다 하면 우승.
〔Text=9/Freq2=15(0.1%)〕

㉠ <-다시피 하다> 거의 굶다시피 하다.
〔Text=14/Freq2=17(0.1%)〕
㉠ <[~대로/알아서] 하다> 규칙대로 하다.
〔Text=7/Freq2=10(0.1%)〕
㉠ <[-라고/-ㄱ라고] 하다> 이름을 부경이라고 하다. 〔Text=86/Freq2=290(1.7%)〕
㉠ <머리를 하다> 〔Text=1/Freq2=1(0.01%)〕
㉠ <-면 뭐 하다> 이기면 뭐 해?
〔Text=1/Freq2=2(0.01%)〕
㉠ <-면 할수록> 가까이하면 할수록 좋다.
〔Text=2/Freq2=2(0.01%)〕
㉠ <[목구멍에/입에] 풀칠을 하다> 〔×〕
㉠ <부터 ~ [해서/하면] ~> 이 문제부터 해서 해결한 일이 산더미이다.
〔Text=4/Freq2=7(0.04%)〕
㉠ <[비실비실/시름시름] 하다>
〔Text=24/Freq2=37(0.2%)〕
㉠ <[양/척/체] 하다> 좋은 척 하다.
〔Text=21/Freq2=26(0.2%)〕
㉠ <(~와) 함께 하다> 우리와 뜻을 함께 하다. 〔Text=20/Freq2=25(0.1%)〕
㉠ <(이루) 갈로 다 할 수 없다>
〔Text=2/Freq2=2(0%)〕
㉠ <[이쯤/한바탕] 하다>
〔Text=2/Freq2=2(0%)〕
㉠ <자리(를) (함께) 하다>
〔Text=5/Freq2=5(0%)〕
㉠ <[잘/잘못] 하다>
〔Text=14/Freq2=21(0.1%)〕
㉠ <필요로 하다> 〔Text=12/Freq2=15(0.1%)〕
㉠ <~ 하고(는)> 생긴 거 하고는…
〔Text=1/Freq2=1(0%)〕
㉠ <~ 하고도 ~> 삼월 하고도 초닷샛날.
〔Text=1/Freq2=1(0%)〕
㉠ <[하는/할] 수 없이>/<할 수 없다>
〔Text=43/Freq2=73(0.4%)〕
㉠ <하다(가) 못 ~> 시간도 많은데 하다 못해 아르바이트라도 하다.
〔Text=5/Freq2=6(0%)〕
㉠ <하며 (~하며) ~> 눈 큰 거 하며 입술이 꼭 닮다. 〔Text=4/Freq2=8(0.1%)〕
㉠ <~ ~ 할 것 없이> ☞ Ⅳ③.
㉠ <해 먹다> 〔Text=1/Freq2=1(0.01%)〕
㉠ 〔Text=15/Freq2=37(0.2%)〕

하다² 〖동보〗★★☆ 【Text=214/Freq1=7,295(29%)】
① <-게 하다> (예) 아이에게 약을 먹게 하다.

하다 551

〔Text=180/Freq2=1,030(14.1%)〕
② <-려고/고자 하다>
　(예) [가려고/그만두고자] 하다.
　〔Text=179/Freq2=862(11.8%)〕
③ <-아야/-어야 하다>
　㉠ (예) 꼭 [도와야/따라가야/잊어야] 하다.
　　〔Text=199/Freq2=2,968(40.7%)〕
　㉡ (예) 학교 가려면 산을 넘어 10리를 걸어
　　　가야 하다. 〔Text=92/Freq2=264(3.6%)〕
④ (예) [가슴이 철렁하곤/만나곤] 하다.
　〔Text=94/Freq2=309(4.2%)〕
⑤ <-기도 하다> (예) 우연히 만나기도 하다.
　〔Text=189/Freq2=1,576(21.6%)〕
❻ (예) 무서워 하다./기뻐서 어쩔 줄 몰라
　　하다. 〔Text=98/Freq2=161(2.2%)〕
❼ (예) 눈치 채지 못 하다.
　〔Text=8/Freq2=10(0.1%)〕
㉮ <-고 싶어 하다> 그 사람이 나를 만나고 싶어
　　하다. 〔Text=52/Freq2=79(1.1%)〕
㉮ <-다 [못하여/못 한]> 참다 못 한 우리가
　　항의하다. 〔Text=3/Freq2=3(0%)〕
㉮ <-도록 하다> 일찍 오도록 해라.
　〔Text=3/Freq2=3(0.02%)〕
㉮ <[듣자/보아] 하니>
　〔Text=6/Freq2=6(0.1%)〕
㉮ <-듯 하다> 꼭 도둑놈 보듯 하다.
　〔Text=19/Freq2=24(0.3%)〕
하다³ 형보 ★★☆ 【Text=166/Freq1=799(3.2%)】
① <-고 하다> (예) 기분도 좋고 하니 술이나 한
　　잔 합시다. 〔Text=30/Freq2=44(5.5%)〕
② <-아야/-어야 하다>
　(예) 마음이 아름다워야 한다.
　〔Text=84/Freq2=223(27.9%)〕
③ <-기는 하다> (예) 힘들기는 하다./마음이
　　즐겁기까지 하다.
　〔Text=144/Freq2=494(61.8%)〕
❹ <-지 못 하다> (예) 마음이 편치 못 하다.
　/자유롭지 못 하다./돈을 가지고 있지 못 한
　사람. 〔Text=1/Freq2=1(0.1%)〕
㉮ <-ㄴ/-는/-ㄹ 듯 하다> 냄새가 나는 듯
　　하다. 〔Text=5/Freq2=7(0.9%)〕
㉮ <-ㄹ 만 하다> 쓸 만한 놈.
　〔Text=9/Freq2=11(1.4%)〕
㉮ <-ㄹ 법 하다> 사고가 날 법 하다.
　〔Text=5/Freq2=5(0.6%)〕
㉮ <-ㄹ 뻔 하다> 다칠 뻔 하다.

〔Text=4/Freq2=4(0.5%)〕
㉮ <-만 하다> 도토리만 하다.
　〔Text=7/Freq2=10(1.3%)〕
-하다⁴ 접 【Text=10/Freq1=12(0.05%)】
① (예) [모방/재생]하다.
　〔Text=2/Freq2=2(16.7%)〕
② (예) 건강들 하세요./유식도 하지.
　〔Text=8/Freq2=8(66.7%)〕
❸ (예) 갑갑도 하다. 〔Text=2/Freq2=2(16.7%)〕

≪하도≫전체빈도합=41(0.0022%)
하도 부 ☆★☆ 【Text=35/Freq1=41】
⓪ (예) 하도 기가 막혀 말이 안 나오다.

≪하루≫전체빈도합=366(0.0197%)
하루 명 ★★★ 【Text=139/Freq1=366】
① (예) 약을 하루에 세 번 먹다.
　〔Text=94/Freq2=189(51.6%)〕
② (예) 하루 종일 해가 들다./하루의 일과를
　　마치다. 〔Text=42/Freq2=74(20.2%)〕
③ (예) 하루는 누가 찾아왔다.
　〔Text=24/Freq2=40(10.9%)〕
㉮ <하루 [내내/(온)종일]>
　〔Text=31/Freq2=37(10.1%)〕
㉮ <하루 [빨리/속히]>
　〔Text=9/Freq2=12(3.3%)〕
㉮ <하루 아침에> 〔Text=8/Freq2=8(2.2%)〕
㉮ <하루가 다르게> 〔Text=4/Freq2=6(1.6%)〕
㉮ <하루가 멀다 하고> 〔×〕

≪하루빨리≫전체빈도합=16(0.0009%)
하루빨리 부 【Text=12/Freq1=16】
⓪ (예) 하루빨리 협상을 끝내다.

≪하루종일≫전체빈도합=25(0.0013%)
하루종일⁰ 명 ☆★☆ 【Text=21/Freq1=25】
Ⅰ ⓪ (예) 하루종일을 기다리다. 〔×〕
Ⅱ ⓪ (예) 하루종일 푹 쉬다.
　〔Text=21/Freq2=25(100%)〕

≪하룻밤≫전체빈도합=28(0.0015%)
하룻밤 명 【Text=21/Freq1=28】
① (예) 하룻밤을 꼬박 세우다.
　〔Text=20/Freq2=27(96.4%)〕
② (예) 하룻밤은 이런 꿈을 꾸었다. 〔×〕
③ (예) 하룻밤의 풋사랑으로 끝나다.
　〔Text=1/Freq2=1(3.6%)〕

≪하숙≫전체빈도합=15(0.0008%)

하숙 몡☆★☆ 【Text=6/Freq1=15】
　① (예) 하숙(下宿)을 하다.

≪하숙비≫전체빈도합=26(0.0014%)
하숙비 몡☆★☆ 【Text=7/Freq1=26】
　① (예) 하숙비(下宿費)를 내다.

≪하숙집≫전체빈도합=43(0.0023%)
하숙집 몡☆★☆ 【Text=15/Freq1=43】
　① (예) 하숙(下宿)집을 구하다.

≪하얗다≫전체빈도합=155(0.0083%)
하얗다 톙★★★ 【Text=75/Freq1=155】
　Ⅰ ① (예) 하얀 [눈/빛깔/서리].
　　　〔Text=73/Freq2=148(95.5%)〕
　　② (예) 얼굴이 하얗게 질리다.
　　　〔Text=5/Freq2=5(3.2%)〕
　Ⅱ <하얗게> (예) 하얗게 밤을 새우다. 〔×〕
　　ⓧ 〔Text=2/Freq2=2(1.3%)〕

≪하여금≫전체빈도합=65(0.0035%)
하여금 튀 【Text=36/Freq1=65】
　① (예) 학생들로 하여금 내용을 쉽게 이해할 수
　　있게 설명하다.

≪하여튼≫전체빈도합=41(0.0022%)
하여튼 튀 【Text=24/Freq1=41】
　① (예) 하여튼(何如-) 그 말은 확실하다.

≪하지만≫전체빈도합=369(0.0199%)
하지만 튀★★☆ 【Text=91/Freq1=369】
　① (예) 감춘 건 사실이다. 하지만 훔칠 생각은
　　없었다. 〔Text=54/Freq2=161(43.6%)〕
　② (예) 모두 폭력을 두려워한다. 하지만 아무도
　　폭력을 없앨 방법을 갖고 있지
　　않다. 〔Text=76/Freq2=203(55%)〕
　③ (예) 대답 안 해도 다 알아. 하지만 바른 말을
　　해야 용서해 주겠다.
　　　〔Text=5/Freq2=5(1.4%)〕

≪하품≫전체빈도합=10(0.0005%)
하품 몡☆☆★ 【Text=9/Freq1=10】
　① (예) 너무 졸려서 하품을 하다.
　　〔Text=8/Freq2=9(90%)〕
　㉺ <하품이 나오다> 하품만 나오는 영화.
　　〔Text=1/Freq2=1(10%)〕

≪하필≫전체빈도합=40(0.0022%)
하필 튀 【Text=31/Freq1=40】
　① (예) 딴 사람도 많은데 하필(何必) 나한테

　　부탁해? 〔Text=12/Freq2=12(30%)〕
　㉺ <하필이면> 왜 하필이면 지금?
　　〔Text=21/Freq2=28(70%)〕

≪하하하≫전체빈도합=29(0.0016%)
하하하 튀 【Text=16/Freq1=29】
　① (예) 우스운 듯 하하하 웃다.

≪학교≫전체빈도합=1,284(0.0691%)
학교 몡★★★ 【Text=172/Freq1=1,284】
　① (예) 학교(學校)에 입학하다.
　　〔Text=169/Freq2=1,258(98%)〕
　② <~ 학교> (예) [주일/직업] 학교.
　　〔Text=7/Freq2=12(0.9%)〕
　❸ (예) 학교로 봐서는 받아들이기 어려운
　　일이다. 〔Text=11/Freq2=12(0.9%)〕
　㉺ <학교 근처에도 못 가 보다>
　　/<학교(는) 구경도 못하다> 〔×〕
　㉺ <학교 시절> 〔Text=2/Freq2=2(0.2%)〕

≪학급≫전체빈도합=73(0.0039%)
학급 몡 【Text=26/Freq1=73】
　① (예) 1학년은 3개 학급(學級)이 있다.

≪학기≫전체빈도합=79(0.0043%)
학기 몡☆★☆ 【Text=28/Freq1=79】
　Ⅰ (예) 새 학기(學期)가 시작되다.
　　〔Text=21/Freq2=42(53.2%)〕
　Ⅱ (예) [세/현] 학기를 다니다.
　　〔Text=17/Freq2=37(46.8%)〕

≪학년≫전체빈도합=357(0.0192%)
학년 몡★★★ 【Text=91/Freq1=357】
　① (예) 3월에 새 학년(學年)을 시작하다.
　　〔Text=13/Freq2=18(5%)〕
　② (예) [같은/1(일)] 학년에 다니다.
　　〔Text=90/Freq2=339(95%)〕

≪학문≫전체빈도합=112(0.0060%)
학문 몡★☆★ 【Text=33/Freq1=112】
　① (예) 학문(學問)의 대성을 바라다.
　　〔Text=16/Freq2=23(20.5%)〕
　② (예) 학문을 깊게 하다.
　　〔Text=10/Freq2=18(16.1%)〕
　③ (예) 인류학은 어떤 학문인가.
　　〔Text=19/Freq2=71(63.4%)〕

≪학생≫전체빈도합=501(0.0270%)
학생 몡★★★ 【Text=109/Freq1=501】

⓪ (예) 학생(學生)을 가르치다.
〔Text=107/Freq2=496(99%)〕

❶ (예) (부르는 말로) 학생! 거기 서.
〔Text=3/Freq2=3(0.6%)〕

[관]<학생 운동> 〔Text=2/Freq2=2(0.4%)〕

[관]<학생 회관> 〔×〕

≪**학습**≫전체빈도합=56(0.0030%)

학습 [명]★☆☆ **【Text=21/Freq1=56】**
⓪ (예) 학습(學習)을 하다.

≪**학용품**≫전체빈도합=27(0.0015%)

학용품 [명] **【Text=12/Freq1=27】**
⓪ (예) 가방에 학용품(學用品)을 넣다.

≪**학원**≫전체빈도합=48(0.0026%)

학원[1] [명]☆★★ **【Text=17/Freq1=40(83.3%)】**
⓪ (예) [수학/영어] 학원(學院)에 다니다.

학원[2] [명] **【Text=5/Freq1=8(16.7%)】**
⓪ (예) 학원(學園) 사찰.

≪**학위**≫전체빈도합=15(0.0008%)

학위 [명] **【Text=10/Freq1=15】**
⓪ (예) 박사 학위(學位)를 [따다/받다].

≪**학자**≫전체빈도합=72(0.0039%)

학자[1] [명]★☆☆ **【Text=35/Freq1=72(100%)】**
⓪ (예) 학자(學者)들의 주장.

학자[2] [명] **【Text=0/Freq1=0】** ⓧ
⓪ (예) 학자(學資)를 마련하다. 〔×〕

≪**한**≫전체빈도합=3,777(0.2034%) 287)

한[1] [명] **【Text=17/Freq1=28(0.7%)】**
⓪ (예) 한(恨)이 맺히다.

한[2] [명] **【Text=55/Freq1=95(2.5%)】**
Ⅰ (예) 부끄럽기 한(限)이 없다.
〔Text=14/Freq2=20(21.1%)〕

Ⅱ (예) 죽는 한이 있어도 약속을 지키다.
〔Text=45/Freq2=75(78.9%)〕

한[3] [관]★★★ **【Text=206/Freq1=3,654(96.7%)】**
① (예) 자동차 한 대. 288)
〔Text=206/Freq2=3,097(84.8%)〕

② (예) 한 아파트에 살다.
〔Text=59/Freq2=94(2.6%)〕

③ (예) 한 열흘 정도./한 마흔 살쯤 된 남자.
〔Text=48/Freq2=114(3.1%)〕

❹ (예) 이곳은 상가의 한 가게입니다.
〔Text=113/Freq2=343(9.4%)〕

[관]<한 눈에> 〔Text=1/Freq2=1(0%)〕

[관]<한 턱 내다> 〔Text=3/Freq2=5(0.1%)〕

≪**한가운데**≫전체빈도합=46(0.0025%)

한가운데 [명] **【Text=33/Freq1=46】**
⓪ (예) [강/마당/호수] 한가운데.
〔Text=32/Freq2=44(95.7%)〕

❶ (예) [겨울의/계절의] 한가운데.
〔Text=1/Freq2=1(2.2%)〕

❷ (예) [싸움의/혼란의] 한가운데.
〔Text=1/Freq2=1(2.2%)〕

≪**한가하다**≫전체빈도합=17(0.0009%)

한가하다 [형]☆★☆ **【Text=14/Freq1=17】**
⓪ (예) 한가(閑暇)한 시간.
〔Text=11/Freq2=13(76.5%)〕

❶ (예) 술집 안은 한가하다.
〔Text=4/Freq2=4(23.5%)〕

≪**한강**♣≫전체빈도합=121(0.0065%)

한강[0] [명](고유)★★☆ **【Text=23/Freq1=121】**
⓿ (예) 한강(漢江)을 건너다.

≪**한결**≫전체빈도합=17(0.0009%)

한결 [부] **【Text=15/Freq1=17】**
⓪ (예) 세수를 하니 한결 시원하다.
〔Text=14/Freq2=16(94.1%)〕

❶ (예) 사람이 한결 저 모양이다.
〔Text=1/Freq2=1(5.9%)〕

≪**한결같이**≫전체빈도합=26(0.0014%)

한결같이 [부] **【Text=20/Freq1=26】**
⓪ (예) 표정이 한결같이 밝다.

≪**한계**≫전체빈도합=66(0.0036%)

한계 [명]★☆☆ **【Text=34/Freq1=66】**
⓪ (예) 능력의 한계(限界)를 느끼다.
〔Text=33/Freq2=65(98.5%)〕

[관]<한계 상황> 〔Text=1/Freq2=1(1.5%)〕

≪**한국**♣≫전체빈도합=511(0.0275%)

---

287) 『연세 한국어 사전』의 '한[4]'(예:한길, 한여름, 한복판, 한사발)은 말뭉치의 분석에 적용하지 않았으므로 제외한다.

288) 『외국인을 위한 한국어 학습 사전』(2004)의 중요 어휘 목록에서는 '한[3]'의 ①에 해당하는 용법을 독립된 수사로 보아 ★★★의 중요도를 부여하고 있다.

한국⁰ 명(고유)★★★ 【Text=84/Freq1=511】
　❶ (예) 한국(韓國)에 온 지 1년 되다.
　　〔Text=81/Freq2=425(83.2%)〕
　관 <한국 경제> 〔Text=4/Freq2=7(1.4%)〕
　관 <한국 말> ☞ 한국말.
　　〔Text=1/Freq2=2(0.4%)〕
　관 <한국 문화> 〔Text=4/Freq2=8(1.6%)〕
　관 <한국 민족> 〔Text=47/Freq2=5(1%)〕
　관 <한국 사람> 〔Text=17/Freq2=41(8%)〕
　관 <한국 사회> 〔Text=3/Freq2=6(1.2%)〕
　관 <한국 은행> 〔Text=1/Freq2=3(0.6%)〕
　관 <한국 음식> 〔Text=7/Freq2=14(2.7%)〕

≪한국말≫전체빈도합=46(0.0025%)
한국말 명 【Text=12/Freq1=46】
　❶ (예) 한국(韓國)말을 가르치다.

≪한국어≫전체빈도합=49(0.0026%)
한국어 명 ☆★☆ 【Text=14/Freq1=49】
　❶ (예) 한국어(韓國語)를 배우다.

≪한국인≫전체빈도합=82(0.0044%)
한국인 명 【Text=24/Freq1=82】
　❶ (예) 한국인(韓國人)의 사고방식.

≪한글≫전체빈도합=57(0.0031%)
한글 명 ★★★ 【Text=25/Freq1=57】
　① (예) 한글로 쓰다.
　　〔Text=25/Freq2=57(100%)〕
　② (예) 한글 이름을 짓다. 〔×〕

≪한꺼번에≫전체빈도합=72(0.0039%)
한꺼번에 부 ★☆☆ 【Text=51/Freq1=72】
　❶ (예) 사람들이 한꺼번에 입구로 몰려들다.

≪한껏≫전체빈도합=21(0.0011%)
한껏 부 【Text=16/Freq1=21】
　❶ (예) 숨을 한껏 들이켜다./한껏 멋을 부리다.
　　〔Text=12/Freq2=15(71.4%)〕
　❶ (예) 쪽빛으로 한껏 갠 하늘.
　　〔Text=6/Freq2=6(28.6%)〕

≪한눈≫전체빈도합=36(0.0019%)
한눈¹ 명 【Text=25/Freq1=30(83.3%)】
　① (예) 한눈에 사태를 알아차리다.
　　〔Text=8/Freq2=9(30%)〕
　② (예) 온 시내가 한눈에 들어오다.
　　〔Text=17/Freq2=21(70%)〕
　관 <한눈(을) 붙이다> 차 안에서 한눈을 붙이다. 〔×〕

한눈² 명 【Text=4/Freq1=6(16.7%)】
　① <한눈(을) 팔다>
　　(예) 한눈 팔지 않고 일하다.

≪한데≫전체빈도합=34(0.0018%)
한데¹ 명 【Text=20/Freq1=25(73.5%)】
　Ⅰ (예) 한데에 모이다. 〔×〕
　Ⅱ (예) 한데 [모으다/뭉치다/어울리다].
　　〔Text=20/Freq2=25(100%)〕
한데² 명 【Text=0/Freq1=0】 ⓧ
　❶ (예) 셋집에서 쫓겨나 한데 나앉다. 〔×〕
한데³ 부 【Text=7/Freq1=9(26.5%)】
　❶ (예) 날이 개리라 생각했다. 한데 그렇지 않았다.

≪한동안≫전체빈도합=79(0.0043%)
한동안 명 【Text=42/Freq1=79】
　❶ (예) 한동안 멍하니 서 있다.

≪한두≫전체빈도합=68(0.0037%)
한두 관 ☆★☆ 【Text=53/Freq1=68】
　❶ (예) 한두 [명/번/사람].

≪한때≫전체빈도합=55(0.0030%)
한때 명 【Text=39/Freq1=55】
　① (예) 한때 고생을 많이 하다.
　　〔Text=37/Freq2=51(92.7%)〕
　② (예) 손님이 한때에 몰리다.
　　〔Text=1/Freq2=1(1.8%)〕
　ⓧ 〔Text=3/Freq2=3(5.5%)〕

≪한마디≫전체빈도합=70(0.0038%)
한마디 명 【Text=34/Freq1=70】
　❶ (예) 말을 한마디도 못하다.

≪한문≫전체빈도합=30(0.0016%)
한문 명 【Text=15/Freq1=30】
　❶ (예) 한문(漢文)을 배우다.

≪한바탕≫전체빈도합=20(0.0011%)
한바탕 명 【Text=16/Freq1=20】
　Ⅰ (예) 한바탕의 소동이 벌어지다. 〔×〕
　Ⅱ (예) 한바탕 [비가 쏟아지다/웃다].
　　〔Text=16/Freq2=20(100%)〕

≪한밤중≫전체빈도합=26(0.0014%)
한밤중 명 【Text=17/Freq1=26】
　❶ (예) 한밤중(--中)에 잠이 깨다.

≪한번≫전체빈도합=386(0.0208%)

한번¹ 명 【Text=6/Freq1=8(2.1%)】
　⓪ (예) 한번(-番)의 실수.
한번² 부★☆☆ 【Text=121/Freq1=378(97.9%)】
　⓪ (예) 노래 한번(-番) 잘 하네!
　　〔Text=8/Freq2=11(2.9%)〕
　❶ (예) 되는지 안 되는지 한번 해 보자.
　　/한번 놀러 오세요.
　　〔Text=76/Freq2=153(40.5%)〕
　❷ (예) 한번 봐서는 잘 모르겠다.
　　〔Text=72/Freq2=120(31.7%)〕
　❸ (예) 한번 더 그러면 용서 안 하다.
　　〔Text=44/Freq2=59(15.6%)〕
　❹ (예) 한번은 이런 일도 있었다.
　　〔Text=13/Freq2=18(4.8%)〕
　❺ (예) 한번 시작한 이상 끝까지 하다.
　　〔Text=14/Freq2=17(4.5%)〕

《한복》전체빈도합=69(0.0037%)
한복 명☆★★ 【Text=23/Freq1=69】
　⓪ (예) 한복(韓服)을 입다.

《한순간*》전체빈도합=15(0.0008%)
한순간⁰ 명 【Text=10/Freq1=15】
　Ⅰ❶ (예) 한순간(-瞬間)의 실수.
　　〔Text=10/Freq2=13(86.7%)〕
　Ⅱ❶ (예) 한순간 눈앞이 캄캄해지다.
　　〔Text=2/Freq2=2(13.3%)〕

《한숨》전체빈도합=87(0.0047%)
한숨¹ 명 【Text=10/Freq1=11(12.6%)】
　① (예) 고비를 넘기고 한숨을 돌리다.
　　〔Text=6/Freq2=6(54.5%)〕
　② (예) 한숨도 자지 못하다.
　　〔Text=4/Freq2=5(45.5%)〕
한숨² 명☆☆★ 【Text=49/Freq1=76(87.4%)】
　⓪ (예) 답답함에 한숨을 짓다.

《한심하다》전체빈도합=24(0.0013%)
한심하다 형 【Text=17/Freq1=24】
　⓪ (예) [결과가/생각이/하는 짓이/행동이]
　　한심(寒心)하다.

《한없이》전체빈도합=30(0.0016%)
한없이 부 【Text=21/Freq1=30】
　⓪ (예) 한(限)없이 슬프다.

《한자》전체빈도합=60(0.0032%)

한자 명☆★★ 【Text=20/Freq1=60】
　⓪ (예) 한자(漢字)로 표기하다.

《한잔》전체빈도합=14(0.0008%)
한잔 명☆★☆ 【Text=9/Freq1=14】
　⓪ (예) 술을 한잔(-盞) 하다.

《한정되다》전체빈도합=16(0.0009%)
한정되다 동 【Text=14/Freq1=16】
　⓪ (예) 한정(限定)된 [시간/자원].

《한쪽》전체빈도합=104(0.0056%)
한쪽 명★☆☆ 【Text=55/Freq1=104】
　⓪ (예) [건물의/광장의/길] 한쪽 구석.
　　〔Text=40/Freq2=69(66.3%)〕
　❶ (예) 한쪽 [신발/팔/다리].
　　〔Text=14/Freq2=24(23.1%)〕
　❷ (예) 한쪽의 이야기만 듣다.
　　〔Text=10/Freq2=11(10.6%)〕

《한참》전체빈도합=160(0.0086%)
한참¹ 명★★☆ 【Text=78/Freq1=132(82.5%)】
　Ⅰ (예) 한참을 [걷다/자다]./한참 동안
　　기다리다./한참 후에 도착하다.
　　〔Text=52/Freq2=79(59.8%)〕
　Ⅱ (예) 화가 나서 한참 말이 없다.
　　〔Text=41/Freq2=53(40.2%)〕
한참² 부 【Text=21/Freq1=28(17.5%)】
　⓪ (예) 땡볕이 한참 기승을 부리다.
　　〔Text=14/Freq2=20(71.4%)〕
　❶ (예) 달라도 한참 다르다.
　　〔Text=8/Freq2=8(28.6%)〕

《한창》전체빈도합=42(0.0023%)
한창 명 【Text=32/Freq1=42】
　Ⅰ (예) 요즘 수박이 한창이다.
　　〔Text=11/Freq2=12(28.6%)〕
　Ⅱ (예) 한창 자라는 어린이.
　　〔Text=23/Freq2=30(71.4%)〕

《한층》전체빈도합=29(0.0016%)
한층 부 【Text=23/Freq1=29】
　⓪ (예) 한층(-層) [긴장이 고조되다/맥이
　　빠지다]. 〔Text=5/Freq2=5(17.2%)〕
　❶ (예) 한층 [아름답다/힘들다].
　　〔Text=12/Freq2=13(44.8%)〕

---

289) 『연세 한국어 사전』에서는 '한번¹'과 '한번²'을 각각 단일 의미로 기술하고 있는데, 여기서는 실제 쓰임에 따라서 각각 상세히 나누어 기술한다.

㉚<한층 더> 〔Text=9/Freq2=11(37.9%)〕

≪한편≫전체빈도합=152(0.0082%)

한편¹ 몡 【Text=56/Freq1=92(60.5%)】
　Ⅰ ① (예) 친구들끼리 한편(- 便)이 되다.
　　　〔Text=1/Freq2=1(1.1%)〕
　　② (예) 한편으로는 이해를 하지만 불만도 있다. 〔Text=45/Freq2=68(73.9%)〕
　Ⅱ (예) 복지 향상에 노력하는 한편 경제 회복에 힘쓰다. 〔Text=15/Freq2=23(25%)〕

한편² 閉 【Text=35/Freq1=60(39.5%)】
　⓪ (예) 한편(- 便) 어제 전국에서 크고 작은 화재가 났다.

≪할머니≫전체빈도합=494(0.0266%)

할머니 몡★★★ 【Text=88/Freq1=494】
　① (예) 손자가 할머니에게 세배하다.
　　　〔Text=63/Freq2=255(51.6%)〕
　② (예) 외가에 가서 할머니를 뵙다.
　　　〔Text=4/Freq2=18(3.6%)〕
　③ (예) 내게 할머니가 되시는 친척.
　　　〔Text=11/Freq2=90(18.2%)〕
　④ (예) 아직 할머니라 부르긴 젊다.
　　　〔Text=39/Freq2=130(26.3%)〕
　ⓧ 〔Text=1/Freq2=1(0.2%)〕

≪할아버지≫전체빈도합=495(0.0267%)

할아버지 몡★★★ 【Text=87/Freq1=495】
　① (예) 아버지가 어렸을 때 할아버지가 몹시 귀여워했다. 〔Text=57/Freq2=267(53.9%)〕
　② (예) 외삼촌이 할아버지에게 절을 하다.
　　　〔Text=1/Freq2=1(0.2%)〕
　③ (예) 내게 할아버지가 되는 친척.
　　　〔Text=13/Freq2=79(16%)〕
　④ (예) 낯선 할아버지에게 자리를 양보하다.
　　　〔Text=38/Freq2=146(29.5%)〕
　ⓧ 〔Text=2/Freq2=2(0.4%)〕

≪핥다≫전체빈도합=15(0.0008%)

핥다 됭 【Text=10/Freq1=15】
　① (예) [아이스크림을/입가를] 핥다.
　　　〔Text=7/Freq2=9(60%)〕
　② (예) 물결이 밀려와 모래톱을 핥다.
　　　〔Text=2/Freq2=2(13.3%)〕
　㉚<수박 겉 핥기> 〔Text=1/Freq2=1(6.7%)〕
　ⓧ 〔Text=1/Freq2=3(20%)〕

≪함께≫전체빈도합=1,157(0.0623%)

함께 閉★★★ 【Text=180/Freq1=1,157】
　① (예) 가족과 함께 주말을 보내다.
　　　〔Text=171/Freq2=829(71.7%)〕
　② (예) 혼은 죽음과 함께 사라질까?
　　　〔Text=118/Freq2=293(25.3%)〕
　㉚<함께 하다> 〔Text=23/Freq2=35(3%)〕

≪함부로≫전체빈도합=100(0.0054%)

함부로 閉★★☆ 【Text=54/Freq1=100】
　① (여) 함부로 약을 먹으면 위험하다.
　　　〔Text=49/Freq2=87(87%)〕
　② (여) 어른에게 함부로 대하다.
　　　〔Text=10/Freq2=12(12%)〕
　ⓧ 〔Text=1/Freq2=1(1%)〕

≪함성≫전체빈도합=20(0.0011%)

함성 몡 【Text=14/Freq1=20】
　⓪ (예) 함성(喊聲)을 지르다.

≪합격하다≫전체빈도합=25(0.0013%)

합격하다 됭☆★☆ 【Text=14/Freq1=25】
　⓪ (예) 대학에 합격(合格)하다.

≪합리적≫전체빈도합=31(0.0017%)

합리적¹ 몡 【Text=19/Freq1=26(83.9%)】
　⓪ (여) 생각이 합리적(合理的)이다.

합리적² 관 【Text=4/Freq1=5(16.1%)】
　⓪ (여) 합리적(合理的) 결정을 하다.

≪합의≫전체빈도합=55(0.0030%)

합의¹ 몡 【Text=11/Freq1=46(83.6%)】
　⓪ (여) 양측이 합의(合意)를 하다.

합의² 몡 【Text=6/Freq1=9(16.4%)】
　⓪ (예) 노조가 합의(合議)를 거쳐 파업을 하다.

≪합치다≫전체빈도합=53(0.0029%)

합치다 됭★☆☆ 【Text=34/Freq1=53】
　Ⅰ ① (예) 서로 다른 이념을 합(合)치는 것은 어렵다. 〔Text=9/Freq2=9(17%)〕
　　② (예) 빛의 삼원색을 합치면 흰색이 되다. 〔×〕
　　③ (예) 모은 돈을 합치다.
　　　〔Text=9/Freq2=10(18.9%)〕
　　④ (예) 힘을 합치다.
　　　〔Text=13/Freq2=15(28.3%)〕
　Ⅱ (예) 두 강줄기가 하나로 합치다.
　　　〔Text=10/Freq2=17(32.1%)〕
　ⓧ 〔Text=2/Freq2=2(3.8%)〕

≪합하다≫전체빈도합=31(0.0017%)

합하다¹ 동★☆☆ 【Text=21/Freq1=30(96.8%)】
  I ① (예) 두 개의 판단을 합(合)하여 추리를
      하다. 〔Text=5/Freq2=8(26.7%)〕
    ② (예) 세 가지 물감을 합하다. 〔×〕
    ③ (예) 크고 작은 것 합해서 계를 세 개나
      하다. 〔Text=7/Freq2=7(23.3%)〕
    ④ (예) 힘을 합하여 적과 싸우다.
      〔Text=7/Freq2=11(36.7%)〕
  II (예) 음양이 서로 합해서 하나의 전체를
      이루다. 〔Text=4/Freq2=4(13.3%)〕
합하다² 동 【Text=1/Freq1=1(3.2%)】
  ⓞ (예) 세계의 조류에 합(合)하다.

≪항구≫전체빈도합=16(0.0009%)
항구 명☆☆★ 【Text=13/Freq1=15(93.8%)】
  ⓞ (예) 배가 항구(港口)로 들어오다.
    〔Text=10/Freq2=13(86.7%)〕
  관<항구 도시〉 〔Text=2/Freq2=2(13.3%)〕
항구⁰ 명 【Text=1/Freq1=1(6.3%)】
  ❶ (예) 항구(恒久) 주권.

≪항상≫전체빈도합=237(0.0128%)
항상 부★★★ 【Text=94/Freq1=237】
  ⓞ (예) 인생에 대해 항상(恒常) 낙관적이다.

≪해≫전체빈도합=426(0.0229%) ²⁹⁰⁾
해¹ 명★★★ 【Text=63/Freq1=140(32.9%)】
  ① (예) 해가 [뜨다/지다].
    〔Text=56/Freq2=128(92.8%)〕
  ② (예) 남향집은 하루 종일 해가 든다.
    〔Text=3/Freq2=3(2.1%)〕
  ③ (예) 겨울이라 해가 무척 짧다.
    〔Text=5/Freq2=5(3.6%)〕
  관<해가 떨어지다> 〔Text=2/Freq2=2(1.4%)〕
  관<해가 서쪽에서 뜨다>
    〔Text=2/Freq2=2(1.4%)〕
해² 명★★★ 【Text=104/Freq1=275(64.6%)】
  I (예) 해가 바뀌어 스무 살이 되다.
    〔Text=64/Freq2=148(53.8%)〕
  II (예) [다섯/한] 해가 지나다.
    〔Text=46/Freq2=72(26.2%)〕
  관<해마다> 해마다 홍수가 나다.
    〔Text=33/Freq2=55(20%)〕
해³ 명 【Text=9/Freq1=10(2.3%)】
  ⓞ (예) 과음은 건강에 해(害)가 되다.
해⁴ 명 【Text=0/Freq1=0】 ⓧ

ⓞ (예) 방정식의 해(解)를 구하다. 〔×〕
해ˣ ? 【Text=1/Freq1=1(0.2%)】

≪해결≫전체빈도합=37(0.0020%)
해결 명★☆☆ 【Text=28/Freq1=37】
  ⓞ (예) [문제의/분쟁의] 해결(解決) 방안.

≪해결되다≫전체빈도합=33(0.0018%)
해결되다 동 【Text=24/Freq1=33】
  ⓞ (예) 문제가 해결(解決)되다.

≪해결하다≫전체빈도합=138(0.0074%)
해결하다 동★★☆ 【Text=64/Freq1=138】
  ⓞ (예) 문제를 해결(解決)하다.

≪해내다≫전체빈도합=50(0.0027%)
해내다 동 【Text=38/Freq1=50】
  ⓞ (예) 큰 일을 해내다.

≪해답≫전체빈도합=17(0.0009%)
해답 명 【Text=12/Freq1=17】
  ① (예) 1번 문제의 해답(解答)을 쓰다.
    〔Text=8/Freq2=13(76.5%)〕
  ② (예) 빚 문제를 풀 해답을 얻다.
    〔Text=4/Freq2=4(23.5%)〕

≪해당되다≫전체빈도합=30(0.0016%)
해당되다 동 【Text=19/Freq1=30】
  ⓞ (예) [금지 사항에/사단 규모에/우리에게]
      해당(該當)되다.

≪해당하다≫전체빈도합=36(0.0019%)
해당하다 동★☆☆ 【Text=23/Freq1=36】
  ① (예) 공사비가 총예산의 30%에 해당(該當)
      하다. 〔Text=5/Freq2=5(13.9%)〕
  ② (예) 대사구는 지금의 대법원장에
      해당하다. 〔Text=19/Freq2=31(86.1%)〕

≪해롭다≫전체빈도합=23(0.0012%)
해롭다 동 【Text=17/Freq1=23】
  ⓞ (예) [건강에/몸에/인간에게] 해(害)롭다.
      /해로운 [곤충/벗].

≪해방≫전체빈도합=64(0.0034%)
해방 명☆☆★ 【Text=25/Freq1=64】
  ⓞ (예) 여성의 진정한 해방(解放).
    〔Text=15/Freq2=29(45.3%)〕
  ❶ (예) 1945년 해방을 맞다.

---

290) 『연세 한국어 사전』의 '- 해⁵'(예:지중해)는 말뭉치의 분석에 적용하지 않았으므로 제외한다.

〔Text=15/Freq2=35(54.7%)〕

≪**해방되다**≫전체빈도합=28(0.0015%)

해방되다 동 【Text=19/Freq1=28】
① (예) 여성들이 구습에서 해방(解放)되다.

≪**해석**≫전체빈도합=47(0.0025%)

해석 명 【Text=22/Freq1=47】
① (예) [경전의/사건의] 해석(解釋)에 이견이
있다. 〔Text=20/Freq2=43(91.5%)〕
② (예) 영문을 한국어로 해석을 하다.
〔Text=3/Freq2=4(8.5%)〕

≪**해석하다**≫전체빈도합=34(0.0018%)

해석하다 동 【Text=24/Freq1=34】
Ⅰ (예) [사건을/신화를/작품을] 해석(解釋)하다.
〔Text=23/Freq2=33(97.1%)〕
Ⅱ (예) 영문을 한국어로 해석하다.
〔Text=1/Freq2=1(2.9%)〕

≪**해설**≫전체빈도합=18(0.0010%)

해설 명 【Text=10/Freq1=18】
① (예) [내용/작품의] 해설(解說).

≪**해안**≫전체빈도합=29(0.0016%)

해안 명 【Text=17/Freq1=29】
① (예) 배가 해안(海岸)에 닿다.

≪**해외**≫전체빈도합=60(0.0032%)

해외 명 ★★☆ 【Text=26/Freq1=60】
① (예) 해외(海外)로 여행을 가다.
〔Text=26/Freq2=60(100%)〕
관<해외 시장> 〔×〕

≪**해치다**≫전체빈도합=24(0.0013%)

해치다 동 【Text=20/Freq1=24】
① (예) 과로로 건강을 해(害)치다.
〔Text=9/Freq2=11(45.8%)〕
② (예) 개가 사람을 해치다.
〔Text=11/Freq2=13(54.2%)〕

≪**핵심**≫전체빈도합=49(0.0026%)

핵심 명 【Text=24/Freq1=49】
① (예) 농촌 문제의 핵심(核心)은 부채
문제이다.

≪**햇볕**≫전체빈도합=23(0.0012%)

햇볕 명 【Text=18/Freq1=23】
① (예) 햇볕이 내리쬐다./햇볕에 고추를 말리다.

≪**햇빛**≫전체빈도합=73(0.0039%)

햇빛 명 ★★★ 【Text=35/Freq1=73】
① (예) 햇빛이 비치다.

≪**햇살**≫전체빈도합=63(0.0034%)

햇살 명 【Text=36/Freq1=63】
① (예) 아침 햇살이 맑고 눈부시다.

≪**행동**≫전체빈도합=365(0.0197%)

행동 명 ★★★ 【Text=100/Freq1=365】
① (예) 행동(行動)이 민첩하다.
〔Text=43/Freq2=134(36.7%)〕
② (예) 어른들의 행동이 아이에게 영향을
주다. 〔Text=74/Freq2=231(63.3%)〕

≪**행동하다**≫전체빈도합=93(0.0050%)

행동하다 동 ★☆☆ 【Text=45/Freq1=93】
① (예) 습관적으로 행동(行動)하다.

≪**행복**≫전체빈도합=91(0.0049%)

행복 명 ☆★★ 【Text=39/Freq1=91】
① (예) 행복(幸福)에 겹다.

≪**행복하다**≫전체빈도합=203(0.0109%)

행복하다 형 ★★☆ 【Text=78/Freq1=203】
① (예) 행복(幸福)하게 살다.

≪**행사**≫전체빈도합=108(0.0058%)

행사¹ 명 【Text=3/Freq1=3(2.8%)】
① (예) [권력/사유권/실력] 행사(行使).
〔Text=3/Freq2=3(100%)〕
② (예) 이게 무슨 돼먹지 않은 행사요? 〔×〕
행사² 명 ★★☆ 【Text=36/Freq1=105(97.2%)】
① (예) 기념 행사(行事)를 준비하다.

≪**행사하다**≫전체빈도합=16(0.0009%)

행사하다 동 【Text=12/Freq1=16】
① (예) [권리를/압력을/한 표를] 행사(行使)하다.

≪**행여**≫전체빈도합=15(0.0008%)

행여 부 【Text=13/Freq1=15】
① (예) 행여(幸-) 아는 사람이라도 만날까
[걱정하다/기대하다].

≪**행운**≫전체빈도합=17(0.0009%)

행운 명 【Text=10/Freq1=17】
① (예) 행운(幸運)을 가져오는 부적.

≪**행위**≫전체빈도합=131(0.0071%)

행위 명 ★☆☆ 【Text=41/Freq1=131】
① (예) 잘못된 행위(行爲).

≪행정≫전체빈도합=34(0.0018%)

행정 명★☆☆ 【Text=18/Freq1=34】
① (예) [관치/자치] 행정(行政).
   〔Text=9/Freq2=16(47.1%)〕
② (예) 대학 행정. 〔Text=6/Freq2=6(17.6%)〕
❸ (예) 이 대학 행정 98학번이다.
   〔Text=1/Freq2=1(2.9%)〕
㊟ <행정 구역> 〔Text=4/Freq2=9(26.5%)〕
㊟ <행정 기관> 〔Text=2/Freq2=2(5.9%)〕
㊟ <행정 소송> 〔×〕
㊟ <행정 처분> 〔×〕

≪행하다≫전체빈도합=36(0.0019%)

행하다 동★☆★ 【Text=25/Freq1=36】
⓪ (예) [가르침대로/선을/지시대로] 행(行)하다.

≪향기≫전체빈도합=42(0.0023%)

향기 명☆★★ 【Text=28/Freq1=42】
⓪ (예) 꽃의 향기(香氣)를 맡다.

≪향기롭다≫전체빈도합=17(0.0009%)

향기롭다 형 【Text=12/Freq1=17】
⓪ (예) 꽃 내음이 향기(香氣)롭다.

≪향상≫전체빈도합=20(0.0011%)

향상 명 【Text=14/Freq1=20】
⓪ (예) 품질의 향상(向上).

≪향수≫전체빈도합=16(0.0009%)

향수¹ 명 【Text=1/Freq1=1(6.2%)】
⓪ (예) 몸에 향수(香水)를 뿌리다.
향수² 명 【Text=10/Freq1=15(93.8%)】
⓪ (예) 향수(鄕愁)에 [잠기다/젖다].
   〔Text=9/Freq2=14(93.3%)〕
ⓧ 〔Text=1/Freq2=1(6.7%)〕

≪향하다≫전체빈도합=328(0.0177%)

향하다 동★★★ 【Text=109/Freq1=328】
Ⅰ ①㉠ (예) 사람들의 시선이 [나를/나에게로]
      향(向)하다. 〔Text=56/Freq2=105(32%)〕
   ㉡ (예) [버스를/앞을] 향해 가다.
      〔Text=41/Freq2=73(22.3%)〕
   ㉢ (예) [거리로/베란다로] 향한 창문.
      〔Text=4/Freq2=4(1.2%)〕
   ㉣ (예) [부두로/시내를] 향해 난 길.
      〔Text=4/Freq2=5(1.5%)〕
② (예) [서울을/여관으로] 향하다.
   〔Text=36/Freq2=52(15.9%)〕
③ (예) [독립을/민주화를] 향한 투쟁.
   〔Text=15/Freq2=20(6.1%)〕
④ (예) 그녀를 향한 마음.
   〔Text=6/Freq2=6(1.8%)〕
Ⅱ (예) 학생을 향해 폭력을 휘두르다./정부를 향해
   데모를 하다. 〔Text=29/Freq2=53(16.2%)〕
Ⅲ (예) [두 팔을/얼굴을] 앞으로 향하다.
   〔Text=8/Freq2=10(3%)〕

≪허≫전체빈도합=20(0.0011%)

허¹ 명 【Text=1/Freq1=1(5%)】
⓪ (예) 상대에게 허(虛)를 보이다. 〔×〕
㊟ <허를 찌르다> 〔×〕
㊟ <허를 찔리다> 〔Text=1/Freq2=1(100%)〕
허² 부 【Text=0/Freq1=0】 ⓧ
⓪ (예) 안경에 입김을 허 불다. 〔×〕
허³ 감 【Text=12/Freq1=19(95%)】
⓪ (예) 허, [기가 막혀/큰일났군].
   〔Text=11/Freq2=18(94.7%)〕
❶ (예) 허, 품바가 들어간다.
   〔Text=1/Freq2=1(5.3%)〕

≪허공≫전체빈도합=21(0.0011%)

허공 명 【Text=18/Freq1=21】
⓪ (예) 허공(虛空)을 바라보다.

≪허구≫전체빈도합=29(0.0016%)

허구 명 【Text=10/Freq1=29】
⓪ (예) 작품 속의 허구(虛構)의 인물.

≪허락≫전체빈도합=23(0.0012%)

허락 명 【Text=16/Freq1=23】
⓪ (예) 집으로 들어와도 좋다고 허락(許諾)을
   [받다/하다].

≪허락하다≫전체빈도합=20(0.0011%)

허락하다 동 【Text=17/Freq1=20】
⓪ (예) 결혼을 허락(許諾)하다.

≪허리≫전체빈도합=91(0.0049%)

허리 명★★★ 【Text=50/Freq1=91】
① (예) 허리를 펴다./허리가 아프다.
   〔Text=47/Freq2=83(91.2%)〕
②㉠ (예) 바닷물이 방파제 허리까지 차다.
   〔Text=4/Freq2=4(4.4%)〕
   ㉡ (예) 말의 허리를 끊다.
   〔Text=2/Freq2=2(2.2%)〕
③ (예) [바지/치마] 허리가 크다.
   〔Text=1/Freq2=1(1.1%)〕
㊟ <허리가 휘어지다>

〔Text=1/Freq2=1(1.1%)〕

[관]<허리가 [휘청거리다/휘청하다]> 〔×〕

≪허망하다≫전체빈도합=16(0.0009%)

허망하다 [형] **【Text=13/Freq1=16】**

① (예) 노력이 허망(虛妄)하게 끝나다.
〔Text=9/Freq2=9(56.3%)〕

② (예) [꿈은/사랑은] 허망하고 속절없다.
〔Text=6/Freq2=7(43.8%)〕

≪허무하다≫전체빈도합=17(0.0009%)

허무하다 [형] **【Text=10/Freq1=17】**

⓪ (예) 허무(虛無)한 [노력/인생].

≪허약하다≫전체빈도합=16(0.0009%)

허약하다 [형] **【Text=12/Freq1=16】**

① (예) 몸이 허약(虛弱)하다.
〔Text=9/Freq2=11(68.8%)〕

② (예) [논리가/세력이] 허약하다.
〔Text=4/Freq2=5(31.3%)〕

≪허옇다≫전체빈도합=25(0.0013%)

허옇다 [형] **【Text=17/Freq1=25】**

① (예) 입에서 허연 입김을 내뿜다.
〔Text=14/Freq2=22(88%)〕

② (예) 얼굴이 허옇게 [뜨다/질리다].
〔Text=1/Freq2=1(4%)〕

③ (예) 눈을 허옇게 뒤집어 쓴 채 쓰러지다.
〔Text=1/Freq2=1(4%)〕

ⓧ 〔Text=1/Freq2=1(4%)〕

≪허용되다≫전체빈도합=17(0.0009%)

허용되다 [동] **【Text=13/Freq1=17】**

⓪ (예) 통행이 허용(許容)되다.

≪허전하다≫전체빈도합=16(0.0009%)

허전하다 [형] **【Text=13/Freq1=16】**

① (예) [교정이/집안이] 허전하다.
〔Text=1/Freq2=1(6.3%)〕

② (예) 친구가 떠나고 나니 허전하다.
〔Text=12/Freq2=15(93.8%)〕

③ (예) 점심을 굶어서 속이 허전하다. 〔×〕

≪허허≫전체빈도합=23(0.0012%)

허허[1] [부] **【Text=8/Freq1=8(34.8%)】**

⓪ (예) 어이없어서 허허 웃음을 터뜨리다.

허허[2] [감] **【Text=12/Freq1=15(65.2%)】**

① (예) 허허 이거 낭패로군, 낭패야.
〔Text=6/Freq2=7(46.7%)〕

② (예) 허허, 가문에 효자 났군.
〔Text=7/Freq2=8(53.3%)〕

≪헌≫전체빈도합=22(0.0012%)

헌 [관]☆☆★ **【Text=13/Freq1=22】**

⓪ (예) 헌 [가방/옷/집].

≪헌병≫전체빈도합=17(0.0009%)

헌병 [명] **【Text=10/Freq1=17】**

⓪ (예) 헌병(憲兵)이 검문을 하다.

≪험하다≫전체빈도합=19(0.0010%)

험하다 [형] **【Text=17/Freq1=19】**

① ㉠ (예) 봉우리가 높고 험(險)하다.
〔Text=3/Freq2=3(15.8%)〕

㉡ (예) 길이 험하다.
〔Text=3/Freq2=3(15.8%)〕

② (예) 험한 얼굴이 되다.
〔Text=1/Freq2=1(5.3%)〕

③ (예) 험한 고비를 겪다. 〔×〕

④ (예) 문을 험하게 닫다.
〔Text=3/Freq2=3(15.8%)〕

⑤ (예) 세상이 험하다.
〔Text=3/Freq2=3(15.8%)〕

⑥ (예) 험한 음식을 먹다.
〔Text=1/Freq2=1(5.3%)〕

⑦ (예) 험한 보릿고개를 보내다./험한 꼴을 보다. 〔Text=5/Freq2=5(26.3%)〕

≪헤매다≫전체빈도합=45(0.0024%)

헤매다 [동]☆☆★ **【Text=31/Freq1=45】**

① (예) [거리를/길을/시내를] 헤매다.
〔Text=23/Freq2=40(88.9%)〕

② (예) 마음을 못 잡고 헤매다. 〔×〕

③ (예) [나락에 빠져/적자에서] 헤매다.
〔Text=4/Freq2=4(8.9%)〕

❹ (예) 악취 속을 헤매다.
〔Text=1/Freq2=1(2.2%)〕

≪헤아리다≫전체빈도합=60(0.0032%)

헤아리다 [동]★☆☆ **【Text=34/Freq1=60】**

① (예) [가진 돈을/나이를] 헤아리다.
〔Text=23/Freq2=35(58.3%)〕

② (예) [말뜻을/소문이 사실인지 아닌지] 헤아리다. 〔Text=5/Freq2=7(11.7%)〕

③ (예) 마음을 헤아리다.
〔Text=10/Freq2=15(25%)〕

④ (예) [신청자가/환자 수가] 100명을

헤아리다. 〔Text=2/Freq2=2(3.3%)〕
ⓧ 〔Text=1/Freq2=1(1.7%)〕

≪헤어지다≫전체빈도합=73(0.0039%)
헤어지다 동★★★ 【Text=44/Freq1=73】
Ⅰ ① (예) 친구와 헤어져 집으로 가다.
〔Text=31/Freq2=41(56.2%)〕
② (예) [남편과/애인과] 헤어지다.
〔Text=21/Freq2=31(42.5%)〕
Ⅱ (예) [살갗이/입술이/입 안이] 헤어지다.
〔Text=1/Freq2=1(1.4%)〕

≪헤엄치다≫전체빈도합=20(0.0011%)
헤엄치다 동 【Text=13/Freq1=20】
⓪ (예) 강을 헤엄쳐서 건너다.

≪헤치다≫전체빈도합=29(0.0016%)
헤치다 동 【Text=24/Freq1=29】
① (예) [쓰레기를/짚더미를] 헤치다.
〔Text=4/Freq2=4(13.8%)〕
② (예) 억새를 헤치고 들어가다.
〔Text=12/Freq2=14(48.3%)〕
③ (예) [안개를/파도를] 헤치며 가다.
〔Text=5/Freq2=5(17.2%)〕
④ (예) [시국을/험한 세상을] 헤쳐 나가다.
〔Text=4/Freq2=4(13.8%)〕
⑤ (예) 사람들을 헤쳐 마을로 보내다. 〔×〕
ⓧ 〔Text=2/Freq2=2(6.9%)〕

≪혀≫전체빈도합=42(0.0023%)
혀 명★☆★ 【Text=33/Freq1=42】
① (예) 혀로 핥다./혀로 맛을 보다.
〔Text=23/Freq2=28(66.7%)〕
② (예) 피리의 혀가 빠지다. 〔×〕
⑪<혀(가) 꼬부라지다>
① (예) 술에 취해서 혀가 꼬부라지다.
〔Text=1/Freq2=1(2.4%)〕
② (예) 영어랍시고 혀 꼬부라진 소리를 하다. 〔Text=1/Freq2=1(2.4%)〕
⑪<혀가 짧다> 〔×〕
⑪<혀를 내두르다> 〔Text=2/Freq2=2(4.8%)〕
⑪<혀를 놀리다> 〔Text=1/Freq2=1(2.4%)〕
⑪<혀를 두르다> 〔×〕
⑪<혀를 차다> 〔Text=8/Freq2=9(21.4%)〕

≪혁명≫전체빈도합=74(0.0040%)
혁명 명 【Text=29/Freq1=74】
① (예) 1960년의 4월 혁명(革命).
〔Text=21/Freq2=60(81.1%)〕
② (예) 문화 생활의 혁명.
〔Text=8/Freq2=14(18.9%)〕

≪현관≫전체빈도합=48(0.0026%)
현관 명 【Text=21/Freq1=48】
⓪ (예) 집 현관(玄關)에 들어서다.

≪현금≫전체빈도합=10(0.0005%)
현금¹ 명☆☆★ 【Text=4/Freq1=10(100%)】
① (예) 수표를 현금(現金)으로 바꾸다.
〔Text=3/Freq2=7(70%)〕
② (예) 부동산보다는 현금이 낫다.
〔Text=2/Freq2=3(30%)〕
현금² 명 【Text=0/Freq1=0】 ⓧ
⓪ (예) 현금(現今)에 가장 급한 문제. 〔×〕

≪현대≫전체빈도합=217(0.0117%)
현대 명★★☆ 【Text=40/Freq1=217】
① (예) 우리가 사는 이 현대(現代)는 '인간 상실'의 시대라고 한다.
〔Text=30/Freq2=98(45.2%)〕
② (예) 근대와 현대의 경계.
〔Text=7/Freq2=10(4.6%)〕
⑪<현대 과학> 〔Text=3/Freq2=4(1.8%)〕
⑪<현대 [문명/문화]>
〔Text=3/Freq2=4(1.8%)〕
⑪<현대 [문학/소설]>
〔Text=5/Freq2=22(10.1%)〕
⑪<현대 [미술/회화]>
〔Text=3/Freq2=48(22.1%)〕
⑪<현대 (~) 사회]> 현대 산업 사회.
〔Text=17/Freq2=25(11.5%)〕
⑪<현대 철학> 〔Text=1/Freq2=6(2.8%)〕

≪현대인≫전체빈도합=36(0.0019%)
현대인 명☆★☆ 【Text=13/Freq1=36】
① (예) 오늘날 현대인(現代人)들은 지나치게 바쁘다. 〔Text=13/Freq2=36(100%)〕
② (예) 현대인이라면 스마트폰 정도는 가져야지. 〔×〕

≪현명하다≫전체빈도합=27(0.0015%)
현명하다 형 【Text=18/Freq1=27】
⓪ (예) 현명(賢明)한 [선택/인물].

≪현상≫전체빈도합=142(0.0076%)
현상¹ 명★★★ 【Text=43/Freq1=135(95.1%)】
⓪ (예) 대기층에 불안정 현상(現象)이 생기다.

현상² 명 【Text=3/Freq1=5(3.5%)】
　⓪ (예) 관객이 없어 극단의 현상(現狀) 유지도 힘들다.

현상³ 명 【Text=2/Freq1=2(1.4%)】
　⓪ (예) 필름 현상(現像)을 하다.

현상⁴ 명 【Text=0/Freq1=0】 ⓧ
　⓪ (예) 현상(懸賞) [공모/수배/응모]. 〔×〕

≪현실≫ 전체빈도합=277(0.0149%)

현실 명★☆☆ 【Text=70/Freq1=277】
　⓪ (예) 현실(現實)과 이상의 차이.
　　〔Text=70/Freq2=177(100%)〕
　관<현실 도피> 〔×〕
　관<현실 참여> 〔×〕

≪현실적≫ 전체빈도합=54(0.0029%)

현실적¹ 명 【Text=24/Freq1=43(79.6%)】
　① (예) 현실적(現實的)으로 있을 수 없는 일.
　　〔Text=13/Freq2=22(51.2%)〕
　② (예) 현실적인 [문제를/필요를] 해결하다.
　　〔Text=9/Freq2=14(32.6%)〕
　③ (예) 그는 매우 현실적이다.
　　〔Text=5/Freq2=7(16.3%)〕

현실적² 관 【Text=8/Freq1=11(20.4%)】
　① (예) 현실적(現實的) 상황으로 받아들이다.
　　〔Text=5/Freq2=6(54.5%)〕
　② (예) 현실적 태도를 취하다.
　　〔Text=5/Freq2=5(45.5%)〕

≪현장≫ 전체빈도합=75(0.0040%)

현장 명 【Text=34/Freq1=75】
　①㉠ (예) 방송 현장(現場)을 둘러보다.
　　〔Text=18/Freq2=30(40%)〕
　　㉡ (예) [사건/사고] 현장.
　　〔Text=5/Freq2=7(9.3%)〕
　② (예) 건설 현장에서 일하다.
　　〔Text=11/Freq2=24(32%)〕
　③ (예) 지식을 현장에서 실천하다.
　　〔Text=10/Freq2=14(18.7%)〕
　관<현장 검증> 〔×〕

≪현재≫ 전체빈도합=173(0.0093%)

현재 명★★★ 【Text=62/Freq1=173】
　Ⅰ① (예) 현재(現在)로서는 치료법이 없다.
　　〔Text=40/Freq2=86(49.7%)〕

　② (예) 지금 현재 우리가 당면한 문제.
　　〔Text=10/Freq2=18(10.4%)〕
　③ (예) 현재 시제.
　　〔Text=2/Freq2=4(2.3%)〕
　Ⅱ (예) 환경이 현재 급변하고 있다.
　　〔Text=33/Freq2=65(37.6%)〕

≪협동≫ 전체빈도합=23(0.0012%)

협동 명 【Text=11/Freq1=23】
　⓪ (예) 모두가 협동(協同)을 하다.
　　〔Text=9/Freq2=20(87%)〕
　관<협동 조합> 〔Text=2/Freq2=3(13%)〕

≪협력하다≫ 전체빈도합=23(0.0012%)

협력하다 동 【Text=13/Freq1=23】
　① (예) 자선 사업에 협력(協力)하다.
　　〔Text=6/Freq2=8(34.8%)〕
　② (예) 친구들과 협력하다.
　　〔Text=9/Freq2=15(65.2%)〕

≪형≫ 전체빈도합=325(0.0175%) ²⁹¹

형¹ 명★★★ 【Text=64/Freq1=282(86.8%)】
　① (여) 위로 형(兄)과 누나가 있다.
　　〔Text=43/Freq2=206(73.1%)〕
　② (예) 같은 과 형. 〔Text=25/Freq2=76(27%)〕

형² 명 【Text=5/Freq1=5(1.5%)】
　⓪ (예) 형(刑)을 집행하다.

형³ 명의 【Text=7/Freq1=31(9.5%)】
　⓪ (예) 최 형(兄)./영식이 형.

형⁴ 명의 【Text=3/Freq1=6(1.8%)】
　⓪ (여) 여덟 팔자 형(形).

형⁵ 명의 【Text=1/Freq1=1(0.3%)】
　⓪ (예) 순종하는 형(型)의 사람.

≪형님≫ 전체빈도합=121(0.0065%)

형님 명 【Text=21/Freq1=121】
　⓪ (예) 형(兄)님 먼저 앉으십시오

≪형사≫ 전체빈도합=61(0.0033%)

형사¹ 명 【Text=10/Freq1=61(100%)】
　⓪ (예) 강력계 형사(刑事).

형사² 명 【Text=0/Freq1=0】 ⓧ
　⓪ (예) 형사(刑事) 피의자. 〔×〕
　관<형사 소송법> 〔×〕

≪형상≫ 전체빈도합=22(0.0012%)

---

291) 『연세 한국어 사전』의 '- 형⁶'(예: 직선형, 계란형), '- 형⁷'(예: 천재형, 권력형)은 말뭉치의 분석에 적용하지 않았으므로 제외한다.

형상 명 【Text=18/Freq1=22】
　⓪ (예) [동물의/사물의] 형상(形象)을 본뜨다.

≪형성≫ 전체빈도합=36(0.0019%)
형성 명 【Text=18/Freq1=36】
　① (예) [문화/성격/여론]의 형성(形成).
　　〔Text=12/Freq2=28(77.8%)〕
　❷ (예) [아파트 단지/체구의] 형성.
　　〔Text=6/Freq2=8(22.2%)〕

≪형성되다≫ 전체빈도합=32(0.0017%)
형성되다 동 【Text=21/Freq1=32】
　① (예) [사회가/상가가] 형성(形成)되다.
　　〔Text=9/Freq2=9(25.7%)〕
　❷ (예) [성격이/여론이] 형성되다.
　　〔Text=15/Freq2=23(71.9%)〕

≪형성하다≫ 전체빈도합=35(0.0019%)
형성하다 동 【Text=25/Freq1=35】
　① (예) [사회를/상가를] 형성(形成)하다.
　　〔Text=9/Freq2=9(25.7%)〕
　❷ (예) [성격을/여론을] 형성하다.
　　〔Text=19/Freq2=26(74.3%)〕

≪형수≫ 전체빈도합=6(0.0003%)
형수 명☆★ 【Text=4/Freq1=6】
　⓪ (예) 형과 형수(兄嫂).

≪형식≫ 전체빈도합=132(0.0071%)
형식¹ 명★☆★ 【Text=39/Freq1=132(100%)】
　① (예) 건축 형식(形式).
　　〔Text=9/Freq2=11(8.3%)〕
　② (예) 문답 형식으로 쓴 글.
　　〔Text=20/Freq2=35(26.5%)〕
　③ (예) 형식보다 내용이 중요하다.
　　〔Text=21/Freq2=86(65.2%)〕
형식² 명 【Text=0/Freq1=0】ⓧ
　⓪ (예) 자동차의 형식(型式) 승인. 〔×〕

≪형제≫ 전체빈도합=115(0.0062%)
형제 명★★★ 【Text=50/Freq1=115】
　① (예) 다섯 형제(兄弟).
　　〔Text=48/Freq2=111(96.5%)〕
　② (예) 같은 교회의 형제들. 〔×〕
　❸ (예) 공동체의 형제.
　　〔Text=4/Freq2=4(3.5%)〕

≪형태≫ 전체빈도합=134(0.0072%)
형태 명★★☆ 【Text=53/Freq1=134】
　① (예) [사물의/표현의] 형태(形態).
　　〔Text=27/Freq2=73(54.5%)〕
　② (예) [교육/비평의/창작의] 형태.
　　〔Text=36/Freq2=61(45.5%)〕

≪형편≫ 전체빈도합=83(0.0045%)
형편 명★★★ 【Text=51/Freq1=83】
　① (예) [형편(形便)에 따라/형편을 봐서] 정하다. 〔Text=19/Freq2=20(24.1%)〕
　② (예) 가정 형편이 어렵다.
　　〔Text=19/Freq2=26(31.3%)〕
　㊀ <-는 형편[에/이다]> 돈을 꿔야 하는 형편이다. 〔Text=23/Freq2=36(43.4%)〕
　㊀ <형편(이) 없다> 솜씨가 형편이 없다.
　　〔Text=1/Freq2=1(1.2%)〕

≪혜택≫ 전체빈도합=22(0.0012%)
혜택 명 【Text=16/Freq1=22】
　⓪ (예) 복지의 혜택(惠澤)을 입다.

≪호≫ 전체빈도합=78(0.0042%) [292]
호¹ 명 【Text=1/Freq1=1(1.3%)】
　⓪ (예) 호(號)를 지어 부르다.
호² 명 【Text=0/Freq1=0】ⓧ
　⓪ (예) 원의 호(弧)의 길이. 〔×〕
호³ 명 【Text=0/Freq1=0】ⓧ
　⓪ (예) 병사가 호(壕)에 몸을 숨기다. 〔×〕
호⁴ 명의★★☆ 【Text=24/Freq1=51(65.4%)】
　① (예) 국보 1호(號).
　　〔Text=15/Freq2=37(72.5%)〕
　② (예) 5월 호/이번 호에 실린 단편.
　　〔Text=3/Freq2=3(5.9%)〕
　③ (예) 주소는 신사동 7의 5호이다.
　　〔Text=3/Freq2=4(7.8%)〕
　④ (예) 303호 강의실.
　　〔Text=4/Freq2=5(9.8%)〕
　⑤ (예) 8호 활자. 〔Text=2/Freq2=2(3.9%)〕
호⁵ 명의 【Text=4/Freq1=11(14.1%)】
　⓪ (예) 백 호(戶) 가깝게 사는 마을.
호⁶ 편 【Text=0/Freq1=0】ⓧ
　⓪ (예) 입김을 호 불다. 〔×〕
호⁷ 감 【Text=2/Freq1=14(17.9%)】

---

[292] 『연세 한국어 사전』의 '호-⁸'(예:호시절), '-호⁹'(예:무궁화호), '-호¹⁰'(예:석촌호)는 말뭉치의 분석에 적용하지 않았으므로 제외한다.

⓪ (예) 호! 놀라운 기술이군.
호ˣ ⁇ 【Text=1/Freq1=1(1.3%)】

≪호기심≫전체빈도합=49(0.0026%)
호기심 명 ☆★ 【Text=33/Freq1=49】
⓪ (예) 호기심(好奇心)에 찬 눈.

≪호되다≫전체빈도합=15(0.0008%)
호되다 형 【Text=11/Freq1=15】
⓪ (예) 호되게 맞다./호된 [꾸지람을/욕을] 듣다.

≪호랑이≫전체빈도합=177(0.0095%)
호랑이 명 ★★★ 【Text=39/Freq1=177】
① (예) 산에서 호랑이를 만나다.
〔Text=34/Freq2=166(93.8%)〕
② (예) 동네의 호랑이 영감.
〔Text=5/Freq2=5(2.8%)〕
관<[이/이빨] 빠진 호랑이> 〔×〕
관<호랑이 담배 [먹던/피우던] 시절>
〔Text=3/Freq2=4(2.3%)〕
관<호랑이도 제 말 하면 온다>
〔Text=1/Freq2=2(1.1%)〕

≪호박≫전체빈도합=17(0.0009%)
호박¹ 명 ☆☆★ 【Text=12/Freq1=17(100%)】
① (예) 밭에 호박을 심다.
〔Text=3/Freq2=3(17.6%)〕
② (예) 호박을 썰어서 찌개에 넣다.
〔Text=8/Freq2=13(76.5%)〕
③ (예) 저 여자 호박이다. 〔×〕
관<삶은 호박에 이도 안 들어갈
[소리/일]> 〔×〕
관<호박이 넝쿨째 굴러 들어오다>
〔Text=1/Freq2=1(5.9%)〕
호박² 명 【Text=0/Freq1=0】 ⓧ
⓪ (예) 호박(琥珀) 단추. 〔×〕

≪호소하다≫전체빈도합=19(0.0010%)
호소하다 동 【Text=14/Freq1=19】
⓪ (예) 의사에게 고통을 호소(呼訴)하다.
〔Text=11/Freq2=15(78.9%)〕
❶ (예) [감각에/동정심에] 호소하다.
〔Text=3/Freq2=4(21.1%)〕

≪호수≫전체빈도합=27(0.0015%)
호수¹ 명 ☆☆★ 【Text=12/Freq1=26(96.3%)】
⓪ (예) 맑은 호수(湖水).
호수² 명 【Text=1/Freq1=1(3.7%)】
① (예) 객실의 호수(號數).

〔Text=1/Freq2=1(100%)〕
② (예) [그림의/옷의] 호수. 〔×〕
③ (예) 잡지의 발행 호수. 〔×〕
호수³ 명 【Text=0/Freq1=0】 ⓧ
⓪ (예) 섬의 호수(戶數)가 1천이다. 〔×〕

≪호주머니≫전체빈도합=16(0.0009%)
호주머니 명 【Text=11/Freq1=16】
⓪ (예) 바지 호주머니에 손을 넣다.
〔Text=10/Freq2=15(93.8%)〕
관<호주머니 사정> 〔×〕
관<호주머니가 두둑하다>
〔Text=1/Freq2=1(6.3%)〕

≪호칭≫전체빈도합=21(0.0011%)
호칭¹ 명 【Text=11/Freq1=21(100%)】
⓪ (예) 상대에 따라 부르는 호칭(呼稱)이
다르다.
호칭² 명 【Text=0/Freq1=0】 ⓧ
⓪ (예) 옷의 호칭(號稱)을 확인하다. 〔×〕

≪호텔≫전체빈도합=60(0.0032%)
호텔 명 ★★★ 【Text=24/Freq1=60】
⓪ (예) 호텔에 묵다.

≪호통≫전체빈도합=17(0.0009%)
호통 명 【Text=16/Freq1=17】
⓪ (예) 큰 소리로 호통을 치다.

≪호흡≫전체빈도합=16(0.0009%)
호흡 명 【Text=13/Freq1=16】
① (예) 호흡(呼吸)이 [가쁘다/거칠다].
〔Text=9/Freq2=11(68.8%)〕
② (예) 관객들과 배우의 호흡이 맞다.
〔Text=4/Freq2=5(31.3%)〕

≪혹≫전체빈도합=35(0.0019%)
혹¹ 명 【Text=6/Freq1=20(57.1%)】
① (예) 턱 밑에 혹이 달리다.
〔Text=2/Freq2=13(65%)〕
② (예) 몸속에 나쁜 혹이 생기다. 〔×〕
③ (예) 나무줄기에 난 혹을 잡고 오르다.
〔Text=1/Freq2=1(5%)〕
④ (예) 아이를 성가신 혹처럼 여기다.
〔Text=1/Freq2=1(5%)〕
❺ (예) 낙타 등의 혹. 〔Text=1/Freq2=3(15%)〕
관<혹 떼러 갔다가 혹 붙인 격>
〔Text=1/Freq2=2(10%)〕
혹² 부 【Text=11/Freq1=14(40%)】

① (예) 이 일이 혹(或) 사람들에게 알려지면 곤란하다. 〔Text=8/Freq2=8(57.1%)〕
② (예) 혹 좀 늦을지도 몰라.
   〔Text=3/Freq2=3(21.4%)〕
③ (예) 혹 잊은 일도, 혹 오해도 있다.
   〔Text=2/Freq2=3(21.4%)〕
④ (예) 산에 올라 혹 담소를 하고 혹 노래를 하다. 〔×〕

혹³ 튄 【Text=1/Freq1=1(2.9%)】
① (예) 잔의 술을 혹 들이마시다. 〔×〕
② (예) 촛불을 혹 불어 끄다.
   〔Text=1/Freq2=1(100%)〕

≪혹시≫전체빈도합=113(0.0061%)

혹시 튄★★★ 【Text=63/Freq1=113】
① (예) 혹시(或是) 그 사람 아세요? /혹시라도 화가 났을까 걱정하다.
   〔Text=37/Freq2=55(48.7%)〕
② (예) 이따 혹시 그가 올까 기대하다.
   〔Text=31/Freq2=41(36.3%)〕
③ (예) 혹시 손님이 오면 전화해라.
   〔Text=15/Freq2=16(14.2%)〕
⑤ 〔Text=1/Freq2=1(0.9%)〕

≪혹은≫전체빈도합=133(0.0072%)

혹은 튄★☆☆ 【Text=51/Freq1=133】
① (예) 사람들이 서너 명씩 혹(或)은 대여섯 명씩 모여들다.
   〔Text=50/Freq2=131(98.5%)〕
② (예) 혹은 책을 읽고, 혹은 TV를 보다.
   〔Text=1/Freq2=2(1.5%)〕

≪혼≫전체빈도합=45(0.0024%)

혼 명 【Text=30/Freq1=45】
① (예) 혼(魂)이 나간 표정을 짓다./그녀에게 혼을 뺏기다. 〔Text=7/Freq2=10(22.2%)〕
② (예) 죽은 처녀의 혼을 달래다.
   〔Text=4/Freq2=8(17.8%)〕
③ (예) 독립투사들의 혼이 담긴 현장.
   〔Text=3/Freq2=6(13.3%)〕
④ (예) 예술의 혼을 표현하다.
   〔Text=1/Freq2=1(2.2%)〕
⑤ (예) 간디는 위대한 혼이었다.
   〔Text=1/Freq2=1(2.2%)〕
  관<혼을 내다> 〔Text=10/Freq2=11(24.4%)〕
  관<혼을 쏟다> 〔Text=1/Freq2=1(2.2%)〕
  관<혼이 나다>☞혼나다.

〔Text=6/Freq2=7(15.6%)〕

≪혼나다≫전체빈도합=17(0.0009%)

혼나다 동 【Text=15/Freq1=17】
Ⅰ ① (예) 짐을 옮기느라 혼(魂)나다.
    〔Text=3/Freq2=3(17.6%)〕
  ② (예) [무서워서/창피해서] 혼나다.
    〔Text=1/Freq2=1(5.9%)〕
Ⅱ (예) 거짓말하면 아버지에게 혼나다.
    〔Text=11/Freq2=13(76.5%)〕

≪혼란≫전체빈도합=41(0.0022%)

혼란¹ 명 【Text=22/Freq1=37(90.2%)】
  ⓪ (예) 전쟁의 혼란(混亂)을 겪다.
혼란² 명 【Text=2/Freq1=3(7.3%)】
  ⓪ (예) 약 때문에 갑작스런 혼란(昏亂)에 빠지다.
혼란ˣ ? 【Text=1/Freq1=1(2.4%)】

≪혼자≫전체빈도합=469(0.0253%)

혼자¹ 명★★★ 【Text=111/Freq1=221(47.1%)】
① (예) 혼자만의 시간을 즐기다.
   〔Text=95/Freq2=176(82.2%)〕
② <~ 혼자 (예) [여자/자기/저] 혼자 해결하다. 〔Text=22/Freq2=30(14%)〕
  관<혼자 몸> 어머니는 혼자 몸으로 아이 셋을 키우다. 〔Text=7/Freq2=8(3.7%)〕
  관<혼자(가) 되다>
   〔Text=7/Freq2=8(3.7%)〕
혼자² 튄★★★ 【Text=105/Freq1=248(52.9%)】
  ⓪ (예) 혼자 [가다/있다].
   〔Text=99/Freq2=224(90.3%)〕
  관<혼자 살다> 〔Text=15/Freq2=24(9.7%)〕

≪혼잣말≫전체빈도합=31(0.0017%)

혼잣말 명 【Text=13/Freq1=31】
  ⓪ (예) 혼잣말로 중얼거리다.

≪홀로≫전체빈도합=49(0.0026%)

홀로 튄 【Text=34/Freq1=49】
① (예) 홀로 살다. 〔Text=31/Freq2=43(87.8%)〕
② (예) 홀로 일을 해내다.
   〔Text=5/Freq2=6(12.2%)〕

≪홍수≫전체빈도합=49(0.0026%)

홍수 명☆☆★ 【Text=22/Freq1=49】
① (예) 폭우로 홍수(洪水)가 나다.
   〔Text=19/Freq2=44(89.8%)〕
② (예) 외국어의 홍수 시대에 살다.

〖Text=4/Freq2=5(10.2%)〗

《화》전체빈도합=202(0.0109%) [293]

화¹ 〖명〗★★★　【Text=73/Freq1=192(95%)】
　① (예) 화(火)가 나다./화를 내다.

화² 〖명〗　【Text=3/Freq1=4(2%)】
　① (예) 화(禍)를 당하다.

화³ 〖명〗　【Text=4/Freq1=5(2.5%)】
　① (예) 김 교수 강의는 화(話), 목에 있다.

화ˣ 〖?〗　【Text=1/Freq1=1(0.5%)】

《화가》전체빈도합=63(0.0034%)

화가 〖명〗☆☆★　【Text=16/Freq1=63】
　① (예) 화가(畫家)의 그림.

《화나다》전체빈도합=18(0.0010%)

화나다 〖동〗☆☆★　【Text=15/Freq1=18】
　① (예) 좀 화(火)나도 참다.

《화단》전체빈도합=51(0.0027%)

화단¹ 〖명〗　【Text=12/Freq1=24(47.1%)】
　① (예) 화단(花壇)에 꽃이 피다.

화단² 〖명〗　【Text=1/Freq1=27(52.9%)】
　① (예) 화단(畫壇)에 데뷔하다.

화단³ 〖명〗　【Text=0/Freq1=0】 ⓧ
　① (예) 헛소문으로 화단(禍端)을 만들다. 〔×〕

《화려하다》전체빈도합=55(0.0030%)

화려하다 〖형〗★☆☆　【Text=34/Freq1=55】
　① (예) [옷이/차림이] 화려(華麗)하다.
　　〖Text=22/Freq2=28(50.9%)〗
　② (예) 화려한 [경력을/명성을] 자랑하다.
　　〖Text=4/Freq2=4(7.3%)〗
　③ (예) 세계 무대에 화려하게 복귀하다.
　　〖Text=8/Freq2=10(18.2%)〗
　④ (예) 화려한 도회지 생활을 하다.
　　〖Text=7/Freq2=8(14.5%)〗
　⑤ (예) [문장이/문체가] 화려하다.
　　〖Text=4/Freq2=4(7.3%)〗
　⑥ (예) 화려했던 [경력/과거]. 〔×〕
　ⓧ 〖Text=1/Freq2=1(1.8%)〗

《화면》전체빈도합=68(0.0037%)

화면 〖명〗★☆☆　【Text=23/Freq1=68】
　① (예) [그림의/사진의] 화면(畫面).
　　〖Text=3/Freq2=13(19.1%)〗

　② (예) [극장의/TV의] 화면.
　　〖Text=20/Freq2=54(79.4%)〗
　ⓧ 〖Text=1/Freq2=1(1.5%)〗

《화목하다》전체빈도합=37(0.0020%)

화목하다 〖형〗　【Text=17/Freq1=37】
　① (예) [가정이/집안이] 화목(和睦)하다.

《화분》전체빈도합=31(0.0017%)

화분¹ 〖명〗　【Text=12/Freq1=31(100%)】
　① (예) 화분(花盆)에 꽃을 심다.

화분² 〖명〗　【Text=0/Freq1=0】 ⓧ
　① (예) 꽃술의 화분(花粉). 〔×〕

《화사하다》전체빈도합=15(0.0008%)

화사하다 〖형〗　【Text=11/Freq1=15】
　① (예) 코스모스가 화사(華奢)하게 피다.
　　〖Text=9/Freq2=9(60%)〗
　② (예) 가을의 화사한 햇살 속을 걷다.
　　〖Text=4/Freq2=6(40%)〗

《화살》전체빈도합=18(0.0010%)

화살 〖명〗　【Text=14/Freq1=18】
　① (예) 화살이 과녁에 꽂히다.
　　〖Text=12/Freq2=15(83.3%)〗
　❶ (예) 그에게 [비난의/원망의] 화살을 돌리다. 〖Text=2/Freq2=2(11.1%)〗
　㉮ <화살을 돌리다> 〖Text=1/Freq2=1(5.6%)〗

《화요일》전체빈도합=10(0.0005%)

화요일 〖명〗☆★★　【Text=6/Freq1=10】
　① (예) 화요일(火曜日).

《화장》전체빈도합=16(0.0009%)

화장¹ 〖명〗☆★★　【Text=11/Freq1=16(100%)】
　① (예) 얼굴에 화장(化粧)을 하다.

화장² 〖명〗　【Text=0/Freq1=0】 ⓧ
　① (예) 시신을 화장(火葬)을 하다. 〔×〕

《화장실》전체빈도합=99(0.0053%)

화장실 〖명〗☆★★　【Text=47/Freq1=99】
　① (예) 화장실(化粧室)에 가다.

《화제》전체빈도합=60(0.0032%)

화제¹ 〖명〗　【Text=24/Freq1=60(100%)】
　① (예) 선거를 화제(話題)로 삼다.
　　〖Text=21/Freq2=44(73.3%)〗

---

293) 『연세 한국어 사전』의 '화⁴'(예:자동화), '-화⁵'(예:무궁화), '-화⁶'(예:풍경화), '-화⁷'(예:달러화)는 말뭉치의 분석에 적용하지 않았으므로 제외한다.

⑪<화제가 바뀌다>
　　〔Text=3/Freq2=13(21.7%)〕
⑪<화제로 올리다> 〔Text=1/Freq2=1(1.7%)〕
⑪<화제를 돌리다> 〔×〕
⑪<화제를 바꾸다> 〔Text=1/Freq2=1(1.7%)〕
⑪<화제에 오르다> 〔Text=1/Freq2=1(1.7%)〕

화제² 몡 【Text=0/Freq1=0】 ⓧ
　①(예) 그림의 화제(畵題). 〔×〕

≪화학≫전체빈도합=24(0.0013%)

화학 몡 【Text=13/Freq1=24】
　①(예) 화학(化學) 분야를 전공하다.
　　〔Text=9/Freq2=10(41.7%)〕
⑪<석유 화학 ~> 석유 화학 단지.
　　〔Text=2/Freq2=2(8.3%)〕
⑪<화학 공업> 〔Text=1/Freq2=3(12.5%)〕
⑪<화학 물질> 〔Text=2/Freq2=5(20.8%)〕
⑪<화학 반응> 〔Text=1/Freq2=1(4.2%)〕
⑪<화학 섬유> 〔Text=1/Freq2=2(8.3%)〕
⑪<화학 실험> 〔Text=1/Freq2=1(4.2%)〕

≪확≫전체빈도합=26(0.0014%)

확 몦 【Text=18/Freq1=26】
　①(예) 술 냄새가 확 풍기다. 〔×〕
　②(예) 불길이 확 퍼지다./낯빛이 확 달라지다.
　　〔Text=17/Freq2=25(96.2%)〕
　③(예) [마음이/신경이] 확 풀리다. 〔×〕
　④(예) 길이 확 트이다.
　　〔Text=1/Freq2=1(3.8%)〕

≪확대≫전체빈도합=23(0.0012%)

확대 몡 【Text=16/Freq1=23】
　①(예) [교육의/복지의] 확대(擴大).
　　/확대 사진. 〔Text=11/Freq2=16(69.6%)〕
　❶(예) 확대 [보급하다/실시하다].
　　〔Text=6/Freq2=7(30.4%)〕

≪확대되다≫전체빈도합=15(0.0008%)

확대되다 됭 【Text=11/Freq1=15】
　①(예) [규모가/기회가/크기가] 확대(擴大)되다.

≪확대하다≫전체빈도합=23(0.0012%)

확대하다 됭 【Text=16/Freq1=23】
　①(예) [사진을/수사를/수출을/투자를]
　　확대(擴大)하다.

≪확실하다≫전체빈도합=56(0.0030%)

확실하다 혱★☆☆ 【Text=38/Freq1=56】
　①(예) 확실(確實)한 사실./무슨 일이 생겼음이

확실하다.

≪확실히≫전체빈도합=64(0.0034%)

확실히 몦 【Text=34/Freq1=64】
　①(예) 확실(確實)히 일이 힘들다.
　　〔Text=27/Freq2=48(75%)〕
　②(예) 글자가 확실히 보이다./확실히
　　결정되다. 〔Text=12/Freq2=16(25%)〕

≪확인≫전체빈도합=20(0.0011%)

확인 몡 【Text=16/Freq1=20】
　①(예) 몇 호 차이지 확인(確認)을 하다.
　　〔Text=12/Freq2=16(80%)〕
　②(예) 친자 확인 소송을 하다.
　　〔Text=4/Freq2=4(20%)〕

≪확인하다≫전체빈도합=115(0.0062%)

확인하다 됭★★☆ 【Text=68/Freq1=115】
　①(예) [사실을/의사를] 확인(確認)하다.

≪확장≫전체빈도합=18(0.0010%)

확장 몡 【Text=13/Freq1=18】
　①(예) [도로/사업/영토] 확장(擴張).

≪환경≫전체빈도합=327(0.0176%)

환경 몡★★★ 【Text=78/Freq1=327】
　①(예) 후천적인 환경(環境)의 영향.
　　〔Text=54/Freq2=166(50.8%)〕
　②(예) 사무실의 근무 환경./교통 환경.
　　〔Text=24/Freq2=42(12.8%)〕
⑪<가정 환경> 〔Text=1/Freq2=2(0.6%)〕
⑪<자연 환경> 〔Text=15/Freq2=41(12.5%)〕
⑪<환경 문제> 〔Text=5/Freq2=14(4.3%)〕
⑪<환경 보전> 〔Text=6/Freq2=7(2.1%)〕
⑪<환경 보호> 〔Text=4/Freq2=10(3.1%)〕
⑪<환경 오염> 〔Text=13/Freq2=34(10.4%)〕
⑪<환경 운동> 〔Text=3/Freq2=5(1.5%)〕
⑪<환경 파괴> 〔Text=3/Freq2=5(1.5%)〕
　ⓧ 〔Text=1/Freq2=1(0.3%)〕

≪환상≫전체빈도합=37(0.0020%)

환상¹ 몡 【Text=14/Freq1=30(81.1%)】
　①(예) 로맨틱한 환상(幻想)에 빠지다.
　　〔Text=12/Freq2=24(80%)〕
　②(예) 성공하리라는 환상에 사로잡히다.
　　〔Text=4/Freq2=5(16.7%)〕
⑪<환상의 ~> 환상의 연기를 펼치다.
　　〔Text=1/Freq2=1(3.3%)〕

환상² 몡 【Text=4/Freq1=7(18.9%)】

⓪ (예) 환상(幻像)을 보다.

≪환영≫전체빈도합=13(0.0007%)

환영¹ 명 【Text=4/Freq1=5(38.5%)】
　⓪ (예) 환영(幻影)을 보다.
환영² 명 ☆☆★ 【Text=6/Freq1=8(61.5%)】
　⓪ (예) 시민들의 환영(歡迎)을 받다.

≪환영하다≫전체빈도합=15(0.0008%)

환영하다 동 【Text=15/Freq1=15】
　① (예) [손님을/우리를] 환영(歡迎)하다.
　　〔Text=9/Freq2=9(60%)〕
　② (예) [방문을/입사를/조치를] 환영하다.
　　〔Text=6/Freq2=6(40%)〕

≪환자≫전체빈도합=109(0.0059%)

환자 명 ★★★ 【Text=29/Freq1=109】
　⓪ (예) 환자(患者)를 치료하다.

≪환하다≫전체빈도합=67(0.0036%)

환하다 형 ★☆★ 【Text=41/Freq1=67】
　Ⅰ ①㉠ (예) 햇빛이 환하게 비치다.
　　　〔Text=15/Freq2=19(28.4%)〕
　　㉡ (예) [방 안이/사방이] 환하다.
　　　〔Text=13/Freq2=16(23.9%)〕
　② (예) [가슴속이/길이] 환하게 뚫리다.
　　〔Text=2/Freq2=2(3%)〕
　③ (예) 얼굴이 환하게 잘생기다.〔×〕
　④ (예) 표정이 환하다./환한 웃음.
　　〔Text=20/Freq2=28(41.8%)〕
　⑤ (예) 환한 색의 원피스를 입다.
　　〔Text=1/Freq2=1(1.5%)〕
　Ⅱ (예) 사람의 속을 환하게 들여다보다.
　　〔Text=1/Freq2=1(1.5%)〕

≪환히≫전체빈도합=26(0.0014%)

환히 부 【Text=26/Freq1=26】
　① (예) 불이 환히 켜지다.
　　〔Text=8/Freq2=8(30.8%)〕
　② (예) 거리가 환히 내려다보이다.
　　〔Text=6/Freq2=6(23.1%)〕
　③ (예) 상황을 환히 알다.
　　〔Text=4/Freq2=4(15.4%)〕
　❹ (예) 환히 웃다.〔Text=8/Freq2=8(30.8%)〕

≪활기≫전체빈도합=17(0.0009%)

활기 명 【Text=14/Freq1=17】
　⓪ (예) 활기(活氣)가 [가득하다/넘치다].

≪활동≫전체빈도합=242(0.0130%)

활동 명 ★★★ 【Text=73/Freq1=242】
　① (예) 한복이 활동(活動)에 불편하다.
　　〔Text=9/Freq2=12(5%)〕
　② (예) [경제/보호/봉사/산업/생산/연구/예술
　　/정치/학문] 활동.
　　〔Text=65/Freq2=216(89.3%)〕
　❸ (예) 정신적 활동.〔Text=4/Freq2=4(1.7%)〕
　❹ (예) 생물의 광합성 활동./개구리의 활동
　　시기.〔Text=3/Freq2=4(1.7%)〕
　❺ (예) [지진/화산] 활동.
　　〔Text=1/Freq2=1(0.4%)〕
　㈎ <활동 사진>〔Text=3/Freq2=5(2.1%)〕

≪활동하다≫전체빈도합=41(0.0022%)

활동하다 동 ★☆☆ 【Text=31/Freq1=41】
　Ⅰ (예) 활동(活動)하기 편한 옷을 입다.
　　〔Text=6/Freq2=9(22%)〕
　Ⅱ (예) 가수로 활동하다.
　　〔Text=26/Freq2=32(78%)〕

≪활발하다≫전체빈도합=45(0.0024%)

활발하다 형 ★☆☆ 【Text=28/Freq1=45】
　① (예) 혈액 순환이 활발(活潑)하다.
　　〔Text=7/Freq2=8(17.8%)〕
　② (예) [교류가/상업 활동이] 활발하다.
　　〔Text=22/Freq2=37(82.2%)〕

≪활용하다≫전체빈도합=46(0.0025%)

활용하다 동 【Text=22/Freq1=46】
　Ⅰ ① (예) [국토를/자원을] 잘 활용(活用)하다.
　　　〔Text=19/Freq2=39(84.8%)〕
　　② (예) 활용하는 낱말을 용언이라고
　　　부르다.〔×〕
　Ⅱ (예) 조사 결과를 연구에 활용하다.
　　〔Text=5/Freq2=6(13%)〕
　ⓧ 〔Text=1/Freq2=1(2.2%)〕

≪활자≫전체빈도합=20(0.0011%)

활자 명 【Text=15/Freq1=20】
　① (예) 활자(活字)로 인쇄하다.
　　〔Text=10/Freq2=14(70%)〕
　② (예) 본문의 활자가 굵다.
　　〔Text=5/Freq2=6(30%)〕

≪활짝≫전체빈도합=45(0.0024%)

활짝 부 【Text=32/Freq1=45】
　① (예) 대문이 활짝 열려 있다.

〔Text=13/Freq2=18(40%)〕
② (예) 산에 오르자 눈앞이 활짝 트이다.
〔×〕
③ (예) 꽃잎을 활짝 벌리다.
〔Text=11/Freq2=14(31.1%)〕
④ (예) 활짝 웃다. 〔Text=9/Freq2=11(24.4%)〕
⑤ (예) 날이 활짝 [개다/밝다]. 〔×〕
⑥ (예) 얼굴이 활짝 밝아지다.
〔Text=1/Freq2=1(2.2%)〕
ⓧ 〔Text=1/Freq2=1(2.2%)〕

≪황급히≫ 전체빈도합=15(0.0008%)
황급히 부 【Text=14/Freq1=15】
⓪ (예) 황급(遑急)히 달아나다.

≪회≫ 전체빈도합=69(0.0037%) 294)
회¹ 명★☆☆ 【Text=27/Freq1=60(87%)】
Ⅰ (예) 실수가 회(回)를 거듭하다. 〔×〕
Ⅱ (예) 제13회 대종상에서 수상하다.
〔Text=27/Freq2=60(100%)〕
회² 명 【Text=2/Freq1=3(4.3%)】
⓪ (예) 생선을 회(膾)로 쳐서 먹다.
회³ 명 【Text=2/Freq1=6(8.7%)】
⓪ (예) 민추협이란 회(會)에 참가하다.
회⁴ 명 【Text=0/Freq1=0】 ⓧ
⓪ (예) 벽을 회(灰)로 칠하다. 〔×〕
회⁵ 명 【Text=0/Freq1=0】 ⓧ
⓪ (예) 뱃속에서 회(蛔)가 끓다. 〔×〕
관 <회가 동하다> 〔×〕

≪회복≫ 전체빈도합=18(0.0010%)
회복 명☆☆★ 【Text=11/Freq1=18】
① (예) [경제/도덕성] 회복(回復).
〔Text=7/Freq2=14(77.8%)〕
② (예) [체력의/피로의] 회복이 빠르다.
〔Text=4/Freq2=4(22.2%)〕

≪회복하다≫ 전체빈도합=26(0.0014%)
회복하다 동 【Text=17/Freq1=26】
① (예) [관계를/우정을/피해를] 회복(回復)
하다. 〔Text=13/Freq2=19(73.1%)〕
② (예) [건강을/일상 생활을] 회복하다.
〔Text=4/Freq2=7(26.9%)〕

≪회사≫ 전체빈도합=250(0.0135%)
회사 명★★★ 【Text=73/Freq1=250】
⓪ (예) 회사(會社)에 다니다.
〔Text=66/Freq2=200(80%)〕
❶ (예) [무역/반도체] 회사.
〔Text=26/Freq2=50(20%)〕

≪회사원≫ 전체빈도합=11(0.0006%)
회사원 명☆★☆ 【Text=8/Freq1=11】
⓪ (예) 평범한 회사원(會社員).

≪회상하다≫ 전체빈도합=16(0.0009%)
회상하다 동 【Text=14/Freq1=16】
⓪ (예) 지난날을 회상(回想)하다.

≪회원≫ 전체빈도합=24(0.0013%)
회원 명 【Text=11/Freq1=24】
⓪ (예) [동호회/모임의/학회] 회원(會員)으로
가입하다.

≪회의≫ 전체빈도합=130(0.0070%)
회의¹ 명★★☆ 【Text=45/Freq1=104(80%)】
⓪ (예) 회의(會議)에 참석하다.
회의² 명 【Text=14/Freq1=26(20%)】
⓪ (예) 삶에 대한 회의(懷疑)가 들다.

≪회장≫ 전체빈도합=26(0.0014%)
회장¹ 명 【Text=15/Freq1=26(100%)】
① (예) 학생회 회장(會長)이 되다.
〔Text=12/Freq2=21(80.8%)〕
② (예) L기업의 회장.
〔Text=4/Freq2=5(19.2%)〕
회장² 명 【Text=0/Freq1=0】 ⓧ
⓪ (예) 회장(會場)에 사람들이 모이다. 〔×〕

≪회초리≫ 전체빈도합=24(0.0013%)
회초리 명 【Text=12/Freq1=24】
⓪ (예) 회초리로 때리다.

≪회화≫ 전체빈도합=22(0.0012%)
회화¹ 명☆☆★ 【Text=4/Freq1=8(36.4%)】
⓪ (예) 영어 회화(會話)를 배우다.
회화² 명 【Text=3/Freq1=14(63.6%)】
⓪ (예) 조각과 회화(繪畵) 부문.

≪횡단≫ 전체빈도합=29(0.0016%)
횡단 명 【Text=11/Freq1=29】
① (예) 철길 횡단(橫斷)이 금지되다.
〔Text=1/Freq2=1(3.4%)〕
② (예) 대륙 횡단의 장도에 오르다.

---

294) 『연세 한국어 사전』의 '-회⁶'(예:동창회)는 말뭉치의 분석에 적용하지 않았으므로 제외한다.

〔Text=1/Freq2=1(3.4%)〕

[관]<횡단 보도> 〔Text=10/Freq2=27(93.1%)〕

≪**효과**≫전체빈도합=82(0.0044%)

효과 [명]★★★ 【Text=37/Freq1=82】

① (예) 약의 효과(效果)가 크다.

〔Text=19/Freq2=29(35.4%)〕

② (예) [광고/치료/표현] 효과.

〔Text=21/Freq2=53(64.6%)〕

≪**효과적**≫전체빈도합=58(0.0031%)

효과적[1] [명] 【Text=21/Freq1=58(100%)】

⓪ (예) 효과적(效果的)으로 대응하다. /효과적인 방법.

효과적[2] [관] 【Text=0/Freq1=0】 [x]

⓪ (예) 효과적(效果的) 통제. 〔×〕

≪**효도하다**≫전체빈도합=22(0.0012%)

효도하다 [동] 【Text=16/Freq1=22】

⓪ (예) 부모에게 효도(孝道)하다.

≪**후**≫전체빈도합=681(0.0367%) 295)

후[1] [명]★★★ 【Text=150/Freq1=676(99.3%)】

Ⅰ (예) 그 사실을 후(後)에야 알다.

〔Text=63/Freq2=100(14.8%)〕

Ⅱ ⓪ (예) 아이를 낳은 후에도 계속 회사에 나가다. 〔Text=117/Freq2=359(53.1%)〕

❶ (예) [10분/1년이 지난/한참] 후에 연락이 오다. 〔Text=102/Freq2=212(31.4%)〕

[x] 〔Text=3/Freq2=5(0.7%)〕

후[2] [부] 【Text=2/Freq1=3(0.4%)】

⓪ (예) 꽃잎을 입으로 후 불어 날리다. /입김을 후 불다.

후[3] [감] 【Text=2/Freq1=2(0.3%)】

① (예) 후, 이 일을 언제 끝내지?

〔Text=2/Freq2=2(100%)〕

② (예) 후, 살았다. 〔×〕

≪**후기**≫전체빈도합=41(0.0022%)

후기[1] [명] 【Text=16/Freq1=40(97.6%)】

⓪ (예) 조선 후기(後期)에 사회 변화가 일어나다.

후기[2] [명] 【Text=1/Freq1=1(2.4%)】

⓪ (예) 책의 후기(後記)를 쓰다.

≪**후반**≫전체빈도합=39(0.0021%)

후반 [명] 【Text=24/Freq1=39】

⓪ (예) 경기 후반(後半)에 승부가 나다. /조선조 후반.

≪**후배**≫전체빈도합=66(0.0036%)

후배 [명]☆☆★ 【Text=25/Freq1=66】

① (예) 인생의 선배들 뒤를 후배(後輩)들이 따르다. 〔Text=13/Freq2=41(62.1%)〕

② (예) [대학/직장] 후배.

〔Text=13/Freq2=25(37.9%)〕

≪**후보**≫전체빈도합=23(0.0012%)

후보 [명] 【Text=10/Freq1=23】

① (예) 선거에서 후보(候補)로 나서다.

〔Text=8/Freq2=22(95.7%)〕

② (예) 한국 팀이 우승 후보로 꼽히다. 〔×〕

③ (예) 후보 선수로 벤치에서 대기하다.

〔Text=1/Freq2=1(4.3%)〕

≪**후손**≫전체빈도합=23(0.0012%)

후손 [명] 【Text=17/Freq1=23】

⓪ (예) 후손(後孫)에게 문화를 전하다.

≪**후회**≫전체빈도합=18(0.0010%)

후회 [명] 【Text=15/Freq1=18】

⓪ (예) 뒤늦은 후회(後悔)가 일다.

≪**후회하다**≫전체빈도합=44(0.0024%)

후회하다 [동]☆★☆ 【Text=30/Freq1=44】

⓪ (예) [경솔함을/내가 한 일을/잘못을] 후회(後悔)하다.

≪**훈련**≫전체빈도합=55(0.0030%)

훈련 [명]★☆☆ 【Text=30/Freq1=55】

⓪ (예) 훈련(訓練)을 쌓다.

≪**훈장**≫전체빈도합=30(0.0016%)

훈장[1] [명] 【Text=10/Freq1=24(80%)】

⓪ (예) 서당의 훈장(訓長)에게 한문을 배우다.

훈장[2] [명] 【Text=6/Freq1=6(20%)】

⓪ (예) 가슴에 훈장(勳章)을 달다.

≪**훌륭하다**≫전체빈도합=257(0.0138%)

훌륭하다 [형]★★★ 【Text=100/Freq1=257】

① (예) 자녀를 훌륭하게 키우다.

〔Text=65/Freq2=138(53.7%)〕

② (예) 나무랄 데 없는 훌륭한 작품.

〔Text=30/Freq2=58(22.6%)〕

③ (예) 훌륭한 옷차림을 하다.

---

295) 『연세 한국어 사전』의 '후-[4]'(예:후반)은 말뭉치의 분석에 적용하지 않았으므로 제외한다.

④ (예) [건물이/병원이] 크고 훌륭하다.
　　　〔Text=8/Freq2=10(3.9%)〕
⑤ (예) [결의가/맛이] 훌륭하다.
　　　〔Text=34/Freq2=48(18.7%)〕
ⓧ 〔Text=1/Freq2=1(0.4%)〕

《훑다》전체빈도합=15(0.0008%)

훑다 동 【Text=15/Freq1=15】
① (예) [나뭇잎을/머리카락을] 훑다.
　　　〔Text=2/Freq2=2(13.3%)〕
② (예) 해녀들이 물 속을 훑고 가다.
　　　〔Text=1/Freq2=1(6.7%)〕
③ ㉠ (예) 얼굴의 땀을 손바닥으로 훑다.
　　　〔Text=1/Freq2=1(6.7%)〕
　 ㉡ (예) 잔물결이 갯벌을 훑다.
　　　〔Text=4/Freq2=4(26.7%)〕
④ (예) [전염병이/전쟁이] 마을을 훑고 가다.
　〔×〕
⑤ ㉠ (예) [원고를/책장을] 대강 훑다.
　　　〔Text=6/Freq2=6(40%)〕
　 ㉡ (예) 눈으로 남자의 아래위를 훑다.
　　　〔Text=1/Freq2=1(6.7%)〕
　 ㉢ (예) 근방 일대를 샅샅이 훑다. 〔×〕

《훑어보다》전체빈도합=15(0.0008%)

훑어보다 동 【Text=13/Freq1=15】
① (예) [신문을/차례를] 훑어보다.
　　　〔Text=5/Freq2=5(33.3%)〕
② (예) 그를 위아래로 훑어보다.
　　　〔Text=9/Freq2=10(66.7%)〕

《훔치다》전체빈도합=52(0.0028%)

훔치다¹ 동 【Text=12/Freq1=13(25%)】
① (예) [손등으로 이마를/행주로 탁자를] 훔치다. 〔Text=7/Freq2=7(53.8%)〕
② (예) 손으로 [눈물을/먼지를] 훔치다.
　　　〔Text=6/Freq2=6(46.2%)〕

훔치다² 동 ☆☆★ 【Text=27/Freq1=39(75%)】
⓪ (예) 남의 [돈을/물건을] 훔치다.
　　　〔Text=26/Freq2=36(92.3%)〕
관 <훔쳐 보다> 〔Text=2/Freq2=3(7.7%)〕

《훗날》전체빈도합=18(0.0010%)

훗날 명 【Text=13/Freq1=18】
⓪ (예) 먼 훗날(後-) 다시 만나다.

《훨씬》전체빈도합=203(0.0109%)

훨씬 부 ★★★ 【Text=95/Freq1=203】

① (예) 6시가 훨씬 넘다.
　　　〔Text=27/Freq2=31(15.3%)〕
② (예) 훨씬 [나중/전]의 일이다.
　　　〔Text=13/Freq2=17(8.4%)〕
❸ (예) 훨씬 [쉽다/효과적이다].
　　　〔Text=71/Freq2=115(56.7%)〕
❹ (예) 훨씬 [더/덜] 멀다.
　　　〔Text=31/Freq2=34(16.7%)〕
❺ (예) 훨씬 [멀리/빨리] 가다.
　　　〔Text=6/Freq2=6(3%)〕

《휘두르다》전체빈도합=23(0.0012%)

휘두르다¹ 동 【Text=18/Freq1=23(100%)】
① ㉠ (예) 몽둥이를 휘두르다.
　　　〔Text=9/Freq2=11(47.8%)〕
　 ㉡ (예) [머리를/팔을] 휘두르다.
　　　〔Text=5/Freq2=6(26.1%)〕
② (예) [권력을/권세를] 휘두르다.
　　　〔Text=4/Freq2=4(17.4%)〕
③ (예) [사람들을/집안을] 휘두르다.
　　　〔Text=1/Freq2=1(4.3%)〕
ⓧ 〔Text=1/Freq2=1(4.3%)〕

휘두르다² 동 【Text=0/Freq1=0】 ⓧ
⓪ (예) 한복으로 온몸을 휘두르다. 〔×〕

《휴가》전체빈도합=46(0.0025%)

휴가 명 ☆★★ 【Text=20/Freq1=46】
⓪ (예) 휴가(休暇)를 떠나다.

《휴식》전체빈도합=17(0.0009%)

휴식 명 【Text=16/Freq1=17】
⓪ (예) 휴식(休息)을 취하다.
　　　〔Text=14/Freq2=15(88.2%)〕
관 <휴식 시간> 〔Text=2/Freq2=2(11.8%)〕

《휴일》전체빈도합=24(0.0013%)

휴일 명 ☆★☆ 【Text=16/Freq1=24】
⓪ (예) 휴일(休日)에 등산을 하다.

《휴지》전체빈도합=36(0.0019%)

휴지¹ 명 【Text=20/Freq1=36(100%)】
① (예) 휴지(休紙)를 모아 재활용하다.
　　　〔Text=14/Freq2=19(52.8%)〕
② (예) 휴지로 코를 풀다.
　　　〔Text=6/Freq2=17(47.2%)〕

휴지² 명 【Text=0/Freq1=0】 ⓧ
⓪ (예) 어절 사이에 휴지(休止)를 두다. 〔×〕

《흉》전체빈도합=17(0.0009%)

흉 명 【Text=12/Freq1=17】
　① (예) 얼굴에 흉이 지다.
　　　〔Text=1/Freq2=1(5.9%)〕
　② (예) 남의 흉을 보다.
　　　〔Text=11/Freq2=16(94.1%)〕

≪흉내≫전체빈도합=34(0.0018%)

흉내 명 【Text=25/Freq1=34】
　⓪ (예) [외국인/원숭이] 흉내를 내다.

≪흉내내다≫전체빈도합=62(0.0033%)

흉내내다 동 【Text=33/Freq1=62】
　⓪ (예) [말투를/표정을] 흉내내다.

≪흐느끼다≫전체빈도합=23(0.0012%)

흐느끼다 동 【Text=11/Freq1=23】
　⓪ (예) 소리 없이 흐느껴 울다.

≪흐르다≫전체빈도합=340(0.0183%)

흐르다 동 ★★★ 【Text=117/Freq1=340】
　I ①㉠ (예) [강이/시냇물이] 흐르다.
　　　　〔Text=44/Freq2=79(23.2%)〕
　　　㉡ (예) 뜨거운 공기가 아래에서 위로
　　　　흐르다. 〔Text=1/Freq2=1(0.3%)〕
　　② (예) [세월이/시간이] 흐르다.
　　　　〔Text=44/Freq2=65(19.1%)〕
　　③㉠ (예) 구름이 유유히 흐르다.
　　　　〔Text=4/Freq2=6(1.8%)〕
　　　㉡ (예) 차들이 물결처럼 흐르다.
　　　　〔Text=3/Freq2=4(1.2%)〕
　　④ (예) [가스가/전류가] 흐르다.
　　　　〔Text=1/Freq2=1(0.3%)〕
　　⑤ (예) [눈물이/피가] 흐르다.
　　　　〔Text=29/Freq2=37(10.9%)〕
　　⑥ (예) 자루에서 [모래가/쌀이] 흐르다. 〔×〕
　　⑦㉠ (예) 음악이 고즈넉이 흐르다.
　　　　〔Text=24/Freq2=34(10%)〕
　　　㉡ (예) [정적이/침묵이] 흐르다.
　　　　〔Text=9/Freq2=30(8.8%)〕
　　⑧㉠ (예) 얼굴에 기쁨이 번져 흐르다.
　　　　〔Text=9/Freq2=10(2.9%)〕
　　　㉡ (예) [광택이/윤기가] 흐르다.
　　　　〔Text=1/Freq2=1(0.3%)〕
　　⑨ (예) 계곡이 왼쪽으로 흐르다.
　　　　〔Text=2/Freq2=2(0.6%)〕
　　⓾ (예) 머리카락이 흘러 내리다.
　　　　☞흘러내리다II
　　　　〔Text=2/Freq2=2(0.6%)〕

　　⓫ (예) 대화가 옆길로 흐르다.
　　　　〔Text=1/Freq2=1(0.3%)〕
　II ① (예) 물이 골짜기를 흐르다.
　　　　〔Text=17/Freq2=32(9.4%)〕
　　② (예) 가스가 지하관을 흘러 공급되다.
　　　　〔Text=1/Freq2=1(0.3%)〕
　III (예) [감정에/교만에] 흐르다.
　　　　〔Text=5/Freq2=7(2.1%)〕
　 ⓧ 〔Text=6/Freq2=27(7.9%)〕

≪흐름*≫전체빈도합=100(0.0054%)

흐름⁰ 명 ★☆☆ 【Text=43/Freq1=100】
　❶ (예) 강물의 흐름을 바꾸다.
　　　〔Text=10/Freq2=16(16%)〕
　❷ (예) [감정의/경기의/시대적/역사의
　　　/이야기의] 흐름을 따르다.
　　　〔Text=35/Freq2=84(84%)〕

≪흐리다≫전체빈도합=69(0.0037%)

흐리다¹ 동 ☆★☆ 【Text=13/Freq1=18(26.1%)】
　① (예) 미꾸라지가 물을 흐리다.
　　　/안개가 시계를 흐리다. 〔×〕
　② (예) [판단을/현실감을] 흐리다. 〔×〕
　③ (예) [분위기를/이미지를] 흐리다. 〔×〕
　④ (예) 말끝을 흐리다.
　　　〔Text=7/Freq2=10(55.6%)〕
　⑤ (예) [낯빛을/표정을] 흐리다. 〔×〕
　❻ (예) 날씨가 오전에 흐린 뒤에 맑겠다.
　　　〔Text=6/Freq2=8(44.4%)〕

흐리다² 형 ★★ 【Text=31/Freq1=51(73.9%)】
　① (예) [강물이/바닷물이] 뿌옇게 흐리다.
　　　〔Text=1/Freq2=1(2%)〕
　② (예) 날씨가 흐리다./흐린 하늘.
　　　〔Text=18/Freq2=24(47.1%)〕
　③ (예) 색이 흐리다./흐린 불빛.
　　　〔Text=9/Freq2=13(25.5%)〕
　④ (예) 흐린 [눈빛으로/의식으로] 보다.
　　　〔Text=8/Freq2=12(23.5%)〕
　⑤ (예) 흐린 낯을 하다. 〔×〕
　관 <셈이 흐리다> 〔×〕
　 ⓧ 〔Text=1/Freq2=1(2%)〕

≪흐뭇하다≫전체빈도합=29(0.0016%)

흐뭇하다 형 【Text=21/Freq1=29】
　⓪ (예) [기분이/마음이] 흐뭇하다.

≪흑인≫전체빈도합=47(0.0025%)

흑인 명 【Text=10/Freq1=47】

⓪ (예) 흑인(黑人) 가수.

≪흔들다≫ 전체빈도합=140(0.0075%)

흔들다 동★★★ 【Text=72/Freq1=140】
① (예) [깃발을/딸랑이를] 흔들다./멱살을 잡아 흔들다. 〔Text=37/Freq2=60(42.9%)〕
② (예) [꼬리를/손을] 흔들다. 〔Text=41/Freq2=63(45%)〕
③ (예) 천지를 흔드는 함성./벨 소리가 방 안을 흔들다. 〔Text=3/Freq2=3(2.1%)〕
④ (예) 마음을 흔들다. 〔Text=2/Freq2=2(1.4%)〕
⑤ (예) [기반을/세계관을/질서를] 흔들다. 〔Text=2/Freq2=2(1.4%)〕
⑥ (예) 관직에 올라 고려를 흔들다. 〔Text=2/Freq2=8(5.7%)〕
ⓧ 〔Text=1/Freq2=2(1.4%)〕

≪흔들리다≫ 전체빈도합=53(0.0029%)

흔들리다 동★☆☆ 【Text=38/Freq1=53】
① (예) [바람에/풍랑에] 배가 흔들리다. 〔Text=17/Freq2=20(37.7%)〕
② (예) [마음이/생각이] 흔들리다. 〔Text=12/Freq2=15(28.3%)〕
③ (예) [질서가/체제가] 흔들리다. 〔Text=10/Freq2=15(28.3%)〕
④ (예) 그녀의 얼굴이 호롱불에 흔들리다. 〔Text=2/Freq2=2(3.8%)〕
ⓧ 〔Text=1/Freq2=1(1.9%)〕

≪흔적≫ 전체빈도합=47(0.0025%)

흔적 명★☆☆ 【Text=25/Freq1=47】
⓪ (예) 사람이 살았던 흔적(痕跡).

≪흔하다≫ 전체빈도합=44(0.0024%)

흔하다 형☆★☆ 【Text=33/Freq1=44】
① (예) 봄이라 들에 쑥이 흔하다. 〔Text=24/Freq2=27(61.4%)〕
② (예) 물건이 흔해서 쉽게 구하다. 〔Text=9/Freq2=17(38.6%)〕

≪흔히≫ 전체빈도합=110(0.0059%)

흔히 부★☆☆ 【Text=61/Freq1=110】
⓪ (예) 흔히 있는 일이다./ 사람들은 흔히 실수를 하면서 살다.

≪흘러가다≫ 전체빈도합=49(0.0026%)

흘러가다 동 【Text=36/Freq1=49】
Ⅰ ① (예) 강물이 동해로 흘러가다. 〔Text=12/Freq2=16(32.7%)〕
② (예) [구름이/배가] 흘러가다. 〔Text=6/Freq2=6(12.2%)〕
③ (예) [돈이/정보개] 상대에게 흘러가다. 〔Text=1/Freq2=1(2%)〕
④ (예) 이야기가 엉뚱한 데로 흘러가다. 〔Text=2/Freq2=2(4.1%)〕
Ⅱ ① (예) [세월이/젊음이] 흘러가다. 〔Text=14/Freq2=18(36.7%)〕
② (예) 흘러간 [가요/노래]. 〔Text=3/Freq2=3(6.1%)〕
ⓧ 〔Text=3/Freq2=3(6.1%)〕

≪흘러나오다≫ 전체빈도합=35(0.0019%)

흘러나오다 동 【Text=24/Freq1=35】
① (예) 땅속에서 물이 흘러나오다. 〔×〕
② (예) [공기가/바람이] 흘러나오다. 〔×〕
③ (예) 방에서 [불빛이/소리가/음식 냄새가] 흘러나오다. 〔Text=19/Freq2=28(80%)〕
④ (예) 몸에서 [땀이/피가] 흘러나오다. 〔Text=1/Freq2=1(2.9%)〕
⑤ (예) 안에서 불길한 정적이 흘러나오다. 〔Text=1/Freq2=1(2.9%)〕
⑥ ㉠ (예) 연구소에서 정보가 흘러나오다. 〔Text=1/Freq2=1(2.9%)〕
㉡ (예) 부대에서 흘러나온 물건. 〔Text=1/Freq2=1(2.9%)〕
⑦ (예) 레코드판들이 중고품으로 흘러나오다. 〔×〕
ⓧ 〔Text=3/Freq2=3(8.6%)〕

≪흘러내리다≫ 전체빈도합=35(0.0019%)

흘러내리다 동 【Text=26/Freq1=35】
Ⅰ ① (예) [계곡이/냇물이] 흘러내리다. 〔Text=5/Freq2=7(20%)〕
② (예) 비탈에서 흙이 흘러내리다. /두 눈에 눈물이 흘러내리다. 〔Text=17/Freq2=20(57.1%)〕
Ⅱ (예) [머리카락이/바지가/안경이] 흘러내리다. 〔Text=5/Freq2=6(17.1%)〕
ⓧ 〔Text=2/Freq2=2(5.7%)〕

≪흘리다≫ 전체빈도합=144(0.0078%)

흘리다 동★★★ 【Text=88/Freq1=144】
Ⅰ ① (예) [눈물을/땀을/침을] 흘리다. 〔Text=66/Freq2=99(68.8%)〕
② (예) 밥상에 [물을/밥을] 흘리다.

③ (예) 지갑을 길에 흘리다.
　　　〔Text=2/Freq2=2(1.4%)〕
　　④ (예) 입가에 야릇한 미소를 흘리다.
　　　〔Text=3/Freq2=4(2.8%)〕
　　⑤ (예) 정보를 흘리다.
　　　〔Text=1/Freq2=1(0.7%)〕
　　⑥ ㉠ (예) 하수구로 구정물을 흘려 보내다.
　　　/입에 술을 흘려 넣다.
　　　〔Text=5/Freq2=6(4.2%)〕
　　　㉡ (예) 종이배를 물결에 흘려 보내다. 〔×〕
　Ⅱ ① (예) [세월을/시간을] 흘려 보내다.
　　　〔Text=2/Freq2=2(1.4%)〕
　　② (예) 이야기를 흘려 듣다.
　　　〔Text=5/Freq2=6(4.2%)〕
　　③ (예) 이름을 흘려서 쓰다. 〔×〕
　⑳ <(군)침을 흘리다> 〔×〕
　⑳ <땀 흘리다> 땀 흘려 노력하다.
　　〔Text=9/Freq2=10(6.9%)〕
　⑳ <피땀(을) 흘리다> 피땀 흘려 일하다.
　　〔Text=1/Freq2=1(0.7%)〕
　Ⓧ 〔Text=1/Freq2=1(0.7%)〕

≪흙≫전체빈도합=100(0.0054%)

흙 명 ★★★　【Text=55/Freq1=100】
　① (예) 밭의 흙을 파다.
　　〔Text=54/Freq2=95(95%)〕
　⑳ <눈에 흙이 들어가다>
　　〔Text=1/Freq2=1(1%)〕
　Ⓧ 〔Text=3/Freq2=4(4%)〕

≪흠뻑≫전체빈도합=21(0.0011%)

흠뻑 부　【Text=16/Freq1=21】
　① (예) 화분에 물을 흠뻑 붓다./땀에 흠뻑
　　젖다.　〔Text=10/Freq2=11(52.4%)〕
　② (예) 사내한테 흠뻑 빠지다.
　　〔Text=5/Freq2=6(28.6%)〕
　③ (예) 먼지를 흠뻑 뒤집어쓰다.
　　〔Text=1/Freq2=1(4.8%)〕
　④ (예) 술에 흠뻑 취하다.
　　〔Text=1/Freq2=1(4.8%)〕
　Ⓧ 〔Text=2/Freq2=2(9.5%)〕

≪흥≫전체빈도합=27(0.0015%)

흥¹ 명　【Text=10/Freq1=13(48.1%)】
　① (예) 차츰 놀이에 흥(興)이 오르다.
흥² 부　【Text=0/Freq1=0】 Ⓧ

　① (예) 코를 흥 풀다. 〔×〕
흥³ 감　【Text=12/Freq1=14(51.9%)】
　① (예) 흥 ㅎ고 코웃음을 치다.
　　〔Text=12/Freq2=14(100%)〕
　② (예) 기분이 좋아서 흥 소리가 나다. 〔×〕

≪흥겹다≫전체빈도합=28(0.0015%)

흥겹다 형　【Text=18/Freq1=28】
　① (예) 노랫가락이 흥(興)겹다.

≪흥미≫전체빈도합=79(0.0043%)

흥미 명　【Text=33/Freq1=79】
　① (예) 경기에 흥미(興味)를 느끼다.
　　〔Text=13/Freq2=26(32.9%)〕
　② (예) 그는 나한테 흥미가 있다.
　　〔Text=13/Freq2=53(67.1%)〕

≪흥미롭다≫전체빈도합=15(0.0008%)

흥미롭다 형　【Text=14/Freq1=15】
　① (예) 흥미(興味)로운 사실.

≪흥분≫전체빈도합=28(0.0015%)

흥분 명　【Text=24/Freq1=28】
　① (예) 흥분(興奮)에 들뜨다.
　　〔Text=24/Freq2=27(96.4%)〕
　② (예) 감각 신경이 흥분을 전달하다.
　　〔Text=1/Freq2=1(3.6%)〕

≪흥분하다≫전체빈도합=25(0.0013%)

흥분하다 동　【Text=23/Freq1=25】
　① (예) 너무 흥분(興奮)해서 실수를 하다.

≪흩어지다≫전체빈도합=74(0.0040%)

흩어지다 동★☆★　【Text=51/Freq1=74】
　① (예) [군중들이/새들이] 흩어지다.
　　〔Text=29/Freq2=36(48.6%)〕
　② (예) 동전이 사방으로 흩어지다.
　　〔Text=14/Freq2=20(27%)〕
　③ (예) 여기 저기 흩어진 논밭이 많다.
　　〔Text=15/Freq2=18(24.3%)〕

≪희다≫전처 빈도합=89(0.0048%)

희다 형★★★　【Text=50/Freq1=89】
　① (예) 박꽃이 희다./흰 모자.
　　〔Text=49/Freq2=85(95.5%)〕
　② (계) 달빛이 희다. 〔Text=4/Freq2=4(4.5%)〕

≪희망≫전체빈도합=97(0.0052%)

희망 명★★★　【Text=51/Freq1=97】
　① (예) 새르운 희망(希望)에 차다.

〔Text=44/Freq2=80(82.5%)〕
② (예) 상황이 나아질 희망이 없다.
〔Text=12/Freq2=16(16.5%)〕
ⓧ 〔Text=1/Freq2=1(1%)〕

《희미하다》전체빈도합=36(0.0019%)

희미하다 [형] 【Text=27/Freq1=36】
⓪ (예) [글씨가/기억이/자국이] 희미(稀微)하다.

《희생》전체빈도합=26(0.0014%)

희생 [명] 【Text=15/Freq1=26】
① (예) 제단에 희생(犧牲)을 바치다. 〔×〕
② (예) 다른 사람을 위해 희생을 하다.
〔Text=6/Freq2=10(38.5%)〕
③ (예) 전쟁 통에 희생을 당하다.
〔Text=10/Freq2=14(53.8%)〕
㉟ <희생 정신> 〔Text=1/Freq2=2(7.7%)〕

《희한하다》전체빈도합=21(0.0011%)

희한하다 [형] 【Text=12/Freq1=21】
⓪ (예) [맛이/쌍무지개가 뜨다니] 참 희한(稀罕)하다.

《흰색》전체빈도합=25(0.0013%)

흰색⁰ [명] 【Text=14/Freq1=25】
❶ (예) 흰색(-色)으로 페인트칠을 하다.
〔Text=8/Freq2=8(32%)〕
❷ (예) 흰색 [도자기/저고리].
〔Text=8/Freq2=17(68%)〕

《힘》전체빈도합=641(0.0345%)

힘 [명]★★★ 【Text=155/Freq1=641】
①㉠ (예) 손에 힘을 주며 당기다.
〔Text=72/Freq2=146(22.8%)〕
㉡ (예) [자동차의/파도의] 힘.
〔Text=13/Freq2=17(2.7%)〕
② (예) 물체에 힘을 가하다.
〔Text=7/Freq2=8(1.2%)〕
③ (예) 정신 수련으로 닦은 힘으로 공부를 하다. 〔Text=70/Freq2=165(25.7%)〕
④ (예) 작은 나라를 힘으로 굴복시키다.
〔Text=32/Freq2=99(15.4%)〕
⑤ (예) 편지가 큰 힘이 되다./남의 힘을 빌다.
〔Text=28/Freq2=47(7.3%)〕
⑥ (예) 신기술 개발에 힘을 쏟다.
〔Text=47/Freq2=80(12.5%)〕
⑦ (예) 격려에 힘을 얻다./눈빛에 힘이 넘치다.
〔Text=11/Freq2=16(2.5%)〕

⑧ (예) 무대에 힘과 열정이 흘러넘치다.
〔Text=24/Freq2=34(5.3%)〕
⑨ (예) 철사의 힘만으로 무게를 지탱하다.
〔Text=1/Freq2=1(0.2%)〕
㉟ <[목에/어깨에] 힘(을) 주다> 〔×〕
㉟ <[목에/어깨에] 힘이 들어가다> 〔×〕
㉟ <[힘에/힘이] 부치다> 〔×〕
㉟ <힘(을) 쓰다> 발 벗고 나서 힘 쓰다.
〔Text=2/Freq2=2(0.3%)〕
㉟ <힘(을) 주다> 사과라는 말에 힘을 주며 말하다. 〔Text=3/Freq2=3(0.5%)〕
ⓧ 〔Text=11/Freq2=23(3.6%)〕

《힘껏》전체빈도합=27(0.0015%)

힘껏 [부] 【Text=25/Freq1=27】
⓪ (예) 뺨을 힘껏 때리다.

《힘들다》전체빈도합=331(0.0178%)

힘들다 [동]★★☆ 【Text=130/Freq1=331】
Ⅰ① (예) [몸이/일이] 많이 힘들다.
〔Text=81/Freq2=177(53.5%)〕
② (예) [구별하기/만나기] 힘들다.
〔Text=76/Freq2=127(38.4%)〕
Ⅱ (예) 불경기 때문에 회사가 힘들다./먹고사는 것이 힘들다. 〔Text=21/Freq2=27(8.2%)〕

《힘쓰다》전체빈도합=70(0.0038%)

힘쓰다 [동]★☆★ 【Text=36/Freq1=70】
Ⅰ (예) [뜻을 펴는 데/창작에] 힘쓰다.
〔Text=35/Freq2=69(98.6%)〕
Ⅱ① (예) 한창 힘쓸 나이이다. 〔×〕
② (예) 구속된 나를 위해 힘써 주다.
〔Text=1/Freq2=1(1.4%)〕

《힘없이》전체빈도합=27(0.0015%)

힘없이 [부] 【Text=23/Freq1=27】
⓪ (예) 힘없이 [걷다/쓰러지다].

《힘차다》전체빈도합=47(0.0025%)

힘차다 [형]★☆☆ 【Text=29/Freq1=47】
⓪ (예) 고개를 힘차게 끄덕이다. /목소리가 힘차다.

제3부
한국어 조사와 어미의 형태 빈도

일러두기

1. 대표올림말 (예: ≪가³≫)

    하나의 올림말에 둘 이상의 조사나 어미가 있을 때, 또는 로마자 I, II, III 따위로 구분된 조사나 어미가 있을 때에는 '대표올림말'로 묶어서 전체 빈도를 보이기로 한다. 이때 모든 형태의 품사가 같을 때에는 대표올림말에도 품사를 표시한다.

2. 올림말 뒤의 클로버

    올림말 뒤에 붙인 클로버(예:게♣)는, 그 올림말이 『연세 한국어 사전』(1998)에 수록되어 있지 않은 것임을 뜻한다.

3. 품사의 표시

    조사(토씨)는 '㉚'로, 어미(씨끝)은 '㉠'으로 표시하여, 그 품사를 구별한다.
    『연세 한국어 사전』에 '준꼴'로 기술된 것은 '㉰'으로 표시한다.

ㄱ

≪가³≫ 조 전체빈도합=23,989(1.2918%)
  Ⅰ (예) 비가 오다.
    〔Text=218/Freq2=22,230(92.7%)〕
  Ⅱ (예) 의사가 [되다/아니다].
    〔Text=199/Freq2=1,698(7.1%)〕
  Ⅲ (예) 좋지가 않다.
    〔Text=37/Freq2=61(0.3%)〕

같이² 조 (예) 얼음같이 차다./매일같이 보다.
  【Text=84/Freq1=172(0.0093%)】
-거나 끝 (예) 책을 읽거나 산책을 하다.
  【Text=167/Freq1=920(0.0495%)】
-거니¹,² 끝 (예) 잔을 주거니 받거니 하다.
  /좀 늦겠거니 짐작하다.
  【Text=14/Freq1=21(0.0011%)】
-거니와 끝 (예) 거듭 말하거니와 내 생각은
  변함없다. 【Text=20/Freq1=39(0.0021%)】

≪-거든≫ 끝 전체빈도합=207(0.0111%)
  Ⅰ (예) 그가 오거든 편지를 전해 줘요.
    〔Text=23/Freq2=33(15.9%)〕
  Ⅱ (예) 아무리 생각해도 알 수 없거든.
    〔Text=56/Freq2=174(84.1%)〕

-거든요 끝 (예) 좋은 꿈을 꾸었거든요.
  【Text=52/Freq1=246(0.0132%)】
-거라 끝 (예) 늦지 않게 얼른 가거라.
  【Text=27/Freq1=51(0.0027%)】
-건² 끝 (예) 아프건 말건 상관하지 마라.
  【Text=38/Freq1=98(0.0053%)】
-건대 끝 (예) 짐작하건대 벌써 끝났을
  게다. 【Text=18/Freq1=21(0.0011%)】
-건만 끝 (예) 그토록 믿었건만 배신
  당했다. 【Text=22/Freq1=35(0.0019%)】

≪계≫ 전체빈도합=11,356(0.6115%)
  게♣ 조 (예) 내게 소중한 물건./그 일은 제게
    맡기세요. 【Text=69/Freq1=246(0.0132%)】
  -게⁴,⁵ 끝 (예) 너무 슬퍼하지 말게./부산에 언제 가게?
    【Text=34/Freq1=84(0.0045%)】
  -게⁶ 끝 (예) 알아듣게 말해라./기쁘게
    하다./까맣게 잊다.
    【Text=216/Freq1=11,026(0.5938%)】
  -게끔 끝 (예) 그가 알게끔 신호를 보내다.
    【Text=18/Freq1=24(0.0013%)】
  -게요 끝 (예) 어디 가시게요?
    【Text=13/Freq1=17(0.0009%)】
  -겠- 끝 (예) 내가 가겠다./비가 오겠네.
    【Text=210/Freq1=3,738(0.2013%)】

≪고≫ 전체빈도합=30,913(1.6647%)
  고³ 조 (예) 협조고 뭐고 다 그만두자.
    【Text=17/Freq1=37(0.0020%)】
  고⁴ 조 (예) 학교에 [간다/가냐/가라/가자]고
    하다. 【Text=68/Freq1=153(0.0082%)】
  -고⁵ 끝 (예) 키가 크고 성격도 좋다./비가
    오고 바람도 불다.
    【Text=217/Freq1=30,666(1.6514%)】
  -고⁶ 끝 (예) 어머니는 안녕하시고?
    【Text=34/Freq1=57(0.0031%)】
  -고는♣ 끝 (예) 고개를 숙이고는 울다.
    【Text=105/Freq1=301(0.0162%)】
  -고서² 끝 (예) 연락을 하고서 찾아가다.
    【Text=62/Freq1=155(0.0083%)】
  -고서야 끝 (예) 일이 다 끝나고야 퇴근하다.
    【Text=14/Freq1=14(0.0008%)】
  -고야 끝 (예) 꼭 찾고야 말겠다.
    /말을 다 듣고야 뜻을 이해할 수
    있었다. 【Text=15/Freq1=20(0.0011%)】
  -고요² 끝 (예) 정말이고 말고요.
    【Text=29/Freq1=70(0.0038%)】
  -고자³ 끝 (여) 조언을 듣고자 찾아오다.
    【Text=84/Freq1=222(0.0120%)】
  -곤¹,² 끝 준 (예) 주말에 등산을 하곤 하다.
    /화를 내곤 가 버리다.
    【Text=83/Freq1=284(0.0153%)】 ¹⁾

≪과⁴≫ 조 전체빈도합=7,717(0.4156%)
  Ⅰ (예) 춤과 노래.
    〔Text=204/Freq2=5,550(71.9%)〕
  Ⅱ (예) 형과·다투다.

---

1) 『연세 한국어 사전』에서는 '-곤¹'은 어미로, '-곤²'는 준꼴로 기술되어 있는데, 여기에 제시된 빈도는 두 가지가 모두 포함된 것이다.

〔Text=193/Freq2=2,167(28.1%)〕

≪-구♣≫ 끝 전체빈도합=753(0.0405%)
  Ⅰ (예) 밥을 먹구 집을 나서다.
      〔Text=50/Freq2=682(90.6%)〕
  Ⅱ (예) 너도 책임이 있다구.
      〔Text=25/Freq2=71(9.4%)〕

-구나 끝 (예) 날이 춥구나.
      〔Text=136/Freq1=519(0.0279%)〕
-구려[1,2] 끝 (예) 말을 조심하구려.
      〔Text=17/Freq1=20(0.0011%)〕
-구만 끝 (예) 미안하구만.
      〔Text=11/Freq1=22(0.0012%)〕
-구먼 끝 (예) 기분이 좋겠구먼.
      〔Text=18/Freq1=23(0.0012%)〕
-구요 끝 (예) 좋구 말구요./잠깐만요, 이 일 끝내구요. 〔Text=33/Freq1=93(0.0050%)〕
-군[6] 끝 (예) 날씨가 좋군./학생이군.
      〔Text=60/Freq1=161(0.0087%)〕
-군요 끝 (예) 날이 춥군요.
      〔Text=91/Freq1=336(0.0181%)〕
-기[8] 끝 (예) 보기 싫다.
      〔Text=215/Freq1=8,863(0.4773%)〕
-기에 끝 (예) 너무 피곤했기에 힘들었다.
      〔Text=58/Freq1=111(0.0060%)〕
-긴 준 (예) 좋긴 좋다./가긴 가겠다.
      〔Text=73/Freq1=141(0.0076%)〕
-길래 끝 (예) 문제가 뭐길래 그래?
      〔Text=26/Freq1=40(0.0022%)〕

ㄲ

-까♣ 끝 (예) 그만 하까?
      〔Text=10/Freq1=18(0.0010%)〕
≪까지≫ 조 【전체빈도합=2485(0.1338%)】
  Ⅰ (예) 시청까지 가다./12시까지 기다리다./ 끝까지 해내다.
      〔Text=208/Freq2=1,759(70.8%)〕
  Ⅱ (예) 맛도 좋고 값까지 싸다./그렇게까지 할 필요 없다.

〔Text=167/Freq2=726(29.2%)〕

께[1] 조 (예) 선생님께 인사하다.
      〔Text=114/Freq1=428(0.0230%)〕
께서 조 (예) 아버지께서 주무시다.
      〔Text=109/Freq1=1,364(0.0735%)〕

ㄴ

≪ㄴ≫ 【전체빈도합=42,994(2.3153%)】
ㄴ[1] 조 (예) 그건 뭐지?/난 좋아.
      〔Text=175/Freq1=2,836(0.1527%)〕
-ㄴ[2,3] 끝 (예) [가방을 든/모자를 쓴] 신사. /예쁜 꽃.
      〔Text=218/Freq1=40,156(2.1624%)〕
-ㄴ♣ 끝 (예) 이리 온.
      〔Text=2/Freq1=2(0.0001%)〕

≪-ㄴ가≫ 끝 전체빈도합=1,833(0.0987%)
  Ⅰ (예) 그건 뭔가?
      〔Text=178/Freq2=1,823(99.5%)〕
  Ⅱ (예) 편찮으신가 봐.
      〔Text=11/Freq2=10(0.5%)〕

-ㄴ가요 끝 (예) 누군가요?/예쁜가요?
      〔Text=58/Freq1=197(0.0106%)〕
-ㄴ걸요 끝 (예) 제 일인걸요./큰걸요.
      〔Text=11/Freq1=14(0.0008%)〕

≪ㄴ다≫ 끝 【전체빈도합=7,539(0.4060%)】
-ㄴ다[1] 끝 (예) 회사에 간다.
      〔Text=196/Freq1=7,529(0.4054%)〕
-ㄴ다[2] 끝 (예) 사과한다 해도 늦다.
      〔Text=8/Freq1=10(0.0005%)〕

-ㄴ다거나[1,2] 끝/준 (예) 말을 건다거나 하다. /나쁜 일이 생긴다거나 죽는다는 미신. 〔Text=15/Freq1=25(0.0013%)〕

≪-ㄴ다고≫ 끝 전체빈도합=838(0.0451%)
  Ⅰ (예) 술을 산다고 하다.
      〔Text=174/Freq2=814(97.14%)〕

Ⅱ (예) 비가 온다고?
　　〔Text=12/Freq2=24(2.86%)〕

-ㄴ다구♣ 끝 (예) 좋아한다구 말하다./난 널
　　사랑한다구.【Text=17/Freq1=28(0.0015%)】
-ㄴ다는 준 (예) 간다는 소식을 듣다.
　　【Text=160/Freq1=1,070(0.0576%)】
-ㄴ다는데♣ 끝 (예) 비가 온다는데 우산
　　가져가./곧 도착한다는데.
　　【Text=19/Freq1=22(0.0012%)】
-ㄴ다든가 끝 (예) 영화를 본다든가 하다.
　　【Text=14/Freq1=23(0.0012%)】
-ㄴ다든지 끝 (예) 그림을 그린다든지 하다.
　　【Text=12/Freq1=23(0.0012%)】
-ㄴ다며[1,2] 끝/준 (예) 유학 간다며?
　　/그가 집으로 간다며 사무실을
　　나가다.【Text=12/Freq1=14(0.0008%)】
-ㄴ다면[1,2] 끝/준 (예) 정 원한다면
　　도와주겠다./그 사람이 온다면 어쩌지?
　　【Text=129/Freq1=430(0.0232%)】
-ㄴ다면서[1,2] 끝/준 (예) 내일 떠난다면서?
　　/그가 집으로 간다면서 사무실을
　　나가다.【Text=16/Freq1=18(0.0010%)】
-ㄴ단 준 (예) 책임을 못 느낀단 말이니?
　　【Text=37/Freq1=59(0.0032%)】
-ㄴ단다[1,2] 끝/준 (예) 지금 병원에 간단다.
　　/아주머니가 이리로 오기 싫단다.
　　【Text=37/Freq1=94(0.0051%)】
-ㄴ답니다 준 (예) 아내가 내일 온답니다.
　　【Text=15/Freq1=29(0.0016%)】
-ㄴ답시고 끝 (예) 잘한답시고 하다.
　　【Text=14/Freq1=16(0.0009%)】
-ㄴ대 준 (예) 내일 온대.
　　【Text=29/Freq1=46(0.0025%)】
-ㄴ대요♣ 준 (예) 내일 비가 온대요.
　　【Text=30/Freq1=44(0.0024%)】

《-ㄴ데》 끝 전체빈도합=928(0.0500%)
　-ㄴ데 끝 (예) 무슨 일인데 그래?
　　〔Text=176/Freq1=799(0.0430%)〕
　-ㄴ데♣ 끝 (예) 나는 좀 걱정인데.
　　〔Text=68/Freq1=129(0.0069%)〕
-ㄴ데도 끝 (예) 봄인데도 춥다./옷이 큰데도 잘
　　어울리다.【Text=41/Freq1=55(0.0030%)】
-ㄴ데요 끝 (예) 제 친구인데요/꽃이
　　예쁜데요.【Text=64/Freq1=149(0.0080%)】

-ㄴ들[2] 끝 (예) 이제 가 본들 소용없다.
　　【Text=14/Freq1=15(0.0008%)】

《-ㄴ지》 끝 전체빈도합=1,224(0.0659%)
　Ⅰ (예) 어떻게 된 것인지 궁금하다.
　　〔Text=186/Freq2=1,214(99.2%)〕
　Ⅱ (예) 무슨 달인지?
　　〔Text=10/Freq2=10(0.2%)〕

《나》 전체빈도합=2,601(0.1401%)
　나[4] 조 (예) 2배나 늘다./커피나 마시자.
　　/먹고나 보자.
　　【Text=177/Freq1=953(0.0513%)】
　나♣ 조 (예) 두 가지나 세 가지.
　　【Text=162/Freq1=828(0.0446%)】
　나♣ 조 (예) 해고나 다름없다.
　　【Text=12/Freq1=13(0.0007%)】
-나[6,7] 끝 (예) 우리는 왜 참아야 하나.
　　/지금 어디 가나?/비가 오나 봐요.
　　【Text=140/Freq1=673(0.0362%)】
-나[8] (예) 무엇을 보나 마찬가지다./
　　앉으나 서나 똑같다.
　　【Text=62/Freq1=134(0.0072%)】
-나요 끝 (예) 만난 적이 없었나요?
　　【Text=74/Freq1=467(0.0251%)】
-냐[1] 끝 (예) 왜 그러냐?/뭐냐?
　　【Text=112/Freq1=510(0.0275%)】
-냐고 끝 (예) 어디 가냐고 묻다./바쁘냐고?
　　【Text=56/Freq1=89(0.0048%)】
-냐는 준 (예) 약속이 있냐는 질문.
　　【Text=21/Freq1=22(0.0012%)】
-너라 끝 (예) 어서 오너라.
　　【Text=14/Freq1=25(0.0013%)】
-네[6,7] 끝 (예) 자네를 보러 왔네./내 얘기는
　　간단하네.【Text=103/Freq1=449(0.0242%)】
-네요 끝 (예) 날이 좋네요./서로 알겠네요?
　　【Text=59/Freq1=152(0.0082%)】
-노라[1] 끝 (예) 경고하노라/나는 모르노라.
　　【Text=11/Freq1=24(0.0013%)】
-노라고 끝 (예) 그가 혼자 가겠노라고 하다.
　　【Text=15/Freq1=20(0.0011%)】
-노라면 끝 (예) 사노라면 힘든 날도 있다.
　　【Text=17/Freq1=20(0.0011%)】
-느냐 끝 (예) 어디를 가느냐?
　　【Text=92/Freq1=287(0.0155%)】

-느냐고 㓉 (예) 어찌하면 좋겠느냐고 묻다.
【Text=49/Freq1=75(0.0040%)】

-느냐는 㽳 (예) 포기하는 게 어떻느냐는 사람도 있다./뭐하러 가느냐는 말에 화가 났다.
【Text=25/Freq1=30(0.0016%)】

-느니[2,3,4] 㓉 (예) 잘했느니 못했느니 말이 많다./앓느니 죽겠다./쏟아지느니 잠이다.【Text=22/Freq1=30(0.0016%)】

-느라 㓉 (예) 집 보러 다니느라 정신없다.
【Text=54/Freq1=91(0.0049%)】

-느라고 㓉 (예) 예까지 오느라고 고생하다.
【Text=62/Freq1=101(0.0054%)】

≪는≫ 전체빈도합=60,086(3.2357%)

는[1] 㭍 (예) 키는 크다./밥은 먹다./춤기는 하다.【Text=217/Freq1=29,361(1.5811%)】

-는[2] 㓉 (예) 걸어오는 사람.
【Text=216/Freq1=30,725(1.6546%)】

-는가 㓉 (예) 지금 어디로 가는가?/비가 오는가 보다.
【Text=141/Freq1=900(0.0485%)】

-는걸 㓉 (예) 일이 재미있는걸./눈이 오는걸.
【Text=22/Freq1=28(0.0015%)】

-는걸요 㓉 (예) 좀 어렵겠는걸요./그 말이 안 믿어지는걸요.
【Text=12/Freq1=14(0.0008%)】

-는구나 㓉 (예) 비가 오는구나.
【Text=56/Freq1=89(0.0048%)】

-는군 㓉 (예) 꽃이 피는군./잘하는군.
【Text=16/Freq1=20(0.0011%)】

-는군요 㓉 (예) 잘 모르는군요.
【Text=28/Freq1=39(0.0021%)】

-는다[1] 㓉 (예) 밥을 먹는다.
【Text=156/Freq1=962(0.0518%)】

-는다고 㓉 (예) 고기를 먹는다고 한다.
【Text=56/Freq1=81(0.0044%)】

-는다는 㽳 (예) 책을 많이 읽는다는 [계획/아이].【Text=71/Freq1=114(0.0061%)】

-는다면[1,2] 㓉/㽳 (예) 상을 받는다면 기쁠 것이다./그가 오지 않는다면 더 설득하자.【Text=41/Freq1=53(0.0029%)】

≪-는데≫ 㓉 전체빈도합=2,590(0.1395%)

Ⅰ (예) 비가 오는데 택시를 탑시다.

〔Text=202/Freq2=2,517(97.2%)〕

Ⅱ (예) 참 재미있는데./어디 가는데?
〔Text=32/Freq2=73(2.8%)〕

-는데도 㓉 (예) 날이 저물었는데도 아이가 안 돌아오다.
【Text=57/Freq1=75(0.0040%)】

-는데요 㓉 (예) 노래를 잘하는데요./어디로 가는데요?【Text=68/Freq1=206(0.0111%)】

≪-는지≫ 㓉 전체빈도합=1,588(0.0855%)

Ⅰ (예) 어디로 갔는지 모르겠다./살았는지 죽었는지 소식이 없다.
〔Text=195/Freq2=1,570(98.9%)〕

Ⅱ (예) 억울해서 얼마나 화가 났는지!/결과가 어떻게 나타나는지?
〔Text=16/Freq2=18(1.1%)〕

는커녕 㭍 (예) 다른 나라 언어는커녕 제 나라 말도 모른다.
【Text=28/Freq1=31(0.0017%)】

≪니≫ 전체빈도합=2,003(0.1079%)

니[3] 㭍 (예) 옥수수니 조니 온갖 곡식이 가득하다.【Text=11/Freq1=15(0.0009%)】

-니[4] 㓉 (예) 걔 생각나니?/아프니?
【Text=142/Freq1=961(0.0518%)】

-니[6] 㓉 (예) 바람이 부니 춥다./알고 보니 오해다.【Text=163/Freq1=1,027(0.0553%)】

≪-니까≫ 㓉 전체빈도합=789(0.0425%)

⓪ (예) 위험하니까 조심해./이제 보니까 다르구나./집을 나오니까 비가 내렸다.〔Text=131/Freq2=687(87.07%)〕

❶ (예) 나도 놀랐을 정도니까./미래는 청소년의 것이니까.
〔Text=50/Freq2=102(12.93%)〕

-니까요 㓉 (예) 저는 혼자니까요./진심으로 사랑하니까요.
【Text=27/Freq1=53(0.0029%)】

-니깐♣ 㓉 (예) 잘 보니깐 색이 다르다.
【Text=10/Freq1=25(0.0013%)】

ㄷ

≪다≫ 전체빈도합=36,676(1.9750%)

다³ 조 (예) 소년에게다 대고 작은 소리로 말하다./회초리로다 때리다.
〖Text=100/Freq1=284(0.0153%)〗

-다⁵,⁶ 끝 (예) 잘 쉬었다./기분이 좋다./월드컵 4강에 오르다.
〖Text=206/Freq1=35,564(1.9151%)〗

-다⁹ 끝 (예) 비가 오다 그쳤다./가다 서다 하다./일을 하다 보니 날이 저물었다.
〖Text=176/Freq1=828(0.0446%)〗

≪다가≫ 전체빈도합=1,459(0.0786%)

다가¹ 조 (예) 강에다가 버리다.
〖Text=54/Freq1=88(0.0047%)〗

-다가² 끝 (예) 회사에 가다가 돌아오다./비가 오다가 그치다.
〖Text=187/Freq1=1,371(0.0739%)〗

-다가는 끝 (예) 이렇게 하다가는 실패하겠다.
〖Text=36/Freq1=49(0.0026%)〗

-다거나¹ 끝 (예) 억울하다거나 기막히다거나 하는 느낌은 없다. 〖Text=18/Freq1=25(0.0013%)〗

≪-다고≫ 끝 전체빈도합=2,115(0.1139%)

Ⅰ, Ⅱ (예) 곧 가겠다고 전하다./잔소리가 많다고 나무라다./떠들었다고 혼나다.
〔Text=199/Freq2=2,077(98.2%)〕

Ⅲ (예) 내일 비가 온다고?/난 싫다고.
〔Text=22/Freq2=38(1.8%)〕

≪-다구*≫ 끝 전체빈도합=66(0.0036%)

❶ (예) 싫다구 전해 줘./나 싫다구 약속을 안 지키면 어떡해?
〔Text=13/Freq2=27(40.9%)〕

❷ (예) 거의 다 했다구./어디에 갔다구?
〔Text=21/Freq2=39(59.1%)〕

-다구요* 끝 (예) 나는 가기 싫다구요.
〖Text=19/Freq1=31(0.0017%)〗

-다네¹,²,³ 끝 (예) 둘이는 행복하게 살았다네./아이가 병이 났다네.
〖Text=10/Freq1=17(0.0009%)〗

-다는 준 (예) 가겠다는 사람./나라가 망했다는 소식.
〖Text=181/Freq1=2,100(0.1131%)〗

-다는데 준 (예) 내가 싫다는데 왜 간섭이요?/선약이 있다는데 어쩌지? 〖Text=24/Freq1=26(0.0014%)〗

≪-다니≫ 끝 전체빈도합=151(0.0081%)

-다니¹,³ 끝/준 (예) 그 사람이 죽다니?/혼자 가 버리다니!/걔, 학교 안 갔다니?
〖Text=58/Freq1=101(66.9%)〗

-다니² 끝 (예) 정 가겠다니 할수없군.
〖Text=34/Freq1=50(33.1%)〗

-다니까¹ 끝 (예) 이러면 곤란하다니까.
〖Text=19/Freq1=24(0.0013%)〗

-다든가 끝 (예) 옳다든가 그르다든가 판단을 하다. 〖Text=10/Freq1=17(0.0009%)〗

-다며² 끝 (예) 몸이 아프다며 자리에 눕다.
〖Text=19/Freq1=28(0.0015%)〗

-다면¹,² 끝/준 (예) 날이 춥다면 가지 맙시다./미안하다면 다냐?
〖Text=134/Freq1=422(0.0227%)〗

-다면서² 준 (예) 기분이 좋다면서 웃다.
〖Text=25/Freq1=30(0.0016%)〗

-다면서요* 조 (예) 취직을 했다면서요?
〖Text=10/Freq1=10(0.0005%)〗

-다시피 끝 (예) 잘 알다시피 내가 좀 바쁘다.
〖Text=39/Freq1=53(0.0029%)〗

-단¹⁵,¹⁶ 끝/준 (예) 그랬단 봐라./배가 고프단 말을 하다.
〖Text=68/Freq1=132(0.0071%)〗

-단다¹,² 끝/준 (예) 날이 춥단다./아이는 의사가 되겠단다.
〖Text=65/Freq1=267(0.0144%)〗

-답니다¹,² 끝/준 (예) 제가 1등을 했답니다./그 늪 남편이 안 들어왔답니다.
〖Text=36/Freq1=93(0.0050%)〗

-대¹² 준 (예) 그 사람, 어디 갔대?
〖Text=42/Freq1=94(0.0051%)〗

대로³ 조 (예) 사실대로 말하다./자기 방식대로 살아가다.
〖Text=128/Freq1=341(0.0184%)〗

-대요 㐨 (예) 살림이 힘들대요./
　　그 사람은 언제 가겠대요?
　　【Text=32/Freq1=63(0.0034%)】
-더-² 끝 (예) 일이 힘들더군요./
　　아이가 공부를 잘하더라.
　　【Text=23/Freq1=28(0.0015%)】
-더구나² 끝 (예) 맛이 좋더구나./
　　친구가 많이 왔더구나
　　【Text=12/Freq1=14(0.0008%)】
-더군 끝 (예) 경치가 아름답더군./비가
　　오더군.【Text=9/Freq1=19(0.0010%)】
-더군요♣ 끝 (예) 경치가 아름답더군요./비가
　　오더군요.【Text=21/Freq1=44(0.0024%)】
-더니 끝 (예) 날이 흐리더니 비가 내리다.
　　/껄껄 웃더니 방을 나가다.
　　【Text=145/Freq1=562(0.0303%)】
-더니만 끝 (예) 일을 했더니만 배가 고프군.
　　【Text=10/Freq1=14(0.0008%)】
-더라 끝 (예) 눈이 오더라.
　　/어디서 보았더라?/기분이 좋더라.
　　【Text=53/Freq1=111(0.0060%)】
-더라고 끝 (예) 기분이 나쁘더라고 말했다.
　　/생각이 변하더라고.
　　【Text=15/Freq1=22(0.0012%)】
-더라구♣ 끝 (예) 기분이 나쁘더라구
　　말했다./생각이 변하더라구.
　　【Text=11/Freq1=22(0.0012%)】
-더라는 㐨 (예) [살림이 어렵더라는/잘
　　살더라는] 말을 듣다.
　　【Text=10/Freq1=15(0.0008%)】
-더라도 끝 (예) 화가 나더라도 참으세요.
　　【Text=107/Freq1=261(0.0141%)】
-더라면 끝 (예) 조금만 더 일찍 갔더라면
　　만났을 거예요.
　　【Text=38/Freq1=50(0.0027%)】

≪더러³≫ 조 전체빈도합=48(0.0026%)
　① (예) 형더러 오라 그래라.
　　　【Text=25/Freq2=31(64.6%)】
　② (예) 일이 힘들 뿐더러 월급도 적다.
　　　【Text=16/Freq2=17(35.4%)】

-던¹ 끝 (예) 그가 떠나던 날 비가 왔다.
　　/내가 만났던 사람들.
　　【Text=205/Freq1=4,318(0.2325%)】
-던가¹,² 끝 (예) 기분이 어떻던가?

/10년 전이던가, 내가 서울에 있을
　　때.【Text=49/Freq1=120(0.0065%)】
-던가요 끝 (예) 가족들은 건강하던가요?
　　【Text=13/Freq1=19(0.0010%)】

≪-던데≫ 끝 전체빈도합=37(0.0020%)
　Ⅰ (예) 아까 비가 오던데 지금은 어때?
　　　【Text=15/Freq2=23(62.2%)】
　Ⅱ (예) 날씨가 꽤 춥던데.
　　　【Text=11/Freq2=14(37.8%)】

-던데요 끝 (예) 키가 크던데요./한식을 잘
　　먹던데요.【Text=19/Freq1=35(0.0019%)】
-던지 끝 (예) 얼마나 무서웠던지 제정신이
　　아니었다.【Text=28/Freq1=42(0.0023%)】
도⁷ 조 (예) 친구도 만나다./돈도 명예도
　　싫다./울지도 못한다.
　　【Text=218/Freq1=16,406(0.8835%)】
-도록² 끝 (예) 사고가 없도록 조심해라.
　　/앞으로 열심히 하도록.
　　【Text=166/Freq1=913(0.0492%)】
-되³ 끝 (예) 일을 하되 최선을 다하세요.
　　【Text=17/Freq1=25(0.0013%)】
두⁵ 조 (예) 저두 갈게요./돈두 시간두 없다.
　　【Text=33/Freq1=316(0.0170%)】

≪든≫ 전체빈도합=246(0.0132%)
　든¹ 조 (예) 어디든 데려가 주세요.
　　　【Text=33/Freq1=48(0.0026%)】
-든² 끝 (예) 무엇을 하든 열심히 하다.
　　/좋든 싫든 같이 가야 한다.
　　　【Text=71/Freq1=198(0.0107%)】

≪든지≫ 전체빈도합=148(0.0080%)
　든지¹ 조 (예) 홍차든지 커피든지 마음대로
　　　마셔도 돼요./뭐든지 다 있다.
　　　【Text=45/Freq1=69(0.0037%)】
-든지² 끝 (예) 직접 오시든지 아니면 전화를
　　　해 주세요./가든지 오든지 하겠지.
　　　【Text=43/Freq1=79(0.0043%)】
-듯² 끝 (예) 일리가 있는 듯도 하다.
　　/아무렇지도 않은 듯 말하다./보일 듯 말
　　듯 하다.【Text=95/Freq1=282(0.0152%)】
-듯이² 끝 (예) 구름이 흘러가듯이 우리
　　인생도 흘러가다.
　　【Text=109/Freq1=269(0.0145%)】

ㄹ

≪ㄹ≫ 전체빈도합=16,621(0.8951%)

ㄹ² 조 (예) 날 믿어./어딜 가?/뭘 먹어?/이상한 소릴 하네.
【Text=145/Freq1=1,255(0.0676%)】

ㄹ♣ 조 (예) 웃길 왜 웃어./기쁘질 않다.
【Text=38/Freq1=60(0.0032%)】

-ㄹ³ 끝 (예) 내일 갈 사람./곧 추워질 것이다./출발할 시간이다./죽을 힘을 다하다.
【Text=216/Freq1=15,306(0.8242%)】

-ㄹ걸¹,² 끝 (예) 날씨가 따뜻할걸./너는 상상도 못할걸./더 기다려 볼걸.【Text=14/Freq1=15(0.0008%)】

-ㄹ게 끝 (예) 내가 전화할게./나 잠깐 나갔다 올게.【Text=51/Freq1=91(0.0049%)】

-ㄹ게요 끝 (예) 제가 돈을 꼭 돌려드릴게요./저 친구 좀 만나고 올게요.
【Text=29/Freq1=49(0.0026%)】

-ㄹ까 끝 (예) 이것은 무엇일까?/우리 그만 갈까?/회사를 그만둘까 해요.
【Text=187/Freq1=1,114(0.0600%)】

-ㄹ까요 끝 (예) 이것은 무엇일까요?/어떻게 할까요?【Text=109/Freq1=591(0.0318%)】

-ㄹ께 끝 (예) 먼저 갈께./약속을 꼭 지킬께.
【Text=15/Freq1=27(0.0015%)】

-ㄹ께요 끝 (예) 꼭 갈께요./잠깐 쉴께요.
【Text=13/Freq1=33(0.0018%)】

-ㄹ는지 끝 (예) 그가 올는지 모르겠다.
【Text=15/Freq1=22(0.0012%)】

-ㄹ라 끝 (예) 이러다 넘어질라.
【Text=10/Freq1=12(0.0006%)】

-ㄹ라고 끝 (예) 설마 나를 좋아할라고?
【Text=10/Freq1=18(0.0010%)】

-ㄹ래 끝 (예) 나 안 갈래./도와 줄래?
【Text=36/Freq1=60(0.0032%)】

-ㄹ래요 끝 (예) 같이 갈래요?/나 안 갈래요.
【Text=15/Freq1=22(0.0012%)】

-ㄹ려고♣ 끝 (예) 뭐 할려고 그래요?/나중에 갈려고 합니다./이거 너 줄려고 샀어.【Text=15/Freq1=35(0.0019%)】

≪-ㄹ려구♣≫ 끝 전체빈도합=34(0.0018%)
Ⅰ (예) 어떻게 할려구 그래요?
〔Text=11/Freq2=23(67.6%)〕
Ⅱ (예) 어디 갈려구?/시내 나갈려구.
〔Text=11/Freq2=11(32.4%)〕

-ㄹ로♣ 조 (예) 뭘로 만들지?/일로(=이리로) 가자. 【Text=35/Freq1=69(0.0037%)】

-ㄹ세 끝 (예) 바로 날세./진심일세./아닐세, 아니야.【Text=19/Freq1=43(0.0023%)】

-ㄹ수록 끝 (예) 세월이 갈수록 더 새롭다.
【Text=101/Freq1=202(0.0109%)】

-ㄹ지 끝 (예) 그가 올지 안 올지 모르겠다.
【Text=149/Freq1=486(0.0262%)】

-ㄹ지라도 끝 (예) 어떤 어려움이 올지라도 이겨내다. 【Text=34/Freq1=54(0.0029%)】

-ㄹ테니♣ 끝 (예) 내가 꼭 갈테니 기다려 주세요./비가 올테니 우산을 가져가라.
〔Text=10/Freq1=10(0.0005%)〕

-ㄹ텐데♣ 끝 (예) 곧 손님이 올텐데 얼른 준비해라./비가 올텐데 창문을 닫고 가자.【Text=19/Freq1=26(0.0014%)】

≪-라≫ 끝 전체빈도합 =1,897(0.1022%)

-라⁴,⁵ 끝 (예) 기뻐하라./나를 따르라./이는 곧 선비의 도리라.
【Text=128/Freq1=435(0.0234%)】

-라⁹,¹⁰ (예) 빵이 아니라 밥을 먹다./갑작스런 일이라 당황하다.
【Text=180/Freq1=1,462(0.0787%)】

≪라고≫ 전체빈도합=2,728(0.1469%)

라고¹ 조 (여) 나를 "바보"라고 놀리다.
【Text=120/Freq1=406(0.0219%)】

라고² 조 (여) 자네라고 별 수 있겠나?
【Text=4/Freq1=4(0.0002%)】

-라고⁴ 끝 (예) 도리가 아니라고 생각하다.
【Text=201/Freq1=2,273(0.1224%)】

-라고⁵ 끝 (예) 그만 돌아가라고/나더러 가라고?【Text=27/Freq1=45(0.0024%)】

-라고요¹,² 끝 (예) 뭐라고요?/제발 그만하라고요.
【Text=16/Freq1=22(0.0012%)】

≪-라구♣≫ 囗 전체빈도합=120(0.0065%)
  라구♣ 囗 (예) 나를 "바보"라구 놀리다.
    【Text=1/Freq1=1(0.0001%)】
  -라구♣ 囗 (예) 거짓말이라구 생각하다.
    【Text=19/Freq1=34(0.0018%)】
  -라구♣ 囗 (예) 이제 그만 가라구./나더러
    오라구?【Text=34/Freq1=85(0.0046%)】
  -라구요♣ 囗 (예) 그만 하라구요./뭐라구요?
    【Text=17/Freq1=37(0.0020%)】
  -라기보다♣ 囗 (예) 그것은 산이라기보다 작은
    언덕이다.
    【Text=29/Freq1=34(0.0018%)】
  -라는[1,2] 囗 (예) 부경이라는 사람./가난이라
    것./도 달라는 부탁./돌아오라는
    연락.【Text=179/Freq1=2,177(0.1172%)】
  -라는데[1,2] 囗 (예) 수입품이라는데 값이
    싸다./얼른 오라는데 가 보자.
    【Text=10/Freq1=11(0.0006%)】

≪-라니≫ 전체빈도합=73(0.0039%)
  -라니[1,2,3,4] 囗/囗 (예) 형도 가라니?/
    감히 누가 반대하라니?
    【Text=35/Freq1=58(0.0031%)】
  -라니[5,6] 囗 (예) 나오라니 나갔지./
    그 말이 사실이라니 믿어야지요.
    【Text=14/Freq1=15(0.0008%)】
  -라니까[1,2] 囗 (예) 내가 최고라니까./
    어허, 그만두라니까.
    【Text=17/Freq1=21(0.0011%)】

≪-라도≫ 전체빈도합=408(0.0220%)
  라도[1] 囗 (예) 그 사람을 한번 만나라도 보자.
    【Text=124/Freq1=368(0.0198%)】
  -라도[2] 囗 (예) 구슬이 서 말이라도 꿰어야
    보배다.【Text=28/Freq1=40(0.0022%)】
  라든가[1] 囗 (예) 말투라든가 성격은 좋다.
    【Text=19/Freq1=24(0.0013%)】
  라든지[1] 囗 (예) 몸매라든지 키라든지 외모가
    좋다.【Text=10/Freq1=20(0.0011%)】
  -라며[3,4] 囗 (예) 선물이라며 내게 구두를
    주다./서 아이를 데려오라며
    손짓하다.【Text=18/Freq1=21(0.0011%)】
  -라면[3,4,5] 囗/囗 (예) 오후라면 시간이 있다.
    /내 부탁이라면 꼭 들어 주다./돈을

달라면 주다.
  【Text=135/Freq1=341(0.0184%)】
-라면서[3,4] 囗 (예) 술 대신이라면서 담배를
  피우다./마시라면서 술병을 내밀다.
  【Text=10/Freq1=12(0.0006%)】
-라서[2] 囗 (예) 출퇴근 시간이라서 버스가
  만원이다.【Text=45/Freq1=75(0.0040%)】
-라야[2] 囗 (예) 내년이라야 졸업하다.
  【Text=15/Freq1=17(0.0009%)】

≪란≫ 전체빈도합=672(0.0362%)
  란[2] 囗 (예) 배란 배는 다 모이다.
    【Text=90/Freq1=214(0.0115%)】
  -란[3,4] 囗 (예) 감정이란 단어.
    /이웃을 사랑하란 말을 하다.
    【Text=117/Freq1=458(0.0247%)】
  -란다[1,2,3] 囗/囗 (예) 내가 이 집 주인이란다.
    /날더러 돈을 내란다.
    【Text=46/Freq1=96(0.0052%)】
  -랄[1,2] 囗 (예) 더 기다리랄 수가 없다.
    /감동이랄 수는 없지만 느낌이 좋았다.
    【Text=15/Freq1=17(0.0009%)】
  -랄까[1] 囗 (예) 뭐랄까?/행운 같은 것이랄까.
    【Text=15/Freq1=22(0.0012%)】
  -랍니다[1,2,3] 囗/囗 (예) 저는 주부랍니다.
    /모두들 그게 아니랍니다./
    어서들 나오시랍니다.
    【Text=18/Freq1=35(0.0019%)】

≪랑≫ 囗 전체빈도합=168(0.0090%)
  Ⅰ (예) 오빠랑 나랑 놀다.
    〔Text=40/Freq2=93(55.36%)〕
  Ⅱ (예) 친구랑 [만나다/이야기하다].
    〔Text=36/Freq2=75(44.64%)〕
  -래[1,2] 囗 (예) 오늘은 휴일이래./
    형이 나한테 여기서 기다리래.
    【Text=30/Freq1=44(0.0024%)】
  -래요[1,2] 囗 (예) 오늘은 휴일이래요./
    형이 나한테 조금만 기다리래요.
    【Text=20/Freq1=32(0.0017%)】
  -랬-♣ 囗 (예) 혼자 가랬다./내가 뭐랬니?
    【Text=13/Freq1=14(0.0008%)】
  -랴[1] 囗 (예) 그 슬픔을 어찌 말로 다
    하랴.【Text=18/Freq1=26(0.0014%)】
  -러 囗 (예) 운동을 하러 체육관에 다니다.

-려 끝 (예) 그 사람을 만나려 하다.
【Text=142/Freq1=420(0.0226%)】
【Text=85/Freq1=207(0.0111%)】
-려고² 끝 (예) [비가 오려고/취직을 하려고]
하다. 【Text=172/Freq1=714(0.0384%)】
-려는 준 (예) 행복하게 살려는 의지를 갖다.
/막 피려는 꽃.
【Text=121/Freq1=298(0.0160%)】
-려는데 준 (예) [막 잠이 들려는데/집을
나서려는데] 전화가 오다.
【Text=21/Freq1=26(0.0014%)】
-려니[1,2] 끝/준 (예) 아이를 키우려니 별 일이
다 있다./혼자 떠나려니 서운하다.
【Text=12/Freq1=17(0.0009%)】
-려다 준 (예) 문을 나가려다 다시 들어오다.
【Text=16/Freq1=18(0.0010%)】
-려다가 준 (예) [비가 오려다가/회사를
그만두려다가] 말다.
【Text=19/Freq1=22(0.0012%)】
-려던 준 (예) 집으로 가려던 발길을 돌리다.
【Text=17/Freq1=18(0.0010%)】
-려면[1,2] 끝/준 (예) [어른이 되려면 성년식을
거쳐야 한다./차를 타려면 길을
건너라. 【Text=129/Freq1=343(0.0185%)】
-렴 끝 (예) 마음대로 하렴./잠깐 기다리렴.
【Text=36/Freq1=64(0.0034%)】
로 조 (예) 산 위로 올라가다./골목길로
가다./궁지로 빠지다./반말로 하다./물로
씻다. 【Text=217/Freq1=7,918(0.4264%)】
-로구나 끝 (예) 이제 봄이로구나.
【Text=19/Freq1=25(0.0013%)】
로부터 조 (예) 강화로부터 서울로 올라오다.
/그로부터 사흘동안 비가 내렸다.
【Text=114/Freq1=297(0.0160%)】
로서 조 (예) 어머니로서 충실하다.
/독립 국가로서 인정을 받다.
【Text=110/Freq1=424(0.0228%)】
로써 조 (예) 글로써 사상을 표현하다./
이로써 모든 것이 끝나다.
【Text=44/Freq1=81(0.0044%)】
루♣ 조 (예) [그리루/서울루] 달려가다.
/만나기루 하다.
【Text=13/Freq1=28(0.0015%)】

≪를≫ 조 전체빈도합=27,108(1.4598%)
Ⅰ, Ⅱ (예) 친구를 만나다./차를 몰다./추위를
느끼다. 【Text=217/Freq2=26,703(98.5%)】
Ⅲ (예) 학교에 가지를 않다./한번 먹어를 봐.
【Text=121/Freq2=405(1.5%)】
-리-[7] 끝 (예) 꿈이 곧 이루어지리라./
내가 다시 전화하리다.
【Text=81/Freq1=194(0.0104%)】

-ㅁ 끝 (예) 마음이 편안함을 느끼다./출입을
금함. 【Text=168/Freq1=1,520(0.0819%)】
-마⁶ 끝 (예) 내가 곧 [편지 하마/연락하마].
【Text=15/Freq1=16(0.0009%)】
마냥² 조 (예) 솜털마냥 가볍다./
연이 매마냥 하늘을 날다.
【Text=14/Freq1=36(0.0019%)】
마다 조 (예) 5일마다 장이 서다./
집집마다 찾아다니다.
【Text=167/Freq1=597(0.0321%)】
마저² 조 (예) 날도 추운데 바람마저
불어대다./아내마저 곁을 떠나다.
【Text=66/Freq1=131(0.0071%)】
만⁵ 조 (예) 술만 마시다./예전만 못하다.
/자꾸단 찾아오다./웃고만 있다.
【Text=207/Freq1=3,937(0.2120%)】
만큼² 조 (예) 나무가 창 높이만큼 자라다.
/당신만큼 나도 힘들어.
【Text=93/Freq1=176(0.0095%)】

≪며≫ 전체빈도합=4,545(0.2448%)
며¹ 조 (예) 남자며 여자며 모두 바쁘게
오가다. 【Text=15/Freq1=29(0.0016%)】
-며² 끝 (예) 얼굴을 보며 이야기하다./
오며 가며 만나다.
【Text=186/Freq1=4,516(0.2432%)】
-면⁶ 끝 (예) 비가 그치면 떠나다.
/표정을 보면 기분을 알 수 있다.
【Text=211/Freq1=5,143(0.2770%)】
-면서 끝 (예) TV를 보면서 이야기하다.
【Text=196/Freq1=2,418(0.1302%)】

-면서 587

-면서부터♣ 끝 (예) 대학에 입학하면서부터 사회에 눈을 뜨다.
【Text=22/Freq1=30(0.0016%)】

-면은♣ 끝 (예) 고향에 가면은 마음이 편하다.【Text=16/Freq1=168(0.0090%)】

-므로 끝 (예) 생각이 서로 다르므로 다툼이 잦다.【Text=66/Freq1=164(0.0088%)】

-믄♣ 끝 (예) 내가 그리 가믄 안 돼?
【Text=10/Freq1=19(0.0010%)】

ㅂ

-ㅂ니까 끝 (예) 어디로 갑니까?
【Text=117/Freq1=951(0.0512%)】

-ㅂ니다 끝 (예) 날씨가 따뜻합니다.
【Text=172/Freq1=5,956(0.3207%)】

-ㅂ시다 끝 (예) 같이 갑시다.
【Text=111/Freq1=4,372(0.2354%)】

-ㅂ시오 끝 (예) 안녕히 계십시오./편히 주무십시오.
【Text=22/Freq1=36(0.0019%)】

밖에 조 (예) 밥이 조금밖에 없다./그렇게밖에 할 수 없다.
【Text=149/Freq1=528(0.0284%)】

보고³ 조 (예) 나보고 화내지 마세요.
【Text=17/Freq1=20(0.0011%)】

보다⁴ 조 (예) 사과보다 배가 맛있다.
【Text=185/Freq1=1,365(0.0735%)】

부터 조 (예) 이 일부터 합시다./이제부터 시작하다.
【Text=192/Freq1=1,349(0.0726%)】

ㅃ

뿐² 조 (예) 집안에는 여자뿐이다.
【Text=140/Freq1=438(0.0236%)】

ㅅ

서⁴‚⁵ 조 (예) [가운데/거기/여기]서 보다.
【Text=184/Freq1=848(0.0457%)】

서부터 조 (예) 여기서부터 거기까지./작년쯤서부터.
【Text=21/Freq1=25(0.0013%)】

-세⁶ 끝 (예) 내일 만나세./우리 침착하세.
【Text=18/Freq1=39(0.0021%)】

-세요 끝 (예) 아버지는 술을 좋아하세요./언제 집에 가세요?/한국에 꼭 오세요.
【Text=140/Freq1=1,235(0.0665%)】

-소⁷ 끝 (예) 나는 이만 가겠소./무슨 일이 있소?【Text=56/Freq1=248(0.0134%)】

-습니까 끝 (예) 무엇을 먹습니까?
【Text=112/Freq1=874(0.0471%)】

-습니다 끝 (예) 날씨가 덥습니다.
【Text=169/Freq1=9,506(0.5119%)】

-시-⁷ 끝 (예) 일하시다./키가 크시다.
【Text=195/Freq1=4,635(0.2496%)】

ㅇ

≪아≫ 전체빈도합=10,310(0.5552%)

아³ 조 (예) 금순아, 놀자./바람아 불어라.
【Text=104/Freq1=430(0.0232%)】

-아⁴ 끝 (예) 나도 알아./돈이 많아./여기 앉아!/같이 가.
【Text=136/Freq1=1,613(0.0869%)】

-아⁵ 끝 (예) 의자에 앉아 책을 읽다./친구를 찾아 서울로 오다.
【Text=213/Freq1=8,267(0.4452%)】

-아라¹‚² 끝 (예) 의자에 앉아라!/아이구 좋아라.【Text=86/Freq1=214(0.0115%)】

-아서 끝 (예) 앉아서 쉬다./그릇이 작아서 모자라다.
【Text=212/Freq1=2,961(0.1595%)】

-아야² 끝 (예) 일찍 가야 한다./
　　　품질이 좋아야 잘 팔리다.
　　　【Text=190/Freq1=972(0.0523%)】
-아야지¹,² 끝/준 (예) 빚을 갚아야지./
　　　품질이 좋아야지.
　　　【Text=48/Freq1=79(0.0043%)】
-아야지요¹,² 끝/준 (예) 빚을 꼭 갚아야지요.
　　　/품질이 좋아야지요.
　　　【Text=10/Freq1=12(0.0006%)】
-아요 끝 (예) 나도 알아요./기분이 나빠요.
　　　/도서관에 책이 많아요./여기 앉아요!/
　　　같이 가요.
　　　【Text=125/Freq1=1,305(0.0703%)】
-았- 끝 (예) 기분이 좋았다./잃었던 지갑을
　　　찾았다. 【Text=218/Freq1=11,023(0.5936%)】
-았었- 끝 (예) 예전에 이 동네에 살았었다.
　　　/어릴 때 키가 작았었다.
　　　【Text=84/Freq1=168(0.0090%)】
-았자 끝 (예) 지금 가 보았자 소용없다.
　　　【Text=16/Freq1=21(0.0011%)】
-애♣ 끝 (예) 날씨가 좋을 것 같애.
　　　【Text=22/Freq1=108(0.0058%)】
-애요♣ 끝 (예) 일이 잘 될 거 같애요.
　　　【Text=12/Freq1=91(0.0049%)】

≪야≫ 전체빈도합=2,812(0.1517%)
야⁴ 조 (예) 애기야, 이리 온.
　　　【Text=92/Freq1=380(0.0205%)】
야⁵ 조 (예) 너야 내가 믿지./도착해서야
　　　알다. 【Text=129/Freq1=332(0.0179%)】
-야⁸ 끝 (예) 모두 마찬가지야./사실이 아니야.
　　　【Text=150/Freq1=2,099(0.1130%)】
-야♣ 끝 (예) 사정에 의하야 폐업하나이다.
　　　【Text=1/Freq1=1(0.0001%)】
야말로 조 (예) 나야말로 할 말이 있다.
　　　【Text=33/Freq1=38(0.0020%)】
야아♣ 조 (예) 자기야아, 어디 있어?
　　　☞야⁴. 【Text=11/Freq1=14(0.0008%)】

≪-어≫ 끝 전체빈도합=24,588(1.3241%)
-어³ 끝 (예) 알았어./어디 살어?/가만 있어.
　　　【Text=176/Freq1=3,092(0.1665%)】
-어⁴ 끝 (예) 바싹 붙어 걷다./길에서
　　　멀어지다.
　　　【Text=216/Freq1=21,496(1.1576%)】

-어다♣ 끝 (예) 제비가 박씨를 물어다 주다.
　　　【Text=83/Freq1=164(0.0088%)】
-어다가 끝 (예) 나무를 베어다가 불을 때다.
　　　【Text=11/Freq1=14(0.0008%)】
-어도 끝 (예) 아무리 많이 먹어도 배고프다.
　　　【Text=165/Freq1=523(0.0282%)】
-어두♣ 끝 (예) 무슨 일이 있어두 가야 하다.
　　　【Text=12/Freq1=27(0.0015%)】
-어라²,³ 끝 (예) 밥 먹어라./가고 싶어라.
　　　【Text=97/Freq1=246(0.0132%)】
-어서² 끝 (예) 1년도 못 되어서 일을
　　　그만두다./월급이 적어서 살기 힘들다.
　　　【Text=213/Freq1=3,300(0.1777%)】
-어야 끝 (예) 재미있어야 잡지가 잘 팔리다.
　　　【Text=207/Freq1=2,018(0.1087%)】
-어야죠 끝 (예) 밥을 얼른 먹어야죠.
　　　【Text=12/Freq1=19(0.0010%)】

≪-어야지≫ 끝 전체빈도합=138(0.0074%)
-어야지¹ 끝 (예) 어디 빌려줄 돈이 있어야지.
　　　【Text=68/Freq1=118(0.0064%)】
-어야지² 끝 (예) 자신이 있어야지 잘 할 수
　　　있다. 【Text=18/Freq1=20(0.0011%)】
-어야지요¹,² 끝/준 (예) 코트를 벗어야지요?/
　　　교실에서는 실내화를 신어야지요.
　　　【Text=18/Freq1=24(0.0013%)】
-어요 끝 (예) 밥을 먹어요./아이 얼굴이
　　　예뻐요./비가 왔어요.
　　　【Text=171/Freq1=3,993(0.2150%)】
-었- 끝 (예) 먹었다./양이 적었다.
　　　【Text=218/Freq1=27,810(1.4976%)】
-었었- 끝 (예) 밥을 먹었었다./힘들었었다.
　　　【Text=59/Freq1=165(0.0089%)】
에³ 조 (예) 학교에 가다./술에 취하다./
　　　답안이 완벽에 가깝다./장관에
　　　임명하다./더위에 지치다.
　　　【Text=218/Freq1=36,127(1.9455%)】
에게 조 (예) 나에게 맞는 일./아이에게 밥을
　　　먹이다./학생들에게 노래를 가르치다.
　　　【Text=195/Freq1=3,615(0.1947%)】
에게로 조 (예) 그녀에게로 다가가다.
　　　/그에게로 얼굴을 돌리다.
　　　【Text=19/Freq1=26(0.0014%)】
에게서 조 (예) 친구에게서 편지가 오다.
　　　【Text=74/Freq1=133(0.0072%)】

에서 　조 (예) 서울에서 살다./학교에서 집까지 뛰다./정부에서 사업을 지원하다.
　　　【Text=218/Freq1=11,170(0.6015%)】
에서부터 　조 (예) 어디에서부터 어디까지 가세요? 【Text=59/Freq1=85(0.0046%)】
-에요 　끝 (예) 그것은 무엇이에요?/사실이 아니에요.
　　　【Text=108/Freq1=818(0.0440%)】

≪여≫ 전체빈도합=13,923(0.7498%)
　여[7] 　조 (예) 주여./형제여!/광주여, 일어서라.
　　　【Text=16/Freq1=39(0.0021%)】
　-여[8] 　끝 (예) 공부해./싫어해./참말이여./내가 가잖여. 【Text=115/Freq1=625(0.0337%)】
　-여[9] 　끝 (예) 나를 위하여 일하다.
　　　【Text=213/Freq1=13,259(0.7140%)】
　-여도 　끝 (예) 상상만 하여도 좋다./아무리 생각해도 모르겠다.
　　　【Text=153/Freq1=476(0.0256%)】
　-여라[1,2] 　끝 (예) 힘을 다하여라./곱기도 해라.
　　　【Text=53/Freq1=74(0.0040%)】
　-여서 　끝 (예) 조심해서 가세요./너무 피곤하여서 쉬다.
　　　【Text=205/Freq1=2,721(0.1465%)】
　-여선♣ 　끝 (예) 그에 대하여선 전혀 모르다.
　　　【Text=19/Freq1=24(0.0013%)】
　-여야[2] 　끝 (예) 노력하여야 보람이 있다.
　　　【Text=196/Freq1=1,468(0.0791%)】
　-여야죠 　준 (예) 어서 취직을 하여야죠.
　　　【Text=14/Freq1=16(0.0009%)】
　-여야지[1,2] 　끝/준 (예) 어서 대답을 해야지./학생은 공부를 해야지.
　　　【Text=42/Freq1=60(0.0032%)】
　-여요[1,2] 　끝/준 (예) 생각해요./행복해요./고마운 친구여요. 【Text=104/Freq1=470(0.0253%)】
　-였- 　끝 (예) 생각하였다./일을 하였다.
　　　【Text=213/Freq1=10,382(0.5591%)】
　-였었-♣ 　끝 (예) 생각했었다./하였었다.
　　　【Text=82/Freq1=244(0.0131%)】
　-예요 　끝 (예) 사실이에요./아니에요.
　　　【Text=28/Freq1=83(0.0045%)】

≪-오(-)≫ 　끝 전체빈도합=356(0.0192%)
　-오[5] 　끝 (예) 집에 가오./값이 얼마나 하오?/날이 따뜻하오.
　　　【Text=71/Freq1=320(0.0172%)】
　-오♣ 　끝 (예) 이것이 참된 길이오, 자세이다.
　　　【Text=8/Freq1=17(0.0009%)】
　-오-[6] 　끝 (예) 제가 비오니 용서해 주소서.
　　　【Text=10/Freq1=19(0.0010%)】

≪와[2]≫ 　조 전체빈도합=5,366(0.2890%)
　Ⅰ (예) 노래와 춤을 배우다.
　　　【Text=200/Freq2=3,887(72.4%)】
　Ⅱ (예) 친구와 같이 살다./그녀와 사귀다.
　　　【Text=186/Freq2=1,479(27.6%)】

≪요≫ 전체빈도합=1,012(0.0545%)
　요[4] 　조 (예) 저는요, 학교에요 꼭요 가고 싶어요. 【Text=109/Freq1=675(0.0363%)】
　-요[5] 　끝 (예) 그는 언론인이요, 학자다.
　　　【Text=46/Freq1=112(0.0060%)】
　-요[6] 　준 (예) 그것이 우리의 의무요.
　　　【Text=58/Freq1=225(0.0121%)】
　-우[8] 　끝 (예) 미안하우./참 말도 많으시우.
　　　【Text=11/Freq1=23(0.0012%)】
　-으나 　끝 (예) 무엇을 먹으나 마찬가지다./키는 작으나 운동도 잘하다.
　　　【Text=113/Freq1=390(0.0210%)】
　-으니[4,5] 　끝 (예) 설명을 들으니 알겠다./옳으니 그르니 해도 소용없다.
　　　【Text=124/Freq1=378(0.0204%)】

≪-으니까≫ 　끝 전체빈도합=271(0.0146%)
　-으니까 　끝 (예) 돈이 없으니까 나중에 사겠다. 【Text=89/Freq1=218(0.0117%)】
　-으니까♣ 　끝 (예) 그 때는 모두가 가난하던 시절이었으니까.
　　　【Text=30/Freq1=53(0.0029%)】
　-으니까요♣ 　끝 (예) 희망이 있으니까요.
　　　【Text=28/Freq1=38(0.0020%)】
　-으라고 　끝 (예) 이것을 다 먹으라고?
　　　【Text=29/Freq1=37(0.0020%)】
　-으랴[1,2] 　끝 (예) 꿈이면 얼마나 좋으랴/내가 읽으랴? 【Text=11/Freq1=18(0.0010%)】
　-으러 　끝 (예) 돈을 찾으러 은행에 가다.
　　　【Text=50/Freq1=83(0.0045%)】
　-으려 　끝 (예) 화를 참으려 하다.
　　　【Text=45/Freq1=58(0.0031%)】
　-으려고[2] 　끝 (예) 화를 참으려고 애를 쓰다.

【Text=74/Freq1=136(0.0073%)】
-으려는 㖾 (예) 자신을 찾으려는 노력을 하다. 【Text=40/Freq1=52(0.0028%)】
-으려면[1,2] 㖾㖾 (예) 날이 밝으려면 멀었다./책을 읽으려면 자세를 바로해라. 【Text=25/Freq1=31(0.0017%)】
-으렴 㖾 (예) 얼른 밥을 먹으렴./앉으렴. 【Text=11/Freq1=12(0.0006%)】
으로 㖾 (예) 산으로 올라가다./점심을 먹을 생각으로 식당에 가다. 【Text=216/Freq1=10,484(0.5646%)】
으로부터♣ 㖾 (예) 중국으로부터 귀국하다./선생님으로부터 사랑을 받다. 【Text=82/Freq1=196(0.0106%)】
으로서 㖾 (예) 가장으로서 가족을 돌보다./한국인으로서 떳떳하다. 【Text=100/Freq1=293(0.0158%)】
으로써 㖾 (예) 이것으로써 [식을/회의를] 마치겠습니다. 【Text=72/Freq1=300(0.0162%)】
으루♣ 㖾 (예) 산으루 올라가다./친구를 만날 셈으루 오다. 【Text=10/Freq1=28(0.0015%)】
-으리-[3] 㖾 (예) 절대로 실패하지 않으리라./그 정도면 됐으리라 생각하다. 【Text=60/Freq1=116(0.0062%)】
-으며 㖾 (예) 그가 웃으며 묻다./오래 함께 살았으며 행복했다. 【Text=165/Freq1=1,086(0.0585%)】
-으면 㖾 (예) 낡이 밝으면 떠나겠다./돈 있으면 좀 빌려 주세요./옷이 작으면 바꾸다. 【Text=197/Freq1=1,328(0.0715%)】
-으면서 㖾 (예) 웃으면서 말하다. 【Text=131/Freq1=313(0.0169%)】
-으므로 㖾 (예) 겨울이었으므로 날이 몹시 추웠다. 【Text=61/Freq1=142(0.0076%)】
-으세요 㖾 (예) 말씀이 다 옳으세요./어디 편찮으세요?/여기 앉으세요. 【Text=50/Freq1=94(0.0051%)】
-으시- 㖾 (예) 자리에 앉으시다./복이 많으시다. 【Text=119/Freq1=434(0.0234%)】

《은》 전체빈도합=33,272(1.7917%)
은[2] 㖾 (예) 이것은 무엇입니까?/아직은 이르다. 【Text=217/Freq1=20,843(1.1224%)】
-은[3,4] 㖾 (예) 남은 돈이 없다./죽은 사람./짧은 치마./높은 산. 【Text=217/Freq1=12,429(0.6693%)】
-은가 㖾 (예) 기분이 좋은가?/쉬고 싶은가? 【Text=58/Freq1=89(0.0048%)】

《-은데》 㖾 전체빈도합=234(0.0126%)
-은데 㖾 (예) 날씨 추운데 괜찮으세요? 【Text=97/Freq1=208(0.0112%)】
-은데♣ 㖾 (예) 어? 이야기가 좀 이상한 것 같은데? 【Text=16/Freq1=26(0.0014%)】

-은데요 㖾 (예) 날씨가 참 좋은데요./좀 작은데요? 【Text=32/Freq1=47(0.0025%)】
-은지 㖾 (예) 크기가 같은지 같지 않은지를 알아보다. 【Text=58/Freq1=78(0.0042%)】
은커녕 㖾 (예) 외국말은커녕 자기 말도 제대로 못하다. 【Text=12/Freq1=14(0.0008%)】

《을》 전체빈도합=53,330(2.8719%)
을[2] 㖾 (예) 가방을 들다./하늘을 날다./설명을 하다. 【Text=217/Freq1=48,935(2.6352%)】
-을[3] 㖾 (여) 여기에 앉을 사람이 누구냐?/친구를 만났을 때. 【Text=210/Freq1=4,395(0.2367%)】
-을까 㖾 (여) 색이 왜 붉을까?/어디 갔을까? 【Text=154/Freq1=617(0.0332%)】
-을까요 㖾 (예) 점심이나 함께 먹을까요?/방법이 있을까요? 【Text=84/Freq1=316(0.0170%)】
-을래 㖾 (예) 밥을 먹을래? 【Text=12/Freq1=19(0.0010%)】
-을수록 㖾 (예) 산이 높으면 높을수록 오르는 보람이 있다. 【Text=22/Freq1=36(0.0019%)】
-을지 㖾 (여) 어찌하면 좋을지 이야기하다./이런 갈을 해도 좋을지. 【Text=106/Freq1=205(0.0110%)】
-음[5] 㖾 (여) 날씨는 맑음./그날이 생일이었음을 기억하다. 【Text=133/Freq1=578(0.0311%)】
의[4] 㖾 (예) 나의 집./강가의 모래./한국의 역사. 【Text=214/Freq1=34,651(1.8660%)】

《이[10]》 㖾 전체빈도합=36,182(1.9484%)
Ⅰ (예) 눈이 내리다./마음이 아프다.

【Text=218/Freq2=32,882(90.9%)】
Ⅱ (예) 물이 얼음이 되다./그것은 책이 아니다.
【Text=205/Freq2=3,300(9.1%)】

이고 조 (예) 술이고 뭐고 다 마셔 버리다./저녁이고 나발이고 다 귀찮다.
【Text=33/Freq1=54(0.0029%)】

≪이나≫ 조 전체빈도합=2,368(0.1275%) [2)]
이나 조 (예) 책이나 공책을 사다.
【Text=192/Freq2=1,892(79.9%)】
이나♣ 조 (예) 무척이나 보고 싶다./혼자 3인분이나 먹다./잠이나 자다.
【Text=148/Freq2=428(18.1%)】
이나♣ 조 (예) 자퇴라고는 하지만 퇴학이나 다름없다. 【Text=38/Freq2=48(2.0%)】
이나마[2] 조 (예) 일시적이나마 건강이 회복되다. 【Text=15/Freq1=17(0.0009%)】
이니 조 (예) 필통에는 연필이니 만년필이니 필기 도구가 가득하다.
【Text=14/Freq1=21(0.0011%)】
이라고는 조 (예) 힘이라고는 전혀 없는 목소리./가족이라고는 형뿐이다.
【Text=15/Freq1=25(0.0013%)】
이라곤 조 (예) 먹을 것이라곤 아무것도 없다.
【Text=11/Freq1=12(0.0006%)】
이라도 조 (예) 김밥이라도 먹자./무슨 일이라도 다 할 수 있다./내일이라도 떠나자. 【Text=131/Freq1=330(0.0178%)】
이라든가 조 (예) 말이라든가 소 같은 가축.
【Text=19/Freq1=33(0.0018%)】
이라든지 조 (예) 과일이라든지 떡을 먹다.
【Text=11/Freq1=24(0.0013%)】
이란[1] 조 (예) 규범이란 사회에서 꼭 지켜야 할 표준이다.
【Text=100/Freq1=327(0.0176%)】

≪이랑[2]≫ 조 전체빈도합=62(0.0033%)
Ⅰ (예) 발이랑 얼굴이랑 잘 씻어라.
【Text=24/Freq2=45(72.6%)】
Ⅱ (예) 친구들이랑 놀다./이것이랑 똑같다.
【Text=11/Freq2=17(27.4%)】

이야 조 (예) 말이야 쉽지.
【Text=43/Freq1=61(0.0033%)】
인들 조 (예) 무엇인들 못 할까./부모님도 속인들 편하겠어요?
【Text=13/Freq1=14(0.0008%)】

≪-자≫ 끝 전체빈도합=3,614(0.1946%)
-자[7,9] 끝 (예) 술이나 마시자./버리자 하니 아깝다. 【Text=156/Freq1=2,763(0.1488%)】
-자[8] 끝 (예) 집을 나서자 비가 쏟아지다.
【Text=148/Freq1=851(0.0459%)】
-자고 끝 (예) 밥 먹으러 가자고 하다.
【Text=82/Freq1=138(0.0074%)】
-자구♣ 끝 (예) 꽃구경을 가자구 말하다.
【Text=11/Freq1=14(0.0008%)】
-자는 준 (예) 함께 일하자는 제안을 받다.
【Text=67/Freq1=132(0.0071%)】
-자니[3] 끝 (예) 일을 혼자 하자니 힘이 들다.
【Text=12/Freq1=18(0.0010%)】
-자마자 끝 (예) 비가 그치자마자 추워지다./집에 오자마자 화를 내다.
【Text=61/Freq1=97(0.0052%)】
-자면[1,2] 끝/준 (예) 가게를 차리자면 돈이 많이 필요하다./두고 보자면 누가 겁날 줄 알아? 【Text=44/Freq1=81(0.0044%)】
-잖♣- 준 (예) 지금 비가 오잖아./맛이 좋잖니? 【Text=118/Freq1=709(0.0382%)】
조차[2] 조 (예) 바람이 불어서 눈조차 뜰 수 없다. 【Text=97/Freq1=228(0.0123%)】
-죠 끝 (예) 기쁜 일이죠./내일 떠나죠?/그렇게 하시죠.
【Text=94/Freq1=861(0.0464%)】

≪-지≫ 끝 전체빈도합=10,488(0.5648%)
-지[4] 끝 (예) 그건 내 잘 알지./가방이

---

2) 『연세 한국어 사전』에는 이들은 모두 하나의 표제어 아래 14개의 용법으로 기술되어 있다. 여기서는 문법적 기능이 다른 이들을 세 개의 표제항으로 나누어 기술하되, 각각의 빈도는 한 표제어로 통합한 비율을 제시한다.

무겁지?/그만 일어나지!【Text=159/Freq1=1,986(0.1069%)】		/"내일 가지"하고 일어나다.【Text=88/Freq1=349(0.0188%)】

-지⁵ 끝 (예) 결과가 중요하지, 과정은 중요하지 않다./날씨가 좋지 않다./그냥 돌아가지 않겠다.
　　【Text=215/Freq1=8,502(0.4578%)】

-지만 끝 (예) 노력을 했지만 실패했다./값도 싸지만 질도 좋다.
　　【Text=197/Freq1=2,449(0.1319%)】

-지만은✤ 끝 (예) 노력을 했지만은 결과는 좋지 않다.【Text=14/Freq1=33(0.0018%)】

-지요 끝 (예) 내일은 비가 오겠지요/오늘 왔지요?/그만 나가시지요!
　　【Text=113/Freq1=894(0.0481%)】

하고✤ 조 (예) 아 사람하고. 왜 그리 째째해?【Text=2/Freq1=2(0.0001%)】

한테 조 (예) 친구한테 편지를 쓰다.【Text=125/Freq1=581(0.0313%)】

한테서 조 (예) 어머니한테서 편지가 오다.【Text=35/Freq1=50(0.0027%)】

처럼 조 (예) 꽃처럼 아름답다./너처럼 되고 싶다.【Text=187/Freq1=1,670(0.0899%)】

치고 조 (예) 주말치고 일이 바쁘다./외국인치고 말을 잘하다.
　　【Text=23/Freq1=28(0.0015%)】

≪하고≫ 조 전체빈도합=822(0.0443%) ³⁾

하고1 조 (예) 떡하고 주스를 사다./너하고 나하고 가자.
　　【Text=83/Freq1=294(0.0158%)】

하고1 조 (예) 네 생각하고는 다르다./남편하고 같은 회사에 다니다.
　　【Text=74/Freq1=177(0.0095%)】

하고2 조 (예) '빌어먹을'하고 중얼거리다.

---

3) 『연세 한국어 사전』에서는 접속조사의 용법(떡하고 주스)과 부사격 조사의 용법(남편하고 같은 회사)을 하나의 표제어 '하고¹'로 기술하고 있으나, 여기에서는 구별하여 제시하기로 한다.

수록 대표 올림말 색인

일러두기

1. 대표올림말 (예: ≪가³≫)

   하나의 올림말에 둘 이상의 조사나 어미가 있을 때, 또는 로마자 I, II, III 따위로 구분된 조사나 어미가 있을 때에는 '대표올림말'로 묶어서 전체 빈도를 보이기로 한다. 이때 모든 형태의 품사가 같을 때에는 대표올림말에도 품사를 표시한다.

2. 올림말 뒤의 클로버

   올림말 뒤에 붙인 클로버(예: 게♣)는, 그 올림말이 『연세 한국어 사전』(1998)에 수록되어 있지 않은 것임을 뜻한다.

3. 품사의 표시

   조사(토씨)는 '조'로, 어미(씨끝)은 '끝'으로 표시하여, 그 품사를 구별한다.
   『연세 한국어 사전』에 '준꼴'로 기술된 것은 '준'으로 표시한다.

올림말	쪽	올림말	쪽	올림말	쪽
《가》	33	《각기》	41	《강인하다》	48
《가게》	33	《각오》	42	《강제》	48
《가격》	33	《각자》	42	《강조하다》	48
《가구》	33	《각종》	42	《강하다》	48
《가까이》	33	《간》	42	《갖가지》	48
《가깝다》	33	《간단하다》	42	《갖다》	48
《가꾸다》	33	《간단히》	42	《갖추다》	49
《가끔》	34	《간밤》	42	《같다》	49
《가난》	34	《간부》	43	《같이》	49
《가난하다》	34	《간식》	43	《같이하다》	49
《가늘다》	34	《간신히》	43	《갚다》	49
《가능성》	34	《간장》	43	《개》	49
《가능하다》	34	《간절하다》	43	《개구리》	49
《가다》	34	《간접적》	43	《개구쟁이》	49
《가다듬다》	35	《간직하다》	43	《개나리》	49
《가두다》	35	《간추리다》	43	《개념》	50
《가득》	35	《간판》	43	《개다》	50
《가득차다》	35	《간호사》	43	《개미》	50
《가득하다》	35	《간혹》	43	《개발》	50
《가뜩이나》	36	《갇히다》	43	《개발되다》	50
《가라앉다》	36	《갈다》	43	《개발하다》	50
《가라앉히다》	36	《갈등》	44	《개선》	50
《가락》	36	《갈라지다》	44	《개선하다》	50
《가량》	36	《갈래》	44	《개성》	50
《가렵다》	36	《갈비》	44	《개월》	50
《가령》	36	《갈색》	44	《개인》	50
《가로》	36	《갈아입다》	44	《개인적》	50
《가로등》	36	《갈아타다》	44	《개척하다》	51
《가로막다》	36	《감》	44	《개혁》	51
《가로지르다》	37	《감각》	45	《객관적》	51
《가루》	37	《감격》	45	《갸웃거리다》	51
《가르다》	37	《감기》	45	《걔》	51
《가르치다》	37	《감다》	45	《거》	51
《가르침》	37	《감당하다》	45	《거기》	52
《가리다》	37	《감독》	45	《거꾸로》	52
《가리키다》	37	《감동》	45	《거느리다》	52
《가만》	37	《감동적》	45	《거대하다》	52
《가만히》	38	《감사》	45	《거두다》	52
《가문》	38	《감사하다》	45	《거들다》	52
《가뭄》	38	《감상》	45	《거듭하다》	52
《가방》	38	《감상하다》	46	《거래》	52
《가볍다》	38	《감수성》	46	《거리》	53
《가사》	38	《감수하다》	46	《거미》	53
《가수》	38	《감시》	46	《거부하다》	53
《가스》	38	《감싸다》	46	《거세다》	53
《가슴》	38	《감옥》	46	《거스르다》	53
《가시》	39	《감자》	46	《거실》	53
《가엾다》	39	《감정》	46	《거울》	53
《가운데》	39	《감추다》	46	《거의》	53
《가위》	39	《감탄하다》	46	《거절하다》	53
《가을》	39	《감히》	46	《거지》	53
《가장》	39	《갑자기》	46	《거짓》	54
《가장자리》	39	《갑작스럽다》	46	《거짓말》	54
《가정》	39	《값》	46	《거치다》	54
《가져가다》	39	《값싸다》	47	《거칠다》	54
《가져오다》	40	《갓》	47	《걱정》	54
《가족》	40	《갔다오다》	47	《걱정스럽다》	54
《가죽》	40	《강》	47	《걱정하다》	54
《가지》	40	《강가》	47	《건강》	54
《가지다》	40	《강남》	47	《건강하다》	54
《가지런히》	41	《강력하다》	47	《건너》	54
《가짜》	41	《강렬하다》	47	《건너가다》	54
《가축》	41	《강물》	47	《건너다》	55
《가치》	41	《강변》	47	《건너오다》	55
《가치관》	41	《강산》	47	《건너편》	55
《가하다》	41	《강아지》	47	《건네다》	55
《각》	41	《강요하다》	47	《건드리다》	55
《각각》	41	《강의》	47	《건물》	55
《각국》	41			《건설》	55

수록 대표 올림말 색인 597

《건설하다》	55	《경제적》	62	《고전》	68
《건전하다》	55	《경주》	62	《고정시키다》	68
《건조하다》	55	《경찰》	62	《고집》	68
《건지다》	55	《경찰관》	62	《고집하다》	68
《건축》	55	《경찰서》	63	《고추》	68
《걷다》	55	《경치》	63	《고치다》	68
《걷어차다》	56	《경향》	63	《고통》	68
《걸다》	56	《경험》	63	《고통스럽다》	68
《걸레》	56	《경험하다》	63	《고프다》	68
《걸리다》	56	《곁》	63	《고함》	68
《걸맞다》	57	《곁들이다》	63	《고향》	68
《걸어가다》	57	《계곡》	63	《곡》	68
《걸어다니다》	57	《계급》	63	《곡식》	69
《걸어오다》♣	57	《계기》	63	《곤란하다》	69
《걸음》	57	《계단》	63	《곤충》	69
《걸음걸이》	57	《계란》	63	《곧》	69
《걸치다》	57	《계산》	63	《곧다》	69
《걸터앉다》	58	《계산하다》	63	《곧바로》	69
《검다》	58	《계속》	64	《곧잘》	69
《검사》	58	《계속되다》	64	《곧장》	69
《검토하다》	58	《계속하다》	64	《골고루》	69
《겁》	58	《계시다》	64	《골다》	69
《겁나다》	58	《계절》	64	《골목》	69
《것》	58	《계집애》	64	《골목길》	69
《겉》	59	《계층》	64	《골짜기》	69
《게》	59	《계획》	64	《곰》	69
《게다가》	59	《계획하다》	64	《곰곰이》	70
《게으르다》	59	《고개》	64	《곱다》	70
《게임》	59	《고구려》♣	65	《곳》	70
《겨레》	59	《고구마》	65	《곳곳》	70
《겨를》	59	《고귀하다》	65	《공》	70
《겨우》	59	《고급》	65	《공간》	70
《겨울》	59	《고기》	65	《공감》	71
《격》	59	《고난》	65	《공감하다》	71
《격려》	60	《고달프다》	65	《공격》	71
《겪다》	60	《고대》	65	《공격하다》	71
《견디다》	60	《고도》	65	《공경하다》	71
《견주다》	60	《고독》	65	《공공》	71
《견학》	60	《고독하다》	65	《공급》	71
《견학하다》	60	《고등》	65	《공기》	71
《견해》	60	《고등학교》♣	66	《공놀이》	71
《결과》	60	《고래》	66	《공동》	71
《결국》	60	《고려》	66	《공동체》	71
《결론》	60	《고려하다》	66	《공무원》	72
《결말》	60	《고르다》	66	《공부》	72
《결석》	60	《고마움》	66	《공부하다》	72
《결심》	60	《고맙다》	66	《공사》	72
《결심하다》	60	《고모》	66	《공산주의》	72
《결정》	60	《고무신》	66	《공손하다》	72
《결정되다》	60	《고무줄》	66	《공손히》	72
《결정적》	60	《고문》	66	《공업》	72
《결정하다》	61	《고민》	66	《공연》	72
《결코》	61	《고민하다》	66	《공연장》	72
《결혼》	61	《고백》	66	《공연히》	72
《결혼식》	61	《고백하다》	66	《공원》	72
《결혼하다》	61	《고생》	67	《공장》	72
《겸》	61	《고생하다》	67	《공정하다》	72
《겹치다》	61	《고속》	67	《공주》	72
《경》	61	《고약하다》	67	《공중》	72
《경계》	61	《고양이》	67	《공짜》	73
《경계하다》	61	《고요하다》	67	《공책》	73
《경기》	61	《고유》	67	《공통점》	73
《경멸하다》	62	《고유하다》	67	《공평하다》	73
《경복궁》♣	62	《고을》	67	《공포》	73
《경영》	62	《고이다》	67	《공항》	73
《경우》	62	《고작》	67	《공해》	73
《경쟁》	62	《고장》	67	《공허하다》	73
《경제》	62	《고장나다》	68	《과》	73
				《과거》	73

《과목》	73	《구름》	78	《권위》	85
《과수원》	74	《구리》	79	《권총》	85
《과연》	74	《구멍》	79	《권하다》	85
《과일》	74	《구멍가게》	79	《귀》	85
《과자》	74	《구별》	79	《귀국하다》	85
《과장》	74	《구별되다》	79	《귀신》	85
《과정》	74	《구별하다》	79	《귀엽다》	86
《과제》	74	《구분》	79	《귀족》	86
《과학》	74	《구분하다》	79	《귀중하다》	86
《과학자》	74	《구사하다》	79	《귀찮다》	86
《과학적》	74	《구석》	79	《귀하다》	86
《관객》	74	《구석구석》	79	《규모》	86
《관계》	74	《구성》	79	《규범》	86
《관광》	74	《구성되다》	79	《규정하다》	86
《관광객》	75	《구성원》	79	《규제》	86
《관광지》	75	《구성하다》	79	《규칙》	86
《관념》	75	《구실》	80	《규칙적》	86
《관련》	75	《구십》	80	《균형》	86
《관련되다》	75	《구역》	80	《귤》	86
《관련하다》	75	《구원》	80	《그》	86
《관리》	75	《구월》	80	《그거》	87
《관리하다》	75	《구입하다》	80	《그것》	87
《관심》	75	《구절》	80	《그곳》♣	87
《관점》	75	《구조》	80	《그까짓》	88
《관찰》	75	《구체적》	80	《그나마》	88
《관찰하다》	75	《구하다》	80	《그날》♣	88
《관청》	75	《구호》	80	《그냥》	88
《관하다》	75	《국》	80	《그녀》	88
《광경》	75	《국가》	81	《그놈》♣	88
《광고》	75	《국경》	81	《그늘》♣	88
《광대》	75	《국기》	81	《그니까》	88
《광복》	75	《국내》	81	《그다지》	89
《광장》	76	《국도》	81	《그대》	89
《괘씸하다》	76	《국립》	81	《그대로》	89
《괜찮다》	76	《국물》	81	《그동안》	89
《괜히》	76	《국민》	81	《그들》♣	89
《괴로워하다》	76	《국민학교》♣	81	《그때》	89
《괴롭다》	76	《국수》	81	《그래》	89
《괴롭히다》	76	《국어》	81	《그래도》	89
《괴물》	76	《국제》	82	《그래두》	89
《괴상하다》	76	《국토》	82	《그래서》	89
《굉장하다》	76	《국회》	82	《그래야》	90
《굉장히》	76	《국회의원》♣	82	《그러나》	90
《교과서》	76	《군》	82	《그러니》	90
《교내》	76	《군대》	82	《그러니까》	90
《교류》	76	《군데》	82	《그러다》	90
《교문》	76	《군사》	82	《그러다가》	90
《교복》	77	《군인》	83	《그러면》	90
《교사》	77	《군중》	83	《그러면서》	91
《교수》	77	《굳다》	83	《그러면은》	91
《교실》	77	《굳이》	83	《그러므로》	91
《교양》	77	《굴》	83	《그러자》	91
《교육》	77	《굴다》	83	《그러하다》	91
《교장》	77	《굴뚝》	83	《그런》	91
《교통》	77	《굴리다》	83	《그런대로》	91
《교통사고》♣	77	《굵다》	83	《그런데》	91
《교환》	77	《굶다》	84	《그런데도》	92
《교환하다》	77	《굶주리다》	84	《그럼》	92
《교회》	77	《굽다》	84	《그럼요》	92
《교훈》	77	《굽히다》	84	《그렇게》	92
《구》	78	《궁궐》	84	《그렇다》	92
《구경》	78	《궁극적》	84	《그렇다고》	93
《구경거리》	78	《궁금하다》	84	《그렇다면》♣	93
《구경꾼》	78	《궁리》	84	《그렇지만》	93
《구경하다》	78	《궁리하다》	84	《그루》	93
《구기다》	78	《권》	84	《그룹》	93
《구두》	78	《권력》	85	《그르다》	93
《구르다》	78	《권리》	85	《그릇》	93

수록 대표 올림말 색인 599

《그리》	93	《기능》	101	《깃들다》	106
《그리고》	93	《기다》	101	《깊다》	107
《그리구》♣	93	《기다리다》	101	《깊숙이》	107
《그리다》	94	《기대》	101	《깊이》	107
《그리움》	94	《기대다》	101	《까다》	107
《그리워하다》	94	《기대하다》	101	《까다롭다》	107
《그리하여》	94	《기도》	101	《까닭》	108
《그림》	94	《기도하다》	101	《까마귀》	108
《그림자》	94	《기둥》	101	《까맣다》	108
《그립다》	94	《기록》	101	《까치》	108
《그만》	94	《기록하다》	101	《깎다》	108
《그만두다》	95	《기르다》	101	《깔다》	108
《그만큼》	95	《기름》	102	《깔리다》	108
《그만하다》	95	《기리다》	102	《깜깜하다》	108
《그물》	95	《기반》	102	《깜빡》	109
《그분》	95	《기법》	102	《깜짝》	109
《그야말로》	95	《기본》	102	《깨》	109
《그이》	95	《기본적》	102	《깨끗이》	109
《그저》	95	《기분》	102	《깨끗하다》	109
《그저께》	95	《기뻐하다》	102	《깨다》	109
《그제서야》	95	《기쁘다》	102	《깨닫다》	109
《그제야》	95	《기쁨》	102	《깨달음》	109
《그쪽》	96	《기사》	102	《깨뜨리다》	110
《그치》	96	《기상》	102	《깨물다》	110
《그치다》	96	《기색》	103	《깨어나다》	110
《그토록》	96	《기세》	103	《깨우다》	110
《극단적》	96	《기숙사》	103	《깨우치다》	110
《극복하다》	96	《기술》	103	《깨지다》	110
《극장》	96	《기술자》	103	《꺼내다》	110
《극히》	96	《기슭》	103	《꺼지다》	110
《근거》	96	《기억》	103	《꺾다》	110
《근까》♣	96	《기억하다》	103	《꺾이다》	111
《근대》	96	《기업》	103	《껌》	111
《근대화》	97	《기여하다》	103	《껍질》	111
《근데》	97	《기온》	103	《껴안다》	111
《근래》	97	《기와집》	103	《꼬다》	111
《근무》	97	《기운》	103	《꼬리》	111
《근무하다》	97	《기울다》	103	《꼬마》	111
《근본》	97	《기울이다》	104	《꼬집다》	112
《근본적》	97	《기원하다》	104	《꼭》	112
《근사하다》	97	《기자》	104	《꼭꼭》	112
《근원》	97	《기존》	104	《꼭대기》	112
《근육》	97	《기준》	104	《꼴》	112
《근처》	97	《기지》	104	《꼼꼼하다》	112
《글》	97	《기차》	104	《꼼짝》	112
《글쎄》	97	《기초》	104	《꼽다》	112
《글씨》	98	《기침》	104	《꽁꽁》	112
《글자》	98	《기타》	104	《꽂다》	113
《긁다》	98	《기특하다》	104	《꽂히다》	113
《금》	98	《기호》	104	《꽃》	113
《금년》	98	《기회》	105	《꽃밭》	113
《금방》	98	《기후》	105	《꽃씨》	113
《금세》	99	《긴장》	105	《꽃잎》	113
《금속》	99	《긴장하다》	105	《꽉》	113
《금액》	99	《긷다》	105	《꽤》	113
《금요일》	99	《길》	105	《꾀》	113
《금지》	99	《길가》	105	《꾸다》	113
《급하다》	99	《길거리》	105	《꾸리다》	114
《급히》	99	《길다》	105	《꾸미다》	114
《긋다》	99	《길들이다》	106	《꾸준히》	114
《긍정적》	99	《길목》	106	《꾸중》	114
《긍지》	99	《길이》	106	《꾸짖다》	114
《기》	99	《김》	106	《꾹》	114
《기간》	100	《김밥》	106	《꿀》	114
《기계》	100	《김장》	106	《꿇다》	114
《기관》	100	《김치》	106	《꿈》	114
《기구》	100	《김치찌개》♣	106	《꿈꾸다》	114
《기념》	100	《깃》	106	《꿩》	114
				《꿰다》	115

≪끄다≫	115	≪날로≫	126	≪내키다≫	135
≪끄덕이다≫	115	≪날리다≫	126	≪냄새≫	136
≪끈≫	115	≪날마다≫	127	≪냇가≫	136
≪끈질기다≫	115	≪날씨≫	127	≪냇물≫	136
≪끊기다≫	115	≪날아가다≫	127	≪냉면≫	136
≪끊다≫	115	≪날아다니다≫	127	≪냉장고≫	136
≪끊어지다≫	116	≪날아오다≫	127	≪냉정하다≫	136
≪끊임없다≫	116	≪날짜≫	127	≪너≫	136
≪끊임없이≫	116	≪날카롭다≫	127	≪너그럽다≫	136
≪끌다≫	116	≪낡다≫	127	≪너머≫	136
≪끌려가다≫	116	≪남≫	127	≪너무≫	136
≪끌리다≫	116	≪남기다≫	128	≪너무나≫	136
≪끌어당기다≫	116	≪남녀≫	128	≪너무너무≫	136
≪끌어들이다≫	116	≪남다≫	128	≪너희≫	136
≪끓다≫	117	≪남대문♣≫	128	≪넉넉하다≫	136
≪끓이다≫	117	≪남북≫	128	≪넋≫	136
≪끔찍하다≫	117	≪남산♣≫	128	≪널리≫	137
≪끝≫	117	≪남성≫	128	≪널리다≫	137
≪끝나다≫	117	≪남자≫	129	≪넓다≫	137
≪끝내≫	117	≪남쪽≫	129	≪넓이≫	137
≪끝내다≫	118	≪남편≫	129	≪넓히다≫	137
≪끝없다≫	118	≪남학생≫	129	≪넘기다≫	137
≪끝없이≫	118	≪낫≫	129	≪넘다≫	137
≪끼≫	118	≪낫다≫	129	≪넘어가다≫	137
≪끼니≫	118	≪낭독하다≫	129	≪넘어서다≫	138
≪끼다≫	118	≪낭만≫	129	≪넘어지다≫	138
≪끼리≫	118	≪낭비≫	129	≪넘치다≫	138
≪끼어들다≫	119	≪낭비하다≫	129	≪넣다≫	138
≪끼여들다≫	119	≪낮≫	129	≪네≫	139
≪끼우다≫	119	≪낮다≫	129	≪네거리≫	139
≪끼치다≫	119	≪낮잠≫	129	≪네에♣≫	139
≪나≫	119	≪낮추다≫	129	≪넥타이≫	139
≪나가다≫	119	≪낯≫	129	≪넷≫	139
≪나그네≫	120	≪낯설다≫	130	≪넷째≫	139
≪나날≫	120	≪낯익다≫	130	≪녀석≫	139
≪나누다≫	120	≪낱말≫	130	≪년≫	139
≪나누어지다≫	120	≪낳다≫	130	≪년대♣≫	140
≪나뉘다≫	121	≪내≫	130	≪노동≫	140
≪나다≫	121	≪내기≫	130	≪노동자≫	140
≪나들이≫	122	≪내내≫	130	≪노랗다≫	140
≪나라≫	122	≪내년≫	130	≪노래≫	140
≪나란히≫	122	≪내놓다≫	130	≪노래하다≫	140
≪나르다≫	123	≪내다≫	131	≪노려보다≫	140
≪나름≫	123	≪내다보다≫	132	≪노력≫	140
≪나름대로≫	123	≪내던지다≫	132	≪노력하다≫	140
≪나머지≫	123	≪내려가다≫	132	≪노릇≫	140
≪나무≫	123	≪내려놓다≫	132	≪노리다≫	140
≪나무라다≫	123	≪내려다보다≫	132	≪노예≫	140
≪나물≫	123	≪내려앉다≫	132	≪노을≫	141
≪나뭇가지≫	123	≪내려오다≫	133	≪노인≫	141
≪나뭇잎≫	123	≪내력≫	133	≪노트≫	141
≪나비≫	123	≪내리다≫	133	≪녹다≫	141
≪나쁘다≫	123	≪내면≫	134	≪녹이다≫	141
≪나서다≫	123	≪내밀다≫	134	≪논≫	141
≪나아가다≫	124	≪내뱉다≫	134	≪논리≫	141
≪나오다≫	124	≪내버리다≫	134	≪논리적≫	141
≪나이≫	125	≪내보내다≫	134	≪논문≫	141
≪나중≫	125	≪내보이다≫	134	≪논의≫	141
≪나타나다≫	125	≪내부≫	134	≪논쟁≫	141
≪나타내다≫	125	≪내뿜다≫	135	≪놀다≫	141
≪나흘≫	125	≪내세우다≫	135	≪놀라다≫	142
≪낙엽≫	125	≪내쉬다≫	135	≪놀랍다≫	142
≪낚시≫	125	≪내심≫	135	≪놀래다≫	142
≪난리≫	125	≪내외≫	135	≪놀리다≫	142
≪난처하다≫	125	≪내용≫	135	≪놀이≫	142
≪날≫	126	≪내일≫	135	≪놀이터≫	142
≪날개≫	126	≪내주다≫	135	≪놈≫	142
≪날다≫	126	≪내지≫	135	≪농구≫	143
≪날뛰다≫	126				

수록 대표 올림말 색인 601

《농담》	143	《다녀오다》	151	《달콤하다》	159
《농민》	143	《다니다》	151	《달하다》	159
《농부》	143	《다듬다》	151	《닭》	159
《농사》	143	《다람쥐》	151	《닮다》	159
《농사일》	143	《다루다》	151	《닳다》	159
《농사짓다》♣	143	《다르다》	152	《담》	159
《농산물》	143	《다름없다》	152	《담그다》	159
《농업》	143	《다리》	152	《담기다》	159
《농장》	143	《다만》	152	《담다》	159
《농촌》	143	《다물다》	152	《담당》	160
《농토》	143	《다발》	152	《담당하다》	160
《높다》	143	《다방》	152	《담배》	160
《높이》	143	《다분히》	152	《담벼락》	160
《높이다》	144	《다섯》	152	《담임》	160
《놓다》	144	《다소》	152	《담장》	160
《놓이다》	144	《다수》	153	《답》	160
《놓치다》	145	《다스리다》	153	《-답다》	160
《놔두다》♣	145	《다시》	153	《답답하다》	160
《뇌리》	145	《다시금》	153	《답장》	161
《누》	145	《다양하다》	153	《답하다》	161
《누구》	145	《다음》	153	《당》	161
《누구누구》	145	《다음날》	153	《당국》	161
《누나》	145	《다이어트》	153	《당기다》	161
《누다》	145	《다정하다》	153	《당당하다》	161
《누렇다》	145	《다짐》	154	《당대》	161
《누르다》	145	《다짐하다》	154	《당번》	161
《누리다》	146	《다치다》	154	《당부하다》	161
《누이》	146	《다투다》	154	《당분간》	161
《눈》	146	《다툼》	154	《당시》	161
《눈길》	147	《다하다》	154	《당신》	162
《눈동자》	147	《다행》	154	《당연하다》	162
《눈물》	147	《다행히》	154	《당연히》	162
《눈부시다》	147	《닥치다》	154	《당장》	162
《눈빛》	147	《닦다》	154	《당하다》	162
《눈썹》	147	《단》	155	《당황하다》	162
《눈앞》	147	《단계》	155	《닿다》	162
《눈초리》	148	《단단하다》	155	《대》	163
《눈치》	148	《단단히》	155	《대가》	163
《눈치채다》	148	《단순》	155	《대강》	163
《눕다》	148	《단순하다》	155	《대개》	164
《눕히다》	148	《단순히》	156	《대규모》	164
《뉘우치다》	148	《단숨에》	156	《대꾸》	164
《뉴스》	148	《단어》	156	《대꾸하다》	164
《뉴욕》♣	148	《단위》	156	《대나무》	164
《느끼다》	148	《단정하다》	156	《대낮》	164
《느낌》	148	《단지》	156	《대다》	164
《느닷없이》	148	《단체》	156	《대단하다》	164
《느리다》	149	《단추》	156	《대단히》	164
《느티나무》	149	《단풍》	156	《대답》	164
《늑대》	149	《단호하다》	156	《대답하다》	164
《늘》	149	《닫다》	156	《대뜸》	165
《늘리다》	149	《닫히다》	156	《대량》	165
《늘어나다》	149	《달》	156	《대로》	165
《늘어놓다》	149	《달걀》	157	《대륙》	165
《늘어서다》	149	《달다》	157	《대립》	165
《늘어지다》	149	《달라붙다》	157	《대목》	165
《늙다》	149	《달라지다》	157	《대문》	165
《늙은이》	149	《달래다》	157	《대부분》	165
《능력》	149	《달러》	157	《대비하다》	165
《늦다》	150	《달려가다》	158	《대사》	165
《니》	150	《달려들다》	158	《대사관》	165
《님》	150	《달려오다》	158	《대상》	166
《다》	150	《달력》	158	《대신》	166
《다가가다》	150	《달리》	158	《대신하다》	166
《다가서다》	151	《달리기》	158	《대여섯》	166
《다가오다》	151	《달리다》	158	《대열》	166
《다급하다》	151	《달빛》	158	《대왕》	166
《다녀가다》	151	《달아나다》	158	《대우》	166
		《달아오르다》	159	《대응하다》	166

602 한국어 기본어휘 의미 빈도 사전

≪대접≫	166	≪도서관≫	173	≪동화책≫	180
≪대접하다≫	166	≪도시≫	173	≪돼지≫	180
≪대중≫	167	≪도시락≫	173	≪되게≫	180
≪대지≫	167	≪도움≫	173	≪되다≫	180
≪대책≫	167	≪도자기≫	173	≪되도록≫	181
≪대처하다≫	167	≪도장≫	173	≪되돌아가다≫	181
≪대체≫	167	≪도저히≫	173	≪되돌아보다≫	181
≪대체로≫	167	≪도전≫	173	≪되돌아오다≫	181
≪대충≫	167	≪도전하다≫	173	≪되묻다≫	181
≪대통령≫	167	≪도중≫	173	≪되살리다≫	181
≪대표≫	167	≪도착하다≫	173	≪되살아나다≫	181
≪대표적≫	167	≪독≫	174	≪되찾다≫	181
≪대표하다≫	167	≪독립≫	174	≪되풀이되다≫	181
≪대하다≫	167	≪독서≫♣	174	≪되풀이하다≫	181
≪대학≫	168	≪독일≫♣	174	≪된장≫	181
≪대학교≫	168	≪독자≫	174	≪두≫	182
≪대학생≫	168	≪독재≫	174	≪두근거리다≫	182
≪대학원≫♣	168	≪독특하다≫	174	≪두꺼비≫	182
≪대한민국≫♣	168	≪독하다≫	174	≪두껍다≫	182
≪대형≫	168	≪돈≫	174	≪두뇌≫	182
≪대화≫	168	≪돋다≫	175	≪두다≫	182
≪대회≫	168	≪돋아나다≫	175	≪두드러지다≫	183
≪댁≫	168	≪돌≫	175	≪두드리다≫	183
≪댐≫	168	≪돌다≫	175	≪두들기다≫	183
≪더≫	168	≪돌려주다≫	176	≪두려움≫	183
≪더구나≫	168	≪돌리다≫	176	≪두려워하다≫	183
≪더듬다≫	168	≪돌멩이≫	176	≪두렵다≫	183
≪더러≫	169	≪돌보다≫	176	≪두루≫	183
≪더럽다≫	169	≪돌아가다≫	176	≪두르다≫	183
≪더럽히다≫	169	≪돌아가시다≫	177	≪두리번거리다≫	183
≪더불어≫	169	≪돌아다니다≫	177	≪두세≫	183
≪더욱≫	169	≪돌아다보다≫	177	≪두어≫	184
≪더욱더≫	169	≪돌아보다≫	177	≪두텁다≫	184
≪더욱이≫	169	≪돌아서다≫	177	≪둑≫	184
≪더위≫	169	≪돌아오다≫	177	≪둘≫	184
≪더이상≫	169	≪돌이켜보다≫	177	≪둘러보다≫	184
≪더하다≫	169	≪돌이키다≫	177	≪둘러서다≫	184
≪덕≫	169	≪돕다≫	177	≪둘러싸다≫	184
≪덕분≫	170	≪동갑≫	178	≪둘러싸이다≫	184
≪던지다≫	170	≪동굴≫	178	≪둘러앉다≫	184
≪덜≫	170	≪동그라미≫	178	≪둘레≫	184
≪덜다≫	170	≪동그랗다≫	178	≪둘이≫	184
≪덤벼들다≫	170	≪동기≫	178	≪둘째≫	184
≪덥다≫	170	≪동네≫♣	178	≪둥글다≫	184
≪덧붙이다≫	170	≪동대문≫♣	178	≪뒤≫	185
≪덩어리≫	170	≪동떨어지다≫	178	≪뒤돌아보다≫	185
≪덮다≫	171	≪동료≫	178	≪뒤따르다≫	185
≪덮이다≫	171	≪동무≫	178	≪뒤떨어지다≫	185
≪데≫	171	≪동물≫	178	≪뒤뜰≫	185
≪데려가다≫	171	≪동물원≫	178	≪뒤적이다≫	185
≪데려오다≫	171	≪동사≫	178	≪뒤지다≫	185
≪데리다≫	171	≪동산≫	179	≪뒤집다≫	185
≪데이트≫	171	≪동생≫	179	≪뒤집어쓰다≫	186
≪도≫	171	≪동시≫	179	≪뒤쪽≫	186
≪도구≫	172	≪동안≫	179	≪뒤통수≫	186
≪도깨비≫	172	≪동양≫	179	≪뒷모습≫	186
≪도달하다≫	172	≪동요≫	179	≪뒷부분≫	186
≪도대체≫	172	≪동원하다≫	179	≪뒷산≫	186
≪도덕≫	172	≪동의하다≫	179	≪뒹굴다≫	186
≪도둑≫	172	≪동일하다≫	179	≪드나들다≫	186
≪도로≫	172	≪동작≫	179	≪드디어≫	186
≪도리≫	172	≪동전≫	179	≪드라마≫	186
≪도리어≫	172	≪동지≫	179	≪드러나다≫	187
≪도망≫	172	≪동쪽≫	180	≪드러내다≫	187
≪도망가다≫	172	≪동창≫	180	≪드러눕다≫	187
≪도망치다≫	172	≪동포≫	180	≪드리다≫	187
≪도무지≫	173	≪동해≫	180	≪드리우다≫	187
≪도사리다≫	173	≪동화≫	180	≪드물다≫	187
				≪들다≫	187

수록 대표 올림말 색인 603

《들》	188	《떨구다》	199	《마르다》	208
《들다》	188	《떨다》	199	《마리》	209
《들뜨다》	189	《떨리다》	200	《마시다》	209
《들려오다♣》	189	《떨어뜨리다》	200	《마을》	209
《들려주다》	189	《떨어지다》	200	《마음》	209
《들르다》	189	《떨치다》	201	《마음가짐》	209
《들리다》	190	《떳떳하다》	201	《마음껏》	209
《들어가다》	190	《떼》	201	《마음먹다♣》	209
《들어서다》	191	《떼다》	201	《마음속♣》	209
《들어앉다》	191	《또》	202	《마음씨》	209
《들어오다》	191	《또는》	202	《마이크》	209
《들어주다》	191	《또다시》	202	《마주》	209
《들여놓다》	191	《또래》	202	《마주치다》	210
《들여다보다》	191	《또한》	202	《마지막》	210
《들이다》	192	《똑같다》	202	《마찬가지》	210
《들추다》	192	《똑같이》	202	《마치》	210
《들키다》	192	《똑똑하다》	202	《마치다》	210
《들판》	192	《똑바로》	202	《마침》	210
《듯》	192	《똥》	202	《마침내》	210
《듯싶다》	192	《뚜껑》	202	《마흔》	210
《듯이》	192	《뚜렷하다》	202	《막》	210
《듯하다》	192	《뚝》	202	《막걸리》	211
《등》	192	《뚫다》	203	《막내》	211
《등기》	193	《뚱뚱하다》	203	《막다》	211
《등등》	193	《뛰놀다》	203	《막대기》	211
《등불》	193	《뛰다》	203	《막무가내》	211
《등산》	193	《뛰어가다》	203	《막상》	211
《등장》	193	《뛰어나가다♣》	203	《막연하다》	211
《등장하다》	193	《뛰어나다》	203	《막히다》	211
《디자인》	193	《뛰어나오다》	203	《만》	212
《따다》	193	《뛰어넘다》	204	《만나다》	212
《따뜻하다》	194	《뛰어다니다♣》	204	《만남》	212
《따라가다》	194	《뛰어들다》	204	《만년필》	212
《따라다니다》	194	《뛰어오다》	204	《만들다》	212
《따라서》	194	《뛰어오르다》	204	《만세》	213
《따라오다》	194	《뜨겁다》	204	《만약》	213
《따로》	194	《뜨다》	204	《만원》	213
《따르다》	194	《뜯다》	205	《만일》	213
《따름》	195	《뜰》	205	《만족》	213
《따스하다》	195	《뜻》	205	《만족하다》	213
《따위》	195	《뜻밖》	205	《만지다》	213
《따지다》	195	《뜻있다♣》	205	《만큼》	213
《딱》	195	《뜻하다》	206	《만하다》	213
《딱딱하다》	195	《띄다》	206	《만화》	213
《딱하다》	195	《띄우다》	206	《많다》	213
《딴》	196	《띠》	206	《많이》	214
《딸》	196	《띠다》	206	《말》	214
《딸기》	196	《라디오》	206	《말기》	215
《땀》	196	《라면》	206	《말끔히》	215
《땅》	196	《러시아♣》	206	《말끝》	215
《땅바닥》	196	《렌즈》	206	《말다》	215
《때》	196	《로봇》	207	《말리다》	216
《때다》	196	《류》	207	《말미암다》	216
《때때로》	197	《리》	207	《말소리》	216
《때로》	197	《리듬》	207	《말씀》	216
《때리다》	197	《리어카》	207	《말씀드리다》	216
《때문》	197	《마구》	207	《말씀하다》	216
《때우다》	197	《마냥》	207	《말씨》	216
《땜♣》	197	《마누라》	207	《말없이》	216
《떠나가다》	197	《마늘》	207	《말투》	216
《떠나다》	197	《마당》	207	《말하다》	216
《떠돌다》	198	《마디》	208	《말하자면》	217
《떠들다》	198	《마땅하다》	208	《맑다》	217
《떠들썩하다》	198	《마땅히》	208	《맘》	217
《떠오르다》	198	《마련》	208	《맛》	217
《떠올리다》	198	《마련되다》	208	《맛보다》	218
《떡》	198	《마련하다》	208	《맛있다》	218
《떡국》	199	《마루》	208	《망가지다》	218

올림말	쪽	올림말	쪽	올림말	쪽
《망설이다》	218	《몇》	228	《무기》	236
《망치》	218	《몇몇》	228	《무너지다》	236
《망치다》	218	《모》	228	《무늬》	236
《망하다》	218	《모금》	229	《무당》	236
《맞다》	218	《모기》	229	《무대》	236
《맞서다》	219	《모델》	229	《무덤》	236
《맞은편》	219	《모두》	229	《무덥다》	236
《맞이하다》	219	《모든》	229	《무려》	236
《맞추다》	219	《모래》	229	《무렵》	236
《맡기다》	220	《모레》	229	《무릎》	236
《맡다》	220	《모르다》	229	《무리》	236
《매》	220	《모범》	230	《무사히》	237
《매기다》	220	《모순》	230	《무서움》	237
《매년》	221	《모습》	230	《무섭다》	237
《매다》	221	《모시다》	230	《무수하다》	237
《매달다》	221	《모양》	230	《무슨》	237
《매달리다》	221	《모여들다》♣	230	《무시하다》	237
《매력》	221	《모으다》	230	《무심코》	237
《매미》	221	《모음》	230	《무심하다》	237
《매번》	221	《모이다》	230	《무어》	237
《매우》	221	《모임》	231	《무엇》	237
《매일》	221	《모자》	231	《무엇무엇》♣	238
《매체》	221	《모자라다》	231	《무역》	238
《맥》	221	《모조리》	231	《무용》	238
《맥락》	222	《모처럼》	231	《무의미하다》	238
《맥주》	222	《모퉁이》	231	《무조건》	238
《맨》	222	《모험》	231	《무지개》	238
《맨날》	222	《목》	231	《무찌르다》	238
《맨발》	222	《목걸이》	232	《무척》	238
《맴돌다》	222	《목격하다》	232	《무한하다》	238
《맵다》	222	《목구멍》	232	《묵다》	238
《맺다》	222	《목사》	232	《묵묵히》	238
《맺히다》	223	《목소리》	232	《묶다》	238
《머금다》	223	《목숨》	232	《묶이다》	239
《머리》	223	《목요일》	232	《문》	239
《머리카락》	224	《목욕》	232	《문득》	239
《머리칼》	224	《목욕탕》	232	《문명》	239
《머릿속》	224	《목장》	232	《문방구》	239
《머무르다》	224	《목적》	232	《문법》	239
《머물다》	224	《목적지》	232	《문자》	239
《머뭇거리다》	224	《목표》	233	《문장》	240
《먹다》	225	《몫》	233	《문제》	240
《먹이》	225	《몰다》	233	《문제점》	240
《먹이다》	225	《몰두하다》	233	《문지르다》	240
《먼저》	225	《몰래》	233	《문학》	240
《먼지》	226	《몰려들다》	233	《문화》	240
《멀다》	226	《몰려오다》	233	《문화재》	240
《멀리》	226	《몰리다》	233	《문화적》	240
《멀쩡하다》	226	《몸》	233	《묻다》	240
《멈추다》	226	《몸가짐》	234	《묻히다》	241
《멋》	226	《몸매》	234	《물》	241
《멋있다》	226	《몸집》	234	《물가》	241
《멋지다》	227	《몸짓》	234	《물감》	241
《멍하니》	227	《몹시》	234	《물건》	241
《멎다》	227	《못》	234	《물결》	241
《메다》	227	《못되다》	234	《물고기》	242
《메우다》	227	《못마땅하다》	234	《물기》	242
《며느리》	227	《못지않다》	234	《물끄러미》	242
《며칠》	227	《못하다》	234	《물다》	242
《면》	227	《몽땅》	235	《물들다》	242
《면회》	227	《묘사》	235	《물러가다》	242
《명》	227	《묘사하다》	235	《물러나다》	242
《명랑하다》	227	《묘하다》	235	《물러서다》	242
《명령》	228	《무》	235	《물려받다》	242
《명백하다》	228	《무겁다》	235	《물려주다》	242
《명사》	228	《무게》	235	《물론》	242
《명예》	228	《무관심하다》	235	《물리치다》	243
《명절》	228	《무관하다》	236	《물음》	243
《명제》	228				

수록 대표 올림말 색인 605

《물자》	243	《바보》	251	《밝다》	258
《물줄기》	243	《바쁘다》	251	《밝히다》	258
《물질》	243	《바삐》	251	《넓다》	259
《물질적》	243	《바싹》	251	《밤》	259
《물체》	243	《바위》	251	《밤낮》	259
《뭉치다》	243	《바지》	251	《밤늦♣》	259
《뭐》	243	《바짝》	251	《밤새》	259
《뭐하다》	244	《바치다》	251	《밤하늘》	259
《뭣》	244	《바퀴》	251	《밥》	259
《미》	244	《바탕》	251	《밥상》	259
《미국♣》	244	《박》	252	《밧줄》	259
《미국인♣》	244	《박다》	252	《방》	259
《미군♣》	244	《박물관》	252	《방금》	260
《미끄러지다》	244	《박사》	252	《방문》	260
《미끄럽다》	244	《박수》	252	《방문하다》	260
《미덕》	244	《박히다》	252	《방바닥》	260
《미래》	244	《밖》	252	《방법》	260
《미루다》	244	《반》	253	《방송》	260
《미리》	245	《반갑다》	253	《방송국》	260
《미소》	245	《반기다》	253	《방식》	260
《미술》	245	《반대》	253	《방안》	260
《미스》	245	《반대하다》	253	《방울》	260
《미안하다》	245	《반도》	253	《방지하다》	260
《미워하다》	245	《반드시》	253	《방학》	260
《미지근하다》	245	《반말》	253	《방해》	260
《미처》	245	《반면》	253	《방해하다》	260
《미치다》	245	《반문하다》	253	《방향》	260
《미터》	245	《반복》	253	《밭》	261
《민간》	245	《반복되다》	253	《배》	261
《민감하다》	246	《반복하다》	253	《배경》	261
《민속》	246	《반성하다》	253	《배고프다》	261
《민요》	246	《반영하다》	254	《배꼽》	261
《민족》	246	《반응》	254	《배다》	261
《민주》	246	《반장》	254	《배달》	262
《민주주의》	246	《반지》	254	《배달하다》	262
《민주화》	246	《반짝이다》	254	《배부르다》	262
《민중》	246	《반찬》	254	《배우》	262
《믿다》	246	《반하다》	254	《배우다》	262
《믿음》	246	《받다》	254	《배추》	262
《밀》	246	《받들다》	255	《백》	262
《밀가루》	246	《받아들다》	255	《백만》	262
《밀다》	246	《받아들이다》	256	《백성》	262
《밀려오다》	247	《받침》	256	《백제♣》	262
《밀리다》	247	《발》	256	《백화점》	262
《밀접하다》	247	《발가락》	256	《뱀》	262
《밉다》	247	《발걸음》	257	《뱃속》	263
《및》	247	《발견》	257	《뱉다》	263
《밑》	247	《발견되다》	257	《버드나무》	263
《밑바닥》	247	《발견하다》	257	《버릇》	263
《바》	248	《발길》	257	《버리다》	263
《바가지》	248	《발달》	257	《버섯》	263
《바구니》	248	《발달되다》	257	《버스》	263
《바깥》	248	《발달하다》	257	《버티다》	263
《바꾸다》	248	《발명하다》	257	《벅차다》	263
《바뀌다》	248	《발상》	257	《번》	263
《바늘》	249	《발생》	257	《번갈다》	264
《바다》	249	《발생하다》	257	《번개》	264
《바닥》	249	《발소리》	257	《번거롭다》	264
《바닷가》	249	《발언》	257	《번지다》	264
《바닷물》	249	《발음》	257	《번째》	264
《바둑》	249	《발음하다》	257	《번쩍》	264
《바라다》	249	《발자국》	257	《번호》	264
《바라보다》	249	《발전》	257	《벌》	264
《바람》	250	《발전되다》	258	《벌겋다》	265
《바람직하다》	250	《발전시키다》	258	《벌다》	265
《바로》	250	《발전하다》	258	《벌떡》	265
《바로잡다》	250	《발표》	258	《벌레》	265
《바르다》	250	《발표하다》	258	《벌리다》	265
		《발휘하다》	258		

≪벌써≫	265	≪복≫	274	≪부치다≫	281
≪벌어지다≫	265	≪복도≫	274	≪부탁≫	281
≪벌이다≫	265	≪복사≫	274	≪부탁하다≫	281
≪범위≫	266	≪복숭아≫	274	≪부풀다≫	281
≪범인≫	266	≪복습≫	274	≪부품≫	281
≪범죄≫	266	≪복잡하다≫	274	≪부피≫	281
≪범주≫	266	≪복장≫	274	≪부호≫	281
≪법≫	266	≪복지≫	274	≪북≫	281
≪법률≫	266	≪볶다≫	274	≪북쪽≫	282
≪법칙≫	266	≪본격적≫	274	≪북한≫	282
≪벗≫	266	≪본능≫	274	≪분≫	282
≪벗기다≫	266	≪본뜨다≫	275	≪분노≫	282
≪벗다≫	266	≪본래≫	275	≪분단≫	282
≪벗어나다≫	267	≪본받다≫	275	≪분량≫	282
≪벚꽃≫	267	≪본성≫	275	≪분리≫	282
≪베개≫	267	≪본인≫	275	≪분리하다≫	282
≪베다≫	267	≪본질≫	275	≪분명≫	282
≪베풀다≫	267	≪본질적≫	275	≪분명하다≫	282
≪벤치≫	267	≪볼≫	275	≪분명히≫	282
≪벨≫	267	≪볼일≫	275	≪분석≫	282
≪벨트≫	267	≪볼펜≫	275	≪분석하다≫	282
≪벼≫	267	≪봄≫	275	≪분야≫	282
≪벼락≫	267	≪봄날≫	275	≪분위기≫	283
≪벼슬≫	267	≪봄비≫	275	≪분주하다≫	283
≪벽≫	268	≪봉사≫♣	276	≪분필≫	283
≪변동≫	268	≪봉사하다≫♣	276	≪불≫	283
≪변명≫	268	≪봉지≫	276	≪불가능하다≫	283
≪변소≫	268	≪봉투≫	276	≪불가피하다≫	283
≪변신하다≫	268	≪뵈다≫	276	≪불고기≫	283
≪변하다≫	268	≪뵙다≫	276	≪불과≫	283
≪변호사≫	268	≪부≫	276	≪불과하다≫	283
≪변화≫	268	≪부근≫	276	≪불교≫	283
≪변화되다≫	268	≪부끄러움≫	276	≪불구하다≫	283
≪변화하다≫	268	≪부끄럽다≫	276	≪불길≫	283
≪별≫	268	≪부담≫	276	≪불꽃≫	284
≪별개≫	268	≪부대≫	277	≪불다≫	284
≪별다르다≫	269	≪부드럽다≫	277	≪불러일으키다≫	284
≪별로≫	269	≪부딪치다≫	277	≪불리다≫	284
≪별명≫	269	≪부딪히다≫	277	≪불만≫	284
≪별안간≫	269	≪부러워하다≫	277	≪불빛≫	284
≪별일≫	269	≪부러지다≫	277	≪불쌍하다≫	284
≪병≫	269	≪부럽다≫	277	≪불쑥≫	284
≪병들다≫♣	269	≪부르다≫	277	≪불안≫	284
≪병아리≫	269	≪부리다≫	278	≪불안하다≫	285
≪병원≫	269	≪부모≫	279	≪불쾌하다≫	285
≪보고≫	269	≪부문≫	279	≪불편≫	285
≪보고서≫	269	≪부부≫	279	≪불편하다≫	285
≪보고하다≫	269	≪부분≫	279	≪불평≫	285
≪보관하다≫	269	≪부산≫	279	≪불행≫	285
≪보기≫	270	≪부상≫	279	≪불행하다≫	285
≪보내다≫	270	≪부서지다≫	279	≪불현듯≫	285
≪보다≫	270	≪부수다≫	279	≪불확실하다≫	285
≪보답하다≫	272	≪부엌≫	279	≪붉다≫	285
≪보도≫	272	≪부여하다≫♣	279	≪붉히다≫	285
≪보람≫	272	≪부인≫	279	≪붐비다≫	285
≪보름≫	272	≪부인하다≫	279	≪붓≫	285
≪보리≫	272	≪부자≫	280	≪붓다≫	286
≪보물≫	272	≪부장≫	280	≪붙다≫	286
≪보살피다≫	272	≪부정≫	280	≪붙들다≫	286
≪보상≫	272	≪부정적≫	280	≪붙이다≫	287
≪보수≫	272	≪부정하다≫	280	≪붙잡다≫	287
≪보이다≫	273	≪부족≫	280	≪붙잡히다≫	287
≪보존하다≫	273	≪부족하다≫	280	≪비≫	287
≪보태다≫	273	≪부지런하다≫	280	≪비교≫	288
≪보통≫	273	≪부지런히≫	280	≪비교적≫	288
≪보험≫	273	≪부채≫	281	≪비교하다≫	288
≪보호≫	273	≪부처≫	281	≪비극≫	288
≪보호하다≫	274	≪부축하다≫	281	≪비난≫	288

《비난하다》	288	《뺏다》	295	《사회적》	303
《비누》	288	《뺨》	295	《사회주의》	303
《비닐》	288	《뻔하다》	295	《사흘》	303
《비다》	288	《뻗다》	295	《산》	303
《비단》	288	《뼈》	296	《산골》	303
《비둘기》	288	《뽑다》	296	《산길》	303
《비디오》	288	《뽑히다》	296	《산맥》	303
《비로소》	288	《뾰족하다》	296	《산문》	303
《비록》	289	《뿌듯하다》	296	《산물》	303
《비롯되다》	289	《뿌리》	297	《산소》	303
《비롯하다》	289	《뿌리다》	297	《산업》	303
《비명》	289	《뿌리치다》	297	《산책》	303
《비밀》	289	《뿐》	297	《살》	303
《비바람》	289	《뿔》	297	《살갗》	304
《비비다》	289	《뿔뿔이》	297	《살금살금》	304
《비빔밥》	289	《뿜다》	297	《살다》	304
《비석》	289	《사》	297	《살리다》	304
《비슷하다》	289	《사건》	298	《살림》	304
《비싸다》	289	《사고》	298	《살림살이》	305
《비용》	289	《사과》	298	《살며시》	305
《비우다》	289	《사과하다》	298	《살아가다》	305
《비웃다》	290	《사귀다》	298	《살아나다》	305
《비유하다》	290	《사나이》	298	《살아남다》	305
《비율》	290	《사납다》	298	《살아오다》	305
《비중》	290	《사내》	298	《살인》	305
《비참하다》	290	《사내아이》	298	《살짝》	305
《비추다》	290	《사냥》	298	《살찌다》	305
《비치다》	290	《사다》	298	《살펴보다》	305
《비키다》	290	《사들이다》	298	《살피다》	305
《비틀거리다》	290	《사라지다》	299	《삶》	306
《비판》	290	《사람》	299	《삶다》	306
《비판하다》	290	《사랑》	299	《삼》	306
《비하다》	290	《사랑하다》	299	《삼국》	306
《비행기》	291	《사례》	299	《삼다》	306
《비행기표♣》	291	《사로잡다》	299	《삼십》	306
《빈곤》	291	《사로잡히다》	299	《삼월》	306
《빌다》	291	《사막》	299	《삼촌》	306
《빌딩》	291	《사무실》	299	《삼키다》	306
《빌려주다》	291	《사물》	300	《삽》	306
《빌리다》	291	《사뭇》	300	《상》	306
《빗》	291	《사방》	300	《상가》	307
《빗다》	291	《사상》	300	《상관》	307
《빗물》	291	《사소하다》	300	《상관없다》	307
《빗방울》	291	《사슴》	300	《상냥하다》	307
《빙그레》	291	《사실》	300	《상당하다》	307
《빚》	291	《사십》	300	《상당히》	307
《빚다》	291	《사업》	300	《상대》	307
《빛》	292	《사연》	300	《상대방》	308
《빛깔》	292	《사용》	300	《상대적》	308
《빛나다》	292	《사용되다》	300	《상대편》	308
《빛내다》	292	《사용하다》	301	《상상》	308
《빠뜨리다》	292	《사원》	301	《상상력》	308
《빠르다》	292	《사월》	301	《상상하다》	308
《빠져나가다♣》	293	《사위》	301	《상식》	308
《빠져나오다♣》	293	《사이》	301	《상실하다》	308
《빠져들다♣》	293	《사이좋다♣》	301	《상업》	308
《빠지다》	293	《사자》	301	《상인》	308
《빤히》	294	《사장》	301	《상자》	308
《빨갛다》	294	《사적》	301	《상점》	308
《빨다》	294	《사전》	302	《상징》	308
《빨래》	294	《사정》	302	《상처》	308
《빨리》	294	《사진》	302	《상쾌하다》	309
《빨리빨리》	294	《사촌》	302	《상태》	309
《빵》	294	《사춘기》	302	《상품》	309
《빼놓다》	294	《사탕》	302	《상하다》	309
《빼다》	294	《사태》	302	《상황》	309
《빼앗기다》	295	《사항》	302	《새》	309
《빼앗다》	295	《사회》	302	《새기다》	309
				《새까맣다》	309

《새끼》	310	《섞다》	316	《세제》	323
《새다》	310	《섞이다》	316	《세차다》	323
《새로》	310	《선》	316	《세탁기》	323
《새로이》	310	《선거》	317	《세포》	323
《새롭다》	310	《선두》	317	《센티미터》	323
《새벽》	310	《선뜻》	317	《셈》	323
《새삼》	310	《선명하다》	317	《셋》	324
《새삼스럽다》	310	《선물》	317	《셋째》	324
《새싹》	310	《선물하다》	317	《소》	324
《새우》	311	《선배》	317	《소개》	324
《새우다》	311	《선비》	317	《소개되다》	324
《새해》	311	《선생》	317	《소개하다》	324
《색》	311	《선수》	317	《소금》	324
《색깔》	311	《선언하다》	318	《소나기》	324
《색종이》	311	《선진》	318	《소나무》	324
《샘》	311	《선진국》	318	《소녀》	324
《생》	311	《선택》	318	《소년》	325
《생각》	311	《선택하다》	318	《소동》	325
《생각나다》	311	《설거지》	318	《소득》	325
《생각되다》	312	《설날》	318	《소란》	325
《생각하다》	312	《설득력》	318	《소리》	325
《생겨나다》	312	《설득하다》	318	《소리나다》	325
《생계》	312	《설레다》	318	《소리내다》	325
《생기다》	312	《설령》	318	《소리치다》	325
《생김새》	312	《설마》	318	《소망》	325
《생명》	312	《설명》	318	《소매》	325
《생명력》	312	《설명하다》	318	《소문》	325
《생물》	312	《설사》	318	《소박하다》	325
《생산》	312	《설악산》	318	《소비》	325
《생산되다》	313	《설치하다》	318	《소비자》	325
《생산하다》	313	《설탕》	318	《소설》	325
《생생하다》	313	《섬》	318	《소설가》	326
《생선》	313	《섬세하다》	319	《소수》	326
《생신》	313	《섭섭하다》	319	《소식》	326
《생애》	313	《성》	319	《소외되다》	326
《생일》	313	《성격》	319	《소용》	326
《생전》	313	《성공》	319	《소용돌이》	326
《생존》	313	《성공하다》	319	《소원》	326
《생활》	313	《성과》	319	《소위》	326
《생활하다》	313	《성급하다》	319	《소유》	326
《서구》	313	《성냥》	319	《소유하다》	326
《서글프다》	313	《성립되다》	319	《소음》	326
《서너》	313	《성명》	319	《소재》	326
《서늘하다》	313	《성숙하다》	320	《소주》	326
《서다》	314	《성실하다》	320	《소중하다》	326
《서당》	314	《성의》	320	《소중히》	326
《서두르다》	314	《성장》	320	《소질》	327
《서랍》	314	《성장하다》	320	《소파》	327
《서럽다》	314	《성적》	320	《소포》	327
《서로》	314	《성질》	320	《소풍》	327
《서류》	315	《성취》	320	《소홀히》	327
《서른》	315	《성취하다》	320	《소화》	327
《서리》	315	《성함》	320	《속》	327
《서리다》	315	《세》	320	《속다》	328
《서민》	315	《세계》	321	《속담》	328
《서방》	315	《세계적》	321	《속도》	328
《서비스》	315	《세금》	321	《속삭이다》	328
《서서히》	315	《세기》	321	《속상하다》	328
《서성거리다》	315	《세다》	321	《속성》	328
《서양》	315	《세대》	321	《속옷》	328
《서운하다》	315	《세력》	322	《속이다》	328
《서울》	315	《세련되다》	322	《속하다》	328
《서재》	316	《세로》	322	《손》	328
《서적》	316	《세배》	322	《손가락》	329
《서점》	316	《세상》	322	《손길》	329
《서쪽》	316	《세수》	322	《손님》	329
《서투르다》	316	《세우다》	322	《손등》	329
《석》	316	《세월》	323	《손목》	329
《석유》	316			《손바닥》	329

≪손발≫	330	≪순경≫	335	≪시시하다≫	340
≪손뼉≫	330	≪순서≫	335	≪시야≫	340
≪손수≫	330	≪순수≫	335	≪시원하다≫	341
≪손수건≫	330	≪순수하다≫	335	≪시월≫	341
≪손쉽다≫	330	≪순식간≫	335	≪시위≫	341
≪손자≫	330	≪순진하다≫	335	≪시인≫	341
≪손잡이≫	330	≪숟가락≫	335	≪시작≫	341
≪손톱≫	330	≪술≫	335	≪시작되다≫	341
≪손해≫	330	≪술잔≫	335	≪시작하다≫	341
≪솔직하다≫	330	≪술집≫	335	≪시장≫	341
≪솔직히≫	330	≪숨≫	335	≪시절≫	341
≪솜≫	330	≪숨기다≫	336	≪시점≫	342
≪솜씨≫	330	≪숨다≫	336	≪시집≫	342
≪솟구치다≫	330	≪숨바꼭질≫	336	≪시집가다≫	342
≪솟다≫	330	≪숫자≫	336	≪시청≫	342
≪솟아오르다≫	331	≪숱하다≫	336	≪시체≫	342
≪송아지≫	331	≪숲≫	336	≪시커멓다≫	342
≪송이≫	331	≪쉬다≫	336	≪시키다≫	342
≪송편≫	331	≪쉰≫	336	≪시합≫	342
≪솥≫	331	≪쉽다≫	337	≪시험≫	342
≪쇠≫	331	≪쉽사리≫	337	≪식≫	342
≪쇼핑≫	331	≪슈퍼마켓≫	337	≪식구≫	343
≪수≫	331	≪스님≫	337	≪식다≫	343
≪수건≫	332	≪스며들다≫	337	≪식당≫	343
≪수고≫	332	≪스무≫	337	≪식량≫	343
≪수고하다≫	332	≪스물≫	337	≪식물≫	343
≪수다≫	332	≪스스로≫	337	≪식민지≫	343
≪수단≫	332	≪스승≫	337	≪식사≫	343
≪수도≫	332	≪스위치≫	337	≪식사하다≫	343
≪수도꼭지≫	332	≪스치다≫	337	≪식탁≫	343
≪수돗물≫	332	≪스키≫	337	≪식품≫	343
≪수립하다≫	332	≪스타일≫	337	≪신≫	343
≪수많다≫	332	≪스트레스≫	338	≪신경≫	343
≪수명≫	332	≪스포츠≫	338	≪신경쓰다≫	343
≪수박≫	332	≪슬그머니≫	338	≪신기하다≫	343
≪수백≫	332	≪슬기≫	338	≪신나다≫	343
≪수법≫	332	≪슬기롭다≫	338	≪신념≫	344
≪수상≫	332	≪슬쩍≫	338	≪신다≫	344
≪수수께끼≫	333	≪슬퍼하다≫	338	≪신라≫♣	344
≪수술≫	333	≪슬프다≫	338	≪신랑≫	344
≪수시로≫	333	≪슬픔≫	338	≪신뢰≫	344
≪수십≫	333	≪습관≫	338	≪신문≫	344
≪수업≫	333	≪습기≫	338	≪신문사≫	344
≪수없이≫	333	≪승려≫	338	≪신발≫	344
≪수염≫	333	≪승리≫	338	≪신부≫	344
≪수영≫	333	≪승용차≫	338	≪신분≫	344
≪수영장≫	333	≪시≫	338	≪신비하다≫	344
≪수영하다≫	333	≪시각≫	339	≪신사≫	344
≪수요≫	333	≪시간≫	339	≪신선하다≫	344
≪수요일≫	333	≪시계≫	339	≪신성하다≫	344
≪수용하다≫	333	≪시골≫	339	≪신세≫	344
≪수입≫	333	≪시기≫	339	≪신앙≫	345
≪수입하다≫♣	334	≪시끄럽다≫	339	≪신음≫	345
≪수저≫	334	≪시내≫	339	≪신중하다≫	345
≪수정≫	334	≪시냇물≫	339	≪신체≫	345
≪수준≫	334	≪시늉≫	339	≪신하≫	345
≪수천≫	334	≪시다≫	340	≪신호≫	345
≪수출≫	334	≪시달리다≫	340	≪신호등≫	345
≪수출하다≫	334	≪시대≫	340	≪신화≫	345
≪수표≫	334	≪시대적≫	340	≪싣다≫	345
≪수학≫	334	≪시도≫	340	≪실≫	345
≪수행하다≫	334	≪시도하다≫♣	340	≪실감나다≫	345
≪수화기≫	334	≪시들다≫	340	≪실내≫	345
≪숙소≫	334	≪시련≫	340	≪실력≫	345
≪숙이다≫	334	≪시멘트≫	340	≪실례≫	345
≪숙제≫	334	≪시민≫	340	≪실례하다≫	346
≪순간≫	335	≪시선≫	340	≪실로≫	346
≪순간적≫	335	≪시설≫	340	≪실리다≫	346

≪실망≫	346	≪씌우다≫	353	≪안≫	360
≪실망하다≫	346	≪씨≫	353	≪안개≫	361
≪실수≫	346	≪씨름≫	353	≪안경≫	361
≪실수하다≫	346	≪씨앗≫	354	≪안기다≫	361
≪실시하다≫	346	≪씩≫	354	≪안내≫	361
≪실은≫	346	≪씩씩하다≫	354	≪안내하다≫	361
≪실정≫	346	≪씹다≫	354	≪안녕≫	361
≪실제≫	346	≪씻다≫	354	≪안녕하다≫	361
≪실제로≫	346	≪아≫	354	≪안녕히≫	361
≪실제적≫	346	≪아가씨≫	354	≪안다≫	361
≪실천≫	346	≪아기≫	355	≪안되다≫	361
≪실천하다≫	347	≪아까≫	355	≪안목≫	362
≪실체≫	347	≪아깝다≫	355	≪안방≫	362
≪실컷≫	347	≪아끼다≫	355	≪안부≫	362
≪실패≫	347	≪아나운서≫	355	≪안심≫	362
≪실패하다≫	347	≪아낙네≫	355	≪안심하다≫	362
≪실험≫	347	≪아내≫	355	≪안전≫	362
≪실현≫	347	≪아냐≫	355	≪안전하다≫	362
≪실현하다≫	347	≪아뇨♣≫	355	≪안정≫	362
≪싫다≫	347	≪아니≫	355	≪안정되다≫	362
≪싫어하다≫	347	≪아니다≫	355	≪안주≫	362
≪심각하다≫	347	≪아니오≫	356	≪안쪽≫	362
≪심다≫	347	≪아동≫	356	≪안타깝다≫	362
≪심리≫	347	≪아득하다≫	356	≪안팎≫	362
≪심부름≫	347	≪아들≫	356	≪앉다≫	363
≪심심하다≫	347	≪아래≫	356	≪앉히다≫	363
≪심장≫	348	≪아랫사람≫	356	≪앓다≫	363
≪심정≫	348	≪아르바이트≫	356	≪알≫	363
≪심지어≫	348	≪아름다움≫	356	≪알다≫	363
≪심하다≫	348	≪아름답다≫	356	≪알리다≫	364
≪십≫	348	≪아마≫	356	≪알맞다≫	364
≪십상≫	348	≪아무≫	356	≪알아듣다≫	364
≪십이월≫	348	≪아무개≫	357	≪알아맞히다≫	364
≪십일월♣≫	348	≪아무것≫	357	≪알아보다≫	364
≪싱겁다≫	348	≪아무래도≫	357	≪알아주다≫	364
≪싱싱하다≫	348	≪아무렇게나≫	357	≪알아차리다≫	364
≪싶다≫	348	≪아무렇다≫	357	≪알아채다≫	365
≪싸늘하다≫	349	≪아무리≫	357	≪앓다≫	365
≪싸다≫	349	≪아무튼≫	357	≪암≫	365
≪싸우다≫	349	≪아버님≫	357	≪압력≫	365
≪싸움≫	349	≪아버지≫	357	≪앞≫	365
≪싸이다≫	349	≪아빠≫	357	≪앞날≫	366
≪싹≫	349	≪아쉬움♣≫	357	≪앞두다≫	366
≪쌀≫	350	≪아쉽다≫	358	≪앞뒤≫	366
≪쌀쌀하다≫	350	≪아아≫	358	≪앞바다≫	366
≪쌍≫	350	≪아예≫	358	≪앞서다≫	366
≪쌓다≫	350	≪아우≫	358	≪앞세우다≫	366
≪쌓이다≫	350	≪아울러≫	358	≪앞장≫	366
≪썩≫	350	≪아유≫	358	≪앞장서다≫	366
≪썩다≫	350	≪아이≫	358	≪애≫	366
≪썰렁하다≫	350	≪아이고≫	358	≪애국자≫	367
≪쏘다≫	350	≪아이구≫	358	≪애기≫	367
≪쏘다니다≫	351	≪아이디어≫	359	≪애쓰다≫	367
≪쏟다≫	351	≪아이스크림≫	359	≪애인≫	367
≪쑤시다≫	351	≪아저씨≫	359	≪애정≫	367
≪쑥스럽다≫	351	≪아주≫	359	≪애초≫	367
≪쓰다≫	351	≪아주머니≫	359	≪애타다≫	367
≪쓰다듬다≫	352	≪아줌마≫	359	≪야≫	367
≪쓰러지다≫	352	≪아직≫	359	≪야구≫	367
≪쓰레기≫	352	≪아침≫	360	≪야단≫	367
≪쓰레기통≫	352	≪아파트≫	360	≪야아♣≫	368
≪쓰이다≫	352	≪아프다≫	360	≪야외≫	368
≪쓰임♣≫	353	≪아픔≫	360	≪야채≫	368
≪쓸다≫	353	≪아홉≫	360	≪약≫	368
≪쓸데없다≫	353	≪아휴♣≫	360	≪약간≫	368
≪쓸모≫	353	≪아흔≫	360	≪약국≫	368
≪쓸쓸하다≫	353	≪악기≫	360	≪약속≫	368
≪씌다≫	353	≪악수≫	360	≪약속하다≫	368

수록 대표 올림말 색인 611

《약수터》	368	《어찌하다》	376	《여러》	384
《약하다》	368	《어차피》	376	《여러분》	384
《얇다》	368	《어처구니》	376	《여럿》	384
《양》	368	《어치》	376	《여론》	384
《양념》	369	《어휘》	376	《여름》	384
《양말》	369	《억》	376	《여름철》	384
《양반》	369	《억세다》	377	《여리다》	384
《양보하다》	369	《억압》	377	《여보》	384
《양복》	369	《억울하다》	377	《여보세요》	384
《양산》	369	《억제하다》	377	《여부》	384
《양식》	369	《억지로》	377	《여사》	384
《양심》	370	《언급하다》	377	《여섯》	384
《양쪽》	370	《언니》	377	《여성》	384
《얕다》	370	《언덕》	377	《여우》	384
《얘》	370	《언론》	377	《여유》♣	385
《얘기》	370	《언어》	377	《여의도》♣	385
《얘기하다》	370	《언제》	377	《여인》	385
《어》	370	《언제나》	378	《여자》	385
《어귀》	371	《언젠가》	378	《여전하다》	385
《어긋나다》	371	《얻다》	378	《여전히》	385
《어기다》	371	《얻다》	378	《여지》	385
《어김없이》	371	《얻어맞다》	378	《여쭈다》	385
《어깨》	371	《얻어먹다》	378	《여태》	385
《어느》	371	《얼》	378	《여학생》	385
《어느날》♣	371	《얼굴》	379	《여행》	385
《어느덧》	371	《얼다》	379	《여행사》	385
《어느새》	372	《얼른》	379	《여행하다》	385
《어둠》	372	《얼마》	379	《역》	385
《어둡다》	372	《얼마나》	379	《역사》	385
《어디》	372	《얼마든지》	379	《역사적》	386
《어디어디》♣	372	《얼음》	379	《역시》	386
《어딨다》♣	372	《얼핏》	379	《역할》	386
《어떠하다》	372	《얽히다》	380	《엮다》	386
《어떡하다》	372	《엄격하다》	380	《연》	386
《어떤》	372	《엄마》	380	《연결》	386
《어떻게》	373	《엄숙하다》	380	《연결되다》	387
《어떻다》	373	《엄청나다》	380	《연결시키다》	387
《어려움》	373	《업다》	380	《연결하다》	387
《어렵다》	373	《업무》	380	《연관》	387
《어른》	373	《업적》	380	《연구》	387
《어리다》	373	《없다》	380	《연구소》	387
《어리둥절하다》	374	《없애다》	381	《연구실》	387
《어리석다》	374	《없어지다》	381	《연구하다》	387
《어린아이》	374	《없이》♣	381	《연극》	387
《어린애》	374	《엉덩이》	381	《연기》	387
《어린이》	374	《엉뚱하다》	382	《연락》	387
《어머》	374	《엉망》	382	《연락하다》	388
《어머니》	374	《엉엉》	382	《연못》	388
《어머님》	374	《엉터리》	382	《연세》	388
《어미》	374	《엊그제》	382	《연습》	388
《어색하다》	374	《엎드리다》	382	《연습하다》	388
《어서》	374	《에》	382	《연신》	388
《어》♣	374	《에너지》	382	《연애》	388
《어우러지다》	375	《에이》	382	《연인》	388
《어울리다》	375	《엘리베이터》	382	《연장》	388
《어유》	375	《여》	382	《연주》	388
《어이없다》	375	《여가》	383	《연주하다》	388
《어제》	375	《여간》	383	《연탄》	388
《어젯밤》	375	《여건》	383	《연필》	388
《어지간히》	375	《여관》	383	《연하다》	388
《어지럽다》	375	《여권》	383	《열》	388
《어째서》	375	《여기》	383	《열다》	389
《어쨌든》	375	《여기다》	383	《열리다》	389
《어쩌다》	376	《여기저기》	383	《열매》	389
《어쩌면》	376	《여느》	383	《열쇠》	389
《어쩐지》	376	《여덟》	383	《열심히》	389
《어찌》	376	《여동생》	383	《열정》	389
《어찌나》♣	376	《여든》	383	《열중하다》	390

612 한국어 기본어휘 의미 빈도 사전

《열차》	390
《열흘》	390
《엷다》	390
《염려》	390
《염소》	390
《엽서》	390
《엿보다》	390
《영》	390
《영감》	390
《영광》	390
《영국♣》	390
《영문》	390
《영상》	391
《영양》	391
《영어》	391
《영업》	391
《영역》	391
《영영》	391
《영웅》	391
《영원하다》	391
《영원히》	391
《영토》	391
《영하》	391
《영향》	391
《영향력》	391
《영혼》	391
《영화》	391
《영화관》	391
《옆》	391
《옆구리》	392
《옆집》	392
《예》	392
《예감》	392
《예매하다》	392
《예민하다》	392
《예방》	392
《예쁘다》	393
《예산》	393
《예상》	393
《예상하다》	393
《예순》	393
《예술》	393
《예술가》	393
《예술적》	393
《예약》	393
《예약하다》	393
《예외》	393
《예의》	393
《예의바르다♣》	393
《예전》	393
《예절》	393
《예정》	393
《예측하다》	394
《예컨대》	394
《옛》	394
《옛날》	394
《오》	394
《오가다》	394
《오늘》	394
《오늘날》	394
《오다》	395
《오락》	395
《오래》	396
《오래간만》	396
《오래다》	396
《오래도록》	396
《오래되다》	396
《오랜》	396

《오랜만》	396
《오랫동안》	396
《오로지》	396
《오르내리다》	396
《오르다》	396
《오른손》	397
《오른쪽》	397
《오리》	397
《오빠》	397
《오십》	397
《오염》	397
《오염되다》	397
《오월》	397
《오전》	397
《오줌》	398
《오직》	398
《오징어》	398
《오토바이》	398
《오해》	398
《오후》	398
《오히려》	398
《옥상》	398
《옥수수》	398
《온》	398
《온갖》	398
《온도》	398
《온돌》	398
《온몸》	398
《온통》	398
《올라가다》	398
《올라서다》	399
《올라오다》	399
《올라타다》	399
《올려놓♣》	399
《올려다보다》	399
《올리다》	400
《올림픽》	400
《올바로》	400
《올바르다》	400
《올해》	400
《옮기다》	400
《옳다》	401
《옷》	401
《옷감》	401
《옷장》	401
《옷차림》	401
《와♣》	401
《완벽하다》	401
《완성》	401
《완성되다》	401
《완성하다》	401
《완전하다》	401
《완전히》	402
《왕》	402
《왕자》	402
《왕조》	402
《왜》	402
《왜냐하면》	402
《왠지》	402
《외》	402
《외가》	402
《외교》	402
《외국》	402
《외국어》	402
《외국인》	402
《외로움》	402
《외롭다》	402
《외면하다》	403

《외모》	403
《외부》	403
《외삼촌》	403
《외우다》	403
《외적》	403
《외출》	403
《외출하다》	403
《외치다》	403
《외할머니》	403
《외할아버지》	403
《왼손》	403
《왼쪽》	403
《요》	403
《요구》	403
《요구되다》	403
《요구하다》	403
《요금》	404
《요란하다》	404
《요령》	404
《요리》	404
《요새》	404
《요소》	404
《요약하다》	404
《요인》	404
《요일》	404
《요즈음》	404
《요즘》	404
《욕》	404
《욕구》	405
《욕망》	405
《욕설》	405
《욕심》	405
《용》	405
《용기》	405
《용돈》	405
《용서》	405
《용서하다》	405
《용어》	405
《우두커니》	405
《우려》	405
《우리》	405
《우리말♣》	405
《우물》	405
《우산》	406
《우선》	406
《우수하다》	406
《우습다》	406
《우연》	406
《우연히》	406
《우울하다》	406
《우유》	406
《우정》	406
《우주》	406
《우체국》	406
《우편》	406
《우표》	406
《운》	406
《운동》	406
《운동장》	407
《운동하다》	407
《운동화》	407
《운동회》	407
《운명》	407
《운반하다》	407
《운영하다》	407
《운전》	407
《운전사♣》	407
《운전하다》	407

≪울다≫	407	≪유치원≫	413	≪이대로≫	421
≪울리다≫	407	≪유치하다≫	413	≪이데올로기≫	421
≪울먹이다≫	408	≪유학≫	413	≪이동≫	421
≪울음≫	408	≪유행≫	413	≪이동하다≫	421
≪울타리≫	408	≪유행하다≫	413	≪이들♣≫	421
≪움직이다≫	408	≪유희≫	413	≪이듬해≫	421
≪움직임≫	408	≪육≫	413	≪이따가≫	421
≪움켜쥐다≫	408	≪육군≫	413	≪이따금≫	421
≪웃기다≫	408	≪육십≫	413	≪이때♣≫	421
≪웃다≫	408	≪육지≫	413	≪이래≫	421
≪웃어른≫	408	≪육체≫	413	≪이러다≫	421
≪웃음≫	408	≪윤리≫	413	≪이러하다≫	422
≪웅크리다≫	409	≪윷놀이≫	413	≪이런≫	422
≪워낙≫	409	≪으♣≫	413	≪이런저런≫	422
≪원≫	409	≪으레≫	413	≪이렇게≫	422
≪원고≫	409	≪으응♣≫	414	≪이렇다≫	422
≪원동력≫	409	≪은≫	414	≪이론≫	422
≪원래≫	409	≪은근히≫	414	≪이롭다≫	422
≪원료≫	409	≪은행≫	414	≪이루다≫	422
≪원리≫	409	≪은혜≫	414	≪이루어지다≫	423
≪원만하다≫	409	≪읊다≫	414	≪이룩하다≫	423
≪원망하다≫	409	≪음≫	414	≪이르다≫	423
≪원숭이≫	409	≪음력≫	414	≪이른바≫	423
≪원인≫	409	≪음료수≫	414	≪이를테면≫	423
≪원칙≫	409	≪음성≫	414	≪이름≫	423
≪원하다≫	410	≪음식≫	415	≪이름나다≫	423
≪월≫	410	≪음식점≫	415	≪이리≫	423
≪월급≫	410	≪음악≫	415	≪이리저리≫	424
≪월요일≫	410	≪응≫	415	≪이마≫	424
≪웬≫	410	≪응시하다≫	415	≪이모≫	424
≪웬만하다≫	410	≪의견≫	415	≪이미≫	424
≪웬일≫	410	≪의논≫	415	≪이미지≫	424
≪웬지♣≫	410	≪의논하다≫	415	≪이바지하다≫	424
≪위≫	410	≪의도≫	415	≪이번≫	424
≪위기≫	410	≪의리≫	415	≪이별≫	424
≪위대하다≫	411	≪의무≫	415	≪이분≫	424
≪위로≫	411	≪의문≫	415	≪이불≫	424
≪위로하다≫	411	≪의미≫	415	≪이빨≫	424
≪위안≫	411	≪의미하다≫	415	≪이쁘다≫	424
≪위원≫	411	≪의사≫	415	≪이사≫	424
≪위원회≫	411	≪의식≫	416	≪이사하다≫	424
≪위주≫	411	≪의식적≫	416	≪이삼≫	424
≪위쪽≫	411	≪의식하다≫	416	≪이상≫	425
≪위치≫	411	≪의심≫	416	≪이상적≫	425
≪위치하다≫	411	≪의심하다≫	416	≪이상하다≫	425
≪위하다≫	411	≪의외≫	416	≪이성≫	425
≪위험≫	411	≪의욕≫	416	≪이슬≫	425
≪위험하다≫	411	≪의원≫	416	≪이십≫	425
≪위협≫	411	≪의자≫	416	≪이야기≫	425
≪위협하다≫	411	≪의젓하다≫	416	≪이야기하다≫	425
≪유교≫	411	≪의존하다≫	416	≪이어≫	426
≪유난히≫	411	≪의지≫	416	≪이어받다≫	426
≪유럽≫	411	≪의지하다≫	416	≪이어서≫	426
≪유리≫	411	≪의하다≫	416	≪이어지다≫	426
≪유리창≫	412	≪의학≫	417	≪이에≫	426
≪유리하다≫	412	≪의회≫	417	≪이왕≫	426
≪유명하다≫	412	≪이≫	417	≪이외≫	426
≪유물≫	412	≪이거≫	418	≪이용≫	426
≪유사하다≫	412	≪이것≫	418	≪이용되다≫	426
≪유산≫	412	≪이것저것≫	418	≪이용하다≫	426
≪유월≫	412	≪이곳♣≫	418	≪이웃≫	426
≪유의하다≫	412	≪이기다≫	418	≪이웃집≫	426
≪유익하다≫	412	≪이끌다≫	419	≪이월≫	426
≪유일하다≫	412	≪이끌리다≫	419	≪이유≫	427
≪유적≫	412	≪이내≫	419	≪이윽고≫	427
≪유적지≫	412	≪이념≫	419	≪이익≫	427
≪유지≫	412	≪이놈≫	419	≪이자≫	427
≪유지하다≫	412	≪이다≫	419	≪이전≫	427

《이제》	427	《일시적》	434	《자리》	442
《이중》	427	《일쑤》	434	《자리잡다》	443
《이쪽》	427	《일어나다》	434	《자매》	443
《이처럼》	427	《일어서다》	434	《자물쇠》	443
《이치》	428	《일요일》	434	《자본》	443
《이튿날》	428	《일월》	434	《자본주의》	443
《이틀》	428	《일으키다》	434	《자부심》	443
《이하》	428	《일일이》	435	《자살》	443
《이해》	428	《일자리》	435	《자상하다》	443
《이해되다》	428	《일정하다》	435	《자세》	443
《이해하다》	428	《일제》	435	《자세하다》	443
《이혼》	428	《일제히》	435	《자세히》	443
《이후》	428	《일종》	435	《자손》	443
《익다》	428	《일찌감치》	435	《자식》	444
《익숙하다》	428	《일찍》	435	《자신》	444
《익히다》	429	《일찍이》	435	《자신감》	444
《인》	429	《일체》	435	《자아》	444
《인간》	429	《일치하다》	436	《자연》	444
《인간적》	429	《일컫다》	436	《자연스럽다》	444
《인격》	429	《일하다》	436	《자연히》	444
《인구》	429	《일행》	436	《자원》	444
《인근》	429	《일흔》	436	《자유》	444
《인기》	429	《읽다》	436	《자유롭다》	445
《인내》	429	《잃다》	436	《자음》	445
《인류》	429	《잃어버리다》	436	《자전거》	445
《인물》	429	《임금》♣	437	《자존심》	445
《인사》	430	《임마》♣	437	《자주》	445
《인사말》	430	《임무》	437	《자체》	445
《인사하다》	430	《임시》	437	《자취》	445
《인삼》	430	《입》	437	《자칫》	445
《인상》	430	《입가》	438	《작가》	445
《인생》	430	《입구》	438	《작년》	445
《인식》	430	《입다》	438	《작문》	446
《인식하다》	430	《입맛》	438	《작성하다》	446
《인심》	430	《입술》	438	《작업》	446
《인연》	430	《입원》	438	《작용》	446
《인용하다》	431	《입원하다》	438	《작용하다》	446
《인정》	431	《입장》	438	《작은아버지》	446
《인정받다》♣	431	《입학》	438	《작전》	446
《인정하다》	431	《입학하다》	438	《작정》	446
《인제》	431	《입히다》	438	《작품》	446
《인천》♣	431	《잇다》	438	《잔》	446
《인하다》	431	《있다》	439	《잔디》	446
《인형》	431	《잉크》	440	《잔디밭》	447
《일》	431	《잊다》	440	《잔뜩》	447
《일가》	432	《잊어버리다》	440	《잔인하다》	447
《일곱》	432	《잊히다》	440	《잔잔하다》	447
《일관되다》	432	《잎》	440	《잔치》	447
《일구다》	432	《자》	440	《잘》	447
《일그러지다》	432	《자격》	441	《잘나다》	447
《일기》	432	《자국》	441	《잘다》	447
《일깨우다》	432	《자극》	441	《잘되다》	448
《일다》	432	《자금》	441	《잘못》	448
《일단》	432	《자기》	441	《잘못되다》	448
《일대》	433	《자꾸》	441	《잘못하다》	448
《일련》	433	《자네》	441	《잘하다》	448
《일류》	433	《자녀》	441	《잠》	448
《일반》	433	《자다》	441	《잠그다》	449
《일반적》	433	《자동》	441	《잠기다》	449
《일방적》	433	《자동차》	441	《잠깐》	449
《일본》♣	433	《자라나다》	442	《잠들다》	449
《일본어》	433	《자라다》	442	《잠시》	449
《일본인》♣	433	《자랑》	442	《잠자다》	449
《일부》	433	《자랑거리》	442	《잠자리》	449
《일부러》	433	《자랑스럽다》	442	《잠자코》	449
《일상》	433	《자랑하다》	442	《잡다》	449
《일상적》	434	《자료》	442	《잡수시다》	450
《일생》	434	《자르다》	442	《잡아당기다》	451

《잡아먹다》	451	《저자》	457	《절대》	464
《잡지》	451	《저장하다》	458	《절대로》	464
《잡히다》	451	《저절로》	458	《절대적》	464
《장》	451	《저지르다》	458	《절로》	464
《장가》	452	《저쪽》	458	《절망》	464
《장갑》	452	《저축》	458	《절반》	464
《장관》	452	《저편♣》	458	《절상적》	468
《장군》	452	《저항》	458	《절실하다》	464
《장기》	452	《저희》	458	《절약하다》	464
《장난》	452	《적》	458	《절차》	464
《장난감》	452	《적극》	459	《젊다》	465
《장단》	452	《적극적》	459	《젊은이》	465
《장래》	452	《적다》	459	《젊음》	465
《장롱》	453	《적당하다》	459	《점》	465
《장마》	453	《적당히》	459	《점검하다》	465
《장만하다》	453	《적성》	459	《점수》	465
《장면》	453	《적시다》	459	《점심》	465
《장모》	453	《적어도》	459	《점잖다》	465
《장미》	453	《적용되다》	459	《점점》	465
《장비》	453	《적응하다》	459	《점차》	465
《장사》	453	《적절하다》	459	《접근하다》	465
《장소》	453	《적합하다》	459	《접다》	465
《장수》	453	《적히다》	460	《접시》	466
《장애》	453	《전》	460	《접어들다》	466
《장인》	453	《전개》	460	《접촉》	466
《장점》	453	《전개되다》	460	《접하다》	466
《장차》	453	《전공》	460	《젓가락》	466
《장치》	453	《전공하다》	460	《젓다》	466
《장학금》	454	《전국》	460	《정》	466
《재》	454	《전기》	460	《정교하다》	466
《재능》	454	《전날》	461	《정권》	467
《재다》	454	《전달》	461	《정답다》	467
《재떨이》	454	《전달되다》	461	《정당하다》	467
《재료》	454	《전달하다》	461	《정도》	467
《재미》	454	《전등》	461	《정들다》	467
《재미없다》	454	《전락하다》	461	《정류장》	467
《재미있다》	454	《전래》	461	《정리》	467
《재밌다♣》	455	《전략》	461	《정리하다》	467
《재배하다》	455	《전망》	461	《정말》	467
《재벌》	455	《전문》	461	《정말로》	467
《재빨리》	455	《전문가》	462	《정면》	468
《재산》	455	《전문적》	462	《정문》	468
《재수》	455	《전보》	462	《정반대》	468
《재주》	455	《전부》	462	《정보》	468
《재촉하다》	455	《전설》	462	《정부》	468
《재판》	455	《전세계》	462	《정상》	468
《재활용하다》	455	《전시되다》	462	《정서》	468
《쟁반》	455	《전시회》	462	《정성》	468
《쟤》	455	《전자》	462	《정성껏》	468
《저》	455	《전쟁》	462	《정승》	468
《저거》	456	《전제》	462	《정식》	468
《저것》	456	《전철》	463	《정신》	469
《저고리》	456	《전체》	463	《정신없이♣》	469
《저곳♣》	456	《전체적》	463	《정신적》	469
《저금》	456	《전통》	463	《정열》	469
《저기》	456	《전통적》	463	《정월》	469
《저녁》	457	《전투》	463	《정의》	469
《저녁밥》	457	《전하다》	463	《정작》	469
《저러다》	457	《전학》	463	《정적》	469
《저런》	457	《전혀》	463	《정중하다》	470
《저렇게》	457	《전형》	463	《정직하다》	470
《저렇다》	457	《전형적》	463	《정책》	470
《저리》	457	《전화》	463	《정치》	470
《저마다》	457	《전화기》	464	《정치가》	470
《저물다》	457	《전화번호♣》	464	《정치인》	470
《저서》	457	《전화벨♣》	464	《정치적》	470
《저수지》	457	《전화하다》	464	《정하다》	470
《저어♣》	457	《절》	464	《정확하다》	470

올림말	쪽	올림말	쪽	올림말	쪽
《정확히》	470	《좁다》	477	《줄어들다》	486
《젖》	470	《종》	477	《줄이다》	486
《젖다》	471	《종교》	477	《줍다》	486
《젖히다》	471	《종로》♣	477	《중》	486
《제》	471	《종류》	477	《중간》	486
《제각기》	471	《종말》	477	《중국》♣	486
《제공하다》	471	《종사하다》	477	《중년》	486
《제기되다》	471	《종업원》	477	《중단하다》	486
《제기하다》	472	《종이》	477	《중반》	486
《제대로》	472	《종일》	478	《중시하다》	487
《제도》	472	《종종》	478	《중심》	487
《제목》	472	《종합》	478	《중앙》	487
《제발》	472	《종합하다》	478	《중얼거리다》	487
《제법》	472	《좋다》	478	《중요성》	487
《제비》	472	《좋아하다》	479	《중요시하다》	487
《제사》	472	《좌석》	479	《중요하다》	487
《제시되다》	472	《좌우》	479	《중학교》	487
《제시하다》	472	《좌절》	479	《쥐》	487
《제안》	472	《죄》	479	《쥐다》	487
《제약》	472	《죄송하다》	479	《즈음》	488
《제외하다》	473	《주》	479	《즉》	488
《제일》	473	《주고받다》	480	《즉시》	488
《제자》	473	《주관》	480	《즐거움》	488
《제자리》	473	《주다》	480	《즐거워하다》♣	488
《제작》	473	《주도하다》	481	《즐겁다》	488
《제작하다》	473	《주되다》	481	《즐기다》	488
《제주도》♣	473	《주로》	481	《증가》	488
《제품》	473	《주말》	481	《증가하다》	488
《제한》	473	《주머니》	481	《증거》	488
《제한되다》	473	《주먹》	481	《증명하다》	488
《조》	473	《주목하다》	481	《증상》	488
《조각》	473	《주무시다》	481	《증오》	488
《조개》	474	《주문하다》	481	《지》	488
《조건》	474	《주민》	481	《지각》	489
《조국》	474	《주방》	481	《지각하다》	489
《조그마하다》	474	《주변》	481	《지갑》	489
《조그맣다》	474	《주부》	481	《지겹다》	489
《조금》	474	《주사》	481	《지경》	489
《조르다》	474	《주소》	482	《지구》	489
《조명》	474	《주스》	482	《지극히》	489
《조사》	474	《주어지다》	482	《지금》	489
《조사하다》	474	《주요》	482	《지껄이다》	489
《조상》	475	《주위》	482	《지나가다》	489
《조선》	475	《주의》	482	《지나다》	490
《조심》	475	《주의하다》	482	《지나치다》	490
《조심스럽다》	475	《주인》	482	《지난날》	490
《조심조심》	475	《주인공》	482	《지난번》	490
《조심하다》	475	《주일》	482	《지난해》	490
《조용하다》	475	《주장》	483	《지내다》	490
《조용히》	475	《주장하다》	483	《지니다》	491
《조절하다》	475	《주저앉다》	483	《지다》	491
《조정》	475	《주전자》	483	《지도》	491
《조직》	475	《주제》	483	《지도자》	491
《조치》	475	《주차장》	483	《지독하다》	491
《조카》	476	《주체》	483	《지루하다》	491
《조화》	476	《주택》	483	《지르다》	491
《존경하다》	476	《죽》	483	《지리》	492
《존재》	476	《죽다》	484	《지명》	492
《존재하다》	476	《죽음》	484	《지방》	492
《존중하다》	476	《죽이다》	485	《지배》	492
《졸다》	476	《준비》	485	《지배하다》	492
《졸리다》	476	《준비물》	485	《지붕》	492
《졸업》	476	《준비하다》	485	《지상》	492
《졸업하다》	476	《줄》	485	《지속되다》	492
《졸음》	476	《줄거리》	485	《지시》	493
《좀》	476	《줄곧》	485	《지식》	493
《좀더》♣	477	《줄기》	485	《지식인》	493
《좀처럼》	477	《줄다》	486	《지역》	493

수록 대표 올림말 색인 617

《지옥》	493	《집어넣다》	498	《참여》	507
《지우개》	493	《집어들다》♣	498	《참여하다》	507
《지우다》	493	《집중되다》	498	《참외》	507
《지원》	493	《집집》	498	《참으로》	507
《지원하다》	493	《짓》	499	《창》	507
《지위》	493	《짓다》	499	《창가》	507
《지저분하다》	493	《짖다》	499	《창고》	507
《지적》	493	《짙다》	499	《창문》	507
《지적하다》	494	《짚다》	499	《창밖》	507
《지점》	494	《짜다》	499	《창작》	507
《지정되다》	494	《짜리》	500	《창조》	507
《지지》	494	《짜이다》	500	《창조적》	507
《지지하다》	494	《짜임》	500	《창조하다》	507
《지치다》	494	《짜증》	500	《창피하다》	507
《지켜보다》	494	《짝》	500	《찾다》	507
《지키다》	494	《짧다》	500	《찾아가다》	508
《지팡이》	495	《째》	501	《찾아내다》	508
《지하》	495	《쪼개다》	501	《찾아다니다》	508
《지하철》	495	《쪽》	501	《찾아들다》	508
《지하철역》♣	495	《쪽지》	501	《찾아보다》	508
《지향하다》	495	《쫌》♣	501	《찾아오다》	508
《지혜》	495	《쫓겨나다》	501	《채》	508
《지혜롭다》	495	《쫓기다》	502	《채소》	509
《직선》	495	《쫓다》	502	《채우다》	509
《직업》	495	《쫓아가다》	502	《책》	509
《직원》	495	《쫓아다니다》	502	《책가방》	509
《직장》♣	495	《쭉》	502	《책상》	509
《직전》	495	《쯤》	502	《책임》	509
《직접》	495	《찌개》	502	《책임감》	509
《직접적》	495	《찌꺼기》	502	《책임지다》	509
《직후》	495	《찌다》	502	《챙기다》	509
《진단》	495	《찌르다》	502	《처녀》	510
《진달래》	495	《찌푸리다》	503	《처리》	510
《진리》	495	《찍다》	503	《처리하다》	510
《진보》	495	《찡그리다》	503	《처마》	510
《진실》	496	《찢다》	503	《처음》	510
《진실하다》	496	《차》	503	《처지》	510
《진심》	496	《차갑다》	504	《처하다》	510
《진정》	496	《차다》	504	《척》	510
《진정하다》	496	《차라리》	504	《척하다》	511
《진지》	496	《차량》	504	《천》	511
《진지하다》	496	《차례》	505	《천국》	511
《진짜》	496	《차리다》	505	《천둥》	511
《진찰》	496	《차림》	505	《천만》	511
《진출》	496	《차마》	505	《천사》	511
《진하다》	496	《차별》	505	《천장》	511
《진학》	496	《차분하다》	505	《천정》	511
《진행》	496	《차원》	505	《천지》	511
《진행되다》	496	《차이》	505	《천천히》	511
《진행하다》	497	《차이점》	505	《천하》	511
《질》	497	《차지하다》	505	《철》	512
《질리다》	497	《차차》	505	《철도》	512
《질문》	497	《차창》	506	《철저하다》	512
《질문하다》	497	《차츰》	506	《철저히》	512
《질병》	497	《차표》	506	《철학》	512
《질서》	497	《착각》	506	《철학자》	512
《짊어지다》	497	《착각하다》	506	《첫》	512
《짐》	497	《착하다》	506	《첫날》	512
《짐승》	497	《찬란하다》	506	《첫머리》	512
《짐작》	497	《찬성하다》	506	《첫째》	512
《짐작하다》	498	《찬찬히》	506	《청년》	512
《짐짓》	498	《참》	506	《청바지》	512
《집》	498	《참가하다》	506	《청소》	512
《집다》	498	《참다》	506	《청소년》	512
《집단》	498	《참답다》	507	《청소하다》	513
《집들이》	498	《참되다》	507	《청춘》	513
《집안》	498	《참새》	507	《청하다》	513
《집안일》	498	《참석하다》	507	《체》	513
				《체계》	513

618 한국어 기본어휘 의미 빈도 사전

《체력》	513	《취직》	518	《타고나다》	526
《체육》	513	《취직하다》	518	《타다》	526
《체제》	513	《취하다》	518	《타당하다》	527
《체조》	513	《측》	518	《타오르다》	527
《체질》	513	《측면》	518	《타이르다》	528
《체포되다》	513	《층》	518	《타인》	528
《체하다》	513	《치》	519	《탁》	528
《체험》	513	《치다》	519	《탁구》	528
《체험하다》	513	《치료》	520	《탁월하다》	528
《쳐다보다》	513	《치르다》	520	《탁자》	528
《쳐들다》	514	《치마》	521	《탄생》	528
《쳐들어오다》	514	《치밀다》	521	《탄생하다》	528
《초》	514	《치약》	521	《탄성》	528
《초기》	514	《치열하다》	521	《탈》	528
《초대》	514	《치우다》	521	《탈춤》	528
《초대하다》	514	《친구》	521	《탑》	528
《초등》	514	《친절하다》	521	《탓》	528
《초래하다》	514	《친정》	521	《태권도》	529
《초반》	514	《친척》	521	《태도》	529
《초여름》	514	《친하다》	521	《태양》	529
《초월하다》	514	《칠》	521	《태어나다》	529
《초점》	514	《칠십》	522	《태우다》	529
《초조하다》	515	《칠월》	522	《택시》	529
《촛불》	515	《칠판》	522	《택하다》	529
《총》	515	《칠하다》	522	《터》	529
《총각》	515	《침》	522	《터득하다》	529
《최고》	515	《침대》	522	《터프리다》	529
《최근》	515	《침략》	522	《터미널》	530
《최대》	515	《침묵》	522	《터전》	530
《최선》	515	《침입》	522	《터지다》	530
《최소한》	515	《침착하다》	522	《턱》	530
《최초》	515	《칫솔》	522	《털》	531
《최후》	515	《칭찬하다》	522	《털다》	531
《추구하다》	515	《카드》	523	《털썩》	531
《추다》	515	《카메라》	523	《털어놓다》	531
《추상적》	516	《칸》	523	《텅》	531
《추석》	516	《칼》	523	《테니스》	531
《추세》	516	《캄캄하다》	523	《테이블》	531
《추억》	516	《캐다》	523	《테이프》	531
《추위》	516	《캠퍼스》	523	《텔레비전》	531
《추진하다》	516	《커다랗다》	523	《토끼》	531
《축》	516	《커튼》	523	《토대》	531
《축구》	516	《커피》	523	《토론》	531
《축제》	516	《컴퓨터》	523	《토론하다》	531
《축하》	516	《컵》	523	《토막》	531
《축하하다》	516	《케이크》	524	《토요일》	531
《출근》	516	《켜다》	524	《토의하다》	532
《출근하다》	516	《코》	524	《토지》	532
《출발》	516	《코끝》	524	《토하다》	532
《출발하다》	516	《코끼리》	524	《톱》	532
《출석》	517	《코트》	524	《통》	532
《출세》	517	《콜라》	524	《통과하다》	532
《출신》	517	《콩》	524	《통신》	532
《출입문》	517	《콩나물》	525	《통일》	532
《출장》	517	《쾌감》	525	《통일되다》	533
《출판사》	517	《쾌락》	525	《통장》	533
《춤》	517	《쾌적하다》	525	《통제》	533
《춤추다》	517	《크기》	525	《통하다》	533
《춥다》	517	《크다》	525	《통화》	533
《충격》	517	《크리스마스》	526	《퇴근》	533
《충돌》	517	《큰길》	526	《퇴근하다》	533
《충동》	517	《큰댁》	526	《투》	533
《충분하다》	517	《큰아버지》	526	《투덜거리다》	533
《충분히》	517	《큰일》	526	《투명하다》	533
《충실하다》	518	《큰일나다》	526	《-투성이》	534
《충족시키다》	518	《큼직하다》	526	《투쟁》	534
《취급하다》	518	《키》	526	《투표》	534
《취미》	518	《키우다》	526	《툭》	534
《취소하다》	518	《킬로미터》	526	《퉁명스럽다》	534

《뛰다》	534	《편하다》	541	《필름》	548
《뛰어나오다》♣	534	《편히》	541	《필연적》	548
《트럭》	534	《펼치다》	541	《필요》♣	548
《트이다》	534	《평》	541	《필요성》♣	548
《특별》	534	《평가》	541	《필요하다》	548
《특별하다》	534	《평가하다》	541	《필자》	549
《특별히》	535	《평균》	541	《핏줄》	549
《특색》	535	《평등》	542	《핑계》	549
《특성》	535	《평범하다》	542	《하》	549
《특수》	535	《평생》	542	《하기야》	549
《특수하다》	535	《평소》	542	《하긴》	549
《특유》	535	《평야》	542	《하나》	549
《특정》	535	《평일》	542	《하나님》	549
《특정하다》	535	《평화》	542	《하나하나》	549
《특집》	535	《평화롭다》	542	《하느님》	549
《특징》	535	《폐》	542	《하늘》	549
《특히》	535	《폐허》	542	《하다》	550
《튼튼하다》	535	《포근하다》	542	《하도》	552
《튼튼히》	535	《포기하다》	542	《하루》	552
《틀》	535	《포도》	542	《하루빨리》	552
《틀다》	535	《포장》	542	《하루종일》♣	552
《틀리다》	536	《포함되다》	543	《하룻밤》	552
《틀림없다》	536	《포함하다》	543	《하숙》	552
《틀림없이》	536	《폭》	543	《하숙비》	553
《틈》	536	《폭력》	543	《하숙집》	553
《틈틈이》	536	《표》	543	《하얗다》	553
《티브이》	536	《표면》	543	《하여금》	553
《팀》	536	《표시》	543	《하여튼》	553
《파》	537	《표시되다》	543	《하지만》	553
《파괴》	537	《표시하다》	543	《하품》	553
《파괴되다》	537	《표정》	544	《하필》	553
《파괴하다》	537	《표현》	544	《하하하》	553
《파다》	537	《표현되다》	544	《학교》	553
《파도》♣	537	《표현하다》	544	《학급》	553
《파란색》♣	537	《푸다》	544	《학기》	553
《파랗다》	537	《푸르다》	544	《학년》	553
《파리》	538	《푹》	544	《학문》	553
《파묻히다》	538	《푼》	544	《학생》	553
《파악하다》	538	《풀》	544	《학습》	554
《파출소》	538	《풀다》	544	《학용품》	554
《파티》	538	《풀리다》	545	《학원》	554
《파헤치다》	538	《풀밭》	545	《학위》	554
《판》	538	《품》	545	《학자》	554
《판단》	538	《품다》	545	《한》	554
《판단하다》	538	《품위》	545	《한가운데》	554
《판매》	538	《품질》	546	《한가하다》	554
《판소리》	539	《풍경》	546	《한강》♣	554
《팔》	539	《풍기다》	546	《한결》	554
《팔다》	539	《풍년》	546	《한결같이》	554
《팔리다》	539	《풍부하다》	546	《한계》	554
《팔십》♣	539	《풍선》	546	《한국》♣	554
《팔월》	539	《풍속》	546	《한국말》	555
《팔자》	539	《풍습》	546	《한국어》	555
《팥》	539	《풍요롭다》	546	《한국인》	555
《팽개치다》	539	《프랑스》♣	546	《한글》	555
《퍼붓다》	539	《프로》	546	《한꺼번에》	555
《퍼센트》	540	《프로그램》	546	《한껏》	555
《퍼지다》	540	《플라스틱》	546	《한눈》	555
《퍽》	540	《피》	546	《한데》	555
《펄럭이다》	540	《피곤하다》	547	《한동안》	555
《펴다》	540	《피다》	547	《한두》	555
《편》	540	《피로》	547	《한때》	555
《편견》	541	《피부》	547	《한마디》	555
《편리하다》	541	《피아노》	547	《한문》	555
《편안하다》	541	《피어나다》	547	《한바탕》	555
《편지》	541	《피우다》	547	《한밤중》	555
《편집》	541	《피하다》	548	《한번》	555
《편찮다》	541	《피해》	548	《한복》	556

《한순간》	556	《허망하다》	561	《화면》	567
《한숨》	556	《허무하다》	561	《화목하다》	567
《한심하다》	556	《허약하다》	561	《화분》	567
《한없이》	556	《허옇다》	561	《화사하다》	567
《한자》	556	《허용되다》	561	《화살》	567
《한잔》	556	《허전하다》	561	《화요일》	567
《한정되다》	556	《허허》	561	《화장》	567
《한쪽》	556	《헌》	561	《화장실》	567
《한참》	556	《헌병》	561	《화제》	567
《한창》	556	《험하다》	561	《화학》	568
《한층》	556	《헤매다》	561	《확》	568
《한편》	557	《헤아리다》	561	《확대》	568
《할머니》	557	《헤어지다》	562	《확대되다》	568
《할아버지》	557	《헤엄치다》	562	《확대하다》	568
《핥다》	557	《헤치다》	562	《확실하다》	568
《함께》	557	《혀》	562	《확실히》	568
《함부로》	557	《혁명》	562	《확인》	568
《함성》	557	《현관》	562	《확인하다》	568
《합격하다》	557	《현금》	562	《확장》	568
《합리적》	557	《현대》	562	《환경》	568
《합의》	557	《현대인》	562	《환상》	568
《합치다》	557	《현명하다》	562	《환영》	569
《합하다》	557	《현상》	562	《환영하다》	569
《항구》	558	《현실》	563	《환자》	569
《항상》	558	《현실적》	563	《환하다》	569
《해》	558	《현장》	563	《환히》	569
《해결》	558	《현재》	563	《활기》	569
《해결되다》	558	《협동》	563	《활동》	569
《해결하다》	558	《협력하다》	563	《활동하다》	569
《해내다》	558	《형》	563	《활발하다》	569
《해답》	558	《형님》	563	《활용하다》	569
《해당되다》	558	《형사》	563	《활자》	569
《해당하다》	558	《형상》	563	《활짝》	569
《해롭다》	558	《형성》	564	《황급히》	570
《해방》	558	《형성되다》	564	《회》	570
《해방되다》	559	《형성하다》	564	《회복》	570
《해석》	559	《형수》	564	《회복하다》	570
《해석하다》	559	《형식》	564	《회사》	570
《해설》	559	《형제》	564	《회사원》	570
《해안》	559	《형태》	564	《회상하다》	570
《해외》	559	《형편》	564	《회원》	570
《해치다》	559	《혜택》	564	《회의》	570
《핵심》	559	《호》	564	《회장》	570
《햇볕》	559	《호기심》	565	《회초리》	570
《햇빛》	559	《호되다》	565	《회화》	570
《햇살》	559	《호랑이》	565	《횡단》	570
《행동》	559	《호박》	565	《효과》	571
《행동하다》	559	《호소하다》	565	《효과적》	571
《행복》	559	《호수》	565	《효도하다》	571
《행복하다》	559	《호주머니》	565	《후》	571
《행사》	559	《호칭》	565	《후기》	571
《행사하다》	559	《호텔》	565	《후반》	571
《행여》	559	《호통》	565	《후배》	571
《행운》	559	《호흡》	565	《후보》	571
《행위》	559	《혹》	565	《후손》	571
《행정》	560	《혹시》	566	《후회》	571
《행하다》	560	《혹은》	566	《후회하다》	571
《향기》	560	《혼》	566	《훈련》	571
《향기롭다》	560	《혼나다》	566	《훈장》	571
《향상》	560	《혼란》	566	《훌륭하다》	571
《향수》	560	《혼자》	566	《훑다》	572
《향하다》	560	《혼잣말》	566	《훑어보다》	572
《허》	560	《홀로》	566	《훔치다》	572
《허공》	560	《홍수》	566	《훗날》	572
《허구》	560	《화》	567	《훨씬》	572
《허락》	560	《화가》	567	《휘두르다》	572
《허락하다》	560	《화나다》	567	《휴가》	572
《허리》	560	《화단》	567	《휴식》	572
		《화려하다》	567	《휴일》	572

수록 대표 올림말 색인 621

≪휴지≫	572	≪흔히≫	574	≪희다≫	575
≪흉≫	572	≪흘러가다≫	574	≪희망≫	575
≪흉내≫	573	≪흘러나오다≫	574	≪희미하다≫	576
≪흉내내다≫	573	≪흘러내리다≫	574	≪희생≫	576
≪흐느끼다≫	573	≪흘리다≫	574	≪희한하다≫	576
≪흐르다≫	573	≪흙≫	575	≪흰색♣≫	576
≪흐름♣≫	573	≪흠뻑≫	575	≪힘≫	576
≪흐리다≫	573	≪흥≫	575	≪힘껏≫	576
≪흐뭇하다≫	573	≪흥겹다≫	575	≪힘들다≫	576
≪흑인≫	573	≪흥미≫	575	≪힘쓰다≫	576
≪흔들다≫	574	≪흥미롭다≫	575	≪힘없이≫	576
≪흔들리다≫	574	≪흥분≫	575	≪힘차다≫	576
≪흔적≫	574	≪흥분하다≫	575		
≪흔하다≫	574	≪흩어지다≫	575		

[개정판]
한국어 기본어휘 의미 빈도 사전

   1판 발행 2014년 3월 2일
  개정판 발행 2019년 3월 20일

지 은 이   서 상 규
펴 낸 이   김 진 수
펴 낸 곳   **한국문화사**
등   록   1991년 11월 9일 제2-1276호
주   소   서울특별시 성동구 광나루로 130 서울숲 IT캐슬 1310호
전   화   02-464-7708
팩   스   02-499-0846
이 메 일   hkm7708@hanmail.net
홈페이지   www.hankookmunhwasa.co.kr

책값은 뒤표지에 있습니다.

잘못된 책은 바꾸어 드립니다.
이 책의 내용은 저작권법에 따라 보호받고 있습니다.

ISBN 978-89-6817-739-2 91710

이 도서의 국립중앙도서관 출판예정도서목록(CIP)은 서지정보유통지원시스템
홈페이지(http://seoji.nl.go.kr)와 국가자료종합목록시스템(http://www.nl.go.kr/kolisnet)에서
이용하실 수 있습니다. (CIP제어번호 : CIP2019005868)